이제 **오르비**가
학원을 재발명합니다

전화 : 02-522-0207   문자 전용 : 010-9124-0207   주소: 강남구 삼성로 61길 15 (은마사거리 도보 3분)

오르비학원은

모든 시스템이 수험생 중심으로 더 강화됩니다.

모든 시설이 최고의 결과가 나올 수 있도록 설계됩니다.

집중을 위해 오르비학원이 수험생 옆으로 다가갑니다.

오르비학원과 시작하면

원하는 대학문이 가장 빠르게 열립니다.

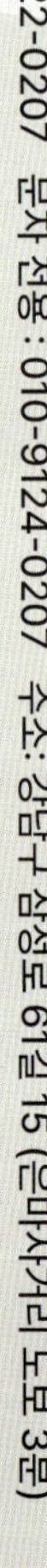

출발의 습관은 수능날까지 계속됩니다.
형식적인 상담이나
관리하고 있다는 모습만 보이거나
학습에 전혀 도움이 되지 않는
보여주기식의 모든 것을 배척합니다.

쓸모없는 강좌와 할 수 없는 계획을 강요하거나
무모한 혹은 무리한 스케줄로
1년의 출발을 무의미하게 하지 않습니다.
형식은 모방해도 내용은 모방할 수 없습니다.

smart is sexy

Orbi.kr

개인의 능력을 극대화 시킬 모든 계획이 오르비학원에 있습니다.

독해
분석

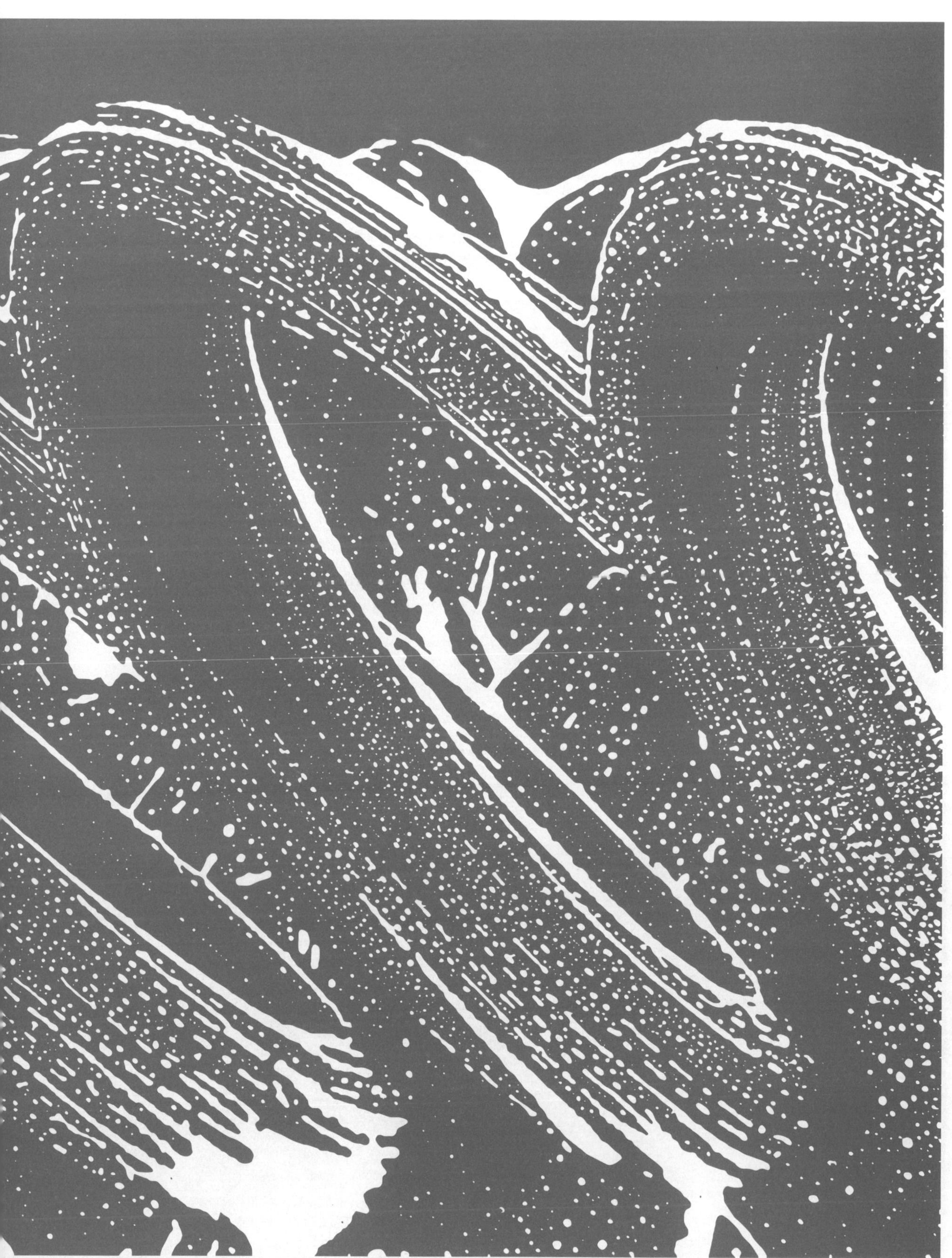

contents.

독해가 정확히 무엇일까?

수능 국어를 잘 보기 위해서 독해력이 좋아야 한다는 사실 정도는 알고 있을 것입니다. 독해를 잘하기 위해서는 '독해'가 무엇인지 정확히 아는 것이 첫 번째 단추가 될 것입니다. 독해의 의미에 대해 사전적 의미를 받아들이는 사람도 있을 것이고, 자신만의 정의를 가진 사람도 있을 것이고, 독해의 의미에 대해 그다지 깊게 생각해보지 않은 사람도 있을 것입니다. 어떤 유형의 사람이든 이 책에서 정의하는 독해의 의미를 받아들이시길 권장합니다.

독해의 사전적 정의는 '글을 읽어서 뜻을 이해함'입니다. 이에 대한 제 견해를 말씀드리자면 너무 추상적입니다. 좀 더 구체적으로 풀어서 정의해보는 것이 좋을 것 같습니다. 네가 뭔데 사전적 정의에 대해 평가하고 임의로 정의한다는 거냐라는 지적이 있을지 모르겠습니다만 본래 사전적 정의라는 것이 항상 최적의 정의는 아닐 수 있고 학문의 세계에서는 편의에 따라 임의로 정의하는 것이 흔하다는 점을 말씀드립니다.

저는 독해를 이렇게 정의하겠습니다. 독해란 '문자로 이루어진 글을 시각을 통해 받아들이고 그 글이 담고 있는 것을 표상하고 사고하는 정신적 작용'이다. 누군가는 고개를 끄덕일 수도 있지만 만족스럽지 않은 사람도 있을 겁니다. 저는 아직 만족스럽지 않습니다. 여전히 추상적인 부분이 있거든요.

문자로 이루어진 글을 시각을 통해 받아들인다는 서술은 너무나 당연해서 논의할 필요가 없어 보입니다. 추상적이어서 문제가 되는 부분은 '글이 담고 있는 것', '표상', '사고' 정도일 것입니다. 그 구체적인 의미에 대해 파헤쳐 봅시다.

'글이 담고 있는 것'은 '글'에 한정될 수밖에 없고 그 둘은 거의 불가분의 관계에 있습니다. 비트겐슈타인의 비유에 따르면 '글이 담고 있는 것'은 '세계에 존재하는 것'이고 '글'은 '그에 대응하는 그림'입니다. 이에 대해서는 나중에 더 자세히 살펴보기로 하고 우선 '글이 담고 있는 것'의 특징을 살펴보도록 합시다. '글'은 명시적으로 드러난 정보이고 이에 따라 '글이 담고 있는 것'도 명시적이라는 특징을 지닙니다. 이러한 명시적 정보를 뇌 안에서 모델링하는 것을 '표상'이라고 합니다. 한편 명시적 정보인 '글이 담고 있는 것'을 통해 글에서 드러나지 않은 암묵적 정보를 뽑아내는 것을 '추론'이라고 하며 추론은 '사고'의 일종입니다.

다음의 일상적인 대화를 읽어봅시다.

> 윤우: 나 그것 좀 줘.
> 나진: 자. 근데 이거 0.3mm라 부러지기 쉬워.
> 윤우: 괜찮아. 나 손이 섬세해서.
> 나진: 근데 뭐 쓸려고?
> 윤우: 한국 사회가 규정한 중등 교육의 궁극적 교두보에서 어엿한 승리자가 되기 위해 수학 문제를 풀어보려고.
> 나진: 뭐야, 약 빨았냐? 제정신이 아닌 거 같은데?
> 윤우: 요즘 영어 기출만 팠거든. 너도 일주일 동안 영어 기출만 보면 이렇게 돼.
> 나진: 병신..

→ 윤우가 나진에게 요구한 '그것'은 0.3mm라 부러지기 쉽다는 나진의 표현, 손이 섬세해서 괜찮다는 윤우의 표현, 이것으로 무엇을 쓸 거냐는 나진의 표현을 단서로 했을 때 '샤프'임을 **추론**할 수 있습니다. 또한 윤우가 표현한 '한국 사회가 규정한 중등 교육의 궁극적 교두보'는 중등 교육이 중학교 교육과 고등학교 교육을 의미한다는 점과 여기에서 어엿한 승리자가 되기 위해 수학 문제를 풀 거라는 윤우의 표현을 단서로 했을 때 '대학수학능력시험'을 의미함을 **추론**할 수 있습니다.

이번엔 과학적인 논증문을 읽어봅시다.

> 사람은 일종의 발전소다. 사람은 물을 마시고 음식을 통해 영양분을 섭취하고 호흡을 통해 산소를 몸에 공급함으로써 세포 내의 미토콘드리아가 소화 과정을 통해 작아진 영양소와 산소와 물을 화학 반응시켜 에너지를 얻고 이 에너지를 ATP에 저장하도록 한다. 세포 호흡의 결과로 얻어진 수많은 ATP가 세포 곳곳을 돌아다니며 분해 반응을 통해 에너지를 공급하여 사람이 생각하고 움직이고 살아갈 수 있는 것이다. 화력 발전소가 유기 화합물을 태워 그 열로 터빈을 돌려 전기 에너지를 얻는 것과 위의 과정은 상통하는 부분이 있다.

→ 첫 문장에서 사람은 일종의 발전소라고 주장하고 있습니다. 왜 그렇게 주장하는 것인지는 뒷부분을 더 봐야 알 것 같습니다. 사람의 세포 내부의 미토콘드리아가 화학 반응을 통해 에너지를 생산하기 때문에 사람은 일종의 발전소라고 주장한 것 같습니다. 즉 두 번째 문장이 근거이고 첫 번째 문장이 주장인 셈이죠. 이렇게 문장과 문장을 **연결**하는 것 또한 사고의 일종입니다. 그런데 세포 내부에 미토콘드리아를 가진 생물이 사람뿐만이 아니라는 배경지식을 가지고 있다면 이 논증의 주장은 다소 편협하다고 비판할 수 있습니다. 주장의 주어는 사람보다는 세포 내부에 미토콘드리아를 가진 진핵생물이 되어야 한다는 식으로 말이죠. 이와 같은 **비판**도 사고의 일종입니다.

지금까지 짧게나마 '글이 담고 있는 것', '표상', '사고'에 대해 살펴보았습니다.
이를 좀 더 구체적으로 설명해 보고자 합니다.

'글이 담고 있는 것'에 대해 설명하기 전에 다음 지문을 읽어봅시다.

비트겐슈타인이 1918년에 쓴 『논리 철학 논고』는 '빈학파'의 논리실증주의를 비롯하여 20세기 현대 철학에 큰 영향을 주었다. 그는 많은 철학적 논란들이 언어를 애매하게 사용하여 발생한다고 보았기 때문에 언어를 분석하고 비판하여 명료화하는 것을 철학의 과제로 삼았다.

그는 이 책에서 언어가 세계에 대한 그림이라는 '그림 이론'을 주장한다. 이 이론을 세우는 데 그에게 영감을 주었던 것은, 교통사고를 다루는 재판에서 장난감 자동차와 인형 등을 이용한 모형을 통해 사건을 설명했다는 기사였다. 그런데 모형을 가지고 사건을 설명할 수 있는 이유는 무엇일까? 그것은 모형이 실제의 자동차와 사람 등에 대응하기 때문이다. 그는 언어도 이와 같다고 보았다. 언어가 의미를 갖는 것은 언어가 세계와 대응하기 때문이다. 다시 말해 언어가 세계에 존재하는 것들을 가리키고 있기 때문이다. 언어는 명제들로 구성되어 있으며, 세계는 사태들로 구성되어 있다. 그리고 명제들과 사태들은 각각 서로 대응하고 있다. 이처럼 언어와 세계의 논리적 구조는 동일하며, 언어는 세계를 그림처럼 기술함으로써 의미를 가진다.

'그림 이론'에서 명제에 대응하는 '사태'는 '사실'이 아니라 사실이 될 수 있는 논리적 가능성을 의미한다. 따라서 언어를 구성하는 명제들은 사실적 그림이 아니라 논리적 그림이다. 사태가 실제로 일어나서 사실이 되면 그것을 기술하는 명제는 참이 되지만, 사태가 실제로 일어나지 않는다면 그 명제는 거짓이 된다. 어떤 명제가 '의미 있는 명제'가 되기 위해서는 그 명제가 실재하는 대상이나 사태에 대해 언급해야 하며, 그것에 대해서는 참, 거짓을 따질 수 있다. 만약 어떤 명제가 실재하지 않는 대상이나 사태가 아닌 것에 대해 언급하면 그것은 '의미 없는 명제'가 되며, 그것에 대해 참, 거짓을 따질 수 없다. 따라서 경험적 세계에 대해 언급하는 명제만이 의미 있는 것이 된다.

이러한 관점에서 비트겐슈타인은 기존의 철학자들이 다루었던 신, 영혼, 형이상학적 주체, 윤리적 가치 등과 관련된 논의가 의미 없는 말들에 불과하다고 보았다. 왜냐하면 그 말들이 가리키는 대상이 세계 속에 존재하지 않는, 즉 경험 가능하지 않은 대상이기 때문이다. 이와 같은 형이상학적 문제와 관련된 명제나 질문들은 의미가 없는 말들이다. 그러한 문제는 우리의 삶을 통해 끊임없이 드러나는 신비한 것들이지만 이에 대해 말로 답변하거나 설명할 수는 없다. 그래서 비트겐슈타인은 "말할 수 없는 것에 대해서는 침묵해야 한다."라고 말했다.

2012학년도 수능 발췌

우리는 비트겐슈타인의 그림 이론을 부분적으로 받아들일 것입니다. '글이 담고 있는 것'은 '세계에 존재하는 것 혹은 그것을 분석하거나 조합한 것'이고 '글'은 '그에 대응하는 논리적 그림'이라고 이해해 봅시다.

오감을 통해 감각하고 지각할 수 있는, 세계에 존재하는 모든 것이 글로 담길 수 있습니다. 그러나 경험하지 않은 것 또한 글로 담길 수 있습니다. 사람의 뇌는 세계를 모델링합니다. 예를 들어 어떤 사람이 어제 처음 간 레스토랑에서의 경험을 오늘 떠올릴 때, '레스토랑 내부는 기억자 모양이었고, 맛있는 냄새가 났고, 고급스러운 레드 카펫이 바닥에 깔려 있었고, 테이블은 원형이었으며, 남자 웨이터는 친절했고, 스테이크와 오일 파스타는 맛있었다'와 같이 단순화된 단서들을 가지고 모델을 만들어 떠올립니다. 어제의 실제 경험과 비교해 볼 때 오늘 떠올린 어제의 경험은 단순화된 것입니다. 단순화된 단서가 많으면 많을수록 어제의 실제 경험은 오늘 더 생생하게 떠올릴 수 있습니다. 여기서

‘단순화된 정보’가 중요한데 이 단순화된 정보를 분석하거나 조합하여 새로운 모델을 만들 수 있기 때문입니다. 가령 원형 테이블에서 원형이라는 요소와 빨간 카펫에서 카펫이라는 요소를 분석하고 조합하여 원형 카펫이라는 모델을 만들 수 있습니다. 또는 친절한 남자 웨이터에서 친절한이라는 요소와 맛있는 스테이크에서 스테이크라는 요소를 분석하고 조합하여 ‘친절한 스테이크’와 같은 얼핏 보기에 말이 안 되는 모델을 만들 수도 있습니다. 이처럼 글이 담을 수 있는 것은 우리가 경험한 세계의 요소들뿐만 아니라 그것을 분석하거나 조합한 것도 포함될 수 있습니다.

‘글이 담고 있는 것’에 대해 좀 더 심화적으로 들어가 보겠습니다. ‘글이 담고 있는 것’은 구체 개념과 추상 개념으로 나눌 수 있고, 그 개념들을 또 구체성을 가지느냐 추상성을 가지느냐로 나눌 수 있습니다. 이에 대해 철학적으로 깊이 들어갈수록 상당한 난해함에 처할 수 있는데 최대한 간단하게 설명해 보겠습니다. 구체 개념과 추상 개념의 분류 기준은 감각 가능성의 여부이고, 구체성과 추상성의 분류 기준은 의미 자질의 다소입니다. 예를 들어 학교와 자유라는 두 단어 중에 감각할 수 있는 것과 없는 것을 골라봅시다. 학교는 감각할 수 있고 자유는 감각할 수 없다고 생각하셨다면 잘하셨습니다. 제가 의도한 분류가 바로 이거였습니다. 하지만 누군가는 학교라는 개념 자체는 감각할 수 없다고 주장할 수 있습니다. 개념이란 ‘한 무리의 개개의 것에서 공통적인 속성을 빼내어 새로 만든 관념’을 말합니다. 이 사람은 초등학교, 중학교, 고등학교, 대학교 등 모든 학교를 통틀은 ‘학교라는 무리의 개념’은 감각할 수 없다고 주장하는 것입니다.

그치만 제가 의도하는 바는 ‘학교라는 부리의 개념’ 중에서 ‘개개의 학교’를 떠올려 볼 때 그것은 감각할 수 있다는 것입니다. 여기서 자유와 비교하면 보다 명확해질 수 있습니다. 자유라는 무리의 개념에서 개개의 자유, 가령 나의 표현의 자유를 떠올려 볼 때 개개의 자유를 감각할 수 없다는 점에서 학교는 구체 개념이고 자유는 추상 개념이라고 할 수 있습니다.

여기서 두 번째 분류 기준을 적용해 봅시다. 그전에 의미 자질에 대한 설명을 먼저 덧붙이겠습니다. 의미 자질이란 ‘하나의 단어를 이루는 의미적인 구성 요소’를 말합니다. 가령 ‘총각’의 의미 자질을 분석해보면 [인간], [남자], [성숙], [미혼]으로 분석할 수 있습니다. 이 의미 자질을 모두 합하면 ‘총각’이라는 개념이 되죠. 의미 자질이 상대적으로 많을수록 구체적이며 상대적으로 적을수록 추상적이라고 할 수 있습니다. ‘나는 학교에 간다.’라는 문장을 생각해 봅시다. 그냥 이대로 받아들이는 사람도 있겠지만 학교에 대해 좀 더 구체적인 정보를 원하는 사람이 있을 수 있습니다. ‘학교가 이미 구체 개념인데 더 구체적인 정보를 원한다고?’처럼 의문이 들 수 있습니다. 구체 개념이라고 해서 모두 구체성이 크다고 생각하면 안 됩니다. ‘나는 대학교에 간다.’라는 문장은 의미 자질이 추가되면서 전의 문장보다 구체적이고, ‘나는 서울대학교에 간다.’라는 문장은 의미 자질이 더 추가되면서 이전 문장보다 구체적입니다. 이번엔 이런 문장을 생각해 봅시다. ‘나는 자유를 원한다.’ 좀 더 구체적인 정보를 얻기 위해 누군가 자유에도 여러 가지 자유가 있지 않느냐, 그중 어떤 자유를 원하냐고 물어봤다고 해봅시다. ‘나는 표현의 자유를 원한다.’라고 말했다면 같은 추상 개념이지만 전보다 덜 추상적으로 말한 것입니다.

앞으로 다룰 내용에서 배경지식이 되어야 하는 정보가 있으므로 '개념'에 대해 더 다뤄보겠습니다. 개념은 '한 무리의 개개의 것에서 공통적인 성질을 빼내어 새로 만든 관념'을 말한다고 했습니다. 이때 한 무리에 속한 개개의 개수 혹은 그 범주의 크기를 '외연'이라고 하고 공통적인 속성을 '내포'라고 합니다. 예를 들어 동물과 사람을 비교해 봅시다. 동물에 포함되는 개체의 수가 많을까요? 아니면 사람에 포함되는 개체의 수가 많을까요? 당연히 전자입니다. 왜냐하면 동물은 사람을 포함하는 개념이기 때문입니다. 사람뿐만 아니라 개, 고양이, 사자, 코끼리 등 다른 동물들이 동물이라는 개념에 포함됩니다. 그렇다면 동물과 사람의 내포는 어떻게 될까요? 동물은 동물세포로 이루어져 있고 빠르게 움직일 수 있다는 속성을 가지고 있습니다. 사람은 동물세포로 이루어져 있고 빠르게 움직일 수 있으며 이성(理性)을 가지고 있다는 속성을 가지고 있습니다. 여기서 의미 있는 상관관계를 얻을 수 있는데 포함관계에 있는 개념들은 상위 개념으로 갈수록 외연은 넓어지고 내포의 개수는 감소하며, 하위 개념으로 갈수록 외연은 좁아지고 내포의 개수는 증가합니다.

참고로 외연이 하나인 개념을 '단일 개념'이라고 합니다. 소크라테스, 뉴턴, 모나리자 같은 단일 개념은 내포의 개수가 많다고 추론할 수 있죠.

표상한다는 것은 '글이 담고 있는 것'을 뇌 안에서 모델링한다는 것입니다. 아는 개념이라면 구체 개념일수록, 구체성이 클수록 표상하기 쉽습니다. 구체 개념이 나오든 추상 개념이 나오든 구체성을 키워서 받아들이는 것이 좋습니다. 추상 개념을 구체 개념으로 바꾸어 받아들이는 방법도 있습니다.

수능 국어는 사고력 시험이다. 이런 말 자주 들어보았을 것입니다. 사실 표상 또한 사고라고 볼 수도 있고 앞에서 말했듯이 추론, 연결, 비판도 사고의 일종이고 기억, 계산, 분석, 조합, 창의적 적용 등 사고의 외연으로 볼 수 있는 것들은 너무나도 많습니다. 따라서 수능 국어에서 요구되는 사고는 다양할 수 있다고 결론을 내릴 수 있습니다. 수능 국어 문제에서 수능 수학에서 요구하는 것처럼 계산하는 문제가 나올 수도 있다는 것이죠. 그러나 수능 국어 지문을 읽고 문제를 푸는 데 항상 반드시 필요한 사고가 있습니다. 바로 연결입니다. 독해에 대한 저의 정의, '독해란 문자로 이루어진 글을 시각을 통해 받아들이고 그 글이 담고 있는 것을 표상하고 **사고**하는 정신적 작용이다.'를 '독해란 문자로 이루어진 글을 시각을 통해 받아들이고 그 글이 담고 있는 것을 표상하고 **연결**하는 정신적 작용이다.'라고 바꾸어 이해해도 될 정도로 연결은 독해의 필요조건입니다. 연결에 대해 본격적으로 배워보기 전에 독해의 또 다른 필요조건인 표상에 대해 본격적으로 배워보겠습니다.

PART 01

표상하기

표상에 실패하지 않기 위한 도약 독해   표상이 안 될 때는 물음표 띄우기   기억이 안 될 때는 암기 시도하기

표상에 실패하지 않기 위한 도약 독해

도약 독해가 무엇인지에 대한 설명은 잠시 미뤄두겠습니다. 이 섹션은 문장에 명시적으로 드러난 정보를 어떻게 하면 실패하지 않고 받아들일 수 있는지에 대한 일종의 문법적인 답안입니다. 모의고사나 수능을 치를 때 혹은 그런 때가 아니더라도 글을 읽을 때 글자가 눈에서 팅겨 나가는 듯한 경험을 겪어본 독자분들이 있을 것입니다. 저도 그런 경험을 수차례 겪어보았고 어떻게 하면 이런 문제를 극복할 수 있을지 많이 고민했습니다. 도약 독해는 이 문제에 대한 해결책이므로 주의 깊게 읽기를 권장합니다.

하나의 문장은 단어로 나눌 수 있고, 단어는 형태소로 나눌 수 있습니다. 하나의 단어가 둘 이상의 형태소로 이루어져 있는 경우도 있지만 하나의 단어가 하나의 형태소로 이루어져 있는 경우도 있습니다. 예를 들어 '대학수학능력시험'이라는 한 단어는 '대학', '수학', '능력', '시험'이라는 네 개의 형태소로 나눌 수 있습니다. 그러나 '책'이라는 한 단어는 '책'이라는 한 개의 형태소로 나눌 수 있죠.

형태소는 뜻을 지닌 가장 작은 말의 단위입니다. 형태소는 실질형태소와 형식형태소로 나눌 수 있습니다. 실질형태소는 어휘적 의미가 있는 형태소입니다. 형식형태소는 문법적 의미가 있는 형태소입니다. 형식형태소는 실질형태소와 함께 쓰여 그들 사이의 관계를 나타냅니다. '나는 오늘 밥을 먹었다.'라는 문장에서 실질형태소는 '나, 오늘, 밥, 먹-'이고, 형식형태소는 '-는, -을, -었-, -다'입니다. 형식형태소를 독립적으로 표상하려고 시도해 보면 표상이 안 된다는 것을 알 수 있습니다. 실질형태소를 독립적으로 표상하려고 시도해 보면 표상이 되는 것도 있고 안 되는 것도 있다는 것을 알 수 있습니다. '나', '오늘', '밥'은 표상이 되지만 '먹-'은 표상이 되지 않는다고 볼 수 있죠.

비록 실질형태소 하나만으로도 표상할 수 있지만 우리가 문장을 원활히 독해할 때를 생각해 보면 문장을 형태소마다 끊으며 읽지 않는다는 걸 알 수 있을 것입니다. 문장을 형태소 분석을 하면서 그 전체를 표상하려 한다면 잘 되지도 않고 매우 비효율적인 독해라고 할 수 있습니다. 그럼 우리는 문장을 어떻게 독해하고 있을까요? 우리는 문장을 적절한 텍스트 단위로 끊어가며 읽습니다.

적절한 텍스트 단위라는 게 구체적으로 무엇일까요? 실질형태소는 그 자체로 표상될 수도 있다고 했습니다. 그러나 우리는 실질형태소마다 끊어가며 읽지 않죠. 적절한 텍스트 단위란 문제되지 않는 선에서 독립적으로 표상이 가능한 적당한 텍스트 단위를 말합니다. 적절한 텍스트 단위는 문장마다 다르고 사람마다 다를 수 있습니다. 그러나 단위가 너무 작아도 혹은 너무 커도 문제가 될 수 있습니다. 단위가 너무 작으면 문장 자체를 조합했을 때 문장 초반부에 표상한 것을 잊어버려 조합에 어려움을 겪을 수 있고, 단위가 너무 크면 대충 읽기 십상이기 때문입니다. 그럼 어느 정도의 단위 크기가 적절할까요? 예를 들어, '일반 사용자가 디지털 카메라를 들고 촬영하면 손의 미세한 떨림으로 인해 영상이 번져 흐려지고, 걷거나 뛰면서 촬영하면 식별하기 힘들 정도로 영상이 흔들리게 된다.'라는 문장을 독해해봅시다. 적절한 텍스트 단위는 이 정도가 적절합니다. '일반 사용자가 / 디지털 카메라를 들고 촬영하면 / 손의 미세한 떨림으로 인해 / 영상이 번져 흐려지고, / 걷거나 뛰면서 촬영하면 / 식별하기 힘들 정도로 영상이 흔들리게 된다.' 적절한 텍스트 단위는 문장마다, 사람마다 다를 수 있으므로 단위의 크기에 대한 명확한 기준은 제시하지 않겠습니다.

적절한 텍스트 단위를 슥 읽고, 넘어가서 그다음 단위를 슥 읽고, 이러한 과정을 문장이 끝날 때까지 반복해서 마지막엔 문장 전체를 조합하여 표상하는 것이 마치 도약하는 것 같아서 적절한 텍스트 단위로 끊어가며 읽는 것을 '도약 독해'라고 명명했습니다.

상당수의 독자들이 이미 도약 독해를 무의식적으로 하고 있을 가능성이 높습니다. 그렇지 않은 독자들이 있다면 도약 독해를 의식적으로 연습하시길 권장드리고 이미 도약 독해를 체화했더라도 혹여나 긴장된 상황 속에서 글자가 튕겨져 나간다면 의식적으로 도약 독해하여 최악을 방지하시길 바랍니다.

표상이 안 될 때는 물음표 띄우기

도약 독해를 하는데도 표상이 잘되지 않는 경우가 수도 없이 발생할 수 있습니다. 이는 도약 독해는 일종의 문법적인 해결 방안이고 이런 경우는 의미적인 문제이기 때문입니다. 더 큰 문제는 표상이 잘 안되는 문장을 해결하지도 않고 넘어가고, 넘어가고, 넘어가서 결국 그 글이 무슨 말을 하고 있는지 전혀 알지 못하는 상황으로 스스로를 묻어버리는 경우가 많다는 것입니다. 이 섹션은 문장에서 의미적으로 표상이 안 되는 텍스트가 포함되어 있는 경우 어떻게 대응해야 하는가에 대한 해결책을 다룹니다.

'물음표 띄우기'가 무엇인가에 대해 설명하기 전에 '물음표 띄우기'를 왜 하는가에 대해 짚고 넘어갈 필요가 있습니다. 비문학 지문을 읽을 때 적어도 한 번 이상은 표상이 안 되는 텍스트를 마주할 때가 있을 것입니다. 보다 현실적으로 말하면 그런 때가 상당히 많을 것입니다. 지금도 '표상이 안 되는 텍스트'가 무엇인지 잘 이해가 안 될 수 있습니다. '표상이 안 되는 텍스트'란 이 텍스트만으로는 뇌 안에서 정보를 모델링할 수 없는 텍스트를 말합니다.

예시를 들어보겠습니다.

'사과'

'사과'는 표상이 안 되는 텍스트일까요? '사과'라는 텍스트만으로 우리는 뇌 안에서 사과의 이미지를 떠올릴 수 있기 때문에 표상이 안 되는 텍스트라고 말할 수 없을 겁니다.

'클라이버의 법칙'

이건 어떤가요? 2023학년도 수능 국어 영역을 풀어본 사람이라면 '클라이버의 법칙'이라는 표현만으로 뇌 안에서 '클라이버의 법칙이 무엇인가'를 떠올릴 수도 있겠지만, 그렇지 않은 사람이라면 '클라이버의 법칙'이라는 표현만으로는 뇌 안에서 정보를 모델링할 수 없을 겁니다.

'에일리어싱을 방지하기 위해 포인터를 사용할 때 주의해야 한다.'

이 문장, 이해가 가시나요? 컴퓨터 과학을 공부해 본 사람이 아니라면 거의 이해하기 어려울 겁니다. 이 문장은 왜 이해가 안 갈까요? 표상이 안 되는 텍스트가 문장 안에 들어 있기 때문입니다. **'에일리어싱'**과 **'포인터'**는 이 텍스트만으로는 뇌 안에서 정보를 모델링할 수가 없습니다.

이렇게 표상이 안 되는 텍스트를 마주했을 때 우리는 '물음표 띄우기'를 해야 합니다. 과거에 이런 피드백을 받은 적이 있습니다. "저는 표상이 안 되는 텍스트가 나올 때 '나중에 이에 대해 설명하겠지' 하고는 그냥 넘어가 버려요." 이런 태도가 문제가 되는 이유는 표상이 안 되는 텍스트에 대해 지문이 끝날 때까지 정의하거나 설명하지 않는 경우가 있기 때문입니다. 표상이 안 되는 텍스트는 위의 예시처럼 모르거나 생소한 텍스트에 국한되지 않습니다. 추상적인 텍스트도 표상이 안 되는 텍스트에 포함되고, 인과관계를 제시했으나 중간 과정이 제시되지 않아 표상이 안 되는 경우 등도 있습니다. 보통 모르거나 생소한 텍스트의 경우 나중에 정의나 설명이 제시되기 마련입니다. 그러나 그 밖의 경우 혹은 모르거나 생소한 텍스트의 경우에도 나중에라도 정의나 설명이 제시되지 않을 수 있습니다.

왜 이런 상황이 펼쳐질까요? 왜냐하면 표상이 안 되는 텍스트에 대해 맥락이나 텍스트의 표현 혹은 배경지식 등의 단서들을 토대로 추론이 가능한 경우 평가원이 이를 알고 따로 정의나 설명을 덧붙이지 않는 경우가 있기 때문입니다. 그러고 나서 이 부분이 문제로 출제되기도 하죠. 이때 적극적으로 추론한 학생은 이를 이해하고 넘어가서 지문 전체를 이해하여 문제를 맞히고, 그냥 넘어간 학생은 이를 모르고 넘어가서 지문 전체를 이해하지 못하고 문제에서 헤매게 되는 것입니다.

표상이 안 되는 텍스트가 나올 때 '나중에 이에 대해 설명하겠지' 하고 넘어가 버리는 태도가 문제가 되는 또 다른 이유는 나중에 정의나 설명이 제시되지만 너무 나중에 나오는 경우 표상이 안 됐던 텍스트가 포함된 문장으로 되돌아가서 그 문장을 이해해야 하는데 그 되돌아가는 과정을 못 할 가능성이 높다는 것입니다. 표상이 안 되는 텍스트에 대해 이것이 문제 상황이라고 명확히 인식하지 않아 중요하지 않은 것으로 여겨졌을 것이기 때문이죠.

지금까지 '물음표 띄우기'를 왜 하는가에 대해 충분히 설명한 것 같아 이제 '물음표 띄우기'가 무엇인가에 대해 설명하겠습니다.

표상이 안 되는 텍스트 중 대표적인 경우는 두 가지가 있습니다.

    - 모르거나 생소한 텍스트
    - 추상적인 텍스트

그러나 앞서 말씀드렸듯이 표상이 안 되는 텍스트는 모르거나 생소한 텍스트, 추상적인 텍스트에 국한되지 않습니다. 근거는 제시하지 않고 주장만 제시하여 표상이 잘 안되는 경우가 있을 수 있고, 텍스트에 전제를 숨겨 놓아서 표상이 잘 안되는 경우도 있을 수 있고, 인과관계가 등장했는데 원인과 결과 사이의 중간 과정이 생략되어 있어 표상이 잘 안되는 경우도 있을 수 있고, 단어의 표현과 설명이나 정의가 잘 대응되지 않아 표상이 잘 안되는 경우도 있을 수 있는 등 표상이 안 되는 경우는 매우 다양합니다.

어떤 경우이든 공통적인 대응 방법은 다음과 같습니다.

첫 번째, 물음표를 띄운다.
두 번째, 주어진 단서들을 통해 최대한 추론한다.

물음표를 띄운다는 것은 문장을 읽어도 표상이 안 될 때 '이게 뭐야?', '이게 구체적으로 뭔 소리야?', '왜 그렇다는 거야?' 이런 식으로 물음을 던진다는 의미입니다. 물음표를 띄움으로써 표상이 안 되고 있다는 문제 상황을 명확히 인식할 수 있고 이를 통해 해당 텍스트에 대한 기억 또한 강화될 수 있습니다. 문장이 이해가 안 되는데 왜 이 문장이 이해가 안 되는지 원인을 파악하는 과정도 이에 포함되죠. 즉 문장 내에서 표상이 안 되는 텍스트를 찾아내는 과정이 포함된다는 것입니다.

주어진 단서들을 통해 최대한 추론한다는 것은 말 그대로 맥락이나 단어의 표현, 배경지식 등의 단서들을 통해 던진 물음에 대한 잠정적인 답을 내린다는 것을 의미합니다.

만약 어떤 문장에서 물음표를 띄웠다면 주어진 단서들을 통해 최대한 추론하는 과정은 일차적으로 **그 문장 내에서** 이루어져야 하고, 이차적으로는 그 문장을 **넘어가서도** 이루어져야 합니다.

어떤 문장에서 물음표를 띄웠다면 일차적으로 그 문장 내에서 주어진 단서들을 통해 최대한 추론하는 이유는 그렇게 함으로써 일차적 과정을 진행하지 않았을 때보다 글의 이해를 높일 수 있기 때문입니다. 또한 의미 추론 문제가 출제됐을 경우 일차적 과정을 진행하지 않았을 때보다 손쉽게 풀어낼 수 있기 때문입니다.

다음 지문을 읽어봅시다.

> 물론 현실에서 보험사는 영업 활동에 소요되는 비용 등을 보험료에 반영하기 때문에 공정한 보험이 적용되기 어렵지만 기본적으로 위와 같은 원리를 바탕으로 보험료와 보험금을 산정한다. 그런데 보험 가입자들이 자신이 가진 위험의 정도에 대해 진실한 정보를 알려 주지 않는 한, 보험사는 보험 가입자 개개인이 가진 위험의 정도를 정확히 파악하여 거기에 상응하는 보험료를 책정하기 어렵다. 이러한 이유로 사고 발생 확률이 비슷하다고 예상되는 사람들로 구성된 어떤 위험 공동체에 사고 발생 확률이 더 높은 사람들이 동일한 보험료를 납부하고 진입하게 되면, 그 위험 공동체의 사고 발생 빈도가 높아져 보험사가 지급하는 보험금의 총액이 증가한다. 보험사는 이를 보전하기 위해 구성원이 납부해야 할 보험료를 인상할 수밖에 없다. 결국 자신의 위험 정도에 상응하는 보험료보다 더 높은 보험료를 납부하는 사람이 생기게 되는 것이다. 이러한 문제는 정보의 비대칭성에서 비롯되는데 보험 가입자의 위험 정도에 대한 정보는 보험 가입자가 보험사보다 더 많이 갖고 있기 때문이다. 이를 해결하기 위해 보험사는 보험 가입자의 감춰진 특성을 파악할 수 있는 수단이 필요하다.
>
> 우리 상법에 규정되어 있는 <u>고지 의무</u>는 이러한 수단이 법적으로 구현된 제도이다. 보험 계약은 보험 가입자의 청약과 보험사의 승낙으로 성립된다. 보험 가입자는 반드시 계약을 체결하기 전에 '<u>중요한 사항</u>'을 알려야 하고, 이를 사실과 다르게 진술해서는 안 된다. 여기서 '중요한 사항'은 보험사가 보험 가입자의 청약에 대한 승낙을 결정하거나 차등적인 보험료를 책정하는 근거가 된다. 따라서 고지 의무는 결과적으로 다수의 사람들이 자신의 위험 정도에 상응하는 보험료보다 더 높은 보험료를 납부해야 하거나, 이를 이유로 아예 보험에 가입할 동기를 상실하게 되는 것을 방지한다.

2017학년도 수능 발췌

두 번째 문단을, 표상이 안 되는 부분에서 물음표를 띄우고 일차적으로 그 문장 내에서 주어진 단서들을 통해 최대한 추론하며 읽어보겠습니다.

우리 상법에 규정되어 있는 <u>고지 의무</u>는 이러한 수단이 법적으로 구현된 제도이다.
- '고지 의무는 무엇을 말하는 걸까?'라고 물음표를 띄울 수 있다.
  '고지 의무는 보험 가입자가 보험을 가입할 때 자신이 가진 위험의 정도에 관한 정보를 고지해야 한다는 의무를 말하려나'라고 추론할 수 있다.

보험 계약은 보험 가입자의 청약과 보험사의 승낙으로 성립된다.

보험 가입자는 반드시 계약을 체결하기 전에 '<u>중요한 사항</u>'을 알려야 하고, 이를 사실과 다르게 진술해서는 안 된다.
- '중요한 사항이 뭘까?'라고 물음표를 띄울 수 있다.
  '자신이 가진 위험의 정도에 관한 사항, 예를 들어 생명 보험이면 지병 관련 정보겠네'라고 추론할 수 있다.

여기서 '중요한 사항'은 보험사가 보험 가입자의 청약에 대한 승낙을 결정하거나 차등적인 보험료를 책정하는 근거가 된다.

따라서 고지 의무는 결과적으로 다수의 사람들이 자신의 위험 정도에 상응하는 보험료보다 더 높은 보험료를 납부해야 하거나, 이를 이유로 아예 보험에 가입할 동기를 상실하게 되는 것을 방지한다.

두 번째 문단을 처음 읽을 때와, 물음표를 띄우고 일차적으로 그 문장 내에서 주어진 단서들을 통해 추론하며 읽을 때는 글의 이해의 정도가 확연히 다름을 체감할 수 있을 것입니다.

또 다른 지문을 읽고 문제를 풀어봅시다.

고전 역학에 따르면, 물체의 크기에 관계 없이 초기 운동 상태를 정확히 알 수 있다면 일정한 시간 후의 물체의 상태는 정확히 측정될 수 있으며, 배타적인 두 개의 상태가 공존할 수 없다. 하지만 20세기에 등장한 양자 역학에 의해 미시 세계에서는 상호 배타적인 상태들이 공존할 수 있음이 알려졌다.

미시 세계에서의 상호 배타적인 상태의 공존을 이해하기 위해, 거시 세계에서 회전하고 있는 반지름 5 ㎝의 팽이를 생각해보자. 그 팽이는 시계 방향 또는 반시계 방향 중 한쪽으로 회전하고 있을 것이다. 팽이의 회전 방향은 관찰하기 이전에 이미 정해져 있으며, 다만 관찰을 통해 알게 되는 것뿐이다. 이와 달리 미시 세계에서 전자만큼 작은 팽이 하나가 회전하고 있다고 상상해 보자. 이 팽이의 회전 방향은 시계 방향과 반시계 방향의 두 상태가 공존하고 있다. 하나의 팽이에 공존하고 있는 두 상태는 관찰을 통해서 한 가지 회전 방향으로 결정된다. 두 개의 방향 중 어떤 쪽이 결정될지는 관찰하기 이전에는 알 수 없다. 거시 세계와 달리 양자 역학이 지배하는 미시 세계에서는, 우리가 관찰하기 이전에는 상호 배타적인 상태가 공존하는 것이다. 배타적인 상태의 공존과 관찰 자체가 물체의 상태를 결정한다는 개념을 받아들이기 힘들었기 때문에, 아인슈타인은 ㉠ "당신이 달을 보기 전에는 달이 존재하지 않는 것인가?"라는 말로 양자 역학의 해석에 회의적인 태도를 취하였다.

2018학년도 9월 모평 발췌

27. 문맥을 고려할 때 ㉠의 의미를 추론한 내용으로 가장 적절한 것은?

① 많은 사람들이 항상 달을 관찰하고 있으므로 달이 존재한다.
② 달은 질량이 매우 큰 거시 세계의 물체이므로 관찰 여부와 상관없이 존재한다.
③ 달은 관찰 여부와 상관없이 존재하므로 누군가 달을 관찰하기 이전에도 존재한다.
④ 달은 원래부터 있었지만 우리가 관찰하지 않으면 존재 여부에 대해 말할 수 없다.
⑤ 달이 있을 가능성과 없을 가능성이 반반이므로 관찰 이후에 달이 있을 가능성은 반이다.

지문을 읽을 때 ㉠에 대해 물음표를 띄우고 일차적으로 그 문장 내에서 주어진 단서를 통해 최대한 추론한 다음 문제를 풀어보겠습니다.

　배타적인 상태의 공존과 관찰 자체가 물체의 상태를 결정한다는 개념을 받아들이기 힘들었기 때문에, 아인슈타인은 ㉠ "당신이 달을 보기 전에는 달이 존재하지 않는 것인가?"라는 말로 양자 역학의 해석에 회의적인 태도를 취하였다.

- "당신이 달을 보기 전에는 달이 존재하지 않는 것인가?'라는 말이 무슨 말이지?'라고 물음표를 띄울 수 있다.
　"당신이 달을 보기 전에는 달이 존재하지 않다가 당신이 달을 본 후에야 달이 존재하게 되는 것이냐? 그러니까 관찰이 상태 혹은 존재를 결정짓는 것이냐? 아니다!'라는 말이겠군'이라고 추론할 수 있다.

27. 문맥을 고려할 때 ㉠의 의미를 추론한 내용으로 가장 적절한 것은?

① 많은 사람들이 항상 달을 관찰하고 있으므로 달이 존재한다.
② 달은 질량이 매우 큰 거시 세계의 물체이므로 관찰 여부와 상관없이 존재한다.
③ 달은 관찰 여부와 상관없이 존재하므로 누군가 달을 관찰하기 이전에도 존재한다.
④ 달은 원래부터 있었지만 우리가 관찰하지 않으면 존재 여부에 대해 말할 수 없다.
⑤ 달이 있을 가능성과 없을 가능성이 반반이므로 관찰 이후에 달이 있을 가능성은 반이다.

답: ③

이처럼 표상이 안 되는 부분에 물음표를 띄우고 일차적으로 그 문장 내에서 주어진 단서들을 통해 추론하며 읽으면 의미 추론 문제가 나와도 손쉽게 풀 수 있음을 체감할 수 있을 것입니다.

다음으로 문장에 추상적인 텍스트가 포함되어 있어서 표상이 안 되는 부분에 물음표를 띄우고 일차적으로 그 문장 내에서 주어진 단서들을 통해 추상적인 텍스트를 구체화하며 읽어야 하는 예시를 제시해 보겠습니다.

사람들은 함께 모여 '집합 의례'를 행한다. ㉠ 뒤르켐은 오스트레일리아 부족들의 집합 의례를 공동체 결속의 관점에서 탐구한다. 부족 사람들은 문제 상황이 발생할 경우 생계 활동을 멈추고 자신들이 공유하는 성(聖)과 속(俗)의 분류 체계를 활용하여 이 상황이 성스러운 것인지 아니면 속된 것인지를 판별하는 집합 의례를 행한다. 이 과정에서 그들은 자신들이 공유하는 성스러움이 무엇인지 새삼 깨닫고 그것을 중심으로 약해진 기존의 도덕 공동체를 재생한다. 집합 의례가 끝나면 부족 사람들은 가슴속에 성스러움을 품고 일상의 속된 세계로 되돌아간다. 이로써 단순히 먹고사는 문제에 불과했던 생계 활동이 성스러움과 연결된 도덕적 의미를 지니게 된다.

뒤르켐은 현대 사회의 집합 의례가 기존 도덕 공동체의 재생으로 끝나지 않고 새로운 도덕 공동체를 창출할 것이라고 본다. 예를 들어, 프랑스 혁명은 자유, 평등, 우애와 같은 새로운 성스러움을 창출하고 이를 중심으로 새로운 도덕 공동체를 구성한 집합 의례다. 뒤르켐은 새로 창출된 성스러움이 자기 이해관계를 추구하며 속된 세계에서 살아가는 개인들에게 서로 결속할 수 있는 도덕적 의미를 제공할 것이라 여긴다.

㉡ 파슨스와 스멜서는 이러한 이론적 통찰을 기능주의 이론으로 구체화한다. 그들은 성스러움을 가치라는 말로 바꿔 표현한다. 현대 사회에서는 가치가 평상시 사회적 삶 아래에 잠재되어 있다가, 그 도덕적 의미가 뿌리부터 뒤흔들리는 위기시기 에 위로 올라와 전국적으로 일반화된다. 속된 일상에서 사람들은 가치를 추구하기보다는 자기 이해관계를 구체화한 목표와 이의 실현을 안내하는 규범에 따라 살아간다. 하지만 위기 시기에는 사람들의 관심이 자신들의 특수한 이해관계에서 보편적인 가치로 상승한다. 사람들은 가치에 기대어 위기가 주는 심리적 긴장과 압박을 해소하는 집합 의례를 행한다. 그 결과 사회의 통합이 회복된다. 파슨스와 스멜서는 이것이 마치 유기체가 환경의 압박으로 인해 흐트러진 항상성의 기능을 생리 작용을 통해 회복하는 과정과 유사하다고 본다.

㉢ 알렉산더는 파슨스와 스멜서의 이론을 받아들이면서도 그들이 사용한 생물학적 은유가 복잡한 현대 사회의 집합 의례를 탐구하는 데는 한계가 있다고 보고, 그 대안으로 '사회적 공연론'을 제시한다. 그는 가치를 전 사회로 일반화하는 집합 의례가 현대 사회에서는 유기체의 생리 작용처럼 자연적으로 진행되는 것이 아니라, 그 결과가 정해지지 않은 과정이라고 본다. 현대 사회는 사회적 공연의 요소들이 분화되어 있을 뿐만 아니라 각 요소가 자율성을 지니고 있다. 따라서 이 요소들을 융합하는 사회적 공연은 우발성이 극대화된 문화적 실천을 요구한다. 알렉산더가 기능주의 이론과 달리 공연의 요소들이 어떤 조건 아래에서 어떤 과정을 거쳐 융합이 이루어지는지 경험적으로 세밀하게 탐구해야 한다고 강조하는 이유가 여기에 있다.

현대 사회의 사회적 공연의 요소들로는 성과 속의 분류 체계를 다양하게 구체화한 대본, 다양한 대본을 자신만의 방식으로 실행하는 배우, 계급·출신 지역·나이·성별 등 내부적으로 분화된 관객, 시·공간적으로 다양한 동선을 짜서 공연을 무대 위에 올리는 미장센*, 시·공간의 한계를 넘어 공연을 광범위한 관객에게 전파하는 상징적 생산 수단, 공연을 생산하고 배포하고 해석하는 과정을 총체적으로 통제하지 못할 정도로 고도로 분화된 사회적 권력 등이 있다. 그러나 요소의 분화와 자율성이 없는 전체주의 사회에서는 국가 권력에 의한 대중 동원만 있을 뿐 사회적 공연이 일어나기 어렵다.

* 미장센(mise en scéne): 무대 위에서의 등장인물의 배치나 역할, 무대 장치, 조명 따위에 관한 총체적인 계획과 실행.

2018학년도 9월 모평 발췌

마지막 문단을 '물음표 띄우기'를 적용하며 읽어보겠습니다.

> 현대 사회의 사회적 공연의 요소들로는 성과 속의 분류 체계를 다양하게 구체화한 대본, 다양한 대본을 자신
> 만의 방식으로 실행하는 배우, 계급·출신 지역·나이·성별 등 내부적으로 분화된 관객, 시·공간적으로 다양
> 한 동선을 짜서 공연을 무대 위에 올리는 미장센*, 시·공간의 한계를 넘어 공연을 광범위한 관객에게 전파하
> 는 상징적 생산 수단, 공연을 생산하고 배포하고 해석하는 과정을 총체적으로 통제하지 못할 정도로 고도로
> 분화된 사회적 권력 등이 있다.

> 그러나 요소의 분화와 자율성이 없는 전체주의 사회에서는 국가 권력에 의한 대중 동원만 있을 뿐 사회적
> 공연이 일어나기 어렵다.

42. 윗글에서 설명한 '사회적 공연론'으로 <보기>를 이해한 내용으로 적절하지 <u>않은</u> 것은? [3점]

< 보기 >

수려한 경관으로 유명한 A시에 소각장이 들어설 예정이다. A시의 시장은 정부의 보조금을 활용하여 낙
후된 지역 경제를 발전시키기 위해 소각장을 유치하였다고 밝혔다. A시 시민들은 반대파와 찬성파로 갈려
집회를 이어 갔다. 반대파는 지역 경제 발전에는 찬성하지만 소각장이 환경을 오염시킨다며 철회할 것을
요구했고, 찬성파는 반대파가 지역 이기주의에 빠져 있다고 비판했다. 집회에 참여하지 않았던 사람들도
의견이 갈려 토박이와 노인은 반대 운동에, 이주민과 젊은이는 찬성 운동에 적극 참여하였다. 중앙 언론은
이 사건이 지역 내 현상이라며 아예 보도하지 않았다. 반대파는 반대 운동을 전국적으로 알리기 위해 서울
에 가서 집회를 하려 했지만 경찰이 허가를 내 주지 않았다.

---

① 공연의 미장센이 A시에 한정되어 펼쳐지고 있군.
A시에서만 집회가 일어나고 있다는 것을 추론할 수 있다.
② <u>공연의 요소들이 융합되어 가치의 일반화가 일어났군.</u>
반대파와 찬성파가 합의에 이르렀다는 서술이 제시되지 않았으므로 공연의 요소들이 융합되어 가치의 일반화가 일
어났다고 볼 수 없다.
③ 출신 지역과 나이로 분화된 관객이 배우로 직접 나서고 있군.
집회에 참여하지 않았던 사람들을 관객으로 볼 수 있고, 반대 운동이나 찬성 운동에 적극 참여한 사람들을 배우로 볼
수 있다. 토박이와 노인은 반대 운동에, 이주민과 젊은이는 찬성 운동에 참여했다고 서술되어 있으므로 출신 지역과
나이로 분화되었다고 볼 수 있다.
④ 상징적 생산 수단과 사회적 권력이 공연의 전국적 전파를 막으려 하는군.
중앙 언론을 상징적 생산 수단으로 볼 수 있고, 경찰을 사회적 권력으로 볼 수 있다.
⑤ 배우들이 지역 경제 발전에는 동의하면서도 서로 다른 대본을 가지고 공연을 수행하는군.
반대파도 지역 경제 발전에는 찬성한다고 서술되어 있다.

답: ②

<보기>와 선지들을 토대로 추상적인 사회적 공연의 요소들을 다시 구체화할 수 있습니다. 지문을 읽으면서 구체적으로 추론했던 것과 부합하는 부분이 있을 수 있고 부합하지 않는 부분이 있을 수도 있습니다. 지문에서 추론한 것과 <보기>나 선지에서 구체화된 것이 모두 부합하지는 않을 수 있다면 지문을 읽을 때 굳이 추상 개념을 구체 개념으로 바꾸어 이해할 필요가 없는 것 아니냐는 반문이 있을지도 모르겠습니다. 그러나 문장에 추상적인 텍스트가 포함되어 있어서 표상이 안 되는 부분을 해결하지 않고 넘어가서 뒤늦게 <보기>나 선지를 통해 구체화하여 문제를 풀 때와 추상적이어서 표상이 안 되는 부분을 '물음표 띄우기'를 통해 적극적으로 추론한 뒤 <보기>나 선지에서 구체화된 것과 비교하며 문제를 풀 때는 시간상 상당한 차이가 난다는 것을 인지할 필요가 있습니다.

어떤 문장에서 표상이 안 되는 부분에 물음표를 띄웠지만 **그 문장 내에서** 주어진 단서들을 통해 최대한 추론하는 일차적 과정이 실패하는 경우가 많습니다. 이는 추론에 성공할 정도로 단서가 충분히 주어지지 않았기 때문인데, 이런 경우 문장을 넘어가서 주어진 단서들을 통해 최대한 추론하는 이차적 과정이 이루어져야 합니다. 이차적 과정은 물음표를 띄운 **문장을 넘어가서** 얼마 지나지 않아 바로 성공할 수도 있고, 상대적으로 오래 걸려서 성공할 수도 있고, 아예 실패할 수도 있습니다.

이 세 가지 경우를 다음 지문들을 읽고 파악해 봅시다.

　　이러한 미토콘드리아가 원래 박테리아의 한 종류인 원생미토콘드리아였다는 이론이 20세기 초에 제기되었다. 공생발생설 또는 세포 내 공생설이라고 불리는 이 이론에서는 두 원핵생물 간의 공생 관계가 지속되면서 진핵세포를 가진 진핵생물이 탄생했다고 설명한다. 공생은 서로 다른 생명체가 함께 살아가는 것을 말하며, 서로 다른 생명체를 가정하는 것은 어느 생명체의 세포 안에서 다른 생명체가 공생하는 '내부 공생'에서도 마찬가지이다.

　　㉠ <u>공생발생설은 한동안 생물학계로부터 인정받지 못했다.</u>
- '공생발생설이 왜 한동안 생물학계로부터 인정받지 못했을까?'라고 물음표를 띄울 수 있다.
  단서가 부족해 추론은 어려워 보인다.

　　미토콘드리아의 기능과 대략적인 구조, 그리고 생명체 간 내부 공생의 사례는 이미 알려졌지만 미토콘드리아가 과거에 독립된 생명체였다는 것을 쉽게 믿을 수 없었기 때문이었다.
- '미토콘드리아가 과거에 독립된 생명체였다는 걸 쉽게 믿을 수 없었기 때문에 공생발생설이 생물학계로부터 인정받지 못했구나'라고 반응할 수 있으므로 '공생발생설이 왜 한동안 생물학계로부터 인정받지 못했을까?'라면서 띄웠던 물음표를 회수할 수 있다.
- '근데 왜 미토콘드리아가 과거에 독립된 생명체였다는 것을 쉽게 믿을 수 없었을까?'라고 물음표를 띄울 수 있다.
  단서가 부족해 추론은 어려워 보인다.

　　그리고 한 생명체가 세대를 이어 가는 과정 중에 돌연변이와 자연선택이 일어나고, 이로 인해 종이 진화하고 분화한다고 보는 전통적인 유전학에서 두 원핵생물의 결합은 주목받지 못했다.
- '미토콘드리아는 단지 돌연변이와 자연선택에 의한 진화와 분화 과정에서 생겨난 세포 소기관일 뿐이라고 생각했

던 거네'라고 반응할 수 있으므로 '근데 왜 미토콘드리아가 과거에 독립된 생명체였다는 것을 쉽게 믿을 수 없었을까?'라면서 띄웠던 물음표를 회수할 수 있다.

그러다가 전자 현미경의 등장으로 미토콘드리아의 내부까지 세밀히 관찰하게 되고, 미토콘드리아 안에는 세포핵의 DNA와는 다른 DNA가 있으며 단백질을 합성하는 자신만의 리보솜을 가지고 있다는 사실이 ⓓ 밝혀지면서 공생발생설이 새롭게 부각되었다.

2020학년도 6월 모평 발췌

- '전기 현미경 등장 전은 미토콘드리아 안에 세포핵의 DNA와는 다른 DNA가 있고 자신만의 리보솜을 가지고 있다는 사실이 밝혀지기 전이라서 미토콘드리아가 과거에 독립된 생명체였다는 것을 쉽게 믿을 수 없었겠구나'라고 반응할 수 있으므로 '근데 왜 미토콘드리아가 과거에 독립된 생명체였다는 것을 쉽게 믿을 수 없었을까?'라면서 띄웠던 물음표를 회수할 수 있다.

해당 지문은 어떤 문장에서 물음표를 띄웠지만 일차적 과정에 실패해 이차적 과정으로 넘어갔을 때 얼마 지나지 않아 물음표를 회수할 수 있는 경우를 보여줍니다.

39. 윗글을 참고할 때, ㉠의 이유로 가장 적절한 것은?

① 진핵세포가 세포 소기관을 가지고 있다는 사실을 알지 못했기 때문이다.
② 공생발생설이 당시의 유전학 이론에 어긋난다는 근거가 부족했기 때문이다.
③ 한 생명체가 다른 생명체의 세포 속에서 살 수 있다는 근거가 부족했기 때문이다.
④ 미토콘드리아가 진핵세포의 활동에 중요한 기능을 한다는 사실을 알지 못했기 때문이다.
⑤ <u>미토콘드리아가 자신의 고유한 유전 정보를 전달할 수 있다는 것을 알지 못했기 때문이다.</u>
공생발생설이 한동안 생물학계로부터 인정받지 못했던 이유는 미토콘드리아가 과거에 독립된 생명체였다는 것을 쉽게 믿을 수 없었기 때문이었는데, 그 이유는 미토콘드리아 안에 세포핵의 DNA와는 다른 DNA가 있으며 자신만의 리보솜을 가지고 있다는 사실을 알지 못했기 때문이다.

답: ⑤

이처럼 지문을 읽을 때 물음표 띄우기를 적용하면 이유를 묻는 문제를 풀 때도 답을 내기가 무척 수월해진다는 사실을 알 수 있습니다.

같은 경우를 보여주는 또 다른 지문을 읽어봅시다.

　1993년 노벨 화학상은 중합 효소 연쇄 반응(PCR)을 개발한 멀리스에게 수여된다. 염기 서열을 아는 DNA가 한 분자라도 있으면 이를 다량으로 증폭할 수 있는 길을 열었기 때문이다.

　PCR는 주형 DNA, 프라이머, DNA 중합 효소, 4종의 뉴클레오타이드가 필요하다.
- '주형 DNA, 프라이머, DNA 중합 효소가 뭐지?'라고 물음표를 띄울 수 있다.
　'주형 DNA는 복제의 틀이 되는 DNA를 말하는 것 같은데'라고 추론할 수 있다.

　주형 DNA란 시료로부터 추출하여 PCR에서 DNA 증폭의 바탕이 되는 이중 가닥 DNA를 말하며, 주형 DNA에서 증폭하고자 하는 부위를 표적 DNA라 한다.
- '주형 DNA'에 대한 정의가 제시되고 있으므로 '주형 DNA, 프라이머, DNA 중합 효소가 뭐지?'라면서 띄웠던 물음표를 어느 정도 회수할 수 있다.

　프라이머는 표적 DNA의 일부분과 동일한 염기 서열로 이루어진 짧은 단일 가닥 DNA로, 2종의 프라이머가 표적 DNA의 시작과 끝에 각각 결합한다.
- '프라이머'에 대한 정의가 제시되고 있으므로 '주형 DNA, 프라이머, DNA 중합 효소가 뭐지?'라면서 띄웠던 물음표를 어느 정도 회수할 수 있다.
- '표적 DNA도 이중 가닥으로 서로 결합하고 있을 텐데 프라이머가 어떻게 표적 DNA의 시작과 끝에 각각 결합한다는 걸까?'라고 물음표를 띄울 수 있다.
　단서가 부족해 추론은 어려워 보인다.

　DNA 중합 효소는 DNA를 복제하는데, 단일 가닥 DNA의 각 염기 서열에 대응하는 뉴클레오타이드를 순서대로 결합시켜 이중 가닥 DNA를 생성한다.

22학년도 6월 모평 발췌

- '아 이중 가닥으로 서로 결합하고 있는 주형 DNA를 단일 가닥으로 분리해서 프라이머가 표적 DNA의 시작과 끝에 각각 붙고 DNA 중합 효소가 그에 대응되게 DNA를 복제하는 건가'라고 추론할 수 있으므로 '표적 DNA도 이중 가닥으로 서로 결합하고 있을 텐데 프라이머가 어떻게 표적 DNA의 시작과 끝에 각각 결합한다는 걸까?', '주형 DNA, 프라이머, DNA 중합 효소가 뭐지?'라면서 띄웠던 물음표를 모두 회수할 수 있다.

다음 지문을 읽어봅시다.

　정책 수단 선택의 사례로 환율과 관련된 경제 현상을 살펴보자. 외국 통화에 대한 자국 통화의 교환 비율을 의미하는 환율은 장기적으로 한 국가의 생산성과 물가 등 기초 경제 여건을 반영하는 수준으로 수렴된다. 그러나 단기적으로 환율은 이와 ⓐ <u>괴리되어</u> 움직이는 경우가 있다. 만약 환율이 예상과는 다른 방향으로 움직이거나 또는 비록 예상과 같은 방향으로 움직이더라도 변동 폭이 예상보다 크게 나타날 경우 경제 주체들은 과도한 위험에 ⓑ <u>노출될</u> 수 있다. 환율이나 주가 등 경제 변수가 단기에 지나치게 상승 또는 하락하는 현상을 오버슈팅(overshooting)이라고 한다.

이러한 오버슈팅은 물가 경직성 또는 금융 시장 변동에 따른 불안 심리 등에 의해 촉발되는 것으로 알려져 있다.

- '물가 경직성은 뭐야? 물가 경직성이 어떻게 오버슈팅을 촉발시킨다는 거야? 또 금융 시장 변동에 따른 불안 심리가 어떻게 오버슈팅을 촉발시킨다는 거야?'라고 물음표를 띄울 수 있다.
단서가 부족해 추론은 어려워 보인다.

여기서 물가 경직성은 시장에서 가격이 조정되기 어려운 정도를 의미한다.
- '물가 경직성'에 대한 정의가 제시되고 있으므로 '물가 경직성은 뭐야? 물가 경직성이 어떻게 오버슈팅을 촉발시킨다는 거야? 또 금융 시장 변동에 따른 불안 심리가 어떻게 오버슈팅을 촉발시킨다는 거야?'라면서 띄웠던 물음표를 어느 정도 회수할 수 있다.

물가 경직성에 따른 환율의 오버슈팅을 이해하기 위해 통화를 금융 자산의 일종으로 보고 경제 충격에 대해 장기와 단기에 환율이 어떻게 조정되는지 알아보자. 경제에 충격이 발생할 때 물가나 환율은 충격을 흡수하는 조정 과정을 거치게 된다. 물가는 단기에는 장기 계약 및 공공요금 규제 등으로 인해 경직적이지만 장기에는 신축적으로 조정된다. 반면 환율은 단기에서도 신축적인 조정이 가능하다. 이러한 물가와 환율의 조정 속도 차이가 오버슈팅을 초래한다. 물가와 환율이 모두 신축적으로 조정되는 장기에서의 환율은 구매력 평가설에 의해 설명되는데, 이에 의하면 장기의 환율은 자국 물가 수준을 외국 물가 수준으로 나눈 비율로 나타나며, 이를 균형 환율로 본다. 가령 국내 통화량이 증가하여 유지될 경우 장기에서는 자국 물가도 높아져 장기의 환율은 상승한다. 이때 통화량을 물가로 나눈 실질 통화량은 변하지 않는다.
그런데 단기에는 물가의 경직성으로 인해 구매력 평가설에 기초한 환율과는 다른 움직임이 나타나면서 오버슈팅이 발생할 수 있다. 가령 국내 통화량이 증가하여 유지될 경우, 물가가 경직적이어서 ㉠ 실질 통화량은 증가하고 이에 따라 시장 금리는 하락한다. 국가 간 자본 이동이 자유로운 상황에서, ㉡ 시장 금리 하락은 투자의 기대 수익률 하락으로 이어져, 단기성 외국인 투자 자금이 해외로 빠져나가거나 신규 해외 투자 자금 유입을 위축시키는 결과를 ⓒ 초래한다. 이 과정에서 자국 통화의 가치는 하락하고 ㉢ 환율은 상승한다. 통화량의 증가로 인한 효과는 물가가 신축적인 경우에 예상되는 환율 상승에, 금리 하락에 따른 자금의 해외 유출이 유발하는 추가적인 환율 상승이 더해진 것으로 나타난다.

이러한 추가적인 상승 현상이 환율의 오버슈팅인데, 오버슈팅의 정도 및 지속성은 물가 경직성이 클수록 더 크게 나타난다.
- '물가 경직성이 클수록 실질 통화량은 더 증가하고, 그에 따라 시장 금리는 더 하락하여 투자의 기대 수익률이 더 하락해서 화폐 가치는 더 떨어지고 환율은 더 크게 올라 오버슈팅의 정도 및 지속성은 더 크게 나타나겠네'라고 추론할 수 있으므로 '물가 경직성은 뭐야? 물가 경직성이 어떻게 오버슈팅을 촉발시킨다는 거야? 또 금융 시장 변동에 따른 불안 심리가 어떻게 오버슈팅을 촉발시킨다는 거야?'라면서 띄웠던 물음표를 어느 정도 회수할 수 있다.

시간이 경과함에 따라 물가가 상승하여 실질 통화량이 원래 수준으로 돌아오고 해외로 유출되었던 자금이 시장 금리의 반등으로 국내로 ⓓ 복귀하면서, 단기에 과도하게 상승했던 환율은 장기에는 구매력 평가설에 기초한 환율로 수렴된다.

2018학년도 수능 발췌

해당 지문은 어떤 문장에서 물음표를 띄웠지만 일차적 과정에 실패해 이차적 과정으로 넘어갔을 때 상대적으로 오래 걸려서 물음표를 회수할 수 있는 경우를 보여줍니다.

다음 지문을 읽어봅시다.

철근 콘크리트는 근대 이후 가장 중요한 건축 재료로 널리 사용되어 왔지만 철근 콘크리트의 인장 강도를 높이려는 연구가 계속되어 프리스트레스트 콘크리트가 등장하였다. 프리스트레스트 콘크리트는 다음과 같이 제작된다. 먼저, 거푸집에 철근을 넣고 철근을 당긴 상태에서 콘크리트 반죽을 붓는다.

콘크리트가 굳은 뒤에 당기는 힘을 제거하면, 철근이 줄어들면서 콘크리트에 압축력이 작용하여 외부의 인장력에 대한 저항성이 높아진 프리스트레스트 콘크리트가 만들어진다.
- '철근이 줄어들면서 콘크리트에 압축력이 작용하면 왜 외부의 인장력에 대해 저항성이 높아질까?'라고 물음표를 띄울 수 있다.
　단서가 부족해 추론은 어려워 보인다.

킴벨 미술관은 개방감을 주기 위하여 기둥 사이를 30m 이상 벌리고 내부의 전시 공간을 하나의 층으로 만들었다. 이 간격은 프리스트레스트 콘크리트 구조를 활용하였기에 구현할 수 있었고, 일반적인 철근 콘크리트로는 구현하기 어려웠다. 이 구조로 이루어진 긴 지붕의 틈새로 들어오는 빛이 넓은 실내를 환하게 채우며 철근 콘크리트로 이루어진 내부를 대리석처럼 빛나게 한다.

2017학년도 9월 모평 발췌

해당 지문은 어떤 문장에서 물음표를 띄웠지만 일차적 과정에 실패해 이차적 과정으로 넘어가더라도 끝까지 물음표를 회수하지 못하고 실패하는 경우를 보여줍니다. 다행인 것은 이런 경우 표상이 안 되는 텍스트에서 문제가 출제될 일은 거의 없다는 것입니다.

기출을 풀다보면 이차적 과정으로 넘어가도 끝내 실패하는 경우는 드물다는 사실을 알 수 있습니다. 이를 통해 추론할 수 있는 것은 **표상이 안 되는 텍스트에 대해 평가원 출제진들도 이 부분이 표상이 안 될 것이라는 걸 알고 있다는** 것입니다. 그러니 나중에라도 표상이 되도록 다양한 방식으로 단서들을 배치하는 것이죠.

이를 통해 얻을 수 있는 교훈은 표상이 안 되는 부분이 있으면 첫 번째, 물음표를 띄우고, **물음표를 회수할 수 있을 만한 단서들이 나중에라도 등장할 것이라는 믿음을 갖고**, 두 번째, 주어진 단서들을 통해 최대한 추론하려고 해야 한다는 것입니다.

특히나 표상이 안 되는 텍스트를 무더기로 제시하여 지문의 난도를 높인 사례가 종종 발생한다는 점에서 물음표 띄우기는 선택이 아닌 필수임을 강조하고 싶습니다.

기억이 안 될 때는 암기 시도하기

지문에서 거의 반드시 문제로 출제되는 텍스트들이 있습니다.

1. 모르거나 생소한 텍스트
예) 'CDS 프리미엄', '이중차분법', 'IP(인터넷 프로토콜)', '포토리소그래피' 등

2. 정의가 나온 텍스트
예) '그중 **기초 대사량**은 생존에 필수적인 에너지로, 쾌적한 온도에서 편히 쉬는 동물이 공복 상태에서 생성하는 열량으로 정의된다.',

'**산패**는 저장 중인 식품에서 비정상적인 맛과 냄새가 나는 현상을 말한다.',

'이처럼 의사 표시를 필수적 요소로 하여 법률 효과를 발생시키는 행위들을 **법률 행위**라 한다.',

'이러한 관점은 금융이 직접적인 생산 수단이 아니므로 단기적일 때와는 달리 장기적으로는 경제 성장에 영향을 미치지 못한다는 인식과, 자산 시장에서는 가격이 본질적 가치를 초과하여 폭등하는 버블이 존재하지 않는다는 **효율적 시장 가설**에 기인한다.' 등

3. 사람이나 창작물 등의 단일 개념을 가리키는 텍스트
예) '**체사레 베카리아**', '**제1차 국제도량형총회(CGPM)**', '**『전쟁과 평화의 법』**', '**사보아 주택**' 등

4. 열거되는 텍스트
예) '별의 밝기는 **별의 거리, 크기, 온도** 등을 연구하는 데 중요한 정보를 제공한다.',

'태양 빛이 대기층에 입사하여 산소나 질소 분자와 같은 **공기 입자(직경 0.1~1nm 정도), 먼지 미립자, 에어로졸(직경 1~100,000nm 정도)** 등과 부딪치면 여러 방향으로 흩어지는데 이러한 현상을 산란이라 한다.',

'질병을 유발하는 병원체에는 **세균, 진균, 바이러스** 등이 있다.',

'**채권의 액면 금액, 액면 이자율, 만기일** 등의 지급 조건은 채권 발행 시 정해지며, 채권 소유자는 매입 후에 정기적으로 이자액을 받고, 만기일에는 마지막 이자액과 액면 금액을 지급받는다.' 등

5. 헷갈리는 텍스트
예) '**명덕**과 **명명덕**', '**충전지**와 **충전기**', '**보험료**와 **보험금**', '**내인성 레트로바이러스**와 **레트로바이러스**' 등

6. 계산식이 포함된 텍스트
예) '키트가 시료에 목표 성분이 들어있다고 판정하면 이를 양성이라고 한다. 이때 시료에 목표 성분이 실제로 존재하면 진양성, 시료에 목표 성분이 없다면 위양성이라고 한다. 반대로 키트가 시료에 목표 성분이 들어 있지 않다고

판정하면 음성이라고 한다. 이 경우 실제로 목표 성분이 없다면 진음성, 목표 성분이 있다면 위음성이라고 한다. 현실에서 위양성이나 위음성을 배제할 수 있는 키트는 없다.

여러 번의 검사 결과를 통해 키트의 정확도를 구하는데, 정확도란 시료를 분석할 때 올바른 검사 결과를 얻을 확률이다. 정확도는 민감도와 특이도로 나뉜다. 민감도는 시료에 목표 성분이 존재하는 경우에 대해 키트가 이를 양성으로 판정한 비율이다. 특이도는 시료에 목표 성분이 없는 경우에 대해 키트가 이를 음성으로 판정한 비율이다.' 등
→ 민감도 = 진양성 / (진양성 + 위음성), 특이도 = 진음성 / (진음성 + 위양성)

7. 다소 복잡한 관계가 포함된 텍스트
예) '논리실증주의자와 포퍼'의 구분에 따르면 "총각은 총각이다."와 같은 동어 반복 명제와, "총각은 미혼의 성인 남성이다."처럼 동어 반복 명제로 환원할 수 있는 것은 모두 분석 명제이다. 그런데 후자가 분석 명제인 까닭은 전자로 환원할 수 있기 때문이다. 이러한 환원이 가능한 것은 '총각'과 '미혼의 성인 남성'이 동의적 표현이기 때문인데 그게 왜 동의적 표현인지 물어보면, 이 둘을 서로 대체하더라도 명제의 참 또는 거짓이 바뀌지 않기 때문이라고 할 것이다. 하지만 이것만으로는 두 표현의 의미가 같다는 것을 보장하지 못해서, 동의적 표현은 언제나 반드시 대체 가능해야 한다는 필연성 개념에 다시 의존하게 된다. 이렇게 되면 동의적 표현이 동어 반복 명제로 환원 가능하게 하는 것이 되어, 필연성 개념은 다시 분석 명제 개념에 의존하게 되는 순환론에 빠진다.' 등
→ '총각'과 '미혼의 성인 남성'을 서로 대체하더라도 명제의 참 또는 거짓이 바뀌지 않는다.∧필연성 개념→'총각'과 '미혼의 성인 남성'은 동의적 표현이다.→'총각은 미혼의 성인 남성이다'는 '총각은 총각이다'로 환원할 수 있다.→'총각은 미혼의 성인 남성이다'는 분석 명제이다.→필연성 개념(순환론)

이들의 유사점은 한 번 보고 그냥 넘어가면 뇌의 메모리에 잘 남아있지 않다는 것입니다. 이런 경우 문제점은 반복해서 나온 텍스트임에도 불구하고 지문을 읽는 와중이나 문제를 푸는 와중에 처음 보는 텍스트로 인식해서 그 부분의 지문을 이해하지 못하거나 문제를 풀 때 멘붕 상태에 빠질 가능성이 있다는 것입니다. 기출을 풀다보면 저절로 '이런 경우일 때는 문제에서 반드시 출제되지. 표시해놓아야 겠다.'라는 식의 감을 잡게 됩니다. 그런데 문제는 동그라미나 네모, 세모, 밑줄 같은 표시를 분명히 했는데 표시한 부분이 너무 많아서 그 텍스트를 찾는 데 오래 걸려 시간 압박에 당황하게 되는 상황에 처할 수 있다는 것입니다. 따라서 말씀드리고 싶은 건 표시하는 태도가 좋긴 좋은데 그전에 암기 시도부터 하자는 것입니다.

제가 제안하고 싶은 암기 시도의 방법은 '텍스트 그대로 세 번 읊기'입니다. 제 경험상 그 텍스트가 처음 등장했을 때 세 번 읊어서 암기를 시도하면 지문 내에서 그 텍스트가 반복 등장했을 때 이게 전에 나왔던 텍스트라는 사실, 즉 반복 등장한 텍스트라는 사실을 인지할 수 있습니다. 게다가 반복 등장했으니 기억이 강화되고 문제에서 다시 등장하더라도 까먹을 일이 거의 없죠. 다만 문제가 될 수 있는 상황은 지문에서 딱 한 번만 등장하고는 문제에서 다시 등장하는 경우입니다. 그 텍스트에 대한 기억이 희미해졌을 가능성이 높기 때문입니다. 텍스트를 세 번 읊어서 암기를 시도하면 암기가 잘되는 텍스트가 있고 잘되지 않는 텍스트가 있다는 사실을 말씀드리고 싶습니다. 암기가 잘되는 텍스트라면 표시할 필요가 없습니다. 오히려 표시하는 것이 문제를 일으킬 가능성이 있죠. 따라서 세 번 읊어보고 암기가 잘되는 느낌이면 표시하지 마십시오. 만약 암기를 시도했는데도 암기가 잘 안되는 느낌이면 표시하는 것을 권장합니다. 이런 식으로 대처를 해놓으면 지문에서 딱 한 번만 등장하고 문제에 다시 등장하는 경우에도 지문으로 돌아가서 어느 위치였는지 빠르게 파악할 수 있으니 시간을 많이 할애하지 않고 문제를 풀 수 있습니다.

PART 02

범주 #상하대등과 공통차이 #필연성과 가능성　　　방향 #논증 #인과　　　반복 #단순 반복 #변형 반복

기억과 이해를 위한 연결하기

하나의 지문에는 많은 정보가 산재합니다. 곳곳의 많은 정보를 낱낱으로 흡수하려고 하면 기억력이 탈인간급이 아닌 이상 뇌가 과부하 상태가 될 겁니다. 많은 정보를 덩어리로 뭉쳐서 덩어리들로 기억하려고 하는 것이 해결책입니다. 정보들을 덩어리로 만드는 걸 청킹(chunking)이라고 하는데 '연결'이 기본 바탕이 되므로 앞으로 '연결'로 칭하겠습니다. 글을 기억을 위해서뿐만 아니라 글을 이해하는 데도 연결은 핵심적입니다. 기출도 그렇고 앞으로 치를 수능에서도 정보들을 연결해야 이해할 수 있는 지문이 대부분일 겁니다. 또한 정보들을 연결했는지 간접적으로라도 문제에서 물을 확률은 거의 100%라고 봐도 무방합니다. 물음표 띄우기와 함께 두 축을 이룰 만큼 연결하기는 독해에서 매우 중요합니다.

연결이라는 의미 자체가 범용성이 크기 때문에 연결에 포함되는 개념은 상당히 많습니다. 기억과 이해를 위한 독해에서의 연결은 크게 범주, 방향, 반복, 일명 쓰리 비읍으로 나눌 수 있습니다. 범주에는 상하대등과 공통차이, 필연성과 가능성이라는 개념이 포함되고, 방향에는 논증, 인과가 포함되며, 반복에는 단순 반복, 변형 반복이 포함됩니다. 범주부터 반복까지 차근차근 살펴볼 테니 잘 따라오시기 바랍니다.

범주

범주는 동일한 성질을 가진 부류나 범위를 말합니다. 우리가 다루게 될 범주는 여러 개의 범위를 구분하거나 연결하는 데 초점이 맞추어져 있습니다. 범주에는 상하대등과 공통차이, 필연성과 가능성이 있습니다.

상하대등은 개념 간의 위상을 말합니다. 상하관계는 상위개념과 하위개념 간의 관계를 말하며 대등 관계는 같은 위상을 갖는 관계를 말합니다. 공통차이는 이러한 개념들 간의 공통점과 차이점을 말합니다. 글을 읽을 때 상하대등과 공통차이를 파악하는 것이 중요합니다. 상하관계를 대등 관계로 잘못 파악하거나 공통차이를 명시적으로 발견해 내지 못했을 때 잘못 이해하거나 문제에서 요구하는 관계를 파악하지 못해서 문제를 틀릴 수 있기 때문입니다.

#상하관계

위에서 서술했듯이 상하관계는 상위개념과 하위개념 간의 관계를 말합니다. 상위개념이 하위개념을 개념적으로 포함하죠. 동물과 사람을 예시로 들면 동물이 상위개념이고 사람이 하위개념입니다. 또 다른 예시로 악기와 현악기, 관악기, 타악기가 있습니다. 악기가 상위개념이고 현악기, 관악기, 타악기가 하위개념입니다. 이전에도 설명했다시피 상위개념은 외연이 넓고 내포의 개수가 적으며, 하위개념은 외연이 좁고 내포의 개수가 많습니다.

상하관계를 구분하는 것은 중요합니다. 만약 상하관계를 구분하지 않는다면 지문에서는 상하관계를 제시한 후 상위개념에 대해 서술하고, 문제에서는 그 상위개념에 포함된 하위개념에 대해 같은 서술을 하는 선지가 등장할 경우 그 선지가 맞는지 틀린지 잘 판단할 수 없을 겁니다. 상하관계를 머릿속으로 명확히 구분해 놓는다면 상위개념에 대한 서술이면 당연히 그 하위개념에도 적용된다는 것을 알기 때문에 그 선지가 맞다고 빠르게 판단할 수 있을 것입니다. 이번엔 반대로 지문에서 상하관계를 제시한 후 하위개념에 대해 서술을 하며 그 하위개념에만 그 서술이 적용된다고 표현하고 문제에서 상위개념이나 그 하위개념과 대등 관계에 있는 다른 하위개념에 대해 같은 서술을 하는 선지가 등장할 경우를 생각해 봅시다. 당연히 그 선지는 거짓이겠죠. 지문에서 상하관계를 제시하는 경우 이처럼 상위개념과 하위개념을 구분할 줄 아는지를 묻는 문제가 등장하곤 하니 상하관계를 명확히 구분하는 습관을 들일 필요가 있습니다.

기출에 등장했던 상하관계의 예시를 살펴봅시다.

1. 또한 **대표 이사**는 **이사** 중 한 명으로, 이사회에서 선출되는 기관이다. 2017학년도 9월 모평 발췌

   대표 이사 ⊂ 이사

2. 결합 패드에 있는 복합체는 **금-나노 입자** 또는 **형광 비드** 등의 **표지 물질**에 특정 물질이 붙어 이루어진다.

2019학년도 6월 모평 발췌

   금-나노 입자, 형광 비드 ⊂ 표지 물질

3. **계약**도 하나의 **약속**이다. 2019학년도 수능 발췌

   계약 ⊂ 약속

4. 채권의 내용은 **민법**과 같은 **실체법**에서 규정하고 있고, 그것을 강제적으로 실현할 수 있도록 **민사 소송법**이나 **민사 집행법** 같은 **절차법**이 갖추어져 있다. 2019학년도 수능 발췌

   민법 ⊂ 실체법
   민사 소송법, 민사 집행법 ⊂ 절차법

5. **세포**는 **사람**과 같은 **진핵생물**의 **진핵세포**와, **박테리아**나 **고세균**과 같은 **원핵생물**의 **원핵세포**로 구분된다.

2020학년도 6월 모평 발췌

   사람 ⊂ 진핵생물
   박테리아, 고세균 ⊂ 원핵생물
   진핵세포, 원핵세포 ⊂ 세포

6. 질병을 유발하는 **병원체**에는 **세균**, **진균**, **바이러스** 등이 있다. 2021학년도 9월 모평 발췌

   세균, 진균, 바이러스 ⊂ 병원체

7. 법적으로 **예약**은 당사자들이 합의한 내용대로 권리가 발생하는 **계약**의 일종으로, 재화나 서비스 제공을 급부 내용으로 하는 다른 계약인 '본계약'을 성립시킬 수 있는 권리 발생을 목적으로 한다. 2021학년도 수능 발췌

   예약 ⊂ 계약

8. **유서**는 모든 주제를 망라한 **일반 유서**와 특정 주제를 다룬 **전문 유서**로 나눌 수 있으며, 편찬 방식은 책에 따라 다른 경우가 많았다. 2023학년도 수능 발췌

   일반 유서, 전문 유서 ⊂ 유서

9. 하지만 **의식**의 하나인 '**인지**' 즉 '무언가를 알게 됨'은 몸 바깥에서 일어나는 일과 맞물려 벌어진다.

2024학년도 6월 모평 발췌

인지 ⊂ 의식

10. [A] 물건을 빌려 쓰거나 보관하고 있는 것을 포함하여 물건을 물리적으로 지배하는 상태를 직접점유라고 한다. 이에 비해 어떤 물건을 빌려 쓰거나 보관하는 사람에게 그 물건의 반환을 청구할 수 있는 권리를 가진 사람도 사실상의 지배를 한다고 볼 수 있다. 이와 같이 반환청구권을 가진 상태를 간접점유라고 한다.

직접점유와 **간접점유**는 모두 **점유**에 해당한다.
 - '직접점유'와 '간접점유'가 모두 '점유'에 포함됨을 알 수 있다.

점유는 소유자를 공시하는 기능도 수행한다. 공시란 물건에 대해 누가 어떤 권리를 가지고 있는지를 알려 주는 것이다. 물건 중에서 피아노, 금반지, 가방 등과 같은 대부분의 동산은 점유에 의해 소유권이 공시된다.

2020학년도 9월 모평 발췌

28. [A]에 대한 이해로 가장 적절한 것은?

① 물리적 지배를 해야 동산의 간접점유자가 될 수 있다.
해당 선지를 '물리적 지배를 하지 않으면 동산의 간접점유자가 될 수 없다'라고 바꾸어 읽을 수 있는데, 물리적 지배를 하지 않으면서 간접점유자가 될 수 있으므로 해당 선지는 거짓이다.
② 간접점유는 피아노 소유권에 대한 공시 방법이 아니다.
점유가 피아노 소유권에 대한 공시 방법이 될 수 있으므로 간접점유도 피아노 소유권에 대한 공시 방법이 될 수 있다.
③ 하나의 동산에 직접점유자가 있으려면 간접점유자도 있어야 한다.
해당 선지를 '하나의 동산에 직접점유자가 있다면 간접점유자도 있다'라고 바꾸어 읽을 수 있는데, 한 사람이 직접점유자면서 소유자일 경우 간접점유자는 없다고 볼 수 있기 때문에 해당 선지는 거짓이다.
④ 피아노의 직접점유자가 있으면 그 피아노의 간접점유자는 소유자가 아니다.
피아노의 직접점유자가 있으면 그 피아노의 간접점유자는 소유자이다.
<u>⑤ 유효한 양도 계약으로 피아노의 소유자가 되려면 피아노에 대해 직접점유나 간접점유 중 하나를 갖춰야 한다.</u>

답: ⑤

상하관계도 알고, 외연과 내포도 알았으니 이제 잠시 '정의'의 의미에 대해 논해볼 때가 왔습니다. 정의에는 외연적 정의와 내포적 정의가 있습니다. '다리는 인천대교, 광안대교, 서해대교 등을 말한다'처럼 피정의항을 그것의 외연으로 정의한 것을 외연적 정의라고 합니다. 반면 '다리는 물을 건너거나 또는 한편의 높은 곳에서 다른 편의 높은 곳으로 건너다닐 수 있도록 만든 시설물이다'처럼 피정의항을 그것의 내포로 정의한 것은 내포적 정의라고 합니다. 내포적으로 정의하는 방법은 아리스토텔레스가 처음 고안했습니다. 내포적 정의의 정의항에는 유와 종차가 반드시 포함되어야 하는데, 유(類, 무리 유)란 피정의항이 속한 상위개념을 말하고 종차(種差, 종류 종 다를 차)란 변별요소를 말합니다. 타악기를 정의해 보면서 유와 종차가 구체적으로 무엇인지 파악해 보겠습니다. '타악기는 두드려서 소리를 내는 악기이다'라는 문장은 '타악기'라는 피정의항과 '두드려서 소리를 내는 악기이다'라는 정의항으로 먼저 나눌 수 있습니다. 정의항은 다시 '두드려서 소리를 내는'이라는 종차와 '악기'라는 유로 나눌 수 있습니다. 타악기를 정의하기 위해서는 먼저 타악기와 가장 가까운 상위개념을 찾아야 하는데 그게 바로 유인 '악기'입니다. 다음으로 타악기를 악기의 다른 하위개념들과 변별하는 요소가 필요한데 그것이 종차인 '두드려서 소리를 내는'입니다. 글에서 정의가 등장하면 거의 내포적 정의일 가능성이 높으며 지문 전체에서 두루 쓰일 가능성이 높습니다. 문제에 직접적으로 출제되기도 하죠. 따라서 지문에 정의가 등장하면 특별히 주의를 기울일 필요가 있습니다.

기출에 등장했던 정의의 예시를 살펴봅시다.

1. 분자들이 만나 화학 반응을 진행하는 데 필요한 최소한의 운동 에너지를 **활성화 에너지**라 한다.

2024학년도 6월 모평 발췌

해당 정의는 내포적 정의의 형식을 잘 따른 정의라고 볼 수 있습니다.

2. 인간의 신경 조직을 수학적으로 모델링하여 컴퓨터가 인간처럼 기억·학습·판단할 수 있도록 구현한 것이 **인공 신경망 기술**이다. 2017학년도 6월 모평 발췌

해당 정의는 '유'을 포함하지 않았지만 그래도 내포적 정의라고 볼 수 있습니다. '것'을 '기술'로 바꿔 받아들일 수 있기 때문입니다.

3. 사람들의 결합체인 **단체**도 일정한 요건을 갖추면 법으로써 부여되는 권리 능력인 **법인격**을 취득할 수 있다.

2017학년도 9월 모평 발췌

해당 정의처럼 정의항이 관형어로도 제시될 수 있음을 기억할 필요가 있습니다.

4. 아도르노는 서로 다른 가치 체계를 하나의 가치 체계로 통일시키려는 속성을 **동일성**으로, 하나의 가치 체계로의 환원을 거부하는 속성을 **비동일성**으로 규정하고, 예술은 이러한 환원을 거부하는 비동일성을 지녀야 한다고 주장한다. 2023학년도 9월 모평 발췌

해당 정의처럼 일반적인 정의가 아닌 특정 인물의 정의가 제시될 수 있음을 기억할 필요가 있습니다.

5. 그중 **기초 대사량**은 생존에 필수적인 에너지로, 쾌적한 온도에서 편히 쉬는 동물이 공복 상태에서 생성하는 열량으로 정의된다.

  - '기초 대사량'에 대한 정의가 제시되고 있다.

이때 체내에서 생성한 열량은 일정한 체온에서 체외로 발산되는 열량과 같다. 기초 대사량은 개체에 따라 대사량의 60~75%를 차지하고, 근육량이 많을수록 증가한다.
    기초 대사량은 직접법 또는 간접법으로 구한다.

  ㉠ **직접법**은 온도가 일정하게 유지되고 공기의 출입량을 알고 있는 호흡실에서 동물이 발산하는 열량을 열량계를 이용해 측정하는 방법이다.

  - '직접법'에 대한 정의가 제시되고 있다.

  ㉡ **간접법**은 호흡 측정 장치를 이용해 동물의 산소 소비량과 이산화 탄소 배출량을 측정하고, 이를 기준으로 체내에서 생성된 열량을 추정하는 방법이다. 2023학년도 수능 발췌

  - '간접법'에 대한 정의가 제시되고 있다.

16. ㉠, ㉡에 대한 이해로 가장 적절한 것은?

① ㉠은 체온을 환경 온도에 따라 조정하는 변온 동물이 체외로 발산하는 열량을 측정할 수 없다.
㉠은 온도가 일정하게 유지된 상태에서 열량을 측정하므로 체온을 환경 온도에 따라 조정하는 변온 동물이 체외로 발산하는 열량도 측정할 수 있다.
② ㉡은 동물이 호흡에 이용한 산소의 양을 알 필요가 없다.
㉡은 동물이 호흡에 이용한 산소의 양을 알 필요가 있다.
③ ㉠은 ㉡과 달리 격한 움직임이 제한된 편하게 쉬는 상태에서 기초 대사량을 구한다.
㉠과 ㉡은 모두 격한 움직임이 제한된 편하게 쉬는 상태에서 기초 대사량을 구한다.
④ ㉠과 ㉡은 모두 일정한 체온에서 동물이 체외로 발산하는 열량을 구할 수 있다.
⑤ ㉠과 ㉡은 모두 생존에 필수적인 최소한의 에너지를 공급하면서 기초 대사량을 구한다.
㉠과 ㉡은 모두 공복 상태에서 기초 대사량을 구한다.

답: ④

색은 상위개념이고 빨간색, 초록색, 파란색은 색의 하위개념입니다. 다리는 상위개념이고 인천대교, 광안대교, 서해대교는 다리의 하위개념입니다. 그렇다면 자동차와 엔진의 관계는 상하관계일까요? 얼핏 생각하면 상하관계라고 착각할 수 있지만 이는 상하관계가 아닌 부분관계입니다. 부분관계란 말 그대로 개념적으로 포함하는 관계가 아닌, 하나가 다른 하나의 부분을 이루는 관계를 말합니다. 예를 들어 '광안대교는 다리이다.'라고는 할 수 있지만 '엔진은 자동차이다.'라고 할 수 없습니다. 왜냐하면 엔진과 자동차는 개념적으로 포함관계를 이루지 않기 때문입니다. 단지 엔진은 자동차의 부품 중 하나일 뿐이죠.

기출에 등장했던 부분관계의 예시를 살펴봅시다.

1. **퍼셉트론**은 입력값들을 받아들이는 여러 개의 **입력 단자**와 **이 값을 처리하는 부분**, 처리된 값을 내보내는 한 개의 **출력 단자**로 구성되어 있다. 2017학년도 6월 모평 발췌
   입력 단자, 이 값을 처리하는 부분, 출력 단자와 퍼셉트론은 부분관계를 이룬다.

2. **콘크리트**는 **시멘트**에 모래와 자갈 등의 **골재**를 섞어 **물**로 반죽한 혼합물이다. 2017학년도 9월 모평 발췌
   시멘트, 골재, 물과 콘크리트는 부분관계를 이룬다.

3. **사단**의 구성원은 **사원**이라 한다. 2017학년도 9월 모평 발췌
   사원과 사단은 부분관계를 이룬다.

4. **생명체**를 구성하는 단위는 **세포**이다. 2020학년도 6월 모평 발췌
   세포와 생명체는 부분관계를 이룬다.

5. **혼합 기체**에서 **특정 기체**의 농도가 클수록 더 작은 주파수에서 주파수가 일정하게 유지된다.
   2024학년도 9월 모평 발췌
   특정 기체와 혼합 기체는 부분관계를 이룬다.

#대등 관계

대등 관계는 같은 위상을 갖는 관계라고 했습니다. 문법적으로 볼 때 이는 같은 상위개념을 갖는 하위개념, 예를 들어 현악기, 관악기, 타악기 간의 수평적 관계라고 볼 수 있습니다.

그러나 실질적으로 대등 관계는 이러한 문법적인 관계에 국한하지 않는 것이 좋습니다. 앞으로는 대등 관계를 비교 대상이 되는 혹은 될 수 있는 관계라고 규정하겠습니다. 비교는 둘 이상의 사물을 견주어 공통점(유사점)이나 차이점을 고찰하는 일을 의미합니다.

대등 관계를 명시적으로 파악할 수 있는 표지로는 비교 표현, 대립 표현, 열거 표현이 있습니다. 비교 표현에는 '-보다', '-와 달리', '-와 비교하여', '-이 아니라', '-대신', '-와 마찬가지로' 등이 있으며, 대립 표현에는 '-을 비판한다', '-을 반박한다', '-을 지적한다' 등이 있으며, 열거 표현에는 쉼표, '-와 -로 구분한다' 등이 있습니다.

대등 관계를 표지를 통해서만 파악할 수 있는 것은 아닙니다. 비교 대상이 될 수 있는 개념은 임의로 대등 관계로 볼 수 있습니다. 특히 지문에 여러 사람이 등장한다면 이들을 대등 관계로 보고 공통점(유사점) 혹은 차이점을 인지할 필요가 있습니다. 문제로 출제될 가능성이 높기 때문입니다. 반대 관계나 모순 관계도 대등 관계로 볼 수 있습니다.

간략하게 반대 관계와 모순 관계에 대해 알아보겠습니다. 어떤 두 명제가 반대 관계에 있다는 말은 그 두 명제가 동시에 참일 수 없다는 것을 의미합니다. 한편 어떤 두 명제가 모순 관계에 있다는 말은 그 두 명제가 동시에 참일 수도, 동시에 거짓일 수도 없다는 것을 의미합니다.

예를 들어 "나의 자동차는 전체가 흑색이다."라는 명제와 "나의 자동차는 전체가 백색이다."라는 명제는 반대 관계에 있습니다. 나의 자동차는 전체가 흑색이면서 전체가 백색일 수는 없습니다. 즉 두 명제가 동시에 참이 되는 가능세계를 상상할 수 없는 것이죠. 그러나 두 명제가 동시에 거짓이 되는 가능세계는 상상할 수 있습니다. 가령 나의 자동차 전체가 청색인 가능세계를 상상할 수 있죠. 따라서 해당 두 명제는 모순 관계가 아닙니다.

이번엔 "나의 자동차는 전체가 흑색이다."라는 명제와 "나의 자동차는 전체가 흑색인 것은 아니다."라는 명제 간의 관계를 살펴봅시다. 후자는 전자의 부정 표현이죠. 두 명제는 모순 관계에 있습니다. 나의 자동차는 전체가 흑색이면서 전체가 흑색인 것은 아닐 수 없습니다. 즉 두 명제가 동시에 참이 되는 가능세계를 상상할 수 없는 것이죠. 그렇다면 두 명제가 동시에 거짓이 되는 가능세계 또한 상상할 수 없습니다. 왜냐하면 두 명제가 동시에 참이 되는 경우와 두 명제가 동시에 거짓이 되는 경우는 동일한 경우이기 때문입니다.

다시 돌아와서 제가 비교 대상이 되는 혹은 되는 혹은 될 수 있는 관계를 대등 관계로 규정하는 이유는 무엇일까요? 왜냐하면 이것이 기억에 용이하기 때문입니다. 대등 관계를 머릿속에 모델링할 때 시각적 수평 관계로 모델링하기 마련입니다. 만약 비교 대상이 되는 혹은 될 수 있는 관계를 대등 관계로 인식하지 않아 모델링하지 않고 넘어간다면 대등 관계로 인식하여 시각적 수평 관계로 모델링했을 때와 비교할 때 기억의 정도에 상당한 차이가 납니다. 특히나 비교 대상이 되는 관계는 문제로 출제될 가능성이 높아 기억에 남아있는 것이 문제 풀이에 도움이 되죠. 또한 비교 대상이 되는 혹은 될 수 있는 관계를 대등 관계로 설정해 놓으면, 이를 바탕으로 범주화하여 산재한 정보들을 명징하게 정리할 수 있습니다. 이 과정에서도 기억이 강화되죠. 참고로 범주화란 비슷한 성질을 가진 것들을 일정한 기준에 따라 모아 하나의 종류나 부류로 묶는 일을 의미합니다.

다음 기출 예시들을 통해 대등 관계를 파악해 봅시다.

1. 고전 역학에 ⓐ 따르면, 물체의 크기에 관계없이 초기 운동 상태를 정확히 알 수 있다면 일정한 시간 후의 물체의 상태는 정확히 측정될 수 있으며, 배타적인 두 개의 상태가 공존할 수 없다.

하지만 20세기에 등장한 양자 역학에 의해 미시 세계에서는 상호 배타적인 상태들이 공존할 수 있음이 알려졌다.
- '고전 역학'과 '양자 역학'의 차이를 인지할 수 있으므로 둘을 대등 관계로 보아 시각적 수평 관계로 모델링할 수 있다.

미시 세계에서의 상호 배타적인 상태의 공존을 이해하기 위해, 거시 세계에서 회전하고 있는 반지름 5cm의 팽이를 생각해보자. 그 팽이는 시계 방향 또는 반시계 방향 중 한쪽으로 회전하고 있을 것이다. 팽이의 회전 방향은 관찰하기 이전에 이미 정해져 있으며, 다만 관찰을 통해 ⓑ 알게 되는 것뿐이다. 이와 달리 미시 세계에서 전자만큼 작은 팽이 하나가 회전하고 있다고 상상해 보자.

이 팽이의 회전 방향은 시계 방향과 반시계 방향의 두 상태가 공존하고 있다. 2018학년도 9월 모평 발췌
- '거시 세계의 팽이는 시계 방향 또는 반시계 방향 중 한쪽으로만 돌고 있는데, 미시 세계의 팽이는 두 상태가 공존할 수 있네. 거시 세계는 고전 역학의 범주에, 미시 세계는 양자 역학의 범주에 포함시킬 수 있겠다'라고 반응할 수 있다.

2. 아도르노는 서로 다른 가치 체계를 하나의 가치 체계로 통일시키려는 속성을 동일성으로, 하나의 가치 체계로의 환원을 거부하는 속성을 비동일성으로 규정하고, 예술은 이러한 환원을 거부하는 비동일성을 지녀야 한다고 주장한다.
- '동일성'과 '비동일성'의 차이를 인지할 수 있으므로 둘을 대등 관계로 보아 시각적 수평 관계로 모델링할 수 있다.

그렇기 때문에 예술은 대중이 원하는 아름다운 상품이 되기를 거부하고, 그 자체로 추하고 불쾌한 것이 되어야 한다는 것이다.
- '아름다움은 동일성의 범주에, 추함은 비동일성의 범주에 포함시킬 수 있겠네'라고 반응할 수 있다.

그에게 있어 예술은 예술가가 직시한 세계의 본질을 감상자들에게 체험하게 해야 한다.

예술은 동일화되지 않으려는, 일정한 형식이 없는 비정형화된 모습으로 나타남으로써 현대 사회의 부조리를 체험하게 하는 매개여야 한다는 것이다.
- '비정형성, 부조리는 비동일성의 범주에 포함시킬 수 있겠군'이라고 반응할 수 있다.

아도르노는 쇤베르크의 음악과 같은 전위 예술이 그 자체로 동일화에 저항하면서도, 저항이나 계몽을 직접적으로 드러내지 않는다는 것을 높게 평가한다.

저항이나 계몽을 직접 표현하는 것에는 비동일성을 동일화하려는 폭력적 의도가 내재되어 있다고 보기 때문이다. 2023학년도 9월 모평 발췌

- '저항이나 계몽을 직접 표현하는 것은 동일성의 범주에, 저항이나 계몽을 간접 표현하는 것은 비동일성의 범주에 포함시킬 수 있겠군'이라고 반응할 수 있다.

3. 채무자의 잘못으로 계약 내용이 실현되지 못하여 계약 위반이 발생하면, 이로 인해 손해를 입은 채권자가 손해 액수를 증명해야 그 액수만큼 손해 배상금을 받을 수 있다.

그러나 손해 배상 예정액이 정해져 있었다면 채권자는 손해 액수를 증명하지 않아도 손해 배상 예정액만큼 손해 배상금을 받을 수 있다. 2023학년도 수능 발췌

- '손해 배상 예정액이 정해지지 않은 경우'와 '손해 배상 예정액이 정해진 경우'의 차이를 인지할 수 있으므로 둘을 대등 관계로 보아 시각적 수평 관계로 모델링할 수 있다.

필연성과 가능성은 특히 선지에 많이 쓰일 수 있으므로 알아둘 필요가 있습니다. 필연성이란 0이나 1의 확률을 갖는 성질을 말하며, 가능성이란 0과 1 사이의 확률을 갖는 성질을 말합니다. 필연적(단정적) 표현이란 필연성을 갖는 표현을 말하며, 가능적(개연적) 표현이란 가능성을 갖는 표현을 말합니다.

많은 사람들이 가능성과 개연성을 혼용하곤 하는데 엄밀히 말해 개연성은 가능성에 포함되는 개념입니다. 개연성은 논증에서 전제가 모두 참일 때, 결론이 참일 확률을 말합니다. 즉 개연성이란 참인 전제가 결론을 지지하는 정도를 말합니다.

다음의 예시를 통해 필연적 표현과 가능적 표현에 대해 알아봅시다.

① 이론에서는 대립적 범주들의 종합을 이루어야 하는 세 번째 단계가 현실에서는 그 범주들을 중화한다.
② 이론에서는 외면성에 대응하는 예술이 현실에서는 내면성을 바탕으로 하는 절대정신일 수 있다.
③ 이론에서는 반정립 단계에 위치하는 예술이 현실에서는 정립 단계에 있는 것으로 나타난다.
④ 이론에서는 객관성을 본질로 하는 예술이 현실에서는 객관성이 사라진 주관성을 지닌다.
⑤ 이론에서는 절대정신으로 규정되는 예술이 현실에서는 진리의 인식을 수행할 수 없다.

가능적 표현이 쓰인 2번 선지를 제외한 나머지 선지는 모두 필연적 표현이 쓰였습니다. 실제 이 문제의 답은 2번입니다. 어떤 선지에서 가능적 표현이 쓰이면, 지문에 근거하여 그 선지가 거짓일 가능성이 조금은 있더라도 그 선지는 참이라고 판단해야 합니다. 반면에 어떤 선지에서 필연적 표현이 쓰이면, 지문에 근거하여 그 선지가 거짓일 가능성이 아예 없을 때만 그 선지를 참이라고 판단해야 합니다.

즉 선지에 가능적 표현이 쓰이면 어느 정도 유연함을 갖지만 필연적 표현이 쓰인다면 철저한 검증이 필요하다는 것입니다. 이러한 이유로 위의 예시에서도 유일하게 가능적 표현이 쓰인 선지가 답이 될 가능성이 높았고 실제로도 답이었습니다. 그러나 필연적 표현인지 가능적 표현인지의 판단만으로 선지 판단을 하기에는 위험합니다. 다만 선지 판단에 도움을 주는 역할로서 기능할 수는 있습니다. 결론적으로 말하면 선지를 판단할 때 우선 가능적 표현인지 필연적 표현인지를 확인하고, 가능적 표현이라면 지문에 입각하여 그 선지가 거짓일 가능성이 조금은 있더라도 참이라고 판단하고, 필연적 표현이라면 지문에 입각하여 그 선지가 거짓일 가능성이 아예 없을 때만 참이라고 판단해야 합니다.

방향

방향은 논증과 인과를 통칭합니다. 전제가 결론을 지지하는 양상과 원인에 따라 결과가 발생하는 양상에서 '방향성'을 읽어낼 수 있기에 방향이라 명명했습니다. 우리는 실제로 논증과 인과를 명시적이고 간결하게 나타내기 위해 화살표를 사용할 것입니다.

논증과 인과는 실생활에서 많이 접할 수 있으며 특히나 지문에 종종 등장합니다. 논증과 인과에 대해 배운 사람과 배우지 않은 사람은 하늘과 땅만큼의 차이가 날 수 있습니다. 비단 지문을 읽어내는 능력뿐만 아니라 일상생활에서 명제의 참과 거짓을 판단하는 능력에서 지대한 차이가 날 수 있죠. 논증과 인과 섹션이 다소 어렵게 느껴지더라도 부디 그 내용들을 자신의 것으로 만드시기 바랍니다.

논증은 전제와 결론으로 이루어진 명제들의 집합입니다. 혹자는 논증을 근거와 주장으로 이루어진 명제들의 집합이라고 정의하기도 하는데 이는 틀린 말이 아닙니다. 전제는 근거와, 결론은 주장과 문제없이 대응될 수 있기 때문입니다. 다만 앞으로의 편의를 위해 기존의 정의를 따르겠습니다. 어떤 명제들의 집합이 어떤 하나의 명제를 지지한다면 그 명제들의 집합은 전제, 지지받는 명제는 결론이라고 볼 수 있습니다.

많은 사람들이 논증과 추론을 헷갈리곤 합니다. 추론이란 주어진 것들을 바탕으로 주어지지 않은 것을 획득하는 사고 과정을 말합니다. 논증은 추론을 언어적으로 표현한 것을 말합니다. 다만 언어적으로 표현할 때 주어진 것들은 전제로, 주어지지 않은 것은 결론으로 나타나는 것뿐입니다. 즉 추론은 속으로, 논증은 겉으로 하는 것입니다.

명제는 그 내용을 보고 참인지 거짓인지 판별할 수 있는 문장을 말합니다. '사과'라는 단어는 참인지 거짓인지 판단할 수 없습니다. 반면 '사과는 빨갛다'라는 문장은 참인지 거짓인지 판단할 수 있습니다.

명제들로 이루어진 집합을 보고 이것이 논증이라는 것을 쉽게 알아보는 방법 중 하나는 '따라서' 혹은 '왜냐하면'을 찾아보는 것입니다. '따라서'와 그에 준하는 말 또는 '왜냐하면'과 그에 준하는 말이 나오면 그 명제들의 집합은 논증이라고 말할 수 있습니다. 설령 그 논증의 전제나 결론이 거짓임에도 논증이라고 말해야 합니다. 예를 들어 '바다는 신의 오줌이다. 왜냐하면 비가 신의 오줌이기 때문이다.'라는 명제들의 모임은 현실세계에서 모두 거짓이지만 논증이라고 말해야 합니다. '왜냐하면'을 통해 명제 간의 지지 관계가 드러났기 때문입니다.

'따라서'는 결론을 가리키는 말이고 '왜냐하면'은 전제를 가리키는 말입니다. '따라서' 뒤에 나오는 문장은 결론이고, '따라서' 앞에 나오는 문장 혹은 문장들은 전제입니다. '왜냐하면' 뒤에 나오는 문장은 전제이고, '왜냐하면' 앞에 나오는 문장은 결론입니다. 결론 앞에 또 다른 전제들이 있을 수도 있고 없을 수도 있습니다. 전제는 여러 개일 수 있지만 결론은 하나여야 합니다. 다음의 논증의 예시를 살펴봅시다.

인간은 모두 죽는다. 소크라테스는 죽는다. 왜냐하면 소크라테스는 인간이기 때문이다.

이를 '따라서'를 사용하여 순서를 바꿔보겠습니다.

인간은 모두 죽는다. 소크라테스는 인간이다. 따라서 소크라테스는 죽는다.

위 논증에서 전제는 '인간은 모두 죽는다.'와 '소크라테스는 인간이다.'이고, 결론은 '소크라테스는 죽는다.'입니다.

논증은 크게 두 가지로 나뉩니다. 모든 논증은 연역 논증이거나 귀납 논증입니다.

전제가 참이면 결론은 필연적으로 참인 논증을 연역 논증이라 합니다. 전제가 참이면 결론은 가능적으로 참인 논증을 귀납 논증이라 합니다. 즉 연역 논증은 전제가 참이면 결론은 반드시 참이며, 귀납 논증은 전제가 참이면 결론은 참일 수도 있고 거짓일 수도 있습니다.

우리는 우선 연역 논증부터 자세히 살펴볼 것입니다.

#연역 논증

• 기본 논리 연결사

한 문장 또는 여러 문장들을 논리적으로 새로운 의미의 한 문장으로 만들어 내는 단어를 '논리 연결사'라고 합니다. 기본 논리 연결사로는 AND, OR, NOT, IF가 있습니다. 이 섹션은 본격적인 연역 논증을 배우기 위한 기초 지식을 배우는 과정이니 잘 숙지하시기 바랍니다.

AND는 문장에서 '이고, 이지만, 이며, 이면서, 인데, 도, 마찬가지로, 일 뿐만 아니라, 또한, 그리고, 그런데, 그러나, 그럼에도 불구하고' 등으로 나타날 수 있습니다. AND의 기호로는 '&, &&, ∧, ·' 등이 쓰입니다만 우리는 '∧'를 쓰겠습니다. 다음의 예시를 살펴봅시다.

궁녀를 희롱하였으며 왕실의 물건을 빼돌렸다. 따라서 도가 라희는 사형에 처한다.

위 논증은 이렇게 표현할 수 있습니다.

궁녀 희롱∧왕실 물건 절도

∴ 도라희 사형

OR는 문장에서 '이거나, 또는, 혹은' 등으로 나타날 수 있습니다. OR의 기호로는 '|, ||, ∨, +' 등이 쓰입니다만 우리는 '∨'를 쓰겠습니다. 다음의 예시를 살펴봅시다.

경찰서 살인 사건의 범인은 경찰서 내부자이거나 피해자에게 원한이 있는 전과자이다. CCTV와 블랙박스 확인 결과 경찰서 살인 사건의 범인은 경찰서 내부자가 아니다. 따라서 경찰서 살인 사건의 범인은 피해자에게 원한이 있는 전과자이다.

위 논증은 이렇게 표현할 수 있습니다. 참고로 기호 '~'은 'NOT'을 의미합니다.

범인은 경찰서 내부자∨범인은 원한 있는 전과자

~범인은 경찰서 내부자

∴ 범인은 원한 있는 전과자

NOT은 '거짓이다, 아니다' 등으로 나타날 수 있습니다. NOT의 기호로는 '!, ´, ~, ¬' 등이 쓰입니다만 우리는 '~'을 쓰겠습니다. 다음의 예시를 살펴봅시다.

청와대가 폭파되었다는 주장은 거짓이 아니다. 따라서 청와대는 폭파되었다.

~~청와대 폭파

∴ 청와대 폭파

IF는 '이면, 이라면, 일 때, 인 경우, 만으로' 등으로 나타날 수 있습니다. IF의 기호로는 'if, →' 등이 쓰입니다만 우리는 '→'를 쓰겠습니다. 특별히 '→'의 앞을 전건, 뒤를 후건이라고 부릅니다. 다음의 예시를 살펴봅시다.

필자가 재벌이라면 이 책을 쓰지 않는다. 필자는 이 책을 썼다. 따라서 필자는 재벌이 아니다.

필자 재벌 → (~책 집필)

책 집필

∴ ~필자 재벌

기본 논리 연결사들의 구체적인 의미를 파악해 보겠습니다. 명제는 진릿값을 가집니다. 진릿값은 참 또는 거짓일 수 있습니다. 참 또는 거짓 외의 진릿값은 없다고 전제하는 것을 배중률이라고 합니다. 즉 배중률(排中律, 밀칠 배 가운데 중 법칙 률)이란 중간을 배제하는 규칙, 즉 참 또는 거짓 외의 다른 진릿값은 배제하는 규칙을 말합니다.

하나의 어떤 명제를 P, 또 다른 하나의 어떤 명제를 Q라고 하겠습니다. P와 Q에는 어떠한 내용의 명제든지 올 수 있습니다.

아래와 같이 어떤 명제에 대해 진릿값을 표기하고 정리한 표를 진리표라고 합니다.

세계	P	Q	P∧Q
W1	거짓	거짓	거짓
W2	거짓	참	거짓
W3	참	거짓	거짓
W4	참	참	참

P∧Q는 P와 Q가 모두 참일 때만 참입니다. 둘 중 적어도 하나가 거짓이면 P∧Q는 거짓입니다.

예를 들어 '1기압이고 100℃일 때만 물이 끓는다'라는 참인 문장에서 1기압과 100℃라는 조건이 모두 참일 때만 물이 끓는다는 것을 알 수 있습니다. 1기압이고 90℃라면 물이 끓지 않을 것입니다.

세계	P	Q	P∨Q
W1	거짓	거짓	거짓
W2	거짓	참	참
W3	참	거짓	참
W4	참	참	참

P∨Q는 P와 Q 둘 중 적어도 하나가 참이면 참입니다. P와 Q가 모두 거짓이라면 P∨Q는 거짓입니다.

예를 들어 '교수님은 서울대 출신이거나 하버드 출신이다'라는 문장에서 교수님이 연세대 학사에 존스홉킨스대 석박사 학위만을 갖고 있으시다면 이 문장은 거짓입니다. 그러나 서울대 학사 석사에 존스홉킨스대 박사 학위를 갖고 있으시다면 이 문장은 참입니다. 교수님이 하버드대 학사에 서울대 석박사 학위를 딴 경우에도 이 문장은 참입니다.

'이거나'가 OR와 다른 의미를 갖는 경우가 있습니다. 예를 들어, '김미한은 밥을 한 끼만 먹는데, 아침을 먹거나 저녁을 먹는다'라는 참이라고 전제된 문장에서 '아침을 먹는다'가 참이면 반드시 '저녁을 먹는다'는 거짓이고, '아침을 먹는다'가 거짓이면 반드시 '저녁에 먹는다'는 참입니다. '아침을 먹는다'와 '저녁을 먹는다'가 동시에 참이 될 수 없는데, 이와 같은 '이거나'를 'exclusive OR', 간편하게 XOR라 합니다. 앞에서 든 예시처럼 XOR가 문맥적으로 드러나는 경우가 있고 '나는 내일 서울에 있거나, 아니면 오스틴에 있을 것이다'처럼 명시적으로 드러나는 경우도 있습니다.

XOR의 기호로는 '$\veebar$, $\oplus$' 등이 쓰입니다만 우리는 '$\veebar$'를 쓰겠습니다.

세계	P	Q	P$\veebar$Q
W1	거짓	거짓	거짓
W2	거짓	참	참
W3	참	거짓	참
W4	참	참	거짓

P$\veebar$Q는 P와 Q 둘 중 하나만 참일 때만 참입니다. 둘 다 참이거나 둘 다 거짓이라면 P$\veebar$Q는 거짓입니다.

예를 들어 '유재석은 오늘 부산에 있거나, 아니면 파리에 있다'라는 문장에서 유재석이 강릉에 있다면 이 문장은 거짓입니다. 유재석이 부산에 있으면 이 문장은 참이고, 파리에 있으면 이 문장은 참입니다. 현실세계에서 일어날 수 없지만 유재석이 부산에 있으면서 파리에 있는 경우, 이 문장은 거짓입니다

세계	P	~P
W1	거짓	참
W2	참	거짓

~P는 P가 거짓일 때 참이며, P가 참일 때 거짓입니다. 즉 P와 ~P는 진릿값이 서로 반대입니다.

예를 들어 '왕재수는 타인에게 엄격하지 않다'라는 문장에서 왕재수가 타인에게 엄격하다면 이 문장은 거짓이고, 그렇지 않다면 이 문장은 참입니다.

세계	P	Q	P → Q
W1	거짓	거짓	참
W2	거짓	참	참
W3	참	거짓	거짓
W4	참	참	참

P → Q는 P가 참이면서 Q가 거짓일 때만 거짓입니다. 나머지의 경우 P → Q는 참입니다.

예를 들어 '사람의 머리를 M16 소총으로 명중시키면 그 사람은 죽는다'라는 문장에서 사람의 머리를 M16 소총으로 명중시켰는데 그 사람이 죽지 않은 경우 이 문장은 거짓입니다. 사람의 머리를 M16 소총으로 명중시켰고 그 사람이

죽은 경우 이 문장은 참입니다. 사람의 머리를 M16 소총으로 명중시키지 않았는데 그 사람이 죽은 경우에도 이 문장은 참입니다. 사람의 머리를 M16 소총으로 명중시키지 않았는데 그 사람이 죽지 않은 경우에도 이 문장은 참입니다.

사람과 사람 사이의 대화에서 '이면'은 IF와 다른 의미를 함축하는 경우가 있습니다. 예를 들어 '이번 모의고사에서 국어 1등급을 받으면 10만 원을 준다'라는 약속을 엄마가 아들에게 했다고 가정합시다. 만약 모의고사에서 국어 1등급을 받았고 10만 원을 줬다면 이 약속은 지켜진 것입니다. 만약 모의고사에서 국어 1등급을 받았는데 10만 원을 주지 않았다면 이 약속은 지켜지지 않은 것입니다. 아들의 입장에서 화가 나는 상황이죠. 모의고사에서 국어 1등급을 받지 못했다면 이는 약속과 무관한 상황입니다. 따라서 10만 원을 주든 안 주든 엄마 마음대로 할 수 있는 것이죠. 그러나 1등급을 받지 않았는데도 10만 원을 준다면 이 약속은 의미 없는 약속이 되어 버립니다. 이 약속이 의미 있는 약속이 되기 위해선 이 약속을 '모의고사 국어 1등급을 받고 10만 원을 받거나, 1등급을 못 받고 10만 원을 못 받는다', 즉 '모의고사 국어 1등급을 받을 때, 오직 그때만 10만 원을 준다'라는 의미로 해석해야 합니다. 전건과 후건이 서로 필요충분조건 관계가 되는 것이죠. 이 문장이 이해가 안 될 수도 있습니다만 곧 이 문장을 이해할 수 있는 지식을 배울 것이니 물음표를 띄워놓고 조금만 기다리시기 바랍니다.

• 기본 논증 규칙

기본 논리 연결사를 바탕으로 앞으로 배울 기본 논증 규칙은 모두 타당합니다. 연역 논증에는 타당한 논증과 부당한 논증이 있는데, 그중 타당한 논증이란 연역 논증의 특징에 부합하는 논증이고 부당한 논증이란 연역 논증의 특징에 부합하지 않는 논증입니다. 타당한 논증은 전제들이 모두 참이면 결론이 반드시 참인 연역 논증의 형식을 따르고, 전제가 모두 참이면서 결론이 거짓인 반례를 들 수 없는 논증을 말합니다. 부당한 논증은 논증을 전개하는 사람이 연역 논증을 의도했지만 반례가 존재하는 논증을 말합니다. 예를 들어 이런 논증이 있다고 해봅시다.

1. 지구에 거대한 운석이 충돌하면 인류는 멸망한다.
2. 인류는 멸망했다.

따라서 지구에 거대한 운석이 충돌했다.

결론에 필연적 표현이 쓰였으므로 이는 연역 논증을 의도했다고 볼 수 있습니다. 그러나 이 논증은 후건긍정의 오류를 범했습니다. 조건문과 후건이 참이라고 해서 전건도 참이라고 볼 수는 없기 때문에 오류인 것입니다. 핵전쟁으로 인류가 멸망하는 반례, 기후재난으로 인류가 멸망하는 반례 등 다양한 반례를 들 수 있으므로 이 논증은 타당하지 않습니다. 그러나 논증의 구성 명제들의 순서만 바꾸면 이 논증은 타당합니다.

1. 지구에 거대한 운석이 충돌하면 인류는 멸망한다.
2. 지구에 거대한 운석이 충돌했다.

따라서 인류는 멸망했다.

형식적으로 틀릴 수가 없기 때문에 이 논증은 반례를 들 수가 없습니다.

타당한 논증은 전제들이 참이면 결론이 참인 논증을 말하죠. 이는 전제들이 실제로 참이라는 말이 아닙니다. 전제들이 현실세계에서 거짓이라 하더라도, 우리가 전제들을 참이라고 여기면 반드시 결론도 참이라고 여겨야 한다는 말입니다. 예를 들어 '뉴욕은 대한민국에 있다. 따라서 우리가 뉴욕에 가면 대한민국에 간 것이다'라는 논증은 전제가 현실세계에서 거짓이지만 전제가 참이라고 가정하면 반드시 결론이 참인 타당한 논증입니다. 또 다른 예로 '지존고등학교 3학년의 학생 수는 총 366명이다. 따라서 지존고등학교 3학년의 학생 중 생일이 같은 학생이 적어도 두 명이 있다. 단, 윤년은 고려하지 않는다.'라는 논증은 전제를 참이라고 가정하면 결론이 반드시 참인 타당한 논증입니다.

이제 기본 논증 규칙에 대해 배워봅시다.

1. P
2. Q

$\therefore$ P∧Q

위와 같은 논증을 'AND 도입'이라고 합니다. 예를 들어보겠습니다.

1. 별은 물질로 이루어져 있다.
2. 별은 반물질로 이루어져 있다.

따라서 별은 물질과 반물질로 이루어져 있다.

1. P∧Q

$\therefore$ P

위와 같은 논증을 'AND 제거'라고 합니다. 예를 들어보겠습니다.

1. 시간은 엔트로피 법칙을 따르고 우리는 시간을 거스를 수 없다.

따라서 우리는 시간을 거스를 수 없다.

1. P

∴ P∨Q

위와 같은 논증을 'OR 도입'이라고 합니다. P와 Q 둘 중 적어도 하나가 참이면 P∨Q는 참이므로 P가 참이라고 가정하면 Q의 진릿값에 상관없이 P∨Q는 참이 되는 것입니다. 예를 들어보겠습니다.

1. 주먹은 법보다 가깝다.

따라서 주먹은 법보다 가깝거나 법은 주먹보다 강력하다.

1. P∨Q
2. ~P

∴ Q

위와 같은 논증을 'OR 제거'라고 합니다. 전제 1은 P와 Q 둘 중 적어도 하나가 참이라는 뜻입니다. 전제 2는 P가 거짓이라는 뜻입니다. 전제 1과 전제 2가 모두 참이라면 결론인 Q는 타당하게 도출됨을 알 수 있습니다. 예를 들어보겠습니다.

1. 홍석천은 이성애자이거나 동성애자이다.
2. 홍석천은 이성애자가 아니다.

따라서 홍석천은 동성애자이다.

1. ~~P

∴ P

위와 같은 논증을 'NOT 제거'라고 합니다. 'NOT'은 진릿값을 바꿔주는 논리 연결사라고 했습니다. 이걸 두 번 사용하면 사용하기 전과 같은 진릿값을 갖는 것입니다. 예를 들어보겠습니다.

1. 우영우가 고래를 좋아한다는 주장은 거짓이 아니다.

따라서 우영우는 고래를 좋아한다.

한 문장과 그것의 부정문이 'AND'로 이어져 있는 문장을 '모순 문장'이라 합니다. P가 참이면 'P는 거짓이다'는 거짓입니다. P가 거짓이면 'P는 거짓이다'는 참입니다. 'P가 참이면서 P는 거짓이다'는 터무니없는 말입니다. 'P는 참이면서 거짓이다'라는 명제를 어떻게 받아들여야 할까요? 우리는 모순 문장이 반드시 거짓이라고 여길 것입니다. 왜냐하면 'P가 참이면서 P는 거짓이다'의 부정문은 'P는 거짓이거나 P는 참이다'로 반드시 참인 문장이기 때문입니다. 참고로 '모순 문장은 반드시 거짓'이라는 규칙을 '모순율'이라고 합니다.

1. P∨Q
2. ~Q
3. ~P

∴ P∧~P

위의 논증에서 어떻게 전제들로부터 결론이 도출되는지 차근차근 살펴보겠습니다.

1. P∨Q
2. ~Q
3. ~P
4. 전제 2로 전제 1에서 OR 제거, P

∴ 전제 3과 전제 4에 AND 도입, P∧~P

위 논증은 타당하지만 그 결론은 모순 문장입니다. 다시 말해 위 논증의 결론은 반드시 거짓입니다. 논증이 타당한데 결론이 반드시 거짓이라는 것은 무엇을 뜻할까요? 논증이 타당하다는 말은 전제들을 모두 참이라고 여기면 결론도 참이라고 여길 수밖에 없다는 것을 뜻한다고 배웠습니다. 하지만 위 논증의 결론은 그 자체로 반드시 거짓입니다. 이 때문에 우리는 위 논증의 모든 전제들이 참이라고 여기는 것 자체가 불가능하다는 사실을 알 수 있습니다. 다시 말해 전제들 가운데 적어도 하나가 거짓일 수밖에 없습니다. 전제 1과 전제 2를 참이라고 가정하면 전제 3은 거짓이어야 합니다. 전제 2와 전제 3을 참이라고 가정하면 전제 1은 거짓이어야 합니다. 전제 1과 전제 3을 참이라고 가정하면 전제 2는 거짓이어야 합니다. 어떤 명제 P, Q, X로부터 모순 문장을 도출했다고 가정해 봅시다. 이때 우리는 다음 논증이 타당하다고 말할 수 있습니다.

1. P
2. Q

∴ ~X

만일 어떤 명제 P, Q, X로부터 타당하게 모순 문장을 도출해 낼 수 있다면, 이를 바탕으로 '1. P 2. Q ∴ ~X'가 타당하다고 주장할 수 있습니다. 이를 'NOT 도입'이라 합니다. 다른 말로 '귀류법'이라고도 합니다. 예를 들어보겠습니다.

1. 물고기는 아가미로 숨쉬거나 사람은 아가미로 숨쉰다.
2. 사람은 아가미로 숨쉬지 않는다.
3. 물고기는 아가미로 숨쉬지 않는다.

따라서 물고기는 아가미로 숨쉬고 아가미로 숨쉬지 않는다.

결론이 모순 문장이므로 전제들 중 적어도 하나가 거짓이다.

1. 물고기는 아가미로 숨쉬거나 사람은 아가미로 숨쉰다.
2. 사람은 아가미로 숨쉬지 않는다.

따라서 물고기는 아가미로 숨쉰다.

타당한 논증에서 결론이 모순 문장일 때 전제들 중 적어도 하나가 거짓이라는 결론을 통해 하나의 전제에 NOT을 넣어 결론으로 도출하는 것은 NOT 도입이라고 했습니다. NOT 도입은 귀류법이라고 볼 수 있지만 귀류법은 NOT 도입이라고 볼 수 없습니다. 귀류법이란 타당한 논증에서 결론이 터무니없음이 밝혀졌을 때 전제들 중 적어도 하나가 거짓이라는 결론을 내리는 논증 방법입니다. '터무니없음'은 영어로 absurdity라고 하는데 이 absurdity의 의미에 대해 파악해 보면 귀류법이 NOT 도입을 포함하는 개념임을 알 수 있습니다.

absurdity란

1. 모순
2. 명백한 사실에 반함
3. 만인이 공유하는 가치에 반함

타당한 논증에서 결론이 absurd함을 보여 전제들 중 적어도 하나가 거짓임을 보이는 귀류법의 예시를 들어보겠습니다.

1. 만유인력이 존재한다면 나와 달도 서로 끌어당기고 있다.
2. 나와 달은 서로 끌어당기고 있지 않다.

따라서 만유인력은 존재하지 않는다.

위의 논증은 형식적으로 타당한 논증입니다. 그러나 현실세계에서 만유인력이 존재하지 않는다는 결론은 명백한 사실에 반하는 absurdity를 띠고 있습니다. 따라서 나와 달은 서로 끌어당기고 있지 않다는 전제는 거짓임을 밝힐 수 있습니다.

1. 전시 상황에서 살인은 허용된다.
2. 수험생활은 전시 상황에 준한다.

따라서 수험생활에서 살인은 용인된다.

현실세계에서, 수험생활에서 살인이 용인된다는 결론은 만인이 공유하는 가치에 반하는 absurdity를 띠고 있습니다. 따라서 수험생활은 전시 상황에 준한다는 전제는 거짓임을 밝힐 수 있습니다.

1. $P \rightarrow Q$
2. P

$\therefore Q$

위와 같은 논증을 'IF 제거'라고 합니다. 예를 들어보겠습니다.

1. 자외선 차단제를 바르지 않고 햇빛에 피부를 오래 노출시키면 피부암에 걸릴 수 있다.
2. 자외선 차단제를 바르지 않고 햇빛에 피부를 오래 노출시켰다.

따라서 피부암에 걸릴 수 있다.

1. P
2. Q

∴ R

위 논증이 타당하다는 사실로부터

1. P

∴ Q → R

위 논증이 타당하다고 받아들이는 규칙을 'IF 도입'이라 합니다. '1. P 따라서 Q → R'이 타당하다는 사실로부터 '1. P 2. Q 따라서 R'이 타당하다고 논증할 수도 있습니다. 예를 들어보겠습니다.

1. 범죄자는 감옥에 들어가야 한다.
2. 김길태는 살인을 저질렀다.

따라서 김길태는 감옥에 들어가야 한다.

위 논증이 타당하다는 사실로부터

1. 범죄자는 감옥에 들어가야 한다.

따라서 김길태가 살인을 저질렀다면 김길태는 감옥에 들어가야 한다.

기본 논증 규칙	
AND 도입	AND 제거
OR 도입	OR 제거
NOT 도입	NOT 제거
IF 도입	IF 제거

지금까지 우리는 기본 논증 규칙을 배웠습니다.

이제 기본 논증 규칙으로부터 타당하게 도출할 수 있는 파생 논증 규칙을 배울 것입니다.

1. P → Q
2. ~Q

∴ ~P

위 논증은 타당합니다. 왜 타당한지는 'NOT 도입'을 시작으로 증명할 수 있습니다.
결론에 NOT을 도입해 전제로 추가해 봅시다.

1. P → Q
2. ~Q
3. P
4. 전제 3으로 전제 1에서 IF 제거, Q

∴ 전제 2와 전제 4에 AND 도입, Q∧~Q

결론이 모순 문장이므로 전제들 중 적어도 하나가 거짓이라는 것을 알 수 있습니다. 따라서

1. P → Q
2. ~Q

∴ ~P

위 논증은 타당하고 위와 같은 논증을 '거꾸로 IF 제거'라고 합니다. 예를 들어보겠습니다.

1. 모든 고통을 양적으로 계산할 수 있다면 공리주의는 모든 도덕적 판단에 적용될 수 있다.
2. 공리주의가 모든 도덕적 판단에 적용될 수 있는 건 아니다.

따라서 모든 고통을 양적으로 계산할 수 있는 건 아니다.

거꾸로 IF 제거가 지문에 등장한 적도 있습니다.

> 하지만 콰인은 가설만 가지고서 예측을 논리적으로 도출할 수 없다고 본다. 예를 들어 새로 발견된 금속 M은 열을 받으면 팽창한다는 가설만 가지고는 열을 받은 M이 팽창할 것이라는 예측을 이끌어낼 수 없다. 먼저 지금까지 관찰한 모든 금속은 열을 받으면 팽창한다는 기존의 지식과 M에 열을 가했다는 조건 등이 필요하다. 이렇게 예측은 가설, 기존의 지식들, 여러 조건 등을 모두 합쳐야만 논리적으로 도출된다는 것이다. 그러므로 예측이 거짓으로 밝혀지면 정확히 무엇 때문에 예측에 실패한 것인지 알 수 없다는 것이다. 이로부터 콰인은 개별적인 가설뿐만 아니라 기존의 지식들과 여러 조건 등을 모두 포함하는 전체 지식이 경험을 통한 시험의 대상이 된다는 총체주의를 제안한다.
>
> 2017학년도 수능 발췌

1. (가설∧기존의 지식들∧여러 조건) → 예측
2. ~예측

∴ ~(가설∧기존의 지식들∧여러 조건)

즉 콰인은 예측이 틀렸다면 가설과 기존의 지식들과 여러 조건 중 적어도 하나가 틀렸다고 결론을 내려야 한다고 주장하는 것입니다.

1. P → Q
2. Q → R

∴ P → R

위 논증은 타당합니다. 왜 타당한지는 'IF 도입'을 시작으로 증명할 수 있습니다. 결론의 전건을 전제에 추가해 봅시다.

1. P → Q
2. Q → R
3. P
4. 전제 3으로 전제 1에서 IF 제거, Q

∴ 전제 4로 전제 2에서 IF 제거, R

위 논증에서 전제 3과 결론에 'IF 도입'하면 아래와 같은 논증이 됩니다.

1. P → Q
2. Q → R

∴ P → R

위 논증은 타당하고 위와 같은 논증을 '연쇄 논법'이라 합니다. 예를 들어보겠습니다.

1. 감정이 이성의 일부라면 이성이 사라질 때 감정도 사라진다.
2. 이성이 사라질 때 감정도 사라진다면 이성이 제기능을 하도록 노력해야 한다.

따라서 감정이 이성의 일부라면 이성이 제기능을 하도록 노력해야 한다.

1. P ∨ Q
2. P → R
3. Q → R

∴ R

위 논증은 타당합니다. 왜 타당한지는 'NOT 도입'을 시작으로 증명할 수 있습니다.
결론에 NOT을 도입해 전제에 추가해 봅시다.

1. P ∨ Q
2. P → R
3. Q → R
4. ~R
5. 전제 4로 전제 2에서 거꾸로 IF 제거, ~P
6. 전제 5로 전제 1에서 OR 제거, Q
7. 전제 6으로 전제 3에서 IF 제거, R

∴ 전제 4와 전제 7에 AND 도입, R ∧ ~R

결론이 모순 문장이므로 전제들 중 적어도 하나가 거짓이라는 것을 알 수 있습니다. 따라서

1. P ∨ Q
2. P → R
3. Q → R

∴ R

위 논증은 타당하고 위와 같은 논증을 '경우에 의한 논증'이라고 합니다. 예를 들어보겠습니다.

1. 현대 과학은 인간의 줄기세포를 복제할 수 있거나 인간을 복제할 수 있다.
2. 현대 과학이 인간의 줄기세포를 복제할 수 있다면 인간은 이론상 영원히 살 수 있다.
3. 현대 과학이 인간을 복제할 수 있다면 인간은 이론상 영원히 살 수 있다.

따라서 인간은 이론상 영원히 살 수 있다.

경우에 의한 논증이 적용된 지문이 있습니다.

이러한 질문과 관련하여 반자유의지 논증은 갑에게 자유의지가 없다고 결론 내린다. 우선 임의의 선택은 이전 사건들에 의해 선결정되거나 무작위로 일어난다. 여기서 무작위로 일어난다는 것은 선결정되지 않는다는 것을 의미한다. 이러한 전제하에 반자유의지 논증은 선결정 가정과 무작위 가정을 모두 고려한다. 첫 번째로 임의의 선택이 그 이전 사건들에 의해 선결정된다고 가정해 보자. 반자유의지 논증에서는 이 경우 우리에게 자유의지가 없다고 결론 내린다. 가령 갑의 딸기 우유 선택이 심지어 갑이 태어나기도 전에 선결정된 것이라면 갑이 자유의지로 그것을 선택한 것이라고 보기 어려울 것이다. 두 번째로 임의의 선택이 무작위로 일어난 것이라 가정해 보자. 반자유의지 논증에서는 이 경우에도 우리에게 자유의지가 없다고 결론 내린다. 가령 갑의 딸기 우유 선택이 단지 갑의 뇌에서 무작위로 일어난 신경 사건이라고 한다면, 그것은 자유의지의 산물이라고 보기 어려울 것이다.

그러나 이 논증에 관한 다양한 비판이 가능하다. 반자유의지 논증을 비판하는 한 입장에 따르면 반자유의지 논증의 선결정 가정을 고려할 때의 결론은 받아들여야 하지만, 무작위 가정을 고려할 때의 결론은 받아들일 필요가 없다. 따라서 반자유의지 논증의 결론도 받아들일 필요가 없다고 주장한다. 그 이유는 아래와 같다.

2022학년도 9월 모평 발췌

반자유의지 논증을 정리해보겠습니다.

1. 임의의 선택은 선결정되거나 무작위로 일어난다.
2. 임의의 선택이 선결정된다면 우리는 자유의지가 없다.
3. 임의의 선택이 무작위로 일어난다면 우리는 자유의지가 없다.

따라서 우리는 자유의지가 없다.

반자유의지 논증은 건전성을 전제하고 있습니다. 건전한 논증이란 타당한 논증이면서 전제들이 모두 현실세계에서 참인 논증을 말합니다. 만약 그 전제들 중 적어도 하나가 현실세계에서 거짓이라면 현실세계에서 결론이 반드시 참이 됨을 보장할 수 없습니다. 즉 타당하지만 건전하지는 않은 논증이 되는 것이죠. 따라서 반자유의지 논증을 비판하는 입장에서는 반자유의지 논증의 3번 전제가 현실세계에서 거짓임을 지적하여 이 논증의 결론을 받아들일 필요가 없다고 주장하는 것입니다.

파생 논증 규칙
거꾸로 IF 제거
연쇄 논법
경우에 의한 논증

• 드모르간 규칙

진리표를 이용해서 다음 문장들의 뜻이 같음을 보일 수 있습니다.

세계	P	Q	$P \wedge Q$	$\sim(P \wedge Q)$	$\sim P \vee \sim Q$
W1	거짓	거짓	거짓	참	참
W2	거짓	참	거짓	참	참
W3	참	거짓	거짓	참	참
W4	참	참	참	거짓	거짓

$\sim(P \wedge Q) \equiv \sim P \vee \sim Q$

이를 'AND 드모르간 규칙'이라 합니다. 예를 들어보겠습니다.

'밀이 파우스트를 썼고 괴테가 자유론을 썼다는 주장은 거짓이다'라는 문장과 '밀은 파우스트를 쓰지 않았거나 괴테는 자유론을 쓰지 않았다'라는 문장은 뜻이 같다.

세계	P	Q	$P \vee Q$	$\sim(P \vee Q)$	$\sim P \wedge \sim Q$
W1	거짓	거짓	거짓	참	참
W2	거짓	참	참	거짓	거짓
W3	참	거짓	참	거짓	거짓
W4	참	참	참	거짓	거짓

$\sim(P \vee Q) \equiv \sim P \wedge \sim Q$

이를 'OR 드모르간 규칙'이라 합니다. 예를 들어보겠습니다.

'국회의원은 과학을 잘하거나 과학자는 정치를 잘한다는 주장은 거짓이다'라는 문장은 '국회의원은 과학을 잘하지 않고 과학자는 정치를 잘하지 않는다'라는 문장과 뜻이 같다.

• EQUAL

기호 '≡'은 EQUAL을 의미합니다. EQUAL이란 '뜻이 같다'를 의미하기도 하고 'if and only if', 즉 필요충분조건을 의미하기도 합니다.

세계	P	Q	P → Q	P ← Q	(P → Q)∧(P ← Q)	P≡Q
W1	거짓	거짓	참	참	참	참
W2	거짓	참	참	거짓	거짓	거짓
W3	참	거짓	거짓	참	거짓	거짓
W4	참	참	참	참	참	참

예를 들어보겠습니다.

'노동이 상품이 아닐 때, 오직 그 때만 노동은 사고 팔 수 없다'라는 문장은 '노동이 상품이 아니라면 노동은 사고 팔 수 없고, 노동을 사고 팔 수 없다면 노동은 상품이 아니다'라는 문장과 의미가 같습니다. 이 문장이 참이라면 필요충분조건 관계가 성립하기 때문에 '노동은 상품이 아니다'라는 문장과 '노동은 사고 팔 수 없다'라는 문장은 뜻이 같다고 볼 수 있습니다.

이제부터 기본 논리 연결사를 이용한 문장들 중에 서로 의미가 같은 것들을 알아보겠습니다.

'P → Q'와 '~Q → ~P'는 뜻이 같습니다. 즉,

P → Q ≡ ~Q → ~P

이 규칙을 '대우 규칙'이라 합니다. 이를 증명하기 위한 방법 중 하나는 P → Q로부터 ~Q → ~P가 타당하게 도출되고, ~Q → ~P로부터 P → Q가 타당하게 도출됨을 밝혀 보이는 것입니다. 물론 진리표를 그려보는 것도 증명 방법 중 하나가 될 수 있습니다.

1. P → Q

∴ ~Q → ~P

위 논증은 타당합니다. 왜 타당한지는 'IF 도입'을 시작으로 증명할 수 있습니다. 결론의 전건을 전제에 추가해 봅시다.

1. P → Q
2. ~Q

∴ 전제 2로 전제 1에서 거꾸로 IF 제거, ~P

위 논증에서 전제 2와 결론에 'IF 도입'하면 아래와 같은 논증이 됩니다.

1. P → Q

∴ ~Q → ~P

1. ~Q → ~P

따라서 P → Q

위 논증은 타당합니다. 왜 타당한지는 'IF 도입'을 시작으로 증명할 수 있습니다. 결론의 전건을 전제에 추가해 봅시다.

1. ~Q → ~P
2. P

∴ 진제 2로 진제 1에서 거꾸로 ㅏ 세서, Q

위 논증에서 전제 2와 결론에 'IF 도입'하면 아래와 같은 논증이 됩니다.

1. ~Q → ~P

∴ P → Q

결과적으로 P → Q ≡ ~Q → ~P임이 증명되었습니다. 예를 들어보겠습니다.

'제니가 사람이면 제니는 포유류이다'라는 문장은 '제니가 포유류가 아니라면 제니는 사람이 아니다'라는 문장과 뜻이 같다.

'P → Q'와 '~(P∧~Q)'는 뜻이 같습니다. 즉,

P → Q ≡ ~(P∧~Q)

이를 증명하는 방법 중 하나는 P → Q로부터 ~(P∧~Q)가 타당하게 도출되고, ~(P∧~Q)로부터 P → Q가 타당하게 도출됨을 밝혀 보이는 것입니다. 물론 진리표를 그려보는 것도 증명 방법 중 하나가 될 수 있습니다.

1. P → Q

∴ ~(P∧~Q)

위 논증은 타당합니다. 왜 타당한지는 'NOT 도입'을 시작으로 증명할 수 있습니다.
결론에 NOT을 도입해 전제에 추가해 봅시다.

1. P → Q
2. P∧~Q
3. 전제 2에서 AND 제거, P
4. 전제 3으로 전제 1에서 IF 제거, Q
5. 전제 2에서 AND 제거, ~Q

∴ 전제 4와 전제 5에 AND 도입, Q∧~Q

결론이 모순 문장이므로 전제들 중 적어도 하나가 거짓이라는 것을 알 수 있습니다. 따라서

1. P → Q

∴ ~(P∧~Q)

1. ~(P∧~Q)

∴ P → Q

위 논증은 타당합니다. 왜 타당한지는 'AND 드모르간 규칙'을 적용하는 것을 시작으로 증명할 수 있습니다.
전제 1에 'AND 드모르간 규칙'을 적용해 봅시다.

1. ~P∨Q

다음으로 'IF 도입'을 적용해 봅시다. 결론의 전건을 전제로 추가하겠습니다.

2. P

따라서 전제 2로 전제 1에서 OR 제거, Q

위 논증에서 전제 2와 결론에 'IF 도입'하면 아래와 같은 논증이 됩니다.

1. ~(P∧~Q) ≡ ~P∨Q

따라서 P → Q

결과적으로 P → Q ≡ ~(P∧~Q)임이 증명되었습니다. 예를 들어보겠습니다.

'탄산음료를 먹으면 트림이 나온다'라는 문장은 '탄산음료를 먹었는데 트림이 나오지 않는 경우는 없다'라는 문장과 뜻이 같다.

• 조건문의 다양한 표현 양상

조건문(IF)은 대부분의 지문에서 발견할 수 있을 정도로 흔하지만 표현 양상이 조금만 바뀌어 등장했을 때 이 문장이 조건문인지를 인지하지 못할 수 있습니다. 조건문은 그 자체로 중요한 개념이므로 조건문의 다양한 표현 양상을 알아두어 조건문이 등장했을 때 이를 인지할 수 있도록 합시다.

'오징어 게임이 흥행을 이루면 넷플릭스 주가가 오른다'라는 문장은 '오징어 게임이 흥행을 이룬 것만으로 넷플릭스의 주가가 오른다', '오징어 게임이 흥행을 이룰 때 넷플릭스의 주가가 오른다'라는 문장과 뜻이 같습니다.

P → Q

≡ P이면 Q이다.
≡ P만으로 Q이다.
≡ P일 때 Q이다.

'과학계가 가설 추리를 과학적 방법으로 견지한다면 과학의 위상은 더욱 커질 것이다'라는 문장은 '과학계가 가설 추리를 과학적 방법으로 견지하는 한 과학의 위상은 더욱 커질 것이다'라는 문장과 뜻이 같습니다. '대한민국에서 선거 제도가 개편되지 않는다면 거대 양당제가 깨지기는 힘들다'라는 문장은 '대한민국에서 선거 제도가 개편되지 않는 이상 거대 양당제가 깨지기는 힘들다'라는 문장과 뜻이 같습니다.

P → Q

≡ P이면 Q이다.
≡ P인 한 Q이다.
≡ P인 이상 Q이다.

'병사로 군대에 들어올 수 있다면 남자이다'라는 문장은 '남자만 병사로 군대에 들어올 수 있다', '남자가 아닌 이는 병사로 군대에 들어올 수 없다'라는 문장과 뜻이 같습니다. '대한민국 국민 중 어떤 사람이 투표를 했다면 그 사람은 18세 이상이다'라는 문장은 '대한민국 국민은 오직 18세 이상일 때만 투표할 수 있다', '대한민국 국민은 18세 이상이 아닐 때는 투표할 수 없다'라는 문장과 뜻이 같습니다.

P → Q

≡ P이면 Q이다.
≡ Q인 경우에만 P이다.
≡ Q일 때만 P이다.
≡ Q가 아니라면 P가 아니다.

'장기 우울증이 완화된다면 우울증 치료를 받은 것이다'라는 문장은 '우울증 치료를 받아야 장기 우울증이 완화된다', '우울증 치료를 받지 않으면 장기 우울증이 완화되지 않는다'라는 문장과 뜻이 같습니다.

P → Q

≡ P이면 Q이다.
≡ Q여야 P이다.
≡ Q가 아니라면 P가 아니다.

'-야'가 붙은 부분을 필요조건으로 볼 수도 있고 가치 판단 진술의 당위 진술로 볼 수도 있습니다. 진술은 사실 판단 진술과 가치 판단 진술로 나눌 수 있는데, 가치 판단 진술을 다시 세 가지로 나눌 수 있습니다.

1. 좋다 OR 나쁘다
2. 아름답다 OR 추하다
3. 옳다 OR 그르다

데이비드 흄에 따르면 가치 판단 진술은 참 또는 거짓으로 판단할 수 없는 진술입니다. 반면 사실 판단 진술은 참 또는 거짓으로 판단할 수 있는 진술입니다. 예를 들어 '량음의 구슬픈 곡조는 아름답다'라는 진술은 참 또는 거짓으로 판단할 수 없습니다. 그러나 '량음은 이장현의 부채를 가져갔다'라는 진술은 참 또는 거짓으로 판단할 수 있습니다. 이는 사실 판단 진술은 대상의 **존재**와 **지각**의 일치 여부에 따라 참 또는 거짓으로 판단되고, 가치 판단 진술은 대상의 **존재**에 대한 **감정**에 따라 판단이 달라지기 때문입니다.

흄의 해석에 따라 가치 판단 진술을 살펴보겠습니다.

'어떤 것이 좋다 또는 나쁘다'는 그 어떤 것이 즐거움, 쾌감 등의 긍정적인 감정 혹은 괴로움, 불쾌감 등의 부정적인 감정을 일으켰고 이에 따른 승인 또는 불승인의 느낌을 표현한 것입니다.

이와 비슷하게 '어떤 것이 아름답다 또는 추하다'는 그 어떤 것이 미적 쾌감 혹은 미적 불쾌감을 일으켰고 이에 따른 미적 승인 또는 미적 불승인의 느낌을 표현한 것입니다.

'어떤 것이 옳다 또는 그르다'는 이 둘과는 다른 양상을 띕니다. '어떤 것이 옳다 또는 그르다'는 그 어떤 것과 관련된 것들이 다수에게 쾌감 혹은 불쾌감을 일으켰고 이에 따라 규범적 성격의 기준이 형성되었음, 혹은 그러한 믿음이 규범적 성격의 기준을 형성하였음을 전제합니다. '어떤 것이 옳다 또는 그르다'는 그 어떤 것이 이러한 규범적 성격의 기준과 부합함 혹은 부합하지 않음을 의미합니다.

'어떤 것을 해야 한다'는 '어떤 것을 해야 하는 것은 아니다'가 '어떤 것을 하지 않아도 된다'를 의미한다는 점을 근거로 '어떤 것을 하지 않는 것은 옳지 않다' 내지는 '어떤 것을 하지 않으면 안 된다'로 바꾸어 이해할 수 있습니다. 이는 다시 '어떤 것을 하지 않으면 어떤 규범적 성격의 기준에 부합하지 않아 문제가 발생할 수 있다'로 바꾸어 이해할 수 있습니다. 당위 진술은 지문에 종종 등장하기 때문에 당위 진술이 등장할 때마다 이런 식으로 바꾸어 이해하는 것은 비효율적일 수 있습니다. 따라서 '어떤 것을 해야 한다'라는 표현이 등장하면 우선 '어떤 것을 하지 않으면 안 된다'라고 바꾸어 이해하는 것이 좋습니다. 그래도 표상이 안 된다면 '왜 어떤 것을 하지 않으면 안 되지?'라고 물음표를 띄우고 '어떤 것을 하지 않으면 어떤 규범적 성격의 기준에 부합하지 않아 문제가 발생하기 때문이지'라고 추론하면 됩니다. 그러나 여전히 표상이 안 된다면 '여기서 전제하는 규범적 성격의 기준이 뭐지? 어떤 문제가 발생할 수 있다는 거지?'라고 물음표를 띄우고 맥락에 맞게 추론하여 표상이 안 되는 문제를 해결할 수 있습니다.

테제로 돌아가 '-야'가 붙은 부분을 당위 진술로 보아야 할지 필요조건으로 보아야 할지 판단해 봅시다.

1. 왕이 선정을 원한다면 왕은 백성을 생각해야 한다.
2. 체지방률을 낮추기 위해서 운동뿐만 아니라 식단 조절도 해야 한다.

1번의 '-야'는 당위 진술을 가리키는 반면, 2번의 '-야'는 필요조건을 가리킵니다.

'클럽 출입이 허용된다면 그 사람은 미남이다'라는 문장은 '미남에 한하여 클럽 출입이 허용된다', '미남이 아니라면 클럽 출입을 불허한다'라는 문장과 뜻이 같습니다. '어린이 동물원에 출입했다면 그들은 4세 이상 13세 이하의 어린이와 그 보호자이다'라는 문장은 '어린이 동물원의 출입은 4세 이상 13세 이하의 어린이와 그 보호자에 한한다', '4세 이상 13세 이하의 어린이와 그 보호자가 아니라면 어린이 동물원에 출입할 수 없다'라는 문장과 뜻이 같습니다.

P → Q

≡ P이면 Q이다.
≡ Q에 한하여 P이다.
≡ P는 Q에 한한다.
≡ Q가 아니라면 P가 아니다.

• '-라도'의 의미

모의고사 평균 5등급인 A가 수능을 한 달 남겨두고 평균 1등급인 B에게 5만 원을 걸고 수능 점수 내기를 했다고 쳐봅시다. 이때 내가 A에게 '너가 한 달 내내 하루 18시간씩 공부해도 절대 B는 못 이겨'라고 말한다면 이때 '해도', 즉 '하여도'는 정확히 무슨 의미일까요? 내가 A에게 한 말을 좀 더 풀어서 써보면 '너가 한 달 내내 하루 18시간씩 공부하든지 그렇지 않든지 상관 없이 절대 B는 못 이기는데 특히 한 달 내내 하루 18시간씩 공부할 때도 절대 B는 못 이겨'라고 쓸 수 있습니다. 즉 '-라도', '-어도', '-아도', '그래도' 등과 같은 말들은 **앞부분이 성립하든 안 하든 상관 없이 뒷부분은 성립하는데 특히 앞부분이 성립할 때도 뒷부분은 성립한다**는 의미를 지닙니다. 평가원 기출에 출제된 예시를 보겠습니다.

> 미토콘드리아는 여전히 고유한 DNA를 가진 채 복제와 증식이 이루어지는데도, 미토콘드리아와 진핵세포 사이의 관계를 공생 관계로 보지 않는 이유는 무엇일까? 두 생명체가 서로 떨어져서 살 수 없더**라도** 각자의 개체성을 잃을 정도로 유기적 상호작용이 강하지 않다면 그 둘은 공생 관계에 있다고 보는데, 미토콘드리아와 진핵세포 간의 유기적 상호작용은 둘을 다른 개체로 볼 수 없을 만큼 매우 강하기 때문이다.
>
> 2020학년도 6월 모평 발췌

'-라도'가 포함된 문장을 다음과 같이 바꿔 읽을 수 있습니다.

→ 두 생명체가 서로 떨어져서 살 수 없든 서로 떨어져서 살 수 있든 상관 없이 각자의 개체성을 잃을 정도로 유기적 상호작용이 강하지 않다면 그 둘은 공생 관계에 있다고 보는데 특히 두 생명체가 서로 떨어져서 살 수 없을 때도 각자의 개체성을 잃을 정도로 유기적 상호작용이 강하지 않다면 그 둘은 공생 관계에 있다고 본다.

'-라도'는 '-지만'의 의미를 가질 때도 있습니다. 즉 '-라도'는 애매한 단어입니다. 따라서 우리는 맥락에 맞게 해석할 필요가 있습니다. 다음은 '-라도'가 '-지만'으로 해석되는 경우를 보여줍니다.

> 명확하고 합리적인 기준에 따른 관료 선발 제도라는 공정성을 바탕으로 과거제는 보다 많은 사람들에게 사회적 지위 획득의 기회를 줌으로써 개방성을 제고하여 사회적 유동성 역시 증대시켰다. 응시 자격에 일부 제한이 있었다 하더**라도**, 비교적 공정한 제도였음은 부정하기 어렵다.
>
> 2021학년도 6월 모평 발췌

'-라도'가 포함된 문장을 다음과 같이 바꿔 읽을 수 있습니다.

→ 응시 자격에 일부 제한이 있었다고는 하지만, 비교적 공정한 제도였음은 부정하기 어렵다.

이제 충분조건과 필요조건에 대해 알아보겠습니다.

P → Q에서 P는 Q를 성립시키는 충분조건이고, Q는 P가 성립하기 위한 필요조건입니다.

'내가 카페 모카를 마신다면 나는 오줌을 싼다.' 내가 카페 모카를 마시는 것은 내가 오줌을 싸는 것을 성립시키는 충분조건입니다. 하지만 내가 카페 모카를 마시는 것은 내가 오줌을 싸는 것이 성립하기 위한 필요조건은 아닙니다. 만약 내가 모카를 마시는 것이 내가 오줌을 싸는 것이 성립하기 위한 필요조건이라면 내가 카페 모카를 마시지 않으면 나는 오줌을 싸지 않아야 합니다. 그러나 나는 카페 모카를 마시지 않아도 오줌을 쌀 수 있습니다. 내가 포카리 스웨트를 마셔도, 라떼를 마셔도, 수분이 들어간 음식을 먹어도 오줌을 쌀 수 있습니다. 내가 오줌을 싸는 것을 성립시키는 충분조건은 여러 가지입니다. 이처럼 P가 Q를 성립시키는 충분조건이라고 해서 반드시 하나뿐인 충분조건인 것은 아니며, 또한 저절로 필요조건이 되는 것도 아닙니다.

이에 관련한 지문과 문제가 있어 소개해 보겠습니다.

> 연민에 대한 정의는 시대와 문화, 지역에 따라 가지각색이지만, 다수의 학자들에 따르면 연민은 두 가지 조건이 충족될 때 생긴다. 먼저 타인의 고통이 그 자신의 잘못에서 비롯된 것이 아니라 우연히 닥친 비극이어야 한다. 다음으로 그 비극이 언제든 나를 엄습할 수도 있다고 생각해야 한다.
>
> 2009학년도 6월 모평 발췌

18. 윗글을 바탕으로 <보기>의 '경수'를 평가할 때, 적절하지 <u>않은</u> 것은?

< 보기 >

경수는 어떤 할머니의 고통을 소개하는 방송을 보았다. 경수는 할머니가 불행에 대비하지 못한 것이 할머니 자신의 탓이고, 그 불행이 자기에게는 닥치지 않을 것이라고 생각했다. 그렇지만 할머니가 불쌍하다고 느껴져서 방송 도중 전화 모금에 참여했다. 마음은 뿌듯했지만 경수의 일상에는 아무런 변화가 없었다.

---

⑤ <u>타인의 비극이 나를 엄습할 수도 있다는 인식이 없이도 연민을 가질 수 있군.</u> (O)

지문의 내용을 논증의 형식으로 정리해 보겠습니다.

(타인의 고통이 우연히 닥친 비극∧타인의 비극이 나를 엄습할 수도 있음) → 연민 발생

즉 연민이 발생하는 두 가지 조건은 필요조건이 아니라 충분조건입니다. 만약 '다수의 학자들에 따르면 연민은 두 가지 조건이 충족될 때**만** 생긴다.'라고 표현했다면 연민이 발생하는 두 가지 조건은 필요조건이 되겠죠. 연민을 성립시키는 충분조건이라고 해서 그게 반드시 유일한 충분조건인 것은 아닙니다. <보기>에서 나오듯이 할머니의 고통이 본인이 자처한 비극이고 그 불행이 자신에게 닥치지 않을 것이라 생각했을 때도 연민이 발생했습니다. 즉 지문에서 제시한 연민을 성립시키는 충분조건이 아닌 조건 하에서도 연민이 발생한 것입니다.

'내가 수분을 섭취해야 나는 살아갈 수 있다.' 내가 수분을 섭취하는 것은 내가 살아갈 수 있다는 것이 성립하기 위한 필요조건입니다. 하지만 내가 수분을 섭취하는 것은 내가 살아갈 수 있다는 것을 성립시키는 충분조건은 아닙니다. 만약 수분을 섭취하는 것이 내가 살아갈 수 있다는 것을 성립시키는 충분조건 중 하나라면 내가 수분을 섭취하는 것만으로 살아갈 수 있어야 합니다. 그러나 내가 살아가기 위해서는 수분을 섭취하는 것 외에도 여러 조건들이 필요합니다. 내가 살아가기 위해 마실 공기가 있어야 하고, 섭취할 영양분도 있어야 하며, 자외선을 차단해줄 오존층도 있어야 합니다. 이처럼 P가 Q가 참이 되기 위한 필요조건이라 해서 반드시 하나뿐인 필요조건인 것은 아니며, 또한 저절로 충분조건이 되는 것도 아닙니다.

P → Q를 논리학에서는 P가 Q를 함축한다라고 하는데 보통은 P가 Q를 전제한다고 서술합니다. 예를 들어 '솔이가 임신을 했다는 사실은 솔이가 여자라는 것을 전제한다'라는 서술에서 '솔이가 여자이다'는 '솔이가 임신했다'가 참이기 위한 필요조건임을 알 수 있습니다.

'취미 판단은 오로지 대상의 형식적 국면을 관조하여 그것이 일으키는 감정에 따라 미추를 판정하는 것 이외의 어떤 다른 목적도 배제하는 순수한 태도, 즉 미감적 태도를 전제로 한다.' 미감적 태도를 취하지 않는다면 취미 판단을 할 수 없다는 뜻이 되므로 '미감적 태도'는 '취미 판단'이 성립하기 위한 필요조건임을 알 수 있습니다.

'먼저 흄은 과거의 경험을 근거로 미래를 예측하는 귀납이 정당한 추론이 되려면 미래의 세계가 과거에 우리가 경험해 온 세계와 동일하다는 자연의 일양성, 곧 한결같음이 가정되어야 한다고 보았다.' 자연의 일양성이 가정되지 않는다면 귀납이 정당한 추론이 되지 않는다는 뜻이 되므로 '자연의 일양성'은 '귀납의 정당성'이 성립하기 위한 필요조건임을 알 수 있습니다.

천재는 악필이다. 뉴턴은 천재이다. 따라서 뉴턴은 악필이다.

위 논증은 타당합니다. 하지만 현실세계에서 뉴턴은 악필이 아니었기 때문에 위 논증의 결론은 현실세계에서 거짓입니다.

타당한 논증이라 하더라도 그 논증의 결론이 현실세계에서 거짓이 되는 까닭은 무엇일까요? 이런 일이 벌어지는 까닭은 논증의 전제들 가운데 적어도 하나가 현실세계에서 거짓이기 때문입니다. 천재는 악필이라는 전제가 현실세계에서 거짓이겠죠.

주어진 논증이 타당할 뿐만 아니라 전제들이 현실세계에서 실제로 참이면 이 논증의 결론은 현실세계에서 참입니다. 타당하면서 전제들이 현실세계에서 참인 논증을 '건전한 논증'이라 합니다.

논증	연역논증	타당한 논증	건전한 논증
			타당하지만 건전하지 않은 논증
		부당한 논증	타당하지 않은 논증
	귀납논증		강한 논증
			약한 논증

귀납 논증은 전제가 참이면 결론이 참일 수도 있고 거짓일 수도 있다고 했습니다. 귀납 논증에서 전제가 참일 때 결론이 참일 가능성이 상대적으로 높은 논증을 강한 논증이라 하고, 전제가 참일 때 결론이 참일 가능성이 상대적으로 낮은 논증을 약한 논증이라 합니다.

• 귀납적 일반화

1. A1은 까마귀인데 검다.
2. A2는 까마귀인데 검다.
3. A3는 까마귀인데 검다.

따라서 모든 까마귀는 검다.

위 논증에서 발견된 세 까마귀가 검다는 사례가 논증의 전제입니다. 이 전제들로부터 '모든 까마귀는 검다'를 이끌어내고 있습니다. 이 논증은 타당하지 않습니다. 이를 '성급한 일반화의 오류'라고 합니다. 하지만 이 논증을 전개한 사람은 처음부터 타당한 논증을 바랐던 것이 아닐 수도 있습니다. 그는 전제들로부터 결론이 개연적으로 도출된다고 말하고 싶었을 수 있습니다. 이를 드러내기 위해선 '따라서 모든 까마귀는 검다'라 하지 말고 아래와 같이 써야 합니다.

따라서 모든 까마귀는 검을 것이다.

따라서 아마도 모든 까마귀는 검다.

따라서 아마도 모든 까마귀는 검을 것이다.

모두 비슷한 말인데 여기서 '아마도'는 결론이 개연적임을 보여줍니다. 전제가 모두 참이라 가정할 때 결론은 참일 수도 있고 거짓일 수도 있다는 것입니다. 전제에 나오는 검은 까마귀의 수가 늘어나면 논증의 개연성이 더 강해질 것입니다.

1. 대부분의 F는 G이다.
2. a는 F이다.

따라서 a는 아마도 G일 것이다.

이와 같은 논증을 '통계적 추리'라고 합니다. 예를 들어보겠습니다.

1. 대부분의 사람은 이성적이다.
2. 김구라는 사람이다.

따라서 김구라는 아마도 이성적일 것이다.

또 다른 예를 들어보겠습니다.

1. 도박하는 사람의 99%는 도박으로 손해를 입는다.
2. 차무식은 도박하는 사람이었다.

따라서 차무식은 아마도 도박으로 손해를 입었을 것이다.

통계적 추리는 추가적으로 설명하지 않아도 전제가 어떻게 결론을 지지하는지 직관적으로 와닿을 것이라 생각합니다. 따라서 따로 부연 설명하지 않겠습니다.

• 유비 논증

다음 논증을 생각해 봅시다.

1. a와 b는 둘 다 P1, P2, P3라는 속성을 가지고 있다.
2. a는 Q이다.

따라서 아마도 b도 Q이다.

달리 말해

1. a와 b는 여러 가지 모습에서 비슷하다.
2. a는 Q이다.

따라서 아마도 b도 Q이다.

이와 같은 귀납 논증을 '유비 논증'이라 합니다. 예를 들어보겠습니다.

1. 유영철과 강호순은 연쇄살인을 했으며, 이해관계가 없는 여성이 살인의 주 대상이었고, 살인에 내한 쇠책감이 없어 보였다.
2. 유영철은 사이코패스이다.

따라서 강호순도 사이코패스일 것이다.

유비 논증은 두 사물 사이의 유사성과 그중 한 사물에 대한 정보로부터 다른 사물에 대한 정보를 이끌어내는 논증입니다. 유비 논증에서 전제들과 결론의 개연성이 강해지기 위해서 어떤 조건을 갖추어야 할까요?

a와 b 사이의 비슷한 점들이 많을수록 유비 논증은 강해집니다.

a와 b 사이의 비슷한 점들이 Q와 가깝게 연결되어 있을수록 유비 논증은 강해집니다.

유비 논증과 관련한 지문을 소개할 테니 참고하시기 바랍니다.

(가) 유비 논증은 두 대상이 몇 가지 점에서 유사하다는 사실이 확인된 상태에서 어떤 대상이 추가적 특성을 갖고 있음이 알려졌을 때 다른 대상도 그 추가적 특성을 가지고 있다고 추론하는 논증이다. 유비 논증은 이미 알고 있는 전제에서 새로운 정보를 결론으로 도출하게 된다는 점에서 유익하기 때문에 일상생활과 과학에서 흔하게 쓰인다. 특히 의학적인 목적에서 포유류를 대상으로 행해지는 동물 실험이 유효하다는 주장과 그에 대한 비판은 유비 논증을 잘 이해할 수 있게 해 준다.

(나) 유비 논증을 활용해 동물 실험의 유효성을 주장하는 쪽은 인간과 실험동물이 유사성을 보유하고 있기 때문에 신약이나 독성 물질에 대한 실험동물의 반응 결과를 인간에게 안전하게 적용할 수 있다고 추론한다. 이를 바탕으로 이들은 동물 실험이 인간에게 명백하고 중요한 이익을 준다고 주장한다.

(다) 도출한 새로운 정보가 참일 가능성을 유비 논증의 개연성이라 한다. 개연성이 높기 위해서는 비교 대상 간의 유사성이 커야 하는데 이 유사성은 단순히 비슷하다는 점에서의 유사성이 아니고 새로운 정보와 관련 있는 유사성이어야 한다. 예를 들어 동물 실험의 유효성을 주장하는 쪽은 실험동물로 많이 쓰이는 포유류가 인간과 공유하는 유사성, 가령 비슷한 방식으로 피가 순환하며 허파로 호흡을 한다는 유사성은 실험 결과와 관련 있는 유사성으로 보기 때문에 자신들의 유비 논증은 개연성이 높다고 주장한다. 반면에 인간과 꼬리가 있는 실험동물은 꼬리의 유무에서 유사성을 갖지 않지만 그것은 실험과 관련이 없는 특성이므로 무시해도 된다고 본다.

(라) 그러나 동물 실험을 반대하는 쪽은 유효성을 주장하는 쪽을 유비 논증과 관련하여 두 가지 측면에서 비판한다. 첫째, 인간과 실험동물 사이에는 위와 같은 유사성이 있다고 말하지만 그것은 기능적 차원에서의 유사성일 뿐이라는 것이다. 인간과 실험동물의 기능이 유사하다고 해도 그 기능을 구현하는 인과적 메커니즘은 동물마다 차이가 있다는 과학적 근거가 있는데도 말이다. 둘째, 기능적 유사성에만 주목하면서도 막상 인간과 동물이 고통을 느낀다는 기능적 유사성에는 주목하지 않는다는 것이다. 인간은 자신의 고통과 달리 동물의 고통은 직접 느낄 수 없지만 무엇인가에 맞았을 때 신음 소리를 내거나 몸을 움츠리는 동물의 행동이 인간과 기능적으로 유사하다는 것을 보고 유비 논증으로 동물이 고통을 느낀다는 것을 알 수 있는데도 말이다.

(마) 요컨대 첫째 비판은 동물 실험의 유효성을 주장하는 유비 논증의 개연성이 낮다고 지적하는 반면 둘째 비판은 동물도 고통을 느낀다는 점에서 동물 실험의 윤리적 문제를 제기하는 것이다. 인간과 동물 모두 고통을 느끼는데 인간에게 고통을 끼치는 실험은 해서는 안 되고 동물에게 고통을 끼치는 실험은 해도 된다고 생각하는 것은 공평하지 않다고 생각하기 때문이다. 결국 윤리성의 문제도 일관되지 않게 쓰인 유비 논증에서 비롯된 것이다.

2017학년도 6월 모평 발췌

- 가설 추리

다음 논증을 생각해 봅시다.

1. E라는 현상 또는 사건이 있다.
2. 가설 H1~Hn이 이것을 설명한다.
3. H1은 E를 가장 잘 설명하는 가설이다.

따라서 H1은 진리일 것이다.

이런 논증을 가설 추리라고 하며 주로 과학적 방법으로 사용되는 논증입니다. 예를 들어 이해해 보겠습니다.

1. 수성의 근일점이 이동하는 현상이 있다.
2. 벌칸이라는 행성이 수성 궤도 안쪽에 있어서 그 영향으로 수성의 근일점이 이동하므로 뉴턴의 만유인력 법칙은 수성의 근일점 이동을 설명한다. 아인슈타인의 일반 상대성이론이 수성의 근일점 이동을 설명한다.
3. 수성의 근일점 이동을 가장 작은 오차로 설명하는 가설은 아인슈타인의 일반 상대성 이론이다.

따라서 아인슈타인의 일반 상대성이론은 진리일 것이다.

아인슈타인이 상대성이론을 발표하기 전 뉴턴의 고전 역학을 위협하는 몇 가지 현상들이 관찰되었는데 그 중 대표적인 것이 천왕성의 궤도 문제와 수성의 근일점 이동 문제였습니다. 뉴턴의 만유인력 법칙을 적용해서 천왕성의 궤도를 예측한 값과 실측값이 다른 문제가 있었는데 르베리에가 천왕성 바깥에 또 다른 행성이 있기 때문일 것이라고 예측했습니다. 결국 해왕성을 찾아내어 뉴턴의 만유인력 법칙을 적용하여 천왕성의 궤도를 아주 작은 오차로 예측할 수 있었기에 뉴턴의 고전 역학이 도전받는 문제는 일단락되는 듯이 보였습니다. 그러나 수성의 근일점이 이동하는 문제가 화두로 떠올랐는데 르베리에는 이때도 비슷한 방식으로 수성의 궤도 안쪽에 또 다른 행성이 있기 때문일 것이라고 예측하고 그 행성을 벌칸이라는 이름까지 붙여 찾아내려고 했습니다. 벌칸을 발견했다고 주장하는 사람이 있었지만 결국 벌칸은 발견되지 못했죠. 없으니까요. 이후 아인슈타인이 상대성이론을 발표한 후 에딩턴이 일반 상대성 이론을 토대로 계산한 결과 수성 궤도 안쪽에 있는 행성을 가정하지 않고도 수성의 근일점이 이동하는 경로를 매우 작은 오차로 예측할 수 있었습니다. 심지어 수성 궤도 안쪽에 행성이 있다고 가정했을 때의 뉴턴의 만유인력 법칙을 통해 계산한 결과보다 상대성이론을 통해 계산한 결과가 오차가 더 작았습니다. 이를 통해 아인슈타인의 상대성이론은 새로운 패러다임이 되었죠.

• 기타 귀납 논증

'비가 오면 길이 젖는다. 길이 젖어 있다. 따라서 비가 왔다.'라는 논증은 전제들이 참이라고 해도 결론이 반드시 참이 되지는 않으므로 부당한 논증입니다. 왜냐하면 길이 젖어 있지만 비가 오지 않았을 경우를 상상할 수 있기 때문입니다. 예를 들면 비가 오지 않은 때에 누군가 길에 물을 뿌려놔서 길이 젖어 있는 경우를 상상할 수 있습니다. 이와 같은 오류를 '후건긍정의 오류'라고 부릅니다. 하지만 '비가 오면 길이 젖는다. 길이 젖어 있다. 따라서 비가 왔을 것이다.'라는 논증은 연역 논증이 아니라 강한 귀납 논증이라고 말할 수 있습니다. 두 번째 논증이 첫 번째 논증과 다른 점은 결론이 가능적 표현으로 쓰였다는 것입니다.

'비가 오면 길이 젖는다.'를 전제로 포함하는 다른 귀납 논증에 대해 알아보겠습니다. '비가 오면 길이 젖는다. 비가 오지 않았다. 따라서 길이 젖지 않았다'라는 논증은 전제들이 참이라고 해도 반드시 참이 되지는 않으므로 부당한 논증입니다. 왜냐하면 비가 오지 않았지만 길이 젖은 경우를 상상할 수 있기 때문입니다. 이와 같은 오류를 '전건부정의 오류'라고 부릅니다. 하지만 '비가 오면 길이 젖는다. 비가 오지 않았다. 따라서 길이 젖지 않았을 것이다.'라는 논증은 첫 번째 논증과 마찬가지로 타당한 논증은 아니지만 강한 귀납 논증이라고 말할 수 있습니다.

인과는 원인과 결과를 말하기도 하며 인과관계를 말하기도 합니다. 원인과 결과를 C와 E로 바꾸어 쓰기도 합니다. C는 원인을 의미하는 cause의 약자이고 E는 결과를 의미하는 effect의 약자입니다.

인과를 나타내는 표현은 다양합니다. '폭우는 홍수의 원인이다', '수능 고득점은 재능과 노력의 결과이다'처럼 원인과 결과를 직접 언급함으로써 인과를 나타내는 경우가 있고, '러시아-우크라이나 전쟁이 인플레이션을 야기했다', '오메가3는 혈행 개선에 효과가 있다', '환경적 우연 때문에 유럽 국가가 세계를 지배할 수 있었다'처럼 인과의 의미를 갖는 '야기했다'나 '효과가 있다' 또는 '때문에'를 사용함으로써 인과를 나타내기도 하며, '물에 소금을 녹이면 물에서 짠맛이 난다', '체내 혈당량이 증가할수록 글루카곤 분비량은 감소한다'처럼 인과의 의미를 갖는 표현을 전혀 사용하지 않고 인과관계를 나타낼 수도 있습니다.

인과를 정의하는 것은 생각보다 단순하지 않습니다. 인과로 볼 수 있는 어떤 관계가 딱 하나만 있는 것이 아니라 다양하기 때문입니다. 어떤 관계가 등장했을 때 이를 인과로 볼 수 있는가 아닌가의 판단은 일상생활에서도 쓰일 수 있으므로 어떠한 관계들을 인과로 볼 수 있는지에 대한 인과 이론을 배울 필요가 있습니다. 이러한 인과 이론을 배우는 것은 수능 국어 지문을 푸는 데 직접적인 도움을 주지는 않을지라도 간접적인 도움이 될 수 있습니다.

우리가 배울 인과 이론은 크게 두 종류로 나눌 수 있습니다. 하나는 원인이 결과와 관련된 무언가를 바꾼다는 직관에 근거합니다. 원인 이후 결과가 규칙적으로 따라 나오는지를 따지는 규칙성 인과 이론(Regularity Theories of Causation, RTC), 원인이 발생하지 않은 가장 가까운 가능세계에서 결과가 발생하지 않는지를 따지는 반사실적 인과 이론(Counterfactual Theories of Causation, CTC), 원인에 따라 결과의 확률이 바뀌는지를 따지는 확률 인과 이론(Probabilistic Theories of Causation, PTC), 그리고 원인을 변화시키는 개입을 통해 원인을 바꾸면 결과도 바뀌는지를 따지는 조종 인과 이론(Manipulability Theories of Causation, MTC)이 모두 그런 종류의 인과 이론입니다. 이와 달리, 원인이 결과와 직접 연결되어 있다는 직관에 근거하는 다른 종류의 인과 이론이 있습니다. 이것은 원인으로부터 결과로 이어지는 어떤 물리적 과정이 있다는 주장을 발전시킨 인과 과정 이론(Causal Process Theories, CPT)입니다.

인과 이론들을 살펴보기 전에 C나 E 자리에 들어가는 것이 정확히 무엇인지 규정해 보겠습니다. 원인이나 결과 자리에 오는 것은 '사건'이라고 보는 사람이 있는가 하면, 그 자리에 들어가는 것이 '사실'이나 '명제'라고 보는 사람도 있습니다. 우리는 원인이나 결과의 자리에 오는 것을 사건이라고 상정할 것입니다. 인과의 자리에 오는 것이 사건이냐, 사실이냐, 명제냐 하는 논의는 무척 어렵기도 하고 실용적이지도 않으므로 이 책에서 다루지 않을 것입니다. 사건이란 시간적 요소를 가지며 현실세계나 가능세계에서 발생하는 것을 말합니다.

'폭우는 홍수의 원인이다'라는 문장에서 원인은 폭우, 결과는 홍수입니다. 명제는 참인지 거짓인지 판별할 수 있는 문장인 반면, 사건은 발생하느냐 발생하지 않느냐로 나뉩니다. '폭우는 참이다', '홍수는 거짓이다'와 같은 문장은 성립하지 않는 반면, '폭우는 발생했다', '홍수는 발생하지 않았다'와 같은 문장들은 성립함을 알 수 있습니다.

그러나 C, E, 다른 사건 X, Y 등 간의 논리적 관계를 나타내야 하는 경우가 있습니다. 이 경우에 논리 기호가 사용됩니다. 가령 '~C', 'C∧X', 'C∨Y'와 같은 것들입니다. 하지만 이는 어색합니다. 논리 기호 '~', '∧', '∨'는 사건이 아니라 명제에 적용되는 것이기 때문입니다. 이런 문제를 해결하기 위해서는 C, X, Y를 그에 대응하는 명제로 바꾸어 주어야 합니다. 그럼 어떻게 사건을 그에 대응하는 명제로 바꿀 수 있을까요? 사건에 '-이(가) 발생했다'와 같은 술어를 붙이면 됩니다. 예를 들어 '폭우'에 '-가 발생했다'를 붙인 '폭우가 발생했다'라는 문장은 참 또는 거짓의 진릿값을 갖는 명제입니다. 사건을 명제로 치환할 경우 '~C', 'C∧X', 'C∨Y'와 같이 논리 기호를 사용할 수 있습니다. 앞으로 '~C', 'C∧X', 'C∨Y'와 같이 사건들 사이에 논리 기호를 사용한 경우 사건을 그에 대응하는 명제로 바꾸어 논리적 관계를 나타냈다고 받아들이시면 되겠습니다.

C와 E 사이에는 특별한 관계가 있습니다. 일찍이 흄은 이 특별한 관계 중 하나가 선후성이라고 생각했습니다. 즉 원인이 먼저 발생하고 결과가 나중에 발생한다는 것입니다. 선후성은 규칙성 인과 이론뿐만 아니라 다른 모든 이론에도 적용되는 인과 사이의 특별한 관계입니다.

흄은 선후성뿐만 아니라 규칙성도 인과 사이의 특별한 관계 중 하나라고 보았는데 이를 발전시킨 것이 규칙성 인과 이론입니다. 예를 들어 당구대에 부피, 질량, 모양이 같은 빨간 공과 하얀 공이 있습니다. 빨간 공을 쳐서 하얀 공을 맞추면 하얀 공이 굴러갑니다. 동일한 조건 하에서 빨간 공을 쳐서 하얀 공을 맞추는 시도를 반복하다 보면 빨간 공과 충돌한 하얀 공이 항상 굴러간다는 것을 경험적으로 알 수 있습니다. 빨간 공이 하얀 공과 충돌한 사건이 원인 하얀 공이 굴러가는 사건을 결과라고 할 수 있습니다. 이때 이런 인과 상황과 유사하거나 동일한 조건에서 같은 원인이 발생하면 규칙적으로 결과가 발생한다는 성질이 규칙성인 것입니다.

'폭우(C)는 홍수(E)의 원인이다.' 누구나 이 문장이 인과를 표현한다고 말할 것입니다. 원인과 결과의 관계에 대해 자세히 살펴봅시다.

> (1) 폭우가 발생한 것만으로 홍수가 발생한다.
> (2) 폭우가 발생하지 않는다면 홍수는 발생하지 않는다.

(1)은 충분조건으로서의 원인을 나타내고 (2)는 필요조건으로서의 원인을 나타냅니다. 현실세계에서 (1)은 참일까요? 엄밀히 따지면 (1)은 참이 아니라고 할 수 있습니다. 즉 폭우가 발생한 것만으로는 홍수가 발생하지 않는다고 할 수 있습니다. 인천 시내에 폭우가 발생(C)했다고 해봅시다. 기상청은 비가 얼마만큼 내릴 것이라고 예보를 합니다. 그에 따라 관련 부처에서 댐을 열어 물을 적절히 방류하여 홍수에 대비합니다. 즉 인천 시내에 폭우가 발생했지만 기상청이 폭우를 예보하여 댐을 적절히 방류했다면 홍수가 발생하지 않았을 거라는 것이죠. 만약 인천 시내에 폭우가 내려 홍수가 발생했다면 기상청의 예보 실패(A), 댐 방류량 조절 실패(B)가 있었음을 추론할 수 있습니다.

그렇다면 현실세계에서 (2)는 참일까요? (2) 또한 참이 아니라고 할 수 있습니다. 즉 폭우가 발생하지 않더라도 홍수가 발생할 수 있습니다. 예를 들어 쓰나미가 발생(D)하거나 극악의 확률이지만 강에 혜성이 충돌(F)한다면 홍수가 발생할 수 있습니다.

폭우가 충분조건으로서의 원인도 아니고 필요조건으로서의 원인도 아니라면 폭우와 홍수는 과연 어떤 관계에 있는 것일까요?

위에서 생각해 본 홍수의 원인들의 논리적 관계를 살펴 봅시다.

$C \land A \land B$는 즉, 홍수가 발생하고 기상청의 예보가 실패하고 댐 방류량 조절에 실패한 경우는 결과의 충분조건으로서의 원인이라고 할 수 있습니다. 그러나 $C \land A \land B$는 유일한 충분조건이 아닙니다. D나 F도 홍수의 충분조건이기 때문입니다.

이를 종합하면 아래와 같은 도식으로 나타낼 수 있습니다.

$(C \land A \land B) \lor D \lor F \to E$

이때 $A \land B$를 X로 $D \lor F$를 Y로 바꾸고 다시 나타내면

$(C \land X) \lor Y \to E$

이때 C는 필요조건이 아닌 충분조건의 충분하지 않지만 필수적인 부분(An insufficient but necessary part of an unnecessary but sufficient condition), 즉 충분조건의 필수적인 요소라고 할 수 있습니다. 줄여서 INUS 조건이라고 합니다.

그렇다면 모든 원인은 INUS 조건을 만족할까요? 아니요. 그렇진 않습니다.

RTC. C는 E의 원인이다 ≡

    (1) C와 E는 발생했고,
    (2) C는 E이기 위한 INUS 조건 이상이다.

C는 E이기 위한 INUS 조건 이상이라는 말은 다음 네 가지 조건으로서의 원인을 포함하는 것입니다.

    (1) $(C \land X) \lor Y$
    (2) $C \lor Y$
    (3) $C \land X$
    (4) C

C는 (1)에서 INUS 조건을 만족하고, (2)에서 충분조건을 만족하고, (3)에서 필요조건을 만족하고, (4)에서 필요충분조건을 만족합니다. 예시를 들어 RTC가 과연 합리적인지 살펴봅시다.

(5) 물을 먹으면 오줌을 싼다.

(6) 지구상에 액체 상태의 물이 있기 때문에 인간이 살아갈 수 있다.

(7) 태양이 수소 핵융합 과정을 거치기 때문에 태양이 방대한 에너지를 발산한다.

(5), (6), (7)은 모두 인과라고 받아들일 수 있습니다.

(5)는 (2)에 대응되는 문장으로 물뿐만 아니라 커피나 우유나 오렌지 주스를 마셔도 오줌을 쌀 수 있으므로 C는 충분조건으로서의 원인이 될 수 있음을 알 수 있습니다.

(6)은 (3)에 대응되는 문장으로 지구상에 액체 상태의 물뿐만 아니라 기체 상태의 산소, 자기장, 오존층 등이 있어야 인간이 살아갈 수 있으므로 C는 필요조건으로서의 원인이 될 수 있음을 알 수 있습니다.

(7)은 (4)에 대응되는 문장으로 태양이 수소 핵융합 과정만으로 방대한 에너지를 발산하고, 태양이 수소 핵융합 과정을 거치지 않으면 태양이 방대한 에너지를 발산하지 않으므로 C는 필요충분조건으로서의 원인이 될 수 있음을 알 수 있습니다.

(1), (2), (3), (4)의 예시를 모두 들어 인과가 성립함을 확인하였으므로 RTC는 합리적이라는 것을 알 수 있습니다.

#반사실적 인과 이론

이번에는 반사실적 인과 이론이 인과를 어떻게 정의하는지부터 살펴보고 그 의미를 파악해 봅시다.

CTC. C는 E의 원인이다 ≡

반사실적 조건문 '~C였더라면 ~E'가 참일 것이다. ≡

~C가 참이면서 현실세계와 가장 가까운 가능세계에서 ~E가 참일 것이다.

반사실적 조건문이란 사실과 반대되는 상황을 가정하고 이를 조건문 형태로 표현한 것을 말합니다. 다시 말해 'C는 E의 원인이다'에서 C를 사실이라고 했을 때 ~C라는 사실과 반대되는 상황을 가정하고 그 결과 E가 어떻게 될 것이라고 표현하는 것이 반사실적 조건문입니다.

'폭우(C)는 홍수(E)의 원인이다.'라는 문장은 '폭우가 발생하지 않는다(~C)면 홍수가 나지 않을 것(~E)이다.'와 같다는 것이 반사실적 인과 이론에서 주장하는 바입니다. 그런데 규칙성 인과 이론을 설명하면서 우리는 '폭우가 발생하지 않는다면 홍수가 나지 않을 것이다' … (1)라는 문장은 참이 아님을 알았습니다. 왜냐하면 폭우가 발생하지 않더라도 쓰나미가 발생해서 홍수가 나는 경우나 강에 혜성이 떨어져서 홍수가 나는 경우를 생각해 볼 수 있기 때문입니다. 이런 문제를 해결하기 위해 반사실적 인과 이론은 ~C가 참이면서 현실세계와 가장 가까운 가능세계를 가정합니다. 2020년 7월 24일 부산에 폭우가 내려 홍수가 난 사건을 살펴봅시다. '2020년 7월 24일 부산에 폭우가 내리지 않았다면 홍수가 나지 않았을 것이다' ⋯ (2)라는 문장은 참인 것처럼 보입니다. (1)과 (2)는 무엇이 다를까요? 이를 이해하기 위해선 '~C가 참이면서 현실세계와 가장 가까운 가능세계'가 무엇인지 알아볼 필요가 있습니다. '~C가 참이면서 현실세계와 가장 가까운 가능세계'란 C가 일어난 현실세계에서 C를 ~C로 바꾸고 나머지 사건들은 되도록 동일하다고 가정한 가능세계를 말합니다. 이런 의미를 알고 (2)를 다시 해석해보면 '2020년 7월 24일 부산에서는 쓰나미가 발생하지도 않았고 강에 혜성이 충돌하지도 않았고 기타 홍수를 야기할 수 있는 다른 사건들이 발생하지 않았을 때 폭우가 내리지 않는다면 홍수가 나지 않았을 것이다'를 의미한다고 해석할 수 있습니다.

그러나 반사실적 인과 이론을 받아들였을 경우 발생하는 문제가 있습니다. 바로 부재 인과 문제입니다.

부재 인과란 부재 사건, 즉 발생하지 않은 사건을 원인으로 보는 것입니다. 예를 들어 준성은 호석에게 한 달간 운전을 배워 운전 면허 시험을 봤는데 떨어졌습니다. 부재 인과를 받아들인다면 아래와 같은 문장을 받아들인다고 할 수 있습니다. 아래의 문장들은 준성이 호석에게 한 달간 운전을 배우지 않았다는 반사실적 조건을 전제로 합니다.

　(1) 준성이 호석에게 일 년 동안 운전을 배웠다면 운전 면허 시험에서 합격했을 것이다.
　(2) 준성이 미한에게 운전을 배웠다면 운전 면허 시험에서 합격했을 것이다.
　(3) 감독관이 상원이었다면 준성은 운전 면허 시험에서 합격했을 것이다.
　(4) 재헌이 준성을 위해 감독관을 매수했다면 준성은 운전 면허 시험에서 합격했을 것이다.

위와 같이 부재 사건이 일어났다는 명제를 반사실적 조건문으로 보고 반사실적 인과 이론을 따른다면 '호석에게 일 년 동안 운전을 배우지 않음', '미한에게 운전을 배우지 않음', '감독관이 상원이 아님', '재헌이 감독관을 매수하지 않음' 등 기타 발생하지 않은 사건들이 '운전면허 시험에서 떨어짐'이라는 하나의 결과에 대해 무차별적으로 원인의 지위를 갖는 문제가 생깁니다. 이는 '~C가 참이면서 현실세계와 가장 가까운 가능세계', 즉 준성이 호석에게 한 달간 운전을 배우지 않았으면서 현실세계와 가장 가까운 가능세계를 어떻게 해석하느냐에 따라 해결될 수 있는 문제이긴 합니다. 그러나 이러한 해석은 경우에 따라 혹은 사람에 따라 달라지는 경향이 있기에 부재 사건을 어떨 때 원인으로 볼 수 있느냐 볼 수 없느냐하는 문제는 아직 명징하게 해결되지 않은 문제입니다.

#확률 인과 이론
규칙성 인과 이론과 반사실적 인과 이론이 포착하지 못하는 것도 있습니다. 그것은 바로 원인이 결과의 확률을 증가시킨다는 것입니다.

'의처증은 이혼의 원인이다'라는 문장을 살펴봅시다. 의처증이 이혼의 원인이라는 인과에 대해 누군가는 '내가 아는 어떤 남자는 의처증이 있는데도 이혼하지 않았다'라고 냉소적으로 반응할 수 있습니다. 냉소적으로 반응하는 사람들에게 '의처증은 이혼의 원인이다'라는 말은 '의처증이 있으면 언제나 이혼한다'라는 말과 같은 뜻일 겁니다. 반면 의처증이 이혼의 원인이라는 인과에 대해 적극적으로 반응하는 사람도 있습니다. 적극적으로 반응하는 사람들에게 '의처증은 이혼의 원인이다'라는 말은 '의처증은 이혼의 원인이지만 의처증이 있다고 언제나 이혼하는 것은 아니다'라
는 말과 같을 것입니다.

인과에 대해 우리가 가지는 직관 중 하나는 원인은 결과와 관련한 무언가를 바꾼다는 것입니다. 적극적으로 반응하
는 사람들에게 원인이 바꾸는 것, 즉 '결과와 관련한 무언가'는 결과의 발생 여부가 아닐 것입니다. 아마도 결과의 발
생 확률일 것입니다.

PTC. C가 E의 원인이다. $\equiv$

    (1) C는 E보다 먼저 발생한 사건이며,

    (2) $P(E|C) > P(E|{\sim}C)$이고,

    (3) C보다 먼저 일어난 사건들 중에는 C로부터 E를 차폐하는 사건은 없다. 즉 다음과 같은 사건 X는 존재하지 않
       는다. $P(E|C \wedge X) = P(E|{\sim}C \wedge X)$

(2)는 C가 발생했을 때 E가 발생할 확률이 C가 발생하지 않았을 때 E가 발생할 확률보다 크다는 것을 의미합니다.
이를 C와 E가 양의 상관관계에 있다라고도 합니다. 신기하게도 C와 E가 양의 상관관계에 있다면 E와 C도 양의 상관
관계에 있습니다. 달리 말해 C가 발생했을 때 E가 발생할 확률이 C가 발생하지 않았을 때 E가 발생할 확률보다 크다
면, E가 발생했을 때 C가 발생했을 확률이 E가 발생하지 않았을 때 C가 발생했을 확률보다 크다는 것입니다. 간단히
$P(E|C) > P(E|{\sim}C) \equiv P(C|E) > P(C|{\sim}E)$로 나타낼 수 있죠. 보시다시피 (2)만으로는 원인과 결과의 혼동을 가져올 수
있으므로 PTC의 정의에 (1)을 추가한 것입니다. (1)은 인과의 선후성을 의미합니다. 예를 들어보자면 의처증은 이혼
보다 먼저 발생한 사건이며 의처증이 있을 때 이혼할 확률이 의처증이 없을 때 이혼할 확률보다 크다면 의처증은 이
혼의 원인이라 말할 수 있습니다.

(3)은 공통원인의 문제 때문에 넣은 조건입니다.

공통원인의 문제는 공통원인으로부터 발생한 두 사건을 인과로 혼동하는 문제입니다. 가령, 전이 많이 팔린 날 교통
사고가 많이 발생했다고 '전 판매'가 '교통사고 발생'의 원인이라고 할 수 있을까요? 우리는 소나기(C)가 와서 전이
많이 팔렸고(E1) 교통사고가 많은 것(E2)이지 전이 많이 팔렸기 때문에 교통사고가 많이 발생한 것이 아님을 알고
있습니다. 이때 C가 E1과 E2를 공통적으로 야기하므로 공통원인입니다. 공통원인의 문제를 확률적으로 해결한 것이
바로 (3)입니다. $P(E2|E1) > P(E2|{\sim}E1)$, 즉 전이 많이 팔린 날 교통사고가 발생할 확률은 전이 적게 팔린 날 교통사고
가 발생할 확률보다 높습니다. 그런데 조건부에 공통원인 C를 공통으로 추가하면 확률이 같아진다는 특징이 있습니
다. 즉 $P(E2|E1 \wedge C) = P(E2|{\sim}E1 \wedge C)$가 성립합니다. C가 E1으로부터 E2를 차폐하는 것이죠. 그런데 'C로부터 E를 차
폐하는 사건 X'의 의미는 무엇일까요? X가 C로부터 E를 차폐한다는 것은 C와 E 사이에 성립했던 상관관계가 X의 도
입에 의해서 사라져 버린다는 것을 의미합니다. $P(E|C) > P(E|{\sim}C)$라는 양의 상관관계가 X의 도입에 의해 사라진다.
즉 $P(E|C \wedge X) = P(E|{\sim}C \wedge X)$를 의미합니다. 따라서 'C보다 먼저 일어난 사건들 중 C로부터 E를 차폐하는 사건 X'는 C
와 E의 공통원인임을 알 수 있습니다. 즉 (3)은 수학적 관계를 도입하여 공통원인으로부터 발생한 두 사건을 인과로
혼동하는 문제를 배제한 조건인 것입니다.

소나기가 오는 사건을 X, 적절한 시야가 확보되지 않는 사건을 Y, 교통사고를 Z라고 해봅시다. 이때 X⇒Y⇒Z가 성립할 수 있습니다. X가 Z의 원인이라고 할 수 있을까요? P(Z|X) > P(Z|~X)이므로 X가 Z의 원인이라고 할 수 있을 것 같습니다. 그러나 소나기가 와서 적절한 시야가 확보되지 않을 수도 있지만 안개가 껴서 적절한 시야가 확보되지 않을 수도 있습니다. 이때 P(Z|X∧Y) = P(Z|~X∧Y)가 성립할 수 있습니다. Y가 X로부터 Z를 차폐하는 것입니다. 연쇄적 인과의 경우 중간 원인이 시초 원인으로부터 항상 결과를 차폐하게 됩니다. 이러한 연쇄적 인과도 고려하도록 (3)에 **'C보다 먼저 일어난 사건들 중에는** C로부터 E를 차폐하는 사건은 없다'라고 표현하여 C보다 나중에 일어난 사건들 중에는 C로부터 E를 차폐하는 사건이 있을 수 있도록 가능성을 열어둔 것이죠.

#인과 과정 이론

다음 글을 읽어 봅시다.

근대 이후 서양의 철학자들은 과학적 세계관이 대두하면서 이전과는 달리 인과를 물리적 작용 사이의 관계로 국한하려는 경향을 보였다. 문제는 흄이 지적했듯이 인과관계 그 자체는 직접 관찰할 수 없다는 것이다. 원인과 결과에 해당하는 사건만을 관찰할 수 있을 뿐이다. 가령 "추위 때문에 강물이 얼었다."는 직접 관찰한 물리적 사실을 진술한 것이 아니다. 그래서 인과가 과학적 개념인지에 대한 의심이 철학자들 사이에 제기되었다. 이에 인과를 과학적 세계관에 입각하여 이해하려는 시도가 새먼의 과정 이론이다.

야구공을 던지면 땅 위의 공 그림자도 따라 움직인다. 공이 움직여서 그림자가 움직인 것이지 그림자 자체가 움직여서 그림자의 위치가 변한 것은 아니다. 과정 이론은 이 차이를 다음과 같이 설명한다. 과정은 대상의 시공간적 궤적이다. 날아가는 야구공은 물론이고 땅에 멈추어 있는 공도 시간은 흘러가고 있기에 시공간적 궤적을 그리고 있다. 공이 멈추어 있는 상태도 과정인 것이다. 그런데 모든 과정이 인과적 과정은 아니다. 어떤 과정은 다른 과정과 한 시공간적 지점에서 만난다. 즉, 두 과정이 교차한다. 만약 교차에서 표지, 즉 대상의 변화된 물리적 속성이 도입되면 이후의 모든 지점에서 그 표지를 전달할 수 있는 과정이 인과적 과정이다.

가령 바나나가 a 지점에서 b 지점까지 이동하는 과정을 과정 1이라고 하자. a와 b의 중간 지점에서 바나나를 한 입 베어 내는 과정 2가 과정 1과 교차했다. 이 교차로 표지가 과정 1에 도입되었고 이 표지는 b까지 전달될 수 있다. 즉, 바나나는 베어 낸 만큼이 없어진 채로 줄곧 b까지 이동할 수 있다. 따라서 과정 1은 인과적 과정이다. 바나나가 이동한 것이 바나나가 b에 위치한 결과의 원인인 것이다. 한편, 바나나의 그림자가 스크린에 생긴다고 하자. 바나나의 그림자가 스크린상의 a′ 지점에서 b′ 지점까지 움직이는 과정을 과정 3이라 하자. 과정 1과 과정 2의 교차 이후 스크린상의 그림자 역시 변한다. 그런데 a′과 b′ 사이의 스크린 표면의 한 지점에 울퉁불퉁한 스티로폼이 부착되는 과정 4가 과정 3과 교차했다고 하자. 그림자가 그 지점과 겹치면서 일그러짐이라는 표지가 과정 3에 도입되지만, 그 지점을 지나가면 그림자는 다시 원래대로 돌아오고 스티로폼은 그대로이다. 이처럼 과정 3은 다른 과정과의 교차로 도입된 표지를 전달할 수 없다.

과정 이론은 규범이나 마음과 같은, 물리적 세계 바깥의 측면을 해명하기 어렵다는 한계를 지닌다. 예컨대 내가 사회 규범을 어긴 것과 내가 벌을 받아야 하는 것 사이에는 인과관계가 있지만 과정 이론은 이를 잘 다루지 못한다.

22학년도 6월 모평 발췌

인과 과정 이론은 원인과 결과가 독립적이라기보다는 서로 이어져 있다는 직관에 근거하여 인과를 이해하려 시도합니다. 인과 과정 이론은 현대 과학의 성과를 적극적으로 활용하여 원인과 결과 사이의 연결 고리를 설명하고자 합니다.

인과 과정 이론은 원인과 결과 사이에 물리적이고 연속적인 과정이 있다고 봅니다.

CPT. C가 E의 원인이다. ≡
C로부터 E로 보존량이 전달되는 물리적 과정이 있다.

여기서 물리적 과정은 어떤 보존량을 전달해 주는 과정을 의미합니다. 보존량은 운동량, 에너지, 전하량 등과 같은 물리량의 보존을 말합니다. 우리는 현대 물리학에서 운동량 보존 법칙이나 그와 유사한 여러 보존 법칙들을 통해 일정한 계 내에서 물리량의 총량이 보존됨을 알고 있습니다. 그러므로 이런 보존 법칙들을 받아들인다면 인과 역시 물리적으로 해명할 수 있을지 모릅니다.

예를 들어봅시다. 원기둥 형태의 건물이 있고 그 가운데 360º 회전 가능한 레이저가 있습니다. 레이저의 전원을 켜면 광선이 벽에 도달합니다. 레이저를 회전시켜 광점의 위치를 위치 P0에서 P1까지 이동시킵니다. 이때 이 과정은 두 가지로 구분할 수 있습니다. 첫 번째 과정은 광원으로부터 광선이 벽으로 투사되는 과정, 두 번째 과정은 광점이 P0에서 P1까지 이동하는 과정입니다. CPT에 따르면 첫 번째 과정은 인과로 볼 수 있고, 두 번째 과정은 인과로 볼 수 없습니다. '광원 때문에 벽에 광점이 생겼다'는 인과로 볼 수 있지만, '광점의 위치가 P0이기 때문에 P1으로 이동했다'는 인과로 볼 수 없다는 것을 직관적으로 이해할 수 있습니다. 이를 CPT에 따라 분석해 보겠습니다.

광원으로부터 벽으로 투사되는 광선은 그 광파가 일정하게 보존되는 에너지를 옮겨주기에 광원은 벽의 광점 생성의 원인이라고 볼 수 있습니다. 반면 벽에 만들어진 광점의 궤적 자체는 그처럼 보존된 에너지를 옮겨주지 않습니다. P0에서 P1까지 보존량을 전달하는 어떠한 과정도 찾을 수 없기 때문입니다.

한편 인과를 물리적으로 이해하려는 시도는 그것이 물리적 과정에 대해 성공적이라 할지라도 인간의 행위와 관련한 여러 영역에 관해서라면 무력하거나 해명이 매우 어렵습니다. 예컨대 우리의 어떤 의지나 정서 상태가 일정한 행위의 원인이 되는 경우가 그러합니다. 우리는 '범인 C의 분노가 그의 살인 행위의 원인'이라고 말하곤 하나, 이 경우 그러한 인과관계를 물리적 상호작용으로 해명하기란 매우 어렵습니다.

조종 인과 이론은 결과를 바꾸기 위해 원인을 조종할 수 있고 원인을 조종하면 결과를 다르게 바꿀 수 있다는 직관으로부터 인과를 이해하려고 시도합니다.

'하루 10시간 이상 공부하고, 공부 계획을 세우고 실천하며, 놀고 싶은 욕망을 절제하면 수능에서 고득점을 얻을 수 있다'라는 극상위권 선배의 조언은 인과 진술에 해당합니다. '수능 고득점'이라는 결과를 얻기 위해서는 그 원인에 해당하는 공부량과 계획 실천, 놀고 싶은 욕망을 조종하면 된다는 의미에서, 즉 원인을 조종하면 결과를 바꿀 수 있다는 의미에서 인과 진술인 것입니다.

예를 들어 카페인이 물벼룩의 단위 시간당 심장 박동수를 높이는지를 알아내기 위해 대조군 실험을 수행한다고 가정해 봅시다. 조건이 비슷한 물벼룩 무리를 네 무리로 나눠 실험군에 해당하는 세 무리에 고농도, 중농도, 저농도 카페인을 각각 투여하는 반면, 대조군에 해당하는 무리에는 카페인 대신 같은 양의 물을 투여하고 그 외의 다른 모든 조건을 동일하게 조작합니다. 카페인 투여라는 원인의 발생을 이런 식으로 조종하는 것을 조종 인과 이론에서는 개입이라고 합니다. 개입의 결과 저농도 카페인을 투여한 무리에서 고농도 카페인을 투여한 무리까지 평균 심장 박동수가 차례대로 증가하는 양상을 보이고 대조군 무리들의 평균 심장 박동수는 저농도 카페인을 투여한 무리의 평균 심장 박동수보다 낮은 양상을 보인다면 실험 결과, 카페인이 물벼룩의 단위 시간당 심장 박동수를 높이며, 그 양이 증가할수록 심장 박동수도 증가한다는 결론을 내릴 수 있습니다. 즉 물벼룩의 카페인 흡수량과 물벼룩의 평균 심장 박동수 사이에 인과관계가 성립한다고 결론을 내릴 수 있는 것입니다.

대조군 실험과 같은 방법을 이용하여 원인을 적절히 조종하면 눈에 보이지 않는 인과관계를 추론해낼 수 있다는 것이 조종 인과 이론입니다.

MTC. C가 E의 원인이다. ≡
개입 I를 통해 C를 바꾸면, E가 바뀔 것이다.

MTC는 공통원인의 문제를 해결할 수도 있습니다.

붕어빵이 많이 팔린 날 수도 배관 동파 발생이 증가한다고 '붕어빵 판매(E1)'를 '수도 배관 동파 발생(E2)'의 원인으로 볼 수 없을 것입니다. 추위(C)가 공통 원인이기 때문입니다. 어떤 부자가 이를 의심하여 아르바이트를 고용해 전국 각지에 있는 붕어빵 판매점마다 붕어빵을 100개씩 팔아줬다(I1)고 해봅시다. 부자가 개입하여 붕어빵을 많이 팔아줄수록 수도 배관 동파 발생이 증가할까요? 그렇지 않을 것입니다. 이번에는 전국의 온도를 -10℃씩 내리는 개입(I2)을 했다고 가정해 봅시다. 온도가 내려가 추워질수록 붕어빵을 사 먹고 싶은 사람들이 많아졌을 것이고 수도 배관이 얼어 터져버리는 사건도 다수 발생할 것입니다. 이처럼 개입 I1을 통해 잘못된 원인(E1)을 조종하면 결과(E2)는 바뀌지 않고 개입 I2를 통해 공통원인(C)을 조종하면 E1과 E2를 바꿀 수 있습니다.

반복

이 책에서 설명하는 반복은 텍스트의 반복입니다. 반복을 인지하기 위해서는 그 텍스트가 처음 등장했을 때 기억하고 있어야 합니다. 즉 지문을 읽을 때 텍스트 암기 시도가 적절히 이루어져야 한다는 것입니다.

반복은 단순 반복과 변형 반복 두 가지로 분류할 수 있습니다. 단순 반복과 변형 반복을 본격적으로 배우기 전에 한 가지 유의해야 할 점은 단순 반복이든 변형 반복이든 반복이 없는 지문은 없다는 점입니다. 어떤 지문에서든 반복을 발견할 수 있을 것입니다.

단순 반복은 말 그대로 단순히 같은 텍스트가 두 개 이상의 문장에서 반복될 때를 말합니다. 여러 문장에서 어떤 텍스트가 계속 반복되면 그 텍스트는 주제와 관련 깊은 핵심 텍스트일 가능성이 높습니다. 즉 단순 반복은 글의 주제를 파악하는 데 쓰일 수 있다는 것입니다.

단순 반복 사이에 볼륨이 큰 내용이 껴있어서 단순 반복을 잘 인지하지 못하도록 하여 난도를 높인 기출 지문이 있어서 소개합니다.

혈액은 세포에 필요한 물질을 공급하고 노폐물을 제거한다. 만약 혈관 벽이 손상되어 출혈이 생기면 손상 부위의 혈액이 응고되어 혈액 손실을 막아야 한다. 혈액 응고는 섬유소 단백질인 **피브린**이 모여 형성된 섬유소 그물이 혈소판이 응집된 혈소판 마개와 뭉쳐 혈병이라는 덩어리를 만드는 현상이다. 혈액 응고는 혈관 속에서도 일어나는데, 이때의 혈병을 혈전이라 한다. 이물질이 쌓여 동맥 내벽이 두꺼워지는 동맥 경화가 일어나면 그 부위에 혈전 침착, 혈류 감소 등이 일어나 혈관 질환이 발생하기도 한다. 이러한 혈액의 응고 및 원활한 순환에 비타민 K가 중요한 역할을 한다.

비타민 K는 혈액이 응고되도록 돕는다. 지방을 뺀 사료를 먹인 병아리의 경우, 지방에 녹는 어떤 물질이 결핍되어 혈액 응고가 지연된다는 사실을 발견하고 그 물질을 비타민 K로 명명했다. 혈액 응고는 단백질로 이루어진 다양한 인자들이 관여하는 연쇄 반응에 의해 일어난다. 우선 여러 혈액 응고 인자들이 활성화된 이후 프로트롬빈이 활성화되어 트롬빈으로 전환되고, 트롬빈은 혈액에 녹아 있는 피브리노겐을 불용성인 **피브린**으로 바꾼다. 비타민 K는 프로트롬빈을 비롯한 혈액 응고 인자들이 간세포에서 합성될 때 이들의 활성화에 관여한다. 활성화는 칼슘 이온과의 결합을 통해 이루어지는데, 이들 혈액 단백질이 칼슘 이온과 결합하려면 카르복실화되어 있어야 한다. 카르복실화는 단백질을 구성하는 아미노산 중 글루탐산이 감마-카르복시글루탐산으로 전환되는 것을 말한다. 이처럼 비타민 K에 의해 카르복실화되어야 활성화가 가능한 표적 단백질을 비타민 K-의존성 단백질이라 한다.

2023학년도 6월 모평 발췌

→ 비타민 K가 혈액 응고 인자를 카르복실화시켜야 칼슘 이온과 결합하여 활성화되고 이에 따라 프로트롬빈이 활성화되어 트롬빈으로 전환되고, 이 트롬빈이 피브리노겐을 섬유소 그물을 구성하는 피브린으로 바꿔 혈병을 형성하므로 결국에는 비타민 K가 혈액 응고에 중요한 역할을 한다는 것을 인지할 수 있습니다. 이러한 연쇄적 인과를 인지하기 위해서는 피브린의 단순 반복을 인지해야 했는데, 그러기 위해서는 텍스트 암기 시도가 적절히 이루어졌어야 합니다.

변형 반복은 의미가 유사한 텍스트가 두 개 이상의 문장에서 등장하였지만 표현이 다를 때를 말합니다. 하나의 텍스트가 다른 텍스트로 변형 반복될 수 있습니다. 하나의 개념이 다른 표현으로 불린다는 명시적 진술이 있을 때 이를 변형 반복으로 볼 수 있습니다. 피정의항(피설명항)과 정의항(설명항)을 변형 반복으로 볼 수도 있습니다. 지시어 또한 변형 반복되었다고 볼 수 있습니다. 원리와 예시를 변형 반복으로 볼 수도 있습니다. 변형 반복되는 텍스트들은 동치로 생각해야 하고 선행된 텍스트를 따다가 읽는 것이 좋습니다. 따다가 읽는다는 것은 변형된 텍스트가 등장했을 때 선행된 텍스트와 변형된 텍스트를 중첩시켜 받아들여 읽는다는 것입니다. 이 과정에서 문장의 이해를 높일 수 있고 기억 또한 강화될 수 있습니다. 또한 평가원에서는 이러한 변형 반복을 인지했는지 확인하는 문제를 내기도 합니다.

평가원 비문학 지문에 자주 등장하는 변형 반복 양상인 피정의항과 정의항 그리고 피설명항과 설명항에 대해 깊게 살펴보도록 하겠습니다.

#정의와 설명

정의는 외연적 정의와 내포적 정의가 있다고 했습니다. 이 섹션에서는 내포적 정의에 주목할 것입니다. 내포적 정의는 유와 종차라는 개념을 포함한다고 했습니다. 피정의항에는 구체 개념이 올 수도, 추상 개념이 올 수도 있습니다. 피정의항은 개념의 '이름'을 담고 있어야 하며 정의항은 피정의항이 표현하는 개념의 '본질'을 담고 있어야 합니다. 어떤 개념이 한 번 정의되고 나면 그 개념이 글에서 반복될 때 개념의 이름이 단순 반복되고 개념의 본질은 단순 반복되지 않습니다. 반복될 때마다 정의항을 매번 쓰는 것은 텍스트 낭비이기 때문입니다. 정의항이 피정의항으로 반복되는 것을 변형 반복으로 보도록 합시다. 정의에서 피정의항과 정의항은 서로 필요충분조건을 만족시킵니다. 예를 들어보겠습니다.

'사람은 동물이다.' 이 문장이 과연 사람을 적절히 정의한다고 볼 수 있을까요? 사람은 동물이지만 동물은 사람이 아닙니다. 즉 사람과 동물은 필요충분조건 관계를 갖지 않죠. 따라서 이 문장은 사람을 적절히 정의한다고 볼 수 없습니다. 다만 이 문장은 사람을 설명한다고는 볼 수 있겠죠. 그렇다면 '사람은 이성적 동물이다.' 이 문장은 어떻습니까? 사람은 이성적 동물이고 이성적 동물은 사람이죠. 따라서 이 문장은 사람을 적절히 정의한다고 볼 수 있습니다. 이번엔 이 문장은 어떨까요? '사람은 깃털 없는 이족류다.' 플라톤이 사람을 이렇게 정의했었다고 합니다. 그러자 디오게네스가 닭의 털을 다 뽑고는 '이게 플라톤이 말하는 인간이냐?'라고 말했다고 합니다. 플라톤의 인간의 정의는 적절하지 못했다고 보아야겠죠. 왜 적절하지 못했을까요? 내포적 정의를 따르긴 따랐는데 유는 그렇다 쳐도 '깃털 없음'이라는 종차가 인간을 다른 이족류와 구분시키는 본질적인 속성이 되지 못했기 때문입니다. 이처럼 정의항은 피정의항이 표현하는 개념의 본질적인 속성을 담고 있어야 하며 그럴 때 피정의항과 정의항은 필요충분조건이 될 수 있습니다. 그런데 본질적인 속성이란 무엇일까요? 이는 본질적이지 않은 속성을 살펴봄으로써 이해될 수 있습니다. 인간에 속하는 개개의 것들을 생각해 볼 때 어떤 인간은 키가 크고 어떤 인간은 키가 작으며 어떤 인간은 성격이 유순하며 어떤 인간은 성격이 괴팍합니다. 키와 성격은 인간마다 다르기 때문에 이는 인간의 비본질적인 속성입니다. 그러나 거의 모든 인간은 이성, 즉 개별 사물을 일반화하여 지식으로 갖추고 그 지식에 따라 대상을 분별해 내는 정신 혹은 욕망을 절제하는 정신을 갖추고 있기 때문에 이성은 인간의 본질적인 속성이라고 할 수 있습니다.

설명은 정의를 포함하는 개념입니다. 설명의 사전적 의미는 '일정한 사물이나 어떠한 문제를 알기 쉽게 풀이하거나 그 사실에 대해 자세하게 해명하여 그것의 실체가 무엇인가를 알게 해 주는 기술 양식'을 말합니다. 조금 거칠게 말하면 설명이란 '명시적 혹은 잠정적 질문에 대한 답'을 말한다고 볼 수 있습니다. 예를 들어 이시우라는 친구가 있는데, 시우가 '반도체에 대해서 설명해 봐'라고 한다면 시우는 반도체가 '무엇'인지에 대한 대답을 요구하고 있다고 할 수 있습니다. 시우가 이번엔 'GMO 식품 생산 과정에 대해 설명해 볼게.'라고 한다면 시우는 GMO 식품을 '어떻게' 만드는지에 대해 말하려고 한다고 할 수 있습니다. 시우가 또 '러시아가 전쟁을 일으킨 이유에 대해 설명해줄래?'라고 한다면 시우는 러시아가 전쟁을 '왜' 일으켰는지에 대한 대답을 요청하고 있다고 할 수 있습니다.

현실세계에서 일어날 가능성이 없지만 타임머신을 타고 조선시대로 돌아가서 바나나라는 개념을 모르는 조선인에게 바나나가 무엇인지 말로 설명해야 한다고 쳐봅시다. '바나나는 열대 과일이다', '대부분의 바나나는 노랗다', '몇몇 바나나는 초록색이다', '모든 바나나는 길쭉하다', '잘 익은 바나나는 달다' 등의 진술은 바나나에 대한 설명이라고 볼 수 있습니다. 우리는 이러한 문장들을 설명적 진술로 볼 것이며 설명적 진술에 대해 더 자세한 내용을 후술할 것입니다.

'김 작가는 착하다'라는 문장은 크게 둘로 이루어져 있습니다. 하나는 '김 작가'이고 나머지는 '-는 착하다'입니다. '김 작가'는 주어이고, '-는 착하다'는 술어입니다. 주어 자리에는 흔히 체언이 옵니다. 주어에 올 수 있는 체언에는 여러 가지가 있습니다.

ㄱ. 세종대왕은 뚱뚱하다.
ㄴ. 사람은 죽는다.
ㄷ. 사람은 평화를 위해 국가를 만들었다.

ㄱ에서 '세종대왕'은 세종대왕이라는 오직 한 사물만 가리키는 일을 맡습니다. 이처럼 세계 속에 있는 어느 한 사물을 가리키고 바로 그 사물만을 가리키도록 만들어진 명사를 고유명사 혹은 단일 개념이라고 합니다.

ㄴ과 ㄷ의 '사람'은 한 사람을 가리키지 않습니다. ㄴ의 '사람'은 사람들의 모임에 들어가는 한 사람 한 사람 모두를 나타내고 ㄷ의 '사람'은 사람들의 모임을 가리킵니다. ㄴ은 한 사람 한 사람이 마침내 죽는다는 것을 뜻합니다. ㄷ은 한 사람 한 사람이 국가를 만들었다고 말하는 것이 아닙니다. 사람들의 모임이 국가를 만들었다고 말하는 것입니다. ㄴ의 '사람' 같은 명사를 보통명사라 하고, ㄷ의 '사람' 같은 명사를 집합명사라 합니다.

ㄹ. 알버트는 아인슈타인이다.
ㅁ. 아인슈타인은 사람이다.
ㅂ. 위인은 사람이다.

ㄹ과 ㅁ처럼 주어에 고유명사가 자리하는 문장을 '단칭문장'이라 합니다. ㅂ처럼 주어에 보통명사가 자리하는 문장을 '정언문장'이라 합니다.

ㄹ, ㅁ, ㅂ에서 '이다'는 모두 뜻이 다릅니다.

ㄹ에서 '-은 -이다'는 '-은 -와 똑같다'를 뜻합니다. ㄹ은 '알버트'라 불리는 사람과 '아인슈타인'이라 불리는 사람이 똑같은 사람이라는 것을 말하고 있습니다.

ㅁ에서 '이다'는 보통명사 '사람'을 술어로 만들어주는 서술격 조사입니다. 보통명사에 '이다'를 붙임으로써 그 보통명사를 술어로 만들 수 있습니다. ㅁ은 '아인슈타인'이라 불리는 사물이 사람들 가운데 하나라는 것을 말합니다. 즉 '아인슈타인 ∈ 사람'을 뜻합니다.

ㅂ에서 '위인'과 '사람'은 모두 보통명사입니다. '위인은 사람이다'는 위인들의 모임과 사람들의 모임 사이의 맺음을 나타냅니다. 하지만 문장 ㅂ은 위인들의 모임과 사람들의 모임이 같다는 말이 아닙니다. 위인이라는 모임을 이루는 사물 하나하나는 사람이라는 모임 안에 있는 사물임을 뜻합니다. 즉, '위인 ⊂ 사람'을 뜻합니다.

#양화 논리

보통명사에는 수나 양을 나타내는 관형어가 붙을 수 있습니다. 예시로는 '한 위인', '세 명의 사람', '몇몇 동물', '대부분의 포유류', '어떤 사회적 동물', '모든 음악가' 등이 있습니다. 논리학에서는 이중 '몇몇' 따위를 존재 양화사라 하고, '모든' 따위를 보편 양화사라 합니다. '몇몇'이 붙으면 특칭문장, '모든'이 붙으면 전칭문장이라 합니다.

양화 논리는 편의상 반복 섹션 안에서 서술되지만 개념적으로는 범주 섹션 안에 포함되어야 합니다. 양적 관계는 범주적 관계이기 때문입니다.

평가원 비문학 기출에서 '정언문장'이 자주 등장합니다. 정언문장은 다음 네 가지로 나눌 수 있습니다.

정언문장	전칭문장	전칭긍정	모두 그렇다	모든 사람은 짐승이다
		전칭부정	모두 아니다	모든 사람은 짐승이 아니다
	특칭문장	특칭긍정	몇몇 그렇다	몇몇 사람은 짐승이다
		특칭부정	몇몇 아니다	몇몇 사람은 짐승이 아니다

정언문장에 나오는 '모든', '몇몇' 따위를 '양화사'라 합니다. 정언문장의 주어 S 자리에는 보통명사가 와야 하고, 술어 P 자리에는 보통명사, 동사, 형용사 따위가 올 수 있습니다. 동사나 형용사가 올 때도 보통명사처럼 취급하겠습니다.

'모든'이 빠진 문장 '사람은 죽는다'는 '모든 사람은 죽는다'로 읽어야 합니다.

'S인 일부는', 'S 중 일부는', 'S 가운데 일부는', '어떤 S는', '어느 S는' 따위는 '몇몇 S는'을 뜻합니다.

‘모든 사람은 동물이다’ 또는 ‘사람은 모두 동물이다’라는 문장은 사람이라는 모임을 이루는 사물 하나하나가 동물이라는 모임 안에 있는 한 사물이라는 것을 뜻합니다. 이것은 ‘사람이라는 모임에 들어가지만 동물이라는 모임에는 안 들어가는 것은 없다’를 뜻합니다. 이것은 ‘무엇이든지 그것이 사람이면 그것은 짐승이다’로 바꿀 수 있습니다. 즉 전칭 문장은 조건문으로 대응시킬 수 있음을 알 수 있습니다. 아무 보통명사 S와 P에 대해 다음과 같이 말할 수 있습니다.

모든 S는 P이다.
≡ 무엇이든지 그것이 S이면 그것은 P이다.
≡ ‘무엇이든지 그것이 S이면서 P가 아니다’는 거짓이다.
≡ S→P
≡ S⊂P

‘모든 사람은 짐승이 아니다’라는 문장은 사람들의 모임을 이루는 사물 하나하나가 짐승들의 모임 안에 들어 있지 않다는 것을 뜻합니다. 이것은 ‘사람들의 모임에 들어가고 짐승들의 모임에도 들어가는 것은 없다’를 뜻합니다. 이것은 ‘무엇이든지 그것이 사람이면 그것은 짐승이 아니다’로 바꿀 수 있습니다. 아무 보통명사 S와 P에 대해 다음과 같이 말할 수 있습니다.

모든 S는 P가 아니다.
≡ 무엇이든지 그것이 S이면 그것은 P가 아니다.
≡ ‘무엇이든지 그것이 S이면서 P이다’는 거짓이다.
≡ S→~P
≡ S⊂~P

‘모든 S는 P가 아니다’는 ‘어떤 S도 P가 아니다’나 ‘어느 S도 P가 아니다’로 바꿔쓸 수 있습니다.

‘몇몇 사람은 짐승이다’는 무엇을 뜻할까요? 여기서 ‘몇몇’은 ‘여럿’을 뜻하지 않고 ‘적어도 하나’를 뜻합니다. ‘몇몇 사람은 짐승이다’는 ‘몇몇 사물에 대해 그것이 사람이면 그것은 짐승이다’를 뜻하지 않습니다. 이것은 ‘사람이면서 짐승인 것이 적어도 하나 있다’를 뜻합니다. 현실세계에 사람이면서 짐승인 것이 하나도 없다면 ‘몇몇 사람은 짐승이다’는 거짓입니다. 아무 보통명사 S와 P에 대해 ‘몇몇 S는 P이다’는 다음을 뜻합니다.

몇몇 S는 P이다.
≡ S이면서 P인 것이 적어도 하나 있다.

'몇몇 사람은 짐승이 아니다'는 '사람이면서 짐승이 아닌 것이 적어도 하나 있다'를 뜻합니다. 만약 현실세계에 사람이면서 짐승이 아닌 것이 하나도 없다면 '몇몇 사람은 짐승이 아니다'는 거짓입니다. 아무 보통명사 S와 P에 대해 '몇몇 S는 P가 아니다'는 다음을 뜻합니다.

 몇몇 S는 P가 아니다.
≡ S이면서 P가 아닌 것이 적어도 하나 있다.

'몇몇 사람은 짐승이다'는 '사람이면서 짐승인 것이 적어도 하나 있다'를 의미한다고 했습니다. 이를 통해 '몇몇 사람은 짐승이 아닐 것이다', 즉 '사람이면서 짐승이 아닌 것이 적어도 하나 있을 것이다'라는 결론을 도출해낼 수 있습니다. 사람이면서 짐승인 것이 있다면 사람이면서 짐승이 아닌 것도 상상할 수 있기 때문입니다. 이 논증은 귀납 논증이기 때문에 전제가 참일 때 결론이 반드시 참인 것은 아닙니다. 그러나 전제가 참일 때 결론이 참인 가능세계가 적어도 하나 존재할 수 있다고 볼 수 있기 때문에 만약 지문에 '몇몇 사람은 짐승이다'라는 설명적 진술이 등장하고 적절한 선지를 고르는 문제에서 선지로 '몇몇 사람은 짐승이 아닐 것이다'라는 문장이 쓰였다면 해당 선지는 맞다고 봐야 합니다. 이와 비슷하게 존재 양화사는 아니지만 양화사가 쓰인 표현에서 비슷한 귀납 추론을 할 수 있습니다.

1. 사람은 **주로** 짐승이다.
따라서 몇몇 사람은 짐승이 아닐 것이다.

1. 사람은 **일반적으로** 짐승이다.
따라서 몇몇 사람은 짐승이 아닐 것이다.

이와 관련한 기출 예시가 있어 소개합니다.

> 두 압전 효과가 모두 생기는 재료를 압전체라 하며, 수정이 주로 쓰인다.
>
> 2024학년도 9월 모평 발췌

09. 윗글을 통해 알 수 있는 내용으로 적절하지 않은 것은?

① 수정 이외에도 압전 효과를 보이는 재료가 존재한다.

지금까지 '모든'과 '몇몇'의 기본적인 의미에 대해 알아보았고, 더욱 심화된 의미에 대해 알아보려고 합니다.
다음 표를 봅시다.

1-1. 모든 S는 P이다. ≡ P 아닌 어느 것도 S가 아니다.
1-2. 어느 S도 P가 아니다. ≡ 어느 P도 S가 아니다.
2-1. 몇몇 S는 P이다. ≡ 몇몇 P는 S이다.
2-2. 몇몇 S는 P가 아니다. ≡ P 아닌 몇몇은 S이다.
3-1. '모든 S는 P이다'는 거짓이다. ≡ 몇몇 S는 P가 아니다.
3-2. '어느 S도 P가 아니다'는 거짓이다. ≡ 몇몇 S는 P이다.
4-1. '몇몇 S는 P이다'는 거짓이다. ≡ 어느 S도 P가 아니다.
4-2. '몇몇 S는 P가 아니다'는 거짓이다. ≡ 모든 S는 P이다.

이 개념이 어려울 수도 있지만 얼마든지 지문이나 문제로 출제될 수 있기 때문에 반드시 숙지해 두시기 바랍니다.

'모든 사람은 이성적으로 생각한다'는 '무엇이든지 그것이 사람이면 그것은 이성적으로 생각한다'를 뜻합니다. 이것은 대우 규칙에 따라 '무엇이든지 그것이 이성적으로 생각하지 않는다면 그것은 사람이 아니다'로 바꿀 수 있고, 이것은 '이성적으로 생각하지 않는 모든 것은 사람이 아니다'를 뜻합니다. 아무 보통명사 S와 P에 대해 '모든 S는 P이다'는 다음을 뜻합니다.

모든 S는 P이다.
≡ P 아닌 모든 것은 S가 아니다.

'어느 S도 P가 아니다'는 '어느 P도 S가 아니다'와 뜻이 같습니다. '무엇이든지 그것이 S이면 그것은 P가 아니다'는 대우 규칙에 따라 '무엇이든지 그것이 P이면 그것은 S가 아니다'와 뜻이 같기 때문입니다.

어느 S도 P가 아니다.
≡ 어느 P도 S가 아니다.

우리는 '몇몇 S는 P이다'와 '몇몇 P는 S이다'가 뜻이 같다는 것을 알 수 있습니다. '몇몇 S는 P이다'와 '몇몇 P는 S이다'
는 모두 'S이고 P인 것이 적어도 하나 있다'와 뜻이 같기 때문입니다. 그렇다면 자연히 '몇몇 S는 P가 아니다'는 '몇몇
P가 아닌 것은 S이다.'와 뜻이 같다는 것을 알 수 있습니다.

몇몇 S는 P이다.
≡ 몇몇 P는 S이다.

몇몇 S는 P가 아니다.
≡ P 아닌 몇몇은 S이다

'모든 S는 P이다'는 '무엇이든지 그것이 S이면 그것은 P이다'와 같다고 했습니다. 그렇다면 "모든 S는 P이다'는 거짓
이다'는 무엇을 뜻할까요? "모든 S는 P이다'는 거짓이다'는 '모든 S가 P인 것은 아니다'를 뜻하는 것이지, '모든 S는 P
가 아니다'나 '어느 S도 P가 아니다'를 뜻하는 것이 아닙니다. "모든 S는 P이다'는 거짓이다'는 'S이면서 P가 아닌 것
이 없다는 것은 거짓이다'를 의미하며 'S이면서 P가 아닌 것이 적어도 하나 존재한다'를 의미합니다. 따라서 "모든 S
는 P이다'는 거짓이다'는 '몇몇 S는 P가 아니다'를 의미합니다.

'모든 S는 P이다'는 거짓이다.
≡ 몇몇 S는 P가 아니다.

'몇몇 S는 P이다'는 'S이면서 P인 것이 적어도 하나 있다'와 같다고 했습니다. 그렇다면 "몇몇 S는 P이다'는 거짓이다'
는 무엇을 뜻할까요? "몇몇 S는 P이다'는 거짓이다'는 '몇몇 S는 P가 아니다'를 뜻하는 것이 아닙니다. "몇몇 S는 P이
다'는 거짓이다'는 'S이면서 P인 것이 하나도 없다'를 의미합니다. 따라서 "몇몇 S는 P이다'는 거짓이다'는 '모든 S는 P
가 아니다' 또는 '어느 S도 P가 아니다'를 의미합니다.

'몇몇 S는 P이다'는 거짓이다.
≡ 어느 S도 P가 아니다.

양화 논리와 관련하여 출제 오류가 있었던 지문을 소개하겠습니다.

(ㄴ)에는 (ㄱ) 문장의 후건의 부정문이 와야 합니다. 그러나 '어떤 까마귀는 검다'의 부정문은 '어떤 까마귀는 검지 않다'가 아니라 '어느 까마귀도 검지 않다', 즉 '모든 까마귀는 검지 않다'입니다. 즉 출제 오류인 것이죠. 저는 이 지문을 출제한 사람 혹은 사람들이 그 당시 양화 논리에 대한 지식이 부족해서 혹은 양화 논리에 대한 지식을 떠올리지 못해서 오류인지 모르고 출제했을 것이라 추측하고 있습니다. 이 지문의 문맥에 따라 필자의 의도를 파악하여 고쳐보겠습니다.

(ㄱ) 모든 까마귀가 검다면 발견되는 까마귀는 검어야 한다.
(ㄴ) 발견된 까마귀는 검지 않다.
(ㄷ) 따라서 모든 까마귀가 다 검은 것은 아니다.

PART 03

문단 요약하기
글 요약하기

요약하기는 문단 요약하기와 글 요약하기로 나눌 수 있습니다. 요약하기만으로 문제를 풀 수 있는 건 아니라는 점에서 요약하기는 문제를 푸는 것을 성립시키는 충분조건이 아니고, 요약하기를 하지 않으면 문제를 풀 수 없는 것은 아니라는 점에서 요약하기는 문제를 풀기 위한 필요조건이 아닙니다. 다만 요약하기는 지문 내용에 대한 기억을 강화할 수 있다는 점과 글의 전체적 이해를 높여준다는 점에서 문제를 푸는 데 간접적으로 도움이 될 수 있습니다.

문단 요약하기

문단 요약은 문단을 읽을 때 문장과 문장을 연결하며 읽는다는 전제 조건이 필요합니다. 문장과 문장을 연결하며 읽는다는 것은 Part 1과 Part 2에서 배운 표상하기와 연결하기를 통해 문장과 문장이 어떤 관련성이 있는지 파악하며 읽는다는 것입니다. 다만 문장과 문장을 연결하며 읽을 때 문장과 문장이 서로 독립적, 즉 서로 관련성이 적거나 없는 경우를 맞닥뜨릴 때가 있는데 이때 문단 전체에 대한 파악력이 떨어지기 마련입니다. 그래서 문단 요약하기가 필요한 것입니다.

문단 요약하기는 문단의 마지막 문장까지 읽고 난 다음 문단을 훑어보며 이루어집니다. 문단을 요약하기 위해서는 핵심어를 찾을 필요가 있고 서로 독립적인 문장들의 집합들을 찾을 필요가 있습니다. 핵심어를 찾는 데는 단순 반복의 인지가 도움이 될 수 있습니다. 서로 독립적인 문장들의 집합들을 찾는 데는 문장과 문장 연결하며 읽기가 도움이 될 수 있습니다. 문단 요약하기는 문단의 핵심어와 서로 독립적인 개념을 어느 식으로든 모두 포함하여 언어로 표현함으로써 이루어집니다.

글 요약하기

글 요약하기는 글의 마지막 문단까지 읽고 난 다음 글을 문단 별로 훑어보며 이루어집니다. 글 요약하기는 문단을 요약한 것들을 차례대로 상기하며 글의 핵심어를 파악하고 글의 흐름을 파악하여 언어로 표현함으로써 이루어집니다.

문제편에 들어가기 전 당부의 말씀

문제편으로 넘어가 본격적으로 문제를 풀기 전에 알아두어야 할 태도가 있습니다. 바로 지문 중점적 태도입니다. 지문 중점적 태도란 말 그대로 지문을 중점적으로 여기는 태도입니다. 가령 6개의 문제가 딸린 지문을 읽고 문제를 푸는 데 12분이 걸린다고 가정하면 8분은 지문을 읽는 데, 4분은 문제를 푸는 데 할애하는 것이 이상적입니다.

지문을 읽을 때는 문장 단위로 반응하며 읽어야 합니다. 여기서 반응하기는 표상하기와 연결하기를 포함합니다. 지문을 읽을 때 반드시 전제되어야 할 것은 표상하기입니다. 표상한다는 것은 다시 말씀드리지만 '글이 담고 있는 것'을 뇌 안에서 모델링하는 것으로, 표상하기가 전제되지 않으면 지문을 이해할 수가 없습니다. 표상하기를 원활히 하기 위해 도약 독해, 물음표 띄우기, 암기 시도하기가 적절히 이루어져야 합니다. 표상하기가 원활히 동작하고 있다는 전제하에서 범주, 방향, 반복의 연결하기를 얹어서 읽는다고 생각하면 좋을 것 같습니다.

이처럼 지문을 읽을 때 문장 단위로 반응하며 읽으면 문제를 푸는 시간은 무척 적게 걸립니다. 지문 중점적 태도가 효과적인 이유가 바로 여기에 있는 것입니다.

지문 중점적 태도에서 주의해야 할 점이 있는데, 지문을 중점적으로 여기라는 말이 지문만을 중점적으로 여기라는 말은 아니라는 것입니다. <보기> 문제가 나오면 <보기>가 지문의 연장이라고 생각하고 <보기> 또한 문장 단위로 반응하며 읽어야 합니다.

다음은 보기 유형과 선지 구성을 분류한 것으로 문제편에 들어가기 전 참고하시면 좋을 내용을 담았습니다.

보기 유형의 분류

1. <보기>에 지문에 제시된 '입장 혹은 개념'과 비슷하거나 다른 '입장 혹은 개념'이 제시된 경우

<보기>를 읽을 때 지문에 제시된 '입장 혹은 개념'과
<보기>에 제시된 '입장 혹은 개념' 사이의 공통점이나 차이점을 인지하며 읽는다.

2. <보기>에 지문에 제시된 개념이나 원리의 구체적인 예시가 제시된 경우

<보기>를 읽을 때 <보기>의 구체적인 예시를 지문의 추상적인 개념이나 원리에 유연하게 끼워 맞춰 가며 읽는다.

3. <보기>에 지문의 내용을 보완하는 내용이 제시된 경우

<보기>를 읽을 때 지문을 읽듯이 읽는다.

1. 선지가 지문이나 <보기>에 나온 표현이나 나오지 않은 표현의 조합으로 쓰인 경우

선지가 지문 또는 <보기>와 적절히 부합하는지 판단해본다.

선지가 지문 또는 <보기>와 적절히 부합하면 참.

선지가 지문 또는 <보기>와 부합하지 않으면 거짓.

2. 선지가 필연적 표현이나 가능적 표현으로 쓰인 경우

필연적 표현으로 쓰인 경우 선지가 지문 또는 <보기>와 부합하는 모든 가능세계에서 참인지 '융통성 없게' 판단해본다.

선지가 지문 또는 <보기>와 부합하는 모든 가능세계에서 참이면 참.

선지가 지문 또는 <보기>와 부합하는 가능세계 중 적어도 하나의 가능세계에서 거짓이면 거짓.

가능적 표현으로 쓰인 경우 선지가 지문 또는 <보기>와 부합하는 가능세계 중 적어도 하나의 가능세계에서 참인지 '융통성 있게' 판단해본다.

선지가 지문 또는 <보기>와 부합하는 가능세계 중 적어도 하나의 가능세계에서 참이면 참.

선지가 지문 또는 <보기>와 부합하는 모든 가능세계에서 거짓이면 거짓.

3. 선지가 지문 또는 <보기>보다 추상적 또는 구체적인 표현으로 쓰인 경우

구체에서 추상으로 '유연하게' 끼워 맞춰본다.

선지와 지문 또는 <보기>가 어느 정도 잘 끼워 맞춰지면 참.

선지와 지문 또는 <보기>가 아예 끼워 맞춰지지 않으면 거짓.

독해
분석

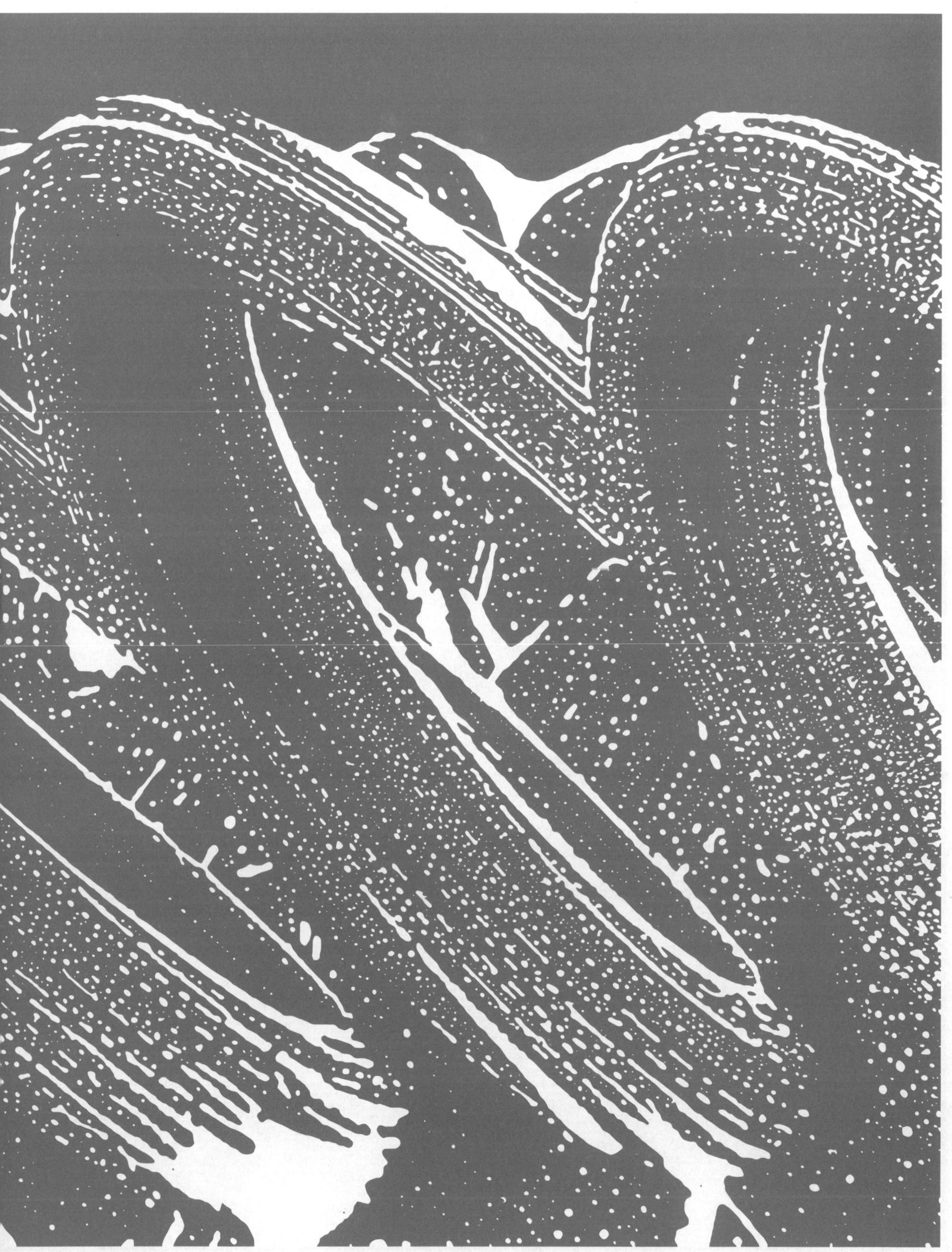

contents.

인문
p.007

기술
p.177

사회
p.081

예술
p.213

과학
p.149

복합
p.225

정답 및 해설: 해설편 11p

PART 01

제재별

인문

다음을 읽고 물음에 답하시오.

(가) 유비 논증은 두 대상이 몇 가지 점에서 유사하다는 사실이 확인된 상태에서 어떤 대상이 추가적 특성을 갖고 있음이 알려졌을 때 다른 대상도 그 추가적 특성을 가지고 있다고 추론하는 논증이다. 유비 논증은 이미 알고 있는 전제에서 새로운 정보를 결론으로 도출하게 된다는 점에서 유익하기 때문에 일상생활과 과학에서 흔하게 쓰인다. 특히 의학적인 목적에서 포유류를 대상으로 행해지는 동물 실험이 유효하다는 주장과 그에 대한 비판은 유비 논증을 잘 이해할 수 있게 해 준다.

(나) 유비 논증을 활용해 동물 실험의 유효성을 주장하는 쪽은 인간과 ⓐ 실험동물이 ⓑ 유사성을 보유하고 있기 때문에 신약이나 독성 물질에 대한 실험동물의 ⓒ 반응 결과를 인간에게 안전하게 적용할 수 있다고 추론한다. 이를 바탕으로 이들은 동물 실험이 인간에게 명백하고 중요한 이익을 준다고 주장한다.

(다) 도출한 새로운 정보가 참일 가능성을 유비 논증의 개연성이라 한다. 개연성이 높기 위해서는 비교 대상 간의 유사성이 커야 하는데 이 유사성은 단순히 비슷하다는 점에서의 유사성이 아니고 새로운 정보와 관련 있는 유사성이어야 한다. 예를 들어 ㉠ 동물 실험의 유효성을 주장하는 쪽은 실험동물로 많이 쓰이는 포유류가 인간과 공유하는 유사성, 가령 비슷한 방식으로 피가 순환하며 허파로 호흡을 한다는 유사성은 실험 결과와 관련 있는 유사성으로 보기 때문에 자신들의 유비 논증은 개연성이 높다고 주장한다. 반면에 인간과 꼬리가 있는 실험동물은 꼬리의 유무에서 유사성을 갖지 않지만 그것은 실험과 관련이 없는 특성이므로 무시해도 된다고 본다.

(라) 그러나 ㉡ 동물 실험을 반대하는 쪽은 유효성을 주장하는 쪽을 유비 논증과 관련하여 두 가지 측면에서 비판한다. 첫째, 인간과 실험동물 사이에는 위와 같은 유사성이 있다고 말하지만 그것은 기능적 차원에서의 유사성일 뿐이라는 것이다. 인간과 실험동물의 기능이 유사하다고 해도 그 기능을 구현하는 인과적 메

커니즘은 동물마다 차이가 있다는 과학적 근거가 있는데도 말이다. 둘째, 기능적 유사성에만 주목하면서도 막상 인간과 동물이 고통을 느낀다는 기능적 유사성에는 주목하지 않는다는 것이다. 인간은 자신의 고통과 달리 동물의 고통은 직접 느낄 수 없지만 무엇인가에 맞았을 때 신음 소리를 내거나 몸을 움츠리는 동물의 행동이 인간과 기능적으로 유사하다는 것을 보고 유비 논증으로 동물이 고통을 느낀다는 것을 알 수 있는데도 말이다.

(마) 요컨대 첫째 비판은 동물 실험의 유효성을 주장하는 유비 논증의 개연성이 낮다고 지적하는 반면 둘째 비판은 동물도 고통을 느낀다는 점에서 동물 실험의 윤리적 문제를 제기하는 것이다. 인간과 동물 모두 고통을 느끼는데 인간에게 고통을 ㉢ 끼치는 실험은 해서는 안 되고 동물에게 고통을 끼치는 실험은 해도 된다고 생각하는 것은 공평하지 않다고 생각하기 때문이다. 결국 윤리성의 문제도 일관되지 않게 쓰인 유비 논증에서 비롯된 것이다.

20. (가)~(마)에 대한 이해로 적절하지 <u>않은</u> 것은?

① (가): 유비 논증의 개념과 유용성을 소개하고 있다.
② (나): 동물 실험의 유효성 주장에 유비 논증이 활용되고 있음을 언급하고 있다.
③ (다): 동물 실험을 예로 들어 유비 논증이 높은 개연성을 갖기 위한 조건을 설명하고 있다.
④ (라): 동물 실험 유효성 주장이 유비 논증을 잘못 적용하고 있다는 비판을 소개하고 있다.
⑤ (마): 동물 실험 유효성 주장이 갖는 현실적 문제들을 유비 논증의 차원을 넘어서 살펴보고 있다.

21. 윗글을 바탕으로 추론한 내용으로 가장 적절한 것은?

① 유비 논증의 개연성은 이미 알고 있는 정보와 관련이 없는 새로운 대상이 추가될 때 높아진다.
② 인간은 자신이 고통을 느낀다는 것이나 동물이 고통을 느낀다는 것이나 모두 유비 논증에 의해 안다.
③ 인간이 꼬리가 있는 실험동물과 차이가 있다는 사실은 동물 실험의 유효성을 주장하는 논증의 개연성을 낮춘다.
④ 동물 실험이 인간에게 중대한 이익을 가져다준다는 것은 동물 실험의 유효성과 상관없이 알 수 있는 정보이다.
⑤ 동물 실험에 윤리적 문제가 있다는 주장에는 인간과 동물의 고통을 공평한 기준으로 대해야 한다는 생각이 전제되어 있다.

22. ㉠과 ㉡에 대한 설명으로 가장 적절한 것은?

① ㉠과 ㉡은 모두 인간과 동물이 기능적으로 유사하면 인과적 메커니즘도 유사하다고 생각한다.
② ㉠이 ㉡의 비판에 적절히 대응하기 위해서는 인간과 동물이 기능적으로 유사하지 않다는 것을 보여 주면 된다.
③ ㉡은 ㉠이 인간과 동물 사이의 기능적 차원의 유사성과 인과적 메커니즘의 차이점 중 전자에만 주목한다고 비판한다.
④ ㉡은 ㉠과 달리 인간과 동물이 유사하지 않으면 동물 실험 결과는 인간에게 적용할 수 없다고 생각한다.
⑤ ㉡은 ㉠과 달리 인간이 고통을 느끼는 것과 동물이 고통을 느끼는 것은 기능적으로 유사하지 않다고 생각한다.

23. <보기>는 유비 논증의 하나이다. 유비 논증에 대한 윗글의 설명을 참고할 때, ⓐ~ⓒ에 해당하는 것을 ㉮~㉱ 중에서 골라 알맞게 짝지은 것은? [3점]

> ── < 보기 > ──
>
> 내가 알고 있는 ㉮ 어떤 개는 ㉯ 몹시 사납고 물려는 버릇이 있다. 나는 공원에서 산책을 하다가 그 개와 ㉰ 비슷하게 생긴 ㉱ 다른 개를 만났다. 그래서 이 개도 사납고 물려는 버릇이 있을 것이라고 추측했다.

① ⓐ: ㉮ ⓑ: ㉯ ⓒ: ㉱
② ⓐ: ㉮ ⓑ: ㉰ ⓒ: ㉯
③ ⓐ: ㉱ ⓑ: ㉮ ⓒ: ㉰
④ ⓐ: ㉱ ⓑ: ㉯ ⓒ: ㉰
⑤ ⓐ: ㉱ ⓑ: ㉰ ⓒ: ㉯

24. 문맥상 ㉢과 바꿔 쓰기에 적절하지 <u>않은</u> 것은?

① 맡기는   ② 가하는   ③ 주는
④ 안기는   ⑤ 겪게 하는

다음 글을 읽고 물음에 답하시오.

   ㉠ 논리실증주의자와 포퍼는 지식을 수학적 지식이나 논리학 지식처럼 경험과 무관한 것과 과학적 지식처럼 경험에 의존하는 것으로 구분한다. 그중 과학적 지식은 과학적 방법에 의해 누적된다고 주장한다. 가설은 과학적 지식의 후보가 되는 것인데, 그들은 가설로부터 논리적으로 도출된 예측을 관찰이나 실험 등의 경험을 통해 맞는지 틀리는지 판단함으로써 그 가설을 시험하는 과학적 방법을 제시한다. 논리실증주의자는 예측이 맞을 경우에, 포퍼는 예측이 틀리지 않는 한, 그 예측을 도출한 가설이 하나씩 새로운 지식으로 추가된다고 주장한다.

   하지만 ㉡ 콰인은 가설만 가지고서 예측을 논리적으로 도출할 수 없다고 본다. 예를 들어 ⓐ 새로 발견된 금속 M은 열을 받으면 팽창한다는 가설만 가지고는 ⓑ 열을 받은 M이 팽창할 것이라는 예측을 이끌어낼 수 없다. 먼저 지금까지 관찰한 모든 금속은 열을 받으면 팽창한다는 기존의 지식과 M에 열을 가했다는 조건 등이 필요하다. 이렇게 예측은 가설, 기존의 지식들, 여러 조건 등을 모두 합쳐야만 논리적으로 도출된다는 것이다. 그러므로 예측이 거짓으로 밝혀지면 정확히 무엇 때문에 예측에 실패한 것인지 알 수 없다는 것이다. 이로부터 콰인은 개별적인 가설뿐만 아니라 ⓒ 기존의 지식들과 여러 조건 등을 모두 포함하는 전체 지식이 경험을 통한 시험의 대상이 된다는 총체주의를 제안한다.

   논리실증주의자와 포퍼는 수학적 지식이나 논리학 지식처럼 경험과 무관하게 참으로 판별되는 분석 명제와, 과학적 지식처럼 경험을 통해 참으로 판별되는 종합 명제를 서로 다른 종류라고 구분한다. 그러나 콰인은 총체주의를 정당화하기 위해 이 구분을 부정하는 논증을 다음과 같이 제시한다. 논리실증주의자와 포퍼의 구분에 따르면 "총각은 총각이다."와 같은 동어 반복 명제와, "총각은 미혼의 성인 남성이다."처럼 동어 반복 명제로 환원할 수 있는 것은 모두 분석 명제이다. 그런데 후자가 분석 명제인 까닭은 전자로 환원할 수 있기 때문이다. 이러한 환원이 가능한 것은 '총각'과 '미혼의 성인 남성'이 동의적 표현이기 때문인데 그게 왜 동의적 표현인지 물어보면,

이 둘을 서로 대체하더라도 명제의 참 또는 거짓이 바뀌지 않기 때문이라고 할 것이다. 하지만 이것만으로는 두 표현의 의미가 같다는 것을 보장하지 못해서, 동의적 표현은 언제나 반드시 대체 가능해야 한다는 필연성 개념에 다시 의존하게 된다. 이렇게 되면 동의적 표현이 동어 반복 명제로 환원 가능하게 하는 것이 되어, 필연성 개념은 다시 분석 명제 개념에 의존하게 되는 순환론에 빠진다. 따라서 콰인은 종합 명제와 구분되는 분석 명제가 존재한다는 주장은 근거가 없다는 결론에 ㉢ 도달한다.

   콰인은 분석 명제와 종합 명제로 지식을 엄격히 구분하는 대신, 경험과 직접 충돌하지 않는 중심부 지식과, 경험과 직접 충돌할 수 있는 주변부 지식을 상정한다. 경험과 직접 충돌하여 참과 거짓이 쉽게 바뀌는 주변부 지식과 달리 주변부 지식의 토대가 되는 중심부 지식은 상대적으로 견고하다. 그러나 이 둘의 경계를 명확히 나눌 수 없기 때문에, 콰인은 중심부 지식과 주변부 지식을 다른 종류라고 하지 않는다. 수학적 지식이나 논리학 지식은 중심부 지식의 한가운데에 있어 경험에서 가장 멀리 떨어져 있지만 그렇다고 경험과 무관한 것은 아니라는 것이다. 그런데 주변부 지식이 경험과 충돌하여 거짓으로 밝혀지면 전체 지식의 어느 부분을 수정해야 할지 고민하게 된다. 주변부 지식을 수정하면 전체 지식의 변화가 크지 않지만 중심부 지식을 수정하면 관련된 다른 지식이 많기 때문에 전체 지식도 크게 변화하게 된다. 그래서 대부분의 경우에는 주변부 지식을 수정하는 쪽을 선택하겠지만 실용적 필요 때문에 중심부 지식을 수정하는 경우도 있다. 그리하여 콰인은 중심부 지식과 주변부 지식이 원칙적으로 모두 수정의 대상이 될 수 있고, 지식의 변화도 더 이상 개별적 지식이 단순히 누적되는 과정이 아니라고 주장한다.

   총체주의는 특정 가설에 대해 제기되는 반박이 결정적인 것처럼 보이더라도 그 가설이 실용적으로 필요하다고 인정되면 언제든 그와 같은 반박을 피하는 방법을 강구하여 그 가설을 받아들일 수 있다. 그러나 총체주의는 "A이면서 동시에 A가 아닐 수는 없다."와 같은 논리학의 법칙처럼 아무도 의심하지 않는 지식은 분석 명제로 분류해야 하는 것이 아니냐는 비판에 답해야 하는 어려움이 있다.

16. 윗글을 바탕으로 할 때, ㉠과 ㉡이 모두 '아니요'라고 답변할 질문은?

① 과학적 지식은 개별적으로 누적되는가?
② 경험을 통하지 않고 가설을 시험할 수 있는가?
③ 경험과 무관하게 참이 되는 지식이 존재하는가?
④ 예측은 가설로부터 논리적으로 도출될 수 있는가?
⑤ 수학적 지식과 과학적 지식은 종류가 다른 것인가?

17. 윗글에 대해 이해한 내용으로 가장 적절한 것은?

① 포퍼가 제시한 과학적 방법에 따르면, 예측이 틀리지 않았을 경우보다는 맞을 경우에 그 예측을 도출한 가설이 지식으로 인정된다.
② 논리실증주의자에 따르면, "총각은 미혼의 성인 남성이다."가 분석 명제인 것은 총각을 한 명 한 명 조사해 보니 모두 미혼의 성인 남성으로 밝혀졌기 때문이다.
③ 콰인은 관찰과 실험에 의존하는 지식이 관찰과 실험에 의존하지 않는 지식과 근본적으로 다르다고 한다.
④ 콰인은 분석 명제가 무엇인지는 동의적 표현이란 무엇인지에 의존하고, 다시 이는 필연성 개념에, 필연성 개념은 다시 분석 명제 개념에 의존한다고 본다.
⑤ 콰인은 어떤 명제에, 의미가 다를 뿐만 아니라 서로 대체할 경우 그 명제의 참 또는 거짓이 바뀌는 표현을 사용할 수 있으면, 그 명제는 동어 반복 명제라고 본다.

18. 윗글을 바탕으로 총체주의의 입장에서 ⓐ~ⓒ에 대해 평가한 것으로 적절하지 <u>않은</u> 것은? [3점]

① ⓑ가 거짓으로 밝혀지더라도 그것이 ⓐ 때문이라고 단정하지 못하겠군.
② ⓑ가 거짓으로 밝혀지면 ⓒ의 어느 부분을 수정하느냐는 실용적 필요에 따라 달라지겠군.
③ ⓑ는 ⓐ와 ⓒ로부터 논리적으로 도출된다고 하겠군.
④ ⓑ가 거짓으로 밝혀지면 ⓑ는 ⓒ의 주변부에서 경험과 직접 충돌한 것이라고 하겠군.
⑤ ⓑ가 거짓으로 밝혀지면 ⓒ를 수정하는 방법으로는 ⓐ를 받아들일 수 없다고 하겠군.

19. 윗글의 총체주의에 대한 비판으로 가장 적절한 것은?

① 가설로부터 논리적으로 도출된 예측이 경험과 충돌하더라도 그 충돌 때문에 가설이 틀렸다고 할 수 없다.
② 논리학 지식이나 수학적 지식이 중심부 지식의 한가운데에 위치한다고 해서 경험과 무관한 것은 아니다.
③ 전체 지식은 어떤 결정적인 반박일지라도 피할 수 있기 때문에 수정 대상을 주변부 지식으로 한정하는 것은 잘못이다.
④ 중심부 지식을 수정하면 주변부 지식도 수정해야 하겠지만, 주변부 지식을 수정한다고 해서 중심부 지식을 수정해야 하는 것은 아니다.
⑤ 중심부 지식과 주변부 지식 간의 경계가 불분명하다 해도 중심부 지식 중에는 주변부 지식들과 종류가 다른 지식이 존재한다.

20. 문맥상 ⓒ과 바꿔 쓰기에 가장 적절한 것은?

① 잇따른다　　② 다다른다　　③ 봉착한다
④ 회귀한다　　⑤ 기인한다

다음 글을 읽고 물음에 답하시오.

유학은 ⊙ 수기치인(修己治人)을 통해 성인(聖人)이 되기 위한 학문으로 성학(聖學)이라고도 불린다. '수기'는 사물을 탐구하고 앎을 투철히 하고 뜻을 성실하게 하고 마음을 바르게 하여 자신을 닦는 일이며, '치인'은 집안을 바르게 하고 나라를 통치하고 세상을 평화롭게 하는 것을 의미한다. 수기치인을 통해 하늘의 도리인 천도(天道)와 합일되는 경지에 도달한 사람이 바로 '성인'이다. 이러한 유학의 이념을 적극 수용했던 율곡 이이는 수기치인의 도리를 밝힌 『성학집요』(1575)를 지어 이 땅에 유학의 이상 사회가 구현되기를 소망했다.

율곡은 수기를 위한 수양론과 치인을 위한 경세론을 전개하는데, 그 바탕은 만물을 '이(理)'와 '기(氣)'로 설명하는 이기론이다. 존재론의 측면에서 율곡은 '이'를 형체도 없고 시간과 공간의 제약을 받지 않고 존재하는 만물의 법칙이자 원리로 보고, '기'를 시간적인 선후와 공간적인 시작과 끝을 가지면서 끊임없이 변화하며 작동하는 물질적 요소로 본다. '이'와 '기'는 사물의 구성 요소로서 서로 다른 성질을 갖지만, '이'는 현실 세계에서 항상 '기'와 더불어 실제로 존재한다. 율곡은 이처럼 서로 구별되면서도 분리됨이 없이 존재하는 '이'와 '기'의 관계를 이기지묘(理氣之妙)라 표현한다.

수양론의 한 가지 기반으로, 율곡은 이통기국(理通氣局)을 주장한다. 이것은 만물이 하나의 동일한 '이'를 공유하지만, 다양한 '기'의 성질로 인해 서로 다른 모습으로 나타날 수 있음을 의미한다. 또한 이러한 이통기국론은, 성인과 일반인이 기질의 차이는 있지만 동일한 '이'를 갖기 때문에 일반인이라도 기질상의 병폐를 제거하고 탁한 기질을 정화하면 '이'의 선한 본성이 회복되어 성인의 경지에 이를 수 있다는 기질 변화론으로 이어진다. 율곡은 흐트러진 마음을 거두어들이는 거경(居敬), 경전을 읽고 공부하여 시비를 분별하는 궁리(窮理), 그리고 몸과 마음을 다스려 사욕을 극복하는 역행(力行)을 기질 변화를 위한 중요한 수양 방법으로 제시한다. 인간에게 내재된 천도를 실현하려는 율곡의 수양론은 사회의 폐단을 제거하여 천도를 실현하려는 경세론으로 이어진다.

대사상가인 동시에 탁월한 경세가였던 율곡은 많은 논설에서 법제 개혁론을 펼쳤는데, 이는 「만언봉사」(1574)에서 잘 나타난다. 선조는 "'이'는 빈틈없는 완전함이 있고, '기'는 변화하는 움직임이 있다."라고 말하면서 근래 하늘과 땅에서 일어난 재앙으로부터 깨우쳐야 할 도리를 신하들에게 물었고, 율곡이 그에 대한 답변을 올린 것이 「만언봉사」이다. 여기서 율곡은 "때에 따라 변할 수 있는 것은 법제이며, 시대를 막론하고 변할 수 없는 것이 왕도요, 어진 정치요, 삼강이요, 오륜입니다."라고 말하면서 법제 개혁의 필요성을 주장한다. 곧, '이'라 할 수 있는 왕도나 오륜을 고치려 하는 것이 아니라, 그것을 구현할 수 있도록 법제를 개혁하여야 한다는 것이다.

조선에서 법전의 기본적인 원천은 '수교(受敎)'이다. 어떤 사건이 매우 중대하다고 여겨지면 국왕은 조정의 회의를 열고 처리 지침을 만들어 사건을 해결한다. 이 지침이 앞으로도 같은 종류의 사건을 해결하는 데 적합하겠다고 판단되면, 국왕의 하명 형식을 갖는 법령으로 만들어지는데, 이를 수교라 한다. 그리고 이후의 시행 과정에서 폐단이 없고 유용하다고 확인된 수교들은 다시 다듬어지고 정리되어 '록(錄)'이라는 이름이 붙은 법전에 실린다. 여기에 수록된 규정들 가운데에 지속적인 적용을 거치면서 영구히 시행할 만한 것이라 판정된 것은 마침내 '대전(大典)'이라는 법전에 오르게 된다.

성종 때에 확정된 ≪경국대전≫(1485)은 이 과정을 거친 규정들을 체계적으로 집대성한 통일 법전이다. 꾸준한 정련을 거쳐 '대전'에 오른 이 규정들은 '양법미의(良法美意)'라 하였다. 백성들에게 항구히 시행할 만한 아름다운 규범이라는 의미이다. 실제로 이 ≪경국대전≫은 조선 왕조가 끝날 때까지 국가 기본 법전의 역할을 수행해 왔고, 그 안에 실린 규정들은 개정되지 않았다. 선왕들이 심혈을 기울여 만들고 오랜 시행으로 검증하여 영원토록 시행할 것으로 판정된 규범은 '조종성헌(祖宗成憲)'이라 불렸고, 이는 함부로 고칠 수 없다고 생각되었다. 왕도에 근접하였다고 여긴 것이다. '대전'에 실린 규정은 조종성헌으로 받아들여졌고, 따라서 국왕이라 해도 그것을 어길 수 없었다.

율곡의 법제 개혁론은 조종성헌을 변혁하자는 것이 아니다. 그는 성종을 이은 연산군 때 제정된 조세 법령이 여전히 백성의 삶을 피폐하게 하는데도 고쳐지지 않는 실정을 지적하는 등 폐단이 있는 여러 법령들을 거론한다. 이런 법령들은 고수할 것이 아니라 바꾸어야만 한다고 역설한다. 그래야 오히려 조종성헌이 회복된다는 것이다. 결국 조종성헌에 해당하지 않는 부당한 법령을 오래된 선왕의 법이라며 고칠 수 없다고 고집하는 권세가들에 대하여, 그런 법령은 변하지 않아야 할 '이'의 영역에 속하는 것이 아니라는 이론적인 공박을 펼친 것이다. 자신의 이기론을 바탕으로 더 나은 세상을 이루려 했던 율곡 이이의 노력은 수기치인의 실천이라 할 만하다.

16. 윗글의 내용과 일치하지 <u>않는</u> 것은?

① 성학은 하늘의 도리와 합일된 사람이 되기 위한 학문이다.
② 『성학집요』에는 유학의 이념이 조선에서 실현되기를 바라는 마음이 담겨 있다.
③ '수교'는 특정한 사안을 해결하는 과정을 거쳐 제정된다.
④ '대전'에 오르는 규정은 지속적으로 시행되면서 폐단이 없었다는 요건을 갖추어야 한다.
⑤ 《경국대전》은 확정된 이후에도 시대에 맞게 규정이 개정되면서 기본 법전으로서의 지위를 유지하였다.

17. '율곡'의 관점에서 '이'와 '기'에 대해 설명한 것으로 적절하지 <u>않은</u> 것은?

① 천재지변은 '기'의 현상으로서 여기에도 '이'가 더불어 존재한다.
② '기'는 만물에 내재된 법칙이라는 점에서, 시공을 초월하는 '이'와 대비된다.
③ 법제는 '이'에 속하지 않지만 '이'를 드러낼 수 있도록 다듬어져야 할 대상이다.
④ 탁한 기질을 깨끗하게 변화시켜 '이'라 할 수 있는 선한 본성이 드러나게 할 수 있다.
⑤ 모든 사물들은 동일한 '이'를 갖지만 서로 다른 '기'로 말미암아 다양한 모습으로 나타난다.

18. ㉠에 관한 이해로 가장 적절한 것은?

① '수기'와 '치인'은 각각 '이'와 '기'의 정화를 통해 '성인'이 됨을 목표로 한다.
② '이기지묘'는 '수기'와 '치인'의 상호 대립적이고 분리 가능한 특징을 설명해 준다.
③ '수기'를 위한 수양론과 '치인'을 위한 경세론은 모두 천도의 실현을 목적으로 한다.
④ '이통기국'은 '수기'와 '치인'을 통해 '성인'이 지닌 기질적 병폐의 극복이 가능함을 말해 준다.
⑤ '수기'와 '치인'을 위한 기질 변화 방법으로는 독서와 공부를 통해 시비를 분별하는 '역행'이 있다.

19. 윗글의 '율곡'과 <보기>의 '플라톤'의 견해를 비교하여 이해한 것으로 가장 적절한 것은?

플라톤은 물질적이고 가변적인 사물들이 존재하는 현실 세계와 비물질적이고 불변적이고 완벽한 이데아들이 존재하는 이상 세계를 구분한다. 이데아는 물질로부터 떨어져 있고 또한 시간과 공간의 제약도 받지 않지만, 마음속의 추상적 개념이 아니라 실제로 존재하는 것이다. 이상 세계에서 영혼으로 존재하면서 이데아를 직접 접했던 인간은, 태어나기 위해 이 땅에 내려오는 과정에서 그에 대한 모든 기억을 상실한다. 물질의 한계로 인해 이데아의 완벽함이 현실 세계에서 똑같이 구현되지는 않지만, 그래도 이데아를 가장 잘 기억하는 사람이 통치자가 되어 그것을 이 땅에서 구현해 내려 한다면 그만큼 좋은 국가를 만들게 될 것이다. 이 통치자가 바로 플라톤이 말하는 '철학자 왕'이다.

① 율곡의 '이'는 플라톤의 '이데아'와 달리 물질과 분리됨이 없이 존재한다.
② 율곡의 '이'는 플라톤의 '이데아'와 달리 시간과 공간의 제약을 받지 않는다.
③ 율곡의 '성인'은 플라톤의 '철학자 왕'과 달리 수양보다는 기억에 의존하여 통치한다.
④ 율곡의 '이'는 플라톤의 '이데아'와 마찬가지로 마음속에 존재 하는 추상적 개념이다.
⑤ 율곡이 생각하는 이상 사회는 플라톤의 이상 세계와 마찬가지로 현실에서 완전하게 실현될 수 있다.

20. 윗글에 나타난 '율곡'의 법제 개혁론에 대한 설명으로 적절하지 <u>않은</u> 것은?

① 이기론을 바탕으로 한 경세론의 실천으로서 법제 개혁을 주장한다.
② '이'와 '기'에 대해 잘못된 견해를 제시하는 국왕에게 선왕의 법을 개혁할 것을 건의한다.
③ 조종성헌 존중의 전통을 악용하는 이들에 의해 법제 개혁이 가로막히는 경향을 비판한다.
④ 삼강과 같은 불변적 가치를 거론하는 까닭은 결국 법제 개혁의 방향을 제시하기 위한 것이다.
⑤ ≪경국대전≫이 확정된 이후 연산군 때 제정된 악법들은 개혁 대상이 되어야 한다고 본다.

21. 윗글을 바탕으로 <보기>의 '숙종'을 이해한 반응으로 가장 적절한 것은? [3점]

숙종 25년(1699) 회양부사 갑은 자신이 행차하는데 무례했다는 이유로 선비 을을 잡아 곤장을 쳐서 죽게 하였다. 이 사건에 대해 숙종은 사형에 해당하는 죄라고 보았으나, 대신들은 형벌을 집행하다가 일어난 일이니 사형에 해당하지는 않는다는 의견을 올렸다. 이에 숙종은 꾸짖었다. "≪경국대전≫은 역대 선왕들께서 만들어 한결같이 시행해 온 성스러운 규범이다. 결코 멋대로 적용해서는 아니 된다. 국왕에게 법을 잘못 적용하라고 하는가? 갑이 살아서 나가게 되면 무법의 나라가 된다."

여기서 숙종과 대신들은 아래의 규정들 가운데 어느 규정을 적용할지에 대하여 의견 대립을 보이고 있다.

(가) ≪경국대전≫ "≪대명률≫을 형법으로 적용한다."

(나) ≪경국대전≫ "관리가 형벌 집행을 남용하여 죽음에 이르게 한 경우에는 곤장 100대에 처하고 영구히 관리로 임용하지 않는다."

(다) ≪대명률≫ "사람을 죽인 자는 사형에 처한다."

① 숙종은 갑의 행위에 (다)를 적용하는 것이 조종성헌을 존중하는 것이라고 보고 있군.

② 숙종은 완성된 지 200년이 넘었다는 이유로 ≪경국대전≫의 규정을 적용하지 않으려 하는군.

③ 숙종이 ≪대명률≫의 규정인 (다)를 적용하려는 것은 '대전'의 규정을 따르지 않는 태도라 해야겠군.

④ 숙종이 (나)의 적용을 찬성하지 않는 이유는 (나)가 양법미의가 될 수 없다고 생각하기 때문이군.

⑤ 숙종은 선왕의 법을 적용하는 대신들의 방식에는 불만이지만 갑의 행위가 정당한 형벌 집행이라고 보는 데는 동의하는군.

다음 글을 읽고 물음에 답하시오.

자연에서 발생하는 모든 일은 목적 지향적인가? 자기 몸통보다 더 큰 나뭇가지나 잎사귀를 허둥대며 운반하는 개미들은 분명히 목적을 가진 듯이 보인다. 그런데 가을에 지는 낙엽이나 한밤 중에 쏟아지는 우박도 목적을 가질까? 아리스토텔레스는 모든 자연물이 목적을 추구하는 본성을 타고나며, 외적 원인이 아니라 내재적 본성에 따른 운동을 한다는 목적론을 제시한다. 그는 자연물이 단순히 목적을 갖는 데 그치는 것이 아니라 목적을 실현할 능력도 타고나며, 그 목적은 방해받지 않는 한 반드시 실현될 것이고, 그 본성적 목적의 실현은 운동 주체에 항상 바람직한 결과를 가져온다고 믿는다. 아리스토텔레스는 이러한 자신의 견해를 "자연은 헛된 일을 하지 않는다!"라는 말로 요약한다.

근대에 접어들어 모든 사물이 생명력을 갖지 않는 일종의 기계라는 견해가 강조되면서, 아리스토텔레스의 목적론은 비과학적이라는 이유로 많은 비판에 직면한다. 갈릴레이는 목적론적 설명이 과학적 설명으로 사용될 수 없다고 주장하며, 베이컨은 목적에 대한 탐구가 과학에 무익하다고 평가하고, 스피노자는 목적론이 자연에 대한 이해를 왜곡한다고 비판한다. 이들의 비판은 목적론이 인간 이외의 자연물도 이성을 갖는 것으로 의인화한다는 것이다. 그러나 이런 비판과는 달리 아리스토텔레스는 자연물을 생물과 무생물로, 생물을 식물·동물·인간으로 나누고, 인간만이 이성을 지닌다고 생각했다.

일부 현대 학자들은, 근대 사상가들이 당시 과학에 기초한 기계론적 모형이 더 설득력을 갖는다는 일종의 교조적 믿음에 의존했을 뿐, 아리스토텔레스의 목적론을 거부할 충분한 근거를 제시하지 못했다고 비판한다. 이런 맥락에서 볼로틴은 근대 과학이 자연에 목적이 없음을 보이지도 못했고 그렇게 하려는 시도조차 하지 않았다고 지적한다. 또한 우드필드는 목적론적 설명이 과학적 설명은 아니지만, 목적론의 옳고 그름을 확인할 수 없기 때문에 목적론이 거짓이라 할 수도 없다고 지적한다.

17세기의 과학은 실험을 통해 과학적 설명의 참·거짓을 확인할 것을 요구했고, 그런 경향은 생명체를 비롯한 세상의 모든 것이 물질로만 구성된다는 물질론으로 이어졌으며, 물질론 가운데 일부는 모든 생물학적 과정이 물리·화학 법칙으로 설명된다는 환원론으로 이어졌다. 이런 환원론은 살아 있는 생명체가 죽은 물질과 다르지 않음을 함축한다. 하지만 아리스토텔레스는 자연물의 물질적 구성 요소를 알면 그것의 본성을 모두 설명할 수 있다는 엠페도클레스의 견해를 반박했다. 이 반박은 자연물이 단순히 물질로만 이루어진 것이 아니며, 또한 그것의 본성이 단순히 물리·화학적으로 환원되지도 않는다는 주장을 내포한다.

첨단 과학의 발전에도 불구하고 생명체의 존재 원리와 이유를 정확히 규명하는 과제는 아직 진행 중이다. 자연물의 구성 요소에 대한 아리스토텔레스의 탐구는 자연물이 존재하고 운동하는 원리와 이유를 밝히려는 것이었고, 그의 목적론은 지금까지 이어지는 그러한 탐구의 출발점이라 할 수 있다.

16. 윗글의 논지 전개 방식으로 가장 적절한 것은?

① 대립되는 두 이론을 소개하고 각 이론의 장단점을 비교하고 있다.
② 특정 이론에 대한 상반된 주장을 제시하여 절충 방안을 모색하고 있다.
③ 특정 이론에 대한 다양한 비판의 타당성을 검토한 후 새로운 이론을 도출하고 있다.
④ 특정 이론에 대한 비판들을 시대순으로 제시하여 그 이론의 부당성을 주장하고 있다.
⑤ 특정 이론에 대한 비판들을 검토하고 그 이론에 대한 해석을 제시하여 의의를 밝히고 있다.

17. 윗글에 나타난 아리스토텔레스의 견해에 대한 이해로 가장 적절한 것은?

① 개미의 본성적 운동은 이성에 의한 것으로 설명된다.
② 자연물의 목적 실현은 때로는 그 자연물에 해가 된다.
③ 본성적 운동의 주체는 본성을 실현할 능력을 갖고 있다.
④ 낙엽의 운동은 본성적 목적 개념으로는 설명되지 않는다.
⑤ 자연물의 본성적 운동은 외적 원인에 의해 야기되기도 한다.

18. 윗글에 나타난 목적론에 대한 논의를 적절하게 진술한 것은?

① 갈릴레이와 볼로틴은 목적론이 근대 과학에 기초한 기계론적 모형이라고 비판한다.
② 갈릴레이와 우드필드는 목적론적 설명이 과학적 설명이 아니라는 데 동의한다.
③ 베이컨과 우드필드는 목적론적 설명이 교조적 신념에 의존했다고 비판한다.
④ 스피노자와 볼로틴은 목적론이 자연에 대한 이해를 확장한다고 주장한다.
⑤ 스피노자와 우드필드는 목적론이 사물을 의인화하기 때문에 거짓이라고 주장한다.

19. 윗글을 바탕으로 <보기>를 이해한 내용으로 가장 적절한 것은? [3점]

<보기>

생물학자 마이어는 생명체의 특징을 보여 주는 이론으로 창발론을 제시한다. 그는 생명체가 분자, 세포, 조직에서 개체, 개체군에 이르기까지 단계적으로 점점 더 복잡한 체계를 구성하며, 세포 이상의 단계에서 각 체계의 고유 활동은 미리 정해진 목적을 수행한다고 생각한다. 창발론은 복잡성의 수준이 한 단계씩 오를 때마다 구성 요소에 관한 지식만으로는 예측할 수 없는 특성들이 나타난다는 이론이다. 마이어는 여전히 생명체가 물질만으로 구성된다고 보지만, 물리·화학적 법칙으로 모두 설명되지는 않는다고 본다.

① 마이어는 아리스토텔레스처럼, 엠페도클레스의 물질론적 견해가 적절하다고 보겠군.
② 마이어는 아리스토텔레스처럼, 자연물이 물질만으로 구성된다는 물질론에 동의하겠군.
③ 마이어는 아리스토텔레스처럼, 생명체의 특성들은 구성 요소들에 관한 지식만으로 예측할 수 없다고 보겠군.
④ 마이어는 아리스토텔레스와 달리, 모든 자연물이 목적 지향적으로 운동한다고 보겠군.
⑤ 마이어는 아리스토텔레스와 달리, 모든 자연물의 본성에 대한 물리·화학적 환원을 인정하겠군.

다음 글을 읽고 물음에 답하시오.

17세기 초부터 ⓐ 유입되기 시작한 서학(西學) 서적에 담긴 서양의 과학 지식은 당시 조선의 지식인들에게 적지 않은 지적 충격을 주며 사상의 변화를 이끌었다. 하지만 ㉠ 19세기 중반까지 서양 의학의 영향력은 천문·지리 지식에 비해 미미하였다. 일부 유학자들이 서양 의학 서적들을 읽었지만, 이에 대해 논평을 남긴 인물은 극히 제한적이었다.

이런 가운데 18세기 실학자 이익은 주목할 만한 인물이다. 그는 「서국의(西國醫)」라는 글에서 아담 샬이 쓴 『주제군징(主制群徵)』의 일부를 채록하면서 자신의 생각을 ⓑ 제시하였다. 『주제군징』에는 당대 서양 의학의 대변동을 이끈 근대 해부학 및 생리학의 성과나 그에 따른 기계론적 인체관은 담기지 않았다. 대신 기독교를 효과적으로 ⓒ 전파하기 위해 신의 존재를 증명하려 했던 로마 시대의 생리설, 중세의 해부 지식 등이 실려 있었다. 한정된 서양 의학 지식이었지만 이익은 그 우수성을 인정하고 내용을 부분적으로 수용하였다. 뇌가 몸의 운동과 지각 활동을 주관한다는 아담 샬의 설명에 대해, 이익은 몸의 운동을 뇌가 주관한다는 것은 긍정하였지만, 지각 활동은 심장이 주관한다는 전통적인 심주지각설(心主知覺說)을 고수하였다.

이익 이후에도 서양 의학이 조선 사회에 끼친 영향은 두드러지지 않았다. 당시 유학자들은 서양 의학의 필요성을 느끼지 못하였고, 의원들의 관심에서도 서양 의학은 비껴나 있었다. 당시에 전해진 서양 의학 지식은 내용 면에서도 부족했을 뿐 아니라, 지구가 둥글다거나 움직인다는 주장만큼 충격적이지는 않았다. 서양 해부학이 야기하는 윤리적 문제도 서양 의학의 영향력을 제한하는 요인으로 작용하였으며, 서학에 대한 조정(朝廷)의 금지 조치도 걸림돌이었다. 그러던 중 19세기 실학자 최한기는 당대 서양에서 주류를 이루고 있던 최신 의학 성과를 담은 홉슨의 책들을 접한 후 해부학 전반과 뇌 기능을 중심으로 문제의식을 본격화하였다. 인체에 대한 이전 유학자들의 논의가 도덕적 차원에 초점이 있었던 것과 달리, 그는 지각적·생리적 기능에 주목하였다.

최한기의 인체관을 함축하는 개념 중 하나는 '몸기계'였다. 그는 이 개념을 본격적으로 사용하기에 앞서 인체를 형체와 내부 장기로 구성된 일종의 기계로 파악하고 있었다. 이러한 생각은 『전체신론(全體新論)』 등 홉슨의 저서를 접한 후 더 분명해져서 인체를 복잡한 장치와 그 작동으로 이루어진 몸기계로 형상화하면서도, 인체가 외부 동력에 의한 기계적 인과 관계에 지배되는 것이 아니라 그 자체가 생명력을 가지고 자발적인 운동을 한다고 보았다. 이는 인체를 '신기(神氣)'와 결부하여 이해한 결과였다. 기계적 운동의 인과 관계를 설명하려면 원인을 찾는 과정이 꼬리에 꼬리를 물고 이어지게 된다. 따라서 이러한 무한 소급을 끝맺으려면 운동의 최초 원인을 상정해야만 한다. 이 문제를 해결하기 위해 의료 선교사인 홉슨은 창조주와 같은 질적으로 다른 존재를 상정하였다. 기독교적 세계관을 부정했던 최한기는 인체를 구성하는 신기를 신체 운동의 원인으로 규정하여 이 문제를 해결하려 하였다.

최한기는 『전체신론』에 ⓓ 수록된, 뇌로부터 온몸에 뻗어 있는 신경계 그림을 접하고, 신체 운동을 주관하는 뇌의 역할과 중요성을 인정하였다. 하지만 뇌가 운동뿐만 아니라 지각을 주관한다는 홉슨의 뇌주지각설(腦主知覺說)에 관심을 기울이면서도, 뇌주지각설은 완전한 체계를 이루기에 불충분하다고 보았다. 뇌가 지각을 주관하는 과정을 창조주의 섭리로 보고 지각 작용과 기독교적 영혼 사이의 연관성을 부각하려 한 『전체신론』의 견해를 부정하고, 대신 '심'이 지각 운용을 주관한다는 심주지각설이 더 유용하다고 주장하였다.

그러나 종래의 심주지각설을 그대로 수용한 것은 아니었다. 기존의 심주지각설이 '심'을 심장으로 보았던 것과 달리 그는 신기의 '심'으로 파악하였다. 그에 따르면, 신기는 신체와 함께 생성되고 소멸되는 것으로, 뇌나 심장 같은 인체 기관이 아니라 몸을 구성하면서 형체가 없이 몸속을 두루 돌아다니는 것이다. 신기는 유동적인 성질을 지녔는데 그 중심이 '심'이다. 신기는 상황에 따라 인체의 특정 부분에 더 높은 밀도로 몰린다. 그래서 특수한 경우에는 다른 곳으로 중심이 이동하는데, 신기가 균형을 이루어야 생명 활동과 지각이 제대로 이루어질 수 있다. 그는 경험 이전에 아무런 지각 내용을 내포하지 않고 있는 신기가 감각 기관을 통한 지각 활동에 의해 외부 세계의 정보를 받아들여 기억으로 저장한다고 파악하였다. 신기는 한 몸을 주관하며 그 자체가 하나로 통합되어 있기 때문에 감각을 통합할 수 있으며, 지각 내용의 종합과 확장, 곧 스스로의 사유를 통해 지각 내용을 조정하고, 그러한 작용에 적응하여 온갖 세계의 변화에 대응할 수 있다고 보았다.

최한기의 인체관은 서양 의학과 신기 개념의 접합을 통해 새롭게 정립된 것이었다. 비록 양자 사이의 결합이 완전하지는 않았지만, 서양 의학을 ⓔ 맹신하지 않고 주체적으로 수용하여 정합적인 체계를 이루고자 한 그의 시도는 조선 사상사에서 주목할 만한 성취라 평가할 수 있을 것이다.

16. 윗글의 전개 방식으로 가장 적절한 것은?

① 조선에서 인체관이 분화하는 과정을 서양과 대조하여 단계적으로 서술하고 있다.
② 서학의 수용으로 일어난 인체관의 변화를 조서 시대 학자들의 견해를 통해 제시하고 있다.
③ 인체관과 관련된 유학자들의 주장이 지닌 문제점을 열거하여 역사적인 시각에서 비판하고 있다.
④ 우리나라 근대의 인체관 가운데 서로 충돌되는 견해를 절충하여 새로운 결론을 도출하고 있다.
⑤ 동양과 서양의 지식인들이 서로 영향을 주고받으며 인체관을 정립하는 과정을 인과적으로 설명하고 있다.

17. 윗글에 대한 이해로 적절하지 <u>않은</u> 것은?

① 최한기는 홉슨의 저서를 접하기 전부터 인체를 일종의 기계로 파악하였다.
② 아담 샬과 달리 이익은 심장을 중심으로 인간의 지각 활동을 이해하였다.
③ 이익과 홉슨은 신체의 동작을 뇌가 주관한다는 것에서 공통적인 견해를 보였다.
④ 아담 샬과 홉슨은 각자가 활동했던 당시에 유력했던 기계론적 의학 이론을 동양에 소개하였다.
⑤ 『주제군징』과 『전체신론』에는 기독교적인 세계관이 투영된 서양 의학 이론이 포함되어 있었다.

18. 윗글을 참고할 때, ㉠의 이유로 적절하지 <u>않은</u> 것은?

① 조선에서 서양 학문을 정책적으로 배척했기 때문이다.
② 전래된 서양 의학이 내용 면에서 불충분했기 때문이다.
③ 당대 의원들이 서양 의학의 한계를 지적했기 때문이다.
④ 서양 해부학이 조선의 윤리 의식에 위배되었기 때문이다.
⑤ 서양 의학이 천문 지식에 비해 충격적이지 않았기 때문이다.

19. <보기>는 인체에 관한 조선 시대 학자들의 견해이다. 윗글에 제시된 '최한기'의 견해와 부합하는 것을 <보기>에서 고른 것은?

< 보기 >

ㄱ. 심장은 오장(五臟)의 하나이지만 한 몸의 군주가 되어 지각이 거기에서 나온다.

ㄴ. 귀에 쏠린 신기가 눈에 쏠린 신기와 통하여, 보고 들음을 합하여 하나로 만들 수 있다.

ㄷ. 인간의 신기는 온몸의 기관이 갖추어짐에 따라 생기고, 지각 작용에 익숙해져 변화에 대응하는 것이다.

ㄹ. 신기는 대소(大小)로 구분되어 있는 것이니, 한 몸에 퍼지는 신기가 있고 심장에서 운용하는 신기가 있다.

---

① ㄱ, ㄴ   ② ㄱ, ㄷ   ③ ㄴ, ㄷ
④ ㄴ, ㄹ   ⑤ ㄷ, ㄹ

20. 윗글의 '최한기'와 <보기>의 '데카르트'를 비교하여 이해한 내용으로 적절하지 <u>않은</u> 것은? [3점]

< 보기 >

서양 근세의 철학자 데카르트는 물질과 정신을 구분하여, 물질은 공간을 차지한다는 특징을 갖는 반면 정신은 사유라는 특징을 갖는다고 보았다. 물질의 기계적 운동을 옹호했던 그는 정신이 깃든 곳은 물질의 하나인 두뇌이지만 정신과 물질은 서로 독립적이라고 주장하였다. 그러나 정신과 물질이 영향을 주고받음을 설명할 수 없다는 비판을 받았다.

---

① 데카르트의 '정신'과 달리 최한기의 '신기'는 신체와 독립적이지 않겠군.

② 데카르트와 최한기는 모두 인간의 사고 작용이 일어나는 곳은 두뇌라고 보았겠군.

③ 데카르트의 '정신'과 최한기의 '신기'는 모두 그 자체로는 형체를 갖지 않는 것이겠군.

④ 데카르트와 달리 최한기는 인간의 사고가 신체와 영향을 주고 받음을 설명할 수 없다는 비판을 받지는 않겠군.

⑤ 데카르트의 견해에서도 최한기에서처럼 기계적 운동의 최초 원인을 상정하면 무한 소급의 문제를 해결할 수 있겠군.

21. 문맥상 ⓐ~ⓔ와 바꿔 쓰기에 적절하지 <u>않은</u> 것은?

① ⓐ: 들어오기
② ⓑ: 드러내었다
③ ⓒ: 퍼뜨리기
④ ⓓ: 실린
⑤ ⓔ: 가리지

다음 글을 읽고 물음에 답하시오.

　　두 명제가 모두 참인 것도 모두 거짓인 것도 가능하지 않은 관계를 모순 관계라고 한다. 예를 들어, 임의의 명제를 P라고 하면 P와 ~P는 모순 관계이다.(기호 '~'은 부정을 나타낸다.) P와 ~P가 모두 참인 것은 가능하지 않다는 법칙을 무모순율이라고 한다. 그런데 "㉠ 다보탑은 경주에 있다."와 "㉡ 다보탑은 개성에 있을 수도 있었다."는 모순 관계가 아니다. 현실과 다르게 다보탑을 경주가 아닌 곳에 세웠다면 다보탑의 소재지는 지금과 달라졌을 것이다. 철학자들은 이를 두고, P와 ~P가 모두 참인 혹은 모두 거짓인 가능세계는 없지만 다보탑이 개성에 있는 가능세계는 있다고 표현한다.

　　'가능세계'의 개념은 일상 언어에서 흔히 쓰이는 필연성과 가능성에 관한 진술을 분석하는 데 중요한 역할을 한다. 'P는 가능하다'는 P가 적어도 하나의 가능세계에서 성립한다는 뜻이며, 'P는 필연적이다'는 P가 모든 가능세계에서 성립한다는 뜻이다. "만약 Q이면 Q이다."를 비롯한 필연적인 명제들은 모든 가능 세계에서 성립한다. "다보탑은 경주에 있다."와 같이 가능하지만 필연적이지는 않은 명제는 우리의 현실세계를 비롯한 어떤 가능 세계에서는 성립하고 또 어떤 가능세계에서는 성립하지 않는다.

　　가능세계를 통한 담론은 우리의 일상적인 몇몇 표현들을 보다 잘 이해하는 데 도움이 된다. 다음 상황을 생각해 보자. 나는 현실에서 아침 8시에 출발하는 기차를 놓쳤고, 지각을 했으며, 내가 놓친 기차는 제시간에 목적지에 도착했다. 그리고 나는 "만약 내가 8시 기차를 탔다면, 나는 지각을 하지 않았다."라고 주장한다. 그런데 전통 논리학에서는 "만약 A이면 B이다."라는 형식의 명제는 A가 거짓인 경우에는 B의 참 거짓에 상관없이 참이라고 규정한다. 그럼에도 ⓐ 내가 만약 그 기차를 탔다면 여전히 지각을 했을 것이라고 주장하지는 않는 이유는 무엇일까? 내가 그 기차를 탄 가능세계들을 생각해 보면 그 이유를 알 수 있다. 그 가능세계 중 어떤 세계에서 나는 여전히 지각을 한다. 가령 내가 탄 그 기차가 고장으로 선로에 멈춰 운행이 오랫동안 지연된 세계가 그런 예이다. 하지만 내가 기차를 탄 세계들 중에서, 내가 기차

를 타고 별다른 이변 없이 제시간에 도착한 세계가 그렇지 않은 세계보다 우리의 현실세계와의 유사성이 더 높다. 일반적으로, A가 참인 가능세계들 중에 비교할 때, B도 참인 가능세계가 B가 거짓인 가능세계보다 현실세계와 더 유사하다면, 현실세계의 나는 A가 실현되지 않은 경우에, 만약 A라면 ~B가 아닌 B이라고 말할 수 있다.

　　가능세계는 다음의 네 가지 성질을 갖는다. 첫째는 가능세계의 일관성이다. 가능세계는 명칭 그대로 가능한 세계이므로 어떤 것이 가능하지 않다면 그것이 성립하는 가능세계는 없다. 둘째는 가능세계의 포괄성이다. 이것은 어떤 것이 가능하다면 그것이 성립하는 가능세계는 존재한다는 것이다. 셋째는 가능세계의 완결성이다. 어느 세계에서든 임의의 명제 P에 대해 "P이거나 ~P이다."라는 배중률이 성립한다. 즉 P와 ~P 중 하나는 반드시 참이라는 것이다. 넷째는 가능세계의 독립성이다. 한 가능세계는 모든 시간과 공간을 포함해야만 하며, 연속된 시간과 공간에 포함된 존재들은 모두 동일한 하나의 세계에만 속한다. 한 가능세계 W1의 시간과 공간이, 다른 가능세계 W2의 시간과 공간으로 이어질 수는 없다. W1과 W2는 서로 시간과 공간이 전혀 다른 세계이다.

　　가능세계의 개념은 철학에서 갖가지 흥미로운 질문과 통찰을 이끌어 내며, 그에 관한 연구 역시 활발히 진행되고 있다. 나아가 가능세계를 활용한 논의는 오늘날 인지과학, 언어학, 공학 등의 분야로 그 응용의 폭을 넓히고 있다.

39. 윗글의 내용과 일치하는 것은?

① 배중률은 모든 가능세계에서 성립한다.
② 모든 가능한 명제는 현실세계에서 성립한다.
③ 필연적인 명제가 성립하지 않는 가능세계가 있다.
④ 무모순율에 의하면 P와 ~P가 모두 참인 것은 가능하다.
⑤ 전통 논리학에 따르면 "만약 A이면 B이다."의 참 거짓은 A의 참 거짓과 상관없이 결정된다.

40. ㉠, ㉡에 대한 이해로 적절하지 <u>않은</u> 것은?

① ㉠이 성립하지 않는 가능세계가 존재한다.
② "만약 다보탑이 개성에 있다면, 다보탑은 개성에 있다."
가 성립하는 가능세계 중에는 ㉠이 거짓인 가능세계는
없다.
③ ㉡과 "다보탑은 개성에 있지 않다."는 모순 관계가 아니
다.
④ 만약 ㉡이 거짓이라면 어떤 가능세계에서도 다보탑이
개성에 있지 않다.
⑤ ㉠과 ㉡은 현실세계에서 둘 다 참인 것이 가능하다.

41. 윗글을 바탕으로 할 때, ⓐ에 대한 답으로 가장 적절
한 것은?

① 내가 그 기차를 타지 않은 가능세계들끼리 비교할 때 지
각을 한 가능세계와 지각을 하지 않은 가능세계가 현실
세계와의 유사성의 정도가 다르기 때문이다.
② 내가 그 기차를 타지 않은 가능세계들끼리 비교할 때 기
차 고장이 자주 일어나지 않는 가능세계가 현실세계와
의 유사성이 높기 때문이다.
③ 내가 그 기차를 탄 가능세계들끼리 비교할 때 내가 지각
을 한 가능세계가 내가 지각을 하지 않은 가능세계에 비
해 현실 세계와의 유사성이 더 낮기 때문이다.
④ 내가 그 기차를 탄 가능세계들끼리 비교할 때 그 가능세
계들의 대다수에서 내가 지각을 하지 않았기 때문이다.
⑤ 내가 그 기차를 탄 것이 현실세계에서 거짓이기 때문이다.

42. 윗글을 참고할 때, <보기>를 이해한 내용으로 적절
한 것은? [3점]

─── < 보기 > ───

　명제 "모든 학생은 연필을 쓴다."와 "어떤 학생도
연필을 쓰지 않는다."는 반대 관계이다. 이 말은, 두
명제 다 참인 것은 가능하지 않지만, 둘 중 하나만 참
이거나 둘 다 거짓인 것은 가능하다는 뜻이다.

① 가능세계의 완결성과 독립성에 따르면, 모든 학생이 연
필을 쓰는 가능세계가 존재한다는 것과 어떤 학생도 연
필을 쓰지 않는 가능세계가 존재한다는 것 중 하나는 반
드시 참이고, 그중 한 세계의 시간과 공간이 다른 세계
로 이어질 수 없겠군.
② 가능세계의 포괄성과 독립성에 따르면, "어떤 학생도 연
필을 쓰지 않는다."가 성립하면서 그 세계에 속한 한 명
의 학생이 연필을 쓰는 가능세계들이 존재하고, 그 세계
들의 시간과 공간은 서로 단절되어 있겠군.
③ 가능세계의 완결성에 따르면, 어느 세계에서든 "어떤 학
생은 연필을 쓴다."와 "어떤 학생은 연필을 쓰지 않는
다." 중 하나는 반드시 참이겠군.
④ 가능세계의 포괄성에 따르면, "'모든 학생은 연필을 쓴
다."가 참이거나 "어떤 학생도 연필을 쓰지 않는다."가
참인 가능세계들이 있겠군.
⑤ 가능세계의 일관성에 따르면, 학생들 중 절반은 연필을
쓰고 절반은 연필을 쓰지 않는 가능세계가 존재하겠군.

다음 글을 읽고 물음에 답하시오.

고대 그리스 시대의 사람들은 신에 의해 우주가 운행된다고 믿는 결정론적 세계관 속에서 신에 대한 두려움이나, 신이 야기한다고 생각되는 자연재해나 천체 현상 등에 대한 두려움을 떨치지 못했다. 에피쿠로스는 당대의 사람들이 이러한 잘못된 믿음에서 벗어나도록 하는 것이 중요하다고 보았고, 이를 위해 인간이 행복에 이를 수 있도록 자연학을 바탕으로 자신의 사상을 전개하였다.

에피쿠로스는 신의 존재는 인정하나 신의 존재 방식이 인간이 생각하는 것과는 다르다고 보고, 신은 우주들 사이의 중간 세계에 살며 인간사에 개입하지 않는다는 ㉠이신론(理神論)적 관점을 주장한다. 그는 불사하는 존재인 신은 최고로 행복한 상태이며, 다른 어떤 것에게도 고통을 주지 않고, 모든 고통은 물론 분노와 호의와 같은 것으로부터 자유롭다고 말한다. 따라서 에피쿠로스는 인간의 세계가 신에 의해 결정되지 않으며, 인간의 행복도 자율적 존재인 인간 자신에 의해 완성된다고 본다.

한편 에피쿠로스는 인간의 영혼도 육체와 마찬가지로 미세한 입자로 구성된다고 본다. 영혼은 육체와 함께 생겨나고 육체와 상호작용하며 육체가 상처를 입으면 영혼도 고통을 받는다. 더 나아가 육체가 소멸하면 영혼도 함께 소멸하게 되어 인간은 사후(死後)에 신의 심판을 받지 않으므로, 살아 있는 동안 인간은 사후에 심판이 있다고 생각하여 두려워할 필요가 없게 된다. 이러한 생각은 인간으로 하여금 죽음에 대한 모든 두려움에서 벗어나게 하는 근거가 된다.

이러한 에피쿠로스의 ㉡자연학은 우주와 인간의 세계에 대한 비결정론적인 이해를 가능하게 한다. 이는 원자의 운동에 관한 에피쿠로스의 설명에서도 명확히 드러난다. 그는 원자들이 수직 낙하 운동이라는 법칙에서 벗어나기도 하여 비스듬히 떨어지고 충돌해서 튕겨 나가는 우연적인 운동을 한다고 본다. 그리고 우주는 이러한 원자들에 의해 이루어졌으므로, 우주 역시 우연의 산물이라고 본다. 따라서 우주와 인간의 세계에 신의 관여는 없으며, 인간의 삶에서도 신의 섭리는 찾을 수 없다고 한다. 에피쿠로스는 이러한 생각을 인간이 필연성에 얽매이지 않고 자신의 삶을 주체적으로 살아갈 수 있게 하는 자유 의지의 단초로 삼는다.

에피쿠로스는 이를 토대로 자유로운 삶의 근본을 규명하고 인생의 궁극적 목표인 행복으로 이끄는 ㉢윤리학을 펼쳐 나간다. 결국 그는 인간이 신의 개입과 우주의 필연성, 사후 세계에 대한 두려움에서 벗어날 수 있도록 함으로써, 자신의 삶을 자율적이고 주체적으로 살 수 있는 길을 열어 주었다. 그리고 쾌락주의적 윤리학을 바탕으로 영혼이 안정된 상태에서 행복 실현을 추구할 수 있는 방안을 제시하였다.

---

19. 윗글의 표제와 부제로 가장 적절한 것은?

① 에피쿠로스 사상의 성립 배경
　　ㅡ 인간과 자연의 관계를 중심으로
② 에피쿠로스 사상의 목적과 의의
　　ㅡ 신, 인간, 우주에 대한 이해를 중심으로
③ 에피쿠로스 사상에 대한 비판과 옹호
　　ㅡ 사상의 한계와 발전적 계승을 중심으로
④ 에피쿠로스 사상을 둘러싼 논쟁과 이견
　　ㅡ 당대 세계관과의 비교를 중심으로
⑤ 에피쿠로스 사상의 현대적 수용과 효용성
　　ㅡ 행복과 쾌락의 상관성을 중심으로

20. ㉠~㉢에 대한 이해로 가장 적절한 것은?

① ㉠은 인간이 두려움을 갖는 이유를, ㉡과 ㉢은 신에 대한 의존에서 벗어나게 하는 방법을 제시한다.
② ㉠은 우주가 신에 의해 운행된다고 믿는 근거를, ㉡과 ㉢은 인간의 사후에 대해 탐구하는 방법을 제시한다.
③ ㉠과 ㉡은 인간이 영혼과 육체의 관계를 탐구하는 이유를, ㉢은 모든 두려움에서 벗어나는 방법을 제시한다.
④ ㉠과 ㉡은 인간이 잘못된 믿음에서 벗어날 수 있는 근거를, ㉢은 행복에 이르도록 하는 방법을 제시한다.
⑤ ㉠과 ㉡은 인간의 존재 이유와 존재 위치에 대한 탐색의 결과를, ㉢은 인간이 우주의 근원을 연구하는 방법을 제시한다.

21. 윗글을 읽은 학생이 '에피쿠로스'에 대해 비판한다고 할 때, 비판 내용으로 적절한 것만을 <보기>에서 있는 대로 고른 것은?

─── < 보기 > ───

ㄱ. 신이 분노와 호의로부터 자유로운 상태라면 인간의 세계에 개입을 하지 않는다는 뜻일 텐데, 왜 신의 섭리에 따라 인간의 삶을 이해하려고 하는가?

ㄴ. 원자가 법칙에서 벗어나 우연적인 운동을 한다는 것은 인과 관계 없이 뜻하지 않게 움직인다는 뜻일 텐데, 그것이 자유 의지의 단초가 될 수 있는가?

ㄷ. 인간이 죽음에 대해 두려움을 느낀다면 죽음에 이르는 고통 때문일 수도 있을 텐데, 사후에 대한 두려움을 떨쳐 버리는 것만으로 그것이 해소될 수 있는가?

ㄹ. 인간이 자연재해를 무서워한다면 자연재해 그 자체 때문일 수도 있을 텐데, 신이 일으키지 않았다고 해서 자연 재해에 대한 두려움에서 벗어날 수 있는가?

① ㄱ, ㄴ 　② ㄱ, ㄹ 　③ ㄷ, ㄹ
④ ㄱ, ㄴ, ㄷ 　⑤ ㄴ, ㄷ, ㄹ

22. 윗글의 '에피쿠로스'의 사상과 <보기>에 나타난 생각을 비교한 내용으로 적절하지 <u>않은</u> 것은? [3점]

─── < 보기 > ───

신은 인간의 세계에 속해 있지는 않으나, 모든 일의 목적인 존재라네. 하늘과 땅 그리고 바다에 있는 모든 것들의 원인이며, 일체의 훌륭함에 있어서도 탁월한 존재이지. 언제나 신은 필연성을 따르는 지성을 조력자로 삼아 성장과 쇠퇴, 분리와 결합에 있어 모든 것들을 바르고 행복한 상태에 이르도록 이끈다네.

① 신을 '모든 것들의 원인'으로 보는 <보기>의 생각은, 신이 '인간사에 개입'한다는 것을 부정하는 에피쿠로스의 사상과 차이점이 있군.

② 신이 '지성'을 조력자로 삼아 모든 것들을 이끈다고 보는 <보기>의 생각은, 우주를 '우연의 산물'로 보는 에피쿠로스의 사상과 차이점이 있군.

③ 신을 '모든 일의 목적인 존재'로 보는 <보기>의 생각과 신이 '불사하는 존재'라고 보는 에피쿠로스의 사상은 신의 존재를 인정한다는 공통점이 있군.

④ 신이 '모든 것들'을 '바르고 행복한 상태'에 도달하게 한다는 <보기>의 생각은, 행복이 '인간 자신에 의해 완성'된다고 본 에피쿠로스의 사상과 차이점이 있군.

⑤ 신이 '인간의 세계'에 속해 있지 않다고 보는 <보기>의 생각과 신이 '중간 세계'에 있다고 본 에피쿠로스의 사상은 신의 영향력이 인간 세계의 외부에서 온다고 보는 공통점이 있군.

다음 글을 읽고 물음에 답하시오.

㉠많은 전통적 인식론자는 임의의 명제에 대해 우리가 세 가지 믿음의 태도 중 하나만을 ⓐ 가질 수 있다고 본다. 가령 '내일 눈이 온다.'는 명제를 참이라고 믿거나, 거짓이라고 믿거나, 참이라 믿지도 않고 거짓이라 믿지도 않을 수 있다. 반면 ㉡베이즈주의자는 믿음은 정도의 문제라고 본다. 가령 각 인식 주체는 '내일 눈이 온다.'가 참이라는 것에 대하여 가장 강한 믿음의 정도에서 가장 약한 믿음의 정도까지 가질 수 있다. 이처럼 베이즈주의자는 믿음의 정도를 믿음의 태도에 포함함으로써 많은 전통적 인식론자들과 달리 믿음의 태도를 풍부하게 표현한다.

우리는 종종 임의의 명제가 참인지 거짓인지 새롭게 알게 된다. 이것을 베이즈주의자의 표현으로 바꾸면 그 명제가 참인지 거짓인지에 대해 가장 강한 믿음의 정도를 새롭게 갖는다는 것이다. 베이즈주의는 이런 경우에 믿음의 정도가 어떤 방식으로 변해야 하는지에 대해 정교한 설명을 제공한다. 이에 따르면, 인식 주체가 특정 시점에 임의의 명제 A가 참이라는 것만을 또는 거짓이라는 것만을 새롭게 알게 됐을 때, 다른 임의의 명제 B에 대한 인식 주체의 기존 믿음의 정도의 변화는 조건화 원리 의 적용을 받는다. 이는 믿음의 정도의 변화에 관한 원리로서, 만약 인식 주체가 A가 참이라는 것만을 새롭게 알게 된다면, B가 참이라는 것에 대한 그 인식 주체의 믿음의 정도는 애초의 믿음의 정도에서 A가 참이라는 조건하에 B가 참이라는 것에 대한 믿음의 정도로 되어야 함을 의미한다. 예를 들어 갑이 '내일 비가 온다.'가 참이라는 것을 약하게 믿고 있고, '오늘 비가 온다.'가 참이라는 조건하에서는 '내일 비가 온다.'가 참이라는 것을 강하게 믿는다고 해보자. 조건화 원리에 따르면, 갑이 실제로 '오늘 비가 온다.'가 참이라는 것만을 새롭게 알게 될 때, '내일 비가 온다.'가 참이라는 것을 그 이전보다 더 강하게 믿는 것이 합리적이다. 조건화 원리는 새롭게 알게 된 명제가 동시에 둘 이상인 경우에도 마찬가지로 적용된다. 다만 이 원리는 믿음의 정도에 관한 것이지 행위에 관한 것은 아니다.

명제들 중에는 위의 예에서처럼 참인지 거짓인지 새롭게 알게 된 명제와 관련된 것도 있지만 그렇지 않은 것도 있다. 조건화 원리에 ⓑ 따르면, 어떤 명제가 참인지 거짓인지 새롭게 알게 되더라도 그 명제와 관련 없는 명제에 대한 믿음의 정도는 변하지 않아야 한다. 예를 들어 위에서처럼 갑이 '오늘 비가 온다.'가 참이라는 것만을 새롭게 알게 되더라도 그것과 관련 없는 명제 '다른 은하에는 외계인이 존재한다.'에 대한 그의 믿음의 정도는 변하지 않아야 한다. 이처럼 베이즈주의자는 특별한 이유가 없는 한 우리의 믿음의 정도는 유지되어야 한다고 ⓒ 본다.

베이즈주의자는 이렇게 상식적으로 당연하게 여겨지는 생각을 정당화하기 위해 기존의 믿음의 정도를 유지함으로써 ⓓ 얻을 수 있는 실용적 효율성에 호소할 수 있다. 특별한 이유 없이 학교를 옮기는 행위는 어떠한 방식으로든 우리의 에너지를 불필요하게 소모한다. 베이즈주의자는 특별한 이유 없이 기존의 믿음의 정도를 ⓔ 바꾸는 것도 이와 유사하게 에너지를 불필요하게 소모한다고 볼 수 있다. 이 관점에서는 실용적 효율성을 추구한다면, 특별한 이유가 없는 한 기존의 믿음의 정도를 유지하는 것이 합리적이다.

16. 윗글에서 답을 찾을 수 있는 질문에 해당하지 않는 것은?

① 믿음의 정도와 관련하여 상식적으로 당연하게 여겨지는 생각을 어떻게 정당화할 수 있을까?
② 특별한 이유 없이 믿음의 정도를 바꾸어야 하는 이유는 무엇일까?
③ 믿음의 정도를 어떤 경우에 바꾸고 어떤 경우에 바꾸지 말아야 할까?
④ 믿음의 정도를 바꾸어야 한다면 어떤 방식으로 바꾸어야 할까?
⑤ 임의의 명제에 대해 어떤 믿음의 태도를 가질 수 있을까?

17. ㉠, ㉡에 대한 이해로 적절하지 <u>않은</u> 것은?

① 만약 을이 ㉠이라면 을은 동시에 ㉡일 수 없다.
② ㉠은 을이 '내일 눈이 온다.'가 거짓이라 믿는 것은 그 명제가 거짓임을 강한 정도로 믿는다는 의미라고 주장한다.
③ ㉠은 을이 '내일 눈이 온다.'가 참이라고 믿는다면 을은 '내일 눈이 온다.'가 거짓이라고 믿을 수는 없다고 주장한다.
④ ㉡은 을의 '내일 눈이 온다.'가 참이라는 것에 대한 믿음의 정도와 '내일 눈이 온다.'가 거짓이라는 것에 대한 믿음의 정도가 같을 수 있다고 본다.
⑤ ㉡은 을이 '내일 눈이 온다.'와 '내일 비가 온다.'가 모두 거짓이라고 믿더라도 후자를 전자보다 더 강하게 거짓이라고 믿을 수 있다고 주장한다.

18. 조건화 원리 에 대해 설명한 내용으로 가장 적절한 것은?

① 에너지를 불필요하게 소모하더라도 특별한 이유 없이 믿음의 정도를 바꾸는 것은 합리적이라고 설명한다.
② 어떤 행위를 할 특별한 이유가 있더라도 믿음의 정도의 변화 없이 그 행위를 해서는 안 된다고 말해 준다.
③ 새롭게 알게 된 명제와는 관련 없는 명제에 대해 우리의 믿음의 정도가 어떠해야 하는지에 대해서 말해 주지 않는다.
④ 어떤 명제가 참인 것을 새롭게 알게 되고 동시에 그와 다른 명제가 거짓인 것을 새롭게 알게 되었을 때에도 적용될 수 있다.
⑤ 임의의 명제를 새롭게 알기 전에 그와 다른 명제에 대해 가장 강하지도 않고 가장 약하지도 않은 믿음의 정도를 가지고 있는 인식 주체에게는 적용될 수 없다.

19. 다음은 윗글을 읽은 학생의 독서 활동 기록이다. 윗글을 참고할 때, [A]에 들어갈 내용으로 적절하지 않은 것은? [3점]

> [독서 후 심화 활동]
> 　글의 내용을 다른 상황에 적용해 보자.
> ○ 상황
> 　병과 정은 공동 발표 내용을 기록한 흰색 수첩 하나를 잃어버렸다는 것을 알게 되었다. 그 수첩에는 병의 이름이 적혀 있다. 이와 관련해 병과 정은 다음 명제 ㉮가 참이라고 믿지만 믿음의 정도가 아주 강하지는 않다.
>
> ㉮ 병의 수첩은 체육관에 있다.
>
> 　병 혹은 정이 참이라고 새롭게 알게 될 수 있는 명제는 다음과 같다.
>
> ㉯ 체육관에 누군가의 이름이 적힌 흰색 수첩이 있다.
> ㉰ 병의 이름이 적혀 있지만 어떤 색인지 확인이 안 된 수첩이 병의 집에 있다.
>
> 　병과 정은 ㉯와 ㉰ 이외에는 ㉮와 관련이 있는 어떤 명제도 새롭게 알게 되지 않고, 조건화 원리에 의해서만 자신들의 믿음의 정도를 바꾼다.
>
> ○ 적용
> | [A] |
> | --- |

① 병이 ㉮와 관련이 없는 다른 명제만을 새롭게 알게 된다면, ㉮에 대한 병의 믿음의 정도는 변하지 않겠군.
② 병이 ㉯만을 알게 된다면, 그 후에 ㉮가 참이라는 것에 대한 병의 믿음의 정도는 그 전보다 더 강해질 수 있겠군.
③ 병이 ㉯를 알게 된 후에 ㉰를 추가로 알게 된다면, ㉮가 참이라는 것에 대한 병의 믿음의 정도는 ㉰를 추가로 알기 전보다 더 약해질 수 있겠군.
④ 병이 ㉯와 ㉰를 동시에 알게 된다면, ㉮가 참이라는 것에 대한 병의 믿음의 정도는 ㉯와 ㉰가 참이라는 조건하에 ㉮가 참이라는 것에 대한 믿음의 정도로 변하겠군.
⑤ 병과 정이 ㉯를 알게 되기 전에 ㉮가 참이라는 것에 대한 믿음의 정도가 서로 다르다면, ㉯만을 알게 된 후에는 ㉮가 참이라는 것에 대한 병과 정의 믿음의 정도가 같을 수 없겠군.

20. 문맥상 ⓐ~ⓔ의 단어와 가장 가까운 의미로 쓰인
것은?

① ⓐ: 어제 친구들과 함께 만나는 자리를 <u>가졌다</u>.
② ⓑ: 법에 <u>따라</u> 모든 절차가 공정하게 진행됐다.
③ ⓒ: 우리는 지금 아이를 <u>봐</u> 줄 분을 찾고 있다.
④ ⓓ: 그는 젊었을 때 <u>얻은</u> 병을 아직 못 고쳤다.
⑤ ⓔ: 매장에서 헌 냉장고를 새 선풍기와 <u>바꿨다</u>.

다음 글을 읽고 물음에 답하시오.

(가)

　한국, 중국 등 동아시아 사회에서 오랫동안 유지되었던 과거제는 세습적 권리와 무관하게 능력주의적인 시험을 통해 관료를 선발하는 제도라는 점에서 합리성을 갖추고 있었다. 정부의 관직을 ⓐ두고 정기적으로 시행되는 공개 시험인 과거제가 도입되어, 높은 지위를 얻기 위해서는 신분이나 추천보다 시험 성적이 더욱 중요해졌다.

　명확하고 합리적인 기준에 따른 관료 선발 제도라는 공정성을 바탕으로 과거제는 보다 많은 사람들에게 사회적 지위 획득의 기회를 줌으로써 개방성을 제고하여 사회적 유동성 역시 증대시켰다. 응시 자격에 일부 제한이 있었다 하더라도, 비교적 공정한 제도였음은 부정하기 어렵다. 시험 과정에서 ㉠익명성의 확보를 위한 여러 가지 장치를 도입한 것도 공정성 강화를 위한 노력을 보여 준다.

　과거제는 여러 가지 사회적 효과를 가져왔는데, 특히 학습에 강력한 동기를 제공함으로써 교육의 확대와 지식의 보급에 크게 기여했다. 그 결과 통치에 참여할 능력을 갖춘 지식인 집단이 폭넓게 형성되었다. 시험에 필요한 고전과 유교 경전이 주가 되는 학습의 내용은 도덕적인 가치 기준에 대한 광범위한 공유를 이끌어 냈다. 또한 최종 단계까지 통과하지 못한 사람들에게도 국가가 여러 특권을 부여하고 그들이 지방 사회에 기여하도록 하여 경쟁적 선발 제도가 가져올 수 있는 부작용을 완화하고자 노력했다.

　동아시아에서 과거제가 천 년이 넘게 시행된 것은 과거제의 합리성이 사회적 안정에 기여했음을 보여 준다. 과거제는 왕조의 교체와 같은 변화에도 불구하고 동질적인 엘리트층의 연속성을 가져왔다. 그리고 이러한 연속성은 관료 선발 과정뿐 아니라 관료제에 기초한 통치의 안정성에도 기여했다.

　과거제를 장기간 유지한 것은 세계적으로 드문 현상이었다. 과거제에 대한 정보는 선교사들을 통해 유럽에 전해져 많은 관심을 불러일으켰다. 일군의 유럽 계몽사상가들은 학자의 지식이 귀족의 세습적 지위보다 우위에 있는 체제를 정치적인 합리성을 갖춘 것으로 보았다. 이러한 관심은 사상적 동향뿐 아니라 실질적인 사회 제도에까지 영향을 미쳐서, 관료 선발에 시험을 통한 경쟁이 도입되기도 했다.

(나)

　조선 후기의 대표적인 관료 선발 제도 개혁론인 유형원의 공거제 구상은 능력주의적, 결과주의적 인재 선발의 약점을 극복하려는 의도와 함께 신분적 세습의 문제점도 의식한 것이었다. 중국에서는 17세기 무렵 관료 선발에서 세습과 같은 봉건적인 요소를 부분적으로 재도입하려는 개혁론이 등장했다. 고염무는 관료제의 상층에는 능력주의적 제도를 유지하되, ㉮지방관인 지현들은 어느 정도의 검증 기간을 거친 이후 그 지위를 평생 유지시켜 주고 세습의 길까지 열어 놓는 방안을 제안했다. 황종희는 지방의 관료가 자체적으로 관리를 초빙해서 시험한 후에 추천하는 '벽소'와 같은 옛 제도를 ⓑ되살리는 방법으로 과거제를 보완하자고 주장했다.

　이러한 개혁론은 갑작스럽게 등장한 것이 아니었다. 과거제를 시행했던 국가들에서는 수백 년에 ⓒ걸쳐 과거제를 개선하라는 압력이 있었다. 시험 방식이 가져오는 부작용들은 과거제의 중요한 문제였다. 치열한 경쟁은 학문에 대한 깊이 있는 학습이 아니라 합격만을 목적으로 하는 형식적 학습을 하게 만들었고, 많은 인재들이 수험 생활에 장기간 ⓓ매달리면서 재능을 낭비하는 현상도 낳았다. 또한 학습 능력 이외의 인성이나 실무 능력을 평가할 수 없다는 이유로 시험의 ㉡익명성에 대한 회의도 있었다.

　과거제의 부작용에 대한 인식은 과거제를 통해 임용된 관리들의 활동에 대한 비판적 시각으로 연결되었다. 능력주의적 태도는 시험뿐 아니라 관리의 업무에 대한 평가에도 적용되었다. 세습적이지 않으면서 몇 년의 임기마다 다른 지역으로 이동하는 관리들은 승진을 위해서 빨리 성과를 낼 필요가 있었기에, 지역 사회를 위해 장기적인 전망을 가지고 정책을 추진하기보다 가시적이고 단기적인 결과만을 중시하는 부작용을 가져왔다. 개인적 동기가 공공성과 상충되는 현상이 나타났던 것이다. 공동체 의식의 약화 역시 과거제의 부정적 결과로 인식되었다. 과거제 출신의 관리들이 공동체에 대한 소속감이 낮고 출세 지향적이기 때문에 세습 엘리트나 지역에서 천거된 관리에 비해 공동체에 대한 충성심이 약했던 것이다.

과거제가 지속되는 시기 내내 과거제 이전에 대한 향수가 존재했던 것은 그 외의 정치 체제를 상상하기 ⓔ <u>어려웠던</u> 상황에서, 사적이고 정서적인 관계에서 볼 수 있는 소속감과 충성심을 과거제로 확보하기 어렵다는 판단 때문이었다. 봉건적 요소를 도입하여 과거제를 보완하자는 주장은 단순히 복고적인 것이 아니었다. 합리적인 제도가 가져온 역설적 상황을 역사적 경험과 주어진 사상적 자원을 활용하여 보완하고자 하는 시도였다.

16. (가)와 (나)의 서술 방식으로 가장 적절한 것은?

① (가)와 (나) 모두 특정 제도가 사회에 미친 영향을 인과적으로 서술하고 있다.
② (가)와 (나) 모두 특정 제도를 분석하는 두 가지 이론을 구분하여 소개하고 있다.
③ (가)는 (나)와 달리 구체적 사상가들의 견해를 언급하며 특정 제도에 대한 관점을 드러내고 있다.
④ (나)는 (가)와 달리 특정 제도에 대한 선호와 비판의 근거들을 비교하면서 특정 제도의 특징을 제시하고 있다.
⑤ (가)는 특정 제도의 발전을 통시적으로, (나)는 특정 제도에 대한 학자들의 상반된 입장을 공시적으로 언급하고 있다.

17. (가)의 내용과 일치하지 <u>않는</u> 것은?

① 시험을 통한 관료 선발 제도는 동아시아뿐만 아니라 유럽에서도 실시되었다.
② 과거제는 폭넓은 지식인 집단을 형성하여 관료제에 기초한 통치에 기여했다.
③ 과거 시험의 최종 단계까지 통과하지 못한 사람도 국가로부터 혜택을 받을 수 있었다.
④ 경쟁을 바탕으로 한 과거제는 더 많은 사람들이 지방의 관료에 의해 초빙될 기회를 주었다.
⑤ 귀족의 지위보다 학자의 지식이 우위에 있는 체제가 합리적이라고 여긴 계몽사상가들이 있었다.

18. (나)를 참고할 때, ㉮와 같은 제안이 등장하게 된 배경을 추론한 내용으로 적절하지 <u>않은</u> 것은?

① 과거제로 등용된 관리들이 근무지를 자주 바꾸게 되어 근무지에 대한 소속감이 약했기 때문이었을 것이다.
② 과거제로 등용된 관리들의 봉건적 요소에 대한 지향이 공공성과 상충되는 세태로 나타났기 때문이었을 것이다.
③ 과거제로 선발한 관료들은 세습 엘리트에 비해 개인적 동기가 강해서 공동체 의식이 높지 않았기 때문이었을 것이다.
④ 과거제를 통해 배출된 관료들이 출세 지향적이어서 장기적 안목보다는 근시안적인 결과에 치중했기 때문이었을 것이다.
⑤ 과거제가 낳은 능력주의적 태도로 인해 관리들이 승진을 위해 가시적인 성과만을 내려는 경향이 강해졌기 때문이었을 것이다.

19. (가)와 (나)를 참고하여 ㉠과 ㉡을 이해한 내용으로 가장 적절한 것은?

① ㉠은 모든 사람에게 응시 기회를 보장했지만, ㉡은 결과 주의의 지나친 확산에서 비롯되었다.
② ㉠은 정치적 변화에도 사회적 안정을 보장했지만, ㉡은 대대로 관직을 물려받는 문제에서 비롯되었다.
③ ㉠은 지역 공동체의 전체 이익을 증진시켰지만, ㉡은 지나친 경쟁이 유발한 국가 전체의 비효율성에서 비롯되었다.
④ ㉠은 사회적 지위 획득의 기회를 확대하는 데 기여했지만, ㉡은 관리 선발 시 됨됨이 검증의 곤란함에서 비롯되었다.
⑤ ㉠은 관료들이 지닌 도덕적 가치 기준의 다양성을 확대했지만, ㉡은 사적이고 정서적인 관계 확보의 어려움에서 비롯되었다.

20. <보기>는 과거제에 대한 조선 시대 선비들의 견해를 재구성한 것이다. (가)와 (나)를 읽은 학생이 <보기>에 대해 보인 반응으로 적절하지 <u>않은</u> 것은? [3점]

< 보기 >

◦ 갑: 변변치 못한 집안 출신이라 차별받는 것에 불만이 있는 사람들이 많았는데, 과거를 통해 관직을 얻으면서 불만이 많이 해소되어 사회적 갈등이 완화된 것은 바람직하다.
◦ 을: 과거제를 통해 조선 사회에 유교적 가치가 광범위하게 자리를 잡아 좋다. 그런데 많은 선비들이 오랜 시간 과거를 준비하느라 자신의 뛰어난 능력을 펼치지 못한다는 점이 안타깝다.
◦ 병: 요즘 과거 시험 준비를 위해 나오는 책들을 보면 시험에 자주 나왔던 내용만 정리되어 있어서 학습의 깊이가 없으니 문제이다. 그래도 과거제 덕분에 더 많은 사람들이 공부를 하려는 생각을 가지게 된 것은 다행이라고 생각한다.

---

① '갑'이 과거제로 인해 사회적 유동성이 증가했다는 점을 긍정적으로 본 것은, 능력주의에 따른 공정성과 개방성이라는 시험의 성격에 주목한 것이겠군.
② '을'이 과거제로 인해 많은 선비들이 재능을 낭비한다는 점을 부정적으로 본 것은, 치열한 경쟁을 유발하는 시험의 성격에 주목한 것이겠군.
③ '을'이 과거제로 인해 사회의 도덕적 가치 기준에 대한 광범위한 공유가 가능해졌다는 점을 긍정적으로 본 것은, 고전과 유교 경전 위주의 시험 내용에 주목한 것이겠군.
④ '병'이 과거제로 인해 심화된 공부를 하기 어렵다는 점을 부정적으로 본 것은, 형식적인 학습을 유발한 시험 방식에 주목한 것이겠군.
⑤ '병'이 과거제로 인해 교육에 대한 동기가 강화되었다는 점을 긍정적으로 본 것은, 실무 능력을 중심으로 평가하는 시험 방식에 주목한 것이겠군.

21. 문맥상 ⓐ~ⓔ의 단어와 가장 가까운 의미로 쓰인 것은?

① ⓐ : 그가 열쇠를 방 안에 <u>두고</u> 문을 잠가 버렸다.
② ⓑ : 우리는 그 당시의 행복했던 기억을 <u>되살렸다</u>.
③ ⓒ : 협곡 사이에 구름다리가 멋지게 <u>걸쳐</u> 있었다.
④ ⓓ : 사소한 일에만 <u>매달리면</u> 중요한 것을 놓친다.
⑤ ⓔ : 형편이 <u>어려울수록</u> 모두가 힘을 합쳐야 한다.

다음 글을 읽고 물음에 답하시오.

(가)

　18세기 북학파들은 청에 다녀온 경험을 연행록으로 기록하여 청의 문물제도를 수용하자는 북학론을 구체화하였다. 이들은 개인적인 학문 성향과 관심에 따라 주목한 영역이 서로 달랐기 때문에 이들의 북학론도 차이를 보였다. 이들에게는 동아시아에서 문명의 척도로 여겨진 중화 관념이 청의 현실에 대한 인식에 각각 다르게 반영된 것이다. 1778년 함께 연행길에 올라 동일한 일정을 소화했던 박제가와 이덕무의 연행록에서도 이러한 차이가 확인된다.

[A]
　북학이라는 목적의식이 강했던 박제가가 인식한 청의 현실은 단순한 현실이 아니라 조선이 지향할 가치 기준이었다. 그가 쓴 『북학의』에 묘사된 청의 현실은 특정 관점에 따라 선택 및 추상화된 것이었으며, 그런 청의 현실은 그에게 중화가 손상 없이 ⓐ 보존된 것이자 조선의 발전 방향이기도 하였다. 중화 관념의 절대성을 인정하였기 때문에 당시 조선은 나름의 독자성을 유지하기보다 중화와 합치되는 방향으로 나아가야 한다는 생각이 그의 북학론의 밑바탕이 되었다. 명에 대한 의리를 중시하는 당시 주류의 견해에 대해 그는 의리 문제는 청이 천하를 차지한 지 백여 년이 지나며 자연스럽게 소멸된 것으로 여기고, 청 문물제도의 수용이 가져다주는 이익을 논하며 북학론의 당위성을 설파하였다. 대체로 이익 추구에 대해 부정적이었던 주자학자들과 달리, 이익 추구를 인간의 자연스러운 욕망으로 긍정하고 양반도 이익을 추구하자는 등 실용적인 입장을 보였다.

　이덕무는 「입연기」를 저술하면서 청의 현실을 객관적 태도로 기록하고자 하였다. 잘 정비된 마을의 모습을 기술하며 그는 황제의 행차에 대비하여 이루어진 일련의 조치가 민생과 무관하다고 지적하였다. 하지만 청 문물의 효용을 ⓑ 도외시하지 않고 박제가와 마찬가지로 물질적 삶을 중시하는 이용후생에 관심을 보였다. 스스로 평등견 이라 불렀던 인식 태도를 바탕으로 그는 당시 청에 대한 찬반의 이분법에서 벗어나 청과 조선의 현실적

차이뿐만 아니라 양쪽 모두의 가치를 인정하였다. 이런 시각에서 그는 청과 조선은 구분되지만 서로 배타적이지 않다고 보았다. 즉 청을 배우는 것과 조선 사람이 조선 풍토에 맞게 살아가는 것은 서로 모순되지 않는다는 것이다. 하지만 그는 중국인들의 외양이 만주족처럼 변화된 것을 보고 비통한 감정을 토로하며 중화의 중심이라 여겼던 명에 대한 의리를 중시하는 등 자신이 제시한 인식 태도에서 벗어나는 모습을 보이기도 하였다.

(나)

　18세기 후반의 중국은 명대 이래의 경제 발전이 정점에 달해 있었다. 대부분의 주민들이 접근할 수 있는 향촌의 정기 시장부터 인구 100만의 대도시의 시장에 이르는 여러 단계의 시장들이 그물처럼 연결되어 국내 교역이 활발하게 이루어지고 있었다. 장거리 교역의 상품이 사치품에 ⓒ 한정되지 않고 일상적 물건으로까지 확대되었다. 상인 조직의 발전과 신용 기관의 확대는 교역의 질과 양이 급변하고 있었음을 보여 준다. 대외 무역의 발전과 은의 유입은 중국의 경제적 번영에 영향을 미친 외부적 요인이었다. 은의 유입, 그리고 이를 통해 가능해진 은을 매개로 한 과세는 상품 경제의 발전을 ⓓ 자극하였다. 은과 상품의 세계적 순환으로 중국 경제가 세계 경제와 긴밀하게 연결되었다.

　그러나 청의 번영은 지속되지 않았고, 19세기에 접어들 무렵부터는 심각한 내외의 위기에 직면해 급속한 하락의 시대를 겪게 된다. 북학파들이 연행을 했던 18세기 후반에도 이미 위기의 징후들이 나타나고 있었다. 급격한 인구 증가로 인한 여러 문제는 새로운 작물 재배, 개간, 이주, 농경 집약화 등 민간의 노력에도 불구하고 해결되지 않았다. 인구 증가로 이주 및 도시화가 진행되는 가운데 전통적인 사회적 유대가 약화되거나 단절된 사람들이 상호 부조 관계를 맺는 결사 조직이 ⓔ 성행하였다. 이런 결사 조직은 불법적인 활동으로 연결되곤 했고 위기 상황에서는 반란의 조직적 기반이 되었다. 인맥에 기초한 관료 사회의 부정부패가 심화된 것 역시 인구 증가와 무관하지 않았다. 교육받은 지식인들이 늘어났지만 이들을 흡수할 수 있는 관료 조직의 규모는 정체되어 있었고, 경쟁의 심화가 종종 불법적인 행위로 연결되었다. 이와 같이 18세기 후반 청의 화려한 번영의 그늘에는 ㉠

심각한 위기의 씨앗들이 뿌려지고 있었다.

통치자들도 번영 속에서 불안을 느끼고 있었다. 조정에는 외국과의 접촉으로부터 백성들을 차단하려는 경향이 있었으며, 서양 선교사들의 선교 활동 확대로 인해 이런 경향이 강화되기도 하였다. 이 때문에 18세기 후반에 청 조정은 서양에 대한 무역 개방을 축소하는 모습을 보였다. 그러나 그때까지는 위기가 본격화되지는 않았고, 소수의 지식인들만이 사회 변화의 부정적 측면을 염려하거나 개혁 방안을 모색하였다.

16. (가), (나)에 대한 설명으로 가장 적절한 것은?

① (가)는 18세기 중국에 대한 학자들의 견해를 제시하면서 그러한 견해의 형성 배경 및 견해 간의 차이를 설명하고 있다.
② (가)는 18세기 중국을 바라보는 사상적 관점을 제시하면서 각 관점이 지닌 역사적 의의와 한계를 서로 비교하고 있다.
③ (나)는 18세기 중국의 사회상을 제시하면서 다양한 사회상을 시대별 기준에 따라 분류하여 서술하고 있다.
④ (나)는 18세기 중국의 사상적 변화를 제시하면서 그러한 변화가 지니는 긍정적 측면과 부정적 측면을 분석하고 있다.
⑤ (가)와 (나)는 모두 18세기 중국의 현실을 제시하면서 그러한 현실이 다른 나라에 미친 영향을 예를 들어 설명하고 있다.

17. (가)의 '박제가'와 '이덕무'에 대한 이해로 적절하지 <u>않은</u> 것은?

① 박제가는 청의 문물을 도입하는 것이 중화를 이루는 방도라고 간주하였다.
② 박제가는 자신이 파악한 청의 현실을 조선을 평가하는 기준이라고 생각하였다.
③ 이덕무는 청의 현실을 관찰하면서 이면에 있는 민생의 문제를 간과하지 않았다.
④ 이덕무는 청 문물의 효용성을 긍정하면서 청이 중화를 보존하고 있음을 인정하였다.
⑤ 박제가와 이덕무는 모두 중화 관념 자체에 대해서는 긍정적인 태도를 견지하였다.

18. 평등견 에 대한 이해로 가장 적절한 것은?

① 조선의 풍토를 기준으로 삼아 청의 제도를 개선하자는 인식 태도이다.
② 조선의 고유한 삶의 방식을 청의 방식에 따라 개혁해야 한다는 인식 태도이다.
③ 청과 조선의 가치를 평등하게 인정하고 풍토로 인한 차이를 해소하려는 인식 태도이다.
④ 중국인의 외양이 변화된 모습을 명에 대한 의리 문제와 관련지어 파악하려는 인식 태도이다.
⑤ 청에 대한 배타적 태도를 지양하고 청과 구분되는 조선의 독자성을 유지하자는 인식 태도이다.

19. 문맥을 고려할 때 ㉠의 의미를 파악한 내용으로 가장 적절한 것은?

① 새로운 작물의 보급 증가가 경제적 번영으로 이어지는 상황을 가리키는 것이군.
② 신용 기관이 확대되고 교역의 질과 양이 급변하고 있는 상황을 가리키는 것이군.
③ 반란의 위험성 증가 등 인구 증가로 인한 문제점들이 나타나는 상황을 가리키는 것이군.
④ 이주나 농경 집약화 등 조정에서 추진한 정책들이 실패한 상황을 가리키는 것이군.
⑤ 사회적 유대의 약화로 인하여 관료 사회의 부정부패가 심화되는 상황을 가리키는 것이군.

20. <보기>는 (가)에 제시된 『북학의』의 일부이다. [A]와 (나)를 참고하여 <보기>에 대해 비판적 읽기를 수행한 학생의 반응으로 적절하지 <u>않은</u> 것은? [3점]

< 보기 >

우리나라에서는 자기가 사는 지역에서 많이 나는 산물을 다른 데서 산출되는 필요한 물건과 교환하여 풍족하게 살려는 백성이 많으나 힘이 미치지 못한다. … 중국 사람은 가난하면 장사를 한다. 그렇더라도 정말 사람만 현명하면 원래 가진 풍류와 명망은 그대로다. 그래서 유생이 거리낌 없이 서점을 출입하고, 재상조차도 직접 융복사 앞 시장에 가서 골동품을 산다. … 우리나라는 해마다 은 수만 냥을 연경에 실어 보내 약재와 비단을 사 오는 반면, 우리나라 물건을 팔아 저들의 은으로 바꿔 오는 일은 없다. 은이란 천년이 지나도 없어지지 않는 물건이지만, 약은 사람에게 먹여 반나절이면 사라져 버리고 비단은 시신을 감싸서 묻으면 반년 만에 썩어 없어진다.

---

① <보기>에 제시된 중국인들의 상업에 대한 인식은 [A]에서 제시한 실용적인 입장에 부합하는 것이라 볼 수 있어.
② <보기>에 제시된 조선의 산물 유통에 대한 서술은 [A]에서 제시한 북학론의 당위성을 뒷받침하는 근거라 볼 수 있어.
③ <보기>에 제시된 중국인들의 상행위에 대한 서술은 (나)에 제시된 중국 국내 교역의 양상과 상충되지 않는다고 볼 수 있어.
④ <보기>에 제시된 은에 대한 평가는 (나)에 제시된 중국의 경제적 번영에 기여한 요소를 참고할 때, 은의 효용적 측면을 간과한 평가라 볼 수 있어.
⑤ <보기>에 제시된 중국의 관료에 대한 묘사는 (나)에 제시된 관료 사회의 모습을 참고할 때, 지배층의 전체 면모가 드러나지 않는 진술이라 볼 수 있어.

 문맥상 ⓐ~ⓔ와 바꿔 쓰기에 가장 적절한 것은?

① ⓐ: 드러난
② ⓑ: 생각하지
③ ⓒ: 그치지
④ ⓓ: 따라갔다
⑤ ⓔ: 일어났다

다음 글을 읽고 물음에 답하시오.

(가)

　근대 이후 서양의 철학자들은 과학적 세계관이 대두하면서 이전과는 달리 인과를 물리적 작용 사이의 관계로 국한하려는 경향을 보였다. 문제는 흄이 지적했듯이 인과 관계 그 자체는 직접 관찰할 수 없다는 것이다. 원인과 결과에 해당하는 사건만을 관찰할 수 있을 뿐이다. 가령 "추위 때문에 강물이 얼었다."는 직접 관찰한 물리적 사실을 진술한 것이 아니다. 그래서 인과가 과학적 개념인지에 대한 의심이 철학자들 사이에 제기되었다. 이에 인과를 과학적 세계관에 입각하여 이해하려는 시도가 새면의 과정 이론이다.

　야구공을 던지면 땅 위의 공 그림자도 따라 움직인다. 공이 움직여서 그림자가 움직인 것이지 그림자 자체가 움직여서 그림자의 위치가 변한 것은 아니다. 과정 이론은 이 차이를 다음과 같이 설명한다. 과정은 대상의 시공간적 궤적이다. 날아가는 야구공은 물론이고 땅에 멈추어 있는 공도 시간은 흘러가고 있기에 시공간적 궤적을 그리고 있다. 공이 멈추어 있는 상태도 과정인 것이다. 그런데 모든 과정이 인과적 과정은 아니다. 어떤 과정은 다른 과정과 한 시공간적 지점에서 만난다. 즉, 두 과정이 교차한다. 만약 교차에서 표지, 즉 대상의 변화된 물리적 속성이 도입되면 이후의 모든 지점에서 그 표지를 전달할 수 있는 과정이 인과적 과정이다.

[A]
　가령 바나나가 a 지점에서 b 지점까지 이동하는 과정을 과정 1이라고 하자. a와 b의 중간 지점에서 바나나를 한 입 베어 내는 과정 2가 과정 1과 교차했다. 이 교차로 표지가 과정 1에 도입되었고 이 표지는 b까지 전달될 수 있다. 즉, 바나나는 베어 낸 만큼이 없어진 채로 줄곧 b까지 이동할 수 있다. 따라서 과정 1은 인과적 과정이다. 바나나가 이동한 것이 바나나가 b에 위치한 결과의 원인인 것이다. 한편, 바나나의 그림자가 스크린에 생긴다고 하자. 바나나의 그림자가 스크린상의 a′ 지점에서 b′ 지점까지 움직이는 과정을 과정 3이라 하자. 과정 1과 과정 2의 교차 이후 스크린상의 그림자 역시 변한다. 그런데 a′과 b′ 사이의

스크린 표면의 한 지점에 울퉁불퉁한 스티로폼이 부착되는 과정 4가 과정 3과 교차했다고 하자. 그림자가 그 지점과 겹치면서 일그러짐이라는 표지가 과정 3에 도입되지만, 그 지점을 지나가면 그림자는 다시 원래대로 돌아오고 스티로폼은 그대로이다. 이처럼 과정 3은 다른 과정과의 교차로 도입된 표지를 전달할 수 없다.

　과정 이론은 규범이나 마음과 같은, 물리적 세계 바깥의 측면을 해명하기 어렵다는 한계를 지닌다. 예컨대 내가 사회 규범을 어긴 것과 내가 벌을 받아야 하는 것 사이에는 인과 관계가 있지만 과정 이론은 이를 잘 다루지 못한다.

(나)

　자연 현상과 인간사를 인과 관계로 설명하는 동아시아의 대표적 논의는 재이론(災異論)이다. 한대(漢代)의 동중서는 하늘이 덕을 잃은 군주에게 재이를 내려 견책한다는 천견설과, 인간과 하늘에 공통된 음양의 기(氣)를 통해 하늘과 인간이 서로 감응한다는 천인감응론을 결합하여 재이론을 체계화하였다. 그에 따르면, 군주가 실정(失政)을 저지르면 그로 말미암아 변화된 음양의 기를 통해 감응한 하늘이 가뭄과 홍수, 일식과 월식 등 재이를 통해 경고를 내린다. 이때 재이는 군주권이 하늘로부터 비롯된 것임을 입증하는 것이자 군주의 실정에 대한 경고였다.

　양면적 성격의 재이론은 신하가 정치적 논의에 참여할 수 있는 명분을 제공하였고, 재이가 발생하면 군주가 직언을 구하고 신하가 이에 응하는 전통으로 구체화되었다. 하지만 동중서 이후, 원인으로서의 인간사와 결과로서의 재이를 일대일로 대응시켜 설명하는 개별적 대응 방식은 억지가 심하다는 평가를 받았다. 이 방식은 오히려 ㉠ 예언화 경향으로 이어져 재이를 인간사의 징조로, 인간사를 재이의 결과로 대응시키는 풍조를 낳기도 하였고, 요망한 말로 백성을 미혹시켰다는 이유로 군주가 직언을 하는 신하를 탄압하는 빌미가 되기도 하였다.

　이후 재이에 대한 예언적 해석은 비판의 대상이 되었고, 천인감응론 또한 부정되기도 하였다. 하지만 재이론은 여전히 정치 현장에서 사라지지 않았다. 송대(宋代)에 이르러, 주희는 천문학의 발달로 예측 가능하게 된 일월

식을 재이로 간주하지 않는 경향을 수용하였고, 재이를 근본적으로 이치에 의해 설명되기 어려운 자연 현상으로 간주하였다. 하지만 당시까지도 재이에 대해 군주의 적극적인 대응을 유도하며 안전한 언론 활동의 기회를 제공했던 재이론이 폐기되는 것은, 신하의 입장에서 유용한 정치적 기제를 잃는 것이었다. 이 때문에 그는 군주를 경계하는 적절한 방법을 ⓐ <u>찾고자</u> 재이론을 고수하였다. 그는 재이에 대한 개별적 대응 대신 군주에게 허물과 잘못이 쌓이면 이에 하늘이 감응하여 변칙적인 자연 현상이 일어날 것이라는 ⓛ <u>전반적 대응설</u>을 제시하고, 재이를 군주의 심성 수양 문제로 귀결시키며 재이론의 역사적 수명을 연장하였다.

04. 다음은 (가)와 (나)를 읽은 학생이 작성한 학습 활동지의 일부이다. ㄱ ~ ㅁ에 들어갈 내용으로 적절하지 <u>않</u>은 것은?

학습 항목	학습 내용	
	(가)	(나)
도입 문단의 내용 제시 방식 파악하기	ㄱ	ㄴ
⋮	⋮	⋮
글의 내용 전개 방식 이해하기	ㄷ	ㄹ
특정 개념과 관련하여 두 글을 통합적으로 이해하기	ㅁ	

① ㄱ: '인과'에 대한 특정 이론이 등장하게 된 배경을 철학자들의 인식 변화와 관련지어 제시하였음.
② ㄴ: '인과'와 연관된 특정 이론의 배경 사상과 중심 내용을 제시하였음.
③ ㄷ: '인과'에 대한 특정 이론을 정의한 뒤 구체적인 사례와 관련지어 그 이론의 한계와 전망을 제시하였음.
④ ㄹ: '인과'와 연관된 특정 이론을 제시하고 그 이론이 변용되는 양상을 시대의 흐름에 따라 제시하였음.
⑤ ㅁ: '인과'와 관련하여 동서양의 특정 이론들에 나타나는 관점을 비교해 보도록 하였음.

05. 윗글에 대한 이해로 적절하지 <u>않</u>은 것은?

① 과정 이론은 물리적 세계의 테두리 안에서 인과를 해명하는 이론이다.
② 사회 규범 위반과 처벌 당위성 사이의 인과 관계는 표지의 전달로 설명되기 어렵다.
③ 인과가 과학적 세계관과 부합하지 않는다고 생각하는 철학자가 근대 이후 서양에 나타났다.
④ 한대의 재이론에서 전제된 하늘은 음양의 변화에 반응하지 않지만 경고를 하는 의지를 가진 존재였다.
⑤ 천문학의 발달에 따라 일월식이 예측 가능해지면서 송대에는 이를 설명 가능한 자연 현상으로 보는 경향이 있었다.

06. [A]에 대한 이해로 적절하지 <u>않</u>은 것은?

① 바나나와 그 그림자는 서로 다른 시공간적 궤적을 그린다.
② 과정 1이 과정 2와 교차하기 이전과 이후에서, 바나나가 지닌 물리적 속성은 다르다.
③ 과정 1과 달리 과정 3은 인과적 과정이 아니다.
④ 바나나의 일부를 베어 냄으로써 변화된 바나나 그림자의 모양은 과정 3이 과정 2와 교차함으로써 도입된 표지이다.
⑤ 과정 3과 과정 4의 교차로 도입된 표지는 과정 3으로도 과정 4로도 전달되지 않는다.

07. ㉠, ㉡에 대한 설명으로 가장 적절한 것은?

① ㉠은 군주의 과거 실정에 대한 경고로서 재이의 의미가 강조되어 신하의 직언을 활성화하는 방향으로 활용되었다.

② ㉠은 이전과 달리 인간사와 재이의 인과 관계를 역전시켜 재이를 인간사의 미래를 알려 주는 징조로 삼는 데 활용되었다.

③ ㉡은 개별적인 재이 현상을 물리적 작용이라 보고 정치와 무관하게 재이를 이해하는 기초로 활용되었다.

④ ㉡은 누적된 실정과 특정한 재이 현상을 연결 짓는 방식으로 이어져 군주의 권력을 강화하는 데 활용되었다.

⑤ ㉡은 과학적 인식을 기반으로 군주의 지배력과 변칙적인 자연 현상이 무관하다는 인식을 강화하는 기초로 활용되었다.

08. <보기>는 윗글의 주제와 관련한 동서양 학자들의 견해이다. 윗글을 읽은 학생이 <보기>에 대해 보인 반응으로 적절하지 <u>않은</u> 것은? [3점]

> ─── < 보기 > ───
>
> ㉮ 만약 인과 관계가 직접 관찰될 수 없다면, 물리적 속성의 변화와 전달과 같은 관찰 가능한 현상을 탐구하는 것이 인과 개념을 과학적으로 규명하는 올바른 경로이다.
>
> ㉯ 인과 관계란 서로 다른 대상들이 물리적 성질들을 서로 주고받는 관계일 수밖에 없다. 그러한 두 대상은 시공간적으로 연결되어 있어야만 한다.
>
> ㉰ 덕이 잘 닦인 치세에서는 재이를 찾아볼 수 없었고, 세상의 변고는 모두 난세의 때에 출현했으니, 하늘과 인간이 서로 통하는 관계임을 알 수 있다.
>
> ㉱ 홍수가 자주 발생하는 강 하류 지방의 지방관은 반드시 실정을 한 것이고, 홍수가 발생하지 않는 산악 지방의 지방관은 반드시 청렴한가? 실제로는 그렇지 않다.

① 흄의 문제 제기와 ㉮로부터, 과정 이론이 인과 개념을 과학적으로 규명하려는 시도의 하나임을 이끌어낼 수 있겠군.

② 인과 관계를 대상 간의 물리적 상호 작용으로 국한하는 ㉯의 입장은 대상 간의 감응을 기반으로 한 동중서의 재이론이 보여 준 입장과 부합하겠군.

③ 치세와 난세의 차이를 재이의 출현 여부로 설명하는 ㉰에 대해 동중서와 주희는 모두 재이론에 입각하여 수용 가능한 견해라는 입장을 취하겠군.

④ 덕이 물리적 세계 바깥의 현상에 해당한다면, 덕과 세상의 변화 사이에 인과 관계가 있다고 본 ㉰는 새먼의 이론에 입각하여 설명되기 어렵겠군.

⑤ 지방관의 실정에서 도입된 표지가 홍수로 이어지는 과정으로 전달될 수 없다면, 새먼은 실정이 홍수의 원인이 아니라는 점에서 ㉱에 동의하겠군.

09. ⓐ와 문맥상 의미가 가장 가까운 것은?

① 모두가 만족하는 대책을 찾으려 머리를 맞대었다.
② 모르는 단어가 나오면 국어사전을 찾아서 확인해라.
③ 건강을 위해 친환경 농산물을 찾는 사람이 많아졌다.
④ 아직 완전하지는 않지만 서서히 건강을 찾는 중이다.
⑤ 선생은 독립을 다시 찾는 것을 일생의 사명으로 여겼다.

다음 글을 읽고 물음에 답하시오.

인간의 본성에 관한 서로 다른 두 관점이 있다. 종교적 인간관에 따르면, 인간에게는 물리적 실체인 몸 이외에 비물리적 실체인 영혼이 있다. 영혼은 물리적 몸과 완전히 구별되며 인간의 결정의 원천이다. 반면 유물론적 인간관에 따르면, 인간은 물리적 몸에 지나지 않는다. 물리적 몸 이외에 영혼은 존재하지 않는다. 따라서 인간의 결정은 단지 뇌에서 일어나는 신경 사건이다. 이러한 두 관점 중 유물론적 인간관을 가정할 때, 인간은 자유롭게 선택할 수 있을까? 즉 인간에게 자유의지가 있을까? 가령 갑이 냉장고 문을 여니 딸기 우유와 초코 우유만 있다고 해 보자. 갑은 이것들 중 하나를 자유의지로 선택할 수 있을까?

이러한 질문과 관련하여 반자유의지 논증은 갑에게 자유의지가 없다고 결론 내린다. 우선 임의의 선택은 이전 사건들에 의해 선결정되거나 무작위로 일어난다. 여기서 무작위로 일어난다는 것은 선결정되지 않는다는 것을 의미한다. 이러한 전제하에 반자유의지 논증은 선결정 가정과 무작위 가정을 모두 고려한다. 첫 번째로 임의의 선택이 그 이전 사건들에 의해 선결정된다고 가정해 보자. 반자유의지 논증에서는 이 경우 우리에게 자유 의지가 없다고 결론 내린다. 가령 갑의 딸기 우유 선택이 심지어 갑이 태어나기도 전에 선결정된 것이라면 갑이 자유의지로 그것을 선택한 것이라고 보기 어려울 것이다. 두 번째로 임의의 선택이 무작위로 일어난 것이라 가정해 보자. 반자유의지 논증에서는 이 경우에도 우리에게 자유의지가 없다고 결론 내린다. 가령 갑의 딸기 우유 선택이 단지 갑의 뇌에서 무작위로 일어난 신경 사건이라고 한다면, 그것은 자유의지의 산물이라고 보기 어려울 것이다.

그러나 이 논증에 관한 다양한 비판이 가능하다. ⓐ 반자유의지 논증을 비판하는 한 입장에 따르면 반자유의지 논증의 선결정 가정을 고려할 때의 결론은 받아들여야 하지만, 무작위 가정을 고려할 때의 결론은 받아들일 필요가 없다. 따라서 반자유의지 논증의 결론도 받아들일 필요가 없다고 주장한다. 그 이유는 아래와 같다.

임의의 선택이 나의 자유의지의 산물이 되기 위해서는 다음 두 가지 조건을 모두 충족해야 한다. 첫째, 내가 그 선택의 주체여야 한다. 둘째, 나의 선택은 그 이전 사건들에 의해 선결정되지 않아야 한다. 그런데 어떤 선택이 그 이전 사건들에 의해 선결정되어 있다면, 이것은 자유의지를 위한 둘째 조건과 충돌한다. 따라서 반자유의지 논증의 선결정 가정을 고려할 때의 결론인 우리에게 자유의지가 없다는 점을 받아들여야 한다. 물론 이러한 자유의지와 다른 의미를 지닌 자유의지가 있을 수 있다. 만약 '내가 자유롭게 선택했다'는 말이 단지 '내가 하고자 원했던 것을 했다'는 ⓐ 욕구 충족적 자유의지를 의미한다면, 나의 선택이 그 이전 사건들에 의해 선결정되어 있든 그렇지 않든 그것은 내 자유의지의 산물일 수 있다. 그러나 이러한 자유의지는 ⓑ 여기서 염두에 두는 두 가지 조건을 모두 충족하는 자유의지와 다르다.

다음으로, 어떤 선택이 무작위로 일어난 것이라고 하더라도 그 선택의 주체는 나일 수 있다. 유물론적 인간관에 따르면 '갑이 딸기 우유를 선택했다'는 것은 '선택 시점에 갑의 뇌에서 신경 사건이 발생했다'는 것을 의미한다. 갑의 이러한 신경 사건이 이전 사건들에 의해 선결정되지 않은 것으로 가정해 보자. 이러한 가정 아래에서도 갑은 그 선택의 주체일 수 있다. 왜냐하면 이 가정은 선택 시점에 발생한 뇌의 신경 사건으로서 '갑이 딸기 우유를 선택했다'는 사실을 바꾸지 않기 때문이다. 결국 ⓛ 반자유의지 논증의 무작위 가정을 고려할 때의 결론은 받아들일 필요가 없다.

10. 윗글에 대한 설명으로 적절하지 <u>않은</u> 것은?

① 유물론적 인간관은 영혼의 존재를 인정하지 않는다.
② 유물론적 인간관은 인간의 선택을 물리적 사건으로 본다.
③ 종교적 인간관은 인간이 물리적 실체로만 구성된다고 보지 않는다.
④ 종교적 인간관은 인간의 선택에서 비물리적 실체가 하는 역할을 인정한다.
⑤ 반자유의지 논증은 임의의 선택이 선결정되지 않을 가능성을 고려하지 않는다.

11. ⓐ, ⓑ를 이해한 내용으로 적절한 것은?

① 어떤 선택을 원해서 한다면 그 선택을 한 사람에게 ⓐ가 있을 수 없다.
② 어떤 선택을 원해서 한다면 그 선택을 한 사람에게 ⓑ가 있을 수 없다.
③ 어떤 선택이 선결정되어 있다면 그 선택을 한 사람에게 ⓐ가 있을 수 없다.
④ 어떤 선택이 선결정되어 있다면 그 선택을 한 사람에게 ⓑ가 있을 수 없다.
⑤ 어떤 선택을 원해서 하고 그 선택이 선결정되어 있지 않다면 그 선택을 한 사람에게 ⓐ와 ⓑ 중 어느 것도 있을 수 없다.

12. ㉡의 이유로 가장 적절한 것은?

① 비물리적 실체인 영혼은 존재하지 않기 때문이다.
② 어떤 선택은 무작위로 일어난 것이 아니기 때문이다.
③ 어떤 선택은 선결정되어 있지만 욕구 충족적 자유의지의 산물이기 때문이다.
④ 반자유의지 논증의 선결정 가정을 고려할 때의 결론이 받아들여져야 하기 때문이다.
⑤ 어떤 선택은 자유의지의 산물이 되기 위한 두 가지 조건을 모두 충족할 수 있기 때문이다.

13. 윗글의 ㉠에 입각하여 학생이 <보기>와 같은 탐구 활동을 한다고 할 때, [A]에 들어갈 내용으로 적절한 것은? [3점]

< 보기 >

자유의지와 관련된 H의 가설과 실험을 보고, 반자유의지 논증에 대해 논의해 보자.

- H의 가설
  인간이 결정을 내릴 때 발생하는 신경 사건이 있기 전에 그가 어떤 선택을 할지 알게 해 주는 다른 신경 사건이 그의 뇌에서 매번 발생한다.

- H의 실험
  피실험자의 왼손과 오른손에 각각 버튼 하나가 주어진다. 피실험자는 두 버튼 중 어떤 버튼을 누를지 특정 시점에 결정한다. 그 결정의 시점과 그 이전에 발생하는 뇌의 신경 사건을 동일한 피실험자에게서 100차례 관측한다.

ㅇ 논의: [A]

---

① H의 가설이 실험 결과에 의해 입증된다면, 선결정 가정을 고려할 때의 결론을 거부해야 한다.
② H의 가설이 실험 결과에 의해 입증된다면, 무작위 가정은 참일 수밖에 없다.
③ H의 가설이 실험 결과에 의해 입증되지 않는다면, 선결정 가정은 참일 수밖에 없다.
④ H의 가설이 실험 결과에 의해 입증되지 않는다면, 무작위 가정을 고려할 때의 결론을 받아들여야 하는 것은 아니다.
⑤ H의 가설의 실험 결과에 의한 입증 여부와 상관없이, 반자유 의지 논증의 결론을 받아들여야 한다.

다음 글을 읽고 물음에 답하시오.

(가)

　⊙ 정립-반정립-종합. 변증법의 논리적 구조를 일컫는 말이다. 변증법에 따라 철학적 논증을 수행한 인물로는 단연 헤겔이 거명된다. 변증법은 대등한 위상을 지니는 세 범주의 병렬이 아니라, 대립적인 두 범주가 조화로운 통일을 이루어 가는 수렴적 상향성을 구조적 특징으로 한다. 헤겔에게서 변증법은 논증의 방식임을 넘어, 논증 대상 자체의 존재 방식이기도 하다. 즉 세계의 근원적 질서인 '이념'의 내적 구조도, 이념이 시·공간적 현실로서 드러나는 방식도 변증법적이기에, 이념과 현실은 하나의 체계를 이루며, 이 두 차원의 원리를 밝히는 철학적 논증도 변증법적 체계성을 ⓐ 지녀야 한다.

　헤겔은 미학도 철저히 변증법적으로 구성된 체계 안에서 다루고자 한다. 그에게서 미학의 대상인 예술은 종교, 철학과 마찬가지로 '절대정신'의 한 형태이다. 절대정신은 절대적 진리인 '이념'을 인식하는 인간 정신의 영역을 ⓑ 가리킨다. 예술·종교·철학은 절대적 진리를 동일한 내용으로 하며, 다만 인식 형식의 차이에 따라 구분된다. 절대정신의 세 형태에 각각 대응하는 형식은 직관·표상·사유 이다. '직관'은 주어진 물질적 대상을 감각적으로 지각하는 지성이고, '표상'은 물질적 대상의 유무와 무관하게 내면에서 심상을 떠올리는 지성이며, '사유'는 대상을 개념을 통해 파악하는 순수한 논리적 지성이다. 이에 세 형태는 각각 '직관하는 절대정신', '표상하는 절대정신', '사유하는 절대정신'으로 규정된다. 헤겔에 따르면 직관의 외면성과 표상의 내면성은 사유에서 종합되고, 이에 맞춰 예술의 객관성과 종교의 주관성은 철학에서 종합된다.

　형식 간의 차이로 인해 내용의 인식 수준에는 중대한 차이가 발생한다. 헤겔에게서 절대정신의 내용인 절대적 진리는 본질적으로 논리적이고 이성적인 것이다. 이러한 내용을 예술은 직관하고 종교는 표상하며 철학은 사유하기에, 이 세 형태 간에는 단계적 등급이 매겨진다. 즉 예술은 초보 단계의, 종교는 성장 단계의, 철학은 완숙 단계의 절대정신이다. 이에 따라 ⓛ 예술-종교-철학 순의 진

행에서 명실상부한 절대정신은 최고의 지성에 의거하는 것, 즉 철학뿐이며, 예술이 절대정신으로 기능할 수 있는 것은 인류의 보편적 지성이 미발달된 머나먼 과거로 한정된다.

(나)

　변증법의 매력은 '종합'에 있다. 종합의 범주는 두 대립적 범주 중 하나의 일방적 승리로 ⓒ 끝나도 안 되고, 두 범주의 고유한 본질적 규정이 소멸되는 중화 상태로 나타나도 안 된다. 종합은 양자의 본질적 규정이 유기적 조화를 이루어 질적으로 고양된 최상의 범주가 생성됨으로써 성립하는 것이다.

　헤겔이 강조한 변증법의 탁월성도 바로 이것이다. 그러기에 변증법의 원칙에 최적화된 엄밀하고도 정합적인 학문 체계를 조탁하는 것이 바로 그의 철학적 기획이 아니었던가. 그런데 그가 내놓은 성과물들은 과연 그 기획을 어떤 흠결도 없이 완수한 것으로 평가될 수 있을까? 미학에 관한 한 '그렇다'는 답변은 쉽지 않을 것이다. 지성의 형식을 직관-표상-사유 순으로 구성하고 이에 맞춰 절대정신을 예술-종교-철학 순으로 편성한 전략은 외관상으로는 변증법 모델에 따른 전형적 구성으로 보인다. 그러나 실질적 내용을 ⓓ 보면 직관으로부터 사유에 이르는 과정에서는 외면성이 점차 지워지고 내면성이 점증적으로 강화·완성되고 있음이, 예술로부터 철학에 이르는 과정에서는 객관성이 점차 지워지고 주관성이 점증적으로 강화·완성되고 있음이 확연히 드러날 뿐, 진정한 변증법적 종합은 ⓔ 이루어지지 않는다. 직관의 외면성 및 예술의 객관성의 본질은 무엇보다도 감각적 지각성인데, 이러한 핵심 요소가 그가 말하는 종합의 단계에서는 완전히 소거되고 만다.

　변증법에 충실하려면 헤겔은 철학에서 성취된 완전한 주관성이 재객관화되는 단계의 절대정신을 추가했어야 할 것이다. 예술은 '철학 이후'의 자리를 차지할 수 있는 유력한 후보이다. 실제로 많은 예술 작품은 '사유'를 매개로 해서만 설명되지 않는가. 게다가 이는 누구보다도 풍부한 예술적 체험을 한 헤겔 스스로가 잘 알고 있지 않은가. 이 때문에 방법과 철학 체계 간의 이러한 불일치는 더욱 아쉬움을 준다.

① (가)와 (나)는 모두 특정한 철학적 방법에 기반한 체계를 바탕으로 예술의 상대적 위상을 제시하고 있다.
② (가)와 (나)는 모두 특정한 철학적 방법에 대한 상반된 평가를 바탕으로 더 설득력 있는 미학 이론을 모색하고 있다.
③ (가)와 달리 (나)는 특정한 철학적 방법의 시대적 한계를 지적하고 이에 맞서는 혁신적 방법을 제안하고 있다.
④ (가)와 달리 (나)는 특정한 철학적 방법에서 파생된 미학 이론을 바탕으로 예술 장르를 범주적으로 유형화하고 있다.
⑤ (나)와 달리 (가)는 특정한 철학적 방법의 통시적인 변화 과정을 적용하여 철학사를 단계적으로 설명하고 있다.

05. (가)에서 알 수 있는 헤겔의 생각으로 적절하지 않은 것은?

① 예술·종교·철학 간에는 인식 내용의 동일성과 인식 형식의 상이성이 존재한다.
② 세계의 근원적 질서와 시·공간적 현실은 하나의 변증법적 체계를 이룬다.
③ 절대정신의 세 가지 형태는 지성의 세 가지 형식이 인식하는 대상이다.
④ 변증법은 철학적 논증의 방법이자 논증 대상의 존재 방식이다.
⑤ 절대정신의 내용은 본질적으로 논리적이고 이성적인 것이다.

06. (가)에 따라 직관·표상·사유 의 개념을 적용한 것으로 적절하지 않은 것은?

① 먼 타향에서 밤하늘의 별들을 바라보는 것은 직관을 통해, 같은 곳에서 고향의 하늘을 상기하는 것은 표상을 통해 이루어지겠군.
② 타임머신을 타고 미래로 가는 자신의 모습을 상상하는 것과, 그 후 판타지 영화의 장면을 떠올려 보는 것은 모두 표상을 통해 이루어지겠군.
③ 초현실적 세계가 묘사된 그림을 보는 것은 직관을 통해, 그 작품을 상상력 개념에 의거한 이론에 따라 분석하는 것은 사유를 통해 이루어지겠군.
④ 예술의 새로운 개념을 설정하는 것은 사유를 통해, 이를 바탕으로 새로운 감각을 일깨우는 작품의 창작을 기획하는 것은 직관을 통해 이루어지겠군.
⑤ 도덕적 배려의 대상을 생물학적 상이성 개념에 따라 규정하는 것과, 이에 맞서 감수성 소유 여부를 새로운 기준으로 제시하는 것은 모두 사유를 통해 이루어지겠군.

07. (나)의 글쓴이의 관점에서 ㉠과 ㉡에 대한 헤겔의 이론을 분석한 것으로 적절하지 <u>않은</u> 것은?

① ㉠과 ㉡ 모두에서 첫 번째와 두 번째의 범주는 서로 대립한다.
② ㉠과 ㉡ 모두에서 두 번째와 세 번째 범주 간에는 수준상의 차이가 존재한다.
③ ㉠과 달리 ㉡에서는 범주 간 이행에서 첫 번째 범주의 특성이 갈수록 강해진다.
④ ㉡과 달리 ㉠에서는 세 번째 범주에서 첫 번째와 두 번째 범주의 조화로운 통일이 이루어진다.
⑤ ㉡과 달리 ㉠에서는 범주 간 이행에서 수렴적 상향성이 드러난다.

08. <보기>는 헤겔과 (나)의 글쓴이가 나누는 가상의 대화의 일부이다. ㉮에 들어갈 내용으로 가장 적절한 것은? [3점]

— < 보기 > —

헤겔: 괴테와 실러의 문학 작품을 읽을 때 놓치지 않아야 할 점이 있네. 이 두 천재도 인생의 완숙기에 이르러서야 비로소 최고의 지성적 통찰을 진정한 예술미로 승화시킬 수 있었네. 그에 비해 초기의 작품들은 미적으로 세련되지 못해 결코 수준급이라 할 수 없었는데, 이는 그들이 아직 지적으로 미성숙했기 때문이었네.

(나)의 글쓴이: 방금 그 말씀과 선생님의 기본 논증 방법을 연결하면 ＿＿＿㉮＿＿＿ 는 말이 됩니다.

① 이론에서는 대립적 범주들의 종합을 이루어야 하는 세 번째 단계가 현실에서는 그 범주들을 중화한다
② 이론에서는 외면성에 대응하는 예술이 현실에서는 내면성을 바탕으로 하는 절대정신일 수 있다
③ 이론에서는 반정립 단계에 위치하는 예술이 현실에서는 정립 단계에 있는 것으로 나타난다
④ 이론에서는 객관성을 본질로 하는 예술이 현실에서는 객관성이 사라진 주관성을 지닌다
⑤ 이론에서는 절대정신으로 규정되는 예술이 현실에서는 진리의 인식을 수행할 수 없다

09. 문맥상 ⓐ~ⓔ와 바꾸어 쓰기에 가장 적절한 것은?

① ⓐ: 소지(所持)하여야
② ⓑ: 포착(捕捉)한다
③ ⓒ: 귀결(歸結)되어도
④ ⓓ: 간주(看做)하면
⑤ ⓔ: 결성(結成)되지

다음 글을 읽고 물음에 답하시오.

(가)

　전국 시대의 혼란을 종식한 진(秦)은 분서갱유를 단행하며 사상 통제를 ⓐ 기도했다. 당시 권력자였던 이사(李斯)에게 역사 지식은 전통만 따지는 허언이었고, 학문은 법과 제도에 대해 논란을 일으키는 원인에 불과했다. 이에 따라 전국 시대의 『순자』처럼 다른 사상을 비판적으로 ⓑ 흡수하여 통합 학문의 틀을 보여 준 분위기는 일시적으로 약화되었다. 이에 한(漢) 초기 사상가들의 과제는 진의 멸망 원인을 분석하고 이에 기초한 안정적 통치 방안을 제시하며, 힘의 지배를 ⓒ 숭상하던 당시 지배 세력의 태도를 극복하는 것이었다. 이러한 과제에 부응한 대표적 사상가는 육가(陸賈)였다.

　순자의 학문을 계승한 그는 한 고조의 치국 계책 요구에 부응해 『신어』를 저술하였다. 이 책을 통해 그는 진의 단명 원인을 가혹한 형벌의 남용, 법률에만 의거한 통치, 군주의 교만과 사치, 그리고 현명하지 못한 인재 등용 등으로 지적하고, 진의 사상 통제가 낳은 폐해를 거론하며 한 고조에게 지식과 학문이 중요함을 설득하고자 하였다. 그에게 지식의 핵심은 현실 정치에 도움을 주는 역사 지식이었다. 그는 역사를 관통하는 자연의 이치에 따라 천문·지리·인사 등 천하의 모든 일을 포괄한다는 ㉠ 통물(統物)과, 역사 변화 과정에 대한 통찰로서 상황에 맞는 조치를 취하고 기존 규정을 고수하지 않는다는 ㉡ 통변(通變)을 제시하였다. 통물과 통변이 정치의 세계에 드러나는 것이 ㉢ 인의(仁義)라고 파악한 그는 힘에 의한 권력 창출을 긍정하면서도 권력의 유지와 확장을 위한 왕도 정치를 제안하며 인의의 실현을 위해 유교 이념과 현실 정치의 결합을 시도하였다.

　인의가 실현되는 정치를 위해 육가는 유교의 범위를 벗어나지 않는 한에서 타 사상을 수용하였다. 예와 질서를 중시하며 교화의 정치를 강조하는 유교를 중심으로 도가의 무위와 법가의 권세를 끌어들였다. 그에게 무위는 형벌을 가벼이 하고 군주의 수양을 강조하는 것으로 평온한 통치의 결과를 의미했고, 권세도 현명한 신하의 임용을 통해 정치권력의 안정을 도모하는 방향성을 가진

것이었기에 원래의 그것과는 차별된 것이었다.

　육가의 사상은 과도한 융통성으로 사상적 정체성이 문제가 되기도 했지만, 군주의 정치 행위에 따라 천명이 결정됨을 지적하고 인의의 실현을 강조한 통합의 사상이었다. 그의 사상은 한 무제 이후 유교 독존의 시대를 여는 데 기여하였다.

(나)

　조선 초기에 진행된 고려 관련 역사서 편찬은 고려 멸망의 필연성과 조선 건국의 정당성을 드러내는 작업이었다. 편찬자들은 다양한 방식으로 고려와 조선의 차별성을 부각하고, 고려보다 조선이 뛰어남을 설득하고자 하였다.

　태조의 명으로 고려 말에 찬술되었던 자료들을 모아 고려에 관한 역사서가 편찬되었지만, 왕실이 아닌 편찬자의 주관이 ⓓ 개입되었다는 비판이 제기되는 등 여러 문제점이 지적되었다. 이에 태종은 고려의 역사서를 다시 만들라는 명을 내렸다. 이후 고려의 용어들을 그대로 싣자는 주장과 유교적 사대주의에 따른 명분에 맞추어 고쳐 쓰자는 주장이 맞서는 등 세종 대까지도 논란이 ⓔ 계속되었지만, 문종 대에 이르러 『고려사』 편찬이 완성되었다. 이 과정에서 역사 연구에 관심을 기울인 세종은 경서(經書)가 학문의 근본이라면 역사서는 학문을 현실에서 구현하는 것으로 파악하고, 집현전 학자들과의 경연을 통해 경서와 역사서에 대한 이해를 쌓아 갔다.

　이런 분위기에서 세종은 중국과 우리나라의 흥망성쇠를 담은 『치평요람』의 편찬을 명하였고, 집현전 학자들은 원(元)까지의 중국 역사와 고려까지의 우리 역사를 정리하였다. 정리 과정에서 주자학적 역사관이 담긴 『자치통감강목』에 따라 역대 국가를 정통과 비정통으로 구분했지만, 편찬 형식 측면에서는 강목체를 따르지 않았다. 또한 올바른 정치의 여부에 따라 국가의 운명이 다하고 천명이 옮겨 간다는 내용을 드러내고자 기존 역사서와 달리 국가 간 전쟁과 외교 문제, 국가 말기의 혼란과 새 국가 초기의 혼란 수습 등을 부각하였다.

　이러한 편찬 방식은 국가의 흥망성쇠를 거울삼아 국가를 잘 운영하겠다는 목적 이외에 새 국가의 토대를 마련하려는 의도가 전제된 것이었다. 이런 의도가 집중적으로 반영된 곳은 『치평요람』의 「국조(國朝)」 부분이었다.

이 부분의 편찬자들은 유교적 시각에서 고려 정치를 바라보며 불교 사상의 폐단을 비롯한 문제점들을 다각도로 드러냈고, 이를 통해 유교적 사회로의 변화를 주장하였다. 이성계의 능력과 업적을 담기는 했지만 이것이 조선 건국을 정당화하기에는 불충분했기에 세종은 역사적 사실을 배경으로 조선 왕조의 우수성을 부각한『용비어천가』의 편찬을 지시했다. 이는 왕조의 우수성과 정통성을 경전과 역사의 다양한 근거를 통해 보여 주고자 한 것이었다.

04. (가)와 (나)의 차이점을 중심으로 두 글을 비교하며 읽는 방법으로 가장 적절한 것은?

① (가)는 한(漢)에서, (나)는 조선에서 쓰인 책을 설명하고 있으니, 시대 상황과 사상이 책에 반영된 양상을 비교하며 읽는다.

② (가)는 피지배 계층을, (나)는 지배 계층을 대상으로 한 책을 설명하고 있으니, 예상 독자의 반응 양상을 비교하며 읽는다.

③ (가)는 동일한 시대에, (나)는 서로 다른 시대에 쓰인 책들을 설명하고 있으니, 시대에 따른 창작 환경을 비교하며 읽는다.

④ (가)는 학문적 성격의, (나)는 실용적 성격의 책을 설명하고 있으니, 다양한 분야의 책에 담긴 보편성을 확인하며 읽는다.

⑤ (가)는 국가 주도로, (나)는 개인 주도로 편찬된 책들을 설명하고 있으니, 각 주체별 관심 분야의 차이를 확인하며 읽는다.

05. (가), (나)의 내용과 일치하지 <u>않는</u> 것은?

① 진의 권력자인 이사는 역사 지식과 학문을 부정적인 것으로 인식하였다.

② 전국 시대에는 『순자』처럼 여러 사상을 통합하려는 학문 경향이 있었다.

③ 『치평요람』은 『자치통감강목』의 편찬 형식에 따라 역대 국가를 정통과 비정통으로 구분하여 정리하였다.

④ 『치평요람』의 「국조」는 고려의 문제점들을 보임으로써 사회의 변화를 이끌어야 한다는 주장을 드러내었다.

⑤ 『용비어천가』에는 조선 왕조의 우수성을 드러내고 건국의 정당성을 확보하려는 목적이 담겨 있다.

06. ㉠~㉢에 대한 이해로 가장 적절한 것은?

① ㉠은 역사 속에서 각광을 받았던 학문 분야들의 개별적 특징을 이해한 것이다.

② ㉡은 도가나 법가 사상을 중심 이념으로 삼아 정치 상황의 변화에 대응하려는 것이다.

③ ㉢은 현명한 신하의 임용과 엄한 형벌의 집행을 전제로 한 평온한 정치의 결과를 의미한다.

④ ㉢은 군주가 부단한 수양과 안정된 권력을 바탕으로 교화의 정치를 펼쳐야 실현되는 것이다.

⑤ ㉠과 ㉡은 역사 지식과 현실 정치를 긴밀히 연결하여 힘으로 권력을 창출하는 것을 의미한다.

07. 윗글에서 '육가'와 '집현전 학자들'이 공통적으로 드러내고자 한 내용에 해당하는 것만을 <보기>에서 있는 대로 고른 것은?

<보기>

ㄱ. 옛 국가의 역사를 거울삼아 새 국가를 안정적으로 통치하도록 한다.
ㄴ. 옛 국가의 멸망 원인은 잘못된 정치 운영에 있지 않고 새 국가로 천명이 옮겨 온 것에 있다.
ㄷ. 옛 국가에서 드러난 사상적 공백을 채우기 위해 새 국가의 군주는 유교에 따라 통치하도록 한다.

① ㄱ 　　② ㄴ 　　③ ㄱ, ㄴ
④ ㄱ, ㄷ 　　⑤ ㄴ, ㄷ

08. <보기>는 동양 역사가들의 견해이다. <보기>를 바탕으로 (가), (나)를 이해한 내용으로 적절하지 <u>않은</u> 것은? [3점]

<보기>

ㄱ. 대부분 옛일의 성패를 논하기 좋아하고 그 일의 진위를 자세히 살피지 않는다. 하지만 진위를 분명히 한 후에야 성패가 어긋나지 않을 수 있다. 이는 역사 서술의 근원인 자료를 바로잡고 깨끗이 한다는 뜻이다.
ㄴ. 고금의 흥망은 현실의 객관적 형세인 시세의 흐름에 따르는 것이며, 사림(士林)의 재주와 덕행으로 말미암은 것은 아니었다. 그러므로 천하의 일은 시세가 제일 중요하고, 행복과 불행이 다음이며, 옳고 그름의 구분은 마지막이라고 하는 것이다.
ㄷ. 도(道)의 본체는 경서에 있지만 그것의 큰 쓰임은 역사서에 담겨 있다. 역사란 선을 높이고 악을 낮추며 선을 권면하고 악을 징계하는 것이다.

① ㄱ의 관점에 따르면, 『신어』에 제시된 진의 멸망 원인에 대한 지적은 관련 내용의 진위에 대한 명확한 판별 이후에 이루어져야 하는 것이겠군.
② ㄱ의 관점에 따르면, 『고려사』 편찬 과정에서 고려의 용어를 고쳐 쓰자고 한 의견은 역사 서술의 근원인 자료를 바로잡고 깨끗이 하자는 것이라고 볼 수 있겠군.
③ ㄴ의 관점에 따르면, 『치평요람』에 서술된 국가의 흥망은 그 원인이 인물들의 능력보다는 객관적 형세인 시세의 흐름에 있다고 보아야겠군.
④ ㄷ의 관점에 따르면, 『신어』에 제시된 진에 대한 비판은 악을 낮추고 징계하는 것으로 볼 수 있겠군.
⑤ ㄷ의 관점에 따르면, 『치평요람』 편찬과 관련한 세종의 생각에서 학문의 근본은 도의 본체에, 현실에서 학문의 구현은 도의 큰 쓰임에 대응하겠군.

09. 문맥상 ⓐ~ⓔ와 바꿔 쓰기에 적절하지 <u>않은</u> 것은?

① ⓐ: 꾀했다
② ⓑ: 받아들여
③ ⓒ: 믿던
④ ⓓ: 끼어들었다는
⑤ ⓔ: 이어졌지만

다음 글을 읽고 물음에 답하시오.

(가)

아도르노는 문화 산업에 의해 양산되는 대중 예술이 이윤 극대화를 위한 상품으로 전락함으로써 예술의 본질을 상실했을 뿐 아니라 현대 사회의 모순과 부조리를 은폐하고 있다고 지적했다. 아도르노가 보는 대중 예술 은 창작의 구성에서 표현까지 표준화되어 생산되는 상품에 불과하다. 그는 대중 예술의 규격성으로 인해 개인의 감상 능력 역시 표준화되고, 개인의 개성은 다른 개인의 그것과 다르지 않게 된다고 보았다. 특히 모든 것을 상품의 교환 가치로 환원하려는 자본주의 사회에서, 대중 예술은 개인의 정체성마저 상품으로 ⓐ 전락시키는 기제로 작용한다는 것이다.

아도르노는 서로 다른 가치 체계를 하나의 가치 체계로 통일시키려는 속성을 동일성으로, 하나의 가치 체계로의 환원을 거부하는 속성을 비동일성으로 규정하고, 예술은 이러한 환원을 거부하는 비동일성을 지녀야 한다고 주장한다. 그렇기 때문에 예술은 대중이 원하는 아름다운 상품이 되기를 거부하고, 그 자체로 추하고 불쾌한 것이 되어야 한다는 것이다. 그에게 있어 예술은 예술가가 직시한 세계의 본질을 감상자들에게 체험하게 해야 한다. 예술은 동일화되지 않으려는, 일정한 형식이 없는 비정형화된 모습으로 나타남으로써 현대 사회의 부조리를 체험하게 하는 매개여야 한다는 것이다.

아도르노는 쇤베르크의 음악과 같은 전위 예술이 그 자체로 동일화에 저항하면서도, 저항이나 계몽을 직접적으로 드러내지 않는다는 것을 높게 평가한다. 저항이나 계몽을 직접 표현하는 것에는 비동일성을 동일화하려는 폭력적 의도가 내재되어 있다고 보기 때문이다. 불협화음으로 가득 찬 쇤베르크의 음악이 감상자들에게 불쾌함을 느끼게 했던 것처럼 예술은 그것에 드러난 비동일성을 체험하게 함으로써 동일화의 폭력에 저항해야 한다는 것이다.

아도르노에게 있어 예술은 사회적 산물이며, 그래서 미학은 작품에 침전된 사회의 고통스러운 상태를 읽기 위해 존재한다. 그는 비동일성 그 자체를 속성으로 하는 전위 예술을 예술이 추구해야 할 바람직한 모습으로 제시했다.

(나)

아도르노의 미학은 예술과 사회의 관계를 통해 예술의 자율성을 추구했다는 점에서 긍정적으로 평가된다. 예술은 사회적인 것인 동시에 사회에서 떨어져 사회의 본질을 직시하는 것이어야 한다고 보기 때문이다. 그의 미학은 기존의 예술에 대한 비판적 관점을 제공한다. 가령 사과를 표현한 세잔의 작품을 아도르노의 미학으로 읽어 낸다면, 이 그림은 사회의 본질과 ⓑ 유리된 '아름다운 가상'을 표현한 것에 불과할 것이다.

하지만 세잔의 작품은 예술가의 주관적 인상을 붉은색과 회색 등의 색채와 기하학적 형태로 표현한 미메시스일 수 있다. 미메시스란 세계를 바라보는 주체의 관념을 재현하는 것, 즉 감각될 수 없는 것을 감각 가능한 것으로 구현하는 것을 의미한다. 다시 말해 세잔의 작품은 눈에 보이는 특정의 사과가 아닌 예술가의 시선에 포착된 세계의 참모습, 곧 자연의 생명력과 그에 얽힌 농부의 삶 그리고 이를 ⓒ 응시하는 예술가의 사유를 재현한 것이 된다.

아도르노는 예술이 예술가에게 포착된 세계의 본질을 감상자로 하여금 체험하게 하는 것이어야 한다고 본다. 그러나 그는 이러한 미적 체험을 현대 사회의 부조리에 국한시킴으로써, 진정한 예술을 감각적 대상인 형태 그 자체의 비정형성에 대한 체험으로 한정한다. 결국 ㉠ 아도르노의 미학에서는 주관의 재현이라는 미메시스가 부정되고 있다.

한편 아도르노의 미학은 예술의 영역을 극도로 축소시키고 있다. 즉 그 자신은 동일화의 폭력을 비판하지만, 자신이 추구하는 전위 예술만이 진정한 예술이라고 주장하며 ㉡ 전위 예술의 관점에서 예술의 동일화를 시도하고 있다. 특히 이는 현실 속 다양한 예술의 가치가 발견될 기회를 ⓓ 박탈한다. 실수로 찍혀 작가의 어떠한 주관도 결여된 사진에서조차 새로운 예술 정신을 ⓔ 발견하는 것이 가능하다는 베냐민의 지적처럼, 전위 예술이 아닌 예술에서도 미적 가치를 발견할 수 있다. 또한 대중음악이 사회적 저항의 메시지를 전달하는 사례도 있듯이, 자본의 논리에 편승한 대중 예술이라 하더라도 사회에 대한 비판적 기능을 수행하는 경우도 있다.

04. 다음은 (가)와 (나)를 읽고 수행한 독서 활동지의 일부이다. Ⓐ~Ⓔ 중 적절하지 <u>않은</u> 것은?

	(가)	(나)
글의 화제	아도르노의 예술관 Ⓐ	
서술 방식의 공통점	구체적인 예를 제시하고 그것에 담긴 의미를 설명함 Ⓑ	
서술 방식의 차이점	(가)는 (나)와 달리 화제와 관련된 개념을 정의하고 개념의 변화 과정을 제시함 Ⓒ	(나)는 (가)와 달리 논지를 강화하기 위해 다른 이의 견해를 인용함 Ⓓ
서술된 내용 간의 관계	(가)에서 소개한 이론에 대해 (나)에서 의의를 밝히고 한계를 지적함 Ⓔ	

① Ⓐ   ② Ⓑ   ③ Ⓒ

④ Ⓓ   ⑤ Ⓔ

05. 아도르노가 보는 대중 예술 에 대한 이해로 적절하지 <u>않은</u> 것은?

① 문화 산업을 통해 상품화된 개인의 정체성과 대립적 관계를 형성한다.

② 일정한 규격에 맞춰 생산될 뿐 아니라 대중의 감상 능력을 표준화한다.

③ 자본주의의 교환 가치 체계에 종속된 것으로서 예술로 포장된 상품에 불과하다.

④ 모든 것을 상품의 교환 가치로 환원하려는 자본주의 사회의 속성을 은폐한다.

⑤ 문화 산업의 이윤 극대화 과정에서 개인들이 지닌 개성의 차이를 상실시킨다.

06. ㉠의 이유를 추론한 내용으로 가장 적절한 것은?

① 비정형적 형태뿐 아니라 정형적 형태 역시 재현되기 때문이다.

② 재현의 주체가 예술가로부터 예술 작품의 감상자로 전환되기 때문이다.

③ 미적 체험의 대상이 사회의 부조리에서 세계의 본질로 변화되기 때문이다.

④ 미적 체험의 과정에서 비정형적인 형태가 예술가의 주관으로 왜곡되기 때문이다.

⑤ 예술가의 주관이 가려지고 작품에 나타난 형태에 대한 체험만이 강조되기 때문이다.

07. (가)의 '아도르노'의 관점을 바탕으로 할 때, ㉡에 대해 반박할 수 있는 말로 가장 적절한 것은?

① 동일화는 애초에 예술과 무관하므로 예술의 동일화는 실현 불가능하다.

② 전위 예술의 속성은 부조리 그 자체를 폭로하는 것이므로 비동일성은 결국 동일성으로 귀결된다.

③ 동일성으로 환원된 대중 예술에서도 비동일성을 발견할 수 있으므로 예술의 동일화는 무의미하다.

④ 전위 예술은 동일성과 비동일성의 구분을 거부하므로 전위 예술로의 동일화는 새로운 차원의 비동일성으로 전환된다.

⑤ 동일화를 거부하는 속성이 전위 예술의 본질이므로 전위 예술을 추구하는 것은 동일화가 아니라 비동일화를 지향하는 것이다.

08. 다음은 학생이 미술관에 다녀와서 작성한 감상문이다. 이에 대해 (가)의 '아도르노'의 관점(A)과 (나)의 글쓴이의 관점(B)에서 설명한 내용으로 적절하지 <u>않은</u> 것은? [3점]

주말 동안 미술관에서 작품을 관람했다. 기억에 남는 세 작품이 있었다. 첫 번째 작품의 제목은 「자화상」이었지만 얼굴의 형상을 전혀 찾아볼 수 없는 기괴한 모습이었고, 제각각의 형태와 색채들이 이곳저곳 흩어져 있어 불편한 감정만 느껴졌다. 두 번째 작품은 사회에 비판적인 유명 연예인의 얼굴을 묘사한 그림으로, 대량 복제되어 유통되는 작품이었다. 그리고 사용된 색채와 구도가 TV에서 본 상업 광고의 한 장면같이 익숙하게 느껴져서 좋았다. 세 번째 작품은 시골 마을의 서정적인 풍경을 사실적으로 묘사한 그림으로 색감과 조형미가 뛰어나 오랫동안 기억에 잔상으로 남았다.

① A: 첫 번째 작품에서 학생이 기괴함과 불편함을 느낀 것은 부조리한 사회에 대한 예술적 체험의 충격 때문일 수 있습니다.

② A: 두 번째 작품에서 학생이 느낀 익숙함은 현대 사회의 모순에 대한 무감각과 같은 것일 수 있습니다. 이는 문화 산업의 논리에 동일화되어 감각이 무뎌진 결과라 할 수 있습니다.

③ A: 세 번째 작품에 표현된 서정성과 조형미는 부조리에 대한저항과는 괴리가 있습니다. 사회에 대한 저항을 직접적으로 드러낸 예술이어야 진정한 예술이라고 할 수 있습니다.

④ B: 첫 번째 작품의 흩어져 있는 형태와 색채가 예술가의 표현 의도를 담고 있지 않더라도 그 작품에서 예술적 가치를 발견할 수 있습니다.

⑤ B: 두 번째 작품은 대량 생산을 통해 제작된 것이지만 그 연예인의 사회 비판적 이미지를 이용해 현대 사회의 문제점을 고발하는 것일 수 있습니다.

09. 문맥상 ⓐ~ⓔ와 바꿔 쓰기에 적절하지 <u>않은</u> 것은?

① ⓐ: 맞바꾸는
② ⓑ: 동떨어진
③ ⓒ: 바라보는
④ ⓓ: 빼앗는다
⑤ ⓔ: 찾아내는

다음 글을 읽고 물음에 답하시오.

(가)

　　중국에서 비롯된 유서(類書)는 고금의 서적에서 자료를 수집하고 항목별로 분류, 정리하여 이용에 편리하도록 편찬한 서적이다. 일반적으로 유서는 기존 서적에서 필요한 부분을 뽑아 배열할 뿐 상호 비교하거나 편찬자의 해석을 가하지 않았다. 유서는 모든 주제를 망라한 일반 유서와 특정 주제를 다룬 전문 유서로 나눌 수 있으며, 편찬 방식은 책에 따라 다른 경우가 많았다. 중국에서는 대체로 왕조 초기에 많은 학자를 동원하여 국가 주도로 대규모 유서를 편찬하여 간행하였다. 이를 통해 이전까지의 지식을 집성하고 왕조의 위엄을 과시할 수 있었다.

[A]

　　고려 때 중국 유서를 수용한 이후, 조선에서는 중국 유서를 활용하는 한편, 중국 유서의 편찬 방식에 ⓐ <u>따라</u> 필요에 맞게 유서를 편찬하였다. 조선의 유서는 대체로 국가보다 개인이 소규모로 편찬하는 경우가 많았고, 목적에 따른 특정 주제의 전문 유서가 집중적으로 편찬되었다. 전문 유서 가운데 편찬자가 미상인 유서가 많은데, 대체로 간행을 염두에 두지 않고 기존 서적에서 필요한 부분을 발췌, 기록하여 시문 창작, 과거 시험 등 개인적 목적으로 유서를 활용하고자 하였기 때문이었다.

　　이 같은 유서 편찬 경향이 지속되는 가운데 17세기부터 실학의 학풍이 하나의 조류를 형성하면서 유서 편찬에 변화가 나타났다. ㉮ <u>실학자들의 유서</u>는 현실 개혁의 뜻을 담았고, 편찬 의도를 지식의 제공과 확산에 두었다. 또한 단순 정리를 넘어 지식을 재분류하여 범주화하고 평가를 더하는 등 저술의 성격을 드러냈다. 독서와 견문을 통해 주자학에서 중시되지 않았던 지식을 집적했고, 증거를 세워 이론적으로 밝히는 고증과 이에 대한 의견 등 '안설'을 덧붙이는 경우가 많았다. 주자학의 지식을 ⓑ <u>이어받는</u> 한편, 주자학이 아닌 새로운 지식을 수용하는 유연성과 개방성을 보였다. 광범위하게 정리한 지식을 식자층이 ⓒ <u>쉽게</u> 접할 수 있어야 한다고 생각했고, 객관적 사실 탐구를 중시하여 박물학과 자연 과학에 관심을

기울였다.

　　조선 후기 실학자들이 편찬한 유서가 주자학의 관념적 사유에 국한되지 않고 새로운 지식의 축적과 확산을 촉진한 것은 지식의 역사에서 적지 않은 의미를 지닌다.

(나)

　　예수회 선교사들이 중국에 소개한 서양의 학문, 곧 서학은 조선 후기 유서(類書)의 지적 자원 중 하나로 활용되었다. 조선 후기 실학자들 가운데 이수광, 이익, 이규경 등이 편찬한 백과전서식 유서는 주자학의 지적 영역 내에서 서학의 지식을 어떻게 수용하였는지를 보여 주는 대표적인 사례이다.

　　17세기의 이수광은 주자학뿐 아니라 다른 학문에 대해서도 열린 태도를 가지고 있었다. 주자학에 기초하여 도덕에 관한 학문과 경전에 관한 학문 등이 주류였던 당시 상황에서, 그는 『지봉유설』을 통해 당대 조선의 지식을 망라하여 항목화하고 자신의 견해를 덧붙였을 뿐 아니라 사신의 일원으로 중국에서 접한 서양 관련 지식을 객관적으로 소개했다. 이에 대해 수양에 절실하지 않을뿐더러 주자학이 아닌 것이 ⓓ <u>뒤섞여</u> 순수하지 않다는 ㉯ <u>일부 주자학자의 비판</u>이 있었지만, 서양 관련 지식은 중국과 큰 시간 차이 없이 주변에 알려졌다.

　　18세기의 이익은 서학 지식 자체를 ㉠ 『성호사설』의 표제어로 삼았고, 기존의 학설을 정당화하거나 배제하는 근거로 서학을 수용하는 등 서학을 지적 자원으로 활용하였다. 특히 그는 서학의 세부 내용을 다른 분야로 확대하며 상호 참조하는 방식으로 지식을 심화하고 확장하여 소개하였다. 서학의 해부학과 생리학을 그 자체로 수용하지 않고 주자학 심성론의 하위 이론으로 재분류하는 등 지식의 범주를 ⓔ <u>바꾸어</u> 수용하였다. 또한 서학의 수학을 주자학의 지식 영역 안에서 재구성하기도 하였다.

　　19세기의 이규경도 ㉡ 『오주연문장전산고』를 편찬하면서 서학을 적극 활용하였다. 그는 『성호사설』의 분류 체계를 적용하였고 이익과 마찬가지로 서학의 천문학, 우주론 등의 내용을 수록하였다. 그가 주로 유서의 지적 자원으로 활용한 중국의 서학 연구서들은 서학을 소화하여 중국의 학문과 절충한 것이었고, 서학이 가지는 진보성의 토대가 중국이라는 서학 중국 원류설을 반영한 것이었다. 이에 따라 이규경은 이 책들에 담긴 중국화한 서

학 지식과 서학 중국 원류설을 받아들였고, 문명의 척도
로 여겨진 기존의 중화 관념에서 탈피하지 않으면서도
서학 수용의 이질감과 부담감에서 자유로울 수 있었다.
이렇듯 이규경은 중국의 서학 연구서들을 활용해 매개적
방식으로 서학을 수용하였다.

04. (가)와 (나)에 대한 설명으로 가장 적절한 것은?

① (가)는 유서의 유형을 분류하였고, (나)는 유서의 분류
기준과 적절성 여부를 평가하였다.
② (가)는 유서의 개념과 유용성을 소개하였고, (나)는 국가
별 유서의 변천 과정을 설명하였다.
③ (가)는 유서의 기원에 대한 다양한 학설을 검토하였고,
(나)는 유서 편찬자들 간의 견해 차이를 분석하였다.
④ (가)는 유서의 특성과 의의를 설명하였고, (나)는 유서
편찬에서 특정 학문의 수용 양상을 시기별로 소개하였
다.
⑤ (가)는 유서에 대한 평가가 시대별로 달라진 원인을 분
석하였고, (나)는 역사적으로 대표적인 유서의 특징을
제시하였다.

05. [A]에 대한 이해로 적절하지 **않은** 것은?

① 조선에서 편찬자가 미상인 유서가 많았던 것은 편찬자
의 개인적 목적으로 유서를 활용하려 했기 때문이다.
② 조선에서는 시문 창작, 과거 시험 등에 필요한 내용을 담
은 유서가 편찬되는 경우가 적지 않았다.
③ 조선에서는 중국의 편찬 방식을 따르면서도 대체로 국
가보다는 개인에 의해 유서가 편찬되었다.
④ 중국에서는 많은 학자를 동원하여 대규모로 편찬한 유
서를 통해 왕조의 위엄을 드러내었다.
⑤ 중국에서는 주로 서적에서 발췌한 내용을 비교하고 해
석을 덧붙여 유서를 편찬하였다.

06. ㉮에 대한 이해를 바탕으로 ㉠, ㉡에 대해 파악한 내
용으로 적절하지 **않은** 것은?

① 지식의 제공이라는 ㉮의 편찬 의도는, ㉠에서 지식을 심
화하고 확장하여 소개한 것에서 나타난다.
② 지식을 재분류하여 범주화한 ㉮의 방식은, ㉠에서 해부
학과 생리학을 주자학 심성론의 하위 이론으로 수용한
것에서 나타난다.
③ 평가를 더하는 저술로서 ㉮의 성격은, ㉡에서 중국 학
문의 진보성을 확인하고자 서학을 활용한 것에서 나타
난다.
④ 사실 탐구를 중시하며 자연 과학에 대해 드러낸 ㉮의 관
심은, ㉡에서 천문학과 우주론의 내용을 수록한 것에서
나타난다.
⑤ 새로운 지식을 수용하는 ㉮의 유연성과 개방성은, ㉠
과 ㉡에서 서학을 지적 자원으로 받아들인 것에서 나
타난다.

07. ㉯를 반박하기 위한 '이수광'의 말로 가장 적절한
것은?

① 학문에서 의리를 앞세우고 이익을 뒤로하는 것보다 중한
것이 없으니, 심성을 수양하는 것은 그다음의 일이다.
② 주자학에 매몰되어 세상의 여러 이치를 연구하지 않는
것은 널리 배우고 익히는 앎의 바른 방법이 아닐 것이다.
③ 주자의 가르침이 쇠퇴하게 되면 주자학이 아닌 학문이
날로 번성하게 되니, 주자의 도가 분명히 밝혀져야 한다.
④ 유학 경전에서 쓰이지 않은 글자를 한 글자라도 더하
는 일을 용납하는 것은 바른 학문을 해치는 길이 될 것
이다.
⑤ 참되게 알고 참되게 행하는 것이 어려우니, 우리 학문
의 여러 경전으로부터 널리 배우고 면밀히 익혀야 할
것이다.

08. (가), (나)를 읽은 학생이 <보기>의 『임원경제지』에 대해 보인 반응으로 적절하지 <u>않은</u> 것은? [3점]

< 보기 >

서유구의 『임원경제지』는 19세기까지의 조선과 중국 서적들에서 향촌 관련 부분을 발췌, 분류하고 고증한 유서이다. 국가를 위한다는 목적의식을 명시한 이 유서에는 향촌 사대부의 이상적인 삶을 제시하는 과정에서 향촌 구성원 전체의 삶의 조건을 개선할 수 있는 방안이 실렸고, 향촌 실생활에서 활용할 수 있는 내용이 집성되었다. 주자학을 기반으로 실증과 실용의 자세를 견지했던 서유구의 입장, 서학 중국 원류설, 중국과 비교한 조선의 현실 등이 반영되었다. 안설을 부기했으며, 제한적으로 색인을 넣어 검색이 가능하도록 하였다.

---

① 현실 개혁의 뜻을 담았던 (가)의 실학자들의 유서와 마찬가지로 현실의 문제를 개선하려는 목적의식이 확인되겠군.

② 증거를 제시하여 이론적으로 밝히거나 의견을 제시하는 경우가 많았던 (가)의 실학자들의 유서와 마찬가지로 편찬자의 고증과 의견이 반영된 것이 확인되겠군.

③ 당대 지식을 망라하고 서양 관련 지식을 소개하고자 한 (나)의 『지봉유설』에 비해 특정한 주제를 중심으로 편찬되는 전문 유서의 성격이 두드러지게 드러나겠군.

④ 기존 학설의 정당화 내지 배제에 관심을 두었던 (나)의 『성호사설』에 비해 향촌 사회 구성원의 삶에 필요한 실용적인 지식의 활용에 대한 관심이 드러나겠군.

⑤ 중국을 문명의 척도로 받아들였던 (나)의 『오주연문장전산고』와 달리 중화 관념에 구애되지 않고 중국의 현실과 조선의 현실을 비교한 내용이 확인되겠군.

09. 문맥상 ⓐ~ⓔ와 바꾸어 쓰기에 적절하지 <u>않은</u> 것은?

① ⓐ: 의거(依據)하여
② ⓑ: 계몽(啓蒙)하는
③ ⓒ: 용이(容易)하게
④ ⓓ: 혼재(混在)되어
⑤ ⓔ: 변경(變更)하여

다음 글을 읽고 물음에 답하시오.

(가)

심리 철학에서 동일론은 의식이 뇌의 물질적 상태와 동일하다고 ⓐ 본다. 이와 달리 기능주의는 의식은 기능이며, 서로 다른 물질에서 같은 기능이 구현될 수 있다고 주장한다. 이때 기능이란 어떤 입력이 주어졌을 때 특정한 출력을 내놓는 함수적 역할로 정의되며, 함수적 역할의 일치는 입력과 출력의 쌍이 일치함을 의미한다. 실리콘 칩으로 구성된 로봇이 찔림이라는 입력에 대해 고통을 출력으로 내놓는 기능을 가진다면, 로봇과 우리는 같은 의식을 가진다는 것이다. 이처럼 기능주의는 의식을 구현하는 물질이 무엇인지는 중요하지 않다고 본다.

설(Searle)은 기능주의를 반박하는 사고 실험을 제시한다. '중국어 방' 안에 중국어를 모르는 한 사람만 있다고 하자. 그는 중국어로 된 입력이 들어오면 정해진 규칙에 따라 중국어로 된 출력을 내놓는다. 설에 의하면 방 안의 사람은 중국어 사용자와 함수적 역할이 같지만 중국어를 아는 것은 아니다. 기능이 같으면서 의식은 다른 사례가 있다는 것이다.

동일론, 기능주의, 설은 모두 의식에 대한 논의를 의식을 구현하는 몸의 내부로만 한정하고 있다. 하지만 의식의 하나인 '인지' 즉 '무언가를 알게 됨'은 몸 바깥에서 ⓑ 일어나는 일과 맞물려 벌어진다. 기억나지 않는 정보를 노트북에 저장된 파일을 열람하여 확인하는 것이 한 예이다. 로랜즈의 확장 인지 이론은 이를 설명하는 이론이다.

그에 ⓒ 따르면 인지 과정은 주체에게 '심적 상태'가 생겨나게 하는 과정이다. 기억이나 믿음이 심적 상태의 예이다. 심적 상태는 어떤 것에도 의존함이 없이 주체에게 의미를 나타낸다. 예를 들어, 무언가를 기억하는 사람은 자기의 기억이 무엇인지 ⓓ 알아보기 위해 아무것에도 의존할 필요가 없다. 이와 달리 '파생적 상태'는 주체의 해석에 의존해서만 또는 사회적 합의에 의존해서만 의미를 나타내는 상태로 정의된다. 앞의 예에서 노트북에 저장된 정보는 전자적 신호가 나열된 상태로서 파생적 상태이다. 주체에 의해 열람된 후에도 노트북의 정보는 여전히 파생적 상태이다. 하지만 열람 후 주체에게는 기억

이 생겨난다. 로랜즈에게 인지 과정은 파생적 상태가 심적 상태로 변환되는 과정이 아니라, 파생적 상태를 조작함으로써 심적 상태를 생겨나게 하는 과정이다. 심적 상태가 주체의 몸 외부로 확장되는 것이 아니라, 심적 상태를 생겨나게 하는 인지 과정이 확장되는 것이다. 이러한 ㉠ 확장된 인지 과정은 인지 주체의 것일 때에만, 다시 말해 환경의 변화를 탐지하고 그에 맞춰 행위를 조절하는 주체와 통합되어 있을 때에만 성립할 수 있다. 즉 로랜즈에게 주체 없는 인지란 있을 수 없다. 확장 인지 이론은 의식의 문제를 몸 안으로 한정하지 않고 바깥으로까지 넓혀 설명한다는 의의를 지닌다.

(나)

일반적으로 '지각'이란 몸의 감각 기관을 통해 사물에 대해 아는 것을 의미한다. 이러한 지각을 분석할 때 두 가지 사실에 직면한다. 첫째, 그 사물과 내 몸은 물질세계에 있다. 둘째, 그 사물에 대한 나의 의식은 물질세계가 아닌 다른 세계에 있다. 즉 몸으로서의 나는 사물과 같은 세계에 속하는 동시에 의식으로서의 나는 사물과 다른 세계에 속한다.

이에 대한 객관주의 철학의 입장은 두 가지로 나뉜다. 의식을 포함한 모든 것을 물질로 환원하여 의식은 물질에 불과하다고 주장하거나, 의식을 물질과 구분되는 독자적 실체로 규정함으로써 의식과 물질의 본질적 차이를 주장한다. 전자에 의하면 지각은 사물로부터의 감각 자극에 따른 주체의 물질적 반응으로 이해되며, 후자에 의하면 지각은 감각된 사물에 대한 주체 즉 의식의 판단으로 이해된다. 이처럼 양자 모두 주체와 대상의 분리를 전제하고 지각을 이해한다. 주체와 대상은 지각 이전에 이미 확정되어 각각 존재한다는 것이다.

하지만 지각은 주체와 대상이 각자로서 존재하기 이전에 나타나는 얽힘의 체험이다. 예를 들어 다른 사람과 손이 맞닿을 때 내가 누군가의 손을 ⓔ 만지는 동시에 나의 손 역시 누군가에 의해 만져진다. 감각하는 것이 동시에 감각되는 것이 되는 얽힘의 순간에, 나는 나와 대상을 확연히 구분한다. 지각이라는 얽힘의 작용이 있어야 주체와 대상이 분리될 수 있다. 다시 말해 주체와 대상은 지각이 일어난 이후 비로소 확정된다. 따라서 ㉡ 지각과 감각은 서로 구분되지 않는다.

> 지각은 물질적 반응이나 의식의 판단이 아니라, 내 몸
> 의 체험이다. 지각은 나의 몸에 의해 이루어지는 것이고,
> 지각이 이루어지게 하는 것은 모두 나의 몸이다.

12. 다음은 윗글을 읽은 학생이 정리한 내용이다. ㉠와 ㉡에 들어갈 말로 가장 적절한 것은?

> (가)는 기능주의를 소개한 후 ┌─ ㉠ ─┐ 은/는 같지 않다는 설(Searle)의 비판을 제시하고 있다. 그리고 인지 과정이 몸 바깥으로까지 확장된다고 주장하는 확장 인지 이론을 설명하고 있다. (나)는 인지 중에서도 감각 기관을 통한 인지, 즉 지각을 주제로 하고 있다. (나)는 지각에 대한 객관주의 철학의 입장을 비판하고, ┌─ ㉡ ─┐ 으로서의 지각을 주장하고 있다.

① ㉠: 의식과 함수적 역할   ㉡: 내 몸의 체험
② ㉠: 의식과 함수적 역할   ㉡: 물질적 반응
③ ㉠: 의식과 뇌의 상태   ㉡: 의식의 판단
④ ㉠: 의식과 뇌의 상태   ㉡: 내 몸의 체험
⑤ ㉠: 입력과 출력   ㉡: 의식의 판단

13. (가)에서 알 수 있는 내용으로 적절하지 <u>않은</u> 것은?

① 동일론자들은 뇌가 존재하지 않으면 의식도 존재하지 않는다고 볼 것이다.
② 설(Searle)은 '중국어 방' 안의 사람과 중국어를 아는 사람의 의식이 다르다고 볼 것이다.
③ 로랜즈는 기억이 주체의 몸 바깥으로 확장될 수 있다고 볼 것이다.
④ 로랜즈는 인지 과정이 파생적 상태를 조작하는 과정을 포함한다고 볼 것이다.
⑤ 로랜즈는 노트북에 저장된 정보가 그 자체로는 심적 상태가 아니라고 볼 것이다.

14. (나)의 필자의 관점에서 ㉠을 평가한 내용으로 가장 적절한 것은?

① 확장된 인지 과정이 인지 주체의 것일 때에만 성립할 수 있다는 주장은, 지각 이전에 확정된 주체를 전제한 것이므로 타당하지 않다.
② 확장된 인지 과정이 인지 주체의 것일 때에만 성립할 수 있다는 주장은, 의식이 세계를 구성하는 독자적 실체라고 규정하는 것이므로 타당하다.
③ 주체와 통합된 경우에만 확장된 인지 과정이 성립할 수 있다는 주장은, 의식은 물질에 불과하다고 본 것이므로 타당하다.
④ 주체와 통합된 경우에만 확장된 인지 과정이 성립할 수 있다는 주장은, 외부 세계에 대한 지각이 이루어질 수 없다고 보는 것이므로 타당하지 않다.
⑤ 주체와 통합된 경우에만 확장된 인지 과정이 성립할 수 있다는 주장은, 주체와 대상의 분리를 통해서만 지각이 이루어질 수 있다고 보는 것이므로 타당하다.

15. ㉡의 이유로 가장 적절한 것은?

① 감각과 지각 모두 물질세계에서 이루어지기 때문에
② 감각하는 것이 동시에 감각되는 것이 되는 얽힘의 작용이 지각이기 때문에
③ 지각은 몸에 의해 이루어지지만 감각은 몸에 의해 이루어지지 않기 때문에
④ 지각은 의식으로서의 주체가 외부의 대상을 감각하여 판단한 결과이기 때문에
⑤ 주체와 대상이 분리되기 이전에 감각과 지각이 분리된 채로 존재하기 때문에

16. (가), (나)를 바탕으로 <보기>의 상황을 이해한 내용으로 적절하지 **않은** 것은? [3점]

빛이 완전히 차단된 암실에 A와 B 두 명의 사람이 있다. A는 막대기로 주변을 더듬어 사물의 위치를 파악한다. 막대기 사용에 익숙한 A는 사물에 부딪친 막대기의 진동을 통해 사물의 위치를 파악할 수 있다. B는 초음파 센서로 탐지한 사물의 위치 정보를 '뇌-컴퓨터 인터페이스(BCI)'를 사용하여 전달받는다. 이를 통해 B는 사물의 위치를 파악할 수 있다. BCI는 사람의 뇌에 컴퓨터를 연결하여 외부 정보를 뇌에 전달할 수 있는 기술이다.

① (가)의 기능주의에 따르면, A와 B가 암실 내 동일한 사물의 위치를 묻는 질문에 동일한 대답을 내놓는 경우 이때 둘의 의식은 차이가 없겠군.

② (가)의 확장 인지 이론에 따르면, BCI로 암실 내 사물의 위치를 파악하는 것이 B의 인지 과정인 경우 B에게 사물의 위치에 대한 심적 상태가 생겨나겠군.

③ (가)의 확장 인지 이론에 따르면, 암실 내 사물에 부딪친 막대기의 진동이 A의 해석에 의존해서만 의미를 나나내는 경우 그 진동 상태는 파생적 상태가 아니겠군.

④ (나)에서 몸에 의한 지각을 주장하는 입장에 따르면, 막대기에 의해 A가 사물의 위치를 지각하는 경우 막대기는 A의 몸의 일부라고 할 수 있겠군.

⑤ (나)에서 의식을 물질로 환원하는 입장에 따르면, BCI를 통해 입력된 정보로부터 B의 지각이 일어난 경우 BCI를 통해 들어온 자극에 따른 B의 물질적 반응이 일어난 것이겠군.

17. 문맥상 @~@의 단어와 가장 가까운 의미로 쓰인 것은?

① @: 그간의 사정을 <u>봐서</u> 그를 용서해 주었다.
② ⓑ: 이사 후에 가난하던 살림살이가 <u>일어났다</u>.
③ ⓒ: 개발에 <u>따른</u> 자연 훼손 문제가 심각해졌다.
④ ⓓ: 단어의 뜻을 <u>알아보기</u> 위해 사전을 펼쳤다.
⑤ ⓔ: 그는 컴퓨터 프로그램을 제법 <u>만질</u> 줄 안다.

다음 글을 읽고 물음에 답하시오.

(가)

　조선 왕조의 기본 법전인 『경국대전』에 규정된 신분제는 신분을 양인과 천인으로 나눈 양천제이다. 양인은 과거에 응시할 수 있었지만, 납세와 군역 등의 의무를 져야 했다. 천인은 개인이나 국가에 소속되어 천역(賤役)을 담당했다. 관료 집단을 뜻하던 양반이 16세기 이후 세습적으로 군역 면제 등의 차별적 특혜를 받는 신분으로 굳어짐에 따라 양인은 사회적으로 양반, 중인, 상민으로 분화되었다. 이러한 법적, 사회적 신분제는 갑오개혁으로 철폐되기 이전까지 조선 사회의 근간이 되었다.

　조선 후기에 접어들어 농업 생산력의 증대와 상공업의 발달로 같은 신분 안에서도 분화가 확대되었고, 이에 따라 신분제에 변화가 일어났다. 천인의 대다수를 구성했던 노비는 속량과 도망 등의 방식으로 신분적 억압에서 점차 벗어났다. 영조 연간에 편찬된 법전인 『속대전』에서는 노비가 속량할 수 있는 값을 100냥으로 정하는 규정을 둠으로써 속량을 제도화했다. 이는 국가의 재정 운영상 노비제의 유지보다 그들을 양인 납세자로 전환하는 것이 유리했기 때문이었다. 몰락한 양반들은 노비의 유지가 어려워졌기 때문에 몸값을 받고 속량해 주는 길을 선택했다.

　18세기 이후 경제적으로 성장한 상민층에서는 '유학(幼學)' 직역*을 얻고자 하는 현상이 나타났다. 유학은 벼슬을 하지 않은 유생(儒生)을 지칭했으나, 이 시기에는 관료로 진출하지 못한 이들을 가리키는 직역 명칭으로 ⓐ 굳어졌다. 호적상 유학은 군역 면제라는 특권이 있어서 상민층이 원하는 직역이었다. 유학 직역의 획득은 제도적으로 양반이 되는 것을 의미하였으나 그것이 곧 온전한 양반으로 인정받는 것을 의미하는 것은 아니었다. 당시 양반 집단의 일원으로 인정받기 위해서는 ㉠ 유교적 의례의 준행, 문중과 족보에의 편입 등 다양한 조건이 필요했다. 이에 따라 일부 상민층은 유학 직역을 발판으로 양반 문화를 모방하면서 양반으로 인정받고자 했다.

　조선 후기에는 신분 상승 현상이 일어나면서 양반의 하한선과 비(非)양반층의 상한선이 근접하는 모습이 나타났다. 양반들이 비양반층의 진입을 막는 힘은 여전히 작동하고 있었지만, 비양반층이 양반에 접근하고자 하는 힘은 더 강하게 작동했다. 유학의 증가는 이러한 현상의 단면을 보여 준다.

* 직역: 신분에 따라 정해진 의무로서의 역할.

(나)

　『경국대전』 체제에서 양인은 관료가 될 수 있다는 점에서 능력주의가 일부 작동하는 것처럼 보이지만, 실제로는 양반 이외의 신분에서는 관료가 되기 어려웠다. 이러한 상황에서 17세기의 유형원은 『반계수록』을 통해, 19세기의 정약용은 『경세유표』 등을 통해 각각 도덕적 능력주의에 기초한 일련의 개혁론을 제시했다.

　유형원의 기본적인 생각은 국가 공동체를 성리학적 가치와 규범에 따라 운영하고, 구성원도 도덕적으로 만드는 도덕 국가의 건설이었다. 신분 세습을 비판한 그는 현명한 인재라도 노비로 태어나면 노비로 살아야 하는 것이 천하의 도리에 어긋난다고 보고, 노비제 폐지를 주장했다. 아울러 비도덕적 직업이라고 생각한 광대와 같은 직업군을 철폐하고, 사농공상(士農工商)의 사민(四民)으로 편성하고자 했다. 그는 과거제 대신 공거제를 통해 도덕적 능력이 뛰어난 자를 추천으로 선발하여 여러 단계의 교육을 한 후, 최소한의 학식을 확인하여 관료로 임명해야 한다고 제안했다. 도덕을 기준으로 관료를 선발하고 지방에도 관료 선발 인원을 적절히 분배하면 향촌 사회의 풍속도 도덕적으로 이끌 수 있다고 본 것이다.

　정약용은 신분제가 동요하는 상황에서 사민이 뒤섞여 사는 것이 교화에 도움이 되지 않는다고 보고, 사농공상별로 구분하여 거주하는 것을 포함한 행정 구역 개편을 구상했다. 이에 맞춰 사(士) 집단을 재편하고자 했다. 도덕적 능력의 여부에 따라 추천으로 예비 관료인 '선사'를 선발하고 일정한 교육을 한 후, 여러 단계의 시험을 거쳐 관료를 선발할 것을 제안했다. ㉡ 사 거주지에서 더 많은 선사를 선발하도록 했지만, 농민과 상공인에도 선사의 선발 인원을 배정하는 등 노비 이외에서 사 집단으로 진출할 수 있도록 했다. 노비제에 대해서는 사를 뒷받침하기 위해 유지되어야 한다고 주장했다.

　도덕적 능력주의와 관련하여 두 사람은 모두 사회 지배층으로서의 사에 주목했다. 유형원은 다스리는 자인

사와 다스림을 받는 민의 구분을 분명히 하는 것이 천하의 이치라고 보고 ⓒ 도덕적 능력이 뛰어난 사람들로 지배층인 사를 구성하고자 했다. 정약용도 양반의 세습을 비판하며 도덕적 능력에 따라 사회 지배층을 재편하는 데 입장을 같이했다. 또한 두 사람은 사회 전체의 도덕 실천을 이끌기 위해 사 집단에 정치권력, 경제력 등을 집중시키려 했고, 지배층과 피지배층 간의 차등을 엄격하게 유지하고자 했다. 내용에서 일부 차이가 있었지만, 두 사람은 사회 지배층의 재구성을 통해 도덕 국가 체제를 추구했다.

12. (가)를 읽고 이해한 내용으로 적절하지 <u>않은</u> 것은?

① 『속대전』의 규정을 적용받아 속량된 사람들은 납세의 의무를 지게 되었다.
② 『경국대전』 반포 이후 갑오개혁까지 조선의 법적 신분제에는 두 개의 신분이 존재했다.
③ 조선 후기 양반 중에는 노비를 양인 신분으로 풀어 주고 금전적 이익을 얻은 이들이 있었다.
④ 조선 후기 '유학'의 증가 현상은 『경국대전』의 신분 체계가 작동하지 않는 현상을 보여 주는 것이었다.
⑤ 조선 후기에 상민이 '유학'의 직역을 얻었을 때, 양반의 특권을 일부 가지게 되지만 온전한 양반으로 인정받지는 못했다.

13. 일련의 개혁론 에 대한 이해로 적절하지 <u>않은</u> 것은?

① 유형원은 자신이 구상한 공동체의 성격에 적합하지 않은 특정 직업군을 없애는 방안을 구상했다.
② 유형원은 지방 사회의 도덕적 기풍을 진작하기 위해 관료 선발 인원을 지방에도 할당하는 방안을 구상했다.
③ 정약용은 지배층인 사 집단이 주도권을 가지고 사회를 운영하는 방안을 구상했다.
④ 정약용은 직업별로 거주지를 달리하는 것을 포함한 행정 구역 개편 방안을 구상했다.
⑤ 유형원과 정약용은 모두 시험으로 도덕적 능력이 우수한 이를 선발하여 교육한 후 관료로 임명하는 방안을 제시했다.

14. ⊙~ⓒ에 대한 설명으로 가장 적절한 것은?

① ⊙은 경제적 영향으로 신분 상승 현상이 나타나는 상황에서 신분적 정체성을 지키려는 양반층의 노력이고, ⓛ은 이러한 양반층의 노력을 뒷받침하기 위한 정책적 방안이다.
② ⊙은 호적상 유학 직역이 증가하는 상황에서 양반 집단이 기득권을 지키기 위한 자율적 노력이고, ⓛ은 기존의 양반들이 가진 기득권을 제도적으로 강화하기 위한 방안이다.
③ ⊙은 상민층이 유학 직역을 얻는 것이 확대되는 상황에서 양반으로 인정받는 것을 억제하는 장치이고, ⓒ은 능력주의를 통해 인재 등용에 신분의 벽을 두지 않으려는 방안이다.
④ ⊙은 능력주의가 작동하기 어려운 현실적인 상황에서 신분 구분을 강화하여 불평등을 심화하는 제도이고, ⓒ은 사회 지배층의 인원을 늘려 도덕 실천을 이끌기 위한 방안이다.
⑤ ⓛ은 양반층의 특권이 점차 사라져 가고 있는 상황에서 신분적 구분을 명확하게 하기 위한 장치이고, ⓒ은 양반과 비양반층의 신분적 구분을 없애기 위한 방안이다.

15. (나)를 바탕으로 다음의 ㄱ~ㄹ에 대해 판단한 것으로 가장 적절한 것은?

> ㄱ. 아래로 농공상이 힘써 일하고, 위로 사(士)가 효도하고 공경하니, 이는 나라의 기풍이 흐트러지지 않는 것이다.
> ㄴ. 사농공상 누구나 인의(仁義)를 실천한다면 비록 농부의 자식이 관직에 나아가더라도 지나친 일이 아닐 것이다.
> ㄷ. 덕행으로 인재를 판정하면 천하가 다투어 이에 힘쓸 것이니, 나라 안의 모든 이에게 존귀하게 될 기회가 열릴 것이다.
> ㄹ. 양반과 상민의 구분은 엄연하니, 그 경계를 넘지 않아야 상하의 위계가 분명해지고 나라가 편안하게 다스려질 것이다.

① 유형원은 ㄱ과 ㄹ에 동의하겠군.
② 유형원은 ㄴ과 ㄷ에 동의하지 않겠군.
③ 유형원은 ㄴ에 동의하지 않고, ㄹ에 동의하겠군.
④ 정약용은 ㄴ과 ㄹ에 동의하겠군.
⑤ 정약용은 ㄱ에 동의하고, ㄷ에 동의하지 않겠군.

16. (가), (나)를 바탕으로 <보기>에 대해 보인 반응으로 적절하지 <u>않은</u> 것은? [3점]

> **< 보기 >**
>
> 16세기 초 영국의 토머스 모어는 '유토피아'라는 가상 국가를 통해 당대 사회를 비판했다. 그가 제시한 유토피아에서는 현실 국가와 달리 모두가 일을 하고, 사치에 필요한 일은 하지 않기 때문에 하루 6시간만 일해도 경제적으로 풍요롭다. 하지만 이곳에서도 노동을 면제받는 '학자 계급'이 존재한다. 성직자, 관료 등의 권력층은 이 학자 계급에서만 나오도록 하였는데, 학자 계급은 의무가 면제되는 대신 연구와 공공의 일에 전념한다. 학자 계급은 능력 있는 이를 성직자가 추천하고, 대표들이 승인하는 절차를 거쳐야 될 수 있다. 그러나 학자 계급도 성과가 부족하면 '노동 계급'으로 환원될 수 있고, 노동 계급도 공부에 진전이 있으면 학자 계급으로 승격될 수 있다.

① 유토피아에서 연구와 공공의 일에 전념하는 사람들은 선발의 과정을 거친다는 점에서, (가)의 '유학'보다 (나)의 '선사'에 가깝군.
② 유토피아에서 관료는 노동을 면제받지만 그 특권이 세습되지 않는다는 점에서, (가)에서 차별적 특혜를 받던 16세기 이후의 '양반'과는 다르군.
③ 유토피아에서 '학자 계급'에서만 권력층이 나오도록 한 것은, (나)에서 우월한 집단인 '사 집단'에 정치권력을 집중시키고자 한 유형원, 정약용의 생각과 유사하군.
④ 유토피아에서 '노동 계급'이 '학자 계급'으로 승격되는 것은 학업 능력을 기준으로 추천받는다는 점에서, (가)의 상민 출신인 '유학'이 '양반'으로 인정받는 것과는 다르군.
⑤ 유토피아에서 '노동 계급'과 '학자 계급' 간의 이동이 가능한 것은 계급 간 차등이 없음을 전제하므로, (나)에서 차등을 엄격하게 유지하고자 한 유형원, 정약용의 구상과는 다르군.

17. ⓐ와 문맥상 의미가 가장 가까운 것은?

① 관용이 우리 집의 가훈으로 확고하게 <u>굳어졌다</u>.
② 어젯밤 적당하게 내린 비로 대지가 더욱 <u>굳어졌다</u>.
③ 포기하지 않겠다는 결심이 어머니의 격려로 <u>굳어졌다</u>.
④ 길에서 버스를 기다리던 사람들의 몸이 추위로 <u>굳어졌다</u>.
⑤ 갑작스러운 소식에 나도 모르게 얼굴이 딱딱하게 <u>굳어졌다</u>.

다음 글을 읽고 물음에 답하시오.

(가)

『한비자』는 중국 전국 시대의 한비자가 제시한 사상이 ⓐ담긴 저작이다. 여러 나라가 패권을 다투던 혼란기를 맞아 엄격한 법치를 통해 부국강병을 꾀한 한비자는 『노자』에 대한 해석을 통해 자신의 법치 사상을 뒷받침했고, 이러한 면모는 『한비자』의 「해로」, 「유로」 등에서 확인할 수 있다.

『노자』에서 '도(道)'는 만물 생성의 근원으로 묘사된다. 도를 천지 만물의 존재와 본질의 근거라고 본 한비자의 이해도 이와 다르지 않다. 그는 자연과 인간 사회의 모든 현상은 도의 영향을 받지 않을 수 없다고 보고, 인간 사회의 일은 도에 따라 제대로 행했는가의 여부에 따라 그 성패가 드러나는 것이라고 이해했다.

한비자는 『노자』에 제시된 영구불변하는 도의 항상성에 대해 도가 천지와 더불어 영원히 존재한다는 것을 의미하는 것이지, 도가 모습과 이치를 일정하게 유지하는 것은 아니라고 이해했다. 그리고 도는 형체가 없을 뿐 아니라 일정하게 고정되어 있지 않기 때문에 때와 상황에 따라 유연하게 변화하는 것이라고 파악했다. 도가 가변성을 가지고 있어야 도가 일정한 곳에만 있지 않게 되고, 그래야만 도가 모든 사물의 존재와 본질의 근거가 될 수 있다고 파악한 것이다. 그는 도가 가변적이기 때문에 통치술도 고정되어서는 안 된다고 주장했다.

한편, 한비자는 도를 구체적인 사물과 사건에 내재한 개별 법칙의 통합으로 보고, 『노자』의 도에 시비 판단의 근거라는 새로운 의미를 부여했다. 항상 존재하는 도는 개별 법칙을 포괄하기 때문에 다양한 개별 사건의 시비를 판단하는 기준이 될 수 있고, 이러한 도에 근거해서 입법해야 다양한 사건을 판단할 수 있다고 본 것이다. 이러한 이해를 바탕으로 그는 만족을 모르는 인간의 욕망을 사회 혼란의 원인으로 지목한 『노자』의 견해에 동의하면서도, 『노자』에서처럼 욕망을 없애야 한다고 주장하지 않고 인간은 욕망을 필연적으로 가질 수밖에 없음을 지적하며 욕망을 제어하기 위해 법이 필요하다고 강조했다.

(나)

유학자들은 도를 인간 삶의 올바른 길을 의미하는 것이라고 보았다. 중국 송나라 이후, 유학자들은 이러한 유학의 도를 기반으로 현상 세계 너머의 근원으로서 도가의 도에 주목하여 『노자』 주석을 전개했다.

혼란기를 거친 송나라 초기에 중앙집권화가 추진된 이후 정치적 갈등이 드러나면서 개혁의 분위기가 조성됐다. 이러한 분위기하에서 유학자이자 개혁 사상가인 왕안석은 『노자주』를 저술했다. 그는 『노자』의 도를 만물의 물질적 근원인 '기(氣)'라고 파악하고, 현상 세계에 앞서 존재하는 기의 작용에 의해 사물이 형성된다고 보았다. 그는 기가 시시각각 변화하듯 현상 세계도 변화한다고 이해했다. 인위적인 것을 제거해야만 도가 드러나고 인간 사회가 안정된다는 『노자』를 비판한 그는 자연과 달리 인간 사회의 안정을 위해서는 제도와 규범의 제정과 같은 인간의 적극적인 개입이 필요하다고 주장했다. 지혜와 덕이 뛰어난 사람이 제정한 사회 제도와 규범도 현실 사회의 변화에 따라 새롭게 해야 한다고 주장한 것이다. 『노자』의 이상 정치가 실현되려면 유학 이념이 실질적 수단으로 사용되어야 한다고 주장하는 등 왕안석은 『노자』를 유학의 실천적 측면과 결부하여 이해했다.

송 이후 원나라에 이르러 성행하던 도교는 유학과 불교 등을 받아들여 체계화되었지만, 오징에게는 주술적인 종교에 불과했다. ㉠ 유학자의 입장에서 그는 잘못된 가르침을 펴는 도교에 사람들이 빠지는 것을 경계했다. 그는 도교의 시조로 간주된 노자의 가르침이 공자의 학문과 크게 다르지 않음을 밝히고자 『도덕진경주』를 저술했다. 그는 도와 유학 이념을 관련짓는 구절을 추가하는 등 『노자』의 일부 내용을 바꾸고 기존 구성 체제를 재편했다. 『노자』의 도를 근원적인 불변하는 도로 본 그는 모든 이치를 내재한 도가 현실화하여 천지 만물이 생성된다고 이해했다. 이런 관점에서 그는 유학의 인의예지가 도의 쇠퇴 때문에 나타난 것이라는 『노자』와 달리 도가 현실화하여 드러난 것으로 해석하고, 인간이 마땅히 따라야 할 사회 규범과 사회 질서 체계도 도가 현실화한 결과로 파악했다.

원이 쇠퇴하고 명나라가 들어선 이후 유학과 도가 등 여러 사상이 합류하는 사조가 무르익는 가운데, 유학자인 설혜는 자신의 ㉡ 학문적 소신에 따라 『노자』를 주석한 『노자집해』를 저술했다. 그는 공자도 존중했던 스승이 노자이므로 노자 사상에 대한 오해를 불식해야 한다고 보았다. 그는 기존의 주석서가 『노자』의 진정한 의미를 제대로 밝히지 못했기 때문에 유학자들이 노자 사상을 이단으로 치부했다고 파악한 것이다. 다양한 경전을 인용하여 『노자』를 해석하면서 그는 『노자』의 도를 인간의 도덕 본성과 그것의 근거인 천명으로 이해하고, 본성과 천명의 이치를 탐구한다는 점에서 노자 사상과 유학이 다르지 않다고 보았다. 또한 그는 『노자』에서 인의 등을 비판한 것은 도덕을 근본으로 삼게 하기 위한 충고라고 파악했다.

12. (가), (나)에 대한 설명으로 가장 적절한 것은?

① (가)는 『한비자』의 철학사적 의의를 설명하고 『한비자』와 『노자』의 사회적 파급력을 비교하고 있다.
② (가)는 한비자가 추구한 이상적인 사회를 소개하고 그 실현을 위해 『노자』를 수용한 입장의 한계를 설명하고 있다.
③ (나)는 특정 개념을 중심으로 『노자』에 대한 여러 학자의 견해를 시간의 흐름에 따라 제시하고 있다.
④ (나)는 여러 유학자가 『노자』를 해석한 의도를 각각 제시하고 그 차이로 인해 발생한 학자 간의 이견을 절충하고 있다.
⑤ (가)와 (나)는 모두, 『노자』에 대해 다양한 시각에서 제시된 비판이 심화되는 과정을 구체적 사례와 함께 설명하고 있다.

13. (가)에 제시된 한비자의 견해로 적절하지 <u>않은</u> 것은?

① 사건의 시비에 따라 달라지는 도에 근거하여 법이 제정되어야한다.
② 인간은 무엇을 가지거나 누리고자 하는 마음에서 벗어날 수 없다.
③ 도는 고정된 모습 없이 때와 형편에 따라 변화하며 영원히 존재한다.
④ 인간 사회의 흥망성쇠는 사람이 도에 따라 올바르게 행하였는가의 여부에 좌우되는 것이다.
⑤ 도는 만물의 근원이면서 동시에 현실 사회의 개별 사물과 사건에 내재한 법칙을 포괄하는 것이다.

14. ㉠과 ㉡에 대한 이해로 가장 적절한 것은?

① ㉠은 유학 덕목의 등장을 긍정적으로 평가한 『노자』의 견해를 수용하는, ㉡은 유학 덕목에 대한 『노자』의 비판에 담긴 긍정적 의도를 밝히려는 것으로 표출되었다.
② ㉠은 유학에 유입되고 있는 주술성을 제거하는, ㉡은 노자 사상이 탐구하는 대상에 대한 이해를 근거로 노자 사상과 유학의 공통점을 제시하려는 것으로 표출되었다.
③ ㉠은 유학의 가르침을 차용한 종교가 사람들을 현혹하는 상황에 대응하는, ㉡은 『노자』를 해석한 경전들을 참고하여 유학 이론의 독창성을 밝히려는 것으로 표출되었다.
④ ㉠은 유학을 노자 사상과 연관 지어 유교적 사회 질서의 정당성을 확인하는, ㉡은 유학에서 이단으로 치부하는 사상의 진의를 밝혀 오해를 바로잡으려는 것으로 표출되었다.
⑤ ㉠은 특정 종교에서 추앙하는 사상가와 유학 이론의 관련성을 제시하는, ㉡은 유학의 사상적 우위를 입증하여 다른 학문을 통합할 수 있는 근거를 제시하려는 것으로 표출되었다.

15. (나)의 왕안석과 오징의 입장에서 다음의 ㄱ~ㄹ에 대해 판단한 것으로 가장 적절한 것은?

> ㄱ. 도는 만물을 통해 드러나는 것이지 만물에 앞서서 존재하는 것은 아니다.
>
> ㄴ. 인간 사회의 규범은 이치를 내재한 근원적 존재인 도가 현실에 드러난 것이다.
>
> ㄷ. 도는 현상 세계의 너머에만 머물러 있지 않고 세상 일과 유기적으로 관련되는 것이다.
>
> ㄹ. 도가 변화하듯이 현상 세계가 변하니, 현실 사회의 변화에 따라 인간 사회의 규범도 변해야 한다.

① 왕안석은 ㄱ에 동의하지 않고 ㄴ에 동의하겠군.
② 왕안석은 ㄴ과 ㄹ에 동의하겠군.
③ 왕안석은 ㄷ에 동의하고 ㄹ에 동의하지 않겠군.
④ 오징은 ㄱ과 ㄹ에 동의하지 않겠군.
⑤ 오징은 ㄴ에 동의하고 ㄷ에 동의하지 않겠군.

16. <보기>를 참고할 때, (가), (나)의 사상가에 대한 왕부지의 평가로 적절하지 <u>않은</u> 것은? [3점]

> ─── < 보기 > ───
>
> 청나라 초기의 유학자 왕부지는 『노자』의 본래 뜻을 드러내어 노자 사상을 비판하고자 『노자연』을 저술했다. 노자 사상의 비현실성을 드러내어 유학의 실용적 가치를 부각하고자 했던 그는 기존의 『노자』 주석서가 노자 사상이 아닌 사상을 기준으로 삼았기 때문에 『노자』뿐만 아니라 주석자의 사상마저 왜곡했다고 비판했다. 『노자』에서 아무런 행동을 하지 않아도 천하가 다스려진다고 한 것 등을 비판한 그는, 노자에서처럼 단순히 인간의 이기적 욕망을 없애는 것이 아니라 사회 질서 유지를 위해 유학 규범을 활용해야 한다고 강조했다.

① 왕부지는 인간의 욕망에 대한 『노자』의 대응 방식을 부정적으로 보았으므로, (가)의 한비자가 『노자』와 달리 사회에 대한 인위적 개입이 필요하다고 한 것에 대해서는 수긍하겠군.
② 왕부지는 『노자』에 제시된 소극적인 삶의 태도를 부정적으로 보았으므로, (나)의 왕안석이 사회 제도에 대한 『노자』의 견해를 비판하며 유학 이념의 활용을 주장한 것은 긍정하겠군.
③ 왕부지는 『노자』의 본래 뜻을 파악해야 한다고 보았으므로, (나)의 오징이 『노자』를 주석하면서 자신의 이해에 따라 원문의 구성과 내용을 수정한 것이 잘못이라고 보겠군.
④ 왕부지는 주석자가 유학을 기준으로 『노자』를 이해하면 주석자의 사상도 왜곡된다고 보았으므로, (나)의 오징이 유학의 인의예지를 『노자』의 도가 현실화한 것으로 본 것을 비판하겠군.
⑤ 왕부지는 『노자』에 담긴 비현실성을 드러내야 한다고 보았으므로, (나)의 설혜가 기존의 『노자』 주석서들을 비판하며 드러낸 학문적 입장이 유학의 실용적 가치를 부각한다고 보겠군.

17. ⓐ와 문맥상 의미가 가장 가까운 것은?

① 과일이 접시에 예쁘게 <u>담겨</u> 있다.
② 상자에 탁구공이 가득 <u>담겨</u> 있다.
③ 시원한 계곡물에 수박이 <u>담겨</u> 있다.
④ 화폭에 봄 경치가 그대로 <u>담겨</u> 있다.
⑤ 매실이 설탕물에 한 달째 <u>담겨</u> 있다.

다음 글을 읽고 물음에 답하시오.

(가)

　전통적인 윤리학의 주요 주제는 '선', '올바름'과 같은 도덕 용어에 대한 해명을 바탕으로 무엇이 옳고 그른지를 판정하는 객관적 근거를 ⓐ 찾는 것이다. 그러나 윤리학은 오랫동안 그에 대한 만족스러운 답을 ⓑ 내놓지 못했다. 이러한 상황에서 에이어 는 도덕적으로 옳고 그름에 관한 문장인 도덕 문장이 진리 적합성, 즉 참 또는 거짓일 수 있다는 성질을 갖지 않는다는 주장을 ⓒ 펼쳤다.

　에이어는 진리 적합성을 갖는 모든 문장은 그 문장에 사용된 단어의 정의를 통해 검증되는 분석적 문장이거나 경험적 관찰에 의해 검증되는 종합적 문장이라는 원리를 바탕으로 도덕 문장은 진리 적합성이 없다고 주장했다. 우선 그는 도덕 문장은 분석적이지 않다는 기존의 논의를 수용했다. '선은 A이다.'라는 도덕 문장이 분석적이려면, 술어인 'A'가 주어인 '선'이라는 개념 속에 내포되어 있어야 한다. 하지만 '선'은 속성이나 내용을 더 이상 분석할 수 없는 단순 개념이므로 해당 문장은 분석적이지 않다. 그렇다고 해서 '선은 A이다.'라는 도덕 문장이 경험적 관찰로 검증될 수 있는 것도 아니다. '선' 그 자체는 우리의 감각으로 검증할 수 없기 때문이다.

　도덕 문장은 다양한 감정이나 태도를 표현하고 타인의 감정을 ⓓ 불러일으키는 정서적 의미를 갖는다고 에이어는 주장했다. 그는 많은 사람들이 도덕 문장이 진리 적합성을 갖는다고 오해하는 것은 도덕 용어의 두 가지 용법을 구분하지 못해서라고 주장한다. 그에 따르면 도덕 용어는 감정을 표현하는 표현적 용법으로도, 세계에 관한 어떤 사실을 기술하는 기술적 용법으로도 사용될 수 있다. 만약 '도둑질은 나쁘다.'가 도둑질이 사회적으로 배척된다는 사실을 기술하는 문장이라면, 이 문장은 도덕적으로 옳고 그름에 관한 것이 아니다. 따라서 이 문장은 도덕 문장이 아니고, 경험적으로 검증이 가능하다. 반대로 그 문장이 도둑질에 대한 화자의 감정을 표현한 문장이라면 이는 도덕 문장이며 어떤 사실을 기술한 것이 아니다. 에이어에게는 '도둑질은 나쁘다.'와 같은 도덕 문장을 진술하는 것은 감정을 담은 어조로 '네가 도둑질을 하

다니!'라고 말하는 것과 다름없기 때문이다. 그의 주장대로라면 도덕 문장은 감정을 표현하는 도덕 주체로부터 독립적으로 존재하는 무언가를 기술할 수 없다. 이는 전통적인 윤리학자들의 기본 가정을 부정하는 급진적 주장이지만 윤리학에 새로운 사고를 ⓔ 열어 준 선구적인 면도 있다.

(나)

　논리학에서 제기된 의문이 윤리학의 특정 견해에 대한 비판이 되기도 한다. 다음 논의는 이를 보여 준다. 'P이면 Q이다. P이다. 따라서 Q이다.'인 논증을 전건 긍정식이라 한다. 전건 긍정식은 'P이면 Q이다.'와 'P이다.'라는 두 전제가 참이면 결론 'Q이다.'는 반드시 참이라는 뜻에서 타당하다. 그런데 어떤 문장이 단독으로 진술되는 경우에는 감정이나 태도를 표현할 수 있지만 그 문장이 조건문인 'P이면 Q이다.'의 부분으로 포함되는 경우에는 그렇지 않다. '귤은 맛있다.'는 화자의 선호라는 감정을 표현한다. 하지만 그 문장이 '귤은 맛있다면 귤은 비싸다.'처럼 조건문의 일부가 되면 귤에 관한 화자의 선호를 표현하지 않는다. 이에 전건 긍정식의 P가 감정이나 태도를 표현하는 문장일 때 'P이면 Q이다.'의 P와 'P이다.'의 P 사이에 내용의 차이가 생기므로, 전건 긍정식임에도 두 전제의 참이 결론 'Q이다.'의 참을 보장하지 않는다는 것이 ㉠ 몇몇 논리학자들이 제기한 문제였다. 전건 긍정식인 '표절은 나쁘다면 표절을 돕는 것은 나쁘다. 표절은 나쁘다. 따라서 표절을 돕는 것은 나쁘다.'라는 논증은 직관적으로 타당해 보인다. 하지만 '표절은 나쁘다.'가 감정을 표현했다면, 위 논증은 타당하지 않다고 해야 한다. 그러므로 에이어의 윤리학 견해를 고수하려면, 도덕 문장을 포함하는 전건 긍정식의 타당성을 부정하거나, 전건 긍정식은 도덕 문장을 포함할 수 없다고 해야 한다. 이 쟁점에 대해 행크스는 다음과 같이 논의를 전개하였다.

　　'표절은 나쁘다.'라는 문장은 표절이라는 대상에 나쁨이라는 속성을 부여하는 내용을 가진다. 그리고 화자의 문장 진술은 그 내용과 완전히 무관할 수는 없기 때문에 그런 문장은 단독으로 진술되든 그렇지 않든 판단적이다. 문장이 판단적이라는 것은, 대상에 속성을 부여하는 내용을 지니는 것이 그 문장의 본질이라는 것을 뜻한다. 도덕 문장을 비롯한 모든 판단

적 문장은 참 또는 거짓일 수 있다. 조건문에 포함된 문장도 판단적이라는 점에서 단독으로 진술될 때와 내용의 차이가 없다. 그러므로 도덕 문장을 포함하는 전건 긍정식은 타당해 보일 뿐 아니라 실제로도 타당하다. 그렇다면 'P이면 Q이다.'에 포함된 'P이다.'가 단독으로 진술된 경우와 다른 점은 무엇인가? 가령 '귤은 맛있다.'는, '귤은 맛있다면 귤은 비싸다.'라는 조건문에 포함되는 경우 화자가 대상에 속성을 부여하는 [A] 행위를 하는 것은 아니기에 그것의 판단적 본질을 발현하지 못한다. 그러나 이 맥락에서도 조건문에 포함된 '귤은 맛있다.'는 판단적 본질을 여전히 잃지 않는다. 다시 말해, 그 문장 자체는 대상에 속성을 부여하는 내용을 지닌다.

12. (가)에 나타난 에이어 의 입장으로 적절하지 <u>않은</u> 것은?

① 도덕 용어를 기술적 용법으로 사용한 문장은 검증이 가능하다.

② 표현적 용법을 활용한 도덕 문장은 자신의 감정을 표현하는 문장과 동일한 의미를 표현한다.

③ 주어와 술어의 의미 관계를 통해 어떤 문장을 검증할 수 있다면 그 문장은 분석적 문장이다.

④ 도덕 용어의 용법은 도덕 용어가 기술하는 사실의 종류에 따라 기술적 용법과 표현적 용법으로 구분할 수 있다.

⑤ 도덕 문장에 진리 적합성이 있다는 오해는 도덕 문장을 세계에 대한 어떠한 사실을 기술한 것으로 해석한 데에 기인한다.

13. [A]로부터 추론한 내용으로 가장 적절한 것은?

① '귤은 맛있다면 귤은 비싸다.'에 포함된 '귤은 맛있다.'는 판단적이지 않다.

② '표절은 나쁘다.'는 단독으로 진술되었을 때에만 참 또는 거짓일 수 있다.

③ '귤은 맛있다.'는 조건문의 일부로 진술될 때는 대상에 속성을 부여하는 내용을 지니지 않는다.

④ 화자는 귤이 맛있음의 속성을 가진다는 내용과 완전히 무관한 채로 '귤은 맛있다.'를 진술할 수 있다.

⑤ '표절은 나쁘다.'는 화자가 표절에 나쁨을 부여하지 않는 맥락에서도 그것의 판단적 본질을 유지할 수 있다.

14. 다음은 윗글을 읽고 학생이 작성한 학습 활동지이다. 윗글을 바탕으로 할 때, 적절하지 <u>않은</u> 것은?

□ 다음의 진술에 대해 윗글에 제시된 학자들이 보일 수 있는 견해를 작성해 봅시다.

[진술 1] 객관적으로 존재하는 도덕적 사실이 있다.

- 전통적인 윤리학자: 옳다. 도덕적 판단의 근거는 도덕 주체로부터 독립적으로 존재하기 때문이다. ······························· ①
- 에이어: 옳지 않다. 도덕 문장은 도덕 주체로부터 독립적일 수 없기 때문이다. ··········· ②

[진술 2] 도덕 문장은 참 또는 거짓이라는 속성을 갖는다.

- 에이어: 옳지 않다. 도덕 문장은 분석적이지도 종합적이지도 않기 때문이다. ··········· ③
- 행크스: 옳다. 도덕 문장은 도덕 용어가 나타내는 속성에 비추어 참 또는 거짓이 정해지기 때문이다.

[진술 3] 전건 긍정식의 두 전제에 공통으로 포함된 도덕 문장은 내용이 다르다.

- 에이어: 옳다. 도덕 문장은 전건 긍정식의 전제로 사용되면 진리 적합성을 갖기 때문이다. ····· ④
- 행크스: 옳지 않다. 단독으로 진술된 문장은 조건문의 일부로 사용된 때와 내용 차이가 없기 때문이다. ····························· ⑤

---

15. 윗글을 바탕으로 ㉠을 이해한 내용으로 적절하지 <u>않</u>은 것은?

① 에이어의 윤리학 견해가 옳다면 전건 긍정식이 직관적으로 타당해 보이게 된다는 점에서, ㉠은 에이어에 대한 비판이 된다.

② ㉠에 따르면, 도덕 문장을 포함하는 전건 긍정식이 타당하다면 도덕 문장이 감정을 표현한다는 견해는 수용될 수 없다.

③ ㉠은 전건 긍정식이 타당하려면 두 전제 모두에 나타난 문장의 내용이 일치해야 함에 기초한다.

④ ㉠은 도덕 문장뿐 아니라 개인적 선호를 나타내는 문장에 대해서도 제기될 수 있다.

⑤ 도덕 문장을 판단적이라고 보는 이론에 따르면 ㉠은 애당초 발생하지 않는다.

< 보기 >

‘자선은 옳다.’는 자선에 대한 찬성, ‘폭력은 나쁘다.’는 폭력에 대한 반대라는 태도를 표현한다. 도덕 문장을 포함하는 ‘자선은 옳다면 봉사는 옳다.’라는 조건문은 ‘태도에 대한 태도’를 표현한다. 위와 같은 주관적 태도들에는 참, 거짓이 없다. ‘자선은 옳다면 봉사는 옳다.’와 ‘자선은 옳다.’가 나타내는 태도를 지니면서, ‘봉사는 옳다.’에 반대하는 것은 비일관적이다. ‘자선은 옳다면 봉사는 옳다. 자선은 옳다. 따라서 봉사는 옳다.’가 타당하다는 것은 이런 뜻이다.

① 도덕 문장이 태도나 감정을 표현한다는 주장은, 도덕 문장을 포함하는 조건문이 ‘태도에 대한 태도’를 표현한다는 <보기>의 주장과 상충하는군.

② 논증의 타당성이 전제와 결론의 참에 의해 규정된다는 주장은, 타당성을 논증에 나타난 태도 사이의 관계에 의해 규정할 수 있다는 <보기>의 주장과 상충하는군.

③ 무엇이 윤리적으로 옳고 그른지에 대한 객관적 기준을 세워야 한다는 주장은, 도덕 문장은 찬성과 반대라는 주관적 태도를 나타낸다는 <보기>의 주장과 상충하는군.

④ ‘귤은 맛있다.’가 귤에 대한 화자의 선호를 표현한다는 주장은, ‘자선은 옳다.’가 자선에 대한 화자의 찬성을 표현한다는 <보기>의 주장과 상충하지 않는군.

⑤ ‘도둑질은 나쁘다.’가 화자의 정서를 표출하므로 진리 적합성이 없다는 주장은, 폭력에 대한 화자의 태도를 표현하는 문장이 참, 거짓일 수 없다는 <보기>의 주장과 상충하지 않는군.

17. 문맥상 ⓐ~ⓔ와 바꿔 쓰기에 가장 적절한 것은?

① ⓐ: 수색하는
② ⓑ: 제시하지
③ ⓒ: 전파했다
④ ⓓ: 발산하는
⑤ ⓔ: 공개하여

다음 글을 읽고 물음에 답하시오.

(가)

서양의 과학과 기술, 천주교의 수용을 반대했던 이항로를 비롯한 척사파의 주장은 개항 이후에도 지속되었지만, 개화 는 거스를 수 없는 대세로 자리 잡았다. 개물성무(開物成務)와 화민성속(化民成俗)의 앞 글자를 딴 개화는 개항 이전에는 통치자의 통치 행위로서 변화하는 세상에 대한 지식 확장과 피통치자에 대한 교화를 의미했다.

개항 이후 서양 문명에 대한 긍정적 인식이 확산되면서 서양 문명의 수용을 뜻하는 개화 개념이 자리 잡았다. 임오군란 이후, 고종은 자강 정책을 추진하면서 반(反)서양 정서의 교정을 위해 『한성순보』를 발간했다. 이 신문의 개화 개념은 서양 기술과 제도의 도입을 통한 인지의 발달과 풍속의 진보를 뜻했다. 이 개념에는 인민이 국가의 독립 주권의 소중함을 깨닫는 의식의 변화가 내포되었고, 통치자의 입장에서 수용 가능한 문명의 장점을 받아들여 국가의 진보를 달성한다는 의미도 담겼다.

개화당의 한 인사가 제시한 개화 개념은 성문화된 규정에 따른 대민 정치에서의 법적 처리 절차 실현 등 서양 근대 국가의 통치 방식으로의 변화를 내포하는 것이었다. 그는 개화 실행 주체를 여전히 왕으로 생각했고, 개화 실행 주체로서 왕의 역할이 사라진 것은 갑신정변에서였다. 풍속의 진보와 통치 방식 변화라는 의미를 내포한 갑신정변의 개화 개념은 통치권에 대한 도전으로뿐 아니라 개인의 사욕을 위한 것으로 표상되었다. 이후 개화 개념은 국가 구성원을 조직하고 동원하기 위해 부정적 이미지에서 벗어나야 했고, 유길준은 『서유견문』을 저술하며 개화 개념에 덧씌워진 부정적 이미지를 떼어 내고자 했다. 이후 간행된 『대한매일신보』 등의 개화 개념은 국가 구성원 전체를 실행 주체로 하여 근대 국가 주권을 향해 그들을 조직하고 동원하는 것을 의미했다.

을사늑약 이후, 개화 논의는 문명에 대한 본격적인 논의로 이어졌다. 대한 자강회의 주요 인사들은 서양 근대 문명을 수용하여 근대 국가를 건설하고자, 앞서 문명화를 이룬 일본의 지도를 받아야 한다고 보았다. 이들은 서

양 근대 문명의 주체를 주체 인식의 준거로 삼았기 때문에 민족 주체성을 간과했다. 이러한 상황에서 박은식은 ㉠ 근대 국가 건설과 새로운 주체의 형성에 주목하여 문명에 대한 견해를 제시했다. 그의 기본 전략은 문명의 물질적 측면인 과학은 서양으로부터 수용하되, 문명의 정신적 측면인 철학은 유학을 혁신하여 재구성하는 것이었다. 그는 생존과 편리 증진을 위해 과학 연구가 시급하지만, 가치관 정립과 인격 수양을 위해 철학 또한 필수적이라고 보았다. 자국 철학 전통의 정립이라는 당시 동아시아의 사상적 흐름 속에서 그가 제시한 근대 주체는 과학적·철학적 인식의 주체이자 실천적 도덕 수양의 주체로서의 성격을 띠는 것이었다.

(나)

중국이 서양의 과학과 기술에 전면적인 관심을 기울인 때는 아편 전쟁 이후였다. 전쟁 패배에 따른 위기감은 반세기에 걸쳐 근대화의 추진과 함께 의욕적인 기술 수용으로 이어졌지만, 청일 전쟁의 패배는 기술 수용만으로는 부족하다는 인식을 낳았다. 이에 따라 20세기 초반 진정한 근대를 이루기 위해 기술 배후에서 작용하는 과학 정신을 사회 전체에 이식하려는 시도가 구체화되었다.

옌푸는 국가 간에 벌어지는 약육강식의 경쟁을 부각하고, 경쟁에서 승리하려면 기술뿐 아니라 국민의 정신적 자질이 뒷받침되어야 한다고 보았다. 정신적 자질 중 과학적 사유 능력이 가장 중요하다고 파악한 그에게 과학 정신이 전제되지 않은 정치적 변혁은 뿌리내릴 수 없는 것이었다. 그는 인과 실증의 방법에 근거한 근대 학문 전체를 과학이라 파악하고, 과학을 습득하여 전통 학문의 폐단에서 벗어나야 한다고 주장했다. 그의 입장은 1910년대 후반 신문화 운동을 주도한 천두슈에게 이어졌다.

천두슈를 비롯한 신문화 운동의 지식인들은 ㉡ 과학의 근거 위에서만 민주 정치의 실현이 가능하다고 주장했다. 중국이 달성해야 할 신문화는 과학 및 과학의 방법에 근거한 문화라 보고, 신문화를 이루기 위해 전통문화 전반에 대해 철저한 부정과 비판을 시도했다. 사상이나 철학이 과학의 방법을 이용하지 않으면 공상(空想)에 ⓐ 그칠 뿐이라고 주장한 천두슈는 사회와 인간의 삶에 대한 연구도 과학의 연구 방법을 이용해야 한다고 보았다. 그는 제1차 세계 대전의 비극은 과학을 이용해 저지

른 죄악의 결과일 뿐 과학 자체의 죄악이 아니라고 주장하며 과학에 대한 자신의 생각을 지속했다.

한편, 제1차 세계 대전 이후 유럽을 시찰했던 장쥔마이는 통제되지 않은 과학이 불러온 역작용을 목도한 후, 과학이 어떻게 발달하든 그것이 인생관의 문제를 해결할 수는 없다며 서양 근대 문명을 비판했다. 근대 과학 문명에서 초래된 사상적 위기가 주체의 책임 부재에서 비롯된 것이라는 주장에 동의했던 그는 과학적 방법을 부정하지 않았지만, 인생관의 문제에는 과학적 방법이 적용될 수 없다고 지적했다. 그는 인생관을 과학과 별개로 파악했고, 과학만능주의에 기초한 신문화 운동에 의해 부정된 중국 전통 가치관의 수호를 내세웠다.

04. 윗글에 대한 이해로 적절하지 <u>않은</u> 것은?

① (가): 서양 과학과 기술의 국내 유입을 반대하는 주장이 개항 이후에도 이어졌다.
② (가): 유학을 혁신하여 철학으로 재구성하는 것이 필요하다는 견해가 을사늑약 이후에 제기되었다.
③ (나): 진정한 근대를 이루려면 기술 수용의 차원을 넘어서야 한다는 인식이 등장하였다.
④ (나): 과학 정신이 사회에 자리 잡으려면 정치적 변혁이 선행되어야 한다는 주장이 제기되었다.
⑤ (나): 근대 과학 문명에 대한 비판적 인식을 바탕으로 전통 가치관에 주목하는 견해가 제시되었다.

05. 개화 에 대한 이해로 적절하지 <u>않은</u> 것은?

① 개항 이전의 개화 개념은 백성을 다스리는 통치자로서의 역할과 관련 있었다.
② 『한성순보』의 개화 개념은 서양 기술과 제도의 선별적 수용을 통한 국가 진보의 의미를 포함하였다.
③ 『한성순보』와 개화당의 한 인사의 개화 개념은 통치권자인 왕을 개화의 실행 주체로 상정하였다.
④ 개화의 실행 주체로 왕에게 역할을 부여하지 않은 갑신정변의 개화 개념은 통치권에 대한 도전으로 이해되었다.
⑤ 『대한매일신보』의 발간에 이르러서야 국가의 주권과 결부한 개화 개념이 제기되었다.

06. (나)의 '천두슈'와 '장쥔마이'가 모두 동의할 수 있는 진술로 가장 적절한 것은?

① 전통 사상은 과학 및 과학 정신과 양립할 수 없는 관계에 놓여 있다.
② 전통 사상의 폐단은 과학 정신이 뿌리내리지 못한 사회 체질에서 비롯된 것이다.
③ 과학을 이용하는 과정에서 문제가 발생했다고 해도 과학적 방법을 부정할 수 없다.
④ 서양의 과학 정신을 전면적으로 도입하면 당면한 국가의 위기를 충분히 극복할 수 있다.
⑤ 국가의 위기는 과학적 방법으로 사상을 재구성할 필요가 있다는 인식이 부재한 데에서 비롯된 것이다.

07. ⓐ과 ⓑ에 대한 이해로 가장 적절한 것은?

① ⓐ은 인격의 수양을 동반하는 근대 주체의 정립에, ⓑ은 전통적 사유 방식에 기반을 둔 신문화의 달성에 동의하는 입장이다.

② ⓐ은 주체 인식의 준거가 서양 근대 문명의 주체라는 인식에, ⓑ은 철학이 과학의 방법에 근거할 수 없다는 생각에 반대하는 입장이다.

③ ⓐ은 생존과 편리 증진을 위한 과학 연구의 시급성을, ⓑ은 과학의 방법에 영향 받지 않는 사상이나 철학을 부인하는 입장이다.

④ ⓐ은 앞서 근대 문명을 이룬 국가를 추종하는 태도를, ⓑ은 전쟁의 폐해가 과학을 오용한 자들의 탓이라는 주장을 비판하는 입장이다.

⑤ ⓐ은 과학과 철학이 문명의 두 축을 이루는 학문이라는 견해에, ⓑ은 철학보다 과학이 우위임을 인정할 수 없다는 견해에 동의하는 입장이다.

08. (가), (나)를 이해한 학생이 <보기>에 대해 보인 반응으로 적절하지 <u>않은</u> 것은? [3점]

> ─── < 보기 > ───
>
> A 마을은 가난했지만 전통문화와 공동체적 삶을 중시하며 이웃 마을들과 조화롭게 살아왔다. 오래전, 정부는 마을의 경제 발전을 목표로 서양의 생산 기술을 도입하는 정책을 시행했다. 마을 사람들은 정책의 필요성에 공감하면서도 자신들이 발전을 이뤄 낼 수 있다는 확신이 부족했다. 이에 정부는 마을 사람들을 독려하기 위해 마을의 역량으로 달성할 수 있는 미래상을 지속해서 홍보했다. 이후 마을은 물질적 풍요를 누리게 되었지만 경제적 이권을 두고 이웃 마을들과 경쟁하며 갈등하게 되었다. 격화된 경쟁에서 A 마을은 새로운 기술의 수용만을 우선시했고, 과거에 중시되었던 협력과 나눔의 인생관은 낡은 관념이 되었다. 젊은이들에게 전통 문화는 서양 문화에 비해 열등한 것으로 여겨졌다.

① (가)에서 『한성순보』를 간행한 취지는 서양에 대한 반감을 줄이는 데에 있다는 점에서, <보기>에서 정부가 서양의 생산 기술 도입으로 변화하게 될 마을을 홍보한 취지와 부합하겠군.

② (가)에서 개화당의 한 인사의 개화 개념에 내포된 개화의 지향점은 통치 방식의 변화와 관련 있다는 점에서, <보기>에서 정부가 서양의 생산 기술을 도입하며 내세운 목표와 다르겠군.

③ (가)에서 박은식은 과학과 구별되는 철학의 중요성을 강조했으므로, <보기>에서 젊은이들의 자문화에 대한 인식 변화는 가치관 정립을 위한 철학이 부재했기 때문이라고 보겠군.

④ (나)에서 옌푸는 경쟁에서 승리하기 위한 조건으로 기술과 정신적 자질을 강조했으므로, <보기>에서 마을이 기술의 수용만을 중시하면 마을 간 경쟁에서 승리할 수 없다고 보겠군.

⑤ (나)에서 장쥔마이는 과학적 방법의 한계를 지적했으므로, <보기>에서 마을이 과거에 중시했던 인생관이 더 이상 유효하지 않게 된 문제는 과학적 방법으로 해결할 수 없다고 보겠군.

09. ⓐ와 문맥상 의미가 가장 가까운 것은?

① 다행히 비는 그사이에 <u>그쳐</u> 있었다.
② 우리 학교는 이번에 16강에 <u>그쳤다</u>.
③ 아이 울음이 좀처럼 <u>그치지</u> 않았다.
④ 그는 만류에도 말을 <u>그치지</u> 않았다.
⑤ 저 사람들은 불평이 <u>그칠</u> 날이 없다.

정답 및 해설: 해설편 125p

PART 02

사회
모의고사

다음 글을 읽고 물음에 답하시오.

　　권리와 의무의 주체가 될 수 있는 자격을 권리 능력이라 한다. 사람은 태어나면서 저절로 권리 능력을 갖게 되고 생존하는 내내 보유한다. 그리하여 사람은 재산에 대한 소유권의 주체가 되며, 다른 사람에 대하여 채권을 누리기도 하고 채무를 지기도 한다. 사람들의 결합체인 단체도 일정한 요건을 ㉠ 갖추면 법으로써 부여되는 권리 능력인 법인격을 취득할 수 있다. 단체 중에는 사람들이 일정한 목적을 갖고 결합한 조직체로서 구성원과 구별되어 독자적 실체로서 존재하며, 운영 기구를 두어, 구성원의 가입과 탈퇴에 관계없이 존속하는 단체가 있다. 이를 사단(社團)이라 하며, 사단이 갖춘 이러한 성질을 사단성이라 한다. 사단의 구성원은 사원이라 한다. 사단은 법인(法人)으로 등기되어야 법인격이 생기는데, 법인격을 가진 사단을 사단 법인이라 부른다. 반면에 사단성을 갖추고도 법인으로 등기하지 않은 사단은 '법인이 아닌 사단'이라 한다. 사람과 법인만이 권리 능력을 가지며, 사람의 권리 능력과 법인격은 엄격히 구별된다. 그리하여 사단 법인이 자기 이름으로 진 빚은 사단이 가진 재산으로 갚아야 하는 것이지 ⓐ 사원 개인에게까지 ⓑ 책임이 미치지 않는다.

　　회사도 사단의 성격을 갖는 법인이다. 회사의 대표적인 유형이라 할 수 있는 주식회사는 주주들로 구성되며 주주들은 보유한 주식의 비율만큼 회사에 대한 지분을 갖는다. 그런데 2001년에 개정된 상법은 한 사람이 전액을 출자하여 일인 주주로 회사를 설립할 수 있도록 하였다. ⓒ 사단성을 갖추지 못했다고 할 만한 형태의 법인을 인정한 것이다. 또 여러 주주가 있던 회사가 주식의 상속, 매매, 양도 등으로 말미암아 모든 주식이 한 사람의 소유로 되는 경우가 있다. 이런 '일인 주식 회사'에서는 일인 주주가 회사의 대표 이사가 되는 사례가 많다. 이처럼 일인 주주가 회사를 대표하는 기관이 되면 경영의 주체가 개인인지 회사인지 모호해진다. 법인인 회사의 운영이 독립된 주체로서의 경영이 아니라 마치 ⓓ 개인 사업자의 영업처럼 보이는 것이다.

　　구성원인 사람의 인격과 법인으로서의 법인격이 잘 분간되지 않는 듯이 보이는 경우에는 간혹 문제가 일어난다. 상법상 회사는 이사들로 이루어진 이사회만을 업무 집행의 의결 기관으로 둔다. 또한 대표 이사는 이사 중 한 명으로, 이사회에서 선출되는 기관이다. 그리고 이사의 선임과 이사의 보수는 주주 총회에서 결정하도록 되어 있다. 그런데 주주가 한 사람뿐이면 사실상 그의 뜻대로 될 뿐, 이사회나 주주 총회의 기능은 퇴색하기 쉽다. 심한 경우에는 회사에서 발생한 이익이 대표 이사인 주주에게 귀속되고 회사 자체는 ⓔ 허울만 남는 일도 일어난다. 이처럼 회사의 운영이 주주 한 사람의 개인 사업과 다름없이 이루어지고, 회사라는 이름과 형식은 장식에 지나지 않는 경우에는, 회사와 거래 관계에 있는 사람들이 재산상 피해를 입는 문제가 발생하기도 한다. 이때 그 특정한 거래 관계에 관련하여서만 예외적으로 회사의 법인격을 일시적으로 부인하고 회사와 주주를 동일시해야 한다는 ㉡ '법인격 부인론'이 제기된다. 법률은 이에 대하여 명시적으로 규정하고 있지 않지만, 법원은 권리 남용의 조항을 끌어들여 이를 받아들인다. 회사가 일인 주주에게 완전히 지배되어 회사의 회계, 주주 총회나 이사회 운영이 적법하게 작동하지 못하는데도 회사에만 책임을 묻는 것은 법인 제도가 남용되는 사례라고 보는 것이다.

35. 윗글을 통해 알 수 있는 내용으로 적절하지 <u>않은</u> 것은?

① 사단성을 갖춘 단체는 그 단체를 운영하기 위한 기구를 둔다.

② 주주가 여러 명인 주식회사의 주주는 사단의 사원에 해당한다.

③ 법인격을 얻은 사단은 재산에 대한 소유권의 주체가 될 수 있다.

④ 사단 법인의 법인격은 구성원의 가입과 탈퇴에 관계없이 존속한다.

⑤ 사람들이 결합한 단체에 권리와 의무를 누릴 수 있는 자격을 주는 제도가 사단이다.

36. 윗글에서 설명한 주식회사에 대한 이해로 가장 적절한 것은?

① 대표 이사는 주식회사를 대표하는 기관이다.
② 일인 주식회사는 대표 이사가 법인격을 갖는다.
③ 주식회사의 이사회에서 이사의 보수를 결정한다.
④ 주식회사에서는 주주 총회가 업무 집행의 의결 기관이다.
⑤ 여러 주주들이 모여 설립된 주식회사가 일인 주식회사로 바뀔 수 없다.

37. ⓐ~ⓔ의 문맥상 의미에 대한 이해로 적절하지 <u>않은</u> 것은?

① ⓐ: 법인에 속해 있지만 법인격과는 구별되는 존재
② ⓑ: 사단이 진 빚을 갚아야 할 의무
③ ⓒ: 여러 사람이 결합한 조직체로서의 성격
④ ⓓ: 회사라는 법인격을 가진 독자적인 실체로서 운영되지 않는 경영
⑤ ⓔ: 회사의 자산이 감소하여 권리 능력을 누릴 수 없게 된 상태

38. ⓛ에 관한 설명으로 가장 적절한 것은? [3점]

① 회사의 경영이 이사회에 장악되어 있는 경우에만 예외적으로 법인격 부인론을 적용할 수 있다.
② 법인격 부인론은 주식회사 제도의 허점을 악용하지 못하도록 법률의 개정을 통해 도입된 제도이다.
③ 회사가 채권자에게 손해를 입혔다는 것이 확정되면 법원은 법인격 부인론을 받아들여 그 회사의 법인격을 영구히 박탈한다.
④ 법원이 대표 이사 개인의 권리 능력을 부인함으로써 대표 이사가 회사에 대한 책임을 면하지 못하도록 하는 것이 법인격 부인론의 의의이다.
⑤ 특정한 거래 관계에 법인격 부인론을 적용하여 회사의 법인격을 부인하려는 목적은 그 거래와 관련하여 회사가 진 책임을 주주에게 부담시키기 위함이다.

39. 문맥상 ㉠과 바꿔 쓰기에 가장 적절한 것은?

① 겸비(兼備)하면
② 구비(具備)하면
③ 대비(對備)하면
④ 예비(豫備)하면
⑤ 정비(整備)하면

다음 글을 읽고 물음에 답하시오.

보험은 같은 위험을 보유한 다수인이 위험 공동체를 형성하여 보험료를 납부하고 보험 사고가 발생하면 보험금을 지급받는 제도이다. 보험 상품을 구입한 사람은 장래의 우연한 사고로 인한 경제적 손실에 ⓐ대비할 수 있다. 보험금 지급은 사고 발생이라는 우연적 조건에 따라 결정되는데, 이처럼 보험은 조건의 실현 여부에 따라 받을 수 있는 재화나 서비스가 달라지는 조건부 상품이다.

[가]
위험 공동체의 구성원이 납부하는 보험료와 지급받는 보험금은 그 위험 공동체의 사고 발생 확률을 근거로 산정된다. 특정 사고가 발생할 확률은 정확히 알 수 없지만 그동안 발생된 사고를 바탕으로 그 확률을 예측한다면 관찰 대상이 많아짐에 따라 실제 사고 발생 확률에 근접하게 된다. 본래 보험 가입의 목적은 금전적 이득을 취하는 데 있는 것이 아니라 장래의 경제적 손실을 보상받는 데 있으므로 위험 공동체의 구성원은 자신이 속한 위험 공동체의 위험에 상응하는 보험료를 납부하는 것이 공정할 것이다. 따라서 공정한 보험에서는 구성원 각자가 납부하는 보험료와 그가 지급받을 보험금에 대한 기댓값이 일치해야 하며 구성원 전체의 보험료 총액과 보험금 총액이 일치해야 한다. 이때 보험금에 대한 기댓값은 사고가 발생할 확률에 사고 발생 시 수령할 보험금을 곱한 값이다. 보험금에 대한 보험료의 비율(보험료 / 보험금)을 보험료율이라 하는데, 보험료율이 사고 발생 확률보다 높으면 구성원 전체의 보험료 총액이 보험금 총액보다 더 많고, 그 반대의 경우에는 구성원 전체의 보험료 총액이 보험금 총액보다 더 적게 된다. 따라서 공정한 보험에서는 보험료율과 사고 발생 확률이 같아야 한다.

물론 현실에서 보험사는 영업 활동에 소요되는 비용 등을 보험료에 반영하기 때문에 공정한 보험이 적용되기 어렵지만 기본적으로 위와 같은 원리를 바탕으로 보험료와 보험금을 산정한다. 그런데 보험 가입자들이 자신이 가진 위험의 정도에 대해 진실한 정보를 알려 주지 않는 한, 보험사는 보험 가입자 개개인이 가진 위험의 정도를 정확히 ⓑ파악하여 거기에 상응하는 보험료를 책정하기 어렵다. 이러한 이유로 사고 발생 확률이 비슷하다고 예상되는 사람들로 구성된 어떤 위험 공동체에 사고 발생 확률이 더 높은 사람들이 동일한 보험료를 납부하고 진입하게 되면, 그 위험 공동체의 사고 발생 빈도가 높아져 보험사가 지급하는 보험금의 총액이 증가한다. 보험사는 이를 보전하기 위해 구성원이 납부해야 할 보험료를 ⓒ인상할 수밖에 없다. 결국 자신의 위험 정도에 상응하는 보험료보다 더 높은 보험료를 납부하는 사람이 생기게 되는 것이다. 이러한 문제는 정보의 비대칭성에서 비롯되는데 보험 가입자의 위험 정도에 대한 정보는 보험 가입자가 보험사보다 더 많이 갖고 있기 때문이다. 이를 해결하기 위해 보험사는 보험 가입자의 감춰진 특성을 파악할 수 있는 수단이 필요하다.

우리 상법에 규정되어 있는 고지 의무 는 이러한 수단이 법적으로 구현된 제도이다. 보험 계약은 보험 가입자의 청약과 보험사의 승낙으로 성립된다. 보험 가입자는 반드시 계약을 체결하기 전에 '중요한 사항'을 알려야 하고, 이를 사실과 다르게 진술해서는 안 된다. 여기서 '중요한 사항'은 보험사가 보험 가입자의 청약에 대한 승낙을 결정하거나 차등적인 보험료를 책정하는 근거가 된다. 따라서 고지 의무는 결과적으로 다수의 사람들이 자신의 위험 정도에 상응하는 보험료보다 더 높은 보험료를 납부해야 하거나, 이를 이유로 아예 보험에 가입할 동기를 상실하게 되는 것을 방지한다.

보험 계약 체결 전 보험 가입자가 고의나 중대한 과실로 '중요한 사항'을 보험사에 알리지 않거나 사실과 다르게 알리면 고지 의무를 위반하게 된다. 이러한 경우에 우리 상법은 보험사에 계약 해지권을 부여한다. 보험사는 보험 사고가 발생하기 이전이나 이후에 상관없이 고지 의무 위반을 이유로 계약을 해지할 수 있고, 해지권 행사는 보험사의 일방적인 의사 표시로 가능하다. 해지를 하면 보험사는 보험금을 지급할 책임이 없게 되며, 이미 보험금을 지급했다면 그에 대한 반환을 청구할 수 있다. 일반적으로 법에서 의무를 위반하게 되면 위반한 자에게 그 의무를 이행하도록 강제하거나 손해 배상을 청구할 수 있는 것과 달리, 보험 가입자가 고지 의무를 위반했을 때에는 보험사가 해지권만 행사할 수 있다. 그런데 보험사의 계약 해지권이 제한되는 경우도 있다. 계약 당시에 보험사가 고지 의무 위반에 대한 사실을 알았거나 중대한 과실로 인해 알지 못한 경우에는 보험 가입자가 고지 의무를 위반했어도 보험사의 해지권은 ⓓ 배제된다. 이는 보험 가입자의 잘못보다 보험사의 잘못에 더 책임을 둔 것이라 할 수 있다. 또 보험사가 해지권을 행사할 수 있는 기간에도 일정한 제한을 두고 있는데, 이는 양자의 법률관계를 신속히 확정함으로써 보험 가입자가 불안정한 법적 상태에 장기간 놓여 있는 것을 방지하려는 것이다. 그러나 고지해야 할 '중요한 사항' 중 고지 의무 위반에 해당되는 사항이 보험 사고와 인과 관계가 없을 때에는 보험사는 보험금을 지급할 책임이 있다. 그렇지만 이때에도 해지권은 행사할 수 있다.

보험에서 고지 의무는 보험에 가입하려는 사람의 특성을 검증함으로써 다른 가입자에게 보험료가 부당하게 ⓔ 전가되는 것을 막는 기능을 한다. 이로써 사고의 위험에 따른 경제적 손실에 대비하고자 하는 보험 본연의 목적이 달성될 수 있다.

37. 윗글에 대한 설명으로 가장 적절한 것은?

① 보험 계약에서 보험사가 준수해야 할 법률 규정의 실효성을 검토하고 있다.
② 보험사의 보험 상품 판매 전략에 내재된 경제학적 원리와 법적 규제의 필요성을 강조하고 있다.
③ 공정한 보험의 경제학적 원리와 보험의 목적을 실현하는 데 기여하는 법적 의무를 살피고 있다.
④ 보험금 지급을 두고 벌어지는 분쟁의 원인을 나열한 후 경제적 해결책과 법적 해결책을 모색하고 있다.
⑤ 보험 상품의 거래에 부정적으로 작용하는 법률 조항의 문제점을 경제학적인 시각에서 분석하고 있다.

38. 윗글을 이해한 내용으로 가장 적절한 것은?

① 보험사가 청약을 하고 보험 가입자가 승낙해야 보험 계약이 해지된다.
② 구성원 전체의 보험료 총액보다 보험금 총액이 더 많아야 공정한 보험이 된다.
③ 보험 사고 발생 여부와 관계없이 같은 보험료를 납부한 사람들은 동일한 보험금을 지급받는다.
④ 보험에 가입하고자 하는 사람이 알린 중요한 사항을 근거로 보험사는 보험 가입을 거절할 수 있다.
⑤ 우리 상법은 보험 가입자보다 보험사의 잘못을 더 중시하기 때문에 보험사에 계약 해지권을 부여하고 있다.

39. [가]를 바탕으로 <보기>의 상황을 이해한 내용으로 적절한 것은? [3점]

< 보기 >

사고 발생 확률이 각각 0.1과 0.2로 고정되어 있는 위험 공동체 A와 B가 있다고 가정한다. A와 B에 모두 공정한 보험이 항상 적용된다고 할 때, 각 구성원이 납부할 보험료와 사고 발생 시 지급받을 보험금을 산정하려고 한다.

단, 동일한 위험 공동체의 구성원끼리는 납부하는 보험료가 같고, 지급받는 보험금이 같다. 보험료는 한꺼번에 모두 납부한다.

① A에서 보험료를 두 배로 높이면 보험금은 두 배가 되지만 보험금에 대한 기댓값은 변하지 않는다.
② B에서 보험금을 두 배로 높이면 보험료는 변하지 않지만 보험금에 대한 기댓값은 두 배가 된다.
③ A에 적용되는 보험료율과 B에 적용되는 보험료율은 서로 같다.
④ A와 B에서의 보험금이 서로 같다면 A에서의 보험료는 B에서의 보험료의 두 배이다.
⑤ A와 B에서의 보험료가 서로 같다면 A와 B에서의 보험금에 대한 기댓값은 서로 같다.

40. 윗글의 고지 의무 에 대한 설명으로 적절하지 <u>않은</u> 것은?

① 고지 의무를 위반한 보험 가입자가 보험사에 손해 배상을 해야 하는 근거가 된다.
② 보험사가 보험 가입자의 위험 정도에 따라 차등적인 보험료를 책정하는 데 도움이 된다.
③ 보험 계약 과정에서 보험사가 가입자들의 특성을 파악하는 데 드는 어려움을 줄여 준다.
④ 보험사와 보험 가입자 간의 정보 비대칭성에서 기인하는 문제를 줄일 수 있는 법적 장치이다.
⑤ 자신의 위험 정도에 상응하는 보험료보다 높은 보험료를 내야 한다는 이유로 보험 가입을 포기하는 사람들이 생기는 것을 방지하는 효과가 있다.

41. 윗글을 바탕으로 <보기>의 사례를 검토한 내용으로 가장 적절한 것은?

< 보기 >

　보험사 A는 보험 가입자 B에게 보험 사고로 인한 보험금을 지급한 후, B가 중요한 사항을 고지하지 않았다는 사실을 뒤늦게 알고 해지권을 행사할 수 있는 기간 내에 보험금 반환을 청구했다.

① 계약 체결 당시 A에게 중대한 과실이 있었다면 A는 계약을 해지할 수 없으나 보험금은 돌려받을 수 있다.
② 계약 체결 당시 A에게 중대한 과실이 없다 하더라도 A는 보험금을 이미 지급했으므로 계약을 해지할 수 없다.
③ 계약 체결 당시 A에게 중대한 과실이 있고 B 또한 중대한 과실로 고지 의무를 위반했다면 A는 보험금을 돌려받을 수 있다.
④ B가 고지하지 않은 중요한 사항이 보험 사고와 인과 관계가 없다면 A는 보험금을 돌려받을 수 없다.
⑤ B가 자신의 고지 의무 위반 사실을 보험 사고가 발생한 후 A에게 즉시 알렸다면 고지 의무를 위반한 것이 아니다.

42. ⓐ~ⓔ를 사용하여 만든 문장으로 적절하지 <u>않은</u>
것은?

① ⓐ: 지난해의 이익과 손실을 <u>대비</u>해 올해 예산을 세웠다.
② ⓑ: 일을 시작하기 전에 상황을 <u>파악</u>하는 것이 중요하다.
③ ⓒ: 임금이 <u>인상</u>되었다는 소식에 많은 사람들이 기뻐했다.
④ ⓓ: 이번 실험이 실패할 가능성을 전혀 <u>배제</u>할 수는 없다.
⑤ ⓔ: 그는 자신의 실수에 대한 책임을 동료에게 <u>전가</u>했다.

다음 글을 읽고 물음에 답하시오.

통화 정책은 중앙은행이 물가 안정과 같은 경제적 목적의 달성을 위해 이자율이나 통화량을 조절하는 것이다. 대표적인 통화 정책 수단인 '공개 시장 운영'은 중앙은행이 민간 금융 기관을 상대로 채권을 매매해 금융 시장의 이자율을 정책적으로 결정한 기준 금리 수준으로 접근시키는 것이다. 중앙은행이 채권을 매수하면 이자율은 하락하고, 채권을 매도하면 이자율은 상승한다. 이자율이 하락하면 소비와 투자가 확대되어 경기가 활성화되고 물가 상승률이 오르며, 이자율이 상승하면 경기가 위축되고 물가 상승률이 떨어진다. 이와 같이 공개 시장 운영의 영향은 경제 전반에 ⓐ 파급된다.

중앙은행의 통화 정책이 의도한 효과를 얻기 위한 요건 중에는 '선제성'과 '정책 신뢰성'이 있다. 먼저 통화 정책이 선제적이라는 것은 중앙은행이 경제 변동을 예측해 이에 미리 대처한다는 것이다. 기준 금리를 결정하고 공개 시장 운영을 실시하여 그 효과가 실제로 나타날 때까지는 시차가 발생하는데 이를 '정책 외부 시차'라 하며, 이 때문에 선제성이 문제가 된다. 예를 들어 중앙은행이 경기 침체 국면에 들어서야 비로소 기준 금리를 인하한다면, 정책 외부 시차로 인해 경제가 스스로 침체 국면을 벗어난 다음에야 정책 효과가 ⓑ 발현될 수도 있다. 이 경우 경기 과열과 같은 부작용이 ⓒ 수반될 수 있다. 따라서 중앙은행은 통화 정책을 선제적으로 운용하는 것이 바람직하다.

또한 통화 정책은 민간의 신뢰가 없이는 성공을 거둘 수 없다. 따라서 중앙은행은 정책 신뢰성이 손상되지 않게 ⓓ 유의해야 한다. 그런데 어떻게 통화 정책이 민간의 신뢰를 얻을 수 있는지에 대해서는 견해 차이가 있다. 경제학자 프리드먼은 중앙은행이 특정한 정책 목표나 운용 방식을 '준칙'으로 삼아 민간에 약속하고 어떤 상황에서도 이를 지키는 ㉠'준칙주의'를 주장한다. 가령 중앙은행이 물가 상승률 목표치를 민간에 약속했다고 하자. 민간이 이 약속을 신뢰하면 물가 불안 심리가 진정된다. 그런데 물가가 일단 안정되고 나면 중앙은행으로서는 이제 경기를 ⓔ 부양하는 것도 고려해 볼 수 있다. 문제는 민간이 이 비일관성을 인지하면 중앙은행에 대한 신뢰가 훼손된다는 점이다. 준칙주의자들은 이런 경우에 중앙은행이 애초의 약속을 일관되게 지키는 편이 바람직하다고 주장한다.

그러나 민간이 사후적인 결과만으로는 중앙은행이 준칙을 지키려 했는지 판단하기 어렵고, 중앙은행에 준칙을 지킬 것을 강제할 수 없는 것도 사실이다. 준칙주의와 대비되는 ㉡'재량주의'에서는 경제 여건 변화에 따른 신축적인 정책 대응을 지지하며 준칙주의의 엄격한 실천은 현실적으로 어렵다고 본다. 아울러 준칙주의가 최선인지에 대해서도 물음을 던진다. 예상보다 큰 경제 변동이 있으면 사전에 정해 둔 준칙이 장애물이 될 수 있기 때문이다. 정책 신뢰성은 중요하지만, 이를 위해 중앙은행이 반드시 준칙에 얽매일 필요는 없다는 것이다.

22. 윗글에서 사용한 설명 방식에 해당하지 <u>않는</u> 것은?

① 통화 정책의 목적을 유형별로 나누어 제시하고 있다.
② 통화 정책에서 선제적 대응의 필요성을 예를 들어 설명하고 있다.
③ 공개 시장 운영이 경제 전반에 영향을 미치는 과정을 인과적으로 설명하고 있다.
④ 관련된 주요 용어의 정의를 바탕으로 통화 정책의 대표적인 수단을 설명하고 있다.
⑤ 통화 정책의 신뢰성 확보를 위해 준칙을 지켜야 하는지에 대한 두 견해의 차이를 드러내고 있다.

23. 윗글을 바탕으로 <보기>를 이해할 때 '경제학자 병'이 제안한 내용으로 가장 적절한 것은? [3점]

< 보기 >

어떤 가상의 경제에서 20○○년 1월 1일부터 9월 30일까지 3개 분기 동안 중앙은행의 기준 금리가 4%로 유지되는 가운데 다양한 물가 변동 요인의 영향으로 물가 상승률은 아래 표와 같이 나타났다. 단, 각 분기의 물가 변동 요인은 서로 관련이 없다고 한다.

기간	1/1~3/31	4/1~6/30	7/1~9/30
	1분기	2분기	3분기
물가 상승률	2%	3%	3%

경제학자 병은 1월 1일에 위 표의 내용을 예측할 수 있었고 국민들의 생활 안정을 위해 물가 상승률을 매 분기 2%로 유지해야 한다고 주장하였다. 이를 위해 다음 사항을 고려한 선제적 통화 정책을 제안했으나 받아들여지지 않았다.

[경제학자 병의 고려 사항]

기준 금리가 4%로부터 1.5%p*만큼 변하면 물가 상승률은 위 표의 각 분기 값을 기준으로 1%p만큼 달라지며, 기준 금리 조정과 공개 시장 운영은 1월 1일과 4월 1일에 수행된다. 정책 외부 시차는 1개 분기이며 기준 금리 조정에 따른 물가 상승률 변동 효과는 1개 분기 동안 지속된다.

* %p는 퍼센트 간의 차이를 말한다. 예를 들어 1%에서 2%로 변화하면 이는 1%p 상승한 것이다.

---

① 중앙은행은 기준 금리를 1월 1일에 2.5%로 인하하고 4월 1일에도 이를 2.5%로 유지해야 한다.
② 중앙은행은 기준 금리를 1월 1일에 2.5%로 인하하고 4월 1일 에는 이를 4%로 인상해야 한다.
③ 중앙은행은 기준 금리를 1월 1일에 4%로 유지하고 4월 1일 에는 이를 5.5%로 인상해야 한다.
④ 중앙은행은 기준 금리를 1월 1일에 5.5%로 인상하고 4월 1일 에는 이를 4%로 인하해야 한다.
⑤ 중앙은행은 기준 금리를 1월 1일에 5.5%로 인상하고 4월 1일에도 이를 5.5%로 유지해야 한다.

24. 윗글의 ㉠과 ㉡에 대한 설명으로 가장 적절한 것은?

① ㉠에서는 중앙은행이 정책 운용에 관한 준칙을 지키느라 경제 변동에 신축적인 대응을 못해도 이를 바람직하다고 본다.
② ㉡에서는 중앙은행이 스스로 정한 준칙을 지키는 것은 얼마든지 가능하다고 본다.
③ ㉠에서는 ㉡과 달리, 정책 운용에 관한 준칙을 지키지 않아도 민간의 신뢰를 확보할 수 있다고 본다.
④ ㉡에서는 ㉠과 달리, 통화 정책에서 민간의 신뢰 확보를 중요하게 여기지 않는다.
⑤ ㉡에서는 ㉠과 달리, 경제 상황 변화에 대한 통화 정책의 탄력적 대응이 효과적이지 않다고 본다.

25. ⓐ~ⓔ의 문맥적 의미를 활용하여 만든 문장으로 적절하지 않은 것은?

① ⓐ: 그의 노력으로 소비자 운동이 전국적으로 파급되었다.
② ⓑ: 의병 활동은 민중의 애국 애족 의식이 발현한 것이다.
③ ⓒ: 이 질병은 구토와 두통 증상을 수반하는 경우가 많다.
④ ⓓ: 기온과 습도가 높은 요즘 건강관리에 유의해야 한다.
⑤ ⓔ: 장남인 그가 늙으신 부모와 어린 동생들을 부양하고 있다.

다음 글을 읽고 물음에 답하시오.

사람들은 함께 모여 '집합 의례'를 행한다. ㉠ 뒤르켐은 오스트레일리아 부족들의 집합 의례를 공동체 결속의 관점에서 탐구한다. 부족 사람들은 문제 상황이 발생할 경우 생계 활동을 멈추고 자신들이 공유하는 성(聖)과 속(俗)의 분류 체계를 활용하여 이 상황이 성스러운 것인지 아니면 속된 것인지를 판별하는 집합 의례를 행한다. 이 과정에서 그들은 자신들이 공유하는 성스러움이 무엇인지 새삼 깨닫고 그것을 중심으로 약해진 기존의 도덕 공동체를 재생한다. 집합 의례가 끝나면 부족 사람들은 가슴속에 성스러움을 품고 일상의 속된 세계로 되돌아간다. 이로써 단순히 먹고사는 문제에 불과했던 생계 활동이 성스러움과 연결된 도덕적 의미를 지니게 된다.

뒤르켐은 현대 사회의 집합 의례가 기존 도덕 공동체의 재생으로 끝나지 않고 새로운 도덕 공동체를 창출할 것이라고 본다. 예를 들어, 프랑스 혁명은 자유, 평등, 우애와 같은 새로운 성스러움을 창출하고 이를 중심으로 새로운 도덕 공동체를 구성한 집합 의례다. 뒤르켐은 새로 창출된 성스러움이 자기 이해관계를 추구하며 속된 세계에서 살아가는 개인들에게 서로 결속할 수 있는 도덕적 의미를 제공할 것이라 여긴다.

㉡ 파슨스와 스멜서는 이러한 이론적 통찰을 기능주의 이론으로 구체화한다. 그들은 성스러움을 가치라는 말로 바꿔 표현한다. 현대 사회에서는 가치가 평상시 사회적 삶 아래에 잠재되어 있다가, 그 도덕적 의미가 뿌리부터 뒤흔들리는 위기 시기 에 위로 올라와 전국적으로 일반화된다. 속된 일상에서 사람들은 가치를 추구하기보다는 자기 이해관계를 구체화한 목표와 이의 실현을 안내하는 규범에 따라 살아간다. 하지만 위기 시기에는 사람들의 관심이 자신들의 특수한 이해관계에서 보편적인 가치로 상승한다. 사람들은 가치에 기대어 위기가 주는 심리적 긴장과 압박을 해소하는 집합 의례를 행한다. 그 결과 사회의 통합이 회복된다. 파슨스와 스멜서는 이것이 마치 유기체가 환경의 압박으로 인해 흐트러진 항상성의 기능을 생리 작용을 통해 회복하는 과정과 유사하다고 본다.

㉢ 알렉산더는 파슨스와 스멜서의 이론을 받아들이면서도 그들이 사용한 생물학적 은유가 복잡한 현대 사회의 집합 의례를 탐구하는 데는 한계가 있다고 보고, 그 대안으로 '사회적 공연론'을 제시한다. 그는 가치를 전 사회로 일반화하는 집합 의례가 현대 사회에서는 유기체의 생리 작용처럼 자연적으로 진행되는 것이 아니라, 그 결과가 정해지지 않은 과정이라고 본다. 현대 사회는 사회적 공연의 요소들이 분화되어 있을 뿐만 아니라 각 요소가 자율성을 지니고 있다. 따라서 이 요소들을 융합하는 사회적 공연은 우발성이 극대화된 문화적 실천을 요구한다. 알렉산더가 기능주의 이론과 달리 공연의 요소들이 어떤 조건 아래에서 어떤 과정을 거쳐 융합이 이루어지는지 경험적으로 세밀하게 탐구해야 한다고 강조하는 이유가 여기에 있다.

현대 사회의 사회적 공연의 요소들로는 성과 속의 분류 체계를 다양하게 구체화한 대본, 다양한 대본을 자신만의 방식으로 실행하는 배우, 계급·출신 지역·나이·성별 등 내부적으로 분화된 관객, 시·공간적으로 다양한 동선을 짜서 공연을 무대 위에 올리는 미장센*, 시·공간의 한계를 넘어 공연을 광범위한 관객에게 전파하는 상징적 생산 수단, 공연을 생산하고 배포하고 해석하는 과정을 총체적으로 통제하지 못할 정도로 고도로 분화된 사회적 권력 등이 있다. 그러나 요소의 분화와 자율성이 없는 전체주의 사회에서는 국가 권력에 의한 대중 동원만 있을 뿐 사회적 공연이 일어나기 어렵다.

* 미장센(mise en scéne): 무대 위에서의 등장인물의 배치나 역할, 무대 장치, 조명 따위에 관한 총체적인 계획과 실행.

38. 윗글의 논지 전개 방식에 대한 설명으로 가장 적절한 것은?

① 중심 화제에 대해 주요 학자들이 합의한 결과를 제시하고 있다.
② 중심 화제에 대해 상반된 견해를 제시한 후 두 견해를 절충하고 있다.
③ 중심 화제에 대한 이론이 후속 연구에 의해 보완되는 과정을 고찰하고 있다.
④ 중심 화제에 대한 다양한 사례들을 제시한 후 이를 유형별로 분류하고 있다.
⑤ 중심 화제의 역사적 기원에 대한 다양한 가설들의 의의와 한계를 평가하고 있다.

39. '집합 의례'에 대해 ㉠이 할 수 있는 말로 적절하지 <u>않</u>은 것은?

① 부족 사회는 집합 의례를 행하여 기존의 도덕 공동체를 되살린다.
② 집합 의례를 통해 사람들은 생계 활동의 성스러운 의미를 얻는다.
③ 현대 사회에서는 집합 의례를 통해 새로운 도덕 공동체가 형성된다.
④ 공동체 성원들은 집합 의례를 거쳐 구체적인 이해관계를 중심으로 묶인다.
⑤ 집합 의례의 과정에서 공동체 성원들은 문제 상황을 성 또는 속의 문제로 규정한다.

40. 위기 시기 에 일어나는 상황을 이해한 것으로 가장 적절한 것은?

① 사람들이 관심을 속에서 성으로 옮긴다.
② 사람들이 목표와 규범 차원에서 행동한다.
③ 사람들이 생계 활동을 위한 최적의 수단을 찾는다.
④ 사람들이 항상성을 유지하기 위해 위기 상황을 외면한다.
⑤ 사람들이 평상시 추구하던 삶의 도덕적 의미를 상실한다.

41. 윗글의 ㉡과 ㉢에 대한 설명으로 가장 적절한 것은?

① ㉡과 달리 ㉢은 현대 사회의 집합 의례는 그 결과가 미리 결정되어 있지 않다고 본다.
② ㉡과 달리 ㉢은 집합 의례가 가치의 일반화를 통해 도덕 공동체를 구성할 것이라 본다.
③ ㉢과 달리 ㉡은 집합 의례가 발생하는 과정을 경험적으로 탐구할 필요성이 있다고 본다.
④ ㉡과 ㉢은 모두 문화적 실천으로서의 집합 의례를 유기체의 생리 과정과 유사하다고 본다.
⑤ ㉡과 ㉢은 모두 현대 사회에서는 성과 속의 분류 체계 없이 집합 의례가 일어난다고 본다.

< 보기 >

수려한 경관으로 유명한 A시에 소각장이 들어설 예정이다. A시의 시장은 정부의 보조금을 활용하여 낙후된 지역 경제를 발전시키기 위해 소각장을 유치하였다고 밝혔다. A시 시민들은 반대파와 찬성파로 갈려 집회를 이어 갔다. 반대파는 지역 경제 발전에는 찬성하지만 소각장이 환경을 오염시킨다며 철회할 것을 요구했고, 찬성파는 반대파가 지역 이기주의에 빠져 있다고 비판했다. 집회에 참여하지 않았던 사람들도 의견이 갈려 토박이와 노인은 반대 운동에, 이주민과 젊은이는 찬성 운동에 적극 참여하였다. 중앙 언론은 이 사건이 지역 내 현상이라며 아예 보도하지 않았다. 반대파는 반대 운동을 전국적으로 알리기 위해 서울에 가서 집회를 하려 했지만 경찰이 허가를 내 주지 않았다.

① 공연의 미장센이 A시에 한정되어 펼쳐지고 있군.
② 공연의 요소들이 융합되어 가치의 일반화가 일어났군.
③ 출신 지역과 나이로 분화된 관객이 배우로 직접 나서고 있군.
④ 상징적 생산 수단과 사회적 권력이 공연의 전국적 전파를 막으려 하는군.
⑤ 배우들이 지역 경제 발전에는 동의하면서도 서로 다른 대본을 가지고 공연을 수행하는군.

다음 글을 읽고 물음에 답하시오.

정부는 국민 생활에 영향을 미치는 활동의 총체인 정책의 목표를 효과적으로 달성하기 위해 정책 수단의 특성을 고려하여 정책을 수행한다. 정책 수단은 강제성, 직접성, 자동성, 가시성의 ㉮ 네 가지 측면에서 다양한 특성을 갖는다. 강제성은 정부가 개인이나 집단의 행위를 제한하는 정도로서, 유해 식품 판매 규제는 강제성이 높다. 직접성은 정부가 공공 활동의 수행과 재원 조달에 직접 관여하는 정도를 의미한다. 정부가 정책을 직접 수행하지 않고 민간에 위탁하여 수행하게 하는 것은 직접성이 낮다. 자동성은 정책을 수행하기 위해 별도의 행정 기구를 설립하지 않고 기존의 조직을 활용하는 정도를 말한다. 전기 자동차 보조금 제도를 기존의 시청 환경과에서 시행하는 것은 자동성이 높다. 가시성은 예산 수립 과정에서 정책을 수행하기 위한 재원이 명시적으로 드러나는 정도이다. 일반적으로 사회 규제의 정도를 조절하는 것은 예산 지출을 수반하지 않으므로 가시성이 낮다.

정책 수단 선택의 사례로 환율과 관련된 경제 현상을 살펴보자. 외국 통화에 대한 자국 통화의 교환 비율을 의미하는 환율은 장기적으로 한 국가의 생산성과 물가 등 기초 경제 여건을 반영하는 수준으로 수렴된다. 그러나 단기적으로 환율은 이와 ⓐ 괴리되어 움직이는 경우가 있다. 만약 환율이 예상과는 다른 방향으로 움직이거나 또는 비록 예상과 같은 방향으로 움직이더라도 변동 폭이 예상보다 크게 나타날 경우 경제 주체들은 과도한 위험에 ⓑ 노출될 수 있다. 환율이나 주가 등 경제 변수가 단기에 지나치게 상승 또는 하락하는 현상을 오버슈팅(overshooting)이라고 한다. 이러한 오버슈팅은 물가 경직성 또는 금융 시장 변동에 따른 불안 심리 등에 의해 촉발되는 것으로 알려져 있다. 여기서 물가 경직성은 시장에서 가격이 조정되기 어려운 정도를 의미한다.

물가 경직성에 따른 환율의 오버슈팅을 이해하기 위해 통화를 금융 자산의 일종으로 보고 경제 충격에 대해 장기와 단기에 환율이 어떻게 조정되는지 알아보자. 경제에 충격이 발생할 때 물가나 환율은 충격을 흡수하는 조정 과정을 거치게 된다. 물가는 단기에는 장기 계약 및

공공요금 규제 등으로 인해 경직적이지만 장기에는 신축적으로 조정된다. 반면 환율은 단기에서도 신축적인 조정이 가능하다. 이러한 물가와 환율의 조정 속도 차이가 오버슈팅을 초래한다. 물가와 환율이 모두 신축적으로 조정되는 장기에서의 환율은 구매력 평가설에 의해 설명되는데, 이에 의하면 장기의 환율은 자국 물가 수준을 외국 물가 수준으로 나눈 비율로 나타나며, 이를 균형 환율로 본다. 가령 국내 통화량이 증가하여 유지될 경우 장기에서는 자국 물가도 높아져 장기의 환율은 상승한다. 이때 통화량을 물가로 나눈 실질 통화량은 변하지 않는다.

[가] 그런데 단기에는 물가의 경직성으로 인해 구매력 평가설에 기초한 환율과는 다른 움직임이 나타나면서 오버슈팅이 발생할 수 있다. 가령 국내 통화량이 증가하여 유지될 경우, 물가가 경직적이어서 ㉠ 실질 통화량은 증가하고 이에 따라 시장 금리는 하락한다. 국가 간 자본 이동이 자유로운 상황에서, ㉡ 시장 금리 하락은 투자의 기대 수익률 하락으로 이어져, 단기성 외국인 투자 자금이 해외로 빠져나가거나 신규 해외 투자 자금 유입을 위축시키는 결과를 ⓒ 초래한다. 이 과정에서 자국 통화의 가치는 하락하고 ㉢ 환율은 상승한다. 통화량의 증가로 인한 효과는 물가가 신축적인 경우에 예상되는 환율 상승에, 금리 하락에 따른 자금의 해외 유출이 유발하는 추가적인 환율 상승이 더해진 것으로 나타난다. 이러한 추가적인 상승 현상이 환율의 오버슈팅인데, 오버슈팅의 정도 및 지속성은 물가 경직성이 클수록 더 크게 나타난다. 시간이 경과함에 따라 물가가 상승하여 실질 통화량이 원래 수준으로 돌아오고 해외로 유출되었던 자금이 시장 금리의 반등으로 국내로 ⓓ 복귀하면서, 단기에 과도하게 상승했던 환율은 장기에는 구매력 평가설에 기초한 환율로 수렴된다.

단기의 환율이 기초 경제 여건과 괴리되어 과도하게 급등락하거나 균형 환율 수준으로부터 장기간 이탈하는 등의 문제가 심화되는 경우를 예방하고 이에 대처하기 위해 정부는 다양한 정책 수단을 동원한다. 오버슈팅의 원인인 물가 경직성을 완화하기 위한 정책 수단 중 강제성이 낮은 사례로는 외환의 수급 불균형 해소를 위해 관련 정보를 신속하고 정확하게 공개하거나, 불필요한 가격 규제를 축소하는 것을 들 수 있다. 한편 오버슈팅에

따른 부정적 파급 효과를 완화하기 위해 정부는 환율 변동으로 가격이 급등한 수입 필수 품목에 대한 세금을 조절함으로써 내수가 급격히 위축되는 것을 방지하려고 하기도 한다. 또한 환율 급등락으로 인한 피해에 대비하여 수출입 기업에 환율 변동 보험을 제공하거나, 외화 차입 시 지급 보증을 제공하기도 한다. 이러한 정책 수단은 직접성이 높은 특성을 가진다. 이와 같이 정부는 기초 경제 여건을 반영한 환율의 추세는 용인하되, 사전적 또는 사후적인 미세 조정 정책 수단 을 활용하여 환율의 단기 급등락에 따른 위험으로부터 실물 경제와 금융 시장의 안정을 ⓒ 도모하는 정책을 수행한다.

27. 윗글에 대한 이해로 적절하지 <u>않은</u> 것은?

① 국내 통화량이 증가하여 유지될 경우 장기에는 실질 통화량이 변하지 않으므로 장기의 환율도 변함이 없을 것이다.

② 물가가 신축적인 경우가 경직적인 경우에 비해 국내 통화량 증가에 따른 국내 시장 금리 하락 폭이 작을 것이다.

③ 물가 경직성에 따른 환율의 오버슈팅은 물가의 조정 속도보다 환율의 조정 속도가 빠르기 때문에 발생하는 것이다.

④ 환율의 오버슈팅이 발생한 상황에서 외국인 투자 자금이 국내 시장 금리에 민감하게 반응할수록 오버슈팅 정도는 커질 것이다.

⑤ 환율의 오버슈팅이 발생한 상황에서 물가 경직성이 클수록 구매력 평가설에 기초한 환율로 수렴되는 데 걸리는 기간이 길어질 것이다.

28. ㉮를 바탕으로 정책 수단의 특성을 이해한 것으로 가장 적절한 것은?

① 다자녀 가정에 출산 장려금을 지급하는 것은, 불법 주차 차량에 과태료를 부과하는 것보다 강제성이 높다.

② 전기 제품 안전 규제를 강화하는 것은, 학교 급식을 제공하기 위한 재원을 정부 예산에 편성하는 것보다 가시성이 높다.

③ 문화재를 발견하여 신고할 경우 포상금을 주는 것은, 자연 보존 지역에서 개발 행위를 금지하는 것보다 강제성이 높다.

④ 쓰레기 처리를 민간 업체에 맡겨서 수행하게 하는 것은, 정부 기관에서 주민등록 관련 행정 업무를 수행하는 것보다 직접성이 높다.

⑤ 담당 부서에서 문화 소외 계층에 제공하던 복지 카드의 혜택을 늘리는 것은, 전담 부처를 신설하여 상수원 보호 구역을 감독하는 것보다 자동성이 높다.

29. 윗글을 바탕으로 할 때, <보기>의 'A국' 경제 상황에 대한 '경제학자 갑'의 견해를 추론한 것으로 적절하지 <u>않은</u> 것은?

> **< 보기 >**
>
> A국 경제학자 갑은 자국의 최근 경제 상황을 다음과 같이 진단했다.
>
> 금융 시장 불안의 여파로 A국의 주식, 채권 등 금융 자산의 가격 하락에 대한 우려가 확산되면서 안전 자산으로 인식되는 B국의 채권에 대한 수요가 증가하고 있다. 이로 인해 외환 시장에서는 A국에 투자되고 있던 단기성 외국인 자금이 B국으로 유출되면서 A국의 환율이 급등하고 있다.
>
> B국에서는 해외 자금 유입에 따른 통화량 증가로 B국의 시장 금리가 변동할 것으로 예상된다. 이에 따라 A국의 환율 급등은 향후 다소 진정될 것이다. 또한 양국 간 교역 및 금융 의존도가 높은 현실을 감안할 때, A국의 환율 상승은 수입품의 가격 상승 등에 따른 부작용을 초래할 것으로 예상되지만 한편으로는 수출이 증대되는 효과도 있다. 그러므로 정부는 시장 개입을 가능한 한 자제하고 환율이 시장 원리에 따라 자율적으로 균형 환율 수준으로 수렴되도록 누어야 한다.

① A국에 환율의 오버슈팅이 발생한 상황에서 B국의 시장 금리가 하락한다면 오버슈팅의 정도는 커질 것이다.

② A국에 환율의 오버슈팅이 발생하였다면 이는 금융 시장 변동에 따른 불안 심리에 의해 촉발된 것으로 볼 수 있다.

③ A국에 환율의 오버슈팅이 발생할지라도 시장의 조정을 통해 환율이 장기에는 균형 환율 수준에 도달할 수 있을 것이다.

④ A국의 환율 상승이 수출을 증대시키는 긍정적인 효과도 동반하므로 A국의 정책 당국은 외환 시장 개입에 신중해야 한다.

⑤ A국의 환율 상승은 B국으로부터 수입하는 상품의 가격을 인상 시킴으로써 A국의 내수를 위축시키는 결과를 초래할 수 있다.

30. <보기>에 제시된 그래프의 세로축 a, b, c는 [가]의 ㉠~㉢과 하나씩 대응된다. 이를 바르게 짝지은 것은? [3점]

> **< 보기 >**
>
> 다음 그래프들은 [가]에서 국내 통화량이 t 시점에서 증가하여 유지된 경우 예상되는 ㉠~㉢의 시간에 따른 변화를 순서 없이 나열한 것이다.
>
> 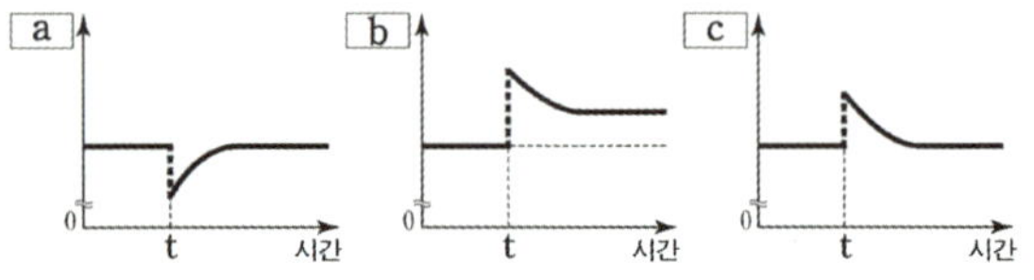
>
>
> (단, t 시점 근처에서 그래프의 형태는 개략적으로 표현하였으며, t 시점 이전에는 모든 경제 변수들의 값이 일정한 수준에서 유지되어 왔다고 가정한다. 장기 균형으로 수렴되는 기간은 변수마다 상이하다.)

① ㉠: a ㉡: c ㉢: b
② ㉠: b ㉡: a ㉢: c
③ ㉠: b ㉡: c ㉢: a
④ ㉠: c ㉡: a ㉢: b
⑤ ㉠: c ㉡: b ㉢: a

31. 미세 조정 정책 수단 의 사례로 적절하지 <u>않은</u> 것은?

① 예기치 못한 외환 손실에 대비한 환율 변동 보험을 수출 주력 중소기업에 제공한다.

② 원유와 같이 수입 의존도가 높은 상품의 경우 해당 상품에 적용하는 세율을 환율 변동에 따라 조정한다.

③ 환율의 급등락으로 금융 시장이 불안정할 경우 해외 자금유출과 유입을 통제하여 환율의 추세를 바꾼다.

④ 환율 급등으로 수입 물가가 가파르게 상승했을 때, 수입 대금 지급을 위해 외화를 빌리는 수입 업체에 지급 보증을 제공한다.

⑤ 수출입 기업을 대상으로 국내외 금리 변동, 해외 투자 자금 동향 등 환율 변동에 영향을 주는 요인들에 대한 정보를 제공한다.

32. 문맥상 ⓐ~ⓔ와 바꿔 쓰기에 적절하지 <u>않은</u> 것은?

① ⓐ: 동떨어져
② ⓑ: 드러낼
③ ⓒ: 불러온다
④ ⓓ: 되돌아오면서
⑤ ⓔ: 꾀하는

다음 글을 읽고 물음에 답하시오.

[A] 사무실의 방충망이 낡아서 파손되었다면 세입자와 사무실을 빌려 준 건물주 중 누가 고쳐야 할까? 이 경우, 민법전의 법조문에 의하면 임대인인 건물주가 수선할 의무를 ⓐ 진다. 그러나 사무실을 빌릴 때, 간단한 파손은 세입자가 스스로 해결한다는 내용을 계약서에 포함하는 경우도 있다. 이처럼 법률의 규정과 계약의 내용이 어긋날 때 어떤 것이 우선 적용되어야 하는가, 법적 불이익은 없는가 등의 문제가 발생한다.

사법(私法)은 개인과 개인 사이의 재산, 가족 관계 등에 적용되는 법으로서 이 법의 영역에서는 '계약 자유의 원칙'이 적용된다. 계약의 구체적인 내용 결정 등은 당사자들 스스로 정할 수 있다는 것이다. 따라서 당사자들이 사법에 속하는 법률의 규정과 어긋난 내용으로 계약을 체결한 경우에 계약 내용이 우선 적용된다. 이처럼 법률상으로 규정되어 있더라도 당사자가 자유롭게 계약 내용을 정할 수 있는 법률 규정을 '임의 법규'라고 한다. 사법은 원칙적으로 임의 법규이므로, 사법으로 규정한 내용에 대해 당사자들이 계약으로 달리 정하지 않았다면 원칙적으로 법률의 규정이 적용된다. 위에서 본 임대인의 수선 의무 조항이 이에 해당한다.

그러나 법률로 정해진 내용과 어긋나게 계약을 하면 당사자들에게 벌금이나 과태료 같은 법적 불이익이 있거나 계약의 효력이 부정되는 예외적인 경우도 있다. 우선, 체결된 계약 내용이 법률에 정해진 내용과 어긋날 때 법적 불이익이 있지만 계약의 효력 자체는 그대로 두는 경우가 있다. 이에 해당하는 법조문을 '단속 법규'라고 한다. 공인 중개사가 자신이 소유한 부동산을 고객에게 직접 파는 것을 금지하는 규정은 단속 법규에 해당한다. 따라서 ㉠ 이 규정을 위반하여 공인 중개사와 고객이 체결한 매매 계약의 경우 공인 중개사에게 벌금은 부과되지만 계약 자체는 유효이다. 이 경우 계약 내용에 따른 행동인 급부(給付)를 할 의무가 인정되어, 공인 중개사는 매물의 소유권을 넘겨주고 고객은 대금을 지급해야 하는 것이다.

한편 체결된 계약 내용이 법률에 정해진 내용과 어긋날 때 법적 불이익이 있을 뿐 아니라 체결된 계약의 효력 자체도 인정되지 않아 급부 의무가 부정되는 경우가 있다. 이에 해당하는 법조문을 '강행 법규'라고 한다. 이 경우 계약 당사자들은 상대에게 급부를 하라고 요구할 수는 없다. 이미 급부를 이행하여 재산적 이익을 넘겨주었다면 이 이익은 '부당 이득'에 해당하기 때문에 반환을 요구할 수 있다. 즉 '부당 이득 반환 청구권'이 인정된다. 의사와 의사 아닌 사람의 의료 기관 동업을 금지하는 법률 규정은 강행 법규이다. 따라서 ㉡ 의사와 의사 아닌 사람이 체결한 동업 계약은 계약의 효력이 부정된다. 다만 계약에 따라 이미 동업 자금을 건넸다면 이 돈을 반환하라고 요구하는 것은 가능하다.

그러나 강행 법규에 의해 계약의 효력이 부정되었을 때 부당 이득 반환 청구권이 인정되지 않는 경우도 있다. 급부의 내용이 위조지폐 제작처럼 비도덕적이거나 반사회적인 행동이라면, 계약의 효력이 인정되지 않을 뿐 아니라 이미 넘겨준 이익을 돌려받을 권리도 부정되는 것이 원칙이다.

국가가 개인 간의 계약에 개입하는 것은 국가 안보, 사회 질서, 공공복리 등의 정당한 입법 목적을 달성하기 위해서이다. 이 경우 계약의 자유를 제한하려면 필요한 만큼만 최소로 제한해야 한다는 '비례 원칙'이 적용된다. 이로 인해 국가가 계약 당사자들에게 미치는 영향이 다양하게 나타나는 것이다.

22. 윗글에 대한 이해로 적절하지 <u>않은</u> 것은?

① 임의 법규에 해당하는 법률 조항과 이에 어긋난 계약 내용 가운데 계약 내용이 우선 적용된다.

② 임의 법규가 단속 법규에 비해 계약 자유의 원칙에 더 부합한다.

③ 단속 법규로 국가가 개인 간의 계약에 개입할 때에는 비례 원칙이 적용되지 않는다.

④ 단속 법규로 입법 목적을 달성할 수 있는 계약에 대해 강행 법규로 국가가 개입하는 것은 정당화될 수 없다.

⑤ 강행 법규를 위반한 계약일 때 급부의 내용에 따라 부당 이득 반환 청구권의 인정 여부가 달라진다.

23. 윗글을 참고할 때, [A]에 제시된 물음에 대한 답으로 맞는 것을 <보기>에서 고른 것은?

<보기>

ㄱ. 계약서에 방충망 수선에 관한 내용이 없으면 건물 주가 수선 의무를 지고, 수선 의무를 계약에 포함하지 않은 것에 대한 법적 불이익은 누구에게도 없다.

ㄴ. 계약서에 방충망 수선에 관한 내용이 없으면 세입자가 수선 의무를 지고, 건물주는 수선 의무를 계약에 포함하지 않은 것에 대해 법적 불이익을 받는다.

ㄷ. 계약서에 세입자가 방충망을 수선한다는 내용이 있으면 세입자가 수선 의무를 지고, 법률 내용과 다르게 계약한 것에 대한 법적 불이익은 누구에게도 없다.

ㄹ. 계약서에 세입자가 방충망을 수선한다는 내용이 있으면 세입자가 수선 의무를 지고, 건물주는 법률 내용과 다르게 계약한 것에 대해 법적 불이익을 받는다.

① ㄱ, ㄴ ② ㄱ, ㄷ ③ ㄱ, ㄹ
④ ㄴ, ㄷ ⑤ ㄴ, ㄹ

24. ㉠과 ㉡의 공통점으로 가장 적절한 것은?

① 법적 불이익을 받는 계약 당사자가 있다.
② 계약 당사자들의 급부 의무가 인정되지 않는다.
③ 계약에 따라 넘어간 재산적 이익을 반환해야 한다.
④ 법률 규정을 위반하였으므로 계약의 효력이 부정된다.
⑤ 계약 당사자가 계약의 구체적인 내용을 결정할 수 없다.

25. 윗글을 참고할 때, <보기>에 대한 반응으로 적절한 것은? [3점]

<보기>

농지를 빌리려는 A와 농지 주인인 B는 농지를 용도에 맞지 않게 사용하는 것에 합의하여 농지 임대차 계약을 체결하였다. 그리고 A는 B에게 농지 사용료를 지불하고 1년간 농지를 사용하였다. 농지법을 위반한 이 사안에 대해 대법원이 내린 판결은 다음과 같이 요약된다.

첫째, 법률을 위반하여 농지를 빌려 준 사람에게는 벌금이 부과된다. 둘째, 이 사건의 농지 임대차 계약은 농지법을 위반한 것이므로 무효이다. 셋째, 농지를 빌려 준 사람은 받은 사용료를 반환해야 한다. 넷째, 농지를 빌린 사람은 농지를 빌려 써서 얻은 이익을 농지를 빌려 준 사람에게 반환해야 한다.

① A와 B가 농지 임대차 계약을 체결할 때에는 사법(私法)의 적용을 받지 않겠군.
② B에게 벌금을 부과하는 것은 A와 B가 맺은 농지 임대차 계약 이 효력이 있음을 인정하지 않았기 때문이겠군.
③ B에게 벌금을 부과하는 것만으로는 이 계약의 내용을 규제하는 법률의 입법 목적을 실현하기에 부족하다는 점을 고려하여 계약을 무효로 판결한 것이겠군.
④ A가 농지를 빌려 써서 얻은 이익을 B에게 반환하라고 판결한 것은 급부의 내용이 비도덕적이거나 반사회적인 행동에 해당한다고 판단했기 때문이겠군.
⑤ B가 A에게서 받은 사용료를 반환하라고 판결한 것은 사용료가 부당 이득에 해당하지 않는다고 판단했기 때문이겠군.

26. 문맥상 의미가 ⓐ와 가장 가까운 것은?

① 커피를 쏟아서 옷에 얼룩이 졌다.
② 네게 계속 신세만 지기가 미안하다.
③ 우리는 그 문제로 원수를 지게 되었다.
④ 아이들은 배낭을 진 채 여행을 떠났다.
⑤ 나는 조장으로서 큰 부담을 지고 있다.

다음 글을 읽고 물음에 답하시오.

대한민국 정부가 해외에서 발행한 채권의 CDS 프리미엄 은 우리가 매체에서 자주 접하는 경제 지표의 하나이다. 이 지표를 이해하기 위해서는 채권의 '신용 위험'과 '신용 파산 스와프(CDS)'의 개념을 살펴볼 필요가 있다.

채권은 정부나 기업이 자금을 조달하기 위해 발행하며 그 가격은 채권이 매매되는 채권 시장에서 결정된다. 채권의 발행자는 정해진 날에 일정한 이자와 원금을 투자자에게 지급할 것을 약속한다. 채권을 매입한 투자자는 이를 다시 매도하거나 이자를 받아 수익을 얻는다. 그런데 채권 투자에는 발행자의 지급 능력 부족 등의 사유로 이자와 원금이 지급되지 않을 가능성인 신용 위험이 수반된다. 이에 따라 각국은 채권의 신용 위험을 평가해 신용 등급으로 공시하는 신용 평가 제도를 도입하여 투자자를 보호하고 있다.

우리나라의 신용 평가 제도에서는 원화로 이자와 원금의 지급을 약속한 채권 가운데 발행자의 지급 능력이 최상급인 채권에 AAA라는 최고 신용 등급이 부여된다. 원금과 이자가 지급되지 않아 부도가 난 채권에는 D라는 최저 신용 등급이 주어진다. 그 외의 채권은 신용 위험이 커지는 순서에 따라 AA, A, BBB, BB 등 점차 낮아지는 등급 범주로 평가된다. 이들 각 등급 범주 내에서도 신용 위험의 상대적인 크고 작음에 따라 각각 '-'나 '+'를 붙이거나 하여 각 범주가 세 단계의 신용 등급으로 세분되는 경우가 있다. 채권의 신용 등급은 신용 위험의 변동에 따라 조정될 수 있다. 다른 조건이 일정한 가운데 신용 위험이 커지면 채권 시장에서 해당 채권의 가격이 ⓐ 떨어진다.

CDS는 채권 투자자들이 신용 위험을 피하려는 목적으로 활용하는 파생 금융 상품이다. CDS 거래는 '보장 매입자'와 '보장 매도자' 사이에서 이루어진다. 여기서 '보장'이란 신용 위험으로부터의 보호를 뜻한다. 보장 매도자는, 보장 매입자가 보유한 채권에서 부도가 나면 이에 따른 손실을 보상하는 역할을 한다. CDS 거래를 통해 채권의 신용 위험은 보장 매입자로부터 보장 매도자로 이전된다. CDS 거래에서 신용 위험의 이전이 일어나는 대상 자산을 '기초 자산'이라 한다.

[A]
가령 은행 ㉠ 갑은, 기업 ㉡ 을이 발행한 채권을 매입하면서 그것의 신용 위험을 피하기 위해 보험 회사 ㉢ 병과 CDS 계약을 체결할 수 있다. 이때 기초 자산은 을이 발행한 채권이다.

보장 매도자는 기초 자산의 신용 위험을 부담하는 것에 대한 보상으로 보장 매입자로부터 일종의 보험료를 받는데, 이것의 요율이 CDS 프리미엄이다. CDS 프리미엄은 기초 자산의 신용 위험이나 보장 매도자의 유사시 지급 능력과 같은 여러 요인의 영향을 받는다. 다른 요인이 동일한 경우, ㉣ 기초 자산의 신용 위험이 크면 CDS 프리미엄도 크다. 한편 ㉤ 보장 매도자의 지급 능력이 우수할수록 보장 매입자는 유사시 손실을 보다 확실히 보전받을 수 있으므로 보다 큰 CDS 프리미엄을 기꺼이 지불하는 경향이 있다. 만약 보장 매도자가 발행한 채권이 있다면, 그 신용 등급으로 보장 매도자의 지급 능력을 판단할 수 있다. 이에 따라 다른 요인이 동일한 경우, 보장 매도자가 발행한 채권의 신용 등급이 높으면 CDS 프리미엄은 크다.

21. 윗글의 내용과 일치하지 <u>않는</u> 것은?

① 정부는 자금을 조달하기 위해 채권을 발행한다.

② 채권 발행자의 지급 능력이 커지면 신용 위험은 커진다.

③ 신용 평가 제도는 채권을 매입한 투자자를 보호하는 장치이다.

④ 다른 조건이 일정할 경우, 어떤 채권의 신용 등급이 낮아지면 해당 채권의 가격은 하락한다.

⑤ 채권 발행자는 일정한 이자와 원금의 지급을 약속하지만, 채권에는 그 약속이 지켜지지 않을 위험이 수반된다.

22. [A]의 ⊙~©에 대한 이해로 가장 적절한 것은?

① ⊙은 기초 자산을 보유하지 않는다.
② ⊙은 기초 자산에 부도가 나면 손실을 보상하는 역할을 한다.
③ ©은 신용 위험을 기피하는 채권 투자자이다.
④ ©은 신용 위험을 부담하는 보장 매도자이다.
⑤ ©은 기초 자산에 부도가 나야만 이득을 본다.

23. <보기>의 ㉮~㉺ 중 [CDS 프리미엄]이 두 번째로 큰 것은?

< 보기 >

윗글의 ㉣과 ㉤을 기준으로 서로 다른 CDS 거래 ㉮~㉺를 비교하여 CDS 프리미엄의 크기에 순서를 매길 수 있다. (단, 기초 자산의 발행자와 보장 매도자는 한국 기업이며, ㉮~㉺에서 제시된 조건 외에 다른 조건은 동일하다.)

CDS 거래	기초 자산의 신용 등급	보장 매도자 발행 채권의 신용 등급
㉮	BB+	AAA
㉯	BB+	AA-
㉰	BBB-	A-
㉱	BBB-	AA-
㉲	BBB-	A+

---

① ㉮ 　② ㉯ 　③ ㉰
④ ㉱ 　⑤ ㉲

24. 윗글을 바탕으로 <보기>를 이해한 내용으로 가장 적절한 것은? [3점]

< 보기 >

X가 2015년 12월 31일에 이자와 원금의 지급이 완료되는 채권 Bx를 2011년 1월 1일에 발행했다. 발행 즉시 Bx 전량을 매입한 Y는 Bx를 기초 자산으로 하는 CDS 계약을 Z와 체결하고 보장 매입자가 되었다. 계약 체결 당시 Bx의 신용 등급은 A-, Z가 발행한 채권의 신용 등급은 AAA였다. 2011년 9월 17일, X의 재무 상황 악화로 Bx의 신용 위험에 대한 우려가 발생하였다. 2012년 12월 30일, X의 지급 능력이 2011년 8월 시점보다 개선되었다. 2013년 9월에는 Z가 발행한 채권의 신용 등급이 AA+로 변경되었다. 2013년 10월 2일, Bx의 CDS 프리미엄은 100bp*였다. (단, X, Y, Z는 모두 한국 기업이며 신용 등급은 매월 말일에 변경될 수 있다. 이 CDS 계약은 2015년 12월 31일까지 매월 1일에 갱신되며 CDS 프리미엄은 매월 1일에 변경될 수 있다. 제시된 것 외에 다른 요인에는 변화가 없다.)

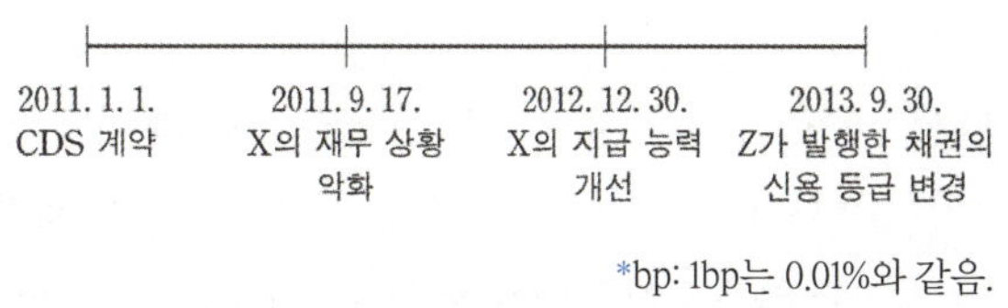

*bp: 1bp는 0.01%와 같음.

---

① 2011년 1월에는 Bx에 대한 CDS 계약으로 X가 신용 위험을 부담하게 되었겠군.
② 2011년 11월에는 Bx의 신용 등급이 A-보다 높았겠군.
③ 2013년 1월에는 Bx의 신용 위험으로 Z가 손실을 입을 가능성이 2011년 10월보다 작아졌겠군.
④ 2013년 3월에는 Bx에 대한 CDS 프리미엄이 100bp보다 작았겠군.
⑤ 2013년 4월에는 Bx의 신용 등급이 BB-보다 낮았겠군.

25. 문맥상 ⓐ의 의미와 가장 가까운 의미로 쓰인 것은?

① 오늘 아침에는 기온이 영하로 떨어졌다.
② 과자 한 봉지를 팔면 내게 100원이 떨어진다.
③ 더위를 먹었는지 입맛이 떨어지고 기운이 없다.
④ 신발이 떨어져서 걸을 때마다 빗물이 스며든다.
⑤ 선생님 말씀이 떨어지자마자 모두 자리에 앉았다.

다음 글을 읽고 물음에 답하시오.

사람은 살아가는 동안 여러 약속을 한다. 계약도 하나의 약속이다. 하지만 이것은 친구와 뜻이 맞아 주말에 영화 보러 가자는 약속과는 다르다. 일반적인 다른 약속처럼 계약도 서로의 의사 표시가 합치하여 성립하지만, 이때의 의사는 일정한 법률 효과의 발생을 목적으로 한다는 점에서 차이가 있다. 한 예로 매매 계약은 '팔겠다'는 일방의 의사 표시와 '사겠다'는 상대방의 의사 표시가 합치함으로써 성립하며, 매도인은 매수인에게 매매 목적물의 소유권을 이전하여야 할 의무를 짐과 동시에 매매 대금의 지급을 청구할 권리를 갖는다. 반대로 매수인은 매도인에게 매매 대금을 지급할 의무가 있고 소유권의 이전을 청구할 권리를 갖는다. 양 당사자는 서로 권리를 행사하고 서로 의무를 이행하는 관계에 놓이는 것이다.

이처럼 의사 표시를 필수적 요소로 하여 법률 효과를 발생시키는 행위들을 법률 행위라 한다. 계약은 법률 행위의 일종으로서, 당사자에게 일정한 청구권과 이행 의무를 발생시킨다. 청구권을 내용으로 하는 권리가 채권이고, 그에 따라 이행을 해야 할 의무가 채무이다. 따라서 채권과 채무는 발생한 법률 효과가 동전의 양면처럼 서로 다른 방향에서 파악되는 것이라 할 수 있다. 채무자가 채무의 내용대로 이행하여 채권을 소멸시키는 것을 변제라 한다.

갑과 을은 을이 소유한 그림 A를 갑에게 매도하는 것을 내용으로 하는 매매 계약을 체결하였다. ㉠ 을의 채무는 그림 A의 소유권을 갑에게 이전하는 것이다. 동산인 물건의 소유권을 이전하는 방식은 그 물건을 인도하는 것이다. 갑은 그림 A가 너무나 마음에 들었기 때문에 그것을 인도받기 전에 대금 전액을 금전으로 지급하였다. 그런데 갑이 아무리 그림 A를 넘겨달라고 청구하여도 을은 인도해 주지 않았다. 이런 경우 갑이 사적으로 물리력을 행사하여 해결하는 것은 엄격히 금지된다.

채권의 내용은 민법과 같은 실체법에서 규정하고 있고, 그것을 강제적으로 실현할 수 있도록 민사 소송법이나 민사 집행법 같은 절차법이 갖추어져 있다. 갑은 소를 제기하여 판결로써 자기가 가진 채권의 존재와 내용을 공적으로 확정받을 수 있고, 나아가 법원에 강제 집행을 신청할 수도 있다. 강제 집행은 국가가 물리적 실력을 행사하여 채무자의 의사에 구애받지 않고 채무의 내용을 실행시켜 채권이 실현되도록 하는 제도이다.

을이 그림 A를 넘겨주지 않은 까닭은 갑으로부터 매매 대금을 받은 뒤에 을의 과실로 불이 나 그림 A가 타 없어졌기 때문이다. ㉮ 결국 채무는 이행 불능이 되었다. 소송을 하더라도 불능의 내용을 이행하라는 판결은 ⓐ 나올 수 없다. 그림 A의 소실이 계약 체결 전이었다면, 그 계약은 실현 불가능한 내용을 담고 있기 때문에 체결할 때부터 계약 자체가 무효이다. 이행 불능이 채무자의 과실 때문에 일어난 것이라면 채무자가 채무 불이행에 대한 책임을 져야 한다.

이때 채무 불이행은 갑이나 을의 의사 표시가 작용한 것이 아니라, 매매 목적물의 소실에 따른 이행 불능으로 말미암은 것이다. 이러한 사건을 통해서도 법률 효과가 발생한다. 채무 불이행에 대한 책임은 갑으로 하여금 계약을 해제할 수 있는 권리를 갖게 한다. 갑이 계약 해제권을 행사하면 그때까지 유효했던 계약이 처음부터 효력이 없는 것으로 된다. 이때의 계약 해제는 일방의 의사 표시만으로 성립한다. 따라서 갑이 해제권을 행사하는 데에 을의 승낙은 요건이 되지 않는다. 이러한 법률 행위를 단독 행위라 한다.

갑은 계약을 해제하였다. 이로써 그 계약으로 발생한 채권과 채무는 없던 것이 된다. 당연히 계약의 양 당사자는 자신의 채무를 이행할 필요가 없다. 이미 이행된 것이 있다면 계약이 체결되기 전의 상태로 돌려놓아야 한다. 이를 청구할 수 있는 권리가 원상회복 청구권이다. 계약의 해제로 갑은 원상회복 청구권을 행사할 수 있으며, 이러한 ㉡ 갑의 채권은 결국 을에게 매매 대금을 반환해 달라고 청구할 수 있는 권리가 된다.

16. 윗글의 내용과 일치하지 <u>않는</u> 것은?

① 실체법에는 청구권에 관한 규정이 있다.
② 절차법에 강제 집행 제도가 마련되어 있다.
③ 법률 행위가 없으면 법률 효과가 발생하지 않는다.
④ 법원을 통하여 물리력으로 채권을 실현할 수 있다.
⑤ 실현 불가능한 것을 내용으로 하는 계약은 무효이다.

17. ㉠, ㉡에 대한 이해로 가장 적절한 것은?

① ㉠은 매도인의 청구와 매수인의 이행으로 소멸한다.
② ㉡은 채권자와 채무자의 의사 표시가 작용하여 성립한
  것이다.
③ ㉠과 ㉡은 ㉠이 이행되면 그 결과로 ㉡이 소멸하는 관
  계이다.
④ ㉠과 ㉡은 동일한 계약의 효과를 서로 다른 측면에서 바
  라본 것이다.
⑤ ㉠에는 물건을 인도할 의무가 있고, ㉡에는 금전의 지급
  을 청구할 권리가 있다.

18. ㉮의 상황에 대한 설명으로 적절한 것은?

① '을'의 과실로 이행 불능이 되어 '갑'의 계약 해제권이 발
  생한다.
② '갑'은 소를 제기하여야 매매의 목적이 된 재산권을 이전
  받을 수 있다.
③ '갑'은 원상회복 청구권을 행사하여야 '그림 A'의 소유권
  을 회복할 수 있다.
④ '갑'과 '을'은 애초부터 실현 불가능한 내용의 계약을 체
  결하였기 때문에 이행 불능이 되었다.
⑤ '을'이 '갑'에게 '그림 A'를 인도하는 것은 불가능해졌지
  만 '을'은 채무 불이행에 대한 책임을 지지 않는다.

19. 윗글을 바탕으로 할 때, <보기>에 대한 분석으로 적
절하지 <u>않은</u> 것은? [3점]

< 보기 >

　증여는 당사자의 일방이 자기의 재산을 무상으로 상
대방에게 줄 의사를 표시하고 상대방이 이를 승낙함으
로써 성립하는 계약이다. 증여자만 이행 의무를 진다는
점이 특징이다. 유언은 유언자의 사망과 동시에 일정한
법률 효과를 발생시키려는 것을 목적으로 하는데, 유언
자의 의사 표시만으로 유효하게 성립하고 의사 표시의
상대방이 필요 없다는 점에서 증여와 차이가 있다.

---

① 증여, 유언, 매매는 모두 법률 행위로서 의사 표시를 요
  소로 한다.
② 증여와 유언은 법률 효과를 발생시키려는 목적이 있다
  는 점이 공통된다.
③ 증여는 변제의 의무를 발생시키지 않는다는 점에서 매
  매와 차이가 있다.
④ 증여는 당사자 일방만이 이행한다는 점에서 양 당사자
  가 서로 이행하는 관계를 갖는 매매와 차이가 있다.
⑤ 증여는 양 당사자의 의사 표시가 서로 합치하여 성립한
  다는 점에서 의사 표시의 합치가 필요 없는 유언과 차이
  가 있다.

20. 문맥상 의미가 ⓐ와 가장 가까운 것은?

① 오랜 연구 끝에 만족할 만한 실험 결과가 <u>나왔다</u>.
② 그 사람이 부드럽게 <u>나오니</u> 내 마음이 누그러졌다.
③ 우리 마을은 라디오가 잘 안 <u>나오는</u> 산간 지역이다.
④ 이 책에 <u>나오는</u> 옛날이야기 한 편을 함께 읽어 보자.
⑤ 그동안 우리 지역에서는 걸출한 인물들이 많이 <u>나왔다</u>.

다음 글을 읽고 물음에 답하시오.

전통적인 통화 정책은 정책 금리를 활용하여 물가를 안정시키고 경제 안정을 도모하는 것을 목표로 한다. 중앙은행은 경기가 과열되었을 때 정책 금리 인상을 통해 경기를 진정시키고자 한다. 정책 금리 인상으로 시장 금리도 높아지면 가계 및 기업에 대한 대출 감소로 신용 공급이 축소된다. 신용 공급의 축소는 경제 내 수요를 줄여 물가를 안정시키고 경기를 진정시킨다. 반면 경기가 침체되었을 때는 반대의 과정을 통해 경기를 부양시키고자 한다.

금융을 통화 정책의 전달 경로로만 보는 전통적인 경제학에서는 금융감독 정책이 개별 금융 회사의 건전성 확보를 통해 금융 안정을 달성하고자 하는 ㉠ 미시 건전성 정책에 집중해야 한다고 보았다. 이러한 관점은 금융이 직접적인 생산 수단이 아니므로 단기적일 때와는 달리 장기적으로는 경제 성장에 영향을 미치지 못한다는 인식과, 자산 시장에서는 가격이 본질적 가치를 초과하여 폭등하는 버블이 존재하지 않는다는 효율적 시장 가설에 기인한다. 미시 건전성 정책은 개별 금융 회사의 건전성에 대한 예방적 규제 성격을 가진 정책 수단을 활용하는데, 그 예로는 향후 손실에 대비하여 금융 회사의 자기자본 하한을 설정하는 최저 자기자본 규제를 들 수 있다.

이처럼 전통적인 경제학에서는 금융감독 정책을 통해 금융 안정을, 통화 정책을 통해 물가 안정을 달성할 수 있다고 보는 이원적인 접근 방식이 지배적인 견해였다. 그러나 글로벌 금융 위기 이후 금융 시스템이 와해되어 경제 불안이 확산되면서 기존의 접근 방식에 대한 자성이 일어났다. 이 당시 경기 부양을 목적으로 한 중앙은행의 저금리 정책이 자산 가격 버블에 따른 금융 불안을 야기하여 경제 안정이 훼손될 수 있다는 데 공감대가 형성되었다. 또한 금융 회사가 대형화되면서 개별 금융 회사의 부실이 금융 시스템의 붕괴를 야기할 수 있게 됨에 따라 금융 회사 규모가 금융 안정의 새로운 위험 요인으로 등장하였다. 이에 기존의 정책으로는 금융 안정을 확보할 수 없고, 경제 안정을 위해서는 물가 안정뿐만 아니라 금융 안정도 필수적인 요건임이 밝혀졌다. 그 결과 미시 건전성 정책에 ㉡ 거시 건전성 정책이 추가된 금융감독 정책과 물가 안정을 위한 통화 정책 간의 상호 보완을 통해 경제 안정을 달성해야 한다는 견해가 주류를 형성하게 되었다.

거시 건전성이란 개별 금융 회사 차원이 아니라 금융 시스템 차원의 위기 가능성이 낮아 건전한 상태를 말하고, 거시 건전성 정책은 금융 시스템의 건전성을 추구하는 규제 및 감독 등을 포괄하는 활동을 의미한다. 이때, 거시 건전성 정책은 미시 건전성이 거시 건전성을 담보할 수 있는 충분조건이 되지 못한다는 '구성의 오류'에 논리적 기반을 두고 있다. 거시 건전성 정책은 금융 시스템 위험 요인에 대한 예방적 규제를 통해 금융 시스템의 건전성을 추구한다는 점에서, 미시 건전성 정책과는 차별화된다.

거시 건전성 정책의 목표를 효과적으로 달성하기 위해서는 경기 변동과 금융 시스템 위험 요인 간의 상관관계를 감안한 정책 수단의 도입이 필요하다. 금융 시스템 위험 요인은 경기 순응성을 가진다. 즉 경기가 호황일 때는 금융 회사들이 대출을 늘려 신용 공급을 팽창시킴에 따라 자산 가격이 급등하고, 이는 다시 경기를 더 과열시키는 반면 불황일 때는 그 반대의 상황이 일어난다. 이를 완화할 수 있는 정책 수단으로는 경기 대응 완충자본 제도를 ⓐ 들 수 있다. 이 제도는 정책 당국이 경기 과열기에 금융 회사로 하여금 최저 자기자본에 추가적인 자기자본, 즉 완충자본을 쌓도록 하여 과도한 신용 팽창을 억제시킨다. 한편 적립된 완충자본은 경기 침체기에 대출 재원으로 쓰도록 함으로써 신용이 충분히 공급되도록 한다.

27. 윗글을 통해 알 수 있는 것은?

① 글로벌 금융 위기 이전에는, 금융이 단기적으로 경제 성장에 영향을 미치지 못한다고 보았다.
② 글로벌 금융 위기 이전에는, 개별 금융 회사가 건전하다고 해서 금융 안정이 달성되는 것은 아니라고 보았다.
③ 글로벌 금융 위기 이전에는, 경기 침체기에는 통화 정책과 더불어 금융감독 정책을 통해 경기를 부양시켜야 한다고 보았다.
④ 글로벌 금융 위기 이후에는, 정책 금리 인하가 경제 안정을 훼손하는 요인이 될 수 있다고 보았다.
⑤ 글로벌 금융 위기 이후에는, 경기 변동이 자산 가격 변동을 유발하나 자산 가격 변동은 경기 변동을 유발하지 않는다고 보았다.

28. ㉠과 ㉡에 대한 설명으로 적절하지 <u>않은</u> 것은?

① ㉠에서는 물가 안정을 위한 정책 수단과는 별개의 정책 수단을 통해 금융 안정을 달성하고자 한다.
② ㉡에서는 신용 공급의 경기 순응성을 완화시키는 정책 수단이 필요하다.
③ ㉠은 ㉡과 달리 예방적 규제 성격의 정책 수단을 사용하여 금융 안정을 달성하고자 한다.
④ ㉡은 ㉠과 달리 금융 시스템 위험 요인을 감독하는 정책 수단을 사용한다.
⑤ ㉠과 ㉡은 모두 금융 안정을 달성하기 위해 금융 회사의 자기자본을 이용한 정책 수단을 사용한다.

29. 윗글을 바탕으로 할 때, <보기>의 A~D에 들어갈 말을 바르게 짝지은 것은?

< 보기 >

　미시 건전성 정책과 거시 건전성 정책 간에는 정책 수단 운용에서 입장 차이가 존재한다. 경기가 (A)일 때 (B) 건전성 정책에서는 완충자본을 (C)하도록 하고, (D) 건전성 정책에서는 최소 수준 이상의 자기자본을 유지하도록 하여 개별 금융 회사의 건전성을 확보하려 한다.

---

① A: 불황 B: 거시 C: 사용 D: 미시
② A: 호황 B: 거시 C: 사용 D: 미시
③ A: 불황 B: 거시 C: 적립 D: 미시
④ A: 호황 B: 미시 C: 적립 D: 거시
⑤ A: 불황 B: 미시 C: 사용 D: 거시

30. 윗글과 <보기>에 대한 이해로 적절하지 <u>않은</u> 것은?

[3점]

> < 보기 >
>
> 현실에서의 통화 정책 효과는 경기에 대해 비대칭적인 것으로 알려져 있다. 통화 정책은 경기 과열을 억제하는 데는 효과적이지만 경기 침체를 벗어나는 데는 효과가 미미하기 때문이다. 경기 침체를 극복하기 위해 중앙은행의 정책 금리 인하로 은행이 대출을 늘려 신용 공급을 확대하려 해도, 가계의 소비 심리가 위축되었거나 기업이 투자할 대상이 마땅치 않을 경우 전통적인 통화 정책에서 기대되는 효과는 나타나지 않게 된다. 오히려 확대된 신용 공급이 주식이나 부동산 등 자산 시장으로 과도하게 유입되어 의도치 않은 문제를 일으킬 수 있다.
>
> 경제학자들은 경제 주체들이 경기 상황에 대해 비대칭적으로 반응하기 때문에 나타나는 이러한 현상을 '끈 밀어올리기(pushing on a string)'라고 부른다. 이는 끈을 당겨서 아래로 내리는 것은 쉽지만, 밀어서 위로 올리는 것은 어렵다는 것에 빗댄 것이다.

① '끈 밀어올리기'를 통해 경기 침체기에 자산 가격 버블이 발생하는 경우를 설명할 수 있겠군.

② 현실에서 경기가 침체되었을 경우 정책 금리 인하에 따른 경기 부양 효과는 경제 주체의 심리에 따라 달라질 수 있겠군.

③ '끈 밀어올리기'가 있을 경우 경기 침체기에 금융 안정을 달성하려면 경기 대응 완충자본 제도의 도입이 필요하겠군.

④ 통화 정책 효과가 경기에 대해 비대칭적이라면 경기 침체기에는 정책 금리 조정 이외의 방안을 도입할 필요가 있겠군.

⑤ 통화 정책 효과가 경기에 대해 비대칭적이라면 정책 금리 인상은 신용 공급을 축소시킴으로써 경기를 진정시킬 수 있겠군.

31. 문맥상 의미가 ⓐ와 가장 가까운 것은?

① 나는 그 사람에게 친근감이 <u>든다</u>.

② 그는 목격자의 진술을 증거로 <u>들고</u> 있다.

③ 그분은 이미 대가의 경지에 <u>든</u> 학자이다.

④ 하반기에 <u>들자</u> 수출이 서서히 증가하기 시작했다.

⑤ 젊은 부부는 집을 마련하기 위해 적금을 <u>들기로</u> 했다.

다음 글을 읽고 물음에 답하시오.

물건을 사용하고 있는 사람이 그 물건의 주인일까? 점유란 물건에 대한 사실상의 지배 상태를 뜻한다. 이에 비해 소유란 어떤 물건을 사용·수익·처분할 수 있는 권리를 가진 상태라고 정의된다. 따라서 점유자와 소유자가 항상 일치하지는 않는다.

[A]
　물건을 빌려 쓰거나 보관하고 있는 것을 포함하여 물건을 물리적으로 지배하는 상태를 직접점유라고 한다. 이에 비해 어떤 물건을 빌려 쓰거나 보관하는 사람에게 그 물건의 반환을 청구할 수 있는 권리를 가진 사람도 사실상의 지배를 한다고 볼 수 있다. 이와 같이 반환청구권을 가진 상태를 간접점유라고 한다. 직접점유와 간접점유는 모두 점유에 해당한다. 점유는 소유자를 공시하는 기능도 수행한다. 공시란 물건에 대해 누가 어떤 권리를 가지고 있는지를 알려 주는 것이다. 물건 중에서 피아노, 금반지, 가방 등과 같은 대부분의 동산은 점유에 의해 소유권이 공시된다.

물건의 소유권이 양도되려면, 소유자가 양도인이 되어 양수인과 유효한 양도 계약을 하고 이에 더하여 소유권 양도를 공시해야 한다. ㉠ 점유로 소유권이 공시되는 동산의 소유권 양도는 점유를 넘겨주는 점유 인도로 공시된다. 양수인이 간접점유를 하여 소유권 이전이 공시되는 경우로서 '점유개정'과 '반환청구권 양도'가 있다. 예를 들어 A가 B에게 피아노의 소유권을 양도하기로 계약하되 사흘간 빌려 쓰는 것으로 합의한 경우, B는 A에게 피아노를 사흘 후 돌려 달라고 요구할 수 있는 반환청구권을 가지게 된다. 이처럼 양도인이 직접점유를 유지하지만, 양수인에게 점유 인도가 이루어진 것으로 간주되는 경우를 점유개정이라고 한다. 한편 C가 자신이 소유한 가방을 D에게 맡겨 두어 이에 대한 반환 청구권을 가지게 되었는데, 이 가방의 소유권을 E에게 양도하는 계약을 체결하였다고 하자. 이때 C가 D에게 통지하여 가방 주인이 바뀌었으니 가방을 E에게 반환하라고 알려 주면 D가 보관 중인 가방에 대한 반환청구권은 C로부터 E에게로 넘어간다. 이 경우를 반환청구권 양도라고 한다.

양도인이 소유자가 아니더라도 양수인이 점유 인도를 받으면 소유권을 취득할 수 있을까? 점유로 공시되는 동산의 경우 양수인이 충분히 주의를 했는데도 양도인이 소유자가 아님을 알지 못한 채 양도인과 유효한 계약을 하고, 점유 인도로 공시를 했다면 양수인은 소유권을 취득한다. 이것을 '선의취득'이라 한다. 다만 간접점유에 의한 인도 방법 중 점유개정으로는 선의취득을 하지 못한다. 선의취득으로 양수인이 소유권을 취득하면 원래 소유자는 원하지 않아도 소유권을 상실하게 된다.

반면에 국가가 관리하는 공적 기록인 등기·등록으로 공시되어야 하는 물건은 아예 선의취득 대상이 아니다. ㉡ 법률이 등록 대상으로 규정한 자동차, 항공기 등의 동산은 등록으로 공시되는 물건이고, ㉢ 토지·건물과 같은 부동산은 등기로 공시되는 물건이다. 이러한 고가의 재산에 대해 선의취득을 허용하게 되면 원래 소유자의 의사에 반하는 소유권 박탈이 ⓐ 일어나게 된다. 이것은 거래 안전에만 치중하고 원래 소유자의 권리 보호를 경시한 것이 되어 바람직하지 않다고 볼 수 있다.

27. 윗글을 이해한 내용으로 적절하지 <u>않은</u> 것은?

① 가방을 사용하고 있는 사람은 그 가방의 점유자이다.

② 가방을 점유하고 있더라도 그 가방의 소유자가 아닐 수 있다.

③ 가방의 소유권이 유효한 계약으로 이전되려면 점유 인도가 있어야 한다.

④ 가방에 대해 누가 소유권을 가지고 있는지를 알게 해 주는 방법은 점유이다.

⑤ 가방의 소유권을 양도하는 유효한 계약을 체결하면 공시 방법이 갖춰지지 않아도 소유권은 이전된다.

28. [A]에 대한 이해로 가장 적절한 것은?

① 물리적 지배를 해야 동산의 간접점유자가 될 수 있다.
② 간접점유는 피아노 소유권에 대한 공시 방법이 아니다.
③ 하나의 동산에 직접점유자가 있으려면 간접점유자도 있어야 한다.
④ 피아노의 직접점유자가 있으면 그 피아노의 간접점유자는 소유자가 아니다.
⑤ 유효한 양도 계약으로 피아노의 소유자가 되려면 피아노에 대해 직접점유나 간접점유 중 하나를 갖춰야 한다.

29. ㉠~㉢을 비교한 내용으로 가장 적절한 것은?

① ㉠은 ㉢과 달리, 국가가 관리하는 공적 기록에 의해 소유권 양도가 공시될 수 있다.
② ㉡은 ㉠과 달리, 원래 소유자의 권리 보호가 거래 안전보다 중시되는 대상이다.
③ ㉢은 ㉠과 달리 물리적 지배의 대상이 아니므로 점유로 공시될 수 없다.
④ ㉠과 ㉡은 모두 양도인이 소유자가 아니더라도 소유권 이전이 가능하다.
⑤ ㉠과 ㉢은 모두 점유개정으로 소유권 양도가 공시될 수 있다.

30. 윗글을 바탕으로 할 때, <보기>를 이해한 내용으로 적절하지 <u>않은</u> 것은? [3점]

<보기>

갑과 을은, 갑이 끼고 있었던 금반지의 소유권을 을에게 양도하기로 하는 유효한 계약을 했다. 갑과 을은, 갑이 이 금반지를 보관하다가 을이 요구할 때 넘겨주기로 합의했다. 을은 소유권 양도 계약을 할 때 양도인이 소유자라고 믿었고 양도인이 소유자인지 확인하기 위해 충분히 주의했다. 을은 일주일 후 병과 유효한 소유권 양도 계약을 했고, 갑에게 통지하여 사흘 후 병에게 금반지를 넘겨주라고 알려 주었다.

① 갑이 금반지 소유자였다면, 병이 금반지의 물리적 지배를 넘겨받지 않았으나 병은 소유권을 취득한다.
② 갑이 금반지 소유자였다면, 을은 갑으로부터 물리적 지배를 넘겨받지 않았으나 점유 인도를 받은 것으로 간주된다.
③ 갑이 금반지 소유자가 아니었더라도, 병은 을로부터 을이 가진 소유권을 양도받아 취득한다.
④ 갑이 금반지 소유자가 아니었더라도, 을은 반환청구권 양도로 병에게 점유 인도를 한 것으로 간주된다.
⑤ 갑이 금반지 소유자가 아니었더라도, 병이 계약할 때 양도인이 소유자라고 믿었고 양도인이 소유자인지 확인하기 위해 충분히 주의했다면, 병은 소유권을 취득한다.

31. 문맥상 의미가 ⓐ와 가장 가까운 것은?

① 작년은 우리나라에서 수많은 사건이 <u>일어난</u> 해였다.
② 청중 사이에서는 기쁨으로 인해 환호성이 <u>일어났다</u>.
③ 형님의 강한 의지력으로 집안이 다시 <u>일어나게</u> 되었다.
④ 나는 그 사람에 대해 경계심이 <u>일어나지</u> 않을 수 없었다.
⑤ 사회는 구성원들이 부조리에 맞서 <u>일어남으로써</u> 발전한다.

다음 글을 읽고 물음에 답하시오.

국제법에서 일반적으로 조약은 국가나 국제기구들이 그들 사이에 지켜야 할 구체적인 권리와 의무를 명시적으로 합의하여 창출하는 규범이며, 국제 관습법은 조약 체결과 관계없이 국제 사회 일반이 받아들여 지키고 있는 보편적인 규범이다. 반면에 경제 관련 국제기구에서 어떤 결정을 하였을 경우, 이 결정 사항 자체는 권고적 효력만 있을 뿐 법적 구속력은 없는 것이 일반적이다. 그런데 국제결제은행 산하의 바젤위원회가 결정한 BIS 비율 규제와 같은 것들이 비회원의 국가에서도 엄격히 준수되는 모습을 종종 보게 된다. 이처럼 일종의 규범적 성격이 나타나는 현실을 어떻게 이해할지에 대한 논의가 있다. 이는 위반에 대한 제재를 통해 국제법의 효력을 확보하는 데 주안점을 두는 일반적 경향을 되돌아보게 한다. 곧 신뢰가 형성하는 구속력에 주목하는 것이다.

BIS 비율 은 은행의 재무 건전성을 유지하는 데 필요한 최소한의 자기자본 비율을 설정하여 궁극적으로 예금자와 금융 시스템을 보호하기 위해 바젤위원회에서 도입한 것이다. 바젤위원회에서는 BIS 비율이 적어도 규제 비율인 8%는 되어야 한다는 기준을 제시하였다. 이에 대한 식은 다음과 같다.

$$BIS\ \text{비율}(\%) = \frac{\text{자기자본}}{\text{위험가중자산}} \times 100 \geq 8\,(\%)$$

여기서 자기자본은 은행의 기본자본, 보완자본 및 단기후순위 채무의 합으로, 위험가중자산은 보유 자산에 각 자산의 신용 위험에 대한 위험 가중치를 곱한 값들의 합으로 구하였다. 위험 가중치는 자산 유형별 신용 위험을 반영하는 것인데, OECD 국가의 국채는 0%, 회사채는 100%가 획일적으로 부여되었다. 이후 금융 자산의 가격 변동에 따른 시장 위험도 반영해야 한다는 요구가 커지자, 바젤위원회는 위험가중자산을 신용 위험에 따른 부분과 시장 위험에 따른 부분의 합으로 새로 정의하여 BIS 비율을 산출하도록 하였다. 신용 위험의 경우와 달리 시장 위험의 측정 방식은 감독 기관의 승인하에 은행의 선택에 따라 사용할 수 있게 하여 '바젤 I' 협약이 1996년에 완성되었다.

금융 혁신의 진전으로 '바젤 I' 협약의 한계가 드러나자 2004년에 '바젤 II' 협약이 도입되었다. 여기에서 BIS 비율의 위험가중자산은 신용 위험에 대한 위험 가중치에 자산의 유형과 신용도를 모두 ⓐ 고려하도록 수정되었다. 신용 위험의 측정 방식은 표준 모형이나 내부 모형 가운데 하나를 은행이 이용할 수 있게 되었다. 표준 모형에서는 OECD 국가의 국채는 0%에서 150%까지, 회사채는 20%에서 150%까지 위험 가중치를 구분하여 신용도가 높을수록 낮게 부과한다. 예를 들어 실제 보유한 회사채가 100억 원인데 신용 위험 가중치가 20%라면 위험가중자산에서 그 회사채는 20억 원으로 계산된다. 내부 모형은 은행이 선택한 위험 측정 방식을 감독 기관의 승인하에 그 은행이 사용할 수 있도록 하는 것이다. 또한 감독 기관은 필요시 위험가중자산에 대한 자기자본의 최저 비율이 ⓑ 규제 비율을 초과하도록 자국 은행에 요구할 수 있게 함으로써 자기자본의 경직된 기준을 보완하고자 했다.

최근에는 '바젤 III' 협약이 발표되면서 자기자본에서 단기후순위 채무가 제외되었다. 또한 위험가중자산에 대한 기본자본의 비율이 최소 6%가 되게 보완하여 자기자본의 손실 복원력을 강화하였다. 이처럼 새롭게 발표되는 바젤 협약은 이전 협약에 들어 있는 관련 기준을 개정하는 효과가 있다.

바젤 협약은 우리나라를 비롯한 수많은 국가에서 채택하여 제도화하고 있다. 현재 바젤위원회에는 28개국의 금융 당국들이 회원으로 가입되어 있으며, 우리 금융 당국은 2009년에 가입하였다. 하지만 우리나라는 가입하기 훨씬 전부터 BIS 비율을 도입하여 시행하였으며, 현행 법제에도 이것이 반영되어 있다. 바젤 기준을 따름으로써 은행이 믿을 만하다는 징표를 국제 금융 시장에 보여 주어야 했던 것이다. 재무 건전성을 의심받는 은행은 국제 금융 시장에 자리를 잡지 못하거나, 심하면 아예 ⓒ 발을 들이지 못할 수도 있다.

바젤위원회에서는 은행 감독 기준을 협의하여 제정한다. 그 헌장에서는 회원들에게 바젤 기준을 자국에 도입할 의무를 부과한다. 하지만 바젤위원회가 초국가적 감독 권한이 없으며 그의 결정도 ⓓ 법적 구속력이 없다는 것 또한 밝히고 있다. 바젤 기준은 100개가 넘는 국가가 채택하여 따른다. 이는 국제기구의 결정에 형식적으로 구속을 받지 않는 국가에서까지 자발적으로 받아들여 시행하고 있다는 것인데, 이런 현실을 ㉠ 말랑말랑한 법(soft law)의 모습이라 설명하기도 한다. 이때 조약이나 국제 관습법은 그에 대비하여 딱딱한 법(hard law)이라 부르게 된다. 바젤 기준도 장래에 ㉡ 딱딱하게 응고될지 모른다.

37. 윗글의 내용 전개 방식으로 가장 적절한 것은?

① 특정한 국제적 기준의 내용과 그 변화 양상을 서술하며 국제 사회에 작용하는 규범성을 설명하고 있다.

② 특정한 국제적 기준이 제정된 원인을 서술하며 국제 사회의 규범을 감독 권한의 발생 원인에 따라 분류하고 있다.

③ 특정한 국제적 기준의 필요성을 서술하며 국제 사회에 수용되는 규범의 필요성을 상반된 관점에서 논증하고 있다.

④ 특정한 국제적 기준과 관련된 국내법의 특징을 서술하며 국제 사회에 받아들여지는 규범의 장단점을 설명하고 있다.

⑤ 특정한 국제적 기준의 설정 주체가 바뀐 사례를 서술하며 국제 사회에서 규범 설정 주체가 지닌 특징을 분석하고 있다.

38. 윗글에서 알 수 있는 내용으로 적절하지 **않은** 것은?

① 조약은 체결한 국가들에 대하여 권리와 의무를 부과하는 것이 원칙이다.

② 새로운 바젤 협약이 발표되면 기존 바젤 협약에서의 기준이 변경되는 경우가 있다.

③ 딱딱한 법에서는 일반적으로 제재보다는 신뢰로써 법적 구속력을 확보하는 데 주안점이 있다.

④ 국제기구의 결정을 지키지 않을 때 입게 될 불이익은 그 결정이 준수되도록 하는 역할을 한다.

⑤ 세계 각국에서 바젤 기준을 법제화하는 것은 자국 은행의 재무 건전성을 대외적으로 인정받기 위해서이다.

39. BIS 비율 에 대한 이해로 가장 적절한 것은?

① 바젤 I 협약에 따르면, 보유하고 있는 회사채의 신용도가 낮아질 경우 BIS 비율은 낮아지는 경향이 있다.

② 바젤 II 협약에 따르면, 각국의 은행들이 준수해야 하는 위험 가중자산 대비 자기자본의 최저 비율은 동일하다.

③ 바젤 II 협약에 따르면, 보유하고 있는 OECD 국가의 국채를 매각한 뒤 이를 회사채에 투자한다면 BIS 비율은 항상 높아진다.

④ 바젤 II 협약에 따르면, 시장 위험의 경우와 마찬가지로 감독 기관의 승인하에 은행이 선택하여 사용할 수 있는 신용 위험의 측정 방식이 있다.

⑤ 바젤 III 협약에 따르면, 위험가중자산 대비 보완자본이 최소 2%는 되어야 보완된 BIS 비율 규제를 은행이 준수할 수 있다.

40. 윗글을 참고할 때, <보기>에 대한 반응으로 적절하지 않은 것은? [3점]

갑 은행이 어느 해 말에 발표한 자기자본 및 위험가중자산은 아래 표와 같다. 갑 은행은 OECD 국가의 국채와 회사채만을 자산으로 보유했으며, 바젤 Ⅱ 협약의 표준 모형에 따라 BIS 비율을 산출하여 공시하였다. 이때 회사채에 반영된 위험 가중치는 50%이다. 그 이외의 자본 및 자산은 모두 무시한다.

항목	자기자본		
	기본자본	보완자본	단기후순위채무
금액	50억 원	20억 원	40억 원

항목	위험 가중치를 반영하여 산출한 위험가중자산		
	신용 위험에 따른 위험가중자산		시험 위험에 따른 위험가중자산
	국채	회사채	
금액	300억 원	300억 원	400억 원

① 갑 은행이 공시한 BIS 비율은 바젤위원회가 제시한 규제 비율을 상회하겠군.
② 갑 은행이 보유 중인 회사채의 위험 가중치가 20%였다면 BIS 비율은 공시된 비율보다 높았겠군.
③ 갑 은행이 보유 중인 국채의 실제 규모가 회사채의 실제 규모보다 컸다면 위험 가중치는 국채가 회사채보다 낮았겠군.
④ 갑 은행이 바젤 Ⅰ 협약의 기준으로 신용 위험에 따른 위험가중자산을 산출한다면 회사채는 600억 원이 되겠군.
⑤ 갑 은행이 위험가중자산의 변동 없이 보완자본을 10억 원 증액한다면 바젤 Ⅲ 협약에서 보완된 기준을 충족할 수 있겠군.

41. ㉠에 해당하는 사례로 가장 적절한 것은?

① 바젤위원회가 국제 금융 현실에 맞지 않게 된 바젤 기준을 개정한다.
② 바젤위원회가 가입 회원이 없는 국가에 바젤 기준을 준수하도록 요청한다.
③ 바젤위원회 회원의 국가가 준수 의무가 있는 바젤 기준을 실제로는 지키지 않는다.
④ 바젤위원회 회원의 국가가 강제성이 없는 바젤 기준에 대하여 준수 의무를 이행한다.
⑤ 바젤위원회 회원이 없는 국가에서 바젤 기준을 제도화하여 국내에서 효력이 발생하도록 한다.

42. 문맥상 @~@와 바꿔 쓰기에 적절하지 않은 것은?

① @: 반영하여 산출하도록
② ⓑ: 8%가 넘도록
③ ⓒ: 바젤위원회에 가입하지
④ ⓓ: 권고적 효력이 있을 뿐이라는
⑤ ⓔ: 조약이나 국제 관습법이 될지

다음 글을 읽고 물음에 답하시오.

특허권은 발명에 대한 정보의 소유자가 특허 출원 및 담당 관청의 심사를 통하여 획득한 특허를 일정 기간 독점적으로 사용할 수 있는 법률상 권리를 말한다. 한편 영업 비밀은 생산 방법, 판매 방법, 그 밖에 영업 활동에 유용한 기술상 또는 경영상의 정보 등으로, 일정 조건을 갖추면 법으로 보호받을 수 있다. 법으로 보호되는 특허권과 영업 비밀은 모두 지식 재산인데, 정보 통신 기술(ICT) 산업은 이 같은 지식 재산을 기반으로 창출된다. 지식 재산 보호 문제와 더불어 최근에는 ICT 다국적 기업이 지식 재산으로 거두는 수입에 대한 과세 문제가 불거지고 있다.

일부 국가에서는 ICT 다국적 기업에 대해 디지털세 도입을 진행 중이다. 디지털세는 이를 도입한 국가에서 ICT 다국적 기업이 거둔 수입에 대해 부과되는 세금이다. 디지털세의 배경에는 법인세 감소에 대한 각국의 우려가 있다. 법인세는 국가가 기업으로부터 걷는 세금 중 가장 중요한 것으로, 재화나 서비스의 판매 등을 통해 거둔 수입에서 제반 비용을 제외하고 남은 이윤에 대해 부과하는 세금이라 할 수 있다.

㉠많은 ICT 다국적 기업이 법인세율이 현저하게 낮은 국가에 자회사를 설립하고 그 자회사에 이윤을 몰아주는 방식으로 법인세를 회피한다는 비판이 있어 왔다. 예를 들면 ICT 다국적 기업 Z사는 법인세율이 매우 낮은 A국에 자회사를 세워 특허의 사용 권한을 부여한다. 그리고 법인세율이 A국보다 높은 B국에 설립된 Z사의 자회사에서 특허 사용으로 수입이 발생하면 Z사는 B국의 자회사로 하여금 A국의 자회사에 특허 사용에 대한 수수료인 로열티를 지출하도록 한다. 그 결과 Z사는 ⓐ B국의 자회사에 법인세가 부과될 이윤을 최소화한다. ICT 다국적 기업의 본사를 많이 보유한 국가에서도 해당 기업에 대한 법인세 징수는 문제가 된다. 그러나 그중 어떤 국가들은 ICT 다국적 기업의 활동이 해당 산업에서 자국이 주도권을 유지하는 데 중요하기 때문에라도 디지털세 도입에는 방어적이다.

[A]
ICT 산업을 주도하는 국가에서 더 중요한 문제는 ICT 지식 재산 보호의 국제적 강화일 수 있다. 이론적으로 봤을 때 지식 재산의 보호가 약할수록 유용한 지식 창출의 유인이 저해되어 지식의 진보가 정체되고, 지식 재산의 보호가 강할수록 해당 지식에 대한 접근을 막아 소수의 사람만이 혜택을 보게 된다. 전자로 발생한 손해를 유인 비용, 후자로 발생한 손해를 접근 비용이라고 한다면, 지식 재산 보호의 최적 수준은 두 비용의 합이 최소가 될 때일 것이다. 각국은 그 수준에서 자국의 지식 재산 보호 수준을 설정한다. 특허 보호 정도와 국민 소득의 관계를 보여 주는 한 연구에서는 국민 소득이 일정 수준 이상인 상태에서는 국민 소득이 증가할수록 특허 보호 정도가 강해지는 경향이 있지만, 가장 낮은 소득 수준을 벗어난 국가들은 그들보다 소득 수준이 낮은 국가들보다 오히려 특허 보호가 약한 것으로 나타났다. 이는 지식 재산 보호의 최적 수준에 대해서도 국가별 입장이 다름을 시사한다.

29. 윗글을 읽고 답을 찾을 수 있는 질문에 해당하지 <u>않는 것</u>은?

① 법으로 보호되는 특허권과 영업 비밀의 공통점은 무엇인가?
② 영업 비밀이 법적 보호 대상으로 인정받기 위한 절차는 무엇인가?
③ ICT 다국적 기업의 수입에 과세하는 제도 도입의 배경은 무엇인가?
④ 로열티는 ICT 다국적 기업의 법인세를 줄이는 데 어떻게 이용되는가?
⑤ 이론적으로 지식 재산 보호의 최적 수준은 어떻게 설정하는가?

30. ⎡디지털세⎤ 에 대한 이해로 가장 적절한 것은?

① 지식 재산 보호를 강화할 수 있는 수단이다.
② 이윤에서 제반 비용을 제외한 금액에 부과된다.
③ ICT 산업에서 주도적인 국가는 도입에 적극적이다.
④ 여러 국가에 자회사를 설립하는 방식으로 줄일 수 있다.
⑤ 도입된 국가에서 ICT 다국적 기업이 거둔 수입에 부과된다.

31. <보기>는 윗글을 읽은 학생이 수행할 학습지의 일부이다. ㉮에 들어갈 말로 가장 적절한 것은? [3점]

───── < 보기 > ─────

◦ 과제: '㉠을 근거로 ICT 다국적 기업에 디지털세가 부과되는 것이 타당한가?'를 검증할 가설에 대한 판단

• 가설

   ICT 다국적 기업 자회사들의 수입 대비 이윤의 비율은 법인세율이 높은 국가일수록 낮다.

• 판단

   가설이 참이라면 ┌ ㉮ ┐ 고 할 수 있으므로 ㉠을 근거로 디지털세를 부과하는 것을 지지할 수 있겠군.

① ICT 다국적 기업 자회사의 수입이 법인세율이 높은 국가일수록 많다
② ICT 다국적 기업이 법인세율이 높은 국가의 자회사에 로열티를 지출한다
③ ICT 다국적 기업 자회사의 수입 대비 제반 비용의 비율이 법인세율이 낮은 국가일수록 높다
④ ICT 다국적 기업이 법인세율이 높은 국가의 자회사에서 수입에 비해 이윤을 줄이는 방식으로 법인세를 줄이고 있다
⑤ 법인세율이 높은 국가에 본사가 있는 ICT 다국적 기업 자회사의 수입 대비 이윤의 비율은 법인세율이 낮은 국가일수록 낮다

32. [A]를 적용하여 <보기>를 이해한 내용으로 적절하지 <u>않은</u> 것은?

───── < 보기 > ─────

   S국은 현재 국민 소득이 가장 낮은 수준의 국가이고 ICT 산업에서 주도적인 국가가 아니다. S국의 특허 보호 정책은 지식 재산 보호 정책을 대표한다.

① ICT 산업에서 주도적인 국가는 S국이 유인 비용을 현재보다 크게 인식하여 지식 재산 보호 수준을 높이기 바라겠군.
② S국에서는 지식 재산 보호 수준이 낮을 때가 높을 때보다 지식 재산 창출 의욕의 저하로 인한 손해가 더 심각하겠군.
③ S국에서 현재의 특허 제도가 특허권을 과하게 보호한다고 판단한다면 지식 재산 보호 수준을 낮춰 접근 비용을 높이고 싶겠군.
④ S국의 국민 소득이 점점 높아진다면 유인 비용과 접근 비용의 합이 최소가 되는 지식 재산 보호 수준은 낮아졌다가 높아지겠군.
⑤ S국이 지식 재산 보호 수준을 높일 때, 지식의 발전이 저해되어 발생하는 손해는 감소하고 다수가 지식 재산의 혜택을 누리지 못하여 발생하는 손해는 증가하겠군.

33. 문맥상 ⓐ와 바꿔 쓰기에 적절하지 <u>않은</u> 것은?

① Z사의 전체적인 법인세 부담을 줄인다
② A국의 자회사가 거두는 수입을 늘린다
③ A국의 자회사가 얻게 될 이윤을 줄인다
④ B국의 자회사가 낼 법인세를 최소화한다
⑤ B국의 자회사가 지출하는 제반 비용을 늘린다

다음 글을 읽고 물음에 답하시오.

국가, 지방 자치 단체와 같은 행정 주체가 행정 목적을 ⓐ 실현하기 위해 국민의 권리를 제한하거나 국민에게 의무를 부과하는 '행정 규제'는 국회가 제정한 법률에 근거해야 한다. 그러나 국회가 아니라, 대통령을 수반으로 하는 행정부나 지방 자치 단체와 같은 행정 기관이 제정한 법령인 행정입법에 의한 행정 규제의 비중이 커지고 있다. 드론과 관련된 행정 규제 사항들처럼, 첨단 기술과 관련되거나, 상황 변화에 즉각 대처해야 하거나, 개별적 상황을 ⓑ 반영하여 규제를 달리해야 하는 행정 규제 사항들이 늘어나고 있기 때문이다. 행정 기관은 국회에 비해 이러한 사항들을 다루기에 적합하다.

행정입법의 유형에는 위임명령, 행정규칙, 조례 등이 있다. 헌법에 따르면, 국회는 행정 규제 사항에 관한 법률을 제정할 때 특정한 내용에 관한 입법을 행정부에 위임할 수 있다. 이에 따라 제정된 행정입법을 위임명령이라고 한다. 위임명령은 제정 주체에 따라 대통령령, 총리령, 부령으로 나누어진다. 이들은 모두 국민에게 적용되기 때문에 입법예고, 공포 등의 절차를 거쳐야 한다. 위임명령은 입법부인 국회가 자신의 권한의 일부를 행정부에 맡겼기 때문에 정당화될 수 있다. 그래서 특정한 행정 규제의 근거 법률이 위임명령으로 제정할 사항의 범위를 정하지 않은 채 위임하는 포괄적 위임은 헌법상 삼권 분립 원칙에 저촉된다. 위임된 행정 규제 사항의 대강을 위임 근거 법률의 내용으로부터 ⓒ 예측할 수 있어야 한다는 것이다. 다만 행정 규제 사항의 첨단 기술 관련성이 클수록 위임 근거 법률이 위임할 수 있는 사항의 범위가 넓어진다. 한편, 위임명령이 법률로부터 위임받은 범위를 벗어나서 제정되거나, 위임 근거 법률이 사용한 어구의 의미를 확대하거나 축소하여 제정되어서는 안 된다. ㉠위임명령이 이러한 제한을 위반하여 제정되면 효력이 없다.

행정규칙은 원래 행정부의 직제나 사무 처리 절차에 관한 행정입법으로서 고시(告示), 예규 등이 여기에 속한다. 일반 국민에게는 직접 적용되지 않기 때문에, 법률로부터 위임받지 않아도 유효하게 제정될 수 있고 위임

명령 제정 시와 동일한 절차를 거칠 필요가 없다. 그러나 행정 규제 사항에 관하여 행정규칙이 제정되는 예외적인 경우도 있다. 위임된 사항이 첨단 기술과의 관련성이 매우 커서 위임명령으로는 ⓓ 대응하기 어려워 불가피한 경우, 위임 근거 법률이 행정입법의 제정 주체만 지정하고 행정입법의 유형을 지정하지 않았다면 위임된 사항이 고시나 예규로 제정될 수 있다. 이런 경우의 행정규칙은 위임명령과 달리, 입법예고, 공포 등을 거치지 않고 제정된다.

조례는 지방 의회가 제정하는 행정입법으로 지역의 특수성을 반영하여 제정되고 지역에서 발생하는 사안에 대해 적용된다. 제정 주체가 지방 자치 단체의 기관인 지방 의회라는 점에서 행정부에서 제정하는 위임명령, 행정규칙과 ⓔ 구별된다. 조례도 행정 규제 사항을 규정하려면 법률의 위임에 근거해야 한다. 또한 법률로부터 포괄적 위임을 받을 수 있지만 위임 근거 법률이 사용한 어구의 의미를 다르게 사용할 수 없다. 조례는 입법예고, 공포 등의 절차를 거쳐 제정된다.

26. 윗글의 내용과 일치하는 것은?

① 행정입법에 속하는 법령들은 제정 주체가 동일하다.
② 행정입법에 속하는 법령들은 모두 개별적 상황과 지역의 특수성을 반영한다.
③ 행정입법에 속하는 법령들은 모두 정당성을 확보하기 위하여 국회의 위임에 근거한다.
④ 행정 규제 사항에 적용되는 행정입법은 모두 포괄적 위임이 금지되어 있다.
⑤ 행정부가 국회보다 신속히 대응할 수 있는 행정 규제 사항은 행정입법의 대상으로 적합하다.

27. ㉠의 이유로 가장 적절한 것은?

① 그 위임명령이 법률의 근거 없이 행정 규제 사항을 규정했기 때문이다.
② 그 위임명령이 포괄적 위임을 받아 제정된 경우에 해당하기 때문이다.
③ 그 위임명령이 첨단 기술에 대한 내용을 정확히 반영하지 않았기 때문이다.
④ 그 위임명령이 국민의 권리를 제한하는 권한을 행정 기관에 맡겼기 때문이다.
⑤ 그 위임명령이 구체적 상황의 특성을 반영한 융통성 있는 대응을 하지 못했기 때문이다.

28. 행정규칙 에 관한 설명 중 적절하지 않은 것은?

① 행정부의 직제나 사무 처리 절차를 규정하는 경우, 법률의 위임이 요구되지 않는다.
② 행정부의 직제나 사무 처리 절차를 규정하는 경우, 일반 국민에게 직접 적용되지 않는다.
③ 행정 규제 사항을 규정하는 경우, 위임명령의 제정 절차를 따르지 않는다.
④ 행정 규제 사항을 규정하는 경우, 위임 근거 법률의 위임을 받은 제정 주체에 의해 제정된다.
⑤ 행정 규제 사항을 규정하는 경우, 위임 근거 법률로부터 위임받을 수 있는 사항의 범위가 위임명령과 같다.

29. 윗글을 바탕으로 <보기>의 ㉮~㉰에 대해 이해한 내용으로 가장 적절한 것은? [3점]

─────< 보기 >─────

갑은 새로 개업한 자신의 가게 홍보를 위해 인근 자연 공원에 현수막을 설치하려고 한다. 현수막 설치에 관한 행정 규제의 내용을 확인하기 위해 ○○ 시청에 문의하고 아래와 같은 회신을 받았다.

문의하신 내용에 대해 다음과 같이 알려 드립니다.

㉮「옥외광고물 등의 관리와 옥외광고산업 진흥에 관한 법률」 제3조(광고물 등의 허가 또는 신고)에 따른 허가 또는 신고 대상 광고물에 관한 사항은 대통령령인 ㉯「옥외광고물 등의 관리와 옥외광고산업 진흥에 관한 법률 시행령」 제5조에 규정되어 있습니다. 이에 따르면 문의하신 규격의 현수막을 설치하시려면 설치 전에 신고하셔야 합니다.

또한 위 법률 제16조(광고물 실명제)에 의하면, 신고 번호, 표시 기간, 제작자명 등을 표시하도록 규정하고 있습니다. 표시하는 방법에 대해서는 ㉰○○ 시 지방 의회에서 제정한 법령에 따르셔야 합니다.

① ㉮의 제3조의 내용에서 ㉯의 제5조의 신고 대상 광고물에 관한 사항의 구체적 내용을 확인할 수 있겠군.
② ㉯의 제5조는 ㉮의 제16조로부터 제정할 사항의 범위가 정해져 위임을 받았겠군.
③ ㉯는 ㉰와 달리 입법예고와 공포 절차를 거쳤겠군.
④ ㉯에 나오는 ‘광고물’의 의미와 ㉰에 나오는 ‘광고물’의 의미는 일치하겠군.
⑤ ㉰를 준수해야 하는 국민 중에는 ㉯를 준수하지 않아도 되는 국민이 있겠군.

30. 문맥상 ⓐ~ⓔ와 바꿔 쓰기에 가장 적절한 것은?

① ⓐ: 나타내기
② ⓑ: 드러내어
③ ⓒ: 헤아릴
④ ⓓ: 마주하기
⑤ ⓔ: 달라진다

다음 글을 읽고 물음에 답하시오.

채권은 어떤 사람이 다른 사람에게 특정 행위를 요구할 수 있는 권리이다. 이 특정 행위를 급부라 하고, 특정 행위를 해주어야 할 의무를 채무라 한다. 채무자가 채권을 ⓐ 가진 이에게 급부를 이행하면 채권에 대응하는 채무는 소멸한다. 급부는 재화나 서비스 제공인 경우가 많지만 그 외의 내용일 수도 있다.

민법상의 권리는 여러 가지가 있는데 계약 없이 법률로 정해진 요건의 충족으로 발생하기도 하지만 대개 계약의 효력으로 발생한다. 계약이란 권리 발생 등에 관한 당사자의 합의로서, 계약이 성립하면 합의 내용대로 권리 발생 등의 효력이 인정되는 것이 원칙이다. 당장 필요한 재화나 서비스는 그 제공을 급부로 하는 계약을 성립시켜 확보하면 되지만 미래에 필요할 수도 있는 재화나 서비스라면 계약을 성립시킬 수 있는 권리를 확보하는 것이 유리하다. 이를 위해 '예약'이 활용된다. 일상에서 예약이라고 할 때와 법적인 관점에서의 예약은 구별된다. ㉠ 기차 탑승을 위해 미리 돈을 지불하고 승차권을 구입하는 것을 '기차 승차권을 예약했다'고도 하지만 이 경우는 예약에 해당하지 않는 계약이다. 법적으로 예약은 당사자들이 합의한 내용대로 권리가 발생하는 계약의 일종으로, 재화나 서비스 제공을 급부 내용으로 하는 다른 계약인 '본계약'을 성립시킬 수 있는 권리 발생을 목적으로 한다.

[A]
예약은 예약상 권리자가 가지는 권리의 법적 성질에 따라 두 가지 유형으로 나뉜다. 첫째는 채권을 발생시키는 예약이다. 이 채권의 급부 내용은 '예약상 권리자의 본계약 성립 요구에 대해 상대방이 승낙하는 것'이다. 회사의 급식 업체 공모에 따라 여러 업체가 신청한 경우 그중 한 업체가 선정되었다고 회사에서 통지하면 예약이 성립한다. 이에 따라 선정된 업체가 급식을 제공하고 대금을 ⓑ 받기로 하는 본계약 체결을 요청하면 회사는 이에 응할 의무를 진다. 둘째는 예약 완결권을 발생시키는 예약이다. 이 경우 예약상 권리자가 본계약을 성립시키겠다는 의사를 표시하는 것만으로 본계약이 성립한다. 가족 행사를

위해 식당을 예약한 사람이 식당에 도착하여 예약 완결권을 행사하면 곧바로 본계약이 성립하므로 식사 제공이라는 급부에 대한 계약상의 채권이 발생한다.

예약에서 예약상의 급부나 본계약상의 급부가 이행되지 않는 문제가 ⓒ 생길 수 있는데, 예약의 유형에 따라 발생 문제의 양상이 다르다. 일반적으로 급부가 이행되지 않아 채권자에게 손해가 발생한 경우 채무자는 자신의 고의나 과실에서 비롯된 것이 아님을 증명하지 못하는 한 채무 불이행 책임을 진다. 이로 인해 채무의 내용이 바뀌는데 원래의 급부 내용이 무엇이든 채권자의 손해를 돈으로 물어야 하는 손해 배상 채무로 바뀐다.

만약 타인이 고의나 과실로 예약상 권리자가 가진 권리 실현을 방해했다면 예약상 권리자는 그에게도 책임을 ⓓ 물을 수 있다. 법률에 의하면 누구든 고의나 과실에 의해 타인에게 피해를 ⓔ 끼치는 행위를 하고 그 행위의 위법성이 인정되면 불법행위 책임이 성립하여, 가해자는 피해자에게 손해를 돈으로 배상할 채무를 지기 때문이다. 다만 예약상 권리자에게 예약 상대방이나 방해자 중 누구라도 손해 배상을 하면 다른 한쪽의 배상 의무도 사라진다. 급부 내용이 동일하기 때문이다.

26. 윗글에 대한 이해로 적절하지 <u>않은</u> 것은?

① 계약상의 채권은 계약이 성립하면 추가 합의가 없어도 발생하는 것이 원칙이다.
② 재화나 서비스 제공을 대상으로 하는 권리 외에 다른 형태의 권리도 존재한다.
③ 예약상 권리자는 본계약상 권리의 발생 여부를 결정할 수 있다.
④ 급부가 이행되면 채무자의 채권자에 대한 채무가 소멸된다.
⑤ 불법행위 책임은 계약의 당사자 사이에 국한된다.

27. ㉠에 대한 이해로 가장 적절한 것은?

① 기차 탑승은 채권에 해당하고 돈을 지불하는 행위는 그 채권의 대상인 급부에 해당한다.
② 기차를 탑승하지 않는 것은 승차권 구입으로 발생한 채권에 대응하는 의무를 포기하는 것이다.
③ 기차 승차권을 미리 구입하는 것은 계약을 성립시키면서 채권의 행사 시점을 미래로 정해 두는 것이다.
④ 승차권 구입은 계약 없이 법률로 정해진 요건을 충족하여 서비스를 제공받을 권리를 발생시키는 행위이다.
⑤ 미리 돈을 지불하는 것은 미래에 필요한 기차 탑승 서비스 이용이라는 계약을 성립시킬 수 있는 권리를 확보한 것이다.

28. 다음은 [A]에 제시된 예를 활용하여, 예약의 유형에 따라 예약상 권리자가 요구할 수 있는 급부에 대해 정리한 것이다. ㄱ~ㄷ에 들어갈 내용을 올바르게 짝지은 것은?

구분	채권을 발생시키는 예약	예약 완결권을 발생시키는 예약
예약상 급부	ㄱ	ㄴ
본계약상 급부	ㄷ	식사 제공

① ㄱ: 급식 계약 승낙 ㄴ: 없음 ㄷ: 급식 대금 지급
② ㄱ: 급식 계약 승낙 ㄴ: 없음 ㄷ: 급식 제공
③ ㄱ: 급식 계약 승낙 ㄴ: 식사 제공 계약 체결 ㄷ: 급식 제공
④ ㄱ: 없음 ㄴ: 식사 제공 계약 체결 ㄷ: 급식 제공
⑤ ㄱ: 없음 ㄴ: 식사 제공 계약 체결 ㄷ: 급식 대금 지급

29. 윗글을 참고할 때, <보기>의 ㉮에 대한 이해로 적절하지 <u>않은</u> 것은? [3점]

특별한 행사를 앞두고 있는 갑은 미용실을 운영하는 을과 예약을 하여 행사 당일 오전 10시에 머리 손질을 받기로 했다. 갑이 시간에 맞춰 미용실을 방문하여 머리 손질을 요구했을 때 병이 이미 을에게 머리 손질을 받고 있었다. 갑이 예약해 둔 시간에 병이 고의로 끼어들어 위법성이 있는 행위를 하여 ㉮ 갑은 오전 10시에 머리 손질을 받을 수 없는 손해를 입었다.

① ㉮가 발생하는 과정에서 을의 과실이 있는 경우, 을은 갑에 대해 채무 불이행 책임이 있고 병은 갑에 대해 손해 배상 채무가 있다.
② ㉮가 발생하는 과정에서 을의 고의가 있는 경우, 을과 병은 모두 갑에게 손해 배상 채무를 지고 을이 배상을 하면 병은 갑에 대한 채무가 사라진다.
③ ㉮가 발생하는 과정에서 을에게 고의나 과실이 있는지 없는지 증명되지 않은 경우, 을과 병은 모두 갑에게 채무를 지고 그에 따른 급부의 내용은 동일하다.
④ ㉮가 발생하는 과정에서 을에게 고의나 과실이 있는지 없는지 증명되지 않은 경우, 을과 병은 모두 채무 불이행 책임을 지므로 갑에게 손해 배상 채무를 진다.
⑤ ㉮가 발생하는 과정에서 을에게 고의나 과실이 없음이 증명된 경우, 을과 달리 병에게는 갑이 입은 손해에 대해 금전으로 배상할 책임이 있다.

30. 문맥상 ⓐ~ⓔ의 단어와 가장 가까운 의미로 쓰인 것은?

① ⓐ: 자신의 일에 자부심을 <u>가지는</u> 것이 중요하다.
② ⓑ: 올해 생일에는 고향 친구에게서 편지를 <u>받았다.</u>
③ ⓒ: 기차역 주변에 새로 <u>생긴</u> 상가에 가 보았다.
④ ⓓ: 나는 도서관에서 책 빌리는 방법을 <u>물어</u> 보았다.
⑤ ⓔ: 바닷가의 찬바람을 쐬니 온몸에 소름이 <u>끼쳤다.</u>

다음 글을 읽고 물음에 답하시오.

1764년에 발간된 체사레 베카리아의 『범죄와 형벌』은 커다란 반향을 일으켰다. 형벌에 관한 논리 정연하고 새로운 주장들에 유럽의 지식 사회가 매료된 것이다. 자유와 행복을 추구하는 이성적인 인간을 상정하는 당시 계몽주의 사조에 베카리아는 충실히 호응하여, 이익을 저울질할 줄 알고 그에 따라 행동하는 존재로서 인간을 전제하였다. 사람은 대가 없이 공익만을 위하여 자유를 내어놓지는 않는다. 끊임없는 전쟁과 같은 상태에서 벗어나기 위하여 자유의 일부를 떼어 주고 나머지 자유의 몫을 평온하게 ⓐ 누리기로 합의한 것이다. 저마다 할애한 자유의 총합이 주권을 구성하고, 주권자가 이를 위탁받아 관리한다. 따라서 사회의 형성과 지속을 위한 조건이라 할 법은 저마다의 행복을 증진시킬 때 가장 잘 준수되며, 전체 복리를 위해 법 위반자에게 설정된 것이 형벌이다. 이런 논증으로 베카리아는 형벌권의 행사는 양도의 범위를 벗어날 수 없다는 출발점을 세웠다.

베카리아가 볼 때, 형벌은 범죄가 일으킨 결과를 되돌려 놓을 수 없다. 또한 인간을 괴롭히는 것 자체가 그 목적인 것도 아니다. 형벌의 목적은 오로지 범죄자가 또다시 피해를 끼치지 못하도록 억제하고, 다른 사람들이 그같은 행위를 하지 못하도록 예방하는 데 있을 뿐이다. 이는 범죄로 얻을 이득, 곧 공익이 입게 되는 그만큼의 손실보다 형벌이 가하는 손해가 조금이라도 크기만 하면 달성된다. 그리고 이러한 손익 관계를 누구나 알 수 있도록 처벌 체계는 명확히 성문법으로 규정되어야 하고, 그 집행의 확실성도 갖추어져야 한다. 결국 범죄를 ⓑ 가로막는 방벽으로 형벌을 바라보는 것이다. 이 ㉠ 울타리의 높이는 살인인지 절도인지 등에 따라 달리해야 한다. 공익을 훼손한 정도에 비례해야 하는 것이다. 그것을 넘어서는 처벌은 폭압이며 불필요하다. 베카리아는 말한다. 상이한 피해를 일으키는 두 범죄에 동일한 형벌을 적용한다면 더 무거운 죄에 대한 억지력이 상실되지 않겠는가.

그는 인간이 감각적인 존재라는 사실에 맞추어 제도가 운용될 것을 역설한다. 가장 잔혹한 형벌도 계속 시행되다 보면 사회 일반은 그에 ⓒ 무디어져 마침내 그런 것을 봐도 옥살이에 대한 공포 이상을 느끼지 못한다. 인간의 정신에 ⓓ 크나큰 효과를 끼치는 것은 형벌의 강도가 아니라 지속이다. 죽는 장면의 목격은 무시무시한 경험이지만 그 기억은 일시적이고, 자유를 박탈당한 인간이 속죄하는 고통의 모습을 오랫동안 대하는 것이 더욱 강력한 억제 효과를 갖는다는 주장이다. 더욱 중요한 것을 지키기 위해 희생한 자유에는 무엇보다도 값진 생명이 포함될 수 없다고도 말한다. 이처럼 베카리아는 잔혹한 형벌을 반대하여 휴머니스트로, 최대 다수의 최대 행복을 말하여 공리주의자로, 자유로운 인간들 사이의 합의를 바탕으로 논의를 전개하여 사회 계약론자로 이해된다. 형법학에서도 형벌로 되갚아 준다는 응보주의를 탈피하여 장래의 범죄 발생을 방지한다는 일반 예방주의로 나아가는 토대를 ⓔ 세웠다는 평가를 받는다.

10. 윗글에서 베카리아의 관점으로 보기 어려운 것은?

① 공동체를 이루는 합의가 유지되는 데는 법이 필요하다.
② 사람은 이성적이고 타산적인 존재이자 감각적 존재이다.
③ 개개인의 국민은 주권자로서 형벌을 시행하는 주체이다.
④ 잔혹함이 주는 공포의 효과는 시간이 흐르면서 감소한다.
⑤ 형벌권 행사의 범위는 양도된 자유의 총합을 넘을 수 없다.

11. ㉠에 대한 설명으로 적절하지 않은 것은?

① 재범을 방지하는 역할을 수행한다.
② 법률로 엮어 뚜렷이 알아볼 수 있도록 해야 한다.
③ 범죄가 유발하는 손실에 따라 높낮이를 정해야 한다.
④ 손익을 저울질하는 인간의 이성을 목적 달성에 활용한다.
⑤ 지키려는 공익보다 높게 설정할수록 방어 효과가 증가한다.

12. 윗글을 바탕으로 베카리아의 입장을 추론한 내용으로 가장 적절한 것은? [3점]

① 형벌이 사회적 행복 증진을 저해한다고 보는 공리주의의 입장에서 사형을 반대한다.

② 사형은 범죄 예방의 효과가 없으므로 일반 예방주의의 입장에서 폐지되어야 한다고 주장한다.

③ 사형은 사람의 기억에 영구히 각인되는 잔혹한 형벌이어서 휴머니즘의 입장에서 인정하지 못한다.

④ 가장 큰 가치를 내어주는 합의가 있을 수 없다는 이유로 사회계약론의 입장에서 사형을 비판한다.

⑤ 피해 회복의 관점으로 형벌을 바라보는 형법학의 입장에서 사형을 무기 징역으로 대체하는 데 찬성하지 않는다.

13. 문맥상 ⓐ~ⓔ와 바꿔 쓰기에 적절하지 <u>않은</u> 것은?

① ⓐ: 향유(享有)하기로
② ⓑ: 단절(斷絶)하는
③ ⓒ: 둔감(鈍感)해져
④ ⓓ: 지대(至大)한
⑤ ⓔ: 수립(樹立)하였다는

다음 글을 읽고 물음에 답하시오.

(가)

광고는 시장의 형태 중 독점적 경쟁 시장에서 그 효과가 크다. 독점적 경쟁 시장은, 유사하지만 차별적인 상품을 다수의 판매자가 경쟁하며 판매하는 시장이다. 각 판매자는 자신이 공급하는 상품을 구매자가 차별적으로 인지하고 선호할 수 있도록 하기 위해 광고를 이용한다. 판매자에게 그러한 차별적 인지와 선호가 중요한 이유는, 이를 통해 판매자가 자신의 상품을 원하는 구매자에 대해 누리는 독점적 지위를 강화할 수 있기 때문이다.

일반적으로 독점적 지위를 누린다는 것은 상품의 가격을 결정할 수 있는 힘이 있다는 의미이다. 그럼에도 불구하고 판매자는 구매자의 수요를 고려해야 한다. 대체로 구매자는 상품의 물량이 많을 때보다 적을 때 높은 가격을 지불하고자 하기 때문에, 판매자는 공급량을 감소시킴으로써 더 높은 가격을 책정할 수 있다. 독점적 경쟁 시장의 판매자도 이러한 지위 덕분에 상품에 차별성이 없는 경우를 가정할 때보다 다소 비싼 가격에 상품을 판매하는 경향이 있다. 그러나 그 결과 독점적 경쟁 시장의 판매자가 단기적으로 이윤을 보더라도, 그 이윤이 지속되리라 기대할 수는 없다. 이윤을 보는 판매자가 있으면 그러한 이윤에 이끌려 약간 다른 상품을 공급하는 신규 판매자의 수가 장기적으로 증가하고, 그 결과 기존 판매자가 공급하던 상품에 대한 수요는 감소하여 이윤이 줄어들 것이기 때문이다.

판매자가 광고를 통해 상품의 차별성을 알리는 대표적인 방법은 상품에 대한 정보를 전달하는 것이다. 하지만 많은 비용을 들인 것으로 보이는 광고만으로도 상품의 차별성을 부각할 수 있다. 판매자가 경쟁력에 자신 없는 상품에 많은 광고 비용을 지출하지 않을 것이라는 구매자의 추측을 유도하는 것이 이 광고 방법의 목적이다. 가격이 변화할 때 구매자의 상품 수요량이 변하는 정도를 수요의 가격 탄력성이라 하는데, 구매자가 자신이 선호하는 상품이 차별화되었다고 느낄수록 수요의 가격 탄력성은 감소한다. 이처럼 구매자가 특정 상품에 갖는 충성도가 높아지면, 판매자의 독점적 지위는 강화된다. 판

매자는 이렇게 광고가 ㉠ 경쟁을 제한하는 효과를 노린다. 독점적 경쟁 시장에 진입하는 신규 판매자도 상품의 차별성을 강조함으로써 독점적 지위를 확보하고자 광고를 빈번하게 이용한다.

(나)

광고는 광고주인 판매자의 이윤 추구 수단으로 기획되지만, 그러한 광고가 광고주의 의도와 상관없이 시장에 영향을 끼치기도 한다. 우선 광고가 독점적 경쟁 시장의 판매자 간 ㉡ 경쟁을 촉진할 수 있다. 이러한 효과는 광고를 통해 상품 정보에 노출된 구매자가 상품의 품질이나 가격에 예민해질 때 발생한다. 특히 구매자가 가격에 민감하게 수요량을 바꾼다면, 판매자는 경쟁 상품의 가격을 더욱 고려하게 되어 가격 경쟁에 돌입하게 된다. 또한 경쟁은 신규 판매자가 광고를 통해 신상품을 쉽게 홍보하고 시장에 진입할 수 있게 됨으로써 촉진된다. 더 많은 판매자가 시장에서 경쟁하게 되면 각 판매자의 독점적 지위는 약화되고, 구매자는 더 다양한 상품을 높지 않은 가격에 구매할 수 있게 된다.

광고가 특정한 상품에 대한 독점적 경쟁 시장을 넘어서 경제와 사회 전반에 영향을 주기도 한다. 개별 광고가 구매자의 내면에 잠재된 필요나 욕구를 환기하여 대상 상품에 대한 소비를 촉진하는 효과가 합쳐지면 경제 전반에 선순환을 기대할 수 있다. 경제에 광고가 없는 상황을 가정할 때와 비교하면 광고는 쓰던 상품을 새 상품으로 대체하고 싶은 소비자의 욕구를 강화하고, 신상품이 인기를 누리는 유행 주기를 단축하여 소비를 증가시킬 수 있다. 촉진된 소비는 생산 활동을 자극한다. 상품의 생산에는 근로자의 노동, 기계나 설비 같은 생산 요소가 ⓐ 들어가므로, 생산 활동이 증가하면 결과적으로 고용이나 투자가 증가한다. 고용 및 투자의 증가는 근로자이거나 투자자인 구매자의 소득을 증가시킬 수 있다. 경제 전반의 소득이 증가할 때 소비가 증가하는 정도를 한계 소비 성향이라고 하는데, 한계 소비 성향은 양(+)의 값이어서, 경제 전반의 소득 수준이 향상되면 소비가 증가하게 된다.

하지만 광고의 소비 촉진 효과는 환경 오염을 우려하는 사람들에게 비판의 대상이 되기도 한다. 소비뿐만 아니라 소비로 촉진된 생산 활동에서도 환경 오염이 발생

하기 때문이다. 환경 오염을 적절한 수준으로 줄이기에
충분한 비용을 판매자나 구매자가 지불할 가능성은 낮으
므로, 대부분의 경우에 환경 오염은 심할 수밖에 없다.

04. (가), (나)에 대한 설명으로 가장 적절한 것은?

① (가)는 광고의 개념을 정의하고 광고가 시장에서 차지하
는 위상을 소개하고 있다.
② (가)는 광고가 판매자에게 중요한 이유를 제시하고 판매
자가 광고를 통해 얻으려는 효과를 설명하고 있다.
③ (나)는 광고의 영향에 대한 다양한 견해를 소개하고 각
각의 견해가 안고 있는 한계점을 지적하고 있다.
④ (나)는 광고가 구매자에게 수용되는 과정을 제시하고 구
매자가 광고를 수용할 때의 유의점을 나열하고 있다.
⑤ (가)와 (나)는 모두 구매자가 상품을 선택하는 기준을 제
시하고 광고와 관련된 제도 마련의 필요성을 강조하고
있다.

05. 독점적 지위 에 대한 설명으로 적절하지 않은 것은?

① 독점적 경쟁 시장에 신규 판매자가 진입하는 것을 차단
하지는 않는다.
② 판매자가 공급량을 조절하여 가격을 책정할 수 있는 힘
을 가지고 있음을 의미한다.
③ 구매자가 지불하고자 하는 가격이 상품 공급량에 따라
어느 정도인지를 판매자가 감안하지 않아도 되게 한다.
④ 독점적 경쟁 시장의 판매자가 다소 비싼 가격을 책정할
수 있게 하지만 이윤을 지속적으로 보장하지는 않는다.
⑤ 독점적 경쟁 시장의 판매자가 구매자로 하여금 판매자
자신의 상품을 차별적으로 인지하고 선호하게 하면 강
화된다.

06. (나)에서 알 수 있는 내용으로 적절하지 않은 것은?

① 광고에 의해 유행 주기가 단축되어 소비가 촉진될 수 있다.
② 광고가 경제 전반에 선순환을 일으키는 정도는 한계 소
비 성향이 커질 때 작아진다.
③ 광고가 생산 활동을 자극하면, 근로자이거나 투자자인
구매자의 소득 수준을 향상할 수 있다.
④ 광고가 생산 활동을 증가시키면, 근로자의 노동, 기계나
설비 같은 생산 요소 이용이 증가한다.
⑤ 광고의 소비 촉진 효과는 경제 전반에 광고가 없는 상황
에 비해 환경 오염을 심화할 수 있다.

07. ㉠, ㉡을 이해한 내용으로 적절한 것은?

① ㉠은 상품에 대한 구매자의 충성도가 높아질 때 일어나
고, ㉡은 수요의 가격 탄력성이 높아질 때 일어난다.
② ㉠의 결과로 판매자는 상품의 가격을 올리기 어렵게 되
고, ㉡의 결과로 구매자는 다소 비싼 가격을 감수하게
된다.
③ ㉠은 시장 전체의 판매자 수가 증가하지 않는다는 의미
이고, ㉡은 신규 판매자가 시장에 진입하기 어려워진다
는 의미이다.
④ ㉠은 기존 판매자의 광고가 차별성을 알리는 데 성공하
지 못한 결과로 나타나고, ㉡은 신규 판매자의 광고가
의도대로 성공한 결과로 나타난다.
⑤ ㉠은 광고로 인해 가격에 대한 구매자의 민감도가 약화
될 때 발생하고, ㉡은 광고로 인해 판매자가 경쟁 상품
의 가격을 고려할 필요가 감소될 때 발생한다.

08. 다음은 어느 기업의 광고 기획 초안이다. 윗글을 참고하여 초안을 분석한 학생의 반응으로 적절하지 <u>않은</u> 것은? [3점]

'갑' 기업의 광고 기획 초안

∘ 대상: 새로 출시하는 여드름 억제 비누

∘ 기획 근거: 다수의 비누 판매 기업이 다양한 여드름 억제 비누를 판매 중이며, 우리 기업은 여드름 억제 비누 시장에 처음으로 진입하려는 상황이다. 우리 기업의 신제품은 새로운 성분이 함유되어 기존의 어떤 비누보다 여드름 억제 효과가 탁월하며, 국내에서 전량 생산할 계획이다.
   현재 여드름 억제 비누 시장을 선도하는 경쟁사인 '을' 기업은 여드름 억제 비누로 이윤을 보고 있으며, 큰 비용을 들여 인기 드라마에 상품을 여러 차례 노출하는 전략으로 광고 중이다. 반면 우리 기업은 이번 광고로 상품에 대한 정보 검색을 많이 하는 소비 집단을 공략하고자 제품 정보를 강조하되, 광고 비용은 최소화하려 한다.

∘ 광고 개요: 새로운 성분의 여드름 억제 효과를 강조하고, 일반인 광고 모델들이 우리 제품의 여드름 억제 효과를 체험한 것을 진술하는 모습을 담은 TV 광고

---

① 이 광고가 '갑' 기업의 의도대로 성공한다면 '을' 기업의 독점적 지위는 약화될 수 있겠어.

② 이 광고로 '갑' 기업의 여드름 억제 비누 생산이 확대된다면 이 비누를 생산하는 공장의 고용이나 투자가 증가할 수 있겠어.

③ 이 광고로 '갑' 기업이 단기적으로 이윤을 보게 된다면 여드름억제 비누 시장 내의 판매자 간 경쟁은 장기적으로 약화될 수 있겠어.

④ 이 광고로 '갑' 기업은 많은 비용을 들이는 방법보다는 정보를 전달하는 방법을 중심으로 차별성을 알리려는 것으로 볼 수 있겠어.

⑤ 이 광고가 '갑' 기업의 신제품을 포함하여 여드름 억제 비누 수요의 가격 탄력성을 높인다면 '갑' 기업은 자사 제품의 가격을 높게 책정할 수 없겠어.

09. 문맥상 ⓐ와 바꿔 쓰기에 가장 적절한 것은?

① 반입(搬入)되므로
② 삽입(揷入)되므로
③ 영입(迎入)되므로
④ 주입(注入)되므로
⑤ 투입(投入)되므로

다음 글을 읽고 물음에 답하시오.

기축 통화는 국제 거래에 결제 수단으로 통용되고 환율 결정에 기준이 되는 통화이다. 1960년 트리핀 교수는 브레턴우즈 체제에서의 기축 통화인 달러화의 구조적 모순을 지적했다. 한 국가의 재화와 서비스의 수출입 간 차이인 경상 수지는 수입이 수출을 초과하면 적자이고, 수출이 수입을 초과하면 흑자이다. 그는 "미국이 경상 수지 적자를 허용하지 않아 국제 유동성 공급이 중단되면 세계 경제는 크게 위축될 것"이라면서도 "반면 적자 상태가 지속돼 달러화가 과잉 공급되면 준비 자산으로서의 신뢰도가 저하되고 고정 환율 제도도 붕괴될 것"이라고 말했다.

이러한 트리핀 딜레마는 국제 유동성 확보와 달러화의 신뢰도 간의 문제이다. 국제 유동성이란 국제적으로 보편적인 통용력을 갖는 지불 수단을 말하는데, ㉠금 본위 체제에서는 금이 국제 유동성의 역할을 했으며, 각 국가의 통화 가치는 정해진 양의 금의 가치에 고정되었다. 이에 따라 국가 간 통화의 교환 비율인 환율은 자동적으로 결정되었다. 이후 ㉡브레턴우즈 체제에서는 국제 유동성으로 달러화가 추가되어 '금 환 본위제'가 되었다. 1944년에 성립된 이 체제는 미국의 중앙은행에 '금 태환 조항'에 따라 금 1온스와 35달러를 언제나 맞교환해 주어야 한다는 의무를 지게 했다. 다른 국가들은 달러화에 대한 자국 통화의 가치를 고정했고, 달러화로만 금을 매입할 수 있었다. 환율은 경상 수지의 구조적 불균형이 있는 예외적인 경우를 제외하면 ±1% 내에서의 변동만을 허용했다. 이에 따라 기축 통화인 달러화를 제외한 다른 통화들 간 환율인 교차 환율은 자동적으로 결정되었다.

1970년대 초에 미국은 경상 수지 적자가 누적되기 시작하고 달러화가 과잉 공급되어 미국의 금 준비량이 급감했다. 이에 따라 미국은 달러화의 금 태환 의무를 더 이상 감당할 수 없는 상황에 도달했다. 이를 해결할 수 있는 방법은 달러화의 가치를 내리는 평가 절하, 또는 달러화에 대한 여타국 통화의 환율을 하락시켜 그 가치를 올리는 평가 절상이었다. 하지만 브레턴우즈 체제하에서 달러화의 평가 절하는 규정상 불가능했고, 당시 대규모 대미 무역 흑자 상태였던 독일, 일본 등 주요국들은 평가 절상에 나서려고 하지 않았다. 이 상황이 유지되기 어려울 것이라는 전망으로 독일의 마르크화와 일본의 엔화에 대한 투기적 수요가 증가했고, 결국 환율의 변동 압력은 더욱 커질 수밖에 없었다. 이러한 상황에서 각국은 보유한 달러화를 대규모로 금으로 바꾸기를 원했다. 미국은 결국 1971년 달러화의 금 태환 정지를 선언한 닉슨 쇼크를 단행했고, 브레턴우즈 체제는 붕괴되었다.

그러나 붕괴 이후에도 달러화의 기축 통화 역할은 계속되었다. 그 이유로 규모의 경제를 생각할 수 있다. 세계의 모든 국가에서 ㉢어떠한 기축 통화도 없이 각각 다른 통화가 사용되는 경우 두 국가를 짝짓는 경우의 수만큼 환율의 가짓수가 생긴다. 그러나 하나의 기축 통화를 중심으로 외환 거래를 하면 비용을 절감하고 규모의 경제를 달성할 수 있다.

10. 윗글을 통해 답을 찾을 수 <u>없는</u> 질문은?

① 브레턴우즈 체제 붕괴 이후에도 달러화가 기축 통화로서 역할을 할 수 있었던 이유는 무엇인가?
② 브레턴우즈 체제 붕괴 이후의 세계 경제 위축에 대해 트리핀은 어떤 전망을 했는가?
③ 브레턴우즈 체제에서 미국 중앙은행은 어떤 의무를 수행해야 했는가?
④ 브레턴우즈 체제에서 국제 유동성의 역할을 한 것은 무엇인가?
⑤ 브레턴우즈 체제에서 달러화 신뢰도 하락의 원인은 무엇인가?

11. 윗글을 바탕으로 추론한 내용으로 적절하지 <u>않은</u> 것은?

① 닉슨 쇼크가 단행된 이후 달러화의 고평가 문제를 해결할 수 있는 달러화의 평가 절하가 가능해졌다.
② 브레턴우즈 체제에서 마르크화와 엔화의 투기적 수요가 증가한 것은 이들 통화의 평가 절상을 예상했기 때문이다.
③ 금의 생산량 증가를 통한 국제 유동성 공급량의 증가는 트리핀 딜레마 상황을 완화하는 한 가지 방법이 될 수 있다.
④ 트리핀 딜레마는 달러화를 통한 국제 유동성 공급을 중단할 수도 없고 공급량을 무한정 늘릴 수도 없는 상황을 말한다.
⑤ 브레턴우즈 체제에서 마르크화가 달러화에 대해 평가 절상되면, 같은 금액의 마르크화로 구입 가능한 금의 양은 감소한다.

12. 미국을 포함한 세 국가가 존재하고 각각 다른 통화를 사용할 때, ㉠~㉢에 대한 설명으로 적절한 것은?

① ㉠에서 자동적으로 결정되는 환율의 가짓수는 금에 자국 통화의 가치를 고정한 국가 수보다 하나 적다.
② ㉡이 붕괴된 이후에도 여전히 달러화가 기축 통화라면 ㉡에 비해 교차 환율의 가짓수는 적어진다.
③ ㉢에서 국가 수가 하나씩 증가할 때마다 환율의 전체 가짓수도 하나씩 증가한다.
④ ㉠에서 ㉡으로 바뀌면 자동적으로 결정되는 환율의 가짓수가 많아진다.
⑤ ㉡에서 교차 환율의 가짓수는 ㉢에서 생기는 환율의 가짓수보다 적다.

13. 윗글을 참고할 때, <보기>에 대한 반응으로 가장 적절한 것은? [3점]

브레턴우즈 체제가 붕괴된 이후 두 차례의 석유 가격 급등을 겪으면서 기축 통화국인 A국의 금리는 인상되었고 통화 공급은 감소했다. 여기에 A국 정부의 소득세 감면과 군비 증대는 A국의 금리를 인상시켰으며, 높은 금리로 인해 대량으로 외국 자본이 유입되었다. A국은 이로 인한 상황을 해소하기 위한 국제적 합의를 주도하여, 서로 교역을 하며 각각 다른 통화를 사용하는 세 국가 A, B, C는 외환 시장에 대한 개입을 합의했다. 이로 인해 A국 통화에 대한 B국 통화와 C국 통화의 환율은 각각 50%, 30% 하락했다.

① A국의 금리 인상과 통화 공급 감소로 인해 A국 통화의 신뢰도가 낮아진 것은 외국 자본이 대량으로 유입되었기 때문이겠군.
② 국제적 합의로 인한 A국 통화에 대한 B국 통화의 환율 하락으로 국제 유동성 공급량이 증가하여 A국 통화의 가치가 상승했겠군.
③ 다른 모든 조건이 변하지 않았다면, 국제적 합의로 인해 A국 통화에 대한 B국 통화의 환율과 B국 통화에 대한 C국 통화의 환율은 모두 하락했겠군.
④ 다른 모든 조건이 변하지 않았다면, 국제적 합의로 인해 A국 통화에 대한 B국과 C국 통화의 환율이 하락하여, B국에 대한 C국의 경상 수지는 개선되었겠군.
⑤ 다른 모든 조건이 변하지 않았다면, A국의 소득세 감면과 군비 증대로 A국의 경상 수지가 악화되며, 그 완화 방안 중 하나는 A국 통화에 대한 B국 통화의 환율을 상승시키는 것이겠군.

다음 글을 읽고 물음에 답하시오.

경제학에서는 증거에 근거한 정책 논의를 위해 사건의 효과를 평가해야 할 경우가 많다. 어떤 사건의 효과를 평가한다는 것은 사건 후의 결과와 사건이 없었을 경우에 나타났을 결과를 비교하는 일이다. 그런데 가상의 결과는 관측할 수 없으므로 실제로는 사건을 경험한 표본들로 구성된 시행집단의 결과와, 사건을 경험하지 않은 표본들로 구성된 비교집단의 결과를 비교하여 사건의 효과를 평가한다. 따라서 이 작업의 관건은 그 사건 외에는 결과에 차이가 ⓐ 날 이유가 없는 두 집단을 구성하는 일이다. 가령 어떤 사건이 임금에 미친 효과를 평가할 때, 그 사건이 없었다면 시행집단과 비교집단의 평균 임금이 같을 수밖에 없도록 두 집단을 구성하는 것이다. 이를 위해서는 두 집단에 표본이 임의로 배정되도록 사건을 설계하는 실험적 방법이 이상적이다. 그러나 사람을 표본으로 하거나 사회 문제를 다룰 때에는 이 방법을 적용할 수 없는 경우가 많다.

이중차분법 은 시행집단에서 일어난 변화에서 비교집단에서 일어난 변화를 뺀 값을 사건의 효과라고 평가하는 방법이다. 이는 사건이 없었더라도 비교집단에서 일어난 변화와 같은 크기의 변화가 시행집단에서도 일어났을 것이라는 평행추세 가정에 근거해 사건의 효과를 평가한 것이다. 이 가정이 충족되면 사건 전의 상태가 평균적으로 같도록 두 집단을 구성하지 않아도 된다.

이중차분법은 1854년에 스노가 처음 사용했다고 알려져 있다. 그는 두 수도 회사로부터 물을 공급받는 런던의 동일 지역 주민들에 주목했다. 같은 수원을 사용하던 두 회사 중 한 회사만 수원을 ⓑ 바꿨는데 주민들은 자신의 수원을 몰랐다. 스노는 수원이 바뀐 주민들과 바뀌지 않은 주민들의 수원 교체 전후 콜레라로 인한 사망률의 변화들을 비교함으로써 콜레라가 공기가 아닌 물을 통해 전염된다는 결론을 ⓒ 내렸다. 경제학에서는 1910년대에 최저임금제 도입 효과를 파악하는 데 이 방법이 처음 이용되었다.

평행추세 가정이 충족되지 않는 경우에 이중차분법을 적용하면 사건의 효과를 잘못 평가하게 된다. 예컨대 ㉠

어떤 노동자 교육 프로그램의 고용 증가 효과를 평가할 때, 일자리가 급격히 줄어드는 산업에 종사하는 노동자의 비중이 비교집단에 비해 시행 집단에서 더 큰 경우에는 평행추세 가정이 충족되지 않을 것이다. 그렇다고 해서 집단 간 표본의 통계적 유사성을 ⓓ 높이려고 사건 이전 시기의 시행집단을 비교집단으로 설정하는 것이 평행추세 가정의 충족을 보장하는 것은 아니다. 예컨대 고용처럼 경기변동에 민감한 변화라면 집단 간 표본의 통계적 유사성보다 변화 발생의 동시성이 이 가정의 충족에서 더 중요할 수 있기 때문이다.

여러 비교집단을 구성하여 각각에 이중차분법을 적용한 평가 결과가 같음을 확인하면 평행추세 가정이 충족된다는 신뢰를 줄 수 있다. 또한 시행집단과 여러 특성에서 표본의 통계적 유사성이 높은 비교집단을 구성하면 평행추세 가정이 위협받을 가능성을 ⓔ 줄일 수 있다. 이러한 방법들을 통해 이중차분법을 적용한 평가에 대한 신뢰도를 높일 수 있다.

14. 윗글에 대한 이해로 적절하지 않은 것은?

① 실험적 방법에서는 시행집단에서 일어난 평균 임금의 사건 전후 변화를 어떤 사건이 임금에 미친 효과라고 평가한다.

② 사람을 표본으로 하거나 사회 문제를 다룰 때에도 실험적 방법을 적용하는 경우가 있다.

③ 평행추세 가정에서는 특정 사건 이외에는 두 집단의 변화에 차이가 날 이유가 없다고 전제한다.

④ 스노의 연구에서 시행집단과 비교집단의 콜레라 사망률은 사건 후뿐만 아니라 사건 전에도 차이가 있었을 수 있다.

⑤ 스노는 수원이 바뀐 주민들과 바뀌지 않은 주민들 사이에 공기의 차이는 없다고 보았을 것이다.

15. 다음은 이중차분법 을 ㉠에 적용할 경우에 나타날 결과를 추론한 것이다. A와 B에 들어갈 말을 바르게 짝 지은 것은?

> 프로그램이 없었다면 시행집단에서 일어났을 고용률 증가는, 비교집단에서 일어난 고용률 증가와/보다 (A) 것이다. 그러므로 ㉠에 이중차분법을 적용하여 평가한 프로그램의 고용 증가 효과는 평행추세 가정이 충족되는 비교집단을 이용하여 평가한 경우의 효과보다 (B) 것이다.

① A: 클   B: 클
② A: 클   B: 작을
③ A: 같을   B: 클
④ A: 작을   B: 클
⑤ A: 작을   B: 작을

16. 윗글을 바탕으로 <보기>를 이해한 내용으로 적절하지 <u>않은</u> 것은? [3점]

> ─── < 보기 > ───
>
> 아래의 표는 S 국가의 P주와 그에 인접한 Q주에 위치한 식당들을 1992년 1월 초와 12월 말에 조사한 결과의 일부이다. P주는 1992년 4월에 최저임금을 시간당 4달러에서 5달러로 올렸고, Q주는 1992년에 최저임금을 올리지 않았다. P주 저임금 식당들은, 최저임금 인상 전에 시간당 4달러의 임금을 지급했고 최저임금 인상 후에 임금이 상승했다. P주 고임금 식당들은, 최저임금 인상 전에 이미 시간당 5달러보다 더 높은 임금을 지급했고 최저임금 인상 후에도 임금이 상승하지 않았다. 이때 최저임금 인상에 따른 임금 상승이 고용에 미친 효과를 평가한다고 하자.

집단	평균 피고용인 수(단위: 명)		
	사건 전(A)	사건 후(B)	변화(B-A)
P주 저임금 식당	19.6	20.9	1.3
P주 고임금 식당	22.3	20.2	-2.1
Q주 식당	23.3	21.2	-2.1

① 최저임금 인상 후에 시행집단에서 일어난 변화는 1.3명이다.

② 시행집단과 비교집단의 식당들이 종류나 매출액 수준 등의 특성에서 통계적 유사성이 높을수록 평가에 대한 신뢰도가 높아진다.

③ 비교집단을 Q주 식당들로 택해 이중차분법을 적용하면 시행 집단에서 최저임금 인상에 따른 임금 상승의 고용 효과는 3.4명 증가로 평가된다.

④ 비교집단의 변화를, P주 고임금 식당들의 1992년 1년간 변화로 파악할 경우보다 시행집단의 1991년 1년간 변화로 파악할 경우에 더 신뢰할 만한 평가를 얻는다.

⑤ 비교집단을 Q주 식당들로 택하든 P주 고임금 식당들로 택하든 비교집단에서 일어난 변화가 동일하다는 사실은 평행추세 가정의 충족에 대한 신뢰도를 높인다.

17. 문맥상 ⓐ~ⓔ의 단어와 가장 가까운 의미로 쓰인 것은?

① ⓐ: 그 사건의 전말이 모두 오늘 신문에 났다.
② ⓑ: 산에 가려다가 생각을 <u>바꿔</u> 바다로 갔다.
③ ⓒ: 기상청에서 전국에 건조 주의보를 <u>내렸다.</u>
④ ⓓ: 회원들이 회칙 개정을 요구하는 목소리를 <u>높였다.</u>
⑤ ⓔ: 하고 싶은 말은 많지만 오늘은 이만 <u>줄입니다.</u>

다음 글을 읽고 물음에 답하시오.

사유 재산 제도하에서는 누구나 자신의 재산을 자유롭게 처분할 수 있다. 그러나 기부와 같이 어떤 재산이 대가 없이 넘어가는 무상 처분 행위가 행해졌을 때는 그 당사자인 무상 처분자와 무상 취득자의 의사와 무관하게 그 결과가 번복될 수 있다. 무상 처분자가 사망하면 상속이 개시되고, 그의 상속인들이 유류분을 반환받을 수 있는 권리인 유류분권을 행사할 수 있기 때문이다. 이때 무상 처분자는 피상속인이 되고 그의 권리와 의무는 상속인에게 이전된다.

유류분은 피상속인의 무상 처분 행위가 없었다고 가정할 때 상속인들이 상속받을 수 있었을 이익 중 법으로 보장된 부분이다. 만약 상속인이 피상속인의 자녀 한 명뿐이면, 상속받을 수 있었을 이익의 $\frac{1}{2}$만 보장된다. 상속인들이 상속받을 수 있었을 이익은 상속 개시 당시에 피상속인이 가졌던 재산의 가치에 이미 무상 취득자에게 넘어간 재산의 가치를 더하여 산정한다. 유류분은 상속인들이 기대했던 이익을 보호하기 위한 것이기 때문이다.

피상속인이 상속 개시 당시에 가졌던 재산으로부터 상속받은 이익이 있는 상속인은 유류분에 해당하는 이익의 일부만 반환받을 수 있다. 유류분에 해당하는 이익에서 이미 상속받은 이익을 뺀 값인 유류분 부족액만 반환받을 수 있기 때문이다. 유류분 부족액의 가치는 금액으로 계산되지만 항상 돈으로 반환되는 것은 아니다. 만약 무상 처분된 재산이 돈이 아니라 물건이나 주식처럼 돈 이외의 재산이라면, 처분된 재산 자체가 반환 대상이 되는 것이 원칙이다. 다만 그 재산 자체를 반환하는 것이 불가능한 때에는 무상 취득자는 돈으로 반환해야 한다. 또한 재산 자체의 반환이 가능해도 유류분권자와 무상 취득자의 합의에 의해 돈으로 반환될 수도 있다.

무상 처분된 재산이 물건이라면 유류분 반환은 어떤 형태로 이루어질까? 무상 취득자가 반환해야 할 유류분 부족액이 무상 처분된 물건의 가치보다 적다면 유류분권자는 그 물건의 가치에 상당하는 금액에서 유류분 부족액이 차지하는 비율만큼 무상 취득자로부터 반환받을 수 있다. 이로 인해 하나의 물건에 대한 소유권이 여러 명에게 나눠지는데, 이때 각자의 몫을 지분이라고 한다.

무상 처분된 물건의 시가가 변동하면 유류분 부족액을 계산할 때는 언제의 시가를 기준으로 삼아야 할까? ㉠ <u>유류분의 취지에 비추어 상속 개시 당시의 시가를 기준으로 해야 한다.</u> 다만 그 물건의 시가 상승이 무상 취득자의 노력에서 비롯되었으면 이때는 무상 취득 당시의 시가를 기준으로 계산해야 한다. 이렇게 정해진 유류분 부족액을 근거로 반환 대상인 지분을 계산할 때는, 시가 상승의 원인이 무엇이든 상속 개시 당시의 시가를 기준으로 해야 한다.

10. 윗글의 내용과 일치하지 <u>않는</u> 것은?

① 유류분권은 상속인이 아닌 사람에게는 인정되지 않는다.
② 유류분권이 보장되는 범위는 유류분 부족액의 일부에 한정된다.
③ 상속인은 상속 개시 전에는 무상 취득자에게 유류분권을 행사할 수 없다.
④ 피상속인이 생전에 다른 사람에게 판 재산은 유류분권의 대상이 될 수 없다.
⑤ 무상으로 취득한 재산에 대한 권리는 무상 취득자 자신의 의사에 반하여 제한될 수 있다.

11. 윗글에 대한 이해로 가장 적절한 것은?

① 무상 처분된 재산이 물건 한 개이면 유류분권자는 그 물건 전부를 반환받는다.
② 무상 처분된 물건이 반환되는 경우 유류분 부족액이 클수록 무상 취득자의 지분이 더 커진다.
③ 무상 취득자가 무상 취득한 물건을 반환할 수 없게 되면 유류분 부족액을 지분으로 반환해야 한다.
④ 유류분권자가 유류분 부족액을 물건 대신 돈으로 반환하라고 요구하더라도 무상 취득자는 무상 취득한 물건으로 반환할 수 있다.
⑤ 무상 처분된 물건의 일부가 반환되면 무상 취득자는 그 물건의 소유권을 가지고 유류분권자는 유류분 부족액만큼의 돈을 반환받게 된다.

12. 윗글을 통해 알 수 있는 ㉠의 이유로 가장 적절한 것은?

① 유류분은 피상속인이 자유롭게 처분한 재산의 일부이어야 하기 때문이다.

② 유류분은 피상속인이 재산을 무상 처분하지 않은 것으로 가정하여 산정되기 때문이다.

③ 유류분은 재산의 가치를 증가시킨 무상 취득자의 노력에 대한 보상으로 인정되는 것이기 때문이다.

④ 유류분은 피상속인의 재산에 대해 소유권을 나눠 가진 사람들 각자의 몫을 반영해야 하기 때문이다.

⑤ 유류분에 해당하는 이익의 가치가 상속 개시 전후에 걸쳐 변동되는 것을 반영해야 하기 때문이다.

13. 윗글을 바탕으로 <보기>를 이해한 내용으로 적절하지 <u>않은</u> 것은? [3점]

> ─── < 보기 > ───
>
> 갑의 재산으로는 A 물건과 B 물건이 있었으며 그 외의 재산이나 채무는 없었다. 갑은 을에게 A 물건을 무상으로 넘겨주었고 그로부터 6개월 후 사망했다. 갑의 상속인으로는 갑의 자녀인 병만 있다. A 물건의 시가는 을이 A 물건을 소유하게 되었을 때는 300, 갑이 사망했을 때는 700이었다. 병은 갑이 사망한 날로부터 3개월 후에 을에게 유류분권을 행사했다. B 물건의 시가는 병이 상속받았을 때부터 병이 을에게 유류분 반환을 요구했을 때까지 100으로 동일하다.
>
> (단, 세금, 이자 및 기타 비용은 고려하지 않음.)

① A 물건의 시가 상승이 을의 노력과 무관한 경우 유류분 부족액은 300이다.

② A 물건의 시가 상승이 을의 노력과 무관한 경우 유류분 반환의 대상은 A 물건의 $\frac{3}{7}$ 지분이다.

③ A 물건의 시가가 을의 노력으로 상승한 경우 유류분 부족액은 100이다.

④ A 물건의 시가가 을의 노력으로 상승한 경우 유류분 반환의 대상은 A 물건의 $\frac{1}{3}$ 지분이다.

⑤ A 물건의 시가가 을의 노력으로 상승한 경우와 을의 노력과 무관하게 상승한 경우 모두, 갑이 상속 개시 당시 소유했던 재산으로부터 병이 취득할 수 있는 이익은 동일하다.

다음 글을 읽고 물음에 답하시오.

법령의 조문은 대개 'A에 해당하면 B를 해야 한다.'처럼 요건과 효과로 구성된 조건문으로 규정된다. 하지만 그 요건이나 효과가 항상 일의적인 것은 아니다. 법조문에는 구체적 상황을 고려해야 그 상황에 ⓐ 맞는 진정한 의미가 파악되는 불확정 개념이 사용될 수 있기 때문이다. 개인 간 법률관계를 규율하는 민법에서 불확정 개념이 사용된 예로 '손해 배상 예정액이 부당히 과다한 경우에는 법원은 적당히 감액할 수 있다.'라는 조문을 ⓑ 들 수 있다. 이때 법원은 요건과 효과를 재량으로 판단할 수 있다. 손해 배상 예정액은 위약금의 일종이며, 계약 위반에 대한 제재인 위약벌도 위약금에 속한다. 위약금의 성격이 둘 중 무엇인지 증명되지 못하면 손해 배상 예정액으로 다루어진다.

채무자의 잘못으로 계약 내용이 실현되지 못하여 계약 위반이 발생하면, 이로 인해 손해를 입은 채권자가 손해 액수를 증명해야 그 액수만큼 손해 배상금을 받을 수 있다. 그러나 손해 배상 예정액이 정해져 있었다면 채권자는 손해 액수를 증명하지 않아도 손해 배상 예정액만큼 손해 배상금을 받을 수 있다. 이때 손해 액수가 얼마로 증명되든 손해 배상 예정액보다 더 받을 수는 없다. 한편 위약금이 위약벌임이 증명되면 채권자는 위약벌에 해당하는 위약금을 ⓒ 받을 수 있고, 손해 배상 예정액과는 달리 법원이 감액할 수 없다. 이때 채권자가 손해 액수를 증명하면 손해 배상금도 받을 수 있다.

불확정 개념은 행정 법령에도 사용된다. 행정 법령은 행정청이 구체적 사실에 대해 행하는 법 집행인 행정 작용을 규율한다. 법령상 요건이 충족되면 그 효과로서 행정청이 반드시 해야 하는 특정 내용의 행정 작용은 기속 행위이다. 반면 법령상 요건이 충족되더라도 그 효과인 행정 작용의 구체적 내용을 ⓓ 고를 수 있는 재량이 행정청에 주어져 있을 때, 이러한 재량을 행사하는 행정 작용은 재량 행위이다. 법령에서 불확정 개념이 사용되면 이에 근거한 행정 작용은 대개 재량 행위이다.

행정청은 재량으로 재량 행사의 기준을 명확히 정할 수 있는데 이 기준을 ㉠ 재량 준칙이라 한다. 재량 준칙은 법령이 아니므로 재량 준칙대로 재량을 행사하지 않아도 근거 법령 위반은 아니다. 다만 특정 요건하에 재량 준칙대로 특정한 내용의 적법한 행정 작용이 반복되어 행정 관행이 생긴 후에는, 같은 요건이 충족되면 행정청은 동일한 내용의 행정 작용을 해야 한다. 행정청은 평등 원칙을 ⓔ 지켜야 하기 때문이다.

10. 윗글의 내용과 일치하지 <u>않는</u> 것은?

① 법령의 요건과 효과에는 모두 불확정 개념이 사용될 수 있다.

② 법원은 불확정 개념이 사용된 법령을 적용할 때 재량을 행사할 수 있다.

③ 불확정 개념이 사용된 법령의 진정한 의미를 이해하려면 구체적 상황을 고려해야 한다.

④ 불확정 개념이 사용된 행정 법령에 근거한 행정 작용은 재량 행위인 경우보다 기속 행위인 경우가 많다.

⑤ 불확정 개념은 행정청이 행하는 법 집행 작용을 규율하는 법령과 개인 간의 계약 관계를 규율하는 법률에 모두 사용된다.

11. ㉠에 대한 이해로 가장 적절한 것은?

① 재량 준칙은 법령이 아니기 때문에 일의적이지 않은 개념으로 규정된다.

② 재량 준칙으로 정해진 내용대로 재량을 행사하는 행정 작용은 기속 행위이다.

③ 재량 준칙으로 규정된 재량 행사 기준은 반복되어 온 적법한 행정 작용의 내용대로 정해져야 한다.

④ 재량 준칙이 정해져야 행정청은 특정 요건하에 행정 작용의 구체적 내용을 선택할 수 있는 재량을 행사할 수 있다.

⑤ 재량 준칙이 특정 요건에서 적용된 선례가 없으면 행정청은 동일한 요건이 충족되어도 행정 작용을 할 때 재량 준칙을 따르지 않을 수 있다.

───── < 보기 > ─────

갑은 을에게 물건을 팔고 그 대가로 100을 받기로 하는 매매 계약을 했다. 그 후 갑이 계약을 위반하여 을은 80의 손해를 입었다. 이와 관련하여 세 가지 상황이 있다고 하자.

(가) 갑과 을 사이에 위약금 약정이 없었다.
(나) 갑이 을에게 위약금 100을 약정했고, 위약금의 성격이 무엇인지 증명되지 못했다.
(다) 갑이 을에게 위약금 100을 약정했고, 위약금의 성격이 위약벌임이 증명되었다.

(단, 위의 모든 상황에서 세금, 이자 및 기타 비용은 고려하지 않음.)

① (가)에서 을의 손해가 얼마인지 증명되지 못한 경우에도, 갑이 을에게 80을 지급해야 하고 법원이 감액할 수 없다.
② (나)에서 을의 손해가 80임이 증명된 경우, 갑이 을에게 100을 지급해야 하고 법원이 감액할 수 있다.
③ (나)에서 을의 손해가 얼마인지 증명되지 못한 경우, 갑이 을에게 100을 지급해야 하고 법원이 감액할 수 없다.
④ (다)에서 을의 손해가 80임이 증명된 경우, 갑이 을에게 180을 지급해야 하고 법원이 감액할 수 있다.
⑤ (다)에서 을의 손해가 얼마인지 증명되지 못한 경우, 갑이 을에게 80을 지급해야 하고 법원이 감액할 수 없다.

13. 문맥상 ⓐ~ⓔ의 의미와 가장 가까운 것은?

① ⓐ: 이것이 네가 찾는 자료가 맞는지 확인해 보아라.
② ⓑ: 그 부부는 노후 대책으로 적금을 들고 안심했다.
③ ⓒ: 그의 파격적인 주장은 학계의 큰 주목을 받았다.
④ ⓓ: 형은 땀 흘려 울퉁불퉁한 땅을 평평하게 골랐다.
⑤ ⓔ: 그분은 우리에게 한 약속을 반드시 지킬 것이다.

다음 글을 읽고 물음에 답하시오.

공포 소구는 그 메시지에 담긴 권고를 따르지 않을 때의 해로운 결과를 강조하여 수용자를 설득하는 것으로, 1950년대 초부터 설득 전략 연구자들의 연구 대상이 되었다. 초기 연구를 대표하는 재니스는 기존 연구에서 다루어지지 않았던 공포 소구의 설득 효과에 주목하였다. 그는 수용자에게 공포 소구를 세 가지 수준으로 달리 제시하는 실험을 한 결과, 중간 수준의 공포 소구가 가장 큰 설득 효과를 보인다는 것을 발견하였다.

공포 소구 연구를 진척시킨 레벤달은 재니스의 연구가 인간의 감정적 측면에만 ㉠ 치우쳤다고 비판하며, 공포 소구의 효과는 수용자의 감정적 반응만이 아니라 인지적 반응과도 관련된다고 하였다. 그는 감정적 반응을 '공포 통제 반응', 인지적 반응을 '위험 통제 반응'이라 ㉡ 불렀다. 그리고 후자가 작동하면 수용자들은 공포 소구의 권고를 따르게 되지만, 전자가 작동하면 공포 소구로 인한 두려움의 감정을 통제하기 위해 오히려 공포 소구에 담긴 위험을 무시하려는 반응을 보이게 된다고 하였다.

이러한 선행 연구들을 종합한 위티는 우선 공포 소구의 설득 효과를 좌우하는 두 요인으로 '위협'과 '효능감'을 설정하였다. 수용자가 공포 소구에 담긴 위험을 자신이 ㉢ 겪을 수 있는 것이고 그 위험의 정도가 크다고 느끼면, 그 공포 소구는 위협의 수준이 높다. 그리고 공포 소구에 담긴 권고를 이행하면 자신의 위험을 예방할 수 있고 자신에게 그 권고를 이행할 능력이 있다고 느끼면, 효능감의 수준이 높다. 한 동호회에서 회원들에게 '모임에 꼭 참석해 주세요. 불참 시 회원 자격이 사라집니다.'라는 안내문을 ㉣ 보냈다고 하자. 회원 자격이 사라진다는 것은 그 동호회 활동에 강한 애착을 가지고 있는 사람에게는 높은 수준의 위협이 된다. 그리고 그가 동호회 모임에 참석하는 일이 어렵지 않다고 느낄 때, 안내문의 권고는 그에게 높은 수준의 효능감을 주게 된다.

위티는 이 두 요인을 레벤달이 말한 두 가지 통제 반응과 관련지어 다음과 같은 결론을 도출하였다. 위협과 효능감의 수준이 모두 높을 때에는 위험 통제 반응이 작동하고, 위협의 수준은 높지만 효능감의 수준이 낮을 때에는 공포 통제 반응이 작동한다. 그러나 위협의 수준이 낮으면, 수용자는 그 위협이 자신에게 아무 영향을 ㉤ 주지 않는다고 느껴 효능감의 수준에 관계없이 공포 소구에 대한 반응이 없게 된다. 이렇게 정리된 결론은 그간의 공포 소구 이론을 통합한 결과라는 점에서 후속 연구의 중요한 디딤돌이 되었다.

04. 윗글의 내용 전개 방식으로 가장 적절한 것은?

① 화제에 대한 연구들이 시작된 사회적 배경을 분석하고 있다.
② 화제에 대한 연구들을 선행 연구와 연결하여 설명하고 있다.
③ 화제에 대한 연구들을 분류하는 기준의 문제점을 검토하고 있다.
④ 화제에 대한 연구들을 소개한 후 남겨진 연구 과제를 제시하고 있다.
⑤ 화제에 대한 연구들이 봉착했던 난관과 그 극복 과정을 소개하고 있다.

05. 윗글을 읽은 학생의 반응으로 적절하지 않은 것은?

① 재니스는 공포 소구의 효과를 연구하는 실험에서 공포 소구의 수준을 달리하며 수용자의 변화를 살펴보았겠군.
② 레벤달은 재니스의 연구 결과에 대하여 수용자의 감정적 반응과 인지적 반응을 모두 고려하여 살펴보았겠군.
③ 레벤달은 공포 소구의 설득 효과가 나타나려면 공포 통제 반응보다 위험 통제 반응이 작동해야 한다고 보았겠군.
④ 위티는 수용자가 공포 소구에 담긴 위험을 느끼지 않아야 공포 소구의 권고를 따르게 된다고 보았겠군.
⑤ 위티는 공포 소구의 위협 수준이 그 공포 소구의 효능감 수준에 따라 달라지는 것은 아니라고 보았겠군.

06. 윗글을 참고할 때, <보기>의 실험에 대해 추론한 내용으로 적절하지 <u>않은</u> 것은? [3점]

> ─── < 보기 > ───
>
> 한 모임에서 공포 소구 실험을 진행한 결과, 수용자들의 반응은 위티의 결론과 부합하였다. 이 실험에서는 위협의 수준(높음/낮음), 효능감의 수준(높음/낮음)의 조합을 달리 하여 피실험자들을 네 집단으로 나누었다. 집단 1과 집단 2는 공포 소구에 대한 반응이 없었고, 집단 3은 위험 통제 반응, 집단 4는 공포 통제 반응이 작동하였다.

① 집단 1은 위협의 수준이 낮았을 것이다.
② 집단 3은 효능감의 수준이 높았을 것이다.
③ 집단 4는 위협과 효능감의 수준이 서로 달랐을 것이다.
④ 집단 2와 집단 4는 위협의 수준이 서로 달랐을 것이다.
⑤ 집단 3과 집단 4는 효능감의 수준이 서로 같았을 것이다.

07. 문맥상 ㉠~㉤과 바꾸어 쓰기에 적절하지 <u>않은</u> 것은?

① ㉠: 편향(偏向)되었다고
② ㉡: 명명(命名)하였다
③ ㉢: 경험(經驗)할
④ ㉣: 발송(發送)했다고
⑤ ㉤: 기여(寄與)하지

다음 글을 읽고 물음에 답하시오.

교통 이용 내역과 같은 기록은 개인의 데이터이며, 그 개인이 '정보 주체'이다. 데이터는 물리적 형체가 없고, 복제와 재사용이 수월하다. 이 데이터가 대량으로 집적·처리되면 빅 데이터가 되고, 이것의 정보 처리자인 기업 등이 '빅 데이터 보유자'이다. 산업 분야의 빅 데이터는 특정한 목적으로 활용될 수 있다는 점에서 경제적 가치를 지닌다.

데이터를 재화로 보아 소유권이 누구에게 귀속되어야 하는지에 대한 논의가 있다. 소유권의 주체를 빅 데이터 보유자로 보는 견해와 정보 주체로 보는 견해가 있다. 전자는 빅 데이터 보유자에게 소유권을 부여하면 빅 데이터의 생성 및 유통이 ⓐ 쉬워져 데이터 관련 산업이 활성화된다고 주장한다. 후자는 정보 생산 주체는 개인인데, 빅 데이터 보유자에게 부가 집중되는 것은 부당하므로, 정보 주체에게도 대가가 주어져야 한다고 본다.

최근에는 논의의 중심이 데이터의 소유권 주체에서 데이터에 접근하기 위한 방안으로서의 데이터 이동권으로 바뀌고 있다. 우리나라는 데이터에 대해 소유권이 아닌 이동권을 법으로 명문화하여 정보 주체의 개인 정보 자기 결정권을 강화하였다. 데이터 이동권이란 정보 주체가 본인의 데이터를 보유한 자에게 데이터 이동을 요청하면, 그 데이터를 본인 혹은 지정한 제3자에게 무상으로 전송하게 하는 권리이다. 다만, 본인의 데이터라도 빅 데이터 보유자가 수집하여, 분석·가공하는 개발 과정을 거쳐 새로운 가치가 생성된 것은 이에 해당되지 않는다. 법제화 이전에도 은행 간에 계좌 자동 이체 항목을 이동할 수 있는 서비스는 있었다. 이는 은행 간 약정에 ⓑ 따라 부분적으로 시행한 조치였다. 데이터 이동권의 도입으로 쇼핑몰 상품 소비 이력 등 정보 주체의 행동 양상과 관련된 부분까지 정보 주체가 자율적으로 통제·관리할 수 있는 범위가 확대되었다.

데이터 이동권의 법제화로 기업은 데이터의 생성 비용과 거래 비용을 줄일 수 있다. 생성 비용은 기업 내에서 데이터를 개발할 때 발생하는 비용으로, 기업이 스스로 데이터를 수집할 때보다 전송받은 데이터를 복제 및 재사용하게 되면 절감할 수 있다. 거래 비용은 경제 주체 간 거래 시 발생하는 비용으로, 계약 체결이나 분쟁 해결 등의 과정에서 생긴다. 그런데 데이터 이동권의 법제화로, ㉮ 정보 주체가 지정하여 데이터를 전송받게 된 기업은 ㉯ 정보 주체의 데이터를 보유했던 기업으로부터 데이터를 받으면 비용을 절감할 수 있다. 이에 따라 기업 간 공유나 유통이 촉진되고, 관련 산업이 활성화된다.

[A]

한편, 정보 주체가 보안의 신뢰성이 높고 데이터 제공에 따른 혜택이 많은 기업으로 데이터를 이동하면, 데이터가 집중되어 데이터의 공유나 유통이 위축될 수 있다는 우려도 있다. ㉰ 데이터 보유량이 적은 신규 기업은 기존 기업과 거래를 통해 데이터를 수집하는 것이 데이터 생성 비용 절감에도 효율적이다. 그런데 ㉱ 데이터가 집중된 기존 기업이 집적·처리된 데이터를 공유하려 하지 않으면, 신규 기업의 시장 진입이 어려워져 독점화가 강화될 수 있다.

[B]

04. 윗글의 내용과 일치하지 <u>않는</u> 것은?

① 데이터는 재사용할 수 있으며 물리적 형체가 없다.

② 교통 이용 내역이 집적·처리되면 경제적 가치를 지닌 데이터가 될 수 있다.

③ 우리나라 현행법에는 정보 주체에게 데이터의 소유권을 인정하는 규정이 있다.

④ 정보 주체의 데이터로 발생한 이득이 빅 데이터 보유자에게 집중되는 것은 부당하다는 견해가 있다.

⑤ 데이터 이동권의 도입으로 정보 주체의 데이터 통제 범위가 본인의 행동 양상과 관련된 부분으로 확대되었다.

05. [A], [B]의 입장에서 ㉮~㉱에 대해 이해한 내용으로 적절하지 <u>않은</u> 것은?

① [A]의 입장에서, ㉮는 데이터 이동권 도입을 통해 ㉯의 데이터를 재사용할 수 있게 되었으므로 데이터 생성 비용을 줄일 수 있다고 보겠군.

② [A]의 입장에서, 정보 주체가 데이터 이동을 요청하여 데이터를 전송받는 제3자가 ㉰라면, ㉰는 분쟁 없이 정보 주체의 데이터를 받게 되어 거래 비용을 줄일 수 있다고 보겠군.

③ [B]의 입장에서, ㉰가 ㉱와의 거래에 실패해 데이터를 수집하지 못하여 ㉰에 데이터 생성 비용이 발생하면, 데이터 관련 산업의 시장에 진입하기 어려워질 수 있다고 보겠군.

④ [A]와 달리 [B]의 입장에서, 정보 주체의 데이터가 ㉯에서 ㉱로 이동하여 집적·처리될수록 기업 간 공유나 유통이 위축될 수 있다고 보겠군.

⑤ [B]와 달리 [A]의 입장에서, ㉯는 ㉮로 데이터를 이동하여 경제적 이득을 취할 수 있으므로 데이터의 공유나 유통의 활성화에 기여할 수 있다고 보겠군.

06. 윗글을 바탕으로 <보기>를 이해한 내용으로 적절하지 <u>않은</u> 것은? [3점]

< 보기 >

A 은행은 고객들의 데이터를 수집하고 이를 분석·가공하여 자산 관리 데이터 서비스인 연령별·직업군별 등 고객 맞춤형 금융 상품 추천 서비스를 제공했다. 갑은 본인의 데이터 제공에 동의하여 A 은행으로부터 소정의 포인트를 받았다. 데이터 이동권이 법제화된 이후 갑은 B 은행 체크 카드를 발급받은 뒤, A 은행에 '계좌 자동 이체 항목', '체크 카드 사용 내역', '연령별 맞춤형 금융 상품 추천 서비스 내역'을 B 은행으로 이동할 것을 요청했다.

---

① 갑이 본인의 데이터를 이동 요청하면 A 은행은 갑의 '체크 카드 사용 내역'을 B 은행으로 전송해야 한다.

② A 은행에 대한 갑의 데이터 이동 요청은 정보 주체의 자율적 관리이므로 강화된 개인 정보 자기 결정권의 행사이다.

③ 데이터의 소유권 주체가 정보 주체라고 본다면, 갑이 A 은행으로부터 받은 포인트는 본인의 데이터 제공에 대한 대가이다.

④ 갑이 본인의 데이터를 보유한 A 은행을 상대로 요청한 '연령별 맞춤형 금융 상품 추천 서비스 내역'은 데이터 이동권 행사의 대상이다.

⑤ 데이터 이동권의 법제화 이전에도 갑이 A 은행에서 B 은행으로 이동을 요청한 정보 중에서 '계좌 자동 이체 항목'은 이동이 가능했다.

07. 문맥상 ⓐ, ⓑ와 바꾸어 쓰기에 가장 적절한 것은?

① ⓐ: 용이(容易)해져 ⓑ: 근거(根據)하여
② ⓐ: 유력(有力)해져 ⓑ: 근거(根據)하여
③ ⓐ: 용이(容易)해져 ⓑ: 의탁(依託)하여
④ ⓐ: 원활(圓滑)해져 ⓑ: 의탁(依託)하여
⑤ ⓐ: 유력(有力)해져 ⓑ: 기초(基礎)하여

다음 글을 읽고 물음에 답하시오.

　　㉠경마식 보도는 경마 중계를 하듯 지지율 변화나 득표율 예측 등을 집중 보도하는 선거 방송의 한 방식이다. 경마식 보도는 선거일이 가까워질수록 증가한다. 새롭고 재미있는 정보를 원하는 시청자들의 요구에 부응하고, 방송사로서도 매일 새로운 뉴스를 제공하는 방편이 될 수 있기 때문이다. 경마식 보도는 선거와 정치에 무관심한 유권자들의 선거 참여, 정치 참여를 독려하는 장점이 있다. 하지만 흥미를 돋우는 데 치중하는 경마식 보도는 선거의 주요 의제를 도외시하고 경쟁 결과에 초점을 맞춰 선거의 공정성을 저해할 수 있다.

　　경마식 보도의 문제점을 줄이려는 조치가 있다. ㉮「공직선거법」의 규정에 따르면, 당선인을 예상케 하는 여론조사를 실시하는 것은 언제든지 가능하지만, 그 결과의 보도는 선거일 6일 전부터 투표 마감 시각까지 금지된다. 이러한 규정이 국민의 알 권리와 언론의 자유를 침해하는지에 대해 헌법재판소는 신뢰할 수 있는 여론조사 결과라 하더라도 선거일에 임박해 보도하면 선거에 영향을 끼칠 수 있다며 합헌 결정을 내렸다. 「공직선거법」에 근거를 둔 ㉯「선거방송심의에 관한 특별규정」은 유권자에게 영향을 줄 수 있는 사실의 왜곡 보도를 금지하고, 여론조사 결과가 오차 범위 내에 있을 때에 이를 밝히지 않은 채로 서열이나 우열을 나타내는 보도도 금지하고 있다. 언론 단체의 ㉰「선거여론조사보도준칙」은 표본 오차를 감안하여 여론조사 결과를 정확하게 보도하도록 요구한다. 지지율 차이가 오차 범위 내에 있을 때 "경합"이라는 표현은 무방하지만 서열화하거나 "오차 범위 내에서 앞섰다."라는 표현처럼 우열을 나타내어 보도할 수 없다는 것이다.

　　경마식 보도로부터 드러난 선거 방송의 한계를 보완하는 방책 중 하나로 선거 방송 토론회가 활용될 수 있다. 이 토론회를 통해 후보자 간 정책과 자질 등의 차이가 드러날 수 있는데, 현실적인 이유로 초청 대상자는 한정된다. ㉡「공직선거법」의 선거 방송 토론회 규정은 5인 이상의 국회의원을 가진 정당이나 직전 선거에서 3% 이상 득표한 정당이 추천한 후보자, 또는 언론기관의 여론조사 결과 평균 지지율이 5% 이상인 후보자 등을 초청 기준으로 제시하고 있다. 다만 초청 대상이 아닌 후보자들을 위해 별도의 토론회 개최가 가능하고 시간이나 횟수를 다르게 할 수 있다.

　　이러한 규정이 선거 운동의 기회균등 원칙을 침해하는지에 대해 헌법재판소는 위헌이 아니라고 결정했다. ⓐ다수 의견은 방송 토론회의 효율적 운영을 고려할 때 초청 대상 후보자 수가 너무 많으면 제한된 시간 안에 심층적인 토론이 이루어지기 어렵고, 유권자들도 관심이 큰 후보자들의 정책 및 자질을 직접 비교하기 어렵다는 점을 지적하며, 이 규정은 합리적 제한이라고 보았다. 반면 ⓑ소수 의견은 이 규정이 가장 효과적인 선거 운동의 기회를 일부 후보자에게서 박탈하며, 유권자에게도 모든 후보자를 동시에 비교하지 못하게 하고, 초청 대상 후보자 토론회에 참여한 후보자와 그렇지 못한 후보자를 차별적으로 인식하게 만든다고 지적하였다. 이 규정을 소수 정당이나 정치 신인 등에 대한 자의적이고 차별적인 침해라고 본 것이다.

04. ㉠에 대한 설명으로 가장 적절한 것은?

① 선거 기간의 후반기에 비해 전반기에 더 많다.

② 시청자와 방송사의 상반된 이해관계가 반영된다.

③ 당선자 예측과 관련된 정보의 전파에 초점을 맞추지 않는다.

④ 선거의 핵심 의제에 관한 후보자의 입장을 다룬 보도를 중시한다.

⑤ 정치에 관심이 없던 유권자들이 선거에 관심을 갖도록 북돋운다.

05. 윗글에서 알 수 있는 내용으로 적절하지 **않은** 것은?

① 신뢰할 수 있는 여론조사의 결과를 보도하더라도 선거의 공정성을 위협할 수 있다.

② 정당의 추천을 받지 못해도 선거 방송의 초청 대상 후보자 토론회에 참여할 수 있다.

③ 국민의 알 권리와 언론의 자유가 서로 충돌하는지의 문제를 헌법재판소에서 논의한 적이 있다.

④ 선거일에 당선인 예측 선거 여론조사를 실시하고 투표 마감 시각 이후에 그 결과를 보도할 수 있다.

⑤ 「공직선거법」에는 선거 운동의 기회가 모든 후보자에게 균등하게 배분되지 못하도록 할 가능성이 있는 규정이 있다.

06. ⓛ과 관련하여 ⓐ와 ⓑ의 입장에 대한 반응으로 가장 적절한 것은? [3점]

① 선거 방송 초청 대상 후보자 토론회에서 후보자들이 심층적인 토론을 하지 못한 원인이 시간의 제한이나 참여한 후보자의 수와 관계가 없다면 ⓐ의 입장은 강화되겠군.

② 주요 후보자의 정책이 가진 치명적 허점을 지적하고 좋은 대안을 제시해 유명해진 정치 신인이 선거 방송 초청 대상 후보자 토론회에 초청받지 못한다면 ⓐ의 입장은 약화되겠군.

③ 선거 방송 초청 대상 후보자 토론회에 참여할 적정 토론자의 수를 제한하는 기준이 국민의 합의에 의해 결정되었기 때문에 자의적인 것이 아니라고 한다면 ⓑ의 입장은 강화되겠군.

④ 어떤 후보자가 지지율이 낮은 후보자 간의 별도 토론회에서 뛰어난 정치 역량을 보여 주었음에도 그 토론회에 참여했다는 이유만으로 지지율이 떨어진다면 ⓑ의 입장은 약화되겠군.

⑤ 유권자들이 뛰어난 역량을 가진 소수 정당 후보자를 주요 후보자들과 동시에 비교할 수 있는 가장 효율적인 방법이 선거 방송 초청 대상 후보자 토론회라면 ⓑ의 입장은 약화되겠군.

07. ㉮~㉰에 따라 <보기>에 대한 언론 보도를 평가한 내용으로 적절하지 **않은** 것은?

< 보기 >

다음은 ○○ 방송사의 의뢰로 △△ 여론조사 기관에서 세 차례 실시한 당선인 예측 여론조사 결과의 일부이다. (세 조사 모두 신뢰 수준 95%, 오차 범위 8.8%P임.)

구분		1차 조사	2차 조사	3차 조사
조사일		선거일 15일 전	선거일 10일 전	선거일 5일 전
조사 결과	A 후보	42%	38%	39%
	B 후보	32%	37%	38%
	C 후보	18%	17%	17%

① 1차 조사 결과를 선거일 14일 전에 "A 후보, 10%P 이상의 차이로 B 후보와 C 후보에 우세"라고 보도하는 것은 ㉯와 ㉰ 중 어느 것에도 위배되지 않겠군.

② 2차 조사 결과를 선거일 9일 전에 "A 후보는 B 후보에 조금 앞서고, C 후보는 3위"라고 보도하는 것은 ㉯에 위배되지만, ㉰에 위배되지 않겠군.

③ 3차 조사 결과를 선거일 4일 전에 "A 후보는 오차 범위 내에서 1위"라고 보도하는 것은 ㉮와 ㉰에 모두 위배되겠군.

④ 1차 조사 결과를 선거일 14일 전에 "A 후보 1위, B 후보 2위, C 후보 3위"라고 보도하는 것은 ㉯에 위배되지 않고, 2차 조사 결과를 선거일 9일 전에 같은 표현으로 보도하는 것은 ㉰에 위배되겠군.

⑤ 2차 조사 결과를 선거일 9일 전에 "B 후보, A 후보와 오차 범위 내 경합"이라고 보도하는 것은 ㉰에 위배되지 않고, 3차 조사 결과를 선거일 4일 전에 같은 표현으로 보도하는 것은 ㉮에 위배되겠군.

다음 글을 읽고 물음에 답하시오.

정당과 같은 정치 조직이 민주적 방식과 절차로 운영되어야 하는 것은 당연하다. 그런데 민주적 운영 체제를 갖추었으면서도 실제로는 일부 소수에게 권력이 집중되어 있는 경우도 적지 않다. 조직 운영에서 보이는 이러한 현상을 흔히 과두제라 한다. 이는 정치 조직에서뿐만 아니라 기업 경영에서도 나타난다.

모든 주주가 경영진을 이루어 상호 협력 관계를 기반으로 기업을 운영하며 의사 결정권도 균등하게 행사하는 경우에 이를 '공동체적 경영'이라 부르기도 한다. 이런 기업에서 경영진은 모두 업무와 관련하여 전문성을 가지며, 경영 수익에 관련된 중요한 사항은 주주들이 공동으로 결정한다. 그러나 기업의 규모가 성장하고 사업이 다양해지면, 소수의 의사 결정에 따른 수직적 경영으로 효율성을 지향하는 '과두제적 경영'으로 나아가는 일도 있다.

과두제적 경영 은 소수의 경영자로 이루어진 경영진이 강한 결속력을 가지면서 실질적 권한과 정보를 독점하며 기업을 운영하는 것을 말한다. 이런 체제는 전문성과 경험을 갖춘 경영진을 중심으로 안정적 경영권이 확보될 수 있도록 하여, 기업 전략을 장기적으로 수립하고, 이에 맞춰 과감하고 지속적인 투자를 할 수 있어서 첨단 핵심 기술의 개발에도 유리한 면이 있다. 그리고 기업과 경영진 간의 높은 일체성은 위기 상황에서 신속한 의사 결정으로 효율적인 대처를 하는 데 도움을 주기도 한다.

그런데 대체로 주주의 수가 많으면 개별 주주의 결정권은 약하고, 소수의 경영진이 기업을 장악하는 힘은 크다. 이를 이용하여 정보와 권한이 집중된 소수의 경영진이 사익에 치중하면 다수 주주의 이익이 침해되는 폐해가 나타날 수 있다. 경영 성과를 실제보다 부풀려 투자를 유치한 뒤 주주들에게 회복하기 어려운 손해를 입히는 경우도 있으며, 기업 운영에 중대한 영향을 미치는 주요 정보들을 은폐하거나 경영 상황을 조작하여 발표함으로써 결과적으로 기업의 가치에 심각한 타격을 주는 사례도 종종 보게 된다.

이러한 문제점을 완화하기 위해 기업이 경영자와 계약을 체결하여 급여 이외의 경제적 이익을 동기로 부여하는 방안이 있다. 예를 들면, 일정 수량의 주식을 계약 시에 정한 가격으로 미래에 매수할 수 있도록 하는 스톡옵션의 권리를 경영자에게 부여하는 방식이 있다. 이 권리를 행사할지 말지는 자유이고, 경영자는 매수 시점을 유리하게 선택할 수 있다. 또 아직 우리나라에 도입되지는 않았지만, 기업의 주식 가치가 목표치 이상으로 올랐을 때 경영자가 그에 상응하는 보상을 받는 주식 평가 보상권의 방식도 있다.

기업 경영의 건전성을 확보하기 위해 마련된 공적 제도들은 과두제적 경영의 폐해를 방지하는 기능도 한다. 기업의 주식 가치에 영향을 미칠 수 있는 정보 제공을 법적으로 의무화한 경영 공시 제도는 경영 투명성을 높이려는 것이다. 이를 통해 경영진과 주주들 간 정보 격차가 줄어들 수 있다. 기업의 이사회에 외부 인사를 이사로 참여시키도록 하는 사외 이사 제도는 독단적인 의사 결정을 견제함으로써 폐쇄적 경영으로 인한 정보와 권한의 집중을 억제하는 효과를 거둘 수 있다.

04. 윗글의 내용 전개 방식으로 가장 적절한 것은?

① 대상의 개념과 장단점을 제시하고 보완책을 소개한다.

② 유사한 원리들을 분석하고 이를 하나의 이론으로 통합한다.

③ 대립하는 유형을 들어 이론적 근거의 변천 과정을 설명한다.

④ 가설을 세우고 그에 대해 현실적인 사례를 들어 가며 검토한다.

⑤ 문제 상황의 근본 원인을 진단하고 해결책에 대한 상반된 입장을 해설한다.

05. 과두제적 경영 에 대한 이해로 적절하지 <u>않은</u> 것은?

① 소수의 경영진이 내린 의사 결정이 수직적으로 집행되는 효율성을 추구한다.
② 강한 결속력을 가진 소수의 경영자로 경영진을 이루어 경영권 유지에 강점이 있다.
③ 경영권이 안정되어 중요 기술 개발에 적극적인 투자를 계속하는 데에 유리하다는 장점이 있다.
④ 경영진이 투자자의 유입을 유도하기 위하여 경영 성과를 부풀릴 위험성이 있어 이에 대비할 필요가 있다.
⑤ 경영진과 다수 주주 사이의 이해가 일치하는 경우에는 그렇지 않은 경우보다 기업 가치가 훼손될 위험성이 높아진다.

06. 윗글을 읽고 추론한 내용으로 적절하지 <u>않은</u> 것은?

① 스톡옵션의 권리를 가진 경영자는 주식 가격이 미리 정해 놓은 것보다 하락하더라도 손실을 입지 않을 수 있다.
② 스톡옵션은 경영자의 성과 보상에 미래의 주식 가치가 관련된다는 점에서 주식 평가 보상권과 차이가 있다.
③ 경영 공시는 주주가 기업 경영 상황을 파악하여 기업 가치를 평가하는 데 유용한 제도가 될 수 있다.
④ 사외 이사 제도는 기업의 의사 결정에 외부 인사를 참여시켜 경영의 개방성을 높일 수 있는 제도라 평가할 수 있다.
⑤ 경영 공시 제도와 사외 이사 제도는 기업의 중요 정보에 대한 경영진의 독점을 완화할 수 있다.

07. 윗글을 바탕으로 <보기>를 이해한 내용으로 가장 적절한 것은? [3점]

< 보기 >

　X사는 정밀 부품 분야에서 독보적인 기술을 장기간 보유하여 발전시켜 온 기업으로서 시장 점유율도 높다. 원래 X사의 주주들은 모두 함께 경영진이 되어 중요 사항에 대하여 동등한 결정권을 보유하였으나, 기업이 성장하면서 효율성 증진을 위하여 소수의 주주만으로 경영진을 구성하였다. 경영진은 주기적으로 다른 주주들로 교체되어 전체 주주는 기업의 경영 상태를 파악할 수 있으며, 경영 이익의 분배와 같은 주요 사항은 전체 주주가 공동으로 의결한다. X사의 주주 A와 B는 회사의 진로에 관하여 다음과 같은 대화를 나누었다.
A: 최근 치열해진 경쟁에 대응하려면, 경영진의 구성원을 변동시키지 않고 경영 결정권도 경영진이 전적으로 행사하도록 하는 게 좋겠습니다.
B: 시장 점유율도 잘 유지되고 있고 우리 주주들의 전문성도 탁월하니, 예전처럼 회사를 운영한다고 하더라도 문제없을 듯합니다.

---

① X사는 주주들 사이의 평등성이 강하여 과도한 정보 격차나 권한 집중과 같은 폐해를 보이지 않는다.
② X사는 현재 경영진이 고정되는 구조로 바뀌었지만 주주가 실적에 대한 이익 분배를 결정할 수 있기 때문에 수직적 경영의 부작용은 나타나지 않는다.
③ A는 결속력이 강한 소수의 경영진을 중심으로 운영되는 경영 방식을 현행대로 유지하여야 시장의 점유율을 지킬 수 있다고 보는 입장이다.
④ B는 수평적인 의사 결정 구조로의 전환을 최소한으로 하여 효율적 경영을 유지해야 한다고 보는 입장이다.
⑤ A와 B는 현재 X사가 경험과 전문성을 바탕으로 안정적인 과두제적 경영을 하고 있다는 전제에서 논의를 한다.

다음 글을 읽고 물음에 답하시오.

공정거래위원회는 시장 경쟁을 촉진하고 소비자 주권을 확립하기 위해, 사업자의 불공정한 거래 행위와 부당한 광고를 규제한다. 이를 위해 '공정거래법'과 '표시광고법'을 활용한다.

'공정거래법'은 사업자의 재판매 가격 유지 행위를 원칙적으로 금지한다. ㉠ 재판매 가격 유지 행위란 사업자가 상품·용역을 거래할 때 거래 상대방 사업자 또는 그 다음 거래 단계별 사업자에게 거래 가격을 정해 그 가격대로 판매·제공할 것을 강제하거나 그 가격대로 판매·제공하도록 그 밖의 구속 조건을 ⓐ 붙여 거래하는 행위이다. 이때 거래 가격에는 재판매 가격, 최고 가격, 최저 가격, 기준 가격이 포함된다. 권장 소비자 가격이라도 강제성이 있다면 재판매 가격 유지 행위에 해당한다.

재판매 가격 유지 행위는 사업자의 가격 결정의 자유, 즉 영업의 자유를 제한하고 사업자 간 가격 경쟁을 제한한다. 유통 조직의 효율성도 저하시킨다. 재판매 가격 유지 행위를 하는 사업자는 형사 처벌은 받지 않지만 시정명령이나 과징금 부과 대상이 될 수 있다. 다만, '공정거래법'에 따라 공정거래위원회가 고시하는 출판된 저작물은 금지 대상이 아니다. 또 경쟁 제한의 폐해보다 소비자 후생 증대 효과가 큰 경우 등 정당한 이유가 있으면 재판매 가격 유지 행위가 허용되는데, 그 이유는 사업자가 입증해야 한다.

'표시광고법'은 소비자를 속이거나 오인하게 할 우려가 있는 부당한 광고를 금지한다. 광고는 표현의 자유와 영업의 자유로 보호받는다. 하지만 사실과 다르거나 사실을 지나치게 부풀리는 거짓·과장 광고, 사실을 은폐하거나 축소하는 기만 광고를 금지한다. 이를 위반한 사업자는 시정명령이나 과징금 부과 또는 형사 처벌 대상이 될 수 있다.

추천·보증과 이용후기를 활용한 인터넷 광고가 늘면서 부당광고 심사 기준이 중요해졌다. 공정거래위원회의 '추천·보증 광고 심사 지침', '인터넷 광고 심사 지침'에 따르면 추천·보증은 사업자의 의견이 아니라 제3자의 독자적 의견으로 인식되는 표현으로서, 해당 상품·용역의 장점을 알리거나 구매·사용을 권장하는 것이다. 경험적 사실을 근거로 추천·보증을 할 때는 실제 사용해 봐야 하고 추천·보증을 하는 내용이 경험한 사실에 부합해야 부당한 광고로 제재받지 않는다. 전문적 판단을 근거로 추천·보증을 할 때는 그 내용이 해당 분야의 전문적 지식에 부합해야 한다. 추천·보증이 광고에 활용되면서 추천·보증을 한 사람이 사업자로부터 현금 등의 대가를 지급받는 등 경제적 이해관계가 있다면 해당 게시물에 이를 명시해야 한다.

위의 두 심사 지침에서 말하는 ㉡ 이용후기 광고란 사업자가 자사 홈페이지 등에 게시된 소비자의 상품 이용후기를 활용해 광고하는 것이다. 사업자는 자신에게 유리한 이용후기는 광고로 적극 활용한다. 반면 사업자는 자신에게 불리한 이용후기는 비공개하거나 삭제하기도 하는데, 합리적 이유가 없다면 이는 부당한 광고가 될 수 있다. 사업자는 자신에게 불리한 이용후기의 게시자를 인터넷상 명예훼손죄로 고소하기도 한다. 이때 이용후기가 객관적 내용으로 자신의 사용 경험에 바탕을 두고 다른 이용자에게 도움을 주려는 등 공공의 이익에 관한 것으로 인정받는다면, 게시자의 비방할 목적이 부정되어 명예훼손죄가 성립하지 않는다.

04. 윗글을 통해 알 수 있는 내용으로 적절하지 <u>않은</u> 것은?

① 부당한 광고 행위에 대해서는 재판매 가격 유지 행위와 달리 형사 처벌이 내려질 수 있다.

② 거래 단계별 사업자에게 거래 가격을 강제하는 것은 유통 조직의 효율성 저하를 초래한다.

③ 재판매 가격 유지 행위의 정당성을 인정받고자 하는 사업자는 그 행위의 정당성을 입증할 책임을 진다.

④ 경험적 사실을 바탕으로 한 추천·보증은 심사 지침에 따라 해당 분야의 전문적 지식에 부합해야 한다.

⑤ 공정거래위원회가 고시하는 출판된 저작물의 사업자는 거래 상대방 사업자에게 기준 가격을 지정할 수 있다.

05. ㉠, ㉡에 대한 이해로 가장 적절한 것은?

① ㉠은 소비자 후생 증대 효과가 시장 경쟁 제한의 폐해보다 작은 경우에 허용된다.

② ㉠을 '공정거래법'에서 금지하는 목적은 사업자의 가격 결정의 자유를 제한하기 위한 것이다.

③ ㉡을 할 때 사업자는 영업의 자유를 보호받지만 표현의 자유는 보호받지 못한다.

④ ㉡은 사업자가 자사의 홈페이지에 직접 작성해서 게시한 이용후기를 광고로 활용하는 것을 포함하지 않는다.

⑤ ㉠은 사업자와 소비자 간에, ㉡은 소비자와 소비자 간에 직접 일어나는 행위이다.

06. 윗글을 바탕으로 <보기>를 이해한 내용으로 적절하지 <u>않은</u> 것은? [3점]

> ─────── < 보기 > ───────
>
> A 상품 제조 사업자인 갑은 거래 상대방 사업자에게 특정 판매 가격을 지정해 거래했다. 갑의 회사 홈페이지에 A 상품에 대한 이용후기가 다수 게시되었다. 갑은 그중 A 상품의 품질 불량을 문제 삼은 이용후기 200개를 삭제하고, 박○○ 교수팀이 A 상품을 추천·보증한 광고를 게시했다. 광고 대행사 직원 을은 A 상품의 효능이 뛰어나다는 후기를 갑의 회사 홈페이지에 게시했다. 소비자 병은 A 상품을 사용하며 발견한 하자를 찍은 사진과 품질이 불량하다는 글을 갑의 회사 홈페이지에 게시했다. 갑은 병을 명예훼손죄로 처벌해 달라며 수사 기관에 고소했다.

① 갑이 A 상품의 품질 불량을 은폐하기 위해 자신에게 불리한 이용후기를 삭제하는 대신 비공개 처리하는 것도 부당한 광고에 해당하겠군.

② 갑이 박○○ 교수팀이 A 상품을 실험·검증하고 우수성을 추천·보증했다고 광고했으나 해당 실험이 진행된 적이 없다면 갑은 부당한 광고 행위로 제재를 받겠군.

③ 갑이 거래 상대방에게 판매 가격을 지정하며 이를 준수하도록 부과한 조건에 대해 정당성을 인정받지 못했더라도 그 가격이 권장 소비자 가격이었다면 갑은 제재를 받지 않겠군.

④ 을이 갑으로부터 금전을 받고 갑의 회사 홈페이지에 A 상품의 장점을 알리는 이용후기를 게시했다면 대가성이 있었다는 사실을 명시해야겠군.

⑤ 병이 A 상품을 직접 사용해 보고 그 상품의 결점을 제시하면서 다른 소비자들에게 도움을 주려는 취지로 이용후기를 게시한 점이 인정된다면 명예훼손죄가 성립되지 않겠군.

07. ⓐ와 문맥상 의미가 가장 가까운 것은?

① 그는 내 의견에 본인의 견해를 <u>붙여</u> 발언을 이어 갔다.

② 나는 수영에 재미를 <u>붙여</u> 수영장에 다니기로 결정했다.

③ 그는 따뜻한 바닥에 등을 <u>붙여</u> 잠깐 동안 잠을 청했다.

④ 나는 알림판에 게시물을 <u>붙여</u> 동아리 행사를 홍보했다.

⑤ 그는 숯에 불을 <u>붙여</u> 고기를 배부를 만큼 구워 먹었다.

다음 글을 읽고 물음에 답하시오.

리프킨은 사회적 상호 작용에서의 자기표현은 본질적으로 연극적이며, 표면 연기와 심층 연기로 ⓐ 이루어진다고 언급했다. 표면 연기는 내면의 자연스러운 감정보다 의례적인 표현과 같은 형식에 집중하여 연기하는 것이고, 심층 연기는 내면의 솔직한 정서를 ⓑ 불러내어 자신의 진정성을 보여 주는 것이다. 인터넷에서의 커뮤니케이션에 주목한 리프킨은 가상 공간에서 자기 표현이 더욱 활발히 이루어진다고 보았다.

가상 공간의 특성에 주목한 연구자들은 사람들과의 관계 속에서 드러나는 고유한 존재로서의 위상을 뜻하는 자기 정체성이 가상 공간에서 다양하게 ⓒ 나타난다고 본다. 가상 공간에서는 익명성이 작동하므로 현실에서 위축되는 사람도 적극적으로 자기표현을 할 수 있다. 아울러 현실에서의 자기 정체성을 ⓓ 감추고 다른 인격체로 활동하거나 현실에서 억압된 정서를 공격적으로 드러내기도 한다. 게임 아이디, 닉네임, 아바타 등 가상 공간에서 개별적 대상으로 인식되는 '인터넷 ID'에 대한 사이버 폭력이 ⓔ 넘쳐 나는 현실도 이와 무관하지 않다.

사이버 폭력과 관련하여, 인터넷 ID만을 알고 있는 상황에서 그에 대해 명예훼손이나 모욕 등의 공격이 있을 때 가해자에게 법적인 책임을 물을 수 있는지에 대한 논란이 있어 왔다. 이는 인터넷 ID가 사회적 평판인 명예의 주체로 인정될 수 있는가와 관련된다. 인터넷 ID의 명예 주체성을 ㉠ 인정하는 입장에 따르면, 자기 정체성은 일원적·고정적인 것이 아니라 현실 세계와 가상 공간에 걸쳐 존재하고 상호 작용하는 복합적인 것이다. 인터넷에서의 자기 정체성은 사용자 개인의 자기 정체성의 일부이기 때문에 자기 정체성을 가진 인터넷 ID의 명예 역시 보호되어야 한다. 반면 ㉡ 인정하지 않는 입장에 따르면, 생성·변경·소멸이 자유롭고 복수로 개설이 가능한 인터넷 ID는 그 사용자인 개인을 가상 공간에서 구별하는 장치에 불과하다. 인터넷 ID는 현실에서의 성명과 달리 그 사용자인 개인과 동일시될 수 없고, 인터넷 ID 자체는 사람이 아니므로 명예 주체성을 인정할 수 없다는 것이다.

㉰ 대법원은 실명을 거론한 경우는 물론, 실명을 거론

하지 않았더라도 주위 사정을 종합할 때 지목된 사람이 누구인지를 제3자가 알 수 있는 경우에는 명예훼손이나 모욕에 대한 가해자의 법적 책임이 성립한다고 판시해 왔다. 이를 수용한 헌법재판소에서는 인터넷 ID와 관련된 명예훼손·모욕 사건의 헌법 소원에 대한 결정을 내린 바 있다. 이 결정에서 ㉺ 다수 의견은 인터넷 ID만을 알 수 있을 뿐 그 사용자가 누구인지 제3자가 알 수 없다면 피해자가 특정되지 않아 명예훼손이나 모욕에 대한 가해자의 법적 책임이 성립하지 않는다고 보았다. 반면 인터넷 ID는 가상 공간에서 성명과 같은 기능을 하므로 제3자의 인식 여부가 법적 책임의 근거가 될 수 없다는 ㉻ 소수 의견도 제시되었다.

14. 윗글의 내용과 일치하지 <u>않는</u> 것은?

① 심층 연기는 내면의 진솔한 정서를 드러내기 위해 형식에 집중하는 자기표현이다.

② 리프킨은 현실 세계보다 가상 공간에서 자기표현이 더욱 왕성하게 드러난다고 보았다.

③ 가상 공간에서 개별적인 것으로 인식되는 아바타는 사이버 폭력의 대상이 될 수 있다.

④ 익명성은 가상 공간에서 자기 정체성이 다양하게 나타나는 데 영향을 미치는 가상 공간의 특성이다.

⑤ 가상 공간에서의 자기 정체성은 현실에서의 자기 정체성과 마찬가지로 타인과의 관계 속에서 나타난다.

15. ㉠과 ㉡에 대한 이해로 가장 적절한 것은?

① ㉠은 ㉡과 달리 자기 정체성을 단일하고 고정적인 것으로 파악하겠군.

② ㉠은 ㉡과 달리 인터넷 ID에 대한 공격을 그 사용자인 개인에 대한 공격이라고 보겠군.

③ ㉡은 ㉠과 달리 인터넷에서의 자기 정체성과 현실 세계의 자기 정체성이 상호 작용을 한다고 보겠군.

④ ㉡은 ㉠과 달리 인터넷 ID는 복수 개설이 가능하므로 자기 정체성이 복합적으로 구성된다고 보겠군.

⑤ ㉠과 ㉡은 모두, 인터넷 ID마다 개인의 자기 정체성이 다르다고 보겠군.

16. 윗글을 바탕으로 <보기>를 이해한 내용으로 적절하지 <u>않은</u> 것은? [3점]

○○ 인터넷 카페의 이용자 A는 a, B는 b, C는 c라는 ID를 사용한다. 박사 학위 소지자인 A는 □□ 전시관의 해설사이고, B는 같은 전시관에서 물고기 관리를 혼자 전담한다. 이 전시관의 누리집에는 직무별로 담당자가 공개되어 있다. 어떤 사람이 □□ 전시관에서 A의 해설을 듣고 A의 실명을 언급한 후기를 카페 게시판에 올리자 다음과 같은 댓글이 달렸다.

A의 해설에 대한 후기
↳ b A가 박사인지 의심스럽다. A는 #~#.
↳ a □□ 전시관에서 물고기를 관리하는 b는 #~#.
↳ c 게시판 분위기를 흐리는 a는 #~#.

(단, '#~# '는 명예를 훼손하거나 모욕을 주는 표현이고 A, B, C는 실명이다. ID로는 그 사용자의 개인 정보를 알 수 없으며, A, B, C의 법적 책임에 영향을 미치는 다른 요소는 고려하지 않는다.)

① ㉮는 B가 가해자로서의 법적 책임을 져야 하지만 C는 가해자로서의 법적 책임을 지지 않는다고 보겠군.

② ㉯는 B가 가해자로서의 법적 책임을 져야 하지만 A는 가해자로서의 법적 책임을 지지 않는다고 보겠군.

③ ㉮와 ㉰는 A가 가해자로서의 법적 책임을 져야 하는지의 여부에 대해 같게 보겠군.

④ ㉯와 ㉰는 B가 가해자로서의 법적 책임을 져야 하는지의 여부에 대해 같게 보겠군.

⑤ ㉮, ㉯, ㉰가, C가 가해자로서의 법적 책임을 져야 하는지의 여부에 대해 판단한 내용이 모두 같지는 않겠군.

17. 문맥상 ⓐ~ⓔ와 바꿔 쓰기에 가장 적절한 것은?

① ⓐ: 완성(完成)된다고

② ⓑ: 요청(要請)하여

③ ⓒ: 표출(表出)된다고

④ ⓓ: 기만(欺瞞)하고

⑤ ⓔ: 확충(擴充)되는

정답 및 해설: 해설편 241p

PART 03

과학

다음 글을 읽고 물음에 답하시오.

18세기에는 열의 실체가 칼로릭(caloric)이며 칼로릭은 온도가 높은 쪽에서 낮은 쪽으로 흐르는 성질을 갖고 있는, 질량이 없는 입자들의 모임이라는 생각이 받아들여지고 있었다. 이를 칼로릭 이론이라 ㉠ 부르는데, 이에 따르면 찬 물체와 뜨거운 물체를 접촉시켜 놓았을 때 두 물체의 온도가 같아지는 것은 칼로릭이 뜨거운 물체에서 차가운 물체로 이동하기 때문이라는 것이다. 이러한 상황에서 과학자들의 큰 관심사 중의 하나는 증기 기관과 같은 열기관의 열효율 문제였다.

열기관은 높은 온도의 열원에서 열을 흡수하고 낮은 온도의 대기와 같은 열기관 외부에 열을 방출하며 일을 하는 기관을 말하는데, 열효율은 열기관이 흡수한 열의 양 대비 한 일의 양으로 정의된다. 19세기 초에 카르노는 열기관의 열효율 문제를 칼로릭 이론에 기반을 두고 ㉡ 다루었다. 카르노는 물레방아와 같은 수력 기관에서 물이 높은 곳에서 낮은 곳으로 ㉢ 흐르면서 일을 할 때 물의 양과 한 일의 양의 비가 높이 차이에만 좌우되는 것에 주목하였다. 물이 높이 차에 의해 이동하는 것과 흡사하게 칼로릭도 고온에서 저온으로 이동하면서 일을 하게 되는데, 열기관의 열효율 역시 이러한 두 온도에만 의존한다는 것이었다.

한편 1840년대에 줄(Joule)은 일정량의 열을 얻기 위해 필요한 각종 에너지의 양을 측정하는 실험을 행하였다. 대표적인 것이 열의 일당량 실험이었다. 이 실험은 열기관을 대상으로 한 것이 아니라, 추를 낙하시켜 물속의 날개바퀴를 회전시키는 실험이었다. 열의 양은 칼로리(calorie)로 표시되는데, 그는 역학적 에너지인 일이 열로 바뀌는 과정의 정밀한 실험을 통해 1kcal의 열을 얻기 위해서 필요한 일의 양인 열의 일당량을 측정하였다. 줄은 이렇게 일과 열은 형태만 다를 뿐 서로 전환이 가능한 물리량이므로 등가성을 갖는다는 것을 입증하였으며, 열과 일이 상호 전환될 때 열과 일의 에너지를 합한 양은 일정하게 보존된다는 사실을 알아내었다. 이후 열과 일뿐만 아니라 화학 에너지, 전기 에너지 등이 등가성을 가지며 상호 전환될 때에 에너지의 총량은 변하지 않는다는 에너지 보존 법칙이 입증되었다.

열과 일에 대한 이러한 이해는 카르노의 이론에 대한 과학자들의 재검토로 이어졌다. 특히 톰슨은 ⓐ 칼로릭 이론에 입각한 카르노의 열기관에 대한 설명이 줄의 에너지 보존 법칙에 위배된다고 지적하였다. 카르노의 이론에 의하면, 열기관은 높은 온도에서 흡수한 열 전부를 낮은 온도로 방출하면서 일을 한다. 이것은 줄이 입증한 열과 일의 등가성과 에너지 보존 법칙에 ㉣ 어긋나는 것이어서 열의 실체가 칼로릭이라는 생각은 더 이상 유지될 수 없게 되었다. 하지만 열효율에 관한 카르노의 이론은 클라우지우스의 증명으로 유지될 수 있었다. 그는 카르노의 이론이 유지되지 않는다면 열은 저온에서 고온으로 흐르는 현상이 ㉤ 생길 수도 있을 것이라는 가정에서 출발하여, 열기관의 열효율은 열기관이 고온에서 열을 흡수하고 저온에 방출할 때의 두 작동 온도에만 관계된다는 카르노의 이론을 증명하였다.

클라우지우스는 자연계에서는 열이 고온에서 저온으로만 흐르고 그와 반대되는 현상은 일어나지 않는 것과 같이 경험적으로 알 수 있는 방향성이 있다는 점에 주목하였다. 또한 일이 열로 전환될 때와는 달리, 열기관에서 열 전부를 일로 전환할 수 없다는, 즉 열효율이 100%가 될 수 없다는 상호 전환 방향에 관한 비대칭성이 있다는 사실에 주목하였다. 이러한 방향성과 비대칭성에 대한 논의는 이를 설명할 수 있는 새로운 물리량인 엔트로피의 개념을 낳았다.

31. 윗글에서 알 수 있는 내용으로 가장 적절한 것은?

① 열기관은 외부로부터 받은 일을 열로 변환하는 기관이다.
② 수력 기관에서 물의 양과 한 일의 양의 비는 물의 온도 차이에 비례한다.
③ 칼로릭 이론에 의하면 차가운 쇠구슬이 뜨거워지면 쇠구슬의 질량은 증가하게 된다.
④ 칼로릭 이론에서는 칼로릭을 온도가 낮은 곳에서 높은 곳으로 흐르는 입자라고 본다.
⑤ 열기관의 열효율은 두 작동 온도에만 관계된다는 이론은 칼로릭 이론의 오류가 밝혀졌음에도 유지되었다.

32. 윗글로 볼 때 ⓐ의 내용으로 가장 적절한 것은?

① 화학 에너지와 전기 에너지는 서로 전환될 수 없는 에너지라는 점

② 열의 실체가 칼로릭이라면 열기관이 한 일을 설명할 수 없다는 점

③ 자연계에서는 열이 고온에서 저온으로만 흐르는 것과 같은 방향성이 있는 현상이 존재한다는 점

④ 열효율에 관한 카르노의 이론이 맞지 않는다면 열은 저온에서 고온으로 흐르는 현상이 생길 수 있다는 점

⑤ 열기관의 열효율은 열기관이 고온에서 열을 흡수하고 저온에 방출할 때의 두 작동 온도에만 관계된다는 점

33. 윗글을 바탕으로 할 때, <보기>의 [가]에 들어갈 말로 가장 적절한 것은? [3점]

─── < 보기 > ───

　줄의 실험과 달리, 열기관이 흡수한 열의 양(A)과 열기관으로부터 얻어진 일의 양(B)을 측정하여 $\frac{B}{A}$ 로 열의 일당량을 구하면, 그 값은 ([가])는 결과가 나올 것이다.

① 열기관의 두 작동 온도의 차이가 일정하다면 줄이 구한 열의 일당량과 같다

② 열기관이 열을 흡수할 때의 온도와 상관없이 줄이 구한 열의 일당량과 같다

③ 열기관이 흡수한 열의 양이 많을수록 줄이 구한 열의 일당량 보다 더 커진다

④ 열기관의 두 작동 온도의 차이가 커질수록 줄이 구한 열의 일당량보다 더 커진다

⑤ 열기관이 흡수한 열의 양과 두 작동 온도에 상관없이 줄이 구한 열의 일당량보다 작다

34. 윗글의 ㉠~㉤과 같은 의미로 사용된 것은?

① ㉠: 웃음은 또 다른 웃음을 <u>부르는</u> 법이다.

② ㉡: 그는 익숙한 솜씨로 기계를 <u>다루고</u> 있었다.

③ ㉢: 이야기가 엉뚱한 방향으로 <u>흐르고</u> 있다.

④ ㉣: 그는 상식에 <u>어긋나는</u> 일을 한 적이 없다.

⑤ ㉤: 하늘을 보니 당장이라도 비가 오게 <u>생겼다</u>.

다음 글을 읽고 물음에 답하시오.

탄수화물은 사람을 비롯한 동물이 생존하는 데 필수적인 에너지원이다. 탄수화물은 섬유소와 비섬유소로 구분된다. 사람은 체내에서 합성한 효소를 이용하여 곡류의 녹말과 같은 비섬유소를 포도당으로 분해하고 이를 소장에서 흡수하여 에너지원으로 이용한다. 반면, 사람은 풀이나 채소의 주성분인 셀룰로스와 같은 섬유소를 포도당으로 분해하는 효소를 합성하지 못하므로, 섬유소를 소장에서 이용하지 못한다. ㉠ 소, 양, 사슴과 같은 반추 동물도 섬유소를 분해하는 효소를 합성하지 못하는 것은 마찬가지이지만, 비섬유소와 섬유소를 모두 에너지원으로 이용하며 살아간다.

위(胃)가 넷으로 나누어진 반추 동물의 첫째 위인 반추위에는 여러 종류의 미생물이 서식하고 있다. 반추 동물의 반추위에는 산소가 없는데, 이 환경에서 왕성하게 생장하는 반추위 미생물들은 다양한 생리적 특성을 가지고 있다. 그중 ⓐ 피브로박터 숙시노젠(F)은 섬유소를 분해하는 대표적인 미생물이다. 식물체에서 셀룰로스는 그것을 둘러싼 다른 물질과 복잡하게 얽혀 있는데, F가 가진 효소 복합체는 이 구조를 끊어 셀룰로스를 노출시킨 후 이를 포도당으로 분해한다. F는 이 포도당을 자신의 세포 내에서 대사 과정을 거쳐 에너지원으로 이용하여 생존을 유지하고 개체 수를 늘림으로써 생장한다. 이런 대사 과정에서 아세트산, 숙신산 등이 대사산물로 발생하고 이를 자신의 세포 외부로 배출한다. 반추위에서 미생물들이 생성한 아세트산은 반추 동물의 세포로 직접 흡수되어 생존에 필요한 에너지를 생성하는 데 주로 이용되고 체지방을 합성하는 데에도 쓰인다. 한편 반추위에서 숙신산 은 프로피온산을 대사산물로 생성하는 다른 미생물의 에너지원으로 빠르게 소진된다. 이 과정에서 생성된 프로피온산은 반추 동물이 간(肝)에서 포도당을 합성하는 대사 과정에서 주요 재료로 이용된다.

반추위에는 비섬유소인 녹말을 분해하는 ⓑ 스트렙토코쿠스 보비스(S)도 서식한다. 이 미생물은 반추 동물이 섭취한 녹말을 포도당으로 분해하고, 이 포도당을 자신의 세포 내에서 대사 과정을 통해 자신에게 필요한 에너지원으로 이용한다. 이때 S는 자신의 세포 내의 산성도에 따라 세포 외부로 배출하는 대사 산물이 달라진다. 산성도를 알려 주는 수소 이온 농도 지수(pH)가 7.0 정도로 중성이고 생장 속도가 느린 경우에는 아세트산, 에탄올 등이 대사산물로 배출된다. 반면 산성도가 높아져 pH가 6.0 이하로 떨어지거나 녹말의 양이 충분하여 생장 속도가 빠를 때는 젖산 이 대사산물로 배출된다. 반추위에서 젖산은 반추 동물의 세포로 직접 흡수되어 반추 동물에게 필요한 에너지를 생성하는 데 이용되거나 아세트산 또는 프로피온산을 대사산물로 배출하는 다른 미생물의 에너지원으로 이용된다.

그런데 S의 과도한 생장이 반추 동물에게 악영향을 끼치는 경우가 있다. 반추 동물이 짧은 시간에 과도한 양의 비섬유소를 섭취하면 S의 개체 수가 급격히 늘고 과도한 양의 젖산이 배출되어 반추위의 산성도가 높아진다. 이에 따라 산성의 환경에서 왕성히 생장하며 항상 젖산을 대사산물로 배출하는 ⓒ 락토바실러스 루미니스(L)와 같은 젖산 생성 미생물들의 생장이 증가하며 다량의 젖산을 배출하기 시작한다. F를 비롯한 섬유소 분해 미생물들은 자신의 세포 내부의 pH를 중성으로 일정하게 유지하려는 특성이 있는데, 젖산 농도의 증가로 자신의 세포 외부의 pH가 낮아지면 자신의 세포 내의 항상성을 유지하기 위해 에너지를 사용하므로 생장이 감소한다. 만일 자신의 세포 외부의 pH가 5.8 이하로 떨어지면 에너지가 소진되어 생장을 멈추고 사멸하는 단계로 접어든다. 이와 달리 S와 L은 상대적으로 산성에 견디는 정도가 강해 자신의 세포 외부의 pH가 5.5 정도까지 떨어지더라도 이에 맞춰 자신의 세포 내부의 pH를 낮출 수 있어 자신의 에너지를 세포 내부의 pH를 유지하는 데 거의 사용하지 않고 생장을 지속하는 데 사용한다. 그러나 S도 자신의 세포 외부의 pH가 그 이하로 더 떨어지면 생장을 멈추고 사멸하는 단계로 접어들고, 산성에 더 강한 L을 비롯한 젖산 생성 미생물들이 반추위 미생물의 많은 부분을 차지하게 된다. 그렇게 되면 반추위의 pH가 5.0 이하가 되는 급성 반추위 산성증이 발병한다.

33. 윗글을 읽고 알 수 있는 내용으로 가장 적절한 것은?

① 섬유소는 사람의 소장에서 포도당의 공급원으로 사용된다.
② 반추 동물의 세포에서 합성한 효소는 셀룰로스를 분해한다.
③ 반추위 미생물은 산소가 없는 환경에서 생장을 멈추고 사멸한다.
④ 반추 동물의 과도한 섬유소 섭취는 급성 반추위 산성증을 유발한다.
⑤ 피브로박터 숙시노젠(F)은 자신의 세포 내에서 포도당을 에너지원으로 이용하여 생장한다.

34. 윗글로 볼 때, ⓐ~ⓒ에 대한 이해로 적절하지 <u>않은</u> 것은?

① ⓐ와 ⓑ는 모두 급성 반추위 산성증에 걸린 반추 동물의 반추위에서는 생장하지 못하겠군.
② ⓐ와 ⓑ는 모두 반추위에서 반추 동물의 체지방을 합성하는 물질을 생성할 수 있겠군.
③ 반추위의 pH가 6.0일 때, ⓐ는 ⓒ보다 자신의 세포 내의 산성도를 유지하는 데 더 많은 에너지를 쓰겠군.
④ ⓑ와 ⓒ는 모두 반추위의 산성도에 따라 다양한 종류의 대사산물을 배출하겠군.
⑤ 반추위에서 녹말의 양과 ⓑ의 생장이 증가할수록, ⓐ의 생장은 감소하고 ⓒ의 생장은 증가하겠군.

35. 윗글을 바탕으로 ㉠이 가능한 이유를 진술한다고 할 때, <보기>의 ㉮, ㉯에 들어갈 말로 가장 적절한 것은?

[3점]

반추 동물이 섭취한 섬유소와 비섬유소는 반추위에서 (㉮), 이를 이용하여 생장하는 (㉯)은 반추 동물의 에너지원으로 이용되기 때문이다.

① ㉮: 반추위 미생물의 에너지원이 되고
　 ㉯: 반추위 미생물이 대사 과정을 통해 생성한 대사산물
② ㉮: 반추위 미생물의 에너지원이 되고
　 ㉯: 반추위 미생물이 대사 과정을 통해 생성한 포도당
③ ㉮: 반추위 미생물에 의해 합성된 포도당이 되고
　 ㉯: 반추 동물이 대사 과정을 통해 생성한 포도당
④ ㉮: 반추위 미생물에 의해 합성된 포도당이 되고
　 ㉯: 반추위 미생물이 대사 과정을 통해 생성한 대사산물
⑤ ㉮: 반추위 미생물에 의해 합성된 포도당이 되고
　 ㉯: 반추위 미생물이 대사 과정을 통해 생성한 포도당

36. 윗글로 볼 때, 반추위 미생물에서 배출되는 숙신산과 젖산에 대한 설명으로 적절하지 <u>않은</u> 것은?

① 숙신산이 많이 배출될수록 반추 동물의 간에서 합성되는 포도당의 양도 늘어난다.
② 젖산은 반추 동물의 세포로 직접 흡수되어 반추 동물의 에너지원으로 이용될 수 있다.
③ 숙신산과 젖산은 반추위가 산성일 때보다 중성일 때 더 많이 배출된다.
④ 숙신산과 젖산은 반추위 미생물의 세포 내에서 대사 과정을 거쳐 생성된다.
⑤ 숙신산과 젖산은 프로피온산을 대사산물로 배출하는 다른 미생물의 에너지원으로 이용되기도 한다.

다음 글을 읽고 물음에 답하시오.

　건강 상태를 진단하거나 범죄의 현장에서 혈흔을 조사하기 위해 검사용 키트가 널리 이용된다. 키트 제작에는 다양한 과학적 원리가 적용되는데, 적은 비용으로 쉽고 빠르고 정확하게 검사할 수 있는 키트를 제작하는 것이 요구된다. 이러한 필요에 따라 항원-항체 반응을 응용하여 시료에 존재하는 성분을 분석하는 다양한 형태의 키트가 개발되고 있다. 항원-항체 반응은 항원과 그 항원에만 특이적으로 반응하는 항체가 결합하는 면역 반응을 말한다. 항체 제조 기술이 발전하면서 휴대성이 높고 분석 시간이 짧은 측면유동면역분석법(LFIA)을 이용한 다양한 종류의 키트가 개발되고 있다.

　LFIA 키트를 이용하면 키트에 나타나는 선을 통해, 액상의 시료에서 검출하고자 하는 목표 성분의 유무를 간편하게 확인할 수 있다. LFIA 키트는 가로로 긴 납작한 막대 모양인데, 시료 패드, 결합 패드, 반응막, 흡수 패드가 순서대로 나란히 배열된 구조로 되어 있다. 시료 패드로 흡수된 시료는 결합 패드에서 복합체와 함께 반응막을 지나 여분의 시료가 흡수되는 흡수 패드로 이동한다. 결합 패드에 있는 복합체는 금-나노 입자 또는 형광 비드 등의 표지 물질에 특정 물질이 붙어 이루어진다. 표지 물질은 발색 반응에 의해 색깔을 내는데, 이 표지 물질에 붙어 있는 특정 물질은 키트 방식에 따라 종류가 다르다. 일반적으로 한 가지 목표 성분을 검출하는 키트의 반응막에는 항체들이 띠 모양으로 두 가닥 고정되어 있는데, 그중 시료 패드와 가까운 쪽에 있는 가닥이 검사선이고 다른 가닥은 표준선이다. 표지 물질이 검사선이나 표준선에 놓이면 발색 반응에 의해 반응선이 나타난다. 검사선이 발색되어 나타나는 반응선을 통해서는 목표 성분의 유무를 판정할 수 있다. 표준선이 발색된 반응선이 나타나면 검사가 정상적으로 진행되었음을 알 수 있다.

　LFIA 키트는 주로 ㉠ 직접 방식 또는 ㉡ 경쟁 방식으로 제작되는데, 방식에 따라 검사선의 발색 여부가 의미하는 바가 다르다. 직접 방식에서 복합체에 포함된 특정 물질은 목표 성분에 결합할 수 있는 항체이다. 시료에 목표 성분이 포함되어 있다면 목표 성분은 이 항체와 일차

적으로 결합하고, 이후 검사선의 고정된 항체와 결합한다. 따라서 검사선이 발색되면 시료에서 목표 성분이 검출되었다고 판정한다. 한편 경쟁 방식에서 복합체에 포함된 특정 물질은 목표 성분에 대한 항체가 아니라 목표 성분 자체이다. 만약 시료에 목표 성분이 포함되어 있으면 시료의 목표 성분과 복합체의 목표 성분이 서로 검사선의 항체와 결합하려 경쟁한다. 이때 시료에 목표 성분이 충분히 많다면 시료의 목표 성분은 복합체의 목표 성분이 검사선의 항체와 결합하는 것을 방해하므로 검사선이 발색되지 않는다. 직접 방식은 세균이나 분자량이 큰 단백질 등을 검출할 때 이용하고, 경쟁 방식은 항생 물질처럼 목표 성분의 크기가 작은 경우에 이용한다.

　한편, 검사용 키트는 휴대성과 신속성 외에 정확성도 중요하다. 키트의 정확성을 측정하기 위해서는 키트를 이용해 여러 번의 검사를 실시하고 그 결과를 분석한다. 키트가 시료에 목표 성분이 들어있다고 판정하면 이를 양성이라고 한다. 이때 시료에 목표 성분이 실제로 존재하면 진양성, 시료에 목표 성분이 없다면 위양성이라고 한다. 반대로 키트가 시료에 목표 성분이 들어 있지 않다고 판정하면 음성이라고 한다. 이 경우 실제로 목표 성분이 없다면 진음성, 목표 성분이 있다면 위음성이라고 한다. 현실에서 위양성이나 위음성을 배제할 수 있는 키트는 없다.

　여러 번의 검사 결과를 통해 키트의 정확도를 구하는데, 정확도란 시료를 분석할 때 올바른 검사 결과를 얻을 확률이다. 정확도는 민감도와 특이도로 나뉜다. 민감도는 시료에 목표 성분이 존재하는 경우에 대해 키트가 이를 양성으로 판정한 비율이다. 특이도는 시료에 목표 성분이 없는 경우에 대해 키트가 이를 음성으로 판정한 비율이다. 민감도와 특이도가 모두 높아 정확도가 높은 키트가 가장 이상적이지만 현실에서는 그렇지 않은 경우가 많아서 상황에 따라 민감도나 특이도를 고려하여 키트를 선택해야 한다.

35. 윗글을 읽고 알 수 있는 내용으로 적절하지 <u>않은</u> 것은?

① LFIA 키트에서 시료 패드와 흡수 패드는 모두 시료를 흡수하는 역할을 한다.
② LFIA 키트를 통해 검출하려고 하는 목표 성분은 항원-항체 반응의 항원에 해당한다.
③ LFIA 키트를 사용할 때 정상적인 키트에서 검사선이 발색되지 않으면 표준선도 발색되지 않는다.
④ LFIA 키트에 표지 물질이 없다면 시료에 목표 성분이 있더라도 이를 시각적으로 확인할 수 없다.
⑤ LFIA 키트를 이용하여 검사할 때, 시료에 목표 성분이 포함되어 있지 않더라도 검사선이 발색될 수 있다.

36. ㉠과 ㉡에 대한 이해로 가장 적절한 것은?

① ㉠은 ㉡과 달리, 시료에 들어 있는 목표 성분은 검사선에 도달하기 이전에 항체와 결합을 하겠군.
② ㉠은 ㉡과 달리, 시료에서 목표 성분을 검출했다면 검사선에서 항체와 목표 성분의 결합이 존재하지 않겠군.
③ ㉡은 ㉠과 달리, 시료가 표준선에 도달하기 이전에 검사선에 먼저 도달하겠군.
④ ㉡은 ㉠과 달리, 정상적인 검사로 시료에서 목표 성분을 검출했다면 반응막에 아무런 반응선도 나타나지 않았겠군.
⑤ ㉠과 ㉡은 모두 시료에 들어 있는 목표 성분이 표지 물질과 항원-항체 반응으로 결합하겠군.

37. 윗글을 참고할 때, <보기>의 A와 B에 들어갈 말을 올바르게 짝지은 것은?

<보기>

검사용 키트를 가지고 여러 번의 검사를 실시하여 키트의 정확성을 측정하였을 때, 검사 결과 (A)인 경우가 적을수록 민감도는 높고, (B)인 경우가 많을수록 특이도는 높다.

① A: 진양성 B: 진음성
② A: 진양성 B: 위음성
③ A: 위양성 B: 위음성
④ A: 위음성 B: 진음성
⑤ A: 위음성 B: 위양성

38. 윗글을 바탕으로 <보기>를 이해한 반응으로 적절하지 <u>않은</u> 것은? [3점]

<보기>

   살모넬라균은 집단 식중독을 일으키는 대표적인 병원성 세균이다. 기존의 살모넬라균 분석법은 정확도는 높으나 3~5일의 시간이 소요되어 질병 발생 시 신속한 진단 및 예방에 어려움이 있었다. 살모넬라균은 감염 속도가 빠르므로 다량의 시료 중 오염이 의심되는 시료부터 신속하게 골라낸 후에 이 시료만을 대상으로 더 정확한 방법으로 분석하여 오염 여부를 확정 짓는 것이 효과적이다. 최근에 기존 방법보다 정확도는 낮으나 저렴한 비용으로 살모넬라균만을 신속하게 검출할 수 있는 ⓐ <u>LFIA 방식의 새로운 키트</u>가 개발되었다고 한다.

① ⓐ를 개발하기 전에 살모넬라균과 결합하는 항체를 제조하는 기술이 개발되었겠군.

② ⓐ의 결합 패드에는 표지 물질에 살모넬라균이 붙어 있는 복합체가 들어 있겠군.

③ ⓐ를 이용하여 음식물의 살모넬라균 오염 여부를 검사하려면 시료를 액체 상태로 만들어야겠군.

④ ⓐ를 이용하여 현장에서 살모넬라균 오염 의심 시료를 선별하기 위해서는 특이도보다 민감도가 높은 것이 더 효과적이겠군.

⑤ ⓐ를 이용하여 살모넬라균이 검출되었다고 키트가 판정한 경우에도 기존의 분석법으로는 균이 검출되지 않을 수 있겠군.

다음 글을 읽고 물음에 답하시오.

우리는 한 대의 자동차는 개체라고 하지만 바닷물을 개체라고 하지는 않는다. 어떤 부분들이 모여 하나의 개체를 ⓐ 이룬다고 할 때 이를 개체라고 부를 수 있는 조건은 무엇일까? 일단 부분들 사이의 유사성은 개체성의 조건이 될 수 없다. 가령 일란성 쌍둥이인 두 사람은 DNA 염기 서열과 외모도 같지만 동일한 개체는 아니다. 그래서 부분들의 강한 유기적 상호작용이 그 조건으로 흔히 제시된다. 하나의 개체를 구성하는 부분들은 외부 존재가 개체에 영향을 주는 것과는 비교할 수 없이 강한 방식으로 서로 영향을 주고받는다.

상이한 시기에 존재하는 두 대상을 동일한 개체로 판단하는 조건도 물을 수 있다. 그것은 두 대상 사이의 인과성이다. 과거의 '나'와 현재의 '나'를 동일하다고 볼 수 있는 것은 강한 인과성이 존재하기 때문이다. 과거의 '나'와 현재의 '나'는 세포 분열로 세포가 교체되는 과정을 통해 인과적으로 연결되어 있다. 또 '나'가 세포 분열을 통해 새로운 개체를 생성할 때도 '나'와 '나의 후손'은 인과적으로 연결되어 있다. 비록 '나'와 '나의 후손'은 동일한 개체는 아니지만 '나'와 다른 개체들 사이에 비해 더 강한 인과성으로 연결되어 있다.

개체성에 대한 이러한 철학적 질문은 생물학에서도 중요한 연구 주제가 된다. 생명체를 구성하는 단위는 세포이다. 세포는 생명체의 고유한 유전 정보가 담긴 DNA를 가지며 이를 복제하여 증식하고 번식하는 과정을 통해 자신의 DNA를 후세에 전달한다. 세포는 사람과 같은 진핵생물의 진핵세포와, 박테리아나 고세균과 같은 원핵생물의 원핵세포로 구분된다. 진핵세포는 세포질에 막으로 둘러싸인 핵이 ⓑ 있고 그 안에 DNA가 있지만, 원핵세포는 핵이 없다. 또한 진핵세포의 세포질에는 막으로 둘러싸인 여러 종류의 세포 소기관이 있으며, 그중 미토콘드리아는 세포 활동에 필요한 생체 에너지를 생산하는 기관이다. 대부분의 진핵세포는 미토콘드리아를 필수적으로 ⓒ 가지고 있다.

이러한 미토콘드리아가 원래 박테리아의 한 종류인 원생미토콘드리아였다는 이론이 20세기 초에 제기되었

다. 공생발생설 또는 세포 내 공생설이라고 불리는 이 이론에서는 두 원핵생물 간의 공생 관계가 지속되면서 진핵세포를 가진 진핵생물이 탄생했다고 설명한다. 공생은 서로 다른 생명체가 함께 살아가는 것을 말하며, 서로 다른 생명체를 가정하는 것은 어느 생명체의 세포 안에서 다른 생명체가 공생하는 '내부 공생'에서도 마찬가지이다. ㉠ 공생발생설은 한동안 생물학계로부터 인정받지 못했다. 미토콘드리아의 기능과 대략적인 구조, 그리고 생명체 간 내부 공생의 사례는 이미 알려졌지만 미토콘드리아가 과거에 독립된 생명체였다는 것을 쉽게 믿을 수 없었기 때문이었다. 그리고 한 생명체가 세대를 이어가는 과정 중에 돌연변이와 자연선택이 일어나고, 이로 인해 종이 진화하고 분화한다고 보는 전통적인 유전학에서 두 원핵생물의 결합은 주목받지 못했다. 그러다가 전자 현미경의 등장으로 미토콘드리아의 내부까지 세밀히 관찰하게 되고, 미토콘드리아 안에는 세포핵의 DNA와는 다른 DNA가 있으며 단백질을 합성하는 자신만의 리보솜을 가지고 있다는 사실이 ⓓ 밝혀지면서 공생발생설이 새롭게 부각되었다.

공생발생설에 따르면 진핵생물은 원생미토콘드리아가 고세균의 세포 안에서 내부 공생을 하다가 탄생했다고 본다. 고세균의 핵의 형성과 내부 공생의 시작 중 어느 것이 먼저인지에 대해서는 논란이 있지만, 고세균은 세포질에 핵이 생겨 진핵세포가 되고 원생미토콘드리아는 세포 소기관인 미토콘드리아가 되어 진핵생물이 탄생했다는 것이다. 미토콘드리아가 원래 박테리아의 한 종류였다는 근거는 여러 가지가 있다. 박테리아와 마찬가지로 새로운 미토콘드리아는 이미 존재하는 미토콘드리아의 '이분 분열'을 통해서만 ⓔ 만들어진다. 미토콘드리아의 막에는 진핵세포막의 수송 단백질과는 다른 종류의 수송 단백질인 포린이 존재하고 박테리아의 세포막에 있는 카디오리핀이 존재한다. 또 미토콘드리아의 리보솜은 진핵세포의 리보솜보다 박테리아의 리보솜과 더 유사하다.

미토콘드리아는 여전히 고유한 DNA를 가진 채 복제와 증식이 이루어지는데도, 미토콘드리아와 진핵세포 사이의 관계를 공생 관계로 보지 않는 이유는 무엇일까? 두 생명체가 서로 떨어져서 살 수 없더라도 각자의 개체성을 잃을 정도로 유기적 상호작용이 강하지 않다면 그

둘은 공생 관계에 있다고 보는데, 미토콘드리아와 진핵
세포 간의 유기적 상호작용은 둘을 다른 개체로 볼 수 없
을 만큼 매우 강하기 때문이다. 미토콘드리아가 개체성
을 잃고 세포 소기관이 되었다고 보는 근거는, 진핵세포
가 미토콘드리아의 증식을 조절하고, 자신을 복제하여
증식할 때 미토콘드리아도 함께 복제하여 증식시킨다는
것이다. 또한 미토콘드리아의 유전자의 많은 부분이 세
포핵의 DNA로 옮겨 가 미토콘드리아의 DNA 길이가 현
저히 짧아졌다는 것이다. 미토콘드리아에서 일어나는 대
사 과정에 필요한 단백질은 세포핵의 DNA로부터 합성
되고, 미토콘드리아의 DNA에 남은 유전자 대부분은 생
체 에너지를 생산하는 역할을 한다. 예컨대 사람의 미토
콘드리아는 37개의 유전자만 있을 정도로 DNA 길이가
짧다.

37. 윗글의 내용 전개 방식으로 가장 적절한 것은?

① 개체성과 관련된 예를 제시한 후 공생발생설에 대한 다
   양한 견해를 비교하고 있다.
② 개체에 대한 정의를 제시한 후 세포의 생물학적 개념이
   확립되는 과정을 서술하고 있다.
③ 개체성의 조건을 제시한 후 세포 소기관의 개체성에 대
   해 공생발생설을 중심으로 설명하고 있다.
④ 개체의 유형을 분류한 후 세포의 소기관이 분화되는 과
   정을 공생발생설을 중심으로 설명하고 있다.
⑤ 개체와 관련된 개념들을 설명한 후 세포가 하나의 개체
   로 변화하는 과정을 인과적으로 서술하고 있다.

38. 윗글에 대한 이해로 적절하지 <u>않은</u> 것은?

① 유사성은 아무리 강하더라도 개체성의 조건이 될 수 없다.
② 바닷물을 개체라고 말하기 어려운 이유는 유기적 상호
   작용이 약하기 때문이다.
③ 새로운 미토콘드리아를 복제하기 위해서는 세포 안에
   미토콘드리아가 반드시 있어야 한다.
④ 미토콘드리아의 대사 과정에 필요한 단백질은 미토콘드
   리아의 막을 통과하여 세포질로 이동해야 한다.
⑤ 진핵세포가 되기 전의 고세균이 원생미토콘드리아보다
   진핵세포와 더 강한 인과성으로 연결되어 있다.

39. 윗글을 참고할 때, ⓐ의 이유로 가장 적절한 것은?

① 진핵세포가 세포 소기관을 가지고 있다는 사실을 알지
   못했기 때문이다.
② 공생발생설이 당시의 유전학 이론에 어긋난다는 근거가
   부족했기 때문이다.
③ 한 생명체가 다른 생명체의 세포 속에서 살 수 있다는 근
   거가 부족했기 때문이다.
④ 미토콘드리아가 진핵세포의 활동에 중요한 기능을 한다
   는 사실을 알지 못했기 때문이다.
⑤ 미토콘드리아가 자신의 고유한 유전 정보를 전달할 수
   있다는 것을 알지 못했기 때문이다.

40. <보기>는 진핵세포의 세포 소기관을 연구한 결과들이다. 윗글을 바탕으로 할 때, 각각의 세포 소기관이 박테리아로부터 비롯되었다고 판단할 수 있는 것만을 <보기>에서 고른 것은?

ㄱ. 세포 소기관이 자신의 DNA를 가지고 있다는 것과 이분 분열을 한다는 것을 확인하였다.

ㄴ. 세포 소기관이 자신의 DNA를 가지고 있다는 것과 진핵세포의 리보솜을 가지고 있다는 것을 확인하였다.

ㄷ. 세포 소기관이 막으로 둘러싸여 있다는 것과 막에는 수송 단백질이 있는 것을 확인하였다.

ㄹ. 세포 소기관이 막으로 둘러싸여 있다는 것과 막에는 다량의 카디오리핀이 있는 것을 확인하였다.

① ㄱ, ㄷ ② ㄱ, ㄹ ③ ㄴ, ㄷ
④ ㄴ, ㄹ ⑤ ㄷ, ㄹ

41. 윗글을 바탕으로 <보기>를 이해한 내용으로 적절하지 <u>않은</u> 것은? [3점]

◦ 복어는 테트로도톡신이라는 신경 독소를 가지고 있지만 테트로도톡신을 스스로 만들지 못하고 체내에서 서식하는 미생물이 이를 생산한다. 복어는 독소를 생산하는 미생물에게 서식처를 제공하는 대신 포식자로부터 자신을 방어할 수 있는 무기를 갖게 되었다. 만약 복어의 체내에 있는 미생물을 제거하면 복어는 독소를 가지지 못하나 생존에는 지장이 없었다.

◦ 실험실의 아메바가 병원성 박테리아에 감염되어 대부분의 아메바가 죽고 일부 아메바는 생존하였다. 생존한 아메바의 세포질에서 서식하는 박테리아는 스스로 복제하여 증식할 수 있었고 더 이상 병원성을 지니지는 않았다. 아메바에게는 무해하지만 박테리아에게는 치명적인 항생제를 아메바에게 투여하면 박테리아와 함께 아메바도 죽었다.

① 병원성을 잃은 '아메바의 세포질에서 서식하는 박테리아'는 세포 소기관으로 변한 것이겠군.

② 복어의 '체내에서 서식하는 미생물'은 '복어'와의 유기적 상호작용이 강해진다면 개체성을 잃을 수 있겠군.

③ 복어의 세포가 증식할 때 복어의 체내에서 '독소를 생산하는 미생물'의 DNA도 함께 증식하는 것은 아니겠군.

④ '아메바의 세포질에서 서식하는 박테리아'가 개체성을 잃었다면 '아메바의 세포질에서 서식하는 박테리아'의 DNA 길이는 짧아졌겠군.

⑤ '아메바의 세포질에서 서식하는 박테리아'와 '아메바' 사이의 관계와 '복어'와 '독소를 생산하는 미생물' 사이의 관계는 모두 공생 관계이겠군.

① ⓐ: 구성(構成)한다고
② ⓑ: 존재(存在)하고
③ ⓒ: 보유(保有)하고
④ ⓓ: 조명(照明)되면서
⑤ ⓔ: 생성(生成)된다

다음 글을 읽고 물음에 답하시오.

신체의 세포, 조직, 장기가 손상되어 더 이상 제 기능을 하지 못할 때에 이를 대체하기 위해 이식을 실시한다. 이때 이식으로 옮겨 붙이는 세포, 조직, 장기를 이식편이라 한다. 자신이나 일란성 쌍둥이의 이식편을 이용할 수 없다면 다른 사람의 이식편으로 '동종 이식'을 실시한다. 그런데 우리의 몸은 자신의 것이 아닌 물질이 체내로 유입될 경우 면역 반응을 일으키므로, 유전적으로 동일하지 않은 이식편에 대해 항상 거부 반응을 일으킨다. 면역적 거부 반응은 면역 세포가 표면에 발현하는 주조직적합복합체(MHC) 분자의 차이에 의해 유발된다. 개체마다 MHC에 차이가 있는데 서로 간의 유전적 거리가 멀수록 MHC에 차이가 커져 거부 반응이 강해진다. 이를 막기 위해 면역 억제제를 사용하는데, 이는 면역 반응을 억제하여 질병 감염의 위험성을 높인다.

이식에는 많은 비용이 소요될 뿐만 아니라 이식이 가능한 동종 이식편의 수가 매우 부족하기 때문에 이를 대체하는 방법이 개발되고 있다. 우선 인공 심장과 같은 '전자 기기 인공 장기'를 이용하는 방법이 있다. 하지만 이는 장기의 기능을 일시적으로 대체하는 데 사용되며, 추가 전력 공급 및 정기적 부품 교체 등이 요구되는 단점이 있고, 아직 인간의 장기를 완전히 대체할 만큼 정교한 단계에 이르지는 못했다.

다음으로는 사람의 조직 및 장기와 유사한 다른 동물의 이식편을 인간에게 이식하는 '이종 이식'이 있다. 그런데 이종 이식은 동종 이식보다 거부 반응이 훨씬 심하게 일어난다. 특히 사람이 가진 자연항체는 다른 종의 세포에서 발현되는 항원에 반응하는데, 이로 인해 이종 이식편에 대해서 초급성 거부 반응 및 급성 혈관성 거부 반응이 일어난다. 이런 거부 반응을 일으키는 유전자를 제거한 형질 전환 미니돼지에서 얻은 이식편을 이식하는 실험이 성공한 바 있다. 미니돼지는 장기의 크기가 사람의 것과 유사하고 번식력이 높아 단시간에 많은 개체를 생산할 수 있다는 장점이 있어, 이를 이용한 이종 이식편을 개발하기 위한 연구가 진행되고 있다.

이종 이식의 또 다른 문제는 ㉠ <u>내인성 레트로바이러스</u>이다. 내인성 레트로바이러스는 생명체의 DNA의 일부분으로, 레트로바이러스로부터 유래된 것으로 여겨지는 부위들이다. 이는 바이러스의 활성을 가지지 않으며 사람을 포함한 모든 포유류에 존재한다. ㉡ <u>레트로바이러스</u>는 자신의 유전 정보를 RNA에 담고 있고 역전사 효소를 갖고 있는 바이러스로서, 특정한 종류의 세포를 감염시킨다. 유전 정보가 담긴 DNA로부터 RNA가 생성되는 전사 과정만 일어날 수 있는 다른 생명체와는 달리, 레트로바이러스는 다른 생명체의 세포에 들어간 후 역전사 과정을 통해 자신의 RNA를 DNA로 바꾸고 그 세포의 DNA에 끼어들어 감염시킨다. 이후에는 다른 바이러스와 마찬가지로 자신이 속해 있는 생명체를 숙주로 삼아 숙주 세포의 시스템을 이용하여 복제, 증식하고 일정한 조건이 되면 숙주 세포를 파괴한다.

그런데 정자, 난자와 같은 생식 세포가 레트로바이러스에 감염되고도 살아남는 경우가 있었다. 이런 세포로부터 유래된 자손의 모든 세포가 갖게 된 것이 내인성 레트로바이러스이다. 내인성 레트로바이러스는 세대가 지나면서 돌연변이로 인해 염기 서열의 변화가 일어나며 해당 세포 안에서는 바이러스로 활동하지 않는다. 그러나 내인성 레트로바이러스를 떼어 내어 다른 종의 세포 속에 주입하면 이는 레트로바이러스로 변환되어 그 세포를 감염시키기도 한다. 따라서 미니돼지의 DNA에 포함된 내인성 레트로바이러스를 효과적으로 제거하는 기술이 개발 중에 있다.

그동안의 대체 기술과 관련된 연구 성과를 토대로 ⓐ <u>이상적인 이식편</u>을 개발하기 위해 많은 연구가 수행되고 있다.

26. 윗글에서 알 수 있는 내용으로 적절하지 <u>않은</u> 것은?

① 동종 간보다 이종 간이 MHC 분자의 차이가 더 크다.
② 면역 세포의 작용으로 인해 장기 이식의 거부 반응이 일어난다.
③ 이종 이식을 하는 것만으로도 바이러스 감염의 원인이 될 수 있다.
④ 포유동물은 과거에 어느 조상이 레트로바이러스에 의해 감염된 적이 있다.
⑤ 레트로바이러스는 숙주 세포의 역전사 효소를 이용하여 RNA를 DNA로 바꾼다.

27. ⓐ가 갖추어야 할 조건으로 적절하지 <u>않은</u> 것은?

① 이식편의 비용을 낮추어서 정기 교체가 용이해야 한다.
② 이식편은 대체를 하려는 장기와 크기가 유사해야 한다.
③ 이식편과 수혜자 사이의 유전적 거리를 극복해야 한다.
④ 이식편은 짧은 시간에 대량으로 생산이 가능해야 한다.
⑤ 이식편이 체내에서 거부 반응을 유발하지 않아야 한다.

28. 다음은 신문 기사의 일부이다. 윗글을 참고할 때, 기사의 ㉮에 대한 반응으로 적절하지 <u>않은</u> 것은? [3점]

> ○○ 신문
>
> 　최근에 줄기 세포 연구와 3D 프린팅 기술이 급속도로 발전하고 있다. 줄기 세포는 인체의 모든 세포나 조직으로 분화할 수 있다. 그러므로 수혜자 자신의 줄기 세포만을 이용하여 3D 바이오 프린팅 기술로 제작한 ㉮ 세포 기반 인공 이식편을 만들 수 있을 것으로 전망된다. 이미 미니 폐, 미니 심장 등의 개발 성공 사례가 보고되었다.

① 전자 기기 인공 장기와 달리 전기 공급 없이도 기능을 유지할 수 있겠군.
② 동종 이식편과 달리 이식 후 면역 억제제를 사용할 필요가 없겠군.
③ 동종 이식편과 달리 내인성 레트로바이러스를 제거할 필요가 없겠군.
④ 이종 이식편과 달리 유전자를 조작하는 과정이 필요하지는 않겠군.
⑤ 이종 이식편과 달리 자연항체에 의한 초급성 거부 반응이 일어나지 않겠군.

29. ㉠과 ㉡에 대한 설명으로 가장 적절한 것은?

① ㉠은 ㉡과 달리 자신이 속해 있는 생명체의 모든 세포의 DNA에 존재한다.
② ㉡은 ㉠과 달리 자신의 유전 정보를 DNA에 담을 수 없다.
③ ㉡은 ㉠과 달리 자신이 속해 있는 생명체에 면역 반응을 일으키지 않는다.
④ ㉠과 ㉡은 둘 다 자신이 속해 있는 생명체의 유전 정보를 가지고 있다.
⑤ ㉠과 ㉡은 둘 다 자신이 속해 있는 생명체의 세포를 감염시켜 파괴한다.

다음 글을 읽고 물음에 답하시오.

질병을 유발하는 병원체에는 세균, 진균, 바이러스 등이 있다. 생명체의 기본 구조에 속하는 세포막은 지질을 주성분으로 하는 이중층이다. 세균과 진균은 일반적으로 세포막 바깥 부분에 세포벽이 있고, 바이러스의 표면은 세포막 대신 캡시드라고 부르는 단백질로 이루어져 있다. 바이러스의 종류에 따라 캡시드 외부가 지질을 주성분으로 하는 피막으로 덮인 경우도 있다. 한편 진균과 일부 세균은 다른 병원체에 비해 건조, 열, 화학 물질에 저항성이 강한 포자를 만든다.

생활 환경에서 병원체의 수를 억제하고 전염병을 예방하기 위한 목적으로 사용하는 방역용 화학 물질을 '항(抗)미생물 화학제'라 한다. 항미생물 화학제는 다양한 병원체가 공통으로 갖는 구조를 구성하는 성분들에 화학 작용을 일으키므로 광범위한 살균 효과가 있다. 그러나 병원체의 구조와 성분은 병원체의 종류에 따라 완전히 같지는 않으므로, 동일한 항미생물 화학제라도 그 살균 효과는 다를 수 있다.

항미생물 화학제 중 ㉠ 멸균제는 포자를 포함한 모든 병원체를 파괴한다. ㉡ 감염방지제는 포자를 제외한 병원체를 사멸시키는 화합물로 병원, 공공시설, 가정의 방역에 사용된다. 감염방지제 중 독성이 약해 사람의 피부나 상처 소독에도 사용이 가능한 항미생물 화학제를 ㉢ 소독제라 한다. 사람의 세포막도 지질 성분으로 이루어져 있어 소독제라 하더라도 사람의 세포를 죽일 수 있으므로, 눈이나 호흡기 등의 점막에 접촉하지 않도록 주의해야 한다. 따라서 항미생물 화학제는 병원체에 대한 최대의 방역 효과와 인체 및 환경에 대한 최고의 안전성을 확보할 수 있도록 종류별 사용법을 지켜야 한다.

항미생물 화학제의 작용기제는 크게 병원체의 표면을 손상시키는 방식과 병원체 내부에서 대사 기능을 저해하는 방식으로 나눌 수 있지만, 많은 경우 두 기제가 함께 작용한다. 고농도 에탄올 등의 알코올 화합물은 세포막의 기본 성분인 지질을 용해시키고 단백질을 변성시키며, 병원성 세균에서는 세포벽을 약화시킨다. 또한 알코올 화합물은 지질 피막이 없는 바이러스보다 지질 피막이 있는 병원성 바이러스에서 방역 효과가 크다. 지질 피막은 병원성 바이러스가 사람을 감염시키는 과정에서 중요한 역할을 하기 때문에, 지질을 손상시키는 기능을 가진 항미생물 화학제만으로도 병원성 바이러스에 대한 방역 효과가 있다. 지질 피막의 유무와 관계없이 다양한 바이러스의 감염 예방을 위해서는 하이포염소산 소듐 등의 산화제가 널리 사용된다. 병원성 바이러스의 방역에 사용되는 산화제는 바이러스의 공통적인 표면 구조를 이루는 캡시드를 손상시키는 기능이 있어 바이러스를 파괴하거나 바이러스의 감염력을 잃게 한다.

병원체의 표면에 생긴 약간의 손상이 병원체를 사멸시키는 데 충분하지 않더라도, 항미생물 화학제가 내부로 침투하면 살균 효과가 증가한다. 알킬화제와 산화제는 병원체의 내부로 침투하면 필수적인 물질 대사를 정지시킨다. 글루타르 알데하이드와 같은 알킬화제가 알킬 작용기를 단백질에 결합시키면 단백질을 변성시켜 기능을 상실하게 하고, 핵산의 염기에 결합시키면 핵산을 비정상 구조로 변화시켜 유전자 복제와 발현을 교란한다. 산화제인 하이포염소산 소듐은 병원체 내에서 불특정한 단백질들을 산화시켜 단백질로 이루어진 효소들의 기능을 비활성화하고 병원체를 사멸에 이르게 한다.

34. 윗글에서 답을 찾을 수 있는 질문에 해당하지 <u>않는</u> 것은?

① 병원성 세균은 어떤 작용기제로 사람을 감염시킬까?
② 알코올 화합물은 병원성 세균의 살균에 효과가 있을까?
③ 바이러스와 세균의 표면 구조는 어떤 차이가 있을까?
④ 병원성 바이러스 감염 예방을 위한 방역에 사용되는 물질에는 무엇이 있을까?
⑤ 항미생물 화학제가 병원체에 대해 광범위한 살균 효과를 나타내는 이유는 무엇일까?

35. 윗글을 읽고 이해한 내용으로 적절하지 <u>않은</u> 것은?

① 고농도 에탄올은 지질 피막이 있는 바이러스에 방역 효과가 있다.

② 하이포염소산 소듐은 병원체의 내부가 아니라 표면의 단백질을 손상시킨다.

③ 진균의 포자는 바이러스에 비해서 화학 물질에 대한 저항성이 더 강하다.

④ 알킬화제는 병원체 내 핵산의 염기에 알킬 작용기를 결합시켜 유전자의 발현을 방해한다.

⑤ 산화제가 다양한 바이러스를 사멸시키는 것은 그 산화제가 바이러스의 공통적인 구조를 구성하는 성분들에 작용하기 때문이다.

36. ㉠~㉢에 대한 설명으로 적절한 것은?

① ㉠과 ㉡은 모두, 질병의 원인이 되는 진균의 포자와 바이러스를 사멸시킬 수 있다.

② ㉠과 ㉢은 모두, 생활 환경의 방역뿐 아니라 사람의 상처 소독에 적용 가능하다.

③ ㉡과 ㉢은 모두, 바이러스의 종류에 따라 살균 효과가 달라질 수 있다.

④ ㉠은 ㉡과 달리, 세포막이 있는 병원성 세균은 사멸시킬 수 있으나 피막이 있는 병원성 바이러스는 사멸시킬 수 없다.

⑤ ㉡은 ㉢과 달리, 인체에 해로우므로 사람의 점막에 직접 닿아서는 안 된다.

37. <보기>는 윗글을 읽은 학생이 '가상의 실험 결과'를 보고 추론한 내용이다. [가]에 들어갈 말로 적절하지 <u>않</u>은 것은? [3점]

─── < 보기 > ───

◦ 가상의 실험 결과

> 항미생물 화학제로 사용되는 알코올 화합물 A를 변환시켜 다음과 같은 결과를 얻었다.
> [결과 1] A에서 지질을 손상시키는 기능만을 약화시켜 B를 얻었다.
> [결과 2] A에서 캡시드를 손상시키는 기능만을 강화시켜 C를 얻었다.
> [결과 3] B에서 캡시드를 손상시키는 기능만을 강화시켜 D를 얻었다.

◦ 학생의 추론: 화합물들의 방역 효과와 안전성을 비교해 보면, ___[가]___고 추론할 수 있어.
(단, 지질 손상 기능과 캡시드 손상 기능은 서로 독립적이며, 화합물 A, B, C, D의 비교 조건은 모두 동일하다고 가정함.)

① B는 A에 비해 지질 피막이 있는 바이러스에 대한 방역 효과는 작고, 인체에 대한 안전성은 높다

② C는 A에 비해 지질 피막이 없는 바이러스에 대한 방역 효과는 크고, 인체에 대한 안전성은 같다

③ C는 B에 비해 지질 피막이 있는 바이러스에 대한 방역 효과는 크고, 인체에 대한 안전성은 같다

④ D는 A에 비해 지질 피막이 없는 바이러스에 대한 방역 효과는 크고, 인체에 대한 안전성은 높다

⑤ D는 B에 비해 지질 피막이 없는 바이러스에 대한 방역 효과는 크고, 인체에 대한 안전성은 같다

다음 글을 읽고 물음에 답하시오.

1993년 노벨 화학상은 중합 효소 연쇄 반응(PCR)을 개발한 멀리스에게 수여된다. 염기 서열을 아는 DNA가 한 분자라도 있으면 이를 다량으로 증폭할 수 있는 길을 열었기 때문이다. PCR는 주형 DNA, 프라이머, DNA 중합 효소, 4종의 뉴클레오타이드가 필요하다. 주형 DNA란 시료로부터 추출하여 PCR에서 DNA 증폭의 바탕이 되는 이중 가닥 DNA를 말하며, 주형 DNA에서 증폭하고자 하는 부위를 표적 DNA라 한다. 프라이머는 표적 DNA의 일부분과 동일한 염기 서열로 이루어진 짧은 단일 가닥 DNA로, 2종의 프라이머가 표적 DNA의 시작과 끝에 각각 결합한다. DNA 중합 효소는 DNA를 복제하는데, 단일 가닥 DNA의 각 염기 서열에 대응하는 뉴클레오타이드를 순서대로 결합시켜 이중 가닥 DNA를 생성한다.

PCR 과정은 우선 열을 가해 이중 가닥의 DNA를 2개의 단일 가닥으로 분리하는 것으로 시작한다. 이후 각각의 단일 가닥 DNA에 프라이머가 결합하면, DNA 중합 효소에 의해 복제되어 2개의 이중 가닥 DNA가 생긴다. 일정한 시간 동안 진행되는 이러한 DNA 복제 과정이 한 사이클을 이루며, 사이클마다 표적 DNA의 양은 2배씩 증가한다. 그리고 DNA의 양이 더 이상 증폭되지 않을 정도로 충분히 사이클을 수행한 후 PCR를 종료한다. 전통적인 PCR는 PCR의 최종 산물에 형광 물질을 결합시켜 발색을 통해 표적 DNA의 증폭 여부를 확인한다.

PCR는 시료의 표적 DNA 양도 알 수 있는 실시간 PCR라는 획기적인 개발로 이어졌다. 실시간 PCR는 전통적인 PCR와 동일하게 PCR를 실시하지만, 사이클마다 발색 반응이 일어나도록 하여 누적되는 발색을 통해 표적 DNA의 증폭을 실시간으로 확인할 수 있다. 이를 위해 실시간 PCR에서는 PCR 과정에 발색 물질이 추가로 필요한데, '이중 가닥 DNA 특이 염료' 또는 '형광 표식 탐침'이 이에 이용된다. ㉠ 이중 가닥 DNA 특이 염료는 이중 가닥 DNA에 결합하여 발색하는 형광 물질로, 새로 생성된 이중 가닥 표적 DNA에 결합하여 발색하므로 표적 DNA의 증폭을 알 수 있게 한다. 다만, 이중 가닥 DNA 특이 염료는 모든 이중 가닥 DNA에 결합할 수 있기 때문에 2개

의 프라이머끼리 결합하여 이중 가닥의 이합체(二合體)를 형성한 경우에는 이와 결합하여 의도치 않은 발색이 일어난다.

㉡ 형광 표식 탐침은 형광 물질과 이 형광 물질을 억제하는 소광 물질이 붙어 있는 단일 가닥 DNA 단편으로, 표적 DNA에서 프라이머가 결합하지 않는 부위에 특이적으로 결합하도록 설계된다. PCR 과정에서 이중 가닥 DNA가 단일 가닥으로 되면, 형광 표식 탐침은 프라이머와 마찬가지로 표적 DNA에 결합한다. 이후 DNA 중합 효소에 의해 이중 가닥 DNA가 형성되는 과정 중에 탐침은 표적 DNA와의 결합이 끊어지고 분해된다. 탐침이 분해되어 형광 물질과 소광 물질의 분리가 일어나면 비로소 형광 물질이 발색되며, 이로써 표적 DNA가 증폭되었음을 알 수 있다. 형광 표식 탐침은 표적 DNA에 특이적으로 결합하는 장점을 지니나 상대적으로 비용이 비싸다.

[A] 실시간 PCR에서 발색도는 증폭된 이중 가닥 표적 DNA의 양에 비례하며, 일정 수준의 발색도에 도달하는 데 필요한 사이클은 표적 DNA의 초기 양에 따라 달라진다. 사이클의 진행에 따른 발색도의 변화가 연속적인 선으로 표시되며, 표적 DNA를 검출했다고 판단하는 발색도에 도달하는 데 소요된 사이클을 Ct값이라 한다. 표적 DNA의 농도를 알지 못하는 미지 시료의 Ct값과 표적 DNA의 농도를 알고 있는 표준 시료의 Ct값을 비교하면 미지 시료에 포함된 표적 DNA의 농도를 계산할 수 있다.

PCR는 시료로부터 얻은 DNA를 가지고 유전자 복제, 유전병 진단, 친자 감별, 암 및 감염성 질병 진단 등에 광범위하게 활용된다. 특히 실시간 PCR를 이용하면 바이러스의 감염 여부를 초기에 정확하고 빠르게 진단할 수 있다.

14. 윗글에서 알 수 있는 내용으로 적절하지 <u>않은</u> 것은?

① 2종의 프라이머 각각의 염기 서열과 정확히 일치하는 염기 서열을 주형 DNA에서 찾을 수 없다.

② PCR에서 표적 DNA 양이 초기 양을 기준으로 처음의 2배가 되는 시간과 4배에서 8배가 되는 시간은 같다.

③ 전통적인 PCR는 표적 DNA 농도를 아는 표준 시료가 있어도 미지 시료의 표적 DNA 농도를 PCR 과정 중에 알 수 없다.

④ 실시간 PCR는 가열 과정을 거쳐야 시료에 포함된 표적 DNA의 양을 증폭할 수 있다.

⑤ 실시간 PCR를 실시할 때에 표적 DNA의 증폭이 일어나려면 DNA 중합 효소와 프라이머가 필요하다.

15. ㉠과 ㉡에 대한 설명으로 가장 적절한 것은?

① ㉠은 ㉡과 달리 프라이머와 결합하여 이합체를 이룬다.

② ㉠은 ㉡과 달리 표적 DNA에 붙은 채 발색 반응이 일어난다.

③ ㉡은 ㉠과 달리 형광 물질과 결합하여 이합체를 이룬다.

④ ㉡은 ㉠과 달리 한 사이클의 시작 시점에 발색 반응이 일어난다.

⑤ ㉠과 ㉡은 모두 이중 가닥 표적 DNA에 결합하는 물질이다.

16. 어느 바이러스 감염증의 진단 검사에 PCR를 이용하려고 한다. 윗글을 읽고 이해한 반응으로 가장 적절한 것은?

① 전통적인 PCR로 진단 검사를 할 때, 시료에 바이러스의 양이 적은 감염 초기에는 감염 여부를 진단할 수 없겠군.

② 전통적인 PCR로 진단 검사를 할 때, DNA 증폭 여부 확인에 발색 물질이 필요 없으니 비용이 상대적으로 싸겠군.

③ 전통적인 PCR로 진단 검사를 할 때, 실시간 증폭 여부를 확인할 필요가 없어 진단에 걸리는 시간을 줄일 수 있겠군.

④ 실시간 PCR로 진단 검사를 할 때, 표적 DNA의 염기 서열이 알려져 있어야 감염 여부를 분석할 수 있겠군.

⑤ 실시간 PCR로 진단 검사를 할 때, 감염 여부는 PCR가 끝난 후에야 알 수 있지만 실시간 증폭은 확인할 수 있겠군.

17. [A]를 바탕으로 <보기 1>의 실험 상황을 가정하고 <보기 2>와 같이 예상 결과를 추론하였다. ㉮~㉰에 들어갈 말로 적절한 것은? [3점]

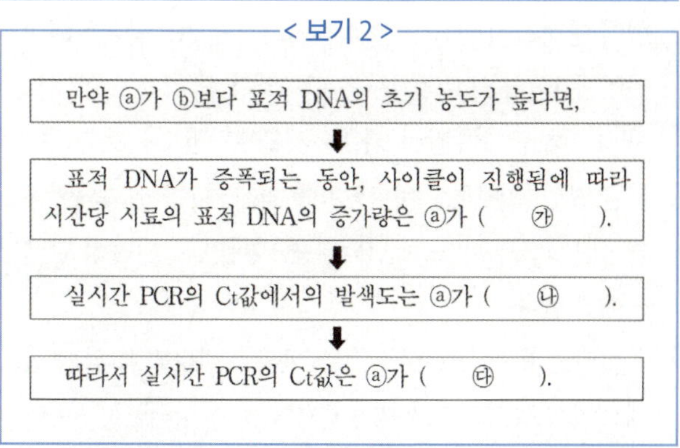

① ㉮: ⓑ보다 많겠군 ㉯: ⓑ보다 높겠군 ㉰: ⓑ보다 크겠군

② ㉮: ⓑ보다 많겠군 ㉯: ⓑ와 같겠군 ㉰: ⓑ보다 작겠군

③ ㉮: ⓑ와 같겠군 ㉯: ⓑ보다 높겠군 ㉰: ⓑ보다 작겠군

④ ㉮: ⓑ와 같겠군 ㉯: ⓑ와 같겠군 ㉰: ⓑ보다 작겠군

⑤ ㉮: ⓑ와 같겠군 ㉯: ⓑ보다 높겠군 ㉰: ⓑ보다 크겠군

다음 글을 읽고 물음에 답하시오.

혈액은 세포에 필요한 물질을 공급하고 노폐물을 제거한다. 만약 혈관 벽이 손상되어 출혈이 생기면 손상 부위의 혈액이 응고되어 혈액 손실을 막아야 한다. 혈액 응고는 섬유소 단백질인 피브린이 모여 형성된 섬유소 그물이 혈소판이 응집된 혈소판 마개와 뭉쳐 혈병이라는 덩어리를 만드는 현상이다. 혈액 응고는 혈관 속에서도 일어나는데, 이때의 혈병을 혈전이라 한다. 이물질이 쌓여 동맥 내벽이 두꺼워지는 동맥 경화가 일어나면 그 부위에 혈전 침착, 혈류 감소 등이 일어나 혈관 질환이 발생하기도 한다. 이러한 혈액의 응고 및 원활한 순환에 비타민 K가 중요한 역할을 한다.

비타민 K는 혈액이 응고되도록 돕는다. 지방을 뺀 사료를 먹인 병아리의 경우, 지방에 녹는 어떤 물질이 결핍되어 혈액 응고가 지연된다는 사실을 발견하고 그 물질을 비타민 K로 명명했다. 혈액 응고는 단백질로 이루어진 다양한 인자들이 관여하는 연쇄 반응에 의해 일어난다. 우선 여러 혈액 응고 인자들이 활성화된 이후 프로트롬빈이 활성화되어 트롬빈으로 전환되고, 트롬빈은 혈액에 녹아 있는 피브리노겐을 불용성인 피브린으로 바꾼다. 비타민 K는 프로트롬빈을 비롯한 혈액 응고 인자들이 간세포에서 합성될 때 이들의 활성화에 관여한다. 활성화는 칼슘 이온과의 결합을 통해 이루어지는데, 이들 혈액 단백질이 칼슘 이온과 결합하려면 카르복실화되어 있어야 한다. 카르복실화는 단백질을 구성하는 아미노산 중 글루탐산이 감마-카르복시글루탐산으로 전환되는 것을 말한다. 이처럼 비타민 K에 의해 카르복실화되어야 활성화가 가능한 표적 단백질을 비타민 K-의존성 단백질이라 한다.

비타민 K는 식물에서 합성되는 ㉠ 비타민 K1과 동물 세포에서 합성되거나 미생물 발효로 생성되는 ㉡ 비타민 K2로 나뉜다. 녹색 채소 등은 비타민 K1을 충분히 함유하므로 일반적인 권장 식단을 따르면 혈액 응고에 차질이 생기지 않는다.

그런데 혈관 건강과 관련된 비타민 K의 또 다른 중요한 기능이 발견되었고, 이는 칼슘의 역설 과도 관련이 있다. 나이가 들면 뼈조직의 칼슘 밀도가 낮아져 골다공증이 생기기 쉬운데, 이를 방지하고자 칼슘 보충제를 섭취한다. 하지만 칼슘 보충제를 섭취해서 혈액 내 칼슘 농도는 높아지나 골밀도는 높아지지 않고, 혈관 벽에 칼슘염이 침착되는 혈관 석회화가 진행되어 동맥 경화 및 혈관 질환이 발생하는 경우가 생긴다. 혈관 석회화는 혈관 근육 세포 등에서 생성되는 MGP라는 단백질에 의해 억제되는데, 이 단백질이 비타민 K-의존성 단백질이다. 비타민 K가 부족하면 MGP 단백질이 활성화되지 못해 혈관 석회화가 유발된다는 것이다.

비타민 K1과 K2는 모두 비타민 K-의존성 단백질의 활성화를 유도하지만 K1은 간세포에서, K2는 그 외의 세포에서 활성이 높다. 그러므로 혈액 응고 인자의 활성화는 주로 K1이, 그 외의 세포에서 합성되는 단백질의 활성화는 주로 K2가 담당한다. 이에 따라 일부 연구자들은 비타민 K의 권장량을 K1과 K2로 구분하여 설정해야 하며, K2가 함유된 치즈, 버터 등의 동물성 식품과 발효 식품의 섭취를 늘려야 한다고 권고한다.

10. 윗글에서 알 수 있는 내용으로 적절하지 <u>않은</u> 것은?

① 혈전이 형성되면 섬유소 그물이 뭉쳐 혈액의 손실을 막는다.
② 혈액의 응고가 이루어지려면 혈소판 마개가 형성되어야 한다.
③ 혈관 손상 부위에 혈병이 생기려면 혈소판이 응집되어야 한다.
④ 혈관 경화를 방지하려면 이물질이 침착되지 않게 해야 한다.
⑤ 혈관 석회화가 계속되면 동맥 내벽과 혈류에 변화가 생긴다.

11. 칼슘의 역설 에 대한 이해로 가장 적절한 것은?

① 칼슘 보충제를 섭취하면 오히려 비타민 K1의 효용성이 감소된다는 것이겠군.
② 칼슘 보충제를 섭취해도 뼈 조직에서는 칼슘이 여전히 필요하다는 것이겠군.
③ 칼슘 보충제를 섭취해도 골다공증은 막지 못하나 혈관 건강은 개선되는 경우가 있다는 것이겠군.
④ 칼슘 보충제를 섭취하면 혈액 내 단백질이 칼슘과 결합하여 혈관 벽에 칼슘이 침착된다는 것이겠군.
⑤ 칼슘 보충제를 섭취해도 혈액으로 칼슘이 흡수되지 않아 골다공증 개선이 안 되는 경우가 있다는 것이겠군.

12. ㉠과 ㉡에 대한 설명으로 가장 적절한 것은?

① ㉠은 ㉡과 달리 우리 몸의 간세포에서 합성된다.
② ㉡은 ㉠과 달리 지방과 함께 섭취해야 한다.
③ ㉡은 ㉠과 달리 표적 단백질의 아미노산을 변형하지 않는다.
④ ㉠과 ㉡은 모두 표적 단백질의 활성화 이전 단계에 작용한다.
⑤ ㉠과 ㉡은 모두 일반적으로는 결핍이 발생해 문제가 되는 경우는 없다.

13. 윗글을 참고할 때 <보기>의 (가)~(다)를 투여함에 따라 체내에서 일어나는 반응을 예상한 내용으로 적절하지 <u>않은</u> 것은? [3점]

——— < 보기 > ———

다음은 혈전으로 인한 질환을 예방 또는 치료하는 약물이다.
(가) 와파린: 트롬빈에는 작용하지 않고 비타민 K의 작용을 방해함.
(나) 플라스미노겐 활성제: 피브리노겐에는 작용하지 않고 피브린을 분해함.
(다) 헤파린: 비타민 K-의존성 단백질에는 작용하지 않고 트롬빈의 작용을 억제함.

① (가)의 지나친 투여는 혈관 석회화를 유발할 수 있겠군.
② (나)는 이미 뭉쳐 있던 혈전이 풀어지도록 할 수 있겠군.
③ (다)는 혈액 응고 인자와 칼슘 이온의 결합을 억제하겠군.
④ (가)와 (다)는 모두 피브리노겐이 전환되는 것을 억제하겠군.
⑤ (나)와 (다)는 모두 피브린 섬유소 그물의 형성을 억제하겠군.

다음 글을 읽고 물음에 답하시오.

하루에 필요한 에너지의 양은 하루 동안의 총 열량 소모량인 대사량으로 구한다. 그중 기초 대사량은 생존에 필수적인 에너지로, 쾌적한 온도에서 편히 쉬는 동물이 공복 상태에서 생성하는 열량으로 정의된다. 이때 체내에서 생성한 열량은 일정한 체온에서 체외로 발산되는 열량과 같다. 기초 대사량은 개체에 따라 대사량의 60~75%를 차지하고, 근육량이 많을수록 증가한다.

기초 대사량은 직접법 또는 간접법으로 구한다. ㉠ 직접법은 온도가 일정하게 유지되고 공기의 출입량을 알고 있는 호흡실에서 동물이 발산하는 열량을 열량계를 이용해 측정하는 방법이다. ㉡ 간접법은 호흡 측정 장치를 이용해 동물의 산소 소비량과 이산화 탄소 배출량을 측정하고, 이를 기준으로 체내에서 생성된 열량을 추정하는 방법이다.

19세기의 초기 연구는 체외로 발산되는 열량이 체표 면적에 비례한다고 보았다. 즉 그 둘이 항상 일정한 비(比)를 갖는다는 것이다. 체표 면적은 (체중)$^{0.67}$에 비례하므로, 기초 대사량은 체중이 아닌 (체중)$^{0.67}$에 비례한다고 하였다. 어떤 변수의 증가율은 증가 후 값을 증가 전 값으로 나눈 값이므로, 체중이 W에서 2W로 커지면 체중의 증가율은 (2W) / (W) = 2이다. 이 경우에 기초 대사량의 증가율은 (2W)$^{0.67}$/(W)$^{0.67}$=2$^{0.67}$, 즉 약 1.6이 된다.

1930년대에 클라이버는 생쥐부터 코끼리까지 다양한 크기의 동물의 기초 대사량 측정 결과를 분석했다. 그래프의 가로축 변수로 동물의 체중을, 세로축 변수로 기초 대사량을 두고, 각 동물별 체중과 기초 대사량의 순서쌍을 점으로 나타냈다.

가로축과 세로축 두 변수의 증가율이 서로 다를 경우, 그 둘의 증가율이 같을 때와 달리, '일반적인 그래프'에서 이 점들은 직선이 아닌 어떤 곡선의 주변에 분포한다. 그런데 순서쌍의 값에 상용로그를 취해 새로운 순서쌍을 만들어서 이를 〈그림〉과 같

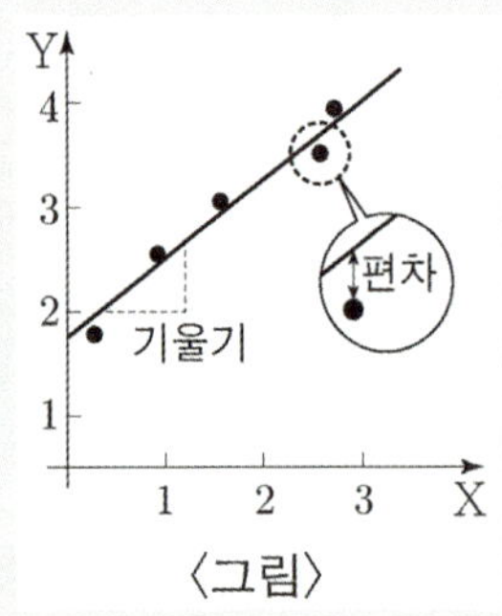

이 그래프에 표시하면, 어떤 직선의 주변에 점들이 분포하는 것으로 나타난다. 그러면 그 직선의 기울기를 이용해 두 변수의 증가율을 비교할 수 있다. 〈그림〉에서 X와 Y는 각각 체중과 기초 대사량에 상용로그를 취한 값이다. 이런 방식으로 표현한 그래프를 'L-그래프'라 하자.

체중의 증가율에 비해, 기초 대사량의 증가율이 작다면 L-그래프에서 직선의 기울기는 1보다 작으며 기초 대사량의 증가율이 작을수록 기울기도 작아진다. 만약 체중의 증가율과 기초 대사량의 증가율이 같다면 L-그래프에서 직선의 기울기는 1이 된다.

이렇듯 L-그래프와 같은 방식으로 표현할 때, 생물의 어떤 형질이 체중 또는 몸 크기와 직선의 관계를 보이며 함께 증가하는 경우 그 형질은 '상대 성장'을 한다고 한다. 동일 종에서의 심장, 두뇌와 같은 신체 기관의 크기도 상대 성장을 따른다.

한편, 그래프에서 가로축과 세로축 두 변수의 관계를 대변하는 최적의 직선의 기울기와 절편은 최소 제곱법으로 구할 수 있다. 우선, 그래프에 두 변수의 순서쌍을 나타낸 점들 사이를 지나는 임의의 직선을 그린다. 각 점에서 가로축에 수직 방향으로 직선까지의 거리인 편차의 절댓값을 구하고 이들을 각각 제곱하여 모두 합한 것이 '편차 제곱 합'이며, 편차 제곱 합이 가장 작은 직선을 구하는 것이 최소 제곱법이다.

클라이버는 이런 방법에 근거하여 L-그래프에 나타난 최적의 직선의 기울기로 0.75를 얻었고, 이에 따라 동물의 (체중)$^{0.75}$에 기초 대사량이 비례한다고 결론지었다. 이것을 '클라이버의 법칙'이라 하며, (체중)$^{0.75}$을 대사 체중이라 부른다. 대사 체중은 치료제 허용량의 결정에도 이용되는데, 이때 그 양은 대사 체중에 비례하여 정한다. 이는 치료제 허용량이 체내 대사와 밀접한 관련이 있기 때문이다.

14. 윗글의 내용과 일치하지 <u>않는</u> 것은?

① 클라이버의 법칙은 동물의 기초 대사량이 대사 체중에 비례한다고 본다.
② 어떤 개체가 체중이 늘 때 다른 변화 없이 근육량이 늘면 기초 대사량이 증가한다.
③ 'L-그래프'에서 직선의 기울기는 가로축과 세로축 두 변수의 증가율의 차이와 동일하다.
④ 최소 제곱법은 두 변수 간의 관계를 나타내는 최적의 직선의 기울기와 절편을 알게 해 준다.
⑤ 동물의 신체 기관인 심장과 두뇌의 크기는 몸무게나 몸의 크기에 상대 성장을 하며 발달한다.

15. 윗글을 읽고 추론한 내용으로 적절하지 <u>않은</u> 것은?

① 일반적인 경우 기초 대사량은 하루에 소모되는 총 열량 중에 가장 큰 비중을 차지하겠군.
② 클라이버의 결론에 따르면, 기초 대사량이 동물의 체표 면적에 비례한다고 볼 수 없겠군.
③ 19세기의 초기 연구자들은 체중의 증가율보다 기초 대사량의 증가율이 작다고 생각했겠군.
④ 코끼리에게 적용하는 치료제 허용량을 기준으로, 체중에 비례하여 생쥐에게 적용할 허용량을 정한 후 먹이면 과다 복용이 될 수 있겠군.
⑤ 클라이버의 법칙에 따르면, 동물의 체중이 증가함에 따라 함께 늘어나는 에너지의 필요량이 이전 초기 연구에서 생각했던 양보다 많겠군.

16. ㉠, ㉡에 대한 이해로 가장 적절한 것은?

① ㉠은 체온을 환경 온도에 따라 조정하는 변온 동물이 체외로 발산하는 열량을 측정할 수 없다.
② ㉡은 동물이 호흡에 이용한 산소의 양을 알 필요가 없다.
③ ㉠은 ㉡과 달리 격한 움직임이 제한된 편하게 쉬는 상태에서 기초 대사량을 구한다.
④ ㉠과 ㉡은 모두 일정한 체온에서 동물이 체외로 발산하는 열량을 구할 수 있다.
⑤ ㉠과 ㉡은 모두 생존에 필수적인 최소한의 에너지를 공급하면서 기초 대사량을 구한다.

17. 윗글을 바탕으로 <보기>를 탐구한 내용으로 가장 적절한 것은? [3점]

> < 보기 >
>
> 농게의 수컷은 집게발 하나가 매우 큰데, 큰 집게발의 길이는 게딱지의 폭에 '상대 성장'을 한다. 농게의 ⓐ 게딱지 폭을 이용해 ⓑ 큰 집게발의 길이를 추정하기 위해, 다양한 크기의 농게의 게딱지 폭과 큰 집게발의 길이를 측정하여 다수의 순서쌍을 확보했다. 그리고 'L-그래프'와 같은 방식으로, 그래프의 가로축과 세로축에 각각 게딱지 폭과 큰 집게발의 길이에 해당하는 값을 놓고 분석을 실시했다.

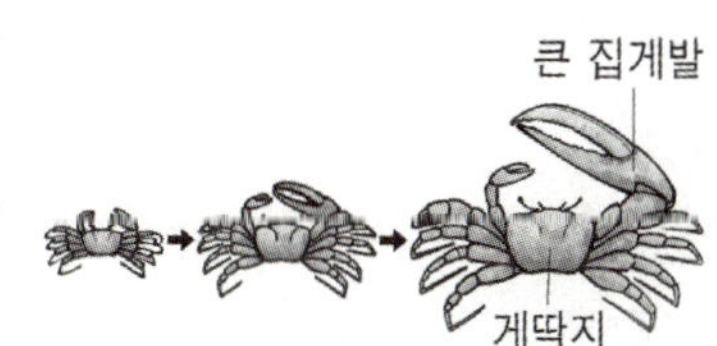

① 최적의 직선을 구한다고 할 때, 최적의 직선의 기울기가 1보다 작다면 ⓐ에 ⓑ가 비례한다고 할 수 없겠군.
② 최적의 직선을 구하여 ⓐ와 ⓑ의 증가율을 비교하려고 할 때, 점들이 최적의 직선으로부터 가로축에 수직 방향으로 멀리 떨어질수록 편차 제곱 합은 더 작겠군.
③ ⓐ의 증가율보다 ⓑ의 증가율이 크다면, 점들의 분포가 직선이 아닌 어떤 곡선의 주변에 분포하겠군.
④ ⓐ의 증가율보다 ⓑ의 증가율이 작다면, 점들 사이를 지나는 최적의 직선의 기울기는 1보다 크겠군.
⑤ ⓐ의 증가율과 ⓑ의 증가율이 같고 '일반적인 그래프'에서 순서쌍을 점으로 표시한다면, 점들은 직선이 아닌 어떤 곡선의 주변에 분포하겠군.

다음 글을 읽고 물음에 답하시오.

분자들이 만나 화학 반응을 진행하는 데 필요한 최소한의 운동 에너지를 활성화 에너지라 한다. 활성화 에너지가 작은 반응은, 반응의 활성화 에너지보다 큰 운동 에너지를 가진 분자들이 많아 반응이 빠르게 진행된다. 활성화 에너지를 조절하여 반응 속도에 변화를 주는 물질을 촉매라고 하며, 반응 속도를 빠르게 하는 능력을 촉매 활성이라 한다. 촉매는 촉매가 없을 때와는 활성화 에너지가 다른, 새로운 반응 경로를 제공한다. 화학 산업에서는 주로 고체 촉매가 이용되는데, 액체나 기체인 생성물을 촉매로부터 분리하는 별도의 공정이 필요 없기 때문이다. 고체 촉매는 대부분 활성 성분, 지지체, 증진제로 구성된다.

활성 성분은 그 표면에 반응물을 흡착시켜 촉매 활성을 제공하는 물질이다. 고체 촉매의 촉매 작용에서는 반응물이 먼저 활성 성분의 표면에 화학 흡착되고, 흡착된 반응물이 표면에서 반응하여 생성물로 변환된 후, 생성물이 표면에서 탈착되는 과정을 거쳐 반응이 완결된다. 금속은 다양한 물질들이 표면에 흡착될 수 있어 여러 반응에서 활성 성분으로 사용된다. 예를 들면, 암모니아를 합성할 때 철을 활성 성분으로 사용하는데, 이때 반응물인 수소와 질소가 철의 표면에 흡착되어 각각 원자 상태로 분리된다. 흡착된 반응물은 전자를 금속 표면의 원자와 공유하여 안정화된다. 반응물의 흡착 세기는 금속의 종류에 따라 달라진다. 이때 흡착 세기가 적절해야 한다. 흡착이 약하면 흡착량이 적어 촉매 활성이 낮으며, 흡착이 너무 강하면 흡착된 반응물이 지나치게 안정화되어 표면에서의 반응이 느려지므로 촉매 활성이 낮다. 일반적으로 고체 촉매에서는 반응에 관여하는 표면의 활성 성분 원자가 많을수록 반응물의 흡착이 많아 촉매 활성이 높아진다.

금속은 열적 안정성이 낮아, 화학 반응이 일어나는 고온에서 금속 원자들로 이루어진 작은 입자들이 서로 달라붙어 큰 입자를 이루게 되는데 이를 소결이라 한다. 입자가 소결되면 금속 활성 성분의 전체 표면적은 줄어든다. 이러한 문제를 해결하는 것이 지지체이다. 작은 금속

입자들을 표면적이 넓고 열적 안정성이 높은 지지체의 표면에 분산하면 소결로 인한 촉매 활성 저하가 억제된다. 따라서 소량의 금속으로도 ㉠ 금속을 활성 성분으로 사용하는 고체 촉매의 활성을 높일 수 있다.

증진제는 촉매에 소량 포함되어 활성을 조절한다. 활성 성분의 표면 구조를 변화시켜 소결을 억제하기도 하고, 활성 성분의 전자 밀도를 변화시켜 흡착 세기를 조절하기도 한다. 고체 촉매는 활성 성분이 반드시 있어야 하지만 경우에 따라 증진제나 지지체를 포함하지 않기도 한다.

08. 윗글의 내용과 일치하지 <u>않는</u> 것은?

① 촉매를 이용하면 화학 반응이 새로운 경로로 진행된다.
② 고체 촉매는 기체 생성물과 촉매의 분리 공정이 필요하다.
③ 고체 촉매에 의한 반응은 생성물의 탈착을 거쳐 완결된다.
④ 암모니아 합성에서 철 표면에 흡착된 수소는 전자를 철 원자와 공유한다.
⑤ 증진제나 지지체 없이 촉매 활성을 갖는 고체 촉매가 있다.

09. ㉠의 촉매 활성을 높이는 방법으로 가장 적절한 것은?

① 반응물을 흡착하는 금속 원자의 개수를 늘린다.
② 활성 성분의 소결을 촉진하는 증진제를 첨가한다.
③ 반응물의 반응 속도를 늦추는 지지체를 사용한다.
④ 반응에 대한 활성화 에너지를 크게 하는 금속을 사용한다.
⑤ 활성 성분의 금속 입자들을 뭉치게 하여 큰 입자로 만든다.

 윗글을 바탕으로 <보기>를 이해한 내용으로 적절하지 <u>않은</u> 것은? [3점]

> ― < 보기 > ―
>
> 아세틸렌은 보통 선택적 수소화 공정을 통하여 에틸렌으로 변환된다. 이 공정에서 사용되는 고체 촉매는 팔라듐 금속 입자를 실리카 표면에 분산하여 만들며, 아세틸렌과 수소는 팔라듐 표면에 흡착되어 반응한다. 여기서 실리카는 표면적이 넓고 열적 안정성이 높다. 이때, 촉매에 규소를 소량 포함시키면 활성 성분의 표면 구조가 변화되어 고온에서 팔라듐의 소결이 억제된다. 또한 은을 소량 포함시키면 팔라듐의 전자 밀도가 높아지고 팔라듐 표면에 반응물이 흡착되는 세기가 조절되어 원하는 반응을 얻을 수 있다.

① 아세틸렌은 반응물에 해당한다.

② 팔라듐은 활성 성분에 해당한다.

③ 규소와 은은 모두 증진제에 해당한다.

④ 실리카는 낮은 온도에서 활성 성분을 소결한다.

⑤ 실리카는 촉매 활성 저하를 억제하는 기능을 한다.

11. 윗글을 바탕으로 할 때, <보기>의 금속 ⓐ~ⓓ에 대한 설명으로 가장 적절한 것은?

> ― < 보기 > ―
>
> 다음은 여러 가지 금속에 물질 ㉮가 흡착될 때의 흡착 세기와 ㉮의 화학 반응에서 각 금속의 촉매 활성을 나타낸다.
> (단, 흡착에 영향을 주는 다른 요소는 고려하지 않음.)

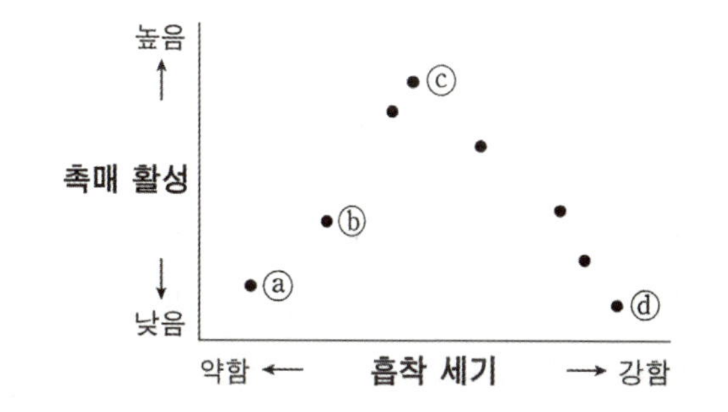

① ㉮의 화학 반응은 ⓐ보다 ⓑ를 활성 성분으로 사용할 때 더 느리게 일어난다.

② ㉮는 ⓐ보다 ⓒ에 흡착될 때 흡착량이 더 적다.

③ ㉮는 ⓐ보다 ⓓ에 흡착될 때 안정화되는 정도가 더 크다.

④ ㉮는 ⓑ보다 ⓒ에 더 약하게 흡착된다.

⑤ ㉮의 화학 반응에서 촉매 활성만을 고려하면 가장 적합한 활성 성분은 ⓓ이다.

다음 글을 읽고 물음에 답하시오.

식품 포장재, 세제 용기 등으로 사용되는 플라스틱은 생활에서 흔히 ⓐ 접할 수 있다. 플라스틱은 '성형할 수 있는, 거푸집으로 조형이 가능한'이라는 의미의 '플라스티코스'라는 그리스어에서 온 말로, 열과 압력으로 성형할 수 있는 고분자 화합물을 이른다.

플라스틱은 단위체인 작은 분자가 수없이 반복 연결되는 중합을 통해 만들어진 거대 분자로 이루어져 있다. 단위체들은 공유 결합으로 연결되는데, 분자를 구성하는 원자들이 서로 전자를 공유하여 안정한 상태가 되는 결합을 공유 결합이라 한다. 두 원자가 각각 전자를 하나씩 내어놓아 그 두 개의 전자를 한 쌍으로 공유하면 단일 결합이라 하고, 두 쌍을 공유하면 이중 결합이라 한다. 공유 전자쌍이 많을수록 원자 간의 결합력은 강하다. 대부분의 원자는 가장 바깥 전자 껍질의 전자 수가 8개가 될 때 안정해진다. 탄소 원자는 가장 바깥 전자 껍질에 4개의 전자를 갖고 있어, 다른 원자들과 전자를 공유하여 안정해질 수 있으며 다양한 형태의 공유 결합이 가능하여 거대한 분자의 골격을 이룰 수 있다.

플라스틱의 한 종류인 폴리에틸렌은 에틸렌 분자들이 서로 연결되는 중합 과정을 거쳐 만들어진다. 에틸렌은 두 개의 탄소 원자와 네 개의 수소 원자로 이루어지는데, 두 개의 탄소 원자가 서로 이중 결합을 하고 각각의 탄소 원자는 두 개의 수소 원자와 단일 결합을 한다. 탄소 원자 간의 이중 결합에서는 한 결합이 다른 하나보다 끊어지기 쉽다.

에틸렌의 중합에는 여러 가지 방법이 있는데 그중에 하나는 과산화물 개시제를 사용하는 것이다. 열을 흡수한 과산화물 개시제는 가장 바깥 껍질에 7개의 전자가 있는 불안정한 상태의 원자를 가진 분자로 분해된다. 이 불안정한 원자는 안정해지기 위해 에틸렌이 가진 탄소의 이중 결합 중 더 약한 결합을 끊어 버리면서 에틸렌의 한 쪽 탄소 원자와 전자를 공유하며 단일 결합한다. 그러면 다른 쪽 탄소 원자는 공유되지 못한, 홀로 남은 전자를 갖게 된다. 이 불안정한 탄소 원자는 같은 방식으로 다른 에틸렌 분자와 반응을 하게 되고, 이와 같은 반응이 이어

지며 불안정해지는 탄소 원자가 계속 생성된다. 에틸렌 분자들이 결합하여 더해지면 이것들은 사슬 형태를 이루며, 이 사슬은 지속적으로 성장하고 사슬 끝에는 불안정한 탄소 원자가 존재하게 된다. 성장하는 두 사슬의 끝이 서로 만나 결합하여 안정한 상태가 되면 반복적인 반응이 멈추게 된다. ㉠ 이 중합 과정을 거쳐 에틸렌 분자들은 폴리에틸렌이라는 고분자 화합물이 된다.

플라스틱을 이루는 거대한 분자들은 길이가 길다. 그래서 사슬들이 일정한 방향으로 나란히 배열되어 있는 결정 영역은, 분자들 전체에서 기대할 수는 없지만 부분적으로 있을 수는 있다. 플라스틱에서 결정 영역이 차지하는 부분의 비율은 여러 조건에 따라 조절이 가능하고 물성에 영향을 미친다. 결정 영역이 많아질수록 플라스틱은 유연성이 낮아 충격에 약하고 가공성이 떨어지며 점점 불투명해지지만, 밀도가 높아져 단단해지고 화학 물질에 대한 민감성이 감소하며 열에 의해 잘 변형되지 않는다. 이런 성질을 활용하여 필요에 따라 다양한 종류의 플라스틱을 만들 수 있다.

08. 윗글에서 알 수 있는 내용으로 적절하지 <u>않은</u> 것은?

① 단위체들은 중합을 거쳐 거대 분자를 이룰 수 있다.
② 에틸렌 분자에는 단일 결합과 이중 결합이 모두 존재한다.
③ 플라스틱이라는 명칭의 유래는 열과 압력으로 성형이 되는 성질과 관련이 있다.
④ 불안정한 원자를 가진 에틸렌은 과산화물을 개시제로 쓰면 분해되면서 안정해진다.
⑤ 탄소와 탄소 사이의 이중 결합 중 하나의 결합 세기는 나머지 하나의 결합 세기보다 크다.

09. ㉠에 대한 이해로 적절하지 <u>않은</u> 것은?

① 성장 중의 사슬은 그 양쪽 끝부분에서 불안정한 탄소 원
   자가 생성된다.
② 사슬의 중간에 두 탄소 원자가 서로 전자를 하나씩 내어
   놓아 공유하는 결합이 존재한다.
③ 상태가 불안정한 원자를 지닌 분자의 생성이 연속적인
   사슬 성장 반응이 일어나는 계기가 된다.
④ 공유되지 못하고 홀로 남은 전자를 가진 탄소 원자는 사
   슬의 성장 과정이 종결되기 전까지 계속 발생한다.
⑤ 에틸렌 분자를 구성하는 탄소 원자들 사이의 이중 결합
   이 단일 결합으로 되면서 사슬의 성장 과정을 이어 간다.

10. 윗글을 바탕으로 <보기>의 ㉮와 ㉯를 이해한 내용으
로 가장 적절한 것은? [3점]

> ────── < 보기 > ──────
>
> 폴리에틸렌은 높은 압력과 온도에서 중합되어 사
> 슬이 여기저기 가지를 친 구조로 만들어지기도 한다.
> ㉮ 가지를 친 구조의 사슬들은 조밀하게 배열되기 힘
> 들다. 한편 특수한 촉매를 사용하여 저온에서 중합되면
> 탄소 원자들이 이루는 사슬이 한 줄로 쭉 이어진 직선
> 형 구조로 만들어지기도 한다. 이 ㉯ 직선형 구조의 사
> 슬들은 한 방향으로 서로 나란히 조밀하게 배열될 수
> 있다.

① 충격에 잘 깨지지 않도록 유연하게 하려면 ㉮보다 ㉯로
   이루어진 소재가 적합하겠군.
② 포장된 물품이 잘 보이게 하려면 포장재로는 ㉮보다 ㉯
   로 이루어진 소재가 적합하겠군.
③ 보관 용기에서 화학 물질이 닿는 부분에는 ㉮보다 ㉯로
   이루어진 소재를 쓰는 것이 좋겠군.
④ ㉯보다 ㉮로 이루어진 소재의 밀도가 더 높겠군.
⑤ 열에 잘 견디게 하려면 ㉯보다 ㉮로 이루어진 소재가 적
   합하겠군.

11. ⓐ와 문맥상 의미가 가장 가까운 것은?

① 요즘 신도시는 아파트가 대규모로 서로 <u>접해</u> 있다.
② 그는 자신의 수상 소식을 오늘에야 <u>접하게</u> 되었다.
③ 나는 교과서에서 <u>접한</u> 시를 모두 외웠다.
④ 우리나라는 삼면이 바다에 <u>접해</u> 있다.
⑤ 우리 집은 공원을 <u>접하고</u> 있다.

정답 및 해설: 해설편 291p

PART 04

기술

다음 글을 읽고 물음에 답하시오.

인간의 신경 조직을 수학적으로 모델링하여 컴퓨터가 인간처럼 기억·학습·판단할 수 있도록 구현한 것이 인공 신경망 기술이다. 신경 조직의 기본 단위는 뉴런인데, ⓐ 인공 신경망에서는 뉴런의 기능을 수학적으로 모델링한 퍼셉트론을 기본 단위로 사용한다.

ⓑ 퍼셉트론은 입력값들을 받아들이는 여러 개의 ⓒ 입력 단자와 이 값을 처리하는 부분, 처리된 값을 내보내는 한 개의 출력 단자로 구성되어 있다. 퍼셉트론은 각각의 입력 단자에 할당된 ⓓ 가중치를 입력값에 곱한 값들을 모두 합하여 가중합을 구한 후, 고정된 ⓔ 임계치보다 가중합이 작으면 0, 그렇지 않으면 1과 같은 방식으로 ⓕ 출력값을 내보낸다.

이러한 퍼셉트론은 출력값에 따라 두 가지로만 구분하여 입력값들을 판정할 수 있을 뿐이다. 이에 비해 복잡한 판정을 할 수 있는 인공 신경망은 다수의 퍼셉트론을 여러 계층으로 배열하여 한 계층에서 출력된 신호가 다음 계층에 있는 모든 퍼셉트론의 입력 단자에 입력값으로 입력되는 구조로 이루어진다. 이러한 인공 신경망에서 가장 처음에 입력값을 받아들이는 퍼셉트론들을 입력층, 가장 마지막에 있는 퍼셉트론들을 출력층이라고 한다.

㉠ 어떤 사진 속 물체의 색깔과 형태로부터 그 물체가 사과인지 아닌지를 구별할 수 있도록 인공 신경망을 학습시키는 경우를 생각해 보자. 먼저 학습을 위한 입력값들 즉 학습 데이터를 만들어야 한다. 학습 데이터를 만들기 위해서는 사과 사진을 준비하고 사진에 나타난 특징인 색깔과 형태를 수치화해야 한다. 이 경우 색깔과 형태라는 두 범주를 수치화하여 하나의 학습 데이터로 묶은 다음, '정답'에 해당하는 값과 함께 학습 데이터를 인공 신경망에 제공한다. 이때 같은 범주에 속하는 입력값은 동일한 입력 단자를 통해 들어가도록 해야 한다. 그리고 사과 사진에 대한 학습 데이터를 만들 때에 정답인 '사과이다'에 해당하는 값을 '1'로 설정하였다면 출력값 '0'은 '사과가 아니다'를 의미하게 된다.

인공 신경망의 작동은 크게 학습 단계와 판정 단계로 나뉜다. 학습 단계는 학습 데이터를 입력층의 입력 단자에 넣어 주고 출력층의 출력값을 구한 후, 이 출력값과 정답에 해당하는 값의 차이가 줄어들도록 가중치를 갱신하는 과정이다. 어떤 학습 데이터가 주어지면 이때의 출력값을 구하고 학습 데이터와 함께 제공된 정답에 해당하는 값에서 출력값을 뺀 값 즉 오차 값을 구한다. 이 오차 값의 일부가 출력층의 출력 단자에서 입력층의 입력 단자 방향으로 되돌아가면서 각 계층의 퍼셉트론별로 출력 신호를 만드는 데 관여한 모든 가중치들에 더해지는 방식으로 가중치들이 갱신된다. 이러한 과정을 다양한 학습 데이터에 대하여 반복하면 출력값들이 각각의 정답 값에 수렴하게 되고 판정 성능이 좋아진다. 오차 값이 0에 근접하게 되거나 가중치의 갱신이 더 이상 이루어지지 않게 되면 학습 단계를 마치고 판정 단계로 전환한다. 이때 판정의 오류를 줄이기 위해서는 학습 단계에서 대상들의 변별적 특징이 잘 반영되어 있는 서로 다른 학습 데이터를 사용하는 것이 좋다.

16. 윗글에 따를 때, ⓐ~ⓕ에 대한 설명으로 적절하지 <u>않은</u> 것은?

① ⓑ는 ⓐ의 기본 단위이다.
② ⓒ는 ⓑ를 구성하는 요소 중 하나이다.
③ ⓓ가 변하면 ⓔ도 따라서 변한다.
④ ⓔ는 ⓕ를 결정하는 기준이 된다.
⑤ ⓐ가 학습하는 과정에서 ⓕ는 ⓓ의 변화에 영향을 미친다.

17. 윗글에 대한 이해로 적절하지 <u>않은</u> 것은?

① 퍼셉트론의 출력 단자는 하나이다.
② 출력층의 출력값이 정답에 해당하는 값과 같으면 오차 값은 0이다.
③ 입력층 퍼셉트론에서 출력된 신호는 다음 계층 퍼셉트론의 입력값이 된다.
④ 퍼셉트론은 인간의 신경 조직의 기본 단위의 기능을 수학적으로 모델링한 것이다.
⑤ 가중치의 갱신은 입력층의 입력 단자에서 출력층의 출력 단자 방향으로 진행된다.

18. 윗글을 바탕으로 ㉠에 대해 추론한 것으로 적절하지 <u>않은</u> 것은?

① 학습 데이터를 만들 때는 색깔이나 형태가 다른 사과의 사진을 선택하는 것이 좋겠군.
② 학습 데이터에 두 가지 범주가 제시되었으므로 입력층의 퍼셉트론은 두 개의 입력 단자를 사용하겠군.
③ 색깔에 해당하는 범주와 형태에 해당하는 범주를 분리하여 각각 서로 다른 학습 데이터로 만들어야 하겠군.
④ 가중치가 더 이상 변하지 않는 단계에 이르면 '사과'인지 아닌지를 구별하는 학습 단계가 끝났다고 볼 수 있겠군.
⑤ 학습 데이터를 만들 때 사과 사진의 정답에 해당하는 값을 0으로 설정하였다면, 출력층의 출력 단자에서 0 신호가 출력되면 '사과이다'로, 1 신호가 출력되면 '사과가 아니다'로 해석해야 되겠군.

19. 윗글을 바탕으로 <보기>를 이해한 내용으로 가장 적절한 것은? [3점]

— < 보기 > —

아래의 [A]와 같은 하나의 퍼셉트론을 [B]를 이용해 학습시키고자 한다.

[A]
- 입력 단자는 세 개(a, b, c)
- a, b, c의 현재의 가중치는 각각 $Wa = 0.5$, $Wb = 0.5$, $Wc = 0.1$
- 가중합이 임계치 1보다 작으면 0을, 그렇지 않으면 1을 출력

[B]
- a, b, c로 입력되는 학습 데이터는 각각 $Ia = 1$, $Ib = 0$, $Ic = 1$
- 학습 데이터와 함께 제공되는 정답 = 1

① [B]로 학습시키기 위해서는 판정 단계를 먼저 거쳐야 하겠군.
② 이 퍼셉트론이 1을 출력한다면, 가중합이 1보다 작았기 때문이겠군.
③ [B]로 한 번 학습시키고 나면 가중치 Wa, Wb, Wc가 모두 늘어나 있겠군.
④ [B]로 여러 차례 반복해서 학습시키면 퍼셉트론의 출력값은 0에 수렴하겠군.
⑤ [B]의 학습 데이터를 한 번 입력했을 때 그에 대한 퍼셉트론의 출력값은 1이겠군.

다음 글을 읽고 물음에 답하시오.

'콘크리트'는 건축 재료로 다양하게 사용되고 있다. 일반적으로 콘크리트가 근대 기술의 ㉠산물로 알려져 있지만 콘크리트는 이미 고대 로마 시대에도 사용되었다. 로마 시대의 탁월한 건축미를 보여 주는 판테온은 콘크리트 구조물인데, 반구형의 지붕인 돔은 오직 콘크리트로만 이루어져 있다. 로마인들은 콘크리트의 골재 배합을 달리하면서 돔의 상부로 갈수록 두께를 점점 줄여 지붕을 가볍게 할 수 있었다. 돔 지붕이 지름 45m 남짓의 넓은 원형 내부 공간과 이어지도록 하였고, 지붕의 중앙에는 지름 9m가 넘는 ㉡원형의 천창을 내어 빛이 내부 공간을 채울 수 있도록 하였다.

콘크리트는 시멘트에 모래와 자갈 등의 골재를 섞어 물로 반죽한 혼합물이다. 콘크리트에서 결합재 역할을 하는 시멘트가 물과 만나면 ㉢점성을 띠는 상태가 되며, 시간이 지남에 따라 수화 반응이 일어나 골재, 물, 시멘트가 결합하면서 굳어진다. 콘크리트의 수화 반응은 상온에서 일어나기 때문에 작업하기에도 좋다. 반죽 상태의 콘크리트를 거푸집에 부어 경화시키면 다양한 형태와 크기의 구조물을 만들 수 있다. 콘크리트의 골재는 종류에 따라 강도와 밀도가 다양하므로 골재의 종류와 비율을 조절하여 콘크리트의 강도와 밀도를 다양하게 변화시킬 수 있다. 그리고 골재들 간의 접촉을 높여야 강도가 높아지기 때문에, 서로 다른 크기의 골재를 배합하는 것이 효과적이다.

콘크리트가 철근 콘크리트로 발전함에 따라 건축은 구조적으로 더욱 견고해지고, 형태 면에서는 더욱 다양하고 자유로운 표현이 가능해졌다. 일반적으로 콘크리트는 누르는 힘인 압축력에는 쉽게 부서지지 않지만 당기는 힘인 인장력에는 쉽게 부서진다. 압축력이나 인장력에 재료가 부서지지 않고 그 힘에 견딜 수 있는, 단위 면적당 최대의 힘을 각각 압축 강도와 인장 강도라 한다. 콘크리트의 압축 강도는 인장 강도보다 10배 이상 높다. 또한 압축력을 가했을 때 최대한 줄어드는 길이는 인장력을 가했을 때 최대한 늘어나는 길이보다 훨씬 길다. 그런데 철근이나 철골과 같은 철재는 인장력과 압축력에 의

한 변형 정도가 콘크리트보다 작은 데다가 압축 강도와 인장 강도 모두가 콘크리트보다 높다. 특히 인장 강도는 월등히 더 높다. 따라서 보강재로 철근을 콘크리트에 넣어 대부분의 인장력을 철근이 받도록 하면 인장력에 취약한 콘크리트의 단점이 크게 보완된다. 다만 철근은 무겁고 비싸기 때문에, 대개는 인장력을 많이 받는 부분을 정확히 계산하여 그 지점을 ㉣위주로 철근을 보강한다. 또한 가해진 힘의 방향에 수직인 방향으로 재료가 변형되는 점도 고려해야 하는데, 이때 필요한 것이 포아송 비이다. 철재는 콘크리트보다 포아송 비가 크며, 대체로 철재의 포아송 비는 0.3, 콘크리트는 0.15 정도이다.

강도가 높고 지지력이 좋아진 철근 콘크리트를 건축 재료로 사용하면서, 대형 공간을 축조하고 기둥의 간격도 넓힐 수 있게 되었다. 20세기에 들어서면서부터 근대 건축에서 철근 콘크리트는 예술적 ㉤영감을 줄 수 있는 재료로 인식되기 시작하였다. 기술이 예술의 가장 중요한 근원이라는 신념을 가졌던 르 코르뷔지에는 철근 콘크리트 구조의 장점을 사보아 주택에서 완벽히 구현하였다. 사보아 주택은, 벽이 건물의 무게를 지탱하는 구조로 설계된 건축물과는 달리 기둥만으로 건물 본체의 하중을 지탱하도록 설계되어 건물이 공중에 떠 있는 듯한 느낌을 준다. 2층 거실을 둘러싼 벽에는 수평으로 긴 창이 나 있고, 건축가가 '건축적 산책로'라고 이름 붙인 경사로는 지상의 출입구에서 2층의 주거 공간으로 이어지다가 다시 테라스로 나와 지붕까지 연결된다. 목욕실 지붕에 설치된 작은 천창을 통해 하늘을 바라보면 이 주택이 자신을 중심으로 펼쳐진 또 다른 소우주임을 느낄 수 있다. 평평하고 넓은 지붕에는 정원이 조성되어, 여기서 산책하다 보면 대지를 바다 삼아 항해하는 기선의 갑판에 서 있는 듯하다.

철근 콘크리트는 근대 이후 가장 중요한 건축 재료로 널리 사용되어 왔지만 철근 콘크리트의 인장 강도를 높이려는 연구가 계속되어 프리스트레스트 콘크리트가 등장하였다. 프리스트레스트 콘크리트는 다음과 같이 제작된다. 먼저, 거푸집에 철근을 넣고 철근을 당긴 상태에서 콘크리트 반죽을 붓는다. 콘크리트가 굳은 뒤에 당기는 힘을 제거하면, 철근이 줄어들면서 콘크리트에 압축력이 작용하여 외부의 인장력에 대한 저항성이 높아진 프리스트레스트 콘크리트가 만들어진다. 킴벨 미술관은 개방감

을 주기 위하여 기둥 사이를 30m 이상 벌리고 내부의 전시 공간을 하나의 층으로 만들었다. 이 간격은 프리스트레스트 콘크리트 구조를 활용하였기에 구현할 수 있었고, 일반적인 철근 콘크리트로는 구현하기 어려웠다. 이 구조로 이루어진 긴 지붕의 틈새로 들어오는 빛이 넓은 실내를 환하게 채우며 철근 콘크리트로 이루어진 내부를 대리석처럼 빛나게 한다.

이처럼 건축 재료에 대한 기술적 탐구는 언제나 새로운 건축 미학의 원동력이 되어 왔다. 특히 근대 이후에는 급격한 기술의 발전으로 혁신적인 건축 작품들이 탄생할 수 있었다. 건축 재료와 건축 미학의 유기적인 관계는 앞으로도 지속될 것이다.

25. 윗글에 대한 설명으로 가장 적절한 것은?

① 건축 재료의 특성과 발전을 서술하면서 각 건축물들의 공간적 특징을 설명하고 있다.
② 건축 재료의 특성에 기초하여 건축물들의 특징에 대한 상반된 평가를 제시하고 있다.
③ 건축 재료의 기원을 검토하여 다양한 건축물들의 미학적 특성과 한계를 평가하고 있다.
④ 건축 재료의 시각적 특성을 설명하면서 각 재료와 건축물들의 경제적 가치를 탐색하고 있다.
⑤ 건축물들의 특징에 대한 평가가 시대에 따라 달라진 원인을 제시하고 건축 재료와의 관계를 설명하고 있다.

26. 윗글의 내용에 대한 이해로 적절하지 <u>않은</u> 것은?

① 판테온의 돔에서 상대적으로 더 얇은 부분은 상부 쪽이다.
② 사보아 주택의 지붕은 여유를 즐길 수 있는 공간으로도 활용되었다.
③ 킴벨 미술관은 철근 콘크리트의 인장 강도를 높이는 방법을 이용하여 넓고 개방된 내부 공간을 확보하였다.
④ 판테온과 사보아 주택은 모두 천창을 두어 빛이 위에서 들어올 수 있도록 하였다.
⑤ 사보아 주택과 킴벨 미술관은 모두 층을 구분하지 않도록 구성하여 개방감을 확보하였다.

27. 윗글을 바탕으로 추론한 내용으로 가장 적절한 것은?

① 당기는 힘에 대한 저항은 철근 콘크리트가 철재보다 크다.
② 일반적으로 철근을 콘크리트에 보강재로 사용할 때는 압축력을 많이 받는 부분에 넣는다.
③ 프리스트레스트 콘크리트에서는 철근의 인장력으로 높은 강도를 얻게 되어 수화 반응이 일어나지 않는다.
④ 프리스트레스트 콘크리트는 철근이 복원되려는 성질을 이용하여 콘크리트에 압축력을 줌으로써 인장 강도를 높인 것이다.
⑤ 콘크리트의 강도를 높이는 데에는 크기가 다양한 자갈을 사용하는 것보다 균일한 크기의 자갈만 사용하는 것이 효과적이다.

28. 윗글을 바탕으로 <보기>에 대해 탐구한 내용으로 적절하지 <u>않은</u> 것은?

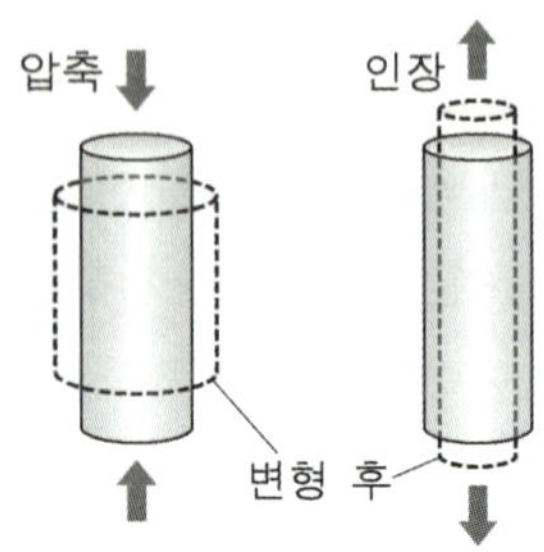

> < 보기 >
>
> 철재만으로 제작된 원기둥 A와 콘크리트만으로 제작된 원기둥 B에 힘을 가하며 변형을 관찰하였다. A와 B의 윗면과 아랫면에 수직인 방향으로 압축력을 가했더니 높이가 줄어들면서 지름은 늘어났다. 또, A의 윗면과 아랫면에 수직인 방향으로 인장력을 가했더니 높이가 늘어나면서 지름이 줄어들었다. 이때 지름의 변화량의 절댓값을 높이의 변화량의 절댓값으로 나누어 포아송 비를 구하였더니, 일반적으로 알려진 철재와 콘크리트의 포아송 비와 동일하게 나왔다. 그리고 A와 B의 포아송 비는 변형 정도에 상관없이 그 값이 변하지 않았다. (단, 힘을 가하기 전 A의 지름과 높이는 B와 동일하다.)

① 동일한 압축력을 가했다면 B는 A보다 높이가 더 줄어들었을 것이다.

② A에 인장력을 가했다면 높이의 변화량의 절댓값은 지름의 변화량의 절댓값보다 컸을 것이다.

③ B에 압축력을 가했다면 지름의 변화량의 절댓값은 높이의 변화량의 절댓값보다 작았을 것이다.

④ A와 B에 압축력을 가했을 때 줄어든 높이의 변화량이 같았다면 B의 지름이 A의 지름보다 더 늘어났을 것이다.

⑤ A와 B에 압축력을 가했을 때 늘어난 지름의 변화량이 같았다면 A의 높이가 B의 높이보다 덜 줄어들었을 것이다.

29. 윗글과 <보기>를 읽고 추론한 내용으로 적절하지 <u>않은</u> 것은? [3점]

> < 보기 >
>
> 철골은 매우 높은 강도를 지닌 건축 재료로, 규격화된 직선의 형태로 제작된다. 철근 콘크리트 대신 철골을 사용하여 기둥을 만들면 더 가는 기둥으로도 간격을 더욱 벌려 세울 수 있어 훨씬 넓은 공간 구현이 가능하다. 하지만 산화되어 녹이 슨다는 단점이 있어 내식성 페인트를 칠하거나 콘크리트를 덧입히는 등 산화 방지 조치를 하여 사용한다.
>
> 베를린 신국립미술관은 철골의 기술적 장점을 미학적으로 승화시킨 건축물이다. 거대한 평면 지붕은 여덟 개의 십자형 철골 기둥만이 떠받치고 있고, 지붕과 지면 사이에는 가벼운 유리벽이 사면을 둘러싸고 있다. 최소한의 설비 외에는 어떠한 것도 천장에 닿아 있지 않고 내부 공간이 텅 비어 있어 지붕은 공중에 떠 있는 느낌을 준다. 미술관 내부에 들어가면 넓은 공간 속에서 개방감을 느끼게 된다.

① 베를린 신국립미술관의 기둥에는 산화 방지 조치가 되어 있겠군.

② 휘어진 곡선 모양의 기둥을 세우려 할 때는 대체로 철골을 재료로 쓰지 않겠군.

③ 베를린 신국립미술관은 철골을, 킴벨 미술관은 프리스트레스트 콘크리트를 활용하여 개방감을 구현하였겠군.

④ 가는 기둥들이 넓은 간격으로 늘어선 건물을 지을 때 기둥의 재료로는 철골보다 철근 콘크리트가 더 적합하겠군.

⑤ 베를린 신국립미술관의 지붕과 사보아 주택의 건물이 공중에 떠 있는 느낌을 주는 것은 벽이 아닌 기둥이 구조적으로 중요한 역할을 하고 있기 때문이겠군.

30. ⑦~⑩을 사용하여 만든 문장으로 적절하지 <u>않은</u> 것은?

① ⑦: 행복은 성실하고 꾸준한 노력의 <u>산물</u>이다.
② ⑥: 이 건축물은 후대 미술관의 <u>원형</u>이 되었다.
③ ⑥: 이 물질은 <u>점성</u> 때문에 끈적끈적한 느낌을 준다.
④ ⑧: 그녀는 채소 <u>위주</u>의 식단을 유지하고 있다.
⑤ ⑩: 그의 발명품은 형의 조언에서 <u>영감</u>을 얻은 것이다.

다음 글을 읽고 물음에 답하시오.

DNS(도메인 네임 시스템) 스푸핑은 인터넷 사용자가 어떤 사이트에 접속하려 할 때 사용자를 위조 사이트로 접속시키는 행위를 말한다. 이는 도메인 네임을 IP 주소로 변환해 주는 과정에서 이루어진다.

인터넷에 연결된 컴퓨터들이 서로를 식별하고 통신하기 위해서 각 컴퓨터들은 IP(인터넷 프로토콜)에 따라 ㉠ 만들어지는 고유 IP 주소를 가져야 한다. 프로토콜은 컴퓨터들이 연결되어 서로 데이터를 주고받기 위해 사용하는 통신 규약으로 소프트웨어나 하드웨어로 구현된다. 현재 주로 사용하는 IP 주소는 '***.126.63.1'처럼 점으로 구분된 4개의 필드에 숫자를 사용하여 ㉡ 나타낸다. 이 주소를 중복 지정하거나 임의로 지정해서는 안 되고 공인 IP 주소를 부여받아야 한다.

공인 IP 주소에는 동일한 번호를 지속적으로 사용하는 고정 IP 주소와 번호가 변경되기도 하는 유동 IP 주소가 있다. 유동 IP 주소는 DHCP라는 프로토콜에 의해 부여된다. DHCP는 IP 주소가 필요한 컴퓨터의 요청을 받아 주소를 할당해 주고, 컴퓨터가 IP 주소를 사용하지 않으면 주소를 반환받아 다른 컴퓨터가 그 주소를 사용할 수 있도록 해 준다. 한편, 인터넷에 직접 접속은 안 되고 내부 네트워크에서만 서로를 식별할 수 있는 사설 IP 주소도 있다.

인터넷은 공인 IP 주소를 기반으로 동작하지만 우리가 인터넷을 사용할 때는 IP 주소 대신 사용하기 쉽게 'www.***.***' 등과 같이 문자로 ㉢ 이루어진 도메인 네임을 이용한다. 따라서 도메인 네임을 IP 주소로 변환해 주는 DNS가 필요하며 DNS를 운영하는 장치를 네임서버라고 한다. 컴퓨터에는 네임서버의 IP 주소가 기록되어 있어야 하는데, 유동 IP 주소를 할당받는 컴퓨터에는 IP 주소를 받을 때 네임서버의 IP 주소가 자동으로 기록되지만, 고정 IP 주소를 사용하는 컴퓨터에는 사용자가 네임서버의 IP 주소를 직접 기록해 놓아야 한다. 인터넷 통신사는 가입자들이 공동으로 사용할 수 있는 네임서버를 운영하고 있다.

㉮ 사용자가 어떤 사이트에 정상적으로 접속하는 과정을 살펴보자. 웹 사이트에 접속하려고 하는 컴퓨터를 클라이언트라 한다. 사용자가 방문하고자 하는 사이트의 도메인 네임을 주소창에 직접 입력하거나 포털 사이트에서 그 사이트를 검색해 클릭하면 클라이언트는 기록되어 있는 네임서버에 도메인 네임에 해당하는 IP 주소를 물어보는 질의 패킷을 보낸다. 네임서버는 해당 IP 주소가 자신의 목록에 있으면 클라이언트에 이 IP 주소를 알려 주는 응답 패킷을 보낸다. 응답 패킷에는 어느 질의 패킷에 대한 응답인지가 적혀 있다. 만일 해당 IP 주소가 목록에 없으면 네임서버는 다른 네임서버의 IP 주소를 알려 주는 응답 패킷을 보내고, 클라이언트는 다시 그 네임서버에 질의 패킷을 보내는 단계로 돌아가 같은 과정을 반복한다. 클라이언트는 이렇게 ㉣ 알아낸 IP 주소로 사이트를 찾아간다. 네임서버와 클라이언트는 UDP라는 프로토콜에 ㉤ 맞추어 패킷을 주고받는다. UDP는 패킷의 빠른 전송 속도를 확보하기 위해 상대에게 패킷을 보내기만 할 뿐 도착 여부는 확인하지 않으며, 특정 질의 패킷에 대해 처음 도착한 응답 패킷을 신뢰하고 다음에 도착한 패킷은 확인하지 않고 버린다. DNS 스푸핑은 UDP의 이런 허점들을 이용한다.

㉯ DNS 스푸핑이 이루어지는 과정을 알아보자. 악성 코드에 감염되어 DNS 스푸핑을 행하는 컴퓨터를 공격자라 한다. 클라이언트가 네임서버에 특정 IP 주소를 묻는 질의 패킷을 보낼 때, 공격자에도 패킷이 전달되고 공격자는 위조 사이트의 IP 주소가 적힌 응답 패킷을 클라이언트에 보낸다. 공격자가 보낸 응답 패킷이 네임서버가 보낸 응답 패킷보다 클라이언트에 먼저 도착하고 클라이언트는 공격자가 보낸 응답 패킷을 옳은 패킷으로 인식하여 위조 사이트로 연결된다.

30. 윗글의 '프로토콜'에 대한 설명으로 적절하지 <u>않은</u> 것은?

① 컴퓨터 사이의 통신을 위한 규약으로서 저마다 정해진 기능이 있다.

② IP에 따르면 현재 주로 사용하는 IP 주소는 4개의 필드에 적힌 숫자로 구성된다.

③ DHCP를 이용하는 컴퓨터는 IP 주소를 요청해야 IP 주소를 부여받을 수 있다.

④ DHCP를 이용하는 컴퓨터에는 네임서버의 IP 주소를 사용자가 기록해야 한다.

⑤ UDP는 패킷 전송 속도를 높이기 위해 패킷이 목적지에 제대로 도착했는지 확인하지 않는다.

31. <보기>는 ㉮ 또는 ㉯에서 이루어지는 클라이언트의 동작을 나타낸 것이다. 이에 대한 이해로 적절한 것은?

[3점]

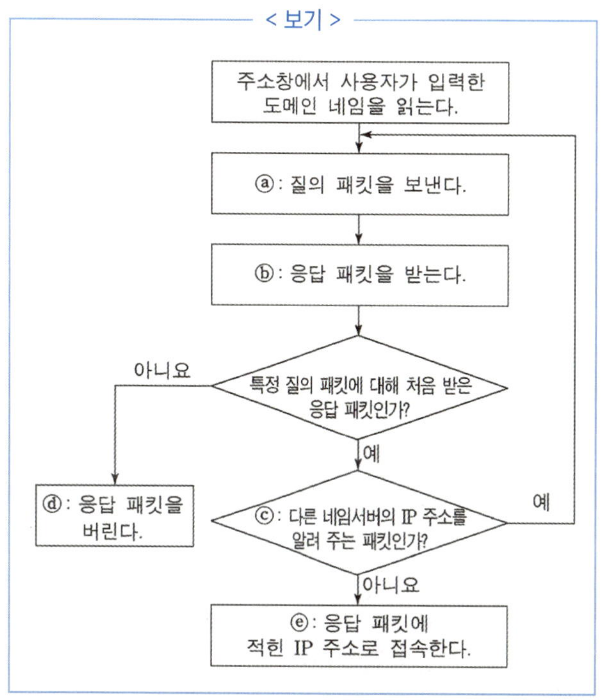

① ㉮: ⓐ가 두 번 동작했다면, 두 질의 내용이 동일하고 패킷을 받는 수신 측도 동일하다.

② ㉮: ⓑ가 두 번 동작했다면, 두 응답 내용이 서로 다르고 패킷을 보낸 송신 측은 동일하다.

③ ㉮: ⓒ는 ⓐ에서 질의한 도메인 네임에 해당하는 IP 주소를 네임서버가 찾았는지 여부를 확인하는 절차이다.

④ ㉯: ⓓ의 응답 패킷에는 공격자가 보내온 IP 주소가 포함되어 있다.

⑤ ㉯: ⓔ의 IP 주소는 ⓐ에서 질의한 도메인 네임에 해당하는 IP 주소이다.

① DNS는 도메인 네임을 사설 IP 주소로 변환한다.
② 동일한 내부 네트워크에 연결된 컴퓨터들의 사설 IP 주소는 서로 달라야 한다.
③ 유동 IP 주소 방식의 컴퓨터들에는 동시에 동일한 공인 IP 주소를 할당할 수 있다.
④ 고정 IP 주소 방식의 컴퓨터들에는 동시에 동일한 공인 IP 주소를 부여할 수 있다.
⑤ IP 주소가 서로 다른 컴퓨터들은 각각에 기록되어 있는 네임서버의 IP 주소도 서로 달라야 한다.

33. 윗글과 <보기>를 참고할 때, DNS 스푸핑을 피하기 위한 방법으로 적절한 것은?

< 보기 >

　　DNS가 고안되기 전에는 특정 컴퓨터의 사용자가 'hosts'라는 파일에 모든 도메인 네임과 그에 해당하는 IP 주소를 적어 놓았고, 클라이언트들은 이 파일을 복사하여 사용하였다. 네임서버를 사용하는 현재에도 여전히 클라이언트는 질의 패킷을 보내기 전에 hosts 파일의 내용을 확인한다. 클라이언트가 이 파일에서 원하는 도메인 네임의 IP 주소를 찾으면 그 주소로 바로 접속하고, IP 주소를 찾지 못했을 때 클라이언트는 네임서버에 질의 패킷을 보낸다.

① 클라이언트에서 사용자가 hosts 파일을 찾아 삭제하면 되겠군.
② 클라이언트의 IP 주소를 사용자가 클라이언트의 hosts 파일에 적어 놓으면 되겠군.
③ 클라이언트에 hosts 파일이 없더라도 사용자가 주소창에 도메인 네임만 입력하면 되겠군.
④ 네임서버의 도메인 네임과 IP 주소를 사용자가 클라이언트의 hosts 파일에 적어 놓으면 되겠군.
⑤ 접속하려는 사이트의 도메인 네임과 IP 주소를 사용자가 클라이언트의 hosts 파일에 적어 놓으면 되겠군.

34. 문맥상 ㉠~㉤과 바꿔 쓰기에 가장 적절한 것은?

① ㉠: 제조(製造)되는
② ㉡: 표시(標示)한다
③ ㉢: 발생(發生)된
④ ㉣: 인정(認定)한
⑤ ㉤: 비교(比較)해

다음 글을 읽고 물음에 답하시오.

디지털 통신 시스템은 송신기, 채널, 수신기로 구성되며, ⓐ <u>전송</u>할 데이터를 빠르고 정확하게 전달하기 위해 부호화 과정을 거쳐 전송한다. 영상, 문자 등인 데이터는 ⓑ <u>기호</u> 집합에 있는 기호들의 조합이다. 예를 들어 기호 집합 {a, b, c, d, e, f}에서 기호들을 조합한 add, cab, beef 등이 데이터이다. 정보량은 어떤 기호가 발생했다는 것을 알았을 때 얻는 정보의 크기이다. 어떤 기호 집합에서 특정 기호의 발생 확률이 높으면 그 기호의 정보량은 적고, 발생 확률이 낮으면 그 기호의 정보량은 많다. 기호 집합의 평균 정보량*을 기호 집합의 엔트로피라고 하는데 모든 기호들이 동일한 발생 확률을 가질 때 그 기호 집합의 엔트로피는 최댓값을 갖는다.

송신기에서는 소스 부호화, 채널 부호화, 선 부호화를 거쳐 기호를 ⓒ <u>부호</u>로 변환한다. 소스 부호화는 데이터를 압축하기 위해 기호를 0과 1로 이루어진 부호로 변환하는 과정이다. 어떤 기호가 110과 같은 부호로 변환되었을 때 0 또는 1을 비트라고 하며 이 부호의 비트 수는 3이다. 이때 기호 집합의 엔트로피는 기호 집합에 있는 기호를 부호로 표현하는 데 필요한 평균 비트 수의 최솟값이다. 전송된 부호를 수신기에서 원래의 기호로 ⓓ <u>복원</u>하려면 부호들의 평균 비트 수가 기호 집합의 엔트로피보다 크거나 같아야 한다. 기호 집합을 엔트로피에 최대한 가까운 평균 비트 수를 갖는 부호들로 변환하는 것을 엔트로피 부호화라 한다. 그중 하나인 '허프만 부호화'에서는 발생 확률이 높은 기호에는 비트 수가 적은 부호를, 발생 확률이 낮은 기호에는 비트 수가 많은 부호를 할당한다.

채널 부호화는 오류를 검출하고 정정하기 위하여 부호에 잉여 정보를 추가하는 과정이다. 송신기에서 부호를 전송하면 채널의 잡음으로 인해 오류가 발생하는데 이 문제를 해결하기 위해 잉여 정보를 덧붙여 전송한다. 채널 부호화 중 하나인 '삼중 반복 부호화'는 0과 1을 각각 000과 111로 부호화한다. 이때 수신기에서는 수신한 부호에 0이 과반수인 경우에는 0으로 판단하고, 1이 과반수인 경우에는 1로 판단한다. 즉 수신기에서 수신된 부호

가 000, 001, 010, 100 중 하나라면 0으로 판단하고, 그 이외에는 1로 판단한다. 이렇게 하면 000을 전송했을 때 하나의 비트에서 오류가 생겨 001을 수신해도 0으로 판단하므로 오류는 정정된다. 채널 부호화를 하기 전 부호의 비트 수를, 채널 부호화를 한 후 부호의 비트 수로 나눈 것을 부호율이라 한다. 삼중 반복 부호화의 부호율은 약 0.33이다.

채널 부호화를 거친 부호들을 채널을 통해 전송하려면 부호들을 전기 신호로 변환해야 한다. 0 또는 1에 해당하는 전기 신호의 전압을 결정하는 과정이 선 부호화이다. 전압의 ⓔ <u>결정</u> 방법은 선 부호화 방식에 따라 다르다. 선 부호화 중 하나인 '차동 부호화'는 부호의 비트가 0이면 전압을 유지하고 1이면 전압을 변화시킨다. 차동 부호화를 시작할 때는 기준 신호가 필요하다. 예를 들어 차동 부호화 직전의 기준 신호가 양(+)의 전압이라면 부호 0110은 '양, 음, 양, 양'의 전압을 갖는 전기 신호로 변환된다. 수신기에서는 송신기와 동일한 기준 신호를 사용하여, 전압의 변화가 있으면 1로 판단하고 변화가 없으면 0으로 판단한다.

---

* 평균 정보량: 각 기호의 발생 확률과 정보량을 서로 곱하여 모두 더한 것.

38. 윗글에서 알 수 있는 내용으로 적절한 것은?

① 영상 데이터는 채널 부호화 과정에서 압축된다.
② 수신기에는 부호를 기호로 복원하는 기능이 있다.
③ 잉여 정보는 데이터를 압축하기 위해 추가한 정보이다.
④ 영상을 전송할 때는 잡음으로 인한 오류가 발생하지 않는다.
⑤ 소스 부호화는 전송할 기호에 정보를 추가하여 오류에 대비하는 과정이다.

39. 윗글을 바탕으로, 2가지 기호로 이루어진 기호 집합에 대해 이해한 내용으로 적절하지 <u>않은</u> 것은?

① 기호들의 발생 확률이 모두 1/2인 경우, 각 기호의 정보량은 동일하다.
② 기호들의 발생 확률이 각각 1/4, 3/4인 경우의 평균 정보량이 최댓값이다.
③ 기호들의 발생 확률이 각각 1/4, 3/4인 경우, 기호의 정보량이 더 많은 것은 발생 확률이 1/4인 기호이다.
④ 기호들의 발생 확률이 모두 1/2인 경우, 기호를 부호화하는 데 필요한 평균 비트 수의 최솟값이 최대가 된다.
⑤ 기호들의 발생 확률이 각각 1/4, 3/4인 기호 집합의 엔트로피는 발생 확률이 각각 3/4, 1/4인 기호 집합의 엔트로피와 같다.

40. 윗글의 '부호화'에 대한 내용으로 적절한 것은?

① 선 부호화에서는 수신기에서 부호를 전기 신호로 변환한다.
② 허프만 부호화에서는 정보량이 많은 기호에 상대적으로 비트 수가 적은 부호를 할당한다.
③ 채널 부호화를 거친 부호들은 채널로 전송하기 전에 잉여 정보를 제거한 후 선 부호화한다.
④ 채널 부호화 과정에서 부호에 일정 수준 이상의 잉여 정보를 추가하면 부호율은 1보다 커진다.
⑤ 삼중 반복 부호화를 이용하여 0을 부호화한 경우, 수신된 부호에서 두 개의 비트에 오류가 있으면 오류는 정정되지 않는다.

41. 윗글을 바탕으로 <보기>를 이해한 내용으로 적절한 것은? [3점]

< 보기 >

날씨 데이터를 전송하려고 한다. 날씨는 '맑음', '흐림', '비', '눈'으로만 분류하며, 각 날씨의 발생 확률은 모두 같다. 엔트로피 부호화를 통해 '맑음', '흐림', '비', '눈'을 각각 00, 01, 10, 11의 부호로 바꾼다.

① 기호 집합 {맑음, 흐림, 비, 눈}의 엔트로피는 2보다 크겠군.
② 엔트로피 부호화를 통해 4일 동안의 날씨 데이터 '흐림비맑음흐림'은 '01001001'로 바뀌겠군.
③ 삼중 반복 부호화를 이용하여 전송한 특정 날씨의 부호를 '110001'과 '101100'으로 각각 수신하였다면 서로 다른 날씨로 판단하겠군.
④ 날씨 '비'를 삼중 반복 부호화와 차동 부호화를 이용하여 부호화하는 경우, 기준 신호가 양(+)의 전압이면 '음, 양, 음, 음, 음, 음'의 전압을 갖는 전기 신호로 변환되겠군.
⑤ 삼중 반복 부호화와 차동 부호화를 이용하여 특정 날씨의 부호를 전송할 경우, 수신기에서 '음, 음, 음, 양, 양, 양'을 수신했다면 기준 신호가 양(+)의 전압일 때 '흐림'으로 판단하겠군.

42. 문맥을 고려할 때, 밑줄 친 말이 ⓐ~ⓔ의 동음이의어가 <u>아닌</u> 것은?

① ⓐ: 공항에서 해외로 떠나는 친구를 전송(餞送)할 계획이다.
② ⓑ: 대중의 기호(嗜好)에 맞추어 상품을 개발한다.
③ ⓒ: 나는 가난하지만 귀족이나 부호(富豪)가 부럽지 않다.
④ ⓓ: 한번 금이 간 인간관계를 복원(復原)하기는 어렵다.
⑤ ⓔ: 이 작품은 그 화가의 오랜 노력의 결정(結晶)이다.

다음 글을 읽고 물음에 답하시오.

　⊙ 주사 터널링 현미경(STM)에서는 끝이 첨예한 금속 탐침과 도체 또는 반도체 시료 표면 간에 적당한 전압을 걸어 주고 둘 간의 거리를 좁히게 된다. 탐침과 시료의 거리가 매우 가까우면 양자 역학적 터널링 효과에 의해 둘이 접촉하지 않아도 전류가 흐른다. 이때 탐침과 시료 표면 간의 거리가 원자 단위 크기에서 변하더라도 전류의 크기는 민감하게 달라진다. 이 점을 이용하면 시료 표면의 높낮이를 원자 단위에서 측정할 수 있다. 하지만 전류가 흐를 수 없는 시료의 표면 상태는 STM을 이용하여 관찰할 수 없다. 이렇게 민감한 STM도 진공 기술의 뒷받침이 있었기에 널리 사용될 수 있었다.

　STM은 대체로 진공 통 안에 설치되어 사용되는데 그 이유는 무엇일까? 기체 분자는 끊임없이 떠돌아다니다가 주변과 충돌한다. 이때 일부 기체 분자들은 관찰하려는 시료의 표면에 붙어 표면과 반응하거나 표면을 덮어 시료 표면의 관찰을 방해한다. 따라서 용이한 관찰을 위해 STM을 활용한 실험에서는 관찰하려고 하는 시료와 기체 분자의 접촉을 최대한 차단할 필요가 있어 진공이 요구되는 것이다. 진공이란 기체 압력이 대기압보다 낮은 상태를 통칭하며 기체 압력이 낮을수록 진공도가 높다고 한다. 진공 통 내부의 온도가 일정하고 한 종류의 기체 분자만 존재할 경우, 기체 분자의 종류와 상관없이 통 내부의 기체 압력은 단위 부피당 떠돌아다니는 기체 분자의 수에 비례한다. 따라서 기체 분자들을 진공 통에서 뽑아내거나 진공 통 내부에서 움직이지 못하게 고정하면 진공 통 내부의 기체 압력을 낮출 수 있다.

　STM을 활용하는 실험에서 어느 정도의 진공도가 요구되는지를 이해하기 위해서는 '단분자층 형성 시간'의 개념을 이해할 필요가 있다. 진공 통 내부에서 떠돌아다니던 기체 분자들이 관찰하려는 시료의 표면에 달라붙어 한 층의 막을 형성하기까지 걸리는 시간을 단분자층 형성 시간이라 한다. 이 시간은 시료의 표면과 충돌한 기체 분자들이 표면에 달라붙을 확률이 클수록, 단위 면적당 기체 분자의 충돌 빈도가 높을수록 짧다. 또한 기체 운동론에 따르면 고정된 온도에서 기체 분자의 질량이 크거나 기체의 압력이 낮을수록 단분자층 형성 시간은 길다. 가령 질소의 경우 20℃, 760토르* 대기압에서 단분자층 형성 시간은 3×10^{-9}초이지만, 같은 온도에서 압력이 10^{-9}토르로 낮아지면 대략 2,500초로 증가한다. 이런 이유로 STM에서는 시료의 관찰 가능 시간을 확보하기 위해 통상 10^{-9}토르 이하의 초고진공이 요구된다.

　초고진공을 얻기 위해서는 ⓛ 스퍼터 이온 펌프가 널리 쓰인다. 스퍼터 이온 펌프는 진공 통 내부의 기체 분자가 펌프 내부로 유입되도록 진공 통과 연결하여 사용한다. 스퍼터 이온 펌프는 영구 자석, 금속 재질의 속이 뚫린 원통 모양 양극, 타이타늄으로 만든 판 형태의 음극으로 구성되어 있다. 자석 때문에 생기는 자기장이 원통 모양 양극의 축 방향으로 걸려 있고, 양극과 음극 간에는 2~7kV의 고전압이 걸려 있다. 양극과 음극 간에 걸린 고전압의 영향으로 음극에서 방출된 전자는 자기장의 영향을 받아 복잡한 형태의 궤적을 그리며 양극으로 이동한다. 이 과정에서 음극에서 방출된 전자는 주변의 기체 분자와 충돌하여 기체 분자를 그것의 구성 요소인 양이온과 전자로 분리시킨다. 여기서 자기장은 전자가 양극까지 이동하는 거리를 자기장이 없을 때보다 증가시켜 주어 전자와 기체 분자와의 충돌 빈도를 높여 준다. 이 과정에서 생성된 양이온은 전기력에 의해 음극으로 당겨져 음극에 박히게 되어 이동 불가능한 상태가 된다. 이 과정이 1차 펌프 작용이다. 또한 양이온이 음극에 충돌하면 타이타늄이 떨어져 나와 충돌 지점 주변에 들러붙는다. 이렇게 들러붙은 타이타늄

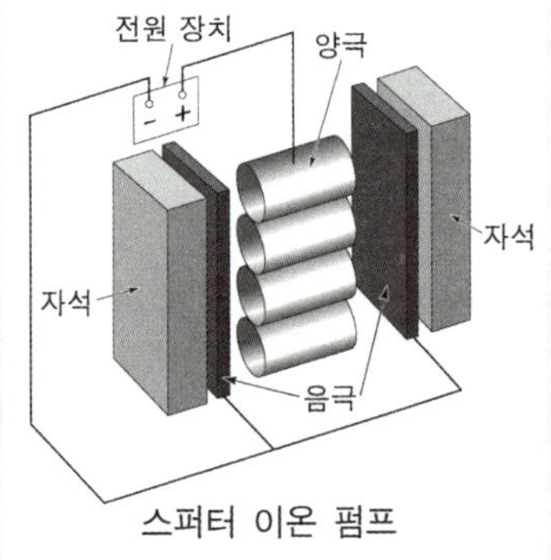

은 높은 화학 반응성 때문에 여러 기체 분자와 쉽게 반응하여, 떠돌아다니던 기체 분자를 흡착한다. 이는 떠돌아다니는 기체 분자의 수를 줄이는 효과가 있으므로 이를 2차 펌프 작용이라 부른다. 이렇듯 1, 2차 펌프 작용을 통해 스퍼터 이온 펌프는 초고진공 상태를 만들 수 있다.

*토르(torr): 기체 압력의 단위.

29. 윗글의 내용과 일치하는 것은?

① 대기압보다 진공도가 낮은 상태가 진공이다.
② 스퍼터 이온 펌프는 초고진공을 만드는 역할을 한다.
③ 단분자층 형성 시간이 짧을수록 STM을 이용한 관찰이 용이하다.
④ 일정한 온도와 부피의 진공 통 안에서 떠돌아다니는 기체 분자의 수는 기체 압력에 반비례한다.
⑤ 단분자층 형성 시간은 시료 표면과 충돌한 기체 분자들이 표면에 달라붙을 확률과 무관하게 결정된다.

30. ㉠에 대한 이해로 가장 적절한 것은?

① 시료 표면의 높낮이를 원자 단위까지 측정할 수 없다.
② 시료의 전기 전도 여부에 관계없이 시료를 관찰할 수 있다.
③ 시료의 관찰 가능 시간을 늘리려면 진공 통 안의 기체 압력을 낮추어야 한다.
④ 시료 표면의 관찰을 위해서는 시료 표면에 기체의 단분자층 형성이 필요하다.
⑤ 양자 역학적 터널링 효과를 이용하여 탐침을 시료 표면에 접촉시킨 후 흐르는 전류를 측정한다.

31. ㉡의 '음극'에 대한 설명으로 적절하지 않은 것은?

① 고전압과 전자의 상호 작용으로 자기장을 만든다.
② 떠돌아다니던 기체 분자를 흡착하는 물질을 내놓는다.
③ 기체 분자에서 분리된 양이온을 전기력으로 끌어당긴다.
④ 전자와 기체 분자의 충돌로 만들어진 양이온을 고정시킨다.
⑤ 기체 분자를 양이온과 전자로 분리시키는 전자를 방출한다.

32. 윗글을 바탕으로 할 때, <보기>에 대한 설명으로 옳지 않은 것은? [3점]

> ── < 보기 > ──
>
> STM을 사용하여 규소의 표면을 관찰하는 실험을 하려고 한다. 동일한 사양의 STM이 설치된, 동일한 부피의 진공 통 A~E가 있고, 각 진공 통 내부에 있는 기체 분자의 정보는 다음 표와 같다. 진공 통 A 안의 기체 압력은 10^{-9}토르이며, 모든 진공 통의 내부 온도는 20℃이다. (단, 기체 분자가 규소 표면과 충돌하여 달라붙을 확률은 기체의 종류와 관계없이 일정하며, 제시되지 않은 모든 조건은 각 진공 통에서 동일하다. N은 일정한 자연수이다.)

진공 통	기체	분자의 질량 (amu*)	단위 부피당 기체 분자 수 (개/cm³)
A	질소	28	4N
B	질소	28	2N
C	질소	28	7N
D	산소	32	N
E	이산화 탄소	44	N

* amu: 원자 질량 단위

① A 내부에서의 단분자층 형성 시간은 대략 2,500초이겠군.
② B 내부의 기체 압력은 10^{-9}토르보다 낮겠군.
③ C 내부의 진공도는 B 내부의 진공도보다 낮겠군.
④ D 내부에서의 단분자층 형성 시간은 A의 경우보다 길겠군.
⑤ E 내부의 시료 표면에 대한 단위 면적당 기체 분자의 충돌 빈도는 D의 경우보다 높겠군.

다음 글을 읽고 물음에 답하시오.

스마트폰은 다양한 위치 측정 기술을 활용하여 여러 지형 환경에서 위치를 측정한다. 위치에는 절대 위치와 상대 위치가 있다. 절대 위치는 위도, 경도 등으로 표시된 위치이고, 상대 위치는 특정한 위치를 기준으로 한 상대적인 위치이다.

실외에서는 주로 스마트폰 단말기에 내장된 GPS(위성 항법장치)나 IMU(관성측정장치)를 사용한다. GPS는 위성으로부터 오는 신호를 이용하여 절대 위치를 측정한다. GPS는 위치 오차가 시간에 따라 누적되지 않는다. 그러나 전파 지연 등으로 접속 초기에 짧은 시간 동안이지만 큰 오차가 발생하고 실내나 터널 등에서는 GPS 신호를 받기 어렵다. IMU는 내장된 센서로 가속도와 속도를 측정하여 위치 변화를 계산하고 초기 위치를 기준으로 하는 상대 위치를 구한다. 단기간 움직임에 대한 측정 성능이 뛰어나지만 센서가 측정한 값의 오차가 누적되기 때문에 시간이 지날수록 위치 오차가 커진다. 이 두 방식을 함께 사용하면 서로의 단점을 보완하여 오차 를 줄일 수 있다.

한편 실내에서 위치 측정에 사용 가능한 방법으로는 블루투스 기반의 비콘을 활용하는 기술이 있다. 비콘은 실내에 고정 설치되어 비콘마다 정해진 식별 번호와 위치 정보가 포함된 신호를 주기적으로 보내는 기기이다. 비콘들은 동일한 세기의 신호를 사방으로 보내지만 비콘으로부터 거리가 멀어질수록, 벽과 같은 장애물이 많을수록 신호의 세기가 약해진다. 단말기가 비콘 신호의 도달 거리 내로 진입하면 단말기 안의 수신기가 이 신호를 인식한다. 이 신호를 이용하여 2차원 평면에서의 위치를 측정하는 방법으로는 다음과 같은 것들이 있다.

근접성 기법은 단말기가 비콘 신호를 수신하면 해당 비콘의 위치를 단말기의 위치로 정한다. 여러 비콘 신호를 수신했을 경우에는 신호가 가장 강한 비콘의 위치를 단말기의 위치로 정한다.

삼변측량 기법은 3개 이상의 비콘으로부터 수신된 신호 세기를 측정하여 단말기와 비콘 사이의 거리로 환산한다. 각 비콘을 중심으로 이 거리를 반지름으로 하는 원을 그리고, 그 교점을 단말기의 현재 위치로 정한다. 교점이 하나로 모이지 않는 경우에는 세 원에 공통으로 속한 영역의 중심점을 단말기의 위치로 측정한다.

㉠위치 지도 기법은 측정 공간을 작은 구역들로 나누어 각 구역마다 기준점을 설정하고 그 주위에 비콘들을 설치한다. 그러고 나서 비콘들이 송신하여 각 기준점에 도달하는 신호의 세기를 측정한다. 이 신호 세기와 비콘의 식별 번호, 기준점의 위치 좌표를 서버에 있는 데이터베이스에 위치 지도로 기록해 놓는다. 이 작업을 모든 기준점에서 수행한다. 특정한 위치에 도달한 단말기가 비콘 신호를 수신하면 신호 세기를 측정한 뒤 비콘의 식별 번호와 함께 서버로 전송한다. 서버는 수신된 신호 세기와 가장 가까운 신호 세기를 갖는 기준점을 데이터베이스에서 찾아 이 기준점의 위치를 단말기에 알려 준다.

38. 윗글의 내용과 일치하는 것은?

① GPS를 이용하여 측정한 위치는 기준이 되는 위치가 어디냐에 따라 달라진다.
② 비콘들이 서로 다른 세기의 신호를 송신해야 단말기의 위치를 측정할 수 있다.
③ 비콘이 전송하는 식별 번호는 신호가 도달하는 단말기를 구별하기 위한 정보이다.
④ 비콘은 실내에서 GPS 신호를 받아 주위에 위성 식별 번호와 위치 정보를 전송하는 장치이다.
⑤ IMU는 단말기가 초기 위치로부터 얼마나 떨어져 있는지를 계산하여 단말기의 위치를 구한다.

39. 오차 에 대해 이해한 내용으로 적절한 것은?

① IMU는 시간이 지날수록 전파 지연으로 인한 오차가 커진다.
② GPS는 사용 시간이 길어질수록 위성의 위치를 파악하는 데 오차가 커진다.
③ IMU는 순간적인 오차가 발생하지만 시간이 지날수록 정확한 위치 측정이 가능해진다.
④ GPS는 단말기가 터널에 진입 시 발생한 오차를 터널을 통과하는 동안 보정할 수 있다.
⑤ IMU의 오차가 커지는 것은 가속도와 속도를 측정할 때 생기는 오차가 누적되기 때문이다.

40. ㉠에 대한 이해로 적절하지 <u>않은</u> 것은?

① 측정 공간을 더 많은 구역으로 나눌수록 기준점이 많아진다.
② 단말기가 측정 공간에 들어오기 전에 데이터베이스가 미리 구축되어 있어야 한다.
③ 측정된 신호 세기가 서버에 저장된 값과 가장 가까운 비콘의 위치가 단말기의 위치가 된다.
④ 비콘을 이동하여 설치하면 정확한 위치 측정을 위해 데이터 베이스를 갱신할 필요가 있다.
⑤ 위치 지도는 측정 공간 안의 특정 위치에서 수신된 신호 세기와 식별 번호 등을 데이터베이스에 기록해 놓은 것이다.

41. <보기>는 단말기가 3개의 비콘 신호를 받은 상태를 도식화한 것이다. 윗글을 바탕으로 <보기>를 이해한 내용으로 적절한 것은? [3점]

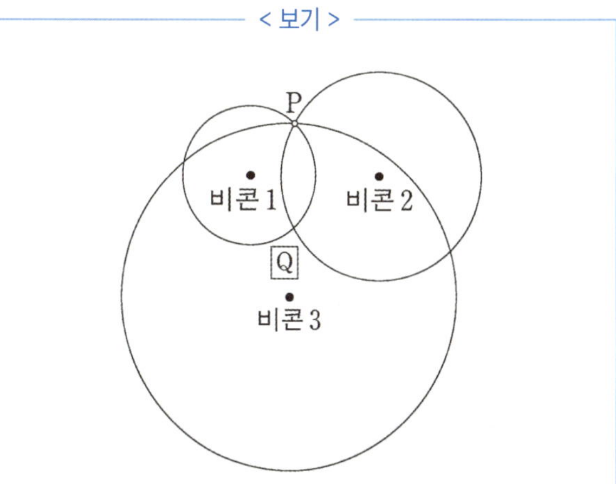

* 각 원의 반지름은 신호 세기로 환산한 비콘과 단말기 사이의 거리이다.
* 신호 세기에 영향을 미치는 장애물이 Q의 위치에 있다. (단, 세 원에 공통으로 속한 영역이 항상 존재한다고 가정하며, 신호 세기에 영향을 미치는 다른 요소는 고려하지 않음.)

① 근접성 기법과 삼변측량 기법으로 측정한 단말기의 위치는 동일하겠군.
② 측정된 신호 세기를 약한 것부터 나열하면 비콘 1, 비콘 2, 비콘 3의 신호 순이겠군.
③ 실제 단말기의 위치는 삼변측량 기법으로 측정된 위치에 비해 비콘 3에 더 가까이 있겠군.
④ Q의 위치에 있는 장애물이 제거된다면, 삼변측량 기법으로 측정되는 단말기의 위치는 현재 측정된 위치에서 P 방향으로 이동하겠군.
⑤ 단말기에서 측정되는 비콘 2의 신호 세기만 약해진다면, 삼변측량 기법으로 측정되는 단말기의 위치는 현재 측정된 위치에서 비콘 2 방향으로 이동하겠군.

다음 글을 읽고 물음에 답하시오.

일반 사용자가 디지털 카메라를 들고 촬영하면 손의 미세한 떨림으로 인해 영상이 번져 흐려지고, 걷거나 뛰면서 촬영하면 식별하기 힘들 정도로 영상이 흔들리게 된다. 흔들림에 의한 영향을 최소화하는 기술이 영상 안정화 기술이다.

영상 안정화 기술에는 빛을 이용하는 광학적 기술과 소프트웨어를 이용하는 디지털 기술 등이 있다. 광학 영상 안정화(OIS) 기술을 사용하는 카메라 모듈은 렌즈 모듈, 이미지 센서, 자이로 센서, 제어 장치, 렌즈를 움직이는 장치로 구성되어 있다. 렌즈 모듈은 보정용 렌즈들을 포함한 여러 개의 렌즈들로 구성된다. 일반적으로 카메라는 렌즈를 통해 들어온 빛이 이미지 센서에 닿아 피사체의 상이 맺히고, 피사체의 한 점에 해당하는 위치인 화소마다 빛의 세기에 비례하여 발생한 전기 신호가 저장 매체에 영상으로 저장된다. 그런데 카메라가 흔들리면 이미지 센서 각각의 화소에 닿는 빛의 세기가 변한다. 이때 OIS 기술이 작동되면 자이로 센서가 카메라의 움직임을 감지하여 방향과 속도를 제어 장치에 전달한다. 제어 장치가 렌즈를 이동시키면 피사체의 상이 유지되면서 영상이 안정된다.

렌즈를 움직이는 방법 중에는 보이스코일 모터를 이용하는 방법이 많이 쓰인다. 보이스코일 모터를 포함한 카메라 모듈은 중앙에 위치한 렌즈 주위에 코일과 자석이 배치되어 있다. 카메라가 흔들리면 제어 장치에 의해 코일에 전류가 흘러서 자기장과 전류의 직각 방향으로 전류의 크기에 비례하는 힘이 발생한다. 이 힘이 렌즈를 이동시켜 흔들림에 의한 영향이 상쇄되고 피사체의 상이 유지된다. 이외에도 카메라가 흔들릴 때 이미지 센서를 움직여 흔들림을 감쇄하는 방식도 이용된다.

OIS 기술이 손 떨림을 훌륭하게 보정해 줄 수는 있지만 렌즈의 이동 범위에 한계가 있어 보정할 수 있는 움직임의 폭이 좁다. 디지털 영상 안정화(DIS) 기술은 촬영 후에 소프트웨어를 사용해 흔들림을 보정하는 기술로 역동적인 상황에서 촬영한 동영상에 적용할 때 좋은 결과를 얻을 수 있다. 이 기술은 촬영된 동영상을 프레임 단

위로 나눈 후 연속된 프레임 간 피사체의 움직임을 추정한다. 움직임을 추정하는 한 방법은 특징점을 이용하는 것이다. 특징점으로는 피사체의 모서리처럼 주위와 밝기가 뚜렷이 구별되며 영상이 이동하거나 회전해도 그 밝기 차이가 유지되는 부분이 선택된다.

먼저 k번째 프레임에서 특징점들을 찾고, 다음 k+1번째 프레임에서 같은 특징점들을 찾는다. 이 두 프레임 사이에서 같은 특징점이 얼마나 이동하였는지 계산하여 영상의 움직임을 추정한다. 그리고 흔들림이 발생한 곳으로 추정되는 프레임에서 위치 차이만큼 보정하여 흔들림의 영향을 줄이면 보정된 동영상은 움직임이 부드러워진다. 그러나 특징점의 수가 늘어날수록 연산이 더 오래 걸린다. 한편 영상을 보정하는 과정에서 영상을 회전하면 프레임에서 비어 있는 공간이 나타난다. 비어 있는 부분이 없도록 잘라내면 프레임들의 크기가 작아지는데, 원래의 프레임 크기를 유지하려면 화질은 떨어진다.

25. 윗글을 이해한 내용으로 적절하지 <u>않은</u> 것은?

① 디지털 영상 안정화 기술은 소프트웨어를 이용하여 이미지 센서를 이동시킨다.
② 광학 영상 안정화 기술을 사용하지 않는 디지털 카메라에도 이미지 센서는 필요하다.
③ 연속된 프레임에서 동일한 피사체의 위치 차이가 작을수록 동영상의 움직임이 부드러워진다.
④ 디지털 카메라의 저장 매체에는 이미지 센서 각각의 화소에서 발생하는 전기 신호가 영상으로 저장된다.
⑤ 보정 기능이 없다면 손 떨림이 있을 때 이미지 센서 각각의 화소에 닿는 빛의 세기가 변하여 영상이 흐려진다.

26. 윗글의 'OIS 기술'에 대한 설명으로 적절하지 <u>않은</u> 것은?

① 보이스코일 모터는 카메라 모듈에 포함되는 장치이다.
② 자이로 센서는 이미지 센서에 맺히는 영상을 제어 장치로 전달한다.
③ 보이스코일 모터에 흐르는 전류에 의해 발생한 힘으로 렌즈의 위치를 조정한다.
④ 자이로 센서가 카메라 움직임을 정확히 알려도 렌즈 이동의 범위에는 한계가 있다.
⑤ 흔들림에 의해 피사체의 상이 이동하면 원래의 위치로 돌아오도록 렌즈나 이미지 센서를 이동시킨다.

27. 윗글을 참고할 때, <보기>의 A~C에 들어갈 말을 바르게 짝지은 것은?

─ < 보기 > ─

특징점으로 선택되는 점들과 주위 점들의 밝기 차이가 (A), 영상이 흔들리기 전의 밝기 차이와 후의 밝기 차이 변화가 (B) 특징점의 위치 추정이 유리하다. 그리고 특징점들이 많을수록 보정에 필요한 (C)이/가 늘어난다.

① A: 클수록   B: 클수록   C: 프레임의 수
② A: 클수록   B: 작을수록   C: 시간
③ A: 클수록   B: 작을수록   C: 프레임의 수
④ A: 작을수록   B: 클수록   C: 시간
⑤ A: 작을수록   B: 작을수록   C: 프레임의 수

28. 윗글을 읽고 <보기>를 이해한 반응으로 가장 적절한 것은? [3점]

─ < 보기 > ─

새로 산 카메라의 성능을 시험해 보고 싶어서 OIS 기능을 켜고 동영상을 촬영했다. 빌딩을 찍는 순간, 바람에 휘청하여 들고 있던 카메라가 기울어졌다. 집에 돌아와 촬영된 영상을 확인하고 소프트웨어로 보정하려 한다.

〔촬영한 동영상 중 연속된 프레임〕

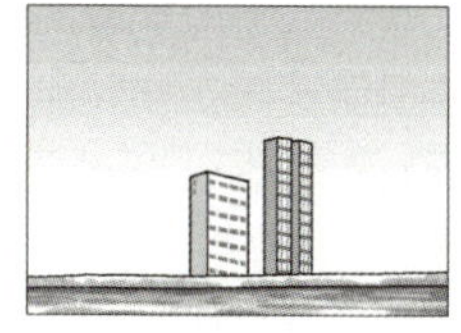 

㉠ k 번째 프레임   ㉡ k+1 번째 프레임

① ㉠에서 프레임의 모서리 부분으로 특징점을 선택하는 것이 움직임을 추정하는 데 유리하겠군.
② ㉡을 DIS 기능으로 보정하고 나서 프레임 크기가 변했다면 흔들림은 보정되었으나 원래의 영상 일부가 손실되었겠군.
③ ㉠에서 빌딩 모서리들 간의 차이를 특징점으로 선택하고 그 차이를 계산하여 ㉡을 보정하겠군.
④ ㉠은 OIS 기능으로 손 떨림을 보정한 프레임이지만, ㉡은 OIS 기능으로 보정해야 할 프레임이겠군.
⑤ ㉡을 보면 ㉠이 촬영된 직후 카메라가 크게 움직여 DIS 기능으로는 완전히 보정되지 않았다는 것을 알 수 있겠군.

다음 글을 읽고 물음에 답하시오.

최근의 3D 애니메이션은 섬세한 입체 영상을 구현하여 실물을 촬영한 것 같은 느낌을 준다. 실물을 촬영하여 얻은 자연 영상을 그대로 화면에 표시할 때와 달리 3D 합성 영상을 생성, 출력하기 위해서는 모델링과 렌더링을 거쳐야 한다.

모델링 은 3차원 가상 공간에서 물체의 모양과 크기, 공간적인 위치, 표면 특성 등과 관련된 고유의 값을 설정하거나 수정하는 단계이다. 모양과 크기를 설정할 때 주로 3개의 정점으로 형성되는 삼각형을 활용한다. 작은 삼각형의 조합으로 이루어진 그물과 같은 형태로 물체 표면을 표현하는 방식이다. 이 방법으로 복잡한 굴곡이 있는 표면도 정밀하게 표현할 수 있다. 이때 삼각형의 꼭짓점들은 물체의 모양과 크기를 결정하는 정점이 되는데, 이 정점들의 개수는 물체가 변형되어도 변하지 않으며, 정점들의 상대적 위치는 물체 고유의 모양이 변하지 않는 한 달라지지 않는다. 물체가 커지거나 작아지는 경우에는 정점 사이의 간격이 넓어지거나 좁아지고, 물체가 회전하거나 이동하는 경우에는 정점들이 간격을 유지하면서 회전축을 중심으로 회전하거나 동일 방향으로 동일 거리만큼 이동한다. 물체 표면을 구성하는 각 삼각형 면에는 고유의 색과 질감 등을 나타내는 표면 특성이 하나씩 지정된다.

공간에서의 입체에 대한 정보인 이 데이터를 활용하여, 물체를 어디에서 바라보는가를 나타내는 관찰 시점을 기준으로 2차원의 화면을 생성하는 것이 렌더링이다. 전체 화면을 잘게 나눈 점이 화소인데, 정해진 개수의 화소로 화면을 표시하고 각 화소별로 밝기나 색상 등을 나타내는 화솟값이 부여된다. 렌더링 단계에서는 화면 안에서 동일 물체라도 멀리 있는 경우는 작게, 가까이 있는 경우는 크게 보이는 원리를 활용하여 화솟값을 지정함으로써 물체의 원근감을 구현한다. 표면 특성을 나타내는 값을 바탕으로, 다른 물체에 가려짐이나 조명에 의해 물체 표면에 생기는 명암, 그림자 등을 고려하여 화솟값을 정해 줌으로써 물체의 입체감을 구현한다. 화면을 구성하는 모든 화소의 화솟값이 결정되면 하나의 프레임이 생성된다. 이를 화면출력장치를 통해 모니터에 표시하면 정지 영상이 완성된다.

모델링과 렌더링을 반복하여 생성된 프레임들을 순서대로 표시하면 동영상이 된다. 프레임을 생성할 때, 모델링과 관련된 계산을 완료한 후 그 결과를 이용하여 렌더링을 위한 계산을 한다. 이때 정점의 개수가 많을수록, 해상도가 높아 출력 화소의 수가 많을수록 연산 양이 많아져 연산 시간이 길어진다. 컴퓨터의 중앙 처리장치(CPU)는 데이터 연산을 하나씩 순서대로 수행하기 때문에 과도한 양의 데이터가 집중되면 미처 연산되지 못한 데이터가 차례를 기다리는 병목 현상이 생겨 프레임이 완성되는 데 오랜 시간이 걸린다. CPU의 그래픽 처리 능력을 보완하기 위해 개발된 ㉠ 그래픽처리장치(GPU)는 연산을 비롯한 데이터 처리를 독립적으로 수행할 수 있는 장치인 코어를 수백에서 수천 개씩 탑재하고 있다. GPU의 각 코어는 그래픽 연산에 특화된 연산만을 할 수 있고 CPU의 코어에 비해서 저속으로 연산한다. 하지만 GPU는 동일한 연산을 여러 번 수행해야 하는 경우, 고속으로 출력 영상을 생성할 수 있다. 왜냐하면 GPU는 한 번의 연산에 쓰이는 데이터들을 순차적으로 각 코어에 전송한 후, 전체 코어에 하나의 연산 명령어를 전달하면, 각 코어는 모든 데이터를 동시에 연산하여 연산 시간이 짧아지기 때문이다.

34. 윗글에 대한 이해로 적절하지 않은 것은?

① 자연 영상은 모델링과 렌더링 단계를 거치지 않고 생성된다.
② 렌더링에서 사용되는 물체 고유의 표면 특성은 화솟값에 의해 결정된다.
③ 물체의 원근감과 입체감은 관찰 시점을 기준으로 구현한다.
④ 3D 영상을 재현하는 화면의 해상도가 높을수록 연산 양이 많아진다.
⑤ 병목 현상은 연산할 데이터의 양이 처리 능력을 초과할 때 발생한다.

35. 모델링 에 대한 설명으로 가장 적절한 것은?

① 다른 물체에 가려져 보이지 않는 부분에 있는 삼각형의
정점들의 위치는 계산하지 않는다.
② 삼각형들을 조합함으로써 물체의 복잡한 곡면을 정교하
게 표현할 수 있다.
③ 하나의 작은 삼각형에 다양한 색상의 표면 특성들을 함
께 부여한다.
④ 공간상에 위치한 정점들을 2차원 평면에 존재하도록 배
치한다.
⑤ 다양하게 변할 수 있는 관찰 시점을 순차적으로 저장한다.

36. ㉠에 대한 추론으로 적절한 것은?

① 동일한 개수의 정점 위치를 연산할 때, 동시에 연산을
수행하는 코어의 개수가 많아지면 총 연산 시간이 길어
진다.
② 정점의 위치를 구하기 위한 10개의 연산을 10개의 코어에
서 동시에 진행하려면, 10개의 연산 명령어가 필요하다.
③ 1개의 코어만 작동할 때, 정점의 위치를 구하기 위한 연
산 시간은 1개의 코어를 가진 CPU의 연산 시간과 같다.
④ 정점 위치를 구하기 위한 각 데이터의 연산을 하나씩 순
서대로 처리해야 한다면, 다수의 코어가 작동하는 경우
총 연산 시간은 1개의 코어만 작동하는 경우의 총 연산
시간과 같다.
⑤ 정점 위치를 구하기 위해 연산해야 할 10개의 데이터를
10개의 코어에서 처리할 경우, 모든 데이터를 모든 코어
에 전송하는 시간은 1개의 데이터를 1개의 코어에 전송
하는 시간과 같다.

37. 다음은 3D 애니메이션 제작을 위한 계획의 일부이
다. 윗글을 바탕으로 할 때 적절하지 않은 것은? [3점]

	〔장면 구상〕	〔장면 스케치〕
장면 1	주인공 '네모'가 얼굴을 정면으로 향한 채 입에 아직 불지 않은 풍선을 물고 있다.	
장면 2	'네모'가 바람을 불어 넣어 풍선이 점점 커진다.	
장면 3	풍선이 더 이상 커지지 않고 모양을 유지한 채, '네모'는 풍선과 함께 하늘로 날아올라 점점 멀어지는 모습이 보인다.	

① 장면 1의 렌더링 단계에서 풍선에 가려 보이지 않는 입
부분의 삼각형들의 표면 특성은 화솟값을 구하는 데 사
용되지 않겠군.
② 장면 2의 모델링 단계에서 풍선에 있는 정점의 개수는
유지되겠군.
③ 장면 2의 모델링 단계에서 풍선에 있는 정점 사이의 거
리가 멀어지겠군.
④ 장면 3의 모델링 단계에서 풍선에 있는 정점들이 이루는
삼각형들이 작아지겠군.
⑤ 장면 3의 렌더링 단계에서 전체 화면에서 화솟값이 부여
되는 화소의 개수는 변하지 않겠군.

다음 글을 읽고 물음에 답하시오.

'메타버스(metaverse)'는 '초월'이라는 의미의 '메타(meta)'와 '세계'를 뜻하는 '유니버스(universe)'의 합성어로, 현실 세계와 가상 공간이 적극적으로 상호 작용하는 공간을 의미한다. 감각 전달 장치는 메타버스 속에서 사용자를 대신하는 아바타가 보고 만지는 것으로 설정된 감각을 사용자에게 전달하는 장치이다. 사용자는 이를 통하여 가상 공간을 현실감 있게 체험하면서 메타버스에 몰입하게 된다.

시각을 전달하는 장치인 HMD*는 사용자의 양쪽 눈에 가상 공간을 표현하는, 시차*가 있는 영상을 전달한다. 전달된 영상을 뇌에서 조합하는 과정에서 사용자는 공간과 물체의 입체감을 느낄 수 있다. 가상 공간에서 물체를 접촉하는 것처럼 사용자의 손에 감각 반응을 직접 전달하는 장치로는 가상 현실 장갑이 있다. 가상 현실 장갑은 가상 공간에서 아바타가 만지는 가상 물체의 크기, 형태, 온도 등을 사용자가 느낄 수 있도록 설계되어 있다. 이외에도 가상 현실 장갑은 사용자의 손가락 및 팔의 움직임에 따라 아바타를 움직이게 할 수 있다.

한편 사용자의 움직임을 아바타에게 전달하는 공간 이동 장치를 이용하면, 사용자는 몰입도 높은 메타버스 체험을 할 수 있다. 공간 이동 장치인 가상 현실 트레드밀은 일정한 공간에 설치되어 360도 방향으로 사용자의 이동이 가능하도록 바닥의 움직임을 지원한다.

[A] 가상 현실 트레드밀과 함께 사용되는 모션 트래킹 시스템은 사용자의 동작에 따라 아바타가 동일하게 움직일 수 있도록 동기화하는 시스템으로, 동작 추적 센서, 관성 측정 센서, 압력 센서 등으로 구성된다. 동작 추적 센서는 사용자의 동작을 파악하며, 관성 측정 센서는 사용자의 이동 속도 변화율 및 회전 속도를 측정한다. 압력 센서는 서로 다른 물체 간에 작용하는 압력을 측정한다. 만약 바닥에 압력 센서가 부착된 신발을 사용자가 신고 뛰면, 압력 센서는 지면과 발바닥 사이의 압력을 감지하여 사용자가 뛰는 힘을 파악할 수 있다. 모션 트래킹 시스템이 사용자의 동작 정보를 컴퓨터에 전달하면, 컴퓨터는 사용자가

움직이는 방향과 속도에 ⓐ 맞춰 트레드밀의 바닥을 제어한다. 이와 같이 사용자의 이동 동작에 따라 트레드밀의 움직임이 변경되기도 하지만, 아바타가 존재하는 가상 공간의 환경 변화에 따라 트레드밀 바닥의 진행 속도 및 방향, 기울기 등이 변경되기도 한다. 또한 사용자의 움직임이나 트레드밀의 작동 변화에 따라 HMD에 표시되는 가상 공간의 장면이 변경되어 사용자는 더욱 현실감 높은 체험을 할 수 있다.

* HMD: 머리에 쓰는 3D 디스플레이의 한 종류.
* 시차: 한 물체를 서로 다른 두 지점에서 보았을 때 방향의 차이.

14. 윗글의 내용과 일치하지 <u>않는</u> 것은?

① 감각 전달 장치와 공간 이동 장치는 사용자가 메타버스에 몰입할 수 있게 한다.
② 공간 이동 장치는 현실 세계 사용자의 움직임을 메타버스의 아바타에게 전달한다.
③ HMD는 사용자가 시각을 통해 메타버스의 공간과 물체의 입체감을 느끼도록 한다.
④ 감각 전달 장치는 아바타가 느끼는 것으로 설정된 감각을 사용자에게 전달하는 장치이다.
⑤ 가상 현실 장갑을 착용하면 사용자와 아바타는 상호 간에 감각 반응을 주고받을 수 있다.

15. [A]에 대한 이해로 적절한 것은?

① 관성 측정 센서는 사용자의 이동 속도와 뛰는 힘을 측정할 수 있다.
② HMD에 표시되는 가상 공간 장면의 변경에 따라 HMD는 가상 현실 트레드밀을 제어한다.
③ 가상 공간에서 아바타가 경사로를 만나면 가상 현실 트레드밀 바닥의 기울기가 변경될 수 있다.
④ 모션 트래킹 시스템은 아바타의 동작에 따라 사용자가 동일하게 움직일 수 있도록 동기화한다.
⑤ 아바타가 이동 방향을 바꾸면 가상 현실 트레드밀 바닥의 진행 방향이 변경되어 사용자의 이동 방향이 바뀌게 된다.

① 키넥트 센서는 가상 공간에 있는 물체들 간의 거리를 측정하여 입체감을 구현할 수 있다.
② 키넥트 센서가 확보한, 사용자의 춤추는 동작 정보를 바탕으로 아바타의 춤추는 동작이 구현될 수 있다.
③ 키넥트 센서와 관성 측정 센서를 이용하여 사용자의 걷는 자세 및 이동 속도 변화율을 파악할 수 있다.
④ 연결점의 수와 위치의 제약 때문에 사용자의 골격 이미지로는 사용자의 얼굴 표정 변화를 아바타에게 전달할 수 없다.
⑤ 적외선 카메라의 입체 이미지와 RGB 카메라의 컬러 이미지 정보로부터 생성된 골격 이미지가 사용자의 동작 정보를 파악하는 데 사용된다.

16. 윗글을 바탕으로 <보기>를 이해한 내용으로 적절하지 <u>않은</u> 것은? [3점]

> ─── < 보 기 > ───
>
> 
>
>
> 동작 추적 센서의 하나인 키넥트 센서는 적외선 카메라와 RGB 카메라 등으로 구성된다. 적외선 카메라는 광원에서 발산된 적외선이 피사체의 표면에서 반사되어 수신되기까지 걸리는 시간을 측정하여, 피사체의 입체 정보를 포함하는 저해상도 단색 이미지를 제공한다. 반면 RGB 카메라는 피사체의 고해상도 컬러 이미지를 제공한다.
>
> 키넥트 센서는 저해상도 입체 이미지를 고해상도 컬러 이미지에 투영하여 사용자가 검출되는 경우, <그림>과 같이 신체 부위에 대응되는 25개의 연결점을 선으로 이은 3D 골격 이미지를 제공한다.

17. 문맥상 의미가 ⓐ와 가장 가까운 것은?

① 그 연주자는 피아노를 언니의 노래에 정확히 맞추어 쳤다.
② 아내는 집 안에 있는 물건들의 색깔을 조화롭게 맞추었다.
③ 우리는 다음 주까지 손발을 맞추어 작업을 마치기로 했다.
④ 그 동아리는 신입 회원을 한 명 더 뽑아 인원을 맞추었다.
⑤ 동생은 중간고사를 보고 나서 친구와 답을 맞추어 보았다.

다음 글을 읽고 물음에 답하시오.

주차하거나 좁은 길을 지날 때 운전자를 돕는 장치들이 있다. 이 중 차량 전후좌우에 장착된 카메라로 촬영한 영상을 이용하여 차량 주위 360°의 상황을 위에서 내려다본 것 같은 영상을 만들어 차 안의 모니터를 통해 운전자에게 제공하는 장치가 있다. 운전자에게 제공되는 영상이 어떻게 만들어지는지 알아보자.

먼저 차량 주위 바닥에 바둑판 모양의 격자판을 펴 놓고 카메라로 촬영한다. 이 장치에서 사용하는 광각 카메라는 큰 시야각을 갖고 있어 사각지대가 줄지만 빛이 렌즈를 ⓐ 지날 때 렌즈 고유의 곡률로 인해 영상이 중심부는 볼록하고 중심부에서 멀수록 더 휘어지는 현상, 즉 렌즈에 의한 상의 왜곡이 발생한다. 이 왜곡에 영향을 주는 카메라 자체의 특징을 내부 변수라고 하며 왜곡 계수로 나타낸다. 이를 알 수 있다면 왜곡 모델을 설정하여 왜곡을 보정할 수 있다. 한편 차량에 장착된 카메라의 기울어짐 등으로 인해 발생하는 왜곡의 원인을 외부 변수라고 한다. ㉠ 촬영된 영상과 실세계 격자판을 비교하면 영상에서 격자판이 회전한 각도나 격자판의 위치 변화를 통해 카메라의 기울어진 각도 등을 알 수 있으므로 왜곡을 보정할 수 있다.

왜곡 보정이 끝나면 영상의 점들에 대응하는 3차원 실세계의 점들을 추정하여 이로부터 원근 효과가 제거된 영상을 얻는 시점 변환이 필요하다. 카메라가 3차원 실세계를 2차원 영상으로 투영하면 크기가 동일한 물체라도 카메라로부터 멀리 있을수록 더 작게 나타나는데, 위에서 내려다보는 시점의 영상에서는 거리에 따른 물체의 크기 변화가 없어야 하기 때문이다.

㉡ 왜곡이 보정된 영상에서의 몇 개의 점과 그에 대응하는 실세계 격자판의 점들의 위치를 알고 있다면, 영상의 모든 점들과 격자판의 점들 간의 대응 관계를 가상의 좌표계를 이용하여 기술할 수 있다. 이 대응 관계를 이용해서 영상의 점들을 격자의 모양과 격자 간의 상대적인 크기가 실세계에서와 동일하게 유지되도록 한 평면에 놓으면 2차원 영상으로 나타난다. 이때 얻은 영상이 ㉢ 위에서 내려다보는 시점의 영상이 된다. 이와 같은 방법으로 구한 각 방향의 영상을 합성하면 차량 주위를 위에서 내려다본 것 같은 영상이 만들어진다.

14. 윗글의 내용과 일치하는 것은?

① 차량 주위를 위에서 내려다본 것 같은 영상은 360°를 촬영하는 카메라 하나를 이용하여 만들어진다.
② 외부 변수로 인한 왜곡은 카메라 자체의 특징을 알 수 있으면 쉽게 해결할 수 있다.
③ 차량의 전후좌우 카메라에서 촬영된 영상을 하나의 영상으로 합성한 후 왜곡을 보정한다.
④ 영상이 중심부로부터 멀수록 크게 휘는 것은 왜곡 모델을 설정하여 보정할 수 있다.
⑤ 위에서 내려다보는 시점의 영상에 있는 점들은 카메라 시점의 영상과는 달리 3차원 좌표로 표시된다.

15. ㉠~㉢을 이해한 내용으로 가장 적절한 것은?

① ㉠에서 광각 카메라를 이용하여 확보한 시야각은 ㉡에서는 작아지겠군.
② ㉡에서는 ㉠과 마찬가지로 렌즈와 격자판 사이의 거리가 멀어질수록 격자판이 작아 보이겠군.
③ ㉡에서는 ㉠에서 렌즈와 격자판 사이의 거리에 따른 렌즈의 곡률 변화로 생긴 휘어짐이 보정되었겠군.
④ ㉡과 실세계 격자판을 비교하여 격자판의 위치 변화를 보정한 ㉢은 카메라의 기울어짐에 의한 왜곡을 바로잡은 것이겠군.
⑤ ㉡에서 렌즈에 의한 상의 왜곡 때문에 격자판의 윗부분으로 갈수록 격자 크기가 더 작아 보이던 것이 ㉢에서 보정되었겠군.

16. 윗글을 바탕으로 <보기>를 탐구한 내용으로 가장 적절한 것은? [3점]

< 보기 >

그림은 장치 가 장착된 차량의 운전자에게 제공된 영상에서 전방 부분만 보여 준 것이다. 차량 전방의 바닥에 그려진 네 개의 도형이 영상에서 각각 A, B, C, D로 나타나 있고, C와 D는 직사각형이고 크기는 같다. p와 q는 각각 영상 속 임의의 한 점이다.

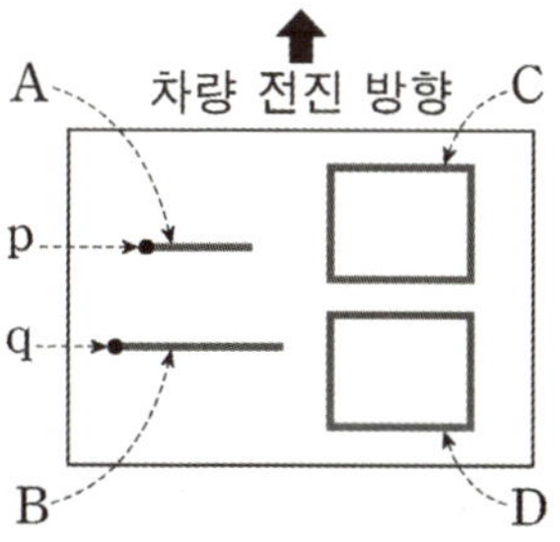

① 원근 효과가 제거되기 전의 영상에서 C는 윗변이 아랫변보다 긴 사다리꼴 모양이다.

② 시점 변환 전의 영상에서 D는 C보다 더 작은 크기로 영상의 더 아래쪽에 위치한다.

③ A와 B는 p와 q 간의 대응 관계를 이용하여 바닥에 그려진 도형을 크기가 유지되도록 한 평면에 놓은 것이다.

④ B에 대한 A의 상대적 크기는 가상의 좌표계를 이용하여 시점을 변환하기 전의 영상에서보다 더 커진 것이다.

⑤ p가 A 위의 한 점이라면 A는 p에 대응하는 실세계의 점이 시점 변환을 통해 선으로 나타난 것이다.

17. 문맥상 ⓐ의 의미와 가장 가까운 것은?

① 그때 동생이 탄 버스는 교차로를 지나고 있었다.

② 그것은 슬픈 감정을 지나서 아픔으로 남아 있다.

③ 어느새 정오가 훌쩍 지나 식사할 시간이 되었다.

④ 물의 온도가 어는점을 지나 계속 내려가고 있다.

⑤ 가장 힘든 고비를 지나고 나니 마음이 가뿐하다.

다음 글을 읽고 물음에 답하시오.

인터넷 검색 엔진은 검색어를 포함하는 웹 페이지를 찾아 화면에 보여 준다. 웹 페이지가 화면에 나타나는 순서를 정하기 위해 검색 엔진은 수백 개가 ⓐ 넘는 항목을 고려한 다양한 방식을 사용한다. 대표적인 항목으로 중요도와 적합도가 있다.

검색 엔진은 빠른 시간 내에 검색 결과를 보여 주기 위해 웹 페이지들의 데이터를 수집하여 인덱스를 미리 작성해 놓는다. 인덱스란 단어를 알파벳순으로 정리한 목록으로, 여기에는 각 단어가 등장하는 웹 페이지와 단어의 빈도수 등이 저장된다. 이때 각 웹 페이지의 중요도가 함께 기록된다.

㉠ 중요도는 웹 페이지의 중요성을 값으로 나타낸 것으로 링크 분석 기법으로 측정할 수 있다. 기본적인 링크 분석 기법에서 웹 페이지 A의 값은 A를 링크한 각 웹 페이지들로부터 받는 값의 합이다. 이렇게 받은 A의 값은 A가 링크한 다른 웹 페이지들에 균등하게 나눠진다. 즉 A의 값이 4이고 A가 두 개의 링크를 통해 다른 웹 페이지로 연결된다면, A의 값은 유지되면서 두 웹 페이지에는 각각 2가 보내진다.

하지만 두 웹 페이지가 실제로 받는 값은 2에 댐핑 인자를 곱한 값이다. 댐핑 인자는 사용자들이 웹 페이지를 읽다가 링크를 통해 다른 웹 페이지로 이동하지 않는 비율을 반영한 값으로 1 미만의 값을 가진다. 댐핑 인자는 모든 링크에 동일하게 적용된다. 가령 그 비율이 20%이면 댐핑 인자는 0.8이고 두 웹 페이지는 A로부터 각각 1.6을 받는다. 웹 페이지로 연결된 링크를 통해 받는 값을 모두 반영했을 때의 값이 각 웹 페이지의 중요도이다. 웹 페이지들을 연결하는 링크들은 변할 수 있기 때문에 검색 엔진은 주기적으로 웹 페이지의 중요도를 갱신한다.

사용자가 검색어를 입력하면 검색 엔진은 인덱스에서 검색어에 적합한 웹 페이지를 찾는다. ㉡ 적합도는 단어의 빈도, 단어가 포함된 웹 페이지의 수, 웹 페이지의 글자 수를 반영한 식을 통해 값이 정해진다. 해당 검색어가 많이 나올수록, 그 검색어를 포함하는 다른 웹 페이지의 수가 적을수록, 현재 웹 페이지의 글자 수가 전체 웹 페이지의 평균 글자 수에 비해 적을수록 적합도가 높아진다. 검색 엔진은 중요도와 적합도, 기타 항목들을 적절한 비율로 합산하여 화면에 나열되는 웹 페이지의 순서를 결정한다.

14. 윗글을 통해 알 수 있는 내용으로 가장 적절한 것은?

① 인덱스는 사용자가 검색어를 입력한 직후에 작성된다.

② 사용자가 링크를 따라 다른 웹 페이지로 이동하는 비율이 높을수록 댐핑 인자가 커진다.

③ 링크 분석 기법은 웹 페이지 사이의 링크를 분석하여 웹 페이지의 적합도를 값으로 나타낸다.

④ 웹 페이지의 중요도는 다른 웹 페이지에서 받는 값과 다른 웹 페이지에 나눠 주는 값의 합이다.

⑤ 사용자가 검색어를 입력하면 검색 엔진은 검색한 결과를 인덱스에 정렬된 순서대로 화면에 나타낸다.

15. ㉠, ㉡을 고려하여 검색 결과에서 웹 페이지의 순위를 높이기 위한 방안으로 가장 적절한 것은?

① 화제가 되고 있는 검색어들을 웹 페이지에 최대한 많이 나열하여 ㉠을 높인다.

② 사람들이 많이 접속하는 유명 검색 사이트로 연결하는 링크를 웹 페이지에 많이 포함시켜 ㉠을 높인다.

③ 알파벳순으로 앞 순서에 있는 단어들을 웹 페이지 첫 부분에 많이 포함시켜 ㉡을 높인다.

④ 다른 많은 웹 페이지들이 링크하도록 웹 페이지에서 여러 주제를 다루고 전체 글자 수를 많게 하여 ㉡을 높인다.

⑤ 다른 웹 페이지에서 흔히 다루지 않는 주제를 간략하게 설명하되 주제와 관련된 단어를 자주 사용하여 ㉡을 높인다.

16. <보기>는 웹 페이지들의 관계를 도식화한 것이다. 윗글을 바탕으로 <보기>를 이해한 내용으로 적절한 것은? [3점]

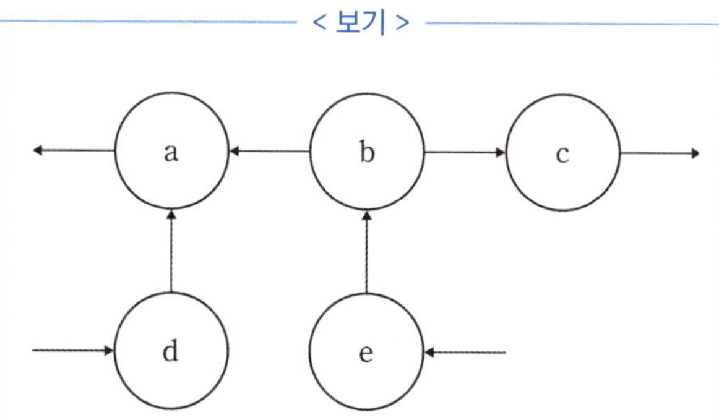

원은 웹 페이지이고, 화살표는 웹 페이지에서 링크를 통해 화살표 방향의 다른 웹 페이지로 연결됨을 뜻한다. 댐핑 인자는 0.5이고, d와 e의 중요도는 16으로 고정된 값이다.

　(단, 링크와 댐핑 인자 외에 웹 페이지의 중요도에 영향을 주는 다른 요소는 고려하지 않음.)

① a의 중요도는 16이다.
② a가 b와 d로부터 각각 받는 값은 같다.
③ b에서 a로의 링크가 끊어지면 b와 c의 중요도는 같다.
④ e에서 a로의 링크가 추가되면 b의 중요도는 6이다.
⑤ e에서 c로의 링크가 추가되면 c의 중요도는 5이다.

17. 문맥상 ⓐ의 의미와 가장 가까운 것은?

① 공부를 하다 보니 시간은 자정이 넘었다.
② 그들은 큰 산을 넘어서 마을에 도착했다.
③ 철새들이 국경선을 넘어서 훨훨 날아갔다.
④ 선수들은 가까스로 어려운 고비를 넘었다.
⑤ 갑자기 냄비에서 물이 넘어서 좀 당황했다.

다음 글을 읽고 물음에 답하시오.

저울은 흔히 지렛대의 원리를 이용하거나 전기 저항 변화를 측정하여 질량을 잰다. 그렇다면 초정밀 저울은 기체 분자나 DNA와 같은 미세 물질의 질량을 어떻게 잴까? 이에 답하기 위해서는 압전 효과에 대한 이해가 필요하다.

압전 효과에는 재료에 기계적 변형이 생기면 재료에 전압이 발생하는 1차 압전 효과와, 재료에 전압을 걸면 재료에 기계적 변형이 생기는 2차 압전 효과가 있다. 두 압전 효과가 모두 생기는 재료를 압전체라 하며, 수정이 주로 쓰인다.

압전체로 사용하는 수정은 특정 방향으로 절단 및 가공하여 납작한 원판 모양으로 만든다. 이후 원판의 양면에 전극을 만든 후 (+)와 (-) 극이 교대로 바뀌는 전압을 가하면 수정이 진동한다. 이때 전압의 주파수*를 수정의 고유 주파수와 일치시켜 수정이 큰 폭으로 진동하도록 하여 진동을 측정하기 쉽게 만든 것이 ㉠ 수정 진동자이다. 고유 주파수란 어떤 물체가 갖는 고유한 진동 주파수인데, 같은 재료의 압전체라도 압전체의 모양과 크기에 따라 달라진다. 수정 진동자에 어떤 물질이 달라붙어 질량이 증가하면 고유 주파수에서 진동하던 수정 진동자의 주파수가 감소한다. 수정 진동자의 주파수는 매우 작은 질량 변화에 민감하게 변하므로 기체 분자나 DNA와 같은 미세한 물질의 질량을 측정할 수 있다. 진동자에서 질량 민감도는 주파수의 변화 정도를 측정된 질량으로 나눈 값인데, 수정 진동자의 질량 민감도는 매우 크다.

수정 진동자로 질량을 측정하는 원리를 응용하면 특정 기체의 농도를 감지할 수 있다. 수정 진동자를 특정 기체가 붙도록 처리하면, 여기에 특정 기체가 달라붙으며 질량 변화가 생겨 수정 진동자의 주파수는 감소한다. 일정 시점이 되면 수정 진동자의 주파수가 더 감소하지 않고 일정한 값을 유지한다. 이렇게 일정한 값을 유지하는 이유는 특정 기체가 일정량 이상 달라붙지 않기 때문이다. 혼합 기체에서 특정 기체의 농도가 클수록 더 작은 주파수에서 주파수가 일정하게 유지된다. 특정 기체가 얼마나 빨리 수정 진동자에 붙어서 주파수가 일정한 값이 되

는가의 척도를 반응 시간이라 하는데, 반응 시간이 짧을수록 특정 기체의 농도를 더 빨리 잴 수 있다.

그런데 측정 대상이 아닌 기체가 함께 붙으면 측정하려는 대상 기체의 정확한 농도 측정이 어렵다. 또한 대상 기체만 붙더라도 그 기체의 농도를 알 수는 없다. 이 때문에 대상 기체의 농도에 따라 수정 진동자의 주파수 변화를 미리 측정해 놓아야 한다. 그 후 대상 기체의 농도를 모르는 혼합 기체에서 주파수 변화를 측정하면 대상 기체의 농도를 알 수 있다. 수정 진동자의 주파수 변화 정도를 농도로 나누면 농도에 대한 민감도를 구할 수 있다.

* 주파수: 진동이 1초 동안 반복하는 횟수 또는 전압의 (+)와 (-) 극이 1초 동안, 서로 바뀌고 다시 원래대로 되는 횟수.

08. 윗글에 대한 설명으로 가장 적절한 것은?

① 압전체의 제작 방법을 소개하고 제작 시 유의점을 나열하고 있다.
② 압전 효과의 개념을 정의하고 압전체의 장단점을 분석하고 있다.
③ 압전 효과의 종류를 분류하고 그 분류에 따른 압전체의 구조를 비교하고 있다.
④ 압전체의 유형을 구분하는 기준을 제시하고 초정밀 저울의 작동 과정을 단계별로 설명하고 있다.
⑤ 압전 효과에 기반한 초정밀 저울의 작동 원리를 설명하고 이 원리가 적용된 기체 농도 측정 방법을 소개하고 있다.

09. 윗글을 통해 알 수 있는 내용으로 적절하지 <u>않은</u> 것은?

① 수정 이외에도 압전 효과를 보이는 재료가 존재한다.
② 수정을 절단하고 가공하여 미세 질량 측정에 사용한다.
③ 전기 저항 변화를 이용하여 물체의 질량을 측정하는 경우가 있다.
④ 같은 방향으로 절단한 수정은 크기가 달라도 고유 주파수가 서로 같다.
⑤ 진동자의 주파수 변화 정도를 측정된 질량으로 나누면 질량에 대한 민감도를 구할 수 있다.

10. ㉠에 대한 이해로 적절하지 <u>않은</u> 것은?

① ㉠에는 1차 압전 효과를 보일 수 있는 재료가 있다.
② ㉠에서는 전압에 의해 압전체의 기계적 변형이 일어난다.
③ ㉠에는 전극이 양면에 있는 원판 모양의 수정이 사용된다.
④ ㉠에서는 전극에 가하는 전압의 주파수를 수정의 고유 주파수에 맞춘다.
⑤ ㉠의 전극에 가해지는 특정 주파수의 전압은 압전체의 고유 주파수 값을 더 크게 만든다.

11. 윗글을 바탕으로 <보기>를 탐구한 내용으로 가장 적절한 것은? [3점]

< 보기 >

알코올 감지기 A와 B를 이용하여 어떤 밀폐된 공간에 있는 혼합 기체의 알코올 농도를 측정하였다. 이때 A와 B는 모두 진동자에 알코올이 달라붙을 수 있도록 처리되어 있다. A와 B 모두, 시간이 흐름에 따라 주파수가 감소하다가 더 이상 감소하지 않고 일정하게 유지되었다.
(단, 측정하는 동안 밀폐된 공간의 상황은 변동 없음.)

---

① A의 진동자에 있는 압전체의 고유 주파수를 알코올만 있는 기체에서 미리 측정해 놓으면, 혼합 기체에서의 알코올의 농도를 알 수 있겠군.
② B에 달라붙은 알코올의 양은 변하지 않고 다른 기체가 함께 달라붙은 후 진동자의 주파수가 일정하게 유지된다면, 이때 주파수의 값은 알코올만 붙었을 때보다 더 작겠군.
③ A와 B에서 알코올이 달라붙도록 진동자를 처리한 것은 알코올이 달라붙음에 따라 진동자가 최대한 큰 폭으로 진동할 수 있게 하려는 것이겠군.
④ A가 B에 비해 동일한 양의 알코올이 달라붙은 후에 생기는 주파수 변화 정도가 크다면, A가 B보다 알코올 농도에 대한 민감도가 더 작다고 할 수 있겠군.
⑤ B가 A보다 알코올이 일정량까지 달라붙는 시간이 더 짧더라도 알코올이 달라붙은 양이 서로 같다면, A와 B의 반응 시간은 서로 같겠군.

다음 글을 읽고 물음에 답하시오.

데이터를 처리할 때 데이터의 정확성은 매우 중요하다. 그런데 데이터에 결측치와 이상치가 포함되면 데이터의 특징을 제대로 ⓐ 나타내기 어렵다.

결측치는 데이터 값이 ⓑ 빠져 있는 것이다. 결측치를 처리하는 방법 중 하나인 대체는 다른 값으로 결측치를 채우는 것인데, 대체하는 값으로는 평균, 중앙값, 최빈값을 많이 사용한다. 중앙값은 데이터를 크기순으로 정렬했을 때 중앙에 위치한 값이다. 크기가 같은 값이 복수일 경우에도 순위를 매겨 중앙값을 찾고, 데이터의 개수가 짝수이면 중앙에 있는 두 값의 평균이 중앙값이다. 또 최빈값은 데이터에 가장 많이 나타나는 값을 이른다. 일반적으로 데이터 값이 연속적인 수치이면 평균으로, 석차처럼 순위가 있는 값에는 중앙값으로, 직업과 같이 문자인 경우에는 최빈값으로 결측치를 대체한다.

이상치는 데이터의 다른 값에 비해 유달리 크거나 작은 값으로, 데이터를 수집할 때 측정 오류 등에 의해 주로 ⓒ 생긴다. 그러나 정상적인 데이터라도 데이터의 특징을 왜곡하는 데이터 값이 있을 수 있다. 예를 들어, 데이터가 어떤 프로 선수들의 연봉이고 그중 한 명의 연봉이 유달리 많다면, 이상치가 포함된 데이터에 해당한다. 이런 데이터의 특징을 하나의 수치로 나타내려는 경우 ㉠대푯값으로 평균보다 중앙값을 주로 사용한다.

평면상에 있는 점들의 위치를 나타내는 데이터에서도 이상치를 발견할 수 있다. 대부분의 점들이 가상의 직선 주위에 모여 있다면 이 직선은 데이터의 특징을 잘 나타낸다고 할 수 있다. 이 직선을 직선 L이라고 하자. 그런데 직선 L로부터 멀리 떨어진 위치에도 몇 개의 점이 있다. 이 점들이 이상치이다.

㉡이상치를 포함하는 데이터에서 직선 L을 찾는다고 하자. 이때 사용할 수 있는 기법의 하나인 A 기법은 두 점을 무작위로 골라 정상치 집합으로 가정하고, 이 두 점을 ⓓ 지나는 후보 직선을 그어 나머지 점들과 후보 직선 사이의 거리를 구한다. 이 거리가 허용 범위 이내인 점들을 정상치 집합에 추가한다. 정상치 집합의 점의 개수가 미리 정해 둔 기준, 즉 문턱값보다 많으면 후보 직선을 최종 후보군에 넣는다. 반대로 점의 개수가 문턱값보다 적으면 후보 직선을 버린다. 만약 처음에 고른 점이 이상치이면, 대부분의 점들은 해당 후보 직선과의 거리가 너무 ⓔ 멀어 이 직선은 최종 후보군에서 제외되는 것이다. 이 과정을 반복하여 최종 후보군을 구하고, 최종 후보군에 포함된 직선 중에서 정상치 집합의 데이터 개수가 최대인 직선을 직선 L로 선택한다. 이 기법은 이상치가 있어도 직선 L을 찾을 가능성이 높다.

08. 윗글을 이해한 내용으로 적절하지 **않은** 것은?

① 데이터가 수치로 구성되지 않아도 최빈값을 구할 수 있다.
② 데이터의 특징이 언제나 하나의 수치로 나타나는 것은 아니다.
③ 데이터가 정상적으로 수집되었다면 이상치가 존재하지 않는다.
④ 데이터에 동일한 수치가 여러 개 있어도 중앙값으로 결측치를 대체할 수 있다.
⑤ 데이터를 수집하는 과정에서 측정 오류가 발생한 값이라도 이상치가 아닐 수 있다.

09. 윗글을 참고할 때, ㉠의 이유로 가장 적절한 것은?

① 중앙값은 극단에 있는 이상치의 영향을 덜 받기 때문이다.
② 중앙값을 찾기 위해 데이터를 나열할 때 이상치는 제외되기 때문이다.
③ 데이터의 개수가 많아질수록 이상치도 많아지고 평균을 구하기 어렵기 때문이다.
④ 이상치가 포함되면 평균을 구하는 것이 중앙값을 찾는 것보다 복잡하기 때문이다.
⑤ 이상치가 포함되면 평균은 데이터에 포함되지 않는 값일 가능성이 큰 반면 중앙값은 항상 데이터에 포함된 값이기 때문이다.

10. ⓛ과 관련하여 윗글의 A 기법과 <보기>의 B 기법을 설명한 내용으로 가장 적절한 것은? [3점]

　다음과 같은 방법으로 직선 L을 찾는 B 기법을 가정해 보자. 후보 직선을 임의로 여러 개 가정한 뒤에 모든 점에서 각 후보 직선들과의 거리를 구하여 점들과 가장 가까운 직선을 선택한다. 그러나 이렇게 찾은 직선은 직선 L로 적합한 직선이 아니다. 이상치를 포함해서 찾다 보니 대부분 최적의 직선과 이상치 사이에 위치한 직선을 선택하게 된다.

① A 기법과 B 기법 모두 최적의 직선을 찾기 위해 최대한 많은 점을 지나는 후보 직선을 가정한다.
② A 기법은 이상치를 제외하고 후보 직선을 가정하지만 B 기법은 이상치를 제외하는 과정이 없다.
③ A 기법에서 최종적으로 선택한 직선은 이상치를 지나지 않지만 B 기법에서 선택한 직선은 이상치를 지난다.
④ A 기법은 이상치의 개수가 문턱값보다 적으면 후보 직선을 버리지만 B 기법은 선택한 직선이 이상치를 포함할 수 있다.
⑤ A 기법에서 후보 직선의 정상치 집합에는 이상치가 포함될 수 있고 B 기법에서 후보 직선은 이상치를 지날 수 있다.

11. 문맥상 ⓐ~ⓔ와 바꿔 쓰기에 가장 적절한 것은?

① ⓐ: 형성(形成)하기
② ⓑ: 누락(漏落)되어
③ ⓒ: 도래(到來)한다
④ ⓓ: 투과(透過)하는
⑤ ⓔ: 소원(疏遠)하여

다음 글을 읽고 물음에 답하시오.

블록체인 기술은 데이터를 블록이라는 단위로 묶어 체인 형태로 연결한 것을 여러 대의 컴퓨터에 중복 저장하는 기술이다. 체인 형태로 연결된 블록의 집합을 블록체인이라 하고, 블록체인을 저장하는 컴퓨터를 노드라고 한다. 새로 생성된 블록은 노드들에 전파된다. 노드들은 블록에 포함된 내용이 블록체인의 다른 블록에 있는 내용과 상충되지 않는지, 동일한 내용이 블록체인의 다른 블록에 이중으로 포함되어 있지 않은지 검증한다. 검증이 끝난 블록을 블록체인에 연결할지 여부는 모든 노드들이 참여하는 승인 과정을 통해 정해진다. 승인이 완료된 블록은 블록체인에 연결되고, 이 블록체인은 노드들에 저장된다. 승인 과정에는 합의 알고리즘이 사용되고, 합의 알고리즘의 예로 '작업증명'이 있다.

블록체인 기술의 성능은 블록체인에 데이터가 저장되는 속도로 정의되며, 단위 시간당 블록체인에 저장되는 데이터의 양으로 계산될 수 있다. 블록체인 기술은 공개형과 비공개형으로 구분된다. 비공개형은 공개형과 달리 노드 수에 제한을 두고, 일반적으로 공개형에 비해 합의 알고리즘의 속도가 빠르다. 따라서 비공개형은 승인 과정에 걸리는 시간이 짧기 때문에 성능이 높다.

데이터가 무단으로 변경되기 어렵다는 성질을 무결성이라 하는데 무결성은 블록체인 기술의 대표적인 장점이다. 특정 노드에 저장되어 있는 일부 데이터가 변경되면 변경된 블록과 그 이후의 블록들은 블록체인과의 연결이 끊어진다. 끊어진 모든 블록을 다시 연결하는 것은 승인 과정을 필요로 하기 때문에 연결을 복구하는 것은 어렵다. 즉 블록과 블록체인의 연결을 유지하면서 블록체인에 포함된 데이터를 변경하는 것이 어려우므로 블록체인 데이터는 무결성이 높다. 무단 변경과 달리, 일부 데이터가 지워져도 승인된 원래의 데이터로 복원할 때는 승인 과정이 필요하지 않다. 따라서 ⊙ 블록체인에 포함된 데이터는 일부가 지워지더라도 복원이 용이하다.

블록체인 기술에서 고려해야 할 세 가지 특성이 있다. 보안성은 데이터의 무단 변경이 어려울 뿐 아니라 동일한 내용의 데이터가 블록체인의 서로 다른 블록에 또는

단일 블록에 이중으로 포함되는 것이 어렵다는 성질이다. 승인 과정에 걸리는 시간이 줄거나 노드 수가 감소하면 보안성은 낮아진다. 탈중앙성은 승인 과정에 다수의 노드들이 참여하고, 특정 노드가 승인 과정을 주도하지 않는다는 성질이다. 노드 수가 감소하면 탈중앙성은 낮아진다. 확장성은 블록체인 기술이 목표로 하는 응용 분야에 적용 가능할 만큼 성능이 높고, 노드 수가 증가해도 서비스 유지가 가능하다는 성질이다. 노드 수가 증가하면 성능이 저하되므로, 확장성이 높다는 것은 노드 수가 증가하더라도 성능 저하가 크지 않다는 것을 의미한다. 그래서 기술 변화 없이 확장성을 높이고자 할 때 노드 수를 제한하는 방법이 사용되기도 한다. 노드 수를 제한하면 성능 저하를 막을 수 있기 때문이다. 아직까지 블록체인 기술은 보안성, 탈중앙성, 확장성을 함께 높일 수 있는 방법이 없어 대규모로 채택되지 못하고 있다.

08. 다음은 윗글을 읽은 학생에게 제공된 학습지의 일부이다. 학생의 '판단 결과'로 적절하지 <u>않은</u> 것은?

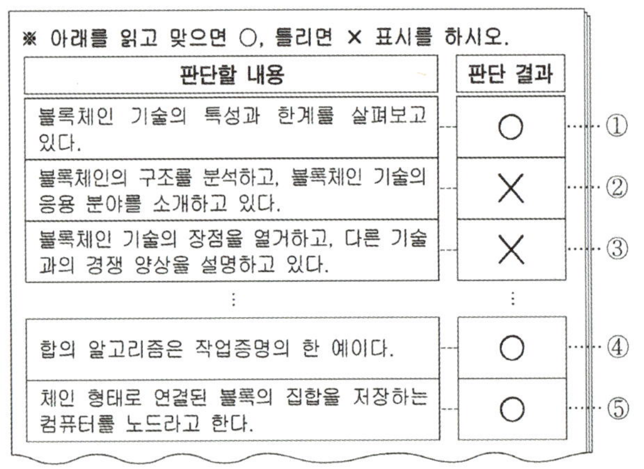

※ 아래를 읽고 맞으면 ○, 틀리면 × 표시를 하시오.		
판단할 내용	**판단 결과**	
블록체인 기술의 특성과 한계를 살펴보고 있다.	○	①
블록체인의 구조를 분석하고, 블록체인 기술의 응용 분야를 소개하고 있다.	×	②
블록체인 기술의 장점을 열거하고, 다른 기술과의 경쟁 양상을 설명하고 있다.	×	③
⋮	⋮	
합의 알고리즘은 작업증명의 한 예이다.	○	④
체인 형태로 연결된 블록의 집합을 저장하는 컴퓨터를 노드라고 한다.	○	⑤

09. 윗글에 대한 이해로 가장 적절한 것은?

① 승인 과정에 참여할 노드를 결정하기 위해 합의 알고리즘이 사용된다.
② 일부 블록체인 데이터가 변경되면 전체 노드의 모든 블록은 승인 과정을 다시 거쳐야 한다.
③ 블록과 블록체인의 연결을 유지하면서 블록체인 데이터를 삭제할 수 있으면 보안성이 높다.
④ 공개형 블록체인 기술은 같은 양의 데이터가 저장되는 데 걸리는 시간이 짧을수록 성능이 낮아진다.
⑤ 블록이 블록체인에 연결되기 위해서는 블록의 데이터가 블록체인의 다른 데이터와 비교되어야 한다.

10. ㉠의 이유로 가장 적절한 것은?

① 블록체인에 포함된 데이터는 변경이 쉽기 때문이다.
② 블록체인이 여러 노드들에 중복 저장되기 때문이다.
③ 승인 과정에 참여하는 노드 수에 제한이 있기 때문이다.
④ 데이터가 블록체인에 포함되기 위해서는 승인 과정을 필요로 하기 때문이다.
⑤ 동일한 데이터가 블록체인에 연결된 서로 다른 블록에 이중으로 포함되어 있기 때문이다.

11. 윗글을 바탕으로 <보기>를 이해한 내용으로 가장 적절한 것은? [3점]

< 보기 >

노드 수가 10개로 고정된 블록체인 기술을 사용하고 있는 A 업체는 이전에 사용하던 작업증명 대신 속도가 더 빠른 합의 알고리즘을 개발해, 유통 분야에서 요구되는 성능을 초과 달성했다. 한편 B 업체는 최근 A 업체보다 데이터의 위조 불가능성을 향상시킨 블록체인 기술을 개발했다. 이 기술은 노드 수에 제한이 없지만 현재는 200개의 노드가 참여하고 있다. 승인 과정에는 작업증명을 사용한다.

---

① A 업체의 블록체인 기술은 이전보다 확장성과 보안성이 모두 높아졌겠군.
② B 업체의 블록체인 기술은 노드 수가 증가할수록 보안성과 확장성이 모두 높아지겠군.
③ B 업체의 블록체인 기술은 노드 수가 감소하면 성능은 높아지고 탈중앙성이 낮아지겠군.
④ A 업체의 블록체인 기술은 B 업체와 달리 공개형이고, B 업체보다 탈중앙성이 낮겠군.
⑤ A 업체의 블록체인 기술은 B 업체와 승인 과정이 다르고, B 업체보다 무결성이 높겠군.

다음 글을 읽고 물음에 답하시오.

문장이나 영상, 음성을 만들어 내는 인공 지능 생성 모델 중 확산 모델은 영상의 복원, 생성 및 변환에 뛰어난 성능을 보인다. 확산 모델의 기본 발상은, 원본 이미지에 노이즈를 점진적으로 추가하였다가 그 노이즈를 다시 제거해 나가면 원본 이미지를 복원할 수 있다는 것이다. 노이즈는 불필요하거나 원하지 않는 값을 의미한다. 원하는 값만 들어 있는 원본 이미지에 노이즈를 단계별로 더하면 노이즈가 포함된 확산 이미지가 되고, 여러 단계를 거치면 결국 원본 이미지가 어떤 이미지였는지 전혀 알아볼 수 없는 노이즈 이미지가 된다. 역으로, 단계별로 더해진 노이즈를 알 수 있다면 노이즈 이미지에서 원본 이미지를 복원할 수 있다. 확산 모델은 노이즈 생성기, 이미지 연산기, 노이즈 예측기로 구성되며, 순확산 과정과 역확산 과정 순으로 작동한다.

순확산 과정은 이미지에 노이즈를 추가하면서 노이즈 예측기를 학습시키는 과정이다. 첫 단계에서는, 노이즈 생성기에서 노이즈를 만든 후 이미지 연산기가 이 노이즈를 원본 이미지에 더해서 노이즈가 포함된 확산 이미지를 출력한다. 다음 단계부터는 노이즈 생성기에서 만든 노이즈를 이전 단계에서 출력된 확산 이미지에 더한다. 이러한 단계를 충분히 반복하면 최종적으로 노이즈 이미지가 출력된다. 이때 더해지는 노이즈는 크기나 분포 양상 등 그 특성이 단계별로 다르다. 따라서 노이즈 예측기는 단계별로 확산 이미지를 입력받아 이미지에 포함된 노이즈의 특성을 추출하여 수치들로 표현하고, 이 수치들을 바탕으로 노이즈를 예측한다. 노이즈 예측기 내부의 이러한 수치들을 잠재 표현 이라고 한다. 노이즈 예측기는 잠재 표현을 구하고 노이즈를 예측하는 방식을 학습한다.

노이즈 예측기의 학습 방법은 기계 학습 중에서 지도 학습에 해당한다. 지도 학습은 학습 데이터에 정답이 주어져 출력과 정답의 차이가 작아지도록 모델을 학습시키는 방법이다. 노이즈 예측기를 학습시킬 때는 노이즈 생성기에서 만들어 넣어 준 노이즈가 정답에 해당하며 이 노이즈와 예측된 노이즈 사이의 차이가 작아지도록 학습

시킨다.

역확산 과정은 노이즈 이미지에서 노이즈를 제거하여 원본 이미지를 복원하는 과정이다. 노이즈를 제거하려면 이미지에 단계별로 어떤 특성의 노이즈가 더해졌는지 알아야 하는데 노이즈 예측기가 이 역할을 한다. 노이즈 이미지 또는 중간 단계에서의 확산 이미지를 노이즈 예측기에 입력하면 이미지에 포함된 노이즈의 특성을 추출하여 잠재 표현을 구하고 이를 바탕으로 노이즈를 예측한다. 이미지 연산기는 입력된 확산 이미지로부터 이 노이즈를 빼서 현 단계의 노이즈를 제거한 확산 이미지를 출력한다. 확산 이미지에 이런 단계를 반복하면 결국 노이즈가 대부분 제거되어 원본 이미지에 가까운 이미지만 남게 된다.

한편, 많은 종류의 이미지를 학습시킨 후 학습된 이미지의 잠재 표현에 고유 번호를 붙이면 역확산 과정에서 이미지를 선택하여 생성할 수 있다. 또한 잠재 표현의 수치들을 조정하면 다른 특성의 노이즈가 생성되어 여러 이미지를 혼합하거나 실재하지 않는 이미지를 만들어 낼 수도 있다.

10. 학생이 윗글을 읽은 방법으로 적절하지 <u>않은</u> 것은?

① 확산 모델이 지도 학습을 사용한다는 점에 주목하고, 지도 학습 방법이 확산 모델에 어떻게 적용되는지 확인하며 읽었다.

② 확산 모델이 두 가지 과정으로 이루어진다는 점에 주목하고, 두 과정 중 어느 과정이 선행되어야 하는지 살피며 읽었다.

③ 확산 모델에서 노이즈의 중요성을 파악하고, 사용되는 노이즈의 종류가 모델의 성능에 미치는 영향을 이해하며 읽었다.

④ 잠재 표현의 개념을 파악하고, 그 개념을 바탕으로 확산 모델이 노이즈를 예측하고 제거하는 원리를 이해하며 읽었다.

⑤ 확산 모델의 구성 요소를 파악하고, 그 구성 요소가 노이즈 처리 과정에서 어떤 기능을 하는지 확인하며 읽었다.

 윗글을 이해한 내용으로 가장 적절한 것은?

① 노이즈 생성기는 순확산 과정에서만 작동한다.
② 확산 모델에서의 학습은 역확산 과정에서 이루어진다.
③ 이미지 연산기와 노이즈 예측기는 모두 확산 이미지를 출력한다.
④ 노이즈 예측기를 학습시킬 때는 예측된 노이즈가 정답으로 사용된다.
⑤ 역확산 과정에서 단계가 반복될수록 출력되는 확산 이미지는 원본 이미지와의 유사성이 줄어든다.

12. 잠재 표현 에 대한 설명으로 적절하지 않은 것은?

① 잠재 표현의 수치들을 조정하면 여러 이미지를 혼합할 수 있다.
② 역확산 과정에서 잠재 표현이 다르면 예측되는 노이즈가 다르다.
③ 확산 모델의 학습에는 잠재 표현을 구하는 방식이 포함되어 있다.
④ 잠재 표현은 이미지에 더해진 노이즈의 크기나 분포 양상에 따라 다른 값들이 얻어진다.
⑤ 잠재 표현은 노이즈 예측기가 원본 이미지를 입력받아 노이즈의 특성을 추출한 결과이다.

13. 윗글을 바탕으로 <보기>를 이해한 내용으로 적절하지 않은 것은? [3점]

> ─── < 보기 > ───
>
> A 단계는 확산 모델 과정 중 한 단계이다. ㉠은 원본 이미지이고, ㉡은 확산 이미지 중의 하나이며, ㉢은 노이즈 이미지이다. (가)는 이미지가 A 단계로 입력되는 부분이고, (나)는 이미지가 A 단계에서 출력되는 부분이다.

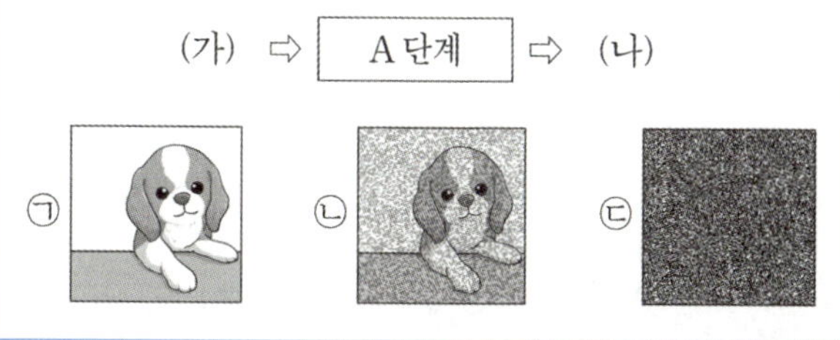

① (가)에 ㉠이 입력된다면, A 단계의 이미지 연산기에서는 ㉠에 노이즈를 더하겠군.
② (나)에 ㉢이 출력된다면, A 단계의 노이즈 생성기에서 생성된 노이즈가 이미지 연산기에서 확산 이미지에 더해졌겠군.
③ 순확산 과정에서 (가)에 ㉡이 입력된다면, A 단계의 노이즈 예측기에서 예측한 노이즈가 이미지 연산기에 입력되겠군.
④ 역확산 과정에서 (가)에 ㉢이 입력된다면, A 단계의 이미지 연산기에서는 ㉢에서 노이즈를 빼겠군.
⑤ 역확산 과정에서 (나)에 ㉡이 출력된다면, A 단계의 노이즈 예측기에서 예측한 노이즈가 이미지 연산기에 입력되었겠군.

정답 및 해설: 해설편 355p

PART 05

예술

다음 글을 읽고 물음에 답하시오.

미술관에서 오랫동안 움직이지 않고 서 있는 관광객 차림의 부부를 본다면 사람들은 다시 한번 바라볼 것이다. 그리고 그것이 미술 작품이라는 것을 알면 놀랄 것이다. 이처럼 현실에 존재하는 것을 실재라고 믿을 수 있도록 재현하는 유파를 하이퍼리얼리즘이라고 한다.

관광객처럼 우리 주변에서 흔히 볼 수 있는 것을 대상으로 고르면 ㉠ 현실성이 높다고 하고, 그 대상을 시각적 재현에 ⓐ 기대어 실재와 똑같이 표현하면 ㉡ 사실성이 높다고 한다. 대상의 현실성과 표현의 사실성을 모두 추구한 하이퍼리얼리즘은 같은 리얼리즘 경향에 ⓑ 드는 팝아트와 비교하면 그 특성이 잘 드러난다. 이들은 1960년대 미국에서 발달하여 현재까지 유행하고 있는 유파로, 당시 자본주의 사회의 일상의 모습을 대상으로 삼은 점에서는 공통적이다. 팝아트는 대상을 함축적으로 변형했지만 하이퍼리얼리즘은 대상을 정확하게 재현하려고 하였다. 그래서 팝아트는 주로 대상의 현실성을 추구하지만, 하이퍼리얼리즘은 대상의 현실성뿐만 아니라 트롱프뢰유*의 흐름을 ⓒ 이어 표현의 사실성도 추구한다. 팝아트는 대상의 정확한 재현보다는 대중과 쉽게 소통할 수 있는 인쇄 매체를 주로 활용한 반면에, 하이퍼리얼리즘은 새로운 재료나 기계적인 방식을 적극 사용하여 대상을 정확히 재현하는 방법을 추구하였다.

자본주의 일상을 사실적으로 표현한 하이퍼리얼리즘의 대표적인 작가에는 핸슨이 있다. 그의 작품 ㉢「쇼핑 카트를 밀고 가는 여자」(1969)는 물질적 풍요함 속에 매몰되어 살아가는 당시 현대인을 비판적 시각에서 표현한 작품으로 해석할 수 있다. 이 작품의 대상은 상품이 가득한 쇼핑 카트와 여자이다. 그녀는 욕망의 주체이며 물질에 대한 탐욕을 상징하고 있고, 상품이 가득한 쇼핑 카트는 욕망의 객체이며 물질을 상징하고 있다. 그래서 여자가 상품이 넘칠 듯이 가득한 쇼핑 카트를 밀고 있는 구도는 물질적 풍요 속에서의 과잉 소비 성향을 보여 준다.

이 작품의 기법을 ⓓ 보면, 생활공간에 전시해도 자연스럽도록 작품을 전시 받침대 없이 제작하였다. 사람을 보고 찰흙으로 형태를 만드는 방법 대신 사람에게 직접

석고를 덧발라 형태를 뜨는 실물 주형 기법을 사용하여 사람의 형태와 크기를 똑같이 재현하였다. 또한 기존 입체 작품의 재료인 청동의 금속재 대신에 합성수지, 폴리에스터, 유리 섬유 등을 사용하고 에어브러시로 채색하여 사람 피부의 질감과 색채를 똑같이 재현하였다. 여기에 오브제*인 가발, 목걸이, 의상 등을 덧붙이고 쇼핑 카트, 식료품 등을 그대로 사용하여 사실성을 ⓔ 높였다.

리얼리즘 미술의 가장 큰 목적은 현실을 포착하고 그것을 효과적으로 전달하는 것이다. 작가가 포착한 현실을 전달하는 표현 방법은 다양하다. 하이퍼리얼리즘과 팝아트 등의 리얼리즘 작가들은 대상들을 그대로 재현하거나 함축적으로 변형하는 등 자신만의 방법으로 현실을 전달하여 감상자와 소통하고 있다.

---

* 트롱프뢰유(trompe-l'oeil): '속임수 그림'이란 말로 감상자가 실물처럼 착각할 정도로 정밀하게 재현하는 것.
* 오브제(objet): 일상용품이나 물건을 본래의 용도로 쓰지 않고 예술 작품에 사용하는 기법 또는 그 물체.

16. ㉠과 ㉡을 중심으로 윗글을 이해한 내용으로 적절한 것은?

① 팝아트와 하이퍼리얼리즘은 모두 당시 자본주의의 일상을 대상으로 삼아 ㉠을 높였다.
② 팝아트는 대상을 함축적으로 변형했다는 점에서 하이퍼리얼리즘과 달리 ㉡이 높다고 할 수 있다.
③ 하이퍼리얼리즘이 팝아트와 달리 트롱프뢰유의 전통을 이은 것은 ㉠을 추구하기 위해서이다.
④ 팝아트와 하이퍼리얼리즘이 주로 인쇄 매체를 활용한 것은 ㉡을 추구하기 위한 것이다.
⑤ 팝아트와 하이퍼리얼리즘은 모두 ㉠과 ㉡을 동시에 추구한다는 점에서 리얼리즘 유파에 해당한다.

17. ⓒ에 대한 설명으로 적절하지 <u>않은</u> 것은?

① 재현한 인체에 실제 사물인 오브제를 덧붙이고 받침대 없이 전시하여 실재처럼 보이게 하였다.

② 찰흙으로 원형을 만들지 않고 사람에게 석고를 덧발라 외형을 뜨는 기법을 사용하여 형태를 정확히 재현하였다.

③ 현실을 효과적으로 전달하기 위해 욕망의 주체는 실물과 똑같은 크기로, 욕망의 객체는 실재 그대로 제시하였다.

④ 인체의 피부 질감을 재현할 수 있었던 것은 합성수지, 폴리에스터, 유리 섬유 따위의 신재료를 사용했기 때문이다.

⑤ 당시 자본주의 사회에서의 합리적인 소비 성향을 반영하기 위해 주변에서 흔히 볼 수 있는 소비자와 상품을 제시하였다.

① 핸슨이 쿠넬리스에게: 미술은 시각적인 체험뿐만 아니라 청각, 후각 등 다양한 체험이 감상의 기준이 되어야 한다.

② 핸슨이 코수스에게: 미술에서 대상은 일상적이고 평범한 것이 아니라 역사적으로나 정치적으로 가치 있어야 한다.

③ 쿠넬리스가 핸슨에게: 미술에서 재현의 가장 효과적인 방법은 실물 주형의 기법보다 대상을 그대로 제시하는 것이어야 한다.

④ 쿠넬리스가 코수스에게: 미술에서 작품의 의미는 감상자가 실제 대상을 대면해서 만들어지는 것이 아니라 작가에 의해서 만들어지는 것이어야 한다.

⑤ 코수스가 쿠넬리스에게: 미술에서 대상을 재현할 때는 대상의 이미지보다 그 대상 자체만을 제시해야 한다.

18. 윗글의 '핸슨'의 작품과 <보기>의 작품을 바탕으로 할 때, 작가들이 자신의 입장에서 상대를 비평하는 말로 가장 적절한 것은? [3점]

< 보기 >

쿠넬리스, 「무제」 　　　 코수스, 「하나, 그리고 세 개의 의자」

　쿠넬리스는 주변에서 흔히 볼 수 있는 살아 있는 말 12마리를 화랑 벽에 매어 놓고, 감상자가 화랑이라는 환경 안에 놓인 실제 말들의 존재와 말들의 온기와 냄새, 그리고 소리를 체험해서 다양하게 작품의 의미를 만들도록 하였다.

　코수스는 '의자의 사진', '실제 의자', '의자의 언어적인 개념' 세 가지 모두를 한 공간에 배치하여, 대상을 나타내는 여러 가지 방식이 존재할 수 있음을 보여 주었다.

---

19. 문맥상 ⓐ~ⓔ와 가장 가까운 의미로 쓰인 것은?

① ⓐ: 누나가 그린 그림을 벽면 한쪽에 <u>기대어</u> 놓았다.

② ⓑ: 그때는 언니도 노래를 잘 부르는 축에 <u>들었다</u>.

③ ⓒ: 1학년이 출발한 데 <u>이어</u> 2학년도 바로 출발했다.

④ ⓓ: 사무실에는 회계를 <u>보는</u> 직원만 혼자 들어갔다.

⑤ ⓔ: 그는 이번 조치에 대해 비판의 목소리를 <u>높였다</u>.

다음 글을 읽고 물음에 답하시오.

(가)

미학은 예술과 미적 경험에 관한 개념과 이론에 대해 논의하는 철학의 한 분야로서, 미학의 문제들 가운데 하나가 바로 예술의 정의에 대한 문제이다. 예술이 자연에 대한 모방이라는 아리스토텔레스의 말에서 비롯된 모방론은, 대상과 그 대상의 재현이 닮은꼴이어야 한다는 재현의 투명성 이론을 ⓐ 전제한다. 그러나 예술가의 독창적인 감정 표현을 중시하는 한편 외부 세계에 대한 왜곡된 표현을 허용하는 낭만주의 사조가 18세기 말에 등장하면서, 모방론은 많이 쇠퇴했다. 이제 모방을 필수 조건으로 삼지 않는 낭만주의 예술가의 작품을 예술로 인정해 줄 수 있는 새로운 이론이 필요했다.

20세기 초에 **콜링우드**는 진지한 관념이나 감정과 같은 예술가의 마음을 예술의 조건으로 규정하는 표현론을 제시하여 이 문제를 해결하였다. 그에 따르면, 진정한 예술 작품은 물리적 소재를 통해 구성될 필요가 없는 정신적 대상이다. 또한 이와 비슷한 ⓑ 시기에 외부 세계나 작가의 내면보다 작품 자체의 고유 형식을 중시하는 형식론도 발전했다. 벨의 형식론은 예술 감각이 있는 비평가들만이 직관적으로 식별할 수 있고 정의는 불가능한 어떤 성질을 일컫는 '의미 있는 형식'을 통해 그 비평가들에게 미적 정서를 유발하는 작품을 예술 작품이라고 보았다.

20세기 중반에, 뒤샹이 변기를 가져다 전시한 「샘」이라는 작품은 예술 작품으로 인정되지만 그것과 형식적인 면에서 차이가 없는 일반적인 변기는 예술 작품으로 인정되지 않는 이유를 설명하지 못하게 되자 두 가지 대응 이론이 나타났다. 하나는 우리가 흔히 예술 작품으로 분류하는 미술, 연극, 문학, 음악 등이 서로 이질적이어서 그것들 전체를 아울러 예술이라 정의할 수 있는 공통된 요소를 갖지 않는다는 웨이츠의 예술 정의 불가론이다. 그의 이론은 예술의 정의에 대한 기존의 이론들이 겉보기에는 명제의 형태를 취하고 있으나 사실은 참과 거짓을 판정할 수 없는 사이비 명제이므로, 예술의 정의에 대한 논의 자체가 불필요하다는 견해를 대변한다.

다른 하나는 예술계라는 어떤 사회 제도에 속하는 한 사람 또는 여러 사람에 의해 감상의 후보 자격을 수여받은 인공물을 예술 작품으로 규정하는 **디키**의 제도론이다. 하나의 작품이 어떤 특정한 기준에서 훌륭하므로 예술 작품이라고 부를 수 있다는 평가적 ⓒ 이론들과 달리, 디키의 견해는 일정한 절차와 관례를 거치기만 하면 모두 예술 작품으로 볼 수 있다는 분류적 이론이다. 예술의 정의와 관련된 이 논의들은 예술로 분류할 수 있는 작품들의 공통된 본질을 찾는 시도이자 예술의 필요충분조건을 찾는 시도이다.

(나)

예술 작품을 어떻게 감상하고 비평해야 하는지에 대해 다양한 논의들이 있다. 예술 작품의 의미와 가치에 대한 해석과 판단은 작품을 비평하는 목적과 태도에 따라 달라진다. 예술 작품에 대한 주요 비평 방법으로는 맥락주의 비평, 형식주의 비평, 인상주의 비평이 있다.

㉠ 맥락주의 비평은 주로 예술 작품이 창작된 사회적·역사적 배경에 관심을 갖는다. 비평가 **텐**은 예술 작품이 창작된 당시 예술가가 살던 시대의 환경, 정치·경제·문화적 상황, 작품이 사회에 미치는 효과 등을 예술 작품 비평의 중요한 ⓓ 근거로 삼는다. 그 이유는 예술 작품이 예술가가 속해 있는 문화의 상징과 믿음을 구체화하며, 예술가가 속한 사회의 특성들을 반영한다고 보기 때문이다. 또한 맥락주의 비평에서는 작품이 창작된 시대적 상황 외에 작가의 심리적 상태와 이념을 포함하여 가급적 많은 자료를 바탕으로 작품을 분석하고 해석한다.

그러나 객관적 자료를 중심으로 작품을 비평하려는 맥락주의는 자칫 작품 외적인 요소에 치중하여 작품의 핵심적 본질을 훼손할 우려가 있다는 비판을 받는다. 이러한 맥락주의 비평의 문제점을 극복하기 위한 방법으로는 형식주의 비평과 인상주의 비평이 있다. 형식주의 비평은 예술 작품의 외적 요인 대신 작품의 형식적 요소와 그 요소들 간 구조적 유기성의 분석을 중요하게 생각한다. **프리드**와 같은 형식주의 비평가들은 작품 속에 표현된 사물, 인간, 풍경 같은 내용보다는 선, 색, 형태 등의 조형 요소와 비례, 율동, 강조 등과 같은 조형 원리를 예술 작품의 우수성을 판단하는 기준이라고 주장한다.

㉡ 인상주의 비평은 모든 분석적 비평에 대해 회의적

인 ⓔ <u>시각</u>을 가지고 있어 예술을 어떤 규칙이나 객관적 자료로 판단할 수 없다고 본다. "훌륭한 비평가는 대작들과 자기 자신의 영혼의 모험들을 관련시킨다."라는 비평가 **프랑스**의 말처럼, 인상주의 비평은 비평가가 다른 저명한 비평가의 관점과 상관없이 자신의 생각과 느낌에 대하여 자율성과 창의성을 가지고 비평하는 것이다. 즉, 인상주의 비평가는 작가의 의도나 그 밖의 외적인 요인들을 고려할 필요 없이 비평가의 자유 의지로 무한대의 상상력을 가지고 작품을 해석하고 판단한다.

20. (가)와 (나)의 공통적인 내용 전개 방식으로 가장 적절한 것은?

① 대립되는 관점들이 수렴되어 가는 역사적 과정을 밝히고 있다.
② 화제에 대한 이론들을 평가하여 종합적 결론을 도출하고 있다.
③ 화제가 사회에 미치는 영향들을 분석하여 서로 간의 차이를 밝히고 있다.
④ 화제와 관련된 관점의 문제점을 제시하고 대안적 관점을 소개하고 있다.
⑤ 화제와 관련된 하나의 사례를 중심으로 다양한 이론을 시대순으로 나열하고 있다.

21. (가)의 보기 형식론 에 대한 이해로 가장 적절한 것은?

① 미적 정서를 유발할 수 있는 어떤 성질을 근거로 예술 작품의 여부를 판단한다.
② 모든 관람객이 직관적으로 식별할 수 있는 형식을 통해 예술 작품의 여부를 판단한다.
③ 감정을 표현하는 모든 작품은 그 작품이 정신적 대상이더라도 예술 작품이라고 주장한다.
④ 외부 세계의 형식적 요소를 작가 내면의 관념으로 표현하는 것을 예술의 조건이라고 주장한다.
⑤ 특정한 사회 제도에 속하는 모든 예술가와 비평가가 자격을 부여한 작품을 예술 작품으로 판단한다.

22. (가)에 등장하는 이론가와 예술가들이 상대의 견해나 작품을 평가할 수 있는 말로 적절하지 <u>않은</u> 것은?

① 모방론자가 뒤샹에게: 당신의 작품 「샘」은 변기를 닮은 것이 아니라 변기 그 자체라는 점에서 예술 작품이 되기 위한 필요충분조건을 갖추고 있습니다.
② 낭만주의 예술가가 모방론자에게: 대상을 재현하기만 하면 예술가의 감정을 표현하지 않은 작품도 예술 작품으로 인정하는 당신의 견해는 받아들일 수 없습니다.
③ 표현론자가 낭만주의 예술가에게: 당신의 작품은 예술가의 마음을 표현했으니 대상을 있는 그대로 표현하지 않았더라도 예술 작품입니다.
④ 뒤샹이 제도론자에게: 예술계에서 일정한 절차와 관례를 거치면 예술 작품이라는 당신의 주장은 저의 작품 「샘」 외에 다른 변기들도 예술 작품이 될 수 있음을 인정하는 것입니다.
⑤ 예술 정의 불가론자가 표현론자에게: 당신이 예술가의 관념을 예술 작품의 조건으로 규정할 때 사용하는 명제는 참과 거짓을 판단할 수 없기 때문에 받아들일 수 없습니다.

23. 다음은 비평문을 쓰기 위해 미술 전람회에 다녀온 학생이 (가)와 (나)를 읽은 후 작성한 메모의 일부이다. 메모의 내용이 적절하지 <u>않은</u> 것은? [3점]

■ 작품 정보 요약

· 작품 제목: 「그리움」

· 팸플릿의 설명

  – 화가 A가, 화가였던 자기 아버지가 생전에 신던 낡고 색이 바랜 신발을 보고 그린 작품임.

  – 화가 A의 예술가 정신은 궁핍하게 살면서도 예술 혼을 잃지 않고 작품 활동을 했던 아버지의 삶에서 영향을 받았음.

· 작품 전체에 따뜻한 계열의 색이 주로 사용됨.

■ 비평문 작성을 위한 착안점

◦ 콜링우드의 관점을 적용하면, 화가 A가 낡은 신발을 그린 것에서 아버지에 대한 그리움을 갖고 있었으리라는 점을 제시할 수 있겠군. ①

◦ 디키의 관점을 적용하면, 평범한 신발이 특별한 이유는 신발의 원래 주인이 화가였다는 사실에 있음을 언급하여 이 그림을 예술 작품으로 평가할 수 있겠군. ②

◦ 텐의 관점을 적용하면, 이 작품에서 아버지의 낡은 신발은 화가 A가 추구하는 예술가 정신의 상징임을 팸플릿 정보를 근거로 해석할 수 있겠군. ③

◦ 프리드의 관점을 적용하면, 따뜻한 계열의 색들을 유기적으로 구성한 점에서 이 그림이 순수한 작품임을 언급할 수 있겠군. ④

◦ 프랑스의 관점을 적용하면, 그림 속의 낡고 색이 바랜 신발을 보고, 지친 나의 삶에서 편안함과 여유를 느꼈음을 서술할 수 있겠군. ⑤

---

24. 피카소의 「게르니카」에 대해 <보기>의 A는 ㉠의 관점, B는 ㉡의 관점에서 비평한 내용이다. (나)를 바탕으로 A, B를 이해한 내용으로 적절하지 <u>않은</u> 것은?

피카소, 「게르니카」

A: 1937년 히틀러가 바스크 산악 마을인 '게르니카'에 30여 톤의 폭탄을 퍼부어 수많은 인명을 살상한 비극적 사건의 참상을, 울부짖는 말과 부러진 칼 등의 상징적 이미지를 사용하여 전 세계에 고발한 기념비적인 작품이다.

B: 뿔 달린 동물은 슬퍼 보이고, 아이는 양팔을 뻗어 고통을 호소하고 있다. 우울한 색과 기괴한 형태들이 나를 그 속으로 끌어들이는 듯하다. 그러나 빛이 보인다. 고통과 좌절감이 느껴지지만 희망을 갈구하는 훌륭한 작품이다.

① A에서 '1937년'에 '게르니카'에서 발생한 사건을 언급한 것은 역사적 정보를 바탕으로 작품을 해석하기 위한 것이겠군.

② A에서 비극적 참상을 '전 세계에 고발'하였다고 서술한 것은 작품이 사회에 미치는 효과를 드러내고자 한 것이겠군.

③ B에서 '슬퍼 보이고'와 '고통을 호소하고'라고 서술한 것은 작가의 심리적 상태를 표현하려는 것이겠군.

④ B에서 '우울한 색과 기괴한 형태'를 언급한 것은 비평가의 주관적 인상을 반영하기 위한 것이겠군.

⑤ B에서 '희망을 갈구하는'이라고 서술한 것은 비평가의 자유로운 상상력이 반영된 것이겠군.

25. 문맥을 고려할 때, 밑줄 친 말이 ⓐ~ⓔ의 동음이의어
인 것은?

① ⓐ: 모든 인간은 평등하다고 전제(前提)해야 한다.
② ⓑ: 가을은 오곡백과가 무르익는 시기(時期)이다.
③ ⓒ: 이 문제에 대해서는 이론(異論)의 여지가 없다.
④ ⓓ: 이 소설은 사실을 근거(根據)로 하여 쓰였다.
⑤ ⓔ: 청소년의 시각(視角)으로 이 문제를 살펴보자.

다음 글을 읽고 물음에 답하시오.

(가)

리얼리즘 영화 이론가 앙드레 바쟁에 따르면 영화는 '세상을 향해 열린 창'이다. 창을 통해 세상을 인식하는 것처럼, 관객은 영화를 통해 현실을 객관적으로 인식할 수 있다. 영화가 담아내고자 하는 현실은 물리적 시·공간이 분할되지 않는 하나의 총체로, 그 의미가 미리 정해지지 않은 미결정의 상태이다. 바쟁은 영화가 현실의 물리적 연속성과 미결정성을 있는 그대로 드러내야 한다고 생각했다.

바쟁은 영화감독을 '이미지를 믿는 감독'과 '현실을 믿는 감독'으로 분류했다. 영화의 형식을 중시한 '이미지를 믿는 감독'은 다양한 영화적 기법으로 현실을 변형하여 ⓐ새로운 의미를 창조하는 데 주력한다. 몽타주의 대가인 예이젠시테인이 대표적이다. 몽타주는 추상적이거나 상징적인 이미지를 통해 관객이 익숙한 대상을 낯설게 받아들이게 한다. 또한 짧은 숏들을 불규칙적으로 편집해서 영화가 재현한 공간이 불연속적으로 연결된 듯한 느낌을 만들어 낸다. 바쟁은 몽타주가 현실의 연속성을 ⓑ깨뜨릴 뿐만 아니라 감독의 의도에 따라 관객이 현실을 하나의 의미로만 해석하게 할 우려가 있는 연출 방식이라고 생각했다.

바쟁은 '현실을 믿는 감독'을 지지했다. 이들은 '이미지를 믿는 감독'과 달리 영화의 내용, 즉 현실을 더 중요하게 생각하기에 변형되지 않은 현실을 객관적으로 보여 주고자 한다. 디프 포커스와 롱 테이크는 이를 가능하게 해 주는 영화적 기법이다. 디프 포커스는 근경에서 원경까지 숏 전체를 선명하게 초점을 맞춰 촬영하는 기법으로, 원근감이 느껴지도록 공간감을 표현할 수 있다. 롱 테이크는 하나의 숏이 1~2분 이상 끊김 없이 길게 진행되도록 촬영하는 기법이다. 영화 속 사건이 지속되는 시간과 관객의 영화 체험 시간이 일치하여 현실을 ⓒ마주하는 듯한 효과를 낳는다. 바쟁에 따르면, 디프 포커스와 롱 테이크를 혼용하여 연출한 장면은 관객이 그 장면에 담긴 인물이나 사물을 자율적으로 선택하여 응시하면서 화면 속 공간 전체와 사건의 전개를 지켜볼 수 있게 해 준

다.

바쟁은 현실의 공간에서 자연광을 이용해 촬영하거나, 연기 경험이 없는 일반인을 배우로 ⓓ쓰는 등 다큐멘터리처럼 강한 현실감을 만들어 내는 연출 방식에 찬사를 보냈다. 또한 정교하게 구조화된 서사를 통해 의미를 명확하게 제시하는 영화보다는 열린 결말을 통해 의미를 확정적으로 제시하지 않는 영화를 선호했다. 이러한 영화가 미결정 상태의 현실을 있는 그대로 드러낸다고 생각했기 때문이다.

(나)

정신분석학적 영화 이론 에 따르면 ㉠관객이 영화에서 느끼는 현실감은 상상적인 것이며 환영이다. 영화와 관객의 심리 사이의 관계를 다루는 정신분석학적 영화 이론은 영화와 관객 사이에 발생하는 동일시 현상에 주목한다. 이런 동일시 현상은 영화 장치로 인해 발생한다. 이때 영화 장치는 카메라, 영화의 서사, 영화관의 환경 등을 아우르는 개념이다. 가장 대표적인 동일시 현상은 관객이 영화의 등장인물에 자신을 일치시키는 것이다. 이런 동일시는 극영화뿐 아니라 다큐멘터리 영화에서도 발생한다. 그런데 관객이 보고 있는 인물과 사물은 영화가 상영되는 그 시간과 장소에는 존재하지 않는다. 그 인물과 사물의 부재를 채우는 역할은 관객의 몫이다. 관객은 상상적 작업을 통해, 영화가 보여 주는 세계의 중심에 자신을 위치시킴으로써, 허구적 세계와 현실 사이의 간극을 ⓔ없앤다. 따라서 정신분석학적 영화 이론에서 영화는 일종의 몽상이다.

정신분석학적 영화 이론에 따르면 관객의 시점은 카메라의 시점과 동일시된다. 관객은 카메라에 의해 기록된 것만을 볼 수 있다. 따라서 관객은 자신이 영화를 보는 시선의 주체라고 생각하지만 그 시선은 카메라에 의해 이미 규정된 시선이다. 또한 영화는 촬영과 편집 과정에서 특정한 의도에 따라 선택과 배제가 이루어지지만, 관객은 제작 과정에서 무엇이 배제되었는지 알 수 없다. 관객은 자신이 현실 세계를 보고 있다고 믿지만, 사실은 인위적으로 만들어진 세계를 보고 있다는 것이 정신분석학적 영화 이론가들의 주장이다.

영화관의 환경은 관객이 영화가 환영임을 인식하기 어렵게 만든다. 영화에 몰입한 관객은 플라톤이 말한 '동굴

의 비유' 속 죄수처럼 스크린에 비친 허구적 세계를 현실이라고 착각한다. 이때 영화는 꿈에 빗대진다. 정신분석학적 영화 이론은 영화가 은폐하고 있는 특정한 이념을 관객이 의심하지 않고 자신의 것으로 받아들일 위험이 있다고 경고한다. 이는 관객이 비판적 거리를 유지하면서 영화를 볼 수 있도록, 영화가 환영임을 영화 스스로 폭로하는 설정이 담겨 있는 대안적인 영화가 필요하다는 주장으로 이어진다.

12. (가)와 (나)에서 모두 답을 찾을 수 있는 질문으로 가장 적절한 것은?

① 영화는 무엇에 비유될 수 있는가?
② 영화의 내용과 형식 중 무엇이 중요한가?
③ 영화에 관객의 심리는 어떻게 반영되는가?
④ 영화 이론의 시기별 변천 양상은 어떠한가?
⑤ 영화관 환경은 관객에게 어떤 영향을 주는가?

13. (가)를 바탕으로 할 때, 영화적 기법의 효과에 대한 이해로 적절하지 <u>않은</u> 것은?

① 몽타주를 활용하여 대립 관계의 두 세력이 충돌하는 상황을 상징적 이미지로 표현한 장면에서, 관객은 생소한 느낌을 받을 수 있다.
② 몽타주를 활용하여 서로 다른 공간을 짧은 숏으로 불규칙하게 교차시킨 장면에서, 관객은 영화 속 공간이 불연속적으로 재구성되었다는 인상을 받을 수 있다.
③ 디프 포커스를 활용하여 주인공과 주인공 뒤로 펼쳐진 배경을 하나의 숏으로 촬영한 장면에서, 관객은 배경이 흐릿하게 인물은 선명하게 보이는 느낌을 받을 수 있다.
④ 롱 테이크를 활용하여 사자가 사슴을 사냥하는 모든 과정을 하나의 숏으로 길게 촬영한 장면에서, 관객은 실제 상황을 마주하는 듯한 느낌을 받을 수 있다.
⑤ 디프 포커스와 롱 테이크를 활용하여 광장의 군중을 촬영한 장면에서, 관객은 자율적으로 인물이나 배경에 시선을 옮기며 사건의 전개를 지켜볼 수 있다.

14. <보기>의 입장에서 (가)의 '바쟁'에 대해 비판한 내용으로 가장 적절한 것은?

> ─── < 보기 > ───
>
> 관객은 특별한 예술 교육을 받지 않아도 작품을 해석할 수 있다. 또한 감독의 의도대로 작품을 해석하는 존재가 아니다. 따라서 감독은 영화를 통해 관객을 계몽하려 할 필요가 없다. 관객은 작품과 상호 작용하며 의미를 생산하는 능동적 존재이다. 감독과 관객은 수평적인 위치에 있다.

① 바쟁은 열린 결말의 영화를 관객이 이해하도록 돕는 예술 교육의 필요성을 간과하고 있다.
② 바쟁은 정교하게 구조화된 서사의 영화를 통해 관객을 계몽하는 것을 영화의 목적이라고 오인하고 있다.
③ 바쟁이 감독의 연출 역량을 기준으로 감독의 유형을 나눈 것은 영화와 관객의 상호 작용을 무시한 구분에 불과하다.
④ 바쟁이 변형된 현실을 통해 생성한 의미를 관객에게 전달하는 것을 중시한다는 점에서 관객의 능동적인 작품 해석 능력을 과소평가하고 있다.
⑤ 바쟁은 감독의 연출 방식에 따라 영화 작품에 대한 관객의 이해가 달라질 수 있다고 본다는 점에서 감독이 관객보다 우위에 있다고 간주하고 있다.

15. 정신분석학적 영화 이론 을 바탕으로 할 때, ㉠의 이유로 가장 적절한 것은?

① 관객은 영화 장치의 영향을 받기 때문이다.
② 현실의 의미는 미리 정해져 있지 않기 때문이다.
③ 영화가 현실을 불연속적으로 파편화하여 드러내기 때문이다.
④ 관객은 영화의 은폐된 이념을 그대로 받아들일 위험이 있기 때문이다.
⑤ 관객은 영화의 제작 과정에서 배제된 것들을 인식할 수 있기 때문이다.

16. 다음은 학생이 작성한 영화 감상문이다. 이에 대해 (가)의 바쟁(A)의 관점과 (나)의 정신분석학적 영화 이론(B)의 관점에서 설명한 내용으로 가장 적절한 것은?

[3점]

> 　최근 영화관에서 본 두 편의 영화가 기억에 남는다. ㉮ 첫째 번 영화는 고단하게 살아가는 한 가족의 일상을 표현한 작품이다. 다큐멘터리라는 착각이 들 정도로 사실적인 영화였다. 작품에 대해 더 찾아보니 거리에서 인공조명 없이 촬영되었고, 주인공은 연기 경험이 없는 일반인이었다고 한다. 마지막에 아버지가 아들의 손을 꼭 잡아 줄 때, 마치 내 손을 잡아 주는 것처럼 느껴져 감동적이었다. 열린 결말이라서 주인공 가족이 앞으로 어떻게 살아갈지 궁금했다.
>
> 　㉯ 둘째 번 영화는 초인적 주인공이 외계의 침략자를 물리치는 내용이다. 영화 후반부까지 사건 전개를 예측하지 못할 정도로 반전을 거듭하는 이야기와 실재라고 착각할 정도로 뛰어난 컴퓨터 그래픽 화면은 으뜸이었지만 뻔한 결말은 아쉬웠다. 그래도 주인공이 침략자를 무찌르는 장면에서는 내가 주인공이 되어 세상을 구하는 것 같아서 쾌감이 느껴졌다. 그런데 영화가 끝나고 생각해 보니 왜 세계의 평화는 서구인이 지키고, 특정 나라에서 일어나는 사건이 인류의 위기인지 의아했다.

① A의 관점에서 보면, 학생이 ㉮에서 궁금함을 떠올린 것은 '이미지를 믿는 감독'이 열린 결말을 통해 현실을 있는 그대로 ㉮에 담았기 때문이다.
② A의 관점에서 보면, 학생이 ㉯에서 사건의 전개를 예측하지 못한 것은 ㉯에는 의미가 미리 정해져 있지 않은 미결정 상태의 현실이 담겨 있기 때문이다.
③ A의 관점에서 보면, 학생이 ㉮와 ㉯에서 착각하는 듯한 인상을 받은 것은 ㉮와 ㉯가 강한 현실감을 만들어 내는 연출 방식으로 촬영되었기 때문이다.
④ B의 관점에서 보면, 학생이 ㉯에서 의아함을 떠올린 것은 ㉯가 관객으로 하여금 비판적 거리를 유지하며 영화를 볼 수 있도록 하는 대안적인 영화이기 때문이다.
⑤ B의 관점에서 보면, 학생이 ㉮에서 감동을 받은 것과 ㉯에서 쾌감을 느낀 것은 상상적 작업을 통해 허구적 세계의 중심에 자신을 위치시켰기 때문이다.

17. 문맥상 ⓐ~ⓔ와 바꿔 쓰기에 적절하지 **않은** 것은?

① ⓐ: 개선(改善)된
② ⓑ: 파괴(破壞)할
③ ⓒ: 대면(對面)하는
④ ⓓ: 기용(起用)하는
⑤ ⓔ: 해소(解消)한다

PART 06

복합

다음 글을 읽고 물음에 답하시오.

음악은 소리로 이루어진 예술이다. 예술이 아름다움을 추구한다면 음악 또한 아름다움을 추구해야 할 것이다. 그렇다면 아름다운 음악 작품은 듣기 좋은 소리만으로 만들어질 수 있는 것일까? 음악적 아름다움은 어떻게 구현되는 것일까?

음악에서 사용하는 소리라고 해도 대부분의 사람들은 피아노 소리가 심벌즈 소리보다 듣기 좋다고 생각한다. 이 중 전자를 고른음, 후자를 시끄러운음이라고 한다. 고른음은 주기성을 갖지만 시끄러운음은 주기성을 갖지 못한다. 일반적으로 음악에서 '음'이라고 부르는 것은 고른음을 지칭한다. 고른음은 주기성을 갖기 때문에 동일한 파형이 주기적으로 반복된다. 이때 같은 파형이 1초에 몇 번 반복되는가를 진동수라고 한다. 진동수가 커지면 음 높이 즉, 음고가 높아진다. 고른음 중에서 파형이 사인파인 음파를 단순음이라고 한다. 사인파의 진폭이 커질수록 단순음은 소리의 세기가 커진다. 대부분의 악기에서 나오는 음은 사인파보다 복잡한 파형을 갖는데 이런 파형은 진동수와 진폭이 다른 여러 개의 사인파가 중첩된 것으로 볼 수 있다. 이런 소리를 복합음이라고 하고 복합음을 구성하는 단순음을 부분음이라고 한다. 부분음 중에서 가장 진동수가 작은 것을 기본음이라 하는데 귀는 복합음 속의 부분음들 중에서 기본음의 진동수를 복합음의 진동수로 인식한다.

악기가 ㉠ 내는 소리의 식별 가능한 독특성인 음색은 부분음들로 구성된 복합음의 구조, 즉 부분음들의 진동수와 상대적 세기에 의해 결정된다. 현악기나 관악기에서 발생하는 고른음은 기본음 진동수의 정수배의 진동수를 갖는 부분음들로 이루어져 있지만, 타악기 소리는 부분음들의 진동수가 기본음 진동수의 정수배를 이루지 않는다. 이러한 소리의 특성을 시각적으로 보여주는 소리 스펙트럼은 복합음을 구성하는 단순음 성분들의 세기를 진동수

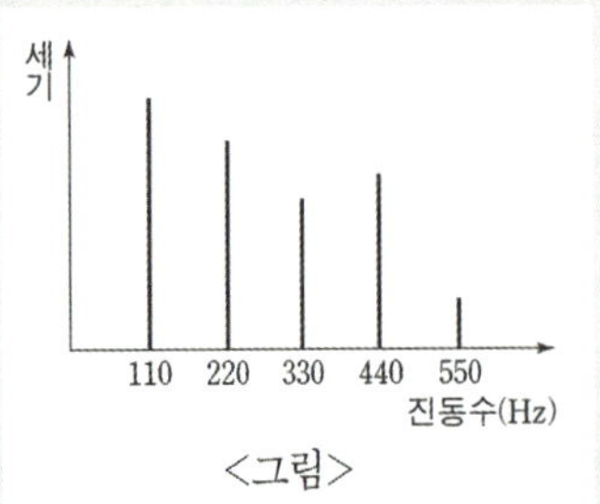

에 따라 그래프로 나타낸 것이다. 고른음의 소리 스펙트럼은 <그림>처럼 일정한 간격으로 늘어선 세로 막대들로 나타나는 반면에 시끄러운음의 소리 스펙트럼에서는 막대 사이 간격이 일정하지 않다.

[A] 두 음이 동시에 울리거나 연이어 울릴 때, 음의 어울림, 즉 협화도는 음정에 따라 달라진다. 여기에서 음정이란 두 음의 음고 간의 간격을 말하며 높은 음고의 진동수를 낮은 음고의 진동수로 나눈 값으로 표현된다. 가령, '도'와 '미' 사이처럼 장3도 음정은 5/4이고, '도'와 '솔' 사이처럼 완전5도 음정은 3/2이다. 그러므로 장3도는 완전5도보다 좁은 음정이다. 일반적으로 음정을 나타내는 분수를 약분했을 때 분자와 분모에 들어가는 수가 커질수록 협화도는 작아진다고 본다. 가령, 음정이 2/1인 옥타브, 3/2인 완전5도, 5/4인 장3도, 6/5인 단3도의 순서로 협화도가 작아진다. 서로 잘 어울리는 두 음의 음정을 협화 음정이라고 하고 그렇지 않은 음정을 불협화 음정이라고 하는데 16세기의 음악 이론가인 차를리노는 약분된 분수의 분자와 분모가 1, 2, 3, 4, 5, 6으로만 표현되는 음정은 협화 음정, 그 외의 음정은 불협화 음정으로 보았다.

아름다운 음악은 단순히 듣기 좋은 소리를 연이어 배열한다고 해서 만들어지지 않는다. 음악은 다양한 음이 조직적으로 연결되고 구성된 형태로, 음악의 매체인 소리가 시간의 진행 속에 구체화된 것이라 할 수 있다. 19세기 음악 평론가인 ⓐ 한슬리크에 따르면, 음악의 독자적인 아름다움은 음들이 '울리면서 움직이는 형식'에서 비롯되는데, 음악을 구성하는 음악적 재료들이 움직이며 만들어 ㉡ 내는 형식 그 자체를 말한다. 따라서 음악의 가치는 음악이 환기하는 기쁨이나 슬픔과 같은 특정한 감정이나 정서에서 찾으려 해서는 안 된다는 것이다.

음악에는 다양한 음악적 요소 들이 사용되는데, 여기에는 리듬, 가락, 화성, 셈여림, 음색 등이 있다. 리듬은 음고 없이 소리의 장단이나 강약 등이 반복될 때 나타나는 규칙적인 소리의 흐름이고, 가락은 서로 다른 음의 높낮이가 지속 시간을 가지는 음들의 흐름이다. 화성은 일정한 법칙에 따라 여러 개의 음이 동시에 울려서 생기는 화음과 또 다른 화음이 시간적으로 연결된 흐름이고, 셈여림은 음악에 나타나는 크고 작은 소리의 세기이며, 음색은 바이올린, 플루트 등 선택된 서로 다른 악기가 만들어

내는 식별 가능한 소리의 특색이다.

　작곡가는 이러한 음악적 요소들을 활용해서 음악 작품을 만든다. 어떤 음악 작품에서 자주 반복되거나 변형되면서 등장하는 소재인 가락을 그 음악 작품의 주제라고 하는데, 작곡가는 자신의 음악적 아이디어를 주제로 구현하고 다양한 음악적 요소들을 사용해서 음악 작품을 완성한다. 예컨대 조성 음악*에서는 정해진 박자 내에서 질서를 가지고 반복적으로 움직이는 리듬이 음표나 쉼표의 진행으로 나타나고, 어떤 조성의 음계 음들을 소재로 한 가락이 나타나고, 주제는 긴장과 이완을 유발하는 다양한 화성 진행을 통해 반복되고 변화한다. 이렇듯 음악은 다양한 특성을 갖는 음들이 유기적으로 결합한 소리의 예술이라고 볼 수 있다.

* 조성 음악: 으뜸음 '도'가 다른 모든 음계 음들을 지배하는 음악으로 17세기 이후 대부분의 서양 음악이 이에 해당한다.

28. 윗글에 대한 설명으로 가장 적절한 것은?

① 소리에 대한 감각이 음악 감상에 미치는 영향을 살피고 있다.
② 미적 본성에 대한 과학적 탐색과 음악적 탐색을 비교하고 있다.
③ 소리를 구분하고 그것을 근거로 하여 음악의 형식을 분류하고 있다.
④ 음악의 아름다움을 소리에 관한 과학적 분석과 관련지어 탐구하고 있다.
⑤ 듣기 좋은 소리와 그렇지 않은 소리가 음악에서 하는 역할을 분석하고 있다.

29. 음악적 요소 에 대한 이해로 적절하지 않은 것은?

① 리듬은 음높이를 가지는 규칙적인 소리의 흐름으로, 음악에서 질서를 가진 음표나 쉼표의 진행에 활용되는 요소이다.
② 가락은 서로 다른 음높이가 지속 시간을 가지는 음들의 흐름으로, 음악에서 자주 반복되거나 변형되면서 등장하는 소재로 활용되는 요소이다.
③ 화성은 화음과 또 다른 화음이 연결된 흐름으로, 음악에서 긴장과 이완을 유발하는 진행에 활용되는 요소이다.
④ 셈여림은 소리의 세기로, 음악에서 크고 작은 소리가 나타나도록 하는 데 활용되는 요소이다.
⑤ 음색은 식별 가능한 소리의 특색으로, 음악에서 바이올린, 플루트 등 서로 다른 종류의 악기를 선택하는 데 활용되는 요소이다.

30. 음악 작품을 만들기 위한 계획들 중, ⓐ의 입장을 가장 잘 반영한 것은?

① 장3도로 기쁨을, 단3도로 슬픔을 나타내는 정서적인 음악을 만든다.
② 플루트의 청아한 가락으로 상쾌한 아침의 정경을 연상시키는 음악을 만든다.
③ 낮은 음고의 음들을 여러 번 사용하여 내면의 불안감을 조성하는 음악을 만든다.
④ 첫째 음과 둘째 음의 간격이 완전5도가 되는 음들을 조직적으로 연결하여 주제가 명확한 음악을 만든다.
⑤ 오페라의 남자 주인공이 화들짝 놀라는 장면에 들어갈 매우 강한 시끄러운음이 울리는 음악을 만든다.

31. 윗글의 <그림>에 대한 이해로 적절한 것은?

① <그림>은 심벌즈의 소리 스펙트럼이다.

② <그림>에 표현된 복합음의 진동수는 550Hz로 인식된다.

③ <그림>에 표현된 소리의 부분음 중 기본음의 세기가 가장 크다.

④ <그림>은 시간의 경과에 따른 부분음의 세기의 변화를 나타낸다.

⑤ <그림>에서 220Hz에 해당하는 막대가 사라져도 음색은 변하지 않는다.

32. [A]를 바탕으로 <보기>에 대해 설명한 것으로 적절하지 <u>않은</u> 것은? [3점]

— < 보기 > —

바이올린을 연주했을 때 발생하는 네 음 P, Q, R, S의 기본음의 진동수를 측정한 결과가 표와 같았다.

음	P	Q	R	S
기본음의 진동수(Hz)	440	550	660	880

① P와 Q 사이의 음정은 장3도이다.

② P와 Q 사이의 음정은 Q와 R 사이의 음정보다 좁다.

③ P와 R 사이의 음정은 협화 음정이라고 할 수 있다.

④ P와 S의 부분음 중에는 진동수가 서로 같은 것이 있다.

⑤ P와 S 사이의 음정은 Q와 R 사이의 음정보다 협화도가 크다.

33. <보기>를 바탕으로 할 때, ㉠과 쓰임이 유사한 것은?

— < 보기 > —

윗글의 ㉠은 문장에서 자립적으로 쓰여 서술어 기능을 한다. 그러나 ㉡은 혼자서는 쓰이지 못하고 반드시 다른 용언의 뒤에 붙어서 의미를 더하여 주는 '보조 용언' 기능을 한다.

① 그 일을 다 해 <u>버리니</u> 속이 시원하다.

② 그는 친구들의 고민을 잘 들어 <u>주었다</u>.

③ 내일 경기를 위해 잘 먹고 잘 쉬어 <u>둬라</u>.

④ 그는 내일까지 돈을 구해 <u>오겠다고</u> 큰소리를 쳤다.

⑤ 일을 추진하기 전에 득실을 꼼꼼히 계산해 <u>보고</u> 시작하자.

다음 글을 읽고 물음에 답하시오.

고전 역학에 ⓐ 따르면, 물체의 크기에 관계없이 초기 운동 상태를 정확히 알 수 있다면 일정한 시간 후의 물체의 상태는 정확히 측정될 수 있으며, 배타적인 두 개의 상태가 공존할 수 없다. 하지만 20세기에 등장한 양자 역학에 의해 미시 세계에서는 상호 배타적인 상태들이 공존할 수 있음이 알려졌다.

미시 세계에서의 상호 배타적인 상태의 공존을 이해하기 위해, 거시 세계에서 회전하고 있는 반지름 5㎝의 팽이를 생각해 보자. 그 팽이는 시계 방향 또는 반시계 방향 중 한쪽으로 회전하고 있을 것이다. 팽이의 회전 방향은 관찰하기 이전에 이미 정해져 있으며, 다만 관찰을 통해 ⓑ 알게 되는 것뿐이다. 이와 달리 미시 세계에서 전자만큼 작은 팽이 하나가 회전하고 있다고 상상해 보자. 이 팽이의 회전 방향은 시계 방향과 반시계 방향의 두 상태가 공존하고 있다. 하나의 팽이에 공존하고 있는 두 상태는 관찰을 통해서 한 가지 회전 방향으로 결정된다. 두 개의 방향 중 어떤 쪽이 결정될지는 관찰하기 이전에는 알 수 없다. 거시 세계와 달리 양자 역학이 지배하는 미시 세계에서는, 우리가 관찰하기 이전에는 상호 배타적인 상태가 공존하는 것이다. 배타적인 상태의 공존과 관찰 자체가 물체의 상태를 결정한다는 개념을 받아들이기 힘들었기 때문에, 아인슈타인은 ㉠ "당신이 달을 보기 전에는 달이 존재하지 않는 것인가?"라는 말로 양자 역학의 해석에 회의적인 태도를 취하였다.

최근에는 상호 배타적인 상태의 공존을 적용함으로써 초고속 연산을 수행하는 양자 컴퓨터에 대한 연구가 진행되고 있다. 이는 양자 역학에서 말하는 상호 배타적인 상태의 공존이 현실에서 실제로 구현될 수 있음을 잘 보여 주는 예라 할 수 있다. 미시 세계에 대한 이러한 연구 성과는 거시 세계에 대해 우리가 자연스럽게 ⓒ 지니게 된 상식적인 생각들에 근본적인 의문을 ⓓ 던진다. 이와 비슷한 의문은 논리학에서도 볼 수 있다.

고전 논리는 '참'과 '거짓'이라는 두 개의 진리치만 있는 이치 논리이다. 그리고 고전 논리에서는 어떠한 진술이든 '참' 또는 '거짓'이다. 이는 우리의 상식적인 생각과 잘 ⓔ 들어맞는다. 그러나 프리스트에 따르면, '참'인 진술과 '거짓'인 진술 이외에 '참인 동시에 거짓'인 진술이 있다. 이를 설명하기 위해 그는 '거짓말쟁이 문장'을 제시한다. 거짓말쟁이 문장을 이해하기 위해 자기 지시적 문장과 자기 지시적이지 않은 문장을 구분해 보자. 자기 지시적 문장 은 말 그대로 자기 자신을 가리키는 문장을 말한다. 예를 들어 "이 문장은 모두 열여덟 음절로 이루어져 있다."라는 '참'인 문장은 자기 자신을 가리키며 그것이 몇 음절로 이루어져 있는지 말하고 있다. 반면 "페루의 수도는 리마이다."라는 '참'인 문장은 페루의 수도가 어디인지 말할 뿐 자기 자신을 가리키는 문장은 아니다.

"이 문장은 거짓이다."는 거짓말쟁이 문장이다. 이는 '이 문장'이라는 표현이 문장 자체를 가리키며 그것이 '거짓'이라고 말하는 자기 지시적 문장이다. 그렇다면 프리스트는 왜 거짓말쟁이 문장에 '참인 동시에 거짓'을 부여해야 한다고 생각할까? 이에 답하기 위해 우선 거짓말쟁이 문장이 '참'이라고 가정해 보자. 그렇다면 거짓말쟁이 문장은 '거짓'이다. 왜냐하면 거짓말쟁이 문장은 자기 자신을 가리키며 그것이 '거짓'이라고 말하는 문장이기 때문이다. 반면 거짓말쟁이 문장이 '거짓'이라고 가정해보자. 그렇다면 거짓말쟁이 문장은 '참'이다. 왜냐하면 그것이 바로 그 문장이 말하는 바이기 때문이다. 프리스트에 따르면 어떤 경우에도 거짓말쟁이 문장은 '참인 동시에 거짓'인 문장이다. 따라서 그는 거짓말쟁이 문장에 '참인 동시에 거짓'을 부여해야 한다고 본다. 그는 거짓말쟁이 문장 이외에 '참인 동시에 거짓'인 진리치가 존재함을 뒷받침하는 다양한 사례를 제시한다. 특히 그는 양자 역학에서 상호 배타적인 상태의 공존은 이 점을 시사하고 있다고 본다.

고전 논리에서는 '참인 동시에 거짓'인 진리치를 지닌 문장을 다룰 수 없기 때문에 프리스트는 그것도 다룰 수 있는 비고전 논리 중 하나인 LP*를 제시하였다. 그런데 LP에서는 직관적으로 호소력 있는 몇몇 추론 규칙이 성립하지 않는다. 전건 긍정 규칙을 예로 들어 생각해 보자. 고전 논리에서는 전건 긍정 규칙이 성립한다. 이는 ㉡ "P이면 Q이다."라는 조건문과 그것의 전건인 P가 '참'이라면 그것의 후건인 Q도 반드시 '참'이 된다는 것이다. 이와 비슷한 방식으로 LP에서 전건 긍정 규칙이 성립하려면,

조건문과 그것의 전건인 P가 모두 '참' 또는 '참인 동시에 거짓'이라면 그것의 후건인 Q도 반드시 '참' 또는 '참인 동시에 거짓'이어야 한다. 그러나 LP에서 조건문의 전건은 '참인 동시에 거짓'이고 후건은 '거짓'인 경우, 조건문과 전건은 모두 '참인 동시에 거짓'이지만 후건은 '거짓'이 된다. 비록 전건 긍정 규칙이 성립하지는 않지만, LP는 고전 논리에 대한 근본적인 의문들에 답하기 위한 하나의 시도로서 의의가 있다.

* LP: '역설의 논리(Logic of Paradox)'의 약자.

27. 문맥을 고려할 때 ㉠의 의미를 추론한 내용으로 가장 적절한 것은?

① 많은 사람들이 항상 달을 관찰하고 있으므로 달이 존재한다.

② 달은 질량이 매우 큰 거시 세계의 물체이므로 관찰 여부와 상관없이 존재한다

③ 달은 관찰 여부와 상관없이 존재하므로 누군가 달을 관찰하기 이전에도 존재한다.

④ 달은 원래부터 있었지만 우리가 관찰하지 않으면 존재 여부에 대해 말할 수 없다.

⑤ 달이 있을 가능성과 없을 가능성이 반반이므로 관찰 이후에 달이 있을 가능성은 반이다.

28. 윗글을 바탕으로, <보기>의 '양자 컴퓨터'와 '일반 컴퓨터'에 대해 이해한 내용으로 적절한 것은?

<보기>

양자 컴퓨터는 여러 개의 이진수들을 단 한 번에 처리함으로써 일반 컴퓨터보다 훨씬 빠른 속도로 연산을 수행한다. 연산 속도에 영향을 미치는 다른 요소들을 배제하면, 이진수를 처리하는 횟수가 적어질수록 연산 결과를 빨리 얻을 수 있기 때문이다.

n자리 이진수를 나타내기 위해서는 n비트*가 필요하고 n자리 이진수는 모두 2^n개 존재한다. 일반 컴퓨터는 한 개의 비트에 0과 1 중 하나만을 담을 수 있어, 두 자리 이진수인 00, 01, 10, 11을 2비트를 이용하여 연산할 때 네 번에 걸쳐 처리한다. 하지만 공존의 원리를 이용하는 양자 컴퓨터는 0과 1을 하나의 비트에 동시에 담아 정보를 처리할 수 있어 두 자리 이진수를 2비트를 이용하여 연산할 때 단 한 번에 처리가 가능하다. 양자 컴퓨터는 처리할 이진수의 자릿수가 커질수록 연산 속도에서 압도적인 위력을 발휘한다.

* 비트(bit): 컴퓨터가 0과 1을 이용하는 이진법으로 연산을 수행하기 위해 사용하는 최소의 정보 저장 단위.

① 양자 컴퓨터는 상태의 공존을 이용함으로써 연산에 필요한 비트의 수를 늘릴 수 있다.

② 3비트를 사용하여 세 자리 이진수를 모두 처리하려고 할 때 양자 컴퓨터는 일반 컴퓨터보다 속도가 6배 빠르다.

③ 한 자리 이진수를 모두 처리하기 위해 1비트를 사용한다고 할 때, 일반 컴퓨터와 양자 컴퓨터의 정보 처리 횟수는 같다.

④ 양자 컴퓨터의 각각의 비트에는 0과 1이 공존하고 있어 4비트로 한 번에 처리할 수 있는 네 자리 이진수의 개수는 모두 16개이다.

⑤ 3비트의 양자 컴퓨터가 세 자리 이진수를 모두 처리하는 속도는 6비트의 양자 컴퓨터가 여섯 자리 이진수를 모두 처리하는 속도보다 2배 빠르다.

29. 자기 지시적 문장 에 대해 이해한 내용으로 적절한 것은?

① "붕어빵에는 붕어가 없다."는 자기 지시적 문장이다.
② "이 문장은 자기 지시적이다."라는 자기 지시적 문장은 '거짓'이 아니다.
③ "이 문장은 거짓이다."는 이치 논리에서 자기 지시적인 문장이 될 수 없다.
④ 고전 논리에서는 어떠한 자기 지시적 문장에도 진리치를 부여 하지 못한다.
⑤ 비고전 논리에서는 모든 자기 지시적 문장에 '참인 동시에 거짓'을 부여한다.

30. 윗글을 통해 ⓒ에 대해 적절하게 추론한 것은?

① LP에서 P가 '참인 동시에 거짓'이고 Q가 '거짓'이면, ⓒ은 '거짓'이다.
② LP에서 ⓒ과 P가 '참인 동시에 거짓'이면, Q도 반드시 '참인 동시에 거짓'이다.
③ LP에서 ⓒ과 P가 '참' 또는 '참인 동시에 거짓'이면, Q도 반드시 '참' 또는 '참인 동시에 거짓'이다.
④ 고전 논리에서 ⓒ과 P가 각각 '거짓'이 아닐 때, Q는 '거짓'이다.
⑤ 고전 논리에서 ⓒ과 P가 '참'이면서 Q가 '거짓'인 것은 불가능하다.

31. 윗글을 바탕으로 <보기>를 이해한 내용으로 적절하지 <u>않은</u> 것은? [3점]

<보기>

A는 고전 논리를 받아들이고, B는 LP를 받아들일 뿐 아니라 양자 역학에서 상호 배타적인 상태의 공존이 시사하는 바에 대한 프리스트의 입장도 받아들인다.
A와 B는 아래의 (ㄱ)~(ㄹ)에 대하여 토론을 하고 있다.

(ㄱ) 전자 e는 관찰하기 이전에 S라는 상태에 있다.
(ㄴ) 전자 e는 관찰하기 이전에 S와 배타적인 상태에 있다.
(ㄷ) 반지름 5㎝의 팽이가 시계 방향으로 회전한다.
(ㄹ) 반지름 5㎝의 팽이가 반시계 방향으로 회전한다.

(단, (ㄱ)과 (ㄴ)의 전자 e는 동일한 전자이고 (ㄷ)과 (ㄹ)의 팽이는 동일한 팽이이다.)

① A는 (ㄱ)이 '참'이 아니라면 '거짓'이고, '참', '거짓' 외에 다른 진리치를 가질 수 없다고 주장할 것이다.
② B는 (ㄱ)은 '참인 동시에 거짓'일 수 있다고 주장하지만, (ㄷ)은 '참'이 아니라면 '거짓'이라고 주장할 것이다.
③ A와 B는 모두 (ㄷ)이 '참'일 때 (ㄹ)도 '참'이 되는 것은 불가능하다고 주장할 것이다.
④ A는 B와 달리 (ㄴ)이 '참인 동시에 거짓'이 될 수 없다고 주장할 것이다.
⑤ B는 A와 달리 (ㄹ)이 '참'이 아니라면 '참인 동시에 거짓'이라고 주장할 것이다.

32. 문맥상 ⓐ~ⓔ와 바꾸어 쓸 수 있는 말로 적절하지
않은 것은?

① ⓐ: 의거(依據)하면
② ⓑ: 인지(認知)하게
③ ⓒ: 소지(所持)하게
④ ⓓ: 제기(提起)한다
⑤ ⓔ: 부합(符合)한다

다음 글을 읽고 물음에 답하시오.

근대 도시의 삶의 양식은 많은 학자들의 관심을 끌어 왔다. 오랫동안 지배적인 관점으로 받아들여진 것은 삶의 양식 중 노동 양식에 주목하는 ㉠ 생산학파의 견해였다. 생산학파는 산업 혁명을 통해 근대 도시 특유의 노동 양식이 형성되는 점에 관심을 기울였다. 그들은 우선 새로운 테크놀로지를 갖춘 근대 생산 체제가 대규모의 노동력을 각지로부터 도시로 끌어 모으는 현상에 주목했다. 또한 다양한 습속을 지닌 사람들이 어떻게 대규모 기계의 리듬에 맞추어 획일적으로 움직이는 노동자가 되는지 탐구했다. 예를 들어, 미셸 푸코는 노동자를 집단 규율에 맞춰 금욕 노동을 하는 유순한 몸으로 만들어 착취하기 위해 어떤 훈육 전략이 동원되었는지 연구하였다. 또한 생산학파는 노동자가 기계화된 노동으로 착취당하는 동안 감각과 감성으로 체험하는 내면세계를 상실하고 사물로 전락했다고 고발하였다. 이렇게 보면 근대 도시는 어떠한 쾌락과 환상도 끼어들지 못하는 거대한 생산 기계인 듯하다.

이에 대하여 ㉡ 소비학파는 근대 도시인이 내면세계를 상실한 사물로 전락한 것은 아니라고 하면서 생산학파를 비판하기 시작했다. 예를 들어, 콜린 캠벨은 금욕주의 정신을 지닌 청교도들조차 소비 양식에서 자기 환상적 쾌락주의를 가지고 있었다고 주장하였다. 결핍을 충족시키려는 욕망과 실제로 욕망이 충족된 상태 사이에는 시간적 간극이 존재할 수밖에 없다. 그런데 근대 도시에서는 이 간극이 좌절이 아니라 오히려 욕망이 충족된 미래 상태에 대한 주관적 환상을 자아낸다. 생산학파와 달리 캠벨은 새로운 테크놀로지의 발달 덕분에 이런 환상이 단순한 몽상이 아니라 실현 가능한 현실이 될 것이라는 기대를 불러일으킨다고 보았다. 그는 이런 기대가 쾌락을 유발하여 근대 소비 정신을 북돋웠다고 긍정적으로 평가했다.

근래 들어 노동 양식에 주목한 생산학파와 소비 양식에 주목한 소비학파의 입장을 ⓐ 아우르려는 연구가 진행되고 있다. 일찍이 근대 도시의 복합적 특성에 주목했던 발터 벤야민은 이러한 연구의 선구자 중 한 명으로 재

발견되었다. 그는 새로운 테크놀로지의 도입이 노동의 소외를 심화한다는 점은 인정하였다. 하지만 소비 행위의 의미가 자본가에게 이윤을 ⓑ 가져다주는 구매 행위로 축소될 수는 없다고 생각했다. 소비는 그보다 더 복합적인 체험을 가져다주기 때문이다. 벤야민은 이런 사실을 근대 도시에 대한 탐구를 통해 설명한다. 근대 도시에서는 옛것과 새것, 자연적인 것과 인공적인 것 등 서로 다른 것들이 병치되고 뒤섞이며 빠르게 흘러간다. 환상을 자아내는 다양한 구경거리도 근대 도시 곳곳에 등장했다. 철도 여행은 근대 이전에는 정지된 이미지로 체험되었던 풍경을 연속적으로 이어지는 파노라마로 체험하게 만들었다. 또한 유리와 철을 사용하여 만든 상품 거리인 아케이드는 안과 밖, 현실과 꿈의 경계가 모호해지는 체험을 가져다주었다. 벤야민은 이러한 체험이 근대 도시인에게 충격을 가져다준다고 보았다. 또한 이러한 충격 체험을 통해 새로운 감성과 감각이 일깨워진다고 말했다.

벤야민은 근대 도시의 복합적 특성이 영화라는 새로운 예술 형식에 드러난다고 주장했다. 19세기 말에 등장한 신기한 구경거리였던 영화는 벤야민에게 근대 도시의 작동 방식과 리듬에 상응하는 매체다. 영화는 조각난 필름들이 일정한 속도로 흘러 가면서 움직임을 만들어 낸다는 점에서 공장에서 컨베이어 벨트가 만들어 내는 기계의 리듬을 ⓒ 떠올리게 한다. 또한 관객이 아닌 카메라라는 기계 장치 앞에서 연기를 해야 하는 배우나 자신의 전문 분야에만 참여하는 스태프는 작품의 전체적인 모습을 파악하기 어렵다. 분업화로 인해 노동으로부터 소외되는 근대 도시인의 모습이 영화 제작 과정에서도 드러나는 것이다. 하지만 동시에 영화는 일종의 충격 체험을 통해 근대 도시인에게 새로운 감성과 감각을 불러일으키는 매체이기도 하다. 예측 불가능한 이미지의 연쇄로 이루어진 영화를 체험하는 것은 이질적인 대상들이 복잡하고 불규칙하게 뒤섞인 근대 도시의 일상 체험과 유사하다. 서로 다른 시·공간의 연결, 카메라가 움직일 때마다 변화하는 시점, 느린 화면과 빠른 화면의 교차 등 영화의 형식 원리는 ㉮ 정신적 충격을 발생시킨다. 영화는 보통 사람의 육안이라는 감각적 지각의 정상적 범위를 넘어선 체험을 가져다준다. 벤야민은 이러한 충격 체험을 환각, 꿈의 체험에 ⓓ 빗대어 '시각적 무의식'이라고 불렀다. 관

객은 영화가 제공하는 시각적 무의식을 체험함으로써 일상적 공간에 대해 새로운 의미를 발견하게 된다. 영화관에 모인 관객은 이런 체험을 집단적으로 공유하면서 동시에 개인적인 꿈의 세계를 향유한다.

근대 도시와 영화의 체험에 대한 벤야민의 견해는 생산학파와 소비학파를 포괄할 수 있는 이론적 단초를 제공한다. 벤야민은 근대 도시인이 사물화된 노동자이지만 그 자체로 내면세계를 지닌 꿈꾸는 자이기도 하다는 사실을 보여 준다. 벤야민이 말한 근대 도시 는 착취의 사물 세계와 꿈의 주체 세계가 교차하는 복합 공간이다. 이렇게 벤야민의 견해는 근대 도시에 대한 일면적인 시선을 ⓔ바로잡는 데 도움을 준다.

33. 윗글의 내용 전개 방식으로 가장 적절한 것은?

① 근대 도시의 삶의 양식에 대한 벤야민의 주장을 기준으로, 근대 도시의 산물인 영화를 유형별로 분류하고 있다.
② 근대 도시와 영화의 개념을 정의한 후, 근대 도시의 복합적 특성을 밝힌 벤야민의 견해에 대해 그 의의와 한계를 평가하고 있다.
③ 근대 도시의 삶의 양식에 대한 벤야민의 관점을 활용하여, 근대 도시의 기원과 영화의 탄생 간에 공통점과 차이점을 비교하고 있다.
④ 근대 도시의 복합적 특성에 따른 영화의 변화 양상을 통시적으로 살펴본 후, 근대 도시와 영화의 체험에 대한 벤야민의 주장을 비판하고 있다.
⑤ 근대 도시의 삶의 양식에 대한 서로 다른 견해를 소개한 후, 근대 도시와 영화에 대한 벤야민의 견해가 근대 도시의 복합적 특성을 드러냄을 밝히고 있다.

34. ㉠, ㉡에 대한 이해로 가장 적절한 것은?

① ㉠은 근대 도시를 근대 도시인이 지닌 환상에 의해 작동되는 생산 기계라고 본다.
② ㉠은 새로운 테크놀로지의 발달로 성립된 근대 생산 체제가 욕망과 충족의 간극을 해소할 수 있다고 본다.
③ ㉡은 근대 도시인의 소비 정신이 금욕주의 정신에 의해 만들어졌다고 본다.
④ ㉡은 근대 도시인이 사물로 전락한 대상이 아니라 실현 가능한 미래에 대한 기대를 가진 존재라고 본다.
⑤ ㉠과 ㉡은 모두 소비가 노동자에 대한 집단 규율을 완화하여 유순한 몸을 만든다고 본다.

35. ㉢에 대한 이해로 적절하지 <u>않은</u> 것은?

① 관객에게 새로운 감성과 감각을 불러일으킨다.
② 영화가 다루고 있는 독특한 주제에서 발생한다.
③ 근대 도시의 일상 체험에서 유발되는 충격과 유사하다.
④ 촬영 기법이나 편집 등 영화의 형식적 요소에 의해 관객에게 유발된다.
⑤ 육안으로 지각 가능한 범위를 넘어서는 영화적 체험으로부터 발생한다.

36. 윗글을 바탕으로 <보기>를 이해한 내용으로 적절하지 <u>않은</u> 것은? [3점]

> < 보기 >
>
> 　베르토프의 <카메라를 든 사나이>는 1920년대의 근대 도시를 소재로 한 다큐멘터리 영화다. 베르토프는 다중 화면, 화면 분할 등 다양한 영화 기법을 도입하여 도시의 일상적 공간을 새롭게 재구성하고 있다. 이 영화는 억압의 대상이던 노동자를 생산의 주체이자 새로운 시대의 주인공으로 묘사한다. 영화인도 노동자 중 한 사람이라고 생각했던 베르토프는 영화 속에서 주체적이고 자율적으로 영화를 제작하는 영화인의 모습을 보여 준다. 베르토프는 짧은 이미지들의 빠른 교차를 통해 영화가 편집의 예술임을 확인시켜 준다. 또한 영화관에서 신기한 장면에 즐겁게 반응하는 관객들의 모습을 영화 속에서 보여 줌으로써 영화가 상영되는 과정을 드러낸다.

① 베르토프의 영화는 분업화로 인해 영화 제작 과정에서 소외된 영화인의 모습을 보여 주는군.

② 베르토프의 영화에 등장하는 노동자의 모습은 생산학파가 묘사하는 훈육된 노동자의 모습과는 다르군.

③ 베르토프가 다양한 영화 기법을 통해 일상 공간을 재구성한 것은 벤야민이 말하는 시각적 무의식을 유발하겠군.

④ 베르토프가 사용한 짧은 이미지들의 빠른 교차는 벤야민이 말하는 예측 불가능한 이미지의 연쇄를 보여 주는군.

⑤ 베르토프의 영화에 등장하는 관객의 모습은 영화관에서 신기한 구경거리인 영화를 즐기는 근대 도시인을 보여 주는군.

37. 　벤야민이 말한 근대 도시　를 이해한 내용으로 적절하지 <u>않은</u> 것은?

① 생산의 공간과 꿈꾸는 공간이 교차하는 공간이다.

② 소비 행위가 노동자에게 복합 체험을 가져다주는 공간이다.

③ 이질적인 것이 병치되고 뒤섞이며 빠르게 흘러가는 공간이다.

④ 새로운 테크놀로지의 도입을 통해 노동의 소외가 극복된 공간이다.

⑤ 집단 규율을 따라 노동하는 노동자도 내면세계를 가지고 있는 공간이다.

38. 문맥상 ⓐ~ⓔ와 바꿔 쓰기에 가장 적절한 것은?

① ⓐ: 봉합(縫合)하려는

② ⓑ: 보증(保證)하는

③ ⓒ: 연상(聯想)하게

④ ⓓ: 의지(依支)하여

⑤ ⓔ: 개편(改編)하는

다음 글을 읽고 물음에 답하시오.

16세기 전반에 서양에서 태양 중심설을 지구 중심설의 대안으로 제시하며 시작된 천문학 분야의 개혁은 경험주의의 확산과 수리 과학의 발전을 통해 형이상학을 뒤바꾸는 변혁으로 이어졌다. 서양의 우주론 이 전파되자 중국에서는 중국과 서양의 우주론을 회통하려는 시도가 전개되었고, 이 과정에서 자신의 지적 유산에 대한 관심이 제고되었다.

복잡한 문제를 단순화하여 푸는 수학적 전통을 이어받은 코페르니쿠스는 천체의 운행을 단순하게 기술할 방법을 찾고자 하였고, 그것이 ⓐ 일으킬 형이상학적 문제에는 별 관심이 없었다. 고대의 아리스토텔레스와 프톨레마이오스는 우주의 중심에 고정되어 움직이지 않는 지구의 주위를 달, 태양, 다른 행성들의 천구들과, 항성들이 붙어 있는 항성 천구가 회전한다는 지구 중심설을 내세웠다. 그와 달리 코페르니쿠스는 태양을 우주의 중심에 고정하고 그 주위를 지구를 비롯한 행성들이 공전하며 지구가 자전하는 우주 모형을 ⓑ 만들었다. 그러자 프톨레마이오스보다 훨씬 적은 수의 원으로 행성들의 가시적인 운동을 설명할 수 있었고 행성이 태양에서 멀수록 공전 주기가 길어진다는 점에서 단순성이 충족되었다. 그러나 아리스토텔레스의 형이상학을 고수하는 다수 지식인과 종교 지도자들은 그의 이론을 받아들이려 하지 않았다. 왜냐하면 그것은 지상계와 천상계를 대립시키는 아리스토텔레스의 이분법적 구도를 무너뜨리고, 신의 형상을 ⓒ 지닌 인간을 한갓 행성의 거주자로 전락시키는 것으로 여겨졌기 때문이다.

16세기 후반에 브라헤는 코페르니쿠스 천문학의 장점은 인정하면서도 아리스토텔레스 형이상학과의 상충을 피하고자 우주의 중심에 지구가 고정되어 있고, 달과 태양과 항성들은 지구 주위를 공전하며, 지구 외의 행성들은 태양 주위를 공전하는 모형을 제안하였다. 그러나 케플러는 우주의 수적 질서를 신봉하는 형이상학인 신플라톤주의에 매료되었기 때문에, 태양을 우주 중심에 배치하여 단순성을 추구한 코페르니쿠스의 천문학을 받아들였다. 하지만 그는 경험주의자였기에 브라헤의 천체 관

측치를 활용하여 태양 주위를 공전하는 행성의 운동 법칙들을 수립할 수 있었다. 우주의 단순성을 새롭게 보여주는 이 법칙들은 아리스토텔레스 형이상학을 더 이상 온존할 수 없게 만들었다.

[A] 17세기 후반에 뉴턴은 태양 중심설을 역학적으로 정당화하였다. 그는 만유인력 가설로부터 케플러의 행성 운동 법칙들을 성공적으로 연역했다. 이때 가정된 만유인력은 두 질점*이 서로 당기는 힘으로, 그 크기는 두 질점의 질량의 곱에 비례하고 거리의 제곱에 반비례한다. 지구를 포함하는 천체들이 밀도가 균질하거나 구 대칭*을 이루는 구라면 천체가 그 천체 밖 어떤 질점을 당기는 만유인력은, 그 천체를 잘게 나눈 부피 요소들 각각이 그 천체 밖 어떤 질점을 당기는 만유인력을 모두 더하여 구할 수 있다. 또한 여기에서 지구보다 질량이 큰 태양과 지구가 서로 당기는 만유인력이 서로 같음을 증명할 수 있다. 뉴턴은 이 원리를 적용하여 달의 공전 궤도와 사과의 낙하 운동 등에 관한 실측값을 연역함으로써 만유인력의 실재를 입증하였다.

16세기 말부터 중국에 본격 유입된 서양 과학은, 청 왕조가 1644년 중국의 역법(曆法)을 기반으로 서양 천문학 모델과 계산법을 수용한 시헌력을 공식 채택함에 따라 그 위상이 구체화되었다. 브라헤와 케플러의 천문 이론을 차례대로 수용하여 정확도를 높인 시헌력이 생활 리듬으로 자리 잡았지만, 중국 지식인들은 서양 과학이 중국의 지적 유산에 적절히 연결되지 않으면 아무리 효율적이더라도 불온한 요소로 ⓓ 여겼다. 이에 따라 서양 과학에 매료된 학자들도 어떤 방식으로든 ㉠ 서양 과학과 중국 전통 사이의 적절한 관계 맺음을 통해 이 문제를 해결하고자 하였다.

17세기 웅명우와 방이지 등은 중국 고대 문헌에 수록된 우주론에 대해서는 부정적 태도를 견지하면서 성리학적 기론(氣論)에 입각하여 실증적인 서양 과학을 재해석한 독창적 이론을 제시하였다. 수성과 금성이 태양 주위를 회전한다는 그들의 태양계 학설은 브라헤의 영향이었지만, 태양의 크기에 대한 서양 천문학 이론에 의문을 제기하고 기(氣)와 빛을 결부하여 제시한 광학 이론은 그들이 창안한 것이었다.

17세기 후반 왕석천과 매문정은 서양 과학의 영향을

받아 경험적 추론과 수학적 계산을 통해 우주의 원리를 파악하고자 하였다. 그러면서 서양 과학의 우수한 면은 모두 중국 고전에 이미 ⓔ갖추어져 있던 것인데 웅명우 등이 이를 깨닫지 못한 채 성리학 같은 형이상학에 몰두했다고 비판했다. 매문정은 고대 문헌에 언급된, 하늘이 땅의 네 모퉁이를 가릴 수 없을 것이라는 증자의 말을 땅이 둥글다는 서양 이론과 연결하는 등 서양 과학의 중국 기원론을 뒷받침하였다.

중국 천문학을 중심으로 서양 천문학을 회통하려는 매문정의 입장은 18세기 초를 기점으로 중국의 공식 입장으로 채택되었으며, 이 입장은 중국의 역대 지식 성과물을 망라한 총서인 『사고전서』에 그대로 반영되었다. 이 총서의 편집자들은 고대부터 당시까지 쏟아진 천문 관련 문헌들을 정리하여 수록하였다. 이와 같이 고대 문헌에 담긴 우주론을 재해석하고 확인하려는 경향은 19세기 중엽까지 주를 이루었다.

* 질점: 크기가 없고 질량이 모여 있다고 보는 이론상의 물체.
* 구 대칭: 어떤 물체가 중심으로부터 모든 방향으로 같은 거리에서 같은 특성을 갖는 상태.

27. 다음은 윗글을 읽은 학생의 독서 기록 중 일부이다. 윗글을 참고할 때, '점검 결과'로 적절하지 <u>않은</u> 것은?

○ 읽기 계획: 1문단을 훑어보면서 뒷부분을 예측하고 질문 만들기를 한 후, 글을 읽고 점검하기

예측 및 질문 내용	점검 결과
○ 서양의 우주론에 태양 중심설과 지구 중심설의 개념이 소개되어 있을 것이다.	예측과 같음 ①
○ 서양의 우주론의 영향으로 변화된 중국의 우주론이 소개되어 있을 것이다.	예측과 다름 ②
○ 서양에서 태양 중심설을 제기한 사람은 누구일까?	질문의 답이 제시됨 ③
○ 중국에서 서양의 우주론을 접하고 회통을 시도할 사람은 누구일까?	질문의 답이 제시됨 ④
○ 중국에 서양의 우주론을 전파한 서양의 인물은 누구일까?	질문의 답이 언급되지 않음 ⑤

28. 윗글에 대한 이해로 적절하지 <u>않은</u> 것은?

① 서양과 중국에서는 모두 우주론을 정립하는 과정에서 형이상학적 사고에 대한 재검토가 이루어졌다.
② 서양 천문학의 전래는 중국에서 자국의 우주론 전통을 재인식하는 계기가 되었다.
③ 중국에 서양의 천문학적 성과가 자리 잡게 된 데에는 국가의 역할이 작용하였다.
④ 중국에서는 18세기에 자국의 고대 우주론을 긍정하는 입장이 주류가 되었다.
⑤ 서양에서는 중국과 달리 경험적 추론에 기초한 우주론이 제기되었다.

29. 윗글에 나타난 서양의 우주론 에 대한 설명으로 가장 적절한 것은?

① 항성 천구가 고정되어 있다고 보는 아리스토텔레스의 우주론은 천상계와 지상계를 대립시킨 형이상학을 토대로 한 것이었다.
② 많은 수의 원을 써서 행성의 가시적 운동을 설명한 프톨레마이오스의 우주론은 행성이 태양에서 멀수록 공전 주기가 길어진다는 점에서 단순성을 갖는 것이었다.
③ 지구와 행성이 태양 주위를 공전한다는 코페르니쿠스의 우주론은 이전의 지구 중심설보다 단순할 뿐 아니라 아리스토텔레스의 형이상학과 양립이 가능한 것이었다.
④ 지구가 우주 중심에 고정되어 있고 다른 행성을 거느린 태양이 지구 주위를 돈다는 브라헤의 우주론은 아리스토텔레스의 형이상학에서 자유롭지 못한 것이었다.
⑤ 태양 주위를 공전하는 행성의 운동 법칙들을 관측치로부터 수립한 케플러의 우주론은 신플라톤주의에서 경험주의적 근거를 찾은 것이었다.

① 중국에서 서양 과학을 수용한 학자들은 자국의 지적 유산에 서양 과학을 접목하려 하였다.
② 서양 천문학과 관련된 내용이 중국의 역대 지식 성과를 집대성한 『사고전서』에 수록되었다.
③ 방이지는 서양 우주론의 영향을 받았지만 서양의 이론과 구별되는 새 이론의 수립을 시도하였다.
④ 매문정은 중국 고대 문헌에 나타나는 천문학적 전통과 서양 과학의 수학적 방법론을 모두 활용하였다.
⑤ 성리학적 기론을 긍정한 학자들은 중국 고대 문헌의 우주론을 근거로 서양 우주론을 받아들여 새 이론을 창안하였다.

31. <보기>를 참고할 때, [A]에 대한 이해로 적절하지 <u>않</u>은 것은? [3점]

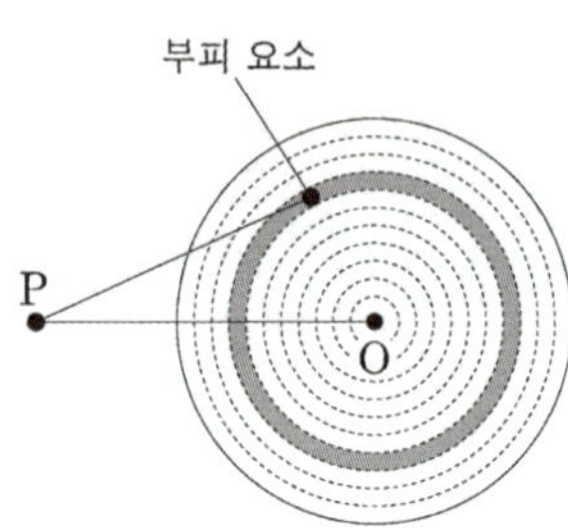

< 보기 >

구는 무한히 작은 부피 요소들로 이루어져 있다. 그 부피 요소들이 빈틈없이 한 겹으로 배열되어 구 껍질을 이루고, 그런 구 껍질들이 구의 중심 O 주위에 반지름을 달리하며 양파처럼 겹겹이 싸여 구를 이룬다. 이때 부피 요소는 그것의 부피와 밀도를 곱한 값을 질량으로 갖는 질점으로 볼 수 있다.

⑴ 같은 밀도의 부피 요소들이 하나의 구 껍질을 구성하면, 이 부피 요소들이 구 외부의 질점 P를 당기는 만유인력들의 총합은, 그 구 껍그리고 특징점들이 많을수록 보정에 필요한질과 동일한 질량을 갖는 질점이 그 구 껍질의 중심 O에서 P를 당기는 만유인력과 같다.
⑵ ⑴에서의 구 껍질들이 구를 구성할 때, 그 동심의 구 껍질들이 P를 당기는 만유인력들의 총합은, 그 구와 동일한 질량을 갖는 질점이 그 구의 중심 O에서 P를 당기는 만유인력과 같다.

  ⑴, ⑵에 의하면, 밀도가 균질하거나 구 대칭인 구를 구성하는 부피 요소들이 P를 당기는 만유인력들의 총합은, 그 구와 동일한 질량을 갖는 질점이 그 구의 중심 O에서 P를 당기는 만유인력과 같다.

① 밀도가 균질한 하나의 행성을 구성하는 동심의 구 껍질들이 같은 두께일 때, 하나의 구 껍질이 태양을 당기는 만유인력은 그 구 껍질의 반지름이 클수록 커지겠군.
② 태양의 중심에 있는 질량이 m인 질점이 지구 전체를 당기는 만유인력은, 지구의 중심에 있는 질량이 m인 질점이 태양 전체를 당기는 만유인력과 크기가 같겠군.
③ 질량이 M인 지구와 질량이 m인 달은, 둘의 중심 사이의 거리만큼 떨어져 있으면서 질량이 M, m인 두 질점 사이의 만유인력과 동일한 크기의 힘으로 서로 당기겠군.
④ 태양을 구성하는 하나의 부피 요소와 지구 사이에 작용하는 만유인력은, 지구를 구성하는 모든 부피 요소들과 태양의 그 부피 요소 사이에 작용하는 만유인력들을 모

두 더하면 구해지겠군.

⑤ 반지름이 R, 질량이 M인 지구와 지구 표면에서 높이 h에
   중심이 있는 질량이 m인 구슬 사이의 만유인력은, R+h
   의 거리만큼 떨어져 있으면서 질량이 M, m인 두 질점
   사이의 만유인력과 크기가 같겠군.

32. 문맥상 ⓐ~ⓔ와 바꿔 쓴 것으로 가장 적절한 것은?

① ⓐ: 진작(振作)할
② ⓑ: 고안(考案)했다
③ ⓒ: 소지(所持)한
④ ⓓ: 설정(設定)했다
⑤ ⓔ: 시사(示唆)되어

다음 글을 읽고 물음에 답하시오.

과거는 지나가 버렸기 때문에 역사가가 과거의 사실과 직접 만나는 것은 불가능하다. 역사가는 사료를 매개로 과거와 만난다. 사료는 과거를 그대로 재현하는 것은 아니기 때문에 불완전하다. 사료의 불완전성은 역사 연구의 범위를 제한하지만, 그 불완전성 때문에 역사학이 학문이 될 수 있으며 역사는 끝없이 다시 서술된다. 매개를 거치지 않은 채 손실되지 않은 과거와 ⓐ 만날 수 있다면 역사학이 설 자리가 없을 것이다. 역사학은 전통적으로 문헌 사료를 주로 활용해 왔다. 그러나 유물, 그림, 구전 등 과거가 남긴 흔적은 모두 사료로 활용될 수 있다. 역사가들은 새로운 사료를 발굴하기 위해 노력한다. 알려지지 않았던 사료를 찾아내기도 하지만, 중요하지 않게 ⓑ 여겨졌던 자료를 새롭게 사료로 활용하거나 기존의 사료를 새로운 방향에서 파악하기도 한다. 평범한 사람들의 삶의 모습을 중점적인 주제로 다루었던 미시사 연구에서 재판 기록, 일기, 편지, 탄원서, 설화집 등의 이른바 '서사적' 자료에 주목한 것도 사료 발굴을 위한 노력의 결과이다.

시각 매체의 확장은 사료의 유형을 더욱 다양하게 했다. 이에 따라 역사학에서 영화를 통한 역사 서술에 대한 관심이 일고, 영화를 사료로 파악하는 경향도 ⓒ 나타났다. 역사가들이 주로 사용하는 문헌 사료의 언어는 대개 지시 대상과 물리적·논리적 연관이 없는 추상화된 상징적 기호이다. 반면 영화는 카메라 앞에 놓인 물리적 현실을 이미지화하기 때문에 그 자체로 물질성을 띤다. 즉, 영화의 이미지는 닮은꼴로 사물을 지시하는 도상적 기호가 된다. 광학적 메커니즘에 따라 피사체로부터 비롯된 영화의 이미지는 그 피사체가 있었음을 지시하는 지표적 기호이기도 하다. 예를 들어 다큐멘터리 영화는 피사체와 밀접한 연관성을 갖기 때문에 피사체의 진정성에 대한 믿음을 고양하여 언어적 서술에 비해 호소력 있는 서술로 비춰지게 된다.

그렇다면 영화는 역사와 어떻게 관계를 맺고 있을까? 역사에 대한 영화적 독해와 영화에 대한 역사적 독해는 영화와 역사의 관계에 대한 두 축을 ⓓ 이룬다. 역사에 대한 영화적 독해는 영화라는 매체로 역사를 해석하고 평가하는 작업과 연관된다. 영화인은 자기 나름의 시선을 서사와 표현 기법으로 녹여내어 역사를 비평할 수 있다. 역사를 소재로 한 역사 영화는 역사적 고증에 충실한 개연적 역사 서술 방식을 취할 수 있다. 혹은 역사적 사실을 자원으로 삼되 상상력에 의존하여 가공의 인물과 사건을 덧대는 상상적 역사 서술 방식을 취할 수도 있다. 그러나 비단 역사 영화만이 역사를 재현하는 것은 아니다. 모든 영화는 명시적이거나 우회적인 방법으로 역사를 증언한다. 영화에 대한 역사적 독해는 영화에 담겨 있는 역사적 흔적과 맥락을 검토하는 것과 연관된다. 역사가는 영화 속에 나타난 풍속, 생활상 등을 통해 역사의 외연을 확장할 수 있다. 나아가 제작 당시 대중이 공유하던 욕망, 강박, 믿음, 좌절 등의 집단적 무의식과 더불어 이상, 지배적 이데올로기 같은 미처 파악하지 못했던 가려진 역사를 끌어내기도 한다.

영화는 주로 허구를 다루기 때문에 역사 서술과는 거리가 있다고 보는 사람도 있다. 왜냐하면 역사가들은 일차적으로 사실을 기록한 자료에 기반해서 연구를 ⓔ 펼치기 때문이다. 또한 역사가는 ㉠ 자료에 기록된 사실이 허구일지도 모른다는 의심을 버리지 않고 이를 확인하고자 한다. 그러나 문헌 기록을 바탕으로 하는 역사 서술에서도 허구가 배격되어야 할 대상만은 아니다. 역사가는 ㉡ 허구의 이야기 속에서 그 안에 반영된 당시 시대적 상황을 발견하여 사료로 삼으려고 노력하기도 한다. 지어낸 이야기는 실제 있었던 사건에 대한 기록이 아니지만 사고방식과 언어, 물질문화, 풍속 등 다양한 측면을 반영하며, 작가의 의도와 상관 없이 혹은 작가의 의도 이상으로 동시대의 현실을 전달해 주기도 한다. 어떤 역사가들은 허구의 이야기에 반영된 사실을 확인하는 것에서 더 나아가 ㉢ 사료에 직접적으로 나타나지 않은 과거를 재현하기 위해 허구의 이야기를 활용하여 사료에 기반한 역사적 서술을 보완하기도 한다. 역사가가 허구를 활용하는 것은 실제로 존재했던 과거에 접근하고자 하는 고민의 결과이다.

영화는 허구적 이야기에 역사적 사실을 담아냄으로써 새로운 사료의 원천이 될 뿐 아니라, 대안적 역사 서술의 가능성까지 지니고 있다. 영화는 공식 제도가 배제했던 역사를 사회에 되돌려 주는 '아래로부

터의 역사'의 형성에 기여한다. 평범한 사람들의 회
고나 증언, 구전 등의 비공식적 사료를 토대로 영화
를 만드는 작업은 빈번하게 이루어지고 있다. 그리하
여 영화는 하층 계급, 피정복 민족처럼 역사 속에서
주변화된 집단의 묻혀 있던 목소리를 표현해 낸다.
이렇듯 영화는 공식 역사의 대척점에서 활동하면서
역사적 의식 형성에 참여한다는 점에서 역사 서술의
한 주체가 된다.

21. 윗글의 내용 전개 방식으로 가장 적절한 것은?

① 역사의 개념을 밝히면서 영화와 역사 간의 공통점과 차
이점을 비교하고 있다.
② 영화의 변천 과정을 통시적으로 밝혀 사료로서 영화가
지닌 의의를 강조하고 있다.
③ 역사에 대한 서로 다른 견해를 대조하여 사료로서 영화
가 지닌 한계를 비판하고 있다.
④ 영화의 사료로서의 특성을 밝히면서 역사 서술로서 영
화가 지닌 가능성을 제시하고 있다.
⑤ 다양한 영화의 유형별 장단점을 분석하여 영화가 역사
서술의 대안이 될 수 있는지에 대해 평가하고 있다.

22. 윗글에 대한 이해로 가장 적절한 것은?

① 개인적 기록은 사료로 활용하기에 적절하지 않다.
② 역사가가 활용하는 공식적 문헌 사료는 매개를 거치지
않은 과거의 사실이다.
③ 기존의 사료를 새로운 방향에서 파악하는 것은 사료의
발굴이라고 할 수 있다.
④ 문헌 사료의 언어는 다큐멘터리 영화의 이미지에 비해
지시 대상에 대한 지표성이 강하다.
⑤ 카메라를 매개로 얻어진 영화의 이미지는 지시 대상과
닮아 있다는 점에서 상징적 기호이다.

23. ㉮, ㉯의 사례로 적절한 것만을 <보기>에서 있는 대
로 찾아 바르게 짝지은 것은?

< 보기 >

ㄱ. 조선 후기 유행했던 판소리를 자료로 활용하여 당
시 음식 문화의 실상을 파악하고자 했다.
ㄴ. B. C. 3세기경에 편찬된 것으로 알려진 경전의 일부
에 사용된 어휘를 면밀히 분석하여, 그 경전의 일부
가 후대에 첨가되었을 가능성을 검토했다.
ㄷ. 중국 명나라 때의 상거래 관행을 연구하기 위해 명
나라 때 유행한 다양한 소설들에서 상업 활동과 관
련된 내용을 모아 공통된 요소를 분석했다.
ㄹ. 17세기의 사건 기록에서 찾아낸 한 평범한 여성의
삶에 대한 역사서를 쓰면서 그 여성의 심리를 묘사
하기 위해 같은 시대에 나온 설화집의 여러 곳에서
문장을 차용했다.

① ㉮: ㄱ, ㄷ   ㉯: ㄹ
② ㉮: ㄱ, ㄹ   ㉯: ㄴ
③ ㉮: ㄴ, ㄷ   ㉯: ㄱ
④ ㉮: ㄷ   ㉯: ㄴ, ㄹ
⑤ ㉮: ㄹ   ㉯: ㄱ, ㄴ

24. ㉠에 나타난 역사가의 관점에서 [A]를 비판한 내용으로 가장 적절한 것은?

① 영화는 많은 사실 정보를 담고 있기 때문에 사료로서의 가능성을 가지고 있다.
② 하층 계급의 역사를 서술하기 위해서는 영화와 같이 허구를 포함하는 서사적 자료에 주목해야 한다.
③ 영화가 늘 공식 역사의 대척점에 있는 것은 아니며, 공식 역사의 입장에서 지배적 이데올로기를 선전하는 수단으로 활용되곤 한다.
④ 주변화된 집단의 목소리는 그 집단의 이해관계를 반영하기 때문에 그것에 바탕을 둔 영화는 주관에 매몰된 역사 서술일 뿐이다.
⑤ 기억이나 구술 증언은 거짓이거나 변형될 가능성이 있기 때문에 다른 자료와 비교하여 진위 여부를 검증한 후에야 사료로 사용이 가능하다.

25. 윗글을 바탕으로 <보기>를 이해한 내용으로 적절하지 <u>않은</u> 것은? [3점]

─── < 보기 > ───

1982년 작 영화 「마르탱 게르의 귀향」은 16세기 중엽 프랑스 농촌의 보통 사람들 간의 사건에 관한 재판 기록을 토대로 한다. 당시 사건의 정황과 생활상에 관한 고증을 맡은 한 역사가는 영화 제작 이후 재판 기록을 포함한 다양한 문서들을 근거로 동명의 역사서를 출간했다. 1993년, 영화 「마르탱 게르의 귀향」은 19세기 중엽 미국을 배경으로 하여 허구적 인물과 사건으로 재구성한 영화 「서머스비」로 탈바꿈되었다. 두 작품에서는 여러 해 만에 귀향한 남편이 재판 과정에서 가짜임이 드러난다. 전자는 당시 생활상을 있는 그대로 복원하는 데 치중했다. 반면 후자는 가짜 남편을 마을에 바람직한 변화를 가져온 지도자로 묘사하면서 미국 근대사를 긍정적으로 평가하고자 하는 대중의 욕망을 반영했다.

① 「서머스비」에 반영된, 미국 근대사를 긍정적으로 평가하려는 대중의 욕망은 영화가 제작된 당시 사회의 집단적 무의식에 해당하는군.
② 실화에 바탕을 둔 영화 「마르탱 게르의 귀향」을 가공의 인물과 사건으로 재구성한 「서머스비」에서는 영화에 대한 역사적 독해를 시도하기 어렵겠군.
③ 영화 「마르탱 게르의 귀향」은 실제 사건의 재판 기록을 토대로 제작됐지만, 그 속에도 역사에 대한 영화인 나름의 시선이 표현 기법으로 나타났겠군.
④ 영화 「마르탱 게르의 귀향」은 역사적 고증에 바탕을 두고 당시 사건과 생활상을 충실히 재현하기 위해 노력했다는 점에서 개연적 역사 서술 방식에 가깝겠군.
⑤ 역사서 『마르탱 게르의 귀향』은 16세기 프랑스 농촌의 평범한 사람들의 삶의 모습을 서사적 자료에 근거하여 다루었다는 점에서 미시사 연구의 방식을 취했다고 볼 수 있군.

26. 문맥상 ⓐ~ⓔ와 바꿔 쓰기에 적절하지 <u>않은</u> 것은?

① ⓐ: 대면(對面)할
② ⓑ: 간주(看做)되었던
③ ⓒ: 대두(擡頭)했다
④ ⓓ: 결합(結合)한다
⑤ ⓔ: 전개(展開)하기

국어 비문학 • 해설편

2017학년도 6월 모평 20번~24번
20 ⑤   21 ⑤   22 ③
23 ②   24 ①

2017학년도 수능 16번~20번
16 ②   17 ④   18 ⑤
19 ⑤   20 ②

2018학년도 6월 모평 16번~21번
16 ⑤   17 ②   18 ③
19 ①   20 ②   21 ①

2018학년도 수능 16번~19번
16 ⑤   17 ③   18 ②   19 ③

2019학년도 6월 모평 16번~21번
16 ②   17 ④   18 ③
19 ③   20 ②   21 ⑤

2019학년도 수능 39번~42번
39 ①   40 ②   41 ③   42 ④

2020학년도 6월 모평 19번~22번
19 ②   20 ④   21 ⑤   22 ⑤

2020학년도 수능 16번~20번
16 ②   17 ②   18 ④
19 ⑤   20 ②

2021학년도 6월 모평 16번~21번
16 ①   17 ④   18 ②
19 ④   20 ⑤   21 ④

2021학년도 수능 16번~21번
16 ①   17 ④   18 ⑤
19 ③   20 ④   21 ③

2022학년도 6월 모평 4번~9번
04 ③   05 ④   06 ④
07 ②   08 ②   09 ①

2022학년도 9월 모평 10번~13번
10 ⑤   11 ④   12 ⑤   13 ④

2022학년도 수능 4번~9번
04 ①   05 ③   06 ④
07 ③   08 ②   09 ③

2023학년도 6월 모평 4번~9번
04 ①   05 ③   06 ④
07 ①   08 ②   09 ③

2023학년도 9월 모평 4번~9번
04 ③   05 ①   06 ⑤
07 ⑤   08 ③   09 ①

2023학년도 수능 4번~9번
04 ④   05 ⑤   06 ③
07 ②   08 ⑤   09 ②

2024학년도 6월 모평 12번~17번
12 ①   13 ③   14 ①
15 ②   16 ③   17 ④

2024학년도 9월 모평 12번~17번
12 ④   13 ⑤   14 ③
15 ⑤   16 ⑤   17 ①

2024학년도 수능 12번~17번
12 ③   13 ①   14 ④
15 ④   16 ⑤   17 ④

2025학년도 6월 모평 12번~17번
12 ④   13 ⑤   14 ④
15 ①   16 ①   17 ②

2025학년도 수능 4번~9번
04 ④   05 ⑤   06 ③
07 ②   08 ①   09 ②

2017학년도 9월 모평 35번~39번

35 ⑤   36 ①   37 ⑤
38 ⑤   39 ②

2017학년도 수능 37번~42번

37 ③   38 ④   39 ⑤
40 ①   41 ④   42 ①

2018학년도 6월 모평 22번~25번

22 ①   23 ⑤   24 ①   25 ⑤

2018학년도 9월 모평 38번~42번

38 ③   39 ④   40 ①
41 ①   42 ②

2018학년도 수능 27번~32번

27 ①   28 ⑤   29 ①
30 ④   31 ③   32 ②

2019학년도 6월 모평 22번~26번

22 ③   23 ②   24 ①
25 ③   26 ⑤

2019학년도 9월 모평 21번~25번

21 ②   22 ④   23 ②
24 ③   25 ①

2019학년도 수능 16번~20번

16 ③   17 ⑤   18 ①
19 ③   20 ①

2020학년도 6월 모평 27번~31번

27 ④   28 ③   29 ①
30 ③   31 ②

2020학년도 9월 모평 27번~31번

27 ⑤   28 ⑤   29 ②
30 ③   31 ①

2020학년도 수능 37번~42번

37 ①   38 ③   39 ④
40 ⑤   41 ⑤   42 ③

2021학년도 6월 모평 29번~33번

29 ②   30 ⑤   31 ④
32 ③   33 ③

2021학년도 9월 모평 26번~30번

26 ⑤   27 ①   28 ⑤
29 ④   30 ③

2021학년도 수능 26번~30번

26 ⑤   27 ③   28 ①
29 ④   30 ②

2022학년도 6월 모평 10번~13번

10 ③   11 ⑤   12 ④   13 ②

2022학년도 9월 모평 4번~9번

04 ②   05 ③   06 ②
07 ①   08 ③   09 ⑤

2022학년도 수능 10번~13번

10 ②   11 ⑤   12 ⑤   13 ④

2023학년도 6월 모평 14번~17번

14 ①   15 ⑤   16 ④   17 ②

2023학년도 9월 모평 10번~13번

10 ②   11 ④   12 ②   13 ④

2023학년도 수능 10번~13번

10 ④   11 ⑤   12 ②   13 ⑤

2024학년도 6월 모평 4번~7번

04 ②   05 ④   06 ⑤   07 ⑤

2024학년도 9월 모평 4번~7번

04 ③   05 ⑤   06 ④   07 ①

2024학년도 수능 4번~7번

04 ⑤   05 ③   06 ②   07 ②

2025학년도 6월 모평 4번~7번

04 ①   05 ⑤   06 ②   07 ①

2025학년도 9월 모평 4번~7번

04 ④   05 ④   06 ③   07 ①

2025학년도 수능 14번~17번

14 ①   15 ②   16 ②   17 ③

예술

복합

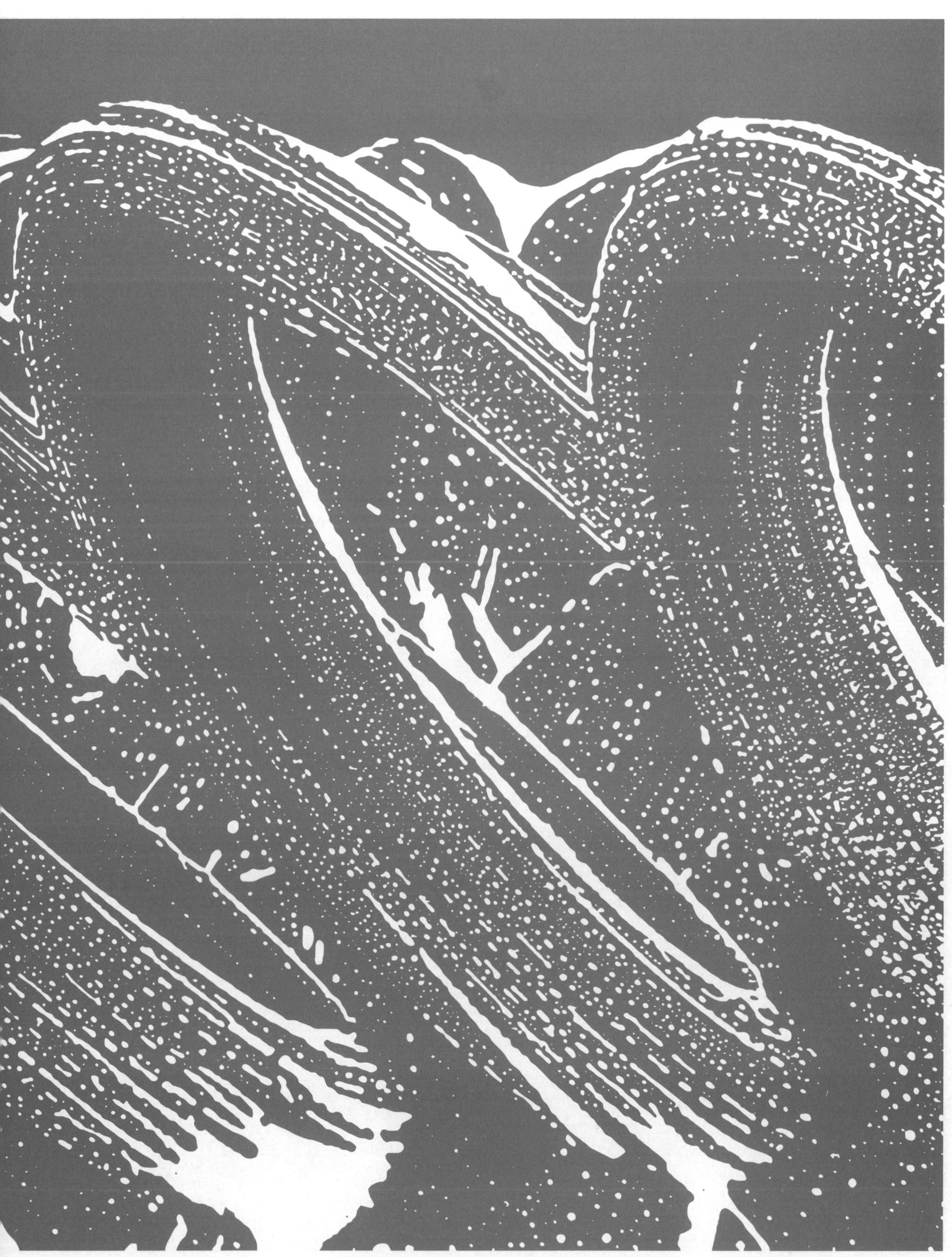

contents.

인문
p.011

기술
p.291

사회
p.125

예술
p.355

과학
p.241

복합
p.373

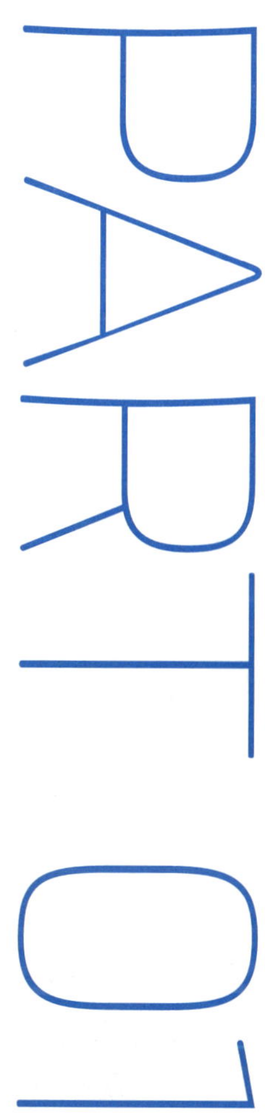

PART 01

인문

(가) 문단

1. 유비 논증은 두 대상이 몇 가지 점에서 유사하다는 사실이 확인된 상태에서 어떤 대상이 추가적 특성을 갖고 있음이 알려졌을 때 다른 대상도 그 추가적 특성을 가지고 있다고 추론하는 논증이다.

- 유비 논증에 대한 정의가 제시되고 있다.
- 논증을 다음과 같이 정리할 수 있다.
1. 두 대상이 몇 가지 점에서 유사하다.
2. 어떤 대상이 추가적 특성을 갖고 있다.
따라서 다른 대상도 그 추가적 특성을 가지고 있다.

2. 유비 논증은 이미 알고 있는 전제에서 새로운 정보를 결론으로 도출하게 된다는 점에서 유익하기 때문에 일상생활과 과학에서 흔하게 쓰인다.

- '이미 알고 있는 전제에서 새로운 정보를 결론으로 도출하는 귀납 논증의 특징을 유비 논증이 갖는 것은 당연하지'라고 반응할 수 있다.
- 유비 논증의 유익성⇒일상생활과 과학에서 흔하게 쓰임

3. 특히 의학적인 목적에서 포유류를 대상으로 행해지는 동물 실험이 유효하다는 주장과 그에 대한 비판은 유비 논증을 잘 이해할 수 있게 해 준다.

- '유비 논증이 일상생활과 과학에서 흔하게 쓰인다고 했는데 동물 실험도 일상생활과 과학의 영역에 들어갈 수 있으니 3번 문장은 2번 문장의 구체적인 예시라고 볼 수 있겠네'라고 반응할 수 있다.
- '동물 실험의 유효성에 대한 논쟁이 어떻게 유비 논증을 잘 이해할 수 있게 한다는 거지?'라고 물음표를 띄울 수 있다.
  '동물과 인간이 유사하니까 동물의 실험 결과를 인간에게 적용할 수 있다 같은 논증을 가지고 논쟁을 펼칠 것이고 그러한 과정 속에서 유비 논증에 대한 이해가 높아질 수 있다고 말하는 건가'라고 추론할 수 있다.

(나) 문단

1. 유비 논증을 활용해 동물 실험의 유효성을 주장하는 쪽은 인간과 ⓐ 실험동물이 ⓑ 유사성을 보유하고 있기 때문에 신약이나 독성 물질에 대한 실험동물의 ⓒ 반응 결과를 인간에게 안전하게 적용할 수 있다고 추론한다.

- '동물 실험의 유효성을 주장하는 쪽이 나왔으니 앞으로 이에 반대하는 쪽도 나오겠네'라고 추론할 수 있다.
- 논증을 다음과 같이 정리할 수 있다.
1. 인간과 실험동물은 유사하다.
2. 실험동물에 신약이나 독성 물질을 투여하면 어떠한 반응 결과를 갖는다.
따라서 인간에게도 신약이나 독성 물질을 투여하면 동일한 반응 결과를 가질 것이다.

2. 이를 바탕으로 이들은 동물 실험이 인간에게 명백하고 중요한 이익을 준다고 주장한다.

- 논증을 다음과 같이 정리할 수 있다.
1. 인간과 실험동물은 유사하다.
2. 실험동물에 신약이나 독성 물질을 투여하면 어떠한 반응 결과를 갖는다.
따라서 인간에게도 신약이나 독성 물질을 투여하면 동일한 반응 결과를 가질 것이다.
따라서 동물 실험은 인간에게 명백하고 중요한 이익을 준다.

(다) 문단

1. 도출한 새로운 정보가 참일 가능성을 유비 논증의 개연성이라 한다.

- '도출한 새로운 정보가 참일 가능성'을 '유비 논증의 결론이 참일 가능성'으로 바꾸어 읽을 수 있다.
- 유비 논증의 개연성에 대한 정의가 제시되고 있다.

2. 개연성이 높기 위해서는 비교 대상 간의 유사성이 커야 하는데 이 유사성은 단순히 비슷하다는 점에서의 유사성이 아니고 새로운 정보와 관련 있는 유사성이어야 한다.

- '-이 아니고'를 통해 '단순히 비슷하다는 점에서의 유사성'과 '새로운 정보와 관련 있는 유사성'의 차이를 드러내고 있으므로 둘을 대등 관계로 보아 시각적 수평 관계로 모델링할 수 있다.
- '-야'라는 필요조건을 드러내는 표현이 등장했으므로 대우 규칙을 적용하여 '이 유사성이 새로운 정보와 관련 없는 유사성일 경우 개연성이 높아지지 않는다'라고 바꾸어 읽을 수 있다.
- '단순히 비슷하다는 점에서의 유사성은 구체적으로 보면 새로운 정보와 관련 없는 유사성을 말하는 것 같은데'라고 추론할 수 있다.

- 개연성을 높이는 예시를 제시하고 있다.
- '실험 결과와 관련 있는 유사성'을 '새로운 정보와 관련 있는 유사성', '결론과 관련 있는 유사성'으로 바꾸어 읽을 수 있다.
- 비슷한 방식으로 피가 순환하며 허파로 호흡을 한다는 유사성은 실험 결과와 관련 있는 유사성임→이 유비 논증은 개연성이 높음

- 개연성이 높아지지 않는 예시를 제시하고 있다.
- '꼬리의 유무에서 유사성을 갖지 않음뿐만 아니라 단순히 비슷하다는 점에서의 유사성도 실험과 관련 없는 특성에 포함되겠네'라고 추론할 수 있다.
- 인간과 꼬리가 있는 실험동물의 꼬리의 유무에서 유사성을 갖지 않음은 실험과 관련 없는 특성임→이 특성은 유비 논증의 개연성을 높이지 않음∧이 특성은 무시해도 됨

(라) 문단

- '동물 실험의 유효성을 주장하는 쪽'과 '동물 실험을 반대하는 쪽'이 충돌하고 있으므로 둘을 대등 관계로 보아 시각적 수평 관계로 모델링할 수 있다.
- '두 가지 측면이 구체적으로 뭘까?'라고 물음표를 띄울 수 있다.
단서가 부족해 추론은 어려워 보인다.

- 첫 번째 비판이 제시되고 있으므로 '두 가지 측면이 구체적으로 뭘까?'라면서 띄웠던 물음표를 반쯤 회수할 수 있다.
- '위와 같은 유사성'을 '실험 결과와 관련 있는 유사성'으로 바꾸어 읽을 수 있다.
- '기능적 차원에서의 유사성일 뿐이라는 게 무슨 말일까?'라고 물음표를 띄울 수 있다.
단서가 부족해 추론은 어려워 보인다.

- '-여도'라는 표현이 등장했으므로 '인간과 실험동물의 기능이 유사하든 유사하지 않든 뒷부분이 성립하는데 특히 유사할 때도 뒷부분은 성립한다'라고 바꾸어 읽을 수 있다.
- '가령 비슷한 방식으로 피가 순환하며 허파로 호흡을 한다는 건 결과로서의 기능일 뿐 인과적 메커니즘은 동물마다 차이가 있으므로 동물 실험의 유효성을 주장하는 쪽은 유비 논증을 자의적으로 하고 있다는 말이네'라고 추론할 수 있으므로 '기능적 차원에서의 유사성일 뿐이라는 게 무슨 말이지?'라면서 띄웠던 물음표를 회수할 수 있다.

- 두 번째 비판이 제시되고 있으므로 '두 가지 측면이 구체적으로 뭘까?'라고 띄웠던 물음표를 모두 회수할 수 있다.
- '-만'이라는 표현이 등장했으므로 '동물 실험의 유효성을 주장하는 쪽은 기능적 유사성 외의 다른 것에는 주목하지 않는다는 것이겠군'이라고 추론할 수 있다.

5. 인간은 자신의 고통과 달리 동물의 고통은 직접 느낄 수 없지만 무엇인가에 맞았을 때 신음 소리를 내거나 몸을 움츠리는 동물의 행동이 인간과 기능적으로 유사하다는 것을 보고 유비 논증으로 동물이 고통을 느낀다는 것을 알 수 있는데도 말이다.

- '-과 달리'를 통해 '자신의 고통'과 '동물의 고통'의 차이를 드러내고 있으므로 둘을 대등 관계로 보아 시각적 수평 관계로 모델링할 수 있다.
- '인간은 자신의 고통은 직접 느낄 수 있지만 동물의 고통은 직접 느낄 수 없다는 거네'라고 반응할 수 있다.
- 논증을 다음과 같이 정리할 수 있다.
1. 인간과 동물은 무엇인가에 맞았을 때 신음 소리를 내거나 몸을 움츠린다는 유사성을 갖는다.
2. 인간은 무엇인가에 맞았을 때 고통을 느끼기 때문에 신음 소리를 내거나 몸음 움츠린다.
따라서 동물도 무엇인가에 맞았을 때 고통을 느끼기 때문에 신음 소리를 내거나 몸을 움츠린다.
따라서 동물도 고통을 느낀다.

(마) 문단

1. 요컨대 첫째 비판은 동물 실험의 유효성을 주장하는 유비 논증의 개연성이 낮다고 지적하는 반면 둘째 비판은 동물도 고통을 느낀다는 점에서 동물 실험의 윤리적 문제를 제기 하는 것이다.

- '동물 실험의 유효성을 주장하는 쪽은 기능적 차원의 유사성에만 주목하는데, 이 기능적 차원의 유사성은 실험 결과와 관련 없는 유사성이기 때문에 그들의 유비 논증은 개연성이 낮다고 지적하는 것이겠군'이라고 반응할 수 있다.

2. 인간과 동물 모두 고통을 느끼는데 인간에게 고통을 ⓒ 끼치는 실험은 해서는 안 되고 동물에게 고통을 끼치는 실험은 해도 된다고 생각하는 것은 공평하지 않다고 생각하기 때문이다.

- '인간의 고통이나 동물의 고통이나 공평하게 바라보아야 한다는 전제가 깔려 있군'이라고 추론할 수 있다.

3. 결국 윤리성의 문제도 일관되지 않게 쓰인 유비 논증에서 비롯된 것이다.

- '유비 논증이 일관되지 않게 쓰였다는 게 무슨 소리지?'라고 물음표를 띄울 수 있다.
'동물 실험의 유효성을 주장하는 쪽에서 기능적 차원의 유사성을 가진다는 근거로 동물 실험의 유효성을 주장하지만 인간과 동물이 고통을 느낀다는 기능적 유사성은 고려하지 않기 때문에 유비 논증이 일관되게 쓰이지 않았다고 말하는 것이겠네'라고 추론할 수 있다.

20. (가)~(마)에 대한 이해로 적절하지 <u>않은</u> 것은?

① (가): 유비 논증의 개념과 유용성을 소개하고 있다.
(가)문단과 부합한다.
② (나): 동물 실험의 유효성 주장에 유비 논증이 활용되고 있음을 언급하고 있다.
(나)문단과 부합한다.
③ (다): 동물 실험을 예로 들어 유비 논증이 높은 개연성을 갖기 위한 조건을 설명하고 있다.
(다)문단과 부합한다.
④ (라): 동물 실험 유효성 주장이 유비 논증을 잘못 적용하고 있다는 비판을 소개하고 있다.
(라)문단과 부합한다.
⑤ (마): 동물 실험 유효성 주장이 갖는 <u>현실적 문제들을 유비 논증의 차원을 넘어서 살펴보고 있다.</u>
동물 실험 유효성 주장이 갖는 논리적 문제들을 유비 논증의 차원에서 살펴보고 있다.

21. 윗글을 바탕으로 추론한 내용으로 가장 적절한 것은?

① 유비 논증의 개연성은 이미 알고 있는 정보와 관련이 없는 새로운 대상이 추가될 때 높아진다.
유비 논증의 개연성은 새로운 정보와 관련이 있는 유사성이 추가될 때 높아진다.
② 인간은 자신이 고통을 느낀다는 것이나 동물이 고통을 느낀다는 것이나 모두 유비 논증에 의해 안다.
인간은 자신이 고통을 느낀다는 것을 유비 논증에 의해 아는 것이 아니라 직접 경험하여 안다.
③ 인간이 꼬리가 있는 실험동물과 차이가 있다는 사실은 동물 실험의 유효성을 주장하는 논증의 개연성을 낮춘다.
꼬리의 유무는 실험 결과와 관련 없는 특징이므로 무시해도 된다고 본다. 즉 논증의 개연성에 영향을 미치지 않는다.

④ 동물 실험이 인간에게 중대한 이익을 가져다준다는 것은
동물 실험의 유효성과 상관없이 알 수 있는 정보이다.

동물 실험의 유효성을 주장하는 쪽은 동물 실험의 유효성을 근
거로 동물 실험이 인간에게 중대한 이익을 가져다준다고 주장
했다.

⑤ 동물 실험에 윤리적 문제가 있다는 주장에는 인간과 동
물의 고통을 공평한 기준으로 대해야 한다는 생각이 전
제되어 있다.

해당 선지는 (마)문단의 2번 문장을 읽을 때 추론한 것과 부합
한다.

22. ㉠과 ㉡에 대한 설명으로 가장 적절한 것은?

㉠ 동물 실험의 유효성을 주장하는 쪽

㉡ 동물 실험을 반대하는 쪽

① ㉠과 ㉡은 모두 인간과 동물이 기능적으로 유사하면 인
과적 메커니즘도 유사하다고 생각한다.

㉠은 그런 말을 한 적이 없고, ㉡은 기능적으로 유사하지만 동물
마다 인과적 메커니즘에 차이가 있다고 말했다.

② ㉠이 ㉡의 비판에 적절히 대응하기 위해서는 인간과 동
물이 기능적으로 유사하지 않다는 것을 보여 주면 된다.

㉠은 ㉡의 비판에 적절히 대응하기 위해서는 인간과 인과적 메
커니즘이 동일한 동물이 있다는 것을 보여주면 된다.

③ ㉡은 ㉠이 인간과 동물 사이의 기능적 차원의 유사성과
인과적 메커니즘의 차이점 중 전자에만 주목한다고 비
판한다.

④ ㉡은 ㉠과 달리 인간과 동물이 유사하지 않으면 동물 실
험 결과는 인간에게 적용할 수 없다고 생각한다.

㉡과 ㉠은 모두 인간과 동물이 유사하지 않으면 동물 실험 결과
는 인간에게 적용할 수 없다고 생각한다.

⑤ ㉡은 ㉠과 달리 인간이 고통을 느끼는 것과 동물이 고통
을 느끼는 것은 기능적으로 유사하지 않다고 생각한다.

㉡은 인간이 고통을 느끼는 것과 동물이 고통을 느끼는 것은 기
능적으로 유사하다고 생각하고 ㉠은 이에 대해 언급하지 않았다.

23. <보기>는 유비 논증의 하나이다. 유비 논증에 대
한 윗글의 설명을 참고할 때, ⓐ~ⓒ에 해당하는 것을
㉮~㉹ 중에서 골라 알맞게 짝지은 것은? [3점]

> ─── < 보기 > ───
>
> 내가 알고 있는 ㉮ 어떤 개는 ㉯ 몹시 사납고 물려
> 는 버릇이 있다. 나는 공원에서 산책을 하다가 그 개와
> ㉰ 비슷하게 생긴 ㉱ 다른 개를 만났다. 그래서 이 개
> 도 사납고 물려는 버릇이 있을 것이라고 추측했다.

1. 어떤 개와 다른 개는 비슷하게 생겼다는 점에서 유사하다.
2. 어떤 개는 몹시 사납고 물려는 버릇이 있다.
따라서 다른 개도 몹시 사납고 물려는 버릇이 있을 것이다.

(나) 문단

> 1. 유비 논증을 활용해 동물 실험의 유효성을 주장하
> 는 쪽은 인간과 ⓐ 실험동물이 ⓑ 유사성을 보유하고
> 있기 때문에 신약이나 독성 물질에 대한 실험동물의
> ⓒ 반응 결과를 인간에게 안전하게 적용할 수 있다고
> 추론한다.

1. 인간과 실험동물은 유사하다.
2. 실험동물에게 신약이나 독성 물질을 투여하면 어떠한 반응
결과를 갖는다.
따라서 인간에게도 신약이나 독성 물질을 투여하면 동일한 반
응 결과를 가질 것이다.

① ⓐ: ㉮ ⓑ: ㉯ ⓒ: ㉱
② ⓐ: ㉮ ⓑ: ㉰ ⓒ: ㉯
③ ⓐ: ㉱ ⓑ: ㉮ ⓒ: ㉰
④ ⓐ: ㉱ ⓑ: ㉯ ⓒ: ㉰
⑤ ⓐ: ㉱ ⓑ: ㉰ ⓒ: ㉯

24. 문맥상 ㉢과 바꿔 쓰기에 적절하지 않은 것은?

인간에게 고통을 ㉢ 끼치는 실험

① 맡기는   ② 가하는   ③ 주는
④ 안기는   ⑤ 겪게 하는

1 문단

1. ㉠ 논리실증주의자와 포퍼는 지식을 수학적 지식이나 논리학 지식처럼 경험과 무관한 것과 과학적 지식처럼 경험에 의존하는 것으로 구분한다.

- '논리실증주의자와 포퍼'를 암기 시도할 필요가 있다.
- '수학적 지식이나 논리학 지식'은 '경험과 무관한 것'에 포함되고 '과학적 지식'은 '경험에 의존하는 것'에 포함됨을 알 수 있다.
- '구분한다'를 통해 '경험과 무관한 것'과 '경험에 의존하는 것'을 구분하고 있으므로 둘을 대등 관계로 보아 시각적 수평 관계로 모델링할 수 있다.

2. 그중 과학적 지식은 과학적 방법에 의해 누적된다고 주장한다.

- '그중'을 '경험과 무관한 것과 경험에 의존하는 것 중'으로 바꾸어 읽을 수 있다.
- '과학적 방법이란 게 구체적으로 뭘 의미하는 거지?'라고 물음표를 띄울 수 있다.
  단서가 부족해 추론은 어려워 보인다.

3. 가설은 과학적 지식의 후보가 되는 것인데, 그들은 가설로부터 논리적으로 도출된 예측을 관찰이나 실험 등의 경험을 통해 맞는지 틀리는지 판단함으로써 그 가설을 시험하는 과학적 방법을 제시한다.

- '가설'이 '과학적 지식의 후보'로 변형 반복됨을 알 수 있다.
- '관찰이나 실험'이 '경험'에 포함됨을 알 수 있다.
- 과학적 방법에 대한 설명이 제시되고 있으므로 '과학적 방법이란 게 구체적으로 뭘 의미하는 거지?'라면서 띄웠던 물음표를 지울 수 있다.
- '예측이 맞으면 가설은 과학적 지식이 되고, 예측이 틀리면 가설은 과학적 지식이 되지 않겠네'라고 추론할 수 있다.

4. 논리실증주의자는 예측이 맞을 경우에, 포퍼는 예측이 틀리지 않는 한, 그 예측을 도출한 가설이 하나씩 새로운 지식으로 추가된다고 주장한다.

- '예측이 맞는 것과 예측이 틀리지 않는 것이 뭐가 다르다고 구분해 놓은 거지?'라고 물음표를 띄울 수 있다.
  단서가 부족해 추론은 어려워 보인다.
- '논리실증주의자'와 '포퍼'를 구분하고 있으므로 둘을 대등 관계로 보아 시각적 수평 관계로 모델링할 수 있다.

2 문단

1. 하지만 ㉡ 콰인은 가설만 가지고서 예측을 논리적으로 도출할 수 없다고 본다.

- '하지만'을 통해 '논리실증주의자와 포퍼'와 '콰인'의 차이를 드러내고 있으므로 둘을 대등 관계로 보아 시각적 수평 관계로 모델링할 수 있다.
- '콰인'을 암기 시도할 필요가 있다.
- '콰인은 예측을 논리적으로 도출하기 위해서 가설만으로는 안 되니 가설 외에 다른 것들도 필요하다고 주장하겠네'라고 추론할 수 있다.
- '예측을 논리적으로 도출하기 위해 가설 외에 필요한 다른 것들은 무엇일까?'라고 물음표를 띄울 수 있다.
  단서가 부족해 추론은 어려워 보인다.

2. 예를 들어 ⓐ 새로 발견된 금속 M은 열을 받으면 팽창한다는 가설만 가지고는 ⓑ 열을 받은 M이 팽창할 것이라는 예측을 이끌어낼 수 없다.

- 가설만으로 예측을 논리적으로 도출할 수 없는 구체적인 예시가 제시되고 있다.
- '가설은 조건문이고 예측은 가설의 전건이 성립하다고 전제했을 때의 후건이네'라고 반응할 수 있다.

3. 먼저 지금까지 관찰한 모든 금속은 열을 받으면 팽창한다는 기존의 지식과 M에 열을 가했다는 조건 등이 필요하다.

- '모든'에 주목할 필요가 있다.
- '기존의 지식은 가설의 주어를 상위 개념으로 바꾼 것이고, 조건은 가설의 전건이네'라고 반응할 수 있다.

- '가설 외에 기존의 지식과 조건 등이 필요하네'라고 반응할 수 있으므로 '예측을 논리적으로 도출하기 위해 가설 외에 필요한 다른 것들은 무엇일까?'라면서 띄웠던 물음표를 회수할 수 있다.

4. 이렇게 예측은 가설, 기존의 지식들, 여러 조건 등을 모두 합쳐야만 논리적으로 도출된다는 것이다.

- '-야만'이라는 필요조건을 드러내는 표현이 등장했으므로 대우 규칙을 적용하여 '합치지 않으면 예측은 논리적으로 도출되지 않는다'라고 바꾸어 읽을 수 있다.
- (가설∧기존의 지식들∧여러 조건)→예측

5. 그러므로 예측이 거짓으로 밝혀지면 정확히 무엇 때문에 예측에 실패한 것인지 알 수 없다는 것이다.

- '예측이 참이면 문제될 게 없지만 예측이 거짓일 경우 가설, 기존의 지식, 여러 조건들 중 적어도 하나가 거짓이라는 결론이 나오는데 그 중 무엇이 거짓인지를 알 수 없기 때문에 이런 말을 하는 거네'라고 추론할 수 있다.

6. 이로부터 콰인은 개별적인 가설뿐만 아니라 ⓒ 기존의 지식들과 여러 조건 등을 모두 포함하는 전체 지식이 경험을 통한 시험의 대상이 된다는 총체주의를 제안한다.

- '가설', '기존의 지식들', '여러 조건'이 '전체 지식'에 포함됨을 알 수 있다.
- '총체주의'에 대한 정의가 제시되고 있다.
- '총체주의'를 암기 시도할 필요가 있다.
- '근데 총체주의는 왜 총체주의라고 불릴까?'라고 물음표를 띄울 수 있다.
'가설뿐만 아니라 다른 것들까지 모두 포함한 전체 지식을 고려하기 때문에 총체주의인 건가'라고 추론할 수 있다.

3 문단

1. 논리실증주의자와 포퍼는 수학적 지식이나 논리학 지식처럼 경험과 무관하게 참으로 판별되는 분석 명제와, 과학적 지식처럼 경험을 통해 참으로 판별되는 종합 명제를 서로 다른 종류라고 구분한다.

- '수학적 지식이나 논리학 지식'은 '분석 명제'에 포함되고 '과학적 지식'은 '종합 명제'에 포함됨을 알 수 있다.
- '분석 명제'와 '종합 명제'를 암기 시도할 필요가 있다.
- '분석 명제는 경험과 무관한 것의 범주에 포함되고, 종합 명제는 경험에 의존하는 것의 범주에 포함된다고 볼 수 있겠군'이라고 반응할 수 있다.
- '분석 명제는 왜 분석 명제라 불리고, 종합 명제는 왜 종합 명제라 불릴까?'라고 물음표를 띄울 수 있다.
'분석 명제는 모르겠지만 종합 명제는 가설과 예측과 경험을 종합적으로 고려하기 때문에 종합 명제라 불리는 것 같다.'라고 추론할 수 있다.

2. 그러나 콰인은 총체주의를 정당화하기 위해 이 구분을 부정하는 논증을 다음과 같이 제시한다.

- '총체주의를 정당화하기 위해서 왜 분석 명제와 종합 명제의 구분을 부정해야 하지?'라고 물음표를 띄울 수 있다.
단서가 부족해 추론은 어려워 보인다.

3. 논리실증주의자와 포퍼의 구분에 따르면 "총각은 총각이다."와 같은 동어 반복 명제와, "총각은 미혼의 성인 남성이다."처럼 동어 반복 명제로 환원할 수 있는 것은 모두 분석 명제이다.

- "총각은 총각이다"는 '동어 반복 명제'에 포함되고 "총각은 미혼의 성인 남성이다"는 '동어 반복 명제로 환원할 수 있는 것'에 포함됨을 알 수 있다.
- '동어 반복 명제는 왜 동어 반복 명제라 불리는 거지?'라고 물음표를 띄울 수 있다.
'동어 반복, 즉 같은 말이 반복된다. "총각은 총각이다"처럼 주어와 술어가 같은 단어인 문장이면 동어 반복 명제인가 보다'라고 추론할 수 있다.
- '동어 반복 명제'를 암기 시도할 필요가 있다.
- '동어 반복 명제로 환원할 수 있는 것은 또 뭘까?'라고 물음표를 띄울 수 있다.
'"총각은 미혼의 성인 남성이다"는 내포적 정의 형식인데 내포적 정의면 동어 반복 명제로 환원할 수 있는 것인가 보다'라고 추론할 수 있다.

4. 그런데 후자가 분석명제인 까닭은 전자로 환원할 수 있기 때문이다.

- 이 문장을 '동어 반복 명제로 환원할 수 있는 것, 즉 내포적 정의가 분석 명제인 까닭은 동어 반복 명제로 환원할 수 있기 때문이다'로 바꾸어 읽을 수 있다.

- '그러니까 분석 명제가 되기 위해서는 동어 반복 명제여야 하는 것이 디폴트 값인데, 그 외의 명제가 분석 명제가 되기 위해서는 동어 반복 명제로 환원할 수 있어야 한다는 거네'라고 추론할 수 있다.
- '총각은 미혼의 성인 남성이다'는 '총각은 총각이다'로 환원할 수 있다. → '총각은 미혼의 성인 남성이다'는 분석 명제이다.

5. 이러한 환원이 가능한 것은 '총각'과 '미혼의 성인 남성'이 동의적 표현이기 때문인데 그게 왜 동의적 표현인지 물어보면, 이 둘을 서로 대체하더라도 명제의 참 또는 거짓이 바뀌지 않기 때문이라고 할 것이다.

- '총각'과 '미혼의 성인 남성'을 서로 대체하더라도 명제의 참 또는 거짓이 바뀌지 않는다. → '총각'과 '미혼의 성인 남성'은 동의적 표현이다. → '총각은 미혼의 성인 남성이다'는 '총각은 총각이다'로 환원할 수 있다. → '총각은 미혼의 성인 남성이다'는 분석 명제이다.
- '-라도'라는 표현이 등장했으므로 '이 둘을 서로 대체하든 안 하든 뒷부분은 성립하는데 특히 이 둘을 대체할 때도 뒷부분은 성립한다'라고 바꿔 읽을 수 있다.

6. 하지만 이것만으로는 두 표현의 의미가 같다는 것을 보장하지 못해서, 동의적 표현은 언제나 반드시 대체 가능해야 한다는 필연성 개념에 다시 의존하게 된다.

- '이것만으로는 동의적 표현임을 보장하지 못하니 필연성 개념도 필요하다는 거네'라고 추론할 수 있다.
- '총각'과 '미혼의 성인 남성'을 서로 대체하더라도 명제의 참 또는 거짓이 바뀌지 않는다.∧필연성 개념 → '총각'과 '미혼의 성인 남성'은 동의적 표현이다. → '총각은 미혼의 성인 남성이다'는 '총각은 총각이다'로 환원할 수 있다. → '총각은 미혼의 성인 남성이다'는 분석 명제이다.

7. 이렇게 되면 동의적 표현이 동어 반복 명제로 환원 가능하게 하는 것이 되어, 필연성 개념은 다시 분석 명제 개념에 의존하게 되는 순환론에 빠진다.

- '이 문장은 무슨 개소리지? 동의적 표현이 동어 반복 명제로 환원 가능하게 하는 것이 되면 왜 필연성 개념이 다시 분석 명제 개념에 의존하게 되는 거지?'라고 물음표를 띄울 수 있다.
  단서가 부족해 추론은 어려워 보인다.
- '총각'과 '미혼의 성인 남성'을 서로 대체하더라도 명제의 참 또는 거짓이 바뀌지 않는다.∧필연성 개념 → '총각'과 '미혼의 성인 남성'은 동의적 표현이다. → '총각은 미혼의 성인 남성이다'

는 '총각은 총각이다'로 환원할 수 있다. → '총각은 미혼의 성인 남성이다'는 분석 명제이다. → 필연성 개념(순환론)

8. 따라서 콰인은 종합 명제와 구분되는 분석 명제가 존재한다는 주장은 근거가 없다는 결론에 ⓒ 도달한다.

- '이 문장도 무슨 개소리일까? 분석 명제 상에서 순환론에 빠진다고 해서 어떻게 종합 명제와 구분되는 분석 명제가 존재한다는 주장은 근거가 없다고 결론을 내릴 수 있는 거지? 비약이 심한데?'라고 물음표를 띄울 수 있다.
  단서가 부족해 추론은 어려워 보인다.
- '어찌됐든 콰인의 의도는 분석 명제와 종합 명제의 구분을 없애고 싶다는 거네'라고 반응할 수 있다.

4 문단

1. 콰인은 분석 명제와 종합 명제로 지식을 엄격히 구분하는 대신, 경험과 직접 충돌하지 않는 중심부 지식과, 경험과 직접 충돌할 수 있는 주변부 지식을 상정한다.

- '대신'을 통해 '분석 명제와 종합 명제로의 구분'과 '중심부 지식과 주변부 지식으로의 구분'을 구분하고 있으므로 둘을 대등 관계로 보아 시각적 수평 관계로 모델링할 수 있다.
- '중심부 지식과 주변부 지식은 구체적으로 무엇일까?'라고 물음표를 띄울 수 있다.
  '중심부 지식은 경험과 직접 충돌하지 않는다고 했으니까 수학적 지식이나 논리학 지식을 포함하고 주변부 지식은 경험과 직접 충돌할 수 있다고 했으니까 과학적 지식을 포함하려나? 중심부 지식은 중심에 자리 잡고 주변부 지식은 주변에 자리 잡는 지식인 거 같은데'라고 추론할 수 있다.
- '중심부 지식은 경험과 직접 충돌하지 않는다고 했으니 간접적으로는 충돌할 수 있다는 소리겠네'라고 추론할 수 있다.
- '중심부 지식'과 '주변부 지식'을 암기 시도할 필요가 있다.
- '중심부 지식은 경험과 무관한 것에 포함되고, 주변부 지식은 경험에 의존하는 것에 포함된다고 볼 수 있겠군'이라고 반응할 수 있다.

2. 경험과 직접 충돌하여 참과 거짓이 쉽게 바뀌는 주변부 지식과 달리 주변부 지식의 토대가 되는 중심부 지식은 상대적으로 견고하다.

- '주변부 지식은 경험과 직접 충돌하여 참과 거짓이 쉽게 바뀌는 반면, 중심부 지식은 참과 거짓이 쉽게 바뀌지 않는다는 거

네'라고 반응할 수 있다.

3. 그러나 이 둘의 경계를 명확히 나눌 수 없기 때문에, 콰인은 중심부 지식과 주변부 지식을 다른 종류라고 하지 않는다.

- '분석 명제와 종합 명제는 서로 다른 종류인 반면, 중심부 지식과 주변부 지식은 서로 다른 종류가 아니라는 말이군'이라고 반응할 수 있다.

4. 수학적 지식이나 논리학 지식은 중심부 지식의 한가운데에 있어 경험에서 가장 멀리 떨어져 있지만 그렇다고 경험과 무관한 것은 아니라는 것이다.

- '수학적 지식이나 논리학 지식이나 과학적 지식이나 다 경험과 관련이 있어서 중심부 지식과 주변부 지식을 서로 다른 종류라고 하지 않는 거네'라고 반응할 수 있다.

5. 그런데 주변부 지식이 경험과 충돌하여 거짓으로 밝혀지면 전체 지식의 어느 부분을 수정해야 할지 고민하게 된다.

6. 주변부 지식을 수정하면 전체 지식의 변화가 크지 않지만 중심부 지식을 수정하면 관련된 다른 지식이 많기 때문에 전체 지식도 크게 변화하게 된다.

- '마인드맵처럼 중심부 지식은 주변부 지식과 달리 관련된 다른 지식이 더 많나 보다'라고 반응할 수 있다.

7. 그래서 대부분의 경우에는 주변부 지식을 수정하는 쪽을 선택하겠지만 실용적 필요 때문에 중심부 지식을 수정하는 경우도 있다.

- '-지만'을 통해 '대부분의 경우'와 '실용적 필요의 경우'의 차이를 드러내고 있으므로 둘을 대등 관계로 보아 시각적 수평 관계로 모델링할 수 있다.

8. 그리하여 콰인은 중심부 지식과 주변부 지식이 원칙적으로 모두 수정의 대상이 될 수 있고, 지식의 변화도 더 이상 개별적 지식이 단순히 누적되는 과정이 아니라고 주장한다.

- '지식의 변화가 더 이상 개별적 지식이 단순히 누적되는 과정이 아니라고 주장하는 이유는 무엇일까?'라고 물음표를 띄울 수 있다.

'중심부 지식을 수정하면 관련된 많은 지식들도 변화하기 때문에 단순한 누적으로 지식의 변화가 일어난다고 할 수 없겠다'라고 추론할 수 있다.

5 문단

1. 총체주의는 특정 가설에 대해 제기되는 반박이 결정적인 것처럼 보이더라도 그 가설이 실용적으로 필요하다고 인정되면 언제든 그와 같은 반박을 피하는 방법을 강구하여 그 가설을 받아들일 수 있다.

- '-라도'라는 표현이 등장했으므로 '특정 가설에 대해 제기되는 반박이 결정적인 것처럼 보이든 보이지 않든 뒷부분은 성립하는데, 특히 특정 가설에 대해 제기되는 반박이 결정적인 것처럼 보일 때도 뒷부분은 성립한다'라고 바꾸어 읽을 수 있다.
- '예측이 틀릴 때 가설, 기존의 지식, 여러 조건 등 중에 적어도 하나가 틀리다는 결론을 도출할 수 있으므로 반드시 가설이 틀렸다고 볼 수 없기 때문에 가설을 받아들일 수도 있다는 거네'라고 추론할 수 있다.

2. 그러나 총체주의는 "A이면서 동시에 A가 아닐 수는 없다."와 같은 논리학의 법칙처럼 아무도 의심하지 않는 지식은 분석 명제로 분류해야 하는 것이 아니냐는 비판에 답해야 하는 어려움이 있다.

- 'A이면서 동시에 A가 아닐 수는 없다는 모순율이네. 모순율은 시간과 장소를 막론하고 절대로 거짓일 수 없는데 이것도 수정 가능한 중심적 지식으로 넣어 버렸으니 콰인은 자가당착에 빠졌네'라고 반응할 수 있다.
- 총체주의의 한계를 제시하고 있다.

16. 윗글을 바탕으로 할 때, ㉠과 ㉡이 모두 '아니요'라고 답변할 질문은?

㉠ <u>논리실증주의자와 포퍼</u>
㉡ <u>콰인</u>

① 과학적 지식은 개별적으로 누적되는가?
㉠: 예 ㉡: 아니요
② <u>경험을 통하지 않고 가설을 시험할 수 있는가?</u>
㉠: 아니요 ㉡: 아니요

③ 경험과 무관하게 참이 되는 지식이 존재하는가?

㉠: 예 ㉡: 아니요

④ 예측은 가설로부터 논리적으로 도출될 수 있는가?

㉠: 예 ㉡: 예

'예측은 가설만으로 논리적으로 도출될 수 있는가?'라는 물음이
었다면 ㉡은 '아니요'가 된다.

⑤ 수학적 지식과 과학적 지식은 종류가 다른 것인가?

㉠: 예 ㉡: 아니요

17. 윗글에 대해 이해한 내용으로 가장 적절한 것은?

① 포퍼가 제시한 과학적 방법에 따르면, 예측이 틀리지 않
았을 경우보다는 맞을 경우에 그 예측을 도출한 가설이
지식으로 인정된다.

포퍼는 예측이 틀리지 않는 한 그 예측을 도출한 가설이 지식으
로 인정된다고 본다.

② 논리실증주의자에 따르면, "총각은 미혼의 성인 남성이
다."가 분석 명제인 것은 총각을 한 명 한 명 조사해 보
니 모두 미혼의 성인 남성으로 밝혀졌기 때문이다.

논리실증주의자에 따르면 "총각은 미혼의 성인 남성이다."가
분석 명제인 까닭은 "총각은 총각이다."로 환원할 수 있기 때문
이다.

③ 콰인은 관찰과 실험에 의존하는 지식이 관찰과 실험에
의존하지 않는 지식과 근본적으로 다르다고 한다.

콰인은 주변부 지식과 중심부 지식을 다른 종류로 보지 않았다.

④ 콰인은 분석 명제가 무엇인지는 동의적 표현이란 무엇
인지에 의존하고, 다시 이는 필연성 개념에, 필연성 개
념은 다시 분석 명제 개념에 의존한다고 본다.

'총각'과 '미혼의 성인 남성'을 서로 대체하더라도 명제의 참 또
는 거짓이 바뀌지 않는다. ∧ 필연성 개념 → '총각'과 '미혼의 성
인 남성'은 동의적 표현이다. → '총각은 미혼의 성인 남성이다'
는 '총각은 총각이다'로 환원할 수 있다. → '총각은 미혼의 성인
남성이다'는 분석 명제이다. → 필연성 개념

⑤ 콰인은 어떤 명제에, 의미가 다를 뿐만 아니라 서로 대체
할 경우 그 명제의 참 또는 거짓이 바뀌는 표현을 사용
할 수 있으면, 그 명제는 동어 반복 명제라고 본다.

논리실증주의자와 포퍼는 동어 반복 명제와 어떤 명제를 서로
대체하더라도 명제의 참 또는 거짓이 바뀌지 않을 경우 그 명제
와 동어 반복 명제는 동의적 표현이므로 그 명제가 동어 반복 명
제로 환원될 수 있다고 본다.

18. 윗글을 바탕으로 총체주의의 입장에서 ⓐ~ⓒ에 대해 평가한 것으로 적절하지 <u>않은</u> 것은? [3점]

ⓐ 새로 발견된 금속 M은 열을 받으면 팽창한다는 가설

ⓑ 열을 받은 M이 팽창할 것이라는 예측

ⓒ 기존의 지식들과 여러 조건 등을 모두 포함하는 전체 지식

① ⓑ가 거짓으로 밝혀지더라도 그것이 ⓐ 때문이라고 단
정하지 못하겠군.

② ⓑ가 거짓으로 밝혀지면 ⓒ의 어느 부분을 수정하느냐
는 실용적 필요에 따라 달라지겠군.

③ ⓑ는 ⓐ와 ⓒ로부터 논리적으로 도출된다고 하겠군.

④ ⓑ가 거짓으로 밝혀지면 ⓑ는 ⓒ의 주변부에서 경험과
직접 충돌한 것이라고 하겠군.

⑤ ⓑ가 거짓으로 밝혀지면 ⓒ를 수정하는 방법으로는 ⓐ
를 받아들일 수 없다고 하겠군.

ⓑ가 거짓으로 밝혀지면 ⓒ를 수정하는 방법으로 ⓐ를 받아들
일 수 있다고 하겠군.

19. 윗글의 총체주의에 대한 비판으로 가장 적절한 것은?

① 가설로부터 논리적으로 도출된 예측이 경험과 충돌하더
라도 그 충돌 때문에 가설이 틀렸다고 할 수 없다.

총체주의가 인정하고 있는 바이므로 해당 선지는 총체주의에
대한 비판이 될 수 없다.

② 논리학 지식이나 수학적 지식이 중심부 지식의 한가운
데에 위치한다고 해서 경험과 무관한 것은 아니다.

총체주의가 주장하는 바이므로 해당 선지는 총체주의에 대한
비판이 될 수 없다.

③ 전체 지식은 어떤 결정적인 반박일지라도 피할 수 있기
때문에 수정 대상을 주변부 지식으로 한정하는 것은 잘
못이다.

총체주의는 수정 대상을 주변부 지식으로 한정하지 않았다. 허
수아비 때리기의 오류이다. 따라서 해당 선지는 총체주의에 대
한 비판이 될 수 없다.

④ 중심부 지식을 수정하면 주변부 지식도 수정해야 하겠
지만, 주변부 지식을 수정한다고 해서 중심부 지식을 수
정해야 하는 것은 아니다.

총체주의가 인정하고 있는 바이므로 해당 선지는 총체주의에
대한 비판이 될 수 없다.

⑤ 중심부 지식과 주변부 지식 간의 경계가 불분명하다 해
　　도 중심부 지식 중에는 주변부 지식들과 종류가 다른 지
　　식이 존재한다.

5문단 2번 문장에 중심부 지식 중 모순율과 같은 논리학의 법칙
은 경험과 무관한 분석 명제로 분류해야 하는 것 아니냐는 비판
을 받을 수 있다고 서술되어 있다. 따라서 해당 선지는 총체주의
에 대한 비판이 될 수 있다.

20. 문맥상 ⓒ과 바꿔 쓰기에 가장 적절한 것은?

결론에 ⓒ 도달한다
도달하다: 목적한 곳이나 수준에 다다르다.

① 잇따른다
② 다다른다
다다르다: 목적한 곳에 이르다.

결론에 다다른다 = 결론에 도달한다
③ 봉착한다
봉착하다: 어떤 처지나 상태에 부닥치다.

결론에 봉착한다 ≠ 결론에 도달한다
④ 회귀한다
⑤ 기인한다

1 문단

1. 유학은 ㉠ 수기치인(修己治人)을 통해 성인(聖人)이 되기 위한 학문으로 성학(聖學)이라고도 불린다.

- '유학'에 대한 정의가 제시되고 있다.
- '수기치인이 뭔데 이를 통해 성인이 된다는 거지?'라고 물음표를 띄울 수 있다.
  단서가 부족해 추론은 어려워 보인다.
- '수기치인'을 암기 시도할 필요가 있다.
- '유학'이 '성학'으로 변형 반복됨을 알 수 있다.

2. '수기'는 사물을 탐구하고 앎을 투철히 하고 뜻을 성실하게 하고 마음을 바르게 하여 자신을 닦는 일이며, '치인'은 집안을 바르게 하고 나라를 통치하고 세상을 평화롭게 하는 것을 의미한다.

- '수기'와 '치인'에 대한 정의가 제시되고 있으므로. '수기치인이 뭔데 이를 통해 성인이 된다는 거지?'라면서 띄웠던 물음표를 회수할 수 있다.
- '수기'와 '치인'을 구분하고 있으므로 둘을 대등 관계로 보아 시각적 수평 관계로 모델링할 수 있다.
- '수기는 나의 내부를 바르게 하는 일이고 치인은 나의 외부를 바르게 하는 일이네'라고 반응할 수 있다.

3. 수기치인을 통해 하늘의 도리인 천도(天道)와 합일되는 경지에 도달한 사람이 바로 '성인'이다.

- '천도'에 대한 정의가 제시되고 있다.
- '성인'에 대한 정의가 제시되고 있다.

4. 이러한 유학의 이념을 적극 수용했던 율곡 이이는 수기치인의 도리를 밝힌 『성학집요』(1575)를 지어 이 땅에 유학의 이상 사회가 구현되기를 소망했다.

- '성학집요'를 암기 시도할 필요가 있다.

2 문단

1. 율곡은 수기를 위한 수양론과 치인을 위한 경세론을 전개하는데, 그 바탕은 만물을 '이(理)'와 '기(氣)'로 설명하는 이기론이다.

- '수양론은 수기의 범주에 포함되고 경세론은 치인의 범주에 포함된다고 볼 수 있겠군'이라고 반응할 수 있다.
- '수양론'과 '경세론'을 암기 시도할 필요가 있다.
- '이기론'은 '이'와 '기'에 대한 이론 같은데, '이'와 '기'가 뭐지?'라고 물음표를 띄울 수 있다.
  단서가 부족해 추론이 어려워 보인다.

2. 존재론의 측면에서 율곡은 '이'를 형체도 없고 시간과 공간의 제약을 받지 않고 존재하는 만물의 법칙이자 원리로 보고, '기'를 시간적인 선후와 공간적인 시작과 끝을 가지면서 끊임없이 변화하며 작동하는 물질적 요소로 본다.

- '이'와 '기'에 대한 정의가 제시되고 있으므로 "이기론'은 '이'와 '기'에 대한 이론 같은데, '이'와 '기'가 뭐지?'라면서 띄웠던 물음표를 지울 수 있다.
- '이'와 '기'를 구분하고 있으므로 둘을 대등 관계로 보아 시각적 수평 관계로 모델링할 수 있다.
- '정리해보면 '이'는 시공간을 초월한 비물질적 만물의 법칙이자 원리고, '기'는 시공간에 구현되어 끊임없이 변화하는 물질적 요소네'라고 반응할 수 있다.

3. '이'와 '기'는 사물의 구성 요소로서 서로 다른 성질을 갖지만, '이'는 현실 세계에서 항상 '기'와 더불어 실제로 존재한다.

- "이'가 만물의 법칙이라 했으니 물질적 요소인 '기'와 현실 세계에서 항상 더불어 존재하겠네'라고 반응할 수 있다.

4. 율곡은 이처럼 서로 구별되면서도 분리됨이 없이 존재하는 '이'와 '기'의 관계를 이기지묘(理氣之妙)라 표현한다.

- '이기지묘'에 대한 정의가 제시되고 있다.
- '이기지묘'를 암기 시도할 필요가 있다.

3 문단

1. 수양론의 한 가지 기반으로, 율곡은 이통기국(理通氣局)을 주장한다.

- '수양론과 경세론의 바탕이 되는 이기론을 설명했으니 이제 수양론을 설명하겠네'라고 추론할 수 있다.
- '이통기국이 뭘까?'라고 물음표를 띄울 수 있다.
  '이통기국에 '이'와 '기'가 들어가니 '이'와 '기'와 관련된 건가'라고 추론할 수 있다.
- '이통기국'을 암기 시도할 필요가 있다.

2. 이것은 만물이 하나의 동일한 '이'를 공유하지만, 다양한 '기'의 성질로 인해 서로 다른 모습으로 나타날 수 있음을 의미한다.

- '이통기국'에 대한 정의가 제시되고 있으므로 '이통기국이 뭘까?'라면서 띄웠던 물음표를 회수할 수 있다.

3. 또한 이러한 이통기국론은, 성인과 일반인이 기질의 차이는 있지만 동일한 '이'를 갖기 때문에 일반인이라도 기질상의 병폐를 제거하고 탁한 기질을 정화하면 '이'의 선한 본성이 회복되어 성인의 경지에 이를 수 있다는 기질 변화론으로 이어진다.

- '성인'과 '일반인'을 구분하고 있으므로 둘을 대등 관계로 보아 시각적 수평 관계로 모델링할 수 있다.
- '기질'을 '기'로 바꾸어 읽을 수 있다.
- '-라도'라는 표현이 등장했으므로 '일반인이든 아니든 뒷부분은 성립하는데, 특히 일반인일 때도 뒷부분은 성립한다'라고 바꾸어 읽을 수 있다.
- '기질 변화론'에 대한 정의가 제시되고 있다.
- '기질 변화론'을 암기 시도할 필요가 있다.

4. 율곡은 흐트러진 마음을 거두어들이는 거경(居敬), 경전을 읽고 공부하여 시비를 분별하는 궁리(窮理), 그리고 몸과 마음을 다스려 사욕을 극복하는 역행(力行)을 기질 변화를 위한 중요한 수양 방법으로 제시한다.

- '거경', '궁리', '역행'에 대한 정의가 제시되고 있다.
- '거경', '궁리', '역행'을 암기 시도할 필요가 있다.
- '거경', '궁리', '역행'이 '수양론'에 포함됨을 알 수 있다.

5. 인간에게 내재된 천도를 실현하려는 율곡의 수양론은 사회의 폐단을 제거하여 천도를 실현하려는 경세론으로 이어진다.

- '천도'를 '하늘의 도리', '이'로 바꾸어 읽을 수 있다.
- '앞으로 경세론에 대한 설명이 제시되겠네'라고 추론할 수 있다.

4 문단

1. 대사상가인 동시에 탁월한 경세가였던 율곡은 많은 논설에서 법제 개혁론을 펼쳤는데, 이는 「만언봉사」(1574)에서 잘 나타난다.

- '대사상가는 뭐고 경세가는 뭘까?'라고 물음표를 띄울 수 있다.
  '대사상가는 탁월한 수양론을 제시한 사람이고, 경세가는 탁월한 경세론을 제시한 사람인 것 같다'라고 추론할 수 있다.
- '법제 개혁론은 뭘까?'라고 물음표를 띄울 수 있다.
  '법제를 개혁하자는 이론인가'라고 추론할 수 있다.
- '만언봉사'를 암기 시도할 필요가 있다.

2. 선조는 "'이'는 빈틈없는 완전함이 있고, '기'는 변화하는 움직임이 있다."라고 말하면서 근래 하늘과 땅에서 일어난 재앙으로부터 깨우쳐야 할 도리를 신하들에게 물었고, 율곡이 그에 대한 답변을 올린 것이 「만언봉사」이다.

- '-야'라는 당위 진술을 가리키는 표현이 등장했으므로 '깨우치지 않으면 안 될 도리'로 바꾸어 읽을 수 있다.
- '만언봉사가 선조의 물음에 대한 답변이었구나'라고 반응할 수 있다.

3. 여기서 율곡은 "때에 따라 변할 수 있는 것은 법제이며, 시대를 막론하고 변할 수 없는 것이 왕도요, 어진 정치요, 삼강이요, 오륜입니다."라고 말하면서 법제 개혁의 필요성을 주장한다.

- '법제'는 '기'에 포함되고, '왕도', '어진 정치', '삼강', '오륜'은 '이'에 포함됨을 알 수 있다.

4. 곧, '이'라 할 수 있는 왕도나 오륜을 고치려 하는 것이 아니라, 그것을 구현할 수 있도록 법제를 개혁하여야 한다는 것이다.

- '-야'라는 당위 진술을 가리키는 표현이 등장했으므로 '법제를 개혁하지 않으면 안 된다는 것이다'라고 바꾸어 읽을 수 있다.
- '경세론도 수양론과 마찬가지로 '이'가 아니라 '기'를 고쳐야 한다는 원리로 설명하네'라고 반응할 수 있다.

5 문단

1. 조선에서 법전의 기본적인 원천은 '수교(受敎)'이다.

- '수교가 뭐지?'라고 물음표를 띄울 수 있다.
  단서가 부족해 추론은 어려워 보인다.
- '수교'를 암기 시도할 필요가 있다.

2. 어떤 사건이 매우 중대하다고 여겨지면 국왕은 조정의 회의를 열고 처리 지침을 만들어 사건을 해결한다.

- 어떤 사건이 매우 중대하다고 여겨짐 ⇒ 국왕이 조정의 회의를 엶 ⇒ 처리 지침을 만듦 ⇒ 사건 해결

3. 이 지침이 앞으로도 같은 종류의 사건을 해결하는 데 적합하겠다고 판단되면, 국왕의 하명 형식을 갖는 법령으로 만들어지는데, 이를 수교라 한다.

- '수교'에 대한 정의가 제시되고 있으므로 '수교가 뭐지?'라면서 띄웠던 물음표를 지울 수 있다.
- 처리 지침 ⇒ 적합성 여부 검증 ⇒ 법령(수교)

4. 그리고 이후의 시행 과정에서 폐단이 없고 유용하다고 확인된 수교들은 다시 다듬어지고 정리되어 '록(錄)'이라는 이름이 붙은 법전에 실린다.

- '록'을 암기 시도할 필요가 있다.
- 처리 지침 ⇒ 적합성 여부 검증 ⇒ 법령(수교) ⇒ 폐단성과 유용성 검증 ⇒ '록'

5. 여기에 수록된 규정들 가운데에 지속적인 적용을 거치면서 영구히 시행할 만한 것이라 판정된 것은 마침내 '대전(大典)'이라는 법전에 오르게 된다.

- '록'과 '대전'은 모두 '법전'에 포함됨을 알 수 있다.
- 처리 지침⇒적합성 여부 검증 ⇒ 법령(수교) ⇒ 폐단성과 유용성 검증 ⇒ '록' ⇒ 영구성 검증 ⇒ '대전'

6 문단

1. 성종 때에 확정된 ≪경국대전≫(1485)은 이 과정을 거친 규정들을 체계적으로 집대성한 통일 법전이다.

- '경국대전'이 '대전'에 포함됨을 알 수 있다.

2. 꾸준한 정련을 거쳐 '대전'에 오른 이 규정들은 '양법미의(良法美意)'라 하였다.

- '양법미의'에 대한 정의가 제시되고 있다.
- '양법미의'를 암기 시도할 필요가 있다.
- '양법미의는 왜 양법미의라 불리는 걸까?'라고 물음표를 띄울 수 있다.
  단서가 부족해 추론은 어려워 보인다.

3. 백성들에게 항구히 시행할 만한 아름다운 규범이라는 의미이다.

- '한자어 뜻풀이를 해보면 이런 뜻이 나오겠지'라고 반응할 수 있으므로 '양법미의는 왜 양법미의라 불리는 걸까?'라면서 띄웠던 물음표를 회수할 수 있다.

4. 실제로 이 ≪경국대전≫은 조선 왕조가 끝날 때까지 국가 기본 법전의 역할을 수행해 왔고, 그 안에 실린 규정들은 개정되지 않았다.

- '그럼 경국대전은 '이'에 속하겠네'라고 추론할 수 있다.

5. 선왕들이 심혈을 기울여 만들고 오랜 시행으로 검증하여 영원토록 시행할 것으로 판정된 규범은 '조종성헌(祖宗成憲)'이라 불렸고, 이는 함부로 고칠 수 없다고 생각되었다.

- '조종성헌'에 대한 정의가 제시되고 있다.
- '조종성헌'을 암기 시도할 필요가 있다.
- '양법미의와 조종성헌의 차이는 뭘까?'라고 물음표를 띄울 수 있다.
  '양법미의는 대전에 오른 규정이고, 조종성헌은 대전에 오른 규정뿐만 아니라 다른 규정들도 영구성이 검증되면 포함되는 개념이겠네'라고 추론할 수 있다.
- '조종성헌은 왜 조종성헌이라 불리는 걸까?'라고 물음표를 띄울 수 있다.
  단서가 부족해 추론은 어려워 보인다.

6. 왕도에 근접하였다고 여긴 것이다.

- '조종성헌은 왕도에 근접하다고 여겨졌으니 '이'에 속하겠네' 라고 반응할 수 있다.

7. '대전'에 실린 규정은 조종성헌으로 받아들여졌고, 따라서 국왕이라 해도 그것을 어길 수 없었다.

7 문단

1. 율곡의 법제 개혁론은 조종성헌을 변혁하자는 것이 아니다.

- '조종성헌은 '이'에 속하는 것이니 당연히 '기'에 해당하는 것을 개혁하자고 하겠지'라고 반응할 수 있다.

2. 그는 성종을 이은 연산군 때 제정된 조세 법령이 여전히 백성의 삶을 피폐하게 하는데도 고쳐지지 않는 실정을 지적하는 등 폐단이 있는 여러 법령들을 거론한다.

- '연산군 때 제정된 조세 법령'이 '폐단이 있는 여러 법령들'에 포함됨을 알 수 있다.
- 폐단이 있는 여러 법령들은 '기'에 속하고 이를 개혁하려고 하겠네'라고 추론할 수 있다.

3. 이런 법령들은 고수할 것이 아니라 바꾸어야만 한다고 역설한다.

- '-야만'이라는 당위 진술을 가리키는 표현이 등장했으므로 '바꾸지 않으면 안 된다고 역설한다'로 바꾸어 읽을 수 있다.

4. 그래야 오히려 조종성헌이 회복된다는 것이다.

- '당위를 가리키는 표현인 줄 알았는데 필요조건을 가리키는 표현이었네'라고 반응할 수 있으므로 대우 규칙을 적용하여 '이런 법령들을 바꾸지 않으면 조종성헌은 회복되지 않는다는 것이다'라고 바꾸어 읽을 수 있다.
- '조종성헌은 '이'이자 '천도'니까 '기'에 속하는 폐단이 있는 법령들을 바꾸어야 회복된다고 볼 수 있지'라고 반응할 수 있다.

5. 결국 조종성헌에 해당하지 않는 부당한 법령을 오래된 선왕의 법이라며 고칠 수 없다고 고집하는 권세가들에 대하여, 그런 법령은 변하지 않아야 할 '이'의 영역에 속하는 것이 아니라는 이론적인 공박을 펼친 것이다.

- '율곡 이이'와 '권세가들'이 충돌하고 있으므로 둘을 대등 관계

로 보아 시각적 수평 관계로 모델링할 수 있다.

- '-야'라는 당위 진술을 가리키는 표현이 등장했으므로 '변하면 안 될'로 바꾸어 읽을 수 있다.

6. 자신의 이기론을 바탕으로 더 나은 세상을 이루려 했던 율곡 이이의 노력은 수기치인의 실천이라 할 만하다.

16. 윗글의 내용과 일치하지 <u>않는</u> 것은?

① 성학은 하늘의 도리와 합일된 사람이 되기 위한 학문이다.
② 『성학집요』에는 유학의 이념이 조선에서 실현되기를 바라는 마음이 담겨 있다.
③ '수교'는 특정한 사안을 해결하는 과정을 거쳐 제정된다.
④ '대전'에 오르는 규정은 지속적으로 시행되면서 폐단이 없었다는 요건을 갖추어야 한다.
⑤ ≪경국대전≫은 확정된 이후에도 시대에 맞게 규정이 개정되면서 기본 법전으로서의 지위를 유지하였다.
≪경국대전≫ 안의 규정들은 조선 왕조가 끝날 때까지 개정되지 않았다.

17. '율곡'의 관점에서 '이'와 '기'에 대해 설명한 것으로 적절하지 <u>않은</u> 것은?

① 천재지변은 '기'의 현상으로서 여기에도 '이'가 더불어 존재 한다.
② '기'는 만물에 내재된 법칙이라는 점에서, 시공을 초월하는 '이'와 대비된다.
'이'가 만물에 내재된 법칙이다. '기'는 물질적 요소이다.
③ 법제는 '이'에 속하지 않지만 '이'를 드러낼 수 있도록 다듬어져야 할 대상이다.
④ 탁한 기질을 깨끗하게 변화시켜 '이'라 할 수 있는 선한 본성이 드러나게 할 수 있다.
⑤ 모든 사물들은 동일한 '이'를 갖지만 서로 다른 '기'로 말미암아 다양한 모습으로 나타난다.

18. ㉠에 관한 이해로 가장 적절한 것은?

㉠ 수기치인(修己治人)

① '수기'와 '치인'은 각각 '이'와 '기'의 정화를 통해 '성인'이
됨을 목표로 한다.
'수기'와 '치인'은 각각 '기'의 정화를 통해 '성인'이 됨을 목표로
한다.
② '이기지묘'는 '수기'와 '치인'의 상호 대립적이고 분리 가
능한 특징을 설명해 준다.
'이기지묘'는 '이'와 '기'의 상호 대립적이면서 분리 불가능한 관
계를 말한다.
③ '수기'를 위한 수양론과 '치인'을 위한 경세론은 모두 천
도의 실현을 목적으로 한다.
④ '이통기국'은 '수기'와 '치인'을 통해 '성인'이 지닌 기질적
병폐의 극복이 가능함을 말해 준다.
'이통기국'은 '수기'를 통해 '일반인'이 지닌 기질적 병폐의 극복
이 가능함을 말해 준다.
⑤ '수기'와 '치인'을 위한 기질 변화 방법으로는 독서와 공
부를 통해 시비를 분별하는 '역행'이 있다.
'수기'를 위한 기질 변화 방법으로는 독서와 공부를 통해 시비를
분별하는 '궁리'가 있다.

19. 윗글의 '율곡'과 <보기>의 '플라톤'의 견해를 비교하
여 이해한 것으로 가장 적절한 것은?

─── < 보기 > ───

　플라톤은 물질적이고 가변적인 사물들이 존재하는
현실 세계와 비물질적이고 불변적이고 완벽한 이데아
들이 존재하는 이상 세계를 구분한다. 이데아는 물질로
부터 떨어져 있고 또한 시간과 공간의 제약도 받지 않
지만, 마음속의 추상적 개념이 아니라 실제로 존재하
는 것이다. 이상 세계에서 영혼으로 존재하면서 이데아
를 직접 접했던 인간은, 태어나기 위해 이 땅에 내려오
는 과정에서 그에 대한 모든 기억을 상실한다. 물질의
한계로 인해 이데아의 완벽함이 현실 세계에서 똑같이
구현되지는 않지만, 그래도 이데아를 가장 잘 기억하는
사람이 통치자가 되어 그것을 이 땅에서 구현해 내려
한다면 그만큼 좋은 국가를 만들게 될 것이다. 이 통치
자가 바로 플라톤이 말하는 '철학자 왕'이다.

① 율곡의 '이'는 플라톤의 '이데아'와 달리 물질과 분리됨이
없이 존재한다.
'이'는 물질적 요소인 '기'와 분리됨 없이 존재한다.
반면 '이데아'는 물질로부터 떨어져 있다는 <보기>의 서술에 근
거하여 물질과 분리되어 존재한다.
② 율곡의 '이'는 플라톤의 '이데아'와 달리 시간과 공간의
제약을 받지 않는다.
율곡의 '이'는 플라톤의 '이데아'와 마찬가지로 시간과 공간의 제
약을 받지 않는다.
③ 율곡의 '성인'은 플라톤의 '철학자 왕'과 달리 수양보다는
기억에 의존하여 통치한다.
율곡의 '성인'은 플라톤의 '철학자 왕'과 달리 기억보다는 수양에
의존하여 통치한다.
④ 율곡의 '이'는 플라톤의 '이데아'와 마찬가지로 마음속에
존재하는 추상적 개념이다.
플라톤의 '이데아'는 마음속에 존재하는 추상적 개념이 아니라
실제로 존재하는 것이다.
⑤ 율곡이 생각하는 이상 사회는 플라톤의 이상 세계와 마
찬가지로 현실에서 완전하게 실현될 수 있다.
플라톤의 이상 세계는 현실에서 완전하게 실현될 수 없다.

20. 윗글에 나타난 '율곡'의 법제 개혁론에 대한 설명으
로 적절하지 **않은** 것은?

① 이기론을 바탕으로 한 경세론의 실천으로서 법제 개혁
을 주장한다.
② '이'와 '기'에 대해 잘못된 견해를 제시하는 국왕에게 선
왕의 법을 개혁할 것을 건의한다.
선조가 "'이'는 빈틈없는 완전함이 있고, '기'는 변화하는 움직임
이 있다."라고 언급한 것으로 보아 국왕이 '이'와 '기'에 대해 잘
못된 견해를 제시했다고 단정할 수 없다.
③ 조종성헌 존중의 전통을 악용하는 이들에 의해 법제 개
혁이 가로막히는 경향을 비판한다.
④ 삼강과 같은 불변적 가치를 거론하는 까닭은 결국 법제
개혁의 방향을 제시하기 위한 것이다.
⑤ ≪경국대전≫이 확정된 이후 연산군 때 제정된 악법들
은 개혁 대상이 되어야 한다고 본다.

21. 윗글을 바탕으로 <보기>의 '숙종'을 이해한 반응으로 가장 적절한 것은? [3점]

< 보기 >

숙종 25년(1699) 회양부사 갑은 자신이 행차하는데 무례했다는 이유로 선비 을을 잡아 곤장을 쳐서 죽게 하였다. 이 사건에 대해 숙종은 사형에 해당하는 죄라고 보았으나, 대신들은 형벌을 집행하다가 일어난 일이니 사형에 해당하지는 않는다는 의견을 올렸다. 이에 숙종은 꾸짖었다. "≪경국대전≫은 역대 선왕들께서 만들어 한결같이 시행해 온 성스러운 규범이다. 결코 멋대로 적용해서는 아니 된다. 국왕에게 법을 잘못 적용하라고 하는가? 갑이 살아서 나가게 되면 무법의 나라가 된다."

여기서 숙종과 대신들은 아래의 규정들 가운데 어느 규정을 적용할지에 대하여 의견 대립을 보이고 있다.

(가) ≪경국대전≫ "≪대명률≫을 형법으로 적용한다."

(나) ≪경국대전≫ "관리가 형벌 집행을 남용하여 죽음에 이르게 한 경우에는 곤장 100대에 치하고 영구히 관리로 임용하지 않는다."

(다) ≪대명률≫ "사람을 죽인 자는 사형에 처한다."

---

① 숙종은 갑의 행위에 (다)를 적용하는 것이 조종성헌을 존중하는 것이라고 보고 있군.

숙종은 (가)를 통해 (다)를 적용하자는 입장이므로 해당 선지는 참이다.

② 숙종은 완성된 지 200년이 넘었다는 이유로 ≪경국대전≫의 규정을 적용하지 않으려 하는군.

숙종은 ≪경국대전≫의 규정을 적용하려 한다고 볼 수 있다.

③ 숙종이 ≪대명률≫의 규정인 (다)를 적용하려는 것은 '대전'의 규정을 따르지 않는 태도라 해야겠군.

숙종은 (가)를 통해 (다)를 적용하자는 입장이므로 '대전'의 규정을 따르는 태도라 해야 한다.

④ 숙종이 (나)의 적용을 찬성하지 않는 이유는 (나)가 양법미의가 될 수 없다고 생각하기 때문이군.

숙종은 경국대전을 성스러운 규범이라 칭했으므로 숙종이 (나)의 적용을 찬성하지 않는 이유는 (나)가 양법미의가 될 수 없다고 생각한 것이 아니라 (나)보다 (가)가 우선 적용되어야 한다고 생각했기 때문이라고 보는 것이 적절하다.

⑤ 숙종은 선왕의 법을 적용하는 대신들의 방식에는 불만이지만 갑의 행위가 정당한 형벌 집행이라고 보는 데는 동의하는군.

숙종이 갑의 행위가 정당한 형벌 집행이라고 보았다면 갑에게 사형을 내리려고 하지 않았을 것이다. 그러나 숙종은 갑에게 사형을 내리려고 하였으므로 숙종은 갑의 행위가 정당한 형벌 집행이라고 보지 않았다고 볼 수 있다. 그리고 애초에 <보기>에는 갑의 행위의 정당성에 대해서 숙종이 어떠한 판단을 했는지 언급되고 있지 않다.

1 문단

1. 자연에서 발생하는 모든 일은 목적 지향적인가?

- '모든'에 주목할 필요가 있다.
- '목적 지향적이라는 무슨 말일까?'라고 물음표를 띄울 수 있다. 단서가 부족해 추론은 어려워 보인다.

2. 자기 몸통보다 더 큰 나뭇가지나 잎사귀를 허둥대며 운반하는 개미들은 분명히 목적을 가진 듯이 보인다.

- '목적 지향적이라는 말은 개미들이 잎사귀를 운반하듯이 목적을 가진다는 말이네'라고 반응할 수 있으므로 '목적 지향적이라는 무슨 말일까?'라면서 띄웠던 물음표를 회수할 수 있다.

3. 그런데 가을에 지는 낙엽이나 한밤 중에 쏟아지는 우박도 목적을 가질까?

- '낙엽이나 우박은 목적을 가지지 않은 것처럼 보이므로 자연에서 발생하는 모든 일이 목적 지향적이라는 주장의 반례가 될 수 있겠다'라고 반응할 수 있다.
- '개미'를 '생물'로, '낙엽이나 우박'을 '무생물'로 바꾸어 이해할 수 있다.
- '개미'와 '낙엽이나 우박'을 구분하고 있으므로 둘을 대등 관계로 보아 시각적 수평 관계로 모델링할 수 있다.

4. 아리스토텔레스는 모든 자연물이 목적을 추구하는 본성을 타고나며, 외적 원인이 아니라 내재적 본성에 따른 운동을 한다는 목적론을 제시한다.

- '아리스토텔레스'를 암기 시도할 필요가 있다.
- '모든'에 주목할 필요가 있다.
- '-이 아니라'를 통해 '외적 원인'과 '내재적 본성'의 차이를 드러내고 있으므로 둘을 대등 관계로 보아 시각적 수평 관계로 모델링할 수 있다.
- '외적 원인이 아니라 내재적 본성에 따른 운동을 한다는 게 무슨 말일까?'라고 물음표를 띄울 수 있다.
  '외력이 아니라 내부에 목적을 가지고 운동한다는 의미인 것 같다'라고 추론할 수 있다.

- '개미는 이에 부합하다고 볼 수 있으나 낙엽이나 우박이 운동하는 건 중력 때문이니 현대의 관점에선 아리스토텔레스의 주장은 터무니없구만'이라고 반응할 수 있다.
- '목적론'에 대한 정의가 제시되고 있다.
- '목적론'을 암기 시도할 필요가 있다.

5. 그는 자연물이 단순히 목적을 갖는 데 그치는 것이 아니라 목적을 실현할 능력도 타고나며, 그 목적은 방해받지 않는 한 반드시 실현될 것이고, 그 본성적 목적의 실현은 운동 주체에 항상 바람직한 결과를 가져온다고 믿는다.

- '항상'에 주목할 필요가 있다.
- '무생물에게 '바람직한' 결과란 있을 수가 없고, 생물의 본성적 목적의 실현이 항상 운동 주체에 항상 바람직한 결과를 가져오지는 않는다는 반례를 수없이 댈 수 있으므로 너무 터무니없는 주장이다'라고 반응할 수 있다.

6. 아리스토텔레스는 이러한 자신의 견해를 "자연은 헛된 일을 하지 않는다!"라는 말로 요약한다.

2 문단

1. 근대에 접어들어 모든 사물이 생명력을 갖지 않는 일종의 기계라는 견해가 강조되면서, 아리스토텔레스의 목적론은 비과학적이라는 이유로 많은 비판에 직면한다.

- 아리스토텔레스가 살던 시대인 '고대'와 '근대'를 구분하고 있으므로 둘을 대등 관계로 보아 시각적 수평 관계로 모델링할 수 있다.
- '모든'에 주목할 필요가 있다.
- '그러니까 근대에서는 개미조차도 생명력을 갖지 않는 일종의 기계라고 보았다는 거네'라고 반응할 수 있다.

2. 갈릴레이는 목적론적 설명이 과학적 설명으로 사용될 수 없다고 주장하며, 베이컨은 목적에 대한 탐구가 과학에 무익하다고 평가하고, 스피노자는 목적론이 자연에 대한 이해를 왜곡한다고 비판한다.

- '갈릴레이', '베이컨', '스피노자'를 암기 시도할 필요가 있다.
- '갈릴레이', '베이컨', '스피노자'가 '근대'의 인물에 포함됨을 알 수 있다.

- '이들의 주장의 근거는 왜 제시하지 않지?'라고 물음표를 띄울 수 있다.
단서가 부족해 추론은 어려워 보인다.

3. 이들의 비판은 목적론이 인간 이외의 자연물도 이성을 갖는 것으로 의인화한다는 것이다.

- '개미도, 낙엽이나 우박도 목적을 갖는다는 목적론을 이들은 모든 자연물이 이성을 갖는 것으로 의인화했다고 해석하여 비판했다는 거네'라고 반응할 수 있다.

4. 그러나 이런 비판과는 달리 아리스토텔레스는 자연물을 생물과 무생물로, 생물을 식물·동물·인간으로 나누고, 인간만이 이성을 지닌다고 생각했다.

- '-만'이라는 표현이 등장했으므로 '인간이 아닌 것은 이성을 지니지 않는다고 생각했다'라고 바꾸어 읽을 수 있다.
- '아리스토텔레스는 모든 자연물이 목적을 갖되, 이성은 인간만이 지닌다고 보았네. 즉 근대의 아리스토텔레스의 목적론에 대한 비판은 잘못된 해석에서 비롯되었네'라고 반응할 수 있다.

3 문단

1. 일부 현대 학자들은, 근대 사상가들이 당시 과학에 기초한 기계론적 모형이 더 설득력을 갖는다는 일종의 교조적 믿음에 의존했을 뿐, 아리스토텔레스의 목적론을 거부할 충분한 근거를 제시하지 못했다고 비판한다.

- '고대', '근대', '현대'를 구분하고 있으므로 셋을 대등 관계로 보아 시각적 수평 관계로 모델링할 수 있다.
- '일부'라는 표현이 쓰였으므로 '그렇게 생각하지 않는 현대 학자들도 있겠군'이라고 추론할 수 있다.

2. 이런 맥락에서 볼로틴은 근대 과학이 자연에 목적이 없음을 보이지도 못했고 그렇게 하려는 시도조차 하지 않았다고 지적한다.

- '볼로틴'을 암기 시도할 필요가 있다.
- '볼로틴'이 '일부 현대 학자들'에 포함됨을 알 수 있다.

3. 또한 우드필드는 목적론적 설명이 과학적 설명은 아니지만, 목적론의 옳고 그름을 확인할 수 없기 때문에 목적론이 거짓이라 할 수도 없다고 지적한다.

- '우드필드'를 암기 시도할 필요가 있다.
- '우드필드'가 '일부 현대 학자들'에 포함됨을 알 수 있다.
- '갈릴레이와 우드필드는 모두 목적론적 설명이 과학적 설명이 아니라고 주장하네'라고 반응할 수 있다.
- '옳고 그름은 가치 판단인데? 목적론에 대해 가치 판단을 할 수 없어서 사실 판단을 할 수가 없다고?'라고 물음표를 띄울 수 있다.
'옳고 그름을 참과 거짓으로 바꾸어 읽으면 되지 않을까'라고 추론할 수 있다.

4 문단

1. 17세기의 과학은 실험을 통해 과학적 설명의 참·거짓을 확인할 것을 요구했고, 그런 경향은 생명체를 비롯한 세상의 모든 것이 물질로만 구성된다는 물질론으로 이어졌으며, 물질론 가운데 일부는 모든 생물학적 과정이 물리·화학 법칙으로 설명된다는 환원론으로 이어졌다.

- '17세기'가 '근대'에 포함됨을 알 수 있다.
- '모든'에 주목할 필요가 있다.
- '물질론'에 대한 정의가 제시되고 있다.
- '일부'라는 표현이 쓰였으므로 '환원론으로 이어지지 않은 물질론도 있겠군'이라고 추론할 수 있다.
- '환원론'에 대한 정의가 제시되고 있다.

2. 이런 환원론은 살아 있는 생명체가 죽은 물질과 다르지 않음을 함축한다.

- '근대 과학자들이 모든 사물을 생명력을 갖지 않은 일종의 기계라고 봤다는 진술과 궤를 같이 하는군'이라고 반응할 수 있다.

3. 하지만 아리스토텔레스는 자연물의 물질적 구성 요소를 알면 그것의 본성을 모두 설명할 수 있다는 엠페도클레스의 견해를 반박했다.

- '아리스토텔레스'와 '엠페도클레스'가 충돌하고 있으므로 둘을 대등 관계로 보아 시각적 수평 관계로 모델링할 수 있다.
- '엠페도클레스'를 암기 시도할 필요가 있다.

- '고대의 아리스토텔레스가 엠페도클레스의 견해를 반박했으므로 그는 고대의 인물이겠군'이라고 추론할 수 있다.
- '엠페도클레스는 환원론에 동조하겠네'라고 반응할 수 있다.
- '아리스토텔레스는 자연물의 물질적 구성 요소를 알아도 그것의 본성을 모두 설명할 수는 없다고 반박하겠네'라고 추론할 수 있다.

> 4. 이 반박은 자연물이 단순히 물질로만 이루어진 것이 아니며, 또한 그것의 본성이 단순히 물리·화학적으로 환원되지도 않는다는 주장을 내포한다.

- '아리스토텔레스는 물질론과 환원론 모두 인정하지 않겠네'라고 반응할 수 있다.
- '자연물이 단순히 물질로만 이루어진 게 아니라면 아리스토텔레스는 자연물의 본성을 뭐라고 생각하고 있는 걸까?'라고 물음표를 띄울 수 있다.
'자연물의 본성은 영혼이라고 생각하는 걸까'라고 추론할 수 있다.

5 문단

> 1. 첨단 과학의 발전에도 불구하고 생명체의 존재 원리와 이유를 정확히 규명하는 과제는 아직 진행 중이다.

- '생명체가 목적을 가지고 있는 것인지, 일종의 기계에 불과한 것인지 아직까지 밝혀지지 않았다는 얘기네'라고 반응할 수 있다.

> 2. 자연물의 구성 요소에 대한 아리스토텔레스의 탐구는 자연물이 존재하고 운동하는 원리와 이유를 밝히려는 것이었고, 그의 목적론은 지금까지 이어지는 그러한 탐구의 출발점이라 할 수 있다.

- 목적론의 의의를 제시하고 있다.

16. 윗글의 논지 전개 방식으로 가장 적절한 것은?

① 대립되는 두 이론을 소개하고 각 이론의 장단점을 비교하고 있다.
② 특정 이론에 대한 상반된 주장을 제시하여 절충 방안을 모색하고 있다.
③ 특정 이론에 대한 다양한 비판의 타당성을 검토한 후 새로운 이론을 도출하고 있다.
④ 특정 이론에 대한 비판들을 시대순으로 제시하여 그 이론의 부당성을 주장하고 있다.
⑤ 특정 이론에 대한 비판들을 검토하고 그 이론에 대한 해석을 제시하여 의의를 밝히고 있다.

17. 윗글에 나타난 아리스토텔레스의 견해에 대한 이해로 가장 적절한 것은?

① 개미의 본성적 운동은 이성에 의한 것으로 설명된다.
아리스토텔레스는 오직 사람만이 이성을 가진다고 보았다.
② 자연물의 목적 실현은 때로는 그 자연물에 해가 된다.
아리스토텔레스는 자연물의 목적 실현은 그 자연물에 항상 바람직한 결과를 가져온다고 보았다.
③ 본성적 운동의 주체는 본성을 실현할 능력을 갖고 있다.
1문단 4, 5번 문장: 아리스토텔레스는 모든 자연물이 목적을 추구하는 본성을 타고나며, 외적 원인이 아니라 내재적 본성에 따른 운동을 한다는 목적론을 제시한다. 그는 자연물이 단순히 목적을 갖는 데 그치는 것이 아니라 목적을 실현할 능력도 타고나며, 그 목적은 방해받지 않는 한 반드시 실현될 것이고, 그 본성적 복석의 실현은 운동 주체에 항상 바람직한 결과를 가져온다고 믿는다.
④ 낙엽의 운동은 본성적 목적 개념으로는 설명되지 않는다.
낙엽은 자연물에 속하며 아리스토텔레스는 모든 자연물은 본성적 목적을 가진다고 보았다.
⑤ 자연물의 본성적 운동은 외적 원인에 의해 야기되기도 한다.
아리스토텔레스는 외적 원인이 아니라 내재적 본성에 의해 운동이 야기된다고 보았다.

18. 윗글에 나타난 목적론에 대한 논의를 적절하게 진술한 것은?

① 갈릴레이와 볼로틴은 목적론이 근대 과학에 기초한 기계론적 모형이라고 비판한다.
갈릴레이는 목적론이 비과학적이라는 이유로 비판하고 볼로틴은 목적론이 아닌 근대 과학을 비판한다.
② 갈릴레이와 우드필드는 목적론적 설명이 과학적 설명이 아니라는 데 동의한다.
2문단 2번 문장: 갈릴레이는 목적론적 설명이 과학적 설명으로

사용될 수 없다고 주장하며, 베이컨은 목적에 대한 탐구가 과학에 무익하다고 평가하고, 스피노자는 목적론이 자연에 대한 이해를 왜곡한다고 비판한다.

3문단 3번 문장: 또한 우드필드는 목적론적 설명이 과학적 설명은 아니지만, 목적론의 옳고 그름을 확인할 수 없기 때문에 목적론이 거짓이라 할 수도 없다고 지적한다.

③ 베이컨과 우드필드는 목적론적 설명이 교조적 신념에 의존했다고 비판한다.

베이컨은 목적에 대한 탐구가 과학에 무익하다고 목적론을 비판하고 우드필드는 근대 과학이 교조적 신념에 의존했다고 비판한다.

④ 스피노자와 볼로틴은 목적론이 자연에 대한 이해를 확장한다고 주장한다.

스피노자와 볼로틴은 모두 그런 주장을 한 적이 없다.

⑤ 스피노자와 우드필드는 목적론이 사물을 의인화하기 때문에 거짓이라고 주장한다.

스피노자는 목적론이 사물을 의인화한다고 비판하지만 우드필드는 목적론이 아닌 근대 과학을 비판한다.

19. 윗글을 바탕으로 <보기>를 이해한 내용으로 가장 적절한 것은? [3점]

< 보기 >

　생물학자 마이어는 생명체의 특징을 보여 주는 이론으로 창발론을 제시한다. 그는 생명체가 분자, 세포, 조직에서 개체, 개체군에 이르기까지 단계적으로 점점 더 복잡한 체계를 구성하며, 세포 이상의 단계에서 각 체계의 고유 활동은 미리 정해진 목적을 수행한다고 생각한다. 창발론은 복잡성의 수준이 한 단계씩 오를 때마다 구성 요소에 관한 지식만으로는 예측할 수 없는 특성들이 나타난다는 이론이다. 마이어는 여전히 생명체가 물질만으로 구성된다고 보지만, 물리·화학적 법칙으로 모두 설명되지는 않는다고 본다.

---

① 마이어는 아리스토텔레스처럼, 엠페도클레스의 물질론적 견해가 적절하다고 보겠군.

마이어는 생명체가 물질만으로 구성된다고 보지만 물리·화학적 법칙으로 모두 설명되지 않는다고 본 반면, 엠페도클레스는 자연물의 물질적 구성 요소를 알면 그것의 본성을 모두 설명할 수 있다고 본다. 또한 아리스토텔레스는 생명체가 물질만으로 구성되지 않는다고 보았다.

② 마이어는 아리스토텔레스처럼, 자연물이 물질만으로 구성된다는 물질론에 동의하겠군.

마이어는 아리스토텔레스와는 달리 자연물이 물질만으로 구성된다는 물질론에 동의할 것이다.

③ 마이어는 아리스토텔레스처럼, 생명체의 특성들은 구성 요소들에 관한 지식만으로 예측할 수 없다고 보겠군.

④ 마이어는 아리스토텔레스와 달리, 모든 자연물이 목적 지향적으로 운동한다고 보겠군.

마이어가 목적론에 대해 어떠한 견해를 가지고 있는지 <보기>에 제시되지 않았다. 아리스토텔레스는 모든 자연물이 목적 지향적으로 운동한다고 보았다.

⑤ 마이어는 아리스토텔레스와 달리, 모든 자연물의 본성에 대한 물리·화학적 환원을 인정하겠군.

마이어와 아리스토텔레스는 모두 자연물의 본성에 대한 물리·화학적 환원을 인정하지 않을 것이다.

1 문단

1. 17세기 초부터 ⓐ 유입되기 시작한 서학(西學) 서적에 담긴 서양의 과학 지식은 당시 조선의 지식인들에게 적지 않은 지적 충격을 주며 사상의 변화를 이끌었다.

- '어떤 사상의 변화가 있었을까?'라고 물음표를 띄울 수 있다.
  단서가 부족해 추론은 어려워 보인다.

2. 하지만 ㉠ 19세기 중반까지 서양 의학의 영향력은 천문·지리 지식에 비해 미미하였다.

- '-에 비해'를 통해 '서양 의학의 영향력'과 '천문·지리 지식의 영향력'의 차이를 드러내고 있으므로 둘을 대등 관계로 보아 시각적 수평 관계로 모델링할 수 있다.
- '왜 서양 의학의 영향력은 천문·지리 지식에 비해 미미했을까?'라고 물음표를 띄울 수 있다.
  '천문·지리 지식이 서양 의학에 비해 너무 충격적이어서 그랬나'라고 추론할 수 있다.
- '19세기 중반 이후로는 서양 의학의 영향력도 커졌을까? 만약 그랬다면 왜 그랬을까?'라고 물음표를 띄울 수 있다.
  단서가 부족해 추론은 어려워 보인다.

3. 일부 유학자들이 서양 의학 서적들을 읽었지만, 이에 대해 논평을 남긴 인물은 극히 제한적이었다.

- '일부'라는 표현이 등장했으므로 '서양 의학 서적들을 읽지 않은 유학자들도 있었겠군'이라고 추론할 수 있다.
- '서양 의학 서적들을 읽은 유학자가 일부인데 그중에서 논평을 남긴 인물은 극히 일부였다는 거네. 그만큼 서양 의학에 대한 조선 지식인들의 관심이 적었다는 거네'라고 반응할 수 있다.

2 문단

1. 이런 가운데 18세기 실학자 이익은 주목할 만한 인물이다.

- '18세기'가 '17세기 초와 19세기 중반 사이'에 포함됨을 알 수

있다.
- '이익'을 암기 시도할 필요가 있다.

2. 그는 「서국의(西國醫)」라는 글에서 아담 샬이 쓴 『주제군징(主制群徵)』의 일부를 채록하면서 자신의 생각을 ⓑ 제시하였다.

- '서국의', '아담 샬', '주제군징'을 암기 시도할 필요가 있다.
- '일부'라는 표현이 등장했으므로 '주제군징 중 채록되지 않은 부분도 있었겠군'이라 추론할 수 있다.
- '이익'이 서양 의학 서적을 읽고 논평을 남긴 일부 유학자에 포함됨을 알 수 있다.

3. 『주제군징』에는 당대 서양 의학의 대변동을 이끈 근대 해부학 및 생리학의 성과나 그에 따른 기계론적 인체관은 담기지 않았다.

- '근대 해부학 및 생리학의 성과나 그에 따른 기계론적 인체관이 서양 의학 서적에 담기지 않아 내용이 충격적이지 않아서 서양 의학의 영향력이 미미했나보다'라고 추론할 수 있으므로 '왜 서양 의학의 영향력은 천문 지리 지식에 비해 미미했을까?'라면서 띄웠던 물음표를 회수할 수 있다.

4. 대신 기독교를 효과적으로 ⓒ 전파하기 위해 신의 존재를 증명하려 했던 로마 시대의 생리설, 중세의 해부 지식 등이 실려 있었다.

- '대신'을 통해 '근대 해부학 및 생리학의 성과나 그에 따른 기계론적 인체관'과 '로마 시대의 생리설, 중세의 해부 지식'을 구분하고 있으므로 둘을 대등 관계로 보아 시각적 수평 관계로 모델링할 수 있다.
- '기독교적 내용이 서양 의학 서적에 포함되어 있어 국가적으로 서양 의학 서적을 금서로 지정했을 수도 있겠다'라고 추론할 수 있다.

5. 한정된 서양 의학 지식이었지만 이익은 그 우수성을 인정하고 내용을 부분적으로 수용하였다.

- '이익이 부분적으로 수용한 내용은 무엇일까?'라고 물음표를 띄울 수 있다.
  단서가 부족해 추론은 어려워 보인다.

6. 뇌가 몸의 운동과 지각 활동을 주관한다는 아담 샬의 설명에 대해, 이익은 몸의 운동을 뇌가 주관한다는 것은 긍정하였지만, 지각 활동은 심장이 주관한다는 전통적인 심주지각설(心主知覺說)을 고수하였다.

- '이익은 몸의 운동을 뇌가 주관한다는 내용을 수용하고 지각 활동을 뇌가 주관한다는 내용은 수용하지 않았네'라고 반응할 수 있으므로 '이익이 부분적으로 수용한 내용은 무엇일까?'라면서 띄웠던 물음표를 회수할 수 있다.
- '-지만'을 통해 '아담 샬'과 '이익'의 차이를 드러내고 있으므로 둘을 대등 관계로 보아 시각적 수평 관계로 모델링할 수 있다.
- '심주지각설'에 대한 정의가 제시되고 있다.
- '심주지각설'을 암기 시도할 필요가 있다.
- '심주지각설은 왜 심주지각설이라 불릴까?'라고 물음표를 띄울 수 있다.
  '심장이 지각을 주관한다고 해서 심주지각설인가 보다'라고 추론할 수 있다.

3 문단

1. 이익 이후에도 서양 의학이 조선 사회에 끼친 영향은 두드러지지 않았다.

2. 당시 유학자들은 서양 의학의 필요성을 느끼지 못하였고, 의원들의 관심에서도 서양 의학은 비껴나 있었다.

- '-도'를 통해 '유학자들'과 '의원들'의 공통점을 드러내고 있으므로 둘을 대등 관계로 보아 시각적 수평 관계로 모델링할 수 있다.

3. 당시에 전해진 서양 의학 지식은 내용 면에서도 부족했을 뿐 아니라, 지구가 둥글다거나 움직인다는 주장만큼 충격적이지는 않았다.

- '내가 추론했던 게 맞았네'라고 반응할 수 있다.

4. 서양 해부학이 야기하는 윤리적 문제도 서양 의학의 영향력을 제한하는 요인으로 작용하였으며, 서학에 대한 조정(朝廷)의 금지 조치도 걸림돌이었다.

- '서양 의학의 영향력이 미미했던 이유들을 제시하고 있군'이라고 반응할 수 있다.

5. 그러던 중 19세기 실학자 최한기는 당대 서양에서 주류를 이루고 있던 최신 의학 성과를 담은 홉슨의 책들을 접한 후 해부학 전반과 뇌 기능을 중심으로 문제의식을 본격화하였다.

- '최한기도 이익과 마찬가지로 17세기 초와 19세기 중반 사이의 인물이겠군'이라고 추론할 수 있다.
- '최한기', '홉슨'을 암기 시도할 필요가 있다.
- '이익', '아담 샬'과 '최한기', '홉슨'을 구분하고 있으므로 둘을 대등 관계로 보아 시각적 수평 관계로 모델링할 수 있다.
- '이익이 수용한 '주제군징'과는 달리 최한기가 접한 홉슨의 책은 최신 의학 성과를 담았군'이라고 반응할 수 있다.

6. 인체에 대한 이전 유학자들의 논의가 도덕적 차원에 초점이 있었던 것과 달리, 그는 지각적·생리적 기능에 주목하였다.

- '-과 달리'를 통해 '이전 유학자들'과 '최한기'의 차이를 드러내고 있으므로 둘을 대등 관계로 보아 시각적 수평 관계로 모델링할 수 있다.

4 문단

1. 최한기의 인체관을 함축하는 개념 중 하나는 '몸기계'였다.

- '몸기계가 뭘까?'라고 물음표를 띄울 수 있다.
  '기계론적 인체관을 의미하는 것 같다'라고 추론할 수 있다.

2. 그는 이 개념을 본격적으로 사용하기에 앞서 인체를 형체와 내부 장기로 구성된 일종의 기계로 파악하고 있었다.

3. 이러한 생각은 『전체신론(全體新論)』 등 홉슨의 저서를 접한 후 더 분명해져서 인체를 복잡한 장치와 그 작동으로 이루어진 몸기계로 형상화하면서도, 인체가 외부 동력에 의한 기계적 인과 관계에 지배되는 것이 아니라 그 자체가 생명력을 가지고 자발적인 운동을 한다고 보았다.

- '전체신론'을 암기 시도할 필요가 있다.
- '전체신론'이 '홉슨의 저서'에 포함됨을 알 수 있다.

- '-이 아니라'를 통해 '외부 동력'과 '내부 생명력'의 차이를 드러내고 있으므로 둘을 대등 관계로 보아 시각적 수평 관계로 모델링할 수 있다.
- '아마 인체가 외부 동력에 의한 기계적 인과 관계에 지배된다는 주장은 홉슨의 저서에 들어 있을 것 같다'라고 추론할 수 있다.
- '외부 동력이 의미하는 바가 뭘까?'라고 물음표를 띄울 수 있다. '영양분인 것 같은데'라고 추론할 수 있다.

- '신기가 뭐야?'라고 물음표를 띄울 수 있다. '내부 생명력의 근원 같은 건가'라고 추론할 수 있다.
- '신기'를 암기 시도할 필요가 있다.

- '-야만'이라는 필요조건을 가리키는 표현이 등장하였으므로 대우 규칙을 적용하여 '운동의 최초 원인을 상정하지 않으면 이러한 무한 소급을 끝맺을 수 없다'라고 바꾸어 읽을 수 있다.

- '외부 동력이 의미하는 바는 음식과 같은 영양분이 아니라 창조주였구나'라고 반응할 수 있으므로 '외부 동력이 의미하는 바가 뭘까?'라면서 띄웠던 물음표를 지울 수 있다.

- '홉슨은 신체 운동의 최초 원인을 창조주로 상정한 반면, 최한기는 신체 운동의 최초 원인을 신기로 규정했네'라고 반응할 수 있다.

5 문단

- '그치만 뇌도 신체 운동의 최초 원인은 아니라고 주장하겠네'라고 추론할 수 있다.

- '뇌주지각설'에 대한 정의가 제시되고 있다.
- '뇌주지각설'을 암기 시도할 필요가 있다.
- '아담 샬과 홉슨은 뇌주지각설을 주장했다고 볼 수 있고 이는 이익의 심주지각설과 대비될 수 있겠네'라고 반응할 수 있다.

- '최한기도 이익처럼 심주지각설에 동의하겠네'라고 반응할 수 있다.

6 문단

- '그럼 최한기는 종래의 심주지각설을 어떠한 형태로 받아들였을까?'라고 물음표를 띄울 수 있다. 단서가 부족해 추론은 어려워 보인다.

- '이익은 '심'을 심장으로 받아들인 반면, 최한기는 '심'을 신기의 '심'으로 파악했네'라고 반응할 수 있으므로 '그럼 최한기는 종래의 심주지각설을 어떠한 형태로 받아들였을까?'라면서 띄웠던 물음표를 회수할 수 있다.

3. 그에 따르면, 신기는 신체와 함께 생성되고 소멸되는 것으로, 뇌나 심장 같은 인체 기관이 아니라 몸을 구성하면서 형체가 없이 몸속을 두루 돌아다니는 것이다.

- '신기'에 대한 설명이 제시되고 있으므로 '신기가 뭐야?'라면서 띄웠던 물음표를 회수할 수 있다.
- '신기는 차크라 같은 건가'라고 반응할 수 있다.

4. 신기는 유동적인 성질을 지녔는데 그 중심이 '심'이다.

- 이 '심'이 지각을 주관한다는 거네'라고 반응할 수 있다.

5. 신기는 상황에 따라 인체의 특정 부분에 더 높은 밀도로 몰린다.

- '어떤 상황일 때 인체의 특정 부분에 더 높은 밀도로 몰린다는 것일까?'라고 물음표를 띄울 수 있다.
'가령 사냥감을 향해 활을 쏘는 상황일 때 눈과 팔에 신기가 더 높은 밀도로 몰리는 걸까'라고 추론할 수 있다.

6. 그래서 특수한 경우에는 다른 곳으로 중심이 이동하는데, 신기기 균형을 이루이야 생명 활동과 지각이 제대로 이루어질 수 있다.

- '-어야라는 필요조건을 가리키는 표현이 등장했으므로 대우 규칙을 적용하여 '신기가 균형을 이루지 않으면 생명 활동과 지각이 제대로 이루어질 수 없다'라고 바꾸어 읽을 수 있다.

7. 그는 경험 이전에 아무런 지각 내용을 내포하지 않고 있는 신기가 감각 기관을 통한 지각 활동에 의해 외부 세계의 정보를 받아들여 기억으로 저장한다고 파악하였다.

8. 신기는 한 몸을 주관하며 그 자체가 하나로 통합되어 있기 때문에 감각을 통합할 수 있으며, 지각 내용의 종합과 확장, 곧 스스로의 사유를 통해 지각 내용을 조정하고, 그러한 작용에 적응하여 온갖 세계의 변화에 대응할 수 있다고 보았다.

- 신기가 한 몸을 주관∧하나로 통합 ⇒ 감각 통합 ⇒ 지각 내용의 종합과 확장(사유) ⇒ 지각 내용 조정 ⇒ 적응 ⇒ 세계의 변화에 대응

7 문단

1. 최한기의 인체관은 서양 의학과 신기 개념의 접합을 통해 새롭게 정립된 것이었다.

2. 비록 양자 사이의 결합이 완전하지는 않았지만, 서양 의학을 ⓔ <u>맹신하지</u> 않고 주체적으로 수용하여 정합적인 체계를 이루고자 한 그의 시도는 조선 사상사에서 주목할 만한 성취라 평가할 수 있을 것이다.

- 최한기의 인체관에 대한 의의를 제시하고 있다.

16. 윗글의 전개 방식으로 가장 적절한 것은?

① 조선에서 인체관이 분화하는 과정을 서양과 대조하여 단계적으로 서술하고 있다.
② <u>서학의 수용으로 일어난 인체관의 변화를 조선 시대 학자들의 견해를 통해 제시하고 있다.</u>
③ 인체관과 관련된 유학자들의 주장이 지닌 문제점을 열거하여 역사적인 시각에서 비판하고 있다.
④ 우리나라 근대의 인체관 가운데 서로 충돌되는 견해를 절충하여 새로운 결론을 도출하고 있다.
⑤ 동양과 서양의 지식인들이 서로 영향을 주고받으며 인체관을 정립하는 과정을 인과적으로 설명하고 있다.

17. 윗글에 대한 이해로 적절하지 <u>않은</u> 것은?

① 최한기는 홉슨의 저서를 접하기 전부터 인체를 일종의 기계로 파악하였다.
② 아담 샬과 달리 이익은 심장을 중심으로 인간의 지각 활동을 이해하였다.
③ 이익과 홉슨은 신체의 동작을 뇌가 주관한다는 것에서 공통적인 견해를 보였다.
④ <u>아담 샬과 홉슨은 각자가 활동했던 당시에 유력했던 기계론적 의학 이론을 동양에 소개하였다.</u>
아담 샬은 홉슨과 달리 당시에 유력했던 기계론적 의학 이론을 동양에 소개하지 않았다.
⑤ 『주제군징』과 『전체신론』에는 기독교적인 세계관이 투영된 서양 의학 이론이 포함되어 있었다.

18. 윗글을 참고할 때, ㉠의 이유로 적절하지 <u>않은</u> 것은?

<u>㉠ 19세기 중반까지 서양 의학의 영향력은 천문·지리 지식에 비해 미미하였다.</u>

① 조선에서 서양 학문을 정책적으로 배척했기 때문이다.
② 전래된 서양 의학이 내용 면에서 불충분했기 때문이다.
③ 당대 의원들이 서양 의학의 한계를 지적했기 때문이다.
당대 의원들이 서양 의학의 한계를 지적했다는 서술은 지문에 제시되지 않았다.
④ 서양 해부학이 조선의 윤리 의식에 위배되었기 때문이다.
⑤ 서양 의학이 천문 지식에 비해 충격적이지 않기 때문이다.

19. <보기>는 인체에 관한 조선 시대 학자들의 견해이다. 윗글에 제시된 '최한기'의 견해와 부합하는 것을 <보기>에서 고른 것은?

―― < 보기 > ――

ㄱ. 심장은 오장(五臟)의 하나이지만 한 몸의 군주가 되어 지각이 거기에서 나온다.
최한기는 지각이 신기에서 나온다고 보았다.
ㄴ. 귀에 쏠린 신기가 눈에 쏠린 신기와 통하여, 보고 들음을 합하여 하나로 만들 수 있다.
ㄷ. 인간의 신기는 온몸의 기관이 갖추어짐에 따라 생기고, 지각 작용에 익숙해져 변화에 대응하는 것이다.
ㄹ. 신기는 대소(大小)로 구분되어 있는 것이니, 한 몸에 퍼지는 신기가 있고 심장에서 운용하는 신기가 있다.
최한기는 신기가 대소로 구분되어 있는 것이 아니라 하나로 통합되어 있다고 보았다.

① ㄱ, ㄴ　　　② ㄱ, ㄷ　　　③ ㄴ, ㄷ
④ ㄴ, ㄹ　　　⑤ ㄷ, ㄹ

20. 윗글의 '최한기'와 <보기>의 '데카르트'를 비교하여 이해한 내용으로 적절하지 <u>않은</u> 것은? [3점]

―― < 보기 > ――

서양 근세의 철학자 데카르트는 물질과 정신을 구분하여, 물질은 공간을 차지한다는 특징을 갖는 반면 정신은 사유라는 특징을 갖는다고 보았다. 물질의 기계적 운동을 옹호했던 그는 정신이 깃든 곳은 물질의 하나인 두뇌이지만 정신과 물질은 서로 독립적이라고 주장하였다. 그러나 정신과 물질이 영향을 주고받음을 설명할 수 없다는 비판을 받았다.

① 데카르트의 '정신'과 달리 최한기의 '신기'는 신체와 독립적이지 않겠군.
최한기의 신기는 신체와 함께 생성되고 소멸되는 것으로 신체와 독립적이지 않다고 볼 수 있다.
② 데카르트와 최한기는 모두 인간의 사고 작용이 일어나는 곳은 두뇌라고 보았겠군.
최한기는 인간의 사고 작용이 일어나는 곳은 신기라고 보았고 신기는 형체 없이 신체를 돌아다닌다고 했으므로 두뇌가 아닌 곳에서도 인간의 사고 작용이 일어난다고 보았을 것이다. 반면 데카르트는 인간의 사고 작용이 일어나는 곳은 두뇌라고 보았을 것이다.
③ 데카르트의 '정신'과 최한기의 '신기'는 모두 그 자체로는 형체를 갖지 않는 것이겠군.
데카르트의 정신은 공간을 차지하지 않는다고 볼 수 있으므로 형체를 갖지 않는다고 볼 수 있다.
6문단 3번 문장: 그에 따르면, 신기는 신체와 함께 생성되고 소멸되는 것으로, 뇌나 심장 같은 인체 기관이 아니라 몸을 구성하면서 형체가 없이 몸속을 두루 돌아다니는 것이다.
④ 데카르트와 달리 최한기는 인간의 사고가 신체와 영향을 주고 받음을 설명할 수 없다는 비판을 받지는 않겠군.
데카르트와 달리 최한기는 '신기'가 신체와 독립적이지 않다고 보았으므로 인간의 사고가 신체와 영향을 주고 받음을 설명할 수 없다는 비판을 받지는 않을 것이다.
⑤ 데카르트의 견해에서도 최한기에서처럼 기계적 운동의 최초 원인을 상정하면 무한 소급의 문제를 해결할 수 있겠군.
4문단 6번 문장: 따라서 이러한 무한 소급을 끝맺으려면 운동의 최초 원인을 상정해야만 한다.

ⓐ 유입되기

ⓑ 제시하였다

ⓒ 전파하기

ⓓ 수록된

ⓔ 맹신하지

① ⓐ: 들어오기
② ⓑ: 드러내었다
③ ⓒ: 퍼뜨리기
④ ⓓ: 실린
⑤ ⓔ: 가리지

1 문단

> 1. 두 명제가 모두 참인 것도 모두 거짓인 것도 가능하지 않은 관계를 모순 관계라고 한다.

- '모순 관계'에 대한 정의가 제시되고 있다.
- 해당 문장을 '두 명제 중 하나가 참이면 다른 하나는 반드시 거짓인 관계를 모순 관계라고 한다'로 바꾸어 읽을 수 있다.

> 2. 예를 들어, 임의의 명제를 P라고 하면 P와 ~P는 모순 관계이다.(기호 '~'은 부정을 나타낸다.)

- 모순 관계에 대한 구체적인 예시를 제시하고 있다.
- 'P가 참이면 ~P는 반드시 거짓이고 P가 거짓이면 ~P는 반드시 참이네'라고 반응할 수 있다.

> 3. P와 ~P가 모두 참인 것은 가능하지 않다는 법칙을 무모순율이라고 한다.

- '무모순율'에 대한 정의가 제시되고 있다.
- '무모순율'을 암기 시도할 필요가 있다.

> 4. 그런데 "㉠ 다보탑은 경주에 있다."와 "㉡ 다보탑은 개성에 있을 수도 있었다."는 모순 관계가 아니다.

- '둘 다 참인 경우, 예를 들어 다보탑이 과거에 개성에 있었다가 경주로 옮긴 경우를 생각해 볼 수 있고, 반대로 둘 다 거짓인 경우, 예를 들어 다보탑이 과거부터 현재까지 쭉 서울에 있어 왔고 옮길 시도조차 없었던 경우를 생각해 볼 수 있기 때문에 두 명제는 모순 관계가 아니네.'라고 반응할 수 있다.
- '모순 관계'와 '모순 관계가 아닌 관계'를 구분하고 있으므로 둘을 대등 관계로 보아 시각적 수평 관계로 모델링할 수 있다.

> 5. 현실과 다르게 다보탑을 경주가 아닌 곳에 세웠다면 다보탑의 소재지는 지금과 달라졌을 것이다.

> 6. 철학자들은 이를 두고, P와 ~P가 모두 참인 혹은 모두 거짓인 가능세계는 없지만 다보탑이 개성에 있는 가능세계는 있다고 표현한다.

- 'P와 ~P'를 '모순 관계를 가진 두 명제'로 바꾸어 이해할 수 있다.
- '가능세계가 뭐지?'라고 물음표를 띄울 수 있다.
  '모순 관계가 모두 참이거나 거짓인 경우는 상상할 수 없지만, 모순 관계가 아닌 관계는 진릿값이 무엇이든 상상할 수 있잖아. 어떤 세계를 상상할 수 있으면 그런 가능세계는 있다고 말하나 보다.'라고 추론할 수 있다.

2 문단

> 1. '가능세계'의 개념은 일상 언어에서 흔히 쓰이는 필연성과 가능성에 관한 진술을 분석하는 데 중요한 역할을 한다.

- '필연성'과 '가능성'을 구분하고 있으므로 둘을 대등 관계로 보아 시각적 수평 관계로 모델링할 수 있다.

> 2. 'P는 가능하다'는 P가 적어도 하나의 가능세계에서 성립한다는 뜻이며, 'P는 필연적이다'는 P가 모든 가능세계에서 성립한다는 뜻이다.

- '가능성'과 '필연성'에 대한 정의가 제시되고 있다.
- '적어도 하나', '모든'에 주목할 필요가 있다.

> 3. "만약 Q이면 Q이다."를 비롯한 필연적인 명제들은 모든 가능 세계에서 성립한다.

- "만약 Q이면 Q이다."는 '필연적인 명제들'에 포함됨을 알 수 있다.
- '"만약 Q이면 Q이다."가 왜 필연적인 명제인 걸까?'라고 물음표를 띄울 수 있다.
  'Q→Q는 ~(Q∧~Q)이고, 다시 ~Q∨Q이므로 항상 참이기 때문에 필연적인 명제네'라고 추론할 수 있다.

> 4. "다보탑은 경주에 있다."와 같이 가능하지만 필연적이지는 않은 명제는 우리의 현실세계를 비롯한 어떤 가능 세계에서는 성립하고 또 어떤 가능세계에서는 성립하지 않는다.

- '현실세계'가 '가능 세계'에 포함됨을 알 수 있다.

3 문단

1. 가능세계를 통한 담론은 우리의 일상적인 몇몇 표현들을 보다 잘 이해하는 데 도움이 된다.

- '몇몇'이라는 표현이 등장했으므로 '가능세계를 통한 담론은 우리의 일상적인 표현들 중 다른 몇몇 표현들을 보다 잘 이해하는 데는 도움이 되지 않을 수 있겠다'라고 추론할 수 있다.

2. 다음 상황을 생각해 보자.

3. 나는 현실에서 아침 8시에 출발하는 기차를 놓쳤고, 지각을 했으며, 내가 놓친 기차는 제시간에 목적지에 도착했다.

- '그 기차를 놓치지 않았다면 지각을 하지 않았을 것이므로 그 기차를 놓친 것이 지각을 한 원인이겠네'라고 반응할 수 있다.

4. 그리고 나는 "만약 내가 8시 기차를 탔다면, 나는 지각을 하지 않았다."라고 주장한다.

5. 그런데 전통 논리학에서는 "만약 A이면 B이다."라는 형식의 명제는 A가 거짓인 경우에는 B의 참 거짓에 상관없이 참이라고 규정한다.

- '"만약 A이면 B이다."는 "만약 내가 8시 기차를 탔다면, 나는 지각을 하지 않았다."에 대응되는데, ~A인 경우, 즉 현실세계에서 내가 8시 기차를 타지 않은 경우, 내가 지각을 했든 하지 않았든 해당 조건문은 참이라는 말이네'라고 반응할 수 있다.

6. 그럼에도 ⓐ 내가 만약 그 기차를 탔다면 여전히 지각을 했을 것이라고 주장하지는 않는 이유는 무엇일까?

- '현실세계에서 내가 8시 기차를 타지 않았으니, ~A가 참이라고 볼 수 있는데, 이 경우 'A→B'도 참이고 'A→~B'도 참인데 왜 나는 'A→~B'라고 주장하지 않고 'A→B'라고 주장할까?'라고 물음표를 띄울 수 있다.
'현실 세계에서 8시 기차가 제시간에 도착했으니, 내가 8시 기차를 탄 경우 지각을 하지 않았을 거라고 보는 게 타당하니까'라고 추론할 수 있다.

7. 내가 그 기차를 탄 가능세계들을 생각해 보면 그 이유를 알 수 있다.

- '내가 그 기차를 탄 가능세계들'을 'A인 경우들'로 바꾸어 읽을 수 있다.

8. 그 가능세계 중 어떤 세계에서 나는 여전히 지각을 한다.

- 'A인 경우들 중 ~B인 경우도 있다는 말이네'라고 반응할 수 있다.
- '가령 내가 그 기차를 탔는데 갑자기 장애인 단체에서 시위를 해 연착되어 지각을 하는 경우를 상상해볼 수 있겠네'라고 추론할 수 있다.

9. 가령 내가 탄 그 기차가 고장으로 선로에 멈춰 운행이 오랫동안 지연된 세계가 그런 예이다.

- '내가 추론한 바와는 다르지만 어쨌든 이 경우도 A이면서 ~B인 경우들이네'라고 반응할 수 있다.

10. 하지만 내가 기차를 탄 세계들 중에서, 내가 기차를 타고 별다른 이변 없이 제시간에 도착한 세계가 그렇지 않은 세계보다 우리의 현실세계와의 유사성이 더 높다.

- '-보다'를 통해 'A→B'와 'A→~B'를 구분하고 있으므로 둘을 대등 관계로 보아 시각적 수평 관계로 모델링할 수 있다.
- '그렇지 현실세계에서 내가 놓쳤던 기차는 제시간에 도착했으니, 내가 기차를 타고 별다른 이변 없이 제시간에 도착한 세계가 연착되는 세계보다 현실세계와의 유사성이 더 높다고 볼 수 있지'라고 반응할 수 있다.

11. 일반적으로, A가 참인 가능세계들 중에 비교할 때, B도 참인 가능세계가 B가 거짓인 가능세계보다 현실세계와 더 유사하다면, 현실세계의 나는 A가 실현되지 않은 경우에, 만약 A라면 ~B가 아닌 B라고 말할 수 있다.

- '결국 이 문단은 "내가 만약 그 기차를 탔다면 여전히 지각을 했을 것"이 아닌 "만약 내가 8시 기차를 탔다면, 나는 지각을 하지 않았다."라고만 주장하는 이유를 설명하는 문단이네'라고 반응할 수 있다.

4 문단

1. 가능세계는 다음의 네 가지 성질을 갖는다.

- '앞으로 가능세계의 네 가지 성질을 제시하겠네'라고 반응할 수 있다.

2. 첫째는 가능세계의 일관성이다.

- '일관성이 뭘까?'라고 물음표를 띄울 수 있다.
  단서가 부족해 추론은 어려워 보인다.
- '일관성'을 암기 시도할 필요가 있다.

3. 가능세계는 명칭 그대로 가능한 세계이므로 어떤 것이 가능하지 않다면 그것이 성립하는 가능세계는 없다.

- '일관성'에 대한 정의가 제시되고 있으므로 '일관성이 뭘까?'라면서 띄웠던 물음표를 회수할 수 있다.
- '가령 모순 관계인 두 명제가 모두 참이거나 모두 거짓인 경우는 가능하지 않기 때문에 그것이 성립하는 가능세계는 없다는 거네'라고 반응할 수 있다.
- '일관성이 일관성이라 불리는 이유는 뭘까?'라고 물음표를 띄울 수 있다.
  단서가 부족해 추론은 어려워 보인다.

4. 둘째는 가능세계의 포괄성이다.

- '포괄성이 뭘까?'라고 물음표를 띄울 수 있다.
  단서가 부족해 추론은 어려워 보인다.
- '포괄성'을 암기 시도할 필요가 있다.

5. 이것은 어떤 것이 가능하다면 그것이 성립하는 가능세계는 존재한다는 것이다.

- '포괄성'에 대한 정의가 제시되고 있으므로 '포괄성이 뭘까?'라면서 띄웠던 물음표를 회수할 수 있다.
- "일관성'과 '포괄성'은 서로 대립하네'라고 반응할 수 있다.
- '포괄성이 포괄성이라 불리는 이유는 뭘까?'라고 물음표를 띄울 수 있다.
  '어떤 것이 가능하다면 그것이 성립하는 가능세계가 존재하니 가능세계 집합에 포함할 수 있다는 의미를 가져서 포괄성인가'라고 추론할 수 있다.

6. 셋째는 가능세계의 완결성이다.

- '완결성이 뭘까?'라고 물음표를 띄울 수 있다.
  단서가 부족해 추론은 어려워 보인다.
- '완결성'을 암기 시도할 필요가 있다.

7. 어느 세계에서든 임의의 명제 P에 대해 "P이거나 ~P이다."라는 배중률이 성립한다.

- '완결성'에 대한 정의가 제시되고 있으므로 '완결성이 뭘까?'라면서 띄웠던 물음표를 회수할 수 있다.

- '배중률'에 대한 정의가 제시되고 있다.
- '배중률'을 암기 시도할 필요가 있다.
- '그러니까 배중률은 항상 참이니 모든 가능세계에서 배중률은 성립한다는 거네'라고 반응할 수 있다.
- '완결성이 완결성이라 불리는 이유는 뭘까?'라고 물음표를 띄울 수 있다.
  단서가 부족해 추론은 어려워 보인다.

8. 즉 P와 ~P 중 하나는 반드시 참이라는 것이다.

9. 넷째는 가능세계의 독립성이다.

- '독립성이 뭘까?'라고 물음표를 띄울 수 있다.
  단서가 부족해 추론은 어려워 보인다.
- '독립성'을 암기 시도할 필요가 있다.

10. 한 가능세계는 모든 시간과 공간을 포함해야만 하며, 연속된 시간과 공간에 포함된 존재들은 모두 동일한 하나의 세계에만 속한다.

- '독립성'에 대한 정의가 제시되고 있으므로 '독립성이 뭘까?'라면서 띄웠던 물음표를 회수할 수 있다.
- '-야만'이라는 당위 진술을 가리키는 표현이 등장했으므로 '포함하지 않으면 안 되며'로 바꾸어 읽을 수 있다.
- '만'이라는 표현이 쓰였으므로 '연속된 시간과 공간에 포함된 존재들은 서로 다른 둘 이상의 세계에 속할 수 없다'라고 바꾸어 읽을 수 있다.
- '독립성이 독립성이라 불리는 이유는 뭘까?'라고 물음표를 띄울 수 있다.
  단서가 부족해 추론은 어려워 보인다.

11. 한 가능세계 W1의 시간과 공간이, 다른 가능세계 W2의 시간과 공간으로 이어질 수는 없다.

- '가능세계들끼리는 서로 독립적이라는 말이어서 독립성인가 보다'라고 추론할 수 있으므로 '독립성이 독립성이라 불리는 이유는 뭘까?'라면서 띄웠던 물음표를 회수할 수 있다.

12. W1과 W2는 서로 시간과 공간이 전혀 다른 세계이다.

5 문단

1. 가능세계의 개념은 철학에서 갖가지 흥미로운 질문과 통찰을 이끌어 내며, 그에 관한 연구 역시 활발히 진행되고 있다.

- 가능세계의 의의를 제시하고 있다.

2. 나아가 가능세계를 활용한 논의는 오늘날 인지 과학, 언어학, 공학 등의 분야로 그 응용의 폭을 넓히고 있다.

- 가능세계의 의의를 제시하고 있다.

39. 윗글의 내용과 일치하는 것은?

① 배중률은 모든 가능세계에서 성립한다.
4문단 7번 문장: 어느 세계에서든 임의의 명제 P에 대해 "P이거나 ~P이다."라는 배중률이 성립한다.
② 모든 가능한 명제는 현실세계에서 성립한다.
기차를 타지 않고 지각한 현실세계에서 '그 기차를 타고 지각하지 않았다'라는 가능한 명제는 성립하지 않는다는 반례를 제시할 수 있다.
③ 필연적인 명제가 성립하지 않는 가능세계가 있다.
필연적인 명제는 모든 가능세계에서 성립한다.
④ 무모순율에 의하면 P와 ~P가 모두 참인 것은 가능하다.
무모순율은 P와 ~P가 모두 참인 것은 가능하지 않다는 법칙을 의미한다.
⑤ 전통 논리학에 따르면 "만약 A이면 B이다."의 참 거짓은 A의 참 거짓과 상관없이 결정된다.
3문단 5번 문장: 그런데 전통 논리학에서는 "만약 A이면 B이다."라는 형식의 명제는 A가 거짓인 경우에는 B의 참 거짓에 상관없이 참이라고 규정한다.

40. ㉠, ㉡에 대한 이해로 적절하지 <u>않은</u> 것은?

㉠ 다보탑은 경주에 있다.
㉡ 다보탑은 개성에 있을 수도 있었다.

① ㉠이 성립하지 않는 가능세계가 존재한다.
다보탑이 경주에 있지 않은 경우를 상상할 수 있으므로 ㉠이 성립하지 않는 가능세계가 존재한다.
② "만약 다보탑이 개성에 있다면, 다보탑은 개성에 있다."

가 성립하는 가능세계 중에는 ㉠이 거짓인 가능세계는 없다.
"만약 다보탑이 개성에 있다면, 다보탑은 개성에 있다."를 "만약 Q이면 Q이다.", 즉 필연적인 명제로 바꾸어 이해할 수 있기 때문에 해당 선지를 '모든 가능세계 중에는 ㉠이 거짓인 가능세계는 없다.'로 이해할 수 있다. 다보탑이 경주에 없는 가능세계가 있기 때문에 해당 선지는 거짓이다.
③ ㉡과 "다보탑은 개성에 있지 않다."는 모순 관계가 아니다.
㉡과 모순 관계인 것은 "다보탑은 개성에 있지 않다."가 아니라 "다보탑은 개성에 있을 수 없었다."이다. 또한 ㉡과 "다보탑은 개성에 있지 않다."가 동시에 성립하는 가능세계 예를 들어 다보탑이 개성에 있었다가 현재 부산으로 옮긴 가능세계를 상상할 수 있기 때문에 해당 선지는 참이다.
④ 만약 ㉡이 거짓이라면 어떤 가능세계에서도 다보탑이 개성에 있지 않다.
"만약 다보탑이 개성에 있을 수 없었다"가 성립하는 그 어떤 가능세계에서도 다보탑이 개성에 있지 않다.
⑤ ㉠과 ㉡은 현실세계에서 둘 다 참인 것이 가능하다.
다보탑이 개성에 있었다가 경주로 옮겨진 가능세계가 존재한다.

41. 윗글을 바탕으로 할 때, ⓐ에 대한 답으로 가장 적절한 것은?

ⓐ 내가 만약 그 기차를 탔다면 여전히 지각을 했을 것이라고 주장하지는 않는 이유는 무엇일까?

① 내가 그 기차를 타지 않은 가능세계들끼리 비교할 때 지각을 한 가능세계와 지각을 하지 않은 가능세계가 현실세계와의 유사성의 정도가 다르기 때문이다.
기차를 탄 가능세계들끼리 비교해야 한다.
② 내가 그 기차를 타지 않은 가능세계들끼리 비교할 때 기차 고장이 자주 일어나지 않는 가능세계가 현실세계와의 유사성이 높기 때문이다.
기차를 탄 가능세계들끼리 비교해야 한다.
③ 내가 그 기차를 탄 가능세계들끼리 비교할 때 내가 지각을 한 가능세계가 내가 지각을 하지 않은 가능세계에 비해 현실 세계와의 유사성이 더 낮기 때문이다.
④ 내가 그 기차를 탄 가능세계들끼리 비교할 때 그 가능세계들의 대다수에서 내가 지각을 하지 않았기 때문이다.
⑤ 내가 그 기차를 탄 것이 현실세계에서 거짓이기 때문이다.

42. 윗글을 참고할 때, <보기>를 이해한 내용으로 적절한 것은? [3점]

첫째는 가능세계의 일관성이다. 가능세계는 명칭 그대로 가능한 세계이므로 어떤 것이 가능하지 않다면 그것이 성립하는 가능세계는 없다. 둘째는 가능세계의 포괄성이다. 이것은 어떤 것이 가능하다면 그것이 성립하는 가능세계는 존재한다는 것이다. 셋째는 가능세계의 완결성이다. 어느 세계에서든 임의의 명제 P에 대해 "P이거나~P이다."라는 배중률이 성립한다. 즉 P와 ~P 중 하나는 반드시 참이라는 것이다. 넷째는 가능세계의 독립성이다. 한 가능세계는 모든 시간과 공간을 포함해야만 하며, 연속된 시간과 공간에 포함된 존재들은 모두 동일한 하나의 세계에만 속한다. 한 가능세계 W1의 시간과 공간이, 다른 가능세계 W2의 시간과 공간으로 이어질 수는 없다. W1과 W2는 서로 시간과 공간이 전혀 다른 세계이다.

> **< 보기 >**
>
> 명제 "모든 학생은 연필을 쓴다."와 "어떤 학생도 연필을 쓰지 않는다."는 반대 관계이다. 이 말은, 두 명제 다 참인 것은 가능하지 않지만, 둘 중 하나만 참이거나 둘 다 거짓인 것은 가능하다는 뜻이다.

① 가능세계의 완결성과 독립성에 따르면, 모든 학생이 연필을 쓰는 가능세계가 존재한다는 것과 어떤 학생도 연필을 쓰지 않는 가능세계가 존재한다는 것 중 하나는 반드시 참이고, 그중 한 세계의 시간과 공간이 다른 세계로 이어질 수 없겠군.

완결성에 따르면 어느 세계에서든 배중률이 성립해야 하는데, 이는 모순 관계의 두 명제가 OR로 연결된 문장이다. 모든 학생이 연필을 쓰는 가능세계가 존재한다는 것과 어떤 학생도 연필을 쓰지 않는 가능세계가 존재한다는 것은 모두 거짓일 수 있으므로 모순 관계가 아니므로 배중률에 해당하지 않기 때문에 해당 선지는 거짓이다.

② 가능세계의 포괄성과 독립성에 따르면, "어떤 학생도 연필을 쓰지 않는다."가 성립하면서 그 세계에 속한 한 명의 학생이 연필을 쓰는 가능세계들이 존재하고, 그 세계들의 시간과 공간은 서로 단절되어 있겠군.

"어떤 학생도 연필을 쓰지 않는다."가 성립하면서 그 세계에 속한 한 명의 학생이 연필을 쓰는 것은 가능하지 않다.

③ 가능세계의 완결성에 따르면, 어느 세계에서든 "어떤 학생은 연필을 쓴다."와 "어떤 학생은 연필을 쓰지 않는다." 중 하나는 반드시 참이겠군.

완결성에 따르면 어느 세계에서든 배중률이 성립해야 하는데, 이는 모순 관계의 두 명제가 OR로 연결된 문장이다. "어떤 학생은 연필을 쓴다."와 "어떤 학생은 연필을 쓰지 않는다."는 모두 참일 수 있으므로, 예를 들어 학생들 중 절반은 연필을 쓰고 절반은 연필을 쓰지 않는다면 두 명제는 모두 참일 수 있으므로 모순 관계가 아니므로 배중률에 해당하지 않기 때문에 해당 선지는 거짓이다.

④ 가능세계의 포괄성에 따르면, "'모든 학생은 연필을 쓴다.'가 참이거나 "어떤 학생도 연필을 쓰지 않는다."가 참인 가능세계들이 있겠군.

모든 학생이 연필을 쓰는 경우 "'모든 학생은 연필을 쓴다.'이거나 "어떤 학생도 연필을 쓰지 않는다.'"는 참이므로 그런 가능세계는 존재한다. 어떤 학생도 연필을 쓰지 않는 경우 "'모든 학생은 연필을 쓴다.'이거나 "어떤 학생도 연필을 쓰지 않는다.'"는 참이므로 그런 가능세계는 존재한다. 포괄성에 따르면 어떤 것이 가능하다면 그것이 성립하는 가능세계는 존재한다는 진술이 나와야 하므로 해당 선지는 참이다.

⑤ 가능세계의 일관성에 따르면, 학생들 중 절반은 연필을 쓰고 절반은 연필을 쓰지 않는 가능세계가 존재하겠군.

일관성에 따르면 어떤 것이 가능하지 않다면 그것이 성립하는 가능세계는 없다는 진술이 나와야 하므로 해당 선지는 일관성이 아니라 포괄성에 따른 것이다.

1 문단

1. 고대 그리스 시대의 사람들은 신에 의해 우주가 운행된다고 믿는 결정론적 세계관 속에서 신에 대한 두려움이나, 신이 야기한다고 생각되는 자연재해나 천체 현상 등에 대한 두려움을 떨치지 못했다.

- '결정론적 세계관'에 대한 정의가 제시되고 있다.
- '결정론적 세계관'을 암기 시도할 필요가 있다.
- '결정론적 세계관이 의미하는 바가 구체적으로 무엇일까?'라고 물음표를 띄울 수 있다.
  '신에 의해 모든 것이 결정된다고 보는 세계관인가'라고 추론할 수 있다.

2. 에피쿠로스는 당대의 사람들이 이러한 잘못된 믿음에서 벗어나도록 하는 것이 중요하다고 보았고, 이를 위해 인간이 행복에 이를 수 있도록 자연학을 바탕으로 자신의 사상을 전개하였다.

- '에피쿠로스'를 암기 시도할 필요가 있다.
- '고대 그리스 시대의 사람들'과 '에피쿠로스'를 구분하고 있으므로 둘을 대등 관계로 보아 시각적 수평 관계로 모델링할 수 있다.
- '자연학이 뭘까?'라고 물음표를 띄울 수 있다.
  단서가 부족해 추론은 어려워 보인다.
- '자연학'을 암기 시도할 필요가 있다.

2 문단

1. 에피쿠로스는 신의 존재는 인정하나 신의 존재 방식이 인간이 생각하는 것과는 다르다고 보고, 신은 우주들 사이의 중간 세계에 살며 인간사에 개입하지 않는다는 ㉠ 이신론(理神論)적 관점을 주장한다.

- '이신론적 관점'에 대한 정의가 제시되고 있다.
- '이신론적 관점'을 암기 시도할 필요가 있다.
- '이신론적 관점은 왜 이신론적 관점이라 불리는 걸까?'라고 물

음표를 띄울 수 있다.
단서가 부족해 추론은 어려워 보인다.

2. 그는 불사하는 존재인 신은 최고로 행복한 상태이며, 다른 어떤 것에게도 고통을 주지 않고, 모든 고통은 물론 분노와 호의와 같은 것으로부터 자유롭다고 말한다.

- '신은 이렇게 행복하게 존재하고 있으니 인간은 신을 두려워할 필요가 없다고 주장하는 거네'라고 반응할 수 있다.

3. 따라서 에피쿠로스는 인간의 세계가 신에 의해 결정되지 않으며, 인간의 행복도 자율적 존재인 인간 자신에 의해 완성된다고 본다.

- 논증을 다음과 같이 정리할 수 있다.
1. 신은 우주들 사이의 중간 세계에 살고 인간사에 개입하지 않는다.
2. 신은 최고로 행복한 상태이다.
따라서 인간의 세계는 신에 의해 결정되지 않으며, 인간의 행복도 자율적 존재인 인간 자신에 의해 완성된다.

3 문단

1. 한편 에피쿠로스는 인간의 영혼도 육체와 마찬가지로 미세한 입자로 구성된다고 본다.

- '영혼'과 '육체'의 공통점을 드러내고 있으므로 둘을 대등 관계로 보아 시각적 수평 관계로 모델링할 수 있다.

2. 영혼은 육체와 함께 생겨나고 육체와 상호작용하며 육체가 상처를 입으면 영혼도 고통을 받는다.

- '영혼과 육체는 서로 종속적이라는 거네'라고 반응할 수 있다.

3. 더 나아가 육체가 소멸하면 영혼도 함께 소멸하게 되어 인간은 사후(死後)에 신의 심판을 받지 않으므로, 살아 있는 동안 인간은 사후에 심판이 있다고 생각하여 두려워할 필요가 없게 된다.

- '2문단은 신의 존재 방식을 설명하며 살아 있는 동안 신을 두려워할 필요가 없다고 주장하고, 3문단은 인간의 영혼과 육체의 관계를 설명하며 사후를 두려워할 필요가 없다고 주장하네'라고 반응할 수 있다.

4. 이러한 생각은 인간으로 하여금 죽음에 대한 모든 두려움에서 벗어나게 하는 근거가 된다.

- '모든'에 주목할 필요가 있다.
- 논증을 다음과 같이 정리할 수 있다.
1. 육체가 소멸하면 영혼도 함께 소멸하므로 인간은 사후에 신의 심판을 받지 않는다.
   따라서 인간은 사후에 심판이 있다고 생각하여 두려워할 필요가 없다.
   따라서 인간은 죽음을 두려워할 필요가 없다.
- '근데 죽음에 이르는 고통을 두려워할 수도 있는 거 아닌가'라고 반응할 수 있다.

4 문단

1. 이러한 에피쿠로스의 ㉡ 자연학은 우주와 인간의 세계에 대한 비결정론적인 이해를 가능하게 한다.

- '2문단의 신의 존재 방식과 3문단의 영혼과 육체의 관계가 자연학의 내용이었나보다'라고 반응할 수 있으므로 '자연학이 뭘까?'라면서 띄웠던 물음표를 회수할 수 있다.
- '결정론적 세계관'과 '비결정론적인 이해'를 구분할 수 있으므로 둘을 대등 관계로 보아 시각적 수평 관계로 모델링할 수 있다.
- '우주와 인간의 세계에 대한 비결정론적인 이해는 무엇을 말하는 걸까?'라고 물음표를 띄울 수 있다.
  '신이 우주와 인간의 세계를 결정하지 않는다는 걸 말하는 건가'라고 추론할 수 있다.

2. 이는 원자의 운동에 관한 에피쿠로스의 설명에서도 명확히 드러난다.

- '앞으로 원자의 원동에 관한 에피쿠로스의 설명이 제시되겠군'이라고 반응할 수 있다.

3. 그는 원자들이 수직 낙하 운동이라는 법칙에서 벗어나기도 하여 비스듬히 떨어지고 충돌해서 튕겨 나가는 우연적인 운동을 한다고 본다.

- '그러니까 원자들이 비결정적인 운동을 한다는 거네'라고 반응할 수 있다.

4. 그리고 우주는 이러한 원자들에 의해 이루어졌으므로, 우주 역시 우연의 산물이라고 본다.

- '원자'와 '우주'는 부분 관계임을 알 수 있다.

5. 따라서 우주와 인간의 세계에 신의 관여는 없으며, 인간의 삶에서도 신의 섭리는 찾을 수 없다고 한다.

- "우주와 인간의 세계에 신의 관여가 있다면 우주는 결정적이다'라는 명제를 대우 규칙을 적용해서 논증하는 것 같네'라고 반응할 수 있다.

6. 에피쿠로스는 이러한 생각을 인간이 필연성에 얽매이지 않고 자신의 삶을 주체적으로 살아갈 수 있게 하는 자유 의지의 단초로 삼는다.

- 논증을 다음과 같이 정리할 수 있다.
1. 원자들은 우연적인 운동을 한다.
2. 우주는 이러한 원자들에 의해 이루어졌다.
   따라서 우주는 우연의 산물이다.
   따라서 우주와 인간의 세계에 신의 관여는 없고 인간의 삶에서도 신의 섭리는 찾을 수 없다.
   따라서 인간은 자유 의지를 가진다.
- '근데 우주와 인간의 세계에 신의 관여는 없고 인간의 삶에서도 신의 섭리는 찾을 수 없다는 생각이 어떻게 인간이 자유 의지를 갖는다는 주장으로 이어지는 거지?'라고 물음표를 띄울 수 있다.
  단서가 부족해 추론은 어려워 보인다.

5 문단

1. 에피쿠로스는 이를 토대로 자유로운 삶의 근본을 규명하고 인생의 궁극적 목표인 행복으로 이끄는 ㉢ 윤리학을 펼쳐 나간다.

- '윤리학'을 암기 시도할 필요가 있다.

2. 결국 그는 인간이 신의 개입과 우주의 필연성, 사후 세계에 대한 두려움에서 벗어날 수 있도록 함으로써, 자신의 삶을 자율적이고 주체적으로 살 수 있는 길을 열어 주었다.

- 에피쿠로스의 '자연학'에 대한 의의를 제시하고 있다.

3. 그리고 쾌락주의적 윤리학을 바탕으로 영혼이 안정된 상태에서 행복 실현을 추구할 수 있는 방안을 제시하였다.

- '쾌락주의적 윤리학은 뭐야?'라고 물음표를 띄울 수 있다. '쾌락을 통해 행복으로 이끄는 방법에 대한 학문인가'라고 추론할 수 있다.

19. 윗글의 표제와 부제로 가장 적절한 것은?

① 에피쿠로스 사상의 성립 배경
　　— 인간과 자연의 관계를 중심으로
② 에피쿠로스 사상의 목적과 의의
　　— 신, 인간, 우주에 대한 이해를 중심으로
③ 에피쿠로스 사상에 대한 비판과 옹호
　　— 사상의 한계와 발전적 계승을 중심으로
④ 에피쿠로스 사상을 둘러싼 논쟁과 이견
　　— 당대 세계관과의 비교를 중심으로
⑤ 에피쿠로스 사상의 현대적 수용과 효용성
　　— 행복과 쾌락의 상관성을 중심으로

20. ㉠~㉢에 대한 이해로 가장 적절한 것은?

㉠ 이신론(理神論)적 관점
㉡ 자연학
㉢ 윤리학

① ㉠은 인간이 두려움을 갖는 이유를, ㉡과 ㉢은 신에 대한 의존에서 벗어나게 하는 방법을 제시한다.
② ㉠은 우주가 신에 의해 운행된다고 믿는 근거를, ㉡과 ㉢은 인간의 사후에 대해 탐구하는 방법을 제시한다.
③ ㉠과 ㉡은 인간이 영혼과 육체의 관계를 탐구하는 이유를, ㉢은 모든 두려움에서 벗어나는 방법을 제시한다.
④ ㉠과 ㉡은 인간이 잘못된 믿음에서 벗어날 수 있는 근거를, ㉢은 행복에 이르도록 하는 방법을 제시한다.
⑤ ㉠과 ㉡은 인간의 존재 이유와 존재 위치에 대한 탐색의 결과를, ㉢은 인간이 우주의 근원을 연구하는 방법을 제시한다.

21. 윗글을 읽은 학생이 '에피쿠로스'에 대해 비판한다고 할 때, 비판 내용으로 적절한 것만을 <보기>에서 있는 대로 고른 것은?

─────── < 보기 > ───────

ㄱ. 신이 분노와 호의로부터 자유로운 상태라면 인간의 세계에 개입을 하지 않는다는 뜻일 텐데, 왜 신의 섭리에 따라 인간의 삶을 이해하려고 하는가?
ㄱ은 에피쿠로스가 주장하는 바로, 에피쿠로스에 대한 적절한 비판이 될 수 없다.
ㄴ. 원자가 법칙에서 벗어나 우연적인 운동을 한다는 것은 인과 관계 없이 뜻하지 않게 움직인다는 뜻일 텐데, 그것이 자유 의지의 단초가 될 수 있는가?
지문을 읽으면서 정리한 논증을 보고 이 비판이 적절한지 판단해 보자.
1. 원자들은 우연적인 운동을 한다.
2. 우주는 이러한 원자들에 의해 이루어졌다.
따라서 우주는 우연의 산물이다.
따라서 우주와 인간의 세계에 신의 관여는 없고 인간의 삶에서도 신의 섭리는 찾을 수 없다.
따라서 인간은 자유 의지를 가진다.
첫 번째 전제와 두 번째 전제를 통해 우연적 산물인 우주에 속하는 인간도 우연적, 즉 비결정적이라고 추론할 수 있다. 그러나 이 논증의 최종적 결론은 '인간은 자유 의지를 가진다.'인데 자유 의지는 비결정적이라고 말할 수 없을 것이다. 즉 비결정적 산물인 우주에 속하는 인간이 어떻게 결정적이라고 볼 수 있는 자유 의지를 가지게 되는지에 대한 중간 과정이 제시되어 있지 않아 에피쿠로스의 논증은 비약이 있다고 볼 수 있다. 따라서 ㄴ은 이 비약을 지적한다고 볼 수 있으므로 적절한 비판이다.
ㄷ. 인간이 죽음에 대해 두려움을 느낀다면 죽음에 이르는 고통 때문일 수도 있을 텐데, 사후에 대한 두려움을 떨쳐 버리는 것만으로 그것이 해소될 수 있는가?
에피쿠로스는 죽음에 대한 두려움의 원인으로 사후에 대한 두려움만을 제시했지만 죽음에 이르는 고통도 죽음에 대한 두려움의 원인일 수 있으므로 사후에 대한 두려움을 떨쳐 버리더라도 충분히 죽음에 대해 두려움을 느낄 수 있다. 즉 에피쿠로스의 논증의 전제가 참이더라도 결론은 거짓일 수 있다고 비판하고 있으므로 ㄷ은 적절한 비판이다.
ㄹ. 인간이 자연재해를 무서워한다면 자연재해 그 자체 때문일 수도 있을 텐데, 신이 일으키지 않았다고 해

① ㄱ, ㄴ   ② ㄱ, ㄹ   ③ ㄷ, ㄹ
④ ㄱ, ㄴ, ㄷ   ⑤ ㄴ, ㄷ, ㄹ

22. 윗글의 '에피쿠로스'의 사상과 <보기>에 나타난 생
각을 비교한 내용으로 적절하지 <u>않은</u> 것은? [3점]

─── < 보 기 > ───

신은 인간의 세계에 속해 있지는 않으나, 모든 일의
목적인 존재라네. 하늘과 땅 그리고 바다에 있는 모든
것들의 원인이며, 일체의 훌륭함에 있어서도 탁월한 존
재이지. 언제나 신은 필연성을 따르는 지성을 조력자로
삼아 성장과 쇠퇴, 분리와 결합에 있어 모든 것들을 바
르고 행복한 상태에 이르도록 이끈다네.

① 신을 '모든 것들의 원인'으로 보는 <보기>의 생각은, 신
이 '인간사에 개입'한다는 것을 부정하는 에피쿠로스의
사상과 차이점이 있군.
② 신이 '지성'을 조력자로 삼아 모든 것들을 이끈다고 보는
<보기>의 생각은, 우주를 '우연의 산물'로 보는 에피쿠
로스의 사상과 차이점이 있군.
③ 신을 '모든 일의 목적인 존재'로 보는 <보기>의 생각과
신이 '불사하는 존재'라고 보는 에피쿠로스의 사상은 신
의 존재를 인정한다는 공통점이 있군.
④ 신이 '모든 것들'을 '바르고 행복한 상태'에 도달하게 한
다는 <보기>의 생각은, 행복이 '인간 자신에 의해 완성'
된다고 본 에피쿠로스의 사상과 차이점이 있군.
⑤ <u>신이 '인간의 세계'에 속해 있지 않다고 보는 <보기>의
생각과 신이 '중간 세계'에 있다고 본 에피쿠로스의 사
상은 신의 영향력이 인간 세계의 외부에서 온다고 보는
공통점이 있군.</u>

1 문단

1. ㉠ 많은 전통적 인식론자는 임의의 명제에 대해 우리가 세 가지 믿음의 태도 중 하나만을 ⓐ 가질 수 있다고 본다.

- '전통적 인식론자'를 암기 시도할 필요가 있다.
- '세 가지 믿음의 태도는 뭘까?'라고 물음표를 띄울 수 있다.
  단서가 부족해 추론은 어려워 보인다.
- '-만'이라는 표현이 등장했으므로 '세 가지 믿음의 태도 중 둘 이상을 동시에 가질 수 없다고 본다'라고 바꾸어 읽을 수 있다.

2. 가령 '내일 눈이 온다.'는 명제를 참이라고 믿거나, 거짓이라고 믿거나, 참이라 믿지도 않고 거짓이라 믿지도 않을 수 있다.

- '세 가지 믿음의 태도가 제시되고 있네'라고 반응할 수 있으므로 '세 가지 믿음의 태도는 뭘까?'라면서 띄웠던 물음표를 회수할 수 있다.
- '참이라 믿지도 않고 거짓이라 믿지도 않는 건 무슨 태도일까?'라고 물음표를 띄울 수 있다.
  '믿음의 영역에서 벗어난 태도인가'라고 추론할 수 있다.

3. 반면 ㉡ 베이즈주의자는 믿음은 정도의 문제라고 본다.

- '베이즈주의자'를 암기 시도할 필요가 있다.
- '반면'을 통해 '많은 전통적 인식론자'와 '베이즈주의자'의 차이를 드러내고 있으므로 둘을 대등 관계로 보아 시각적 수평 관계로 모델링할 수 있다.

4. 가령 각 인식 주체는 '내일 눈이 온다.'가 참이라는 것에 대하여 가장 강한 믿음의 정도에서 가장 약한 믿음의 정도까지 가질 수 있다.

- '가장 강한 믿음의 정도와 가장 약한 믿음의 정도를 각각 1과 0으로 받아들인다면 어떤 명제가 참이라는 것에 대해 0과 1 사이의 무한집합 중 하나의 값을 믿음의 정도로 가질 수 있겠네'라고 반응할 수 있다.

5. 이처럼 베이즈주의자는 믿음의 정도를 믿음의 태도에 포함함으로써 많은 전통적 인식론자들과 달리 믿음의 태도를 풍부하게 표현한다.

2 문단

1. 우리는 종종 임의의 명제가 참인지 거짓인지 새롭게 알게 된다.

- '종종'이라는 표현이 등장했으므로 '어떤 때는 우리가 임의의 명제가 참인지 거짓인지 새롭게 알게 되지 않겠네'라고 추론할 수 있다.

2. 이것을 베이즈주의자의 표현으로 바꾸면 그 명제가 참인지 거짓인지에 대해 가장 강한 믿음의 정도를 새롭게 갖는다는 것이다.

- '임의의 명제가 참인지 거짓인지 새롭게 알게 되는 것은 그 명제가 참인지 거짓인지에 대해 1의 믿음의 정도를 갖는다는 거네'라고 반응할 수 있다.

3. 베이즈주의는 이런 경우에 믿음의 정도가 어떤 방식으로 변해야 하는지에 대해 정교한 설명을 제공한다.

- '앞으로 이런 경우에 믿음의 정도가 어떤 방식으로 변해야 하는지에 대한 베이즈주의의 정교한 설명이 제시되겠네'라고 반응할 수 있다.

4. 이에 따르면, 인식 주체가 특정 시점에 임의의 명제 A가 참이라는 것만을 또는 거짓이라는 것만을 새롭게 알게 됐을 때, 다른 임의의 명제 B에 대한 인식 주체의 기존 믿음의 정도의 변화는 조건화 원리 의 적용을 받는다.

- '조건화 원리가 뭘까?'라고 물음표를 띄울 수 있다.
  단서가 부족해 추론은 어려워 보인다.

5. 이는 믿음의 정도의 변화에 관한 원리로서, 만약 인식 주체가 A가 참이라는 것만을 새롭게 알게 된다면, B가 참이라는 것에 대한 그 인식 주체의 믿음의 정도는 애초의 믿음의 정도에서 A가 참이라는 조건하에 B가 참이라는 것에 대한 믿음의 정도로 되어야 함을 의미한다.

- '-만'이라는 표현이 등장했으므로 'A가 참이라는 것 외의 다른 것은 새롭게 알게 되지 않는다면'으로 바꾸어 읽을 수 있다.

- 'B가 참이라는 것에 대한 믿음의 정도가 있고, A가 참이라는 조건하에 B가 참이라는 것에 대한 믿음의 정도가 있는데, A가 참이라는 것만을 새롭게 알게 된다면 전자에서 후자로 믿음의 정도가 바뀌어야 한다는 말이네'라고 반응할 수 있다.
- '-어야'라는 당위 진술을 가리키는 표현이 등장했으므로 '믿음의 정도로 되지 않으면 안 됨'으로 바꾸어 읽을 수 있다.
- '조건화 원리'에 대한 설명이 제시되고 있으므로 '조건화 원리가 뭘까?'라면서 띄웠던 물음표를 회수할 수 있다.

6. 예를 들어 갑이 '내일 비가 온다.'가 참이라는 것을 약하게 믿고 있고, '오늘 비가 온다.'가 참이라는 조건하에서는 '내일 비가 온다.'가 참이라는 것을 강하게 믿는다고 해보자.

- "그럼 '오늘 비가 온다.'가 참이라는 것을 알게 될 경우 '내일 비가 온다.'가 참이라는 것을 강하게 믿게 되겠네'라고 추론할 수 있다.

7. 조건화 원리에 따르면, 갑이 실제로 '오늘 비가 온다.'가 참이라는 것만을 새롭게 알게 될 때, '내일 비가 온다.'가 참이라는 것을 그 이전보다 더 강하게 믿는 것이 합리적이다.

8. 조건화 원리는 새롭게 알게 된 명제가 동시에 둘 이상인 경우에도 마찬가지로 적용된다.

- '조건화 원리는 새롭게 알게 된 명제의 개수에 상관없이 적용되는구나'라고 반응할 수 있다.

9. 다만 이 원리는 믿음의 정도에 관한 것이지 행위에 관한 것은 아니다.

- '믿음의 정도'와 '행위'를 구분하고 있으므로 둘을 대등 관계로 보아 시각적 수평 관계로 모델링할 수 있다.

3 문단

1. 명제들 중에는 위의 예에서처럼 참인지 거짓인지 새롭게 알게 된 명제와 관련된 것도 있지만 그렇지 않은 것도 있다.

- '새롭게 알게 된 명제와 관련된 것'과 '새롭게 알게 된 명제와 관련되지 않은 것'을 구분하고 있으므로 둘을 대등 관계로 보

아 시각적 수평 관계로 모델링할 수 있다.
- '새롭게 알게 된 명제와 관련되지 않은 것에 대한 믿음의 정도는 변하지 않아야 하지 않을까'라고 추론할 수 있다.

2. 조건화 원리에 ⓑ 따르면, 어떤 명제가 참인지 거짓인지 새롭게 알게 되더라도 그 명제와 관련 없는 명제에 대한 믿음의 정도는 변하지 않아야 한다.

- '-라도'라는 표현이 등장했으므로 '어떤 명제가 참인지 거짓인지 새롭게 알게 되든 아니든 뒷부분은 성립하는데, 특히 어떤 명제가 참인지 거짓인지 새롭게 알게 되었을 때 뒷부분은 성립한다'로 바꾸어 이해할 수 있다.
- '-야'라는 당위 진술을 가리키는 표현이 등장했으므로 '변하면 안 된다'로 바꾸어 읽을 수 있다.
- '내 추론이 맞았네'라고 반응할 수 있다.

3. 예를 들어 위에서처럼 갑이 '오늘 비가 온다.'가 참이라는 것만을 새롭게 알게 되더라도 그것과 관련 없는 명제 '다른 은하에는 외계인이 존재한다.'에 대한 그의 믿음의 정도는 변하지 않아야 한다.

- 2번 문장의 구체적인 예시가 제시되고 있다.

4. 이처럼 베이즈주의자는 특별한 이유가 없는 한 우리의 믿음의 정도는 유지되어야 한다고 ⓒ 본다.

- '특별한 이유가 의미하는 바가 뭘까?'라고 물음표를 띄울 수 있다.
  '새롭게 알게 된 명제와의 관련성을 의미한다고 볼 수 있을 것 같다'라고 추론할 수 있다.
- '-야'라는 당위 진술을 가리키는 표현이 등장했으므로 '유지되지 않으면 안 된다고 본다'로 바꾸어 읽을 수 있다.

4 문단

1. 베이즈주의자는 이렇게 상식적으로 당연하게 여겨지는 생각을 정당화하기 위해 기존의 믿음의 정도를 유지함으로써 ⓓ 얻을 수 있는 실용적 효율성에 호소할 수 있다.

- 기존의 믿음의 정도를 유지→실용적 효율성을 얻음→상식적으로 당연하게 여겨지는 생각을 정당화

2. 특별한 이유 없이 학교를 옮기는 행위는 어떠한 방식
으로든 우리의 에너지를 불필요하게 소모한다.

- '믿음이 아니라 이와 대등 관계인 행위가 나왔네'라고 반응할
  수 있다.
- "특별한 이유 없이 학교를 옮기는 행위'는 '학교를 옮기는 행위
  와 관련 없는 어떤 것이 발생했는데 학교를 옮기는 행위'라고
  해석할 수 있겠네'라고 반응할 수 있다.

3. 베이즈주의자는 특별한 이유 없이 기존의 믿음의 정
도를 ⓔ <u>바꾸</u>는 것도 이와 유사하게 에너지를 불필요하
게 소모한다고 볼 수 있다.

- 논증을 다음과 같이 정리할 수 있다.
1. 특별한 이유 없이 학교를 옮기는 행위는 어떠한 방식으로든
   우리의 에너지를 불필요하게 소모한다.
2. 특별한 이유 없이 학교를 옮기는 행위와 특별한 이유 없이 기
   존의 믿음의 정도를 바꾸는 것은 유사하다.
   따라서 특별한 이유 없이 기존의 믿음의 정도를 바꾸는 것은
   에너지를 불필요하게 소모한다고 볼 수 있다.

4. 이 관점에서는 실용적 효율성을 추구한다면, 특별한
이유가 없는 한 기존의 믿음의 정도를 유지하는 것이 합
리적이다.

- '여기서 말하는 실용적 효율성은 '에너지를 불필요하게 소모하
  지 않음'을 의미하겠네'라고 추론할 수 있다.

16. 윗글에서 답을 찾을 수 있는 질문에 해당하지 <u>않는</u> 것은?

① 믿음의 정도와 관련하여 상식적으로 당연하게 여겨지는
  생각을 어떻게 정당화할 수 있을까?
'실용적 효율성에 호소하여 정당화할 수 있다'라고 답할 수 있다.
② <u>특별한 이유 없이 믿음의 정도를 바꾸어야 하는 이유는
  무엇일까?</u>
지문에서 특별한 이유 없이 믿음의 정도를 바꾸어야 한다는 주
장은 등장한 적이 없다. 지문에서 소개된 베이즈주의자의 주장
은 '특별한 이유가 없는 한 믿음의 정도를 유지해야 한다'이다.
③ 믿음의 정도를 어떤 경우에 바꾸고 어떤 경우에 바꾸지
  말아야 할까?
'어떤 명제가 참인지 거짓인지만을 새롭게 알게 되었을 때, 그와

관련 있는 명제에 대한 믿음의 정도는 바뀔 수 있고 그와 관련
없는 명제에 대한 믿음의 정도는 바뀌지 않아야 한다'라고 답할
수 있다.
④ 믿음의 정도를 바꾸어야 한다면 어떤 방식으로 바꾸어
  야 할까?
'믿음의 정도를 바꾸어야 한다면 조건화 원리에 따라 바꾸어야
한다'라고 답할 수 있다.
⑤ 임의의 명제에 대해 어떤 믿음의 태도를 가질 수 있을까?
'많은 전통적 인식론자에 따르면 세 가지 믿음의 태도를 가질 수
있고, 베이즈주의자에 따르면 0과 1 사이의 무한집합 중 하나의
값에 대응되는 믿음의 태도를 가질 수 있다'라고 답할 수 있다.

17. ㉠, ㉡에 대한 이해로 적절하지 <u>않은</u> 것은?

㉠ <u>많은 전통적 인식론자</u>
㉡ <u>베이즈주의자</u>

① 만약 을이 ㉠이라면 을은 동시에 ㉡일 수 없다.
② <u>㉠은 을이 '내일 눈이 온다.'가 거짓이라 믿는 것은 그 명제
  가 거짓임을 깅한 정도로 믿는다는 의미라고 주장한다.</u>
㉠이 아니라 ㉡이 을이 '내일 눈이 온다.'가 거짓이라 믿는 것은
그 명제가 거짓임을 가장 강한 정도로 믿는다는 의미라고 주장
한다.
③ ㉠은 을이 '내일 눈이 온다.'가 참이라고 믿는다면 을은
  '내일 눈이 온다.'가 거짓이라고 믿을 수는 없다고 주장
  한다.
㉠은 임의의 명제에 대해 세 가지 믿음의 태도 중 하나만을 가진
다고 주장한다.
④ ㉡은 을의 '내일 눈이 온다.'가 참이라는 것에 대한 믿음
  의 정도와 '내일 눈이 온다.'가 거짓이라는 것에 대한 믿
  음의 정도가 같을 수 있다고 본다.
㉡의 주장에 근거하면 을은 '내일 눈이 온다.'가 참이라는 것에
대한 믿음의 정도를 0.5, '내일 눈이 온다.'가 거짓이라는 것에
대한 믿음의 정도를 0.5로 가질 수 있다.
⑤ ㉡은 을이 '내일 눈이 온다.'와 '내일 비가 온다.'가 모두
  거짓이라고 믿더라도 후자를 전자보다 더 강하게 거짓
  이라고 믿을 수 있다고 주장한다.

18. 조건화 원리 에 대해 설명한 내용으로 가장 적절한 것은?

① 에너지를 불필요하게 소모하더라도 특별한 이유 없이 믿음의 정도를 바꾸는 것은 합리적이라고 설명한다.

특별한 이유 없이 믿음의 정도를 바꾸는 것은 에너지를 불필요하게 소모하는 것이고 이는 비합리적이라고 볼 수 있다.

② 어떤 행위를 할 특별한 이유가 있더라도 믿음의 정도의 변화 없이 그 행위를 해서는 안 된다고 말해 준다.

조건화 원리는 믿음의 정도에 대한 것이지 행위에 대한 것이 아니다.

③ 새롭게 알게 된 명제와는 관련 없는 명제에 대해 우리의 믿음의 정도가 어떠해야 하는지에 대해서 말해 주지 않는다.

새롭게 알게 된 명제와는 관련 없는 명제에 대해 우리의 믿음의 정도는 변화하지 않아야 한다고 말해준다.

④ 어떤 명제가 참인 것을 새롭게 알게 되고 동시에 그와 다른 명제가 거짓인 것을 새롭게 알게 되었을 때에도 적용될 수 있다.

조건화 원리는 새롭게 알게 된 명제가 둘 이상인 경우에도 적용할 수 있으므로 해당 선지는 참이다.

⑤ 임의의 명제를 새롭게 알기 전에 그와 다른 명제에 대해 가장 강하지도 않고 가장 약하지도 않은 믿음의 정도를 가지고 있는 인식 주체에게는 적용될 수 없다.

임의의 명제를 새롭게 알기 전에 그와 다른 명제에 대해 가장 강하지도 않고 가장 약하지도 않은 믿음의 정도를 가지고 있는 인식 주체에게도 적용될 수 있다.

19. 다음은 윗글을 읽은 학생의 독서 활동 기록이다. 윗글을 참고할 때, [A]에 들어갈 내용으로 적절하지 <u>않은</u> 것은? [3점]

[독서 후 심화 활동]

글의 내용을 다른 상황에 적용해 보자.

ㅇ 상황

병과 정은 공동 발표 내용을 기록한 흰색 수첩 하나를 잃어버렸다는 것을 알게 되었다. 그 수첩에는 병의 이름이 적혀 있다. 이와 관련해 병과 정은 다음 명제 ㉮가 참이라고 믿지만 믿음의 정도가 아주 강하지는 않다.

㉮ 병의 수첩은 체육관에 있다.

병 혹은 정이 참이라고 새롭게 알게 될 수 있는 명제는 다음과 같다.

㉯ 체육관에 누군가의 이름이 적힌 흰색 수첩이 있다.
㉰ 병의 이름이 적혀 있지만 어떤 색인지 확인이 안 된 수첩이 병의 집에 있다.

병과 정은 ㉯와 ㉰ 이외에는 ㉮와 관련이 있는 어떤 명제도 새롭게 알게 되지 않고, 조건화 원리에 의해서만 자신들의 믿음의 정도를 바꾼다.

ㅇ 적용

[A]

---

① 병이 ㉮와 관련이 없는 다른 명제만을 새롭게 알게 된다면, ㉮에 대한 병의 믿음의 정도는 변하지 않겠군.

② 병이 ㉯만을 알게 된다면, 그 후에 ㉮가 참이라는 것에 대한 병의 믿음의 정도는 그 전보다 더 강해질 수 있겠군.

③ 병이 ㉯를 알게 된 후에 ㉰를 추가로 알게 된다면, ㉮가 참이라는 것에 대한 병의 믿음의 정도는 ㉰를 추가로 알기 전보다 더 약해질 수 있겠군.

④ 병이 ㉯와 ㉰를 동시에 알게 된다면, ㉮가 참이라는 것에 대한 병의 믿음의 정도는 ㉯와 ㉰가 참이라는 조건 하에 ㉮가 참이라는 것에 대한 믿음의 정도로 변하겠군.

⑤ 병과 정이 ㉯를 알게 되기 전에 ㉮가 참이라는 것에 대한 믿음의 정도가 서로 다르다면, ㉯만을 알게 된 후에는 ㉮가 참이라는 것에 대한 병과 정의 믿음의 정도가 같을 수 없겠군.

병과 정이 ㉯를 알게 되기 전에 ㉮가 참이라는 것에 대한 믿음의 정도가 서로 다르지만 ㉯만을 알게 된 후에 ㉮가 참이라는 것에 대한 병과 정의 믿음의 정도가 같아지는 가능세계를 상상할 수 있으므로 해당 선지는 거짓이다.

20. 문맥상 ⓐ~ⓔ의 단어와 가장 가까운 의미로 쓰인 것은?

① ⓐ: 어제 친구들과 함께 만나는 자리를 가졌다.
② ⓑ: 법에 따라 모든 절차가 공정하게 진행됐다.
③ ⓒ: 우리는 지금 아이를 봐 줄 분을 찾고 있다.
④ ⓓ: 그는 젊었을 때 얻은 병을 아직 못 고쳤다.
⑤ ⓔ: 매장에서 헌 냉장고를 새 선풍기와 바꿨다.

(가) 1 문단

1. 한국, 중국 등 동아시아 사회에서 오랫동안 유지되었던 과거제는 세습적 권리와 무관하게 능력주의적인 시험을 통해 관료를 선발하는 제도라는 점에서 합리성을 갖추고 있었다.

- '한국'과 '중국'이 '동아시아'에 포함됨을 알 수 있다.
- '세습적 권리'와 '능력주의'를 구분하고 있으므로 둘을 대등 관계로 보아 시각적 수평 관계로 모델링할 수 있다.

2. 정부의 관직을 ⓐ 두고 정기적으로 시행되는 공개 시험인 과거제가 도입되어, 높은 지위를 얻기 위해서는 신분이나 추천보다 시험 성적이 더욱 중요해졌다.

- '과거제'에 대한 정의가 제시되고 있다.
- '신분이나 추천은 세습적 권리의 범주에 포함되고, 시험 성적은 능력주의의 범주에 포함된다고 볼 수 있겠군'이라고 반응할 수 있다.

2 문단

1. 명확하고 합리적인 기준에 따른 관료 선발 제도라는 공정성을 바탕으로 과거제는 보다 많은 사람들에게 사회적 지위 획득의 기회를 줌으로써 개방성을 제고하여 사회적 유동성 역시 증대시켰다.

- 공정성 ⇒ 많은 사람에게 사회적 지위 획득 기회 ⇒ 개방성 제고 ⇒ 사회적 유동성 증대

2. 응시 자격에 일부 제한이 있었다 하더라도, 비교적 공정한 제도였음은 부정하기 어렵다.

- '하더라도'를 '하지만'으로 바꾸어 읽을 수 있다.
- '과거제의 응시 자격에 일부 제한이 있었다고?'라고 물음표를 띄울 수 있다.
  '천민은 과거제를 못 봤다고 알고 있는데 그런 제한을 말하는 건가'라고 추론할 수 있다.

3. 시험 과정에서 ㉠ 익명성의 확보를 위한 여러 가지 장치를 도입한 것도 공정성 강화를 위한 노력을 보여 준다.

- 익명성의 확보⇒공정성⇒많은 사람들에게 사회적 지위 획득 기회⇒개방성 제고⇒사회적 유동성 증대

3 문단

1. 과거제는 여러 가지 사회적 효과를 가져왔는데, 특히 학습에 강력한 동기를 제공함으로써 교육의 확대와 지식의 보급에 크게 기여했다.

- 학습에 강력한 동기 제공⇒교육의 확대∧지식의 보급

2. 그 결과 통치에 참여할 능력을 갖춘 지식인 집단이 폭넓게 형성되었다.

- 학습에 강력한 동기 제공 ⇒ 교육의 확대∧지식의 보급 ⇒ 지식인 집단 폭넓게 형성

3. 시험에 필요한 고전과 유교 경전이 주가 되는 학습의 내용은 도덕적인 가치 기준에 대한 광범위한 공유를 이끌어 냈다.

- 고전과 유교 경전이 주가 되는 학습의 내용 ⇒ 도덕적 가치 기준에 대한 광범위한 공유

4. 또한 최종 단계까지 통과하지 못한 사람들에게도 국가가 여러 특권을 부여하고 그들이 지방 사회에 기여하도록 하여 경쟁적 선발 제도가 가져올 수 있는 부작용을 완화하고자 노력했다.

- '-도'라는 표현이 등장했으므로 '최종 단계까지 통과한 사람들과 그렇지 않은 사람들에게 모두 국가가 여러 특권을 부여했겠네'라고 추론할 수 있다.
- '이를 통해 완화되는 경쟁적 선발 제도가 가져올 수 있는 부작용이 뭘까?'라고 물음표를 띄울 수 있다.
  '극소수에게만 특권을 주지 않고 특권을 부여 받을 수 있는 인재 풀을 넓혀서 완화되는 부작용이니 과열 경쟁이 그 부작용이겠다'라고 추론할 수 있다.
- '3문단은 과거제가 가져온 여러 가지 사회적 효과를 나열하고 있군'이라고 반응할 수 있다.

4 문단

1. 동아시아에서 과거제가 천 년이 넘게 시행된 것은 과거제의 합리성이 사회적 안정에 기여했음을 보여 준다.

- '인과관계는 '과거제의 합리성이 사회적 안정에 기여 ⇒ 과거제가 천 년 넘게 시행됨'이지만 논증 구조는 '과거제가 천 년 넘게 시행됨 → 과거제의 합리성이 사회적 안정에 기여'네'라고 반응할 수 있다.

2. 과거제는 왕조의 교체와 같은 변화에도 불구하고 동질적인 엘리트층의 연속성을 가져왔다.

- '왕이 바뀌더라도 관료들은 변하지 않을 테니까 이런 주장을 하는 거겠네'라고 반응할 수 있다.

3. 그리고 이러한 연속성은 관료 선발 과정뿐 아니라 관료제에 기초한 통치의 안정성에도 기여했다.

- 동질적인 엘리트층의 연속성⇒관료 선발 과정의 안정성∧관료제에 기초한 통치의 안정성
- '동질적인 엘리트층의 연속성이 어떻게 관료 선발 과정이 안정성에 기여했을까?'라고 물음표를 띄울 수 있다.
'과거제가 가져온 동질적인 엘리트층의 연속성이 관료제에 기초한 통치의 안정성에 기여했기 때문에 결과론적으로 이는 과거제의 관료 선발 과정이 문제가 없다는 것을 시사하기 때문에 관료 선발 과정을 크게 바꾸지 않아 안정성이 확보되었다고 보면 되려나'라고 추론할 수 있다.

5 문단

1. 과거제를 장기간 유지한 것은 세계적으로 드문 현상이었다.

- '장기간'을 '천 년 넘게'로 바꾸어 읽을 수 있다.

2. 과거제에 대한 정보는 선교사들을 통해 유럽에 전해져 많은 관심을 불러일으켰다.

3. 일군의 유럽 계몽사상가들은 학자의 지식이 귀족의 세습적 지위보다 우위에 있는 체제를 정치적인 합리성을 갖춘 것으로 보았다.

- '일군'이라는 표현이 등장했으므로 '그렇게 보지 않은 유럽 계

몽사상가들도 있었겠네'라고 추론할 수 있다.

- '학자의 지식은 능력주의의 범주에 포함되고, 세습적 지위는 세습적 권리의 범주에 포함된다고 볼 수 있겠다'라고 반응할 수 있다.

4. 이러한 관심은 사상적 동향뿐 아니라 실질적인 사회 제도에까지 영향을 미쳐서, 관료 선발에 시험을 통한 경쟁이 도입되기도 했다.

- 일군의 유럽 계몽사상가들의 과거제에 대한 관심 ⇒ 사상적 동향에 영향∧실질적인 사회 제도에 영향 ⇒ 관료 선발에 시험 도입

(나) 1 문단

1. 조선 후기의 대표적인 관료 선발 제도 개혁론인 유형원의 공거제 구상은 능력주의적, 결과주의적 인재 선발의 약점을 극복하려는 의도와 함께 신분적 세습의 문제점도 의식한 것이었다.

- '유형원'을 암기 시도할 필요가 있다.
- '공거제'를 암기 시도할 필요가 있다.
- '공거제가 뭐지?'라고 물음표를 띄울 수 있다.
'관료 선발 제도 개혁론이라 했으니 과거제와는 상당히 다른 제도이겠네'라고 추론할 수 있다.
- '능력주의적, 결과주의적 인재 선발의 약점이 뭘까?'라고 물음표를 띄울 수 있다.
단서가 부족해 추론은 어려워 보인다.

2. 중국에서는 17세기 무렵 관료 선발에서 세습과 같은 봉건적인 요소를 부분적으로 재도입하려는 개혁론이 등장했다.

- '왜 세습적 요소를 재도입하려고 했을까?'라고 물음표를 띄울 수 있다.
단서가 부족해 추론은 어려워 보인다.

3. 고염무는 관료제의 상층에는 능력주의적 제도를 유지하되, ㉮ 지방관인 지현들은 어느 정도의 검증 기간을 거친 이후 그 지위를 평생 유지시켜 주고 세습의 길까지 열어 놓는 방안을 제안했다.

- '고염무'를 암기 시도할 필요가 있다.

- '관료제의 상층'과 '지방관인 지현들'을 구분하고 있으므로 둘을 대등 관계로 보아 시각적 수평 관계로 모델링할 수 있다.
- '17세기 무렵 중국과 마찬가지로 고염무도 세습적 요소를 관료 선발에 포함하네'라고 반응할 수 있다.

- '황종희'를 암기 시도할 필요가 있다.
- '벽소'에 대한 정의가 제시되고 있다.
- '벽소'를 암기 시도할 필요가 있다.
- '황종희도 세습적 권리라 볼 수 있는 추천을 도입하자고 하네'라고 반응할 수 있다.
- '유형원', '17세기 무렵 중국', '고염무', '황종희'를 구분하고 있으므로 넷을 대등 관계로 보아 시각적 수평 관계로 모델링할 수 있다.

2 문단

- '과거제의 고질적인 문제가 있었고 이를 바꾸려는 시도가 계속 있었다는 말이겠네'라고 추론할 수 있다.

- '-만'이라는 표현이 등장했으므로 '합격이 아닌 것은 목적으로 하지 않는'으로 바꾸어 읽을 수 있다.
- 치열한 경쟁⇒형식적 학습∧재능 낭비
- '이래서 과거제를 개선하자고 주장했던 거구나'라고 반응할 수 있으므로 '능력주의적, 결과주의적 인재 선발의 약점이 뭘까?', '왜 세습적 요소를 재도입하려고 했을까?'라면서 띄웠던 물음표를 회수할 수 있다.

- '익명성에 대한 회의가 있었던 이유가 잘 이해가 안 되는데?'라고 물음표를 띄울 수 있다.
  '유기명으로 해야 그 사람을 조사해서 인성이나 실무 능력을 평가할 수 있기 때문인가'라고 추론할 수 있다.

3 문단

- '부작용이 있는 시험을 통해 임용된 관리들에게도 부정적인 점이 있을 거라고 생각했나보다'라고 추론할 수 있다.

- 몇 년의 임기마다 다른 지역으로 이동⇒승진을 위해 빨리 성과를 내야 함⇒가시적이고 단기적인 결과만을 중시
- '-만'이라는 표현이 등장했으므로 '단기적인 결과가 아닌 것은 중시하지 않는 부작용'으로 바꾸어 읽을 수 있다.
- '-보다'를 통해 '장기적인 전망'과 '단기적인 결과'의 차이를 드러내고 있으므로 둘을 대등 관계로 보아 시각적 수평 관계로 모델링할 수 있다.

- '개인적 동기는 단기적인 결과에 연결되고, 공공성은 장기적인 전망에 연결된다고 볼 수 있겠네'라고 반응할 수 있다.

- '몇 년의 임기마다 다른 지역으로 이동하니 공동체 의식이 높

지 않았나 보다'라고 추론할 수 있다.

6. 과거제 출신의 관리들이 공동체에 대한 소속감이 낮고 출세 지향적이기 때문에 세습 엘리트나 지역에서 천거된 관리에 비해 공동체에 대한 충성심이 약했던 것이다.

- 몇 년의 임기마다 다른 지역으로 이동 ⇒ 과거제 출신의 관리들의 소속감 저조∧출세 지향적 ⇒ 공동체에 대한 충성심 저조

4 문단

1. 과거제가 지속되는 시기 내내 과거제 이전에 대한 향수가 존재했던 것은 그 외의 정치 체제를 상상하기 ⓔ 어려웠던 상황에서, 사적이고 정서적인 관계에서 볼 수 있는 소속감과 충성심을 과거제로 확보하기 어렵다는 판단 때문이었다.

- 과거제 외의 정치 체제 상상하기 어려움∧소속감과 충성심을 과거제로 확보하기 어렵다는 판단⇒과거제 이전에 대한 향수 존재

2. 봉건적 요소를 도입하여 과거제를 보완하자는 주장은 단순히 복고적인 것이 아니었다.

- '봉건적 요소를 도입하여 과거제를 보완하자는 주장은 아예 세습적 제도로 회귀하자는 말이 아니고 부분적으로 세습적 요소를 도입하자는 말이라고 주장하고 싶은 것 같네'라고 추론할 수 있다.

3. 합리적인 제도가 가져온 역설적 상황을 역사적 경험과 주어진 사상적 자원을 활용하여 보완하고자 하는 시도였다.

16. (가)와 (나)의 서술 방식으로 가장 적절한 것은?

① (가)와 (나) 모두 특정 제도가 사회에 미친 영향을 인과적으로 서술하고 있다.
② (가)와 (나) 모두 특정 제도를 분석하는 두 가지 이론을 구분하여 소개하고 있다.
(가)와 (나)에는 모두 특정 제도를 분석하는 두 가지 이론이 제시되지 않았다.

③ (가)는 (나)와 달리 구체적 사상가들의 견해를 언급하며 특정 제도에 대한 관점을 드러내고 있다.
(가)와 달리 (나)는 구체적 사상가들의 견해를 언급하며 특정 제도에 대한 관점을 드러내고 있다.
④ (나)는 (가)와 달리 특정 제도에 대한 선호와 비판의 근거들을 비교하면서 특정 제도의 특징을 제시하고 있다.
(나)는 특정 제도에 대한 비판의 근거들을 제시하면서 특정 제도의 특징을 제시하고 있다.
⑤ (가)는 특정 제도의 발전을 통시적으로, (나)는 특정 제도에 대한 학자들의 상반된 입장을 공시적으로 언급하고 있다.
(가)는 특정 제도의 발전을 통시적으로 언급하지 않았고, (나)는 특정 제도에 대한 학자들의 비슷한 입장을 공시적으로 언급하고 있다.

* '공시적'은 '같은 시기에 존재하는 것들을 비교하거나 분석하는'을 의미한다.

17. (가)의 내용과 일치하지 <u>않는</u> 것은?

① 시험을 통한 관료 선발 제도는 동아시아뿐만 아니라 유럽에서도 실시되었다.
② 과거제는 폭넓은 지식인 집단을 형성하여 관료제에 기초한 통치에 기여했다.
③ 과거 시험의 최종 단계까지 통과하지 못한 사람도 국가로부터 혜택을 받을 수 있었다.
④ 경쟁을 바탕으로 한 과거제는 더 많은 사람들이 지방의 관료에 의해 초빙될 기회를 주었다.
과거제는 지방의 관료에 의해 초빙될 기회가 아니라 시험을 통해 지방의 관료로 임명될 기회를 주었다.
⑤ 귀족의 지위보다 학자의 지식이 우위에 있는 체제가 합리적이라고 여긴 계몽사상가들이 있었다.

18. (나)를 참고할 때, ㉮와 같은 제안이 등장하게 된 배경을 추론한 내용으로 적절하지 <u>않은</u> 것은?

㉮ 지방관인 지현들은 어느 정도의 검증 기간을 거친 이후 그 지위를 평생 유지시켜 주고 세습의 길까지 열어 놓는 방안

① 과거제로 등용된 관리들이 근무지를 자주 바꾸게 되어 근무지에 대한 소속감이 약했기 때문이었을 것이다.

② 과거제로 등용된 관리들의 봉건적 요소에 대한 지향이 공
공성과 상충되는 세태로 나타났기 때문이었을 것이다.
과거제로 등용된 관리들의 봉건적 요소에 대한 지향이 아니라
출세에 대한 지향이 공공성과 상충되는 세태로 나타났기 때문
이었을 것이다.

③ 과거제로 선발한 관료들은 세습 엘리트에 비해 개인적
동기가 강해서 공동체 의식이 높지 않았기 때문이었을
것이다.

④ 과거제를 통해 배출된 관료들이 출세 지향적이어서 장
기적 안목보다는 근시안적인 결과에 치중했기 때문이
었을 것이다.

⑤ 과거제가 낳은 능력주의적 태도로 인해 관리들이 승진
을 위해 가시적인 성과만을 내려는 경향이 강해졌기 때
문이었을 것이다.

19. (가)와 (나)를 참고하여 ㉠과 ㉡을 이해한 내용으로 가장 적절한 것은?

㉠ 익명성의 확보
㉡ 익명성에 대한 회의

① ㉠은 모든 사람에게 응시 기회를 보장했지만, ㉡은 결과
주의의 지나친 확산에서 비롯되었다.
㉠이 있더라도 모든 사람에게 응시 기회가 보장된 것은 아니었다.
㉡이 결과주의의 지나친 확산에서 비롯되었다고 볼 수 없다.

② ㉠은 정치적 변화에도 사회적 안정을 보장했지만, ㉡은
대대로 관직을 물려받는 문제에서 비롯되었다.
㉡은 대대로 관직을 물려받는 문제에서 비롯되지 않았다.

③ ㉠은 지역 공동체의 전체 이익을 증진시켰지만, ㉡은 지
나친 경쟁이 유발한 국가 전체의 비효율성에서 비롯되
었다.
㉡은 지나친 경쟁이 유발한 국가 전체의 비효율성에서 비롯되
었다고 볼 수는 없다.

④ ㉠은 사회적 지위 획득의 기회를 확대하는 데 기여했지
만, ㉡은 관리 선발 시 됨됨이 검증의 곤란함에서 비롯
되었다.

⑤ ㉠은 관료들이 지닌 도덕적 가치 기준의 다양성을 확대
했지만, ㉡은 사적이고 정서적인 관계 확보의 어려움에
서 비롯되었다.
㉠이 관료들이 지닌 도덕적 가치 기준의 다양성을 확대했다고
볼 수 없다.

㉡이 사적이고 정서적인 관계 확보의 어려움에서 비롯되었다고
볼 수 없다.

20. <보기>는 과거제에 대한 조선 시대 선비들의 견해를 재구성한 것이다. (가)와 (나)를 읽은 학생이 <보기>에 대해 보인 반응으로 적절하지 <u>않은</u> 것은? [3점]

─── < 보기 > ───

∘ 갑: 변변치 못한 집안 출신이라 차별받는 것에 불
만이 있는 사람들이 많았는데, 과거를 통해 관
직을 얻으면서 불만이 많이 해소되어 사회적
갈등이 완화된 것은 바람직하다.
∘ 을: 과거제를 통해 조선 사회에 유교적 가치가 광
범위하게 자리를 잡아 좋다. 그런데 많은 선비
들이 오랜 시간 과거를 준비하느라 자신의 뛰
어난 능력을 펼치지 못한다는 점이 안타깝다.
∘ 병: 요즘 과거 시험 준비를 위해 나오는 책들을 보
면 시험에 자주 나왔던 내용만 정리되어 있어
서 학습의 깊이가 없으니 문제이다. 그래도 과
거제 덕분에 더 많은 사람들이 공부를 하려는
생각을 가지게 된 것은 다행이라고 생각한다.

① '갑'이 과거제로 인해 사회적 유동성이 증가했다는 점을
긍정적으로 본 것은, 능력주의에 따른 공정성과 개방성
이라는 시험의 성격에 주목한 것이겠군.

② '을'이 과거제로 인해 많은 선비들이 재능을 낭비한다는
점을 부정적으로 본 것은, 치열한 경쟁을 유발하는 시험
의 성격에 주목한 것이겠군.

③ '을'이 과거제로 인해 사회의 도덕적 가치 기준에 대한
광범위한 공유가 가능해졌다는 점을 긍정적으로 본 것
은, 고전과 유교 경전 위주의 시험 내용에 주목한 것이
겠군.

④ '병'이 과거제로 인해 심화된 공부를 하기 어렵다는 점을
부정적으로 본 것은, 형식적인 학습을 유발한 시험 방식
에 주목한 것이겠군.

⑤ '병'이 과거제로 인해 교육에 대한 동기가 강화되었다는
점을 긍정적으로 본 것은, 실무 능력을 중심으로 평가하
는 시험 방식에 주목한 것이겠군.
과거제를 실무 능력을 중심으로 평가하는 시험이라고 볼 수 없

다. 과거제는 고전과 유교 경전 위주의 시험이었다.

21. 문맥상 ⓐ~ⓔ의 단어와 가장 가까운 의미로 쓰인
것은?

정부의 관직을 ⓐ 두고
옛 제도를 ⓑ 되살리는
수백 년에 ⓒ 걸쳐
수험 생활에 장기간 ⓓ 매달리면서
그 외의 정치 체제를 상상하기 ⓔ 어려웠던

① ⓐ : 그가 열쇠를 방 안에 두고 문을 잠가 버렸다.
② ⓑ : 우리는 그 당시의 행복했던 기억을 되살렸다.
③ ⓒ : 협곡 사이에 구름다리가 멋지게 걸쳐 있었다.
④ ⓓ : 사소한 일에만 매달리면 중요한 것을 놓친다.
⑤ ⓔ : 형편이 어려울수록 모두가 힘을 합쳐야 한다.

(가) 1 문단

1. 18세기 북학파들은 청에 다녀온 경험을 연행록으로 기록하여 청의 문물제도를 수용하자는 북학론을 구체화하였다.

- '북학파'를 암기 시도할 필요가 있다.
- '북학론'에 대한 정의가 제시되고 있다.
- '북학론'을 암기 시도할 필요가 있다.

2. 이들은 개인적인 학문 성향과 관심에 따라 주목한 영역이 서로 달랐기 때문에 이들의 북학론도 차이를 보였다.

- 개인적인 학문 성향∧관심 차이⇒주목한 영역 차이⇒북학론 차이

3. 이들에게는 동아시아에서 문명의 척도로 여겨진 중화 관념이 청의 현실에 대한 인식에 각각 다르게 반영된 것이다.

- '중화 관념이 뭘까?'라고 물음표를 띄울 수 있다.
  '중국이 세계의 중심이라는 개념인가'라고 추론할 수 있다.

4. 1778년 함께 연행길에 올라 동일한 일정을 소화했던 박제가와 이덕무의 연행록에서도 이러한 차이가 확인된다.

- '박제가'와 '이덕무'가 '북학파'에 포함됨을 알 수 있다.
- '박제가'와 '이덕무'를 암기 시도할 필요가 있다.
- '박제가'와 '이덕무'를 구분하고 있으므로 둘을 대등 관계로 보아 시각적 수평 관계로 모델링할 수 있다.

2 문단 [A]

1. 북학이라는 목적의식이 강했던 박제가가 인식한 청의 현실은 단순한 현실이 아니라 조선이 지향할 가치 기준이었다.

- '-이 아니라'를 통해 '단순한 현실'과 '조선이 지향할 가치 기준'을 구분하고 있으므로 둘을 대등 관계로 보아 시각적 수평 관계로 모델링할 수 있다.

2. 그가 쓴 『북학의』에 묘사된 청의 현실은 특정 관점에 따라 선택 및 추상화된 것이었으며, 그런 청의 현실은 그에게 중화가 손상 없이 ⓐ 보존된 것이자 조선의 발전 방향이기도 하였다.

- '북학의'를 암기 시도할 필요가 있다.
- '그가 쓴 『북학의』에 묘사된 청의 현실은 특정 관점에 따라 선택 및 추상화된 것이었다'라는 서술에서 '이들은 개인적인 학문 성향과 관심에 따라 주목한 영역이 서로 달랐다'라는 점을 엿볼 수 있네'라고 반응할 수 있다.

3. 중화 관념의 절대성을 인정하였기 때문에 당시 조선은 나름의 독자성을 유지하기보다 중화와 합치되는 방향으로 나아가야 한다는 생각이 그의 북학론의 밑바탕이 되었다.

- '-보다'를 통해 '조선 나름의 독자성 유지'와 '중화와 합치'의 차이를 드러내고 있으므로 둘을 대등 관계로 보아 시각적 수평 관계로 모델링할 수 있다.
- '-야'라는 당위 진술을 가리키는 표현이 등장했으므로 '나아가지 않으면 안 된다는 생각'으로 바꾸어 읽을 수 있다.

4. 명에 대한 의리를 중시하는 당시 주류의 견해에 대해 그는 의리 문제는 청이 천하를 차지한 지 백여 년이 지나며 자연스럽게 소멸된 것으로 여기고, 청 문물제도의 수용이 가져다주는 이익을 논하며 북학론의 당위성을 설파하였다.

- '당시 주류'와 '박제가'가 충돌하고 있으므로 둘을 대등 관계로 보아 시각적 수평 관계로 모델링할 수 있다.

5. 대체로 이익 추구에 대해 부정적이었던 주자학자들과 달리, 이익 추구를 인간의 자연스러운 욕망으로 긍정하고 양반도 이익을 추구하자는 등 실용적인 입장을 보였다.

- '-과 달리'를 '주자학자들'과 '박제가'의 차이를 드러내고 있으므로 둘을 대등 관계로 보아 시각적 수평 관계로 모델링할 수 있다.

3 문단

1. 이덕무는 「입연기」를 저술하면서 청의 현실을 객관적 태도로 기록하고자 하였다.

- '입연기'를 암기 시도할 필요가 있다.
- '박제가는 주관적 태도로 청을 대한 것과는 달리 이덕무는 청의 현실을 객관적 태도로 기록하고자 하였군'이라고 반응할 수 있다.

2. 잘 정비된 마을의 모습을 기술하며 그는 황제의 행차에 대비하여 이루어진 일련의 조치가 민생과 무관하다고 지적하였다.

- '이덕무는 박제가와는 달리 청의 부정적 측면을 지적하고 있네'라고 반응할 수 있다.

3. 하지만 청 문물의 효용을 ⓑ 도외시하지 않고 박제가와 마찬가지로 물질적 삶을 중시하는 이용후생에 관심을 보였다

- '이용후생'을 암기 시도할 필요기 있디.
- '이용후생은 왜 이용후생이라 불리는 거지?'라고 물음표를 띄울 수 있다.
  단서가 부족해 추론은 어려워 보인다.
- '박제가와 이덕무는 모두 청 문물의 효용을 도외시하지 않고, 물질적 삶을 중시했네'라고 반응할 수 있다.

4. 스스로 평등견 이라 불렀던 인식 태도를 바탕으로 그는 당시 청에 대한 찬반의 이분법에서 벗어나 청과 조선의 현실적 차이뿐만 아니라 양쪽 모두의 가치를 인정하였다.

- '평등견이 뭐야?'라고 물음표를 띄울 수 있다.
  '청과 조선을 평등하게 바라보고 인정하자는 의미인가'라고 추론할 수 있다.
- '조선 나름의 독자성을 유지하기보다 중화와 합치되는 방향으로 나아가야 한다고 주장한 박제가와는 달리 이덕무는 조선의 가치를 인정하고 있네'라고 반응할 수 있다.

5. 이런 시각에서 그는 청과 조선은 구분되지만 서로 배타적이지 않다고 보았다.

- '청과 조선이 서로 배타적이지 않다는 말이 무슨 말이지?'라고 물음표를 띄울 수 있다.

'청과 조선은 양립할 수 있다는 소린가?'라고 추론할 수 있다.

6. 즉 청을 배우는 것과 조선 사람이 조선 풍토에 맞게 살아가는 것은 서로 모순되지 않는다는 것이다.

- '청과 조선이 서로 배타적이지 않다는 말은 조선 사람이 청을 배우면서도 조선 풍토에 맞게 살아가는 것이 가능하다라는 의미구나'라고 반응할 수 있으므로 '청과 조선이 서로 배타적이지 않다는 말이 무슨 말이지?'라면서 띄웠던 물음표를 회수할 수 있다.

7. 하지만 그는 중국인들의 외양이 만주족처럼 변화된 것을 보고 비통한 감정을 토로하며 중화의 중심이라 여겼던 명에 대한 의리를 중시하는 등 자신이 제시한 인식 태도에서 벗어나는 모습을 보이기도 하였다.

- '명에 대한 의리를 지키지 않아도 된다고 본 박제가와는 달리 이덕무는 명에 대한 의리를 중시하는군'이라고 반응할 수 있다.

(나) 1 문단

1. 18세기 후반의 중국은 명대 이래의 경제 발전이 정점에 달해 있었다.

- '18세기 후반의 중국'을 '청'으로 바꾸어 읽을 수 있다.

2. 대부분의 주민들이 접근할 수 있는 향촌의 정기 시장부터 인구 100만의 대도시의 시장에 이르는 여러 단계의 시장들이 그물처럼 연결되어 국내 교역이 활발하게 이루어지고 있었다.

- '대부분'이라는 표현이 등장했으므로 '향촌의 정기 시장에 접근할 수 없는 주민들도 있었겠네'라고 추론할 수 있다.

3. 장거리 교역의 상품이 사치품에 ⓒ 한정되지 않고 일상적 물건으로까지 확대되었다.

- '그만큼 시장 거래가 활발했다는 거네'라고 반응할 수 있다.

4. 상인 조직의 발전과 신용 기관의 확대는 교역의 질과 양이 급변하고 있었음을 보여 준다.

5. 대외 무역의 발전과 은의 유입은 중국의 경제적 번영에 영향을 미친 외부적 요인이었다.

- '대외 무역의 발전은 그렇다 쳐도 은의 유입이 어떻게 경제적
  번영에 영향을 미친 거지?'라고 물음표를 띄울 수 있다.
  '은을 화폐로 써서 상품 거래가 활발해져 경제가 발전할 수 있
  었나'라고 추론할 수 있다.

  6. 은의 유입, 그리고 이를 통해 가능해진 은을 매개로
  한 과세는 상품 경제의 발전을 ⓓ <u>자극하였다</u>.

- '은을 매개로 한 과세가 어떻게 상품 경제의 발전을 자극했다
  는 걸까?'라고 물음표를 띄울 수 있다.
  단서가 부족해 추론은 어려워 보인다.

  7. 은과 상품의 세계적 순환으로 중국 경제가 세계 경제
  와 긴밀하게 연결되었다.

2 문단

  1. 그러나 청의 번영은 지속되지 않았고, 19세기에 접어
  들 무렵부터는 심각한 내외의 위기에 직면해 급속한 하
  락의 시대를 겪게 된다.

- '청은 왜 19세기에 접어들 무렵부터 나락에 갔을까?'라고 물음
  표를 띄울 수 있다.
  단서가 부족해 추론은 어려워 보인다.

  2. 북학파들이 연행을 했던 18세기 후반에도 이미 위기
  의 징후들이 나타나고 있었다.

- '청은 이미 나락을 가고 있는데 북학파들은 그런 청을 연행하
  고 돌아와 청을 본받자고 찬양한 거네'라고 반응할 수 있다.

  3. 급격한 인구 증가로 인한 여러 문제는 새로운 작물 재
  배, 개간, 이주, 농경 집약화 등 민간의 노력에도 불구하
  고 해결되지 않았다.

- '급격한 인구 증가로 인한 여러 문제 때문에 나락을 갔구나'라
  고 반응할 수 있으므로 '청은 왜 19세기에 접어들 무렵부터 나
  락에 갔을까?'라면서 띄웠던 물음표를 회수할 수 있다.
- '새로운 작물 재배', '개간', '이주', '농경 집약화'가 '민간의 노력'
  에 포함됨을 알 수 있다.

  4. 인구 증가로 이주 및 도시화가 진행되는 가운데 전통
  적인 사회적 유대가 약화되거나 단절된 사람들이 상호
  부조 관계를 맺는 결사 조직이 ⓔ <u>성행하였다</u>.

- 인구 증가⇒이주 및 도시화⇒사회적 유대 약화∨단절⇒결사
  조직 성행
- '이주 및 도시화가 진행되는 가운데 왜 결사 조직이 성행하였
  을까?'라고 물음표를 띄울 수 있다.
  단서가 부족해 추론은 어려워 보인다.

  5. 이런 결사 조직은 불법적인 활동으로 연결되곤 했고
  위기 상황에서는 반란의 조직적 기반이 되었다.

- 결사 조직 성행⇒불법적인 활동∧반란

  6. 인맥에 기초한 관료 사회의 부정부패가 심화된 것 역
  시 인구 증가와 무관하지 않았다.

- 인구 증가⇒인맥에 기초한 관료 사회의 부정부패 심화
- '인구 증가가 어떻게 인맥에 기초한 관료 사회의 부정부패를
  심화시켰을까?'라고 물음표를 띄울 수 있다.
  단서가 부족해 추론은 어려워 보인다.

  7. 교육받은 지식인들이 늘어났지만 이들을 흡수할 수
  있는 관료 조직의 규모는 정체되어 있었고, 경쟁의 심화
  가 종종 불법적인 행위로 연결되었다.

- 인구 증가⇒지식인 증가∧관료 조직 규모 정체⇒경쟁 심화⇒
  불법적인 행위
- '종종'이라는 표현이 등장했으므로 '경쟁의 심화가 항상 불법
  적인 행위로 연결된 것은 아니었겠네'라고 추론할 수 있다.

  8. 이와 같이 18세기 후반 청의 화려한 번영의 그늘에는
  ㉠ <u>심각한 위기의 씨앗들이 뿌려지고 있었다</u>.

3 문단

  1. 통치자들도 번영 속에서 불안을 느끼고 있었다.

- '-도'라는 표현이 등장했으므로 '통치자 외에도 번영 속에서 불
  안을 느낀 사람이 있었겠네'라고 추론할 수 있다.

2. 조정에는 외국과의 접촉으로부터 백성들을 차단하려는 경향이 있었으며, 서양 선교들의 선교 활동 확대로 인해 이런 경향이 강화되기도 하였다.

3. 이 때문에 18세기 후반에 청 조정은 서양에 대한 무역 개방을 축소하는 모습을 보였다.

- '청이 나락을 간 또 다른 이유를 보여주는 건가'라고 추론할 수 있다.

4. 그러나 그때까지는 위기가 본격화되지는 않았고, 소수의 지식인들만이 사회 변화의 부정적 측면을 염려하거나 개혁 방안을 모색하였다.

- '-만'이라는 표현이 등장했으므로 '소수의 지식인들을 제외한 사람들은 사회 변화의 부정적 측면을 염려하거나 개혁 방안을 모색하지 않았다'라고 바꾸어 읽을 수 있다.
- '그래서 청이 위기에 대처하지 못했구나'라고 추론할 수 있다.

16. (가), (나)에 대한 설명으로 가장 적절한 것은?

① (가)는 18세기 중국에 대한 학자들의 견해를 제시하면서 <u>그러한 견해의 형성 배경 및 견해 간의 차이를 설명하고 있다.</u>
② (가)는 18세기 중국을 바라보는 사상적 관점을 제시하면서 각 관점이 지닌 역사적 의의와 한계를 서로 비교하고 있다.
(가)에 18세기 중국을 바라보는 사상적 관점이 제시된 건 맞지만, 각 관점이 지닌 역사적 의의와 한계가 제시되지는 않았다.
③ (나)는 18세기 중국의 사회상을 제시하면서 다양한 사회상을 시대별 기준에 따라 분류하여 서술하고 있다.
(나)가 18세기 중국의 사회상이 제시한 건 맞지만, 다양한 사회상을 시대별 기준에 따라 분류하여 서술하고 있지는 않다.
④ (나)는 18세기 중국의 사상적 변화를 제시하면서 그러한 변화가 지니는 긍정적 측면과 부정적 측면을 분석하고 있다.
(나)에는 18세기 중국의 사상적 변화가 제시되지 않았다.
⑤ (가)와 (나)는 모두 18세기 중국의 현실을 제시하면서 그러한 현실이 다른 나라에 미친 영향을 예를 들어 설명하고 있다.
(가)와 (나) 모두 18세기 중국의 현실을 제시한 건 맞지만, 그러한 현실이 다른 나라에 미친 영향을 예를 들어 설명하고 있지는 않다.

17. (가)의 '박제가'와 '이덕무'에 대한 이해로 적절하지 <u>않은</u> 것은?

① 박제가는 청의 문물을 도입하는 것이 중화를 이루는 방도라고 간주하였다.
② 박제가는 자신이 파악한 청의 현실을 조선을 평가하는 기준이라고 생각하였다.
③ 이덕무는 청의 현실을 관찰하면서 이면에 있는 민생의 문제를 간과하지 않았다.
④ <u>이덕무는 청 문물의 효용성을 긍정하면서 청이 중화를 보존하고 있음을 인정하였다.</u>
이덕무는 명이 중화의 중심이라 여겼다.
⑤ 박제가와 이덕무는 모두 중화 관념 자체에 대해서는 긍정적인 태도를 견지하였다.

18. 평등견 에 대한 이해로 가장 적절한 것은?

① 조선의 풍토를 기준으로 삼아 청의 제도를 개선하자는 인식 태도이다.
② 조선의 고유한 삶의 방식을 청의 방식에 따라 개혁해야 한다는 인식 태도이다.
③ 청과 조선의 가치를 평등하게 인정하고 풍토로 인한 차이를 해소하려는 인식 태도이다.
청과 조선의 가치를 평등하게 인정하자는 서술은 맞지만 풍토로 인한 차이를 해소하려는 인식 태도라는 서술은 틀리다.
④ 중국인의 외양이 변화된 모습을 명에 대한 의리 문제와 관련지어 파악하려는 인식 태도이다.
⑤ <u>청에 대한 배타적 태도를 지양하고 청과 구분되는 조선의 독자성을 유지하자는 인식 태도이다.</u>

19. 문맥을 고려할 때 ㉠의 의미를 파악한 내용으로 가장 적절한 것은?

㉠ 심각한 위기의 씨앗들이 뿌려지고 있었다

① 새로운 작물의 보급 증가가 경제적 번영으로 이어지는 상황을 가리키는 것이군.
② 신용 기관이 확대되고 교역의 질과 양이 급변하고 있는 상황을 가리키는 것이군.
③ 반란의 위험성 증가 등 인구 증가로 인한 문제점들이 나타나는 상황을 가리키는 것이군.
④ 이주나 농경 집약화 등 조정에서 추진한 정책들이 실패한 상황을 가리키는 것이군.
이주나 농경 집약화 등은 조정에서 추진한 정책들이 아니라 민간의 노력이었다.
⑤ 사회적 유대의 약화로 인하여 관료 사회의 부정부패가 심화되는 상황을 가리키는 것이군.
사회적 유대의 약화와 관료 사회의 부정부패가 심화되는 상황은 모두 인구 증가의 결과이지 서로 인과관계로 제시되지는 않았다.

20. <보기>는 (가)에 제시된 『북학의』의 일부이다. [A]와 (나)를 참고하여 <보기>에 대해 비판적 읽기를 수행한 학생의 반응으로 적절하지 <u>않은</u> 것은? [3점]

――――― < 보기 > ―――――

　우리나라에서는 자기가 사는 지역에서 많이 나는 산물을 다른 데서 산출되는 필요한 물건과 교환하여 풍족하게 살려는 백성이 많으나 힘이 미치지 못한다. … 중국 사람은 가난하면 장사를 한다. 그렇더라도 정말 사람만 현명하면 원래 가진 풍류와 명망은 그대로다. 그래서 유생이 거리낌 없이 서점을 출입하고, 재상조차도 직접 융복사 앞 시장에 가서 골동품을 산다. … 우리나라는 해마다 은 수만 냥을 연경에 실어 보내 약재와 비단을 사 오는 반면, 우리나라 물건을 팔아 저들의 은으로 바꿔 오는 일은 없다. 은이란 천년이 지나도 없어지지 않는 물건이지만, 약은 사람에게 먹여 반나절이면 사라져 버리고 비단은 시신을 감싸서 묻으면 반년 만에 썩어 없어진다.

① <보기>에 제시된 중국인들의 상업에 대한 인식은 [A]에

서 제시한 실용적인 입장에 부합하는 것이라 볼 수 있어.
② <보기>에 제시된 조선의 산물 유통에 대한 서술은 [A]에서 제시한 북학론의 당위성을 뒷받침하는 근거라 볼 수 있어.
③ <보기>에 제시된 중국인들의 상행위에 대한 서술은 (나)에 제시된 중국 국내 교역의 양상과 상충되지 않는다고 볼 수 있어.
④ <보기>에 제시된 은에 대한 평가는 (나)에 제시된 중국의 경제적 번영에 기여한 요소를 참고할 때, 은의 효용적 측면을 간과한 평가라 볼 수 있어.
<보기>에 제시된 은에 대한 평가는 (나)에 제시된 중국의 경제적 번영에 기여한 요소를 참고할 때, 은의 효용적 측면을 파악한 평가라 볼 수 있다.
⑤ <보기>에 제시된 중국의 관료에 대한 묘사는 (나)에 제시된 관료 사회의 모습을 참고할 때, 지배층의 전체 면모가 드러나지 않는 진술이라 볼 수 있어.
(나)에 제시된 관료 사회의 부정부패를 참고할 때, <보기>에 제시된 중국의 관료에 대한 긍정적인 묘사는 지배층의 전체 면모가 드러나지 않는 진술이라 볼 수 있다.

21. 문맥상 ⓐ~ⓔ와 바꿔 쓰기에 가장 적절한 것은?

ⓐ 보존된
ⓑ 도외시하지
ⓒ 한정되지
ⓓ 자극하였다
ⓔ 성행하였다

① ⓐ: 드러난
② ⓑ: 생각하지
③ ⓒ: 그치지
④ ⓓ: 따라갔다
⑤ ⓔ: 일어났다

(가) 1 문단

1. 근대 이후 서양의 철학자들은 과학적 세계관이 대두하면서 이전과는 달리 인과를 물리적 작용 사이의 관계로 국한하려는 경향을 보였다.

- '-과는 달리'를 통해 '과학적 세계관이 대두하기 이전'과 '과학적 세계관이 대두한 이후'의 차이를 드러내고 있으므로 둘을 대등 관계로 보아 시각적 수평 관계로 모델링할 수 있다.

2. 문제는 흄이 지적했듯이 인과 관계 그 자체는 직접 관찰할 수 없다는 것이다.

- '흄'을 암기 시도할 필요가 있다.
- '인과 관계 그 자체는 직접 관찰할 수 없다는 게 무슨 말이지?'라고 물음표를 띄울 수 있다.
  '흡연은 폐암의 원인이라는 인과 관계에서 흡연이 폐암을 일으키는 중간 과정을 직접 관찰할 수 없다는 말인가'라고 추론할 수 있다.

3. 원인과 결과에 해당하는 사건만을 관찰할 수 있을 뿐이다.

- '-만'이라는 표현이 등장했으므로 '원인과 결과에 해당하는 사건 외는 관찰할 수 없다'라고 바꾸어 읽을 수 있다.

4. 가령 "추위 때문에 강물이 얼었다."는 직접 관찰한 물리적 사실을 진술한 것이 아니다.

- '추위와 강물이 얾만을 관찰할 수 있을 뿐 추위가 어떻게 강물을 얼게 하는지 중간 과정은 직접 관찰할 수 없기 때문에 이렇게 주장하는 거네'라고 반응할 수 있다.

5. 그래서 인과가 과학적 개념인지에 대한 의심이 철학자들 사이에 제기되었다.

6. 이에 인과를 과학적 세계관에 입각하여 이해하려는 시도가 새먼의 과정 이론이다.

- '흄'과 '새먼'이 구분되고 있으므로 둘을 대등 관계로 보아 시각적 수평 관계로 모델링할 수 있다.
- '새먼'을 암기 시도할 필요가 있다.
- '인과를 과학적 세계관에 입각하여 이해하려는 시도는 원인과 결과에 해당하는 사건뿐만 아니라 그 중간 과정도 관찰해 보려는 시도를 말하겠네'라고 추론할 수 있다.

2 문단

1. 야구공을 던지면 땅 위의 공 그림자도 따라 움직인다.

- '-도'라는 표현이 등장했으므로 '땅 위의 공 그림자 외에도 야구공도 움직인다고 볼 수 있겠네'라고 추론할 수 있다.

2. 공이 움직여서 그림자가 움직인 것이지 그림자 자체가 움직여서 그림자의 위치가 변한 것은 아니다.

- '당연한 말을 하고 있는데 그림자 자체가 움직여서 그림자의 위치가 변한 것은 아니라는 말은 왜 하고 있는 거지?'라고 물음표를 띄울 수 있다.
  단서가 부족해 추론은 어려워 보인다.
- '공이 움직여서 그림자가 움직인 것'과 '그림자 자체가 움직여서 그림자의 위치가 변한 것'을 구분하고 있으므로 둘을 대등 관계로 보아 시각적 수평 관계로 모델링할 수 있다.

3. 과정 이론은 이 차이를 다음과 같이 설명한다.

4. 과정은 대상의 시공간적 궤적이다.

- 과정에 대한 정의가 제시되고 있다.

5. 날아가는 야구공은 물론이고 땅에 멈추어 있는 공도 시간은 흘러 가고 있기에 시공간적 궤적을 그리고 있다.

6. 공이 멈추어 있는 상태도 과정인 것이다.

7. 그런데 모든 과정이 인과적 과정은 아니다.

- "모든 과정이 인과적 과정은 아니다'라는 문장은 '어떤 과정은 인과적 과정이 아니다'라는 문장으로 바꾸어 읽을 수 있고, 이를 통해 '어떤 과정은 인과적 과정이다'라는 문장을 이끌어낼 수 있겠네'라고 반응할 수 있다.
- '인과적 과정과 인과적 과정이 아닌 과정은 무엇이고 어떤 차이가 있는 걸까?'라고 물음표를 띄울 수 있다.
  '공이 움직여서 그림자가 움직인 것은 인과적 과정이고 그림

자 자체가 움직여서 그림자의 위치가 변한 것은 인과적 과정
이 아닌 과정인가'라고 추론할 수 있다.
- '인과적 과정이 아닌 과정을 설명하기 위해서 예시를 제시한
거였네'라고 반응할 수 있으므로 '당연한 말을 하고 있는데 그
림자 자체가 움직여서 그림자의 위치가 변한 것은 아니라는
말은 왜 하고 있는 거지?'라면서 띄웠던 물음표를 회수할 수
있다.

- '어떤 과정이 다른 과정과 한 시공간적 지점에서 만난다는 게
구체적으로 무슨 의미일까?'라고 물음표를 띄울 수 있다.
'가령 빨간 공을 움직여서 가만히 있는 흰 공을 맞추는 경우
어떤 과정이 다른 과정과 한 시공간적 지점에서 만나는 경우
로 볼 수 있으려나'라고 추론할 수 있다.

- '어떤 과정은 다른 과정과 한 시공간적 지점에서 만난다'가 '두
과정이 교차한다'로 변형 반복됨을 알 수 있다.

- '표지'에 대한 정의가 제시되고 있다.
- '모든'에 주목할 필요가 있다.
- '인과적 과정'에 대한 정의가 제시되고 있으므로 '인과적 과정
과 인과적 과정이 아닌 과정은 무엇이고 어떤 차이가 있는 걸
까?'라면서 띄웠던 물음표를 반쯤 회수할 수 있다.
- '교차에서 표지가 도입되어 이후의 모든 지점에서 그 표지를
전달할 수 있는 과정의 구체적인 예시는 뭘까?'라고 물음표를
띄울 수 있다.
'가령 아까 떠올린 교차의 예시에서 빨간 공의 빨간 물감이 흰
공과 충돌하면서 흰 공에 묻는 경우, 이 빨간 물감이 표지이
고, 흰 공이 굴러가는 동안 빨간 물감이 계속 묻어 있으니 이
를 인과적 과정이라 볼 수 있겠네'라고 추론할 수 있다.

3 문단 [A]

- 'a와 b의 중간 지점에서 바나나를 한 입 베어 내는 과정'이 '과
정 2'로 변형 반복됨을 알 수 있다.
- '바나나를 한 입 베어내면 대상의 물리적 속성이 변화되었다
고 볼 수 있으므로 이를 표지로 볼 수 있고, 이후 표지가 계속
전달되니 과정 1은 인과적 과정이라 볼 수 있겠군'이라고 추론
할 수 있다.

- '이렇게 되면 원인과 결과의 중간 과정을 관찰할 수 있겠네'라
고 반응할 수 있다.

- '바나나의 그림자가 스크린상의 a′ 지점에서 b′ 지점까지 움
직이는 과정'이 '과정 3'으로 변형 반복됨을 알 수 있다.

- 'a′과 b′ 사이의 스크린 표면의 한 지점에 울퉁불퉁한 스티로
폼이 부착되는 과정'이 '과정 4'로 변형 반복됨을 알 수 있다.
- '과정 3과 과정 4가 교차하면서 표지가 도입되지만 그 이후 표

지가 계속 전달되지 않으니 과정 3은 인과적 과정이라 볼 수 없겠네'라고 추론할 수 있다.

11. 그림자가 그 지점과 겹치면서 일그러짐이라는 표지가 과정 3에 도입되지만, 그 지점을 지나가면 그림자는 다시 원래대로 돌아오고 스티로폼은 그대로이다.

12. 이처럼 과정 3은 다른 과정과의 교차로 도입된 표지를 전달할 수 없다.

4 문단

1. 과정 이론은 규범이나 마음과 같은, 물리적 세계 바깥의 측면을 해명하기 어렵다는 한계를 지닌다.

- '규범이나 마음과 같은 물리적 세계 바깥의 측면은 인과를 직접 관찰할 수 없기 때문에 과정 이론이 해명하기 어렵겠네'라고 추론할 수 있다.
  과정 이론의 한계를 제시하고 있다.

2. 예컨대 내가 사회 규범을 어긴 것과 내가 벌을 받아야 하는 것 사이에는 인과 관계가 있지만 과정 이론은 이를 잘 다루지 못한다.

- '예컨대'를 통해 구체적인 예시를 제시하고 있다.

(나) 1 문단

1. 자연 현상과 인간사를 인과 관계로 설명하는 동아시아의 대표적 논의는 재이론(災異論)이다.

- '재이론'을 암기 시도할 필요가 있다.
- '재이론이 뭘까?'라고 물음표를 띄울 수 있다.
  단서가 부족해 추론은 어려워 보인다.

2. 한대(漢代)의 동중서는 하늘이 덕을 잃은 군주에게 재이를 내려 견책한다는 천견설과, 인간과 하늘에 공통된 음양의 기(氣)를 통해 하늘과 인간이 서로 감응한다는 천인감응론을 결합하여 재이론을 체계화하였다.

- '한대의 동중서'를 암기 시도할 필요가 있다.
- '천견설'에 대한 정의가 제시되고 있다.

- '천견설'을 암기 시도할 필요가 있다.
- '천인감응론'에 대한 정의가 제시되고 있다.
- '천인감응론'을 암기 시도할 필요가 있다.
- '천견설은 왜 천견설이라 불리고, 천인감응론은 왜 천인감응론이라 불릴까?'라고 물음표를 띄울 수 있다.
  '하늘이 견책하기 때문에 천견설이고 하늘과 사람이 서로 감응하기 때문에 천인감응론이겠네'라고 추론할 수 있다.
- '재이론은 하늘과 인간이 서로 연결되어 있어 군주가 덕을 잃으면 하늘이 재이를 내린다, 즉 인간사가 원인, 자연 현상이 결과라는 이론이네'라고 추론할 수 있으므로 '재이론이 뭘까?'라면서 띄웠던 물음표를 회수할 수 있다.

3. 그에 따르면, 군주가 실정(失政)을 저지르면 그로 말미암아 변화된 음양의 기를 통해 감응한 하늘이 가뭄과 홍수, 일식과 월식 등 재이를 통해 경고를 내린다.

- '가뭄과 홍수', '일식과 월식'이 '재이'에 포함됨을 알 수 있다.

4. 이때 재이는 군주권이 하늘로부터 비롯된 것임을 입증하는 것이자 군주의 실정에 대한 경고였다.

- '재이는 군주에게 군주권을 확실히 하는 수단이면서 동시에 군주권을 위태롭게 하는 것이었겠네'라고 반응할 수 있다.

2 문단

1. 양면적 성격의 재이론은 신하가 정치적 논의에 참여할 수 있는 명분을 제공하였고, 재이가 발생하면 군주가 직언을 구하고 신하가 이에 응하는 전통으로 구체화되었다.

2. 하지만 동중서 이후, 원인으로서의 인간사와 결과로서의 재이를 일대일로 대응시켜 설명하는 개별적 대응 방식은 억지가 심하다는 평가를 받았다.

- '왜 동중서 이후 이러한 재이론이 억지가 심하다는 평가를 받았을까?'라고 물음표를 띄울 수 있다.
  '가령 군주가 선정을 베풀고 있다는 것이 민중들 사이의 중론인데 재이가 일어나는 경우 다수가 재이론이 부당하다고 봤기 때문이려나'이라고 추론할 수 있다.

3. 이 방식은 오히려 ㉠ <u>예언화 경향</u>으로 이어져 재이를 인간사의 징조로, 인간사를 재이의 결과로 대응시키는 풍조를 낳기도 하였고, 요망한 말로 백성을 미혹시켰다는 이유로 군주가 직언을 하는 신하를 탄압하는 빌미가 되기도 하였다.

- '예언화 경향이란 인간사가 재이의 원인이 아니라 반대로 인간사가 재이의 결과로 해석되는 양상을 말하네'라고 반응할 수 있다.

3 문단

1. 이후 재이에 대한 예언적 해석은 비판의 대상이 되었고, 천인감응론 또한 부정되기도 하였다.

2. 하지만 재이론은 여전히 정치 현장에서 사라지지 않았다.

- '재이론은 왜 그럼에도 정치 현장에서 사라지지 않았을까?'라고 물음표를 띄울 수 있다.
단서가 부족해 추론은 어려워 보인다.

3. 송대(宋代)에 이르러, 주희는 천문학의 발달로 예측 가능하게 된 일월식을 재이로 간주하지 않는 경향을 수용하였고, 재이를 근본적으로 이치에 의해 설명되기 어려운 자연 현상으로 간주하였다.

- '송대'를 암기 시도할 필요가 있다.
- '한대'와 '송대'가 구분되고 있으므로 둘을 대등 관계로 보아 시각적 수평 관계로 모델링할 수 있다.
- '주희'를 암기 시도할 필요가 있다.
- '천문학의 발달 이전(한대)에는 일월식이 재이에 포함되었지만 천문학의 발달 이후(송대) 예측 가능하게 된 일월식은 재이에서 빠지게 되었네'라고 반응할 수 있다.

4. 하지만 당시까지도 재이에 대해 군주의 적극적인 대응을 유도하며 안전한 언론 활동의 기회를 제공했던 재이론이 폐기되는 것은, 신하의 입장에서 유용한 정치적 기제를 잃는 것이었다.

- '신하의 입장에서는 재이론이 군주를 견제할 수 있는 수단이 되었기 때문에 신하들의 반대로 재이론은 정치 현장에서

사라지지 않았겠구나'라고 반응할 수 있으므로 '재이론은 왜 그럼에도 정치 현장에서 사라지지 않았을까?'라면서 띄웠던 물음표를 회수할 수 있다.

5. 이 때문에 그는 군주를 경계하는 적절한 방법을 ⓐ <u>찾고자</u> 재이론을 고수하였다.

- '그'를 '주희'로 바꾸어 읽을 수 있다.

6. 그는 재이에 대한 개별적 대응 대신 군주에게 허물과 잘못이 쌓이면 이에 하늘이 감응하여 변칙적인 자연 현상이 일어날 것이라는 ㉡ <u>전반적 대응설</u>을 제시하고, 재이를 군주의 심성 수양 문제로 귀결시키며 재이론의 역사적 수명을 연장하였다.

- '대신'을 통해 '재이에 대한 개별적 대응'과 '전반적 대응설'을 구분하고 있으므로 둘을 대등 관계로 보아 시각적 수평 관계로 모델링할 수 있다.
- '재이에 대한 개별적 대응과 전반적 대응의 차이가 무엇일까?'라고 물음표를 띄울 수 있다.
'재이가 일어날 때마다 군주의 잘못을 탓하는 것은 재이에 대한 개별적 대응이고 재이가 발생한 기록들을 토대로 군주의 잘못이 쌓였다고 지적하는 것이 전반적 대응인가'라고 추론할 수 있다.

04. 다음은 (가)와 (나)를 읽은 학생이 작성한 학습 활동지의 일부이다. ㄱ ~ ㅁ에 들어갈 내용으로 적절하지 <u>않은</u> 것은?

학습 항목	학습 내용	
	(가)	(나)
도입 문단의 내용 제시 방식 파악하기	ㄱ	ㄴ
⋮	⋮	⋮
글의 내용 전개 방식 이해하기	ㄷ	ㄹ
특정 개념과 관련하여 두 글을 통합적으로 이해하기	ㅁ	

① ㄱ: '인과'에 대한 특정 이론이 등장하게 된 배경을 철학자들의 인식 변화와 관련지어 제시하였음.
② ㄴ: '인과'와 연관된 특정 이론의 배경 사상과 중심 내용을 제시하였음.
③ ㄷ: '인과'에 대한 특정 이론을 정의한 뒤 구체적인 사례와 관련지어 그 이론의 한계와 전망을 제시하였음.

(가)에서 과정 이론의 한계는 제시되었으나 전망은 제시되지 않았다.

④ ㄹ: ‘인과’와 연관된 특정 이론을 제시하고 그 이론이 변용되는 양상을 시대의 흐름에 따라 제시하였음.

⑤ ㅁ: ‘인과’와 관련하여 동서양의 특정 이론들에 나타나는 관점을 비교해 보도록 하였음.

05. 윗글에 대한 이해로 적절하지 <u>않은</u> 것은?

① 과정 이론은 물리적 세계의 테두리 안에서 인과를 해명하는 이론이다.

② 사회 규범 위반과 처벌 당위성 사이의 인과 관계는 표지의 전달로 설명되기 어렵다.

③ 인과가 과학적 세계관과 부합하지 않는다고 생각하는 철학자가 근대 이후 서양에 나타났다.

(가) 1문단 2번 문장: 문제는 흄이 지적했듯이 인과 관계 그 자체는 직접 관찰할 수 없다는 것이다.

흄을 인과가 과학적 세계관과 부합하지 않는다고 생각하는 철학자로 볼 수 있으므로 해당 선지는 참이다.

④ 한대의 재이론에서 전제된 하늘은 음양의 변화에 반응하지 않지만 경고를 하는 의지를 가진 존재였다.

한대의 재이론에서 전제된 하늘은 음양의 변화에 반응하여 경고를 하는 의지를 가진 존재였다.

⑤ 천문학의 발달에 따라 일월식이 예측 가능해지면서 송대에는 이를 설명 가능한 자연 현상으로 보는 경향이 있었다.

06. [A]에 대한 이해로 적절하지 <u>않은</u> 것은?

① 바나나와 그 그림자는 서로 다른 시공간적 궤적을 그린다.

② 과정 1이 과정 2와 교차하기 이전과 이후에서, 바나나가 지닌 물리적 속성은 다르다.

③ 과정 1과 달리 과정 3은 인과적 과정이 아니다.

④ 바나나의 일부를 베어 냄으로써 변화된 바나나 그림자의 모양은 과정 3이 과정 2와 교차함으로써 도입된 표지이다.

바나나의 일부를 베어 냄으로써 변화된 바나나 그림자의 모양은 과정 1이 과정 2와 교차함으로써 도입된 결과이다.

⑤ 과정 3과 과정 4의 교차로 도입된 표지는 과정 3으로도 과정 4로도 전달되지 않는다.

07. ㉠, ㉡에 대한 설명으로 가장 적절한 것은?

㉠ 예언화 경향

㉡ 전반적 대응설

① ㉠은 군주의 과거 실정에 대한 경고로서 재이의 의미가 강조되어 신하의 직언을 활성화하는 방향으로 활용되었다.

㉠은 미래의 인간사 재앙에 대한 징조로서 재이의 의미가 강조되어 신하의 직언을 탄압하는 방향으로 활용되었다.

② ㉠은 이전과 달리 인간사와 재이의 인과 관계를 역전시켜 재이를 인간사의 미래를 알려 주는 징조로 삼는 데 활용되었다.

③ ㉡은 개별적인 재이 현상을 물리적 작용이라 보고 정치와 무관하게 재이를 이해하는 기초로 활용되었다.

㉡은 누적적인 재이 현상을 군주의 심성 수양 문제의 결과로 보고 정치와 관련지어 재이를 이해하는 기초로 활용되었을 것이다.

④ ㉡은 누적된 실정과 특정한 재이 현상을 연결 짓는 방식으로 이어져 군주의 권력을 강화하는 데 활용되었다.

㉡은 누적된 실정과 재이 현상을 연결 짓는 방식으로 이어져 군주의 권력을 약화하는 데 활용되었을 것이다.

⑤ ㉡은 과학적 인식을 기반으로 군주의 지배력과 변칙적인 자연 현상이 무관하다는 인식을 강화하는 기초로 활용되었다.

㉡은 과학적 인식을 기반으로 군주의 지배력과 변칙적인 자연 현상이 무관하다는 인식을 강화하는 기초로 활용되지 않았다.

08. <보기>는 윗글의 주제와 관련한 동서양 학자들의 견해이다. 윗글을 읽은 학생이 <보기>에 대해 보인 반응으로 적절하지 <u>않은</u> 것은? [3점]

< 보기 >

㉮ 만약 인과 관계가 직접 관찰될 수 없다면, 물리적 속성의 변화와 전달과 같은 관찰 가능한 현상을 탐구하는 것이 인과 개념을 과학적으로 규명하는 올바른 경로이다.

㉯ 인과 관계란 서로 다른 대상들이 물리적 성질들을 서로 주고받는 관계일 수밖에 없다. 그러한 두 대상은 시공간적으로 연결되어 있어야만 한다.

㉰ 덕이 잘 닦인 치세에서는 재이를 찾아볼 수 없었고, 세상의 변고는 모두 난세의 때에 출현했으니, 하늘과 인간이 서로 통하는 관계임을 알 수 있다.

㉱ 홍수가 자주 발생하는 강 하류 지방의 지방관은 반드시 실정을 한 것이고, 홍수가 발생하지 않는 산악 지방의 지방관은 반드시 청렴한가? 실제로는 그렇지 않다.

---

① 흄의 문제 제기와 ㉮로부터, 과정 이론이 인과 개념을 과학적으로 규명하려는 시도의 하나임을 이끌어낼 수 있겠군.

② <u>인과 관계를 대상 간의 물리적 상호 작용으로 국한하는 ㉯의 입장은 대상 간의 감응을 기반으로 한 동중서의 재이론이 보여 준 입장과 부합하겠군.</u>

인과 관계를 대상 간의 물리적 상호 작용으로 국한하는 ㉯의 입장은 하늘과 인간의 감응을 기반으로 한 동중서의 재이론이 보여준 입장과 부합하지 않는다.

③ 치세와 난세의 차이를 재이의 출현 여부로 설명하는 ㉰에 대해 동중서와 주희는 모두 재이론에 입각하여 수용 가능한 견해라는 입장을 취하겠군.

④ 덕이 물리적 세계 바깥의 현상에 해당한다면, 덕과 세상의 변화 사이에 인과 관계가 있다고 본 ㉰는 새먼의 이론에 입각하여 설명되기 어렵겠군.

⑤ 지방관의 실정에서 도입된 표지가 홍수로 이어지는 과정으로 전달될 수 없다면, 새먼은 실정이 홍수의 원인이 아니라는 점에서 ㉱에 동의하겠군.

09. ⓐ와 문맥상 의미가 가장 가까운 것은?

군주를 경계하는 적절한 방법을 ⓐ<u>찾고자</u>

① 모두가 만족하는 대책을 <u>찾으려</u> 머리를 맞대었다.
② 모르는 단어가 나오면 국어사전을 <u>찾아서</u> 확인해라.
③ 건강을 위해 친환경 농산물을 <u>찾는</u> 사람이 많아졌다.
④ 아직 완전하지는 않지만 서서히 건강을 <u>찾는</u> 중이다.
⑤ 선생은 독립을 다시 <u>찾는</u> 것을 일생의 사명으로 여겼다.

1 문단

1. 인간의 본성에 관한 서로 다른 두 관점이 있다.

- '인간의 본성에 관한 서로 다른 두 관점은 뭘까?'라고 물음표를 띄울 수 있다.
  단서가 부족해 추론은 어려워 보인다.

2. 종교적 인간관에 따르면, 인간에게는 물리적 실체인 몸 이외에 비물리적 실체인 영혼이 있다.

- '종교적 인간관'을 암기 시도할 필요가 있다.
- '인간의 본성에 관한 하나의 관점을 소개하고 있네'라고 반응할 수 있으므로 '인간의 본성에 관한 서로 다른 두 관점은 뭘까?'라면서 띄웠던 물음표를 반쯤 회수할 수 있다.
- '물리적 실체인 몸'과 '비물리적 실체인 영혼'을 구분하고 있으므로 둘을 대등 관계로 보아 시각적 수평 관계로 모델링할 수 있다.

3. 영혼은 물리적 몸과 완전히 구별되며 인간의 결정의 원천이다.

- '영혼'에 대한 정의가 제시되고 있다.

4. 반면 유물론적 인간관에 따르면, 인간은 물리적 몸에 지나지 않는다.

- '유물론적 인간관'을 암기 시도할 필요가 있다.
- '인간의 본성에 관한 나머지 관점을 소개하고 있네'라고 반응할 수 있으므로 '인간의 본성에 관한 서로 다른 두 관점은 뭘까?'라면서 띄웠던 물음표를 회수할 수 있다.
- '종교적 인간관'과 '유물론적 인간관'을 구분하고 있으므로 둘을 대등 관계로 보아 시각적 수평 관계로 모델링할 수 있다.
- '유물론적 인간관은 영혼의 존재를 인정하지 않는구나'라고 반응할 수 있다.

5. 물리적 몸 이외에 영혼은 존재하지 않는다.

6. 따라서 인간의 결정은 단지 뇌에서 일어나는 신경 사건이다.

- '종교적 인간관은 인간의 결정이 영혼에서 비롯된다고 보는 반면 유물론적 인간관은 인간의 결정이 뇌에서 비롯된다고 보네'라고 반응할 수 있다.

7. 이러한 두 관점 중 유물론적 인간관을 가정할 때, 인간은 자유롭게 선택할 수 있을까?

- '유물론적 인간관을 가정할 때 인간은 당연히 자유롭게 선택할 수 있는 거 아닌가?'라고 물음표를 띄울 수 있다.
  단서가 부족해 추론은 어려워 보인다.

8. 즉 인간에게 자유의지가 있을까?

- '인간이 자유롭게 선택함'이 '인간에게 자유의지가 있음'으로 변형 반복됨을 인지할 수 있다.

9. 가령 갑이 냉장고 문을 여니 딸기 우유와 초코 우유만 있다고 해 보자.

- '-만'이라는 표현이 등장했으므로 '냉장고에는 딸기 우유와 초코 우유 외에는 아무 것도 없다'라고 바꾸어 이해할 수 있다.

10. 갑은 이것들 중 하나를 자유의지로 선택할 수 있을까?

- '갑은 자기가 더 좋아하는 우유를 자유의지로 선택할 수 있지 않을까'라고 반응할 수 있다.

2 문단

1. 이러한 질문과 관련하여 반자유의지 논증은 갑에게 자유의지가 없다고 결론 내린다.

- '반자유의지 논증'을 암기 시도할 필요가 있다.
- '반자유의지 논증은 왜 반자유의지 논증이라 불릴까?'라고 물음표를 띄울 수 있다.
  '인간에게 자유의지가 없다고 주장하기 때문에 반자유의지 논증인가 보다'라고 추론할 수 있다.
- '반자유의지 논증은 왜 갑에게 자유의지가 없다고 결론 내릴까?'라고 물음표를 띄울 수 있다.
  단서가 부족해 추론은 어려워 보인다.

2. 우선 임의의 선택은 이전 사건들에 의해 선결정되거나 무작위로 일어난다.

- 임의의 선택 선결정됨∨임의의 선택 무작위로 일어남
- '임의의 선택이 이전 사건들에 의해 선결정된다는 건 무슨 말일까? 또 임의의 선택이 무작위로 일어난다는 건 무슨 말일까?'라고 물음표를 띄울 수 있다.
단서가 부족해 추론은 어려워 보인다.

3. 여기서 무작위로 일어난다는 것은 선결정되지 않는다는 것을 의미한다.

- '무작위로 일어난다'는 '선결정되지 않는다'로 변형 반복됨을 알 수 있다.

4. 이러한 전제하에 반자유의지 논증은 선결정 가정과 무작위 가정을 모두 고려한다.

5. 첫 번째로 임의의 선택이 그 이전 사건들에 의해 선결정된다고 가정해 보자.

6. 반자유의지 논증에서는 이 경우 우리에게 자유 의지가 없다고 결론 내린다.

- '선택이 이전 사건들에 의해 미리 결정되었으니 자유 의지에 의한 선택이 아니기 때문에 이런 결론을 내리고 있는 거겠네'라고 추론할 수 있다.

7. 가령 갑의 딸기 우유 선택이 심지어 갑이 태어나기도 전에 선결정된 것이라면 갑이 자유의지로 그것을 선택한 것이라고 보기 어려울 것이다.

- '갑이 태어나기 전 유전적으로 갑이 딸기 우유를 초코 우유보다 선호하도록 결정되었다면 갑의 딸기 우유 선택은 자유의지에서 비롯된 것이 아니겠네'라고 추론할 수 있으므로 '임의의 선택이 이전 사건들에 의해 선결정된다는 건 무슨 말일까? 또 임의의 선택이 무작위로 일어난다는 건 무슨 말일까?', '반자유의지 논증은 왜 갑에게 자유의지가 없다고 결론 내릴까?', '유물론적 인간관을 가정할 때 인간은 당연히 자유롭게 선택할 수 있는 거 아닌가?'라면서 띄웠던 물음표를 회수할 수 있다.

8. 두 번째로 임의의 선택이 무작위로 일어난 것이라 가정해 보자.

- '무작위로 일어난 것'을 '선결정되지 않은 것'으로 바꾸어 읽을 수 있다.

9. 반자유의지 논증에서는 이 경우에도 우리에게 자유의지가 없다고 결론 내린다.

10. 가령 갑의 딸기 우유 선택이 단지 갑의 뇌에서 무작위로 일어난 신경 사건이라고 한다면, 그것은 자유의지의 산물이라고 보기 어려울 것이다.

- '자신의 의지가 아니라 선택 시점에 뇌에서 랜덤으로 어떤 신경 사건이 일어나 갑이 딸기 우유를 선택한 것이라면 그건 자유의지의 산물이라고 보기 어렵겠네'라고 반응할 수 있으므로 '임의의 선택이 이전 사건들에 의해 선결정된다는 건 무슨 말일까? 또 임의의 선택이 무작위로 일어난다는 건 무슨 말일까?'라면서 띄웠던 물음표를 모두 회수할 수 있다.
- 반자유의지 논증을 다음과 같이 정리할 수 있다.
1. 임의의 선택은 이전 사건들에 의해 선결정되거나 무작위로 일어난다.
2. 임의의 선택이 이전 사건들에 의해 선결정된다면 우리에게 자유의지는 없다.
3. 임의의 선택이 무작위로 일어난다면 우리에게 자유의지는 없다.
따라서 우리에게 자유의지는 없다, 즉 갑에게 자유의지는 없다.

3 문단

1. 그러나 이 논증에 관한 다양한 비판이 가능하다.

- '반자유의지 논증에 대해 어떤 비판이 가능할까?'라고 물음표를 띄울 수 있다.
단서가 부족해 추론은 어려워 보인다.

2. ㉠ 반자유의지 논증을 비판하는 한 입장에 따르면 반자유의지 논증의 선결정 가정을 고려할 때의 결론은 받아들여야 하지만, 무작위 가정을 고려할 때의 결론은 받아들일 필요가 없다.

- '반자유의지 논증'과 '반자유의지 논증을 비판하는 한 입장'이 충돌하고 있으므로 둘을 대등 관계로 보아 시각적 수평 관계로 모델링할 수 있다.
- '-어야'라는 당위 진술을 가리키는 표현이 등장했으므로 '결론은 받아들이지 않으면 안 되지만'으로 바꾸어 읽을 수 있다.

- '무작위 가정을 고려할 때의 결론은 왜 받아들일 필요가 없다
고 주장하는 걸까?'라고 물음표를 띄울 수 있다.
단서가 부족해 추론은 어려워 보인다.

3. 따라서 반자유의지 논증의 결론도 받아들일 필요가
없다고 주장한다.

- 반자유의지 논증을 비판하는 한 입장의 논증을 다음과 같이
정리할 수 있다.
1. 반자유의지 논증의 전제 중 '임의의 선택이 무작위로 일어난
다면 우리에게 자유의지는 없다'라는 전제는 거짓이다.
따라서 반자유의지 논증의 결론은 반드시 참이 아니라, 참일
수도 있고 거짓일 수도 있다.
따라서 반자유의지 논증의 결론을 받아들일 필요가 없다.
- '반자유의지 논증의 전제를 공격하는 비판이 제시되고 있네'라
고 반응할 수 있으므로 '반자유의지 논증에 대해 어떤 비판이
가능할까?'라면서 띄웠던 물음표를 회수할 수 있다.

4. 그 이유는 아래와 같다.

4 문단

1. 임의의 선택이 나의 자유의지의 산물이 되기 위해서
는 다음 두 가지 조건을 모두 충족해야 한다.

- '-야라는 필요조건을 가리키는 표현이 등장했으므로 대우 규
칙을 적용하여 '다음 두 가지 조건을 모두 충족하지 않으면 임
의의 선택이 나의 자유의지의 산물이 될 수 없다'라고 바꾸어
읽을 수 있다.

2. 첫째, 내가 그 선택의 주체여야 한다.

3. 둘째, 나의 선택은 그 이전 사건들에 의해 선결정되지
않아야 한다.

4. 그런데 어떤 선택이 그 이전 사건들에 의해 선결정
되어 있다면, 이것은 자유의지를 위한 둘째 조건과 충
돌한다.

- '그래서 어떤 선택이 선결정되어 있다면 자유의지가 없다고
결론 내릴 수 있는 거네'라고 추론할 수 있다.

5. 따라서 반자유의지 논증의 선결정 가정을 고려할 때
의 결론인 우리에게 자유의지가 없다는 점을 받아들여
야 한다.

6. 물론 이러한 자유의지와 다른 의미를 지닌 자유의지
가 있을 수 있다.

- '이러한 자유의지와 다른 의미를 지닌 자유의지는 뭘까?'라고
물음표를 띄울 수 있다.
단서가 부족해 추론은 어려워 보인다.

7. 만약 '내가 자유롭게 선택했다'는 말이 단지 '내가 하
고자 원했던 것을 했다'는 ⓐ <u>욕구 충족적 자유의지</u>를
의미한다면, 나의 선택이 그 이전 사건들에 의해 선결정
되어 있든 그렇지 않든 그것은 내 자유의지의 산물일 수
있다.

- '욕구 충족적 자유의지는 두 가지 조건을 충족해야 하는 자유
의지와는 확실히 다른 의미를 갖네'라고 반응할 수 있으므로
'이러한 자유의지와 다른 의미를 지닌 자유의지는 뭘까?'라면
서 띄웠던 물음표를 회수할 수 있다.
- '두 가지 조건을 충족해야 하는 자유의지'와 '욕구 충족적 자유
의지'를 구분하고 있으므로 둘을 대등 관계로 보아 시각적 수
평 관계로 모델링할 수 있다.

8. 그러나 이러한 자유의지는 ⓑ <u>여기서 염두에 두는 두
가지 조건을 모두 충족하는 자유의지</u>와 다르다.

5 문단

1. 다음으로, 어떤 선택이 무작위로 일어난 것이라고 하
더라도 그 선택의 주체는 나일 수 있다.

- '-라도'라는 표현이 등장했으므로 '어떤 선택이 무작위로 일
어난 것이든 아니든 뒷부분은 성립하는데, 특히 어떤 선택이
무작위로 일어날 때 뒷부분은 성립한다'라고 바꾸어 읽을 수
있다.
- '어떤 선택이 무작위로 일어나고, 그 선택의 주체는 나이니 두
가지 조건이 모두 충족되어 자유의지가 있다고 말할 수 있겠
네'라고 추론할 수 있다.

2. 유물론적 인간관에 따르면 '갑이 딸기 우유를 선택했다'는 것은 '선택 시점에 갑의 뇌에서 신경 사건이 발생했다'는 것을 의미한다.

- '갑이 딸기 우유를 선택했다'가 '선택 시점에 갑의 뇌에서 신경 사건이 발생했다'로 변형 반복됨을 알 수 있다.

3. 갑의 이러한 신경사건이 이전 사건들에 의해 선결정되지 않은 것으로 가정해 보자.

- '이전 사건들에 의해 선결정되지 않은 것'을 '무작위로 일어난 것'으로 바꾸어 읽을 수 있다.

4. 이러한 가정 아래에서도 갑은 그 선택의 주체일 수 있다.

- '뇌에서 무작위로 신경 사건이 일어나 갑이 딸기 우유를 선택했다고 해도 결국 선택의 주체는 갑이라고 볼 수 있으니까, 즉 갑이 딸기 우유를 선택한 거니까 갑은 자유의지를 갖고 있다고 주장하는 거네'라고 추론할 수 있다.
- '근데 이건 너무 두 가지 조건을 충족해야 하는 자유의지의 정의에 입각한 해석 아닌가? 반자유의지 논증을 제대로 반박하지 못하는 거 같은네'라고 반응할 수 있다.

5. 왜냐하면 이 가정은 선택 시점에 발생한 뇌의 신경 사건으로서 '갑이 딸기 우유를 선택했다'는 사실을 바꾸지 않기 때문이다.

6. 결국 ⓛ 반자유의지 논증의 무작위 가정을 고려할 때의 결론은 받아들일 필요가 없다.

10. 윗글에 대한 설명으로 적절하지 <u>않은</u> 것은?

① 유물론적 인간관은 영혼의 존재를 인정하지 않는다.
② 유물론적 인간관은 인간의 선택을 물리적 사건으로 본다.
③ 종교적 인간관은 인간이 물리적 실체로만 구성된다고 보지 않는다.
④ 종교적 인간관은 인간의 선택에서 비물리적 실체가 하는 역할을 인정한다.
⑤ <u>반자유의지 논증은 임의의 선택이 선결정되지 않을 가능성을 고려하지 않는다.</u>
반자유의지 논증은 임의의 선택이 선결정되지 않을 가능성도

고려한다.

11. ⓐ, ⓑ를 이해한 내용으로 적절한 것은?

ⓐ 욕구 충족적 자유의지
ⓑ 여기서 염두에 두는 두 가지 조건을 모두 충족하는 자유의지

① 어떤 선택을 원해서 한다면 그 선택을 한 사람에게 ⓐ가 있을 수 없다.
어떤 선택을 원해서 한다면 그 선택을 한 사람에게 ⓐ가 있는 것이다.
② 어떤 선택을 원해서 한다면 그 선택을 한 사람에게 ⓑ가 있을 수 없다.
어떤 선택을 원해서 한다면 그 선택을 한 사람에게 ⓑ가 있을 수 있다. 왜냐하면 어떤 선택을 원해서 하면서, 선택의 주체가 그 사람이고, 그 선택이 이전 사건들에 의해 선결정되지 않을 수 있기 때문이다.
③ 어떤 선택이 선결정되어 있다면 그 선택을 한 사람에게 ⓐ가 있을 수 없다.
어떤 선택이 선결정되어 있다면 그 선택을 한 사람에게 ⓐ가 있을 수 있다. 왜냐하면 욕구 충족적 자유의지는 어떤 선택이 선결정되어 있든 선결정되어 있지 않든 성립할 수 있기 때문이나.
④ <u>어떤 선택이 선결정되어 있다면 그 선택을 한 사람에게 ⓑ가 있을 수 없다.</u>
정의상 어떤 선택이 선결정되어 있다면 그것만으로 ⓑ의 두 가지 조건 중 하나를 충족하지 못하는 것이기 때문에 그 선택을 한 사람에게 ⓑ가 있을 수 없다.
⑤ 어떤 선택을 원해서 하고 그 선택이 선결정되어 있지 않다면 그 선택을 한 사람에게 ⓐ와 ⓑ 중 어느 것도 있을 수 없다.
어떤 선택을 원해서 하고 그 선택이 선결정되어 있지 않다면 그 선택을 한 사람에게 ⓐ는 당연히 있는 것이고 ⓑ도 있을 수 있다.

12. ⓛ의 이유로 가장 적절한 것은?

ⓛ 반자유의지 논증의 무작위 가정을 고려할 때의 결론은 받아들일 필요가 없다

① 비물리적 실체인 영혼은 존재하지 않기 때문이다.
② 어떤 선택은 무작위로 일어난 것이 아니기 때문이다.
③ 어떤 선택은 선결정되어 있지만 욕구 충족적 자유의지

의 산물이기 때문이다.

④ 반자유의지 논증의 선결정 가정을 고려할 때의 결론이 받아들여져야 하기 때문이다.

⑤ 어떤 선택은 자유의지의 산물이 되기 위한 두 가지 조건을 모두 충족할 수 있기 때문이다.

13. 윗글의 ⊙에 입각하여 학생이 <보기>와 같은 탐구 활동을 한다고 할 때, [A]에 들어갈 내용으로 적절한 것은? [3점]

⊙ 반자유의지 논증을 비판하는 한 입장

< 보기 >

자유의지와 관련된 H의 가설과 실험을 보고, 반자유의지 논증에 대해 논의해 보자.

• H의 가설
  인간이 결정을 내릴 때 발생하는 신경 사건이 있기 전에 그가 어떤 선택을 할지 알게 해 주는 다른 신경 사건이 ㄱ이 뇌에서 매번 발생한다.

• H의 실험
  피실험자의 왼손과 오른손에 각각 버튼 하나가 주어진다. 피실험자는 두 버튼 중 어떤 버튼을 누를지 특정 시점에 결정한다. 그 결정의 시점과 그 이전에 발생하는 뇌의 신경 사건을 동일한 피실험자에게서 100차례 관측한다.

○ 논의: [A]

H의 가설이 실험 결과에 의해 입증된다면 선결정 가정이 참일 가능성이 높아지고, 무작위 가정이 참일 가능성이 낮아진다.
H의 가설이 실험 결과에 의해 입증되지 않는다면 선결정 가정이 참일 가능성이 낮아지고, 무작위 가정이 참일 가능성이 높아진다.

① H의 가설이 실험 결과에 의해 입증된다면, 선결정 가정을 고려할 때의 결론을 거부해야 한다.
H의 가설이 실험 결과에 의해 입증된다면, 선결정 가정을 고려할 때의 결론을 받아들여야 한다.

② H의 가설이 실험 결과에 의해 입증된다면, 무작위 가정

은 참일 수밖에 없다.
H의 가설이 실험 결과에 의해 입증된다면, 무작위 가정은 거짓일 가능성이 높아진다.

③ H의 가설이 실험 결과에 의해 입증되지 않는다면, 선결정 가정은 참일 수밖에 없다.
H의 가설이 실험 결과에 의해 입증되지 않는다면, 선결정 가정은 거짓일 가능성이 높아진다.

④ H의 가설이 실험 결과에 의해 입증되지 않는다면, 무작위 가정을 고려할 때의 결론을 받아들여야 하는 것은 아니다.

⑤ H의 가설의 실험 결과에 의한 입증 여부와 상관없이, 반자유의지 논증의 결론을 받아들여야 한다.
⊙ 반자유의지 논증을 비판하는 한 입장에 입각해야 하므로 반자유의지 논증의 결론을 받아들여야 한다는 서술은 적절치 않다.

(가) 1 문단

1. ㉠ 정립-반정립-종합.

- '정립이 뭐지? 반정립은 또 뭐고?'라고 물음표를 띄울 수 있다. '정립과 반정립은 서로 대립되는 것 같다'라고 추론할 수 있다.

2. 변증법의 논리적 구조를 일컫는 말이다.

- '정립-반정립-종합'이 '변증법의 논리적 구조'로 변형 반복됨을 알 수 있다.

3. 변증법에 따라 철학적 논증을 수행한 인물로는 단연 헤겔이 거명된다.

- '헤겔'을 암기 시도할 필요가 있다.

4. 변증법은 대등한 위상을 지니는 세 범주의 병렬이 아니라, 대립적인 두 범주가 조화로운 통일을 이루어 가는 수렴적 상향성을 구조적 특징으로 한다.

- '-이 아니라'를 통해 차이를 드러내고 있으므로 '대등한 위상을 지니는 세 범주의 병렬'과 '대립적인 두 범주가 조화로운 통일을 이루어 가는 수렴적 상향성'을 구분하고 있으므로 둘을 대등 관계로 보아 시각적 수평 관계로 모델링할 수 있다.
- '대립적인 두 범주는 정립과 반정립을 가리키며 조화로운 통일은 종합을 가리키겠네'라고 추론할 수 있으므로 '정립이 뭐지? 반정립은 또 뭐고?'라면서 띄웠던 물음표를 반쯤 회수할 수 있다.

5. 헤겔에게서 변증법은 논증의 방식임을 넘어, 논증 대상 자체의 존재 방식이기도 하다.

- '논증의 방식'과 '논증 대상 자체의 존재 방식'을 구분하고 있으므로 둘을 대등 관계로 보아 시각적 수평 관계로 모델링할 수 있다.
- '변증법이 논증 대상 자체의 존재 방식이기도 하다는 무슨 말일까?'라고 물음표를 띄울 수 있다.
  단서가 부족해 추론은 어려워 보인다.

6. 즉 세계의 근원적 질서인 '이념'의 내적 구조도, 이념이 시·공간적 현실로서 드러나는 방식도 변증법적이기에, 이념과 현실은 하나의 체계를 이루며, 이 두 차원의 원리를 밝히는 철학적 논증도 변증법적 체계성을 ⓐ 지녀야 한다.

- '이념'에 대한 정의가 제시되고 있다.
- '-야라는 당위 진술을 가리키는 표현이 등장했으므로 '지니지 않으면 안 된다'로 바꾸어 읽을 수 있다.
- '논증의 대상은 이념과 현실이 될 수 있으며, 그것들의 존재 방식이 변증법적 체계를 이루고 있다는 말이구나'라고 반응할 수 있으므로 '변증법이 논증 대상 자체의 존재 방식이기도 하다는 말이 무슨 말일까?'라면서 띄웠던 물음표를 회수할 수 있다.

2 문단

1. 헤겔은 미학도 철저히 변증법적으로 구성된 체계 안에서 다루고자 한다.

- '미학은 이념에 포함되는 것으로 볼 수 있으려나?'라고 물음표를 띄울 수 있디.
  단서가 부족해 추론은 어려워 보인다.

2. 그에게서 미학의 대상인 예술은 종교, 철학과 마찬가지로 '절대정신'의 한 형태이다.

- '미학'과 '예술'은 부분 관계임을 알 수 있다.
- '예술', 종교', '철학'이 '절대정신'에 포함됨을 알 수 있다.
- '예술', '종교', '철학'을 구분하고 있으므로 셋을 대등 관계로 보아 시각적 수평 관계로 모델링할 수 있다.
- '절대정신'을 암기 시도할 필요가 있다.
- '절대정신이 뭐야?'라고 물음표를 띄울 수 있다.
  단서가 부족해 추론은 어려워 보인다.

3. 절대정신은 절대적 진리인 '이념'을 인식하는 인간 정신의 영역을 ⓑ 가리킨다.

- '절대정신'에 대한 정의가 제시되고 있으므로 '절대정신이 뭐야?'라면서 띄웠던 물음표를 회수할 수 있다.
- '이념'이 '절대적 진리'로 변형 반복됨을 알 수 있다.

4. 예술·종교·철학은 절대적 진리를 동일한 내용으로 하며, 다만 인식 형식의 차이에 따라 구분된다.

- '절대적 진리'를 '이념'으로 바꾸어 읽을 수 있다.
- 인식 형식의 차이⇒예술, 종교, 철학의 구분
- '인식 형식이 뭐야?'라고 물음표를 띄울 수 있다.
  단서가 부족해 추론은 어려워 보인다.

5. 절대정신의 세 형태에 각각 대응하는 형식은 직관·표상·사유 이다.

- 인식 형식에 대한 정의가 제시되고 있으므로 '인식 형식이 뭐야?'라면서 띄웠던 물음표를 회수할 수 있다.

6. '직관'은 주어진 물질적 대상을 감각적으로 지각하는 지성이고, '표상'은 물질적 대상의 유무와 무관하게 내면에서 심상을 떠올리는 지성이며, '사유'는 대상을 개념을 통해 파악하는 순수한 논리적 지성이다.

- '직관', '표상', '사유'에 대한 정의가 제시되고 있다.
- '주어진 물질적 대상을 감각적으로 지각하는 지성? 예술 작품을 볼 때 감각 기관을 통해 지각하니까 예술이 직관에 대응된다고 볼 수 있겠다. 물질적 대상의 유무와 무관하게 내면에서 심상을 떠올리는 지성? 물질적 대상이 있든지 없든지 내면에서 상상하는 것이니까 신을 상상하는 종교는 표상에 대응되겠다. 대상을 개념을 통해 파악하는 순수한 논리적 지성? 대상을 추상화해서 파악하는 건 철학의 영역이니까 철학은 사유에 대응되겠다'라고 추론할 수 있다.

7. 이에 세 형태는 각각 '직관하는 절대정신', '표상하는 절대정신', '사유하는 절대정신'으로 규정된다.

- '직관하는 절대정신은 예술, 표상하는 절대정신은 종교, 사유하는 절대정신은 철학을 말하겠네'라고 반응할 수 있다.

8. 헤겔에 따르면 직관의 외면성과 표상의 내면성은 사유에서 종합되고, 이에 맞춰 예술의 객관성과 종교의 주관성은 철학에서 종합된다.

- '정리하자면 직관의 외면성과, 예술의 객관성은 정립, 표상의 내면성과 종교의 주관성은 반정립, 사유와 철학은 종합이라고 볼 수 있겠네'라고 반응할 수 있다.

3 문단

1. 형식 간의 차이로 인해 내용의 인식 수준에는 중대한 차이가 발생한다.

- 형식 간의 차이⇒내용의 인식 수준의 차이

2. 헤겔에게서 절대정신의 내용인 절대적 진리는 본질적으로 논리적이고 이성적인 것이다.

- '이념', '세계의 근원적 질서', '절대적 진리', '절대정신의 내용'을 변형 반복으로 볼 수 있다.

3. 이러한 내용을 예술은 직관하고 종교는 표상하며 철학은 사유하기에, 이 세 형태 간에는 단계적 등급이 매겨진다.

4. 즉 예술은 초보 단계의, 종교는 성장 단계의, 철학은 완숙 단계의 절대정신이다.

- '변증법은 대립적인 두 범주가 조화로운 통일을 이루어 가는 수렴적 상향성을 이룬다 해놓고 헤겔은 왜 예술, 종교, 철학을 단계적으로 구조화하지?'라고 물음표를 띄울 수 있다.
  단서가 부족해 추론은 어려워 보인다.

5. 이에 따라 ⓒ 예술-종교-철학 순의 진행에서 명실상부한 절대정신은 최고의 지성에 의거하는 것, 즉 철학뿐이며, 예술이 절대정신으로 기능할 수 있는 것은 인류의 보편적 지성이 미발달된 머나먼 과거로 한정된다.

(나) 1 문단

1. 변증법의 매력은 '종합'에 있다.

2. 종합의 범주는 두 대립적 범주 중 하나의 일방적 승리로 ⓒ 끝나도 안 되고, 두 범주의 고유한 본질적 규정이 소멸되는 중화 상태로 나타나도 안 된다.

- '그러니까 정립과 반정립의 본질적 규정이 모두 살아있는 상태로 적절히 조화되어 종합에 이르러야 한다는 소리네'라고 반응할 수 있다.

3. 종합은 양자의 본질적 규정이 유기적 조화를 이루어 질적으로 고양된 최상의 범주가 생성됨으로써 성립하는 것이다.

2 문단

1. 헤겔이 강조한 변증법의 탁월성도 바로 이것이다.

2. 그러기에 변증법의 원칙에 최적화된 엄밀하고도 정합적인 학문 체계를 조탁하는 것이 바로 그의 철학적 기획이 아니었던가.

3. 그런데 그가 내놓은 성과물들은 과연 그 기획을 어떤 흠결도 없이 완수한 것으로 평가될 수 있을까?

- '헤겔은 변증법에 따라 예술, 종교, 철학을 구조화한다 해놓고, 실질적으로 단계적으로 구조화했으니 필자는 이를 비판하고자 하는 거네'라고 반응할 수 있다.

4. 미학에 관한 한 '그렇다'는 답변은 쉽지 않을 것이다.

5. 지성의 형식을 직관-표상-사유 순으로 구성하고 이에 맞춰 절대정신을 예술-종교-철학 순으로 편성한 전략은 외관상으로는 변증법 모델에 따른 전형적 구성으로 보인다.

6. 그러나 실질적 내용을 ⓓ <u>보면</u> 직관으로부터 사유에 이르는 과정에서는 외면성이 점차 지워지고 내면성이 점증적으로 강화·완성되고 있음이, 예술로부터 철학에 이르는 과정에서는 객관성이 점차 지워지고 주관성이 점증적으로 강화·완성되고 있음이 확연히 드러날 뿐, 진정한 변증법적 종합은 ⓔ <u>이루어지지</u> 않는다.

- '그러니까 헤겔은 종합의 범주에서 한쪽의 일방적 승리를 이끌어 냈다는 거네. 여기서의 한쪽은 표상-종교를 말하고.'라고 반응할 수 있다.

7. 직관의 외면성 및 예술의 객관성의 본질은 무엇보다도 감각적 지각성인데, 이러한 핵심 요소가 그가 말하는 종합의 단계에서는 완전히 소거되고 만다.

3 문단

1. 변증법에 충실하려면 헤겔은 철학에서 성취된 완전한 주관성이 재객관화되는 단계의 절대정신을 추가했어야 할 것이다.

- '-야라는 필요조건을 드러내는 표현이 등장했으므로 대우 규칙을 적용하여 '헤겔은 철학에서 성취된 완전한 주관성이 재객관화되는 단계의 절대정신을 추가하지 않았기 때문에 변증법에 충실하지 못했다'라고 바꾸어 읽을 수 있다.
- '그럼 변증법 모델링을 어떻게 해야 한다는 말이야?'라고 물음표를 띄울 수 있다.
단서가 부족해 추론은 어려워 보인다.

2. 예술은 '철학 이후'의 자리를 차지할 수 있는 유력한 후보이다.

3. 실제로 많은 예술 작품은 '사유'를 매개로 해서만 설명되지 않는가.

- '예술을 종합의 범주에 넣어야 한다는 말이네'라고 반응할 수 있다.

4. 게다가 이는 누구보다도 풍부한 예술적 체험을 한 헤겔 스스로가 잘 알고 있지 않은가.

5. 이 때문에 방법과 철학 체계 간의 이러한 불일치는 더욱 아쉬움을 준다.

04. (가)와 (나)에 대한 설명으로 가장 적절한 것은?

① <u>(가)와 (나)는 모두 특정한 철학적 방법에 기반한 체계를 바탕으로 예술의 상대적 위상을 제시하고 있다.</u>
② (가)와 (나)는 모두 특정한 철학적 방법에 대한 상반된 평가를 바탕으로 더 설득력 있는 미학 이론을 모색하고 있다.
여기서 특정한 철학적 방법은 변증법을 말한다고 볼 수 있다. (가)와 (나)는 변증법에 대해 상반된 평가를 하고 있다고 볼 수 없다.
③ (가)와 달리 (나)는 특정한 철학적 방법의 시대적 한계를 지적하고 이에 맞서는 혁신적 방법을 제안하고 있다.
(가)와 (나) 모두 변증법의 시대적 한계를 지적하지 않았다.

④ (가)와 달리 (나)는 특정한 철학적 방법에서 파생된 미학 이론을 바탕으로 예술 장르를 범주적으로 유형화하고 있다.

(가)와 (나) 모두 변증법에서 파생된 미학 이론을 바탕으로 예술 장르를 범주적으로 유형화하지 않았다.

⑤ (나)와 달리 (가)는 특정한 철학적 방법의 통시적인 변화 과정을 적용하여 철학사를 단계적으로 설명하고 있다.

(가)와 (나) 모두 변증법의 통시적인 변화 과정을 제시하지 않았고 철학사를 단계적으로 설명하지도 않았다.

05. (가)에서 알 수 있는 헤겔의 생각으로 적절하지 <u>않은</u> 것은?

① 예술·종교·철학 간에는 인식 내용의 동일성과 인식 형식의 상이성이 존재한다.
② 세계의 근원적 질서와 시·공간적 현실은 하나의 변증법적 체계를 이룬다.
③ <u>절대정신의 세 가지 형태는 지성의 세 가지 형식이 인식하는 대상이다.</u>

절대정신의 세 가지 형태는 지성의 세 가지 형식에 따라 분류된다.

④ 변증법은 철학적 논증의 방법이자 논증 대상의 존재 방식이다.
⑤ 절대정신의 내용은 본질적으로 논리적이고 이성적인 것이다.

06. (가)에 따라 ┃직관·표상·사유┃의 개념을 적용한 것으로 적절하지 <u>않은</u> 것은?

① 먼 타향에서 밤하늘의 별들을 바라보는 것은 직관을 통해, 같은 곳에서 고향의 하늘을 상기하는 것은 표상을 통해 이루어지겠군.
② 타임머신을 타고 미래로 가는 자신의 모습을 상상하는 것과, 그 후 판타지 영화의 장면을 떠올려 보는 것은 모두 표상을 통해 이루어지겠군.
③ 초현실적 세계가 묘사된 그림을 보는 것은 직관을 통해, 그 작품을 상상력 개념에 의거한 이론에 따라 분석하는 것은 사유를 통해 이루어지겠군.
④ <u>예술의 새로운 개념을 설정하는 것은 사유를 통해, 이를</u> 바탕으로 새로운 감각을 일깨우는 작품의 창작을 기획하는 것은 직관을 통해 이루어지겠군.

'직관'은 주어진 물질적 대상을 감각적으로 지각하는 지성이고, '사유'는 대상을 개념을 통해 파악하는 순수한 논리적 지성이다. 그러나 선지에 '물질적 대상'은 등장하지 않는다. 따라서 설정된 예술의 새로운 개념을 바탕으로 새로운 감각을 일깨우는 작품의 창작을 기획하는 것은 사유를 통해 이루어진다고 볼 수 있다.

⑤ 도덕적 배려의 대상을 생물학적 상이성 개념에 따라 규정하는 것과, 이에 맞서 감수성 소유 여부를 새로운 기준으로 제시하는 것은 모두 사유를 통해 이루어지겠군.

07. (나)의 글쓴이의 관점에서 ㉠과 ㉡에 대한 헤겔의 이론을 분석한 것으로 적절하지 <u>않은</u> 것은?

㉠ 정립-반정립-종합
㉡ 예술-종교-철학

① ㉠과 ㉡ 모두에서 첫 번째와 두 번째의 범주는 서로 대립한다.
② ㉠과 ㉡ 모두에서 두 번째와 세 번째 범주 간에는 수준상의 차이가 존재한다.
③ <u>㉠과 달리 ㉡에서는 범주 간 이행에서 첫 번째 범주의 특성이 갈수록 강해진다.</u>

(나)의 글쓴이는 ㉠과 달리 ㉡에서는 범주 간 이행에서 첫 번째 범주의 특성이 갈수록 약해진다고 보았다.

④ ㉡과 달리 ㉠에서는 세 번째 범주에서 첫 번째와 두 번째 범주의 조화로운 통일이 이루어진다.
⑤ ㉡과 달리 ㉠에서는 범주 간 이행에서 수렴적 상향성이 드러난다.

08. <보기>는 헤겔과 (나)의 글쓴이가 나누는 가상의 대화의 일부이다. ㉮에 들어갈 내용으로 가장 적절한 것은? [3점]

< 보기 >

헤겔: 괴테와 실러의 문학 작품을 읽을 때 놓치지 않아야 할 점이 있네. 이 두 천재도 인생의 완숙기에 이르러서야 비로소 최고의 지성적 통찰을 진정한 예술미로 승화시킬 수 있었네. 그에 비해 초기의 작품들은 미적으로 세련되지 못해 결코 수준급이라 할 수 없었는데, 이는 그들이 아직 지적으로 미성숙했기 때문이었네.

(나)의 글쓴이: 방금 그 말씀과 선생님의 기본 논증 방법을 연결하면 [㉮]는 말이 됩니다.

---

① 이론에서는 대립적 범주들의 종합을 이루어야 하는 세 번째 단계가 현실에서는 그 범주들을 중화한다

② 이론에서는 외면성에 대응하는 예술이 현실에서는 내면성을 바탕으로 하는 절대정신일 수 있다

(나) 3문단 2번 문장: 예술은 '철학 이후'의 자리를 차지할 수 있는 유력한 후보이다.

(나) 3문단 3번 문장: 실제로 많은 예술 작품은 '사유'를 매개로 해서만 설명되지 않는가.

(나)의 글쓴이는 예술이 철학 이후의 자리를 차지할 수 있다고 주장한다. 즉 예술이 외면성과 내면성을 모두 갖춘 종합 범주의 절대정신이라고 주장하는 것이다.

③ 이론에서는 반정립 단계에 위치하는 예술이 현실에서는 정립 단계에 있는 것으로 나타난다

이론에서는 정립 단계에 위치하는 예술이 현실에서는 종합 단계에 있는 것으로 나타난다고 보아야 한다.

④ 이론에서는 객관성을 본질로 하는 예술이 현실에서는 객관성이 사라진 주관성을 지닌다

이론에서는 객관성을 본질로 하는 예술이 현실에서는 객관성과 주관성을 모두 지닌다고 보아야 한다.

⑤ 이론에서는 절대정신으로 규정되는 예술이 현실에서는 진리의 인식을 수행할 수 없다

09. 문맥상 ⓐ~ⓔ와 바꾸어 쓰기에 가장 적절한 것은?

변증법적 체계성을 ⓐ 지녀야

인간 정신의 영역을 ⓑ 가리킨다

하나의 일방적 승리로 ⓒ 끝나도

실질적 내용을 ⓓ 보면

변증법적 종합은 ⓔ 이루어지지

① ⓐ: 소지(所持)하여야

② ⓑ: 포착(捕捉)한다

③ ⓒ: 귀결(歸結)되어도

④ ⓓ: 간주(看做)하면

⑤ ⓔ: 결성(結成)되지

(가) 1 문단

1. 전국 시대의 혼란을 종식한 진(秦)은 분서갱유를 단행하며 사상 통제를 ⓐ 기도했다.

- '진'을 암기 시도할 필요가 있다.
- '분서갱유'를 암기 시도할 필요가 있다.
- '분서갱유가 뭐야?'라고 물음표를 띄울 수 있다.
  단서가 부족해 추론은 어려워 보인다.

2. 당시 권력자였던 이사(李斯)에게 역사 지식은 전통만 따지는 허언이었고, 학문은 법과 제도에 대해 논란을 일으키는 원인에 불과했다.

- '이사'를 암기 시도할 필요가 있다.
- '-만'이라는 표현이 등장했으므로 '전통 이외는 따지지 않는 허언'이라고 바꾸어 읽을 수 있다.
- '역사 지식'과 '학문'을 구분하고 있으므로 둘을 대등 관계로 보아 시각적 수평 관계로 모델링할 수 있다.

3 이에 따라 전국 시대의 『순자』처럼 다른 사상을 비판적으로 ⓑ 흡수하여 통합 학문의 틀을 보여 준 분위기는 일시적으로 약화되었다.

- '순자'를 암기 시도할 필요가 있다.
- '진은 전국 시대의 순자와는 달리 학문을 멀리했겠네'라고 추론할 수 있다.

4. 이에 한(漢) 초기 사상가들의 과제는 진의 멸망 원인을 분석하고 이에 기초한 안정적 통치 방안을 제시하며, 힘의 지배를 ⓒ 숭상하던 당시 지배 세력의 태도를 극복하는 것이었다.

- '한'을 암기 시도할 필요가 있다.
- '진'과 '한'을 구분하고 있으므로 둘을 대등 관계로 보아 시각적 수평 관계로 모델링할 수 있다.
- '한 초기 사상가들은 진이 학문을 멀리하고 힘의 지배를 숭상해서 멸망했다고 보는구나'라고 추론할 수 있다.

5. 이러한 과제에 부응한 대표적 사상가는 육가(陸賈)였다.

- '육가'를 암기 시도할 필요가 있다.
- '육가'가 '한 초기 사상가들'에 포함됨을 알 수 있다.
- '육가는 학문을 가까이해야 한다고 설파하겠네'라고 추론할 수 있다.

2 문단

1. 순자의 학문을 계승한 그는 한 고조의 치국 계책 요구에 부응해 『신어』를 저술하였다.

- '전국 시대의 순자가 다른 사상을 비판적으로 흡수하여 통합 학문의 틀을 보여주었다고 했으니 이를 계승한 육가는 비슷한 주장을 보여주겠네'라고 추론할 수 있다.
- '치국 계책이 뭘까?'라고 물음표를 띄울 수 있다.
  '나라를 잘 다스리는 계책 뭐 이런 건가'라고 추론할 수 있다.
- '신어'를 암기 시도할 필요가 있다.

2. 이 책을 통해 그는 진의 단명 원인을 가혹한 형벌의 남용, 법률에만 의거한 통치, 군주의 교만과 사치, 그리고 현명하지 못한 인재 등용 등으로 지적하고, 진의 사상 통제가 낳은 폐해를 거론하며 한 고조에게 지식과 학문이 중요함을 설득하고자 하였다.

- '-만'이라는 표현이 등장했으므로 '법률 외에는 의거하지 않는 통치'라고 바꾸어 읽을 수 있다.
- '육가는 신어를 통해 진의 단명 원인들을 열거하며 이를 근거로 지식과 학문의 중요성을 강조하는군'이라고 반응할 수 있다.

3. 그에게 지식의 핵심은 현실 정치에 도움을 주는 역사 지식이었다.

4. 그는 역사를 관통하는 자연의 이치에 따라 천문·지리·인사 등 천하의 모든 일을 포괄한다는 ㉠ 통물(統物)과, 역사 변화 과정에 대한 통찰로서 상황에 맞는 조치를 취하고 기존 규정을 고수하지 않는다는 ㉡ 통변(通變)을 제시하였다.

- '모든'에 주목할 필요가 있다.
- '통물'과 '통변'에 대한 정의가 제시되고 있다.

- '통물'과 '통변'을 암기 시도할 필요가 있다.

  5. 통물과 통변이 정치의 세계에 드러나는 것이 ⓒ 인의
  (仁義)라고 파악한 그는 힘에 의한 권력 창출을 긍정하
  면서도 권력의 유지와 확장을 위한 왕도 정치를 제안하
  며 인의의 실현을 위해 유교 이념과 현실 정치의 결합을
  시도하였다.

- '인의'에 대한 정의가 제시되고 있다.
- '인의'를 암기 시도할 필요가 있다.
- '왕도 정치가 뭘까?'라고 물음표를 띄울 수 있다.
  '힘에 의한 권력 창출과는 반대된다는 느낌이 있으니까 덕을
  보이는 정치인가'라고 추론할 수 있다.
- 유교 이념과 현실 정치의 결합⇒인의의 실현

3 문단

  1. 인의가 실현되는 정치를 위해 육가는 유교의 범위를
  벗어나지 않는 한에서 타 사상을 수용하였다.

- '통합 학문의 틀을 보여 준 순자의 학문을 계승한 육가답게 유
  교를 기준으로 타 사상을 수용했군'이라고 반응할 수 있다.

  2. 예와 질서를 중시하며 교화의 정치를 강조하는 유교
  를 중심으로 도가의 무위와 법가의 권세를 끌어들였다.

- '도가의 무위', '법가의 권세'를 암기 시도할 필요가 있다.
- '도가의 무위는 뭐고, 법가의 권세는 또 뭐냐?'라고 물음표를
  띄울 수 있다.
  단서가 부족해 추론은 어려워 보인다.
- '도가의 무위'와 '법가의 권세'가 '타 사상'에 포함됨을 알 수 있다.

  3. 그에게 무위는 형벌을 가벼이 하고 군주의 수양을 강
  조하는 것으로 평온한 통치의 결과를 의미했고, 권세도
  현명한 신하의 임용을 통해 정치권력의 안정을 도모하
  는 방향성을 가진 것이었기에 원래의 그것과는 차별된
  것이었다.

- '도가의 무위'와 '법가의 권세'에 대한 정의가 제시되고 있으므
  로 '도가의 무위는 뭐고, 법가의 권세는 또 뭐냐?'라면서 띄웠
  던 물음표를 회수할 수 있다.
- '원래의 그것'을 '원래의 무위와 권세'로 바꾸어 읽을 수 있다.

  4. 육가의 사상은 과도한 융통성으로 사상적 정체성이
  문제가 되기도 했지만, 군주의 정치 행위에 따라 천명이
  결정됨을 지적하고 인의의 실현을 강조한 통합의 사상
  이었다.

- '육가의 사상은 타 사상을 과도하게 수용해서 과도한 융통성
  으로 사상적 정체성이 문제가 되기도 했나 보네'라고 추론할
  수 있다.
- 육가의 사상에 대한 비판과 의의를 제시하고 있다.

  5. 그의 사상은 한 무제 이후 유교 독존의 시대를 여는 데 기
  여하였다.

- '한 고조'와 '한 무제'를 구분하고 있으므로 둘을 대등 관계로
  보아 시각적 수평 관계로 모델링할 수 있다.
- 육가의 사상에 대한 의의를 제시하고 있다.

(나) 1 문단

  1. 조선 초기에 진행된 고려 관련 역사서 편찬은 고려 멸
  망의 필연성과 조선 건국의 정당성을 드러내는 작업이
  었다.

- '한 초기에 진의 멸망을 분석하였듯 조선 초기에도 고려의 멸
  망을 분석하고 있네'라고 추론할 수 있다.
- '조선'과 '고려'를 구분하고 있으므로 둘을 대등 관계로 보아 시
  각적 수평 관계로 모델링할 수 있다.

  2. 편찬자들은 다양한 방식으로 고려와 조선의 차별성
  을 부각하고, 고려보다 조선이 뛰어남을 설득하고자 하
  였다.

2 문단

  1. 태조의 명으로 고려 말에 찬술되었던 자료들을 모아
  고려에 관한 역사서가 편찬되었지만, 왕실이 아닌 편찬
  자의 주관이 ⓓ 개입되었다는 비판이 제기되는 등 여러
  문제점이 지적되었다.

- '편찬자의 주관이 배제된 철저히 왕실의 입장에서 역사서가
  편찬되어야 했나 보다'라고 반응할 수 있다.

2. 이에 태종은 고려의 역사서를 다시 만들라는 명을 내렸다.

- '태조'와 '태종'을 구분하고 있으므로 둘을 대등 관계로 보아 시각적 수평 관계로 모델링할 수 있다.

3. 이후 고려의 용어들을 그대로 싣자는 주장과 유교적 사대주의에 따른 명분에 맞추어 고쳐 쓰자는 주장이 맞서는 등 세종 대까지도 논란이 ⓔ 계속되었지만, 문종 대에 이르러 『고려사』 편찬이 완성되었다.

- '고려의 용어들을 그대로 싣자는 주장'과 '유교적 사대주의에 따른 명분에 맞추어 고쳐쓰자는 주장'이 충돌하고 있으므로 둘을 대등 관계로 보아 시각적 수평 관계로 모델링할 수 있다.
- '태조', '태종', '세종', '문종'을 구분하고 있으므로 넷을 대등 관계로 보아 시각적 수평 관계로 모델링할 수 있다.
- '고려사'를 암기 시도할 필요가 있다.

4. 이 과정에서 역사 연구에 관심을 기울인 세종은 경서(經書)가 학문의 근본이라면 역사서는 학문을 현실에서 구현하는 것으로 파악하고, 집현전 학자들과의 경연을 통해 경서와 역사서에 대한 이해를 쌓아 갔다.

- '경서'에 대한 세종의 정의를 제시하고 있다.
- '역사서'에 대한 세종의 정의를 제시하고 있다.
- '경서'와 '역사서'의 차이를 드러내고 있으므로 둘을 대등 관계로 보아 시각적 수평 관계로 모델링할 수 있다.

3 문단

1. 이런 분위기에서 세종은 중국과 우리나라의 흥망성쇠를 담은 『치평요람』의 편찬을 명하였고, 집현전 학자들은 원(元)까지의 중국 역사와 고려까지의 우리 역사를 정리하였다.

- '치평요람'을 암기 시도할 필요가 있다.
- '원'을 암기 시도할 필요가 있다.

2. 정리 과정에서 주자학적 역사관이 담긴 『자치통감강목』에 따라 역대 국가를 정통과 비정통으로 구분했지만, 편찬 형식 측면에서는 강목체를 따르지 않았다.

- '주자학적 역사관이 뭐지?'라고 물음표를 띄울 수 있다.

'정통과 비정통으로 나누는 역사관인가'라고 추론할 수 있다.
- '자치통감강목'을 암기 시도할 필요가 있다.
- '정통'과 '비정통'을 구분하고 있으므로 둘을 대등 관계로 보아 시각적 수평 관계로 모델링할 수 있다.
- '강목체는 또 뭐야?'라고 물음표를 띄울 수 있다.

'자치통감강목과 관련 있는 편찬 형식인가'라고 추론할 수 있다.
- '강목체'를 암기 시도할 필요가 있다.

3. 또한 올바른 정치의 여부에 따라 국가의 운명이 다하고 천명이 옮겨 간다는 내용을 드러내고자 기존 역사서와 달리 국가 간 전쟁과 외교 문제, 국가 말기의 혼란과 새 국가 초기의 혼란 수습 등을 부각하였다.

- 올바른 정치의 여부 ⇒ 국가의 운명 결정 ⇒ 천명이 옮겨감
- '–와 달리'를 통해 '기존 역사서'와 '치평요람'의 차이를 드러내고 있으므로 둘을 대등 관계로 보아 시각적 수평 관계로 모델링할 수 있다.
- '기존 역사서는 국가 간 전쟁과 외교 문제, 국가 말기의 혼란과 새 국가 초기의 혼란 수습 등을 부각하지 않았나 보네'라고 추론할 수 있다.

4 문단

1. 이러한 편찬 방식은 국가의 흥망성쇠를 거울삼아 국가를 잘 운영하겠다는 목적 이외에 새 국가의 토대를 마련하려는 의도가 전제된 것이었다.

- '새 국가의 토대를 마련하려는 의도는 조선 건국의 정당성을 드러내려는 의도를 말하려나'라고 반응할 수 있다.

2. 이런 의도가 집중적으로 반영된 곳은 『치평요람』의 「국조(國朝)」 부분이었다.

- '국조'를 암기 시도할 필요가 있다.

3. 이 부분의 편찬자들은 유교적 시각에서 고려 정치를 바라보며 불교 사상의 폐단을 비롯한 문제점들을 다각도로 드러냈고, 이를 통해 유교적 사회로의 변화를 주장하였다.

- '불교는 고려에 대응되고, 유교는 조선에 대응된다고 볼 수 있군'이라고 반응할 수 있다.

4. 이성계의 능력과 업적을 담기는 했지만 이것이 조선 건국을 정당화하기에는 불충분했기에 세종은 역사적 사실을 배경으로 조선 왕조의 우수성을 부각한 『용비어천가』의 편찬을 지시했다.

- '용비어천가'를 암기 시도할 필요가 있다.

5. 이는 왕조의 우수성과 정통성을 경전과 역사의 다양한 근거를 통해 보여 주고자 한 것이었다.

04. (가)와 (나)의 차이점을 중심으로 두 글을 비교하며 읽는 방법으로 가장 적절한 것은?

① (가)는 한(漢)에서, (나)는 조선에서 쓰인 책을 설명하고 있으니, 시대 상황과 사상이 책에 반영된 양상을 비교하며 읽는다.

② (가)는 피지배 계층을, (나)는 지배 계층을 대상으로 한 책을 설명하고 있으니, 예상 독자의 반응 양상을 비교하며 읽는다.

③ (가)는 동일한 시대에, (나)는 서로 다른 시대에 쓰인 책들을 설명하고 있으니, 시대에 따른 창작 환경을 비교하며 읽는다.

(가)가 서로 다른 시대에, (나)가 동일한 시대에 쓰인 책들을 설명하고 있다.

④ (가)는 학문적 성격의, (나)는 실용적 성격의 책을 설명하고 있으니, 다양한 분야의 책에 담긴 보편성을 확인하며 읽는다.

⑤ (가)는 국가 주도로, (나)는 개인 주도로 편찬된 책들을 설명하고 있으니, 각 주체별 관심 분야의 차이를 확인하며 읽는다.

(가)가 개인 주도로, (나)가 국가 주도로 편찬된 책을 설명하고 있다.

05. (가), (나)의 내용과 일치하지 <u>않는</u> 것은?

① 진의 권력자인 이사는 역사 지식과 학문을 부정적인 것으로 인식하였다.

② 전국 시대에는 『순자』처럼 여러 사상을 통합하려는 학문 경향이 있었다.

③ 『치평요람』은 『자치통감강목』의 편찬 형식에 따라 역대 국가를 정통과 비정통으로 구분하여 정리하였다.

(나) 3문단 2번 문장: 주자학적 역사관이 담긴 『자치통감강목』에 따라 역대 국가를 정통과 비정통으로 구분했지만, 편찬 형식 측면에서는 강목체를 따르지 않았다.

④ 『치평요람』의 「국조」는 고려의 문제점들을 보임으로써 사회의 변화를 이끌어야 한다는 주장을 드러내었다.

⑤ 『용비어천가』에는 조선 왕조의 우수성을 드러내고 건국의 정당성을 확보하려는 목적이 담겨 있다.

06. ㉠~㉢에 대한 이해로 가장 적절한 것은?

역사를 관통하는 자연의 이치에 따라 천문·지리·인사 등 천하의 모든 일을 포괄한다는 ㉠ 통물(統物)

역사 변화 과정에 대한 통찰로서 상황에 맞는 조치를 취하고 기존 규정을 고수하지 않는다는 ㉡ 통변(通變)

통물과 통변이 정치의 세계에 드러나는 것이 ㉢ 인의(仁義)

① ㉠은 역사 속에서 각광을 받았던 학문 분야들의 개별적 특징을 이해한 것이다.

㉠은 역사 속에서 각광을 받았던 학문 분야들의 포괄적 특징을 이해한 것이다.

② ㉡은 도가나 법가 사상을 중심 이념으로 삼아 정치 상황의 변화에 대응하려는 것이다.

㉡은 도가나 법가 사상을 이념으로 끌어들여 정치 상황의 변화에 대응하려는 것이다.

③ ㉢은 현명한 신하의 임용과 엄한 형벌의 집행을 전제로 한 평온한 정치의 결과를 의미한다.

㉢은 현명한 신하의 임용과 가벼운 형벌의 집행을 전제로 한 평온한 정치의 결과를 의미한다.

④ ㉢은 군주가 부단한 수양과 안정된 권력을 바탕으로 교화의 정치를 펼쳐야 실현되는 것이다.

⑤ ㉠과 ㉡은 역사 지식과 현실 정치를 긴밀히 연결하여 힘으로 권력을 창출하는 것을 의미한다.

㉢은 역사 지식과 현실 정치를 긴밀히 연결하여 왕도 정치를 기반으로 권력을 유지하고 확장하는 것을 의미한다.

07. 윗글에서 '육가'와 '집현전 학자들'이 공통적으로 드러내고자 한 내용에 해당하는 것만을 <보기>에서 있는 대로 고른 것은?

< 보기 >

ㄱ. 옛 국가의 역사를 거울삼아 새 국가를 안정적으로 통치하도록 한다.

ㄴ. 옛 국가의 멸망 원인은 잘못된 정치 운영에 있지 않고 새 국가로 천명이 옮겨 온 것에 있다.

ㄷ. 옛 국가에서 드러난 사상적 공백을 채우기 위해 새 국가의 군주는 유교에 따라 통치하도록 한다.

---

① ㄱ　　　② ㄴ　　　③ ㄱ, ㄴ
④ ㄱ, ㄷ　　　⑤ ㄴ, ㄷ

08. <보기>는 동양 역사가들의 견해이다. <보기>를 바탕으로 (가), (나)를 이해한 내용으로 적절하지 <u>않은</u> 것은? [3점]

< 보기 >

ㄱ. 대부분 옛일의 성패를 논하기 좋아하고 그 일의 진위를 자세히 살피지 않는다. 하지만 진위를 분명히 한 후에야 성패가 어긋나지 않을 수 있다. 이는 역사 서술의 근원인 자료를 바로잡고 깨끗이 한다는 뜻이다.

ㄴ. 고금의 흥망은 현실의 객관적 형세인 시세의 흐름에 따르는 것이며, 사림(士林)의 재주와 덕행으로 말미암은 것은 아니었다. 그러므로 천하의 일은 시세가 제일 중요하고, 행복과 불행이 다음이며, 옳고 그름의 구분은 마지막이라고 하는 것이다.

ㄷ. 도(道)의 본체는 경서에 있지만 그것의 큰 쓰임은 역사서에 담겨 있다. 역사란 선을 높이고 악을 낮추며 선을 권면하고 악을 징계하는 것이다.

---

① ㄱ의 관점에 따르면, 『신어』에 제시된 진의 멸망 원인에 대한 지적은 관련 내용의 진위에 대한 명확한 판별 이후에 이루어져야 하는 것이겠군.

② ㄱ의 관점에 따르면, 『고려사』 편찬 과정에서 고려의 용어를 고쳐 쓰자고 한 의견은 역사 서술의 근원인 자료를 바로잡고 깨끗이 하자는 것이라고 볼 수 있겠군.

③ ㄴ의 관점에 따르면, 『치평요람』에 서술된 국가의 흥망은 그 원인이 인물들의 능력보다는 객관적 형세인 시세의 흐름에 있다고 보아야겠군.

④ ㄷ의 관점에 따르면, 『신어』에 제시된 진에 대한 비판은 악을 낮추고 징계하는 것으로 볼 수 있겠군.

⑤ ㄷ의 관점에 따르면, 『치평요람』 편찬과 관련한 세종의 생각에서 학문의 근본은 도의 본체에, 현실에서 학문의 구현은 도의 큰 쓰임에 대응하겠군.

09. 문맥상 ⓐ~ⓔ와 바꿔 쓰기에 적절하지 <u>않은</u> 것은?

① ⓐ: 꾀했다
② ⓑ: 받아들여
③ ⓒ: 믿던
④ ⓓ: 끼어들었다는
⑤ ⓔ: 이어졌지만

(가) 1 문단

1. 아도르노는 문화 산업에 의해 양산되는 대중 예술이 이윤 극대화를 위한 상품으로 전락함으로써 예술의 본질을 상실했을 뿐 아니라 현대 사회의 모순과 부조리를 은폐하고 있다고 지적했다.

- '아도르노'를 암기 시도할 필요가 있다.
- 대중 예술이 이윤 극대화를 위한 상품으로 전락⇒예술의 본질 상실∧현대 사회의 모순과 부조리를 은폐
- '예술의 본질이 뭔데?'라고 물음표를 띄울 수 있다.
  단서가 부족해 추론은 어려워 보인다.

2. 아도르노가 보는 대중 예술 은 창작의 구성에서 표현까지 표준화되어 생산되는 상품에 불과하다.

- 대중 예술에 대한 이도르노의 정의가 제시되고 있다.

3. 그는 대중 예술의 규격성으로 인해 개인의 감상 능력 역시 표준화되고, 개인의 개성은 다른 개인의 그것과 다르지 않게 된다고 보았다.

- 대중 예술의 규격성⇒개인의 감상 능력 표준화∧개인의 개성 표준화

4. 특히 모든 것을 상품의 교환 가치로 환원하려는 자본주의 사회에서, 대중 예술은 개인의 정체성마저 상품으로 ⓐ 전락시키는 기제로 작용한다는 것이다.

- '모든'에 주목할 필요가 있다.
- '개인의 정체성'을 '개인의 개성'으로 바꾸어 읽을 수 있다.

2 문단

1. 아도르노는 서로 다른 가치 체계를 하나의 가치 체계로 통일시키려는 속성을 동일성으로, 하나의 가치 체계로의 환원을 거부하는 속성을 비동일성으로 규정하고, 예술은 이러한 환원을 거부하는 비동일성을 지녀야 한다고 주장한다.

- '동일성'과 '비동일성'에 대한 아도르노의 정의가 제시되고 있다.
- '동일성'과 '비동일성'의 차이를 인지할 수 있으므로 둘을 대등 관계로 보아 시각적 수평 관계로 모델링할 수 있다.
- '-야라는 당위 진술을 가리키는 표현이 등장했으므로 '지니지 않으면 안 된다고 주장한다'로 바꾸어 읽을 수 있다.
- '예술의 본질은 비동일성이구나'라고 반응할 수 있으므로 '예술의 본질이 뭔데?'라고 띄웠던 물음표를 회수할 수 있다.

2. 그렇기 때문에 예술은 대중이 원하는 아름다운 상품이 되기를 거부하고, 그 자체로 추하고 불쾌한 것이 되어야 한다는 것이다.

- '아름다움은 동일성의 범주에, 추함은 비동일성의 범주에 포함시킬 수 있겠네'라고 반응할 수 있다.
- '-야라는 당위 진술을 가리키는 표현이 등장했으므로 '되지 않으면 안 된다는 것이다'로 바꾸어 읽을 수 있다.

3. 그에게 있어 예술은 예술가가 직시한 세계의 본질을 감상자들에게 체험하게 해야 한다.

- '예술가가 직시한 세계의 본질은 아마도 현대 사회의 모순과 부조리를 말하겠군'이라고 추론할 수 있다.
  '-야라는 당위 진술을 가리키는 표현이 등장했으므로 '체험하게 하지 않으면 안 된다'로 바꾸어 읽을 수 있다.

4. 예술은 동일화되지 않으려는, 일정한 형식이 없는 비정형화된 모습으로 나타남으로써 현대 사회의 부조리를 체험하게 하는 매개여야 한다는 것이다.

- '추함, 모순과 부조리, 비정형화는 비동일성의 범주에 포함시킬 수 있겠군'이라고 반응할 수 있다.
  '-야라는 당위 진술을 가리키는 표현이 등장했으므로 '매개가 아니면 안 된다는 것이다'로 바꾸어 읽을 수 있다.

3 문단

1. 아도르노는 쇤베르크의 음악과 같은 전위 예술이 그 자체로 동일화에 저항하면서도, 저항이나 계몽을 직접적으로 드러내지 않는다는 것을 높게 평가한다.

- '쇤베르크'를 암기 시도할 필요가 있다.
- '쇤베르크의 음악'이 '전위 예술'에 포함됨을 알 수 있다.

2. 저항이나 계몽을 직접 표현하는 것에는 비동일성을 동일화하려는 폭력적 의도가 내재되어 있다고 보기 때문이다.

- '저항이나 계몽을 직접 표현하는 것은 동일성의 범주에, 저항이나 계몽을 간접 표현하는 것은 비동일성의 범주에 포함시킬 수 있겠군'이라고 반응할 수 있다.

3. 불협화음으로 가득 찬 쇤베르크의 음악이 감상자들에게 불쾌함을 느끼게 했던 것처럼 예술은 그것에 드러난 비동일성을 체험하게 함으로써 동일화의 폭력에 저항해야 한다는 것이다.

- '-야라는 당위 진술을 가리키는 표현이 등장했으므로 '저항하지 않으면 안 된다는 것이다'로 바꾸어 읽을 수 있다.

4 문단

1. 아도르노에게 있어 예술은 사회적 산물이며, 그래서 미학은 작품에 침전된 사회의 고통스러운 상태를 읽기 위해 존재한다.

2. 그는 비동일성 그 자체를 속성으로 하는 전위 예술을 예술이 추구해야 할 바람직한 모습으로 제시했다.

(나) 1 문단

1. 아도르노의 미학은 예술과 사회의 관계를 통해 예술의 자율성을 추구했다는 점에서 긍정적으로 평가된다.

- 아도르노의 미학의 의의를 제시하고 있다.

2. 예술은 사회적인 것인 동시에 사회에서 떨어져 사회의 본질을 직시하는 것이어야 한다고 보기 때문이다.

- '-야라는 당위 진술을 가리키는 표현이 등장했으므로 '직시하는 것이 아니면 안 된다고 보기 때문이다'로 바꾸어 읽을 수 있다.

3. 그의 미학은 기존의 예술에 대한 비판적 관점을 제공한다.

4. 가령 사과를 표현한 세잔의 작품을 아도르노의 미학으로 읽어 낸다면, 이 그림은 사회의 본질과 ⓑ 유리된 '아름다운 가상'을 표현한 것에 불과할 것이다.

- '세잔'을 암기 시도할 필요가 있다.
- '아도르노 입장에서 사과를 표현한 세잔의 작품은 사회의 모순이나 부조리를 담고 있지 않으니까 비동일성이 아니라 동일성을 지닌 작품이겠네'라고 반응할 수 있다.

2 문단

1. 하지만 세잔의 작품은 예술가의 주관적 인상을 붉은 색과 회색 등의 색채와 기하학적 형태로 표현한 미메시스일 수 있다.

- '미메시스가 뭐야?'라고 물음표를 띄울 수 있다.
  단서가 부족해 추론은 어려워 보인다.

2. 미메시스란 세계를 바라보는 주체의 관념을 재현하는 것, 즉 감각될 수 없는 것을 감각 가능한 것으로 구현하는 것을 의미한다.

- '미메시스'에 대한 정의가 제시되고 있으므로 '미메시스가 뭐야?'라면서 띄웠던 물음표를 회수할 수 있다.

3. 다시 말해 세잔의 작품은 눈에 보이는 특정의 사과가 아닌 예술가의 시선에 포착된 세계의 참모습, 곧 자연의 생명력과 그에 얽힌 농부의 삶 그리고 이를 ⓒ 응시하는 예술가의 사유를 재현한 것이 된다.

- '예술가가 담아내야 하는 세계의 본질은 아도르노의 미학이 규정하는 사회의 모순이나 부조리에 국한되는 것이 아니라 미메시스도 포함할 수 있다고 보여줌으로써 아도르노를 비판하

고 있네'라고 추론할 수 있다.

3 문단

1. 아도르노는 예술이 예술가에게 포착된 세계의 본질을 감상자로 하여금 체험하게 하는 것이어야 한다고 본다.

- '-야'라는 당위 진술을 가리키는 표현이 등장했으므로 '체험하게 하는 것이 아니면 안 된다고 본다'로 바꾸어 읽을 수 있다.

2. 그러나 그는 이러한 미적 체험을 현대 사회의 부조리에 국한시킴으로써, 진정한 예술을 감각적 대상인 형태 그 자체의 비정형성에 대한 체험으로 한정한다.

- 미적 체험을 현재 사회의 부조리에 국한⇒진정한 예술을 감각적 대상인 형태 그 자체의 비정형성에 대한 체험으로 한정

3. 결국 ㉠ 아도르노의 미학에서는 주관의 재현이라는 미메시스가 부정되고 있다.

4 문단

1. 한편 아도르노의 미학은 예술의 영역을 극도로 축소시키고 있다.

2. 즉 그 자신은 동일화의 폭력을 비판하지만, 자신이 추구하는 전위 예술만이 진정한 예술이라고 주장하며 ㉡ 전위 예술의 관점에서 예술의 동일화를 시도하고 있다.

- '-만'이라는 표현이 등장했으므로 '전위 예술이 아닌 예술은 진정한 예술이 아니라고 주장하며'라고 바꾸어 읽을 수 있다.
- '아도르노는 사회의 부조리를 감각적으로 드러낸 작품만이 진정한 예술이라고 말함으로써 동일화를 시도하고 있다고 볼 수 있겠네'라고 추론할 수 있다.

3. 특히 이는 현실 속 다양한 예술의 가치가 발견될 기회를 ⓓ 박탈한다.

4. 실수로 찍혀 작가의 어떠한 주관도 결여된 사진에서 조차 새로운 예술 정신을 ⓔ 발견하는 것이 가능하다는 베냐민의 지적처럼, 전위 예술이 아닌 예술에서도 미적 가치를 발견할 수 있다.

- '베냐민'을 암기 시도할 필요가 있다.

5. 또한 대중음악이 사회적 저항의 메시지를 전달하는 사례도 있듯이, 자본의 논리에 편승한 대중 예술이라 하더라도 사회에 대한 비판적 기능을 수행하는 경우도 있다.

- '-라도'라는 표현이 등장했으므로 '자본의 논리에 편승한 대중 예술이든 아니든 뒷부분은 성립하는데, 특히 자본의 논리에 편승한 대중 예술일 때도 뒷부분은 성립한다'라고 바꾸어 읽을 수 있다.

04. 다음은 (가)와 (나)를 읽고 수행한 독서 활동지의 일부이다. ⓐ~ⓔ 중 적절하지 않은 것은?

	(가)	(나)
글의 화제	이도르노의 예술관 ⓐ	
서술 방식의 공통점	구체적인 예를 제시하고 그것에 담긴 의미를 설명함 ⓑ	
서술 방식의 차이점	(가)는 (나)와 달리 화제와 관련된 개념을 정의하고 개념의 변화 과정을 제시함 ⓒ	(나)는 (가)와 달리 논지를 강화하기 위해 다른 이의 견해를 인용함 ⓓ
서술된 내용 간의 관계	(가)에서 소개한 이론에 대해 (나)에서 의의를 밝히고 한계를 지적함 ⓔ	

① ⓐ ② ⓑ ③ ⓒ
(가)와 (나)는 모두 개념을 정의하였으나 개념의 변화 과정은 제시하지 않았다.
④ ⓓ ⑤ ⓔ

05. 　아도르노가 보는 대중 예술　에 대한 이해로 적절하지 않은 것은?

① 문화 산업을 통해 상품화된 개인의 정체성과 대립적 관계를 형성한다.

② 일정한 규격에 맞춰 생산될 뿐 아니라 대중의 감상 능력을 표준화한다.

③ 자본주의의 교환 가치 체계에 종속된 것으로서 예술로 포장된 상품에 불과하다.

④ 모든 것을 상품의 교환 가치로 환원하려는 자본주의 사회의 속성을 은폐한다.

⑤ 문화 산업의 이윤 극대화 과정에서 개인들이 지닌 개성의 차이를 상실시킨다.

06. ㉠의 이유를 추론한 내용으로 가장 적절한 것은?

㉠ 아도르노의 미학에서는 주관의 재현이라는 미메시스가 부정되고 있다.

① 비정형적 형태뿐 아니라 정형적 형태 역시 재현되기 때문이다.

② 재현의 주체가 예술가로부터 예술 작품의 감상자로 전환되기 때문이다.

③ 미적 체험의 대상이 사회의 부조리에서 세계의 본질로 변화되기 때문이다.

④ 미적 체험의 과정에서 비정형적인 형태가 예술가의 주관으로 왜곡되기 때문이다.

⑤ 예술가의 주관이 가려지고 작품에 나타난 형태에 대한 체험만이 강조되기 때문이다.

07. (가)의 '아도르노'의 관점을 바탕으로 할 때, ㉡에 대해 반박할 수 있는 말로 가장 적절한 것은?

㉡ 전위 예술의 관점에서 예술의 동일화를 시도하고 있다.

① 동일화는 애초에 예술과 무관하므로 예술의 동일화는 실현 불가능하다.

② 전위 예술의 속성은 부조리 그 자체를 폭로하는 것이므로 비동일성은 결국 동일성으로 귀결된다.

③ 동일성으로 환원된 대중 예술에서도 비동일성을 발견할 수 있으므로 예술의 동일화는 무의미하다.

④ 전위 예술은 동일성과 비동일성의 구분을 거부하므로 전위 예술로의 동일화는 새로운 차원의 비동일성으로 전환된다.

⑤ 동일화를 거부하는 속성이 전위 예술의 본질이므로 전위 예술을 추구하는 것은 동일화가 아니라 비동일화를 지향하는 것이다.

08. 다음은 학생이 미술관에 다녀와서 작성한 감상문이다. 이에 대해 (가)의 '아도르노'의 관점(A)과 (나)의 글쓴이의 관점(B)에서 설명한 내용으로 적절하지 않은 것은? [3점]

> 주말 동안 미술관에서 작품을 관람했다. 기억에 남는 세 작품이 있었다. 첫 번째 작품의 제목은 「자화상」이었지만 얼굴의 형상을 전혀 찾아볼 수 없는 기괴한 모습이었고, 제각각의 형태와 색채들이 이곳저곳 흩어져 있어 불편한 감정만 느껴졌다. 두 번째 작품은 사회에 비판적인 유명 연예인의 얼굴을 묘사한 그림으로, 대량 복제되어 유통되는 작품이었다. 그리고 사용된 색채와 구도가 TV에서 본 상업 광고의 한 장면같이 익숙하게 느껴져서 좋았다. 세 번째 작품은 시골 마을의 서정적인 풍경을 사실적으로 묘사한 그림으로 색감과 조형미가 뛰어나 오랫동안 기억에 잔상으로 남았다.

① A: 첫 번째 작품에서 학생이 기괴함과 불편함을 느낀 것

은 부조리한 사회에 대한 예술적 체험의 충격 때문일 수
있습니다.

② A: 두 번째 작품에서 학생이 느낀 익숙함은 현대 사회의
모순에 대한 무감각과 같은 것일 수 있습니다. 이는 문
화 산업의 논리에 동일화되어 감각이 무뎌진 결과라 할
수 있습니다.

③ A: 세 번째 작품에 표현된 서정성과 조형미는 부조리에
대한 저항과는 괴리가 있습니다. 사회에 대한 저항을 직
접적으로 드러낸 예술이어야 진정한 예술이라고 할 수
있습니다.

아도르노는 사회에 대한 저항을 직접적으로 드러내지 않은 예
술이어야 진정한 예술이라고 보았다.

④ B: 첫 번째 작품의 흩어져 있는 형태와 색채가 예술가의
표현 의도를 담고 있지 않더라도 그 작품에서 예술적 가
치를 발견할 수 있습니다.

⑤ B: 두 번째 작품은 대량 생산을 통해 제작된 것이지만 그
연예인의 사회 비판적 이미지를 이용해 현대 사회의 문
제점을 고발하는 것일 수 있습니다.

09. 문맥상 ⓐ~ⓔ와 바꿔 쓰기에 적절하지 않은 것은?

정체성마저 상품으로 ⓐ 전락시키는
본질과 ⓑ 유리된
이를 ⓒ 응시하는
기회를 ⓓ 박탈한다
예술 정신을 ⓔ 발견하는

① ⓐ: 맞바꾸는
② ⓑ: 동떨어진
③ ⓒ: 바라보는
④ ⓓ: 빼앗는다
⑤ ⓔ: 찾아내는

(가) 1 문단 [A]

1. 중국에서 비롯된 유서(類書)는 고금의 서적에서 자료를 수집하고 항목별로 분류, 정리하여 이용에 편리하도록 편찬한 서적이다.

- '유서'에 대한 정의가 제시되고 있다.
- '유서'를 암기 시도할 필요가 있다.

2. 일반적으로 유서는 기존 서적에서 필요한 부분을 뽑아 배열할 뿐 상호 비교하거나 편찬자의 해석을 가하지 않았다.

- '일반적으로'라는 표현이 등장했으므로 '상호 비교하거나 편찬자의 해석을 가한 유서도 있었겠군'이라고 추론할 수 있다.

3. 유서는 모든 주제를 망라한 일반 유서와 특정 주제를 다룬 전문 유서로 나눌 수 있으며, 편찬 방식은 책에 따라 다른 경우가 많았다.

- '모든'에 주목할 필요가 있다.
- '일반 유서'에 대한 정의를 제시하고 있다.
- '전문 유서'에 대한 정의를 제시하고 있다.
- '일반 유서'와 '전문 유서'가 '유서'에 포함됨을 알 수 있다.
- '일반 유서'와 '전문 유서'를 구분하고 있으므로 둘을 대등 관계로 보아 시각적 수평 관계로 모델링할 수 있다.
- 책⇒편찬 방식

4. 중국에서는 대체로 왕조 초기에 많은 학자를 동원하여 국가 주도로 대규모 유서를 편찬하여 간행하였다.

5. 이를 통해 이전까지의 지식을 집성하고 왕조의 위엄을 과시할 수 있었다.

- 중국 왕조 초기 국가 주도로 대규모 유서 편찬 및 간행⇒이전까지의 지식 집성∧왕조의 위엄 과시

2 문단 [A]

1. 고려 때 중국 유서를 수용한 이후, 조선에서는 중국 유서를 활용하는 한편, 중국 유서의 편찬 방식에 ⓐ 따라 필요에 맞게 유서를 편찬하였다.

- '중국', '고려' '조선'을 구분하고 있으므로 셋을 대등 관계로 보아 시각적 수평 관계로 모델링할 수 있다.

2. 조선의 유서는 대체로 국가보다 개인이 소규모로 편찬하는 경우가 많았고, 목적에 따른 특정 주제의 전문 유서가 집중적으로 편찬되었다.

- '중국은 대체로 국가 주도로, 조선은 대체로 개인 주도로 유서를 편찬했군'이라고 반응할 수 있다.
- '중국에서는 그럼 전문 유서보다는 일반 유서가 집중적으로 편찬되었을까?'라고 물음표를 띄울 수 있다.
  단서가 부족해 추론은 어려워 보인다.

3. 전문 유서 가운데 편찬자가 미상인 유서가 많은데, 대체로 간행을 염두에 두지 않고 기존 서적에서 필요한 부분을 발췌, 기록하여 시문 창작, 과거 시험 등 개인적 복적으로 유서를 활용하고자 하였기 때문이었다.

- '전문 유서 가운데 편찬자가 미상인 유서가 많은 이유를 설명하고 있군'이라고 반응할 수 있다.
- '전문 유서 가운데 편찬자가 미상인 유서가 많다고 했으니, 전문 유서 가운데 편찬자가 미상이 아닌 유서도 있겠군'이라고 추론할 수 있다.

3 문단

1. 이 같은 유서 편찬 경향이 지속되는 가운데 17세기부터 실학의 학풍이 하나의 조류를 형성하면서 유서 편찬에 변화가 나타났다.

- '어떤 변화가 나타났을까?'라고 물음표를 띄울 수 있다.
  단서가 부족해 추론은 어려워 보인다.

2. ㉮ 실학자들의 유서는 현실 개혁의 뜻을 담았고, 편찬 의도를 지식의 제공과 확산에 두었다.

- '기존의 유서'와 '실학자들의 유서'의 차이를 드러내고 있으므로 둘을 대등 관계로 보아 시각적 수평 관계로 모델링할 수 있다.

- '기존의 유서는 시문 창작, 과거 시험을 목적으로 했으나, 실학
자들의 유서는 지식의 제공과 확산을 목적으로 했네'라고 반
응할 수 있으므로 '어떤 변화가 나타났을까?'라면서 띄웠던 물
음표를 회수할 수 있다.

3. 또한 단순 정리를 넘어 지식을 재분류하여 범주화하
고 평가를 더하는 등 저술의 성격을 드러냈다.

- '지식을 재분류하여 범주화하고 평가를 더했다는 점에서 기존
의 유서뿐만 아니라 중국에서의 유서와도 다르군'이라고 반응
할 수 있다.

4. 독서와 견문을 통해 주자학에서 중시되지 않았던 지
식을 집적했고, 증거를 세워 이론적으로 밝히는 고증과
이에 대한 의견 등 '안설'을 덧붙이는 경우가 많았다.

- '고증'에 대한 정의가 제시되고 있다.
- '고증'과 '고증에 대한 의견'이 '안설'에 포함됨을 알 수 있다.
- '안설'을 암기 시도할 필요가 있다.

5. 주자학의 지식을 ⓑ 이어받는 한편, 주자학이 아닌 새
로운 지식을 수용하는 유연성과 개방성을 보였다.

- '주자학'과 '주자학이 아닌 새로운 지식'을 구분하고 있으므로
둘을 대등 관계로 보아 시각적 수평 관계로 모델링할 수 있다.

6. 광범위하게 정리한 지식을 식자층이 ⓒ 쉽게 접할 수
있어야 한다고 생각했고, 객관적 사실 탐구를 중시하여
박물학과 자연 과학에 관심을 기울였다.

- '-야'라는 당위 진술을 가리키는 표현이 쓰였으므로 '쉽게 접할'
수 있지 않으면 안 된다고 생각했고'라고 바꾸어 읽을 수 있다.

4 문단

1. 조선 후기 실학자들이 편찬한 유서가 주자학의 관념
적 사유에 국한되지 않고 새로운 지식의 축적과 확산을
촉진한 것은 지식의 역사에서 적지 않은 의미를 지닌다.

- 실학자들의 유서에 대한 의의를 제시하고 있다.

(나) 1 문단

1. 예수회 선교사들이 중국에 소개한 서양의 학문, 곧 서
학은 조선 후기 유서(類書)의 지적 자원 중 하나로 활용
되었다.

- '서학'에 대한 정의가 제시되고 있다.

2. 조선 후기 실학자들 가운데 이수광, 이익, 이규경 등
이 편찬한 백과전서식 유서는 주자학의 지적 영역 내에
서 서학의 지식을 어떻게 수용하였는지를 보여 주는 대
표적인 사례이다.

- '이수광', '이익', '이규경'이 '조선 후기 실학자'에 포함됨을 알
수 있다.
- '이수광', '이익', '이규경'을 구분하고 있으므로 셋을 대등 관계
로 보아 시각적 수평 관계로 모델링할 수 있다.
- '이수광', '이익', '이규경'을 암기 시도할 필요가 있다.
- '백과전서식 유서가 뭐야?'라고 물음표를 띄울 수 있다.
'백과사전 같은 유서인가'라고 추론할 수 있다.

2 문단

1. 17세기의 이수광은 주자학뿐 아니라 다른 학문에 대
해서도 열린 태도를 가지고 있었다.

2. 주자학에 기초하여 도덕에 관한 학문과 경전에 관한
학문 등이 주류였던 당시 상황에서, 그는 『지봉유설』을
통해 당대 조선의 지식을 망라하여 항목화하고 자신의
견해를 덧붙였을 뿐 아니라 사신의 일원으로 중국에서
접한 서양 관련 지식을 객관적으로 소개했다.

- '지봉유설'을 암기 시도할 필요가 있다.
- '이수광이 쓴 '지봉유설'은 실학자들의 유서의 특징을 띠고 있
군'이라고 반응할 수 있다.
- "지봉유설'은 그럼 일반 유서일까?'라고 물음표를 띄울 수 있다.
'조선의 지식을 망라했다는 표현에 입각하면 '지봉유설'은 일
반 유서가 맞는 거 같은데'라고 추론할 수 있다.

3. 이에 대해 수양에 절실하지 않을뿐더러 주자학이 아닌 것이 ⓓ 뒤섞여 순수하지 않다는 ⓝ 일부 주자학자의 비판이 있었지만, 서양 관련 지식은 중국과 큰 시간 차이 없이 주변에 알려졌다.

- '주자학이 아닌 것이 뒤섞여 있다는 서술을 통해 이수광은 주자학의 지적 영역 내에서 서학의 지식을 수용했다는 사실을 알 수 있겠네'라고 추론할 수 있다.
- '이수광'과 '일부 주자학자'가 충돌하고 있으므로 둘을 대등 관계로 보아 시각적 수평 관계로 모델링할 수 있다.
- '일부'라는 표현이 등장했으므로 '그렇게 비판하지 않은 주자학자도 있었겠군'이라고 추론할 수 있다.

3 문단

1. 18세기의 이익은 서학 지식 자체를 ㉠『성호사설』의 표제어로 삼았고, 기존의 학설을 정당화하거나 배제하는 근거로 서학을 수용하는 등 서학을 지적 자원으로 활용하였다.

- '성호사설'을 암기 시도할 필요가 있다.
- '이익은 이수광보다 서학을 더 적극적으로 활용했다는 느낌이 있네'라고 반응할 수 있다.

2. 특히 그는 서학의 세부 내용을 다른 분야로 확대하며 상호 참조하는 방식으로 지식을 심화하고 확장하여 소개하였다.

- '다른 분야에는 어떤 것이 있을까?'라고 물음표를 띄울 수 있다. 단서가 부족해 추론은 어려워 보인다.

3. 서학의 해부학과 생리학을 그 자체로 수용하지 않고 주자학 심성론의 하위 이론으로 재분류하는 등 지식의 범주를 ⓒ 바꾸어 수용하였다.

- '이렇게 주자학의 지적 영역 내에서 서학의 지식을 수용하였구나'라고 반응할 수 있다.
- '서학의 해부학과 생리학을 주자학 심성론의 하위 이론으로 재분류했다는 점에서 서학의 세부 내용을 다른 분야로 확대했다고 볼 수 있겠구나'라고 반응할 수 있으므로 '다른 분야에는 어떤 것이 있을까?'라면서 띄웠던 물음표를 회수할 수 있다.

4. 또한 서학의 수학을 주자학의 지식 영역 안에서 재구성하기도 하였다.

- '이렇게 주자학의 지적 영역 내에서 서학의 지식을 수용하였구나'라고 반응할 수 있다.

4 문단

1. 19세기의 이규경도 ㉡『오주연문장전산고』를 편찬하면서 서학을 적극 활용하였다.

- '오주연문장전산고'를 암기 시도할 필요가 있다.

2. 그는『성호사설』의 분류 체계를 적용하였고 이익과 마찬가지로 서학의 천문학, 우주론 등의 내용을 수록하였다.

- '이익의 '성호사설'의 분류 체계를 적용하고, 이익과 마찬가지로 서학의 천문학, 우주론 등의 내용을 수용하였다는 점에서 이규경은 이익의 영향을 많이 받았나 보네'라고 추론할 수 있다.

3. 그가 주로 유서의 지적 자원으로 활용한 중국의 서학 연구서들은 서학을 소화하여 중국의 학문과 절충한 것이었고, 서학이 가지는 진보성의 토대가 중국이라는 서학 중국 원류설을 반영한 것이었다.

- '서학 중국 원류설'에 대한 정의가 제시되고 있다.
- '서학 중국 원류설'을 암기 시도할 필요가 있다.

4. 이에 따라 이규경은 이 책들에 담긴 중국화한 서학 지식과 서학 중국 원류설을 받아들였고, 문명의 척도로 여겨진 기존의 중화 관념에서 탈피하지 않으면서도 서학 수용의 이질감과 부담감에서 자유로울 수 있었다.

5. 이렇듯 이규경은 중국의 서학 연구서들을 활용해 매개적 방식으로 서학을 수용하였다.

04. (가)와 (나)에 대한 설명으로 가장 적절한 것은?

① (가)는 유서의 유형을 분류하였고, (나)는 유서의 분류 기준과 적절성 여부를 평가하였다.

② (가)는 유서의 개념과 유용성을 소개하였고, (나)는 국가
별 유서의 변천 과정을 설명하였다.

③ (가)는 유서의 기원에 대한 다양한 학설을 검토하였고,
(나)는 유서 편찬자들 간의 견해 차이를 분석하였다.

④ (가)는 유서의 특성과 의의를 설명하였고, (나)는 유서 편
찬에서 특정 학문의 수용 양상을 시기별로 소개하였다.

⑤ (가)는 유서에 대한 평가가 시대별로 달라진 원인을 분
석하였고, (나)는 역사적으로 대표적인 유서의 특징을
제시하였다.

05. [A]에 대한 이해로 적절하지 않은 것은?

① 조선에서 편찬자가 미상인 유서가 많았던 것은 편찬자
의 개인적 목적으로 유서를 활용하려 했기 때문이다.
② 조선에서는 시문 창작, 과거 시험 등에 필요한 내용을 담
은 유서가 편찬되는 경우가 적지 않았다.
③ 조선에서는 중국의 편찬 방식을 따르면서도 대체로 국
가보다는 개인에 의해 유서가 편찬되었다.
④ 중국에서는 많은 학자를 동원하여 대규모로 편찬한 유
서를 통해 왕조의 위엄을 드러내었다.
⑤ 중국에서는 주로 서적에서 발췌한 내용을 비교하고 해
석을 덧붙여 유서를 편찬하였다.

06. ㉠에 대한 이해를 바탕으로 ㉠, ㉡에 대해 파악한 내
용으로 적절하지 않은 것은?

① 지식의 제공이라는 ㉠의 편찬 의도는, ㉠에서 지식을 심
화하고 확장하여 소개한 것에서 나타난다.

② 지식을 재분류하여 범주화한 ㉠의 방식은, ㉠에서 해부
학과 생리학을 주자학 심성론의 하위 이론으로 수용한
것에서 나타난다.
③ 평가를 더하는 저술로서 ㉠의 성격은, ㉡에서 중국 학
문의 진보성을 확인하고자 서학을 활용한 것에서 나타
난다.

④ 사실 탐구를 중시하며 자연 과학에 대해 드러낸 ㉠의 관
심은, ㉡에서 천문학과 우주론의 내용을 수록한 것에서
나타난다.
⑤ 새로운 지식을 수용하는 ㉠의 유연성과 개방성은, ㉠
과 ㉡에서 서학을 지적 자원으로 받아들인 것에서 나
타난다.

07. ㉯를 반박하기 위한 '이수광'의 말로 가장 적절한
것은?

① 학문에서 의리를 앞세우고 이익을 뒤로하는 것보다 중한
것이 없으니, 심성을 수양하는 것은 그다음의 일이다.
② 주자학에 매몰되어 세상의 여러 이치를 연구하지 않는
것은 널리 배우고 익히는 앎의 바른 방법이 아닐 것이다.
③ 주자의 가르침이 쇠퇴하게 되면 주자학이 아닌 학문이
날로 번성하게 되니, 주자의 도가 분명히 밝혀져야 한다.

④ 유학 경전에서 쓰이지 않은 글자를 한 글자라도 더하
는 일을 용납하는 것은 바른 학문을 해치는 길이 될 것이
다.
⑤ 참되게 알고 참되게 행하는 것이 어려우니, 우리 학문
의 여러 경전으로부터 널리 배우고 면밀히 익혀야 할
것이다.

08. (가), (나)를 읽은 학생이 <보기>의 『임원경제지』에 대해 보인 반응으로 적절하지 <u>않은</u> 것은? [3점]

① 현실 개혁의 뜻을 담았던 (가)의 실학자들의 유서와 마찬가지로 현실의 문제를 개선하려는 목적의식이 확인되겠군.

『임원경제지』에 향촌 구성원 전체의 삶의 조건을 개선할 수 있는 방안이 실렸다는 서술이 있으므로 참인 선지이다.

② 증거를 제시하여 이론적으로 밝히거나 의견을 제시하는 경우가 많았던 (가)의 실학자들의 유서와 마찬가지로 편찬자의 고증과 의견이 반영된 것이 확인되겠군.

안설은 증거를 세워 이론적으로 밝히는 고증과 이에 대한 의견 등이다.

『임원경제지』에 안설을 부기했다는 서술이 있으므로 참인 선지이다.

③ 당대 지식을 망라하고 서양 관련 지식을 소개하고자 한 (나)의 『지봉유설』에 비해 특정한 주제를 중심으로 편찬되는 전문 유서의 성격이 두드러지게 드러나겠군.

『임원경제지』는 특정 주제인 향촌과 관련한 유서이므로 전문 유서라고 볼 수 있다.

④ 기존 학설의 정당화 내지 배제에 관심을 두었던 (나)의 『성호사설』에 비해 향촌 사회 구성원의 삶에 필요한 실용적인 지식의 활용에 대한 관심이 드러나겠군.

⑤ 중국을 문명의 척도로 받아들였던 (나)의 『오주연문장전산고』와 달리 중화 관념에 구애되지 않고 중국의 현실과 조선의 현실을 비교한 내용이 확인되겠군.

서학 중국 원류설이 반영되었다고 했으므로 중화 관념에 구애되지 않았다고 볼 수 없다.

---

09. 문맥상 ⓐ~ⓔ와 바꾸어 쓰기에 적절하지 <u>않은</u> 것은?

편찬 방식에 ⓐ 따라

지식을 ⓑ 이어받는

식자층이 ⓒ 쉽게

주자학이 아닌 것이 ⓓ 뒤섞여

지식의 범주를 ⓔ 바꾸어

① ⓐ: 의거(依據)하여
② ⓑ: 계몽(啓蒙)하는
③ ⓒ: 용이(容易)하게
④ ⓓ: 혼재(混在)되어
⑤ ⓔ: 변경(變更)하여

(가) 1 문단

1. 심리 철학에서 동일론은 의식이 뇌의 물질적 상태와 동일하다고 ⓐ 본다.

- '동일론'에 대한 정의가 제시되고 있다.
- '동일론'을 암기 시도할 필요가 있다.
- '동일론은 왜 동일론이라 불리는 걸까?'라고 물음표를 띄울 수 있다.
  '의식과 뇌의 물질적 상태가 동일하다고 보기 때문에 동일론인가 보다'라고 추론할 수 있다.

2. 이와 달리 기능주의는 의식은 기능이며, 서로 다른 물질에서 같은 기능이 구현될 수 있다고 주장한다.

- '기능주의'에 대한 정의가 제시되고 있다.
- '기능주의'를 암기 시도할 필요가 있다.
- '이와 달리'를 통해 '동일론'과 '기능주의'의 차이를 드러내고 있으므로 둘을 대등 관계로 보아 시각적 수평 관계로 모델링할 수 있다.
- '의식이 기능이란 말이 뭐지? 서로 다른 물질에서 같은 기능이 구현될 수 있다는 건 또 무슨 말이야?'라고 물음표를 띄울 수 있다.
  단서가 부족해 추론은 어려워 보인다.

3. 이때 기능이란 어떤 입력이 주어졌을 때 특정한 출력을 내놓는 함수적 역할로 정의되며, 함수적 역할의 일치는 입력과 출력의 쌍이 일치함을 의미한다.

- '기능'에 대한 정의가 제시되고 있다.
- '의식이 기능이라는 말은 어떤 입력이 주어졌을 때 의식이 출력을 내놓는다는 말이네'라고 반응할 수 있으므로 '의식이 기능이란 말이 뭐지? 서로 다른 물질에서 같은 기능이 구현될 수 있다는 건 또 무슨 말이야?'라면서 띄웠던 물음표를 반쯤 회수할 수 있다.
- '함수적 역할의 일치'에 대한 정의가 제시되고 있다.

4. 실리콘 칩으로 구성된 로봇이 찔림이라는 입력에 대해 고통을 출력으로 내놓는 기능을 가진다면, 로봇과 우리는 같은 의식을 가진다는 것이다.

- '실리콘 칩으로 구성된 로봇과 뉴런으로 구성된 우리의 뇌에서 같은 기능이 구현될 수 있기 때문에 서로 다른 물질에서 같은 기능이 구현될 수 있다고 표현한 거구나'라고 반응할 수 있으므로 '의식이 기능이란 말이 뭐지? 서로 다른 물질에서 같은 기능이 구현될 수 있다는 건 또 무슨 말이야?'라면서 띄웠던 물음표를 모두 회수할 수 있다.

5. 이처럼 기능주의는 의식을 구현하는 물질이 무엇인지는 중요하지 않다고 본다.

2 문단

1. 설(Searle)은 기능주의를 반박하는 사고 실험을 제시한다.

- '설'을 암기 시도할 필요가 있다.
- '기능주의'와 '설'이 충돌하고 있으므로 둘을 대등 관계로 보아 시각적 수평 관계로 모델링할 수 있다.

2. '중국어 방' 안에 중국어를 모르는 한 사람만 있다고 하자.

- '-만'이라는 표현이 등장했으므로 '중국어를 모르는 한 사람 외에는 아무도 없다고 하자'라고 바꾸어 읽을 수 있다.

3. 그는 중국어로 된 입력이 들어오면 정해진 규칙에 따라 중국어로 된 출력을 내놓는다.

- '중국어를 모르는 한 사람은 중국어 방 안에서 중국어 입력이 들어오면 번역 과정을 진행하여 중국어 출력을 내놓겠네'라고 추론할 수 있다.
- '중국어 방이 어떤 입력이 들어오면 특정한 출력을 내놓는 '기능'을 구현하고 있네'라고 반응할 수 있다.

4. 설에 의하면 방 안의 사람은 중국어 사용자와 함수적 역할이 같지만 중국어를 아는 것은 아니다.

- '중국어 방과 중국어 사용자는 같은 기능을 갖지만 의식은 서로 다르다고 볼 수 있겠네. 즉, 의식은 기능이라는 기능주의를

반박하고 있네.'라고 반응할 수 있다.

5. 기능이 같으면서 의식은 다른 사례가 있다는 것이다.

3 문단

1. 동일론, 기능주의, 설은 모두 의식에 대한 논의를 의식을 구현하는 몸의 내부로만 한정하고 있다.

- '-만'이라는 표현이 등장했으므로 '의식에 대한 논의를 의식을 구현하는 몸의 내부 외로는 확장하지 않았군'이라고 추론할 수 있다.
- '의식에 대한 논의를 외부로 확장하려나?'라고 물음표를 띄울 수 있다.
  단서가 부족해 추론은 어려워 보인다.

2. 하지만 의식의 하나인 '인지' 즉 '무언가를 알게 됨'은 몸 바깥에서 ⓑ 일어나는 일과 맞물려 벌어진다.

- '인지'가 '의식'에 포함됨을 알 수 있나.
- '인지'에 대한 정의가 제시되고 있다.
- '의식에 대한 논의를 외부로 확장하고 있네'라고 반응할 수 있으므로 '의식에 대한 논의를 외부로 확장하려나?'라면서 띄웠던 물음표를 회수할 수 있다.
- '인지가 몸 바깥에서 일어나는 일과 맞물려 벌어진다는 게 무슨 소릴까?'라고 물음표를 띄울 수 있다.
  '무언가를 알기 위해서는 몸 바깥에서 몸 안으로 정보가 들어와야 하는데 그걸 말하는 건가'라고 추론할 수 있다.

3. 기억나지 않는 정보를 노트북에 저장된 파일을 열람하여 확인하는 것이 한 예이다.

- '기억나지 않는 정보를 기억하기 위해서, 즉 인지하기 위해서 몸 바깥의 노트북에 저장된 파일을 열람하여 확인하는 건 당연하지'라고 반응할 수 있다.

4. 로랜즈의 확장 인지 이론은 이를 설명하는 이론이다.

- '로랜즈의 확장 인지 이론'을 암기 시도할 필요가 있다.
- '동일론', '기능주의', '설', '로랜즈의 확장 인지 이론'을 구분하고 있으므로 넷을 대등 관계로 보아 시각적 수평 관계로 모델링할 수 있다.

4 문단

1. 그에 ⓒ 따르면 인지 과정은 주체에게 '심적 상태'가 생겨나게 하는 과정이다.

- '심적 상태'를 암기 시도할 필요가 있다.
- '심적 상태가 뭐야?'라고 물음표를 띄울 수 있다.
  단서가 부족해 추론은 어려워 보인다.

2. 기억이나 믿음이 심적 상태의 예이다.

- '심적 상태'에 대한 정의가 제시되고 있으므로 '심적 상태가 뭐야?'라면서 띄웠던 물음표를 회수할 수 있다.
- '그러니까 인지 과정은 주체에게 기억이나 믿음이 생겨나게 하는 과정이라는 말이네'라고 반응할 수 있다.

3. 심적 상태는 어떤 것에도 의존함이 없이 주체에게 의미를 나타낸다.

- '심적 상태가 어떤 것에도 의존함이 없이 주체에게 의미를 나타낸다는 게 무슨 말이지?'라고 물음표를 띄울 수 있다.
  단서가 부족해 추론은 어려워 보인다.

4. 예를 들어, 무언가를 기억하는 사람은 자기의 기억이 무엇인지 ⓓ 알아보기 위해 아무것도 의존할 필요가 없다.

- '심적 상태, 즉 어떤 것에 대한 기억이나 믿음을 가지고 있는 사람은 그 어떤 것이 무엇인지 알아보기 위해 몸 바깥에 의존할 필요가 없기 때문에 심적 상태는 어떤 것에도 의존함이 없이 주체에게 의미를 나타낸다고 말한 거구나'라고 반응할 수 있으므로 '심적 상태가 어떤 것에도 의존함이 없이 주체에게 의미를 나타낸다는 게 무슨 말이지?'라면서 띄웠던 물음표를 회수할 수 있다.

5. 이와 달리 '파생적 상태'는 주체의 해석에 의존해서만 또는 사회적 합의에 의존해서만 의미를 나타내는 상태로 정의된다.

- '이와 달리'를 통해 '심적 상태'와 '파생적 상태'의 차이를 드러내고 있으므로 둘을 대등 관계로 보아 시각적 수평 관계로 모델링할 수 있다.
- '파생적 상태'에 대한 정의가 제시되고 있다.
- '파생적 상태'를 암기 시도할 필요가 있다.
- '파생적 상태가 주체의 해석에 의존해서만 또는 사회적 합의

에 의존해서만 의미를 나타내는 상태라는게 무슨 말이야?'라고 물음표를 띄울 수 있다.

단서가 부족해 추론은 어려워 보인다.

- '-만'이라는 표현이 등장했으므로 '주체의 해석에 의존하지 않으면 또는 사회적 합의에 의존하지 않으면 의미를 나타내지 않는 상태로 정의된다'라고 바꾸어 읽을 수 있다.

6. 앞의 예에서 노트북에 저장된 정보는 전자적 신호가 나열된 상태로서 파생적 상태이다.

- '노트북에 저장된 정보는 주체의 해석에 의존하지 않으면 전자적 신호가 나열된 상태일 뿐이지만 주체의 해석에 의존하면 그에 걸맞는 의미를 나타내는 상태라는 말인가'라고 추론할 수 있으므로 '파생적 상태가 주체의 해석에 의존해서만 또는 사회적 합의에 의존해서만 의미를 나타내는 상태라는게 무슨 말이야?'라면서 띄웠던 물음표를 회수할 수 있다.
- '심적 상태는 몸 내부의 정보, 파생적 상태는 몸 외부의 정보라고 볼 수 있겠군'이라고 추론할 수 있다.

7. 주체에 의해 열람된 후에도 노트북의 정보는 여전히 파생적 상태이다.

8. 하지만 열람 후 주체에게는 기억이 생겨난다.

- '열람 후 주체에게 심적 상태가 생겨났네'라고 반응할 수 있다.

9. 로랜즈에게 인지 과정은 파생적 상태가 심적 상태로 변환되는 과정이 아니라, 파생적 상태를 조작함으로써 심적 상태를 생겨나게 하는 과정이다.

- '몸 바깥의 정보는 열람된 후에도 그대로이니 파생적 상태가 심적 상태로 변환되는 것이 아니라고 볼 수 있고, 몸 바깥의 정보를 주체가 해석함으로써 기억이나 믿음이 생겨가는 것이니 인지 과정은 파생적 상태를 조작함으로써 심적 상태를 생겨하게 하는 과정이라는 말이네'라고 반응할 수 있다.

10. 심적 상태가 주체의 몸 외부로 확장되는 것이 아니라, 심적 상태를 생겨나게 하는 인지 과정이 확장되는 것이다.

- '몸 바깥의 파생적 상태를 조작함으로써 몸 내부의 심적 상태가 생겨나는 과정이 인지 과정이니까 심적 상태를 생겨나게 하는 인지 과정이 확장된다는 말이구나'라고 반응할 수 있다.

11. 이러한 ㉠ 확장된 인지 과정은 인지 주체의 것일 때에만, 다시 말해 환경의 변화를 탐지하고 그에 맞춰 행위를 조절하는 주체와 통합되어 있을 때에만 성립할 수 있다.

- '-만'이라는 표현이 등장했으므로 '확장된 인지 과정은 인지 주체의 것이 아닐 때에는, 다시 말해 환경의 변화를 탐지하고 그에 맞춰 행위를 조절하는 주체와 통합되어 있지 않을 때에는 성립할 수 없다'라고 바꾸어 읽을 수 있다.

12. 즉 로랜즈에게 주체 없는 인지란 있을 수 없다.

13. 확장 인지 이론은 의식의 문제를 몸 안으로 한정하지 않고 바깥으로까지 넓혀 설명한다는 의의를 지닌다.

- '로랜즈의 확장 인지 이론'에 대한 의의를 제시하고 있다.

(나) 1 문단

1. 일반적으로 '지각'이란 몸의 감각 기관을 통해 사물에 대해 아는 것을 의미한다.

- '지각'에 대한 정의가 제시되고 있다.

2. 이러한 지각을 분석할 때 두 가지 사실에 직면한다.

3. 첫째, 그 사물과 내 몸은 물질세계에 있다.

4. 둘째, 그 사물에 대한 나의 의식은 물질세계가 아닌 다른 세계에 있다.

- '물질세계가 아닌 다른 세계는 정신세계, 즉 영혼이 존재하는 세계를 말하겠네'라고 추론할 수 있다.

5. 즉 몸으로서의 나는 사물과 같은 세계에 속하는 동시에 의식으로서의 나는 사물과 다른 세계에 속한다.

- '(가)에 제시된 동일론, 기능주의, 설, 로랜즈 모두 이 주장에 대해 동의하지 않을 것 같은데'라고 추론할 수 있다.

2 문단

1. 이에 대한 객관주의 철학의 입장은 두 가지로 나뉜다.

- '객관주의 철학'을 암기 시도할 필요가 있다.
- '객관주의 철학이 뭘까?'라고 물음표를 띄울 수 있다.
  단서가 부족해 추론은 어려워 보인다.

2. 의식을 포함한 모든 것을 물질로 환원하여 의식은 물질에 불과하다고 주장하거나, 의식을 물질과 구분되는 독자적 실체로 규정함으로써 의식과 물질의 본질적 차이를 주장한다.

- '모든'에 주목할 필요가 있다.
- '전자는 심신일원론이고, 후자는 심신이원론이네. 심신일원론과 심신이원론이 객관주의 철학에 속하나 보네.'라고 반응할 수 있으므로 '객관주의 철학이 뭘까?'라면서 띄웠던 물음표를 회수할 수 있다.

3. 전자에 의하면 지각은 사물로부터의 감각 자극에 따른 주체의 물질적 반응으로 이해되며, 후자에 의하면 지각은 감각된 사물에 대한 주체 즉 의식의 판단으로 이해된다.

4. 이처럼 양자 모두 주체와 대상의 분리를 전제하고 지각을 이해한다.

5. 주체와 대상은 지각 이전에 이미 확정되어 각각 존재한다는 것이다.

3 문단

1. 하지만 지각은 주체와 대상이 각자로서 존재하기 이전에 나타나는 얽힘의 체험이다.

- '지각이 주체와 대상이 각자로서 존재하기 이전에 나타나는 얽힘의 체험이라는 게 무슨 말이야?'라고 물음표를 띄울 수 있다.
  단서가 부족해 추론은 어려워 보인다.

2. 예를 들어 다른 사람과 손이 맞닿을 때 내가 누군가의 손을 ⓔ <u>만지는</u> 동시에 나의 손 역시 누군가에 의해 만져진다.

- '나와 다른 사람과 손이 맞닿을 때, 나는 주체가 되는 동시에 대상이 되고, 다른 사람도 대상이 되는 동시에 주체가 되기 때문에 지각은 주체 대상이 각자로서 존재하기 이전에 나타나는 얽힘의 체험이라고 주장한 건가'라고 추론할 수 있으므로 '지각이 주체와 대상이 각자로서 존재하기 이전에 나타나는 얽힘의 체험이라는 게 무슨 말이야?'라면서 띄웠던 물음표를 회수할 수 있다.

3. 감각하는 것이 동시에 감각되는 것이 되는 얽힘의 순간에, 나는 나와 대상을 확연히 구분한다.

4. 지각이라는 얽힘의 작용이 있어야 주체와 대상이 분리될 수 있다.

- '-야'라는 필요조건을 가리키는 표현이 등장했으므로 대우 규칙을 적용하여 '지각이라는 얽힘의 작용이 없다면 주체와 대상이 분리되지 않는다'라고 바꾸어 읽을 수 있다.

5. 다시 말해 주체와 대상은 지각이 일어난 이후 비로소 확정된다.

- '객관주의 철학의 입장은 지각이 있기 전 주체와 대상이 이미 확정되어 각각 존재한다고 본 반면 필자는 지각이 일어난 이후 주체와 대상이 비로소 확정된다고 보는군'이라고 반응할 수 있다.
- '객관주의 철학'과 '필자'가 충돌하고 있으므로 둘을 대등 관계로 보아 시각적 수평 관계로 모델링할 수 있다.

6. 따라서 ⓛ <u>지각과 감각은 서로 구분되지 않는다.</u>

- '지각과 감각은 서로 구분되지 않는다는 게 무슨 말이지?'라고 물음표를 띄울 수 있다.
  '감각하고 동시에 감각되는 얽힘의 순간이 지각이기 때문에 지각과 감각을 구분할 수 없다고 말하는 건가'라고 추론할 수 있다.
- '근데 왜 '따라서'가 붙었지?'라고 물음표를 띄울 수 있다.
  단서가 부족해 추론은 어려워 보인다.

4 문단

1. 지각은 물질적 반응이나 의식의 판단이 아니라, 내 몸의 체험이다.

- '지각이 내 몸의 체험이란 말이 뭔 소리야?'라고 물음표를 띄울 수 있다.
'감각하는 것이 동시에 감각되는 것이 되는 얽힘의 체험이라는 말을 달리 한 거겠군'이라고 추론할 수 있다.

2. 지각은 나의 몸에 의해 이루어지는 것이고, 지각이 이루어지게 하는 것은 모두 나의 몸이다.

12. 다음은 윗글을 읽은 학생이 정리한 내용이다. ㉮와 ㉯에 들어갈 말로 가장 적절한 것은?

> (가)는 기능주의를 소개한 후 ┌─ ㉮ ─┐ 은/는 같지 않다는 설(Searle)의 비판을 제시하고 있다. 그리고 인지 과정이 몸 바깥으로까지 확장된다고 주장하는 확장 인지 이론을 설명하고 있다. (나)는 인지 중에서도 감각 기관을 통한 인지, 즉 지각을 주제로 하고 있다. (나)는 지각에 대한 객관주의 철학의 입장을 비판하고, ┌─ ㉯ ─┐ 으로서의 지각을 주장하고 있다.

① ㉮: 의식과 함수적 역할　㉯: 내 몸의 체험
② ㉮: 의식과 함수적 역할　㉯: 물질적 반응
③ ㉮: 의식과 뇌의 상태　㉯: 의식의 판단
④ ㉮: 의식과 뇌의 상태　㉯: 내 몸의 체험
⑤ ㉮: 입력과 출력　㉯: 의식의 판단

13. (가)에서 알 수 있는 내용으로 적절하지 <u>않은</u> 것은?

① 동일론자들은 뇌가 존재하지 않으면 의식도 존재하지 않는다고 볼 것이다.
② 설(Searle)은 '중국어 방' 안의 사람과 중국어를 아는 사람의 의식이 다르다고 볼 것이다.
③ 로랜즈는 기억이 주체의 몸 바깥으로 확장될 수 있다고 볼 것이다.
로랜즈는 기억, 즉 심적 상태가 주체의 몸 바깥으로 확장되는 것

이 아니라, 심적 상태를 생겨나게 하는 인지 과정이 확장되는 것으로 보았다.
④ 로랜즈는 인지 과정이 파생적 상태를 조작하는 과정을 포함한다고 볼 것이다.
⑤ 로랜즈는 노트북에 저장된 정보가 그 자체로는 심적 상태가 아니라고 볼 것이다.
로랜즈는 노트북에 저장된 정보가 그 자체로는 파생적 상태라고 볼 것이다.

14. (나)의 필자의 관점에서 ㉠을 평가한 내용으로 가장 적절한 것은?

㉠ 확장된 인지 과정은 인지 주체의 것일 때에만, 다시 말해 환경의 변화를 탐지하고 그에 맞춰 행위를 조절하는 주체와 통합되어 있을 때에만 성립할 수 있다

① 확장된 인지 과정이 인지 주체의 것일 때에만 성립할 수 있다는 주장은, 지각 이전에 확정된 주체를 전제한 것이므로 타당하지 않다.
(나)의 필자는 지각 이후에 비로소 주체와 대상이 확정된다고 보았다.
② 확장된 인지 과정이 인지 주체의 것일 때에만 성립할 수 있다는 주장은, 의식이 세계를 구성하는 독자적 실체라고 규정하는 것이므로 타당하다.
(나)의 필자는 의식이 세계를 구성하는 독자적 실체라고 언급하지 않았다.
③ 주체와 통합된 경우에만 확장된 인지 과정이 성립할 수 있다는 주장은, 의식은 물질에 불과하다고 본 것이므로 타당하다.
(나)의 필자는 의식은 물질에 불과하다고 보지 않았다.
④ 주체와 통합된 경우에만 확장된 인지 과정이 성립할 수 있다는 주장은, 외부 세계에 대한 지각이 이루어질 수 없다고 보는 것이므로 타당하지 않다.
주체와 통합된 경우에만 확장된 인지 과정이 성립할 수 있다는 주장은 외부 세계에 대한 지각이 이루어질 수 없다고 해석될 수 없다.
⑤ 주체와 통합된 경우에만 확장된 인지 과정이 성립할 수 있다는 주장은, 주체와 대상의 분리를 통해서만 지각이 이루어질 수 있다고 보는 것이므로 타당하다.
(나)의 필자의 입장에서, 주체와 통합된 경우에만 확장된 인지 과정이 성립할 수 있다는 주장은, 주체와 대상의 분리를 통해서

만 지각이 이루어질 수 있다고 보는 것이므로 타당하지 않다고
볼 것이다.

15. ⓛ의 이유로 가장 적절한 것은?

ⓛ 지각과 감각은 서로 구분되지 않는다

① 감각과 지각 모두 물질세계에서 이루어지기 때문에
② 감각하는 것이 동시에 감각되는 것이 되는 얽힘의 작용
　이 지각이기 때문에
③ 지각은 몸에 의해 이루어지지만 감각은 몸에 의해 이루
　어지지 않기 때문에
④ 지각은 의식으로서의 주체가 외부의 대상을 감각하여
　판단한 결과이기 때문에
⑤ 주체와 대상이 분리되기 이전에 감각과 지각이 분리된
　채로 존재하기 때문에

16. (가), (나)를 바탕으로 <보기>의 상황을 이해한 내용으로 적절하지 **않은** 것은? [3점]

> ＜ 보기 ＞
>
> 　빛이 완전히 차단된 암실에 A와 B 두 명의 사람이 있
> 다. A는 막대로 주변을 더듬어 사물의 위치를 파악한
> 다. 막대기 사용에 익숙한 A는 사물에 부딪친 막대기
> 의 진동을 통해 사물의 위치를 파악할 수 있다. B는 초
> 음파 센서로 탐지한 사물의 위치 정보를 '뇌-컴퓨터 인
> 터페이스(BCI)'를 사용하여 전달받는다. 이를 통해 B는
> 사물의 위치를 파악할 수 있다. BCI는 사람의 뇌에 컴
> 퓨터를 연결하여 외부 정보를 뇌에 전달할 수 있는 기
> 술이다.

① (가)의 기능주의에 따르면, A와 B가 암실 내 동일한 사물
　의 위치를 묻는 질문에 동일한 대답을 내놓는 경우 이때
　둘의 의식은 차이가 없겠군.
② (가)의 확장 인지 이론에 따르면, BCI로 암실 내 사물의
　위치를 파악하는 것이 B의 인지 과정인 경우 B에게 사
　물의 위치에 대한 심적 상태가 생겨나겠군.
③ (가)의 확장 인지 이론에 따르면, 암실 내 사물에 부딪친
　막대기의 진동이 A의 해석에 의존해서만 의미를 나타
　내는 경우 그 진동 상태는 파생적 상태가 아니겠군.

(가)의 확장 인지 이론에 따르면, 암실 내 사물에 부딪친 막대기
의 진동이 A의 해석에 의존해서만 의미를 나타내는 경우 그 진
동 상태는 파생적 상태이다.

④ (나)에서 몸에 의한 지각을 주장하는 입장에 따르면, 막
　대기에 의해 A가 사물의 위치를 지각하는 경우 막대기
　는 A의 몸의 일부라고 할 수 있겠군.
⑤ (나)에서 의식을 물질로 환원하는 입장에 따르면, BCI를
　통해 입력된 정보로부터 B의 지각이 일어난 경우 BCI를
　통해 들어온 자극에 따른 B의 물질적 반응이 일어난 것
　이겠군.

17. 문맥상 ⓐ~ⓔ의 단어와 가장 가까운 의미로 쓰인 것은?

동일론은 의식이 뇌의 물질적 상태와 동일하다고 ⓐ 본다
몸 바깥에서 ⓑ 일어나는 일
그에 ⓒ 따르면
자기의 기억이 무엇인지 ⓓ 알아보기 위해
내가 누군가의 손을 ⓔ 만지는 동시에

① ⓐ: 그간의 사정을 봐서 그를 용서해 주었다.
② ⓑ: 이사 후에 가난하던 살림살이가 일어났다.
③ ⓒ: 개발에 따른 자연 훼손 문제가 심각해졌다.
④ ⓓ: 단어의 뜻을 알아보기 위해 사전을 펼쳤다.
⑤ ⓔ: 그는 컴퓨터 프로그램을 제법 만질 줄 안다.

(가) 1 문단

1. 조선 왕조의 기본 법전인 『경국대전』에 규정된 신분제는 신분을 양인과 천인으로 나눈 양천제이다.

- '경국대전'에 대한 정의가 제시되고 있다.
- '경국대전'을 암기 시도할 필요가 있다.
- '양인'과 '천인'을 구분하고 있으므로 둘을 대등 관계로 보아 시각적 수평 관계로 모델링할 수 있다.
- '양천제'에 대한 정의가 제시되고 있다.
- '양천제'를 암기 시도할 필요가 있다.

2. 양인은 과거에 응시할 수 있었지만, 납세와 군역 등의 의무를 져야 했다. 천인은 개인이나 국가에 소속되어 천역(賤役)을 담당했다.

- '납세'와 '군역'이 '의무'에 포함됨을 알 수 있다.
- '-야'라는 당위 진술을 가리키는 표현이 등장했으므로 '의무를 지지 않으면 안 됐다'로 바꾸어 읽을 수 있다.
- '천역은 천인이 져야 하는 의무였겠군'이라고 추론할 수 있다.

3. 관료 집단을 뜻하던 양반이 16세기 이후 세습적으로 군역 면제 등의 차별적 특혜를 받는 신분으로 굳어짐에 따라 양인은 사회적으로 양반, 중인, 상민으로 분화되었다.

- '양반', '중인', '상민'이 '양인'에 포함됨을 알 수 있다.
- '양반', '중인', '상민'을 구분하고 있으므로 셋을 대등 관계로 보아 시각적 수평 관계로 모델링할 수 있다.
- '양반, 중인, 상민 중 양반만 군역 면제 등의 차별적 특혜를 받았군'이라고 반응할 수 있다.

4. 이러한 법적, 사회적 신분제는 갑오개혁으로 철폐되기 이전까지 조선 사회의 근간이 되었다.

2 문단

1. 조선 후기에 접어들어 농업 생산력의 증대와 상공업의 발달로 같은 신분 안에서도 분화가 확대되었고, 이에 따라 신분제에 변화가 일어났다.

- '농업 생산력의 증대와 상공업의 발달이 어떻게 다른 신분 간의 분화 내지는 같은 신분 안에서의 분화를 확대시켰을까?'라고 물음표를 띄울 수 있다.
  '농민들이나 상민들 중에도 돈을 더 버는 사람들이 있어서 그들 간에도 분화가 확대되었겠네'라고 추론할 수 있다.

2. 천인의 대다수를 구성했던 노비는 속량과 도망 등의 방식으로 신분적 억압에서 점차 벗어났다.

- '노비'가 '천인'에 포함됨을 알 수 있다.
- '속량이 뭐지?'라고 물음표를 띄울 수 있다.
  '돈을 주고 노비 문서를 태우는 방식인가'라고 추론할 수 있다.

3. 영조 연간에 편찬된 법전인 『속대전』에서는 노비가 속량할 수 있는 값을 100냥으로 정하는 규정을 둠으로써 속량을 제도화했다.

- '속대전'에 대한 정의가 제시되고 있다.
- '속대전'을 암기 시도할 필요가 있다.
- '속량에 대한 내 추론이 맞았네'라고 반응할 수 있으므로 '속량이 뭐야?'라면서 띄웠던 물음표를 회수할 수 있다.

4. 이는 국가의 재정 운영상 노비제의 유지보다 그들을 양인 납세자로 전환하는 것이 유리했기 때문이었다.

5. 몰락한 양반들은 노비의 유지가 어려워졌기 때문에 몸값을 받고 속량해 주는 길을 선택 했다.

3 문단

1. 18세기 이후 경제적으로 성장한 상민층에서는 '유학(幼學)' 직역*을 얻고자 하는 현상이 나타났다.

* 직역: 신분에 따라 정해진 의무로서의 역할.

- '유학이 뭐야?'라고 물음표를 띄울 수 있다.
  단서가 부족해 추론은 어려워 보인다.

2. 유학은 벼슬을 하지 않은 유생(儒生)을 지칭했으나, 이 시기에는 관료로 진출하지 못한 이들을 가리키는 직역 명칭으로 ⓐ 굳어졌다.

- '유학'에 대한 정의가 제시되고 있으므로 '유학이 뭐야?'라면서 띄웠던 물음표를 회수할 수 있다.

3. 호적상 유학은 군역 면제라는 특권이 있어서 상민층이 원하는 직역이었다.

- '유학은 군역 면제라는 특권이 있다는 건 양반의 직역이라는 의미겠네'라고 추론할 수 있다.

4. 유학 직역의 획득은 제도적으로 양반이 되는 것을 의미하였으나 그것이 곧 온전한 양반으로 인정받는 것을 의미하는 것은 아니었다.

- '제도적으로는 양반이 되는 것을 의미하나 온전한 양반으로 인정받는 것은 아니라는 말이 뭔 말이야?'라고 물음표를 띄울 수 있다.
  단서가 부족해 추론은 어려워 보인다.

5. 당시 양반 집단의 일원으로 인정받기 위해서는 ㉠ 유교적 의례의 준행, 문중과 족보에의 편입 등 다양한 조건이 필요했다.

- 필요조건을 가리키는 표현이 등장했으므로 대우 규칙을 적용하여 해당 문장을 '당시 유교적 의례의 준행, 문중과 족보에의 편입 등 다양한 조건이 충족되지 않으면 당시 양반 집단의 일원으로 인정받을 수 없었다'라고 바꾸어 읽을 수 있다.
- '유학 직역의 획득은 제도적으로는 양반이 되는 것을 의미하였으나 양반들 사이에서는 그것만으로는 양반으로 인정하지 않았다는 의미겠네'라고 반응할 수 있으므로 '제도적으로는 양반이 되는 것을 의미하나 온전한 양반으로 인정받는 것은 아니라는 말이 뭔 말이야?'라면서 띄웠던 물음표를 회수할 수 있다.
- '문중과 족보에의 편입은 무슨 말일까?'라고 물음표를 띄울 수 있다.
  '양반 집단의 일원으로 인정 받은 양반 호적 목록 같은 건가'라고 추론할 수 있다.

6. 이에 따라 일부 상민층은 유학 직역을 발판으로 양반 문화를 모방하면서 양반으로 인정받고자 했다.

4 문단

1. 조선 후기에는 신분 상승 현상이 일어나면서 양반의 하한선과 비(非)양반층의 상한선이 근접하는 모습이 나타났다.

- '비양반층에서 양반으로의 이동이 계속 증가했다는 말이네'라고 반응할 수 있다.

2. 양반들이 비양반층의 진입을 막는 힘은 여전히 작동하고 있었지만, 비양반층이 양반에 접근하고자 하는 힘은 더 강하게 작동했다.

3. 유학의 증가는 이러한 현상의 단면을 보여 준다.

(나) 1 문단

1. 『경국대전』 체제에서 양인은 관료가 될 수 있다는 점에서 능력주의가 일부 작동하는 것처럼 보이지만, 실제로는 양반 이외의 신분에서는 관료가 되기 어려웠다.

- '중인과 상인들은 관료가 되기 어려웠다는 말이네'라고 반응할 수 있다.

2. 이러한 상황에서 17세기의 유형원은 『반계수록』을 통해, 19세기의 정약용은 『경세유표』 등을 통해 각각 도덕적 능력주의에 기초한 일련의 개혁론 을 제시했다.

- '유형원', '반계수록', '정약용', '경세유표'를 암기 시도할 필요가 있다.
- '유형원'과 '정약용'을 구분하고 있으므로 둘을 대등 관계로 보아 시각적 수평 관계로 모델링할 수 있다.
- '도덕적 능력주의가 뭐야?'라고 물음표를 띄울 수 있다.
  '도덕과 관련한 능력을 중시하는 이념인가'라고 추론할 수 있다.

2 문단

1. 유형원의 기본적인 생각은 국가 공동체를 성리학적 가치와 규범에 따라 운영하고, 구성원도 도덕적으로 만드는 도덕 국가의 건설이었다.

- '-라도'라는 표현이 등장했으므로 '현명한 인재이든 아니든 뒷부분은 성립하는데, 특히 현명한 인재일 때도 뒷부분은 성립한다'로 바꾸어 읽을 수 있다.
- '-야'라는 당위 진술을 가리키는 표현이 등장했으므로 '노비로 살지 않으면 안 된다는 것'으로 바꾸어 읽을 수 있다.

- '사농공상은 선비, 농민, 공업민, 상민을 말하겠네. 그럼 모든 직업을 사농공상 중에 하나로 편입하자는 얘긴가'라고 반응할 수 있다.

- '대신'을 통해 '과거제'와 '공거제'의 차이를 인지할 수 있으므로 둘을 대등 관계로 보아 시각적 수평 관계로 모델링할 수 있다.
- '유형원은 시험을 치루는 과거제 대신 추천을 통한 공거제를 제안했군'이라고 반응할 수 있다.
- '-야'라는 당위 진술을 가리키는 표현이 등장했으므로 '임명하지 않으면 안 된다고 제안했다'로 바꾸어 읽을 수 있다.

3 문단

- '유형원과 달리 정약용은 사농공상이 다 따로 살도록 행정 구역을 개편하자고 주장했네'라고 반응할 수 있다.

- '선사'에 대한 정의가 제시되고 있다.
- '선사'를 암기 시도할 필요가 있다.
- '추천을 한다는 점에서 유형원과 정약용이 공통되지만 정약용은 유형원과 달리 시험을 도입하는군'이라고 반응할 수 있다.

- '유형원은 노비제 폐지를 주장했지만, 정약용은 노비제를 유지해야 한다고 보았겠군'이라고 추론할 수 있다.

- '-야'라는 필요소선을 가리키는 표현이 등장했으므로 대우 규칙을 적용하여 '노비제가 유지되지 않으면 사를 뒷받침할 수 없다고 주장했다'로 바꾸어 읽을 수 있다.

4 문단

- '유형원과 정약용은 모두 양인 중 대부분 양반들이 관료가 되는 것에 불만을 가져 이러한 개혁론을 제시한 것이겠군'이라고 추론할 수 있다.

4. 또한 두 사람은 사회 전체의 도덕 실천을 이끌기 위해 사 집단에 정치권력, 경제력 등을 집중시키려 했고, 지배층과 피지배층 간의 차등을 엄격하게 유지하고자 했다.

5. 내용에서 일부 차이가 있었지만, 두 사람은 사회 지배층의 재구성을 통해 도덕 국가 체제를 추구했다.

- '이 문단은 유형원과 정약용의 공통점을 서술하기 위해 구성되었군'이라고 반응할 수 있다.

12. (가)를 읽고 이해한 내용으로 적절하지 <u>않은</u> 것은?

① 『속대전』의 규정을 적용받아 속량된 사람들은 납세의 의무를 지게 되었다.
② 『경국대전』 반포 이후 갑오개혁까지 조선의 법적 신분제에는 두 개의 신분이 존재했다.
③ 조선 후기 양반 중에는 노비를 양인 신분으로 풀어 주고 금전적 이익을 얻은 이들이 있었다.
④ <u>조선 후기 '유학'의 증가 현상은 『경국대전』의 신분 체계가 작동하지 않는 현상을 보여 주는 것이었다.</u>
조선 후기 '유학'의 증가 현상이 『경국대전』의 신분 체계가 작동하지 않는 현상을 보여 주는 것은 아니다. 조선 후기 '유학'이 증가했어도 『경국대전』의 신분 체계, 즉 양천제는 여전히 작동되었다.
⑤ 조선 후기에 상민이 '유학'의 직역을 얻었을 때, 양반의 특권을 일부 가지게 되지만 온전한 양반으로 인정받지는 못했다.

13. 일련의 개혁론 에 대한 이해로 적절하지 <u>않은</u> 것은?

① 유형원은 자신이 구상한 공동체의 성격에 적합하지 않은 특정 직업군을 없애는 방안을 구상했다.
② 유형원은 지방 사회의 도덕적 기풍을 진작하기 위해 관료 선발 인원을 지방에도 할당하는 방안을 구상했다.
③ 정약용은 지배층인 사 집단이 주도권을 가지고 사회를 운영하는 방안을 구상했다.
④ 정약용은 직업별로 거주지를 달리하는 것을 포함한 행정 구역 개편 방안을 구상했다.
⑤ <u>유형원과 정약용은 모두 시험으로 도덕적 능력이 우수</u>

한 이를 선발하여 교육한 후 관료로 임명하는 방안을 제시했다.
유형원과 정약용은 모두 추천으로 도덕적 능력이 우수한 이를 선발하여 교육한 후 관료로 임명하는 방안을 제시했다.

14. ㉠~㉢에 대한 설명으로 가장 적절한 것은?
㉠ <u>유교적 의례의 준행, 문중과 족보에의 편입 등</u>
㉡ <u>사 거주지에서 더 많은 선사를 선발</u>
㉢ <u>도덕적 능력이 뛰어난 사람들로 지배층인 사를 구성</u>

① ㉠은 경제적 영향으로 신분 상승 현상이 나타나는 상황에서 신분적 정체성을 지키려는 양반층의 노력이고, ㉡은 이러한 양반층의 노력을 뒷받침하기 위한 정책적 방안이다.
㉠이 경제적 영향으로 신분 상승 현상이 나타나는 상황에서 신분적 정체성을 지키려는 양반층의 노력인 건 맞지만, ㉡이 이러한 양반층의 노력을 뒷받침하기 위한 정책적 방안인 것은 아니다.
② ㉠은 호적상 유학 직역이 증가하는 상황에서 양반 집단이 기득권을 시키기 위한 자율석 노력이고, ㉡은 기존의 양반들이 가진 기득권을 제도적으로 강화하기 위한 방안이다.
㉠은 호적상 유학 직역이 증가하는 상황에서 양반 집단이 기득권을 지키기 위한 자율적 노력이 맞지만, ㉡은 기존의 양반들이 가진 기득권을 제도적으로 강화하기 위한 방안이 아니다.
③ <u>㉠은 상민층이 유학 직역을 얻는 것이 확대되는 상황에서 양반으로 인정받는 것을 억제하는 장치이고, ㉢은 능력주의를 통해 인재 등용에 신분의 벽을 두지 않으려는 방안이다.</u>
④ ㉠은 능력주의가 작동하기 어려운 현실적인 상황에서 신분 구분을 강화하여 불평등을 심화하는 제도이고, ㉢은 사회 지배층의 인원을 늘려 도덕 실천을 이끌기 위한 방안이다.
㉠은 제도라고 볼 수 없다. ㉢은 사회 지배층의 인원을 늘려 도덕 실천을 이끌기 위한 방안이 아니다.
⑤ ㉡은 양반층의 특권이 점차 사라져 가고 있는 상황에서 신분적 구분을 명확하게 하기 위한 장치이고, ㉢은 양반과 비양반층의 신분적 구분을 없애기 위한 방안이다.
㉢은 양반과 비양반층의 신분적 구분을 없애기 위한 방안이라고 볼 수 없다.

15. (나)를 바탕으로 다음의 ㄱ~ㄹ에 대해 판단한 것으로 가장 적절한 것은?

> ㄱ. 아래로 농공상이 힘써 일하고, 위로 사(士)가 효도하고 공경하니, 이는 나라의 기풍이 흐트러지지 않는 것이다.
> ㄴ. 사농공상 누구나 인의(仁義)를 실천한다면 비록 농부의 자식이 관직에 나아가더라도 지나친 일이 아닐 것이다.
> ㄷ. 덕행으로 인재를 판정하면 천하가 다투어 이에 힘쓸 것이니, 나라 안의 모든 이에게 존귀하게 될 기회가 열릴 것이다.
> ㄹ. 양반과 상민의 구분은 엄연하니, 그 경계를 넘지 않아야 상하의 위계가 분명해지고 나라가 편안하게 다스려질 것이다.

유형원은 ㄱ, ㄴ, ㄷ에 동의하고, ㄹ에 동의하지 않을 것이다.
정약용은 ㄱ, ㄴ에 동의하고, ㄷ, ㄹ에 동의하지 않을 것이다.

① 유형원은 ㄱ과 ㄹ에 동의하겠군.
② 유형원은 ㄴ과 ㄷ에 동의하지 않겠군.
③ 유형원은 ㄴ에 동의하지 않고, ㄹ에 동의하겠군.
④ 정약용은 ㄴ과 ㄹ에 동의하겠군.
⑤ 정약용은 ㄱ에 동의하고, ㄷ에 동의하지 않겠군.

16. (가), (나)를 바탕으로 <보기>에 대해 보인 반응으로 적절하지 <u>않은</u> 것은? [3점]

> ─── < 보기 > ───
>
> 16세기 초 영국의 토머스 모어는 '유토피아'라는 가상 국가를 통해 당대 사회를 비판했다. 그가 제시한 유토피아에서는 현실 국가와 달리 모두가 일을 하고, 사치에 필요한 일은 하지 않기 때문에 하루 6시간만 일해도 경제적으로 풍요롭다. 하지만 이곳에서도 노동을 면제받는 '학자 계급'이 존재한다. 성직자, 관료 등의 권력층은 이 학자 계급에서만 나오도록 하였는데, 학자 계급은 의무가 면제되는 대신 연구와 공공의 일에 전념한다. 학자 계급은 능력 있는 이를 성직자가 추천하고, 대표들이 승인하는 절차를 거쳐야 될 수 있다. 그러나 학자 계급도 성과가 부족하면 '노동 계급'으로 환원될 수 있고, 노동 계급도 공부에 진전이 있으면 학자 계급으로 승격될 수 있다.

① 유토피아에서 연구와 공공의 일에 전념하는 사람들은 선발의 과정을 거친다는 점에서, (가)의 '유학'보다 (나)의 '선사'에 가깝군.
② 유토피아에서 관료는 노동을 면제받지만 그 특권이 세습되지 않는다는 점에서, (가)에서 차별적 특혜를 받던 16세기 이후의 '양반'과는 다르군.
③ 유토피아에서 '학자 계급'에서만 권력층이 나오도록 한 것은, (나)에서 우월한 집단인 '사 집단'에 정치권력을 집중시키고자 한 유형원, 정약용의 생각과 유사하군.
④ 유토피아에서 '노동 계급'이 '학자 계급'으로 승격되는 것은 학업 능력을 기준으로 추천받는다는 점에서, (가)의 상민 출신인 '유학'이 '양반'으로 인정받는 것과는 다르군.
⑤ 유토피아에서 '노동 계급'과 '학자 계급' 간의 이동이 가능한 것은 계급 간 차등이 없음을 전제하므로, (나)에서 차등을 엄격하게 유지하고자 한 유형원, 정약용의 구상과는 다르군.

유토피아에서 '노동 계급'과 '학자 계급' 간의 이동이 가능한 것은 계급 간 차등이 없음을 전제하지 않는다.

17. ⓐ와 문맥상 의미가 가장 가까운 것은?

유학은 … 직역 명칭으로 ⓐ <u>굳어졌다</u>

① 관용이 우리 집의 가훈으로 확고하게 굳어졌다.
② 어젯밤 적당하게 내린 비로 대지가 더욱 굳어졌다.
③ 포기하지 않겠다는 결심이 어머니의 격려로 굳어졌다.
④ 길에서 버스를 기다리던 사람들의 몸이 추위로 굳어졌다.
⑤ 갑작스러운 소식에 나도 모르게 얼굴이 딱딱하게 굳어
　졌다.

(가) 1 문단

1. 『한비자』는 중국 전국 시대의 한비자가 제시한 사상이 ⓐ 담긴 저작이다.

- '한비자'에 대한 정의가 제시되고 있다.
- '한비자'를 암기 시도할 필요가 있다.

2. 여러 나라가 패권을 다투던 혼란기를 맞아 엄격한 법치를 통해 부국강병을 꾀한 한비자는 『노자』에 대한 해석을 통해 자신의 법치 사상을 뒷받침했고, 이러한 면모는 『한비자』의 「해로」, 「유로」 등에서 확인할 수 있다.

- '노자'를 암기 시도할 필요가 있다.
- '해로', '유로'를 암기 시도할 필요가 있다.

2 문단

1. 『노자』에서 '도(道)'는 만물 생성의 근원으로 묘사된다.

- '도'에 대한 '노자'의 정의가 제시되고 있다.

2. 도를 천지 만물의 존재와 본질의 근거라고 본 한비자의 이해도 이와 다르지 않다.

- '도'에 대한 '한비자'의 정의가 제시되고 있다.
- '노자'와 '한비자'의 공통점을 드러내고 있으므로 둘을 대등 관계로 보아 시각적 수평 관계로 모델링할 수 있다.

3. 그는 자연과 인간 사회의 모든 현상은 도의 영향을 받지 않을 수 없다고 보고, 인간 사회의 일은 도에 따라 제대로 행했는가의 여부에 따라 그 성패가 드러나는 것이라고 이해했다.

- '모든'에 주목할 필요가 있다.
- '자연'과 '인간 사회'를 구분하고 있으므로 둘을 대등 관계로 보아 시각적 수평 관계로 모델링할 수 있다.

3 문단

1. 한비자는 『노자』에 제시된 영구불변하는 도의 항상성에 대해 도가 천지와 더불어 영원히 존재한다는 것을 의미하는 것이지, 도가 모습과 이치를 일정하게 유지하는 것은 아니라고 이해했다.

- '한비자는 영원불변하는 도의 항상성은 존재성에 대한 것이지 모습과 이치에 대한 것은 아니라고 보았군. 즉 도는 모습과 이치가 변한다고 보았군.'이라고 반응할 수 있다.

2. 그리고 도는 형체가 없을 뿐 아니라 일정하게 고정되어 있지 않기 때문에 때와 상황에 따라 유연하게 변화하는 것이라고 파악했다.

3. 도가 가변성을 가지고 있어야 도가 일정한 곳에만 있지 않게 되고, 그래야만 도가 모든 사물의 존재와 본질의 근거가 될 수 있다고 파악한 것이다.

- '-야'라는 필요조건을 가리키는 표현이 등장했으므로 대우 규칙을 적용하여 '도가 가변성을 가지고 있지 않으면 도가 일정한 곳에만 있게 되고, 그러면 도가 모든 사물의 존재와 본질의 근거가 될 수 없다'라고 바꾸어 읽을 수 있다.
- '모든'에 주목할 필요가 있다.

4. 그는 도가 가변적이기 때문에 통치술도 고정되어서는 안 된다고 주장했다.

- 해당 문장을 '도가 가변적이기 때문에 통치술도 가변적이어야 한다고 주장했다'라고 바꾸어 읽을 수 있다.

4 문단

1. 한편, 한비자는 도를 구체적인 사물과 사건에 내재한 개별 법칙의 통합으로 보고, 『노자』의 도에 시비 판단의 근거라는 새로운 의미를 부여했다.

- '도가 구체적인 사물과 사건에 내재한 개별 법칙의 통합이라는 말이 무슨 말이지? 시비 판단의 근거라는 말은 무슨 말이고?'라고 물음표를 띄울 수 있다.
단서가 부족해 추론은 어려워 보인다.

2. 항상 존재하는 도는 개별 법칙을 포괄하기 때문에 다양한 개별 사건의 시비를 판단하는 기준이 될 수 있고, 이러한 도에 근거해서 입법해야 다양한 사건을 판단할 수 있다고 본 것이다.

- '그러니까 도가 사물과 사건에 내재한 개별 법칙을 포괄하기 때문에 개별 사건의 시비를 판단할 때 도에 근거해야 한다는 말이네'라고 반응할 수 있으므로 '도가 구체적인 사물과 사건에 내재한 개별 법칙의 통합이라는 말이 무슨 말이지? 시비 판단의 근거라는 말은 무슨 말이고?'라면서 띄웠던 물음표를 회수할 수 있다.
- '-야라는 필요조건을 가리키는 표현이 등장했으므로 대우 규칙을 적용하여 '이러한 도에 근거해서 입법하지 않으면 다양한 사건을 판단할 수 없다'라고 바꾸어 읽을 수 있다.

3. 이러한 이해를 바탕으로 그는 만족을 모르는 인간의 욕망을 사회 혼란의 원인으로 지목한 『노자』의 견해에 동의하면서도, 『노자』에서처럼 욕망을 없애야 한다고 주장하지 않고 인간은 욕망을 필연적으로 가질 수밖에 없음을 지적하며 욕망을 제어하기 위해 법이 필요하다고 강조했다.

- '-야라는 당위 진술을 가리키는 표현이 등장했으므로 '욕망을 없애지 않으면 안 된다고 주장하지 않고'로 바꾸어 읽을 수 있다.
- '노자와 한비자는 사회 혼란의 원인을 인간의 욕망으로 보았다는 점에서 공통되지만, 노자는 욕망을 없앰으로써, 한비자는 법을 세움으로써 극복할 수 있다고 보았군'이라고 반응할 수 있다.
- '한비자는 이러한 욕망을 제어하기 위해 도에 근거해 입법하여 부국강병을 이룰 수 있다고 본 거네'라고 반응할 수 있다.

(나) 1 문단

1. 유학자들은 도를 인간 삶의 올바른 길을 의미하는 것이라고 보았다.

- '도'에 대한 '유학자들'의 정의가 제시되고 있다.
- '한비자'와 '유학자들'을 구분하고 있으므로 둘을 대등 관계로 보아 시각적 수평 관계로 모델링할 수 있다.
- '한비자는 도가 만물 생성의 근원이면서 개별 법칙의 통합이라 본 반면, 유학자들은 도를 인간 삶의 올바른 길을 의미하는

것이라 보았네'라고 반응할 수 있다.

2. 중국 송나라 이후, 유학자들은 이러한 유학의 도를 기반으로 현상 세계 너머의 근원으로서 도가의 도에 주목하여 『노자』 주석을 전개했다.

- '도가의 도는 뭘까?'라고 물음표를 띄울 수 있다.
  '한비자의 도인가'라고 추론할 수 있다.

2 문단

1. 혼란기를 거친 송나라 초기에 중앙집권화가 추진된 이후 정치적 갈등이 드러나면서 개혁의 분위기가 조성됐다.

2. 이러한 분위기하에서 유학자이자 개혁 사상가인 왕안석은 『노자주』를 저술했다.

- '왕안석'이 '유학자'에 포함됨을 알 수 있다.
- '왕안석'과 '노자주'를 암기 시도할 필요가 있다.

3. 그는 『노자』의 도를 만물의 물질적 근원인 '기(氣)'라고 파악하고, 현상 세계에 앞서 존재하는 기의 작용에 의해 사물이 형성된다고 보았다.

- '기'에 대한 정의가 제시되고 있다.
- '도를 만물 생성의 근원이라 본 한비자와 왕안석은 비슷한 면이 있네'라고 반응할 수 있다.

4. 그는 기가 시시각각 변화하듯 현상 세계도 변화한다고 이해했다.

- '한비자와 마찬가지로 왕안석도 도가 가변성을 가지고 있다고 보았군'이라고 반응할 수 있다.

5. 인위적인 것을 제거해야만 도가 드러나고 인간 사회가 안정된다는 『노자』를 비판한 그는 자연과 달리 인간 사회의 안정을 위해서는 제도와 규범의 제정과 같은 인간의 적극적인 개입이 필요하다고 주장했다.

- '-야만'이라는 필요조건을 가리키는 표현이 등장했으므로 대우 규칙을 적용하여 '인위적인 것을 제거하지 않으면 도가 드러나지 않거나 인간 사회가 안정되지 않는다'라고 바꾸어 읽을 수 있다.

- '노자는 인위적인 것을 제거해야 도가 드러나고 인간 사회가 안정된다고 보았으나 왕안석은 인위적인 것이 있어야 인간 사회가 안정된다고 보았군'이라고 반응할 수 있다.
- '자연에서는 인간 사회와는 달리 인위적인 것이 필요 없겠군'이라고 반응할 수 있다.

6. 지혜와 덕이 뛰어난 사람이 제정한 사회 제도와 규범도 현실 사회의 변화에 따라 새롭게 해야 한다고 주장한 것이다.

- '-야'라는 당위 진술을 가리키는 표현이 등장했으므로 '새롭게 하지 않으면 안 된다고 주장한 것이다'로 바꾸어 읽을 수 있다.
- '한비자는 개별 법칙의 통합인 도에 근거해 입법해야 한다고 본 반면, 왕안석은 가변성을 지닌 도에 따라 현상 세계도 변하니 이에 맞추어 인위적인 것으로 새롭게 대응해야 한다고 주장하는군'이라고 반응할 수 있다.

7. 『노자』의 이상 정치가 실현되려면 유학 이념이 실질적 수단으로 사용되어야 한다고 주장하는 등 왕안석은 『노자』를 유학의 실천적 측면과 결부하여 이해했다.

- '-야'라는 필요조건을 가리키는 표현이 등장했으므로 대우 규칙을 적용하여 '유학 이념이 실질적 수단으로 사용되지 않으면 '노자'의 이상 정치가 실현되지 않는다'라고 바꾸어 읽을 수 있다.

3 문단

1. 송 이후 원나라에 이르러 성행하던 도교는 유학과 불교 등을 받아들여 체계화되었지만, 오징에게는 주술적인 종교에 불과했다.

- '오징'을 암기 시도할 필요가 있다.
- '왕안석'과 '오징'이 구분되고 있으므로 둘을 대등 관계로 보아 시각적 수평 관계로 모델링할 수 있다.

2. ㉠ <u>유학자의 입장</u>에서 그는 잘못된 가르침을 펴는 도교에 사람들이 빠지는 것을 경계했다.

- '오징'이 '유학자'에 포함됨을 알 수 있다.

3. 그는 도교의 시조로 간주된 노자의 가르침이 공자의 학문과 크게 다르지 않음을 밝히고자 『도덕진경주』를 저술했다.

- '도가의 도는 노자의 도를 말하는 거였구나'라고 반응할 수 있으므로 '도가의 도는 뭘까?'라면서 띄웠던 물음표를 회수할 수 있다.
- '도덕진경주'를 암기 시도할 필요가 있다.

4. 그는 도와 유학 이념을 관련짓는 구절을 추가하는 등 『노자』의 일부 내용을 바꾸고 기존 구성 체제를 재편했다.

- "왕안석'과 마찬가지로 '오징'도 '노자'와 유학을 관련지었네'라고 반응할 수 있다.

5. 『노자』의 도를 근원적인 불변하는 도로 본 그는 모든 이치를 내재한 도가 현실화하여 천지 만물이 생성된다고 이해했다.

- '모든'에 주목할 필요가 있다.
- '한비자와 왕안석과는 달리 오징은 도가 불변한다고 보았으나, 한비자와 왕안석과 비슷하게 도를 만물 생성의 근원이라고 보았네'라고 반응할 수 있다.

6. 이런 관점에서 그는 유학의 인의예지가 도의 쇠퇴 때문에 나타난 것이라는 『노자』와 달리 도가 현실화하여 드러난 것으로 해석하고, 인간이 마땅히 따라야 할 사회 규범과 사회 질서 체계도 도가 현실화한 결과로 파악했다.

- '왜 '노자'는 유학의 인의예지가 도의 쇠퇴 때문에 나타났다고 보았을까?'라고 물음표를 띄울 수 있다.
  '도는 인위적인 것을 제거해야 드러나는데 유학의 인의예지는 인위적인 것이라서 이런 주장을 하는 건가'라고 추론할 수 있다.
- '왕안석은 도가 변화함에 따라 현상 세계도 변화하니 사회 규범과 사회 질서 체계가 필요하다고 주장한 반면, 오징은 사회 규범과 사회 질서 체계가 도가 현실화한 결과로 이해하네'라고 반응할 수 있다.

4 문단

1. 원이 쇠퇴하고 명나라가 들어선 이후 유학과 도가 등 여러 사상이 합류하는 사조가 무르익는 가운데, 유학자인 설혜는 자신의 ⓛ 학문적 소신에 따라 『노자』를 주석한 『노자집해』를 저술했다.

- '설혜'가 '유학자'에 포함됨을 알 수 있다.
- '왕안석', '오징', '설혜'가 구분되고 있으므로 셋을 대등 관계로 보아 시각적 수평 관계로 모델링할 수 있다.
- '설혜'와 '노자집해'를 암기 시도할 필요가 있다.

2. 그는 공자도 존중했던 스승이 노자이므로 노자 사상에 대한 오해를 불식해야 한다고 보았다.

- '-야'라는 당위 진술을 가리키는 표현이 등장했으므로 '오해를 불식하지 않으면 안 된다고 보았다'로 바꾸어 읽을 수 있다.
- '노자 사상에 대한 어떤 오해를 말하는 걸까?'라고 물음표를 띄울 수 있다.
  '오징처럼 도가를 주술적인 종교라고 생각하는 오해인가'라고 추론할 수 있다.

3. 그는 기존의 주석서가 『노자』의 진정한 의미를 제대로 밝히지 못했기 때문에 유학자들이 노자 사상을 이단으로 치부했다고 파악한 것이다.

- '유학자들이 노자 사상을 이단으로 치부했구나'라고 반응할 수 있으므로 '노자 사상에 대한 어떤 오해를 말하는 걸까?'라면서 띄웠던 물음표를 회수할 수 있다.

4. 다양한 경전을 인용하여 『노자』를 해석하면서 그는 『노자』의 도를 인간의 도덕 본성과 그것의 근거인 천명으로 이해하고, 본성과 천명의 이치를 탐구한다는 점에서 노자 사상과 유학이 다르지 않다고 보았다.

- '왕안석, 오징과 마찬가지로 설혜도 노자와 유학을 연관짓는 반면, 한비자, 왕안석, 오징과 달리 도를 인간의 도덕 본성과 천명으로 이해했군'이라고 반응할 수 있다.

5. 또한 그는 『노자』에서 인의 등을 비판한 것은 도덕을 근본으로 삼게 하기 위한 충고라고 파악했다.

- '인의 등을 비판한 것을 어떻게 도덕을 근본으로 삼게 하기 위한 충고라고 파악할 수 있는 거지?'라고 물음표를 띄울 수 있다.

단서가 부족해 추론은 어려워 보인다.

12. (가), (나)에 대한 설명으로 가장 적절한 것은?

① (가)는 『한비자』의 철학사적 의의를 설명하고 『한비자』와 『노자』의 사회적 파급력을 비교하고 있다.
(가)에는 『한비자』의 철학사적 의의가 제시되지 않았고 『한비자』와 『노자』의 사회적 파급력도 제시되지 않았다.
② (가)는 한비자가 추구한 이상적인 사회를 소개하고 그 실현을 위해 『노자』를 수용한 입장의 한계를 설명하고 있다.
(가)에는 한비자가 추구한 이상적인 사회가 소개되지 않았다.
③ (나)는 특정 개념을 중심으로 『노자』에 대한 여러 학자의 견해를 시간의 흐름에 따라 제시하고 있다.
(나)는 도를 중심으로 『노자』에 대한 여러 학자의 견해를 송, 원, 명 순서대로 제시하고 있다.
④ (나)는 여러 유학자가 『노자』를 해석한 의도를 각각 제시하고 그 차이로 인해 발생한 학자 간의 이견을 절충하고 있다.
⑤ (가)와 (나)는 모두, 『노자』에 대해 다양한 시각에서 제시된 비판이 심화되는 과정을 구체적 사례와 함께 설명하고 있다.

13. (가)에 제시된 한비자의 견해로 적절하지 않은 것은?

① 사건의 시비에 따라 달라지는 도에 근거하여 법이 제정되어야 한다.
한비자는 도를 사건의 시비에 따라 달라지는 것으로 본 것이 아니라 도를 시비 판단의 근거라고 보았다.
② 인간은 무엇을 가지거나 누리고자 하는 마음에서 벗어날 수 없다.
③ 도는 고정된 모습 없이 때와 형편에 따라 변화하며 영원히 존재한다.
④ 인간 사회의 흥망성쇠는 사람이 도에 따라 올바르게 행하였는가의 여부에 좌우되는 것이다.
⑤ 도는 만물의 근원이면서 동시에 현실 사회의 개별 사물과 사건에 내재한 법칙을 포괄하는 것이다.

14. ㉠과 ㉡에 대한 이해로 가장 적절한 것은?

㉠ 유학자의 입장

㉡ 학문적 소신

① ㉠은 유학 덕목의 등장을 긍정적으로 평가한 『노자』의 견해를 수용하는, ㉡은 유학 덕목에 대한 『노자』의 비판에 담긴 긍정적 의도를 밝히려는 것으로 표출되었다.

② ㉠은 유학에 유입되고 있는 주술성을 제거하는, ㉡은 노자 사상이 탐구하는 대상에 대한 이해를 근거로 노자 사상과 유학의 공통점을 제시하려는 것으로 표출되었다.

③ ㉠은 유학의 가르침을 차용한 종교가 사람들을 현혹하는 상황에 대응하는, ㉡은 『노자』를 해석한 경전들을 참고하여 유학 이론의 독창성을 밝히려는 것으로 표출되었다.

④ ㉠은 유학을 노자 사상과 연관 지어 유교적 사회 질서의 정당성을 확인하는, ㉡은 유학에서 이단으로 치부하는 사상의 진의를 밝혀 오해를 바로잡으려는 것으로 표출되었다.

⑤ ㉠은 특정 종교에서 추앙하는 사상가와 유학 이론의 관련성을 제시하는, ㉡은 유학의 사상적 우위를 입증하여 다른 학문을 통합할 수 있는 근거를 제시하려는 것으로 표출되었다.

15. (나)의 왕안석과 오징의 입장에서 다음의 ㄱ~ㄹ에 대해 판단한 것으로 가장 적절한 것은?

> ㄱ. 도는 만물을 통해 드러나는 것이지 만물에 앞서서 존재하는 것은 아니다.
> ㄴ. 인간 사회의 규범은 이치를 내재한 근원적 존재인 도가 현실에 드러난 것이다.
> ㄷ. 도는 현상 세계의 너머에만 머물러 있지 않고 세상 일과 유기적으로 관련되는 것이다.
> ㄹ. 도가 변화하듯이 현상 세계가 변하니, 현실 사회의 변화에 따라 인간 사회의 규범도 변해야 한다.

① 왕안석은 ㄱ에 동의하지 않고 ㄴ에 동의하겠군.
② 왕안석은 ㄴ과 ㄹ에 동의하겠군.
③ 왕안석은 ㄷ에 동의하고 ㄹ에 동의하지 않겠군.
④ 오징은 ㄱ과 ㄹ에 동의하지 않겠군.
⑤ 오징은 ㄴ에 동의하고 ㄷ에 동의하지 않겠군.

16. <보기>를 참고할 때, (가), (나)의 사상가에 대한 왕부지의 평가로 적절하지 <u>않은</u> 것은? [3점]

> ─── < 보기 > ───
>
> 청나라 초기의 유학자 왕부지는 『노자』의 본래 뜻을 드러내어 노자 사상을 비판하고자 『노자연』을 저술했다. 노자 사상의 비현실성을 드러내어 유학의 실용적 가치를 부각하고자 했던 그는 기존의 『노자』 주석서가 노자 사상이 아닌 사상을 기준으로 삼았기 때문에 『노자』 뿐만 아니라 주석자의 사상마저 왜곡했다고 비판했다. 『노자』에서 아무런 행동을 하지 않아도 천하가 다스려진다고 한 것 등을 비판한 그는, 노자에서처럼 단순히 인간의 이기적 욕망을 없애는 것이 아니라 사회 질서 유지를 위해 유학 규범을 활용해야 한다고 강조했다.

① 왕부지는 인간의 욕망에 대한 『노자』의 대응 방식을 부정적으로 보았으므로, (가)의 한비자가 『노자』와 달리 사회에 대한 인위적 개입이 필요하다고 한 것에 대해서

는 수긍하겠군.

② 왕부지는 『노자』에 제시된 소극적인 삶의 태도를 부정적으로 보았으므로, (나)의 왕안석이 사회 제도에 대한 『노자』의 견해를 비판하며 유학 이념의 활용을 주장한 것은 긍정하겠군.

③ 왕부지는 『노자』의 본래 뜻을 파악해야 한다고 보았으므로, (나)의 오징이 『노자』를 주석하면서 자신의 이해에 따라 원문의 구성과 내용을 수정한 것이 잘못이라고 보겠군.

④ 왕부지는 주석자가 유학을 기준으로 『노자』를 이해하면 주석자의 사상도 왜곡된다고 보았으므로, (나)의 오징이 유학의 인의예지를 『노자』의 도가 현실화한 것으로 본 것을 비판하겠군.

⑤ 왕부지는 『노자』에 담긴 비현실성을 드러내야 한다고 보았으므로, (나)의 설혜가 기존의 『노자』 주석서들을 비판하며 드러낸 학문적 입장이 유학의 실용적 가치를 부각한다고 보겠군.

(나)의 설혜가 기존의 『노자』 주석서들을 비판한 것은 노자 사상에 대한 오해를 불식시키기 위함이지, 유학의 실용적 가치를 부각한 것은 아니디.

17. ⓐ와 문맥상 의미가 가장 가까운 것은?

『한비자』는 중국 전국 시대의 한비자가 제시한 사상이 ⓐ 담긴 저작이다

① 과일이 접시에 예쁘게 담겨 있다.
② 상자에 탁구공이 가득 담겨 있다.
③ 시원한 계곡물에 수박이 담겨 있다.
④ 화폭에 봄 경치가 그대로 담겨 있다.
⑤ 매실이 설탕물에 한 달째 담겨 있다.

(가) 1 문단

> 1. 전통적인 윤리학의 주요 주제는 '선', '올바름'과 같은 도덕 용어에 대한 해명을 바탕으로 무엇이 옳고 그른지를 판정하는 객관적 근거를 ⓐ <u>찾는</u> 것이다.

- '선', '올바름'이 '도덕 용어'에 포함됨을 알 수 있다.

> 2. 그러나 윤리학은 오랫동안 그에 대한 만족스러운 답을 ⓑ <u>내놓지</u> 못했다.

- '왜 윤리학은 오랫동안 그에 대한 만족스러운 답을 내놓지 못했을까?'라고 물음표를 띄울 수 있다.
  '무엇이 옳고 그른지를 판정하는 객관적 근거는 없기 때문 아닐까'라고 추론할 수 있다.

> 3. 이러한 상황에서 에이어 는 도덕적으로 옳고 그름에 관한 문장인 도덕 문장이 진리 적합성, 즉 참 또는 거짓일 수 있다는 성질을 갖지 않는다는 주장을 ⓒ <u>펼쳤다.</u>

- '에이어'를 암기 시도할 필요가 있다.
- '도덕 문장'에 대한 정의가 제시되고 있다.
- '도덕 문장'을 암기 시도할 필요가 있다.
- '진리 적합성'에 대한 정의가 제시되고 있다.
- '진리 적합성'을 암기 시도할 필요가 있다.

2 문단

> 1. 에이어는 진리 적합성을 갖는 모든 문장은 그 문장에 사용된 단어의 정의를 통해 검증되는 분석적 문장이거나 경험적 관찰에 의해 검증되는 종합적 문장이라는 원리를 바탕으로 도덕 문장은 진리 적합성이 없다고 주장했다.

- '모든'에 주목할 필요가 있다.
- '분석적 문장'에 대한 정의가 제시되고 있다.
- '분석적 문장'을 암기 시도할 필요가 있다.

- '종합적 문장'에 대한 정의가 제시되고 있다.
- '종합적 문장'을 암기 시도할 필요가 있다.
- '분석적 문장'과 '종합적 문장'을 구분하고 있으므로 둘을 대등 관계로 보아 시각적 수평 관계로 모델링할 수 있다.
- '에이어는 도덕 문장은 분석적 문장도 아니고 종합적 문장도 아니라고 주장하겠군'이라고 추론할 수 있다.

> 2. 우선 그는 도덕 문장은 분석적이지 않다는 기존의 논의를 수용했다.

> 3. '선은 A이다.'라는 도덕 문장이 분석적이려면, 술어인 'A'가 주어인 '선'이라는 개념 속에 내포되어 있어야 한다.

- '-야라는 필요조건을 가리키는 표현이 등장했으므로 '술어인 'A'가 주어인 '선'이라는 개념 속에 내포되어 있지 않으면 '선은 A이다.'라는 도덕 문장은 분석적이지 않다'라고 바꾸어 읽을 수 있다.

> 4. 하지만 '선'은 속성이나 내용을 더 이상 분석할 수 없는 단순 개념이므로 해당 문장은 분석적이지 않다.

- '단순 개념'에 대한 정의가 제시되고 있다.
- **논증**을 다음과 같이 정리할 수 있다.
1. 술어인 'A'가 주어인 '선'이라는 개념 속에 내포되어 있지 않으면 '선은 A이다.'라는 도덕 문장은 분석적이지 않다.
2. '선'은 속성이나 내용을 더 이상 분석할 수 없는 단순 개념이다. 즉 술어인 'A'가 주어인 '선'이라는 개념 속에 내포되어 있지 않다.
   따라서 '선은 A이다.'라는 도덕 문장은 분석적이지 않다.

> 5. 그렇다고 해서 '선은 A이다.'라는 도덕 문장이 경험적 관찰로 검증될 수 있는 것도 아니다.

> 6. '선' 그 자체는 우리의 감각으로 검증할 수 없기 때문이다.

- "'선' 그 자체는 우리의 감각으로 검증할 수 없다는 게 무슨 말일까?'라고 물음표를 띄울 수 있다.
  단서가 부족해 추론은 어려워 보인다.

3 문단

1. 도덕 문장은 다양한 감정이나 태도를 표현하고 타인의 감정을 ⓓ 불러일으키는 정서적 의미를 갖는다고 에이어는 주장했다.

- '도덕 문장'에 대한 에이어의 설명이 제시되고 있다.

2. 그는 많은 사람들이 도덕 문장이 진리 적합성을 갖는다고 오해하는 것은 도덕 용어의 두 가지 용법을 구분하지 못해서라고 주장한다.

- '도덕 용어의 두 가지 용법은 뭘까?'라고 물음표를 띄울 수 있다. 단서가 부족해 추론은 어려워 보인다.

3. 그에 따르면 도덕 용어는 감정을 표현하는 표현적 용법으로도, 세계에 관한 어떤 사실을 기술하는 기술적 용법으로도 사용될 수 있다.

- '표현적 용법'과 '기술적 용법'에 대한 정의가 제시되고 있으므로 '도덕 용어의 두 가지 용법은 뭘까?'라면서 띄웠던 물음표를 회수할 수 있다.
- '표현적 용법'과 '기술적 용법'을 암기 시도할 필요가 있다.
- '표현적 용법'과 '기술적 용법'을 구분하고 있으므로 둘을 대등 관계로 보아 시각적 수평 관계로 모델링할 수 있다.

4. 만약 '도둑질은 나쁘다.'가 도둑질이 사회적으로 배척된다는 사실을 기술하는 문장이라면, 이 문장은 도덕적으로 옳고 그름에 관한 것이 아니다.

- '도덕 용어가 기술적 용법으로 사용된 문장은 도덕 문장이 아니겠네'라고 반응할 수 있다.

5. 따라서 이 문장은 도덕 문장이 아니고, 경험적으로 검증이 가능하다.

- '도덕 용어가 기술적 용법으로 사용된 문장은 종합적 문장이겠네. 따라서 진리 적합성을 가질 거고.'라고 반응할 수 있다.

6. 반대로 그 문장이 도둑질에 대한 화자의 감정을 표현한 문장이라면 이는 도덕 문장이며 어떤 사실을 기술한 것이 아니다.

- '도덕 용어가 표현적 용법으로 사용된 문장은 도덕 문장이네. 따라서 진리 적합성을 갖지 않을 거고.'라고 반응할 수 있다.

7. 에이어에게는 '도둑질은 나쁘다.'와 같은 도덕 문장을 진술하는 것은 감정을 담은 어조로 '네가 도둑질을 하다니!'라고 말하는 것과 다름없기 때문이다.

8. 그의 주장대로라면 도덕 문장은 감정을 표현하는 도덕 주체로부터 독립적으로 존재하는 무언가를 기술할 수 없다.

9. 이는 전통적인 윤리학자들의 기본 가정을 부정하는 급진적 주장이지만 윤리학에 새로운 사고를 ⓔ 열어 준 선구적인 면도 있다.

- '여기서 말하는 전통적인 윤리학자들의 기본 가정은 뭘까?'라고 물음표를 띄울 수 있다.
'무엇이 옳고 그른지를 판정하는 객관적 근거가 있다는 가정이려나. 에이어는 무엇이 옳고 그른지를 판정하는 객관적 근거가 없다고 주장하는 거고.'라고 추론할 수 있다.

(나) 1 문단

1. 논리학에서 제기된 의문이 윤리학의 특정 견해에 대한 비판이 되기도 한다.

2. 다음 논의는 이를 보여 준다.

3. 'P이면 Q이다. P이다. 따라서 Q이다.'인 논증을 전건 긍정식이라 한다.

- '전건 긍정식'에 대한 정의가 제시되고 있다.
- '전건 긍정식'을 암기 시도할 필요가 있다.

4. 전건 긍정식은 'P이면 Q이다.'와 'P이다.'라는 두 전제가 참이면 결론 'Q이다.'는 반드시 참이라는 뜻에서 타당하다.

- '전건 긍정식은 전제가 참이면 결론이 반드시 참인 연역 논증이지'라고 반응할 수 있다.

5. 그런데 어떤 문장이 단독으로 진술되는 경우에는 감정이나 태도를 표현할 수 있지만 그 문장이 조건문인 'P이면 Q이다.'의 부분으로 포함되는 경우에는 그렇지 않다.

6. '귤은 맛있다.'는 화자의 선호라는 감정을 표현한다.

7. 하지만 그 문장이 '귤은 맛있다면 귤은 비싸다.'처럼 조건문의 일부가 되면 귤에 관한 화자의 선호를 표현하지 않는다.

- '아 이처럼 어떤 문장이 선호라는 감정을 표현할 때 그 문장이 조건문의 전건이 되면 선호하는 감정을 표현하지 않는구나'라고 반응할 수 있으므로 '이게 뭔 소리야?'라면서 띄웠던 물음표를 회수할 수 있다.

8. 이에 전건 긍정식의 P가 감정이나 태도를 표현하는 문장일 때 'P이면 Q이다.'의 P와 'P이다.'의 P 사이에 내용의 차이가 생기므로, 전건 긍정식임에도 두 전제의 참이 결론 'Q이다.'의 참을 보장하지 않는다는 것이 <u>㉠ 몇몇 논리학자들이 제기한 문제였다.</u>

- "'P이면 Q이다.'의 P는 감정이나 태도를 표현하지 않지만 'P이다.'의 P는 감정이나 태도를 표현하므로 전건 긍정식의 타당성이 보장되지 않는다는 거네'라고 반응할 수 있다.
- '몇몇'이라는 표현이 등장했으므로 '이에 동의하지 않는 논리학자도 있겠군'이라고 추론할 수 있다.

9. 전건 긍정식인 '표절은 나쁘다면 표절을 돕는 것은 나쁘다. 표절은 나쁘다. 따라서 표절을 돕는 것은 나쁘다.'라는 논증은 직관적으로 타당해 보인다.

- '만약 '표절은 나쁘다.'가 기술적 용법으로 사용된 문장이라면 해당 전건 긍정식은 타당할 것이고, '표절은 나쁘다.'가 표현적 용법으로 사용된 문장이라면 해당 전건 긍정식은 타당하지 않다고 주장하겠네'라고 추론할 수 있다.

10. 하지만 '표절은 나쁘다.'가 감정을 표현했다면, 위 논증은 타당하지 않다고 해야 한다.

- '-야라는 당위 진술을 가리키는 표현이 등장했으므로 '하지 않으면 안 된다'라고 바꾸어 읽을 수 있다.

11. 그러므로 에이어의 윤리학 견해를 고수하려면, 도덕 문장을 포함하는 전건 긍정식의 타당성을 부정하거나, 전건 긍정식은 도덕 문장을 포함할 수 없다고 해야 한다.

- '-야라는 필요조건을 가리키는 표현이 등장했으므로 '도덕 문장을 포함하는 전건 긍정식의 타당성을 부정하지 않고, 전건 긍정식은 도덕 문장을 포함할 수 있다고 한다면, 에이어의 윤리학 견해를 고수할 수 없다'라고 바꾸어 읽을 수 있다.

12. 이 쟁점에 대해 행크스는 다음과 같이 논의를 전개하였다.

- '행크스'를 암기 시도할 필요가 있다.

2 문단 [A]

1. '표절은 나쁘다.'라는 문장은 표절이라는 대상에 나쁨이라는 속성을 부여하는 내용을 가진다.

2. 그리고 화자의 문장 진술은 그 내용과 완전히 무관할 수는 없기 때문에 그런 문장은 단독으로 진술되든 그렇지 않든 판단적이다.

- '단독으로 진술되든 그렇지 않든'을 '단독으로 진술되든 조건문의 일부로 진술되든'으로 바꾸어 읽을 수 있다.
- '판단적이라는 게 무슨 의미야?'라고 물음표를 띄울 수 있다. 단서가 부족해 추론은 어려워 보인다.

3. 문장이 판단적이라는 것은, 대상에 속성을 부여하는 내용을 지니는 것이 그 문장의 본질이라는 것을 뜻한다.

- '판단적이다'에 대한 정의가 제시되고 있으므로 '판단적이라는 게 무슨 의미야?'라면서 띄웠던 물음표를 회수할 수 있다.

4. 도덕 문장을 비롯한 모든 판단적 문장은 참 또는 거짓일 수 있다.

- '도덕 문장'이 '판단적 문장'에 포함됨을 알 수 있다.
- '모든'에 주목할 필요가 있다.
- '에이어는 도덕 문장은 진리 적합성을 갖지 않는다고 주장한 반면, 행크스는 도덕 문장을 포함한 모든 판단적 문장은 진리 적합성을 갖는다고 주장하네'라고 반응할 수 있다.
- '에이어'와 '행크스'가 충돌하고 있으므로 둘을 대등 관계로 보아 시각적 수평 관계로 모델링할 수 있다.

5. 조건문에 포함된 문장도 판단적이라는 점에서 단독으로 진술될 때와 내용의 차이가 없다.

6. 그러므로 도덕 문장을 포함하는 전건 긍정식은 타당
해 보일 뿐 아니라 실제로도 타당하다.

- '에이어는 도덕 문장을 포함하는 전건 긍정식의 타당성을 인
정하지 않는 반면, 행크스는 도덕 문장을 포함하는 전건 긍정
식의 타당성을 인정하네'라고 반응할 수 있다.

7. 그렇다면 'P이면 Q이다.'에 포함된 'P이다.'가 단독으
로 진술된 경우와 다른 점은 무엇인가?

- '그러게? 행크스의 입장에서 다른 점이 없는 거 아니야?'라고
물음표를 띄울 수 있다.
단서가 부족해 추론은 어려워 보인다.

8. 가령 '귤은 맛있다.'는, '귤은 맛있다면 귤은 비싸다.'라
는 조건문에 포함되는 경우 화자가 대상에 속성을 부여
하는 행위를 하는 것은 아니기에 그것의 판단적 본질을
발현하지 못한다.

- "귤은 맛있다.'가 단독으로 진술된 경우에는 화자가 대상에 속
성을 부여하는 행위를 하는 것이기에 판단적 본질을 발현하
지만, '귤은 맛있다.'가 조건문에 포함되는 경우 화자가 대상에
속성을 부여하는 행위를 하는 것은 아니기에 그것의 판단적
본질을 발현하지 못한다고 보는 거구나'라고 추론할 수 있으
므로 '그러게? 행크스의 입장에서 다른 점이 없는 거 아니야?'
라면서 띄웠던 물음표를 회수할 수 있다.

9. 그러나 이 맥락에서도 조건문에 포함된 '귤은 맛있
다.'는 판단적 본질을 여전히 잃지 않는다.

- '조건문에 포함된 '귤은 맛있다.'는 판단적 본질을 발현하지는
못하지만, '귤은 맛있다.'가 단독으로 진술될 때와 마찬가지로
판단적 본질을 잃은 건 아니구나'라고 반응할 수 있다.

10. 다시 말해, 그 문장 자체는 대상에 속성을 부여하는
내용을 지닌다.

- '귤은 맛있다.'는 단독으로 진술되든 조건문의 일부로 진술되
든, 판단적 본질을 잃지 않으므로 대상에 속성을 부여하는 내
용을 지니는군'이라고 반응할 수 있다.

12. (가)에 나타난 에이어 의 입장으로 적절하지 않은
것은?

① 도덕 용어를 기술적 용법으로 사용한 문장은 검증이 가
능하다.
② 표현적 용법을 활용한 도덕 문장은 자신의 감정을 표현
하는 문장과 동일한 의미를 표현한다.
③ 주어와 술어의 의미 관계를 통해 어떤 문장을 검증할 수
있다면 그 문장은 분석적 문장이다.
④ 도덕 용어의 용법은 도덕 용어가 기술하는 사실의 종류
에 따라 기술적 용법과 표현적 용법으로 구분할 수 있
다.
도덕 용어의 용법은 도덕 용어가 사실을 기술하는지 혹은 감정
을 표현하는지에 따라 기술적 용법과 표현적 용법으로 구분할
수 있다.
⑤ 도덕 문장에 진리 적합성이 있다는 오해는 도덕 문장을
세계에 대한 어떠한 사실을 기술한 것으로 해석한 데에
기인한다.

13. [A]로부터 추론한 내용으로 가장 적질한 것은?

① '귤은 맛있다면 귤은 비싸다.'에 포함된 '귤은 맛있다.'는
판단적이지 않다.
'귤은 맛있다면 귤은 비싸다.'에 포함된 '귤은 맛있다.'는 판단적
이다.
② '표절은 나쁘다.'는 단독으로 진술되었을 때에만 참 또는
거짓일 수 있다.
'표절은 나쁘다.'는 단독으로 진술될 때든 아닐 때든 참 또는 거
짓일 수 있다.
③ '귤은 맛있다.'는 조건문의 일부로 진술될 때는 대상에
속성을 부여하는 내용을 지니지 않는다.
'귤은 맛있다.'는 조건문의 일부로 진술될 때도 대상에 속성을
부여하는 내용을 지닌다.
④ 화자는 귤이 맛있음의 속성을 가진다는 내용과 완전히
무관한 채로 '귤은 맛있다.'를 진술할 수 있다.
(나) 2문단 2번 문장: 그리고 화자의 문장 진술은 그 내용과 완
전히 무관할 수는 없기 때문에 그런 문장은 단독으로 진술되든
그렇지 않든 판단적이다.
화자는 귤이 맛있음의 속성을 가진다는 내용과 완전히 무관한
채로 '귤은 맛있다.'를 진술할 수 없다.
⑤ '표절은 나쁘다.'는 화자가 표절에 나쁨을 부여하지 않는
맥락에서도 그것의 판단적 본질을 유지할 수 있다.

가령 '표절은 나쁘다.'가 조건문의 일부가 될 때 화자는 표절에
나쁨을 부여하지 않는데 이때도 '표절은 나쁘다.'는 판단적 본질
을 유지할 수 있다.

14. 다음은 윗글을 읽고 학생이 작성한 학습 활동지이다.
윗글을 바탕으로 할 때, 적절하지 <u>않은</u> 것은?

> ☐ 다음의 진술에 대해 윗글에 제시된 학자들이 보일
> 수 있는 견해를 작성해 봅시다.
>
> **[진술 1]** 객관적으로 존재하는 도덕적 사실이 있다.
>
> - 전통적인 윤리학자: 옳다. 도덕적 판단의 근거
>   는 도덕 주체로부터 독립적으로 존재하기 때문
>   이다. ····································· ①
> - 에이어: 옳지 않다. 도덕 문장은 도덕 주체로부
>   터 독립적일 수 없기 때문이다. ·········· ②
>
> **[진술 2]** 도덕 문장은 참 또는 거짓이라는 속성을 갖
> 는다.
>
> - 에이어: 옳지 않다. 도덕 문장은 분석적이지도
>   종합적이지도 않기 때문이다. ··········· ③
> - 행크스: 옳다. 도덕 문장은 도덕 용어가 나타내
>   는 속성에 비추어 참 또는 거짓이 정해지기 때
>   문이다.
>
> **[진술 3]** 전건 긍정식의 두 전제에 공통으로 포함된
> 도덕 문장은 내용이 다르다.
>
> - <u>에이어: 옳다. 도덕 문장은 전건 긍정식의 전제로
>   사용되면 진리 적합성을 갖기 때문이다.</u> ···· ④
>   에이어는 도덕 문장이 전건 긍정식의 전제로 사용되
>   어도 진리 적합성을 갖지 않는다고 볼 것이다.
> - 행크스: 옳지 않다. 단독으로 진술된 문장은 조
>   건문의 일부로 사용된 때와 내용 차이가 없기
>   때문이다. ···························· ⑤
>   2문단 5번 문장: 조건문에 포함된 문장도 판단적이라
>   는 점에서 단독으로 진술될 때와 내용의 차이가 없다.

15. 윗글을 바탕으로 ㉠을 이해한 내용으로 적절하지 <u>않</u>
은 것은?

이에 전건 긍정식의 P가 감정이나 태도를 표현하는 문장일 때
'P이면 Q이다.'의 P와 'P이다.'의 P 사이에 내용의 차이가 생기므
로, 전건 긍정식임에도 두 전제의 참이 결론 'Q이다.'의 참을 보
장하지 않는다는 것이 ㉠ <u>몇몇 논리학자들이 제기한 문제</u>였다.

① <u>에이어의 윤리학 견해가 옳다면 전건 긍정식이 직관적
으로 타당해 보이게 된다는 점에서, ㉠은 에이어에 대한
비판이 된다.</u>
에이어의 윤리학 견해가 옳다면 전건 긍정식은 직관적으로 타
당해 보이지 않을 것이다. 또한 ㉠은 에이어가 동의할 만한 주장
으로 에이어에 대한 비판이 될 수 없다.
② ㉠에 따르면, 도덕 문장을 포함하는 전건 긍정식이 타당
하다면 도덕 문장이 감정을 표현한다는 견해는 수용될
수 없다.
③ ㉠은 전건 긍정식이 타당하려면 두 전제 모두에 나타난
문장의 내용이 일치해야 함에 기초한다.
④ ㉠은 도덕 문장뿐 아니라 개인적 선호를 나타내는 문장
에 대해서도 제기될 수 있다.
⑤ 도덕 문장을 판단적이라고 보는 이론에 따르면 ㉠은 애
당초 발생하지 않는다.

16. 윗글과 <보기>를 비교하여 이해한 내용으로 적절하
지 <u>않은</u> 것은? [3점]

> ─── < 보기 > ───
>
> '자선은 옳다.'는 자선에 대한 찬성, '폭력은 나쁘다.'는
> 폭력에 대한 반대라는 태도를 표현한다. 도덕 문장을
> 포함하는 '자선은 옳다면 봉사는 옳다.'라는 조건문은
> '태도에 대한 태도'를 표현한다. 위와 같은 주관적 태도
> 들에는 참, 거짓이 없다. '자선은 옳다면 봉사는 옳다.'
> 와 '자선은 옳다.'가 나타내는 태도를 지니면서, '봉사는
> 옳다.'에 반대하는 것은 비일관적이다. '자선은 옳다면
> 봉사는 옳다. 자선은 옳다. 따라서 봉사는 옳다.'가 타당
> 하다는 것은 이런 뜻이다.

① <u>도덕 문장이 태도나 감정을 표현한다는 주장은, 도덕 문
장을 포함하는 조건문이 '태도에 대한 태도'를 표현한다
는 <보기>의 주장과 상충하는군.</u>

도덕 문장이 태도나 감정을 표현한다는 주장은, 도덕 문장을 포함하는 조건문이 '태도에 대한 태도'를 표현한다는 <보기>의 주장과 상충하지 않는다.

② 논증의 타당성이 전제와 결론의 참에 의해 규정된다는 주장은, 타당성을 논증에 나타난 태도 사이의 관계에 의해 규정할 수 있다는 <보기>의 주장과 상충하는군.

③ 무엇이 윤리적으로 옳고 그른지에 대한 객관적 기준을 세워야 한다는 주장은, 도덕 문장은 찬성과 반대라는 주관적 태도를 나타낸다는 <보기>의 주장과 상충하는군.

④ '귤은 맛있다.'가 귤에 대한 화자의 선호를 표현한다는 주장은, '자선은 옳다.'가 자선에 대한 화자의 찬성을 표현한다는 <보기>의 주장과 상충하지 않는군.

⑤ '도둑질은 나쁘다.'가 화자의 정서를 표출하므로 진리 적합성이 없다는 주장은, 폭력에 대한 화자의 태도를 표현하는 문장이 참, 거짓일 수 없다는 <보기>의 주장과 상충하지 않는군.

17. 문맥상 ⓐ~ⓔ와 바꿔 쓰기에 가장 적절한 것은?

객관적 근거를 ⓐ <u>찾는</u> 것이다
만족스러운 답을 ⓑ <u>내놓지</u> 못했다
주장을 ⓒ <u>펼쳤다</u>
타인의 감정을 ⓓ <u>불러일으키는</u> 정서적 의미를
윤리학에 새로운 사고를 ⓔ <u>열어</u> 준 선구적인 면도 있다

① ⓐ: 수색하는
② ⓑ: 제시하지
③ ⓒ: 전파했다
④ ⓓ: 발산하는
⑤ ⓔ: 공개하여

(가) 1 문단

1. 서양의 과학과 기술, 천주교의 수용을 반대했던 이항로를 비롯한 척사파의 주장은 개항 이후에도 지속되었지만, 개화 는 거스를 수 없는 대세로 자리 잡았다.

- '이항로'가 '척사파'에 포함됨을 알 수 있다.
- '이항로', '척사파'를 암기 시도할 필요가 있다.
- '개항 이전에도 개항 이후에도 서양의 과학과 기술, 천주교의 수용을 반대하는 척사파의 주장은 계속되었겠군'이라고 추론할 수 있다.

2. 개물성무(開物成務)와 화민성속(化民成俗)의 앞 글자를 딴 개화는 개항 이전에는 통치자의 통치 행위로서 변화하는 세상에 대한 지식 확장과 피통치자에 대한 교화를 의미했다.

- '개물성무는 뭐고, 화민성속은 뭐야?'라고 물음표를 띄울 수 있다.
  '통치자의 통치 행위로서 개물성무는 변화하는 세상에 대한 지식 확장이고, 화민성속은 피통치자에 대한 교화인가'라고 추론할 수 있다.
- '개물성무', '화민성속'을 암기 시도할 필요가 있다.
- '개화'에 대한 개항 이전의 정의가 제시되고 있다.

2 문단

1. 개항 이후 서양 문명에 대한 긍정적 인식이 확산되면서 서양 문명의 수용을 뜻하는 개화 개념이 자리 잡았다.

- '개화'에 대한 개항 이후의 정의가 제시되고 있다.

2. 임오군란 이후, 고종은 자강 정책을 추진하면서 반(反)서양 정서의 교정을 위해 『한성순보』를 발간했다.

- '임오군란', '고종'을 암기 시도할 필요가 있다.
- '자강 정책이 뭐야?'라고 물음표를 띄울 수 있다.

'스스로 강해지기 위한 정책인가'라고 추론할 수 있다.
- '한성순보' 발간⇒반서양 정서의 교정
- '한성순보'를 암기 시도할 필요가 있다.
- ''한성순보'를 발간함으로써 반서양 정서를 어떻게 교정할까?' 라고 물음표를 띄울 수 있다.
  '한성순보를 통해 개화에 대한 긍정적인 면모를 홍보하려고 했나'라고 추론할 수 있다.

3. 이 신문의 개화 개념은 서양 기술과 제도의 도입을 통한 인지의 발달과 풍속의 진보를 뜻했다.

- '개화'에 대한 '한성순보'의 정의가 제시되고 있다.

4. 이 개념에는 인민이 국가의 독립 주권의 소중함을 깨닫는 의식의 변화가 내포되었고, 통치자의 입장에서 수용 가능한 문명의 장점을 받아들여 국가의 진보를 달성한다는 의미도 담겼다.

- '인민이 국가의 독립 주권의 소중함을 깨닫는 의식의 변화는 인지의 발달 범주에, 통치자의 입장에서 수용 가능한 문명의 장점을 받아들여 국가의 진보를 달성하는 것은 풍속의 진보 범주에 포함시킬 수 있겠군'이라고 반응할 수 있다.
- '인지의 발달'과 '풍속의 진보'를 구분하고 있으므로 둘을 대등 관계로 보아 시각적 수평 관계로 모델링할 수 있다.

3 문단

1. 개화당의 한 인사가 제시한 개화 개념은 성문화된 규정에 따른 대민 정치에서의 법적 처리 절차 실현 등 서양 근대 국가의 통치 방식으로의 변화를 내포하는 것이었다.

- '개화당'을 암기 시도할 필요가 있다.
- '성문화된 규정에 따른 대민 정치에서의 법적 처리 절차 실현'이 '서양 근대 국가의 통치 방식'에 포함됨을 알 수 있다.
- '개화'에 대한 개화당의 한 인사의 정의가 제시되고 있다.

2. 그는 개화 실행 주체를 여전히 왕으로 생각했고, 개화 실행 주체로서 왕의 역할이 사라진 것은 갑신정변에서였다.

- '갑신정변'을 암기 시도할 필요가 있다.
- '갑신정변 이전에는 개화 실행 주체를 왕으로 여겼으나, 갑신

정변 이후에는 개화 실행 주체로서 왕의 역할이 사라졌군'이
라고 반응할 수 있다.

3. 풍속의 진보와 통치 방식 변화라는 의미를 내포한 갑
신정변의 개화 개념은 통치권에 대한 도전으로뿐 아니
라 개인의 사욕을 위한 것으로 표상되었다.

- '왜 갑신정변의 개화 개념은 통치권에 대한 도전으로뿐 아니
라 개인의 사욕을 위한 것으로 표상되었을까?'라고 물음표를
띄울 수 있다.
'개화 실행 주체로서 왕의 역할을 사라지게 만들었고, 그 대신
특정 개인이 개화 실행 주체로서 역할을 수행하도록 만들었기
때문이려나'라고 추론할 수 있다.

4. 이후 개화 개념은 국가 구성원을 조직하고 동원하기
위해 부정적 이미지에서 벗어나야 했고, 유길준은 『서
유견문』을 저술하며 개화 개념에 덧씌워진 부정적 이미
지를 떼어 내고자 했다.

- '갑신정변 이후 개화 개념은 통치권에 대한 도전과 개인의 사
욕을 위한 것으로 표상되어 부정적 이미지가 덧씌워졌구나'라
고 반응할 수 있다.
- '-야라는 당위 진술을 가리키는 표현이 등장했으므로 '벗어나
지 않으면 안 됐고'로 바꾸어 읽을 수 있다.
- '유길준', '서유견문'을 암기 시도할 필요가 있다.

5. 이후 간행된 『대한매일신보』 등의 개화 개념은 국가
구성원 전체를 실행 주체로 하여 근대 국가 주권을 향해
그들을 조직하고 동원하는 것을 의미했다.

- '대한매일신보'를 암기 시도할 필요가 있다.
- '개화'에 대한 '대한매일신보'의 정의가 제시되고 있다.

4 문단

1. 을사늑약 이후, 개화 논의는 문명에 대한 본격적인 논
의로 이어졌다.

- '을사늑약'을 암기 시도할 필요가 있다.

2. 대한 자강회의 주요 인사들은 서양 근대 문명을 수용
하여 근대 국가를 건설하고자, 앞서 문명화를 이룬 일본
의 지도를 받아야 한다고 보았다.

- '대한 자강회'를 암기 시도할 필요가 있다.
- '-야라는 필요조건을 가리키는 표현이 등장했으므로 대우 규
칙을 적용하여 '앞서 문명화를 이룬 일본의 지도를 받지 않으
면 서양 근대 문명을 수용하여 근대 국가를 건설할 수 없다고
보았다'라고 바꾸어 읽을 수 있다.

3. 이들은 서양 근대 문명의 주체를 주체 인식의 준거로
삼았기 때문에 민족 주체성을 간과했다.

- '서양 근대 문명의 주체를 주체 인식의 준거로 삼았기 때문에
민족 주체성을 간과했다는 게 무슨 말이야?'라고 물음표를 띄
울 수 있다.
'서양 근대 문명의 주체는 우리 민족 기반의 주체가 아니었기
때문이었나'라고 추론할 수 있다.

4. 이러한 상황에서 박은식은 ㉠ 근대 국가 건설과 새
로운 주체의 형성에 주목하여 문명에 대한 견해를 제시
했다.

- '박은식'을 암기 시도할 필요가 있다.

5. 그외 기본 견략은 문명의 물질직 측면인 과학은 서양
으로부터 수용하되, 문명의 정신적 측면인 철학은 유학
을 혁신하여 재구성하는 것이었다.

- '과학'과 '철학'의 차이를 드러내고 있으므로 둘을 대등 관계로
보아 시각적 수평 관계로 모델링할 수 있다.

6. 그는 생존과 편리 증진을 위해 과학 연구가 시급하지
만, 가치관 정립과 인격 수양을 위해 철학 또한 필수적
이라고 보았다.

7. 자국 철학 전통의 정립이라는 당시 동아시아의 사상
적 흐름 속에서 그가 제시한 근대 주체는 과학적·철학
적 인식의 주체이자 실천적 도덕 수양의 주체로서의 성
격을 띠는 것이었다.

- '실천적 도덕 수양의 주체는 유학에서 비롯된 주체겠네'라고
추론할 수 있다.

(나) 1 문단

1. 중국이 서양의 과학과 기술에 전면적인 관심을 기울인 때는 아편 전쟁 이후였다.

- '아편 전쟁'을 암기 시도할 필요가 있다.

2. 전쟁 패배에 따른 위기감은 반세기에 걸쳐 근대화의 추진과 함께 의욕적인 기술 수용으로 이어졌지만, 청일 전쟁의 패배는 기술 수용만으로는 부족하다는 인식을 낳았다.

- '청일 전쟁'을 암기 시도할 필요가 있다.
- '기술 수용은 전쟁에서 이기기 위한 충분조건이 아니라 필요조건이라는 인식을 낳았나 보군'이라고 추론할 수 있다.

3. 이에 따라 20세기 초반 진정한 근대를 이루기 위해 기술 배후에서 작용하는 과학 정신을 사회 전체에 이식하려는 시도가 구체화되었다.

- '20세기 초반 진정한 근대를 이루기 위한 필요조건으로 기술 수용과 과학 정신 이식이 제시되었군'이라고 추론할 수 있다.

2 문단

1. 옌푸는 국가 간에 벌어지는 약육강식의 경쟁을 부각하고, 경쟁에서 승리하려면 기술뿐 아니라 국민의 정신적 자질이 뒷받침되어야 한다고 보았다.

- '옌푸'를 암기 시도할 필요가 있다.
- '옌푸가 말하는 국민의 정신적 자질은 과학 정신이겠군'이라고 추론할 수 있다.
- '-야라는 필요조건을 가리키는 표현이 등장했으므로 대우 규칙을 적용하여 '기술뿐 아니라 국민의 정신적 자질이 뒷받침되지 않으면 경쟁에서 승리할 수 없다고 보았다'라고 바꾸어 읽을 수 있다.

2. 정신적 자질 중 과학적 사유 능력이 가장 중요하다고 파악한 그에게 과학 정신이 전제되지 않은 정치적 변혁은 뿌리내릴 수 없는 것이었다.

- '과학적 사유 능력'이 '정신적 자질'에 포함됨을 알 수 있다.
- '과학 정신이 전제되어야 정치적 변혁이 뿌리내릴 수 있다고 보았겠군'이라고 추론할 수 있다.

3. 그는 인과 실증의 방법에 근거한 근대 학문 전체를 과학이라 파악하고, 과학을 습득하여 전통 학문의 폐단에서 벗어나야 한다고 주장했다.

- '-야라는 당위 진술을 가리키는 표현이 등장했으므로 '벗어나지 않으면 안 된다고 주장했다'라고 바꾸어 읽을 수 있다.

4. 그의 입장은 1910년대 후반 신문화 운동을 주도한 천두슈에게 이어졌다.

- '신문화 운동', '천두슈'를 암기 시도할 필요가 있다.

3 문단

1. 천두슈를 비롯한 신문화 운동의 지식인들은 ⓛ 과학의 근거 위에서만 민주 정치의 실현이 가능하다고 주장했다.

- '천두슈'가 '신문화 운동의 지식인들'에 포함됨을 알 수 있다.
- '-만'이라는 표현이 등장했으므로 '과학의 근거 위가 아니라면 민주 정치의 실현이 불가능하다고 주장했다'라고 바꾸어 읽을 수 있다.
- '옌푸'와 '천두슈'를 구분하고 있으므로 둘을 대등 관계로 보아 시각적 수평 관계로 모델링할 수 있다.
- '옌푸와 천두슈 모두 과학을 중시했군'이라고 반응할 수 있다.

2. 중국이 달성해야 할 신문화는 과학 및 과학의 방법에 근거한 문화라 보고, 신문화를 이루기 위해 전통문화 전반에 대해 철저한 부정과 비판을 시도했다.

- '옌푸와 천두슈 모두 전통 학문이나 전통 문화에 대해 부정적인 입장이군'이라고 반응할 수 있다.

3. 사상이나 철학이 과학의 방법을 이용하지 않으면 공상(空想)에 ⓐ 그칠 뿐이라고 주장한 천두슈는 사회와 인간의 삶에 대한 연구도 과학의 연구 방법을 이용해야 한다고 보았다.

- '박은식은 과학과 철학을 구분하여 철학은 유학을 혁신하여 재구성한 것으로 본 반면, 천두슈는 철학에도 과학의 방법을 이용해야 한다고 보았군'이라고 반응할 수 있다.
- '-야라는 당위 진술을 가리키는 표현이 등장했으므로 '이용하지 않으면 안 된다고 보았다'라고 바꾸어 읽을 수 있다.

4. 그는 제1차 세계 대전의 비극은 과학을 이용해 저지른 죄악의 결과일 뿐 과학 자체의 죄악이 아니라고 주장하며 과학에 대한 자신의 생각을 지속했다.

4 문단

1. 한편, 제1차 세계 대전 이후 유럽을 시찰했던 장쥔마이는 통제되지 않은 과학이 불러온 역작용을 목도한 후, 과학이 어떻게 발달하든 그것이 인생관의 문제를 해결할 수는 없다며 서양 근대 문명을 비판했다.

- '장쥔마이'를 암기 시도할 필요가 있다.
- '천두슈'와 '장쥔마이'가 충돌하고 있으므로 둘을 대등 관계로 보아 시각적 수평 관계로 모델링할 수 있다.

2. 근대 과학 문명에서 초래된 사상적 위기가 주체의 책임 부재에서 비롯된 것이라는 주장에 동의했던 그는 과학적 방법을 부정하지 않았지만, 인생관의 문제에는 과학적 방법이 적용될 수 없다고 지적했다.

- 천두슈는 인생관의 문제에 과학적 방법을 적용해야 한다고 본 반면, 장쥔마이는 인생관의 문제에 과학적 방법을 적용할 수 없다고 보았군'이라고 반응할 수 있다.

3. 그는 인생관을 과학과 별개로 파악했고, 과학만능주의에 기초한 신문화 운동에 의해 부정된 중국 전통 가치관의 수호를 내세웠다.

- '옌푸와 천두슈는 중국 전통 가치관을 비판한 반면, 장쥔마이는 중국 전통 가치관을 수호했군'이라고 반응할 수 있다.

04. 윗글에 대한 이해로 적절하지 <u>않은</u> 것은?

① (가): 서양 과학과 기술의 국내 유입을 반대하는 주장이 개항 이후에도 이어졌다.
② (가): 유학을 혁신하여 철학으로 재구성하는 것이 필요하다는 견해가 을사늑약 이후에 제기되었다.
③ (나): 진정한 근대를 이루려면 기술 수용의 차원을 넘어서야 한다는 인식이 등장하였다.
④ (나): 과학 정신이 사회에 자리 잡으려면 정치적 변혁이 선행되어야 한다는 주장이 제기되었다.

⑤ (나): 근대 과학 문명에 대한 비판적 인식을 바탕으로 전통 가치관에 주목하는 견해가 제시되었다.

05. 개화 에 대한 이해로 적절하지 <u>않은</u> 것은?

① 개항 이전의 개화 개념은 백성을 다스리는 통치자로서의 역할과 관련 있었다.
② 『한성순보』의 개화 개념은 서양 기술과 제도의 선별적 수용을 통한 국가 진보의 의미를 포함하였다.
③ 『한성순보』와 개화당의 한 인사의 개화 개념은 통치권자인 왕을 개화의 실행 주체로 상정하였다.
④ 개화의 실행 주체로 왕에게 역할을 부여하지 않은 갑신정변의 개화 개념은 통치권에 대한 노선으로 이해되었다.
⑤ 『대한매일신보』의 발간에 이르러서야 국가의 주권과 결부한 개화 개념이 제기되었다.

06. (나)의 '천두슈'와 '장쥔마이'가 모두 동의할 수 있는 진술로 가장 적절한 것은?

① 전통 사상은 과학 및 과학 정신과 양립할 수 없는 관계에 놓여 있다.

② 전통 사상의 폐단은 과학 정신이 뿌리내리지 못한 사회 체질에서 비롯된 것이다.

③ 과학을 이용하는 과정에서 문제가 발생했다고 해도 과학적 방법을 부정할 수 없다.
④ 서양의 과학 정신을 전면적으로 도입하면 당면한 국가의 위기를 충분히 극복할 수 있다.

⑤ 국가의 위기는 과학적 방법으로 사상을 재구성할 필요가 있다는 인식이 부재한 데에서 비롯된 것이다.

천두슈는 동의할 것이고, 장쥔마이는 동의하지 않을 것이다.

07. ㉠과 ㉡에 대한 이해로 가장 적절한 것은?

이러한 상황에서 박은식은 ㉠ 근대 국가 건설과 새로운 주체의 형성에 주목하여 문명에 대한 견해를 제시했다.
천두슈를 비롯한 신문화 운동의 지식인들은 ㉡ 과학의 근거 위에서만 민주 정치의 실현이 가능하다고 주장했다.

① ㉠은 인격의 수양을 동반하는 근대 주체의 정립에, ㉡은 전통적 사유 방식에 기반을 둔 신문화의 달성에 동의하는 입장이다.

㉠은 인격의 수양을 동반하는 근대 주체의 정립에 동의하는 입장이겠지만, ㉡은 전통적 사유 방식에 기반을 둔 신문화의 달성에 동의하지 않는 입장일 것이다.

② ㉠은 주체 인식의 준거가 서양 근대 문명의 주체라는 인식에, ㉡은 철학이 과학의 방법에 근거할 수 없다는 생각에 반대하는 입장이다.

③ ㉠은 생존과 편리 증진을 위한 과학 연구의 시급성을, ㉡은 과학의 방법에 영향 받지 않는 사상이나 철학을 부인하는 입장이다.

㉠은 생존과 편리 증진을 위한 과학 연구의 시급성을 인정하는 입장일 것이고, ㉡은 과학의 방법에 영향 받지 않는 사상이나 철학을 부인하는 입장일 것이다.

④ ㉠은 앞서 근대 문명을 이룬 국가를 추종하는 태도를, ㉡은 전쟁의 폐해가 과학을 오용한 자들의 탓이라는 주장을 비판하는 입장이다.

㉠은 앞서 근대 문명을 이룬 국가를 추종하는 태도를 비판하는 입장일 것이고, ㉡은 전쟁의 폐해가 과학을 오용한 자들의 탓이라는 주장을 옹호하는 입장일 것이다.

⑤ ㉠은 과학과 철학이 문명의 두 축을 이루는 학문이라는 견해에, ㉡은 철학보다 과학이 우위임을 인정할 수 없다는 견해에 동의하는 입장이다.

㉠은 과학과 철학이 문명의 두 축을 이루는 학문이라는 견해에 동의하는 입장일 것이고, ㉡은 철학보다 과학이 우위임을 인정할 수 없다는 견해에 동의하지 않는 입장일 것이다.

08. (가), (나)를 이해한 학생이 <보기>에 대해 보인 반응으로 적절하지 않은 것은? [3점]

< 보기 >

A 마을은 가난했지만 전통문화와 공동체적 삶을 중시하며 이웃 마을들과 조화롭게 살아왔다. 오래전, 정부는 마을의 경제 발전을 목표로 서양의 생산 기술을 도입하는 정책을 시행했다. 마을 사람들은 정책의 필요성에 공감하면서도 자신들이 발전을 이뤄 낼 수 있다는 확신이 부족했다. 이에 정부는 마을 사람들을 독려하기 위해 마을의 역량으로 달성할 수 있는 미래상을 지속해서 홍보했다. 이후 마을은 물질적 풍요를 누리게 되었지만 경제적 이권을 두고 이웃 마을들과 경쟁하며 갈등하게 되었다. 격화된 경쟁에서 A 마을은 새로운 기술의 수용만을 우선시했고, 과거에 중시되었던 협력과 나눔의 인생관은 낡은 관념이 되었다. 젊은이들에게 전통 문화는 서양 문화에 비해 열등한 것으로 여겨졌다.

① (가)에서 『한성순보』를 간행한 취지는 서양에 대한 반감을 줄이는 데에 있다는 점에서, <보기>에서 정부가 서양의 생산 기술 도입으로 변화하게 될 마을을 홍보한 취지와 부합하겠군.

(가)에서 『한성순보』를 간행한 취지는 서양에 대한 반감을 줄이는 데에 있는 건 맞지만 <보기>에서 A 마을 사람들이 서양에 대한 반감을 가지고 있다고 볼 수는 없으므로, (가)에서 『한성순보』를 간행한 취지는 서양에 대한 반감을 줄이는 데에 있다는 점은 <보기>에서 정부가 서양의 생산 기술 도입으로 변화하게 될 마을을 홍보한 취지와 부합하지 않을 것이다.

② (가)에서 개화당의 한 인사의 개화 개념에 내포된 개화의 지향점은 통치 방식의 변화와 관련 있다는 점에서, <보기>에서 정부가 서양의 생산 기술을 도입하며 내세운 목표와 다르겠군.

③ (가)에서 박은식은 과학과 구별되는 철학의 중요성을 강조했으므로, <보기>에서 젊은이들의 자문화에 대한 인식 변화는 가치관 정립을 위한 철학이 부재했기 때문이라고 보겠군.

④ (나)에서 옌푸는 경쟁에서 승리하기 위한 조건으로 기술과 정신적 자질을 강조했으므로, <보기>에서 마을이 기술의 수용만을 중시하면 마을 간 경쟁에서 승리할 수 없다고 보겠군.

⑤ (나)에서 장쥔마이는 과학적 방법의 한계를 지적했으므
로, <보기>에서 마을이 과거에 중시했던 인생관이 더
이상 유효하지 않게 된 문제는 과학적 방법으로 해결할
수 없다고 보겠군.

09. ⓐ와 문맥상 의미가 가장 가까운 것은?

사상이나 철학이 과학의 방법을 이용하지 않으면 공상(空想)에
ⓐ 그칠 뿐이라고

① 다행히 비는 그사이에 그쳐 있었다.
② 우리 학교는 이번에 16강에 그쳤다.
③ 아이 울음이 좀처럼 그치지 않았다.
④ 그는 만류에도 말을 그치지 않았다.
⑤ 저 사람들은 불평이 그칠 날이 없다.

PART 02

사회

1 문단

1. 권리와 의무의 주체가 될 수 있는 자격을 권리 능력이라 한다.

- '권리 능력'에 대한 정의가 제시되고 있다.
- '권리 능력'을 암기 시도할 필요가 있다.

2. 사람은 태어나면서 저절로 권리 능력을 갖게 되고 생존하는 내내 보유한다.

- '권리 능력'을 '권리와 의무의 주체가 될 수 있는 자격'으로 바꾸어 읽을 수 있다.

3. 그리하여 사람은 재산에 대한 소유권의 주체가 되며, 다른 사람에 대하여 채권을 누리기도 하고 채무를 지기도 한다.

- '소유권'과 '채권'은 '권리'에, '채무'는 '의무'에 포함됨을 알 수 있다.

4. 사람들의 결합체인 단체도 일정한 요건을 ㉠ 갖추면 법으로써 부여되는 권리 능력인 법인격을 취득할 수 있다.

- '-도'라는 표현이 등장했으므로 '단체와 사람 모두 권리 능력을 갖출 수 있네'라고 반응할 수 있다.
- '법인격'에 대한 정의가 제시되고 있다.
- '법인격'을 암기 시도할 필요가 있다.

5. 단체 중에는 사람들이 일정한 목적을 갖고 결합한 조직체로서 구성원과 구별되어 독자적 실체로서 존재하며, 운영 기구를 두어, 구성원의 가입과 탈퇴에 관계없이 존속하는 단체가 있다.

- '그렇지 않은 단체도 있겠군'이라고 추론할 수 있다.

6. 이를 사단(社團)이라 하며, 사단이 갖춘 이러한 성질을 사단성이라 한다.

- '사단'에 대한 정의가 제시되고 있다.
- '사단'을 암기 시도할 필요가 있다.
- '사단'은 '단체'에 포함됨을 알 수 있다.
- '사단성'에 대한 정의가 제시되고 있다.
- '사단성'을 암기 시도할 필요가 있다.

7. 사단의 구성원은 사원이라 한다.

- '사원'에 대한 정의가 제시되고 있다.
- '사원이 가입하든 탈퇴하든 사단은 유지되겠군'이라고 추론할 수 있다.
- '사원'과 '사단'이 부분 관계임을 알 수 있다.

8. 사단은 법인(法人)으로 등기되어야 법인격이 생기는데, 법인격을 가진 사단을 사단 법인이라 부른다.

- '-야'라는 필요조건을 가리키는 표현이 등장했으므로 '사단이 법인으로 등기되지 않으면 법인격이 생기지 않는다'라고 바꾸어 읽을 수 있다.
- '사단 법인'에 대한 정의가 제시되고 있다.
- '사단 법인'을 암기 시도할 필요가 있다.
- '사단 법인'은 '사단'에 포함됨을 알 수 있다.

9. 반면에 사단성을 갖추고도 법인으로 등기하지 않은 사단은 '법인이 아닌 사단'이라 한다.

- '사단 법인'과 '법인이 아닌 사단'을 구분하고 있으므로 둘을 대등 관계로 보아 시각적 수평 관계로 모델링할 수 있다.

10. 사람과 법인만이 권리 능력을 가지며, 사람의 권리 능력과 법인격은 엄격히 구별된다.

- '-만'이라는 표현이 등장했으므로 '사람과 법인이 아니면 권리 능력을 갖지 못한다'라고 추론할 수 있다.
- '사람의 권리 능력과 법인격이 어떤 식으로 구별된다는 거야?'라고 물음표를 띄울 수 있다.
  단서가 부족해 추론은 어려워 보인다.

11. 그리하여 사단 법인이 자기 이름으로 진 빚은 사단이 가진 재산으로 갚아야 하는 것이지 ⓐ 사원 개인에게까지 ⓑ 책임이 미치지 않는다.

- '아 사단 법인의 의무와 그 사단에 속한 사원의 의무는 구분된다는 예시를 들어 사람의 권리 능력과 법인격이 어떻게 구별되는지를 알려주고 있구나'라고 반응할 수 있으므로 '사람의

권리 능력과 법인격이 어떤 식으로 구별된다는 거야?'라면서 띄웠던 물음표를 회수할 수 있다.
- '-야'라는 당위 진술을 가리키는 표현이 등장했으므로 '같지 않으면 안 되는 것이지'라고 바꾸어 읽을 수 있다.

2 문단

1. 회사도 사단의 성격을 갖는 법인이다.

- '회사'는 '사단 법인'에 포함됨을 알 수 있다.

2. 회사의 대표적인 유형이라 할 수 있는 주식회사는 주주들로 구성되며 주주들은 보유한 주식의 비율만큼 회사에 대한 지분을 갖는다.

- '주식회사'는 '회사'에 포함됨을 알 수 있다.
- '주주'와 '주식회사'가 부분 관계임을 알 수 있다.

3. 그런데 2001년에 개정된 상법은 한 사람이 전액을 출자하여 일인 주주로 회사를 설립할 수 있도록 하였다.

4. ⓒ 사단성을 갖추지 못했다고 할 만한 형태의 법인을 인정한 것이다.

- '사단성을 떠올려 보면 여기서 말하는 사단성은 사람들이 일정한 목적을 갖고 결합한 조직체로서의 성격을 말하는 거겠네'라고 추론할 수 있다.

5. 또 여러 주주가 있던 회사가 주식의 상속, 매매, 양도 등으로 말미암아 모든 주식이 한 사람의 소유로 되는 경우가 있다.

- '모든'에 주목할 필요가 있다.
- '두 경우 모두 회사의 지분이 모두 한 사람에게 귀속되는 경우네'라고 추론할 수 있다.

6. 이런 '일인 주식 회사'에서는 일인 주주가 회사의 대표 이사가 되는 사례가 많다.

- '대표 이사가 구체적으로 뭐지?'라고 물음표를 띄울 수 있다. 단서가 부족해 추론은 어려워 보인다.

7. 이처럼 일인 주주가 회사를 대표하는 기관이 되면 경영의 주체가 개인인지 회사인지 모호해진다.

- '대표 이사는 회사를 대표하는 기관이구나'라고 추론할 수 있으므로 '대표 이사가 구체적으로 뭐지?'라면서 띄웠던 물음표를 회수할 수 있다.
- '이러면 사람의 권리 능력과 법인격을 구분하기 어려운 상태가 되겠네'라고 추론할 수 있다.

8. 법인인 회사의 운영이 독립된 주체로서의 경영이 아니라 마치 ⓓ 개인 사업자의 영업처럼 보이는 것이다.

3 문단

1. 구성원인 사람의 인격과 법인으로서의 법인격이 잘 분간되지 않는 듯이 보이는 경우에는 간혹 문제가 일어난다.

- '어떤 문제가 있을까?'라고 물음표를 띄울 수 있다. '개인의 채무를 법인의 채무로 전가시켜 놓고 채무를 이행하지 않는 문제 등을 생각해 볼 수 있겠다'라고 추론할 수 있다.

2. 상법상 회사는 이사들로 이루어진 이사회만을 업무 집행의 의결 기관으로 둔다.

- '이사'와 '이사회'는 부분 관계임을 알 수 있다.
- '-만'이라는 표현이 등장했으므로 '이사회가 아닌 것은 업무 집행의 의결 기관으로 두지 않는다'라고 바꾸어 읽을 수 있다.

3. 또한 대표 이사는 이사 중 한 명으로, 이사회에서 선출되는 기관이다.

- '대표 이사'는 '이사'에 포함됨을 알 수 있다.

4. 그리고 이사의 선임과 이사의 보수는 주주 총회에서 결정하도록 되어 있다.

- '그러니까 주주 총회에서 이사를 선임하여 이사회를 구성하고, 그 이사회가 대표 이사를 선출한다는 거네?'라고 정리할 수 있다.

5. 그런데 주주가 한 사람뿐이면 사실상 그의 뜻대로 될 뿐, 이사회나 주주 총회의 기능은 퇴색하기 쉽다.

- '주주가 한 사람이면 자기가 스스로를 이사로 선임하고 또 스스로 대표 이사가 될 수 있는 거네?'라고 추론할 수 있다.

6. 심한 경우에는 회사에서 발생한 이익이 대표 이사인 주주에게 귀속되고 회사 자체는 ⓔ 허울만 남는 일도 일어난다.

7. 이처럼 회사의 운영이 주주 한 사람의 개인 사업과 다름없이 이루어지고, 회사라는 이름과 형식은 장식에 지나지 않는 경우에는, 회사와 거래 관계에 있는 사람들이 재산상 피해를 입는 문제가 발생하기도 한다.

8. 이때 그 특정한 거래 관계에 관련하여서만 예외적으로 회사의 법인격을 일시적으로 부인하고 회사와 주주를 동일시해야 한다는 ⓛ '법인격 부인론'이 제기된다.

- '-만'이라는 표현이 등장했으므로 '특정한 거래 관계가 아닌 경우에는 뒷부분이 성립하지 않겠군'이라고 추론할 수 있다.
- '-야'라는 당위 진술을 가리키는 표현이 등장했으므로 '동일시하지 않으면 안 된다는'으로 바꾸어 읽을 수 있다.
- '법인격 부인론'에 대한 정의가 제시되고 있다.
- '법인격 부인론'을 암기 시도할 필요가 있다.

9. 법률은 이에 대하여 명시적으로 규정하고 있지 않지만, 법원은 권리 남용의 조항을 끌어들여 이를 받아들인다.

- '권리 남용의 조항은 개인이 회사의 법인격 권리를 남용했다는 내용이겠네'라고 추론할 수 있다.

10. 회사가 일인 주주에게 완전히 지배되어 회사의 회계, 주주 총회나 이사회 운영이 적법하게 작동하지 못하는데도 회사에만 책임을 묻는 것은 법인 제도가 남용되는 사례라고 보는 것이다.

- '-만'이라는 표현이 등장했으므로 '회사가 아닌 것에는 책임을 묻지 않는 것은'으로 바꾸어 읽을 수 있다.

35. 윗글을 통해 알 수 있는 내용으로 적절하지 않은 것은?

① 사단성을 갖춘 단체는 그 단체를 운영하기 위한 기구를 둔다.
② 주주가 여러 명인 주식회사의 주주는 사단의 사원에 해당한다.
③ 법인격을 얻은 사단은 재산에 대한 소유권의 주체가 될

수 있다.
④ 사단 법인의 법인격은 구성원의 가입과 탈퇴에 관계없이 존속한다.
⑤ 사람들이 결합한 단체에 권리와 의무를 누릴 수 있는 자격을 주는 제도가 사단이다.
사람들이 결합한 단체에 권리와 의무를 누릴 수 있는 자격을 주는 제도는 법인이라고 할 수 있다.

36. 윗글에서 설명한 주식회사에 대한 이해로 가장 적절한 것은?

① 대표 이사는 주식회사를 대표하는 기관이다.
② 일인 주식회사는 대표 이사가 법인격을 갖는다.
일인 주식회사는 회사 자체가 법인격을 갖는다.
③ 주식회사의 이사회에서 이사의 보수를 결정한다.
주식회사의 주주 총회에서 이사의 보수를 결정한다.
④ 주식회사에서는 주주 총회가 업무 집행의 의결 기관이다.
주식회사에서는 이사회가 업무 집행의 의결 기관이다.
⑤ 여러 주주들이 모여 설립된 주식회사가 일인 주식회사로 바뀔 수 없다.
여러 주주들이 모여 설립된 주식회사에서 주식의 양도, 상속, 매매 등으로 모든 주식이 한 사람에게 귀속된다면 일인 주식회사로 바뀔 수 있다.

37. ⓐ~ⓔ의 문맥상 의미에 대한 이해로 적절하지 않은 것은?

그리하여 사단 법인이 자기 이름으로 진 빚은 사단이 가진 재산으로 갚아야 하는 것이지 ⓐ 사원 개인에게까지 ⓑ 책임이 미치지 않는다.
그런데 2001년에 개정된 상법은 한 사람이 전액을 출자하여 일인 주주로 회사를 설립할 수 있도록 하였다. ⓒ 사단성을 갖추지 못했다고 할 만한 형태의 법인을 인정한 것이다.
법인인 회사의 운영이 독립된 주체로서의 경영이 아니라 마치 ⓓ 개인 사업자의 영업처럼 보이는 것이다.
심한 경우에는 회사에서 발생한 이익이 대표 이사인 주주에게 귀속되고 회사 자체는 ⓔ 허울만 남는 일도 일어난다.

① ⓐ: 법인에 속해 있지만 법인격과는 구별되는 존재
② ⓑ: 사단이 진 빚을 갚아야 할 의무
③ ⓒ: 여러 사람이 결합한 조직체로서의 성격

④ ⓓ: 회사라는 법인격을 가진 독자적인 실체로서 운영되
지 않는 경영
⑤ ⓔ: 회사의 자산이 감소하여 권리 능력을 누릴 수 없게
된 상태

38. ⓛ에 관한 설명으로 가장 적절한 것은? [3점]

ⓛ '법인격 부인론'

① 회사의 경영이 이사회에 장악되어 있는 경우에만 예외
적으로 법인격 부인론을 적용할 수 있다.

② 법인격 부인론은 주식회사 제도의 허점을 악용하지 못
하도록 법률의 개정을 통해 도입된 제도이다.

③ 회사가 채권자에게 손해를 입혔다는 것이 확정되면 법
원은 법인격 부인론을 받아들여 그 회사의 법인격을 영
구히 박탈한다.

④ 법원이 대표 이사 개인의 권리 능력을 부인함으로써 대
표 이사가 회사에 대한 책임을 면하지 못하도록 하는 것
이 법인격 부인론의 의의이다.

⑤ 특정한 거래 관계에 법인격 부인론을 적용하여 회사의
법인격을 부인하려는 목적은 그 거래와 관련하여 회사
가 진 책임을 주주에게 부담시키기 위함이다.

39. 문맥상 ㉠과 바꿔 쓰기에 가장 적절한 것은?

일정한 요건을 ㉠ 갖추면

① 겸비(兼備)하면
② 구비(具備)하면
③ 대비(對備)하면
④ 예비(豫備)하면
⑤ 정비(整備)하면

1 문단

1. 보험은 같은 위험을 보유한 다수인이 위험 공동체를 형성하여 보험료를 납부하고 보험 사고가 발생하면 보험금을 지급받는 제도이다.

- '보험'에 대한 정의가 제시되고 있다.
- '보험료'와 '보험금'을 암기 시도할 필요가 있다.

2. 보험 상품을 구입한 사람은 장래의 우연한 사고로 인한 경제적 손실에 ⓐ 대비할 수 있다.

- '장래의 우연한 사고'를 '보험 사고'로 바꾸어 읽을 수 있다.

3. 보험금 지급은 사고 발생이라는 우연적 조건에 따라 결정되는데, 이처럼 보험은 조건의 실현 여부에 따라 받을 수 있는 재화나 서비스가 달라지는 조건부 상품이다.

- '사고가 발생하면 보험금을 지급받고, 사고가 발생하지 않으면 보험금을 지급받지 못하겠네'라고 추론할 수 있다.

2 문단 [가]

1. 위험 공동체의 구성원이 납부하는 보험료와 지급받는 보험금은 그 위험 공동체의 사고 발생 확률을 근거로 산정된다.

- '공동체의 사고 발생 확률이 높으면 보험료와 보험금은 높아지고, 공동체의 사고 발생 확률이 낮으면 보험료와 보험금은 낮아지겠군'이라고 추론할 수 있다.

2. 특정 사고가 발생할 확률은 정확히 알 수 없지만 그동안 발생된 사고를 바탕으로 그 확률을 예측한다면 관찰 대상이 많아짐에 따라 실제 사고 발생 확률에 근접하게 된다.

- 그동안 발생된 사고를 바탕으로 사고 발생 확률 예측→(관찰 대상↑⇒실제 사고 발생 확률에 근접)

3. 본래 보험 가입의 목적은 금전적 이득을 취하는 데 있는 것이 아니라 장래의 경제적 손실을 보상받는 데 있으므로 위험 공동체의 구성원은 자신이 속한 위험 공동체의 위험에 상응하는 보험료를 납부하는 것이 공정할 것이다.

4. 따라서 공정한 보험에서는 구성원 각자가 납부하는 보험료와 그가 지급받을 보험금에 대한 기댓값이 일치해야 하며 구성원 전체의 보험료 총액과 보험금 총액이 일치해야 한다.

- '-야'라는 당위 진술을 가리키는 표현이 등장했으므로 '일치하지 않으면 안 된다'로 바꾸어 읽을 수 있다.
- 수식이 등장했으므로 다음과 같이 정리할 수 있다.

공정한 보험)
구성원 각자가 납부하는 보험료 = 그가 지급받을 보험금에 대한 기댓값
구성원 전체의 보험료 총액 = 구성원 전체의 보험금 총액

5. 이때 보험금에 대한 기댓값은 사고가 발생할 확률에 사고 발생 시 수령할 보험금을 곱한 값이다.

- 수식이 등장했으므로 다음과 같이 정리할 수 있다.

공정한 보험)
구성원 각자가 납부하는 보험료 = 그가 지급받을 보험금에 대한 기댓값 = 사고가 발생할 확률 * 사고 발생 시 수령할 보험금
- '지급받을 보험금에 대한 기댓값은 사고 발생 시 수령할 보험금보다 항상 작을 수밖에 없겠네'라고 추론할 수 있다.

6. 보험금에 대한 보험료의 비율(보험료 / 보험금)을 보험료율이라 하는데, 보험료율이 사고 발생 확률보다 높으면 구성원 전체의 보험료 총액이 보험금 총액보다 더 많고, 그 반대의 경우에는 구성원 전체의 보험료 총액이 보험금 총액보다 더 적게 된다.

- 수식이 등장했으므로 다음과 같이 정리할 수 있다.
보험료 / 보험금 > 사고 발생 확률 → 보험료 총액 > 보험금 총액
보험료 / 보험금 < 사고 발생 확률 → 보험료 총액 < 보험금 총액

7. 따라서 공정한 보험에서는 보험료율과 사고 발생 확률이 같아야 한다.

- 수식이 등장했으므로 다음과 같이 정리할 수 있다.
공정한 보험)

구성원 각자가 납부하는 보험료 = 그가 지급받을 보험금에 대한 기댓값 = 사고가 발생할 확률(보험료 / 보험금) * 사고 발생 시 수령할 보험금
- '-야'라는 당위 진술을 가리키는 표현이 등장했으므로 '같지 않으면 안 된다'라고 바꾸어 읽을 수 있다.

3 문단

1. 물론 현실에서 보험사는 영업 활동에 소요되는 비용 등을 보험료에 반영하기 때문에 공정한 보험이 적용되기 어렵지만 기본적으로 위와 같은 원리를 바탕으로 보험료와 보험금을 산정한다.

- '현실에서 보험사가 영업 활동에 소요되는 비용 등을 보험료에 반영하기 때문에 보험료율이 사고 발생 확률보다 커서 공정한 보험이 적용되기 어렵겠군'이라고 추론할 수 있다.

2. 그런데 보험 가입자들이 자신이 가진 위험의 정도에 대해 진실한 정보를 알려 주지 않는 한, 보험사는 보험 가입자 개개인이 가진 위험의 정도를 정확히 ⓑ 파악하여 거기에 상응하는 보험료를 책정하기 어렵다.

3. 이러한 이유로 사고 발생 확률이 비슷하다고 예상되는 사람들로 구성된 어떤 위험 공동체에 사고 발생 확률이 더 높은 사람들이 동일한 보험료를 납부하고 진입하게 되면, 그 위험 공동체의 사고 발생 빈도가 높아져 보험사가 지급하는 보험금의 총액이 증가한다.

- '보험료율보다 사고 발생 확률이 더 커져 보험사가 지급하는 보험금의 총액이 증가하는 것이겠군'이라고 추론할 수 있다.

4. 보험사는 이를 보전하기 위해 구성원이 납부해야 할 보험료를 ⓒ 인상할 수밖에 없다.

5. 결국 자신의 위험 정도에 상응하는 보험료보다 더 높은 보험료를 납부하는 사람이 생기게 되는 것이다.

6. 이러한 문제는 정보의 비대칭성에서 비롯되는데 보험 가입자의 위험 정도에 대한 정보는 보험 가입자가 보험사보다 더 많이 갖고 있기 때문이다.

7. 이를 해결하기 위해 보험사는 보험 가입자의 감춰진 특성을 파악할 수 있는 수단이 필요하다.

- '이를 해결하기 위해 보험 가입자의 감춰진 특성을 파악할 수 있는 수단은 무엇일까?'라고 물음표를 띄울 수 있다.
'보험 가입자가 정보를 감춘 것이 확인되면 패널티를 주는 방식은 어떨까'라고 추론할 수 있다.

4 문단

1. 우리 상법에 규정되어 있는 고지 의무 는 이러한 수단이 법적으로 구현된 제도이다.

- '고지 의무는 보험 가입자가 보험을 가입할 때 관련 정보를 고지해야 한다는 법적 의무를 말하나 보다'라고 추론할 수 있으므로 '이를 해결하기 위해 보험 가입자의 감춰진 특성을 파악할 수 있는 수단은 무엇일까?'라면서 띄웠던 물음표를 회수할 수 있다.

2. 보험 계약은 보험 가입자의 청약과 보험사의 승낙으로 성립된다.

- '보험 가입자의 청약이 먼저고 보험사의 승낙이 나중이겠군'이라고 추론할 수 있다.

3. 보험 가입자는 반드시 계약을 체결하기 전에 '중요한 사항'을 알려야 하고, 이를 사실과 다르게 진술해서는 안 된다.

- '중요한 사항이 뭘까?'라고 물음표를 띄울 수 있다.
'예를 들어 생명 보험이면 지병 관련 정보 같은 것일까'라고 추론할 수 있다.
- '-야'라는 당위 진술을 가리키는 표현이 등장했으므로 '알리지 않으면 안 되고'라고 바꾸어 읽을 수 있다.
- '이를 사실과 다르게 진술해서는 안 된다'를 '이를 사실대로 진술해야 한다'로 바꾸어 읽을 수 있다.

4. 여기서 '중요한 사항'은 보험사가 보험 가입자의 청약에 대한 승낙을 결정하거나 차등적인 보험료를 책정하는 근거가 된다.

5. 따라서 고지 의무는 결과적으로 다수의 사람들이 자신의 위험 정도에 상응하는 보험료보다 더 높은 보험료를 납부해야 하거나, 이를 이유로 아예 보험에 가입할 동기를 상실하게 되는 것을 방지한다.

- '-야'라는 당위 진술을 가리키는 표현이 등장했으므로 '납부하지 않으면 안 되거나'라고 바꾸어 읽을 수 있다.

5 문단

1. 보험 계약 체결 전 보험 가입자가 고의나 중대한 과실로 '중요한 사항'을 보험사에 알리지 않거나 사실과 다르게 알리면 고지 의무를 위반하게 된다.

- 보험 계약 체결 전 보험 가입자가 고의나 중대한 과실로 '중요한 사항'을 보험사에 알리지 않음∨사실과 다르게 알림→고지 의무 위반

2. 이러한 경우에 우리 상법은 보험사에 계약 해지권을 부여한다.

- 보험 계약 체결 전 보험 가입자가 고의나 중대한 과실로 '중요한 사항'을 보험사에 알리지 않음∨사실과 다르게 알림→고지 의무 위반→보험사에 계약 해지권 부여
- '계약 해지권은 보험사가 계약을 해지할 수 있는 권리인 것 같다'라고 추론할 수 있다.

3. 보험사는 보험 사고가 발생하기 이전이나 이후에 상관없이 고지 의무 위반을 이유로 계약을 해지할 수 있고, 해지권 행사는 보험사의 일방적인 의사 표시로 가능하다.

4. 해지를 하면 보험사는 보험금을 지급할 책임이 없게 되며, 이미 보험금을 지급했다면 그에 대한 반환을 청구할 수 있다.

- 보험 해지→보험금을 지급하지 않았다면 보험금을 지급할 책임 없음∧이미 보험금을 지급했다면 반환 청구 가능

5. 일반적으로 법에서 의무를 위반하게 되면 위반한 자에게 그 의무를 이행하도록 강제하거나 손해 배상을 청구할 수 있는 것과 달리, 보험 가입자가 고지 의무를 위반했을 때에는 보험사가 해지권만 행사할 수 있다.

- '고지 의무를 위반했을 때 일반적으로 해석하면 고지하도록 강제해야 하는데 이건 사실 의미가 없는 거고, 손해 배상을 청구하는 게 타당해 보이기도 하는데 법이 보험 가입자의 편의를 봐주고 있는 것 같다'라고 반응할 수 있다.
- '-만'이라는 표현이 등장했으므로 '해지권 외는 행사할 수 없다'라고 바꾸어 읽을 수 있다.

6. 그런데 보험사의 계약 해지권이 제한되는 경우도 있다.

- '그런 경우는 어떤 경우일까?'라고 물음표를 띄울 수 있다. 단서가 부족해 추론은 어려워 보인다.

7. 계약 당시에 보험사가 고지 의무 위반에 대한 사실을 알았거나 중대한 과실로 인해 알지 못한 경우에는 보험 가입자가 고지 의무를 위반했어도 보험사의 해지권은 ⓓ 배제된다.

- '-어도'라는 표현이 등장했으므로 '고지 의무를 위반했든 위반하지 않았든 보험사의 해지권은 배제되는데 특히 고지 의무를 위반했을 때도 보험사의 해지권은 배제된다'라고 바꾸어 읽을 수 있다.
- '보험사가 고지 의무 위반에 대한 사실을 알았거나 중대한 과실로 인해 알지 못한 경우 해지권은 배제되는구나'라고 반응할 수 있으므로 '그런 경우는 어떤 경우일까?'라면서 띄웠던 물음표를 회수할 수 있다.
- 보험사가 고지 의무 위반에 대한 사실을 앎∨중대한 과실로 알지 못함→보험사의 해지권 배제

8. 이는 보험 가입자의 잘못보다 보험사의 잘못에 더 책임을 둔 것이라 할 수 있다.

9. 또 보험사가 해지권을 행사할 수 있는 기간에도 일정한 제한을 두고 있는데, 이는 양자의 법률관계를 신속히 확정함으로써 보험 가입자가 불안정한 법적 상태에 장기간 놓여 있는 것을 방지하려는 것이다.

- '법이 여러모로 고지 의무를 위반한 보험 가입자의 편의를 봐주고 있네'라고 반응할 수 있다.

10. 그러나 고지해야 할 '중요한 사항' 중 고지 의무 위반에 해당되는 사항이 보험 사고와 인과 관계가 없을 때에는 보험사는 보험금을 지급할 책임이 있다.

- '이는 보험 사고가 이미 난 후에 고지 의무 위반을 알아차렸을 경우라는 전제가 깔려 있네'라고 추론할 수 있다.

11. 그렇지만 이때에도 해지권은 행사할 수 있다.

- '보험 사고와 인과 관계가 없더라도 어쨌든 중요한 사항을 고지하지 않은 거니까 해지권을 행사할 수 있도록 한 거네'라고 반응할 수 있다.

6 문단

1. 보험에서 고지 의무는 보험에 가입하려는 사람의 특성을 검증함으로써 다른 가입자에게 보험료가 부당하게 ⓔ 전가되는 것을 막는 기능을 한다.

- 고지 의무의 의의를 제시하고 있다.

2. 이로써 사고의 위험에 따른 경제적 손실에 대비하고자 하는 보험 본연의 목적이 달성될 수 있다.

- 고지 의무의 의의를 제시하고 있다.

37. 윗글에 대한 설명으로 가장 적절한 것은?

① 보험 계약에서 보험사가 준수해야 할 법률 규정의 실효성을 검토하고 있다.
② 보험사의 보험 상품 판매 전략에 내재된 경제학적 원리와 법적 규제의 필요성을 강조하고 있다.
③ <u>공정한 보험의 경제학적 원리와 보험의 목적을 실현하는 데 기여하는 법적 의무를 살피고 있다.</u>
④ 보험금 지급을 두고 벌어지는 분쟁의 원인을 나열한 후 경제적 해결책과 법적 해결책을 모색하고 있다.
⑤ 보험 상품의 거래에 부정적으로 작용하는 법률 조항의 문제점을 경제학적인 시각에서 분석하고 있다.

38. 윗글을 이해한 내용으로 가장 적절한 것은?

① 보험사가 청약을 하고 보험 가입자가 승낙해야 보험 계약이 해지된다.
보험 가입자가 청약을 하고 보험 가입자가 승낙해야 보험 계약이 성립한다.
② 구성원 전체의 보험료 총액보다 보험금 총액이 더 많아야 공정한 보험이 된다.
구성원 전체의 보험료 총액과 보험금 총액이 같아야 공정한 보험이 된다.
③ 보험 사고 발생 여부와 관계없이 같은 보험료를 납부한 사람들은 동일한 보험금을 지급받는다.
보험 사고가 발생하면 같은 보험료를 납부한 사람들은 동일한 보험금을 지급받는다.
④ <u>보험에 가입하고자 하는 사람이 알린 중요한 사항을 근거로 보험사는 보험 가입을 거절할 수 있다.</u>
4문단 4번 문장: 여기서 '중요한 사항'은 보험사가 보험 가입자의 청약에 대한 승낙을 결정하거나 차등적인 보험료를 책정하는 근거가 된다.
⑤ 우리 상법은 보험 가입자보다 보험사의 잘못을 더 중시하기 때문에 보험사에 계약 해지권을 부여하고 있다.
우리 상법은 보험 가입자보다 보험사의 잘못을 더 중시한다는 서술은 제시되어 있지 않다. 또한 우리 상법이 보험사의 잘못을 더 중시한다면 보험사에 계약 해지권을 부여하면 안 된다.

39. [가]를 바탕으로 <보기>의 상황을 이해한 내용으로 적절한 것은? [3점]

> ─── < 보기 > ───
>
> 사고 발생 확률이 각각 0.1과 0.2로 고정되어 있는 위험 공동체 A와 B가 있다고 가정한다. A와 B에 모두 공정한 보험이 항상 적용된다고 할 때, 각 구성원이 납부할 보험료와 사고 발생 시 지급받을 보험금을 산정하려고 한다.
> 단, 동일한 위험 공동체의 구성원끼리는 납부하는 보험료가 같고, 지급받는 보험금이 같다. 보험료는 한꺼번에 모두 납부한다.

공정한 보험)
구성원 각자가 납부하는 보험료 = 그가 지급받을 보험금에 대한 기댓값 = 사고가 발생할 확률(보험료 / 보험금) * 사고 발생 시

① A에서 보험료를 두 배로 높이면 보험금은 두 배가 되지
만 보험금에 대한 기댓값은 변하지 않는다.

A에서 보험료를 두 배로 높이면 보험금과 보험금에 대한 기댓
값은 모두 두 배가 된다.

② B에서 보험금을 두 배로 높이면 보험료는 변하지 않
지만 보험금에 대한 기댓값은 두 배가 된다.

B에서 보험금을 두 배로 높이면 보험료와 보험금에 대한 기댓
값은 모두 두 배가 된다.

③ A에 적용되는 보험료율과 B에 적용되는 보험료율은 서
로 같다.

A에 적용되는 보험료율은 0.1, B에 적용되는 보험료율은 0.2로
서로 다르다.

④ A와 B에서의 보험금이 서로 같다면 A에서의 보험료는
B에서의 보험료의 두 배이다.

A와 B에서의 보험금이 서로 같다면 A에서의 보험료는 B에서의
보험료의 1/2배이다.

⑤ A와 B에서의 보험료가 서로 같다면 A와 B에서의 보험
금에 대한 기댓값은 서로 같다.

40. 윗글의 고지 의무 에 대한 설명으로 적절하지 않은 것은?

① 고지 의무를 위반한 보험 가입자가 보험사에 손해 배상
을 해야 하는 근거가 된다.

고지 의무를 위반한 보험 가입자에 대해 보험사가 해지권을 행
사할 근거가 된다.

② 보험사가 보험 가입자의 위험 정도에 따라 차등적인 보
험료를 책정하는 데 도움이 된다.

③ 보험 계약 과정에서 보험사가 가입자들의 특성을 파악
하는 데 드는 어려움을 줄여 준다.

④ 보험사와 보험 가입자 간의 정보 비대칭성에서 기인하
는 문제를 줄일 수 있는 법적 장치이다.

⑤ 자신의 위험 정도에 상응하는 보험료보다 높은 보험료
를 내야 한다는 이유로 보험 가입을 포기하는 사람들이
생기는 것을 방지하는 효과가 있다.

41. 윗글을 바탕으로 <보기>의 사례를 검토한 내용으로 가장 적절한 것은?

─── < 보기 > ───

보험사 A는 보험 가입자 B에게 보험 사고로 인한 보
험금을 지급한 후, B가 중요한 사항을 고지하지 않았다
는 사실을 뒤늦게 알고 해지권을 행사할 수 있는 기간
내에 보험금 반환을 청구했다.

① 계약 체결 당시 A에게 중대한 과실이 있었다면 A는 계
약을 해지할 수 없으나 보험금은 돌려받을 수 있다.

계약 체결 당시 A에게 중대한 과실이 있었다면 A는 계약을 해
지할 수 없고 그에 따라 보험금도 돌려 받을 수 없다.

② 계약 체결 당시 A에게 중대한 과실이 없다 하더라도 A
는 보험금을 이미 지급했으므로 계약을 해지할 수 없다.

계약 체결 당시 A에게 중대한 과실이 없었다면 A는 보험금을 이
미 지급했더라도 계약을 해지할 수 있다.

③ 계약 체결 당시 A에게 중대한 과실이 있고 B 또한 중대
한 과실로 고지 의무를 위반했다면 A는 보험금을 돌려
받을 수 있다.

계약 체결 당시 A에게 중대한 과실이 있고 B 또한 중대한 과실
로 고지 의무를 위반했다면 A는 계약을 해지할 수 없고 그에 따
라 보험금도 돌려 받을 수 없다.

④ B가 고지하지 않은 중요한 사항이 보험 사고와 인과 관
계가 없다면 A는 보험금을 돌려받을 수 없다.

5문단 10번 문장: 그러나 고지해야 할 '중요한 사항' 중 고지 의
무 위반에 해당되는 사항이 보험 사고와 인과 관계가 없을 때에
는 보험사는 보험금을 지급할 책임이 있다.

⑤ B가 자신의 고지 의무 위반 사실을 보험 사고가 발생한 후
A에게 즉시 알렸다면 고지 의무를 위반한 것이 아니다.

5문단 3번 문장: 보험사는 보험 사고가 발생하기 이전이나 이후
에 상관없이 고지 의무 위반을 이유로 계약을 해지할 수 있고,
해지권 행사는 보험사의 일방적인 의사 표시로 가능하다.

42. ⓐ~ⓔ를 사용하여 만든 문장으로 적절하지 않은 것은?

경제적 손실에 ⓐ 대비

위험의 정도를 정확히 ⓑ 파악

보험료를 ⓒ 인상

해지권은 ⓓ 배제

보험료가 부당하게 ⓔ 전가

① ⓐ: 지난해의 이익과 손실을 대비해 올해 예산을 세웠다.
② ⓑ: 일을 시작하기 전에 상황을 파악하는 것이 중요하다.
③ ⓒ: 임금이 인상되었다는 소식에 많은 사람들이 기뻐했다.
④ ⓓ: 이번 실험이 실패할 가능성을 전혀 배제할 수는 없다.
⑤ ⓔ: 그는 자신의 실수에 대한 책임을 동료에게 전가했다.

1 문단

1. 통화 정책은 중앙은행이 물가 안정과 같은 경제적 목적의 달성을 위해 이자율이나 통화량을 조절하는 것이다.

- '통화 정책'에 대한 정의가 제시되고 있다.
- '물가 안정'이 '경제적 목적'에 포함됨을 알 수 있다.
- 이자율이나 통화량 조절⇒물가 안정
- 배경지식으로 알아야 하는 경제학 개념)
대출 금리나 예금 금리 같은 이자율을 높이면 대출하고자 하는 사람들은 대출 금리가 높아 대출을 꺼리게 되고, 예금하고자 하는 사람들은 예금 금리가 높아 예금을 원하게 된다. 따라서 은행에서 시중으로 돈이 적게 풀리고, 시중에서 은행으로 돈이 많이 몰려 시중 통화량이 감소하는 것이다. 시중 통화량이 감소하면, 재화나 서비스의 구매율이 낮아져 물가가 낮아지고 그에 따라 화폐의 가치는 높아진다.

이자율↑⇒시중 통화량↓⇒물가↓

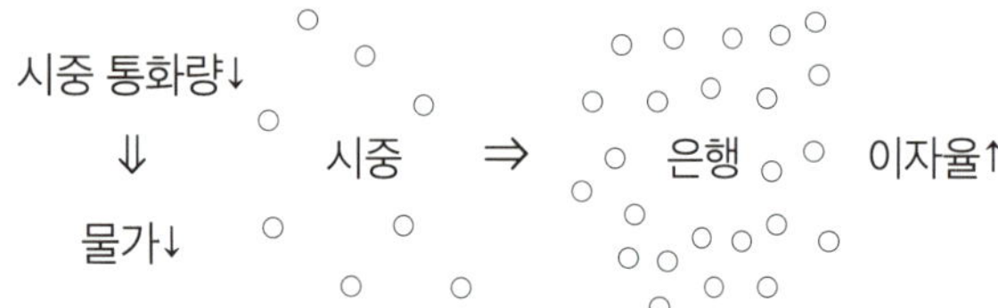

반대로 대출 금리나 예금 금리 같은 이자율을 낮추면 대출하고자 하는 사람들은 대출 금리가 낮아 대출을 원하게 되고, 예금하고자 하는 사람들은 예금 금리가 낮아 예금을 꺼리게 된다. 따라서 은행에서 시중으로 돈이 많이 풀리고, 시중에서 은행으로 돈이 적게 몰려 시중 통화량이 증가하는 것이다. 시중 통화량이 증가하면, 재화나 서비스의 구매율이 높아져 물가가 올라가고 그에 따라 화폐의 가치는 낮아진다.

이자율↓⇒시중 통화량↑⇒물가↑

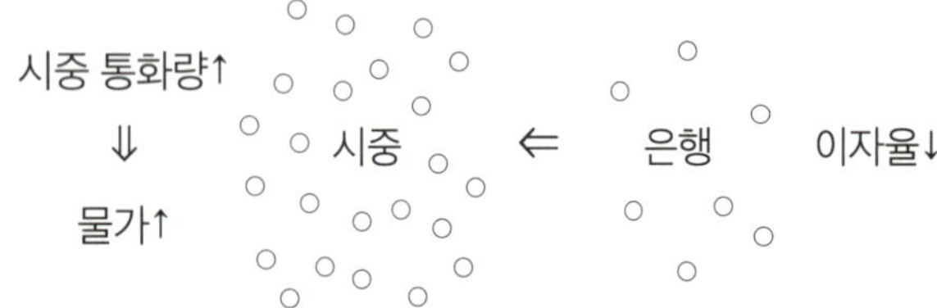

2. 대표적인 통화 정책 수단인 '공개 시장 운영'은 중앙은행이 민간 금융 기관을 상대로 채권을 매매해 금융 시장의 이자율을 정책적으로 결정한 기준 금리 수준으로 접근시키는 것이다.

- '공개 시장 운영'이 '통화 정책'에 포함됨을 알 수 있다.
- '공개 시장 운영'에 대한 정의가 제시되고 있다.
- '중앙은행이 민간 금융 기관 상대로 채권을 매매해서 어떻게 금융 시장의 이자율을 조절할 수 있을까?'라고 물음표를 띄울 수 있다.
단서가 부족해 추론은 어려워 보인다.

3. 중앙은행이 채권을 매수하면 이자율은 하락하고, 채권을 매도하면 이자율은 상승한다.

- '왜 중앙은행이 채권을 매수하면 이자율은 하락하고, 채권을 매도하면 이자율은 상승하는 걸까?'라고 물음표를 띄울 수 있다.
'중앙은행이 채권을 매수하면 중앙은행이 민간 금융 기관에 그만큼의 돈을 지급하고 그에 따라 은행에 돈이 많아져 이자율을 낮춰 예금은 적게 대출은 많이 하도록 민간 금융 기관이 이자율을 낮추겠구나.
반대로 중앙은행이 채권을 매도하면 민간 금융 기관이 중앙은행에 그만큼의 돈을 지급하고 그에 따라 은행에 돈이 적어져 이자율을 높여 예금은 많이 대출은 적게 하도록 민간 금융 기관이 이자율을 높이겠구나'라고 추론할 수 있다.
- '이런 식으로 중앙은행이 민간 금융 기관 상대로 채권을 매매해서 금융 시장의 이자율을 조절할 수 있는 거구나'라고 반응할 수 있으므로 '중앙은행이 민간 금융 기관 상대로 채권을 매매해서 어떻게 금융 시장의 이자율을 조절할 수 있을까?'라면서 띄웠던 물음표를 회수할 수 있다.

4. 이자율이 하락하면 소비와 투자가 확대되어 경기가 활성화되고 물가 상승률이 오르며, 이자율이 상승하면 경기가 위축되고 물가 상승률이 떨어진다.

- '중앙은행이 채권을 매수하여 이자율이 하락하면 대출은 늘고 예금은 줄어 시중 통화량이 증가하고 소비와 투자가 확대되어 경기가 활성화되고 물가 상승률이 오르고,
중앙은행이 채권을 매도하여 이자율이 상승하면 대출은 줄고 예금은 늘어 시중 통화량이 감소하고 소비와 투자가 축소되어 경기가 위축되고 물가 상승률이 떨어지겠군'이라고 추론할 수 있다.
- 채권 매수⇒이자율↓⇒시중 통화량↑⇒소비와 투자↑⇒경기 활

성화∧물가 상승률↑
채권 매도⇒이자율↑⇒시중 통화량↓⇒소비와 투자↓⇒경기 위축∧물가 상승률↓

5. 이와 같이 공개 시장 운영의 영향은 경제 전반에 ⓐ 파급된다.

2 문단

1. 중앙은행의 통화 정책이 의도한 효과를 얻기 위한 요건 중에는 '선제성'과 '정책 신뢰성'이 있다.

- '선제성과 정책 신뢰성은 뭘까?'라고 물음표를 띄울 수 있다. '선제성은 통화 정책이 선제적이어야 한다는 것 같고, 정책 신뢰성은 사람들이 통화 정책을 신뢰해야 한다는 것 같은데'라고 추론할 수 있다.

2. 먼저 통화 정책이 선제적이라는 것은 중앙은행이 경제 변동을 예측해 이에 미리 대처한다는 것이다.

- '선제성'에 대한 정의가 제시되고 있으므로 '선제성과 정책 신뢰성은 뭘까?'라면서 띄웠던 물음표를 반쯤 회수할 수 있다.

3. 기준 금리를 결정하고 공개 시장 운영을 실시하여 그 효과가 실제로 나타날 때까지는 시차가 발생하는데 이를 '정책 외부 시차'라 하며, 이 때문에 선제성이 문제가 된다.

- '정책 외부 시차'에 대한 정의가 제시되고 있다.
- '정책 외부 시차 때문에 선제성이 왜 문제가 될까?'라고 물음표를 띄울 수 있다. '경제 변동 예측에 따라 통화 정책을 실시했는데 실제 경기 양상과 효과 발생이 아다리가 안 맞을 때 문제가 된다는 건가'라고 추론할 수 있다.

4. 예를 들어 중앙은행이 경기 침체 국면에 들어서야 비로소 기준 금리를 인하한다면, 정책 외부 시차로 인해 경제가 스스로 침체 국면을 벗어난 다음에야 정책 효과가 ⓑ 발현될 수도 있다.

- '경기 침체 국면에 들어서면 시중 통화량이 적다는 얘기니까 중앙은행이 기준 금리를 낮춰서 시중 통화량을 증가시켜야겠네. 그렇게 기준 금리를 인하했는데 정책 외부 시차로 인해 경제가 스스로 침체 국면을 벗어난 다음, 즉 시중 통화량이 어느 정도 증가한 다음 정책 효과가 발현되면 시중 통화량이 더 증가하니까 물가 상승률이 더 커져서 문제가 발생하겠네'라고 반응할 수 있으므로 '정책 외부 시차 때문에 선제성이 왜 문제가 될까?'라면서 띄웠던 물음표를 회수할 수 있다.

5. 이 경우 경기 과열과 같은 부작용이 ⓒ 수반될 수 있다.

6. 따라서 중앙은행은 통화 정책을 선제적으로 운용하는 것이 바람직하다.

3 문단

1. 또한 통화 정책은 민간의 신뢰가 없이는 성공을 거둘 수 없다.

- '앞으로 정책 신뢰성에 대한 내용이 나오겠군'이라고 추론할 수 있다.
- 해당 문장을 대우 규칙을 적용해 '또한 통화 정책은 민간의 신뢰가 있어야 성공을 거둘 수 있다'로 바꾸어 읽을 수 있다.

2. 따라서 중앙은행은 정책 신뢰성이 손상되지 않게 ⓓ 유의해야 한다.

- '-야'라는 당위 진술을 가리키는 표현이 등장했으므로 '유의하지 않으면 안 된다'로 바꾸어 읽을 수 있다.
- '정책 신뢰성이 의미하는 바는 정책에 대한 민간의 신뢰겠네'라고 추론할 수 있으므로 '선제성과 정책 신뢰성은 뭘까?'라면서 띄웠던 물음표를 모두 회수할 수 있다.

3. 그런데 어떻게 통화 정책이 민간의 신뢰를 얻을 수 있는지에 대해서는 견해 차이가 있다.

4. 경제학자 프리드먼은 중앙은행이 특정한 정책 목표나 운용 방식을 '준칙'으로 삼아 민간에 약속하고 어떤 상황에서도 이를 지키는 ㉠ '준칙주의'를 주장한다.

- '프리드먼'을 암기 시도할 필요가 있다.
- '준칙주의'에 대한 정의가 제시되고 있다.
- '준칙주의'를 암기 시도할 필요가 있다.

5. 가령 중앙은행이 물가 상승률 목표치를 민간에 약속
했다고 하자.

6. 민간이 이 약속을 신뢰하면 물가 불안 심리가 진정
된다.

7. 그런데 물가가 일단 안정되고 나면 중앙은행으로서
는 이제 경기를 ⓒ 부양하는 것도 고려해 볼 수 있다.

- '이 경우는 경기 침체인 상태에서 중앙은행이 물가 상승률 목
표치를 약속하자 물가가 소폭 오르고 경기가 안정된 경우겠
네'라고 추론할 수 있다.

8. 문제는 민간이 이 비일관성을 인지하면 중앙은행에
대한 신뢰가 훼손된다는 점이다.

- '이 비일관성은 물가 상승률 목표치를 민간에 약속해놓고 물
가가 안정되자 물가 상승률 목표치를 더 올리는 경우를 말하
겠군'이라고 추론할 수 있다.

9. 준칙주의자들은 이런 경우에 중앙은행이 애초의 약
속을 일관되게 지키는 편이 바람직하다고 주장한다.

4 문단

1. 그러나 민간이 사후적인 결과만으로는 중앙은행이 준
칙을 지키려 했는지 판단하기 어렵고, 중앙은행에 준칙
을 지킬 것을 강제할 수 없는 것도 사실이다.

- '-만으로'를 통해 '중앙은행이 준칙을 지키려 했는지 판단하기
위해서 사후적인 결과뿐만 아니라 다른 조건도 필요하겠군'이
라고 추론할 수 있다.

2. 준칙주의와 대비되는 ⓛ '재량주의'에서는 경제 여건
변화에 따른 신축적인 정책 대응을 지지하며 준칙주의
의 엄격한 실천은 현실적으로 어렵다고 본다.

- '준칙주의'와 '재량주의'의 차이를 드러내고 있으므로 둘을 대
등 관계로 보아 시각적 수평 관계로 모델링할 수 있다.
- '재량주의'에 대한 설명이 제시되고 있다.
- '재량주의는 왜 재량주의라고 불릴까?'라고 물음표를 띄울 수
있다.

'경제 여건 변화에 준칙이 아닌 재량으로 대응하자고 해서 재
량주의인가'라고 추론할 수 있다.

3. 아울러 준칙주의가 최선인지에 대해서도 물음을 던
진다.

4. 예상보다 큰 경제 변동이 있으면 사전에 정해 둔 준칙
이 장애물이 될 수 있기 때문이다.

5. 정책 신뢰성은 중요하지만, 이를 위해 중앙은행이 반
드시 준칙에 얽매일 필요는 없다는 것이다.

- "준칙주의'와 '재량주의' 모두 정책 신뢰성이 중요하다는 의견
에는 동의하겠네. 다만 민간의 정책 신뢰를 어떻게 얻을 수 있
는지에 대해서는 의견이 다른 거고.'라고 반응할 수 있다.

22. 윗글에서 사용한 설명 방식에 해당하지 <u>않는</u> 것은?

① 통화 정책의 목적을 유형별로 나누어 제시하고 있다.
통화 정책의 목적으로 물가 안정과 같은 경제적 목적 달성만을
언급하고 있을 뿐, 통화 정책의 목적을 유형별로 나누어 제시하
지 않았다.
② 통화 정책에서 선제적 대응의 필요성을 예를 들어 설명
하고 있다.
③ 공개 시장 운영이 경제 전반에 영향을 미치는 과정을 인
과적으로 설명하고 있다.
④ 관련된 주요 용어의 정의를 바탕으로 통화 정책의 대표
적인 수단을 설명하고 있다.
⑤ 통화 정책의 신뢰성 확보를 위해 준칙을 지켜야 하는지
에 대한 두 견해의 차이를 드러내고 있다.

23. 윗글을 바탕으로 <보기>를 이해할 때 '경제학자 병'이 제안한 내용으로 가장 적절한 것은? [3점]

어떤 가상의 경제에서 20○○년 1월 1일부터 9월 30일까지 3개 분기 동안 중앙은행의 기준 금리가 4%로 유지되는 가운데 다양한 물가 변동 요인의 영향으로 물가 상승률은 아래 표와 같이 나타났다. 단, 각 분기의 물가 변동 요인은 서로 관련이 없다고 한다.

기간	1/1~3/31	4/1~6/30	7/1~9/30
	1분기	2분기	3분기
물가 상승률	2%	3%	3%

경제학자 병은 1월 1일에 위 표의 내용을 예측할 수 있었고 국민들의 생활 안정을 위해 물가 상승률을 매 분기 2%로 유지해야 한다고 주장하였다. 이를 위해 다음 사항을 고려한 선제적 통화 정책을 제안했으나 받아들여지지 않았다.

[경제학자 병의 고려 사항]

기준 금리가 4%로부터 1.5%p*만큼 변하면 물가 상승률은 위 표의 각 분기 값을 기준으로 1%p만큼 달라지며, 기준 금리 조정과 공개 시장 운영은 1월 1일과 4월 1일에 수행된다. 정책 외부 시차는 1개 분기이며 기준 금리 조정에 따른 물가 상승률 변동 효과는 1개 분기 동안 지속된다.

* %p는 퍼센트 간의 차이를 말한다. 예를 들어 1%에서 2%로 변화하면 이는 1%p 상승한 것이다.

① 중앙은행은 기준 금리를 1월 1일에 2.5%로 인하하고 4월 1일에도 이를 2.5%로 유지해야 한다.

② 중앙은행은 기준 금리를 1월 1일에 2.5%로 인하하고 4월 1일 에는 이를 4%로 인상해야 한다.

③ 중앙은행은 기준 금리를 1월 1일에 4%로 유지하고 4월 1일 에는 이를 5.5%로 인상해야 한다.

④ 중앙은행은 기준 금리를 1월 1일에 5.5%로 인상하고 4월 1일 에는 이를 4%로 인하해야 한다.

⑤ 중앙은행은 기준 금리를 1월 1일에 5.5%로 인상하고 4월 1일에도 이를 5.5%로 유지해야 한다.

4월 1일부터 한 분기 동안 물가 상승률이 3%로 예측되고 있으므로 이를 2%로 유지하기 위해서 정책 외부 시차를 고려해 1월 1일에 기준 금리를 5.5%로 인상해야 한다.

마찬가지로 7월 1일부터 한 분기 동안 물가 상승률이 3%로 예측되고 있으므로 이를 2%로 유지하기 위해서 정책 외부 시차를 고려해 4월 1일에 기준 금리를 5.5%로 유지해야 한다.

24. 윗글의 ㉠과 ㉡에 대한 설명으로 가장 적절한 것은?

㉠ '준칙주의'
㉡ '재량주의'

① ㉠에서는 중앙은행이 정책 운용에 관한 준칙을 지키느라 경제 변동에 신축적인 대응을 못해도 이를 바람직하다고 본다.

② ㉡에서는 중앙은행이 스스로 정한 준칙을 지키는 것은 얼마든지 가능하다고 본다.

㉡에서는 중앙은행이 스스로 정한 준칙을 엄격히 지키는 것은 현실적으로 어렵다고 본다.

③ ㉠에서는 ㉡과 달리, 정책 운용에 관한 준칙을 지키지 않아도 민간의 신뢰를 확보할 수 있다고 본다.

㉡에서는 ㉠과 달리, 정책 운용에 관한 준칙을 지키지 않아도 민간의 신뢰를 확보할 수 있다고 볼 것이다.

④ ㉡에서는 ㉠과 달리, 통화 정책에서 민간의 신뢰 확보를 중요하게 여기지 않는다.

㉠과 ㉡ 모두 통화 정책에서 민간의 신뢰 확보를 중요하게 여긴다.

⑤ ㉡에서는 ㉠과 달리, 경제 상황 변화에 대한 통화 정책의 탄력적 대응이 효과적이지 않다고 본다.

㉠에서는 ㉡과 달리, 경제 상황 변화에 대한 통화 정책의 탄력적 대응이 효과적이지 않다고 볼 것이다.

25. ⓐ~ⓔ의 문맥적 의미를 활용하여 만든 문장으로 적절하지 않은 것은?

영향은 경제 전반에 ⓐ 파급
정책 효과가 ⓑ 발현
부작용이 ⓒ 수반
정책 신뢰성이 손상되지 않게 ⓓ 유의
경기를 ⓔ 부양

① ⓐ: 그의 노력으로 소비자 운동이 전국적으로 파급되었다.

② ⓑ: 의병 활동은 민중의 애국 애족 의식이 발현한 것이다.

③ ⓒ: 이 질병은 구토와 두통 증상을 수반하는 경우가 많다.

④ ⓓ: 기온과 습도가 높은 요즘 건강관리에 유의해야 한다.

⑤ ⓔ: 장남인 그가 늙으신 부모와 어린 동생들을 부양하고 있다.

1 문단

1. 사람들은 함께 모여 '집합 의례'를 행한다.

- '집합 의례가 뭘까?'라고 물음표를 띄울 수 있다.
  '사람들이 모여서 하는 의식 같은 건가'라고 추론할 수 있다.
- '집합 의례'를 암기 시도할 필요가 있다.

2. ⊙ 뒤르켐은 오스트레일리아 부족들의 집합 의례를 공동체 결속의 관점에서 탐구한다.

- '뒤르켐'을 암기 시도할 필요가 있다.
- '집합 의례를 통해 공동체가 결속된다고 주장할 것 같은데'라고 추론할 수 있다.

3. 부족 사람들은 문제 상황이 발생할 경우 생계 활동을 멈추고 자신들이 공유하는 성(聖)과 속(俗)의 분류 체계를 활용하여 이 상황이 성스러운 것인지 아니면 속된 것인지를 판별하는 집합 의례를 행한다.

- '성', 즉 '성스러운 것'과 '속', 즉 '속된 것'이 대비되고 있으므로 둘을 대등 관계로 보아 시각적 수평 관계로 모델링할 수 있다.
- '집합 의례'에 대한 정의가 제시되고 있으므로 '집합 의례가 뭘까?'라면서 띄웠던 물음표를 회수할 수 있다.

4. 이 과정에서 그들은 자신들이 공유하는 성스러움이 무엇인지 새삼 깨닫고 그것을 중심으로 약해진 기존의 도덕 공동체를 재생한다.

5. 집합 의례가 끝나면 부족 사람들은 가슴속에 성스러움을 품고 일상의 속된 세계로 되돌아간다.

6. 이로써 단순히 먹고사는 문제에 불과했던 생계 활동이 성스러움과 연결된 도덕적 의미를 지니게 된다.

- "단순히 먹고사는 문제에 불과했던 생계 활동'은 '속'에 속하겠네'라고 반응할 수 있다.

2 문단

1. 뒤르켐은 현대 사회의 집합 의례가 기존 도덕 공동체의 재생으로 끝나지 않고 새로운 도덕 공동체를 창출할 것이라고 본다.

- 현대 사회의 집합 의례⇒기존 도덕 공동체의 재생∧새로운 공동체 창출

2. 예를 들어, 프랑스 혁명은 자유, 평등, 우애와 같은 새로운 성스러움을 창출하고 이를 중심으로 새로운 도덕 공동체를 구성한 집합 의례다.

- '자유', '평등'. '우애'가 '성'에 포함됨을 알 수 있다.
- '프랑스 혁명이 현대 사회의 집합 의례의 예시구나'라고 반응할 수 있다.

3. 뒤르켐은 새로 창출된 성스러움이 자기 이해관계를 추구하며 속된 세계에서 살아가는 개인들에게 서로 결속할 수 있는 도덕적 의미를 제공할 것이라 여긴다.

3 문단

1. ⓛ 파슨스와 스멜서는 이러한 이론적 통찰을 기능주의 이론으로 구체화한다.

- '파슨스와 스멜서'를 암기 시도할 필요가 있다.
- '뒤르켐'과 '파슨스와 스멜서'를 구분하고 있으므로 둘을 대등 관계로 보아 시각적 수평 관계로 모델링할 수 있다.
- '기능주의 이론이 뭘까?'라고 물음표를 띄울 수 있다.
  단서가 부족해 추론은 어려워 보인다.
- '기능주의 이론'을 암기 시도할 필요가 있다.

2. 그들은 성스러움을 가치라는 말로 바꿔 표현한다.

- '성스러움'이 '가치'로 변형 반복됨을 알 수 있다.

3. 현대 사회에서는 가치가 평상시 사회적 삶 아래에 잠재되어 있다가, 그 도덕적 의미가 뿌리부터 뒤흔들리는 위기 시기 에 위로 올라와 전국적으로 일반화된다.

- '사회적 삶은 속에 속하겠군'이라고 반응할 수 있다.
- '위기 시기는 구체적으로 어떤 시기인 걸까?'라고 물음표를 띄

울 수 있다.
'프랑스 혁명을 예로 들면 자유, 평등, 우애와 같은 가치가 위협받는 시기를 말하려나'라고 추론할 수 있다.

- "자기 이해관계를 구체화한 목표와 이의 실현을 안내하는 규범'은 '속'에 속하겠군'이라고 반응할 수 있다.

- "자신들의 특수한 이해관계"는 '속'으로, '보편적인 가치'는 '성'으로 이해할 수 있겠군'이라고 반응할 수 있다.

- '뒤르켐은 집합 의례의 결과, 기존 도덕 공동체의 재생에서 끝나지 않고 새로운 도덕 공동체가 창출된다고 본 반면, 파슨스와 스멜서는 집합 의례의 결과, 사회의 통합이 회복된다고 보는군'이라고 반응할 수 있다.

- '유기체의 비유에서 항상성의 기능을 회복한다는 점에서 집합 의례를 설명하기 때문에 이러한 이론적 통찰을 기능주의 이론으로 구체화했다고 말하는 건가'라고 추론할 수 있으므로 '기능주의 이론이 뭘까?'라면서 띄웠던 물음표를 회수할 수 있다.

4 문단

- '알렉산더'를 암기 시도할 필요가 있다.

- '알렉산더'와 '파슨스와 스멜서'가 충돌하고 있으므로 둘을 대등 관계로 보아 시각적 수평 관계로 모델링할 수 있다.
- '사회적 공연론이 뭘까?'라고 물음표를 띄울 수 있다.
'집합 의례가 사회적 공연과 비슷하다는 이론인가'라고 추론할 수 있다.

- '그 결과가 정해지지 않은 과정이라는 것은 집합 의례 후에 사회의 통합이 회복될 수도, 회복되지 않을 수도 있다는 말이네'라고 추론할 수 있다.
- '유기체의 생리 작용처럼 자연적으로 진행되는 것은 파슨스와 스멜서의 범주에 포함되겠네'라고 반응할 수 있다.

- '여기서 말하는 사회적 공연의 요소들은 집합 의례에 참가하는 사람들을 말하는 건가'라고 추론할 수 있다.

- '우발성이 극대화된 문화적 실천이 의미하는 바가 뭘까?'라고 물음표를 띄울 수 있다.
'프랑스 혁명을 예시로 들면 문제를 느낀 소수가 우발적으로 문제 제기를 실천하여 혁명, 즉 집합 의례가 이루어질 수 있었다, 뭐 이런 건가'라고 추론할 수 있다.

- '기능주의 이론은 파슨스와 스멜서의 범주에 포함되지'라고 반응할 수 있다.
- '-야라는 당위 진술을 가리키는 표현이 등장했으므로 '탐구하지 않으면 안 된다고'로 바꾸어 읽을 수 있다.
- '우발성이 강하기 때문에 경험적으로 세밀하게 탐구해야 한다고 강조하는 거겠군'이라고 반응할 수 있다.

5 문단

1. 현대 사회의 사회적 공연의 요소들로는 성과 속의 분류 체계를 다양하게 구체화한 대본, 다양한 대본을 자신만의 방식으로 실행하는 배우, 계급·출신 지역·나이·성별 등 내부적으로 분화된 관객, 시·공간적으로 다양한 동선을 짜서 공연을 무대 위에 올리는 미장센*, 시·공간의 한계를 넘어 공연을 광범위한 관객에게 전파하는 상징적 생산 수단, 공연을 생산하고 배포하고 해석하는 과정을 총체적으로 통제하지 못할 정도로 고도로 분화된 사회적 권력 등이 있다.

* 미장센(mise en scéne): 무대 위에서의 등장인물의 배치나 역할, 무대 장치, 조명 따위에 관한 총체적인 계획과 실행.

- '사회적 공연의 요소들은 구체적으로 무엇을 의미하는 걸까?'라고 물음표를 띄울 수 있다.
'사회적 공연을 집회로 가정한다면 대본은 집회에서 연설문, 배우는 연설자, 관객은 집회 참석자, 미장센은 집회 계획과 실행, 상징적 생산 수단은 카메라, 사회적 권력은 경찰로 임의적으로 해석할 수 있겠군'이라고 추론할 수 있다.

2. 그러나 요소의 분화와 자율성이 없는 전체주의 사회에서는 국가 권력에 의한 대중 동원만 있을 뿐 사회적 공연이 일어나기 어렵다.

- '사회적 공연이 발생하기 위해서는 요소의 분화와 자율성이 필요하다는 거네'라고 추론할 수 있다.

38. 윗글의 논지 전개 방식에 대한 설명으로 가장 적절한 것은?

① 중심 화제에 대해 주요 학자들이 합의한 결과를 제시하고 있다.
② 중심 화제에 대해 상반된 견해를 제시한 후 두 견해를 절충하고 있다.
③ 중심 화제에 대한 이론이 후속 연구에 의해 보완되는 과정을 고찰하고 있다.
④ 중심 화제에 대한 다양한 사례들을 제시한 후 이를 유형별로 분류하고 있다.
⑤ 중심 화제의 역사적 기원에 대한 다양한 가설들의 의의와 한계를 평가하고 있다.

39. '집합 의례'에 대해 ㉠이 할 수 있는 말로 적절하지 <u>않</u>은 것은?

㉠ <u>뒤르켐</u>

① 부족 사회는 집합 의례를 행하여 기존의 도덕 공동체를 되살린다.
② 집합 의례를 통해 사람들은 생계 활동의 성스러운 의미를 얻는다.
③ 현대 사회에서는 집합 의례를 통해 새로운 도덕 공동체가 형성된다.
④ <u>공동체 성원들은 집합 의례를 거쳐 구체적인 이해관계를 중심으로 묶인다.</u>

공동체 성원들은 집합 의례를 거쳐 성을 중심으로 묶인다. 구체적인 이해관계는 속에 속한다.

⑤ 집합 의례의 과정에서 공동체 성원들은 문제 상황을 성 또는 속의 문제로 규정한다.

40. 위기 시기 에 일어나는 상황을 이해한 것으로 가장 적절한 것은?

① <u>사람들이 관심을 속에서 성으로 옮긴다.</u>
② 사람들이 목표와 규범 차원에서 행동한다.
③ 사람들이 생계 활동을 위한 최적의 수단을 찾는다.
④ 사람들이 항상성을 유지하기 위해 위기 상황을 외면한다.
⑤ 사람들이 평상시 추구하던 삶의 도덕적 의미를 상실한다.

41. 윗글의 ㉡과 ㉢에 대한 설명으로 가장 적절한 것은?

㉡ <u>파슨스와 스멜서</u>
㉢ <u>알렉산더</u>

① <u>㉡과 달리 ㉢은 현대 사회의 집합 의례는 그 결과가 미리 결정되어 있지 않다고 본다.</u>

4문단 2번 문장: 그는 가치를 전 사회로 일반화하는 집합 의례가 현대 사회에서는 유기체의 생리 작용처럼 자연적으로 진행되는 것이 아니라, 그 결과가 정해지지 않은 과정이라고 본다.

② ㉡과 달리 ㉢은 집합 의례가 가치의 일반화를 통해 도덕 공동체를 구성할 것이라 본다.

㉡은 집합 의례가 가치의 일반화를 통해 도덕 공동체가 회복된다고 본 반면 ㉢은 집합 의례는 결과가 결정되어 있지 않다고 본다.

③ ⓒ과 달리 ⓛ은 집합 의례가 발생하는 과정을 경험적으로 탐구할 필요성이 있다고 본다.

ⓛ과 달리 ⓒ은 집합 의례가 발생하는 과정을 경험적으로 탐구할 필요성이 있다고 본다.

④ ⓛ과 ⓒ은 모두 문화적 실천으로서의 집합 의례를 유기체의 생리 과정과 유사하다고 본다.

ⓒ과 달리 ⓛ은 집합 의례를 유기체의 생리 과정과 유사하다고 본다.

⑤ ⓛ과 ⓒ은 모두 현대 사회에서는 성과 속의 분류 체계 없이 집합 의례가 일어난다고 본다.

ⓛ과 ⓒ은 모두 현대 사회에서 성과 속의 분류 체계에 따라 집합 의례가 일어난다고 본다.

42. 윗글에서 설명한 '사회적 공연론'으로 <보기>를 이해한 내용으로 적절하지 <u>않은</u> 것은? [3점]

─── < 보기 > ───

　수려한 경관으로 유명한 A시에 소각장이 들어설 예정이다. A시의 시장은 정부의 보조금을 활용하여 낙후된 지역 경제를 발전시키기 위해 소각장을 유치하였다고 밝혔다. A시 시민들은 반대파와 찬성파로 갈려 집회를 이어 갔다. 반대파는 지역 경제 발전에는 찬성하지만 소각장이 환경을 오염시킨다며 철회할 것을 요구했고, 찬성파는 반대파가 지역 이기주의에 빠져 있다고 비판했다. 집회에 참여하지 않았던 사람들도 의견이 갈려 토박이와 노인은 반대 운동에, 이주민과 젊은이는 찬성 운동에 적극 참여하였다. 중앙 언론은 이 사건이 지역 내 현상이라며 아예 보도하지 않았다. 반대파는 반대 운동을 전국적으로 알리기 위해 서울에 가서 집회를 하려 했지만 경찰이 허가를 내 주지 않았다.

① 공연의 미장센이 A시에 한정되어 펼쳐지고 있군.

A시에서만 집회가 일어나고 있다는 것을 추론할 수 있다.

② 공연의 요소들이 융합되어 가치의 일반화가 일어났군.

반대파와 찬성파가 합의에 이르렀다는 서술이 제시되지 않았으므로 공연의 요소들이 융합되어 가치의 일반화가 일어났다고 볼 수 없다.

③ 출신 지역과 나이로 분화된 관객이 배우로 직접 나서고 있군.

집회에 참여하지 않았던 사람들을 관객으로 볼 수 있고, 반대 운동이나 찬성 운동에 적극 참여한 사람들을 배우로 볼 수 있다. 토박이와 노인은 반대 운동에, 이주민과 젊은이는 찬성 운동에 참여했다고 서술되어 있으므로 출신 지역과 나이로 분화되었다고 볼 수 있다.

④ 상징적 생산 수단과 사회적 권력이 공연의 전국적 전파를 막으려 하는군.

중앙 언론을 상징적 생산 수단으로 볼 수 있고, 경찰을 사회적 권력으로 볼 수 있다.

⑤ 배우들이 지역 경제 발전에는 동의하면서도 서로 다른 대본을 가지고 공연을 수행하는군.

반대파도 지역 경제 발전에는 찬성한다고 서술되어 있다.

1 문단

1. 정부는 국민 생활에 영향을 미치는 활동의 총체인 정책의 목표를 효과적으로 달성하기 위해 정책 수단의 특성을 고려하여 정책을 수행한다.

- '정책'에 대한 정의가 제시되고 있다.

2. 정책 수단은 강제성, 직접성, 자동성, 가시성의 ㉮ 네 가지 측면에서 다양한 특성을 갖는다.

- '강제성, 직접성, 자동성, 가시성은 무엇을 의미할까?'라고 물음표를 띄울 수 있다.
  '강제성은 강제적으로, 직접성은 직접적으로, 자동성은 자동적으로, 가시성은 가시적으로 정책을 수행하는 특성인가'라고 추론할 수 있다.

3. 강제성은 정부가 개인이나 집단의 행위를 제한하는 정도로서, 유해 식품 판매 규제는 강제성이 높다.

- '강제성'에 대한 정의가 제시되고 있으므로 '강제성, 직접성, 자동성, 가시성은 무엇을 의미할까?'라면서 띄웠던 물음표를 어느 정도 회수할 수 있다.
- '유해 식품 판매를 규제하는 것은 정부가 판매자의 행위를 제한하는 것이니 강제성이 높겠네'라고 반응할 수 있다.

4. 직접성은 정부가 공공 활동의 수행과 재원 조달에 직접 관여하는 정도를 의미한다.

- '직접성'에 대한 정의가 제시되고 있으므로 '강제성, 직접성, 자동성, 가시성은 무엇을 의미할까?'라면서 띄웠던 물음표를 어느 정도 회수할 수 있다.

5. 정부가 정책을 직접 수행하지 않고 민간에 위탁하여 수행하게 하는 것은 직접성이 낮다.

- '정부가 직접 수행하지 않고 민간에 위탁하여 수행하게 하는 것은 공공 활동의 수행에 직접 관여하는 정도가 낮으므로 직접성이 낮다고 볼 수 있겠네'라고 반응할 수 있다.

6. 자동성은 정책을 수행하기 위해 별도의 행정 기구를 설립하지 않고 기존의 조직을 활용하는 정도를 말한다.

- '자동성'에 대한 정의가 제시되고 있으므로 '강제성, 직접성, 자동성, 가시성은 무엇을 의미할까?'라면서 띄웠던 물음표를 어느 정도 회수할 수 있다.

7. 전기 자동차 보조금 제도를 기존의 시청 환경과에서 시행하는 것은 자동성이 높다.

- '전기 자동차 보조금 제도를 기존의 시청 환경과에서 시행하는 것은 정책을 수행하기 위해 별도의 행정 기구를 설립하지 않고 기존의 조직을 활용하는 것이므로 자동성이 높겠네'라고 반응할 수 있다.

8. 가시성은 예산 수립 과정에서 정책을 수행하기 위한 재원이 명시적으로 드러나는 정도이다.

- '가시성'에 대한 정의가 제시되고 있으므로 '강제성, 직접성, 자동성, 가시성은 무엇을 의미할까?'라면서 띄웠던 물음표를 모두 회수할 수 있다.

9. 일반적으로 사회 규제의 정도를 조절하는 것은 예산 지출을 수반하지 않으므로 가시성이 낮다.

- '사회 규제의 정도를 조절하는 것은 예산 지출을 수반하지 않으므로 재원이 명시적으로 드러날 일도 애초에 없기 때문에 가시성이 낮다고 볼 수 있겠네'라고 반응할 수 있다.

2 문단

1. 정책 수단 선택의 사례로 환율과 관련된 경제 현상을 살펴보자.

2. 외국 통화에 대한 자국 통화의 교환 비율을 의미하는 환율은 장기적으로 한 국가의 생산성과 물가 등 기초 경제 여건을 반영하는 수준으로 수렴된다.

- '환율'에 대한 정의가 제시되고 있다.
- 수식이 등장했으므로 다음과 같이 정리할 수 있다.
  환율 = 자국 통화/외국 통화 = 1000원/1달러(예시)
- '생산성'과 '물가'가 '기초 경제 여건'에 포함됨을 알 수 있다.
- 배경지식으로 알아야 하는 경제학 개념)

물가와 환율만 놓고 단순히 생각해보면,
자국의 물가가 낮아질 경우 자국 화폐로 살 수 있는 재화나 서
비스가 상대적으로 많아져 자국 화폐의 가치는 높아진다.
자국 화폐의 가치가 높아진다는 의미는 자국 통화에 대한 외
국 통화의 교환 비율이 높아진다는 의미다. 이는 다시 외국 통
화에 대한 자국 통화의 교환 비율, 즉 환율이 낮아진다는 것을
의미한다.

$$\text{자국 통화의 가치}{\uparrow} = \frac{\text{자국 통화}}{\text{외국 통화}{\uparrow}} = \frac{\text{자국 통화}{\downarrow}}{\text{외국 통화}} = \text{환율}{\downarrow}$$

반대로 자국의 물가가 높을 경우 자국 화폐로 살 수 있는 재화
나 서비스가 상대적으로 적어져 자국 화폐의 가치는 낮아진다.
자국 화폐의 가치가 낮아진다는 의미는 자국 통화에 대한 외
국 통화의 교환 비율이 낮아진다는 의미다. 이는 다시 외국 통
화에 대한 자국 통화의 교환 비율, 즉 환율이 높아진다는 것을
의미한다.

$$\text{자국 통화의 가치}{\downarrow} = \frac{\text{자국 통화}}{\text{외국 통화}{\downarrow}} = \frac{\text{자국 통화}{\uparrow}}{\text{외국 통화}} = \text{환율}{\uparrow}$$

3. 그러나 단기적으로 환율은 이와 ⓐ 괴리되어 움직이
는 경우가 있다.

- '장기'와 '단기'의 차이를 드러내고 있으므로 둘을 대등 관계로
  보아 시각적 수평 관계로 모델링할 수 있다.
- 장기) 환율이 한 국가의 생산성과 물가 등 기초 경제 여건을
  반영하는 수준으로 수렴
  단기) 환율이 장기와 비슷하게 움직일 수도 괴리되어 움직일
  수도 있음

4. 만약 환율이 예상과는 다른 방향으로 움직이거나 또
는 비록 예상과 같은 방향으로 움직이더라도 변동 폭이
예상보다 크게 나타날 경우 경제 주체들은 과도한 위험
에 ⓑ 노출될 수 있다.

- '-라도'라는 표현이 등장했으므로 '같은 방향으로 움직이든 다
  른 방향으로 움직이든 뒷부분은 성립하는데, 특히 같은 방향
  으로 움직일 때도 뒷부분은 성립한다'라고 바꾸어 이해할 수
  있다.
- '어떠한 위험을 말하는 걸까?'라고 물음표를 띄울 수 있다.
  단서가 부족해 추론은 어려워 보인다.

5. 환율이나 주가 등 경제 변수가 단기에 지나치게 상승
또는 하락하는 현상을 오버슈팅(overshooting)이라고
한다.

- '환율'과 '주가'가 '경제 변수'에 포함됨을 알 수 있다.
- '오버슈팅'에 대한 정의가 제시되고 있다.
- '오버슈팅'을 암기 시도할 필요가 있다.
- '오버슈팅은 단기의 범주에 포함되네'라고 반응할 수 있다.

6. 이러한 오버슈팅은 물가 경직성 또는 금융 시장 변동
에 따른 불안 심리 등에 의해 촉발되는 것으로 알려져
있다.

- '물가 경직성은 뭐야? 물가 경직성이 어떻게 오버슈팅을 촉발
  시킨다는 거야? 또 금융 시장 변동에 따른 불안 심리가 어떻게
  오버슈팅을 촉발시킨다는 거야?'라고 물음표를 띄울 수 있다.
  단서가 부족해 추론은 어려워 보인다.

7. 여기서 물가 경직성은 시장에서 가격이 조정되기 어
려운 정도를 의미한다.

- '물가 경직성'에 대한 정의가 제시되고 있으므로 '물가 경직성
  은 뭐야? 물가 경직성이 어떻게 오버슈팅을 촉발시킨다는 거
  야? 또 금융 시장 변동에 따른 불안 심리가 어떻게 오버슈팅
  을 촉발시킨다는 거야?'라면서 띄웠던 물음표를 어느 정도 회
  수할 수 있다.

3 문단

1. 물가 경직성에 따른 환율의 오버슈팅을 이해하기 위
해 통화를 금융 자산의 일종으로 보고 경제 충격에 대해
장기와 단기에 환율이 어떻게 조정되는지 알아보자.

2. 경제에 충격이 발생할 때 물가나 환율은 충격을 흡수
하는 조정 과정을 거치게 된다.

- '물가나 환율이 경제 충격을 어떻게 흡수한다는 거지?'라고 물
  음표를 띄울 수 있다.
  단서가 부족해 추론은 어려워 보인다.

3. 물가는 단기에는 장기 계약 및 공공요금 규제 등으로
인해 경직적이지만 장기에는 신축적으로 조정된다.

- '물가가 경직적이라는 말은 물가가 잘 변하지 않는다는 말이
  겠고, 물가가 신축적이라는 말은 물가가 잘 변한다는 말이겠
  네'라고 반응할 수 있다.
- 단기) 물가 경직적

장기) 물가 신축적

4. 반면 환율은 단기에서도 신축적인 조정이 가능하다.

- '-도'라는 표현이 등장했으므로 '환율은 장기와 단기 모두 신축
 적인 조정이 가능하군'이라고 추론할 수 있다.
- 단기) 환율 신축적
 장기) 환율 신축적

5. 이러한 물가와 환율의 조정 속도 차이가 오버슈팅을
초래한다.

6. 물가와 환율이 모두 신축적으로 조정되는 장기에서
의 환율은 구매력 평가설에 의해 설명되는데, 이에 의하
면 장기의 환율은 자국 물가 수준을 외국 물가 수준으로
나눈 비율로 나타나며, 이를 균형 환율로 본다.

- '구매력 평가설이 뭐야?'라고 물음표를 띄울 수 있다.
 '물가에 따른 구매력으로 환율이 평가된다는 가설인가'라고
 추론할 수 있다.
- '구매력 평가설'을 암기 시도할 필요가 있다.
- ÷식이 등장했으므로 다음과 같이 정리할 수 있다.
 장기) 환율 = 자국 물가 수준 / 외국 물가 수준 = 균형 환율
- '균형 환율'을 암기 시도할 필요가 있다.

7. 가령 국내 통화량이 증가하여 유지될 경우 장기에서
는 자국 물가도 높아져 장기의 환율은 상승한다.

- 장기) 국내 통화량↑⇒자국 물가↑⇒자국 화폐 가치↓=환율↑
- '국내 통화량이 증가하는 경우를 경제 충격으로 본다면 이런
 식으로 물가나 환율이 경제 충격을 흡수한다고 볼 수 있겠네'
 라고 반응할 수 있으므로 '물가나 환율이 경제 충격을 어떻게
 흡수한다는 거지?'라면서 띄웠던 물음표를 회수할 수 있다.

8. 이때 통화량을 물가로 나눈 실질 통화량은 변하지 않
는다.

- '실질 통화량'에 대한 정의가 제시되고 있다.
- 수식이 등장했으므로 다음과 같이 정리할 수 있다.
 실질 통화량 = 통화량 / 물가

4 문단 [A]

1. 그런데 단기에는 물가의 경직성으로 인해 구매력 평
가설에 기초한 환율과는 다른 움직임이 나타나면서 오
버슈팅이 발생할 수 있다.

2. 가령 국내 통화량이 증가하여 유지될 경우, 물가가 경
직적이어서 ㉠ 실질 통화량은 증가하고 이에 따라 시장
금리는 하락한다.

- '실질 통화량이 아닌 시중 통화량이 증가하면 정책적으로 시
 장 금리는 상승한다고 알고 있는데, 실질 통화량이 증가하면
 시장 금리는 하락한다고 하네. 왜 실질 통화량이 증가하면 시
 장 금리는 하락하는 걸까?'라고 물음표를 띄울 수 있다.
 '실질 통화량이 증가하면 은행에 돈이 많아져서 예금은 줄이
 고 대출은 늘릴 수 있어서 시장 금리가 낮아지는 건가'라고 추
 론할 수 있다.
- 단기) 국내 통화량↑⇒물가 경직적⇒실질 통화량↑⇒시장 금리↓

3. 국가 간 자본 이동이 자유로운 상황에서, ㉡ 시장 금
리 하락은 투자의 기대 수익률 하락으로 이어져, 단기성
외국인 투자 자금이 해외로 빠져나가거나 신규 해외 투
자 자금 유입을 위축시키는 결과를 ㉢ 초래한다.

- 배경지식으로 알아야 하는 경제학 개념)
시장 금리가 하락하는 경우, 외국인 입장에서 자국 은행에 예금
함으로써 얻을 수 있는 이자, 즉 투자의 기대 수익률이 줄어들기
때문에 자국 은행에서 외국으로의 자금 유출은 증가하고 외국
에서 자국 은행으로의 자금 유입은 감소하기 때문에 자국 화폐
의 수요가 줄어들어 자국 화폐의 가치는 낮아지고 환율은 상승
한다.
　　　시장 금리↓ ⇒ 자국 통화 가치↓ = 환율↑
시장 금리가 상승하는 경우, 외국인 입장에서 자국 은행에 예금
함으로써 얻을 수 있는 이자, 즉 투자의 기대 수익률이 높아지기
때문에 외국에서 자국 은행으로의 자금 유입은 증가하고 자국
은행에서 외국으로의 자금 유출은 감소하기 때문에 자국 화폐의
수요가 높아져 자국 화폐의 가치는 높아지고 환율은 하락한다.
　　　시장 금리↑⇒자국 통화 가치↑=환율↓

4. 이 과정에서 자국 통화의 가치는 하락하고 ㉢ 환율은
상승한다.

- 단기) 국내 통화량↑⇒물가 경직적⇒실질 통화량↑⇒시장 금리
 ↓⇒투자의 기대 수익률↓⇒화폐 가치↓⇒환율↑

5. 통화량의 증가로 인한 효과는 물가가 신축적인 경우에 예상되는 환율 상승에, 금리 하락에 따른 자금의 해외 유출이 유발하는 추가적인 환율 상승이 더해진 것으로 나타난다.

- 단기) 환율 총 상승 = 물가가 신축적인 경우에 예상되는 환율 상승 + 금리 하락에 따른 자금의 해외 유출이 유발하는 추가적인 환율 상승

6. 이러한 추가적인 상승 현상이 환율의 오버슈팅인데, 오버슈팅의 정도 및 지속성은 물가 경직성이 클수록 더 크게 나타난다.

- '물가 경직성이 클수록 실질 통화량은 더 증가하고, 그에 따라 시장 금리는 더 하락하여 투자의 기대 수익률이 더 하락해서 화폐 가치는 더 떨어지고 환율은 더 크게 올라 오버슈팅의 정도 및 지속성은 더 크게 나타나겠네'라고 추론할 수 있으므로 '물가 경직성은 뭐야? 물가 경직성이 어떻게 오버슈팅을 촉발시킨다는 거야? 또 금융 시장 변동에 따른 불안 심리가 어떻게 오버슈팅을 촉발시킨다는 거야?'라면서 띄웠던 물음표를 어느 정도 회수할 수 있다.

7. 시간이 경과함에 따라 물가가 상승하여 실질 통화량이 원래 수준으로 돌아오고 해외로 유출되었던 자금이 시장 금리의 반등으로 국내로 ⓓ 복귀하면서, 단기에 과도하게 상승했던 환율은 장기에는 구매력 평가설에 기초한 환율로 수렴된다.

5 문단

1. 단기의 환율이 기초 경제 여건과 괴리되어 과도하게 급등락하거나 균형 환율 수준으로부터 장기간 이탈하는 등의 문제가 심화되는 경우를 예방하고 이에 대처하기 위해 정부는 다양한 정책 수단을 동원한다.

- '어떠한 정책 수단들을 동원할까?'라고 물음표를 띄울 수 있다. 단서가 부족해 추론은 어려워 보인다.

2. 오버슈팅의 원인인 물가 경직성을 완화하기 위한 정책 수단 중 강제성이 낮은 사례로는 외환의 수급 불균형 해소를 위해 관련 정보를 신속하고 정확하게 공개하거나, 불필요한 가격 규제를 축소하는 것을 들 수 있다.

- '정책 수단'의 예시가 제시되고 있으므로 '어떠한 정책 수단들을 동원할까?'라면서 띄웠던 물음표를 회수할 수 있다.

3. 한편 오버 슈팅에 따른 부정적 파급 효과를 완화하기 위해 정부는 환율 변동으로 가격이 급등한 수입 필수 품목에 대한 세금을 조절함으로써 내수가 급격히 위축되는 것을 방지하려고 하기도 한다.

- '오버 슈팅으로 환율이 올라가면 외국 기업 입장에서 매출이 감소하니까 제품의 가격을 올리기 때문에 수입 품목의 가격이 급등할 수 있겠네'라고 추론할 수 있다.
- '세금을 조절한다는 소리는 세금을 내린다는 소리겠네'라고 추론할 수 있다.
- '오버 슈팅으로 환율이 급격하게 뛰어 수입 필수 품목 가격이 급등하여 내수가 급격히 위축되는 위험이 있을 수 있구나'라고 반응할 수 있으므로 '어떠한 위험을 말하는 걸까?'라면서 띄웠던 물음표를 회수할 수 있다.

4. 또한 환율 급등락으로 인한 피해에 대비하여 수출입 기업에 환율 변동 보험을 제공하거나, 외화 차입 시 지급 보증을 제공하기도 한다.

5. 이러한 정책 수단은 직접성이 높은 특성을 가진다.

6. 이와 같이 정부는 기초 경제 여건을 반영한 환율의 추세는 용인하되, 사전적 또는 사후적인 미세 조정 정책 수단을 활용하여 환율의 단기 급등락에 따른 위험으로부터 실물 경제와 금융 시장의 안정을 ⓔ 도모하는 정책을 수행한다.

- '미세 조정 정책 수단'을 암기 시도할 필요가 있다.
- '위에서 제시된 정책 수단의 예시들이 미세 조정 정책 수단에 해당하겠네'라고 반응할 수 있다.

27. 윗글에 대한 이해로 적절하지 <u>않은</u> 것은?

① 국내 통화량이 증가하여 유지될 경우 장기에는 실질 통화량이 변하지 않으므로 장기의 환율도 변함이 없을 것이다.

② 물가가 신축적인 경우가 경직적인 경우에 비해 국내 통화량 증가에 따른 국내 시장 금리 하락 폭이 작을 것이다.

③ 물가 경직성에 따른 환율의 오버슈팅은 물가의 조정 속도보다 환율의 조정 속도가 빠르기 때문에 발생하는 것이다.

④ 환율의 오버슈팅이 발생한 상황에서 외국인 투자 자금이 국내 시장 금리에 민감하게 반응할수록 오버슈팅 정도는 커질 것이다.

⑤ 환율의 오버슈팅이 발생한 상황에서 물가 경직성이 클수록 구매력 평가설에 기초한 환율로 수렴되는 데 걸리는 기간이 길어질 것이다.

28. ㉮를 바탕으로 정책 수단의 특성을 이해한 것으로 가장 적절한 것은?

① 다자녀 가정에 출산 장려금을 지급하는 것은, 불법 주차 차량에 과태료를 부과하는 것보다 강제성이 높다.

② 전기 제품 안전 규제를 강화하는 것은, 학교 급식을 제공하기 위한 재원을 정부 예산에 편성하는 것보다 가시성이 높다.

③ 문화재를 발견하여 신고할 경우 포상금을 주는 것은, 자연 보존 지역에서 개발 행위를 금지하는 것보다 강제성이 높다.

이 높다.

④ 쓰레기 처리를 민간 업체에 맡겨서 수행하게 하는 것은, 정부 기관에서 주민등록 관련 행정 업무를 수행하는 것보다 직접성이 높다.

⑤ 담당 부서에서 문화 소외 계층에 제공하던 복지 카드의 혜택을 늘리는 것은, 전담 부처를 신설하여 상수원 보호 구역을 감독하는 것보다 자동성이 높다.

29. 윗글을 바탕으로 할 때, <보기>의 'A국' 경제 상황에 대한 '경제학자 갑'의 견해를 추론한 것으로 적절하지 <u>않은</u> 것은?

< 보기 >

A국 경제학자 갑은 자국의 최근 경제 상황을 다음과 같이 진단했다.

금융 시장 불안의 여파로 A국의 주식, 채권 등 금융 자산의 가격 하락에 대한 우려가 확산되면서 안전 자산으로 인식되는 B국의 채권에 대한 수요가 증가하고 있다. 이로 인해 외환 시장에서는 A국에 투자되고 있던 단기성 외국인 자금이 B국으로 유출되면서 A국의 환율이 급등하고 있다.

B국에서는 해외 자금 유입에 따른 통화량 증가로 B국의 시장 금리가 변동할 것으로 예상된다. 이에 따라 A국의 환율 급등은 향후 다소 진정될 것이다. 또한 양국 간 교역 및 금융 의존도가 높은 현실을 감안할 때, A국의 환율 상승은 수입품의 가격 상승 등에 따른 부작용을 초래할 것으로 예상되지만 한편으로는 수출이 증대되는 효과도 있다. 그러므로 정부는 시장 개입을 가능한 한 자제하고 환율이 시장 원리에 따라 자율적으로 균형 환율 수준으로 수렴되도록 두어야 한다.

---

① A국에 환율의 오버슈팅이 발생한 상황에서 B국의 시장 금리가 하락한다면 오버슈팅의 정도는 커질 것이다.

버슈팅의 정도는 작아질 것이다.

② A국에 환율의 오버슈팅이 발생하였다면 이는 금융 시장 변동에 따른 불안 심리에 의해 촉발된 것으로 볼 수 있다.

③ A국에 환율의 오버슈팅이 발생할지라도 시장의 조정을 통해 환율이 장기에는 균형 환율 수준에 도달할 수 있을 것이다.

④ A국의 환율 상승이 수출을 증대시키는 긍정적인 효과도 동반하므로 A국의 정책 당국은 외환 시장 개입에 신중해야 한다.

⑤ A국의 환율 상승은 B국으로부터 수입하는 상품의 가격을 인상 시킴으로써 A국의 내수를 위축시키는 결과를 초래할 수 있다.

30. <보기>에 제시된 그래프의 세로축 a, b, c는 [가]의 ㉠~㉢과 하나씩 대응된다. 이를 바르게 짝지은 것은?

[3점]

> — < 보기 > —
>
> 다음 그래프들은 [가]에서 국내 통화량이 t 시점에서 증가하여 유지된 경우 예상되는 ㉠~㉢의 시간에 따른 변화를 순서 없이 나열한 것이다.
>
> 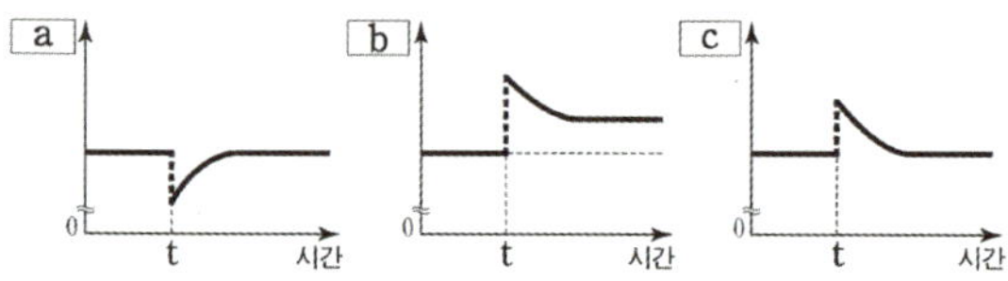
>
> (단, t 시점 근처에서 그래프의 형태는 개략적으로 표현하였으며, t 시점 이전에는 모든 경제 변수들의 값이 일정한 수준에서 유지되어 왔다고 가정한다. 장기 균형으로 수렴되는 기간은 변수마다 상이하다.)

㉠ 실질 통화량

㉡ 시장 금리

㉢ 환율

단기에 국내 통화량이 증가할 경우, 실질 통화량은 증가하고, 시장 금리는 하락하고, 환율은 증가한다. 따라서 ㉡ 시장 금리에 해당하는 것은 a이다.

장기에도 계속 유지될 경우 물가가 올라 실질 통화량은 감소하여 국내 통화량이 증가하기 전 상태로 돌아가고, 환율은 감소하긴 하지만 물가가 올라 구매력 평가설에 따라 국내 통화량이 증가하기 전보다는 큰 상태가 될 것이다. 따라서 ㉠ 실질 통화량에

해당하는 것은 c이고 ㉢ 환율에 해당하는 것은 b이다.

① ㉠: a ㉡: c ㉢: b

② ㉠: b ㉡: a ㉢: c

③ ㉠: b ㉡: c ㉢: a

④ ㉠: c ㉡: a ㉢: b

⑤ ㉠: c ㉡: b ㉢: a

31. 미세 조정 정책 수단 의 사례로 적절하지 않은 것은?

① 예기치 못한 외환 손실에 대비한 환율 변동 보험을 수출 주력 중소기업에 제공한다.

② 원유와 같이 수입 의존도가 높은 상품의 경우 해당 상품에 적용하는 세율을 환율 변동에 따라 조정한다.

③ 환율의 급등락으로 금융 시장이 불안정할 경우 해외 자금유출과 유입을 통제하여 환율의 추세를 바꾼다.

5문단 6번 문장: 이와 같이 정부는 기초 경제 여건을 반영한 환율의 추세는 용인하되, 사전적 또는 사후적인 미세 조정 정책 수단 을 활용하여 환율의 단기 급등락에 따른 위험으로부터 실물 경제와 금융 시장의 안정을 ⓔ 도모하는 정책을 수행한다.

④ 환율 급등으로 수입 물가가 가파르게 상승했을 때, 수입 대금 지급을 위해 외화를 빌리는 수입 업체에 지급 보증을 제공한다.

⑤ 수출입 기업을 대상으로 국내외 금리 변동, 해외 투자 자금 동향 등 환율 변동에 영향을 주는 요인들에 대한 정보를 제공한다.

32. 문맥상 ⓐ~ⓔ와 바꿔 쓰기에 적절하지 않은 것은?

이와 ⓐ 괴리되어

위험에 ⓑ 노출될

결과를 ⓒ 초래한다

국내로 ⓓ 복귀하면서

안정을 ⓔ 도모하는

① ⓐ: 동떨어져

② ⓑ: 드러낼

③ ⓒ: 불러온다

④ ⓓ: 되돌아오면서

⑤ ⓔ: 꾀하는

1 문단 [A]

1. 사무실의 방충망이 낡아서 파손되었다면 세입자와 사무실을 빌려 준 건물주 중 누가 고쳐야 할까?

- '그러게?'라고 물음표를 띄울 수 있다.
  단서가 부족해 추론은 어려워 보인다.

2. 이 경우, 민법전의 법조문에 의하면 임대인인 건물주가 수선할 의무를 ⓐ 진다.

- '민법에 따라 건물주가 고쳐야 하는구나'라고 반응할 수 있으므로 '그러게?'라면서 띄웠던 물음표를 회수할 수 있다.

3. 그러나 사무실을 빌릴 때, 간단한 파손은 세입자가 스스로 해결한다는 내용을 계약서에 포함하는 경우도 있다.

- '이 경우에는 세입자가 수선할 의무를 지겠네'라고 추론할 수 있다.

4. 이처럼 법률의 규정과 계약의 내용이 어긋날 때 어떤 것이 우선 적용되어야 하는가, 법적 불이익은 없는가 등의 문제가 발생한다.

- '앞으로 법률의 규정과 계약의 내용이 어긋날 때 어떤 것이 우선 적용되는지와 법적 불이익은 없는지를 다루겠네'라고 추론할 수 있다.

2 문단

1. 사법(私法)은 개인과 개인 사이의 재산, 가족 관계 등에 적용되는 법으로서 이 법의 영역에서는 '계약 자유의 원칙'이 적용된다.

- '사법'에 대한 정의가 제시되고 있다.
- '계약 자유의 원칙이 뭘까?'라고 물음표를 띄울 수 있다.
  '계약의 내용을 자유롭게 정할 수 있다는 원칙인가'라고 추론할 수 있다.

2. 계약의 구체적인 내용 결정 등은 당사자들 스스로 정할 수 있다는 것이다.

- '내가 추론한 내용이 맞았네'라고 반응할 수 있으므로 '계약 자유의 원칙이 뭘까?'라면서 띄웠던 물음표를 회수할 수 있다.

3. 따라서 당사자들이 사법에 속하는 법률의 규정과 어긋난 내용으로 계약을 체결한 경우에 계약 내용이 우선 적용된다.

4. 이처럼 법률상으로 규정되어 있더라도 당사자가 자유롭게 계약 내용을 정할 수 있는 법률 규정을 '임의 법규'라고 한다.

- '-라도'라는 표현이 등장했으므로 '법률상으로 규정되어 있든 아니든 뒷부분은 성립하는데, 특히 법률상으로 규정되어 있을 때도 뒷부분은 성립한다'라고 바꾸어 읽을 수 있다.
- '임의 법규'에 대한 정의가 제시되고 있다.
- '임의 법규'를 암기 시도할 필요가 있다.

5. 사법은 원칙적으로 임의 법규이므로, 사법으로 규정한 내용에 대해 당사자들이 계약으로 달리 정하지 않았다면 원칙적으로 법률의 규정이 적용된다.

- '사법'이 원칙적으로 '임의 법규'에 포함됨을 알 수 있다.
- '사법은 예외적으로는 임의 법규에 해당하지 않을 수 있겠네'라고 추론할 수 있다.

6. 위에서 본 임대인의 수선 의무 조항이 이에 해당한다.

- '위에서 본 임대인의 수선 의무 조항이 사법에 해당하는 거였구나'라고 반응할 수 있다.

3 문단

1. 그러나 법률로 정해진 내용과 어긋나게 계약을 하면 당사자들에게 벌금이나 과태료 같은 법적 불이익이 있거나 계약의 효력이 부정되는 예외적인 경우도 있다.

- '벌금'과 '과태료'가 '법적 불이익'에 포함됨을 알 수 있다.
- '법적 불이익이 있는 경우'와 '계약의 효력이 부정되는 경우'를 구분하고 있으므로 둘을 대등 관계로 보아 시각적 수평 관계로 모델링할 수 있다.

2. 우선, 체결된 계약 내용이 법률에 정해진 내용과 어긋날 때 법적 불이익이 있지만 계약의 효력 자체는 그대로 두는 경우가 있다.

- "법적 불이익이 있는 경우'이면서 '계약의 효력이 부정되는 경우'가 아닌 경우네'라고 반응할 수 있다.

3. 이에 해당하는 법조문을 '단속 법규'라고 한다.

- '단속 법규'에 대한 정의가 제시되고 있다.
- '단속 법규'를 암기 시도할 필요가 있다.
- '임의 법규'와 '단속 법규'의 차이를 인지할 수 있으므로 둘을 대등 관계로 보아 시각적 수평 관계로 모델링할 수 있다.

4. 공인 중개사가 자신이 소유한 부동산을 고객에게 직접 파는 것을 금지하는 규정은 단속 법규에 해당한다.

- '이 경우에 법적 불이익은 있지만 계약의 효력은 그대로 두겠군'이라고 추론할 수 있다.

5. 따라서 ㉠ 이 규정을 위반하여 공인 중개사와 고객이 체결한 매매 계약의 경우 공인 중개사에게 벌금은 부과되지만 계약 자체는 유효이다.

- '고객은 법적 불이익이 없네'라고 반응할 수 있다.

6. 이 경우 계약 내용에 따른 행동인 급부(給付)를 할 의무가 인정되어, 공인 중개사는 매물의 소유권을 넘겨주고 고객은 대금을 지급해야 하는 것이다.

- '급부'에 대한 정의가 제시되고 있다.
- '매물의 소유권을 넘기는 것'과 '대금을 지급하는 것'이 '급부'에 포함됨을 알 수 있다.
- '-야라는 당위 진술을 가리키는 표현이 등장했으므로 '지급하지 않으면 안 되는 것이다'라고 바꾸어 읽을 수 있다.

4 문단

1. 한편 체결된 계약 내용이 법률에 정해진 내용과 어긋날 때 법적 불이익이 있을 뿐 아니라 체결된 계약의 효력 자체도 인정되지 않아 급부 의무가 부정되는 경우가 있다.

- "법적 불이익이 있는 경우'이면서 '계약의 효력이 부정되는 경

우'네'라고 반응할 수 있다.

2. 이에 해당하는 법조문을 '강행 법규'라고 한다.

- '강행 법규'에 대한 정의가 제시되고 있다.
- '강행 법규'를 암기 시도할 필요가 있다.
- '임의 법규', '단속 법규', '강행 법규'의 차이를 인지할 수 있으므로 셋을 대등 관계로 보아 시각적 수평 관계로 모델링할 수 있다.

3. 이 경우 계약 당사자들은 상대에게 급부를 하라고 요구할 수는 없다.

- '계약이 무효로 처리되기 때문이겠네'라고 추론할 수 있다.

4. 이미 급부를 이행하여 재산적 이익을 넘겨주었다면 이 이익은 '부당 이득'에 해당하기 때문에 반환을 요구할 수 있다.

5. 즉 '부당 이득 반환 청구권'이 인정된다.

- '부당 이득 반환 청구권'을 암기 시도할 필요가 있다.

6. 의사와 의사 아닌 사람의 의료 기관 동업을 금지하는 법률 규정은 강행 법규이다.

7. 따라서 ㉡ 의사와 의사 아닌 사람이 체결한 동업 계약은 계약의 효력이 부정된다.

- '이 경우 법적 불이익도 있겠네'라고 추론할 수 있다.

8. 다만 계약에 따라 이미 동업 자금을 건넸다면 이 돈을 반환하라고 요구하는 것은 가능하다.

- '이때 동업 자금은 부당 이득에 해당하겠네'라고 반응할 수 있다.

5 문단

1. 그러나 강행 법규에 의해 계약의 효력이 부정되었을 때 부당 이득 반환 청구권이 인정되지 않는 경우도 있다.

2. 급부의 내용이 위조지폐 제작처럼 비도덕적이거나 반사회적인 행동이라면, 계약의 효력이 인정되지 않을 뿐 아니라 이미 넘겨준 이익을 돌려받을 권리도 부정되는 것이 원칙이다.

- '위조지폐 제작자는 위조지폐를 제작해주고 돈을 받고, 위조지폐 제작을 요구한 사람은 돈을 주고 위조지폐를 받는 계약일 텐데, 이때 위조지폐 제작을 요구한 사람은 위조지폐 제작자에게 준 돈을 다시 돌려 받을 수 없다는 거네'라고 추론할 수 있다.

6 문단

1. 국가가 개인 간의 계약에 개입하는 것은 국가 안보, 사회 질서, 공공복리 등의 정당한 입법 목적을 달성하기 위해서이다.

2. 이 경우 계약의 자유를 제한하려면 필요한 만큼만 최소로 제한해야 한다는 '비례 원칙'이 적용된다.

- '비례 원칙'에 대한 정의가 제시되고 있다.
- '비례 원칙'을 암기 시도할 필요가 있다.
- '비례 원칙은 왜 비례 원칙이라 불릴까?'라고 물음표를 띄울 수 있다.
  '입법 목적과 어긋나는 정도에 따라 비례하여 계약의 자유 제한 정도를 높인다는 의미에서 비례 원칙인가'라고 추론할 수 있다.

3. 이로 인해 국가가 계약 당사자들에게 미치는 영향이 다양하게 나타나는 것이다.

- '임의 법규, 단속 법규, 강행 법규로 갈수록 계약 당사자들에게 계약의 자유 제한 정도가 점점 커지는 것은 비례 원칙이 적용되었기 때문이겠군'이라고 추론할 수 있다.

22. 윗글에 대한 이해로 적절하지 <u>않은</u> 것은?

① 임의 법규에 해당하는 법률 조항과 이에 어긋난 계약 내용 가운데 계약 내용이 우선 적용된다.
② 임의 법규가 단속 법규에 비해 계약 자유의 원칙에 더 부합한다.

③ 단속 법규로 국가가 개인 간의 계약에 개입할 때에는 비례 원칙이 적용되지 않는다.
단속 법규로 국가가 개인 간의 계약에 개입할 때도 비례 원칙이 적용된다.
④ 단속 법규로 입법 목적을 달성할 수 있는 계약에 대해 강행 법규로 국가가 개입하는 것은 정당화될 수 없다.
⑤ 강행 법규를 위반한 계약일 때 급부의 내용에 따라 부당 이득 반환 청구권의 인정 여부가 달라진다.

23. 윗글을 참고할 때, [A]에 제시된 물음에 대한 답으로 맞는 것을 <보기>에서 고른 것은?

사무실의 방충망이 낡아서 파손되었다면 세입자와 사무실을 빌려 준 건물주 중 누가 고쳐야 할까?

— < 보기 > —

ㄱ. 계약서에 방충망 수선에 관한 내용이 없으면 건물주가 수선 의무를 지고, 수선 의무를 계약에 포함하지 않은 것에 대한 법적 불이익은 누구에게도 없다.
ㄴ. 계약서에 방충망 수선에 관한 내용이 없으면 세입자가 수선 의무를 지고, 건물주는 수선 의무를 계약에 포함하지 않은 것에 대해 법적 불이익을 받는다.
ㄷ. 계약서에 세입자가 방충망을 수선한다는 내용이 있으면 세입자가 수선 의무를 지고, 법률 내용과 다르게 계약한 것에 대한 법적 불이익은 누구에게도 없다.
ㄹ. 계약서에 세입자가 방충망을 수선한다는 내용이 있으면 세입자가 수선 의무를 지고, 건물주는 법률 내용과 다르게 계약한 것에 대해 법적 불이익을 받는다.

① ㄱ, ㄴ　　　② ㄱ, ㄷ　　　③ ㄱ, ㄹ
④ ㄴ, ㄷ　　　⑤ ㄴ, ㄹ

24. ㉠과 ㉡의 공통점으로 가장 적절한 것은?

㉠ 이 규정을 위반하여 공인 중개사와 고객이 체결한 매매 계약
㉡ 의사와 의사 아닌 사람이 체결한 동업 계약

① 법적 불이익을 받는 계약 당사자가 있다.
㉠: o ㉡: o

② 계약 당사자들의 급부 의무가 인정되지 않는다.
㉠: x ㉡: o
③ 계약에 따라 넘어간 재산적 이익을 반환해야 한다.
㉠: x ㉡: o
④ 법률 규정을 위반하였으므로 계약의 효력이 부정된다.
㉠: x ㉡: o
⑤ 계약 당사자가 계약의 구체적인 내용을 결정할 수 없다.
㉠: x ㉡: x

25. 윗글을 참고할 때, <보기>에 대한 반응으로 적절한 것은? [3점]

> ─ < 보기 > ─
>
> 　농지를 빌리려는 A와 농지 주인인 B는 농지를 용도에 맞지 않게 사용하는 것에 합의하여 농지 임대차 계약을 체결하였다. 그리고 A는 B에게 농지 사용료를 지불하고 1년간 농지를 사용하였다. 농지법을 위반한 이 사안에 대해 대법원이 내린 판결은 다음과 같이 요약된다.
> 　첫째, 법률을 위반하여 농지를 빌려 준 사람에게는 벌금이 부과된다. 둘째, 이 사건의 농지 임대차 계약은 농지법을 위반한 것이므로 무효이다. 셋째, 농지를 빌려 준 사람은 받은 사용료를 반환해야 한다. 넷째, 농지를 빌린 사람은 농지를 빌려 써서 얻은 이익을 농지를 빌려 준 사람에게 반환해야 한다.

① A와 B가 농지 임대차 계약을 체결할 때에는 사법(私法)의 적용을 받지 않겠군.

② B에게 벌금을 부과하는 것은 A와 B가 맺은 농지 임대차 계약이 효력이 있음을 인정하지 않았기 때문이겠군.

③ B에게 벌금을 부과하는 것만으로는 이 계약의 내용을 규제하는 법률의 입법 목적을 실현하기에 부족하다는 점을 고려하여 계약을 무효로 판결한 것이겠군.

④ A가 농지를 빌려 써서 얻은 이익을 B에게 반환하라고 판결한 것은 급부의 내용이 비도덕적이거나 반사회적인 행동에 해당한다고 판단했기 때문이겠군.

⑤ B가 A에게서 받은 사용료를 반환하라고 판결한 것은 사용료가 부당 이득에 해당하지 않는다고 판단했기 때문이겠군.

26. 문맥상 의미가 ⓐ와 가장 가까운 것은?

의무를 ⓐ 진다

① 커피를 쏟아서 옷에 얼룩이 졌다.
② 네게 계속 신세만 지기가 미안하다.
③ 우리는 그 문제로 원수를 지게 되었다.
④ 아이들은 배낭을 진 채 여행을 떠났다.
⑤ 나는 조장으로서 큰 부담을 지고 있다.

1 문단

1. 대한민국 정부가 해외에서 발행한 채권의 CDS 프리미엄은 우리가 매체에서 자주 접하는 경제 지표의 하나이다.

- 'CDS 프리미엄이 뭐야?'라고 물음표를 띄울 수 있다.
  단서가 부족해 추론은 어려워 보인다.
- 'CDS 프리미엄'을 암기 시도할 필요가 있다.

2. 이 지표를 이해하기 위해서는 채권의 '신용 위험'과 '신용 파산 스와프(CDS)'의 개념을 살펴볼 필요가 있다.

- '신용 위험은 뭐고 신용 파산 스와프(CDS)는 뭐야?'라고 물음표를 띄울 수 있다.
  단서가 부족해 추론은 어려워 보인다.
- '신용 위험'과 '신용 파산 스와프(CDS)'를 암기 시도할 필요가 있다.
- '신용 위험과 CDS에 대한 설명이 제시된 후 CDS 프리미엄에 대한 설명이 제시되겠군'이라고 추론할 수 있다.

2 문단

1. 채권은 정부나 기업이 자금을 조달하기 위해 발행하며 그 가격은 채권이 매매되는 채권 시장에서 결정된다.

- '정부나 기업이 채권을 발행하여 그 대가로 돈을 지급 받기 때문에 자금을 조달하기 위해 채권을 발행한다는 거겠네'라고 추론할 수 있다.

2. 채권의 발행자는 정해진 날에 일정한 이자와 원금을 투자자에게 지급할 것을 약속한다.

3. 채권을 매입한 투자자는 이를 다시 매도하거나 이자를 받아 수익을 얻는다.

4. 그런데 채권 투자에는 발행자의 지급 능력 부족 등의 사유로 이자와 원금이 지급되지 않을 가능성인 신용 위험이 수반된다.

- '신용 위험'에 대한 정의가 제시되고 있으므로 '신용 위험은 뭐고 신용 파산 스와프(CDS)는 뭐야?'라면서 띄웠던 물음표를 반쯤 회수할 수 있다.

5. 이에 따라 각국은 채권의 신용 위험을 평가해 신용 등급으로 공시하는 신용 평가 제도를 도입하여 투자자를 보호하고 있다.

- '신용 평가 제도'에 대한 정의가 제시되고 있다.
- '신용 평가 제도'를 암기 시도할 필요가 있다.

3 문단

1. 우리나라의 신용 평가 제도에서는 원화로 이자와 원금의 지급을 약속한 채권 가운데 발행자의 지급 능력이 최상급인 채권에 AAA라는 최고 신용 등급이 부여된다.

- 'AAA가 부여된 채권의 신용 위험은 최저치겠군'이라고 추론할 수 있다.

2. 원금과 이자가 지급되지 않아 부도가 난 채권에는 D라는 최저 신용 등급이 주어진다.

- 'D가 부여된 채권의 신용 위험은 최고치겠군'이라고 추론할 수 있다.

3. 그 외의 채권은 신용 위험이 커지는 순서에 따라 AA, A, BBB, BB 등 점차 낮아지는 등급 범주로 평가된다.

- 'AAA, AA, BBB, BB, B, CCC, CC, C, DDD, DD, D 이런 식으로 순서대로 신용 위험이 커지겠군'이라고 추론할 수 있다.

4. 이들 각 등급 범주 내에서도 신용 위험의 상대적인 크고 작음에 따라 각각 ' – '나 '+'를 붙이거나 하여 각 범주가 세 단계의 신용 등급으로 세분되는 경우가 있다.

- 'AAA와 D에는 +, –가 붙지 않으니 그 나머지에 +, –가 붙겠군. AA+, AA, AA- 이런 식으로 순서대로 신용 위험이 커지겠군'이라고 추론할 수 있다.

5. 채권의 신용 등급은 신용 위험의 변동에 따라 조정될
수 있다.

6. 다른 조건이 일정한 가운데 신용 위험이 커지면 채권
시장에서 해당 채권의 가격이 ⓐ 떨어진다.

- '신용 위험이 커진다는 말은 이자와 원금이 지급되지 않을 가
능성이 커진다는 말이므로 당연히 신용 위험이 커지면 채권의
가격이 떨어지겠지'라고 반응할 수 있다.

4 문단

1. CDS는 채권 투자자들이 신용 위험을 피하려는 목적
으로 활용하는 파생 금융 상품이다.

- 'CDS'에 대한 정의가 제시되고 있다.

2. CDS 거래는 '보장 매입자'와 '보장 매도자' 사이에서
이루어진다.

3. 여기서 '보장'이란 신용 위험으로부터의 보호를 뜻한다.

- '보장'에 대한 정의가 제시되고 있다.
- '보장이 신용 위험으로부터의 보호를 뜻한다고 했으니 보험이
랑 비슷한 말이겠네. 채권 소유자는 보장을 매입하고 대신 돈
을 지불하며, 보장 매도자는 보장을 매도하는 대신 돈을 지급
받겠네'라고 추론할 수 있다.

4. 보장 매도자는, 보장 매입자가 보유한 채권에서 부도
가 나면 이에 따른 손실을 보상하는 역할을 한다.

5. CDS 거래를 통해 채권의 신용 위험은 보장 매입자로
부터 보장 매도자로 이전된다.

- 'CDS, 즉 신용 파산 스와프는 파산될 신용 위험이 보상 매입자
에서 보상 매도자로 스와핑된다, 즉 이전된다는 의미의 상품
이구나'라고 반응할 수 있으므로 '신용 위험은 뭐고 신용 파산
스와프(CDS)는 뭐야?'라면서 띄웠던 물음표를 모두 회수할 수
있다.

6. CDS 거래에서 신용 위험의 이전이 일어나는 대상 자
산을 '기초 자산'이라 한다.

- '기초 자산'에 대한 정의가 제시되고 있다.
- '채권'이 '기초 자산'에 포함됨을 알 수 있다.

5 문단 [A]

1. 가령 은행 ㉠ 갑은, 기업 ㉡ 을이 발행한 채권을 매
입하면서 그것의 신용 위험을 피하기 위해 보험 회사
㉢ 병과 CDS 계약을 체결할 수 있다.

- '을은 채권을 발행하는 대신 갑에게 돈을 받고, 갑은 채권을 매
입하는 대신 을에게 돈을 지급하고, 그 채권의 신용 위험을 병
에게 이전하는 대신 병에게 돈을 지급하고, 병은 신용 위험을
이전 받는 대신 을에게 돈을 받겠군'이라고 추론할 수 있다.

2. 이때 기초 자산은 을이 발행한 채권이다.

6 문단

1. 보장 매도자는 기초 자산의 신용 위험을 부담하는 것
에 대한 보상으로 보장 매입자로부터 일종의 보험료를
받는데, 이것의 요율이 CDS 프리미엄이다.

- 'CDS 프리미엄'에 대한 정의가 제시되고 있으므로 'CDS 프리
미엄이 뭐야?'라면서 띄웠던 물음표를 회수할 수 있다.
- '요율이 뭐지?'라고 물음표를 띄울 수 있다.
단서가 부족해 추론은 어려워 보인다.

2. CDS 프리미엄은 기초 자산의 신용 위험이나 보장 매
도자의 유사시 지급 능력과 같은 여러 요인의 영향을 받
는다.

- '기초 자산의 신용 위험이 커질수록, 보장 매도자의 유사시 지
급 능력이 클수록 CDS 프리미엄은 올라가겠네'라고 추론할
수 있다.

3. 다른 요인이 동일한 경우, ㉣ 기초 자산의 신용 위험
이 크면 CDS 프리미엄도 크다.

4. 한편 ⑩ 보장 매도자의 지급 능력이 우수할수록 보장 매입자는 유사시 손실을 보다 확실히 보전받을 수 있으므로 보다 큰 CDS 프리미엄을 기꺼이 지불하는 경향이 있다.

5. 만약 보장 매도자가 발행한 채권이 있다면, 그 신용 등급으로 보장 매도자의 지급 능력을 판단할 수 있다.

- '보장 매도자가 발행한 채권의 신용 등급이 높을수록 보장 매도자의 유사시 지급 능력이 크다고 볼 수 있으므로 CDS 프리미엄은 올라가겠네'라고 추론할 수 있다.

6. 이에 따라 다른 요인이 동일한 경우, 보장 매도자가 발행한 채권의 신용 등급이 높으면 CDS 프리미엄은 크다.

21. 윗글의 내용과 일치하지 <u>않는</u> 것은?

① 정부는 자금을 조달하기 위해 채권을 발행한다.
② 채권 발행자의 지급 능력이 커지면 신용 위험은 커진다.
채권 발행자의 지급 능력이 커지면 신용 위험은 작아진다.
③ 신용 평가 제도는 채권을 매입한 투자자를 보호하는 장치이다.
④ 다른 조건이 일정할 경우, 어떤 채권의 신용 등급이 낮아지면 해당 채권의 가격은 하락한다.
⑤ 채권 발행자는 일정한 이자와 원금의 지급을 약속하지만, 채권에는 그 약속이 지켜지지 않을 위험이 수반된다.

22. [A]의 ⊙~ⓒ에 대한 이해로 가장 적절한 것은?

가령 은행 ⊙ 갑은, 기업 ⓒ 을이 발행한 채권을 매입하면서 그것의 신용 위험을 피하기위해 보험 회사 ⓒ 병과 CDS 계약을 체결할 수 있다.

① ⊙은 기초 자산을 보유하지 않는다.
⊙은 기초 자산인 채권을 보유한다.
② ⊙은 기초 자산에 부도가 나면 손실을 보상하는 역할을 한다.
ⓒ은 기초 자산에 부도가 나면 손실을 보상하는 역할을 한다.
③ ⓒ은 신용 위험을 기피하는 채권 투자자이다.
⊙은 신용 위험을 기피하는 채권 투자자이다.

④ ⓒ은 신용 위험을 부담하는 보장 매도자이다.
⑤ ⓒ은 기초 자산에 부도가 나야만 이득을 본다.
ⓒ은 기초 자산에 부도가 가지 않아야 이득을 본다.

23. <보기>의 ㉮~㉲ 중 CDS 프리미엄 이 두 번째로 큰 것은?

㉣ 기초 자산의 신용 위험
㉤ 보장 매도자의 지급 능력

윗글의 ㉣과 ㉤을 기준으로 서로 다른 CDS 거래 ㉮~㉲를 비교하여 CDS 프리미엄의 크기에 순서를 매길 수 있다. (단, 기초 자산의 발행자와 보장 매도자는 한국 기업이며, ㉮~㉲에서 제시된 조건 외에 다른 조건은 동일하다.)

CDS 거래	기초 자산의 신용 등급	보장 매도자 발행 채권의 신용 등급
㉮	BB+	AAA
㉯	BB+	AA-
㉰	BBB-	A-
㉱	BBB-	AA-
㉲	BBB-	A+

CDS 프리미엄은 기초 자산의 신용 위험이 클수록, 보장 매도자 발행 채권의 신용 등급이 높을수록 크다.
㉮, ㉯가 ㉰, ㉱, ㉲보다 기초 자산의 신용 위험이 크다. ㉮가 ㉯보다 보장 매도자 발행 채권의 신용 등급이 높고 가장 높은 신용 등급인 AAA이다.
따라서 ㉮에서 CDS 프리미엄이 가장 크다.
㉰, ㉱, ㉲는 모두 ㉯에서의 보장 매도자 발행 채권의 신용 등급보다 같거나 낮으므로 ㉰, ㉱, ㉲는 ㉯보다 CDS 프리미엄이 작다.
따라서 ㉯에서 CDS 프리미엄이 두 번째로 크다.

① ㉮　　　② ㉯　　　③ ㉰
④ ㉱　　　⑤ ㉲

24. 윗글을 바탕으로 <보기>를 이해한 내용으로 가장 적절한 것은? [3점]

< 보기 >

　X가 2015년 12월 31일에 이자와 원금의 지급이 완료되는 채권 Bx를 2011년 1월 1일에 발행했다. 발행 즉시 Bx 전량을 매입한 Y는 Bx를 기초 자산으로 하는 CDS 계약을 Z와 체결하고 보장 매입자가 되었다. 계약 체결 당시 Bx의 신용 등급은 A-, Z가 발행한 채권의 신용 등급은 AAA였다. 2011년 9월 17일, X의 재무 상황 악화로 Bx의 신용 위험에 대한 우려가 발생하였다. 2012년 12월 30일, X의 지급 능력이 2011년 8월 시점보다 개선되었다. 2013년 9월에는 Z가 발행한 채권의 신용 등급이 AA+로 변경되었다. 2013년 10월 2일, Bx의 CDS 프리미엄은 100bp*였다. (단, X, Y, Z는 모두 한국 기업이며 신용 등급은 매월 말일에 변경될 수 있다. 이 CDS 계약은 2015년 12월 31일까지 매월 1일에 갱신되며 CDS 프리미엄은 매월 1일에 변경될 수 있다. 제시된 것 외에 다른 요인에는 변화가 없다.)

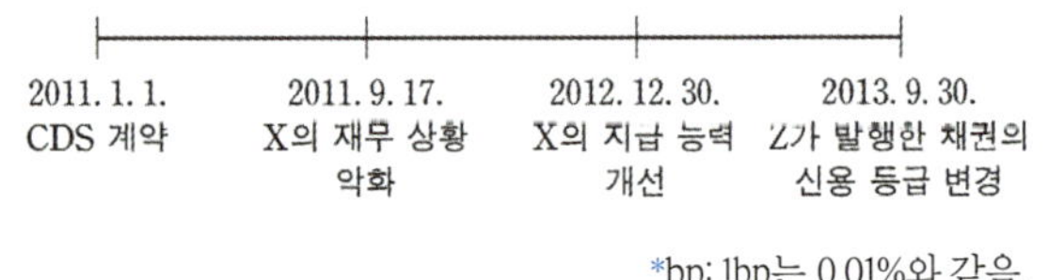

*bp: 1bp는 0.01%와 같음.

<보 기>를 읽고 다음과 같이 정리할 수 있다.

	2011.1.1	2011.9.17	2012.12.30	2013.9.30
Bx의 신용 등급	A-	A-↓	A-↑	A-↑
Z가 발행한 채권의 신용 등급	AAA	AAA	AAA	AA+

① 2011년 1월에는 Bx에 대한 CDS 계약으로 X가 신용 위험을 부담하게 되었겠군.

2011년 1월에는 BX에 대한 CDS 계약으로 Z가 신용 위험을 부담하게 되었을 것이다.

② 2011년 11월에는 Bx의 신용 등급이 A-보다 높았겠군.

2011년 11월에는 BX의 신용 등급이 A-보다 낮았을 것이다.

③ 2013년 1월에는 Bx의 신용 위험으로 Z가 손실을 입을 가능성이 2011년 10월보다 작아졌겠군.

④ 2013년 3월에는 Bx에 대한 CDS 프리미엄이 100bp보다 작았겠군.

2013년 3월에는 CDS 프리미엄이 100bp보다 컸을 것이다.

⑤ 2013년 4월에는 Bx의 신용 등급이 BB-보다 낮았겠군.

2013년 4월에는 BX의 신용 등급이 A-보다 컸을 것이다.

25. 문맥상 ⓐ의 의미와 가장 가까운 의미로 쓰인 것은?

가격이 ⓐ 떨어진다

① 오늘 아침에는 기온이 영하로 떨어졌다.
② 과자 한 봉지를 팔면 내게 100원이 떨어진다.
③ 더위를 먹었는지 입맛이 떨어지고 기운이 없다.
④ 신발이 떨어져서 걸을 때마다 빗물이 스며든다.
⑤ 선생님 말씀이 떨어지자마자 모두 자리에 앉았다.

1 문단

1. 사람은 살아가는 동안 여러 약속을 한다.

2. 계약도 하나의 약속이다.

- '계약'이 '약속'에 포함됨을 알 수 있다.

3. 하지만 이것은 친구와 뜻이 맞아 주말에 영화 보러 가자는 약속과는 다르다.

- '계약'과 '계약이 아닌 약속'을 구분하고 있으므로 둘을 대등 관계로 보아 시각적 수평 관계로 모델링할 수 있다.

4. 일반적인 다른 약속처럼 계약도 서로의 의사 표시가 합치하여 성립하지만, 이때의 의사는 일정한 법률 효과의 발생을 목적으로 한다는 점에서 차이가 있다.

- '-도'라는 표현이 등장했으므로 '계약과 계약이 아닌 약속 모두 서로의 의사 표시가 합치하여 성립하는구나'라고 추론할 수 있다.
- '계약에서의 의사는 일정한 법률 효과의 발생을 목적으로 하지만, 계약이 아닌 약속에서의 의사는 일정한 법률 효과의 발생을 목적으로 하지 않는구나'라고 반응할 수 있다.
- '법률 효과는 구체적으로 무엇을 말하는 걸까?'라고 물음표를 띄울 수 있다.
  '법적 강제성을 말하는 건가'라고 추론할 수 있다.

5. 한 예로 매매 계약은 '팔겠다'는 일방의 의사 표시와 '사겠다'는 상대방의 의사 표시가 합치함으로써 성립하며, 매도인은 매수인에게 매매 목적물의 소유권을 이전하여야 할 의무를 짐과 동시에 매매 대금의 지급을 청구할 권리를 갖는다.

- '의무와 권리가 법률 효과인가보다'라고 추론할 수 있으므로 '법률 효과는 구체적으로 무엇을 말하는 걸까?'라면서 띄웠던 물음표를 회수할 수 있다.

6. 반대로 매수인은 매도인에게 매매 대금을 지급할 의무가 있고 소유권의 이전을 청구할 권리를 갖는다.

- 다음과 같이 모델링할 수 있다.

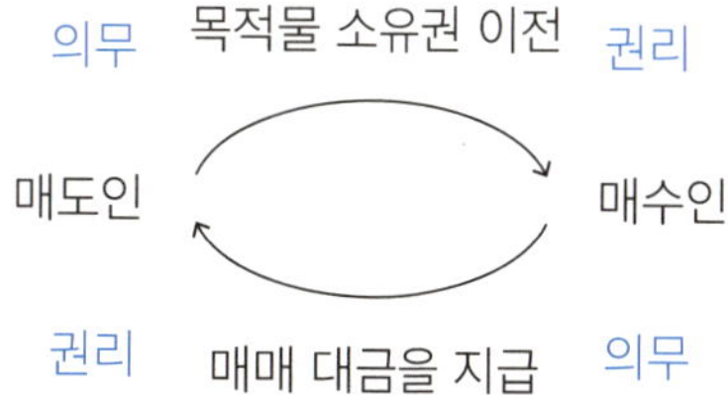

7. 양 당사자는 서로 권리를 행사하고 서로 의무를 이행하는 관계에 놓이는 것이다.

2 문단

1. 이처럼 의사 표시를 필수적 요소로 하여 법률 효과를 발생시키는 행위들을 법률 행위라 한다.

- '법률 행위'에 내한 성의가 제시되고 있다.
- '계약'이 '법률 행위'에 포함됨을 알 수 있다.

2. 계약은 법률 행위의 일종으로서, 당사자에게 일정한 청구권과 이행 의무를 발생시킨다.

3. 청구권을 내용으로 하는 권리가 채권이고, 그에 따라 이행을 해야 할 의무가 채무이다.

- '채권'과 '채무'에 대한 정의가 제시되고 있다.

4. 따라서 채권과 채무는 발생한 법률 효과가 동전의 양면처럼 서로 다른 방향에서 파악되는 것이라 할 수 있다.

- '예를 들어 목적물 소유권 이전에 대해서 매도인은 채무를 지니지만 매수인은 채권을 지니기 때문에 채권과 채무는 발생한 법률 효과가 동전의 양면처럼 서로 다른 방향에서 파악되는 것이라 할 수 있겠네'라고 반응할 수 있다.

5. 채무자가 채무의 내용대로 이행하여 채권을 소멸시키는 것을 변제라 한다.

- '변제'에 대한 정의가 제시되고 있다.
- '변제'를 암기 시도할 필요가 있다.

3 문단

1. 갑과 을은 을이 소유한 그림 A를 갑에게 매도하는 것을 내용으로 하는 매매 계약을 체결하였다.

- '갑과 을은 그림 A의 소유권 이전에 대해 각각 채권과 채무를 갖고, 대금 지급에 대해 각각 채무와 채권을 갖겠네'라고 추론할 수 있다.

2. ㉠ 을의 채무는 그림 A의 소유권을 갑에게 이전하는 것이다.

3. 동산인 물건의 소유권을 이전하는 방식은 그 물건을 인도하는 것이다.

4. 갑은 그림 A가 너무나 마음에 들었기 때문에 그것을 인도받기 전에 대금 전액을 금전으로 지급하였다.

5. 그런데 갑이 아무리 그림 A를 넘겨달라고 청구하여도 을은 인도해 주지 않았다.

- '-여도'를 '-였지만'으로 바꾸어 읽을 수 있다.
- '을이 소유권을 이전할 의무를 다하지 않았네, 즉 변제하지 않았네.'라고 반응할 수 있다.

6. 이런 경우 갑이 사적으로 물리력을 행사하여 해결하는 것은 엄격히 금지된다.

- '그럼 갑은 어떻게 을이 채무를 이행하도록 할 수 있을까?'라고 물음표를 띄울 수 있다.
  '소송을 해야 하나'라고 추론할 수 있다.

4 문단

1. 채권의 내용은 민법과 같은 실체법에서 규정하고 있고, 그것을 강제적으로 실현할 수 있도록 민사 소송법이나 민사 집행법 같은 절차법이 갖추어져 있다.

- '민법'이 '실체법'에 포함됨을 알 수 있다.

- '민사 소송법'과 '민사 집행법'이 '절차법'에 포함됨을 알 수 있다.
- '민법', '실체법', '민사 소송법', '민사 집행법', '절차법'을 암기 시도할 필요가 있다.

2. 갑은 소를 제기하여 판결로써 자기가 가진 채권의 존재와 내용을 공적으로 확정받을 수 있고, 나아가 법원에 강제 집행을 신청할 수도 있다.

- '판결로써 채권의 존재와 내용을 공적으로 확정받는 것은 실체법에 따른 것이겠고, 법원에 강제 집행을 신청하는 것은 절차법에 따른 것이겠네'라고 추론할 수 있다.

3. 강제 집행은 국가가 물리적 실력을 행사하여 채무자의 의사에 구애받지 않고 채무의 내용을 실행시켜 채권이 실현되도록 하는 제도이다.

- '강제 집행'에 대한 정의가 제시되고 있다.
- '강제 집행을 통해 을이 채무의 내용을 실행하도록 할 수 있겠네'라고 반응할 수 있으므로 '그럼 갑은 어떻게 을이 채무를 이행하도록 할 수 있을까?'라면서 띄웠던 물음표를 회수할 수 있다.

5 문단

1. 을이 그림 A를 넘겨주지 않은 까닭은 갑으로부터 매매 대금을 받은 뒤에 을의 과실로 불이 나 그림 A가 타 없어졌기 때문이다.

2. ㉡ 결국 채무는 이행 불능이 되었다.

3. 소송을 하더라도 불능의 내용을 이행하라는 판결은 ⓐ 나올 수 없다.

- '-라도'라는 표현이 등장했으므로 '소송을 하든 안 하든 불능의 내용을 이행하라는 판결은 나올 수 없는데, 특히 소송을 할 때도 불능의 내용을 이행하라는 판결은 나올 수 없다'라고 바꾸어 읽을 수 있다.

4. 그림 A의 소실이 계약 체결 전이었다면, 그 계약은 실현 불가능한 내용을 담고 있기 때문에 체결할 때부터 계약 자체가 무효이다.

- '그림 A의 소실이 계약 체결 후라면 어떻게 될까?'라고 물음표를 띄울 수 있다.

단서가 부족해 추론은 어려워 보인다.

5. 이행 불능이 채무자의 과실 때문에 일어난 것이라면 채무자가 채무 불이행에 대한 책임을 져야 한다.

- '-야'라는 당위 진술을 가리키는 표현이 등장했으므로 '책임을 지지 않으면 안 된다'라고 바꾸어 읽을 수 있다.

6 문단

1. 이때 채무 불이행은 갑이나 을의 의사 표시가 작용한 것이 아니라, 매매 목적물의 소실에 따른 이행 불능으로 말미암은 것이다.

2. 이러한 사건을 통해서도 법률 효과가 발생한다.

- '이행 불능으로 인한 채무 불이행, 즉 의사 표시를 필수적 요소로 하는 법률 행위가 아닌 사건을 통해서도 법률 효과가 발생한다는 것이군'이라고 반응할 수 있다.

3. 채무 불이행에 대한 책임은 갑으로 하여금 계약을 해제할 수 있는 권리를 갖게 한다.

- '그림 A의 소실이 계약 체결 후인 경우를 전제하고 있네. 이때 갑은 계약을 해제할 수 있는 권리를 갖네.'라고 반응할 수 있으므로 '그림 A의 소실이 계약 체결 후라면 어떻게 될까?'라면서 띄웠던 물음표를 회수할 수 있다.

4. 갑이 계약 해제권을 행사하면 그때까지 유효했던 계약이 처음부터 효력이 없는 것으로 된다.

5. 이때의 계약 해제는 일방의 의사 표시만으로 성립한다.

- '일방의 의사 표시는 갑의 의사 표시를 말하겠군'이라고 추론할 수 있다.

6. 따라서 갑이 해제권을 행사하는 데에 을의 승낙은 요건이 되지 않는다.

7. 이러한 법률 행위를 단독 행위라 한다.

- '단독 행위'가 '법률 행위'에 포함됨을 알 수 있다.
- '단독 행위'를 암기 시도할 필요가 있다.
- '단독 행위'와 '계약'을 구분하고 있으므로 둘을 대등 관계로 보

아 시각적 수평 관계로 모델링할 수 있다.

7 문단

1. 갑은 계약을 해제하였다.

2. 이로써 그 계약으로 발생한 채권과 채무는 없던 것이 된다.

3. 당연히 계약의 양 당사자는 자신의 채무를 이행할 필요가 없다.

4. 이미 이행된 것이 있다면 계약이 체결되기 전의 상태로 돌려놓아야 한다.

5. 이를 청구할 수 있는 권리가 원상회복 청구권이다.

- '갑이 이미 지급한 그림 A에 대한 대금을 다시 돌려달라고 청구할 수 있으며 이런 권리가 원상회복 청구권이겠네'라고 추론할 수 있다.
- '원상회복 청구권'을 암기 시도할 필요가 있다.

6. 계약의 해제로 갑은 원상회복 청구권을 행사할 수 있으며, 이러한 ⓛ 갑의 채권은 결국 을에게 매매 대금을 반환해 달라고 청구할 수 있는 권리가 된다.

16. 윗글의 내용과 일치하지 <u>않는</u> 것은?

① 실체법에는 청구권에 관한 규정이 있다.
② 절차법에 강제 집행 제도가 마련되어 있다.
③ <u>법률 행위가 없으면 법률 효과가 발생하지 않는다.</u>
6문단 1, 2번 문장: 이때 채무 불이행은 갑이나 을의 의사 표시가 작용한 것이 아니라, 매매 목적물의 소실에 따른 이행 불능으로 말미암은 것이다. 이러한 사건을 통해서도 법률 효과가 발생한다.
이를 통해 의사 표시를 필수적 요소로 하는 법률 행위가 없을 때 법률 효과가 발생하기도 한다는 사실을 알 수 있다.
④ 법원을 통하여 물리력으로 채권을 실현할 수 있다.
⑤ 실현 불가능한 것을 내용으로 하는 계약은 무효이다.

17. ㉠, ㉡에 대한 이해로 가장 적절한 것은?

㉠ 을의 채무
㉡ 갑의 채권

① ㉠은 매도인의 청구와 매수인의 이행으로 소멸한다.
㉠은 매도인의 이행으로 소멸한다.
② ㉡은 채권자와 채무자의 의사 표시가 작용하여 성립한 것이다.
㉡은 채권자 일방의 의사 표시가 작용하여 성립한 것이다.
③ ㉠과 ㉡은 ㉠이 이행되면 그 결과로 ㉡이 소멸하는 관계이다.
㉠과 ㉡은 ㉠이 이행되면 그 결과로 ㉡이 소멸하는 관계가 아니다.
④ ㉠과 ㉡은 동일한 계약의 효과를 서로 다른 측면에서 바라본 것이다.
㉠과 ㉡은 동일한 계약의 효과를 서로 다른 측면에서 바라본 것이 아니다.
⑤ ㉠에는 물건을 인도할 의무가 있고, ㉡에는 금전의 지급을 청구할 권리가 있다.

18. ㉮의 상황에 대한 설명으로 적절한 것은?

㉮ 결국 채무는 이행 불능이 되었다.

① '을'의 과실로 이행 불능이 되어 '갑'의 계약 해제권이 발생한다.
② '갑'은 소를 제기하여야 매매의 목적이 된 재산권을 이전받을 수 있다.
'그림 A'를 이전받을 수 있는 방법은 없다.
③ '갑'은 원상회복 청구권을 행사하여야 '그림 A'의 소유권을 회복할 수 있다.
'갑'은 원상회복 청구권을 행사하여야 이미 지급한 '그림 A'에 대한 대금을 '을'로부터 돌려받을 수 있다.
④ '갑'과 '을'은 애초부터 실현 불가능한 내용의 계약을 체결하였기 때문에 이행 불능이 되었다.
'갑'과 '을'은 애초부터 실현 불가능한 내용의 계약을 체결하지 않았다. 또한 그런 계약을 체결하면 이행 불능이 되는 것이 아니라 계약은 무효가 된다.
⑤ '을'이 '갑'에게 '그림 A'를 인도하는 것은 불가능해졌지만 '을'은 채무 불이행에 대한 책임을 지지 않는다.
'을'이 '갑'에게 '그림 A'를 인도하는 것은 불가능해졌고, '을'은 채무 불이행에 대한 책임을 진다.

19. 윗글을 바탕으로 할 때, <보기>에 대한 분석으로 적절하지 <u>않은</u> 것은? [3점]

> ── < 보기 > ──
>
> 증여는 당사자의 일방이 자기의 재산을 무상으로 상대방에게 줄 의사를 표시하고 상대방이 이를 승낙함으로써 성립하는 계약이다. 증여자만 이행 의무를 진다는 점이 특징이다. 유언은 유언자의 사망과 동시에 일정한 법률 효과를 발생시키려는 것을 목적으로 하는데, 유언자의 의사 표시만으로 유효하게 성립하고 의사 표시의 상대방이 필요 없다는 점에서 증여와 차이가 있다.

① 증여, 유언, 매매는 모두 법률 행위로서 의사 표시를 요소로 한다.
② 증여와 유언은 법률 효과를 발생시키려는 목적이 있다는 점이 공통된다.
③ 증여는 변제의 의무를 발생시키지 않는다는 점에서 매매와 차이가 있다.
증여는 변제의 의무를 발생시킨다.
④ 증여는 당사자 일방만이 이행한다는 점에서 양 당사자가 서로 이행하는 관계를 갖는 매매와 차이가 있다.
⑤ 증여는 양 당사자의 의사 표시가 서로 합치하여 성립한다는 점에서 의사 표시의 합치가 필요 없는 유언과 차이가 있다.

20. 문맥상 의미가 ⓐ와 가장 가까운 것은?

판결은 ⓐ 나올

① 오랜 연구 끝에 만족할 만한 실험 결과가 나왔다.
② 그 사람이 부드럽게 나오니 내 마음이 누그러졌다.
③ 우리 마을은 라디오가 잘 안 나오는 산간 지역이다.
④ 이 책에 나오는 옛날이야기 한 편을 함께 읽어 보자.
⑤ 그동안 우리 지역에서는 걸출한 인물들이 많이 나왔다.

1 문단

1. 전통적인 통화 정책은 정책 금리를 활용하여 물가를 안정시키고 경제 안정을 도모하는 것을 목표로 한다.

- 정책 금리 활용⇒물가 안정⇒경제 안정(통화 정책의 목표)

2. 중앙은행은 경기가 과열되었을 때 정책 금리 인상을 통해 경기를 진정시키고자 한다.

- '경기가 과열되었을 때 중앙은행이 정책 금리를 인상하여 시장 금리가 높아지면 시중 통화량이 감소하여 물가가 안정되어 경기가 진정될 것이다'라고 추론할 수 있다.

3. 정책 금리 인상으로 시장 금리도 높아지면 가계 및 기업에 대한 대출 감소로 신용 공급이 축소된다.

4. 신용 공급의 축소는 경제 내 수요를 줄여 물가를 안정시키고 경기를 진정시킨다.

- 경기 과열)
 정책 금리↑⇒시장 금리↑⇒대출↓⇒신용 공급↓⇒경제 내 수요↓⇒물가↓∧경기 진정

5. 반면 경기가 침체되었을 때는 반대의 과정을 통해 경기를 부양시키고자 한다.

- 경기 침체)
 정책 금리↓⇒시장 금리↓⇒대출↑⇒신용 공급↑⇒경제 내 수요↑⇒물가↑∧경기 부양

2 문단

1. 금융을 통화 정책의 전달 경로로만 보는 전통적인 경제학에서는 금융감독 정책이 개별 금융 회사의 건전성 확보를 통해 금융 안정을 달성하고자 하는 ㉠ 미시 건전성 정책에 집중해야 한다고 보았다.

- '금융을 통화 정책의 전달 경로로만 본다는 게 무슨 뜻일까?'라고 물음표를 띄울 수 있다.
 '통화량을 조절하는 통화 정책을 시장 금리 조절을 통해서 현실화할 수 있기 때문에 금융을 통화 정책의 전달 경로로만 본다는 소리인가'라고 추론할 수 있다.

- '미시 건전성 정책'에 대한 정의가 제시되고 있다.
- '미시 건전성 정책'을 암기 시도할 필요가 있다.
- '미시 건전성 정책은 이름이 왜 미시 건전성 정책일까?'라고 물음표를 띄울 수 있다.
 '여러 금융 회사의 통합적 건전성 확보가 아니라 개별 금융 회사의 건전성 확보를 통해 금융 안정을 달성하려고 하기 때문일까'라고 추론할 수 있다.

- '-야라는 당위 진술을 가리키는 표현이 등장했으므로 '집중하지 않으면 안 된다고 보았다'로 바꾸어 읽을 수 있다.

- '전통적인 경제학이 등장했으므로 나중에 최근의 경제학이 소개되겠다'라고 추론할 수 있다.

2. 이러한 관점은 금융이 직접적인 생산 수단이 아니므로 단기적일 때와는 달리 장기적으로는 경제 성장에 영향을 미치지 못한다는 인식과, 자산 시장에서는 가격이 본질적 가치를 초과하여 폭등하는 버블이 존재하지 않는다는 효율적 시장 가설에 기인한다.

- '단기에는 금융이 경제 성장에 영향을 미칠 수 있지만, 장기에는 금융이 경제 성장에 영향을 미치지 못한다는 얘기네'라고 반응할 수 있다.
- '효율적 시장 가설'에 대한 정의가 제시되고 있다.
- '효율적 시장 가설'을 암기 시도할 필요가 있다.

3. 미시 건전성 정책은 개별 금융 회사의 건전성에 대한 예방적 규제 성격을 가진 정책 수단을 활용하는데, 그 예로는 향후 손실에 대비하여 금융 회사의 자기자본 하한을 설정하는 최저 자기자본 규제를 들 수 있다.

- '최저 자기자본 규제'에 대한 정의가 제시되고 있다.
- '최저 자기자본 규제'를 암기 시도할 필요가 있다.
- '개별 금융 회사의 건전성은 그 회사의 자본 축적 정도와 관련이 있을 것 같다'라고 추론할 수 있다.

3 문단

1. 이처럼 전통적인 경제학에서는 금융감독 정책을 통해 금융 안정을, 통화 정책을 통해 물가 안정을 달성할 수 있다고 보는 이원적인 접근 방식이 지배적인 견해였다.

- '금융감독 정책'과 '통화 정책'이 구분되고 있으므로 둘을 대등 관계로 보아 시각적 수평 관계로 모델링할 수 있다.

2. 그러나 글로벌 금융 위기 이후 금융 시스템이 와해되어 경제 불안이 확산되면서 기존의 접근 방식에 대한 자성이 일어났다.

- '금융이 장기적으로는 경제 성장에 영향을 미치지 못한다는 인식과 반대되는 상황이 나타난 것 같다'라고 추론할 수 있다.

3. 이 당시 경기 부양을 목적으로 한 중앙은행의 저금리 정책이 자산 가격 버블에 따른 금융 불안을 야기하여 경제 안정이 훼손될 수 있다는 데 공감대가 형성되었다.

- '저금리 정책으로 통화량을 늘렸는데 통화의 흐름이 자산 시장으로 대부분 흘러 자산 가격이 본질적 가치보다 폭등하는 버블이 형성되어 금융 불안을 야기하여 경제 안정이 훼손될 수 있다는 공감대가 형성됐다는 거네. 여기서 버블이 존재하지 않는다는 효율적 시장 가설이 틀렸음을 확인할 수 있다.'라고 추론할 수 있다.

4. 또한 금융 회사가 대형화되면서 개별 금융 회사의 부실이 금융 시스템의 붕괴를 야기할 수 있게 됨에 따라 금융 회사 규모가 금융 안정의 새로운 위험 요인으로 등장하였다.

5. 이에 기존의 정책으로는 금융 안정을 확보할 수 없고, 경제 안정을 위해서는 물가 안정뿐만 아니라 금융 안정도 필수적인 요건임이 밝혀졌다.

- '즉 경제 안정을 위해서 통화 정책을 통한 물가 안정만을 고려하면 되는 줄 알았는데, 글로벌 금융 위기 이후 경제 안정을 위해서 금융 안정도 고려해야 한다는 것을 알게 되었다는 것이구나'라고 추론할 수 있다.
- 물가 안정∧금융 안정→경제 안정

6. 그 결과 미시 건전성 정책에 ⓛ 거시 건전성 정책이 추가된 금융감독 정책과 물가 안정을 위한 통화 정책 간의 상호 보완을 통해 경제 안정을 달성해야 한다는 견해가 주류를 형성하게 되었다.

- '거시 건전성 정책'을 암기 시도할 필요가 있다.
- '거시 건전성 정책이 뭘까?'라고 물음표를 띄울 수 있다.
  '개별 금융 회사의 건전성이 아니라 여러 금융 회사의 통합적 건전성을 확보해야 한다는 의미 아닐까'라고 추론할 수 있다.
- '미시 건전성 정책'과 '거시 건전성 정책'이 구분되고 있으므로 둘을 대등 관계로 보아 시각적 수평 관계로 모델링할 수 있다.

4 문단

1. 거시 건전성이란 개별 금융 회사 차원이 아니라 금융 시스템 차원의 위기 가능성이 낮아 건전한 상태를 말하고, 거시 건전성 정책은 금융 시스템의 건전성을 추구하는 규제 및 감독 등을 포괄하는 활동을 의미한다.

- '내 추론대로 여러 금융 회사, 즉 전체적인 금융 시스템 차원의 건전성을 추구하는 것이 거시 건전성 정책이었네'라고 반응할 수 있으므로 '거시 건전성 정책이 뭘까?'라면서 띄웠던 물음표를 회수할 수 있다.

2. 이때, 거시 건전성 정책은 미시 건전성이 거시 건전성을 담보할 수 있는 충분조건이 되지 못한다는 '구성의 오류'에 논리적 기반을 두고 있다.

- '미시 건전성이 확보된다고 해서 거시 건전성이 확보되는 것이 아니다. 즉 미시 건전성은 충분조건이 아닌 필요조건이라는 말이겠네'라고 추론할 수 있다.

3. 거시 건전성 정책은 금융 시스템 위험 요인에 대한 예방적 규제를 통해 금융 시스템의 건전성을 추구한다는 점에서, 미시 건전성 정책과는 차별화된다.

- '미시 건전성 정책은 개별 회사의 건전성에 대한 예방적 규제를 시도하는 반면, 거시 건전성 정책은 금융 시스템 위험 요인에 대한 예방적 규제를 시도하네'라고 반응할 수 있다.

5 문단

1. 거시 건전성 정책의 목표를 효과적으로 달성하기 위해서는 경기 변동과 금융 시스템 위험 요인 간의 상관관계를 감안한 정책 수단의 도입이 필요하다.

- '경기 변동과 금융 시스템 위험 요인 간의 상관관계는 구체적으로 무엇을 말하는 걸까?'라고 물음표를 띄울 수 있다. 단서가 부족해 추론은 어려워 보인다.

2. 금융 시스템 위험 요인은 경기 순응성을 가진다.

- '경기 순응성'을 암기 시도할 필요가 있다.
- '경기 순응성이 뭐지?'라고 물음표를 띄울 수 있다. 단서가 부족해 추론은 어려워 보인다.

3. 즉 경기가 호황일 때는 금융 회사들이 대출을 늘려 신용 공급을 팽창시킴에 따라 자산 가격이 급등하고, 이는 다시 경기를 더 과열시키는 반면 불황일 때는 그 반대의 상황이 일어난다.

- '경기기 호황일 때 금리를 올려 대출을 감소시켜아 하는데, 경기가 호황일 때 금융 회사들이 금리를 낮춰 대출을 늘려 신용 공급을 팽창시킴에 따라 통화가 자산 시장으로 몰려 자산 가격이 급등하고 이것이 다시 경기를 더 과열시킨다는 거네. 즉 경기가 호황일 때 금융 회사들이 경기를 더 과열시키기 때문에 경기 순응성을 지닌다는 것이구나. 또한 경기 변동과 금융 시스템 위험 요인 간의 상관관계가 이런 걸 말하나보네'라고 추론할 수 있으므로 '경기 순응성이 뭐지?', '경기 변동과 금융 시스템 위험 요인 간의 상관관계는 구체적으로 무엇을 말하는 걸까?'라면서 띄웠던 물음표를 회수할 수 있다.
- '경기가 불황일 때는 금리를 낮춰 대출을 증가시켜야 하는데 경기가 불황일 때 금융 회사들이 금리를 올려 대출을 감소시켜 신용 공급을 축소시킴에 따라 자산 가격이 폭락하고 이것이 다시 경기를 더 침체시키겠네'라고 추론할 수 있다.

4. 이를 완화할 수 있는 정책 수단으로는 경기 대응 완충 자본 제도를 @ 들 수 있다.

- '경기 대응 완충자본 제도'를 암기 시도할 필요가 있다.
- '경기 대응 완충자본 제도가 뭘까?'라고 물음표롤 띄울 수 있다. 단서가 부족해 추론은 어려워 보인다.

5. 이 제도는 정책 당국이 경기 과열기에 금융 회사로 하여금 최저 자기자본에 추가적인 자기자본, 즉 완충자본을 쌓도록 하여 과도한 신용 팽창을 억제시킨다.

- '경기 과열기에 경기 순응성에 따라 금융 회사들이 금리를 낮춰 대출을 늘리려고 하는데 정책 당국이 금융 회사들에 최저 자기자본에 추가적인 완충자본을 쌓도록 강제하면 대출을 임의로 늘릴 수 없겠네. 그래서 금융 회사들은 경기 과열기에 금리를 높여 대출을 줄이고 예금을 늘려 완충자본을 쌓겠네. 이런 제도를 경기 대응 완충자본 제도라고 하는구나'라고 추론할 수 있으므로 '경기 대응 완충자본 제도가 뭘까?'라면서 띄웠던 물음표를 회수할 수 있다.

6. 한편 적립된 완충자본은 경기 침체기에 대출 재원으로 쓰도록 함으로써 신용이 충분히 공급되도록 한다.

- '경기 침체기에 금융 회사에 완충자본을 사용하여 대출을 늘리도록 강제함으로써 경기 순응성과 반대되도록 하여 경제 안정을 꾀하는 것이겠군. 그래서 금융 회사들은 경기 침체기에 금리를 낮춰 대출을 늘리고 예금을 줄여 완충자본을 사용하겠네.'라고 추론할 수 있다.

27. 윗글을 통해 알 수 있는 것은?

① 글로벌 금융 위기 이전에는, 금융이 단기적으로 경제 성장에 영향을 미치지 못한다고 보았다.

글로벌 금융 위기 이전에 금융이 단기적으로 경제 성장에 영향을 미칠 수 있다고 보았다.

② 글로벌 금융 위기 이전에는, 개별 금융 회사가 건전하다고 해서 금융 안정이 달성되는 것은 아니라고 보았다.

글로벌 금융 위기 이전에 개별 금융 회사의 건전성으로 금융 안정을 꾀했다.

③ 글로벌 금융 위기 이전에는, 경기 침체기에는 통화 정책과 더불어 금융감독 정책을 통해 경기를 부양시켜야 한다고 보았다.

글로벌 금융 위기 이전에는 경기 침체기에는 통화 정책으로 물가 안정을 꾀해 경기를 부양시킬 수 있다고 보았다.

④ 글로벌 금융 위기 이후에는, 정책 금리 인하가 경제 안정을 훼손하는 요인이 될 수 있다고 보았다.

3문단 3번 문장: 이 당시 경기 부양을 목적으로 한 중앙은행의 저금리 정책이 자산 가격 버블에 따른 금융 불안을 야기하여 경제 안정이 훼손될 수 있다는 데 공감대가 형성되었다.

⑤ 글로벌 금융 위기 이후에는, 경기 변동이 자산 가격 변동을 유발하나 자산 가격 변동은 경기 변동을 유발하지 않는다고 보았다.

글로벌 금융 위기 이후에 자산 가격 변동이 경기 변동을 유발할 수 있다고 보았다.

28. ㉠과 ㉡에 대한 설명으로 적절하지 않은 것은?

㉠ 미시 건전성 정책
㉡ 거시 건전성 정책

① ㉠에서는 물가 안정을 위한 정책 수단과는 별개의 정책 수단을 통해 금융 안정을 달성하고자 한다.
② ㉡에서는 신용 공급의 경기 순응성을 완화시키는 정책 수단이 필요하다.
③ ㉠은 ㉡과 달리 예방적 규제 성격의 정책 수단을 사용하여 금융 안정을 달성하고자 한다.

㉠과 ㉡은 모두 예방적 규제 성격의 정책 수단을 사용하여 금융 안정을 달성하고자 한다.

④ ㉡은 ㉠과 달리 금융 시스템 위험 요인을 감독하는 정책 수단을 사용한다.
⑤ ㉠과 ㉡은 모두 금융 안정을 달성하기 위해 금융 회사의 자기 자본을 이용한 정책 수단을 사용한다.

29. 윗글을 바탕으로 할 때, <보기>의 A~D에 들어갈 말을 바르게 짝지은 것은?

문맥에 따라 B는 거시, D는 미시임을 알 수 있다.
A가 불황이라면 C는 사용이고, A가 호황이라면 C는 적립이어야 한다.

— < 보기 > —

　미시 건전성 정책과 거시 건전성 정책 간에는 정책 수단 운용에서 입장 차이가 존재한다. 경기가 (A)일 때 (B) 건전성 정책에서는 완충자본을 (C)하도록 하고, (D) 건전성 정책에서는 최소 수준 이상의 자기 자본을 유지하도록 하여 개별 금융 회사의 건전성을 확보하려 한다.

---

① A: 불황 B: 거시 C: 사용 D: 미시
② A: 호황 B: 거시 C: 사용 D: 미시
③ A: 불황 B: 거시 C: 적립 D: 미시
④ A: 호황 B: 미시 C: 적립 D: 거시
⑤ A: 불황 B: 미시 C: 사용 D: 거시

30. 윗글과 <보기>에 대한 이해로 적절하지 않은 것은?

[3점]

— < 보기 > —

　현실에서의 통화 정책 효과는 경기에 대해 비대칭적인 것으로 알려져 있다. 통화 정책은 경기 과열을 억제하는 데는 효과적이지만 경기 침체를 벗어나는 데는 효과가 미미하기 때문이다. 경기 침체를 극복하기 위해 중앙은행의 정책 금리 인하로 은행이 대출을 늘려 신용 공급을 확대하려 해도, 가계의 소비 심리가 위축되었거나 기업이 투자할 대상이 마땅치 않을 경우 전통적인 통화 정책에서 기대되는 효과는 나타나지 않게 된다. 오히려 확대된 신용 공급이 주식이나 부동산 등 자산 시장으로 과도하게 유입되어 의도치 않은 문제를 일으킬 수 있다.

　경제학자들은 경제 주체들이 경기 상황에 대해 비대칭적으로 반응하기 때문에 나타나는 이러한 현상을 '끈 밀어올리기(pushing on a string)'라고 부른다. 이는 끈을 당겨서 아래로 내리는 것은 쉽지만, 밀어서 위로 올리는 것은 어렵다는 것에 빗댄 것이다.

---

① '끈 밀어올리기'를 통해 경기 침체기에 자산 가격 버블이 발생하는 경우를 설명할 수 있겠군.
② 현실에서 경기가 침체되었을 경우 정책 금리 인하에 따른 경기 부양 효과는 경제 주체의 심리에 따라 달라질 수 있겠군.
③ '끈 밀어올리기'가 있을 경우 경기 침체기에 금융 안정을 달성하려면 경기 대응 완충자본 제도의 도입이 필요하겠군.

경기 대응 완충자본 제도의 목적은 경기 순응성 완화, 즉 경기 침체기에 대출을 줄이려는 경향을 억제하고자 함이다. 그러나 '끈 밀어올리기'가 있을 경우 경기 대응 완충자본 제도에 따라 경기 침체기에 대출이 늘어나 신용 공급이 증가하더라도 신용 공급이 자산 시장으로 과도하게 유입되어 경기 침체를 벗어나

지 못하기 때문에, '끈 밀어올리기'가 있을 경우 경기 침체기에
금융 안정을 달성하기 위해 경기 대응 완충자본 제도의 도입은
효과적인 방안이 아니다.

④ 통화 정책 효과가 경기에 대해 비대칭적이라면 경기 침
   체기에는 정책 금리 조정 이외의 방안을 도입할 필요가
   있겠군.

⑤ 통화 정책 효과가 경기에 대해 비대칭적이라면 정책 금
   리 인상은 신용 공급을 축소시킴으로써 경기를 진정시
   킬 수 있겠군.

31. 문맥상 의미가 ⓐ와 가장 가까운 것은?

정책 수단으로는 경기 대응 완충자본 제도를 ⓐ 들 수 있다.

① 나는 그 사람에게 친근감이 <u>든다</u>.
② 그는 목격자의 진술을 증거로 <u>들고 있다</u>.
③ 그분은 이미 대가의 경지에 <u>든</u> 학자이다.
④ 하반기에 <u>들자</u> 수출이 서서히 증가하기 시작했다.
⑤ 젊은 부부는 집을 마련하기 위해 적금을 <u>들기로</u> 했다.

사회

2020학년도 9월 모평

27번~31번

1 문단

1. 물건을 사용하고 있는 사람이 그 물건의 주인일까?

- '물건을 사용하고 있는 사람이 그 물건의 주인일 수도, 단지 빌려 쓰고 있는 사람일 수도 있지'라고 반응할 수 있다.

2. 점유란 물건에 대한 사실상의 지배 상태를 뜻한다.

- '점유'에 대한 정의가 제시되고 있다.

3. 이에 비해 소유란 어떤 물건을 사용·수익·처분할 수 있는 권리를 가진 상태라고 정의된다.

- '소유'에 대한 정의가 제시되고 있다.
- '점유'와 '소유'를 구분하고 있으므로 둘을 대등 관계로 보아 시각적 수평 관계로 모델링할 수 있다.

4. 따라서 점유자와 소유자가 항상 일치하지는 않는다.

- '점유하면서 소유할 수 있는 경우가 있고, 점유하지만 소유는 하지 않는 경우도 있고, 점유하지 않지만 소유하는 경우도 있겠네'라고 추론할 수 있다.

2 문단 [A]

1. 물건을 빌려 쓰거나 보관하고 있는 것을 포함하여 물건을 물리적으로 지배하는 상태를 직접점유라고 한다.

- '직접점유'에 대한 정의가 제시되고 있다.
- '직접점유'를 암기 시도할 필요가 있다.

2. 이에 비해 어떤 물건을 빌려 쓰거나 보관하는 사람에게 그 물건의 반환을 청구할 수 있는 권리를 가진 사람도 사실상의 지배를 한다고 볼 수 있다.

- '물리적으로 지배하지는 않지만 법적인 권리로 지배하는 경우를 말하는군'이라고 반응할 수 있다.

3. 이와 같이 반환청구권을 가진 상태를 간접점유라고 한다.

- '간접점유'에 대한 정의가 제시되고 있다.
- '간접점유'를 암기 시도할 필요가 있다.
- '간접점유를 하는 사람은 반드시 소유자이지만 직접점유를 하는 사람은 소유자일 수도, 소유자가 아닐 수도 있겠군'이라고 추론할 수 있다.

4. 직접점유와 간접점유는 모두 점유에 해당한다.

- '직접점유'와 '간접점유'가 모두 '점유'에 포함됨을 알 수 있다.

5. 점유는 소유자를 공시하는 기능도 수행한다.

- '-도'라는 표현이 등장했으므로 '점유는 소유자를 공시하는 기능뿐만 아니라 다른 기능도 수행하겠네'라고 추론할 수 있다.
- '공시가 뭘까?'라고 물음표를 띄울 수 있다.
'공적으로 알린다는 의미인가'라고 추론할 수 있다.

6. 공시란 물건에 대해 누가 어떤 권리를 가지고 있는지를 알려 주는 것이다.

- '공시'에 대한 정의가 제시되고 있으므로 '공시가 뭘까?'라면서 띄웠던 물음표를 회수할 수 있다.
- '아니 간접점유가 소유자를 공시한다는 건 이해하겠는데, 직접점유가 어떻게 소유자를 공시한다는 거야? 직접점유를 한다고 해도 소유자는 따로 있을 수 있잖아?'라고 물음표를 띄울 수 있다.
단서가 부족해 추론은 어려워 보인다.

7. 물건 중에서 피아노, 금반지, 가방 등과 같은 대부분의 동산은 점유에 의해 소유권이 공시된다.

- '피아노', '금반지', '가방'이 '동산'에 포함됨을 알 수 있다.

3 문단

1. 물건의 소유권이 양도되려면, 소유자가 양도인이 되어 양수인과 유효한 양도 계약을 하고 이에 더하여 소유권 양도를 공시해야 한다.

- '-야'라는 필요조건을 가리키는 표현이 등장했으므로 대우 규칙을 적용하여 '유효한 양도 계약을 하지 않거나 소유권 양도

를 공지하지 않는다면 물건의 소유권이 양도되지 않는다'라고
바꾸어 읽을 수 있다.
- 물건의 소유권 양도→(유효한 양도 계약∧소유권 양도 공시)

2. ⓐ 점유로 소유권이 공시되는 동산의 소유권 양도는
점유를 넘겨주는 점유 인도로 공시된다.

- 점유로 소유권이 공시되는 동산)
  점유 인도→소유권 양도 공시

3. 양수인이 간접점유를 하여 소유권 이전이 공시되는
경우로서 '점유개정'과 '반환청구권 양도'가 있다.

- '점유개정'과 '반환청구권 양도'를 암기 시도할 필요가 있다.
- '점유개정은 뭐고 반환청구권 양도는 뭘까?'라고 물음표를 띄
  울 수 있다.
  단서가 부족해 추론은 어려워 보인다.

4. 예를 들어 A가 B에게 피아노의 소유권을 양도하기로
계약하되 사흘간 빌려 쓰는 것으로 합의한 경우, B는 A
에게 피아노를 사흘 후 돌려 달라고 요구할 수 있는 반
한청구권을 가지게 된다.

5. 이처럼 양도인이 직접점유를 유지하지만, 양수인에
게 점유 인도가 이루어진 것으로 간주되는 경우를 점유
개정이라고 한다.

- '양도인이 직접점유를 유지하지만 양수인에게 간접점유를 넘
  겨 점유가 이루어진 것으로 간주되는 경우가 점유개정이구나'
  라고 반응할 수 있으므로 '점유개정은 뭐고 반환청구권 양도
  는 뭘까?'라면서 띄웠던 물음표를 반쯤 회수할 수 있다.
- '점유개정은 왜 점유개정이라 불릴까?'라고 물음표를 띄울 수
  있다.
  단서가 부족해 추론은 어려워 보인다.

6. 한편 C가 자신이 소유한 가방을 D에게 맡겨 두어 이
에 대한 반환 청구권을 가지게 되었는데, 이 가방의 소
유권을 E에게 양도하는 계약을 체결하였다고 하자.

- '그럼 C의 반환 청구권이 E로 넘어가겠네'라고 추론할 수 있다.

7. 이때 C가 D에게 통지하여 가방 주인이 바뀌었으니
가방을 E에게 반환하라고 알려 주면 D가 보관 중인 가
방에 대한 반환청구권은 C로부터 E에게로 넘어간다.

- '정리해보면 D가 직접점유를 하고 있고 C가 E에게 간접점유
  를 넘긴거네'라고 반응할 수 있다.

8. 이 경우를 반환청구권 양도라고 한다.

- '반환청구권 양도'에 대한 정의가 제시되었으므로 '점유개정은
  뭐고 반환청구권 양도는 뭘까?'라면서 띄웠던 물음표를 모두
  회수할 수 있다.
- '점유개정'과 '반환청구권 양도'를 구분하고 있으므로 둘을 대
  등 관계로 보아 시각적 수평 관계로 모델링할 수 있다.

4 문단

1. 양도인이 소유자가 아니더라도 양수인이 점유 인도를
받으면 소유권을 취득할 수 있을까?

- '-라도'라는 표현이 등장했으므로 '양도인이 소유자이든 아니
  든 뒷부분은 성립하는데, 특히 양도인이 소유자가 아닐 때도
  뒷부분은 성립한다'라고 바꾸어 읽을 수 있다.
- '상식적으로 양도인이 소유자가 아닌데 양수인이 점유 인도를
  받는다고 소유권을 취득하면 안 되는 거 아니가'라고 반응할
  수 있다.

2. 점유로 공시되는 동산의 경우 양수인이 충분히 주의
를 했는데도 양도인이 소유자가 아님을 알지 못한 채 양
도인과 유효한 계약을 하고, 점유 인도로 공시를 했다면
양수인은 소유권을 취득한다.

- 3문단 1번 문장:
  물건의 소유권 양도→(유효한 양도 계약∧소유권 양도 공시)
  4문단 2번 문장:
  점유로 공시되는 동산)
  물건의 소유권 양도(취득)←(유효한 양도 계약∧소유권 양도
  공시(점유 인도))
'서로 필요충분조건 관계를 성립시키네'라고 반응할 수 있다.
- '이때 점유는 직접점유도 포함하는 거니 점유로 공시되는 동
  산의 경우, 직접점유를 하고 있지만 소유자가 아닌 양도인이
  양수인에게 직접점유 인도로 공시를 했다면 양수인은 소유권
  을 취득하겠네'라고 추론할 수 있으므로 '아니 간접점유가 소
  유자를 공시한다는 건 이해하겠는데, 직접점유가 어떻게 소유
  자를 공시한다는 거야? 직접점유를 한다고 해도 소유자는 따
  로 있을 수 있잖아?'라면서 띄웠던 물음표를 회수할 수 있다.

3. 이것을 '선의취득'이라 한다.

- '선의취득'에 대한 정의가 제시되고 있다.

- '선의취득'을 암기 시도할 필요가 있다.

- '선의취득은 왜 선의취득이라 불릴까?'라고 물음표를 띄울 수 있다.

  '양도인이 소유자가 아닌데도 양수인에게 선의적으로 소유권을 취득시켜주기 때문이려나'라고 추론할 수 있다.

- '그러니까 A와 B가 양도 계약을 맺고 A가 피아노를 B에게 간접점유 인도를 하지만 A가 직접점유를 유지하고 있는데 A가 실제 소유자가 아닌 경우 B는 소유권을 취득하지 못한다는 소리네. 반면에 반환청구권 양도로는 선의취득을 할 수 있을테니 C가 D에게 직접 점유를 인도하고 있는 상태에서 C와 E가 양도 계약을 맺고 C가 E에게 간접점유 인도를 하지만 C가 실제 소유자가 아닌 경우에는 E가 소유권을 취득한다는 소리네.'라고 추론할 수 있다.

5 문단

- '점유로 공시되는 동산'과 '국가가 관리하는 공적 기록인 등기·등록으로 공시되어야 하는 물건'의 차이를 인지할 수 있으므로 둘을 대등 관계로 보아 시각적 수평 관계로 모델링할 수 있다.

- '점유로 공시되는 동산', '법률이 등록 대상으로 규정한 자동차, 항공기 등의 동산', '토지·건물과 같은 부동산'의 차이를 인지할 수 있으므로 셋을 대등 관계로 보아 시각적 수평 관계로 모델링할 수 있다.

- '이것'을 '이러한 고가의 재산에 대해 선의취득을 허용하게 되는 것'으로 바꾸어 읽을 수 있다.

27. 윗글을 이해한 내용으로 적절하지 <u>않은</u> 것은?

① 가방을 사용하고 있는 사람은 그 가방의 점유자이다.
가방을 사용하고 있는 사람은 직접점유를 한다고 볼 수 있으므로 그 가방의 점유자이다.

② 가방을 점유하고 있더라도 그 가방의 소유자가 아닐 수 있다.
가방을 직접점유하지만 그 가방을 소유하지는 않을 수 있다.

③ 가방의 소유권이 유효한 계약으로 이전되려면 점유 인도가 있어야 한다.
물건의 소유권 양도→(유효한 양도 계약∧소유권 양도 공시)
점유 인도→소유권 양도 공시

④ 가방에 대해 누가 소유권을 가지고 있는지를 알게 해 주는 방법은 점유이다.

⑤ 가방의 소유권을 양도하는 유효한 계약을 체결하면 공시 방법이 갖춰지지 않아도 소유권은 이전된다.
가방의 소유권을 양도하는 유효한 계약을 체결하고 공시 방법이 갖춰져야 소유권은 이전된다.

28. [A]에 대한 이해로 가장 적절한 것은?

① 물리적 지배를 해야 동산의 간접점유자가 될 수 있다.
해당 선지를 '물리적 지배를 하지 않으면 동산의 간접점유자가 될 수 없다'라고 바꾸어 읽을 수 있는데, 물리적 지배를 하지 않으면서 간접점유자가 될 수 있으므로 해당 선지는 거짓이다.

② 간접점유는 피아노 소유권에 대한 공시 방법이 아니다.
점유가 피아노 소유권에 대한 공시 방법이 될 수 있으므로 간접점유도 피아노 소유권에 대한 공시 방법이 될 수 있다.

③ 하나의 동산에 직접점유자가 있으려면 간접점유자도 있어야 한다.

해당 선지를 '하나의 동산에 직접점유자가 있다면 간접점유자
도 있다'라고 바꾸어 읽을 수 있는데, 한 사람이 직접점유자면서
소유자일 경우 간접점유자는 없다고 볼 수 있기 때문에 해당 선
지는 거짓이다.

④ 피아노의 직접점유자가 있으면 그 피아노의 간접점유자
　는 소유자가 아니다.

피아노의 직접점유자가 있으면 그 피아노의 간접점유자는 소유
자이다.

⑤ 유효한 양도 계약으로 피아노의 소유자가 되려면 피아
　노에 대해 직접점유나 간접점유 중 하나를 갖춰야 한다.

29. ㉠~㉢을 비교한 내용으로 가장 적절한 것은?

㉠ 점유로 소유권이 공시되는 동산

㉡ 법률이 등록 대상으로 규정한 자동차, 항공기 등의 동산

㉢ 토지·건물과 같은 부동산

① ㉠은 ㉢과 달리, 국가가 관리하는 공적 기록에 의해 소
　유권 양도가 공시될 수 있다.

㉡은 ㉠과 달리 국가가 관리하는 공적 기록에 의해 소유권 양도
가 공시될 수 있다.

② ㉡은 ㉠과 달리, 원래 소유자의 권리 보호가 거래 안전
　보다 중시되는 대상이다.

③ ㉢은 ㉠과 달리 물리적 지배의 대상이 아니므로 점유로
　공시될 수 없다.

㉢은 ㉠은 모두 물리적 지배의 대상이지만 ㉢은 ㉠과 달리 점유
로 공시될 수 없다.

④ ㉠과 ㉡은 모두 양도인이 소유자가 아니더라도 소유권
　이전이 가능하다.

㉠은 ㉡과 달리 양도인이 소유자가 아니더라도 소유권 이전이
가능하다.

⑤ ㉠과 ㉢은 모두 점유개정으로 소유권 양도가 공시될 수
　있다.

㉠은 ㉢과 달리 점유개정으로 소유권 양도가 공시될 수 있다.

30. 윗글을 바탕으로 할 때, <보기>를 이해한 내용으로 적절하지 않은 것은? [3점]

──── < 보기 > ────

　갑과 을은, 갑이 끼고 있었던 금반지의 소유권을 을
에게 양도하기로 하는 유효한 계약을 했다. 갑과 을은,
갑이 이 금반지를 보관하다가 을이 요구할 때 넘겨주기
로 합의했다.

위는 점유개정의 예시다.

을은 소유권 양도 계약을 할 때 양도인이 소유자라고
믿었고 양도인이 소유자인지 확인하기 위해 충분히 주
의했다. 을은 일주일 후 병과 유효한 소유권 양도 계약
을 했고, 갑에게 통지하여 사흘 후 병에게 금반지를 넘
겨주라고 알려 주었다.

위는 반환청구권 양도의 예시다.

① 갑이 금반지 소유자였다면, 병이 금반지의 물리적 지배
　를 넘겨받지 않았으나 병은 소유권을 취득한다.

② 갑이 금반지 소유자였다면, 을은 갑으로부터 물리적 지
　배를 넘겨받지 않았으나 점유 인도를 받은 것으로 간주
　된다.

③ 갑이 금반지 소유자가 아니었더라도, 병은 을로부터 을
　이 가진 소유권을 양도받아 취득한다.

갑이 금반지 소유자가 아니었다면 을은 소유권을 가지지 못한다.

왜냐하면 점유개정으로는 선의취득을 하지 못하기 때문이다.

④ 갑이 금반지 소유자가 아니었더라도, 을은 반환청구권
　양도로 병에게 점유 인도를 한 것으로 간주된다.

⑤ 갑이 금반지 소유자가 아니었더라도, 병이 계약할 때 양
　도인이 소유자라고 믿었고 양도인이 소유자인지 확인
　하기 위해 충분히 주의했다면, 병은 소유권을 취득한다.

31. 문맥상 의미가 ⓐ와 가장 가까운 것은?

소유권 박탈이 ⓐ 일어나게

① 작년은 우리나라에서 수많은 사건이 일어난 해였다.

② 청중 사이에서는 기쁨으로 인해 환호성이 일어났다.

③ 형님의 강한 의지력으로 집안이 다시 일어나게 되었다.

④ 나는 그 사람에 대해 경계심이 일어나지 않을 수 없었다.

⑤ 사회는 구성원들이 부조리에 맞서 일어남으로써 발전
　한다

1 문단

1. 국제법에서 일반적으로 조약은 국가나 국제기구들이 그들 사이에 지켜야 할 구체적인 권리와 의무를 명시적으로 합의하여 창출하는 규범이며, 국제 관습법은 조약 체결과 관계없이 국제 사회 일반이 받아들여 지키고 있는 보편적인 규범이다.

- '조약'과 '국제 관습법'에 대한 정의가 제시되고 있다.
- '조약'과 '국제 관습법'을 암기 시도할 필요가 있다.
- '조약'과 '국제 관습법'이 '국제법'에 포함됨을 알 수 있다.

2. 반면에 경제 관련 국제기구에서 어떤 결정을 하였을 경우, 이 결정 사항 자체는 권고적 효력만 있을 뿐 법적 구속력은 없는 것이 일반적이다.

- '국제법'과 '경제 관련 국제기구에서 어떤 결정을 하였을 경우'의 차이를 인지할 수 있으므로 둘을 대등 관계로 보아 시각적 수평 관계로 모델링할 수 있다.

3. 그런데 국제결제은행 산하의 바젤위원회가 결정한 BIS 비율 규제와 같은 것들이 비회원의 국가에서도 엄격히 준수되는 모습을 종종 보게 된다.

- '바젤위원회'를 암기 시도할 필요가 있다.
- 'BIS 비율 규제'를 암기 시도할 필요가 있다.
- 'BIS 비율 규제가 뭐야?'라고 물음표를 띄울 수 있다.
  단서가 부족해 추론은 어려워 보인다.
- '-도'라는 표현이 등장했으므로 '비회원 국가와 회원 국가 모두에서 엄격히 준수되겠네'라고 추론할 수 있다.
- '국제결제은행 산하의 바젤위원회가 BIS 비율 규제를 결정하는 경우는 경제 관련 국제기구에서 어떤 결정을 하는 경우에 해당하는데, 법적 구속력이 없음에도 비회원 국가에서도 엄격히 준수되는 모습이 인상적이네'라고 반응할 수 있다.

4. 이처럼 일종의 규범적 성격이 나타나는 현실을 어떻게 이해할지에 대한 논의가 있다.

5. 이는 위반에 대한 제재를 통해 국제법의 효력을 확보하는 데 주안점을 두는 일반적 경향을 되돌아보게 한다.

6. 곧 신뢰가 형성하는 구속력에 주목하는 것이다.

- '국제법은 법적 구속력을 갖지만, 국제결제은행 산하의 바젤위원회가 결정한 BIS 비율 규제와 같은 것들은 신뢰가 형성하는 구속력을 갖는군'이라고 반응할 수 있다.

2 문단

1. BIS 비율은 은행의 재무 건전성을 유지하는 데 필요한 최소한의 자기자본 비율을 설정하여 궁극적으로 예금자와 금융 시스템을 보호하기 위해 바젤위원회에서 도입한 것이다.

- 'BIS 비율'에 대한 정의가 제시되고 있으므로 'BIS 비율 규제가 뭐야?'라면서 띄웠던 물음표를 회수할 수 있다.

2. 바젤위원회에서는 BIS 비율이 적어도 규제 비율인 8%는 되어야 한다는 기준을 제시하였다.

3. 이에 대한 식은 다음과 같다.

4.
$$BIS\ 비율\,(\%) = \frac{자기자본}{위험가중자산} \times 100 \geq 8\,(\%)$$

- '자기자본은 구체적으로 뭘까? 위험가중자산은 또 뭘까?'라고 물음표를 띄울 수 있다.
  단서가 부족해 추론은 어려워 보인다.
- '자기자본'과 '위험가중자산'을 암기 시도할 필요가 있다.

5. 여기서 자기자본은 은행의 기본자본, 보완자본 및 단기후순위 채무의 합으로, 위험가중자산은 보유 자산에 각 자산의 신용 위험에 대한 위험 가중치를 곱한 값들의 합으로 구하였다.

- 수식이 등장했으므로 다음과 같이 정리할 수 있다.
  자기자본 = 기본자본 + 보완자본 + 단기후순위 채무
  위험가중자산 = Σ보유자산 * 자산의 신용 위험에 대한 위험 가중치
- '기본자본, 보완자본, 단기후순위 채무, 보유자산, 자산의 신용 위험에 대한 위험 가중치가 구체적으로 뭘까?'라고 물음표를

띄울 수 있다.
단서가 부족해 추론은 어려워 보인다.
- '기본자본', '보완자본', '단기후순위 채무', '보유자산', '자산의 신용위험에 대한 위험 가중치'를 암기 시도할 필요가 있다.

6. 위험 가중치는 자산 유형별 신용 위험을 반영하는 것인데, OECD 국가의 국채는 0%, 회사채는 100%가 획일적으로 부여되었다.

- '신용 위험이 올라갈수록 위험 가중치가 올라가서 분모가 커져 BIS 비율이 낮아지겠네. BIS 비율이 규제 비율인 8%보다 커야 하니까 은행은 신용 위험, 즉 위험 가중치를 낮추려고 하겠다. 그래서 회사채보다는 OECD 국가의 국채를 보유하려고 하겠네.'라고 추론할 수 있다.

7. 이후 금융 자산의 가격 변동에 따른 시장 위험도 반영해야 한다는 요구가 커지자, 바젤위원회는 위험가중자산을 신용 위험에 따른 부분과 시장 위험에 따른 부분의 합으로 새로 정의하여 BIS 비율을 산출하도록 하였다.

- '-도'라는 표현이 등장했으므로 '신용 위험과 시장 위험 모두 반영해야 한다는 거네'라고 추론할 수 있다.
- '시장 위험은 뭐지?'라고 물음표를 띄울 수 있다.
  단서가 부족해 추론은 어려워 보인다.
- 수식이 등장했으므로 다음과 같이 정리할 수 있다.
  위험가중자산 = 신용 위험에 따른 부분 + 시장 위험에 따른 부분

8. 신용 위험의 경우와 달리 시장 위험의 측정 방식은 감독 기관의 승인하에 은행의 선택에 따라 사용할 수 있게 하여 '바젤 I' 협약이 1996년에 완성되었다.

- '신용 위험'과 '시장 위험'의 차이를 드러내고 있으므로 둘을 대등 관계로 보아 시각적 수평 관계로 모델링할 수 있다.
- '신용 위험의 측정 방식은 시장 위험과 달리 OECD 국가의 국채는 0%, 회사채는 100%처럼 은행의 선택이 아니라 일괄적으로 부여되겠네'라고 추론할 수 있다.
- "바젤 I' 협약'을 암기 시도할 필요가 있다.

3 문단

1. 금융 혁신의 진전으로 '바젤 I' 협약의 한계가 드러나자 2004년에 '바젤 II' 협약이 도입되었다.

- "바젤 II' 협약'을 암기 시도할 필요가 있다.
- "바젤 I' 협약'과 "바젤 II' 협약'을 구분하고 있으므로 둘을 대등 관계로 보아 시각적 수평 관계로 모델링할 수 있다.

2. 여기에서 BIS 비율의 위험가중자산은 신용 위험에 대한 위험 가중치에 자산의 유형과 신용도를 모두 ⓐ 고려하도록 수정되었다.

- '신용 위험에 대한 위험 가중치에 자산의 유형과 신용도를 모두 고려한다는 게 무슨 의미지?'라고 물음표를 띄울 수 있다.
  "바젤 I' 협약에서 OECD 국가의 국채는 0%, 회사채는 100%로 일괄 부여됐는데 '바젤 II' 협약에서는 국가의 신용도나 회사의 신용도를 구분하여 위험 가중치를 달리한다는 말인가'라고 추론할 수 있다.

3. 신용 위험의 측정 방식은 표준 모형이나 내부 모형 가운데 하나를 은행이 이용할 수 있게 되었다.

- '표준 모형은 뭐고 내부 모형은 뭘까?'라고 물음표를 띄울 수 있다.
  단서가 부족해 추론은 어려워 보인다.

4. 표준 모형에서는 OECD 국가의 국채는 0%에서 150%까지, 회사채는 20%에서 150%까지 위험 가중치를 구분하여 신용도가 높을수록 낮게 부과한다.

- '표준 모형이 이런 거구나'라고 반응할 수 있으므로 '표준 모형은 뭐고 내부 모형은 뭘까?'라면서 띄웠던 물음표를 반쯤 회수할 수 있다.
- '신용도가 높을수록 위험 가중치가 낮게 부과되므로 BIS 비율의 분모는 작아져 BIS 비율은 커지겠네'라고 추론할 수 있다.
  신용도↑⇒위험 가중치↓⇒BIS 비율↑

5. 예를 들어 실제 보유한 회사채가 100억 원인데 신용 위험 가중치가 20%라면 위험가중자산에서 그 회사채는 20억 원으로 계산된다.

6. 내부 모형은 은행이 선택한 위험 측정 방식을 감독 기관의 승인하에 그 은행이 사용할 수 있도록 하는 것이다.

- '내부 모형은 은행이 감독 기관의 승인하에 임의로 내부적으로 위험 측정 방식을 사용할 수 있도록 해서 내부 모형이구나'라고 반응할 수 있으므로 '표준 모형은 뭐고 내부 모형은 뭘까?'라면서 띄웠던 물음표를 모두 회수할 수 있다.

- "'바젤 I' 협약'에서는 시장 위험의 측정 방식만 감독 기관의 승인하에 은행의 선택에 따라 사용할 수 있게 했지만, "바젤 II' 협약'에서는 시장 위험의 측정 방식뿐만 아니라 신용 위험의 측정 방식도 표준 모형과 내부 모형을 은행이 선택하게 하고, 내부 모형을 선택하면 감독 기관의 승인하에 그 은행의 선택에 따라 위험 측정 방식을 사용하게 했네'라고 반응할 수 있다.

7. 또한 감독 기관은 필요시 위험가중자산에 대한 자기자본의 최저 비율이 ⓑ <u>규제 비율을 초과하도록</u> 자국 은행에 요구할 수 있게 함으로써 자기자본의 경직된 기준을 보완하고자 했다.

- '감독 기관은 필요시 위험가중자산에 대한 자기자본의 최저 비율이 규제 비율인 8%를 초과하도록 자국 은행에 요구할 수 있게 되었구나. 즉 은행의 건전성을 더 올리도록 할 수 있겠구나'라고 반응할 수 있다.

4 문단

1. 최근에는 '바젤 III' 협약이 발표되면서 자기자본에서 단기후순위 채무가 제외되었다.

- "바젤 I' 협약", "바젤 II' 협약", "바젤 III' 협약"을 구분하고 있으므로 셋을 대등 관계로 보아 시각적 수평 관계로 모델링할 수 있다.
- "바젤 I' 협약에서 '자기자본 = 기본자본 + 보완자본 + 단기후순위 채무'였는데 '바젤 III' 협약에서 '자기자본 = 기본자본 + 보완자본'으로 바뀌었네'라고 반응할 수 있다.

2. 또한 위험가중자산에 대한 기본자본의 비율이 최소 6%가 되게 보완하여 자기자본의 손실 복원력을 강화하였다.

- 'BIS 비율, '(기본자본+보완자본) / 위험가중자산'에서 '기본자본 / 위험가중자산'이 최소 6%가 되도록 했네'라고 반응할 수 있다.

3. 이처럼 새롭게 발표되는 바젤 협약은 이전 협약에 들어 있는 관련 기준을 개정하는 효과가 있다.

5 문단

1. 바젤 협약은 우리나라를 비롯한 수많은 국가에서 채택하여 제도화하고 있다.

2. 현재 바젤위원회에는 28개국의 금융 당국들이 회원으로 가입되어 있으며, 우리 금융 당국은 2009년에 가입하였다.

- '28개국이면 생각보다 적은데? 그리고 우리나라는 생각보다 최근에 바젤위원회에 가입했네'라고 반응할 수 있다.

3. 하지만 우리나라는 가입하기 훨씬 전부터 BIS 비율을 도입하여 시행하였으며, 현행 법제에도 이것이 반영되어 있다.

- '비회원 국가에서도 BIS 비율 규제를 엄격히 준수한다고 했는데 우리나라도 그랬구나'라고 반응할 수 있다.

4. 바젤 기준을 따름으로써 은행이 믿을 만하다는 징표를 국제 금융 시장에 보여 주어야 했던 것이다.

- '-야라는 당위 진술을 가리키는 표현이 등장했으므로 '보여 주지 않으면 안 됐던 것이다'로 바꾸어 읽을 수 있다.

5. 재무 건전성을 의심받는 은행은 국제 금융 시장에 자리를 잡지 못하거나, 심하면 아예 ⓒ <u>발을 들이지</u> 못할 수도 있다.

- '그래서 비회원 국가에서도 BIS 비율 규제를 엄격히 준수하는구나'라고 반응할 수 있다.

6 문단

1. 바젤위원회에서는 은행 감독 기준을 협의하여 제정한다.

2. 그 헌장에서는 회원들에게 바젤 기준을 자국에 도입할 의무를 부과한다.

3. 하지만 바젤위원회가 초국가적 감독 권한이 없으며 그의 결정도 ⓓ <u>법적 구속력이 없다는</u> 것 또한 밝히고 있다.

- '신뢰에 기반한 구속력을 갖겠지'라고 반응할 수 있다.

  4. 바젤 기준은 100개가 넘는 국가가 채택하여 따른다.

- '바젤 기준을 따르는 비회원 국가가 상당히 많네'라고 반응할 수 있다.

  5. 이는 국제기구의 결정에 형식적으로 구속을 받지 않는 국가에서까지 자발적으로 받아들여 시행하고 있다는 것인데, 이런 현실을 ㉠ 말랑말랑한 법(soft law)의 모습이라 설명하기도 한다.

- '말랑말랑한 법의 모습이란 게 뭐야?'라고 물음표를 띄울 수 있다.
'법적 구속력이 아닌 신뢰에 기반한 구속력을 가지는 모습을 말하는 건가'라고 추론할 수 있다.

  6. 이때 조약이나 국제 관습법은 그에 대비하여 딱딱한 법(hard law)이라 부르게 된다.

- '딱딱한 법은 법적 구속력을 갖는 규범을 말하겠네'라고 추론할 수 있다.

  7. 바젤 기준도 장래에 ㉢ 딱딱하게 응고될지 모른다.

- '바젤 기준도 장래에 법적 구속력을 갖게 될지도 모르겠다고 말하고 있네'라고 추론할 수 있다.

37. 윗글의 내용 전개 방식으로 가장 적절한 것은?

① 특정한 국제적 기준의 내용과 그 변화 양상을 서술하며 국제 사회에 작용하는 규범성을 설명하고 있다.
② 특정한 국제적 기준이 제정된 원인을 서술하며 국제 사회의 규범을 감독 권한의 발생 원인에 따라 분류하고 있다.
특정한 국제적 기준이 제정된 원인이 제시되지 않았다. 또한 국제 사회의 규범을 감독 권한의 발생 원인에 따라 분류하고 있지도 않다.
③ 특정한 국제적 기준의 필요성을 서술하며 국제 사회에 수용되는 규범의 필요성을 상반된 관점에서 논증하고 있다.
특정한 국제적 기준의 필요성이 제시되지 않았다. 또한 국제 사회에 수용되는 규범의 필요성을 상반된 관점에서 논증하고 있지도 않다.

④ 특정한 국제적 기준과 관련된 국내법의 특징을 서술하며 국제 사회에 받아들여지는 규범의 장단점을 설명하고 있다.
특정한 국제적 기준과 관련된 국내법의 특징이 제시되지 않았다. 또한 국제 사회에 받아들여지는 규범의 장단점을 설명하고 있지도 않다.
⑤ 특정한 국제적 기준의 설정 주체가 바뀐 사례를 서술하며 국제 사회에서 규범 설정 주체가 지닌 특징을 분석하고 있다.
특정한 국제적 기준의 설정 주체가 바뀐 사례가 제시되지 않았다. 또한 국제 사회에서 규범 설정 주체가 지닌 특징을 분석하고 있지도 않다.

38. 윗글에서 알 수 있는 내용으로 적절하지 <u>않은</u> 것은?

① 조약은 체결한 국가들에 대하여 권리와 의무를 부과하는 것이 원칙이다.
② 새로운 바젤 협약이 발표되면 기존 바젤 협약에서의 기준이 변경되는 경우가 있다.
③ 딱딱한 법에서는 일반적으로 제재보다는 신뢰로써 법적 구속력을 확보하는 데 주안점이 있다.
딱딱한 법에서는 일반적으로 신뢰보다는 제재로써 법적 구속력을 확보하는 데 주안점이 있다.
④ 국제기구의 결정을 지키지 않을 때 입게 될 불이익은 그 결정이 준수되도록 하는 역할을 한다.
⑤ 세계 각국에서 바젤 기준을 법제화하는 것은 자국 은행의 재무 건전성을 대외적으로 인정받기 위해서이다.

39. BIS 비율 에 대한 이해로 가장 적절한 것은?

① 바젤 I 협약에 따르면, 보유하고 있는 회사채의 신용도가 낮아질 경우 BIS 비율은 낮아지는 경향이 있다.
바젤 I 협약에서는 회사채에 위험 가중치를 일괄적으로 100%를 부여하므로 신용도가 낮아지더라도 BIS 비율은 그대로이다.
② 바젤 II 협약에 따르면, 각국의 은행들이 준수해야 하는 위험가중자산 대비 자기자본의 최저 비율은 동일하다.
바젤 II 협약에서는 각국의 은행들이 준수해야 하는 위험가중자산 대비 자기자본의 최저 비율은 다를 수 있다.
③ 바젤 II 협약에 따르면, 보유하고 있는 OECD 국가의 국채를 매각한 뒤 이를 회사채에 투자한다면 BIS 비율은

항상 높아진다.

④ 바젤 II 협약에 따르면, 시장 위험의 경우와 마찬가지로 감독 기관의 승인하에 은행이 선택하여 사용할 수 있는 신용 위험의 측정 방식이 있다.

⑤ 바젤 III 협약에 따르면, 위험가중자산 대비 보완자본이 최소 2%는 되어야 보완된 BIS 비율 규제를 은행이 준수할 수 있다.

40. 윗글을 참고할 때, <보기>에 대한 반응으로 적절하지 <u>않은</u> 것은? [3점]

> ─── < 보기 > ───
>
> 갑 은행이 어느 해 말에 발표한 자기자본 및 위험가중자산은 아래 표와 같다. 갑 은행은 OECD 국가의 국채와 회사채만을 자산으로 보유했으며, 바젤 II 협약의 표준 모형에 따라 BIS 비율을 산출하여 공시하였다. 이때 회사채에 반영된 위험 가중치는 50%이다. 그 이외의 자본 및 자산은 모두 무시한다.

항목	자기자본		
	기본자본	보완자본	단기후순위채무
금액	50억 원	20억 원	40억 원

항목	위험 가중치를 반영하여 산출한 위험가중자산		
	신용 위험에 따른 위험가중자산		시험 위험에 따른 위험가중자산
	국채	회사채	
금액	300억 원	300억 원	400억 원

① 갑 은행이 공시한 BIS 비율은 바젤위원회가 제시한 규제 비율을 상회하겠군.

② 갑 은행이 보유 중인 회사채의 위험 가중치가 20%였다면 BIS 비율은 공시된 비율보다 높았겠군.

③ 갑 은행이 보유 중인 국채의 실제 규모가 회사채의 실제 규모보다 컸다면 위험 가중치는 국채가 회사채보다 낮았겠군.

④ 갑 은행이 바젤 I 협약의 기준으로 신용 위험에 따른 위험가중자산을 산출한다면 회사채는 600억 원이 되겠군.

⑤ 갑 은행이 위험가중자산의 변동 없이 보완자본을 10억원 증액한다면 바젤 III 협약에서 보완된 기준을 충족할 수 있겠군.

41. ㉠에 해당하는 사례로 가장 적절한 것은?

① 바젤위원회가 국제 금융 현실에 맞지 않게 된 바젤 기준을 개정한다.

② 바젤위원회가 가입 회원이 없는 국가에 바젤 기준을 준수하도록 요청한다.

③ 바젤위원회 회원의 국가가 준수 의무가 있는 바젤 기준을 실제로는 지키지 않는다.

④ 바젤위원회 회원의 국가가 강제성이 없는 바젤 기준에 대하여 준수 의무를 이행한다.

⑤ 바젤위원회 회원이 없는 국가에서 바젤 기준을 제도화
   하여 국내에서 효력이 발생하도록 한다.

42. 문맥상 ⓐ~ⓔ와 바꿔 쓰기에 적절하지 <u>않은</u> 것은?

여기에서 BIS 비율의 위험가중자산은 신용 위험에 대한 위험 가
중치에 자산의 유형과 신용도를 모두 ⓐ <u>고려하도록</u> 수정되었다.
또한 감독 기관은 필요시 위험가중자산에 대한 자기자본의 최
저 비율이 ⓑ <u>규제 비율을 초과하도록</u> 자국 은행에 요구할 수 있
게 함으로써 자기자본의 경직된 기준을 보완하고자 했다.

재무 건전성을 의심받는 은행은 국제 금융 시장에 자리를 잡지
못하거나, 심하면 아예 ⓒ <u>발을 들이지</u> 못할 수도 있다.

하지만 바젤위원회가 초국가적 감독 권한이 없으며 그의 결정
도 ⓓ <u>법적 구속력이 없다는</u> 것 또한 밝히고 있다.

바젤 기준도 장래에 ⓔ <u>딱딱하게 응고될지</u> 모른다.

① ⓐ: 반영하여 산출하도록
② ⓑ: 8%가 넘도록
③ ⓒ: 바젤위원회에 가입하지
국제 금융 시장에 진입하지
④ ⓓ: 권고적 효력이 있을 뿐이라는
⑤ ⓔ: 조약이나 국제 관습법이 될지

사회

2021학년도 6월 모평
29번~33번

1 문단

1. 특허권은 발명에 대한 정보의 소유자가 특허 출원 및 담당 관청의 심사를 통하여 획득한 특허를 일정 기간 독점적으로 사용할 수 있는 법률상 권리를 말한다.

- '특허권'에 대한 정의가 제시되고 있다.
- '특허권'을 암기 시도할 필요가 있다.

2. 한편 영업 비밀은 생산 방법, 판매 방법, 그 밖에 영업 활동에 유용한 기술상 또는 경영상의 정보 등으로, 일정 조건을 갖추면 법으로 보호받을 수 있다.

- '영업 비밀'에 대한 정의가 제시되고 있다.
- '영업 비밀'을 암기 시도할 필요가 있다.

3. 법으로 보호되는 특허권과 영업 비밀은 모두 지식 재산인데, 정보 통신 기술(ICT) 산업은 이 같은 지식 재산을 기반으로 창출된다.

- '특허권'과 '영업 비밀'이 '지식 재산'에 포함됨을 알 필요가 있다.
- '지식 재산'을 암기 시도할 필요가 있다.
- '정보 통신 기술(ICT) 산업'을 암기 시도할 필요가 있다.

4. 지식 재산 보호 문제와 더불어 최근에는 ICT 다국적 기업이 지식 재산으로 거두는 수입에 대한 과세 문제가 불거지고 있다.

- 'ICT 다국적 기업이 지식 재산으로 거두는 수입에 대한 과세 문제가 뒤이어 나오겠군'이라고 추론할 수 있다.

2 문단

1. 일부 국가에서는 ICT 다국적 기업에 대해 디지털세 도입을 진행 중이다.

- '디지털세가 뭐야?'라고 물음표를 띄울 수 있다.
  'ICT 다국적 기업이 지식 재산으로 거두는 수입에 대한 세금인

가'라고 추론할 수 있다.
- '디지털세'를 암기 시도할 필요가 있다.
- '일부'라는 표현이 등장했으므로 'ICT 다국적 기업에 대해 디지털세를 도입하지 않는 국가도 있겠네'라고 추론할 수 있다.

2. 디지털세는 이를 도입한 국가에서 ICT 다국적 기업이 거둔 수입에 대해 부과되는 세금이다.

- '디지털세'에 대한 정의가 제시되고 있으므로 '디지털세가 뭐야?'라면서 띄웠던 물음표를 회수할 수 있다.

3. 디지털세의 배경에는 법인세 감소에 대한 각국의 우려가 있다.

- '법인세가 뭘까?'라고 물음표를 띄울 수 있다.
  단서가 부족해 추론은 어려워 보인다.

4. 법인세는 국가가 기업으로부터 걷는 세금 중 가장 중요한 것으로, 재화나 서비스의 판매 등을 통해 거둔 수입에서 제반 비용을 제외하고 남은 이윤에 대해 부과하는 세금이라 할 수 있다.

- 수식이 등장했으므로 다음과 같이 정리할 수 있다.
  이윤 = 수입 - 제반비용
- '법인세가 이윤에 대한 세금이구나'라고 반응할 수 있으므로 '법인세가 뭘까?'라면서 띄웠던 물음표를 회수할 수 있다.
- '법인세가 감소해서 디지털세를 도입하는 건가?'라고 물음표를 띄울 수 있다.
  단서가 부족해 추론은 어려워 보인다.

3 문단

1. ㉠ 많은 ICT 다국적 기업이 법인세율이 현저하게 낮은 국가에 자회사를 설립하고 그 자회사에 이윤을 몰아주는 방식으로 법인세를 회피한다는 비판이 있어 왔다.

2. 예를 들면 ICT 다국적 기업 Z사는 법인세율이 매우 낮은 A국에 자회사를 세워 특허의 사용 권한을 부여한다.

- ㉠에 대한 예시가 제시되고 있다.

3. 그리고 법인세율이 A국보다 높은 B국에 설립된 Z사의 자회사에서 특허 사용으로 수입이 발생하면 Z사는 B국의 자회사로 하여금 A국의 자회사에 특허 사용에 대한 수수료인 로열티를 지출하도록 한다.

- 'B국에 설립된 Z사의 자회사가 A국에 설립된 Z사의 자회사에 로열티를 제출하면 제반 비용이 늘어나 이윤이 감소돼 법인세도 감소되겠네'라고 추론할 수 있다.

4. 그 결과 Z사는 ⓐ B국의 자회사에 법인세가 부과될 <u>이윤을 최소화한다.</u>

5. ICT 다국적 기업의 본사를 많이 보유한 국가에서도 해당 기업에 대한 법인세 징수는 문제가 된다.

6. 그러나 그중 어떤 국가들은 ICT 다국적 기업의 활동이 해당 산업에서 자국이 주도권을 유지하는 데 중요하기 때문에라도 디지털세 도입에는 방어적이다.

- '법인세는 이윤에 대한 세금이고 디지털세는 수입에 대한 세금이라서 디지털세를 도입하면 ICT 다국적 기업 입장에서는 ㉠과 같은 방식의 법인세 회피가 무의미해지는데, 그러면 본사를 옮겨버리는 극단적 선택을 할 수도 있기 때문에 이를 두려워하는 몇몇 국가가 디지털세 도입에 방어적이겠구나'라고 추론할 수 있으므로 '법인세가 감소해서 디지털세를 도입하는 건가?'라면서 띄웠던 물음표를 회수할 수 있다.
- '어떤'이라는 표현이 등장했으므로 '디지털세 도입에 방어적이지 않은 국가도 있겠군'이라고 추론할 수 있다.

4 문단 [A]

1. ICT 산업을 주도하는 국가에서 더 중요한 문제는 ICT 지식 재산 보호의 국제적 강화일 수 있다.

2. 이론적으로 봤을 때 지식 재산의 보호가 약할수록 유용한 지식 창출의 유인이 저해되어 지식의 진보가 정체되고, 지식 재산의 보호가 강할수록 해당 지식에 대한 접근을 막아 소수의 사람만이 혜택을 보게 된다.

- 지식 재산의 보호↓ ⇒ 유용한 지식 창출의 유인↓ ⇒ 지식의 진보 정체
  지식 재산의 보호↑⇒해당 지식에 대한 접근↓⇒소수만 혜택
- '지식 재산의 보호가 너무 약해도 너무 강해도 문제가 생기므

로 적절한 수준의 지식 재산 보호 정도가 필요하겠다'라고 추론할 수 있다.

3. 전자로 발생한 손해를 유인 비용, 후자로 발생한 손해를 접근 비용이라고 한다면, 지식 재산 보호의 최적 수준은 두 비용의 합이 최소가 될 때일 것이다.

- '유인 비용', '접근 비용'을 암기 시도할 필요가 있다.
- '유인 비용은 왜 유인 비용이라 불리고, 접근 비용은 왜 접근 비용이라 불릴까?'라고 물음표를 띄울 수 있다.
  '유인 비용은 지식 창출의 유인이 저해되기 때문에 발생하는 비용이라서 유인 비용이라 불리고, 접근 비용은 지식에 대한 접근이 저해되기 때문에 발생하는 비용이라서 접근 비용이라 불리나 보다'라고 추론할 수 있다.

4. 각국은 그 수준에서 자국의 지식 재산 보호 수준을 설정한다.

5. 특허 보호 정도와 국민 소득의 관계를 보여 주는 한 연구에서는 국민 소득이 일정 수준 이상인 상태에서는 국민 소득이 증가할수록 특허 보호 정도가 강해지는 경향이 있지만, 가장 낮은 소득 수준을 벗어난 국가들은 그들보다 소득 수준이 낮은 국가들보다 오히려 특허 보호가 약한 것으로 나타났다.

- 국민 소득이 일정 수준 이상)
  국민 소득↑∝특허 보호 정도↑
  국민 소득이 일정 수준 미만)
  국민 소득↑∝특허 보호 정도↓

6. 이는 지식 재산 보호의 최적 수준에 대해서도 국가별 입장이 다름을 시사한다.

29. 윗글을 읽고 답을 찾을 수 있는 질문에 해당하지 <u>않는</u> 것은?

① 법으로 보호되는 특허권과 영업 비밀의 공통점은 무엇인가?
② 영업 비밀이 법적 보호 대상으로 인정받기 위한 절차는 <u>무엇인가?</u>
영업 비밀이 법적 보호 대상으로 인정받기 위한 절차에 관한 내용은 지문에 제시되지 않았다.

③ ICT 다국적 기업의 수입에 과세하는 제도 도입의 배경
은 무엇인가?
④ 로열티는 ICT 다국적 기업의 법인세를 줄이는 데 어떻
게 이용되는가?
⑤ 이론적으로 지식 재산 보호의 최적 수준은 어떻게 설정
하는가?

30. 디지털세 에 대한 이해로 가장 적절한 것은?

① 지식 재산 보호를 강화할 수 있는 수단이다.
디지털세가 지식 재산 보호를 강화하거나 약화하는 수단으로
지문에 제시되지 않았다.
② 이윤에서 제반 비용을 제외한 금액에 부과된다.
ICT 다국적 기업이 거둔 수입에 부과된다.
③ ICT 산업에서 주도적인 국가는 도입에 적극적이다.
ICT 산업에서 주도적인 국가 몇몇은 도입에 방어적이다.
④ 여러 국가에 자회사를 설립하는 방식으로 줄일 수 있다.
여러 국가에 자회사를 설립하는 방식으로 줄일 수 없다. 그런 방
식으로 줄일 수 있는 건 법인세다.
⑤ 도입된 국가에서 ICT 다국적 기업이 거둔 수입에 부과
된다.

31. <보기>는 윗글을 읽은 학생이 수행할 학습지의 일부
이다. ㉮에 들어갈 말로 가장 적절한 것은? [3점]
㉠ 많은 ICT 다국적 기업이 법인세율이 현저하게 낮은 국가에
자회사를 설립하고 그 자회사에 이윤을 몰아주는 방식으로 법
인세를 회피한다

─── < 보기 > ───

◦ 과제: '㉠을 근거로 ICT 다국적 기업에 디지털세가
　　　부과되는 것이 타당한가?'를 검증할 가설에 대
　　　한 판단
・ 가설

┌─────────────────────────────┐
│　　ICT 다국적 기업 자회사들의 수입 대비 이윤
│　의 비율은 법인세율이 높은 국가일수록 낮다.
└─────────────────────────────┘

・ 판단
　　가설이 참이라면 　　㉮　　고 할 수 있으므로
　㉠을 근거로 디지털세를 부과하는 것을 지지할 수
　있겠군.

① ICT 다국적 기업 자회사의 수입이 법인세율이 높은 국
가일수록 많다
ICT 다국적 기업 자회사의 수입과 법인세율 간의 상관관계는 지
문에서 확인할 수 없다. 따라서 ICT 다국적 기업 자회사의 수입
이 법인세율이 높은 국가일수록 많은지는 단정할 수 없다.
② ICT 다국적 기업이 법인세율이 높은 국가의 자회사에
로열티를 지출한다
ICT 다국적 기업이 법인세율이 낮은 국가의 자회사에 로열티를
지출한다.
③ ICT 다국적 기업 자회사의 수입 대비 제반 비용의 비율
이 법인세율이 낮은 국가일수록 높다
ICT 다국적 기업 자회사의 수입 대비 제반 비용의 비율이 법인
세율이 높은 국가일수록 높다.
④ ICT 다국적 기업이 법인세율이 높은 국가의 자회사에서
수입에 비해 이윤을 줄이는 방식으로 법인세를 줄이고
있다
⑤ 법인세율이 높은 국가에 본사가 있는 ICT 다국적 기업
자회사의 수입 대비 이윤의 비율은 법인세율이 낮은 국
가일수록 낮다
법인세율이 높은 국가에 본사가 있는 ICT 다국적 기업 자회사의
수입 대비 이윤의 비율은 법인세율이 낮은 국가일수록 높다.

32. [A]를 적용하여 <보기>를 이해한 내용으로 적절하
지 않은 것은?

─── < 보기 > ───

　S국은 현재 국민 소득이 가장 낮은 수준의 국가이고
ICT 산업에서 주도적인 국가가 아니다. S국의 특허 보
호 정책은 지식 재산 보호 정책을 대표한다.

① ICT 산업에서 주도적인 국가는 S국이 유인 비용을 현재
보다 크게 인식하여 지식 재산 보호 수준을 높이기 바라
겠군.
② S국에서는 지식 재산 보호 수준이 낮을 때가 높을 때보
다 지식 재산 창출 의욕의 저하로 인한 손해가 더 심각
하겠군.
③ S국에서 현재의 특허 제도가 특허권을 과하게 보호한다
고 판단한다면 지식 재산 보호 수준을 낮춰 접근 비용을
높이고 싶겠군.
S국에서 현재의 특허 제도가 특허권을 과하게 보호한다고 판단
한다면 지식 재산 보호 수준을 낮춰 접근 비용을 낮추고 싶을 것

이다.

④ S국의 국민 소득이 점점 높아진다면 유인 비용과 접근 비용의 합이 최소가 되는 지식 재산 보호 수준은 낮아졌다가 높아지겠군.

⑤ S국이 지식 재산 보호 수준을 높일 때, 지식의 발전이 저해되어 발생하는 손해는 감소하고 다수가 지식 재산의 혜택을 누리지 못하여 발생하는 손해는 증가하겠군.

33. 문맥상 ⓐ와 바꿔 쓰기에 적절하지 <u>않은</u> 것은?

ⓐ B국의 자회사에 법인세가 부과될 이윤을 최소화한다

① Z사의 전체적인 법인세 부담을 줄인다
② A국의 자회사가 거두는 수입을 늘린다
③ A국의 자회사가 얻게 될 이윤을 줄인다
A국의 자회사가 얻게 될 이윤을 늘린다
④ B국의 자회사가 낼 법인세를 최소화한다
⑤ B국의 자회사가 지출하는 제반 비용을 늘린다

1 문단

1. 국가, 지방 자치 단체와 같은 행정 주체가 행정 목적을 ⓐ 실현하기 위해 국민의 권리를 제한하거나 국민에게 의무를 부과하는 '행정 규제'는 국회가 제정한 법률에 근거해야 한다.

- '국가'와 '지방 자치 단체'가 '행정 주체'에 포함됨을 알 수 있다.
- '행정 목적은 어떤 목적을 말하는 것일까?'라고 물음표를 띄울 수 있다.
  단서가 부족해 추론은 어려워 보인다.
- '행정 규제'에 대한 정의가 제시되고 있다.
- '행정 주체', '행정 목적', '행정 규제'를 암기 시도할 필요가 있다.
- '-야라는 당위 진술을 가리키는 표현이 등장했으므로 '근거하지 않으면 안 된다'로 바꾸어 읽을 수 있다.

2. 그러나 국회가 아니라, 대통령을 수반으로 하는 행정부나 지방 자치 단체와 같은 행정 기관이 제정한 법령인 행정입법에 의한 행정 규제의 비중이 커지고 있다.

- '행정부'와 '지방 자치 단체'가 '행정 기관'에 포함됨을 알 수 있다.
- '행정 기관'을 암기 시도할 필요가 있다.
- '행정입법'에 대한 정의가 제시되고 있다.
- '행정입법'을 암기 시도할 필요가 있다.
- '법률에 근거한 행정 규제'와 '행정입법에 근거한 행정 규제'를 구분하고 있으므로 둘을 대등 관계로 보아 시각적 수평 관계로 모델링할 수 있다.

3. 드론과 관련된 행정 규제 사항들처럼, 첨단 기술과 관련되거나, 상황 변화에 즉각 대처해야 하거나, 개별적 상황을 ⓑ 반영하여 규제를 달리해야 하는 행정 규제 사항들이 늘어나고 있기 때문이다.

- '드론과 관련된 행정 규제'가 '행정입법에 근거한 행정 규제'에 포함됨을 알 수 있다.
- '행정입법에 근거한 행정 규제의 비중이 커지고 있는 이유를 제시하고 있네'라고 반응할 수 있다.
- '-야라는 당위 진술을 가리키는 표현이 등장했으므로 '즉각 대처하지 않으면 안 되거나', '규제를 달리하지 않으면 안 되는'으로 바꾸어 읽을 수 있다.

4. 행정 기관은 국회에 비해 이러한 사항들을 다루기에 적합하다.

- '행정 기관은 국회보다 신속하게 훨씬 방대하고 전문화된 정보를 수집하고 있기 때문 아닐까'라고 추론할 수 있다.

2 문단

1. 행정입법의 유형에는 위임명령, 행정규칙, 조례 등이 있다.

- '위임명령', '행정규칙', '조례'가 '행정입법'에 포함됨을 알 수 있다.
- '위임명령', '행정규칙', '조례'를 암기 시도할 필요가 있다.
- '위임명령, 행정규칙, 조례에 대한 내용이 뒤이어 전개되겠군'이라고 추론할 수 있다.

2. 헌법에 따르면, 국회는 행정 규제 사항에 관한 법률을 제정할 때 특정한 내용에 관한 입법을 행정부에 위임할 수 있다.

- '여기서 특정한 내용은 무엇일까?'라고 물음표를 띄울 수 있다.
  '첨단 기술과 관련되거나, 상황 변화에 즉각 대처해야 하거나, 개별적 상황을 반영하여 규제를 달리해야 하는 내용들이려나'라고 추론할 수 있다.

3. 이에 따라 제정된 행정입법을 위임명령이라고 한다.

- '위임명령'에 대한 정의가 제시되고 있다.
- '국회가 입법을 위임했기 때문에 위임명령이구나'라고 반응할 수 있다.

4. 위임명령은 제정 주체에 따라 대통령령, 총리령, 부령으로 나누어진다.

- '대통령령', '총리령', '부령'이 '위임 명령'에 포함됨을 알 수 있다.
- '대통령령', '총리령', '부령'을 암기 시도할 필요가 있다.

5. 이들은 모두 국민에게 적용되기 때문에 입법예고, 공포 등의 절차를 거쳐야 한다.

- '입법예고는 뭐고, 공포는 뭘까?'라고 물음표를 띄울 수 있다.
  '입법예고는 입법을 예고한다는 의미겠고, 공포는 입법을 공포한다는 의미인가'라고 추론할 수 있다.

- '-야'라는 당위 진술을 가리키는 표현이 등장했으므로 '절차를
  거치지 않으면 안 된다'라고 바꾸어 읽을 수 있다.

- '포괄적 위임'에 대한 정의가 제시되고 있다.
- '포괄적 위임'을 암기 시도할 필요가 있다.
- '포괄적 위임이 헌법상 삼권 분립 원칙에 저촉된다면 위임명령
  으로 제정할 사항의 범위를 정해야겠네'라고 추론할 수 있다.

- '-야'라는 당위 진술을 가리키는 표현이 등장했으므로 '예측할
  수 없으면 안 된다는 것이다'로 바꾸어 읽을 수 있다.

- 행정 규제 사항의 첨단 기술 관련성↑⇒위임 근거 법률이 위임
  할 수 있는 사항의 범위↑

3 문단

- '행정규칙'에 대한 정의가 제시되고 있다.
- '고시', '예규'가 '행정규칙'에 포함됨을 알 수 있다.

- '고시', '예규'를 암기 시도할 필요가 있다.
- '고시는 뭐고 예규는 뭘까?'라고 물음표를 띄울 수 있다.
  단서가 부족해 추론은 어려워 보인다.

- '위임명령과는 달리 행정규칙은 일반 국민에게 직접 적용되지
  않고, 그래서 법률로부터 위임받지 않아도 유효하게 제정될
  수 있고, 위임명령 제정 시와 동일한 절차를 거칠 필요가 없구
  나'라고 반응할 수 있다.
- '위임명령'과 '행정규칙'의 차이를 인지할 수 있으므로 둘을 대
  등 관계로 보아 시각적 수평 관계로 모델링할 수 있다.
- '-아도'라는 표현이 등장했으므로 '법률로부터 위임받든 안 받
  든 유효하게 제정될 수 있는데, 특히 법률로부터 위임받지 않
  을 때도 유효하게 제정될 수 있다'라고 바꾸어 읽을 수 있다.

- '일반적인 경우에는 행정 규제 사항과 무관해서 행정규칙이
  제정되지만 예외적인 경우 행정 규제 사항, 즉 일반 국민에게
  적용되는 사항에 관하여 행정규칙이 적용되는군'이라고 반응
  할 수 있다.

- 위임된 사항이 첨단 기술과의 관련성이 매우 커서 위임명령으
  로 대등하기 어려움∧위임 근거 법률이 행정입법의 제정 주체
  만 지정하고 행정입법의 유형을 지정하지 않음→위임된 사항이
  고시나 예규로 제정(행정 규제 사항에 관하여 행정규칙 제정)

- '위임명령은 입법예고, 공포 등을 거쳐야 제정되는데, 이런 경
  우 행정규칙은 입법예고, 공포 등을 거치지 않고 제정되는구
  나'라고 반응할 수 있다.

4 문단

1. 조례는 지방 의회가 제정하는 행정입법으로 지역의 특수성을 반영하여 제정되고 지역에서 발생하는 사안에 대해 적용된다.

- '조례'에 대한 정의가 제시되고 있다.

2. 제정 주체가 지방 자치 단체의 기관인 지방 의회라는 점에서 행정부에서 제정하는 위임명령, 행정규칙과 ⓔ 구별된다.

- '위임명령', '행정규칙', '조례'를 구분하고 있으므로 셋을 대등 관계로 보아 시각적 수평 관계로 모델링할 수 있다.

3. 조례도 행정 규제 사항을 규정하려면 법률의 위임에 근거해야 한다.

- '-야'라는 필요조건을 가리키는 표현이 등장했으므로 대우 규칙을 적용하여 '조례가 법률의 위임에 근거하지 않으면 행정 규제 사항을 규정할 수 없다'라고 바꾸어 읽을 수 있다.
- '-도'라는 표현이 등장했으므로 '위임명령, 행정규칙의 예외적인 경우, 조례 모두 행정 규제 사항을 규정하기 위해 법률의 위임에 근거해야 하는구나'라고 반응할 수 있다.

4. 또한 법률로부터 포괄적 위임을 받을 수 있지만 위임 근거 법률이 사용한 어구의 의미를 다르게 사용할 수 없다.

- '위임명령과는 달리 조례는 법률로부터 포괄적 위임을 받지만, 위임명령과 마찬가지로 조례는 위임 근거 법률이 사용한 어구의 의미를 다르게 사용할 수 없네'라고 반응할 수 있다.

5. 조례는 입법예고, 공포 등의 절차를 거쳐 제정된다.

- '위임명령과 조례는 모두 입법예고, 공포 등의 절차를 거치지만, 행정규칙은 그렇지 않네'라고 반응할 수 있다.

26. 윗글의 내용과 일치하는 것은?

① 행정입법에 속하는 법령들은 제정 주체가 동일하다.
위임명령과 행정규칙의 제정 주체는 행정부인 반면, 조례의 제정 주체는 지방 자치 단체의 기관인 지방 의회이다.
② 행정입법에 속하는 법령들은 모두 개별적 상황과 지역의 특수성을 반영한다.
③ 행정입법에 속하는 법령들은 모두 정당성을 확보하기 위하여 국회의 위임에 근거한다.
행정규칙의 경우 국회의 위임이 없어도 된다.
④ 행정 규제 사항에 적용되는 행정입법은 모두 포괄적 위임이 금지되어 있다.
조례는 포괄적 위임이 허용된다.
⑤ 행정부가 국회보다 신속히 대응할 수 있는 행정 규제 사항은 행정입법의 대상으로 적합하다.
1문단 2, 3번 문장: 그러나 국회가 아니라, 대통령을 수반으로 하는 행정부나 지방 자치 단체와 같은 행정 기관이 제정한 법령인 행정입법에 의한 행정 규제의 비중이 커지고 있다. 드론과 관련된 행정 규제 사항들처럼, 첨단 기술과 관련되거나, 상황 변화에 즉각 대처해야 하거나, 개별적 상황을 ⓑ 반영하여 규제를 달리해야 하는 행정 규제 사항들이 늘어나고 있기 때문이다.

27. ㉠의 이유로 가장 적절한 것은?

한편, 위임명령이 법률로부터 위임받은 범위를 벗어나서 제정되거나, 위임 근거 법률이 사용한 어구의 의미를 확대하거나 축소하여 제정되어서는 안 된다. ㉠ 위임명령이 이러한 제한을 위반하여 제정되면 효력이 없다.

① 그 위임명령이 법률의 근거 없이 행정 규제 사항을 규정했기 때문이다.
② 그 위임명령이 포괄적 위임을 받아 제정된 경우에 해당하기 때문이다.
2문단 7번 문장: 그래서 특정한 행정 규제의 근거 법률이 위임명령으로 제정할 사항의 범위를 정하지 않은 채 위임하는 포괄적 위임은 헌법상 삼권 분립 원칙에 저촉된다.
③ 그 위임명령이 첨단 기술에 대한 내용을 정확히 반영하지 않았기 때문이다.
④ 그 위임명령이 국민의 권리를 제한하는 권한을 행정 기관에 맡겼기 때문이다.
⑤ 그 위임명령이 구체적 상황의 특성을 반영한 융통성 있는 대응을 하지 못했기 때문이다.

28. 행정규칙 에 관한 설명 중 적절하지 않은 것은?

① 행정부의 직제나 사무 처리 절차를 규정하는 경우, 법률의 위임이 요구되지 않는다.
② 행정부의 직제나 사무 처리 절차를 규정하는 경우, 일반 국민에게 직접 적용되지 않는다.
③ 행정 규제 사항을 규정하는 경우, 위임명령의 제정 절차를 따르지 않는다.
④ 행정 규제 사항을 규정하는 경우, 위임 근거 법률의 위임을 받은 제정 주체에 의해 제정된다.
⑤ <u>행정 규제 사항을 규정하는 경우, 위임 근거 법률로부터 위임받을 수 있는 사항의 범위가 위임명령과 같다.</u>

행정 규제 사항을 규정하는 경우, 위임 근거 법률로부터 위임받을 수 있는 사항의 범위가 위임명령과 같다면 굳이 위임명령 대신 행정규칙으로 행정 규제 사항을 규제할 필요가 없다. 더구나 위임된 사항이 첨단 기술과의 관련성이 매우 커서 위임명령으로는 대응하기 어려워 불가피한 경우 위임명령 대신 행정규칙으로 행정 규제 사항을 규제한다고 서술되었기 때문에 위임 근거 법률로부터 위임받을 수 있는 사항의 범위가 행정규칙과 위임명령이 같다고 볼 수는 없다.

29. 윗글을 바탕으로 <보기>의 ㉮~㉰에 대해 이해한 내용으로 가장 적절한 것은? [3점]

< 보기 >

갑은 새로 개업한 자신의 가게 홍보를 위해 인근 자연 공원에 현수막을 설치하려고 한다. 현수막 설치에 관한 행정 규제의 내용을 확인하기 위해 ○○ 시청에 문의하고 아래와 같은 회신을 받았다.

> 문의하신 내용에 대해 다음과 같이 알려 드립니다.
> ㉮「옥외광고물 등의 관리와 옥외광고산업 진흥에 관한 법률」 제3조(광고물 등의 허가 또는 신고)에 따른 허가 또는 신고 대상 광고물에 관한 사항은 대통령령인 ㉯「옥외광고물 등의 관리와 옥외광고산업 진흥에 관한 법률 시행령」 제5조에 규정되어 있습니다. 이에 따르면 문의하신 규격의 현수막을 설치하시려면 설치 전에 신고하셔야 합니다.
> 또한 위 법률 제16조(광고물 실명제)에 의하면, 신고 번호, 표시 기간, 제작자명 등을 표시하도록 규정하고 있습니다. 표시하는 방법에 대해서는 ㉰ ○○ 시 지방 의회에서 제정한 법령에 따르셔야 합니다.

① ㉮의 제3조의 내용에서 ㉯의 제5조의 신고 대상 광고물에 관한 사항의 구체적 내용을 확인할 수 있겠군.

㉮의 제3조의 내용에서 ㉯의 제5조의 신고 대상 광고물에 관한 사항의 구체적 내용을 확인할 수 없을 것이다.

② ㉯의 제5조는 ㉮의 제16조로부터 제정할 사항의 범위가 정해져 위임을 받았겠군.

㉯의 제5조는 ㉮의 제3조로부터 제정할 사항의 범위가 정해져 위임을 받았을 것이다.

③ ㉯는 ㉰와 달리 입법예고와 공포 절차를 거쳤겠군.

㉯와 ㉰ 모두 입법예고와 공포 절차를 거쳤을 것이다.

④ <u>㉯에 나오는 '광고물'의 의미와 ㉰에 나오는 '광고물'의 의미는 일치하겠군.</u>

㉯와 ㉰는 모두 ㉮에 근거하므로 ㉮에서의 광고물의 의미, ㉯에서의 광고물의 의미, ㉰에서의 광고물의 의미 모두 일치할 것이다.

⑤ ㉰를 준수해야 하는 국민 중에는 ㉯를 준수하지 않아도 되는 국민이 있겠군.

㉰를 준수해야 하는 국민 중에 ㉯를 준수하지 않아도 되는 국민은 없다.

30. 문맥상 ⓐ~ⓔ와 바꿔 쓰기에 가장 적절한 것은?

행정 목적을 ⓐ 실현하기

개별적 상황을 ⓑ 반영하여

위임 근거 법률의 내용으로부터 ⓒ 예측할

위임명령으로는 ⓓ 대응하기

행정규칙과 ⓔ 구별된다

① ⓐ: 나타내기

② ⓑ: 드러내어

③ ⓒ: 헤아릴

④ ⓓ: 마주하기

⑤ ⓔ: 달라진다

1 문단

1. 채권은 어떤 사람이 다른 사람에게 특정 행위를 요구할 수 있는 권리이다.

- '채권'에 대한 정의가 제시되고 있다.

2. 이 특정 행위를 급부라 하고, 특정 행위를 해주어야 할 의무를 채무라 한다.

- '급부'에 대한 정의가 제시되고 있다.
- '채무'에 대한 정의가 제시되고 있다.

3. 채무자가 채권을 ⓐ 가진 이에게 급부를 이행하면 채권에 대응하는 채무는 소멸한다.

4. 급부는 재화나 서비스 제공인 경우가 많지만 그 외의 내용일 수도 있다.

- '그 외의 내용에는 어떤 것이 있을까?'라고 물음표를 띄울 수 있다.
  단서가 부족해 추론은 어려워 보인다.

2 문단

1. 민법상의 권리는 여러 가지가 있는데 계약 없이 법률로 정해진 요건의 충족으로 발생하기도 하지만 대개 계약의 효력으로 발생한다.

- '계약 없이 법률로 정해진 요권의 충족으로 발생하는 권리'와 '계약의 효력으로 발생하는 권리'가 구분되고 있으므로 둘을 대등 관계로 보아 시각적 수평 관계로 모델링할 수 있다.

2. 계약이란 권리 발생 등에 관한 당사자의 합의로서, 계약이 성립하면 합의 내용대로 권리 발생 등의 효력이 인정되는 것이 원칙이다.

- '계약'에 대한 정의가 제시되고 있다.

3. 당장 필요한 재화나 서비스는 그 제공을 급부로 하는 계약을 성립시켜 확보하면 되지만 미래에 필요할 수도 있는 재화나 서비스라면 계약을 성립시킬 수 있는 권리를 확보하는 것이 유리하다.

- '계약을 성립시킬 수 있는 권리도 있네'라고 반응할 수 있다.

4. 이를 위해 '예약'이 활용된다.

- '예약이 뭘까?'라고 물음표를 띄울 수 있다.
  '계약을 성립시킬 수 있는 권리를 확보할 수 있는 수단인가'라고 추론할 수 있다.

5. 일상에서 예약이라고 할 때와 법적인 관점에서의 예약은 구별된다.

- '일상에서의 예약'과 '법적인 관점에서의 예약'을 구분하고 있으므로 둘을 대등 관계로 보아 시각적 수평 관계로 모델링할 수 있다.

6. ㉠ 기차 탑승을 위해 미리 돈을 지불하고 승차권을 구입하는 것을 '기차 승차권을 예약했다'고도 하지만 이 경우는 예약에 해당하지 않는 계약이다.

- '돈을 내고 승차권을 받는 것은 일상에서의 예약이지만 법적인 관점에서의 예약은 아니겠네'라고 추론할 수 있다.

7. 법적으로 예약은 당사자들이 합의한 내용대로 권리가 발생하는 계약의 일종으로, 재화나 서비스 제공을 급부 내용으로 하는 다른 계약인 '본계약'을 성립시킬 수 있는 권리 발생을 목적으로 한다.

- '예약'에 대한 정의가 제시되고 있으므로 '예약이 뭘까?'라면서 띄웠던 물음표를 회수할 수 있다.
- '예약'이 '계약'에 포함됨을 알 수 있다.

3 문단 [A]

1. 예약은 예약상 권리자가 가지는 권리의 법적 성질에 따라 두 가지 유형으로 나뉜다.

- '예약의 두 가지 유형은 무엇일까?'라고 물음표를 띄울 수 있다.
  단서가 부족해 추론은 어려워 보인다.
- 예약상 권리자가 가지는 권리의 법적 성질⇒예약의 유형

2. 첫째는 채권을 발생시키는 예약이다.

- '예약의 두 가지 유형 중 하나가 제시되었네'라고 반응할 수 있으므로 '예약의 두 가지 유형은 무엇일까?'라면서 띄웠던 물음표를 반쯤 회수할 수 있다.

3. 이 채권의 급부 내용은 '예약상 권리자의 본계약 성립 요구에 대해 상대방이 승낙하는 것'이다.

- '그러니까 채권자는 예약상 권리자의 본계약 성립 요구에 대해 상대방이 승낙하는 것을 요구할 권리를 가지고 채무자는 예약상 권리자의 본계약 성립 요구에 대해 승낙하는 것을 이행할 의무를 가지겠네'라고 추론할 수 있다.

4. 회사의 급식 업체 공모에 따라 여러 업체가 신청한 경우 그중 한 업체가 선정되었다고 회사에서 통지하면 예약이 성립한다.

- 채권을 발생시키는 예약의 예시가 제시되고 있다.
- '이때 예약상 권리자는 누구야?'라고 물음표를 띄울 수 있다. 단서가 부족해 추론은 어려워 보인다.

5. 이에 따라 선정된 업체가 급식을 제공하고 대금을 ⓑ 받기로 하는 본계약 체결을 요청하면 회사는 이에 응할 의무를 진다.

- '선정된 업체가 본계약 체결을 요청하면 회사는 이에 응할 의무를 지게 되니 예약상 권리자는 선정된 업체네'라고 추론할 수 있으므로 '이때 예약상 권리자는 누구야?'라면서 띄웠던 물음표를 회수할 수 있다.

6. 둘째는 예약 완결권을 발생시키는 예약이다.

- '예약의 두 가지 유형 중 나머지 하나가 제시되었네'라고 반응할 수 있으므로 '예약의 두 가지 유형은 무엇일까?'라면서 띄웠던 물음표를 모두 회수할 수 있다.

7. 이 경우 예약상 권리자가 본계약을 성립시키겠다는 의사를 표시하는 것만으로 본계약이 성립한다.

- '채권을 발생시키는 예약에서는 예약상 권리자가 본계약을 성립시키겠다는 의사를 표시하면 그 요구에 대해 예약상 의무자가 승낙을 해야 본계약이 성립하는데 예약 완결권을 발생시키는 예약은 예약상 권리자가 본계약을 성립시키겠다는 의사를 표시하는 것만으로 본계약이 성립하네'라고 반응할 수 있다.

'채권을 발생시키는 예약'과 '예약 완결권을 발생시키는 예약'의 차이를 인지할 수 있으므로 둘을 대등 관계로 보아 시각적 수평 관계로 모델링할 수 있다.

8. 가족 행사를 위해 식당을 예약한 사람이 식당에 도착하여 예약 완결권을 행사하면 곧바로 본계약이 성립하므로 식사 제공이라는 급부에 대한 계약상의 채권이 발생한다.

- 예약 완결권을 발생시키는 예약의 예시가 제시되고 있다.

4 문단

1. 예약에서 예약상의 급부나 본계약상의 급부가 이행되지 않는 문제가 ⓒ 생길 수 있는데, 예약의 유형에 따라 발생 문제의 양상이 다르다.

- '예약의 유형에 따라 어떻게 발생 문제의 양상이 다를까?'라고 물음표를 띄울 수 있다.
  단서가 부족해 추론은 어려워 보인다.

2. 일반적으로 급부가 이행되지 않아 채권자에게 손해가 발생한 경우 채무자는 자신의 고의나 과실에서 비롯된 것이 아님을 증명하지 못하는 한 채무 불이행 책임을 진다.

- '채무자가 자신의 고의나 과실에서 비롯된 것이 아님을 증명한다면 채무 불이행 책임을 지지 않겠군'이라고 추론할 수 있다.
- '채무 불이행 책임'을 암기 시도할 필요가 있다.

3. 이로 인해 채무의 내용이 바뀌는데 원래의 급부 내용이 무엇이든 채권자의 손해를 돈으로 물어야 하는 손해 배상 채무로 바뀐다.

- '-야'라는 당위 진술을 가리키는 표현이 등장했으므로 '돈으로 물지 않으면 안 되는'으로 바꾸어 읽을 수 있다.
- '손해 배상 채무'에 대한 정의가 제시되고 있다.
- '손해 배상 채무'를 암기 시도할 필요가 있다.
- '채무 불이행 책임'⇒'손해 배상 채무'

5 문단

1. 만약 타인이 고의나 과실로 예약상 권리자가 가진 권리 실현을 방해했다면 예약상 권리자는 그에게도 책임을 ⓓ 물을 수 있다.

- '-도'라는 표현이 등장했으므로 '채무자와 타인 모두에게 책임을 물을 수 있겠네'라고 추론할 수 있다.

2. 법률에 의하면 누구든 고의나 과실에 의해 타인에게 피해를 ⓔ 끼치는 행위를 하고 그 행위의 위법성이 인정되면 불법행위 책임이 성립하여, 가해자는 피해자에게 손해를 돈으로 배상할 채무를 지기 때문이다.

- '불법행위 책임'을 암기 시도할 필요가 있다.
- '돈으로 배상할 채무'를 '손해 배상 채무'로 바꾸어 읽을 수 있다.

3. 다만 예약상 권리자에게 예약 상대방이나 방해자 중 누구라도 손해 배상을 하면 다른 한쪽의 배상 의무도 사라진다.

- '결론적으로 예약 상대방과 방해자 중 한 명만 배상 의무를 지겠네'라고 반응할 수 있다.

4. 급부 내용이 동일하기 때문이다.

- '급부 내용은 아마도 손해에 대한 배상 금액 지급이겠네'라고 추론할 수 있다.

26. 윗글에 대한 이해로 적절하지 <u>않은</u> 것은?

① 계약상의 채권은 계약이 성립하면 추가 합의가 없어도 발생하는 것이 원칙이다.

2문단 2번 문장: 계약이란 권리 발생 등에 관한 당사자의 합의로서, 계약이 성립하면 합의 내용대로 권리 발생 등의 효력이 인정되는 것이 원칙이다.

② 재화나 서비스 제공을 대상으로 하는 권리 외에 다른 형태의 권리도 존재한다.

1문단 4번 문장: 급부는 재화나 서비스 제공인 경우가 많지만 그 외의 내용일 수도 있다.

③ 예약상 권리자는 본계약상 권리의 발생 여부를 결정할 수 있다.

④ 급부가 이행되면 채무자의 채권자에 대한 채무가 소멸된다.

⑤ 불법행위 책임은 계약의 당사자 사이에 국한된다.

불법행위 책임은 계약의 당사자 사이뿐만 아니라 방해자에게도 성립할 수 있다.

27. ㉠에 대한 이해로 가장 적절한 것은?

㉠ 기차 탑승을 위해 미리 돈을 지불하고 승차권을 구입하는 것

① 기차 탑승은 채권에 해당하고 돈을 지불하는 행위는 그 채권의 대상인 급부에 해당한다.

기차 탑승은 채권 행사에 해당하고, 돈을 지불하는 행위는 채무에 해당한다.

② 기차를 탑승하지 않는 것은 승차권 구입으로 발생한 채권에 대응하는 의무를 포기하는 것이다.

기차를 탑승하지 않는 것은 승차권 구입으로 발생한 채권을 행사하지 않는 것이다.

③ 기차 승차권을 미리 구입하는 것은 계약을 성립시키면서 채권의 행사 시점을 미래로 정해 두는 것이다.

④ 승차권 구입은 계약 없이 법률로 정해진 요건을 충족하여 서비스를 제공받을 권리를 발생시키는 행위이다.

승차권 구입은 계약의 효력으로 서비스를 제공받을 권리를 발생시키는 행위이다.

⑤ 미리 돈을 지불하는 것은 미래에 필요한 기차 탑승 서비스 이용이라는 계약을 성립시킬 수 있는 권리를 확보한 것이다.

미리 돈을 지불하는 것은 미래에 필요한 기차 탑승 서비스 이용이라는 채권 행사를 위해 계약을 성립시킨 것이다.

28. 다음은 [A]에 제시된 예를 활용하여, 예약의 유형에 따라 예약상 권리자가 요구할 수 있는 급부에 대해 정리한 것이다. ㄱ~ㄷ에 들어갈 내용을 올바르게 짝지은 것은?

구분	채권을 발생시키는 예약	예약 완결권을 발생시키는 예약
예약상 급부	ㄱ	ㄴ
본계약상 급부	ㄷ	식사 제공

채권을 발생시키는 예약의 예시에서 예약상 권리자는 선정된

급식 업체이다.

① ㄱ: 급식 계약 승낙 ㄴ: 없음 ㄷ: 급식 대금 지급
② ㄱ: 급식 계약 승낙 ㄴ: 없음 ㄷ: 급식 제공
③ ㄱ: 급식 계약 승낙 ㄴ: 식사 제공 계약 체결 ㄷ: 급식 제공
④ ㄱ: 없음 ㄴ: 식사 제공 계약 체결 ㄷ: 급식 제공
⑤ ㄱ: 없음 ㄴ: 식사 제공 계약 체결 ㄷ: 급식 대금 지급

29. 윗글을 참고할 때, <보기>의 ㉮에 대한 이해로 적절
하지 않은 것은? [3점]

> ─── < 보기 > ───
>
> 　특별한 행사를 앞두고 있는 갑은 미용실을 운영하는
> 을과 예약을 하여 행사 당일 오전 10시에 머리 손질을
> 받기로 했다. 갑이 시간에 맞춰 미용실을 방문하여 머
> 리 손질을 요구했을 때 병이 이미 을에게 머리 손질을
> 받고 있었다. 갑이 예약해 둔 시간에 병이 고의로 끼어
> 들어 위법성이 있는 행위를 하여 ㉮ 갑은 오전 10시에
> 머리 손질을 받을 수 없는 손해를 입었다.

① ㉮가 발생하는 과정에서 을의 과실이 있는 경우, 을은 갑
　에 대해 채무 불이행 책임이 있고 병은 갑에 대해 손해
　배상 채무가 있다.

② ㉮가 발생하는 과정에서 을의 고의가 있는 경우, 을과 병
　은 모두 갑에게 손해 배상 채무를 지고 을이 배상을 하
　면 병은 갑에 대한 채무가 사라진다.
③ ㉮가 발생하는 과정에서 을에게 고의나 과실이 있는지
　없는지 증명되지 않은 경우, 을과 병은 모두 갑에게 채
　무를 지고 그에 따른 급부의 내용은 동일하다.
④ ㉮가 발생하는 과정에서 을에게 고의나 과실이 있는지
　없는지 증명되지 않은 경우, 을과 병은 모두 채무 불이
　행 책임을 지므로 갑에게 손해 배상 채무를 진다.

⑤ ㉮가 발생하는 과정에서 을에게 고의나 과실이 없음이
　증명된 경우, 을과 달리 병에게는 갑이 입은 손해에 대
　해 금전으로 배상할 책임이 있다.

30. 문맥상 ⓐ~ⓔ의 단어와 가장 가까운 의미로 쓰인
것은?

① ⓐ: 자신의 일에 자부심을 가지는 것이 중요하다.
② ⓑ: 올해 생일에는 고향 친구에게서 편지를 받았다.
③ ⓒ: 기차역 주변에 새로 생긴 상가에 가 보았다.
④ ⓓ: 나는 도서관에서 책 빌리는 방법을 물어 보았다.
⑤ ⓔ: 바닷가의 찬바람을 쐬니 온몸에 소름이 끼쳤다.

1 문단

1. 1764년에 발간된 체사레 베카리아의 『범죄와 형벌』은 커다란 반향을 일으켰다.

- '체사레 베카리아'와 '범죄와 형벌'을 암기 시도할 필요가 있다.
- '왜 체사레 베카리아의 범죄와 형벌이 커다란 반향을 일으켰을까?'라고 물음표를 띄울 수 있다.
  단서가 부족해 추론은 어려워 보인다.

2. 형벌에 관한 논리 정연하고 새로운 주장들에 유럽의 지식 사회가 매료된 것이다.

- '그래서 체사레 베카리아의 범죄와 형벌이 커다란 반향을 일으켰구나'라고 반응할 수 있으므로 '왜 체사레 베카리아의 범죄와 형벌이 커다란 반향을 일으켰을까?'라면서 띄웠던 물음표를 회수할 수 있다.

3. 자유와 행복을 추구하는 이성적인 인간을 상정하는 당시 계몽주의 사조에 베카리아는 충실히 호응하여, 이익을 저울질할 줄 알고 그에 따라 행동하는 존재로서 인간을 전제하였다.

4. 사람은 대가 없이 공익만을 위하여 자유를 내어놓지는 않는다.

- '사람은 대가가 있어야 공익을 위해 자유를 내어놓는다고 주장하는 건가'라고 추론할 수 있다.

5. 끊임없는 전쟁과 같은 상태에서 벗어나기 위하여 자유의 일부를 떼어 주고 나머지 자유의 몫을 평온하게 ⓐ 누리기로 합의한 것이다.

- '자유의 일부를 떼어 주는 대신 국가를 세워 전쟁과 같은 상태에서 벗어나는 규범 내에서의 삶을 제공받는다는 사회계약론을 주장하는 건가'라고 추론할 수 있다.

6. 저마다 할애한 자유의 총합이 주권을 구성하고, 주권자가 이를 위탁받아 관리한다.

- '이때 주권자는 왕이려나'라고 추론할 수 있다,

7. 따라서 사회의 형성과 지속을 위한 조건이라 할 법은 저마다의 행복을 증진시킬 때 가장 잘 준수되며, 전체 복리를 위해 법 위반자에게 설정된 것이 형벌이다.

- '형벌'에 대한 정의가 제시되고 있다.

8. 이런 논증으로 베카리아는 형벌권의 행사는 양도의 범위를 벗어날 수 없다는 출발점을 세웠다.

- '형벌권의 행사는 사람들이 양도한 자유의 범위를 벗어날 수 없다고 주장하는군'이라고 반응할 수 있다.

2 문단

1. 베카리아가 볼 때, 형벌은 범죄가 일으킨 결과를 되돌려 놓을 수 없다.

- '절도 같은 범죄는 결과를 되돌릴 수도 있지만, 살인 같은 범죄는 결과를 뇌놀릴 수 없겠네'라고 반응할 수 있다.

2. 또한 인간을 괴롭히는 것 자체가 그 목적인 것도 아니다.

- '형벌의 목적은 인간을 괴롭히는 것이 아니라고 주장하는구나'라고 반응할 수 있다.

3. 형벌의 목적은 오로지 범죄자가 또다시 피해를 끼치지 못하도록 억제하고, 다른 사람들이 그 같은 행위를 하지 못하도록 예방하는 데 있을 뿐이다.

4. 이는 범죄로 얻을 이득, 곧 공익이 입게 되는 그만큼의 손실보다 형벌이 가하는 손해가 조금이라도 크기만 하면 달성된다.

- '범죄로 얻을 이득은 공익이 입게 되는 그만큼의 손실과 같고, 이것보다 형벌이 가하는 손해가 조금이라도 크기만 하면 형벌의 목적이 달성된다고 보는군'이라고 반응할 수 있다.

5. 그리고 이러한 손익 관계를 누구나 알 수 있도록 처벌 체계는 명확히 성문법으로 규정되어야 하고, 그 집행의 확실성도 갖추어져야 한다.

- '성문법이 뭐지?'라고 물음표를 띄울 수 있다.
  단서가 부족해 추론이 어려워 보인다.
- '-야'라는 당위 진술을 가리키는 표현이 등장했으므로 '규정되
  지 않으면 안 되고', '갖추어지지 않으면 안 된다'라고 바꾸어
  읽을 수 있다.

  6. 결국 범죄를 ⓑ 가로막는 방벽으로 형벌을 바라보는
  것이다.

  7. 이 ㉠ 울타리의 높이는 살인인지 절도인지 등에 따라
  달리해야 한다.

- '살인보다는 절도의 형벌이 더 약해야 한다고 보겠군'이라고
  추론할 수 있다.
- '-야'라는 당위 진술을 가리키는 표현이 등장했으므로 '달리하
  지 않으면 안 된다'로 바꾸어 읽을 수 있다.

  8. 공익을 훼손한 정도에 비례해야 하는 것이다.

- '-야'라는 당위 진술을 가리키는 표현이 등장했으므로 '비례하
  지 않으면 안 된다는 것이다'로 바꾸어 읽을 수 있다.

  9. 그것을 넘어서는 처벌은 폭압이며 불필요하다.

  10. 베카리아는 말한다.

  11. 상이한 피해를 일으키는 두 범죄에 동일한 형벌을 적
  용한다면 더 무거운 죄에 대한 억지력이 상실되지 않겠
  는가.

- '가령 살인죄든 절도죄든 사형에 해당하는 형벌을 적용한다면
  절도해도 죽을 거 그냥 살인하고 죽자는 생각을 가진 사람들
  이 많아지면서 살인죄에 대한 억지력이 상실될 수 있겠군'이
  라고 추론할 수 있다.

3 문단

  1. 그는 인간이 감각적인 존재라는 사실에 맞추어 제도
  가 운용될 것을 역설한다.

  2. 가장 잔혹한 형벌도 계속 시행되다 보면 사회 일반은
  그에 ⓒ 무디어져 마침내 그런 것을 봐도 옥살이에 대
  한 공포 이상을 느끼지 못한다.

- '-아도'라는 표현이 등장했으므로 '그런 것을 보든 안 보든 옥
  살이에 대한 공포 이상을 느끼지 못하는데, 특히 그런 것을
  볼 때도 옥살이에 대한 공포 이상을 느끼지 못한다'라고 바꾸
  어 읽을 수 있다.
- '여기서 가장 잔혹한 형벌은 사형을 말하는 게 아닐까'라고 추
  론할 수 있다.

  3. 인간의 정신에 ⓓ 크나큰 효과를 끼치는 것은 형벌의
  강도가 아니라 지속이다.

- '형벌의 강도'와 '형벌의 지속'을 구분하고 있으므로 둘을 대등
  관계로 보아 시각적 수평 관계로 모델링할 수 있다.

  4. 죽는 장면의 목격은 무시무시한 경험이지만 그 기억
  은 일시적이고, 자유를 박탈당한 인간이 속죄하는 고통
  의 모습을 오랫동안 대하는 것이 더욱 강력한 억제 효과
  를 갖는다는 주장이다.

- '즉 형벌의 강도는 크되 형벌의 지속은 짧은 형벌, 가령 사형보
  다는 형벌의 강도는 작되 형벌의 지속이 긴, 가령 무기 징역이
  더욱 강력한 범죄 억제 효과를 갖는다고 주장하는 것이겠군'
  이라고 추론할 수 있다.

  5. 더욱 중요한 것을 지키기 위해 희생한 자유에는 무엇
  보다도 값진 생명이 포함될 수 없다고도 말한다.

- '사람들이 전쟁같은 상태에서 벗어나기 위해 양도한 자유에는
  생명이 포함될 수 없다, 즉 사형은 행해져서는 안 된다고 주장
  하는 것이겠군'이라고 추론할 수 있다.

  6. 이처럼 베카리아는 잔혹한 형벌을 반대하여 휴머니
  스트로, 최대 다수의 최대 행복을 말하여 공리주의자로,
  자유로운 인간들 사이의 합의를 바탕으로 논의를 전개
  하여 사회 계약론자로 이해된다.

  7. 형법학에서도 형벌로 되갚아 준다는 응보주의를 탈
  피하여 장래의 범죄 발생을 방지한다는 일반 예방주의
  로 나아가는 토대를 ⓔ 세웠다는 평가를 받는다.

- '응보주의는 만약 어떤 사람이 다른 사람을 죽였다면 똑같이
  형벌로써 살인죄를 저지른 사람을 죽음으로 되갚아 준다는 주
  장인가'라고 추론할 수 있다.
- '응보주의'와 '일반 예방주의'에 대한 정의가 제시되고 있다.
- '응보주의'와 '일반 예방주의'를 암기 시도할 필요가 있다.

10. 윗글에서 베카리아의 관점으로 보기 <u>어려운</u> 것은?

① 공동체를 이루는 합의가 유지되는 데는 법이 필요하다.
② 사람은 이성적이고 타산적인 존재이자 감각적 존재이다.
③ <u>개개인의 국민은 주권자로서 형벌을 시행하는 주체이다.</u>
개개인의 국민이 할애한 자유의 총합이 주권을 구성하고, 주권자가 이를 위탁받아 관리한다.
④ 잔혹함이 주는 공포의 효과는 시간이 흐르면서 감소한다.
⑤ 형벌권 행사의 범위는 양도된 자유의 총합을 넘을 수 없다.

11. ㉠에 대한 설명으로 적절하지 <u>않은</u> 것은?

㉠ <u>울타리</u>

① 재범을 방지하는 역할을 수행한다.
② 법률로 엮어 뚜렷이 알아볼 수 있도록 해야 한다.
③ 범죄가 유발하는 손실에 따라 높낮이를 정해야 한다.
④ 손익을 저울질하는 인간의 이성을 목적 달성에 활용한다.
⑤ <u>지키려는 공익보다 높게 설정할수록 방어 효과가 증기한다.</u>
2문단 7, 8, 9번 문장: 이 ㉠ <u>울타리</u>의 높이는 살인인지 절도인지 등에 따라 달리해야 한다. 공익을 훼손한 정도에 비례해야 하는 것이다. 그것을 넘어서는 처벌은 폭압이며 불필요하다.

12. 윗글을 바탕으로 베카리아의 입장을 추론한 내용으로 가장 적절한 것은? [3점]

① 형벌이 사회적 행복 증진을 저해한다고 보는 공리주의의 입장에서 사형을 반대한다.
형벌이 사회적 행복 증진을 저해한다고 보지 않았다.
② 사형은 범죄 예방의 효과가 없으므로 일반 예방주의의 입장에서 폐지되어야 한다고 주장한다.
사형이 범죄 예방의 효과가 없다고 보지 않았다.
③ 사형은 사람의 기억에 영구히 각인되는 잔혹한 형벌이어서 휴머니즘의 입장에서 인정하지 못한다.
사형이 사람의 기억에 영구히 각인된다고 보지 않았다.
④ <u>가장 큰 가치를 내어주는 합의가 있을 수 없다는 이유로 사회 계약론의 입장에서 사형을 비판한다.</u>
가장 큰 가치인 생명을 내어주는 합의가 있을 수 없다는 이유로 사회 계약론의 입장에서 사형을 비판한다.
⑤ 피해 회복의 관점으로 형벌을 바라보는 형법학의 입장에서 사형을 무기 징역으로 대체하는 데 찬성하지 않는다.
2문단 1번 문장: 베카리아가 볼 때, 형벌은 범죄가 일으킨 결과를 되돌려 놓을 수 없다.
이에 따르면 피해 회복의 관점으로 형벌을 바라보지 않았다. 또한 사형을 무기 징역으로 대체하는 데 찬성할 것이다.

13. 문맥상 ⓐ~ⓔ와 바꿔 쓰기에 적절하지 <u>않은</u> 것은?

몫을 평온하게 ⓐ <u>누리기로</u>
범죄를 ⓑ <u>가로막는</u>
그에 ⓒ <u>무디어져</u>
정신에 ⓓ <u>크나큰</u> 효과
토대를 ⓔ <u>세웠다는</u>

① ⓐ: 향유(享有)하기로
② <u>ⓑ: 단절(斷絶)하는</u>
③ ⓒ: 둔감(鈍感)해져
④ ⓓ: 지대(至大)한
⑤ ⓔ: 수립(樹立)하였다는

(가) 1 문단

1. 광고는 시장의 형태 중 독점적 경쟁 시장에서 그 효과가 크다.

- '독점적 경쟁 시장은 뭐야?'라고 물음표를 띄울 수 있다.
'한 기업이 독점하는 시장인가'라고 추론할 수 있다.

2. 독점적 경쟁 시장은, 유사하지만 차별적인 상품을 다수의 판매자가 경쟁하며 판매하는 시장이다.

- '독점적 경쟁 시장'에 대한 정의가 제시되고 있으므로 '독점적 경쟁 시장은 뭐야?'라면서 띄웠던 물음표를 회수할 수 있다.

3. 각 판매자는 자신이 공급하는 상품을 구매자가 차별적으로 인지하고 선호할 수 있도록 하기 위해 광고를 이용한다.

4. 판매자에게 그러한 차별적 인지와 선호가 중요한 이유는, 이를 통해 판매자가 자신의 상품을 원하는 구매자에 대해 누리는 독점적 지위를 강화할 수 있기 때문이다.

- 광고⇒차별적 인지∧선호⇒독점적 지위 강화

2 문단

1. 일반적으로 독점적 지위 를 누린다는 것은 상품의 가격을 결정할 수 있는 힘이 있다는 의미이다.

- '독점적 지위'에 대한 정의가 제시되고 있다.

2. 그럼에도 불구하고 판매자는 구매자의 수요를 고려해야 한다.

- '-야'라는 당위 진술을 가리키는 표현이 등장했으므로 '고려하지 않으면 안 된다'라고 바꾸어 읽을 수 있다.

3. 대체로 구매자는 상품의 물량이 많을 때보다 적을 때 높은 가격을 지불하고자 하기 때문에, 판매자는 공급량을 감소시킴으로써 더 높은 가격을 책정할 수 있다.

- '구매자는 왜 상품의 물량이 많을 때보다 적을 때 높은 가격을 지불하려고 할까?'라고 물음표를 띄울 수 있다.
'물량이 적을 때 희소성의 원리 때문에 수요가 높아져서 높은 가격을 지불하려고 하는 건가'라고 추론할 수 있다.

4. 독점적 경쟁 시장의 판매자도 이러한 지위 덕분에 상품에 차별성이 없는 경우를 가정할 때보다 다소 비싼 가격에 상품을 판매하는 경향이 있다.

- '상품에 차별성이 있는 경우 독점적 경쟁 시장의 판매자는 독점적 지위 덕분에 다소 비싼 가격에 상품을 판매하는 경향이 있겠네'라고 추론할 수 있다.

5. 그러나 그 결과 독점적 경쟁 시장의 판매자가 단기적으로 이윤을 보더라도, 그 이윤이 지속되리라 기대할 수는 없다.

- '-라도'라는 표현이 등장했으므로 '독점적 경쟁 시장의 판매자가 단기적으로 이윤을 보든 안 보든 그 이윤이 지속되리라 기대할 수는 없는데, 특히 단기적으로 이윤을 볼 때 그 이윤이 지속되리라 기대할 수는 없다'라고 바꾸어 읽을 수 있다.
- '왜 그 이윤이 지속되리라 기대할 수 없을까?'라고 물음표를 띄울 수 있다.
단서가 부족해 추론은 어려워 보인다.

6. 이윤을 보는 판매자가 있으면 그러한 이윤에 이끌려 약간 다른 상품을 공급하는 신규 판매자의 수가 장기적으로 증가하고, 그 결과 기존 판매자가 공급하던 상품에 대한 수요는 감소하여 이윤이 줄어들 것이기 때문이다.

- '경쟁자가 나타나서 증가하기 때문에 이윤이 줄어들을 가능성이 있기 때문이구나'라고 반응할 수 있으므로 '왜 그 이윤이 지속되리라 기대할 수 없을까?'라면서 띄웠던 물음표를 회수할 수 있다.

3 문단

1. 판매자가 광고를 통해 상품의 차별성을 알리는 대표적인 방법은 상품에 대한 정보를 전달하는 것이다.

2. 하지만 많은 비용을 들인 것으로 보이는 광고만으로도 상품의 차별성을 부각할 수 있다.

- 상품에 대한 정보를 전달하는 광고∨많은 비용을 들인 것으로 보이는 광고→상품의 차별성 부각
- '왜 많은 비용을 들인 것으로 보이는 광고만으로도 상품의 차별성을 부각할 수 있을까?'라고 물음표를 띄울 수 있다.
  단서가 부족해 추론은 어려워 보인다.

3. 판매자가 경쟁력에 자신 없는 상품에 많은 광고 비용을 지출하지 않을 것이라는 구매자의 추측을 유도하는 것이 이 광고 방법의 목적이다.

- 논증을 다음과 같이 정리할 수 있다.
1. 판매자가 경쟁력에 자신 없는 상품에 많은 광고 비용을 지출하지 않을 것이다.
2. 판매자가 많은 광고 비용을 지출했다.
   따라서 해당 상품은 판매자가 경쟁력에 자신 있어 하는 상품이다.
- '이처럼 구매자의 추측을 유도함으로써 많은 비용을 들인 것으로 보이는 광고만으로도 상품의 차별성을 부각할 수 있구나'라고 반응할 수 있으므로 '왜 많은 비용을 들인 것으로 보이는 광고만으로도 상품의 차별성을 부각할 수 있을까?'라면서 띄웠던 물음표를 회수할 수 있다.

4. 가격이 변화할 때 구매자의 상품 수요량이 변하는 정도를 수요의 가격 탄력성이라 하는데, 구매자가 자신이 선호하는 상품이 차별화되었다고 느낄수록 수요의 가격 탄력성은 감소한다.

- '수요의 가격 탄력성'에 대한 정의가 제시되고 있다.
- '수요의 가격 탄력성'을 암기 시도할 필요가 있다.
- 구매자가 선호하는 상품 차별화 느낌↑⇒수요의 가격 탄력성↓
  '구매자가 자신이 선호하는 상품이 차별화되었다고 느낄수록 가격이 변화할 때 구매자의 상품 수요량이 적게 변하겠네'라고 반응할 수 있다.

5. 이처럼 구매자가 특정 상품에 갖는 충성도가 높아지면, 판매자의 독점적 지위는 강화된다.

- 광고⇒차별적 인지∧선호⇒수요의 가격 탄력성↓(충성도↑)⇒독점적 지위 강화

6. 판매자는 이렇게 광고가 ㉠ 경쟁을 제한하는 효과를 노린다.

- 광고⇒차별적 인지∧선호⇒수요의 가격 탄력성↓(충성도↑)⇒독점적 지위 강화⇒경쟁 제한

7. 독점적 경쟁 시장에 진입하는 신규 판매자도 상품의 차별성을 강조함으로써 독점적 지위를 확보하고자 광고를 빈번하게 이용한다.

(나) 1 문단

1. 광고는 광고주인 판매자의 이윤 추구 수단으로 기획되지만, 그러한 광고가 광고주의 의도와 상관없이 시장에 영향을 끼치기도 한다.

2. 우선 광고가 독점적 경쟁 시장의 판매자 간 ㉡경쟁을 촉진할 수 있다.

- '(가)에서는 광고가 경쟁을 제한하는 효과를 지닌다고 했는데, 광고가 경쟁을 촉진할 수 있다고? 어떻게?'라고 물음표를 띄울 수 있다.
  '너도나도 다 광고를 하면 경쟁이 촉진되겠다'라고 추론할 수 있다.

3. 이러한 효과는 광고를 통해 상품 정보에 노출된 구매자가 상품의 품질이나 가격에 예민해질 때 발생한다.

4. 특히 구매자가 가격에 민감하게 수요량을 바꾼다면, 판매자는 경쟁 상품의 가격을 더욱 고려하게 되어 가격 경쟁에 돌입하게 된다.

- '구매자가 가격에 민감하게 수요량을 바꾸는 경우는 수요의 가격 탄력성이 높은 경우를 말하겠네'라고 추론할 수 있다.

5. 또한 경쟁은 신규 판매자가 광고를 통해 신상품을 쉽게 홍보하고 시장에 진입할 수 있게 됨으로써 촉진된다.

- '구매자 수요의 가격 탄력성이 높고, 신규 판매자가 광고를 이용하면서 경쟁이 촉진될 수 있겠다'라고 반응할 수 있으므로

'(가)에서는 광고가 경쟁을 제한하는 효과를 지닌다고 했는데, 광고가 경쟁을 촉진할 수 있다고? 어떻게?'라면서 띄웠던 물음표를 회수할 수 있다.

6. 더 많은 판매자가 시장에서 경쟁하게 되면 각 판매자의 독점적 지위는 약화되고, 구매자는 더 다양한 상품을 높지 않은 가격에 구매할 수 있게 된다.

2 문단

1. 광고가 특정한 상품에 대한 독점적 경쟁 시장을 넘어서 경제와 사회 전반에 영향을 주기도 한다.

2. 개별 광고가 구매자의 내면에 잠재된 필요나 욕구를 환기하여 대상 상품에 대한 소비를 촉진하는 효과가 합쳐지면 경제 전반에 선순환을 기대할 수 있다.

- '어떻게 경제 전반에 선순환을 기대할 수 있게 된다는 거야?'라고 물음표를 띄울 수 있다.
단서가 부족해 추론은 어려워 보인다.

3. 경제에 광고가 없는 상황을 가정할 때와 비교하면 광고는 쓰던 상품을 새 상품으로 대체하고 싶은 소비자의 욕구를 강화하고, 신상품이 인기를 누리는 유행 주기를 단축하여 소비를 증가시킬 수 있다.

- '경제에 광고가 없는 상황'과 '경제에 광고가 있는 상황'을 구분하고 있으므로 둘을 대등 관계로 보아 시각적 수평 관계로 모델링할 수 있다.
- 광고⇒새 상품으로 대체하고자 하는 욕구↑∧신상품 유행 주기↓⇒소비↑

4. 촉진된 소비는 생산 활동을 자극한다.

- 광고⇒새 상품으로 대체하고자 하는 욕구↑∧신상품 유행 주기↓⇒소비↑⇒생산 활동 자극

5. 상품의 생산에는 근로자의 노동, 기계나 설비 같은 생산 요소가 ⓐ 들어가므로, 생산 활동이 증가하면 결과적으로 고용이나 투자가 증가한다.

- '근로자의 노동', '기계', '설비'가 '생산 요소'에 포함됨을 알 수 있다.

- 광고⇒새 상품으로 대체하고자 하는 욕구↑∧신상품 유행 주기↓⇒소비↑⇒생산 활동 자극⇒고용이나 투자↑

6. 고용 및 투자의 증가는 근로자이거나 투자자인 구매자의 소득을 증가시킬 수 있다.

- 광고⇒새 상품으로 대체하고자 하는 욕구↑∧신상품 유행 주기↓⇒소비↑⇒생산 활동 자극⇒고용이나 투자↑⇒구매자의 소득↑

7. 경제 전반의 소득이 증가할 때 소비가 증가하는 정도를 한계 소비 성향이라고 하는데, 한계 소비 성향은 양(+)의 값이어서, 경제 전반의 소득 수준이 향상되면 소비가 증가하게 된다.

- '한계 소비 성향'에 대한 정의가 제시되고 있다.
- '한계 소비 성향'을 암기 시도할 필요가 있다.
- 광고⇒새 상품으로 대체하고자 하는 욕구↑∧신상품 유행 주기↓⇒소비↑⇒생산 활동 자극⇒고용이나 투자 증가⇒구매자의 소득↑⇒소비↑
- '이런 식으로 광고가 경제 전반에 선순환을 가져올 수 있구나'라고 반응할 수 있으므로 '어떻게 경제 전반에 선순환을 기대할 수 있게 된다는 거야?'라면서 띄웠던 물음표를 회수할 수 있다.

3 문단

1. 하지만 광고의 소비 촉진 효과는 환경 오염을 우려하는 사람들에게 비판의 대상이 되기도 한다.

- '광고의 소비 촉진 효과가 왜 환경 오염을 우려하는 사람들에게 비판의 대상이 되기도 할까?'라고 물음표를 띄울 수 있다.
'소비가 많아짐에 따라 그만큼 쓰레기도 증가해서 그러려나'라고 추론할 수 있다.

2. 소비뿐만 아니라 소비로 촉진된 생산 활동에서도 환경 오염이 발생하기 때문이다.

- '증대된 소비와 생산 활동으로 환경 오염이 많이 발생하기 때문에 광고의 소비 촉진 효과가 환경 오염을 우려하는 사람들에게 비판의 대상이 되기도 하는구나'라고 추론할 수 있으므로 '광고의 소비 촉진 효과가 왜 환경 오염을 우려하는 사람들에게 비판의 대상이 되기도 할까?'라면서 띄웠던 물음표를 회수할 수 있다.

3. 환경 오염을 적절한 수준으로 줄이기에 충분한 비용
을 판매자나 구매자가 지불할 가능성은 낮으므로, 대부
분의 경우에 환경 오염은 심할 수밖에 없다.

04. (가), (나)에 대한 설명으로 가장 적절한 것은?

① (가)는 광고의 개념을 정의하고 광고가 시장에서 차지하
  는 위상을 소개하고 있다.
(가)에서 광고의 개념이 정의되지 않았고, 광고가 시장에서 차지
하는 위상 또한 소개되지 않았다.
② (가)는 광고가 판매자에게 중요한 이유를 제시하고 판매
  자가 광고를 통해 얻으려는 효과를 설명하고 있다.
③ (나)는 광고의 영향에 대한 다양한 견해를 소개하고 각
  각의 견해가 안고 있는 한계점을 지적하고 있다.
(나)에서 광고의 영향에 대한 다양한 견해가 소개되지 않았다.
④ (나)는 광고가 구매자에게 수용되는 과정을 제시하고 구
  매자가 광고를 수용할 때의 유의점을 나열하고 있다.
(나)에서 광고가 구매자에게 수용되는 과정이 제시되지 않았고,
구매자가 광고를 수용할 때의 유의점도 제시되지 않았다.
⑤ (가)와 (나)는 모두 구매자가 상품을 선택하는 기준을 제
  시하고 광고와 관련된 제도 마련의 필요성을 강조하고
  있다.
(가)와 (나)에서 구매자가 상품을 선택하는 기준이 제시되지 않
았고, 광고와 관련된 제도 마련의 필요성도 제시되지 않았다.

05. 독점적 지위 에 대한 설명으로 적절하지 <u>않은</u> 것은?

① 독점적 경쟁 시장에 신규 판매자가 진입하는 것을 차단
  하지는 않는다.
② 판매자가 공급량을 조절하여 가격을 책정할 수 있는 힘
  을 가지고 있음을 의미한다.
③ 구매자가 지불하고자 하는 가격이 상품 공급량에 따라
  어느 정도인지를 판매자가 감안하지 않아도 되게 한다.
(가) 2문단 2, 3번 문장: 그럼에도 불구하고 판매자는 구매자의
수요를 고려해야 한다. 대체로 구매자는 상품의 물량이 많을 때
보다 적을 때 높은 가격을 지불하고자 하기 때문에, 판매자는 공
급량을 감소시킴으로써 더 높은 가격을 책정할 수 있다.
구매자가 지불하고자 하는 가격이 상품 공급량에 따라 어느 정

도인지를 판매자가 감안해야 한다.
④ 독점적 경쟁 시장의 판매자가 다소 비싼 가격을 책정할
  수 있게 하지만 이윤을 지속적으로 보장하지는 않는다.
⑤ 독점적 경쟁 시장의 판매자가 구매자로 하여금 판매자
  자신의 상품을 차별적으로 인지하고 선호하게 하면 강
  화된다.

06. (나)에서 알 수 있는 내용으로 적절하지 <u>않은</u> 것은?

① 광고에 의해 유행 주기가 단축되어 소비가 촉진될 수 있다.
② 광고가 경제 전반에 선순환을 일으키는 정도는 한계 소
  비 성향이 커질 때 작아진다.
광고가 경제 전반에 선순환을 일으키는 정도는 한계 소비 성향
이 커질 때 커진다.
③ 광고가 생산 활동을 자극하면, 근로자이거나 투자자인
  구매자의 소득 수준을 향상할 수 있다.
④ 광고가 생산 활동을 증가시키면, 근로자의 노동, 기계나
  설비 같은 생산 요소 이용이 증가한다.
⑤ 광고의 소비 촉진 효과는 경제 전반에 광고가 없는 상황
  에 비해 환경 오염을 심화할 수 있다.

07. ㉠, ㉡을 이해한 내용으로 적절한 것은?

㉠ 경쟁을 제한
㉡ 경쟁을 촉진

① ㉠은 상품에 대한 구매자의 충성도가 높아질 때 일어나
  고, ㉡은 수요의 가격 탄력성이 높아질 때 일어난다.
② ㉠의 결과로 판매자는 상품의 가격을 올리기 어렵게 되
  고, ㉡의 결과로 구매자는 다소 비싼 가격을 감수하게
  된다.
㉠의 결과로 판매자는 상품의 가격을 올리기 쉽게 되고, ㉡의 결
과로 구매자는 다소 싼 가격을 누릴 수 있게 된다.
③ ㉠은 시장 전체의 판매자 수가 증가하지 않는다는 의미
  이고, ㉡은 신규 판매자가 시장에 진입하기 어려워진다
  는 의미이다.
㉠이 시장 전체의 판매자 수가 증가하지 않는다는 의미라고 지
문에 언급되지 않았고, ㉡ 또한 신규 판매자가 시장에 진입하기
어려워진다는 의미라고 지문에 언급되지 않았다. 따라서 단정
할 수 없다.

④ ㉠은 기존 판매자의 광고가 차별성을 알리는 데 성공하
지 못한 결과로 나타나고, ㉡은 신규 판매자의 광고가
의도대로 성공한 결과로 나타난다.

⑤ ㉠은 광고로 인해 가격에 대한 구매자의 민감도가 약화
될 때 발생하고, ㉡은 광고로 인해 판매자가 경쟁 상품
의 가격을 고려할 필요가 감소될 때 발생한다.

08. 다음은 어느 기업의 광고 기획 초안이다. 윗글을 참
고하여 초안을 분석한 학생의 반응으로 적절하지 <u>않은</u>
것은? [3점]

‘갑’ 기업의 광고 기획 초안

∘ 대상: 새로 출시하는 여드름 억제 비누

∘ 기획 근거: 다수의 비누 판매 기업이 다양한 여드름
억제 비누를 판매 중이며, 우리 기업은 여드름 억제
비누 시장에 처음으로 진입하려는 상황이다. 우리
기업의 신제품은 새로운 성분이 함유되어 기존의
어떤 비누보다 여드름 억제 효과가 탁월하며, 국내
에서 전량 생산할 계획이다.
　　현재 여드름 억제 비누 시장을 선도하는 경쟁사
인 ‘을’ 기업은 여드름 억제 비누로 이윤을 보고 있
으며, 큰 비용을 들여 인기 드라마에 상품을 여러
차례 노출하는 전략으로 광고 중이다. 반면 우리 기
업은 이번 광고로 상품에 대한 정보 검색을 많이 하
는 소비 집단을 공략하고자 제품 정보를 강조하되,
광고 비용은 최소화하려 한다.

∘ 광고 개요: 새로운 성분의 여드름 억제 효과를 강조
하고, 일반인 광고 모델들이 우리 제품의 여드름 억
제 효과를 체험한 것을 진술하는 모습을 담은 TV
광고

---

① 이 광고가 ‘갑’ 기업의 의도대로 성공한다면 ‘을’ 기업의
독점적 지위는 약화될 수 있겠어.

② 이 광고로 ‘갑’ 기업의 여드름 억제 비누 생산이 확대된
다면 이 비누를 생산하는 공장의 고용이나 투자가 증가
할 수 있겠어.

③ 이 광고로 ‘갑’ 기업이 단기적으로 이윤을 보게 된다면
여드름 억제 비누 시장 내의 판매자 간 경쟁은 장기적으
로 약화될 수 있겠어.

④ 이 광고로 ‘갑’ 기업은 많은 비용을 들이는 방법보다는
정보를 전달하는 방법을 중심으로 차별성을 알리려는
것으로 볼 수 있겠어.

⑤ 이 광고가 ‘갑’ 기업의 신제품을 포함하여 여드름 억제
비누 수요의 가격 탄력성을 높인다면 ‘갑’ 기업은 자사
제품의 가격을 높게 책정할 수 없겠어.

09. 문맥상 ⓐ와 바꿔 쓰기에 가장 적절한 것은?

① 반입(搬入)되므로
② 삽입(揷入)되므로
③ 영입(迎入)되므로
④ 주입(注入)되므로
⑤ 투입(投入)되므로

1 문단

1. 기축 통화는 국제 거래에 결제 수단으로 통용되고 환율 결정에 기준이 되는 통화이다.

- '기축 통화'에 대한 정의가 제시되고 있다.

2. 1960년 트리핀 교수는 브레턴우즈 체제에서의 기축 통화인 달러화의 구조적 모순을 지적했다.

- '트리핀 교수', '브레턴우즈 체제'를 암기 시도할 필요가 있다.
- '브레턴우즈 체제가 뭐야? 그게 뭐길래 이 체제에서 기축 통화인 달러화의 구조적 모순이 있어?'라고 물음표를 띄울 수 있다. 단서가 부족해 추론은 어려워 보인다.

3. 한 국가의 재화와 서비스의 수출입 간 차이인 경상 수지는 수입이 수출을 초과하면 적자이고, 수출이 수입을 초과하면 흑자이다.

- '경상 수지'에 대한 정의가 제시되고 있다.
- '경상 수지는 수출-수입이라고 볼 수 있겠네'라고 추론할 수 있다.
- 배경지식으로 알아야 하는 경제학 개념)
  수출은 자국에서 외국으로 재화나 서비스를 제공하는 대신 외국에서 자국으로 돈이 유입되는 것이다.
  돈이 유입될 때 보통 외국 통화에서 자국 통화로 환전된다.
  수입은 외국에서 자국으로 재화나 서비스를 제공받는 대신 자국에서 외국으로 돈이 유출되는 것이다.
  돈이 유출될 때 보통 자국 통화에서 외국 통화로 환전된다.
  경상 수지는 수출로 유입되는 돈에서 수입으로 유출되는 돈을 뺀 값이다.

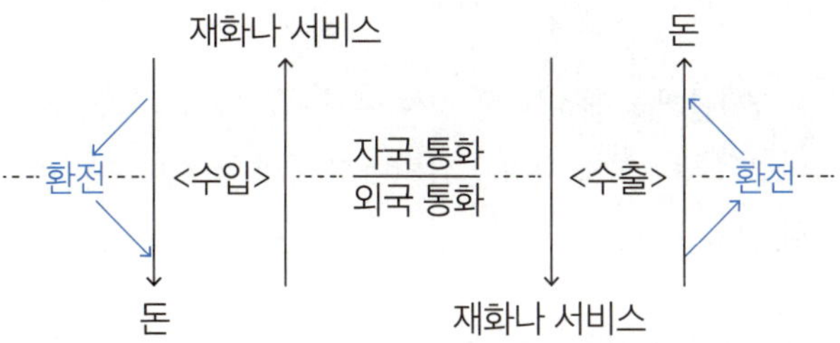

환율이 증가할 경우, 외국 통화에 대한 자국 통화의 비율이 증

가하는 것이므로 국내 기업의 경우 같은 양을 팔아도 이익이 증가한다. 따라서 외국에서의 재화나 서비스의 가격을 약간 내려 판매량을 증가시키는 등의 전략을 통해 국내 기업은 총 이익이 증가한다. 따라서 환율이 증가할 경우 수출로 유입되는 돈이 증가한다.

환율이 증가할 경우, 자국 통화에 대한 외국 통화의 비율이 감소하는 것이므로 외국 기업의 경우 같은 양을 팔아도 이익이 감소한다. 따라서 자국에서의 재화나 서비스의 가격을 약간 올리는 등의 전략을 쓰지만 판매량이 감소하는 문제 등으로 외국 기업은 총 이익이 감소한다. 따라서 환율이 증가할 경우 수입으로 유출되는 돈은 감소한다.

따라서 환율이 증가할 경우 경상 수지는 흑자가 될 가능성이 높다.

환율↑ ⇒ 수출로 유입되는 돈↑∧수입으로 유출되는 돈↓
=경상 수지 흑자

환율이 감소할 경우, 환율이 증가할 경우와 반대이다.

환율↓ ⇒ 수출로 유입되는 돈↓∧수입으로 유출되는 돈↑
=경상 수지 적자

4. 그는 "미국이 경상 수지 적자를 허용하지 않아 국제 유동성 공급이 중단되면 세계 경제는 크게 위축될 것"이라면서도 "반면 적자 상태가 지속돼 달러화가 과잉 공급되면 준비 자산으로서의 신뢰도가 저하되고 고정 환율 제도도 붕괴될 것"이라고 말했다.

- '미국이 경상 수지 적자를 허용하지 않으면 왜 국제 유동성 공급이 중단되고 그러면 왜 세계 경제는 크게 위축된다는 걸까?'라고 물음표를 띄울 수 있다.
  '미국이 경상 수지 적자를 허용하지 않으면, 즉 수출이 수입보다 크거나 같아서 미국 내 달러 공급이 달러 유출보다 많거나 같으면 미국 밖으로의 달러 유출이 생기지 않게 될텐데 이걸 국제 유동성 공급이 중단된다고 말하는 거겠네. 기축 통화인 달러가 미국 밖으로 유출되지 않아서 세계 경제가 크게 위축된다고 말하는 건데 이 인과 관계가 잘 이해가 가지는 않는다.'라고 추론할 수 있다.
- '반면 적자 상태가 지속돼 달러화가 과잉 공급되면 왜 준비 자산으로서의 신뢰도가 저하되고 고정 환율 제도도 붕괴된다고 하는 것일까?'라고 물음표를 띄울 수 있다.
  '적자 상태가 지속되면, 즉 수입이 수출보다 많아서 미국 내 달러 공급보다 달러 유출이 많으면 미국 밖으로 달러가 과잉 공

급되겠네. 미국 밖으로 달러화가 과잉 공급되면 왜 준비 자산
으로서의 신뢰도가 저하되고 고정 환율 제도, 즉 고정된 환율
제도가 붕괴된다고 말하는 것인지는 모르겠다.'라고 추론할
수 있다.

2 문단

1. 이러한 트리핀 딜레마는 국제 유동성 확보와 달러화
의 신뢰도 간의 문제이다.

- '이러한 트리핀 딜레마라고 했으니까 국제 유동성을 확보하
면, 즉 수출보다 수입이 많아 달러가 유출되면 달러화의 신뢰
도는 떨어지고, 반면 국제 유동성 공급을 중단하면, 즉 수출이
수입보다 많아 달러가 유출되지 않으면 달러화의 신뢰도가 올
라간다는 말인가'라고 추론할 수 있다.

2. 국제 유동성이란 국제적으로 보편적인 통용력을 갖
는 지불 수단을 말하는데, ㉠ 금 본위 체제에서는 금이
국제 유동성의 역할을 했으며, 각 국가의 통화 가치는
정해진 양의 금의 가치에 고정되었다.

- '국제 유동성'에 대한 정의가 제시되고 있다.
- '국제 유동성'을 암기 시도할 필요가 있다.
- '금 본위 체제'를 암기 시도할 필요가 있다.

3. 이에 따라 국가 간 통화의 교환 비율인 환율은 자동적
으로 결정되었다.

- '가령 한국에서 금 1g이 1000원이고, 미국에서 금 1g이 1달러
라고 하면 원화와 달러화의 환율은 자동적으로 결정되었다는
거네'라고 반응할 수 있다.

4. 이후 ㉡ 브레턴우즈 체제에서는 국제 유동성으로 달
러화가 추가되어 '금 환 본위제'가 되었다.

- '금 환 본위제'를 암기 시도할 필요가 있다.
- '금 본위 체제'와 '금 환 본위제'가 구분되고 있으므로 둘을 대
등 관계로 보아 시각적 수평 관계로 모델링할 수 있다.
- '브레턴우즈 체제에서는 국제 유동성으로 달러화가 추가되어
'금 환 본위제'가 되었구나'라고 반응할 수 있으므로 '브레턴우
즈 체제가 뭐야? 그게 뭐길래 이 체제에서 기축 통화인 달러
화의 구조적 모순이 있어?'라면서 띄웠던 물음표를 어느 정도
회수할 수 있다.

5. 1944년에 성립된 이 체제는 미국의 중앙은행에 '금 태
환 조항'에 따라 금 1온스와 35달러를 언제나 맞교환해
주어야 한다는 의무를 지게 했다.

- '금 태환 조항'을 암기 시도할 필요가 있다.
- '-야라는 당위 진술을 가리키는 표현이 등장했으므로 '맞교환
해 주지 않으면 안 된다는'으로 바꾸어 읽을 수 있다.
- '그래서 국제 유동성으로 달러화가 추가되었구나'라고 반응할
수 있다.

6. 다른 국가들은 달러화에 대한 자국 통화의 가치를 고
정했고, 달러화로만 금을 매입할 수 있었다.

- '금 본위 체제에서는 각 국가의 통화 가치가 정해진 양의 금의
가치에 고정되었는데, 브레턴우즈 체제에서는 금 태환 조항
때문에 달러화에 대해 자국의 통화의 가치를 고정했구나'라고
반응할 수 있다.
- '-만'이라는 표현이 등장했으므로 '달러화가 아니면 금을 매입
할 수 없었다'라고 바꾸어 읽을 수 있다.

7. 환율은 경상 수지의 구조적 불균형이 있는 예외적인
경우를 제외하면 ±1% 내에서의 변동만을 허용했다.

- '경상 수지의 구조적 불균형이 있는 예외적인 경우는 어떤 경
우일까?'라고 물음표를 띄울 수 있다.
단서가 부족해 추론은 어려워 보인다.

8. 이에 따라 기축 통화인 달러화를 제외한 다른 통화들
간 환율인 교차 환율은 자동적으로 결정되었다.

- '교차 환율'에 대한 정의가 제시되고 있다.
- '교차 환율'을 암기 시도할 필요가 있다.
- '달러화가 금처럼 된 거니까 교차 환율이 자동적으로 결정되
는 건 당연하겠네'라고 반응할 수 있다.

3 문단

1. 1970년대 초에 미국은 경상 수지 적자가 누적되기 시
작하고 달러화가 과잉 공급되어 미국의 금 준비량이 급
감했다.

- '경상 수지 적자가 누적된다는 건 수출보다 수입이 많아 미국
밖으로 달러가 유출되는 상황이네. 해외에서 너도나도 달러를

금으로 바꾸려고 하다 보니 금 준비량이 급감했겠다'라고 추론할 수 있다.

2. 이에 따라 미국은 달러화의 금 태환 의무를 더 이상 감당할 수 없는 상황에 도달했다.

- '금 태환 의무, 즉 금 1온스와 35달러를 맞바꿔야 하는 의무를 더 이상 감당할 수 없는 상황에 도달했다는 거네'라고 반응할 수 있다.

3. 이를 해결할 수 있는 방법은 달러화의 가치를 내리는 평가 절하, 또는 달러화에 대한 여타국 통화의 환율을 하락시켜 그 가치를 올리는 평가 절상이었다.

- '이를 해결할 수 있는 방법이 왜 달러화의 가치를 내리는 평가 절하였을까?'라고 물음표를 띄울 수 있다.
'미국 밖으로 달러가 유출되면 미국 내에서는 달러 통화량이 줄어들고, 달러량이 줄면 재화나 서비스 구매력이 낮아져 물가가 하락하고, 결국 달러의 가치가 상승해서 해외에서 달러에 대한 수요가 늘어 달러는 해외 밖으로 더욱 더 유출되고 해외에서 너도나도 달러를 금으로 바꾸려니까 문제인 건데, 달러화의 가치를 평가 절하시키면 해외에서 달러에 대한 수요가 감소해서 달러의 유출을 막고 이에 따라 달러와 금을 바꾸려는 해외 사람들이 감소하기 때문인가'라고 추론할 수 있다.
- '달러화에 대한 여타국 통화의 환율을 하락시켜 여타국 통화의 가치를 평가 절상하면 상대적으로 달러화의 가치는 평가 절하되겠네'라고 추론할 수 있다.

4. 하지만 브레턴우즈 체제하에서 달러화의 평가 절하는 규정상 불가능했고, 당시 대규모 대미 무역 흑자 상태였던 독일, 일본 등 주요국들은 평가 절상에 나서려고 하지 않았다.

- '달러화의 평가 절하가 규정상 불가능했다는 게 무슨 말이야?'라고 물음표를 띄울 수 있다.
단서가 부족해 추론은 어려워 보인다.
- '독일, 일본 등 주요국들은 평가 절상에 나선다면 달러화에 대한 자국의 환율이 떨어져 대미 무역 흑자가 감소하거나 오히려 적자가 날 수 있기 때문에 평가 절상에 나서려고 하지 않았다고 이해할 수 있겠다'라고 추론할 수 있다.

5. 이 상황이 유지되기 어려울 것이라는 전망으로 독일의 마르크화와 일본의 엔화에 대한 투기적 수요가 증가했고, 결국 환율의 변동 압력은 더욱 커질 수밖에 없었다.

- '달러화에 대한 독일의 마르크화와 일본의 엔화의 환율이 하락하여 이들의 평가 절상이 이루어질 거라는 기대로 독일의 마르크화와 일본의 엔화에 대한 투기적 수요가 증가했구나. 이들의 평가 절상이 이루어지면 같은 마르크화나 엔화를 더 많은 달러화로 바꿀 수 있어서 금 태환 의무를 감당하기 더욱 더 어려워지겠네'라고 추론할 수 있다.

6. 이러한 상황에서 각국은 보유한 달러화를 대규모로 금으로 바꾸기를 원했다.

7. 미국은 결국 1971년 달러화의 금 태환 정지를 선언한 닉슨 쇼크를 단행했고, 브레턴우즈 체제는 붕괴되었다.

- '닉슨 쇼크'를 암기 시도할 필요가 있다.
- '금 태환 정지가 선언되면 금과 달러를 의무적으로 바꿀 수 없게 되므로 달러의 가치는 평가 절하되겠네'라고 추론할 수 있다.

4 문단

1. 그러나 붕괴 이후에도 달러화의 기축 통화 역할은 계속되었다.

- '금 태환 정지 이후에도 달러화의 기축 통화 역할은 왜 계속되었을까?'라고 물음표를 띄울 수 있다.
단서가 부족해 추론은 어려워 보인다.

2. 그 이유로 규모의 경제를 생각할 수 있다.

- '규모의 경제가 뭐야?'라고 물음표를 띄울 수 있다.
단서가 부족해 추론은 어려워 보인다.
- '규모의 경제'를 암기 시도할 필요가 있다.

3. 세계의 모든 국가에서 ⓒ 어떠한 기축 통화도 없이 각각 다른 통화가 사용되는 경우 두 국가를 짝짓는 경우의 수만큼 환율의 가짓수가 생긴다.

- '모든'에 주목할 필요가 있다.
- '기축 통화가 없다고 가정하면 3개의 국가의 환율의 가짓수는 3, 4개의 국가의 환율의 가짓수는 6, 5개의 국가의 환율의 가짓수는 10, 즉 두 국가를 짝짓는 경우의 수만큼 환율의 가짓수가 더해지네'라고 추론할 수 있다.

- '기축 통화가 있다고 가정할 때 기축 통화가 아닌 국가들을 고려하면, 3개의 국가의 환율의 가짓수는 3, 4개의 국가의 환율의 가짓수는 4, 5개의 국가의 환율의 가짓수는 5, 즉 국가가 늘어나더라도 기축 통화라는 기준이 있으니까 환율의 가짓수가 기하급수적으로 늘어나진 않네'라고 반응할 수 있다.
- '기축 통화가 없을 때보다 있을 때 이익이 커서 금 태환 정지 이후에도 달러화의 기축 통화 역할은 계속된 거네'라고 반응할 수 있으므로 '금 태환 정지 이후에도 달러화의 기축 통화 역할은 왜 계속되었을까?'라면서 띄웠던 물음표를 회수할 수 있다.

10. 윗글을 통해 답을 찾을 수 <u>없는</u> 질문은?

① 브레턴우즈 체제 붕괴 이후에도 달러화가 기축 통화로서 역할을 할 수 있었던 이유는 무엇인가?
② 브레턴우즈 체제 붕괴 이후의 세계 경제 위축에 대해 트리핀은 어떤 전망을 했는가?
트리핀은 브레턴우즈 체제 안에서 딜레마에 대한 전망을 했을 뿐 브레턴우즈 체제 붕괴 이후의 세계 경제 위축에 대해 트리핀이 전망한 내용은 제시되지 않았다.
③ 브레턴우즈 체제에서 미국 중앙은행은 어떤 의무를 수행해야 했는가?
④ 브레턴우즈 체제에서 국제 유동성의 역할을 한 것은 무엇인가?
⑤ 브레턴우즈 체제에서 달러화 신뢰도 하락의 원인은 무엇인가?

11. 윗글을 바탕으로 추론한 내용으로 적절하지 <u>않은</u> 것은?

① 닉슨 쇼크가 단행된 이후 달러화의 고평가 문제를 해결할 수 있는 달러화의 평가 절하가 가능해졌다.
닉슨 쇼크가 단행된 이후 금 태환 의무가 사라져 달러화의 평가 절하가 가능해졌다고 볼 수 있다.
② 브레턴우즈 체제에서 마르크화와 엔화의 투기적 수요가 증가한 것은 이들 통화의 평가 절상을 예상했기 때문이다.

달러화의 고평가 문제를 해결할 수 있는 방안으로 이들 통화의 평가 절상이 제시되었고, 이들 통화의 평가 절상을 예상한다면 이들 통화의 투기적 수요가 증가할 수 있기 때문에 적절한 추론으로 볼 수 있다.
③ 금의 생산량 증가를 통한 국제 유동성 공급량의 증가는 트리핀 딜레마 상황을 완화하는 한 가지 방법이 될 수 있다.
'달러화의 해외 공급 증가로 국제 유동성 공급량이 증가하면 달러화의 신뢰도가 하락된다는 것이 트리핀 딜레마인데 금의 생산량 증가를 통한 국제 유동성 공급량의 증가는 달러화의 신뢰도를 하락시키지 않으므로 트리핀 딜레마 상황을 완화하는 한 가지 방법이 될 수 있다.
④ 트리핀 딜레마는 달러화를 통한 국제 유동성 공급을 중단할 수도 없고 공급량을 무한정 늘릴 수도 없는 상황을 말한다.
트리핀 딜레마는 달러화를 통한 국제 유동성 공급을 중단하면 세계 경제가 위축되고, 공급량을 무한정 늘린다면 달러화의 신뢰도가 하락하는 상황을 말한다.
⑤ <u>브레턴우즈 체제에서 마르크화가 달러화에 대해 평가 절상되면, 같은 금액의 마르크화로 구입 가능한 금의 양은 감소한다.</u>
브레턴우즈 체제에서 마르크화가 달러화에 대해 평가 절상되면 달러화에 대한 마르크화의 환율은 내려가므로 같은 금액의 마르크화로 더 많은 달러화를 얻을 수 있으므로 구입 가능한 금의 양은 증가한다.

12. 미국을 포함한 세 국가가 존재하고 각각 다른 통화를 사용할 때, ㉠~㉢에 대한 설명으로 적절한 것은?

㉠ 금 본위 체제
㉡ 브레턴우즈 체제
㉢ 어떠한 기축 통화도 없이 각각 다른 통화가 사용되는 경우

① ㉠에서 자동적으로 결정되는 환율의 가짓수는 금에 자국 통화의 가치를 고정한 국가 수보다 하나 적다.
㉠에서 자동적으로 결정되는 환율의 가짓수는 금에 자국 통화의 가치를 고정한 국가 수와 같다.
② ㉡이 붕괴된 이후에도 여전히 달러화가 기축 통화라면 ㉡에 비해 교차 환율의 가짓수는 적어진다.
㉡이 붕괴된 이후에도 여전히 달러화가 기축 통화라면 ㉡과 비교할 때 교차 환율의 가짓수는 그대로이다.
③ ㉢에서 국가 수가 하나씩 증가할 때마다 환율의 전체 가

짓수도 하나씩 증가한다.

ⓒ에서 국가 수가 하나씩 증가할 때마다 환율의 전체 가짓수는 두 국가를 짝짓는 경우의 수만큼 증가한다.

④ ㉠에서 ㉡으로 바뀌면 자동적으로 결정되는 환율의 가짓수가 많아진다.

㉠에서 ㉡으로 바뀌면 자동적으로 결정되는 환율의 가짓수는 적어진다. 가령 미국을 포함한 3개의 국가가 있다고 할 때 ㉠에서 자동적으로 결정되는 환율의 가짓수는 3개이고, ㉡에서 자동적으로 결정되는 환율인 교차 환율의 가짓수는 2개이다.

⑤ ㉡에서 교차 환율의 가짓수는 ㉢에서 생기는 환율의 가짓수보다 적다.

가령 미국을 포함한 3개의 국가가 있다고 가정할 때 ㉡에서 교차 환율의 가짓수는 2개이고 ㉢에서 생기는 환율의 가짓수는 3개이다.

13. 윗글을 참고할 때, <보기>에 대한 반응으로 가장 적절한 것은? [3점]

< 보기 >

브레턴우즈 체제가 붕괴된 이후 두 차례의 석유 가격 급등을 겪으면서 기축 통화국인 A국의 금리는 인상되었고 통화 공급은 감소했다.
 - '석유 가격 급등을 겪었는데 왜 기축 통화국인 A국의 금리가 인상되고 통화 공급이 감소했을까?'라고 물음표를 띄울 수 있다.
 - '석유 가격 급등이 있으면 물가가 상승하고 이에 따라 중앙은행이 기준 금리를 인상해서 시중의 통화량을 은행으로 유도해 물가를 하락시키고 통화 공급을 감소시키려고 했기 때문에 A국의 금리가 인상되었고 통화 공급이 감소했겠군'이라고 추론할 수 있다.
여기에 A국 정부의 소득세 감면과 군비 증대는 A국의 금리를 인상시켰으며, 높은 금리로 인해 대량으로 외국 자본이 유입되었다.
 - 'A국 정부의 소득세 감면과 군비 증대가 어떻게 A국의 금리를 인상시켰다는 걸까?'라고 물음표를 띄울 수 있다. 단서가 부족해 추론은 어려워 보인다.
 - '하여튼 A국의 금리가 인상되어 A국 통화의 가치가 상승해 대량으로 외국 자본이 유입되었겠네'라고 추론할 수 있다.
A국은 이로 인한 상황을 해소하기 위한 국제적 합의를 주도하여, 서로 교역을 하며 각각 다른 통화를 사용하

는 세 국가 A, B, C는 외환 시장에 대한 개입을 합의했다. 이로 인해 A국 통화에 대한 B국 통화와 C국 통화의 환율은 각각 50%, 30% 하락했다.
 - 'A국 통화에 대한 B국 통화와 C국 통화의 환율이 하락했으므로 A국 통화의 가치는 하락해 A국 통화의 고평가 문제가 해결되었겠군'이라고 추론할 수 있다.

① A국의 금리 인상과 통화 공급 감소로 인해 A국 통화의 신뢰도가 낮아진 것은 외국 자본이 대량으로 유입되었기 때문이겠군.

브레턴우즈 체제에서 달러가 미국 밖으로 과잉 유출되면 중앙은행에서 금 태환 의무를 다할 수 없을 우려가 커지므로 달러의 신뢰도가 낮아진다고 추론할 수 있는데, 외국 자본이 대량으로 A국으로 유입되면 A국의 통화의 유입이 커진다고 볼 수 있으므로 A국 통화의 신뢰도가 낮아졌다고 볼 수 없다.

② 국제적 합의로 인한 A국 통화에 대한 B국 통화의 환율 하락으로 국제 유동성 공급량이 증가하여 A국 통화의 가치가 상승했겠군.

국제적 합의로 인한 A국 통화에 대한 B국 통화의 환율 하락은 A국 통화의 가치 하락을 의미하고, 이에 A국 통화에 대한 수요가 감소해 국제 유동성 공급량이 감소했을 것이다.

③ 다른 모든 조건이 변하지 않았다면, 국제적 합의로 인해 A국 통화에 대한 B국 통화의 환율과 B국 통화에 대한 C국 통화의 환율은 모두 하락했겠군.

국제적 합의로 인해 A국 통화에 대한 B국 통화의 환율은 하락했지만, B국 통화에 대한 C국 통화의 환율은 상승했다. A국 통화에 대한 B국 통화와 C국 통화의 환율이 각각 50%, 30% 하락했다면 B국 통화에 대한 C국 통화의 환율은 상승했다는 것을 알 수 있다.

④ 다른 모든 조건이 변하지 않았다면, 국제적 합의로 인해 A국 통화에 대한 B국과 C국 통화의 환율이 하락하여, B국에 대한 C국의 경상 수지는 개선되었겠군.

B국 통화에 대한 C국 통화의 환율은 상승했으므로 수출은 늘고 수입은 줄어 B국에 대한 C국의 경상 수지는 개선되었을 것이라고 볼 수 있다.

⑤ 다른 모든 조건이 변하지 않았다면, A국의 소득세 감면과 군비 증대로 A국의 경상 수지가 악화되며, 그 완화 방안 중 하나는 A국 통화에 대한 B국 통화의 환율을 상승시키는 것이겠군.

A국의 소득세 감면과 군비 증대로 금리가 인상되어 A국 통화의 가치는 상승하고 그에 따라 타국 통화에 대한 A국 통화의 환율은 하락하여 수출은 줄고 수입은 늘어 경상 수지가 악화되는데,

그 완화 방안 중 하나는 A국 통화의 가치를 하락시키는 것이다.
A국 통화에 대한 B국 통화의 환율을 상승시키는 것은 A국 통화
의 가치를 상승시키는 것이므로, 이는 그 완화 방안 중 하나가
될 수 없다.

1 문단

1. 경제학에서는 증거에 근거한 정책 논의를 위해 사건의 효과를 평가해야 할 경우가 많다.

- '증거에 근거한 정책 논의를 위해 사건의 효과를 평가한다는 게 무슨 소리지?'라고 물음표를 띄울 수 있다.
단서가 부족해 추론은 어려워 보인다.
- '-야'라는 필요조건을 가리키는 표현이 등장했으므로 '경제학에서는 사건의 효과를 평가하지 않으면 증거에 근거한 정책 논의를 할 수 없는 경우가 많다'로 바꾸어 읽을 수 있다.

2. 어떤 사건의 효과를 평가한다는 것은 사건 후의 결과와 사건이 없었을 경우에 나타났을 결과를 비교하는 일이다.

- '사건의 효과를 평가한다는 것'에 대한 정의가 제시되고 있다.
- '경제적 사건이 발생한 후의 결과와 경제적 사건이 발생하지 않은 경우를 비교한 것을 근거로 정책 논의를 한다는 말이겠네'라고 추론할 수 있으므로 '증거에 근거한 정책 논의를 위해 사건의 효과를 평가한다는 게 무슨 소리지?'라면서 띄웠던 물음표를 회수할 수 있다.

3. 그런데 가상의 결과는 관측할 수 없으므로 실제로는 사건을 경험한 표본들로 구성된 시행집단의 결과와, 사건을 경험하지 않은 표본들로 구성된 비교집단의 결과를 비교하여 사건의 효과를 평가한다.

- '시행집단'과 '비교집단'에 대한 정의가 제시되고 있다.
- '시행집단'과 '비교집단'을 암기 시도할 필요가 있다.
- '시행집단'과 '비교집단'이 구분되고 있으므로 둘을 대등 관계로 보아 시각적 수평 관계로 모델링할 수 있다.

4. 따라서 이 작업의 관건은 그 사건 외에는 결과에 차이가 ⓐ 날 이유가 없는 두 집단을 구성하는 일이다.

- '그 사건 외에는 결과에 차이가 날 이유가 없는 두 집단이 무슨 뜻이지?'라고 물음표를 띄울 수 있다.
'그 사건이 발생하기 전에는 두 집단이 차이가 없는데 그 사건이 발생한 후에는 두 집단이 차이가 있어야 한다. 즉 그 사건이 유일한 독립 변수여야 한다는 의미네'라고 추론할 수 있다.

5. 가령 어떤 사건이 임금에 미친 효과를 평가할 때, 그 사건이 없었다면 시행집단과 비교집단의 평균 임금이 같을 수밖에 없도록 두 집단을 구성하는 것이다.

- '그 사건 외에는 결과에 차이가 날 이유가 없는 두 집단을 구성하는 일'의 예시를 제시하고 있다.

6. 이를 위해서는 두 집단에 표본이 임의로 배정되도록 사건을 설계하는 실험적 방법이 이상적이다.

- '실험적 방법'에 대한 정의가 제시되고 있다.
- '실험적 방법'을 암기 시도할 필요가 있다.

7. 그러나 사람을 표본으로 하거나 사회 문제를 다룰 때에는 이 방법을 적용할 수 없는 경우가 많다.

- '왜 사람을 표본으로 하거나 사회 문제를 다룰 때에는 실험적 방법을 적용할 수 없는 경우가 많은 걸까?'라고 물음표를 띄울 수 있다.
'가령 어떤 사건이 임금에 미친 효과를 평가할 때, 두 집단에 사람인 표본을 임의로 배정하도록 설계하면 그 사건이 없을 때 시행집단과 비교집단의 평균 임금이 상당한 차이가 날 수 있기 때문인가?'라고 추론할 수 있다.

2 문단

1. 이중차분법 은 시행집단에서 일어난 변화에서 비교집단에서 일어난 변화를 뺀 값을 사건의 효과라고 평가하는 방법이다.

- '이중차분법'에 대한 정의가 제시되고 있다.
- '이중차분법'을 암기 시도할 필요가 있다.
- '그러니까 시행집단과 비교집단을 동시에 관찰하는데 시행집단에서 사건 전후로 일어난 변화를 측정하고 동시에 비교집단의 변화도 측정하면 그 차이를 사건의 효과로 평가한다는 거네'라고 추론할 수 있다.

2. 이는 사건이 없었더라도 비교집단에서 일어난 변화와 같은 크기의 변화가 시행집단에서도 일어났을 것이라는 평행추세 가정에 근거해 사건의 효과를 평가한 것이다.

- '-라도'라는 표현이 등장했으므로 '이는 사건이 있든 없든 뒷부분은 성립하는데 특히 사건이 없을 때도 뒷부분은 성립한다'로 읽을 수 있다.
- '평행추세 가정'에 대한 정의가 제시되고 있다.
- '평행추세 가정'을 암기 시도할 필요가 있다.
- '예를 들어 사건이 없을 때 비교집단에서 임금이 점차 오르는 변화가 관찰되는데 이와 같은 크기의 임금 변화가 시행집단에서도 일어났을 것이라고 본다면 이것이 평행추세 가정이구나'라고 추론할 수 있다.

3. 이 가정이 충족되면 사건 전의 상태가 평균적으로 같도록 두 집단을 구성하지 않아도 된다.

- '사건 전의 상태가 평균적으로 같도록 두 집단을 구성하지 않아도 된다는 말이 무슨 말이냐?'라고 물음표를 띄울 수 있다. '가령 사건 전에 시행집단의 평균 임금과 비교집단의 평균 임금이 달라도 된다는 말인 거 같네. 즉, 굳이 실험적 방법을 고수하지 않아도 되겠네.'라고 추론할 수 있다.

3 문단

1. 이중차분법은 1854년에 스노가 처음 사용했다고 알려져 있다.

- '스노'를 암기 시도할 필요가 있다.

2. 그는 두 수도 회사로부터 물을 공급받는 런던의 동일 지역 주민들에 주목했다.

3. 같은 수원을 사용하던 두 회사 중 한 회사만 수원을 ⓑ 바꿨는데 주민들은 자신의 수원을 몰랐다.

- '수원을 바꾼 것이 사건 발생이 되겠네'라고 추론할 수 있다.

4. 스노는 수원이 바뀐 주민들과 바뀌지 않은 주민들의 수원 교체 전후 콜레라로 인한 사망률의 변화들을 비교함으로써 콜레라가 공기가 아닌 물을 통해 전염된다는 결론을 ⓒ 내렸다.

- '수원이 바뀐 주민들은 시행집단이고 수원이 바뀌지 않은 주민들은 비교집단이네. 스노가 이중차분법을 적용했네'라고 반응할 수 있다.

5. 경제학에서는 1910년대에 최저임금제 도입 효과를 파악하는 데 이 방법이 처음 이용되었다.

- '최저임금제 도입이 사건 발생이고 사건이 일어난 시행집단과 사건이 일어나지 않은 비교집단을 설정하여 그들의 변화를 측정하고 비교해서 그 사건의 효과를 측정할 수 있겠네'라고 추론할 수 있다.

4 문단

1. 평행추세 가정이 충족되지 않는 경우에 이중차분법을 적용하면 사건의 효과를 잘못 평가하게 된다.

- '평행추세 가정이 충족되는 경우'와 '평행추세 가정이 충족되지 않는 경우'를 구분하고 있으므로 둘을 대등 관계로 보아 시각적 수평 관계로 모델링할 수 있다.

2. 예컨대 ㉠ 어떤 노동자 교육 프로그램의 고용 증가 효과를 평가할 때, 일자리가 급격히 줄어드는 산업에 종사하는 노동자의 비중이 비교집단에 비해 시행 집단에서 더 큰 경우에는 평행추세 가정이 충족되지 않을 것이다.

- '이 경우에 어떤 노동자 교육 프로그램을 시행하지 않을 경우 시행집단에서 고용 증가율은 비교집단의 고용 증가율에 비해 작을 것이고, 그 프로그램을 시행하는 경우에도 그 효과가 시행집단과 비교집단 각각에 반영될 것이므로 평행추세 가정이 충족되지 않는다고 볼 수 있군'이라고 추론할 수 있다.

3. 그렇다고 해서 집단 간 표본의 통계적 유사성을 ⓓ 높이려고 사건 이전 시기의 시행집단을 비교집단으로 설정하는 것이 평행 추세 가정의 충족을 보장하는 것은 아니다.

- '그러니까 사건 발생 3개월 전과 1개월 전의 시행집단을 비교

집단으로 설정하여 변화를 관찰하고 사건발생 1개월 전과 사건발생 1개월 후의 시행집단에서 변화를 관찰하여 이중차분법을 적용한다는 거네. 근데 그럼에도 불구하고 평행 추세 가정이 충족되지 않을 수 있지.'라고 추론할 수 있다.

4. 예컨대 고용처럼 경기변동에 민감한 변화라면 집단 간 표본의 통계적 유사성보다 변화 발생의 동시성이 이 가정의 충족에서 더 중요할 수 있기 때문이다.

- '사건 발생 3개월 전과 1개월 전에는 사회 전체에서 고용이 증가하는 경향을 띠었는데, 사건 발생 1개월 전과 사건 발생 1개월 후에는 사회 전체에서 고용이 감소하는 경향을 띤다면 평행추세 가정이 충족되지 않지. 이 경우는 표본의 통계적 유사성은 크되 변화 발생의 동시성은 작은 경우고.'라고 추론할 수 있다.

5 문단

1. 여러 비교집단을 구성하여 각각에 이중차분법을 적용한 평가 결과가 같음을 확인하면 평행추세 가정이 충족된다는 신뢰를 줄 수 있다.

2. 또한 시행집단과 여러 특성에서 표본의 통계적 유사성이 높은 비교집단을 구성하면 평행추세 가정이 위협받을 가능성을 ⓒ 줄일 수 있다.

3. 이러한 방법들을 통해 이중차분법을 적용한 평가에 대한 신뢰도를 높일 수 있다.

- '이중차분법을 적용한 평가에 대한 신뢰도를 높이는 두 가지 방법을 제시하고 있군'이라고 반응할 수 있다.

14. 윗글에 대한 이해로 적절하지 <u>않은</u> 것은?

① 실험적 방법에서는 시행집단에서 일어난 평균 임금의 사건 전후 변화를 어떤 사건이 임금에 미친 효과라고 평가한다.
실험적 방법은 시행집단과 비교집단에 표본이 임의로 배정되도록 설계하는 방법이다. 더구나 어떤 사건이 임금에 미친 효과를 평가하기 위해서는 시행집단에서의 평균 임금 변화와 비교집단에서의 평균 임금 변화를 비교해야 한다.

② 사람을 표본으로 하거나 사회 문제를 다룰 때에도 실험적 방법을 적용하는 경우가 있다.
1문단 7번 문장: 그러나 사람을 표본으로 하거나 사회 문제를 다룰 때에는 이 방법을 적용할 수 없는 경우가 많다.
③ 평행추세 가정에서는 특정 사건 이외에는 두 집단의 변화에 차이가 날 이유가 없다고 전제한다.
④ 스노의 연구에서 시행집단과 비교집단의 콜레라 사망률은 사건 후뿐만 아니라 사건 전에도 차이가 있었을 수 있다.
⑤ 스노는 수원이 바뀐 주민들과 바뀌지 않은 주민들 사이에 공기의 차이는 없다고 보았을 것이다.

15. 다음은 이중차분법 을 ㉠에 적용할 경우에 나타날 결과를 추론한 것이다. A와 B에 들어갈 말을 바르게 짝지은 것은?
㉠ 어떤 노동자 교육 프로그램의 고용 증가 효과를 평가할 때, 일자리가 급격히 줄어드는 산업에 종사하는 노동자의 비중이 비교집단에 비해 시행 집단에서 더 큰 경우

> 프로그램이 없었다면 시행집단에서 일어났을 고용률 증가는, 비교집단에서 일어난 고용률 증가와/보다 (A) 것이다. 그러므로 ㉠에 이중차분법을 적용하여 평가한 프로그램의 고용 증가 효과는 평행추세 가정이 충족되는 비교집단을 이용하여 평가한 경우의 효과보다 (B) 것이다.

① A: 클   B: 클
② A: 클   B: 작을
③ A: 같을   B: 클
④ A: 작을   B: 클
⑤ A: 작을   B: 작을

16. 윗글을 바탕으로 <보기>를 이해한 내용으로 적절하지 <u>않은</u> 것은? [3점]

< 보기 >

　아래의 표는 S 국가의 P주와 그에 인접한 Q주에 위치한 식당들을 1992년 1월 초와 12월 말에 조사한 결과의 일부이다. P주는 1992년 4월에 최저임금을 시간당 4달러에서 5달러로 올렸고, Q주는 1992년에 최저임금을 올리지 않았다. P주 저임금 식당들은, 최저임금 인상 전에 시간당 4달러의 임금을 지급했고 최저임금 인상 후에 임금이 상승했다. P주 고임금 식당들은, 최저임금 인상 전에 이미 시간당 5달러보다 더 높은 임금을 지급했고 최저임금 인상 후에도 임금이 상승하지 않았다. 이때 최저임금 인상에 따른 임금 상승이 고용에 미친 효과를 평가한다고 하자.

집단	평균 피고용인 수(단위: 명)		
	사건 전(A)	사건 후(B)	변화(B-A)
P주 저임금 식당	19.6	20.9	1.3
P주 고임금 식당	22.3	20.2	-2.1
Q주 식당	23.3	21.2	-2.1

---

① 최저임금 인상 후에 시행집단에서 일어난 변화는 1.3명이다.

② 시행집단과 비교집단의 식당들이 종류나 매출액 수준 등의 특성에서 통계적 유사성이 높을수록 평가에 대한 신뢰도가 높아진다.

③ 비교집단을 Q주 식당들로 택해 이중차분법을 적용하면 시행집단에서 최저임금 인상에 따른 임금 상승의 고용 효과는 3.4명 증가로 평가된다.

④ <u>비교집단의 변화를, P주 고임금 식당들의 1992년 1년간 변화로 파악할 경우보다 시행집단의 1991년 1년간 변화로 파악할 경우에 더 신뢰할 만한 평가를 얻는다.</u>

4문단 3, 4번 문장: 그렇다고 해서 집단 간 표본의 통계적 유사성을 ⓓ 높이려고 사건 이전 시기의 시행집단을 비교집단으로 설정하는 것이 평행 추세 가정의 충족을 보장하는 것은 아니다. 예컨대 고용처럼 경기변동에 민감한 변화라면 집단 간 표본의 통계적 유사성보다 변화 발생의 동시성이 이 가정의 충족에서 더 중요할 수 있기 때문이다.

평행 추세 가정이 충족된다는 신뢰를 줄 수 있을 때 더 신뢰할 만한 평가를 얻을 것이다.

⑤ 비교집단을 Q주 식당들로 택하든 P주 고임금 식당들로

택하든 비교집단에서 일어난 변화가 동일하다는 사실은 평행추세 가정의 충족에 대한 신뢰도를 높인다.

17. 문맥상 ⓐ~ⓔ의 단어와 가장 가까운 의미로 쓰인 것은?

결과에 차이가 ⓐ 날

한 회사만 수원을 ⓑ 바꿨는데

결론을 ⓒ 내렸다

통계적 유사성을 ⓓ 높이려고

가능성을 ⓔ 줄일

① ⓐ: 그 사건의 전말이 모두 오늘 신문에 났다.

② ⓑ: 산에 가려다가 생각을 바꿔 바다로 갔다.

③ ⓒ: 기상청에서 전국에 건조 주의보를 내렸다.

④ ⓓ: 회원들이 회칙 개정을 요구하는 목소리를 높였다.

⑤ ⓔ: 하고 싶은 말은 많지만 오늘은 이만 줄입니다.

1 문단

1. 사유 재산 제도하에서는 누구나 자신의 재산을 자유롭게 처분할 수 있다.

2. 그러나 기부와 같이 어떤 재산이 대가 없이 넘어가는 무상 처분 행위가 행해졌을 때는 그 당사자인 무상 처분자와 무상 취득자의 의사와 무관하게 그 결과가 번복될 수 있다.

- '기부'가 '무상 처분 행위'에 포함됨을 알 수 있다.
- '무상 처분자'를 '기부자', '무상 취득자'를 '기부 받은 사람'으로 바꾸어 읽을 수 있다.
- '무상 처분자'와 '무상 취득자'를 암기 시도할 필요가 있다.
- '기부와 같이 어떤 재산이 대가 없이 넘어가는 무상 처분 행위가 행해졌을 때는 그 당사자인 무상 처분자와 무상 취득자의 의사와 무관하게 그 결과가 번복될 수 있다는 게 무슨 말이야?'라고 물음표를 띄울 수 있다.
'기부금을 도로 토해내야 할 수도 있다는 건가'라고 추론할 수 있다.

3. 무상 처분자가 사망하면 상속이 개시되고, 그의 상속인들이 유류분을 반환받을 수 있는 권리인 유류분권을 행사할 수 있기 때문이다.

- '유류분이 뭐야?'라고 물음표를 띄울 수 있다.
'법적으로 정해진 상속 재산 같은 건가'라고 추론할 수 있다.
- '유류분'과 '유류분권'을 암기 시도할 필요가 있다.

4. 이때 무상 처분자는 피상속인이 되고 그의 권리와 의무는 상속인에게 이전된다.

- '상속이 개시될 때' '무상 처분자'가 '피상속인'으로 변형 반복됨을 알 수 있다.

2 문단

1. 유류분은 피상속인의 무상 처분 행위가 없었다고 가정할 때 상속인들이 상속받을 수 있었을 이익 중 법으로 보장된 부분이다.

- '유류분'에 대한 정의가 제시되고 있으므로 '유류분이 뭐야?'라면서 띄웠던 물음표를 회수할 수 있다.
- '유류분이 **피상속인의 기부가 있었다고 가정할 때가 아니라 피상속인의 기부가 없었다고 가정할 때** 상속인들이 상속받을 수 있었을 이익 중 법으로 보장된 부분이니까, 상속인이 유류분권을 행사하면 무상 취득자로부터 기부금을 도로 토해내게 할 수도 있겠네'라고 추론할 수 있으므로 '기부와 같이 어떤 재산이 대가 없이 넘어가는 무상 처분 행위가 행해졌을 때는 그 당사자인 무상 처분자와 무상 취득자의 의사와 무관하게 그 결과가 번복될 수 있다는 게 무슨 말이야?'라면서 띄웠던 물음표를 회수할 수 있다.

2. 만약 상속인이 피상속인의 자녀 한 명뿐이면, 상속받을 수 있었을 이익의 $\frac{1}{2}$만 보장된다.

- '만약 상속인이 한 명의 피상속인에게 전재산을 상속한다는 유언을 남겼다면 전재산이 상속되겠지만 유류분은 상속받을 수 있었을 이익의 1/2만 보장되네'라고 반응할 수 있다.

3. 상속인들이 상속받을 수 있었을 이익은 상속 개시 당시에 피상속인이 가졌던 재산의 가치에 이미 무상 취득자에게 넘어간 재산의 가치를 더하여 산정한다.

- '유류분이 피상속인의 **무상 처분 행위가 없었다고 가정할 때** 상속인들이 상속받을 수 있었을 이익 중 법으로 보장된 부분이니 당연히 상속인들이 상속받을 수 있었을 이익은 '상속 개시 당시의 피상속인이 가졌던 재산의 가치' + '무상 취득자에게 넘어간 재산의 가치'겠네'라고 반응할 수 있다.

4. 유류분은 상속인들이 기대했던 이익을 보호하기 위한 것이기 때문이다.

- '기대했던 이익이라 함은 무상 처분 행위가 없었다고 가정할 때 상속인들이 상속받을 수 있었을 이익을 말하는 거겠네'라고 추론할 수 있다.

3 문단

1. 피상속인이 상속 개시 당시에 가졌던 재산으로부터 상속받은 이익이 있는 상속인은 유류분에 해당하는 이익의 일부만 반환 받을 수 있다.

- '이때 상속받은 이익이 유류분보다 작다고 가정하겠네. 상속받은 이익이 유류분보다 크거나 같다면 유류분을 받을 수 없을 테니.'라고 추론할 수 있다.
- '-만'이라는 표현이 등장했으므로 '유류분에 해당하는 이익의 일부 외는 반환 받을 수 없다'라고 바꾸어 읽을 수 있다.

2. 유류분에 해당하는 이익에서 이미 상속받은 이익을 뺀 값인 유류분 부족액만 반환받을 수 있기 때문이다.

- '유류분 부족액'에 대한 정의가 제시되고 있다.
- '유류분 부족액'을 암기 시도할 필요가 있다.
- '-만'이라는 표현이 등장했으므로 '유류분 부족액 외는 반환받을 수 없기 때문이다'라고 바꾸어 읽을 수 있다.
- 수식이 등장했으므로 다음과 같이 정리할 수 있다.
  유류분 부족액 = 유류분에 해당하는 이익 - 이미 상속받은 이익

3. 유류분 부족액의 가치는 금액으로 계산되지만 항상 돈으로 반환되는 것은 아니다.

- '왜 유류분 부족액의 가치는 항상 돈으로 반환되는 것은 아닐까?'라고 물음표를 띄울 수 있다.
  '만약 상속받을 수 있을 이익이 금이라면 유류분 부족액이 금으로 반환되기 때문인가'라고 추론할 수 있다.

4. 만약 무상 처분된 재산이 돈이 아니라 물건이나 주식처럼 돈 이외의 재산이라면, 처분된 재산 자체가 반환 대상이 되는 것이 원칙이다.

5. 다만 그 재산 자체를 반환하는 것이 불가능한 때에는 무상 취득자는 돈으로 반환해야 한다.

- '그 재산 자체를 반환하는 것이 불가능한 때는 언제일까?'라고 물음표를 띄울 수 있다.
  '무상 처분된 재산이 건물인데 이 가치의 일부만을 반환해야 할 때, 건물을 잘라서 나눠줄 수 없으니까 그 재산 자체를 반환하는 것이 불가능하다고 볼 수 있겠네'라고 추론할 수 있다.
- '재산 자체를 반환하는 것이 가능할 때'와 '재산 자체를 반환하는 것이 불가능할 때'가 구분되고 있으므로 둘을 대등 관계로 보아 시각적 수평 관계로 모델링할 수 있다.
- '-야'라는 당위 진술을 가리키는 표현이 등장했으므로 '반환하지 않으면 안 된다'로 바꾸어 읽을 수 있다.

6. 또한 재산 자체의 반환이 가능해도 유류분권자와 무상 취득자의 합의에 의해 돈으로 반환될 수도 있다.

- '-여도'라는 표현이 등장했으므로 '재산 자체의 반환이 가능하든 불가능하든 뒷부분은 성립하는데, 특히 재산 자체의 반환이 가능할 때도 뒷부분은 성립한다'라고 바꾸어 읽을 수 있다.
- '재산 자체의 반환이 가능할 때 원칙은 재산 자체가 반환 대상이 되는 것이지만, 유류분권자와 무상 취득자가 합의를 한다면 돈으로 반환할 수도 있네'라고 반응할 수 있다.

4 문단

1. 무상 처분된 재산이 물건이라면 유류분 반환은 어떤 형태로 이루어질까?

2. 무상 취득자가 반환해야 할 유류분 부족액이 무상 처분된 물건의 가치보다 적다면 유류분권자는 그 물건의 가치에 상당하는 금액에서 유류분 부족액이 차지하는 비율만큼 무상 취득자로부터 반환받을 수 있다.

- '가령 무상 처분된 재산이 금이라면 유류분권자는 금의 가치에 상당하는 금액에서 유류분 부족액이 차지하는 비율만큼 얻을 수 있다는 거네'라고 반응할 수 있다.

3. 이로 인해 하나의 물건에 대한 소유권이 여러 명에게 나눠지는데, 이때 각자의 몫을 지분이라고 한다.

- '지분'에 대한 정의가 제시되고 있다.
- '무상 처분된 재산이 금이라면 상속인은 자신의 지분만큼의 금을 반환받을 수 있는 거고, 무상 처분된 재산이 건물이라면 상속인은 자신의 지분만큼의 건물의 가치에 해당하는 금액을 돈으로 반환받아야 하는 건가'라고 추론할 수 있다.

5 문단

1. 무상 처분된 물건의 시가가 변동하면 유류분 부족액을 계산할 때는 언제의 시가를 기준으로 삼아야 할까?

- '상속 개시의 시가를 기준으로 삼아야 되지 않을까'라고 반응
할 수 있다.

2. ⊙ 유류분의 취지에 비추어 상속 개시 당시의 시가를
기준으로 해야 한다.

- '유류분이 무상 처분 행위가 없었다고 가정할 때를 가정하니
까 상속 개시 당시의 시가를 기준으로 해야겠네'라고 반응할
수 있다.
- '-야'라는 당위 진술을 가리키는 표현이 등장했으므로 '당시
의 시가를 기준으로 하지 않으면 안 된다'라고 바꾸어 읽을
수 있다.

3. 다만 그 물건의 시가 상승이 무상 취득자의 노력에서
비롯되었으면 이때는 무상 취득 당시의 시가를 기준으
로 계산해야 한다.

- '그 물건의 시가 상승이 무상 취득자의 노력에서 비롯되었음
에도 상속 개시 당시의 시가를 기준으로 유류분 부족액을 계
산하면 무상 취득 당시의 시가를 기준으로 유류분 부족액을
계산할 때보다 상속인이 받을 유류분 부족액이 더 크겠네. 그
럼 무상 취득사는 눈 뜨고 코 베이는 거고. 그래서 그 물건의
시가 상승이 무상 취득자의 노력에서 비롯되었으면 이때는 무
상 취득 당시의 시가를 기준으로 계산해야 한다는 거구나'라
고 추론할 수 있다.
- '무상 처분된 물건의 시가 상승이 무상 취득자의 노력에서 비
롯되었을 때'와 '무상 처분된 물건의 시가 상승이 무상 취득자
의 노력에서 비롯되지 않았을 때'가 구분되고 있으므로 둘을
대등 관계로 보아 시각적 수평 관계로 모델링할 수 있다.

4. 이렇게 정해진 유류분 부족액을 근거로 반환 대상인
지분을 계산할 때는, 시가 상승의 원인이 무엇이든 상속
개시 당시의 시가를 기준으로 해야 한다.

- '만약 무상 처분된 물건의 시가 상승이 무상 취득자의 노력에
서 비롯되었다면 유류분 부족액은 무상 취득 당시의 시가를
기준으로 계산하기 때문에 상속 개시 당시의 시가를 기준으로
계산한 유류분 부족액보다 더 적을 텐데, 지분을 계산할 때 상
속 개시 당시의 물건의 가치에 해당하는 금액에 대한 이미 계
산된 유류분 부족액에 해당하는 금액의 비율을 계산하는 거니
까, 이때도 무상 취득자의 시가 상승 노력을 보장해준다고 할
수 있겠네'라고 추론할 수 있다.
- '-야'라는 당위 진술을 가리키는 표현이 등장했으므로 '당시의 시
가를 기준으로 하지 않으면 안 된다'라고 바꾸어 읽을 수 있다.

- 수식이 등장했으므로 다음과 같이 정리할 수 있다.
  그 물건의 시가 상승이 무상 취득자의 노력에서 비롯되었을
  경우)
  지분 = 유류분 부족액(무상 취득 당시의 시가) / 그 물건의 가
  치에 해당하는 금액(상속 개시 당시의 시가)

10. 윗글의 내용과 일치하지 <u>않는</u> 것은?

① 유류분권은 상속인이 아닌 사람에게는 인정되지 않는다.
② <u>유류분권이 보장되는 범위는 유류분 부족액의 일부에
한정된다.</u>
유류분권이 보장되는 범위는 유류분 부족액에 한정된다.
③ 상속인은 상속 개시 전에는 무상 취득자에게 유류분권
을 행사할 수 없다.
④ 피상속인이 생전에 다른 사람에게 판 재산은 유류분권
의 대상이 될 수 없다.
⑤ 무상으로 취득한 재산에 대한 권리는 무상 취득자 자신
의 의사에 반하여 제한될 수 있다.

11. 윗글에 대한 이해로 가장 적절한 것은?

① 무상 처분된 재산이 물건 한 개이면 유류분권자는 그 물
건 전부를 반환받는다.
무상 처분된 재산이 물건 한 개이면 유류분권자는 그 물건 전부
를 반환받을 수도, 그 물건의 일부를 반환받을 수도 있다.
② 무상 처분된 물건이 반환되는 경우 유류분 부족액이 클
수록 무상 취득자의 지분이 더 커진다.
무상 처분된 물건이 반환되는 경우 유류분 부족액이 클수록 무
상 취득자의 지분은 더 작아진다.
③ 무상 취득자가 무상 취득한 물건을 반환할 수 없게 되면
유류분 부족액을 지분으로 반환해야 한다.
무상 취득자가 무상 취득한 물건을 반환할 수 없게 되면 유류분
부족액을 돈으로 반환해야 한다.
④ <u>유류분권자가 유류분 부족액을 물건 대신 돈으로 반환
하라고 요구하더라도 무상 취득자는 무상 취득한 물건
으로 반환할 수 있다.</u>
유류분권자와 무상 취득자 간의 합의가 없다면 무상 취득자는
돈 대신 물건으로 반환하는 것이 원칙이다.
⑤ 무상 처분된 물건의 일부가 반환되면 무상 취득자는 그
물건의 소유권을 가지고 유류분권자는 유류분 부족액

만큼의 돈을 반환받게 된다.

무상 처분된 물건의 일부가 반환되면 무상 취득자는 그 나머지 물건의 소유권을 가진다.

12. 윗글을 통해 알 수 있는 ㉠의 이유로 가장 적절한 것은?

㉠ 유류분의 취지에 비추어 상속 개시 당시의 시가를 기준으로 해야 한다.

① 유류분은 피상속인이 자유롭게 처분한 재산의 일부이어야 하기 때문이다.
② 유류분은 피상속인이 재산을 무상 처분하지 않은 것으로 가정하여 산정되기 때문이다.
③ 유류분은 재산의 가치를 증가시킨 무상 취득자의 노력에 대한 보상으로 인정되는 것이기 때문이다.
④ 유류분은 피상속인의 재산에 대해 소유권을 나눠 가진 사람들 각자의 몫을 반영해야 하기 때문이다.
⑤ 유류분에 해당하는 이익의 가치가 상속 개시 전후에 걸쳐 변동되는 것을 반영해야 하기 때문이다.

13. 윗글을 바탕으로 <보기>를 이해한 내용으로 적절하지 않은 것은? [3점]

─── < 보기 > ───

갑의 재산으로는 A 물건과 B 물건이 있었으며 그 외의 재산이나 채무는 없었다. 갑은 을에게 A 물건을 무상으로 넘겨주었고 그로부터 6개월 후 사망했다. 갑의 상속인으로는 갑의 자녀인 병만 있다. A 물건의 시가는 을이 A 물건을 소유하게 되었을 때는 300, 갑이 사망했을 때는 700이었다. 병은 갑이 사망한 날로부터 3개월 후에 을에게 유류분권을 행사했다. B 물건의 시가는 병이 상속받았을 때부터 병이 을에게 유류분 반환을 요구했을 때까지 100으로 동일하다.

(단, 세금, 이자 및 기타 비용은 고려하지 않음.)

① A 물건의 시가 상승이 을의 노력과 무관한 경우 유류분 부족액은 300이다.
A 물건의 시가 상승이 을의 노력과 무관한 경우 유류분 부족액은 (700+100)/2-100=300이다.
② A 물건의 시가 상승이 을의 노력과 무관한 경우 유류분

반환의 대상은 A 물건의 $\frac{3}{7}$ 지분이다.

A 물건의 시가 상승이 을의 노력과 무관한 경우 유류분 부족액은 300, 따라서 유류분 반환의 대상은 A 물건의 300/700=3/7 지분이다.
③ A 물건의 시가가 을의 노력으로 상승한 경우 유류분 부족액은 100이다.
A 물건의 시가가 을의 노력으로 상승한 경우 유류분 부족액은 (300+100)/2-100=100이다.
④ A 물건의 시가가 을의 노력으로 상승한 경우 유류분 반환의 대상은 A 물건의 $\frac{1}{3}$ 지분이다.

A 물건의 시가가 을의 노력으로 상승한 경우 유류분 부족액은 100, 따라서 유류분 반환의 대상은 A 물건의 100/700=1/7 지분이다.
⑤ A 물건의 시가가 을의 노력으로 상승한 경우와 을의 노력과 무관하게 상승한 경우 모두, 갑이 상속 개시 당시 소유했던 재산으로부터 병이 취득할 수 있는 이익은 동일하다.
A 물건의 시가가 을의 노력으로 상승한 경우와 을의 노력과 무관하게 상승한 경우 모두, 갑이 상속 개시 당시 소유했던 재산인 B 물건으로부터 병이 취득할 수 있는 이익은 동일하다.

1 문단

1. 법령의 조문은 대개 'A에 해당하면 B를 해야 한다.'처럼 요건과 효과로 구성된 조건문으로 규정된다.

- '요건은 'A에 해당하면'이고, 효과는 'B를 해야 한다'이겠네'라고 반응할 수 있다.

2. 하지만 그 요건이나 효과가 항상 일의적인 것은 아니다.

- '그 요건이나 효과가 항상 일의적인 것은 아니란 말이 무슨 말이야?'라고 물음표를 띄울 수 있다.
단서가 부족해 추론은 어려워 보인다.

3. 법조문에는 구체적 상황을 고려해야 그 상황에 ⓐ 맞는 진정한 의미가 파악되는 불확정 개념이 사용될 수 있기 때문이다.

- '-야라는 필요조건을 가리키는 표현이 등장했으므로 대우 규칙을 적용하여 '구체적 상황을 고려하지 않으면 그 상황에 맞는 진정한 의미가 파악되지 않는 불확정 개념'으로 바꾸어 읽을 수 있다.
- '불확정 개념'에 대한 정의가 제시되고 있다.
- '불확정 개념'을 암기 시도할 필요가 있다.
- '불확정 개념이 사용되면 구체적 상황에 따라 그 요건이나 효과의 의미가 달라질 수 있겠구나. 즉 요건이나 효과의 의미가 항상 하나인 것은 아니구나.'라고 추론할 수 있으므로 '그 요건이나 효과가 항상 일의적인 것은 아니란 말이 무슨 말이야?'라면서 띄웠던 물음표를 회수할 수 있다.

4. 개인 간 법률관계를 규율하는 민법에서 불확정 개념이 사용된 예로 '손해 배상 예정액이 부당히 과다한 경우에는 법원은 적당히 감액할 수 있다.'라는 조문을 ⓑ 들 수 있다.

- "손해 배상 예정액이 부당히 과다한 경우에는'은 요건이고 '법원은 적당히 감액할 수 있다'는 효과네'라고 반응할 수 있다.
- '손해 배상 예정액이 뭐야?'라고 물음표를 띄울 수 있다.

단서가 부족해 추론은 어려워 보인다.
- '손해 배상 예정액'을 암기 시도할 필요가 있다.

5. 이때 법원은 요건과 효과를 재량으로 판단할 수 있다.

- '이때 법원은 구체적 상황에 따라 마음대로 요건과 효과의 의미를 다르게 판단할 수 있구나'라고 반응할 수 있다.

6. 손해 배상 예정액은 위약금의 일종이며, 계약 위반에 대한 제재인 위약벌도 위약금에 속한다.

- '손해 배상 예정액'이 '위약금'에 포함됨을 알 수 있다.
- '위약금'을 암기 시도할 필요가 있다.
- '위약벌'에 대한 정의가 제시되고 있다.
- '위약벌'을 암기 시도할 필요가 있다.
- '위약벌'도 '위약금'에 포함됨을 알 수 있다.

7. 위약금의 성격이 둘 중 무엇인지 증명되지 못하면 손해 배상 예정액으로 다루어진다.

- '위약금의 성격이 손해 배상 예정액인지 위약벌인지 증명되지 못하면 손해 배상 예정액으로 다뤄진다는 소리네'라고 반응할 수 있다.

2 문단

1. 채무자의 잘못으로 계약 내용이 실현되지 못하여 계약 위반이 발생하면, 이로 인해 손해를 입은 채권자가 손해 액수를 증명해야 그 액수만큼 손해 배상금을 받을 수 있다.

- '-야라는 필요조건을 가리키는 표현이 등장했으므로 대우 규칙을 적용하여 '채권자가 손해 액수를 증명하지 않으면 손해 배상금을 받을 수 없다'로 바꾸어 읽을 수 있다.

2. 그러나 손해 배상 예정액이 정해져 있었다면 채권자는 손해 액수를 증명하지 않아도 손해 배상 예정액만큼 손해 배상금을 받을 수 있다.

- '-아도'라는 표현이 등장했으므로 '그러나 손해 배상 예정액이 정해져 있었다면 채권자는 손해 액수를 증명하든 안하든 손해 배상 예정액만큼 손해 배상금을 받을 수 있는데, 특히 손해 액수를 증명하지 않았을 때도 손해 배상 예정액만큼 손해 배상금을 받을 수 있다'라고 바꾸어 읽을 수 있다.

- '손해 배상 예정액은 계약을 위반할 경우 이만큼의 손해 배상
  금을 지불한다고 미리 정한 위약금이구나'라고 반응할 수 있
  으므로 '손해 배상 예정액이 뭐야?'라면서 띄웠던 물음표를 회
  수할 수 있다.
- '손해 배상 예정액이 정해지지 않은 경우'와 '손해 배상 예정액
  이 정해진 경우'의 차이를 인지할 수 있으므로 둘을 대등 관계
  로 보아 시각적 수평 관계로 모델링할 수 있다.

3. 이때 손해 액수가 얼마로 증명되든 손해 배상 예정액
보다 더 받을 수는 없다.

- '손해 액수가 증명되지 않을 때 손해 배상 예정액만큼 손해 배
  상금을 받을 수 있고, 손해 액수가 증명되었을 때도 손해 배상
  예정액만큼 손해 배상금을 받을 수 있는데, 손해 액수가 손해
  배상 예정액보다 크다는 것이 증명되어도 손해 배상 예정액
  만큼 손해 배상금을 받을 수 있네. 결국은 손해 배상 예정액이
  정해져 있었다면 무조건 손해 배상 예정액을 받는다는 소리
  네.'라고 추론할 수 있다.

4. 한편 위약금이 위약벌임이 증명되면 채권자는 위약
벌에 해당하는 위약금을 ⓒ 받을 수 있고, 손해 배상 예
정액과는 달리 법원이 감액할 수 없다.

- '손해 배상 예정액은 감액할 수 있지만 위약벌에 해당하는 위
  약금은 감액할 수 없구나'라고 반응할 수 있다.
- '손해 배상 예정액'과 '위약벌'의 차이를 인지할 수 있으므로 둘
  을 대등 관계로 보아 시각적 수평 관계로 모델링할 수 있다.

5. 이때 채권자가 손해 액수를 증명하면 손해 배상금도
받을 수 있다.

- '위약금이 손해 배상 예정액일 때와는 달리 위약금이 위약벌
  임이 증명되면 위약벌에 해당하는 위약금 + 손해 액수를 증명
  하면 손해 배상금을 받을 수 있네'라고 반응할 수 있다.

3 문단

1. 불확정 개념은 행정 법령에도 사용된다.

- '행정 법령이 뭐야?'라고 물음표를 띄울 수 있다.
  '행정과 관련한 법령인가'라고 추론할 수 있다.
- '행정 법령'을 암기 시도할 필요가 있다.

2. 행정 법령은 행정청이 구체적 사실에 대해 행하는 법
집행인 행정 작용을 규율한다.

- '행정 작용'에 대한 정의가 제시되고 있다.
- '행정 작용'을 암기 시도할 필요가 있다.
- '행정 법령'에 대한 설명이 제시되고 있으므로 '행정 법령이 뭐
  야?'라면서 띄웠던 물음표를 회수할 수 있다.

3. 법령상 요건이 충족되면 그 효과로서 행정청이 반드
시 해야 하는 특정 내용의 행정 작용은 기속 행위이다.

- '-야'라는 당위 진술을 가리키는 표현이 등장했으므로 '반드시
  하지 않으면 안 되는'으로 바꾸어 읽을 수 있다.
- '기속 행위'에 대한 정의가 제시되고 있다.
- '기속 행위'를 암기 시도할 필요가 있다.

4. 반면 법령상 요건이 충족되더라도 그 효과인 행정 작
용의 구체적 내용을 ⓓ 고를 수 있는 재량이 행정청에
주어져 있을 때, 이러한 재량을 행사하는 행정 작용은
재량 행위이다.

- '-더라도'를 '-었지만'으로 바꾸어 읽을 수 있다.
- '재량 행위'에 대한 정의가 제시되고 있다.
- '재량 행위'를 암기 시도할 필요가 있다.
- '불확정 개념은 기속 행위가 아닌 재량 행위에 적용되겠네'라
  고 추론할 수 있다.
- '기속 행위'와 '재량 행위'의 차이를 인지할 수 있으므로 둘을
  대등 관계로 보아 시각적 수평 관계로 모델링할 수 있다.

5. 법령에서 불확정 개념이 사용되면 이에 근거한 행정
작용은 대개 재량 행위이다.

- '대개'라는 표현이 등장했으므로 '법령에서 불확정 개념이 사
  용되면 이에 근거한 행정 작용은 재량 행위가 아닐 수도 있겠
  네'라고 추론할 수 있다.

4 문단

1. 행정청은 재량으로 재량 행사의 기준을 명확히 정할
수 있는데 이 기준을 ㉠ 재량 준칙이라 한다.

- '재량 준칙'에 대한 정의가 제시되고 있다.
- '재량 준칙'을 암기 시도할 필요가 있다.

2. 재량 준칙은 법령이 아니므로 재량 준칙대로 재량을
행사하지 않아도 근거 법령 위반은 아니다.

- '-아도'라는 표현이 등장했으므로 '재량 준칙은 법령이 아니므
로 재량 준칙대로 재량을 행사하든 안 하든 근거 법령 위반은
아닌데, 특히 재량 준칙대로 재량을 행사하지 않을 때도 근거
법령 위반은 아니다'라고 바꾸어 읽을 수 있다.

3. 다만 특정 요건하에 재량 준칙대로 특정한 내용의 적
법한 행정 작용이 반복되어 행정 관행이 생긴 후에는,
같은 요건이 충족되면 행정청은 동일한 내용의 행정 작
용을 해야 한다.

- '-야'라는 당위 진술을 가리키는 표현이 등장했으므로 '하지 않
으면 안 된다'로 바꾸어 읽을 수 있다.

4. 행정청은 평등 원칙을 ⓒ 지켜야 하기 때문이다.

- '평등 원칙이 뭐야?'라고 물음표를 띄울 수 있다.
  '같은 요건이 충족될 때 다르게 행정 작용을 하는 것은 평등하
지 않다. 즉, 같은 요건이 충족될 때 동일하게 행정 작용을 하
는 것이 평등하다. 이런 의미인가.'라고 추론할 수 있다.
- '-야'라는 당위 진술을 가리키는 표현이 등장했으므로 '지키지
않으면 안 되기 때문이다'로 바꾸어 읽을 수 있다.

10. 윗글의 내용과 일치하지 <u>않는</u> 것은?

① 법령의 요건과 효과에는 모두 불확정 개념이 사용될 수
있다.
② 법원은 불확정 개념이 사용된 법령을 적용할 때 재량을
행사할 수 있다.
③ 불확정 개념이 사용된 법령의 진정한 의미를 이해하려
면 구체적 상황을 고려해야 한다.
④ <u>불확정 개념이 사용된 행정 법령에 근거한 행정 작용은
재량 행위인 경우보다 기속 행위인 경우가 많다.</u>
3문단 5번 문장: 법령에서 불확정 개념이 사용되면 이에 근거한
행정 작용은 대개 재량 행위이다.
불확정 개념이 사용된 행정 법령에 근거한 행정 작용은 재량 행
위인 경우가 기속 행위인 경우보다 많다.
⑤ 불확정 개념은 행정청이 행하는 법 집행 작용을 규율하
는 법령과 개인 간의 계약 관계를 규율하는 법률에 모두
사용된다.

11. ㉠에 대한 이해로 가장 적절한 것은?

㉠ <u>재량 준칙</u>

① 재량 준칙은 법령이 아니기 때문에 일의적이지 않은 개
념으로 규정된다.
재량 준칙은 법령이 아니지만 명확한 개념으로 규정된다.
② 재량 준칙으로 정해진 내용대로 재량을 행사하는 행정
작용은 기속 행위이다.
재량 준칙으로 정해진 내용대로 재량을 행사하는 행정 작용은
재량 행위이다.
③ 재량 준칙으로 규정된 재량 행사 기준은 반복되어 온 적
법한 행정 작용의 내용대로 정해져야 한다.
재량 준칙으로 규정된 재량 행사 기준은 재량으로 정해진다.
④ 재량 준칙이 정해져야 행정청은 특정 요건하에 행정 작
용의 구체적 내용을 선택할 수 있는 재량을 행사할 수
있다.
재량 준칙이 정해지지 않아도 행정청은 특정 요건하에 행정 작
용의 구체적 내용을 선택할 수 있는 재량을 행사할 수 있다.
⑤ 재량 준칙이 특정 요건에서 적용된 선례가 없으면 행정
청은 동일한 요건이 충족되어도 행정 작용을 할 때 재량
준칙을 따르지 않을 수 있다.

12. 윗글을 바탕으로 <보기>를 이해한 내용으로 가장 적
절한 것은? [3점]

<보기>

갑은 을에게 물건을 팔고 그 대가로 100을 받기로 하
는 매매 계약을 했다. 그 후 갑이 계약을 위반하여 을은
80의 손해를 입었다. 이와 관련하여 세 가지 상황이 있
다고 하자.

(가) 갑과 을 사이에 위약금 약정이 없었다.
(나) 갑이 을에게 위약금 100을 약정했고, 위약금의
성격이 무엇인지 증명되지 못했다.
(다) 갑이 을에게 위약금 100을 약정했고, 위약금의
성격이 위약벌임이 증명되었다.

(단, 위의 모든 상황에서 세금, 이자 및 기타 비용은 고
려하지 않음.)

① (가)에서 을의 손해가 얼마인지 증명되지 못한 경우에

도, 갑이 을에게 80을 지급해야 하고 법원이 감액할 수 없다.

(가)에서 을의 손해가 얼마인지 증명되지 못한 경우, 을은 갑에게 손해 배상금을 지급받을 수 없다.

② (나)에서 을의 손해가 80임이 증명된 경우, 갑이 을에게 100을 지급해야 하고 법원이 감액할 수 있다.

(나)에서 을의 손해가 80임이 증명된 경우, 위약금의 성격이 무엇인지 증명되지 못했으므로 손해 배상 예정액으로 다루어져 갑이 을에게 100을 지급해야 하고 법원이 감액할 수 있다.

③ (나)에서 을의 손해가 얼마인지 증명되지 못한 경우, 갑이 을에게 100을 지급해야 하고 법원이 감액할 수 없다.

(나)에서 을의 손해가 얼마인지 증명되지 못한 경우, 위약금의 성격이 무엇인지 증명되지 못했으므로 손해 배상 예정액으로 다루어져 갑이 을에게 100을 지급해야 하고 법원이 감액할 수 있다.

④ (다)에서 을의 손해가 80임이 증명된 경우, 갑이 을에게 180을 지급해야 하고 법원이 감액할 수 있다.

(다)에서 을의 손해가 80임이 증명된 경우, 갑이 을에게 180을 지급해야 하고 법원이 감액할 수 없다.

⑤ (다)에서 을의 손해가 얼마인지 증명되지 못한 경우, 갑이 을에게 80을 지급해야 하고 법원이 감액할 수 없다.

(다)에서 을의 손해가 얼마인지 증명되지 못한 경우, 갑이 을에게 100을 지급해야 하고 법원이 감액할 수 없다.

13. 문맥상 ⓐ~ⓔ의 의미와 가장 가까운 것은?

상황에 ⓐ 맞는
조문을 ⓑ 들
위약금을 ⓒ 받을
구체적 내용을 ⓓ 고를
평등 원칙을 ⓔ 지켜야

① ⓐ: 이것이 네가 찾는 자료가 맞는지 확인해 보아라.
② ⓑ: 그 부부는 노후 대책으로 적금을 들고 안심했다.
③ ⓒ: 그의 파격적인 주장은 학계의 큰 주목을 받았다.
④ ⓓ: 형은 땀 흘려 울퉁불퉁한 땅을 평평하게 골랐다.
⑤ ⓔ: 그분은 우리에게 한 약속을 반드시 지킬 것이다.

1 문단

1. 공포 소구는 그 메시지에 담긴 권고를 따르지 않을 때의 해로운 결과를 강조하여 수용자를 설득하는 것으로, 1950년대 초부터 설득 전략 연구자들의 연구 대상이 되었다.

- '공포 소구'에 대한 정의가 제시되고 있다.
- '공포 소구'를 암기 시도할 필요가 있다.
- '공포 소구의 목적은 수용자가 권고를 따르도록 설득하는 것이겠네'라고 추론할 수 있다.

2. 초기 연구를 대표하는 재니스는 기존 연구에서 다루어지지 않았던 공포 소구의 설득 효과에 주목하였다.

- '재니스'를 암기 시도할 필요가 있다.

3. 그는 수용자에게 공포 소구를 세 가지 수준으로 달리 제시하는 실험을 한 결과, 중간 수준의 공포 소구가 가장 큰 설득 효과를 보인다는 것을 발견하였다.

- '공포 소구의 세 가지 수준에는 낮은 수준, 중간 수준, 높은 수준이 있겠군'이라고 추론할 수 있다.

2 문단

1. 공포 소구 연구를 진척시킨 레벤달은 재니스의 연구가 인간의 감정적 측면에만 ㉠ 치우쳤다고 비판하며, 공포 소구의 효과는 수용자의 감정적 반응만이 아니라 인지적 반응과도 관련된다고 하였다.

- '레벤달'을 암기 시도할 필요가 있다.
- '재니스'와 '레벤달'이 충돌하고 있으므로 둘을 대등 관계로 보아 시각적 수평 관계로 모델링할 수 있다.
- '-만'이라는 표현이 등장했으므로 '감정적 측면이 아닌 측면에는 주목하지 않았다고'라고 바꾸어 읽을 수 있다.
- '감정적 반응은 공포를 말하는 것 같은데 인지적 반응은 뭐야?'라고 물음표를 띄울 수 있다.
  단서가 부족해 추론은 어려워 보인다.

2. 그는 감정적 반응을 '공포 통제 반응', 인지적 반응을 '위험 통제 반응'이라 ㉡ 불렀다.

- '감정적 반응'이 '공포 통제 반응'으로, '인지적 반응'이 '위험 통제 반응'으로 변형 반복됨을 알 수 있다.
- '공포 통제 반응'과 '위험 통제 반응'을 암기 시도할 필요가 있다.
- '인지적 반응은 이성으로 위험을 인지하는 것과 관련된 것 같다'라고 반응할 수 있으므로 '감정적 반응은 공포를 말하는 것 같은데 인지적 반응은 뭐야?'라면서 띄웠던 물음표를 회수할 수 있다.

3. 그리고 후자가 작동하면 수용자들은 공포 소구의 권고를 따르게 되지만, 전자가 작동하면 공포 소구로 인한 두려움의 감정을 통제하기 위해 오히려 공포 소구에 담긴 위험을 무시하려는 반응을 보이게 된다고 하였다.

- '위험 통제 반응이 작동하면 공포 소구의 권고를 따르게 되지만, 공포 통제 반응이 작동하면 공포 소구의 권고를 따르지 않게 되는군'이라고 반응할 수 있다.

3 문단

1. 이러한 선행 연구들을 종합한 위티는 우선 공포 소구의 설득 효과를 좌우하는 두 요인으로 '위협'과 '효능감'을 설정하였다.

- '위티'를 암기 시도할 필요가 있다.
- '위협'과 '효능감'을 암기 시도할 필요가 있다.
- '여기서 말하는 위협과 효능감은 무엇을 의미하는 걸까?'라고 물음표를 띄울 수 있다.
  단서가 부족해 추론은 어려워 보인다.

2. 수용자가 공포 소구에 담긴 위험을 자신이 ㉢ 겪을 수 있는 것이고 그 위험의 정도가 크다고 느끼면, 그 공포 소구는 위협의 수준이 높다.

- '위협'에 대한 설명이 제시되고 있으므로 '여기서 말하는 위협과 효능감은 무엇을 의미하는 걸까?'라면서 띄웠던 물음표를 반쯤 회수할 수 있다.
- 공포 소구에 담긴 위험을 자신이 겪을 수 있는 것이라 느낌∧ 그 위험의 정도가 크다고 느낌→위협 수준↑

3. 그리고 공포 소구에 담긴 권고를 이행하면 자신의 위험을 예방할 수 있고 자신에게 그 권고를 이행할 능력이 있다고 느끼면, 효능감의 수준이 높다.

- '효능감'에 대한 설명이 제시되고 있으므로 '여기서 말하는 위협과 효능감은 무엇을 의미하는 걸까?'라면서 띄웠던 물음표를 모두 회수할 수 있다.
- 공포 소구에 담긴 권고 이행 시 위험 예방 가능하다고 느낌∧권고 이행 능력이 있다고 느낌→효능감 수준↑

4. 한 동호회에서 회원들에게 '모임에 꼭 참석해 주세요. 불참 시 회원 자격이 사라집니다.'라는 안내문을 ㉣ 보냈다고 하자.

- '해당 안내문에는 위험과 권고가 모두 들어 있군'이라고 반응할 수 있다.

5. 회원 자격이 사라진다는 것은 그 동호회 활동에 강한 애착을 가지고 있는 사람에게는 높은 수준의 위협이 된다.

6. 그리고 그가 동호회 모임에 참석하는 일이 어렵지 않다고 느낄 때, 안내문의 권고는 그에게 높은 수준의 효능감을 주게 된다.

4 문단

1. 위티는 이 두 요인을 레벤달이 말한 두 가지 통제 반응과 관련지어 다음과 같은 결론을 도출하였다.

2. 위협과 효능감의 수준이 모두 높을 때에는 위험 통제 반응이 작동하고, 위협의 수준은 높지만 효능감의 수준이 낮을 때에는 공포 통제 반응이 작동한다.

- 위협↑∧효능감↑→위험 통제 반응
  위협↑∧효능감↓→공포 통제 반응

3. 그러나 위협의 수준이 낮으면, 수용자는 그 위협이 자신에게 아무 영향을 ㉤ 주지 않는다고 느껴 효능감의 수준에 관계없이 공포 소구에 대한 반응이 없게 된다.

- 위협↓→공포 소구에 대한 무반응

4. 이렇게 정리된 결론은 그간의 공포 소구 이론을 통합한 결과라는 점에서 후속 연구의 중요한 디딤돌이 되었다.

- 위티의 공포 소구 이론에 대한 의의를 제시하고 있다.

04. 윗글의 내용 전개 방식으로 가장 적절한 것은?

① 화제에 대한 연구들이 시작된 사회적 배경을 분석하고 있다.

화제에 대한 연구들이 시작된 사회적 배경은 제시되지 않았다.

② 화제에 대한 연구들을 선행 연구와 연결하여 설명하고 있다.

③ 화제에 대한 연구들을 분류하는 기준의 문제점을 검토하고 있다.

화제에 대한 연구들을 분류하는 기준의 문제점이 제시되지 않았다.

④ 화제에 대한 연구들을 소개한 후 남겨진 연구 과제를 제시하고 있다.

화제에 대한 연구들을 소개한 건 맞지만 그 후 남겨진 연구 과제를 제시하지 않았다.

⑤ 화제에 대한 연구들이 봉착했던 난관과 그 극복 과정을 소개하고 있다.

화제에 대한 연구들이 봉착했던 난관과 그 극복 과정이 제시되지 않았다.

05. 윗글을 읽은 학생의 반응으로 적절하지 않은 것은?

① 재니스는 공포 소구의 효과를 연구하는 실험에서 공포 소구의 수준을 달리하며 수용자의 변화를 살펴보았겠군.

② 레벤달은 재니스의 연구 결과에 대하여 수용자의 감정적 반응과 인지적 반응을 모두 고려하여 살펴보았겠군.

③ 레벤달은 공포 소구의 설득 효과가 나타나려면 공포 통제 반응보다 위험 통제 반응이 작동해야 한다고 보았겠군.

④ 위티는 수용자가 공포 소구에 담긴 위험을 느끼지 않아야 공포 소구의 권고를 따르게 된다고 보았겠군.

위티는 수용자가 공포 소구에 담긴 위험을 느껴야 공포 소구의 권고를 따르게 된다고 보았을 것이다.

⑤ 위티는 공포 소구의 위협 수준이 그 공포 소구의 효능감 수준에 따라 달라지는 것은 아니라고 보았겠군.

06. 윗글을 참고할 때, <보기>의 실험에 대해 추론한 내용으로 적절하지 <u>않은</u> 것은? [3점]

> ─── < 보기 > ───
>
> 한 모임에서 공포 소구 실험을 진행한 결과, 수용자들의 반응은 위티의 결론과 부합하였다. 이 실험에서는 위협의 수준(높음/낮음), 효능감의 수준(높음/낮음)의 조합을 달리 하여 피실험자들을 네 집단으로 나누었다. 집단 1과 집단 2는 공포 소구에 대한 반응이 없었고, 집단 3은 위험 통제 반응, 집단 4는 공포 통제 반응이 작동하였다.

집단 1과 집단 2: 위협 수준↓
집단 3: 위협 수준↑, 효능감 수준↑
집단 4: 위협 수준↑, 효능감 수준↓

① 집단 1은 위협의 수준이 낮았을 것이다.
② 집단 3은 효능감의 수준이 높았을 것이다.
③ 집단 4는 위협과 효능감의 수준이 서로 달랐을 것이다.
④ 집단 2와 집단 4는 위협의 수준이 서로 달랐을 것이다
⑤ <u>집단 3과 집단 4는 효능감의 수준이 서로 같았을 것이다.</u>
집단 3과 집단 4는 효능감의 수준이 서로 달랐을 것이다.

07. 문맥상 ㉠~㉢과 바꾸어 쓰기에 적절하지 <u>않은</u> 것은?

연구가 인간의 감정적 측면에만 ㉠ <u>치우쳤다고</u> 비판
인지적 반응을 '위험 통제 반응'이라 ㉡ <u>불렀다</u>
자신이 ㉢ <u>겪을</u> 수 있는 것
회원들에게 … 안내문을 ㉣ <u>보냈다고</u> 하자
영향을 ㉤ <u>주지</u> 않는다고 느껴

① ㉠: 편향(偏向)되었다고
② ㉡: 명명(命名)하였다
③ ㉢: 경험(經驗)할
④ ㉣: 발송(發送)했다고
⑤ ㉤: 기여(寄與)하지

1 문단

1. 교통 이용 내역과 같은 기록은 개인의 데이터이며, 그 개인이 '정보 주체'이다.

- '교통 이용 내역'이 '개인의 데이터'에 포함됨을 알 수 있다.
- '정보 주체'를 암기 시도할 필요가 있다.

2. 데이터는 물리적 형체가 없고, 복제와 재사용이 수월하다.

- '데이터'에 대한 설명이 제시되고 있다.

3. 이 데이터가 대량으로 집적·처리되면 빅 데이터가 되고, 이것의 정보 처리자인 기업 등이 '빅 데이터 보유자'이다.

- 데이터 대량 집적 및 처리→빅 데이터
- '기업'이 '빅 데이터의 정보 처리자'에 포함됨을 알 수 있다.
- '기업', '빅 데이터의 정보 처리자'가 '빅 데이터 보유자'로 변형 반복됨을 알 수 있다.
- '빅 데이터 보유자'를 암기 시도할 필요가 있다.

4. 산업 분야의 빅 데이터는 특정한 목적으로 활용될 수 있다는 점에서 경제적 가치를 지닌다.

2 문단

1. 데이터를 재화로 보아 소유권이 누구에게 귀속되어야 하는지에 대한 논의가 있다.

- '원칙적으로 소유권은 정보 주체에게 있지 않을까'라고 반응할 수 있다.

2. 소유권의 주체를 빅 데이터 보유자로 보는 견해와 정보 주체로 보는 견해가 있다.

- '소유권의 주체를 빅 데이터 보유자로 보는 견해'와 '소유권의

주체를 정보 주체로 보는 견해'를 구분하고 있으므로 둘을 대등 관계로 보아 시각적 수평 관계로 모델링할 수 있다.

3. 전자는 빅 데이터 보유자에게 소유권을 부여하면 빅 데이터의 생성 및 유통이 ⓐ 쉬워져 데이터 관련 산업이 활성화된다고 주장한다.

- 소유권의 주체를 빅 데이터 보유자로 보는 견해)
  빅 데이터 보유자에게 소유권 부여⇒빅 데이터의 생성 및 유통 용이⇒데이터 관련 산업 활성화

4. 후자는 정보 생산 주체는 개인인데, 빅 데이터 보유자에게 부가 집중되는 것은 부당하므로, 정보 주체에게도 대가가 주어져야 한다고 본다.

- '-야'라는 당위 진술을 가리키는 표현이 등장했으므로 '대가가 주어지지 않으면 안 된다고 본다'로 바꾸어 읽을 수 있다.
- '-도'라는 표현이 등장했으므로 '빅 데이터 보유자와 정보 주체 모두에게 대가가 주어져야 한다는 말이겠군'이라고 추론할 수 있다.

3 문단

1. 최근에는 논의의 중심이 데이터의 소유권 주체에서 데이터에 접근하기 위한 방안으로서의 데이터 이동권으로 바뀌고 있다.

- '데이터 이동권은 뭐냐?'라고 물음표를 띄울 수 있다.
  단서가 부족해 추론은 어려워 보인다.
- '데이터 이동권'을 암기 시도할 필요가 있다.

2. 우리나라는 데이터에 대해 소유권이 아닌 이동권을 법으로 명문화하여 정보 주체의 개인 정보 자기 결정권을 강화하였다.

- '소유권'과 '이동권'이 구분되고 있으므로 둘을 대등 관계로 보아 시각적 수평 관계로 모델링할 수 있다.
- '개인 정보 자기 결정권'을 암기 시도할 필요가 있다.

3. 데이터 이동권이란 정보 주체가 본인의 데이터를 보유한 자에게 데이터 이동을 요청하면, 그 데이터를 본인 혹은 지정한 제3자에게 무상으로 전송하게 하는 권리이다.

- '데이터 이동권'에 대한 정의가 제시되고 있으므로 '데이터 이동권은 뭐냐?'라면서 띄웠던 물음표를 회수할 수 있다.

4. 다만, 본인의 데이터라도 빅 데이터 보유자가 수집하여, 분석·가공하는 개발 과정을 거쳐 새로운 가치가 생성된 것은 이에 해당되지 않는다.

- '-라도'라는 표현이 등장했으므로 '본인의 데이터든 본인의 데이터가 아니든 뒷부분은 성립하는데, 특히 본인의 데이터일 때도 뒷부분은 성립한다'라고 바꾸어 읽을 수 있다.
- '그러니까 분석 및 가공의 개발 과정을 거쳐 새로운 가치가 생성되면 데이터 이동권의 영역에 해당하지 않아 빅 데이터 보유자가 마음대로 처리할 수 있다는 거네'라고 반응할 수 있다.

5. 법제화 이전에도 은행 간에 계좌 자동 이체 항목을 이동할 수 있는 서비스는 있었다.

- '계좌 자동 이체 항목이 데이터에 해당하겠네'라고 반응할 수 있다.

6. 이는 은행 간 약정에 ⓑ 따라 부분적으로 시행한 조치였다.

- '법제화 이전에는 은행 간에 법이 아닌 약정에 따라 데이터를 이동시켰네'라고 반응할 수 있다.

7. 데이터 이동권의 도입으로 쇼핑몰 상품 소비 이력 등 정보 주체의 행동 양상과 관련된 부분까지 정보 주체가 자율적으로 통제·관리할 수 있는 범위가 확대되었다.

- '쇼핑몰 상품 소비 이력'이 '정보 주체의 행동 양상과 관련된 부분'에 포함됨을 알 수 있다.

4 문단 [A]

1. 데이터 이동권의 법제화로 기업은 데이터의 생성 비용과 거래 비용을 줄일 수 있다.

- '데이터의 생성 비용은 뭐고 거래 비용은 뭐지?'라고 물음표를 띄울 수 있다.
  '생성 비용은 데이터를 생성하는 데 따르는 비용이고, 거래 비용은 데이터를 거래하는 데 따르는 비용인가'라고 추론할 수 있다.

2. 생성 비용은 기업 내에서 데이터를 개발할 때 발생하는 비용으로, 기업이 스스로 데이터를 수집할 때보다 전송받은 데이터를 복제 및 재사용하게 되면 절감할 수 있다.

- '생성 비용'에 대한 정의와 설명이 제시되고 있으므로 '데이터의 생성 비용은 뭐고 거래 비용은 뭐지?'라면서 띄웠던 물음표를 반쯤 회수할 수 있다.
- '데이터 이동권이 법제화되면 기업이 스스로 데이터를 수집하는 경우보다 전송받은 데이터를 복제 및 재사용하는 경우가 많아지므로 생성 비용이 줄어들겠네'라고 추론할 수 있다.

3. 거래 비용은 경제 주체 간 거래 시 발생하는 비용으로, 계약 체결이나 분쟁 해결 등의 과정에서 생긴다.

- '거래 비용'에 대한 정의와 설명이 제시되고 있으므로 '데이터의 생성 비용은 뭐고 거래 비용은 뭐지?'라면서 띄웠던 물음표를 모두 회수할 수 있다.
- '데이터 이동권이 법제화되면 기업 간 데이터 이동을 위한 계약 체결이나 분쟁 해결 등의 과정이 줄어들어 거래 비용이 줄어들겠네'라고 추론할 수 있다.

4. 그런데 데이터 이동권의 법제화로, ㉮ 정보 주체가 지정하여 데이터를 전송받게 된 기업은 ㉯ 정보 주체의 데이터를 보유했던 기업으로부터 데이터를 받으면 비용을 절감할 수 있다.

- '이때의 비용은 생성 비용과 거래 비용 모두를 말하겠군'이라고 추론할 수 있다.

5. 이에 따라 기업 간 공유나 유통이 촉진되고, 관련 산업이 활성화된다.

- 기업 간의 데이터 이동⇒비용 절감⇒공유나 유통 촉진⇒관련 산업 활성화

5 문단 [B]

1. 한편, 정보 주체가 보안의 신뢰성이 높고 데이터 제공에 따른 혜택이 많은 기업으로 데이터를 이동하면, 데이터가 집중되어 데이터의 공유나 유통이 위축될 수 있다는 우려도 있다.

- '데이터에서의 빈익빈 부익부를 말하는 건가'라고 추론할 수
있다.

- '이때 거래 비용이 발생할 수 있겠네'라고 추론할 수 있다.

04. 윗글의 내용과 일치하지 않는 것은?

① 데이터는 재사용할 수 있으며 물리적 형체가 없다.
② 교통 이용 내역이 집적·처리되면 경제적 가치를 지닌 데
이터가 될 수 있다.
③ 우리나라 현행법에는 정보 주체에게 데이터의 소유권을
인정하는 규정이 있다.
우리나라는 데이터에 대해 소유권이 아닌 이동권을 법으로 명
문화하고 있다.
④ 정보 주체의 데이터로 발생한 이득이 빅 데이터 보유자
에게 집중되는 것은 부당하다는 견해가 있다.
⑤ 데이터 이동권의 도입으로 정보 주체의 데이터 통제 범
위가 본인의 행동 양상과 관련된 부분으로 확대되었다.

05. [A], [B]의 입장에서 ㉮~㉲에 대해 이해한 내용으로 적절하지 않은 것은?

㉮ 정보 주체가 지정하여 데이터를 전송받게 된 기업
㉯ 정보 주체의 데이터를 보유했던 기업
㉰ 데이터 보유량이 적은 신규 기업
㉲ 데이터가 집중된 기존 기업

① [A]의 입장에서, ㉮는 데이터 이동권 도입을 통해 ㉯의
데이터를 재사용할 수 있게 되었으므로 데이터 생성 비
용을 줄일 수 있다고 보겠군.
② [A]의 입장에서, 정보 주체가 데이터 이동을 요청하여 데
이터를 전송받는 제3자가 ㉰라면, ㉰는 분쟁 없이 정보
주체의 데이터를 받게 되어 거래 비용을 줄일 수 있다고

보겠군.
③ [B]의 입장에서, ㉰가 ㉲와의 거래에 실패해 데이터를
수집하지 못하여 ㉰에 데이터 생성 비용이 발생하면, 데
이터 관련 산업의 시장에 진입하기 어려워질 수 있다고
보겠군.
④ [A]와 달리 [B]의 입장에서, 정보 주체의 데이터가 ㉯에
서 ㉲로 이동하여 집적·처리될수록 기업 간 공유나 유
통이 위축될 수 있다고 보겠군.
⑤ [B]와 달리 [A]의 입장에서, ㉯는 ㉮로 데이터를 이동하
여 경제적 이득을 취할 수 있으므로 데이터의 공유나 유
통의 활성화에 기여할 수 있다고 보겠군.

3문단 3번 문장: 데이터 이동권이란 정보 주체가 본인의 데이터
를 보유한 자에게 데이터 이동을 요청하면, 그 데이터를 본인 혹
은 지정한 제3자에게 **무상**으로 전송하게 하는 권리이다.
데이터 이동권의 정의에 따라 ㉯는 ㉮로 데이터를 이동하여 경
제적 이득을 취할 수 없다.

06. 윗글을 바탕으로 <보기>를 이해한 내용으로 적절하지 않은 것은? [3점]

<보기>

A 은행은 고객들의 데이터를 수집하고 이를 분석·가
공하여 자산 관리 데이터 서비스인 연령별·직업군별
등 고객 맞춤형 금융 상품 추천 서비스를 제공했다. 갑
은 본인의 데이터 제공에 동의하여 A 은행으로부터 소
정의 포인트를 받았다. 데이터 이동권이 법제화된 이후
갑은 B 은행 체크 카드를 발급받은 뒤, A 은행에 '계좌
자동 이체 항목', '체크 카드 사용 내역', '연령별 맞춤형
금융 상품 추천 서비스 내역'을 B 은행으로 이동할 것
을 요청했다.

'계좌 자동 이체 항목', '체크 카드 사용 내역'은 데이터 이동권의
영역에 해당하지만
'연령병 맞춤형 금융 상품 추천 서비스 내역'은 A 은행이 분석 및
가공한 것으로 데이터 이동권의 영역에 해당하지 않는다.

① 갑이 본인의 데이터를 이동 요청하면 A 은행은 갑의 '체
크 카드 사용 내역'을 B 은행으로 전송해야 한다.
② A 은행에 대한 갑의 데이터 이동 요청은 정보 주체의 자
율적 관리이므로 강화된 개인 정보 자기 결정권의 행사
이다.

③ 데이터의 소유권 주체가 정보 주체라고 본다면, 갑이 A 은행으로부터 받은 포인트는 본인의 데이터 제공에 대한 대가이다.

④ 갑이 본인의 데이터를 보유한 A 은행을 상대로 요청한 '연령별 맞춤형 금융 상품 추천 서비스 내역'은 데이터 이동권 행사의 대상이다.

⑤ 데이터 이동권의 법제화 이전에도 갑이 A 은행에서 B 은행으로 이동을 요청한 정보 중에서 '계좌 자동 이체 항목'은 이동이 가능했다.

07. 문맥상 ⓐ, ⓑ와 바꾸어 쓰기에 가장 적절한 것은?

빅 데이터의 생성 및 유통이 ⓐ 쉬워져

약정에 ⓑ 따라

① ⓐ: 용이(容易)해져 ⓑ: 근거(根據)히어
② ⓐ: 유력(有力)해져 ⓑ: 근거(根據)하여
③ ⓐ: 용이(容易)해져 ⓑ: 의탁(依託)하여
④ ⓐ: 원활(圓滑)해져 ⓑ: 의탁(依託)하여
⑤ ⓐ: 유력(有力)해져 ⓑ: 기초(基礎)하여

1 문단

1. ㉠ <u>경마식 보도</u>는 경마 중계를 하듯 지지율 변화나 득표율 예측 등을 집중 보도하는 선거 방송의 한 방식이다.

- '경마식 보도'에 대한 정의가 제시되고 있다.
- '경마식 보도'를 암기 시도할 필요가 있다.

2. 경마식 보도는 선거일이 가까워질수록 증가한다.

- 선거일과 가까워짐⇒경마식 보도 수↑

3. 새롭고 재미있는 정보를 원하는 시청자들의 요구에 부응하고, 방송사로서도 매일 새로운 뉴스를 제공하는 방편이 될 수 있기 때문이다.

- '경마식 보도가 선거일이 가까워질수록 증가하는 이유를 제시하고 있군'이라고 반응할 수 있다.

4. 경마식 보도는 선거와 정치에 무관심한 유권자들의 선거 참여, 정치 참여를 독려하는 장점이 있다.

- '경마식 보도의 장점을 제시하고 있군'이라고 반응할 수 있다.

5. 하지만 흥미를 돋우는 데 치중하는 경마식 보도는 선거의 주요 의제를 도외시하고 경쟁 결과에 초점을 맞춰 선거의 공정성을 저해할 수 있다.

- '경마식 보도의 단점을 제시하고 있군'이라고 반응할 수 있다.

2 문단

1. 경마식 보도의 문제점을 줄이려는 조치가 있다.

- '경마식 보도의 문제점을 어떻게 줄일까?'라고 물음표를 띄울 수 있다.
  단서가 부족해 추론은 어려워 보인다.

2. ㉠ 「공직선거법」의 규정에 따르면, 당선인을 예상케 하는 여론조사를 실시하는 것은 언제든지 가능하지만, 그 결과의 보도는 선거일 6일 전부터 투표 마감 시각까지 금지된다.

- '공직선거법'을 암기 시도할 필요가 있다.
- '당선인을 예상케 하는 여론조사를 선거일 6일 전부터 투표 마감 시각까지 그 사이에 실시해도 되지만 결과 보도는 그 사이에 금지되겠네'라고 추론할 수 있다.

3. 이러한 규정이 국민의 알 권리와 언론의 자유를 침해하는지에 대해 헌법재판소는 신뢰할 수 있는 여론조사 결과라 하더라도 선거일에 임박해 보도하면 선거에 영향을 끼칠 수 있다며 합헌 결정을 내렸다.

- '-라도'라는 표현이 등장했으므로 '신뢰할 수 있는 여론조사 결과든 신뢰할 수 없는 여론조사 결과든 뒷부분은 성립하는데 특히 신뢰할 수 있는 여론조사 결과일 때도 뒷부분은 성립한다'라고 바꾸어 읽을 수 있다.
- '경마식 보도가 야기할 수 있는 선거의 공정성 저해를 이렇게 제한할 수 있겠다'라고 반응할 수 있으므로 '경마식 보도의 문제점을 어떻게 줄일까?'라면서 띄웠던 물음표를 회수할 수 있다.

4. 「공직선거법」에 근거를 둔 ㉡ 「선거방송심의에 관한 특별규정」은 유권자에게 영향을 줄 수 있는 사실의 왜곡 보도를 금지하고, 여론조사 결과가 오차 범위 내에 있을 때에 이를 밝히지 않은 채로 서열이나 우열을 나타내는 보도도 금지하고 있다.

- '선거방송심의에 관한 특별규정'을 암기 시도할 필요가 있다.
- '이'를 '오차 범위'로 바꾸어 읽을 수 있다.
- '그럼 여론조사 결과가 오차 범위 내에 있을 때에 오차 범위를 밝힌다면 서열이나 우열을 나타내는 보도는 허용되는 건가?'라고 물음표를 띄울 수 있다.
  단서가 부족해 추론은 어려워 보인다.

5. 언론 단체의 ㉢ 「선거여론조사보도준칙」은 표본 오차를 감안하여 여론조사 결과를 정확하게 보도하도록 요구한다.

- '선거여론조사보도준칙'을 암기 시도할 필요가 있다.

6. 지지율 차이가 오차 범위 내에 있을 때 "경합"이라는 표현은 무방하지만 서열화하거나 "오차 범위 내에서 앞섰다."라는 표현처럼 우열을 나타내어 보도할 수 없다는 것이다.

- '선거방송심의에 관한 특별규정과 선거여론조사보도준칙을 모두 따른다면 여론조사 결과가 오차 범위 내에 있을 때 오차 범위를 밝히는 경우에도 서열이나 우열을 나타내면 안 되고 "오차 범위 내에서 경합한다"라고 보도해야 하겠네'라고 추론할 수 있으므로 '그럼 여론조사 결과가 오차 범위 내에 있을 때에 오차 범위를 밝힌다면 서열이나 우열을 나타내는 보도는 허용되는 건가?'라면서 띄웠던 물음표를 회수할 수 있다.

3 문단

1. 경마식 보도로부터 드러난 선거 방송의 한계를 보완하는 방책 중 하나로 선거 방송 토론회가 활용될 수 있다.

- '선거 방송 토론회'를 암기 시도할 필요가 있다.
- '경마식 보도'와 '선거 방송 토론회'를 구분하고 있으므로 둘을 대등 관계로 보아 시각적 수평 관계로 모델링할 수 있다.

2. 이 토론회를 통해 후보자 간 정책과 자질 등의 차이가 드러날 수 있는데, 현실적인 이유로 초청 대상자는 한정된다.

3. ⓛ 「공직선거법」의 선거 방송 토론회 규정은 5인 이상의 국회의원을 가진 정당이나 직전 선거에서 3% 이상 득표한 정당이 추천한 후보자, 또는 언론기관의 여론조사 결과 평균 지지율이 5% 이상인 후보자 등을 초청 기준으로 제시하고 있다.

- '「공직선거법」의 선거 방송 토론회 규정'을 암기 시도할 필요가 있다.

4. 다만 초청 대상이 아닌 후보자들을 위해 별도의 토론회 개최가 가능하고 시간이나 횟수를 다르게 할 수 있다.

- '주류만의 토론회와 비주류만의 토론회가 따로 열릴 수 있고, 시간이나 횟수가 서로 다를 수 있겠군'이라고 추론할 수 있다.

4 문단

1. 이러한 규정이 선거 운동의 기회균등 원칙을 침해하는지에 대해 헌법재판소는 위헌이 아니라고 결정했다.

- '왜 헌법재판소는 이러한 규정을 위헌이 아니라고 결정했을까?'라고 물음표를 띄울 수 있다.
  단서가 부족해 추론은 어려워 보인다.

2. ⓐ 다수 의견은 방송 토론회의 효율적 운영을 고려할 때 초청 대상 후보자 수가 너무 많으면 제한된 시간 안에 심층적인 토론이 이루어지기 어렵고, 유권자들도 관심이 큰 후보자들의 정책 및 자질을 직접 비교하기 어렵다는 점을 지적하며, 이 규정은 합리적 제한이라고 보았다.

- '다수 의견을 보니 왜 헌법재판소가 이러한 규정을 위헌이 아니라고 결정했는지 짐작할 수 있겠다'라고 반응할 수 있으므로 '왜 헌법재판소는 이러한 규정을 위헌이 아니라고 결정했을까?'라면서 띄웠던 물음표를 회수할 수 있다.

3. 반면 ⓑ 소수 의견은 이 규정이 가장 효과적인 선거 운동의 기회를 일부 후보자에게서 박탈하며, 유권자에게도 모든 후보자를 동시에 비교하지 못하게 하고, 초청 대상 후보자 토론회에 참여한 후보자와 그렇지 못한 후보자를 차별적으로 인식하게 만든다고 지적하였다.

- '다수 의견'과 '소수 의견'이 충돌하고 있으므로 둘을 대등 관계로 보아 시각적 수평 관계로 모델링할 수 있다.
- '모든'에 주목할 필요가 있다.
- '소수 의견을 주장하는 소수파는 해당 규정에 대한 헌법재판소의 결정에 반대하겠네'라고 추론할 수 있다.

4. 이 규정을 소수 정당이나 정치 신인 등에 대한 자의적이고 차별적인 침해라고 본 것이다.

04. ㉠에 대한 설명으로 가장 적절한 것은?

㉠ 경마식 보도

① 선거 기간의 후반기에 비해 전반기에 더 많다.
선거 기간의 후반기가 전반기에 비해 더 많다.
② 시청자와 방송사의 상반된 이해관계가 반영된다.
시청자와 방송사의 부합된 이해관계가 반영된다.

③ 당선자 예측과 관련된 정보의 전파에 초점을 맞추지 않는다.

당선자 예측과 관련된 정보의 전파에 초점을 맞출 것이다.

④ 선거의 핵심 의제에 관한 후보자의 입장을 다룬 보도를 중시한다.

선거의 핵심 의제에 관한 후보자의 입장을 다룬 보도를 도외시할 것이다.

⑤ 정치에 관심이 없던 유권자들이 선거에 관심을 갖도록 북돋운다.

05. 윗글에서 알 수 있는 내용으로 적절하지 않은 것은?

① 신뢰할 수 있는 여론조사의 결과를 보도하더라도 선거의 공정성을 위협할 수 있다.

② 정당의 추천을 받지 못해도 선거 방송의 초청 대상 후보자 토론회에 참여할 수 있다.

정당의 추천을 받지 못해도 언론기관의 여론조사 결과 평균 지지율이 5% 이상인 후보자라면 선거 방송의 초청 대상 후보자 토론회에 참여할 수 있다.

③ 국민의 알 권리와 언론의 자유가 서로 충돌하는지의 문제를 헌법재판소에서 논의한 적이 있다.

국민의 알 권리와 언론의 자유가 서로 충돌하는지의 문제가 아니라 「공직선거법」의 규정이 국민의 알 권리와 언론의 자유를 침해하는지의 문제를 헌법재판소에서 논의한 적이 있다.

④ 선거일에 당선인 예측 선거 여론조사를 실시하고 투표 마감 시각 이후에 그 결과를 보도할 수 있다.

⑤ 「공직선거법」에는 선거 운동의 기회가 모든 후보자에게 균등하게 배분되지 못하도록 할 가능성이 있는 규정이 있다.

「공직선거법」의 선거 방송 토론회 규정은 선거 방송 토론회의 초청 대상자를 제한하고 있으므로 「공직선거법」에는 선거 운동의 기회가 모든 후보자에게 균등하게 배분되지 못하도록 할 가능성이 있는 규정이 있다고 볼 수 있다.

06. ⓛ과 관련하여 ⓐ와 ⓑ의 입장에 대한 반응으로 가장 적절한 것은? [3점]

ⓛ 「공직선거법」의 선거 방송 토론회 규정

ⓐ 다수 의견은 방송 토론회의 효율적 운영을 고려할 때 초청 대상 후보자 수가 너무 많으면 제한된 시간 안에 심층적인 토론이

이루어지기 어렵고, 유권자들도 관심이 큰 후보자들의 정책 및 자질을 직접 비교하기 어렵다는 점을 지적하며, 이 규정은 합리적 제한이라고 보았다.

반면 ⓑ 소수 의견은 이 규정이 가장 효과적인 선거 운동의 기회를 일부 후보자에게서 박탈하며, 유권자에게도 모든 후보자를 동시에 비교하지 못하게 하고, 초청 대상 후보자 토론회에 참여한 후보자와 그렇지 못한 후보자를 차별적으로 인식하게 만든다고 지적하였다.

① 선거 방송 초청 대상 후보자 토론회에서 후보자들이 심층적인 토론을 하지 못한 원인이 시간의 제한이나 참여한 후보자의 수와 관계가 없다면 ⓐ의 입장은 강화되겠군.

선거 방송 초청 대상 후보자 토론회에서 후보자들이 심층적인 토론을 하지 못한 원인이 시간의 제한이나 참여한 후보자의 수와 관계가 없다면 ⓐ의 입장은 강화되지 않을 것이다.

② 주요 후보자의 정책이 가진 치명적 허점을 지적하고 좋은 대안을 제시해 유명해진 정치 신인이 선거 방송 초청 대상 후보자 토론회에 초청받지 못한다면 ⓐ의 입장은 약화되겠군.

③ 선거 방송 초청 대상 후보자 토론회에 참여할 적정 토론자의 수를 제한하는 기준이 국민의 합의에 의해 결정되었기 때문에 자의적인 것이 아니라고 한다면 ⓑ의 입장은 강화되겠군.

선거 방송 초청 대상 후보자 토론회에 참여할 적정 토론자의 수를 제한하는 기준이 국민의 합의에 의해 결정되었기 때문에 자의적인 것이 아니라고 한다면 ⓑ의 입장은 약화될 것이다.

④ 어떤 후보자가 지지율이 낮은 후보자 간의 별도 토론회에서 뛰어난 정치 역량을 보여 주었음에도 그 토론회에 참여했다는 이유만으로 지지율이 떨어진다면 ⓑ의 입장은 약화되겠군.

어떤 후보자가 지지율이 낮은 후보자 간의 별도 토론회에서 뛰어난 정치 역량을 보여 주었음에도 그 토론회에 참여했다는 이유만으로 지지율이 떨어진다면, 초청 대상 후보자 토론회에 참여한 후보자와 그렇지 못한 후보자를 차별적으로 인식하게 된 결과로 볼 수 있으므로 ⓑ의 입장은 강화될 것이다.

⑤ 유권자들이 뛰어난 역량을 가진 소수 정당 후보자를 주요 후보자들과 동시에 비교할 수 있는 가장 효율적인 방법이 선거 방송 초청 대상 후보자 토론회라면 ⓑ의 입장은 약화되겠군.

유권자들이 뛰어난 역량을 가진 소수 정당 후보자를 주요 후보

자들과 동시에 비교할 수 있는 가장 효율적인 방법이 선거 방송 초청 대상 후보자 토론회라면 ⓑ의 입장은 강화될 것이다.

07. ㉮~㉰에 따라 <보기>에 대한 언론 보도를 평가한 내용으로 적절하지 **않은** 것은?

> **< 보기 >**
>
> 다음은 ○○ 방송사의 의뢰로 △△ 여론조사 기관에서 세 차례 실시한 당선인 예측 여론조사 결과의 일부이다. (세 조사 모두 신뢰 수준 95%, 오차 범위 8.8%P임.)
>
> | 구분 | | 1차 조사 | 2차 조사 | 3차 조사 |
> |---|---|---|---|---|
> | 조사일 | | 선거일 15일 전 | 선거일 10일 전 | 선거일 5일 전 |
> | 조사 결과 | A 후보 | 42% | 38% | 39% |
> | | B 후보 | 32% | 37% | 38% |
> | | C 후보 | 18% | 17% | 17% |

㉮ 「공직선거법」의 규정에 따르면, 당선인을 예상케 하는 여론조사를 실시하는 것은 언제든지 가능하지만, 그 결과의 보도는 선거일 6일 전부터 투표 마감 시각까지 금지된다.

「공직선거법」에 근거를 둔 ㉯ 「선거방송심의에 관한 특별규정」은 유권자에게 영향을 줄 수 있는 사실의 왜곡 보도를 금지하고, 여론조사 결과가 오차 범위 내에 있을 때에 이를 밝히지 않은 채로 서열이나 우열을 나타내는 보도도 금지하고 있다.

언론 단체의 ㉰ 「선거여론조사보도준칙」은 표본 오차를 감안하여 여론조사 결과를 정확하게 보도하도록 요구한다. 지지율 차이가 오차 범위 내에 있을 때 "경합"이라는 표현은 무방하지만 서열화하거나 "오차 범위 내에서 앞섰다."라는 표현처럼 우열을 나타내어 보도할 수 없다는 것이다.

① 1차 조사 결과를 선거일 14일 전에 "A 후보, 10%P 이상의 차이로 B 후보와 C 후보에 우세"라고 보도하는 것은 ㉯와 ㉰ 중 어느 것에도 위배되지 않겠군.

② 2차 조사 결과를 선거일 9일 전에 "A 후보는 B 후보에 조금 앞서고, C 후보는 3위"라고 보도하는 것은 ㉯에 위배되지만, ㉰에 위배되지 않겠군.

2차 조사 결과를 선거일 9일 전에 "A 후보는 B 후보에 조금 앞서고, C 후보는 3위"라고 보도하는 것은, A 후보와 B 후보 간의 지지율 차이가 오차 범위 내에 있음에도 불구하고 오차 범위를 밝히지 않았으므로 ㉯에 위배되고, "경합"이라는 표현 대신 우열을 나타내는 표현을 사용하였으므로 ㉰에 위배된다.

③ 3차 조사 결과를 선거일 4일 전에 "A 후보는 오차 범위 내에서 1위"라고 보도하는 것은 ㉮와 ㉰에 모두 위배되겠군.

④ 1차 조사 결과를 선거일 14일 전에 "A 후보 1위, B 후보 2위, C 후보 3위"라고 보도하는 것은 ㉰에 위배되지 않고, 2차 조사 결과를 선거일 9일 전에 같은 표현으로 보도하는 것은 ㉰에 위배되겠군.

⑤ 2차 조사 결과를 선거일 9일 전에 "B 후보, A 후보와 오차 범위 내 경합"이라고 보도하는 것은 ㉯에 위배되지 않고, 3차 조사 결과를 선거일 4일 전에 같은 표현으로 보도하는 것은 ㉮에 위배되겠군.

1 문단

1. 정당과 같은 정치 조직이 민주적 방식과 절차로 운영되어야 하는 것은 당연하다.

- '정당'이 '정치 조직'에 포함됨을 알 수 있다.
- '-어야'라는 당위 진술을 가리키는 표현이 등장했으므로 '운영되지 않으면 안 되는 것'으로 바꾸어 읽을 수 있다.

2. 그런데 민주적 운영 체제를 갖추었으면서도 실제로는 일부 소수에게 권력이 집중되어 있는 경우도 적지 않다.

- '민주적 운영 체제를 갖추고 일부 소수에게 권력이 집중되어 있는 경우'와 '민주적 운영 체제를 갖추고 일부 소수에게 권력이 집중되어 있지 않은 경우'를 구분할 수 있으므로 둘을 대등 관계로 보아 시각적 수평 관계로 모델링할 수 있다.

3. 조직 운영에서 보이는 이러한 현상을 흔히 과두제라 한다.

- '과두제'에 대한 정의가 제시되고 있다.
- '과두제'를 암기 시도할 필요가 있다.

4. 이는 정치 조직에서뿐만 아니라 기업 경영에서도 나타난다.

- '앞으로 기업 경영에서의 과두제에 대해 설명하겠군'이라고 추론할 수 있다.

2 문단

1. 모든 주주가 경영진을 이루어 상호 협력 관계를 기반으로 기업을 운영하며 의사 결정권도 균등하게 행사하는 경우에 이를 '공동체적 경영'이라 부르기도 한다.

- '모든'에 주목할 필요가 있다.
- '공동체적 경영'에 대한 정의가 제시되고 있다.
- '공동체적 경영'을 암기 시도할 필요가 있다.

- '공동체적 경영은 민주적 운영 체제를 갖추고 일부 소수에게 권력이 집중되어 있지 않은 경우에 포함시킬 수 있겠군'이라고 반응할 수 있다.

2. 이런 기업에서 경영진은 모두 업무와 관련하여 전문성을 가지며, 경영 수익에 관련된 중요한 사항은 주주들이 공동으로 결정한다.

- '모두'에 주목할 필요가 있다.

3. 그러나 기업의 규모가 성장하고 사업이 다양해지면, 소수의 의사 결정에 따른 수직적 경영으로 효율성을 지향하는 '과두제적 경영'으로 나아가는 일도 있다.

- '과두제적 경영'에 대한 정의가 제시되고 있다.
- '과두제적 경영'을 암기 시도할 필요가 있다.
- '과두제적 경영은 민주적 운영 체제를 갖추고 일부 소수에게 권력이 집중되어 있는 경우에 포함시킬 수 있겠군'이라고 반응할 수 있다.

3 문단

1. 과두제적 경영 은 소수의 경영자로 이루어진 경영진이 강한 결속력을 가지면서 실질적 권한과 정보를 독점하며 기업을 운영하는 것을 말한다.

- '과두제적 경영'에 대한 정의가 다시 제시되고 있다.

2. 이런 체제는 전문성과 경험을 갖춘 경영진을 중심으로 안정적 경영권이 확보될 수 있도록 하여, 기업 전략을 장기적으로 수립하고, 이에 맞춰 과감하고 지속적인 투자를 할 수 있어서 첨단 핵심 기술의 개발에도 유리한 면이 있다.

- '과두제적 경영의 장점을 제시하고 있군'이라고 반응할 수 있다.

3. 그리고 기업과 경영진 간의 높은 일체성은 위기 상황에서 신속한 의사 결정으로 효율적인 대처를 하는 데 도움을 주기도 한다.

- '과두제적 경영의 또 다른 장점을 제시하고 있군'이라고 반응할 수 있다.

4 문단

1. 그런데 대체로 주주의 수가 많으면 개별 주주의 결정권은 약하고, 소수의 경영진이 기업을 장악하는 힘은 크다.

2. 이를 이용하여 정보와 권한이 집중된 소수의 경영진이 사익에 치중하면 다수 주주의 이익이 침해되는 폐해가 나타날 수 있다.

- '과두제적 경영의 단점을 제시하고 있군'이라고 반응할 수 있다.

3. 경영 성과를 실제보다 부풀려 투자를 유치한 뒤 주주들에게 회복하기 어려운 손해를 입히는 경우도 있으며, 기업 운영에 중대한 영향을 미치는 주요 정보들을 은폐하거나 경영 상황을 조작하여 발표함으로써 결과적으로 기업의 가치에 심각한 타격을 주는 사례도 종종 보게 된다.

- '소수의 경영진이 사익에 치중할 때 다수 주주의 이익이 침해되는 폐해의 구체적인 예시를 제시하고 있군'이라고 반응할 수 있다.

5 문단

1. 이러한 문제점을 완화하기 위해 기업이 경영자와 계약을 체결하여 급여 이외의 경제적 이익을 동기로 부여하는 방안이 있다.

- '급여 이외에 경제적 이익을 동기로 부여하는 방안에는 어떤 것이 있을까?'라고 물음표를 띄울 수 있다.
  '급여의 일정 부분을 주식으로 지급하는 방안이 있을 것 같은데'라고 추론할 수 있다.

2. 예를 들면, 일정 수량의 주식을 계약 시에 정한 가격으로 미래에 매수할 수 있도록 하는 스톡옵션의 권리를 경영자에게 부여하는 방식이 있다.

- '스톡옵션의 권리'에 대한 정의가 제시되고 있다.
- '스톡옵션의 권리'를 암기 시도할 필요가 있다.
- '경영자가 경영을 잘해서 주가가 오르면 스톡옵션의 권리를 행사하여 주가보다 싼 가격에 주식을 매입할 수 있기 때문에

스톡옵션의 권리는 경영자에게는 경영을 잘 이끌어야 할 급여 이외의 경제적 유인이 되겠네'라고 추론할 수 있으므로 '급여 이외에 경제적 이익을 동기로 부여하는 방안에는 어떤 것이 있을까?'라면서 띄웠던 물음표를 회수할 수 있다.

3. 이 권리를 행사할지 말지는 자유이고, 경영자는 매수 시점을 유리하게 선택할 수 있다.

- '아직 주가가 스톡옵션의 권리에서 정한 가격보다 낮다면 경영자는 스톡옵션의 권리를 행사하지 않고 주가를 올리려고 하겠네'라고 추론할 수 있다.

4. 또 아직 우리나라에 도입되지는 않았지만, 기업의 주식 가치가 목표치 이상으로 올랐을 때 경영자가 그에 상응하는 보상을 받는 주식 평가 보상권의 방식도 있다.

- '주식 평가 보상권'에 대한 정의가 제시되고 있다.
- '주식 평가 보상권'을 암기 시도할 필요가 있다.

6 문단

1. 기업 경영의 건전성을 확보하기 위해 마련된 공적 제도들은 과두제적 경영의 폐해를 방지하는 기능도 한다.

- '기업 경영의 건전성을 확보하기 위해 마련된 공적 제도들에는 어떤 것들이 있을까?'라고 물음표를 띄울 수 있다.
  '과장되거나 허위적인 정보를 주주들에게 제공해서는 안 된다는 법적 제도가 있을 것 같은데'라고 추론할 수 있다.

2. 기업의 주식 가치에 영향을 미칠 수 있는 정보 제공을 법적으로 의무화한 경영 공시 제도는 경영 투명성을 높이려는 것이다.

- '경영 공시 제도'에 대한 정의가 제시되고 있다.
- '경영 공시 제도'를 암기 시도할 필요가 있다.
- '이런 법적 제도를 통해 기업 경영의 건전성 내지는 투명성을 확보하는구나'라고 반응할 수 있으므로 '기업 경영의 건전성을 확보하기 위해 마련된 공적 제도들에는 어떤 것들이 있을까?'라면서 띄웠던 물음표를 회수할 수 있다.
- '기업의 주식 가치에 영향을 미칠 수 있는 정보들에는 어떤 것들이 있을까?'라고 물음표를 띄울 수 있다.
  '기업의 매출이나 순이익 같은 정보들을 생각해볼 수 있겠다'라고 추론할 수 있다.

　3. 이를 통해 경영진과 주주들 간 정보 격차가 줄어들 수
있다.

　4. 기업의 이사회에 외부 인사를 이사로 참여시키도록
하는 사외 이사 제도는 독단적인 의사 결정을 견제함으
로써 폐쇄적 경영으로 인한 정보와 권한의 집중을 억제
하는 효과를 거둘 수 있다.

- '사외 이사 제도'에 대한 정의가 제시되고 있다.
- '사외 이사 제도'를 암기 시도할 필요가 있다.

04. 윗글의 내용 전개 방식으로 가장 적절한 것은?

① 대상의 개념과 장단점을 제시하고 보완책을 소개한다.
과두제적 경영의 개념과 장단점을 제시하고 보완책을 소개하고
있다.
② 유사한 원리들을 분석하고 이를 하나의 이론으로 통합
한다.
③ 대립하는 유형을 들어 이론적 근거의 변천 과정을 설명
한다.
④ 가설을 세우고 그에 대해 현실적인 사례를 들어 가며 검
토한다.
⑤ 문제 상황의 근본 원인을 진단하고 해결책에 대한 상반
된 입장을 해설한다.

05. 과두제적 경영 에 대한 이해로 적절하지 않은 것은?

① 소수의 경영진이 내린 의사 결정이 수직적으로 집행되
는 효율성을 추구한다.
② 강한 결속력을 가진 소수의 경영자로 경영진을 이루어
경영권 유지에 강점이 있다.
③ 경영권이 안정되어 중요 기술 개발에 적극적인 투자를
계속하는 데에 유리하다는 장점이 있다.
④ 경영진이 투자자의 유입을 유도하기 위하여 경영 성과
를 부풀릴 위험성이 있어 이에 대비할 필요가 있다.
⑤ 경영진과 다수 주주 사이의 이해가 일치하는 경우에는
그렇지 않은 경우보다 기업 가치가 훼손될 위험성이 높아
진다.
4문단 2번 문장: 이를 이용하여 정보와 권한이 집중된 소수의

경영진이 사익에 치중하면 다수 주주의 이익이 침해되는 폐해
가 나타날 수 있다.
경영진과 다수 주주 사이의 이해가 일치하는 경우에는 그렇지
않은 경우보다 기업 가치가 훼손될 위험성이 낮아진다.

06. 윗글을 읽고 추론한 내용으로 적절하지 않은 것은?

① 스톡옵션의 권리를 가진 경영자는 주식 가격이 미리 정
　해 놓은 것보다 하락하더라도 손실을 입지 않을 수 있다.
스톡옵션의 권리를 가진 경영자는 주식 가격이 미리 정해 놓은
것보다 하락하더라도 스톡옵션의 권리를 행사하지 않음으로써
손실을 입지 않을 수 있다.
② 스톡옵션은 경영자의 성과 보상에 미래의 주식 가치가
　관련된다는 점에서 주식 평가 보상권과 차이가 있다.
스톡옵션은 경영자의 성과 보상에 미래의 주식 가치가 관련된
다는 점에서 주식 평가 보상권과 차이가 없다.
③ 경영 공시는 주주가 기업 경영 상황을 파악하여 기업 가
　치를 평가하는 데 유용한 제도가 될 수 있다.
④ 사외 이사 제도는 기업의 의사 결정에 외부 인사를 참여
　시켜 경영의 개방성을 높일 수 있는 제도라 평가할 수
　있다.
⑤ 경영 공시 제도와 사외 이사 제도는 기업의 중요 정보에
　대한 경영진의 독점을 완화할 수 있다.

서 논의를 하고 있다.

07. 윗글을 바탕으로 <보기>를 이해한 내용으로 가장 적절한 것은? [3점]

＜ 보기 ＞

X사는 정밀 부품 분야에서 독보적인 기술을 장기간 보유하여 발전시켜 온 기업으로서 시장 점유율도 높다. 원래 X사의 주주들은 모두 함께 경영진이 되어 중요 사항에 대하여 동등한 결정권을 보유하였으나, 기업이 성장하면서 효율성 증진을 위하여 소수의 주주만으로 경영진을 구성하였다. 경영진은 주기적으로 다른 주주들로 교체되어 전체 주주는 기업의 경영 상태를 파악할 수 있으며, 경영 이익의 분배와 같은 주요 사항은 전체 주주가 공동으로 의결한다. X사의 주주 A와 B는 회사의 진로에 관하여 다음과 같은 대화를 나누었다.

A: 최근 치열해진 경쟁에 대응하려면, 경영진의 구성원을 변동시키지 않고 경영 결정권도 경영진이 전적으로 행사하도록 하는 게 좋겠습니다.

B: 시장 점유율도 잘 유지되고 있고 우리 주주들의 전문성도 탁월하니, 예전처럼 회사를 운영한다고 하더라도 문제없을 듯합니다.

---

① X사는 주주들 사이의 평등성이 강하여 과도한 정보 격차나 권한 집중과 같은 폐해를 보이지 않는다.

② X사는 현재 경영진이 고정되는 구조로 바뀌었지만 주주가 실적에 대한 이익 분배를 결정할 수 있기 때문에 수직적 경영의 부작용은 나타나지 않는다.

X사는 현재 경영진이 고정되는 구조로 바뀌지 않았다.

③ A는 결속력이 강한 소수의 경영진을 중심으로 운영되는 경영 방식을 현행대로 유지하여야 시장의 점유율을 지킬 수 있다고 보는 입장이다.

A는 결속력이 강한 소수의 경영진을 중심으로 운영되는 경영 방식으로 바꾸어야 시장의 점유율을 지킬 수 있다고 보는 입장이다.

④ B는 수평적인 의사 결정 구조로의 전환을 최소한으로 하여 효율적 경영을 유지해야 한다고 보는 입장이다.

B는 수평적인 의사 결정 구조로의 전환을 최소한으로 하자고 주장하지 않았다. 또한 효율적 경영은 과두제적 경영에서 비롯될 수 있는 경영으로 B가 아닌 A가 주장할 만한 입장이다.

⑤ A와 B는 현재 X사가 경험과 전문성을 바탕으로 안정적인 과두제적 경영을 하고 있다는 전제에서 논의를 한다.

A와 B는 현재 X사가 과두제적 경영을 하지 않고 있다는 전제에

1 문단

1. 공정거래위원회는 시장 경쟁을 촉진하고 소비자 주권을 확립하기 위해, 사업자의 불공정한 거래 행위와 부당한 광고를 규제한다.

- '공정거래위원회'를 암기 시도할 필요가 있다.
- 불공정한 거래 행위∧부당한 광고 규제→시장 경쟁 촉진∧소비자 주권 확립
- '시장 경쟁을 촉진하고 소비자 주권을 확립하기 위해서 왜 불공정한 거래 행위와 부당한 광고를 규제할까?'라고 물음표를 띄울 수 있다.
  '불공정한 거래 행위, 예를 들어 과·독점에 따른 가격 담합을 규제함으로써 시장 경쟁을 촉진시킬 수 있겠네. 부당한 광고, 예를 들어 허위 광고를 규제함으로써 소비자 주권을 확립시킬 수 있겠네.'라고 추론할 수 있다.

2. 이를 위해 '공정거래법'과 '표시광고법'을 활용한다.

- '공정거래법', '표시광고법'을 암기 시도할 필요가 있다.
- '공정거래법'과 '표시광고법'을 대등 관계로 보아 시각적 수평 관계로 모델링할 수 있다.
- '공정거래법은 사업자의 불공정한 거래 행위 규제의 범주에 포함시킬 수 있고, 표시광고법은 부당한 광고 규제의 범주에 포함시킬 수 있겠네'라고 반응할 수 있다.

2 문단

1. '공정거래법'은 사업자의 재판매 가격 유지 행위를 원칙적으로 금지한다.

- '사업자의 재판매 가격 유지 행위가 뭐지?'라고 물음표를 띄울 수 있다.
  단서가 부족해 추론은 어려워 보인다.

2. ㉠ 재판매 가격 유지 행위란 사업자가 상품·용역을 거래할 때 거래 상대방 사업자 또는 그다음 거래 단계별 사업자에게 거래 가격을 정해 그 가격대로 판매·제공할 것을 강제하거나 그 가격대로 판매·제공하도록 그 밖의 구속 조건을 ⓐ 붙여 거래하는 행위이다.

- '재판매 가격 유지 행위'에 대한 정의가 제시되고 있으므로 '사업자의 재판매 가격 유지 행위가 뭐지?'라면서 띄웠던 물음표를 회수할 수 있다.
- '재판매 가격 유지 행위'를 암기 시도할 필요가 있다.
- '예를 들어 삼성에서 갤럭시 폰을 대리점에 판매할 때 소비자에게 해당 가격으로 팔라고 강제하는 행위를 재판매 가격 유지 행위로 볼 수 있겠네'라고 추론할 수 있다.

3. 이때 거래 가격에는 재판매 가격, 최고 가격, 최저 가격, 기준 가격이 포함된다.

- '거래 가격', '재판매 가격', '최고 가격', '최저 가격', '기준 가격'을 암기 시도할 필요가 있다.
- '재판매 가격', '최고 가격', '최저 가격', '기준 가격'이 '거래 가격'에 포함됨을 알 수 있다.

4. 권장 소비자 가격이라도 강제성이 있다면 재판매 가격 유지 행위에 해당한다.

- '-라도'라는 표현이 등장했으므로 '권장 소비자 가격이든 아니든 강제성이 있다면 재판매 가격 유지 행위에 해당하는데, 특히 권장 소비자 가격일 때도 강제성이 있다면 재판매 가격 유지 행위에 해당한다'라고 바꾸어 읽을 수 있다.
- '그러니까 합리적인 소비자 가격으로 판매하게 종용해도 강제성이 있다면 가격 유지 행위에 해당해서 공정거래법을 위반하는 거라는 거네'라고 반응할 수 있다.

3 문단

1. 재판매 가격 유지 행위는 사업자의 가격 결정의 자유, 즉 영업의 자유를 제한하고 사업자 간 가격 경쟁을 제한한다.

- '가격 결정의 자유'가 '영업의 자유'로 변형 반복됨을 알 수 있다.
- '1차 판매자가 2차 판매자의 가격 결정의 자유를 제한한다고

볼 수 있고 이에 따라 사업자 간 가격 경쟁을 제한할 수 있겠네'라고 반응할 수 있다.

2. 유통 조직의 효율성도 저하시킨다.

- '재판매 가격 유지 행위가 왜 유통 조직의 효율성도 저하시킬까?'라고 물음표를 띄울 수 있다.
'예를 들어 1차 판매자가 2차 판매자에게 높은 가격으로 판매하게 하면 3차 판매자는 더 높은 가격을 제시하고 그에 따라 소비자는 원가에 비해 터무니 없이 비싼 가격에 구매하기 때문인가'라고 추론할 수 있다.

3. 재판매 가격 유지 행위를 하는 사업자는 형사 처벌은 받지 않지만 시정명령이나 과징금 부과 대상이 될 수 있다.

- '시정명령'과 '과징금 부과'를 암기 시도할 필요가 있다.
- '공정거래법이 형법에 해당하지는 않나 보네'라고 추론할 수 있다.

4. 다만, '공정거래법'에 따라 공정거래위원회가 고시하는 출판된 저작물은 금지 대상이 아니다

- '공정거래위원회가 고시하는 출판된 저작물은 1차 판매자가 거래 가격을 2차 판매자에게 강제할 수 있다는 거네'라고 반응할 수 있다.

5. 또 경쟁 제한의 폐해보다 소비자 후생 증대 효과가 큰 경우 등 정당한 이유가 있으면 재판매 가격 유지 행위가 허용되는데, 그 이유는 사업자가 입증해야 한다.

- '경쟁 제한의 폐해보다 소비자 후생 증대 효과가 큰 경우의 구체적인 예시로 뭐가 있을까?'라고 물음표를 띄울 수 있다.
단서가 부족해 추론은 어려워 보인다.
- '-야'라는 당위 진술을 가리키는 표현이 등장했으므로 '그 이유는 사업자가 입증하지 않으면 안 된다'라고 바꾸어 읽을 수 있다.

4 문단

1. '표시광고법'은 소비자를 속이거나 오인하게 할 우려가 있는 부당한 광고를 금지한다.

2. 광고는 표현의 자유와 영업의 자유로 보호받는다.

- '영업의 자유'를 '가격 결정의 자유'로 바꾸어 읽을 수 있다.

3. 하지만 사실과 다르거나 사실을 지나치게 부풀리는 거짓·과장 광고, 사실을 은폐하거나 축소하는 기만 광고를 금지한다.

- '사실과 다른 광고는 거짓 광고고, 사실을 지나치게 부풀리는 광고는 과장 광고겠네'라고 반응할 수 있다.
- '거짓·과장 광고', '기만 광고'에 대한 정의가 제시되고 있다.
- '거짓·과장 광고', '기만 광고'를 암기 시도할 필요가 있다.

4. 이를 위반한 사업자는 시정명령이나 과징금 부과 또는 형사 처벌 대상이 될 수 있다.

- '표시광고법을 위반할 경우 공정거래법과 마찬가지로 시정명령이나 과징금 부과 대상이 될 수 있지만, 공정거래법과는 달리 형사 처벌 대상이 될 수 있네'라고 반응할 수 있다.

5 문단

1. 추천·보증과 이용후기를 활용한 인터넷 광고가 늘면서 부당광고 심사 기준이 중요해졌다.

2. 공정거래위원회의 '추천·보증 광고 심사 지침', '인터넷 광고 심사 지침'에 따르면 추천·보증은 사업자의 의견이 아니라 제3자의 독자적 의견으로 인식되는 표현으로서, 해당 상품·용역의 장점을 알리거나 구매·사용을 권장하는 것이다.

- '추천·보증 광고 심사 지침', '인터넷 광고 심사 지침'을 암기 시도할 필요가 있다.
- '추천·보증'에 대한 정의가 제시되고 있다.
- '추천·보증'을 암기 시도할 필요가 있다.

3. 경험적 사실을 근거로 추천·보증을 할 때는 실제 사용해 봐야 하고 추천·보증을 하는 내용이 경험한 사실에 부합해야 부당한 광고로 제재받지 않는다.

- '-야'라는 필요조건을 가리키는 표현이 등장했으므로 대우 규칙을 적용하여 '실제 사용해 보지 않거나 추천·보증을 하는 내용이 경험한 사실에 부합하지 않는다면 부당한 광고로 제재받

는다'라고 바꾸어 읽을 수 있다.

- '경험적 사실을 근거로 추천·보증을 할 때'와 '전문적 판단을 근거로 추천·보증을 할 때'를 구분하고 있으므로 둘을 대등 관계로 보아 시각적 수평 관계로 모델링할 수 있다.
- '-야'라는 당위 진술을 가리키는 표현이 등장했으므로 '전문적 지식에 부합하지 않으면 안 된다'라고 바꾸어 읽을 수 있다.

- '-야'라는 당위 진술을 가리키는 표현이 등장했으므로 '이를 명시하지 않으면 안 된다'라고 바꾸어 읽을 수 있다.

6 문단

- '이용후기 광고'에 대한 정의가 제시되고 있다.
- '이용후기 광고'를 암기 시도할 필요가 있다.

- '합리적 이유가 있다면 이는 부당한 광고가 될 수 없기도 하겠네'라고 추론할 수 있다.

- '비공개하거나 삭제하는 걸 넘어서 명예훼손죄로 고소하기도 하네'라고 반응할 수 있다.

- 이용후기가 공공의 이익에 관한 것으로 인정→게시자의 비방할 목적 부정→~명예훼손죄

04. 윗글을 통해 알 수 있는 내용으로 적절하지 않은 것은?

① 부당한 광고 행위에 대해서는 재판매 가격 유지 행위와 달리 형사 처벌이 내려질 수 있다.
② 거래 단계별 사업자에게 거래 가격을 강제하는 것은 유통 조직의 효율성 저하를 초래한다.
③ 재판매 가격 유지 행위의 정당성을 인정받고자 하는 사업자는 그 행위의 정당성을 입증할 책임을 진다.
④ 경험적 사실을 바탕으로 한 추천·보증은 심사 지침에 따라 해당 분야의 전문적 지식에 부합해야 한다.
경험적 사실을 바탕으로 한 추천·보증은 심사 지침에 따라 실제 사용해 봐야 하고 추천·보증을 하는 내용이 경험한 사실에 부합해야 한다.
⑤ 공정거래위원회가 고시하는 출판된 저작물의 사업자는 거래 상대방 사업자에게 기준 가격을 지정할 수 있다.

05. ㉠, ㉡에 대한 이해로 가장 적절한 것은?

㉠ 재판매 가격 유지 행위
㉡ 이용후기 광고

① ㉠은 소비자 후생 증대 효과가 시장 경쟁 제한의 폐해보다 작은 경우에 허용된다.
㉠은 소비자 후생 증대 효과가 시장 경쟁 제한의 폐해보다 큰 경우에 허용된다.
② ㉠을 '공정거래법'에서 금지하는 목적은 사업자의 가격 결정의 자유를 제한하기 위한 것이다.
㉠을 '공정거래법'에서 금지하는 목적은 사업자의 가격 결정의 자유를 제한하기 위한 것이 아니다. ㉠을 '공정거래법'에서 금지하는 것은 오히려 사업자의 가격 결정의 자유를 보장할 것이다.
③ ㉡을 할 때 사업자는 영업의 자유를 보호받지만 표현의 자유는 보호받지 못한다.

ⓛ을 할 때 사업자는 영업의 자유와 표현의 자유를 모두 보호받
는다.

④ ⓛ은 사업자가 자사의 홈페이지에 직접 작성해서 게시
한 이용후기를 광고로 활용하는 것을 포함하지 않는다.

ⓛ은 사업자가 자사 홈페이지 등에 게시된 소비자의 상품 이용
후기를 활용해 광고하는 것으로 사업자가 자사의 홈페이지에
직접 작성해서 게시한 이용후기를 광고로 활용하는 것을 포함
하지 않는다.

⑤ ㉠은 사업자와 소비자 간에, ⓛ은 소비자와 소비자 간에
직접 일어나는 행위이다.

㉠은 사업자와 사업자 간에, ⓛ은 소비자와 사업자 간에 직접 일
어나는 행위이다.

06. 윗글을 바탕으로 <보기>를 이해한 내용으로 적절하지 않은 것은? [3점]

> ── < 보기 > ──
>
> A 상품 제조 사업자인 갑은 거래 상대방 사업자에게
> 특정 판매 가격을 지정해 거래했다. 갑의 회사 홈페이
> 지에 A 상품에 대한 이용후기가 다수 게시되었다. 갑은
> 그중 A 상품의 품질 불량을 문제 삼은 이용후기 200개
> 를 삭제하고, 박○○ 교수팀이 A 상품을 추천·보증한
> 광고를 게시했다. 광고 대행사 직원 을은 A 상품의 효
> 능이 뛰어나다는 후기를 갑의 회사 홈페이지에 게시했
> 다. 소비자 병은 A 상품을 사용하며 발견한 하자를 찍
> 은 사진과 품질이 불량하다는 글을 갑의 회사 홈페이
> 지에 게시했다. 갑은 병을 명예훼손죄로 처벌해 달라며
> 수사 기관에 고소했다.

① 갑이 A 상품의 품질 불량을 은폐하기 위해 자신에게 불
리한 이용후기를 삭제하는 대신 비공개 처리하는 것도
부당한 광고에 해당하겠군.

A 상품의 품질 불량을 은폐하기 위함은 합리적 이유가 아니므
로 이용후기를 삭제하거나 비공개 처리하는 것은 부당한 광고
에 해당한다.

② 갑이 박○○ 교수팀이 A 상품을 실험·검증하고 우수성
을 추천·보증했다고 광고했으나 해당 실험이 진행된 적
이 없다면 갑은 부당한 광고 행위로 제재를 받겠군.

③ 갑이 거래 상대방에게 판매 가격을 지정하며 이를 준수
하도록 부과한 조건에 대해 정당성을 인정받지 못했더
라도 그 가격이 권장 소비자 가격이었다면 갑은 제재를

받지 않겠군.

갑이 거래 상대방에게 판매 가격을 지정하여 이를 준수하도록
부과한 조건에 대해 정당성을 인정받지 못했다면 그 가격이 권
장 소비자 가격이었더라도 갑은 제재를 받을 것이다.

④ 을이 갑으로부터 금전을 받고 갑의 회사 홈페이지에 A
상품의 장점을 알리는 이용후기를 게시했다면 대가성
이 있었다는 사실을 명시해야겠군.

⑤ 병이 A 상품을 직접 사용해 보고 그 상품의 결점을 제시
하면서 다른 소비자들에게 도움을 주려는 취지로 이용
후기를 게시한 점이 인정된다면 명예훼손죄가 성립되
지 않겠군.

07. ⓐ와 문맥상 의미가 가장 가까운 것은?

그 밖의 구속 조건을 ⓐ 붙여 거래하는 행위이다

① 그는 내 의견에 본인의 견해를 붙여 발언을 이어 갔다.
② 나는 수영에 재미를 붙여 수영장에 다니기로 결정했다.
③ 그는 따뜻한 바닥에 등을 붙여 잠깐 동안 잠을 청했다.
④ 나는 알림판에 게시물을 붙여 동아리 행사를 홍보했다.
⑤ 그는 숯에 불을 붙여 고기를 배부를 만큼 구워 먹었다.

1 문단

1. 리프킨은 사회적 상호 작용에서의 자기표현은 본질적으로 연극적이며, 표면 연기와 심층 연기로 ⓐ 이루어진다고 언급했다.

- '리프킨'을 암기 시도할 필요가 있다.
- '표면 연기', '심층 연기'와 '자기표현'이 부분 관계임을 알 수 있다.
- '표면 연기는 뭐고 심층 연기는 뭐야?'라고 물음표를 띄울 수 있다.
  '표면 연기는 내면을 중시하지 않고 표면적으로 연기하는 거고, 심층 연기는 내면을 중시하여 심층적으로 연기하는 건가'라고 추론할 수 있다.
- '표면 연기', '심층 연기'를 암기 시도할 필요가 있다.

2. 표면 연기는 내면의 자연스러운 감정보다 의례적인 표현과 같은 형식에 집중하여 연기하는 것이고, 심층 연기는 내면의 솔직한 정서를 ⓑ 불러내어 자신의 진정성을 보여 주는 것이다.

- '표면 연기'와 '심층 연기'에 대한 정의를 제시하고 있으므로 '표면 연기는 뭐고 심층 연기는 뭐야?'라면서 띄웠던 물음표를 회수할 수 있다.
- '표면 연기'와 '심층 연기'의 차이를 드러내고 있으므로 둘을 대등 관계로 보아 시각적 수평 관계로 모델링할 수 있다.

3. 인터넷에서의 커뮤니케이션에 주목한 리프킨은 가상 공간에서 자기표현이 더욱 활발히 이루어진다고 보았다.

- '앞으로 가상 공간에서의 자기표현에 대해 설명하겠군'이라고 추론할 수 있다.

2 문단

1. 가상 공간의 특성에 주목한 연구자들은 사람들과의 관계 속에서 드러나는 고유한 존재로서의 위상을 뜻하는 자기 정체성이 가상 공간에서 다양하게 ⓒ 나타난다고 본다.

- '자기 정체성'에 대한 정의가 제시되고 있다.
- '자기 정체성'을 암기 시도할 필요가 있다.

2. 가상 공간에서는 익명성이 작동하므로 현실에서 위축되는 사람도 적극적으로 자기표현을 할 수 있다.

- '-도'라는 표현이 등장했으므로 '현실에서 위축되는 사람 외에도 적극적으로 자기표현을 할 수 있겠군'이라고 추론할 수 있다.
- 익명성⇒적극적 자기표현

3. 아울러 현실에서의 자기 정체성을 ⓓ 감추고 다른 인격체로 활동하거나 현실에서 억압된 정서를 공격적으로 드러내기도 한다.

4. 게임 아이디, 닉네임, 아바타 등 가상 공간에서 개별적 대상으로 인식되는 '인터넷 ID'에 대한 사이버 폭력이 ⓔ 넘쳐 나는 현실도 이와 무관하지 않다.

- '게임 아이디', '닉네임', '아바타'가 '인터넷 ID'에 포함됨을 알 수 있다.
- '인터넷 ID'에 대한 정의가 제시되고 있다.
- '인터넷 ID'를 암기 시도할 필요가 있다.

3 문단

1. 사이버 폭력과 관련하여, 인터넷 ID만을 알고 있는 상황에서 그에 대해 명예훼손이나 모욕 등의 공격이 있을 때 가해자에게 법적인 책임을 물을 수 있는지에 대한 논란이 있어 왔다.

- '-만'이라는 표현이 등장했으므로 '인터넷 ID 외는 알고 있지 않는 상황'으로 바꾸어 읽을 수 있다.
- '인터넷 ID만을 알고 있는 상황에서 그에 대한 명예훼손이나 모욕 등의 공격이 있을 때 가해자에게 법적인 책임을 물을 수 없지 않을까'라고 추론할 수 있다.

2. 이는 인터넷 ID가 사회적 평판인 명예의 주체로 인정될 수 있는가와 관련된다.

- '명예'에 대한 정의가 제시되고 있다.

3. 인터넷 ID의 명예 주체성을 ㉠ 인정하는 입장에 따르면, 자기 정체성은 일원적·고정적인 것이 아니라 현실 세계와 가상 공간에 걸쳐 존재하고 상호 작용하는 복합적인 것이다.

- '인터넷 ID의 명예 주체성을 인정하는 입장에서는 인터넷 ID만을 알고 있는 상황에서 그에 대한 명예훼손이나 모욕 등의 공격이 있을 때 가해자에게 법적인 책임을 물을 수 있다고 보겠군'이라고 추론할 수 있다.

4. 인터넷에서의 자기 정체성은 사용자 개인의 자기 정체성의 일부이기 때문에 자기 정체성을 가진 인터넷 ID의 명예 역시 보호되어야 한다.

- '-야'라는 당위 진술을 가리키는 표현이 등장했으므로 '보호되지 않으면 안 되다'라고 바꾸어 읽을 수 있다.

5. 반면 ㉡ 인정하지 않는 입장에 따르면, 생성·변경·소멸이 자유롭고 복수로 개설이 가능한 인터넷 ID는 그 사용자인 개인을 가상 공간에서 구별하는 장치에 불과하다.

- '인터넷 ID의 명예 주체성을 인정하지 않는 입장에서는 인터넷 ID만을 알고 있는 상황에서 그에 대한 명예훼손이나 모욕 등의 공격이 있을 때 가해자에게 법적인 책임을 물을 수 없다고 보겠군'이라고 추론할 수 있다.
- '인정하는 입장'과 '인정하지 않는 입장'이 충돌하고 있으므로 둘을 대등 관계로 보아 시각적 수평 관계로 모델링할 수 있다.

6. 인터넷 ID는 현실에서의 성명과 달리 그 사용자인 개인과 동일시될 수 없고, 인터넷 ID 자체는 사람이 아니므로 명예 주체성을 인정할 수 없다는 것이다.

- '현실에서의 성명은 그 사용자인 개인과 동일시될 수 있겠군'이라고 추론할 수 있다.

4 문단

1. ㉮ 대법원은 실명을 거론한 경우는 물론, 실명을 거론하지 않았더라도 주위 사정을 종합할 때 지목된 사람이 누구인지를 제3자가 알 수 있는 경우에는 명예훼손이나 모욕에 대한 가해자의 법적 책임이 성립한다고 판시해 왔다.

- '-더라도'를 '-지만'으로 바꾸어 읽을 수 있다.
- '실명을 거론하지 않았지만 주위 사정을 종합할 때 지목된 사람이 누구인지를 제3자가 알 수 있는 경우는 인터넷 ID만을 알고 있는 상황은 아니겠군'이라고 반응할 수 있다.

2. 이를 수용한 헌법재판소에서는 인터넷 ID와 관련된 명예훼손·모욕 사건의 헌법 소원에 대한 결정을 내린 바 있다.

3. 이 결정에서 ㉯ 다수 의견은 인터넷 ID만을 알 수 있을 뿐 그 사용자가 누구인지 제3자가 알 수 없다면 피해자가 특정되지 않아 명예훼손이나 모욕에 대한 가해자의 법적 책임이 성립하지 않는다고 보았다.

- '인터넷 ID만을 알고 있는 상황'과 '실명을 거론하지 않았지만 주위 사정을 종합할 때 지목된 사람이 누구인지를 제3자가 알 수 있는 경우'를 구분하고 있으므로 둘을 대등 관계로 보아 시각적 수평 관계로 모델링할 수 있다.
- '인터넷 ID만을 알고 있는 상황에서 대법원과 다수 의견은 명예훼손이나 모욕에 대한 가해자의 법적 책임이 성립하지 않는다고 보겠지만, 실명을 거론하지 않았지만 주위 사정을 종합할 때 지목된 사람이 누구인지를 제3자가 알 수 있는 경우에서 대법원과 다수 의견은 명예훼손이나 모욕에 대한 가해자의 법적 책임이 성립한다고 보겠군'이라고 추론할 수 있다.

4. 반면 인터넷 ID는 가상 공간에서 성명과 같은 기능을 하므로 제3자의 인식 여부가 법적 책임의 근거가 될 수 없다는 ㉰ 소수 의견도 제시되었다.

- '다수 의견'과 '소수 의견'이 충돌하고 있으므로 둘을 대등 관계로 보아 시각적 수평 관계로 모델링할 수 있다.
- '소수 의견은 대법원과 다수 의견과 달리 인터넷 ID만을 알고 있는 상황과 실명을 거론하지 않았지만 주위 사정을 종합할 때 지목된 사람이 누구인지를 제3자가 알 수 있는 경우 모두에서 명예훼손이나 모욕에 대한 가해자의 법적 책임이 성립한다고 보겠군'이라고 반응할 수 있다.

14. 윗글의 내용과 일치하지 <u>않는</u> 것은?

① 심층 연기는 내면의 진솔한 정서를 드러내기 위해 형식
 에 집중하는 자기표현이다.

심층 연기는 내면의 진솔한 정서를 불러내어 자신의 진정성을
보여주는 자기표현이다. 형식에 집중하는 자기표현은 표면 연
기이다.

② 리프킨은 현실 세계보다 가상 공간에서 자기표현이 더
 욱 왕성하게 드러난다고 보았다.

③ 가상 공간에서 개별적인 것으로 인식되는 아바타는 사
 이버 폭력의 대상이 될 수 있다.

④ 익명성은 가상 공간에서 자기 정체성이 다양하게 나타
 나는 데 영향을 미치는 가상 공간의 특성이다.

⑤ 가상 공간에서의 자기 정체성은 현실에서의 자기 정체
 성과 마찬가지로 타인과의 관계 속에서 나타난다.

15. ㉠과 ㉡에 대한 이해로 가장 적절한 것은?

인터넷 ID의 명예 주체성을 ㉠ 인정하는 입장
㉡ 인정하지 않는 입장

① ㉠은 ㉡과 달리 자기 정체성을 단일하고 고정적인 것으
 로 파악하겠군.

㉡은 ㉠과 달리 자기 정체성을 단일하고 고정적인 것으로 파악
할 것이다.

② ㉠은 ㉡과 달리 인터넷 ID에 대한 공격을 그 사용자인
 개인에 대한 공격이라고 보겠군.

③ ㉡은 ㉠과 달리 인터넷에서의 자기 정체성과 현실 세계
 의 자기 정체성이 상호 작용을 한다고 보겠군.

㉠은 ㉡과 달리 인터넷에서의 자기 정체성과 현실 세계의 자기
정체성이 상호 작용을 한다고 볼 것이다.

④ ㉡은 ㉠과 달리 인터넷 ID는 복수 개설이 가능하므로 자
 기 정체성이 복합적으로 구성된다고 보겠군.

㉡은 ㉠과 달리 인터넷 ID는 복수 개설이 가능하므로 자기 정체
성이 단일적으로 구성된다고 볼 것이다.

⑤ ㉠과 ㉡은 모두, 인터넷 ID마다 개인의 자기 정체성이
 다르다고 보겠군.

㉡은 인터넷 ID마다 개인의 자기 정체성이 다르다고 보지 않을
것이다.

16. 윗글을 바탕으로 <보기>를 이해한 내용으로 적절하
 지 <u>않은</u> 것은? [3점]

─── < 보기 > ───

 ○○ 인터넷 카페의 이용자 A는 a, B는 b, C는 c라는
ID를 사용한다. 박사 학위 소지자인 A는 □□ 전시관의
해설사이고, B는 같은 전시관에서 물고기 관리를 혼자
전담한다. 이 전시관의 누리집에는 직무별로 담당자가
공개되어 있다. 어떤 사람이 □□ 전시관에서 A의 해설
을 듣고 A의 실명을 언급한 후기를 카페 게시판에 올리
자 다음과 같은 댓글이 달렸다.

A의 해설에 대한 후기
└ b │ A가 박사인지 의심스럽다. A는 #~#.
└ a │ □□ 전시관에서 물고기를 관리하는 b는 #~#.
└ c │ 게시판 분위기를 흐리는 a는 #~#.

(단, '#~#'는 명예를 훼손하거나 모욕을 주는 표현이
고 A, B, C는 실명이다. ID로는 그 사용자의 개인 정보
를 알 수 없으며, A, B, C의 법적 책임에 영향을 미치는
다른 요소는 고려하지 않는다.)

㉮ 대법원
㉯ 다수 의견
㉰ 소수 의견

① ㉮는 B가 가해자로서의 법적 책임을 져야 하지만 C는
 가해자로서의 법적 책임을 지지 않는다고 보겠군.

② ㉯는 B가 가해자로서의 법적 책임을 져야 하지만 A는
 가해자로서의 법적 책임을 지지 않는다고 보겠군.

㉯는 B가 가해자로서의 법적 책임을 져야 하고 A도 가해자로서
의 법적 책임을 져야 한다고 볼 것이다. 왜냐하면 B는 'A는 #~#.'
라고 A의 실명을 언급하며 명예를 훼손하거나 모욕을 주는 표
현을 게시했기 때문이고, A는 '□□ 전시관에서 물고기를 관리
하는 b는 #~#.'라고 실명을 거론하지 않고 명예를 훼손하거나
모욕을 주는 표현을 게시했지만 <보기>에서 이 전시관의 누리
집에는 직무별로 담당자가 공개되어 있다고 했으므로 주위 사
정을 종합할 때 지목된 사람이 누구인지를 제3자가 알 수 있는
경우이기 때문이다.

③ ㉮와 ㉰는 A가 가해자로서의 법적 책임을 져야 하는지
 의 여부에 대해 같게 보겠군.

㉮와 ㉰는 A가 가해자로서의 법적 책임을 져야 한다고 볼 것이다.

④ ㉯와 ㉰는 B가 가해자로서의 법적 책임을 져야 하는지

의 여부에 대해 같게 보겠군.

⑤ ㉮, ㉯, ㉰가, C가 가해자로서의 법적 책임을 져야 하는
　지의 여부에 대해 판단한 내용이 모두 같지는 않겠군.

17. 문맥상 ⓐ~ⓔ와 바꿔 쓰기에 가장 적절한 것은?

① ⓐ: 완성(完成)된다고
② ⓑ: 요청(要請)하여
③ ⓒ: 표출(表出)된다고
④ ⓓ: 기만(欺瞞)하고
⑤ ⓔ: 확충(擴充)되는

PART 03

과학

과학

2017학년도 9월 모평

31번~34번

1 문단

1. 18세기에는 열의 실체가 칼로릭(caloric)이며 칼로릭은 온도가 높은 쪽에서 낮은 쪽으로 흐르는 성질을 갖고 있는, 질량이 없는 입자들의 모임이라는 생각이 받아들여지고 있었다.

- '칼로릭'에 대한 정의가 제시되고 있다.
- '칼로릭'을 암기 시도할 필요가 있다.
- '질량이 없는 입자라는 게 실존하기는 하는 거야? 18세기에는 이런 말도 안 되는 개념을 참이라고 여겼구나'라고 반응할 수 있다.

2. 이를 칼로릭 이론이라 ㉠ 부르는데, 이에 따르면 찬 물체와 뜨거운 물체를 접촉시켜 놓았을 때 두 물체의 온도가 같아지는 것은 칼로릭이 뜨거운 물체에서 차가운 물체로 이동하기 때문이라는 것이다.

- '칼로릭 이론'을 암기 시도할 필요가 있다.

3. 이러한 상황에서 과학자들의 큰 관심사 중의 하나는 증기 기관과 같은 열기관의 열효율 문제였다.

- '증기 기관'이 '열기관'에 포함됨을 알 수 있다.
- '증기 기관과 같은 열기관의 열효율 문제가 앞으로 제시되겠군'이라고 반응할 수 있다.

2 문단

1. 열기관은 높은 온도의 열원에서 열을 흡수하고 낮은 온도의 대기와 같은 열기관 외부에 열을 방출하며 일을 하는 기관을 말하는데, 열효율은 열기관이 흡수한 열의 양 대비 한 일의 양으로 정의된다.

- '열기관'에 대한 정의가 제시되고 있다.
- '열효율'에 대한 정의가 제시되고 있다.
- 수식이 등장했으므로 다음과 같이 정리할 수 있다.
  열효율 = 열기관이 한 일의 양 / 열기관이 흡수한 열의 양

2. 19세기 초에 카르노는 열기관의 열효율 문제를 칼로릭 이론에 기반을 두고 ㉡ 다루었다.

- '카르노'를 암기 시도할 필요가 있다.

3. 카르노는 물레방아와 같은 수력 기관에서 물이 높은 곳에서 낮은 곳으로 ㉢ 흐르면서 일을 할 때 물의 양과 한 일의 양의 비가 높이 차이에만 좌우되는 것에 주목하였다.

- '물레방아'가 '수력 기관'에 포함됨을 알 수 있다.
- '-만'이라는 표현이 등장했으므로 '일을 할 때 물의 양과 한 일의 양의 비가 높이 차이 외에는 좌우되지 않는다'라고 바꾸어 읽을 수 있다.

4. 물이 높이 차에 의해 이동하는 것과 흡사하게 칼로릭도 고온에서 저온으로 이동하면서 일을 하게 되는데, 열기관의 열효율 역시 이러한 두 온도에만 의존한다는 것이었다.

- '-만'이라는 표현이 등장했으므로 '이러한 두 온도 외에는 의존하지 않는다는 것이었다'라고 바꾸어 읽을 수 있다.
- 논증을 다음과 같이 정리할 수 있다.
1. 수력 기관과 열기관은 유사하다.
2. 수력 기관에서 물이 높은 곳에서 낮은 곳으로 흐르면서 일을 할 때 물의 양과 한 일의 양의 비가 높이 차이에만 좌우된다.
따라서 열기관에서도 열효율은 두 온도에만 의존한다.

3 문단

1. 한편 1840년대에 줄(Joule)은 일정량의 열을 얻기 위해 필요한 각종 에너지의 양을 측정하는 실험을 행하였다.

- '줄'을 암기 시도할 필요가 있다.
- '일을 얻기 위해 열을 이용하는 열기관에 관심을 가진 카르노와는 달리 줄은 열을 얻기 위해 필요한 각종 에너지의 양을 측정하는 실험을 했군'이라고 반응할 수 있다.
- '카르노'와 '줄'의 차이를 인지할 수 있으므로 둘을 대등 관계로 보아 시각적 수평 관계로 모델링할 수 있다.

2. 대표적인 것이 열의 일당량 실험이었다.

- '열의 일당량 실험이 뭐야?'라고 물음표를 띄울 수 있다.

단서가 부족해 추론은 어려워 보인다.

3. 이 실험은 열기관을 대상으로 한 것이 아니라, 추를 낙하시켜 물속의 날개바퀴를 회전시키는 실험이었다.

- '역학적 에너지를 열로 바꾸는 실험을 한 건가'라고 추론할 수 있다.

4. 열의 양은 칼로리(calorie)로 표시되는데, 그는 역학적 에너지인 일이 열로 바뀌는 과정의 정밀한 실험을 통해 1kcal의 열을 얻기 위해서 필요한 일의 양인 열의 일당량을 측정하였다.

- '열의 일당량'에 대한 정의가 제시되고 있으므로 '열의 일당량 실험이 뭐야?'라면서 띄웠던 물음표를 회수할 수 있다.
- '열의 일당량'을 암기 시도할 필요가 있다.

5. 줄은 이렇게 일과 열은 형태만 다를 뿐 서로 전환이 가능한 물리량이므로 등가성을 갖는다는 것을 입증하였으며, 열과 일이 상호 전환될 때 열과 일의 에너지를 합한 양은 일정하게 보존된다는 사실을 알아내었다.

- '-만'이라는 표현이 등장했으므로 '형태 외는 다르지 않을 뿐'이라고 바꾸어 읽을 수 있다.

6. 이후 열과 일뿐만 아니라 화학 에너지, 전기 에너지 등이 등가성을 가지며 상호 전환될 때에 에너지의 총량은 변하지 않는다는 에너지 보존 법칙이 입증되었다.

- '에너지 보존 법칙'에 대한 정의가 제시되고 있다.

4 문단

1. 열과 일에 대한 이러한 이해는 카르노의 이론에 대한 과학자들의 재검토로 이어졌다.

2. 특히 톰슨은 ⓐ 칼로릭 이론에 입각한 카르노의 열기관에 대한 설명이 줄의 에너지 보존 법칙에 위배된다고 지적하였다.

- '톰슨'을 암기 시도할 필요가 있다.
- '칼로릭 이론에 입각한 카르노의 열기관에 대한 설명이 어떻게 줄의 에너지 보존 법칙에 위배된다는 거지?'라고 물음표를 띄울 수 있다.

단서가 부족해 추론은 어려워 보인다.

3. 카르노의 이론에 의하면, 열기관은 높은 온도에서 흡수한 열 전부를 낮은 온도로 방출하면서 일을 한다.

- '아 에너지 보존 법칙에 의하면 열기관이 높은 온도에서 흡수한 열 **전부**를 낮은 온도로 방출하면서 일을 하는 건 있을 수 없는 일이네. 카르노 이론에 입각하면 인풋보다 아웃풋이 더 커지는 거니까'라고 추론할 수 있으므로 '칼로릭 이론에 입각한 카르노의 열기관에 대한 설명이 어떻게 줄의 에너지 보존 법칙에 위배된다는 거지?'라면서 띄웠던 물음표를 회수할 수 있다.

4. 이것은 줄이 입증한 열과 일의 등가성과 에너지 보존 법칙에 ⓔ 어긋나는 것이어서 열의 실체가 칼로릭이라는 생각은 더 이상 유지될 수 없게 되었다.

5. 하지만 열효율에 관한 카르노의 이론은 클라우지우스의 증명으로 유지될 수 있었다.

- '클라우지우스'를 암기 시도할 필요가 있다.

6. 그는 카르노의 이론이 유지되지 않는다면 열은 저온에서 고온으로 흐르는 현상이 ⓓ 생길 수도 있을 것이라는 가정에서 출발하여, 열기관의 열효율은 열기관이 고온에서 열을 흡수하고 저온에 방출할 때의 두 작동 온도에만 관계된다는 카르노의 이론을 증명하였다.

- 논증을 다음과 같이 정리할 수 있다.
1. 카르노의 이론이 유지되지 않는다면 열이 저온에서 고온으로 흐르는 현상이 생길 수도 있다.
2. 열이 저온에서 고온으로 흐르는 현상은 생기지 않는다.
따라서 카르노의 이론은 유지되어야 한다.

5 문단

1. 클라우지우스는 자연계에서는 열이 고온에서 저온으로만 흐르고 그와 반대되는 현상은 일어나지 않는 것과 같이 경험적으로 알 수 있는 방향성이 있다는 점에 주목하였다.

2. 또한 일이 열로 전환될 때와는 달리, 열기관에서 열 전부를 일로 전환할 수 없다는, 즉 열효율이 100%가 될 수 없다는 상호 전환 방향에 관한 비대칭성이 있다는 사실에 주목하였다.

- '일이 열로 전환될 때는 일의 양 전부가 열로 전환될 수 있는데, 열이 일로 전환될 때는 열의 양 전부를 일의 양으로 전환할 수는 없다. 즉 열의 양 중 일부만 일의 양으로 전환된다는 말이겠네.'라고 반응할 수 있다.

3. 이러한 방향성과 비대칭성에 대한 논의는 이를 설명할 수 있는 새로운 물리량인 엔트로피의 개념을 낳았다.

31. 윗글에서 알 수 있는 내용으로 가장 적절한 것은?

① 열기관은 외부로부터 받은 일을 열로 변환하는 기관이다.
열기관은 외부로부터 받은 열을 일로 변환하는 기관이다.

② 수력 기관에서 물의 양과 한 일의 양의 비는 물의 온도 차이에 비례한다.
수력 기관에서 물의 양과 한 일의 양의 비는 물의 높이 차이에 비례한다.

③ 칼로릭 이론에 의하면 차가운 쇠구슬이 뜨거워지면 쇠구슬의 질량은 증가하게 된다.
칼로릭 이론에 의하면 차가운 쇠구슬이 뜨거워지면 쇠구슬의 질량은 그대로이다. 왜냐하면 칼로릭은 질량이 없는 입자이기 때문이다.

④ 칼로릭 이론에서는 칼로릭을 온도가 낮은 곳에서 높은 곳으로 흐르는 입자라고 본다.
칼로릭 이론에서는 칼로릭을 온도가 높은 곳에서 낮은 곳으로 흐르는 입자라고 본다.

⑤ 열기관의 열효율은 두 작동 온도에만 관계된다는 이론은 칼로릭 이론의 오류가 밝혀졌음에도 유지되었다.

32. 윗글로 볼 때 ⓐ의 내용으로 가장 적절한 것은?

ⓐ 칼로릭 이론에 입각한 카르노의 열기관에 대한 설명이 줄의 에너지 보존 법칙에 위배된다고 지적

① 화학 에너지와 전기 에너지는 서로 전환될 수 없는 에너지라는 점

② 열의 실체가 칼로릭이라면 열기관이 한 일을 설명할 수 없다는 점
열의 실체가 칼로릭이라면 열기관에서 높은 온도에서 흡수한 열 전부를 낮은 온도로 방출할 때 이미 인풋과 아웃풋의 에너지 양은 보존되고 있기 때문에 열기관이 한 일은 추가적인 아웃풋이므로 설명할 수 없다고 볼 수 있다.

③ 자연계에서는 열이 고온에서 저온으로만 흐르는 것과 같은 방향성이 있는 현상이 존재한다는 점

④ 열효율에 관한 카르노의 이론이 맞지 않는다면 열은 저온에서 고온으로 흐르는 현상이 생길 수 있다는 점

⑤ 열기관의 열효율은 열기관이 고온에서 열을 흡수하고 저온에 방출할 때의 두 작동 온도에만 관계된다는 점

33. 윗글을 바탕으로 할 때, <보기>의 [가]에 들어갈 말로 가장 적절한 것은? [3점]

─── < 보기 > ───

줄의 실험과 달리, 열기관이 흡수한 열의 양(A)과 열기관으로부터 얻어진 일의 양(B)을 측정하여 $\frac{B}{A}$ 로 열의 일당량을 구하면, 그 값은 ([가])는 결과가 나올 것이다.

1kcal의 열을 얻기 위해서 필요한 일의 양인 열의 일당량

① 열기관의 두 작동 온도의 차이가 일정하다면 줄이 구한 열의 일당량과 같다

② 열기관이 열을 흡수할 때의 온도와 상관없이 줄이 구한 열의 일당량과 같다

③ 열기관이 흡수한 열의 양이 많을수록 줄이 구한 열의 일당량 보다 더 커진다

④ 열기관의 두 작동 온도의 차이가 커질수록 줄이 구한 열의 일당량보다 더 커진다

⑤ 열기관이 흡수한 열의 양과 두 작동 온도에 상관없이 줄이 구한 열의 일당량보다 작다
일이 열로 전환될 때는 일이 전부 열로 전환될 수 있지만, 열이 일로 전환될 때는 열이 전부 일로 전환될 수 없기 때문에, 즉 열의 일부만 일로 전환되기 때문에 열기관에서의 열의 일당량을 구하면, 그 값은 열기관이 흡수한 열의 양과 두 작동 온도에 상관없이 줄이 구한 열의 일당량보다 작을 수밖에 없다.

34. 윗글의 ㉠~㉤과 같은 의미로 사용된 것은?

이를 칼로릭 이론이라 ㉠ <u>부르는데</u>

열효율 문제를 칼로릭 이론에 기반을 두고 ㉡ <u>다루었다</u>

물이 높은 곳에서 낮은 곳으로 ㉢ <u>흐르면서</u>

에너지 보존 법칙에 ㉣ <u>어긋나는</u>

열은 저온에서 고온으로 흐르는 현상이 ㉤ <u>생길</u>

① ㉠: 웃음은 또 다른 웃음을 <u>부르는</u> 법이다.

② ㉡: 그는 익숙한 솜씨로 기계를 <u>다루고</u> 있었다.

③ ㉢: 이야기가 엉뚱한 방향으로 <u>흐르고</u> 있다.

④ ㉣: 그는 상식에 <u>어긋나는</u> 일을 한 적이 없다.

⑤ ㉤: 하늘을 보니 당장이라도 비가 오게 <u>생겼다.</u>

1 문단

1. 탄수화물은 사람을 비롯한 동물이 생존하는 데 필수적인 에너지원이다.

- '탄수화물'에 대한 정의가 제시되고 있다.
- '사람'이 '동물'에 포함됨을 알 수 있다.

2. 탄수화물은 섬유소와 비섬유소로 구분된다.

- '섬유소'와 '비섬유소'가 '탄수화물'에 포함됨을 알 수 있다.
- '섬유소'와 '비섬유소'가 구분되고 있으므로 둘을 대등 관계로 보아 시각적 수평 관계로 모델링할 수 있다.

3. 사람은 체내에서 합성한 효소를 이용하여 곡류의 녹말과 같은 비섬유소를 포도당으로 분해하고 이를 소장에서 흡수하여 에너지원으로 이용한다.

- '녹말'이 '비섬유소'에 포함됨을 알 수 있다.

4. 반면, 사람은 풀이나 채소의 주성분인 셀룰로스와 같은 섬유소를 포도당으로 분해하는 효소를 합성하지 못하므로, 섬유소를 소장에서 이용하지 못한다.

- '셀룰로스'와 '풀이나 채소'는 부분 관계임을 알 수 있다.
- '셀룰로스'가 '섬유소'에 포함됨을 알 수 있다.
- '셀룰로스'를 암기 시도할 필요가 있다.
- '비섬유소는 사람이 그것을 분해할 수 있는 효소가 있기 때문에 에너지원으로 이용할 수 있지만 섬유소는 사람이 그것을 분해할 수 있는 효소가 없으므로 에너지원으로 이용할 수 없구나'라고 반응할 수 있다.

5. ㉠ 소, 양, 사슴과 같은 반추 동물도 섬유소를 분해하는 효소를 합성하지 못하는 것은 마찬가지이지만, 비섬유소와 섬유소를 모두 에너지원으로 이용하며 살아간다.

- '소', '양', '사슴'이 '반추 동물'에 포함됨을 알 수 있다.
- '반추 동물'을 암기 시도할 필요가 있다.
- '섬유소를 분해하는 효소를 합성하지 못하는데 어떻게 반추 동물이 섬유소도 에너지원으로 이용할 수 있는 거지?'라고 물

음표를 띄울 수 있다.
단서가 부족해 추론은 어려워 보인다.

2 문단

1. 위(胃)가 넷으로 나누어진 반추 동물의 첫째 위인 반추위에는 여러 종류의 미생물이 서식하고 있다.

- '반추위'에 대한 정의가 제시되고 있다.
- '반추위'를 암기 시도할 필요가 있다.
- '반추위에 서식하는 미생물이 섬유소를 포도당으로 분해시켜 주고 반추 동물이 그 포도당을 이용할 수 있게 되는 건가'라고 추론할 수 있다.

2. 반추 동물의 반추위에는 산소가 없는데, 이 환경에서 왕성하게 생장하는 반추위 미생물들은 다양한 생리적 특성을 가지고 있다.

3. 그중 ⓐ 피브로박터 숙시노젠(F)은 섬유소를 분해하는 대표적인 미생물이다.

- '피브로박터 숙시노젠(F)'를 암기 시도할 필요가 있다.
- 'F'가 '반추위 미생물'에 포함됨을 알 수 있다.
- '반추위에 사는 미생물이 섬유소를 분해해서 반추 동물이 섬유소도 에너지원으로 이용할 수 있겠구나'라고 추론할 수 있으므로 '섬유소를 분해하는 효소를 합성하지 못하는데 어떻게 반추 동물이 섬유소도 에너지원으로 이용할 수 있는 거지?'라면서 띄웠던 물음표를 회수할 수 있다.

4. 식물체에서 셀룰로스는 그것을 둘러싼 다른 물질과 복잡하게 얽혀 있는데, F가 가진 효소 복합체는 이 구조를 끊어 셀룰로스를 노출시킨 후 이를 포도당으로 분해한다.

5. F는 이 포도당을 자신의 세포 내에서 대사 과정을 거쳐 에너지원으로 이용하여 생존을 유지하고 개체 수를 늘림으로써 생장한다.

6. 이런 대사 과정에서 아세트산, 숙신산 등이 대사산물로 발생하고 이를 자신의 세포 외부로 배출한다.

- '아세트산', '숙신산'을 암기 시도할 필요가 있다.
- F가 셀룰로스를 포도당으로 분해⇒F가 그 포도당을 에너지원

으로 이용⇒아세트산과 숙신산 배출

7. 반추위에서 미생물들이 생성한 아세트산은 반추 동물의 세포로 직접 흡수되어 생존에 필요한 에너지를 생성하는 데 주로 이용되고 체지방을 합성하는 데에도 쓰인다.

- 아세트산⇒반추 동물의 에너지원∧체지방 합성

8. 한편 반추위에서 숙신산은 프로피온산을 대사산물로 생성하는 다른 미생물의 에너지원으로 빠르게 소진된다.

- '프로피온산'을 암기 시도할 필요가 있다.
- 숙신산⇒프로피온산을 대사산물로 생성하는 다른 미생물의 에너지원

9. 이 과정에서 생성된 프로피온산은 반추 동물이 간(肝)에서 포도당을 합성하는 대사 과정에서 주요 재료로 이용된다.

- 프로피온산⇒반추 동물의 간에서의 포도당 합성 주요 재료
- 인과를 다음과 같이 정리할 수 있다.
  F가 셀룰로스를 포도당으로 분해⇒F가 그 포도당을 에너지원으로 이용⇒아세트산과 숙신산 배출
  아세트산⇒반추 동물의 에너지원∧체지방 합성
  숙신산⇒프로피온산을 대사산물로 생성하는 다른 미생물의 에너지원⇒프로피온산⇒반추 동물의 간에서의 포도당 합성 주요 재료

3 문단

1. 반추위에는 비섬유소인 녹말을 분해하는 ⓑ 스트렙토코쿠스 보비스(S)도 서식한다.

- 'F는 섬유소인 셀룰로스를 분해하는 반면 S는 비섬유소인 녹말을 분해하는 구나'라고 반응할 수 있다.
- 'F'와 'S'의 차이를 인지할 수 있으므로 둘을 대등 관계로 보아 시각적 수평 관계로 모델링할 수 있다.
- '스트렙토코쿠스 보비스(S)'를 암기 시도할 필요가 있다.

2. 이 미생물은 반추 동물이 섭취한 녹말을 포도당으로 분해하고, 이 포도당을 자신의 세포 내에서 대사 과정을 통해 자신에게 필요한 에너지원으로 이용한다.

- S가 녹말을 포도당으로 분해 ⇒ S가 그 포도당을 에너지원으로 이용

3. 이때 S는 자신의 세포 내의 산성도에 따라 세포 외부로 배출하는 대사 산물이 달라진다.

4. 산성도를 알려 주는 수소 이온 농도 지수(pH)가 7.0 정도로 중성이고 생장 속도가 느린 경우에는 아세트산, 에탄올 등이 대사산물로 배출된다.

- pH 7.0 정도의 중성∧생장 속도↓⇒아세트산, 에탄올 등
- '에탄올'을 암기 시도할 필요가 있다.

5. 반면 산성도가 높아져 pH 가 6.0 이하로 떨어지거나 녹말의 양이 충분하여 생장 속도가 빠를 때는 젖산이 대사산물로 배출된다.

- pH 6.0 이하∨생장 속도↑⇒젖산
- '젖산'을 암기 시도할 필요가 있다.

6. 반추위에서 젖산은 반추 동물의 세포로 직접 흡수되어 반추 동물에게 필요한 에너지를 생성하는 데 이용되거나 아세트산 또는 프로피온산을 대사산물로 배출하는 다른 미생물의 에너지원으로 이용된다.

- 젖산⇒반추 동물의 에너지원∨아세트산 또는 프로피온산을 대사산물로 배출하는 다른 미생물의 에너지원
- '젖산이 P나 프로피온산을 대사산물로 배출하는 다른 미생물의 에너지원으로 이용된다는 건가?'라고 물음표를 띄울 수 있다. 단서가 부족해 추론은 어려워 보인다.

4 문단

1. 그런데 S의 과도한 생장이 반추 동물에게 악영향을 끼치는 경우가 있다.

- '어떤 악영향을 끼칠까?'라고 물음표를 띄울 수 있다. 단서가 부족해 추론은 어려워 보인다.

2. 반추 동물이 짧은 시간에 과도한 양의 비섬유소를 섭취하면 S의 개체 수가 급격히 늘고 과도한 양의 젖산이 배출되어 반추위의 산성도가 높아진다.

- 반추 동물이 짧은 시간에 과도한 양의 비섬유소 섭취⇒S의 생

장 속도↑⇒S의 개체수 급격히 증가∧과도한 양의 젖산 배출
⇒반추위의 산성도↑

3. 이에 따라 산성의 환경에서 왕성히 생장하며 항상 젖
산을 대사산물로 배출하는 ⓒ 락토바실러스 루미니스
(L)와 같은 젖산 생성 미생물들의 생장이 증가하며 다량
의 젖산을 배출하기 시작한다.

- '락토바실러스 루미니스(L)'을 암기 시도할 필요가 있다.
- '이렇게 되면 젖산이 끊임없이 증가해서 반추위의 산성도가
  매우 높아져 문제가 생기겠네'라고 추론할 수 있으므로 '어떤
  악영향을 끼칠까?'라면서 띄웠던 물음표를 회수할 수 있다.

4. F를 비롯한 섬유소 분해 미생물들은 자신의 세포 내
부의 pH를 중성으로 일정하게 유지 하려는 특성이 있는
데, 젖산 농도의 증가로 자신의 세포 외부의 pH가 낮아
지면 자신의 세포 내의 항상성을 유지하기 위해 에너지
를 사용하므로 생장이 감소한다.

5. 만일 자신의 세포 외부의 pH가 5.8 이하로 떨어지면
에너지가 소진되어 생장을 멈추고 사멸하는 단계로 접
어든다.

- pH 5.8 이하→F 사멸

6. 이와 달리 S와 L은 상대적으로 산성에 견디는 정도가
강해 자신의 세포 외부의 pH 가 5.5 정도까지 떨어지더
라도 이에 맞춰 자신의 세포 내부의 pH를 낮출 수 있어
자신의 에너지를 세포 내부의 pH를 유지하는 데 거의
사용하지 않고 생장을 지속하는 데 사용한다.

- '-라도'라는 표현이 등장했으므로 'pH가 5.5 정도까지 떨어지
  든 안 떨어지든 뒷부분은 성립하는데 특히 pH가 5.5 정도까지
  떨어질 때 뒷부분은 성립한다'라고 바꾸어 읽을 수 있다.

7. 그러나 S도 자신의 세포 외부의 pH 가 그 이하로 더
떨어지면 생장을 멈추고 사멸하는 단계로 접어들고, 산
성에 더 강한 L을 비롯한 젖산 생성 미생물들이 반추위
미생물의 많은 부분을 차지하게 된다.

- pH 5.5 이하→S 사멸∧(~L 사멸)
- 'S'와 'L'의 차이를 인지할 수 있으므로 둘을 대등 관계로 보아
  시각적 수평 관계로 모델링할 수 있다.

8. 그렇게 되면 반추위의 pH 가 5.0 이하가 되는 급성 반
추위 산성증이 발병한다.

- '급성 반추위 산성증'에 대한 정의가 제시되고 있다.
- '급성 반추위 산성증'을 암기 시도할 필요가 있다.

33. 윗글을 읽고 알 수 있는 내용으로 가장 적절한 것은?

① 섬유소는 사람의 소장에서 포도당의 공급원으로 사용
된다.
비섬유소는 사람의 소장에서 포도당의 공급원으로 사용된다.
② 반추 동물의 세포에서 합성한 효소는 셀룰로스를 분해
한다.
반추 동물의 세포에서 합성한 효소는 섬유소인 셀룰로스를 분
해할 수 없다.
③ 반추위 미생물은 산소가 없는 환경에서 생장을 멈추고
사멸한다.
반추위 미생물은 산소가 없는 환경인 반추위에서 서식한다.
④ 반추 동물의 과도한 섬유소 섭취는 급성 반추위 산성증
을 유발한다.
반추 동물의 과도한 비섬유소 섭취는 급성 반추위 산성증을 유
발한다.
⑤ 피브로박터 숙시노젠(F)은 자신의 세포 내에서 포도당
을 에너지원으로 이용하여 생장한다.

34. 윗글로 볼 때, ⓐ~ⓒ에 대한 이해로 적절하지 않은
것은?

ⓐ 피브로박터 숙시노젠(F)
ⓑ 스트렙토코쿠스 보비스(S)
ⓒ 락토바실러스 루미니스(L)

① ⓐ와 ⓑ는 모두 급성 반추위 산성증에 걸린 반추 동물의
반추위에서는 생장하지 못하겠군.
② ⓐ와 ⓑ는 모두 반추위에서 반추 동물의 체지방을 합성
하는 물질을 생성할 수 있겠군.
반추 동물의 체지방을 합성하는 물질은 아세트산으로, ⓐ와 ⓑ
모두 아세트산을 생성할 수 있다.
③ 반추위의 pH 가 6.0일 때, ⓐ는 ⓒ보다 자신의 세포 내의
산성도를 유지하는 데 더 많은 에너지를 쓰겠군.

④ ⓑ와 ⓒ는 모두 반추위의 산성도에 따라 다양한 종류의
대사 산물을 배출하겠군.

ⓑ는 반추위의 산성도에 따라 다양한 종류의 대사 산물을 배출
하지만 ⓒ는 항상 젖산만을 대사 산물로 배출한다.

⑤ 반추위에서 녹말의 양과 ⓑ의 생장이 증가할수록, ⓐ의
생장은 감소하고 ⓒ의 생장은 증가하겠군.

35. 윗글을 바탕으로 ㉠이 가능한 이유를 진술한다고 할
때, <보기>의 ㉮, ㉯에 들어갈 말로 가장 적절한 것은?

[3점]

㉠ 소, 양, 사슴과 같은 반추 동물도 섬유소를 분해하는 효소를
합성하지 못하는 것은 마찬가지이지만, 비섬유소와 섬유소를
모두 에너지원으로 이용하며 살아간다

───── < 보기 > ─────

반추 동물이 섭취한 섬유소와 비섬유소는 반추위에
서 (㉮), 이를 이용하여 생장하는 (㉯)은 반추 동물의
에너지원으로 이용되기 때문이다.

① ㉮: 반추위 미생물의 에너지원이 되고
㉯: 반추위 미생물이 대사 과정을 통해 생성한 대사산물

② ㉮: 반추위 미생물의 에너지원이 되고
㉯: 반추위 미생물이 대사 과정을 통해 생성한 포도당

③ ㉮: 반추위 미생물에 의해 합성된 포도당이 되고
㉯: 반추 동물이 대사 과정을 통해 생성한 포도당

④ ㉮: 반추위 미생물에 의해 합성된 포도당이 되고
㉯: 반추위 미생물이 대사 과정을 통해 생성한 대사산물

⑤ ㉮: 반추위 미생물에 의해 합성된 포도당이 되고
㉯: 반추위 미생물이 대사 과정을 통해 생성한 포도당

36. 윗글로 볼 때, 반추위 미생물에서 배출되는 숙신산 과
젖산 에 대한 설명으로 적절하지 않은 것은?

① 숙신산이 많이 배출될수록 반추 동물의 간에서 합성되
는 포도당의 양도 늘어난다.

② 젖산은 반추 동물의 세포로 직접 흡수되어 반추 동물의
에너지원으로 이용될 수 있다.

③ 숙신산과 젖산은 반추위가 산성일 때보다 중성일 때 더
많이 배출된다.

숙신산은 반추위가 산성일 때보다 중성일 때 더 많이 배출되겠
지만 젖산은 반추위가 산성일 때 더 많이 배출된다.

④ 숙신산과 젖산은 반추위 미생물의 세포 내에서 대사 과정
을 거쳐 생성된다.

⑤ 숙신산과 젖산은 프로피온산을 대사산물로 배출하는 다
른 미생물의 에너지원으로 이용되기도 한다.

1 문단

1. 건강 상태를 진단하거나 범죄의 현장에서 혈흔을 조사하기 위해 검사용 키트가 널리 이용된다.

- '검사용 키트'를 암기 시도할 필요가 있다.

2. 키트 제작에는 다양한 과학적 원리가 적용되는데, 적은 비용으로 쉽고 빠르고 정확하게 검사할 수 있는 키트를 제작하는 것이 요구된다.

3. 이러한 필요에 따라 항원-항체 반응을 응용하여 시료에 존재하는 성분을 분석하는 다양한 형태의 키트가 개발되고 있다.

4. 항원-항체 반응은 항원과 그 항원에만 특이적으로 반응하는 항체가 결합하는 면역 반응을 말한다.

- '항원-항체 반응'에 대한 정의가 제시되고 있다.
- '-만'이라는 표현이 등장했으므로 '그 항원이 아니면 특이적으로 반응하지 않는 항체'라고 바꾸어 읽을 수 있다.

5. 항체 제조 기술이 발전하면서 휴대성이 높고 분석 시간이 짧은 측면유동면역분석법(LFIA)을 이용한 다양한 종류의 키트가 개발되고 있다.

- '측면유동면역분석법(LFIA)'를 암기 시도할 필요가 있다.

2 문단

1. LFIA 키트를 이용하면 키트에 나타나는 선을 통해, 액상의 시료에서 검출하고자 하는 목표 성분의 유무를 간편하게 확인할 수 있다.

- '목표 성분'을 암기 시도할 필요가 있다.
- '목표 성분은 어떤 항원이겠네'라고 추론할 수 있다.

2. LFIA 키트는 가로로 긴 납작한 막대 모양인데, 시료 패드, 결합 패드, 반응막, 흡수 패드가 순서대로 나란히 배열된 구조로 되어 있다.

- '시료 패드', '결합 패드', '반응막', '흡수 패드'를 암기 시도할 필요가 있다.
- '시료 패드, 결합 패드, 반응막, 흡수 패드의 기능은 무엇일까?' 라고 물음표를 띄울 수 있다.
  단서가 부족해 추론은 어려워 보인다.

3. 시료 패드로 흡수된 시료는 결합 패드에서 복합체와 함께 반응막을 지나 여분의 시료가 흡수되는 흡수 패드로 이동한다.

- '복합체는 뭘까?'라고 물음표를 띄울 수 있다.
  단서가 부족해 추론은 어려워 보인다.
- '복합체'를 암기 시도할 필요가 있다.

4. 결합 패드에 있는 복합체는 금-나노 입자 또는 형광 비드 등의 표지 물질에 특정 물질이 붙어 이루어진다.

- '금-나노 입자'와 '형광 비드'가 '표지 물질'에 포함됨을 알 수 있다.
- '표지 물질', '특정 물질'과 '복합체'가 부분 관계임을 알 수 있다.
- '금-나노 입자', '형광 비드', '표지 물질', '특정 물질'을 암기 시도할 필요가 있다.

5. 표지 물질은 발색 반응에 의해 색깔을 내는데, 이 표지 물질에 붙어 있는 특정 물질은 키트 방식에 따라 종류가 다르다.

- '특정 물질은 무엇일까?'라고 물음표를 띄울 수 있다.
  단서가 부족해 추론은 어려워 보인다.

6. 일반적으로 한 가지 목표 성분을 검출하는 키트의 반응막에는 항체들이 띠 모양으로 두 가닥 고정되어 있는데, 그중 시료 패드와 가까운 쪽에 있는 가닥이 검사선이고 다른 가닥은 표준선이다.

- '검사선'과 '표준선'을 암기 시도할 필요가 있다.
- 다음과 같이 모델링할 수 있다.

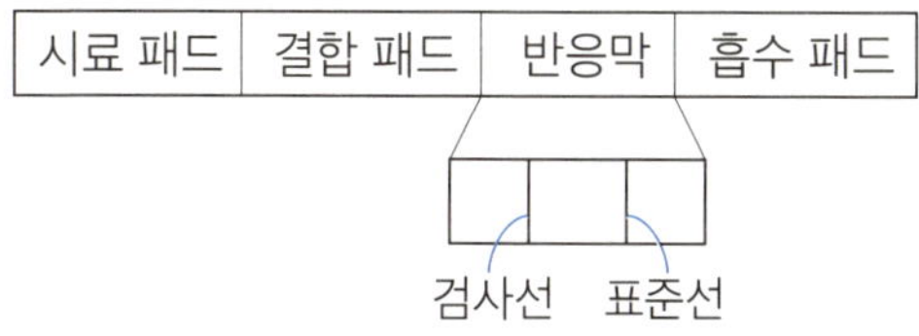

7. 표지 물질이 검사선이나 표준선에 놓이면 발색 반응에 의해 반응선이 나타난다.

8. 검사선이 발색되어 나타나는 반응선을 통해서는 목표 성분의 유무를 판정할 수 있다.

9. 표준선이 발색된 반응선이 나타나면 검사가 정상적으로 진행되었음을 알 수 있다.

- '검사선을 통해서는 목표 성분의 유무를 판정하고 표준선을 통해서는 검사가 정상적으로 진행되었는지를 판정하는구나'라고 반응할 수 있다.
- '검사선'과 '표준선'의 차이를 인지할 수 있으므로 둘을 대등 관계로 보아 시각적 수평 관계로 모델링할 수 있다.

3 문단

1. LFIA 키트는 주로 ㉠ 직접 방식 또는 ㉡ 경쟁 방식으로 제작되는데, 방식에 따라 검사선의 발색 여부가 의미하는 바가 다르다.

- '직접 방식'과 '경쟁 방식'을 암기 시도할 필요가 있다.
- '직접 방식'과 '경쟁 방식'이 구분되고 있으므로 둘을 대등 관계로 보아 시각적 수평 관계로 모델링할 수 있다.

2. 직접 방식에서 복합체에 포함된 특정 물질은 목표 성분에 결합할 수 있는 항체이다.

- '직접 방식에서 복합체의 특정 물질은 목표 성분에 결합할 수 있는 항체구나'라고 반응할 수 있으므로 '특정 물질은 무엇일까?'라면서 띄웠던 물음표를 회수할 수 있다.

3. 시료에 목표 성분이 포함되어 있다면 목표 성분은 이 항체와 일차적으로 결합하고, 이후 검사선의 고정된 항체와 결합한다.

- '시료에 목표 성분이 포함되어 있다면 일차적 결합은 결합 패드에서, 이차적 결합은 반응막의 검사선에서 이루어지겠네'라

고 추론할 수 있다.

4. 따라서 검사선이 발색되면 시료에서 목표 성분이 검출되었다고 판정한다.

5. 한편 경쟁 방식에서 복합체에 포함된 특정 물질은 목표 성분에 대한 항체가 아니라 목표 성분 자체이다.

- '직접 방식에서 특정 물질은 목표 성분에 결합할 수 있는 항체인 반면, 경쟁 방식에서 특정 물질은 목표 성분 자체구나'라고 반응할 수 있다.

6. 만약 시료에 목표 성분이 포함되어 있으면 시료의 목표 성분과 복합체의 목표 성분이 서로 검사선의 항체와 결합하려 경쟁한다.

- '그래서 경쟁 방식이 경쟁 방식이라 불리는구나'라고 반응할 수 있다.

7. 이때 시료에 목표 성분이 충분히 많다면 시료의 목표 성분은 복합체의 목표 성분이 검사선의 항체와 결합하는 것을 방해하므로 검사선이 발색되지 않는다.

- '목표 성분이 충분히 많지 않다면 검사선은 발색되겠네'라고 추론할 수 있다.
- '검사선이 발색되면, 직접 방식의 경우 시료에 목표 성분이 포함되어 있다고 결론 내릴 수 있는 반면, 경쟁 방식의 경우 시료에 목표 성분이 충분히 많지 않다고 결론 내릴 수 있겠네'라고 반응할 수 있다.

8. 직접 방식은 세균이나 분자량이 큰 단백질 등을 검출할 때 이용하고, 경쟁 방식은 항생 물질처럼 목표 성분의 크기가 작은 경우에 이용한다.

- '직접 방식은 세균이나 분자량이 큰 단백질처럼 목표 성분의 크기가 클 때 이용하고, 경쟁 방식은 항생 물질처럼 목표 성분의 크기가 작은 경우에 이용하는구나'라고 반응할 수 있다.

4 문단

1. 한편, 검사용 키트는 휴대성과 신속성 외에 정확성도 중요하다.

2. 키트의 정확성을 측정하기 위해서는 키트를 이용해 여러 번의 검사를 실시하고 그 결과를 분석한다.

3. 키트가 시료에 목표 성분이 들어있다고 판정하면 이를 양성이라고 한다.

- '양성'에 대한 정의가 제시되고 있다.

4. 이때 시료에 목표 성분이 실제로 존재하면 진양성, 시료에 목표 성분이 없다면 위양성이라고 한다.

- '진양성', '위양성'에 대한 정의가 제시되고 있다.
- '진양성', '위양성'을 암기 시도할 필요가 있다.

5. 반대로 키트가 시료에 목표 성분이 들어 있지 않다고 판정하면 음성이라고 한다.

- '음성'에 대한 정의가 제시되고 있다.

6. 이 경우 실제로 목표 성분이 없다면 진음성, 목표 성분이 있다면 위음성이라고 한다.

- '진음성', '위음성'에 대한 정의가 제시되고 있다.
- '진음성', '위음성'을 암기 시도할 필요가 있다.

7. 현실에서 위양성이나 위음성을 배제할 수 있는 키트는 없다.

5 문단

1. 여러 번의 검사 결과를 통해 키트의 정확도를 구하는데, 정확도란 시료를 분석할 때 올바른 검사 결과를 얻을 확률이다.

- '정확도'에 대한 정의가 제시되고 있다.
- '정확도'를 암기 시도할 필요가 있다.

2. 정확도는 민감도와 특이도로 나뉜다.

- '민감도'와 '특이도'가 '정확도'에 포함됨을 알 수 있다.
- '민감도'와 '특이도'를 암기 시도할 필요가 있다.

3. 민감도는 시료에 목표 성분이 존재하는 경우에 대해 키트가 이를 양성으로 판정한 비율이다.

- '민감도'에 대한 정의가 제시되고 있다.
- 수식이 등장했으므로 다음과 같이 정리할 수 있다.
  민감도 = 진양성 / (진양성 + 위음성)

4. 특이도는 시료에 목표 성분이 없는 경우에 대해 키트가 이를 음성으로 판정한 비율이다.

- '특이도'에 대한 정의가 제시되고 있다.
- 수식이 등장했으므로 다음과 같이 정리할 수 있다.
  특이도 = 진음성 / (진음성 + 위양성)

5. 민감도와 특이도가 모두 높아 정확도가 높은 키트가 가장 이상적이지만 현실에서는 그렇지 않은 경우가 많아서 상황에 따라 민감도나 특이도를 고려하여 키트를 선택해야 한다.

- '-야라는 당위 진술을 가리키는 표현이 등장했으므로 '민감도나 특이도를 고려하여 선택하지 않으면 안 된다'로 바꾸어 읽을 수 있다.

35. 윗글을 읽고 알 수 있는 내용으로 적절하지 <u>않은</u> 것은?

① LFIA 키트에서 시료 패드와 흡수 패드는 모두 시료를 흡수하는 역할을 한다.

2문단 3번 문장: 시료 패드로 흡수된 시료는 결합 패드에서 복합체와 함께 반응막을 지나 여분의 시료가 흡수되는 흡수 패드로 이동한다.

② LFIA 키트를 통해 검출하려고 하는 목표 성분은 항원–항체 반응의 항원에 해당한다.

③ <u>LFIA키트를 사용할 때 정상적인 키트에서 검사선이 발색되지 않으면 표준선도 발색되지 않는다.</u>

LFIA키트를 사용할 때 경쟁 방식이면서 시료에 목표 성분이 포함된 경우 정상적인 키트에서 검사선은 발색되지 않지만 표준선은 발색될 수 있다.

④ LFIA 키트에 표지 물질이 없다면 시료에 목표 성분이 있더라도 이를 시각적으로 확인할 수 없다.

⑤ LFIA 키트를 이용하여 검사할 때, 시료에 목표 성분이 포함되어 있지 않더라도 검사선이 발색될 수 있다.

LFIA키트를 이용하여 검사할 때, 경쟁 방식이라면 시료에 목표 성분이 포함되어 있지 않을 때 검사선이 발색된다.

36. ㉠과 ㉡에 대한 이해로 가장 적절한 것은?

㉠ 직접 방식

㉡ 경쟁 방식

① ㉠은 ㉡과 달리, 시료에 들어 있는 목표 성분은 검사선에 도달하기 이전에 항체와 결합을 하겠군.

② ㉠은 ㉡과 달리, 시료에서 목표 성분을 검출했다면 검사선에서 항체와 목표 성분의 결합이 존재하지 않겠군.

㉠과 ㉡은 모두 시료에서 목표 성분을 검출했다면 검사선에서 항체와 목표 성분의 결합이 존재할 것이다.

③ ㉡은 ㉠과 달리, 시료가 표준선에 도달하기 이전에 검사선에 먼저 도달하겠군.

㉠과 ㉡은 모두 시료가 표준선에 도달하기 이전에 검사선에 먼저 도달할 것이다.

④ ㉡은 ㉠과 달리, 정상적인 검사로 시료에서 목표 성분을 검출했다면 반응막에 아무런 반응선도 나타나지 않았겠군.

㉠과 ㉡은 모두 정상적인 검사로 시료에서 목표 성분을 검출했다면 반응막의 표준선에서 반응선이 나타날 것이다.

⑤ ㉠과 ㉡은 모두 시료에 들어 있는 목표 성분이 표지 물질과 항원-항체 반응으로 결합하겠군.

㉠은 ㉡과 달리 시료에 들어 있는 목표 성분이 복합체의 특정 물질과 항원-항체 반응으로 결합할 것이다.

37. 윗글을 참고할 때, <보기>의 A와 B에 들어갈 말을 올바르게 짝지은 것은?

<보기>

검사용 키트를 가지고 여러 번의 검사를 실시하여 키트의 정확성을 측정하였을 때, 검사 결과 (A)인 경우가 적을수록 민감도는 높고, (B)인 경우가 많을수록 특이도는 높다.

민감도 = 진양성 / (진양성 + 위음성)
특이도 = 진음성 / (진음성 + 위양성)

① A: 진양성 B: 진음성

② A: 진양성 B: 위음성

③ A: 위양성 B: 위음성

④ A: 위음성 B: 진음성

⑤ A: 위음성 B: 위양성

38. 윗글을 바탕으로 <보기>를 이해한 반응으로 적절하지 않은 것은? [3점]

<보기>

살모넬라균은 집단 식중독을 일으키는 대표적인 병원성 세균이다. 기존의 살모넬라균 분석법은 정확도는 높으나 3~5일의 시간이 소요되어 질병 발생 시 신속한 진단 및 예방에 어려움이 있었다. 살모넬라균은 감염 속도가 빠르므로 다량의 시료 중 오염이 의심되는 시료부터 신속하게 골라낸 후에 이 시료만을 대상으로 더 정확한 방법으로 분석하여 오염 여부를 확정 짓는 것이 효과적이다. 최근에 기존 방법보다 정확도는 낮으나 저렴한 비용으로 살모넬라균만을 신속하게 검출할 수 있는 ⓐ LFIA 방식의 새로운 키트가 개발되었다고 한다.

① ⓐ를 개발하기 전에 살모넬라균과 결합하는 항체를 제조하는 기술이 개발되었겠군.

② ⓐ의 결합 패드에는 표지 물질에 살모넬라균이 붙어 있는 복합체가 들어 있겠군.

살모넬라균은 세균이므로 직접 방식이 이용될 것이다. 따라서 ⓐ의 결합 패드에는 표지 물질에 살모넬라균에 결합하는 항체가 붙어 있는 복합체가 들어 있을 것이다.

③ ⓐ를 이용하여 음식물의 살모넬라균 오염 여부를 검사하려면 시료를 액체 상태로 만들어야겠군.

④ ⓐ를 이용하여 현장에서 살모넬라균 오염 의심 시료를 선별하기 위해서는 특이도보다 민감도가 높은 것이 더 효과적이겠군.

ⓐ를 이용하여 현장에서 살모넬라균 오염 의심 시료를 선별하기 위해서, 즉 다량의 시료 중 오염이 의심되는 시료로부터 골라내기 위해서는 시료에 목표 성분이 없는 경우에 대해 키트가 이를 음성으로 판정한 비율인 특이도보다 시료에 목표 성분이 존재하는 경우에 대해 키트가 이를 양성으로 판정한 비율인 민감도가 높은 것이 더 효과적일 것이다.

⑤ ⓐ를 이용하여 살모넬라균이 검출되었다고 키트가 판정한 경우에도 기존의 분석법으로는 균이 검출되지 않을

수 있겠군.

ⓐ를 이용하여 살모넬라균이 검출되었다고 키트가 판정한 경우에도 실제로는 살모넬라균이 없을 수 있으므로 기존의 분석법으로는 균이 검출되지 않을 수 있다.

과학

2020학년도 6월 모평

37번~42번

1 문단

1. 우리는 한 대의 자동차는 개체라고 하지만 바닷물을 개체라고 하지는 않는다.

- '그러게? 왜 그럴까?'라고 물음표를 띄울 수 있다.
단서가 부족해 추론은 어려워 보인다.

2. 어떤 부분들이 모여 하나의 개체를 ⓐ 이룬다고 할 때 이를 개체라고 부를 수 있는 조건은 무엇일까?

- '그러게? 개체라고 부를 수 있는 조건은 무엇일까?'라고 물음 표를 띄울 수 있다.
단서가 부족해 추론은 어려워 보인다.

3. 일단 부분들 사이의 유사성은 개체성의 조건이 될 수 없다.

4. 가령 일란성 쌍둥이인 두 사람은 DNA 염기 서열과 외모도 같지만 동일한 개체는 아니다.

- '일란성 쌍둥이인 두 사람은 부분들 사이에 유사성이 있지만 둘을 동일한 개체라고 볼 수는 없지. 그래서 부분들 사이의 유 사성은 개체성의 조건이 될 수 없구나.'라고 반응할 수 있다.

5. 그래서 부분들의 강한 유기적 상호작용이 그 조건으 로 흔히 제시된다.

- '자동차는 부분들 사이의 강한 유기적 상호작용이 있지만 바 닷물은 부분들 사이의 강한 유기적 상호작용이 없다고 볼 수 있겠구나'라고 반응할 수 있으므로 '그러게? 왜 그럴까?', '그 러게? 개체라고 부를 수 있는 조건은 무엇일까?'라면서 띄웠 던 물음표를 회수할 수 있다.

6. 하나의 개체를 구성하는 부분들은 외부 존재가 개체 에 영향을 주는 것과는 비교할 수 없이 강한 방식으로 서로 영향을 주고받는다.

2 문단

1. 상이한 시기에 존재하는 두 대상을 동일한 개체로 판 단하는 조건도 물을 수 있다.

- '가령 과거의 나와 현재의 나를 동일한 개체로 판단하는 조건 은 무엇인지 묻고 있군'이라고 반응할 수 있다.

2. 그것은 두 대상 사이의 인과성이다.

3. 과거의 '나'와 현재의 '나'를 동일하다고 볼 수 있는 것 은 강한 인과성이 존재하기 때문이다.

4. 과거의 '나'와 현재의 '나'는 세포 분열로 세포가 교체 되는 과정을 통해 인과적으로 연결되어 있다.

5. 또 '나'가 세포 분열을 통해 새로운 개체를 생성할 때 도 '나'와 '나의 후손'은 인과적으로 연결되어 있다.

- '그치만 '나'와 '나의 후손'을 동일한 개체는 아니잖아'라고 반 응할 수 있다.

6. 비록 '나'와 '나의 후손'은 동일한 개체는 아니지만 '나' 와 다른 개체들 사이에 비해 더 강한 인과성으로 연결되 어 있다.

- '나와 나의 후손'과 '나와 다른 개체들'의 차이를 인지할 수 있 으므로 둘을 대등 관계로 보아 시각적 수평 관계로 모델링할 수 있다.

3 문단

1. 개체성에 대한 이러한 철학적 질문은 생물학에서도 중요한 연구 주제가 된다.

- '개체라고 부를 수 있는 조건, 부분들 사이의 강한 유기적 상호 작용. 상이한 시기의 두 대상을 개체라고 부를 수 있는 조건, 인 과성. 이러한 철학적 질문이 어떻게 생물학과 연결될까?'라고 물음표를 띄울 수 있다.
단서가 부족해 추론은 어려워 보인다.

2. 생명체를 구성하는 단위는 세포이다.

- '세포'와 '생명체'가 부분 관계임을 알 수 있다.

3. 세포는 생명체의 고유한 유전 정보가 담긴 DNA를 가지
며 이를 복제하여 증식하고 번식하는 과정을 통해 자신의
DNA를 후세에 전달한다.

4. 세포는 사람과 같은 진핵생물의 진핵세포와, 박테리아나
고세균과 같은 원핵생물의 원핵세포로 구분된다.

- '사람'은 '진핵생물'에 포함됨을 알 수 있다.
- '박테리아'와 '고세균'이 '원핵생물'에 포함됨을 알 수 있다.
- '진핵세포'와 '원핵세포'가 '세포'에 포함됨을 알 수 있다.
- '진핵세포'와 '원핵세포'를 구분하고 있으므로 둘을 대등 관계
  로 보아 시각적 수평 관계로 모델링할 수 있다.

5. 진핵세포는 세포질에 막으로 둘러싸인 핵이 ⓑ 있고
그 안에 DNA가 있지만, 원핵세포는 핵이 없다.

- '진핵세포는 핵이 있지만 원핵세포는 핵이 없네'라고 반응할
  수 있다.

6. 또한 진핵세포의 세포질에는 막으로 둘러싸인 여러
종류의 세포 소기관이 있으며, 그중 미토콘드리아는 세
포 활동에 필요한 생체 에너지를 생산하는 기관이다.

- '미토콘드리아'가 '세포 소기관'에 포함됨을 알 수 있다.
- '미토콘드리아'에 대한 정의가 제시되고 있다.

7. 대부분의 진핵세포는 미토콘드리아를 필수적으로 ⓒ
가지고 있다.

- '대부분'이라는 표현이 등장했으므로 '미토콘드리아를 가지지
않은 진핵세포도 있겠군'이라고 추론할 수 있다.

4 문단

1. 이러한 미토콘드리아가 원래 박테리아의 한 종류인 원
생미토콘드리아였다는 이론이 20세기 초에 제기되었다.

- '원생미토콘드리아'는 '박테리아'에 포함되고 이는 다시 '원핵
  생물'에 포함됨을 알 수 있다.

2. 공생발생설 또는 세포 내 공생설이라고 불리는 이 이
론에서는 두 원핵생물 간의 공생 관계가 지속되면서 진
핵세포를 가진 진핵생물이 탄생했다고 설명한다.

- '공생발생설', '세포 내 공생설'에 대한 정의가 제시되고 있다.
- '공생발생설', '세포 내 공생설'을 암기 시도할 필요가 있다.
- '그럼 어떤 원핵세포에 다른 원핵세포인 원생미토콘드리아가
  들어가 공생하다가 진핵세포가 되었다는 설이 공생발생설 또
  는 세포 내 공생설인가'라고 추론할 수 있다.

3. 공생은 서로 다른 생명체가 함께 살아가는 것을 말하
며, 서로 다른 생명체를 가정하는 것은 어느 생명체의
세포 안에서 다른 생명체가 공생하는 '내부 공생'에서도
마찬가지이다.

- '공생'과 '내부 공생'에 대한 정의가 제시되고 있다.
- '내부 공생'이 '공생'에 포함됨을 알 수 있다.

4. ㉠ 공생발생설은 한동안 생물학계로부터 인정받지
못했다.

- '공생발생설이 왜 한동안 생물학계로부터 인정받지 못했을
  까?'라고 물음표를 띄울 수 있다.
  단서가 부족해 추론은 어려워 보인다.

5. 미토콘드리아의 기능과 대략적인 구조, 그리고 생명
체 간 내부 공생의 사례는 이미 알려졌지만 미토콘드리
아가 과거에 독립된 생명체였다는 것을 쉽게 믿을 수 없
었기 때문이었다.

- '미토콘드리아가 과거에 독립된 생명체였다는 걸 쉽게 믿을
  수 없었기 때문에 공생발생설이 생물학계로부터 인정받지 못
  했구나'라고 반응할 수 있으므로 '공생발생설이 왜 한동안 생
  물학계로부터 인정받지 못했을까?'라면서 띄웠던 물음표를
  회수할 수 있다.
- '근데 왜 미토콘드리아가 과거에 독립된 생명체였다는 것을
  쉽게 믿을 수 없었을까?'라고 물음표를 띄울 수 있다.
  단서가 부족해 추론은 어려워 보인다.

6. 그리고 한 생명체가 세대를 이어 가는 과정 중에 돌연
변이와 자연선택이 일어나고, 이로 인해 종이 진화하고
분화한다고 보는 전통적인 유전학에서 두 원핵생물의
결합은 주목받지 못했다.

- '미토콘드리아는 단지 돌연변이와 자연선택에 의한 진화와 분
  화 과정에서 생겨난 세포 소기관일뿐이라고 생각했던거네'라
  고 반응할 수 있다.

7. 그러다가 전자 현미경의 등장으로 미토콘드리아의 내부까지 세밀히 관찰하게 되고, 미토콘드리아 안에는 세포핵의 DNA와는 다른 DNA가 있으며 단백질을 합성하는 자신만의 리보솜을 가지고 있다는 사실이 ⓓ 밝혀지면서 공생발생설이 새롭게 부각되었다.

- '전기 현미경 등장 전은 미토콘드리아 안에 세포핵의 DNA와는 다른 DNA가 있고 자신만의 리보솜을 가지고 있다는 사실이 밝혀지기 전이라서 미토콘드리아가 과거에 독립된 생명체였다는 것을 쉽게 믿을 수 없었겠구나'라고 반응할 수 있으므로 '근데 왜 미토콘드리아가 과거에 독립된 생명체였다는 것을 쉽게 믿을 수 없었을까?'라면서 띄웠던 물음표를 회수할 수 있다.

5 문단

1. 공생발생설에 따르면 진핵생물은 원생미토콘드리아가 고세균의 세포 안에서 내부 공생을 하다가 탄생했다고 본다.

2. 고세균의 핵의 형성과 내부 공생의 시작 중 어느 것이 먼저인지에 대해서는 논란이 있지만, 고세균은 세포질에 핵이 생겨 진핵세포가 되고 원생미토콘드리아는 세포 소기관인 미토콘드리아가 되어 진핵생물이 탄생했다는 것이다.

3. 미토콘드리아가 원래 박테리아의 한 종류였다는 근거는 여러 가지가 있다.

- '미토콘드리아 DNA 안에 세포핵의 DNA와는 다른 DNA가 있고 자신만의 리보솜을 가지고 있다는 것이 미토콘드리아가 원래 박테리아의 한 종류였다는 근거 아닌가'라고 추론할 수 있다.

4. 박테리아와 마찬가지로 새로운 미토콘드리아는 이미 존재하는 미토콘드리아의 '이분 분열'을 통해서만 ⓔ 만들어진다.

- '미토콘드리아가 원래 박테리아의 한 종류였다는 근거를 제시하고 있네. 여러 가지의 근거가 있다고 했으니 뒤이어 근거들을 더 제시하겠어.'라고 반응할 수 있다.

5. 미토콘드리아의 막에는 진핵 세포막의 수송 단백질과는 다른 종류의 수송 단백질인 포린이 존재하고 박테리아의 세포막에 있는 카디오리핀이 존재한다.

- '포린'과 '카디오피린'을 암기 시도할 필요가 있다.
- '미토콘드리아가 원래 박테리아의 한 종류였다는 두 번째 근거를 제시하고 있군'이라고 반응할 수 있다.

6. 또 미토콘드리아의 리보솜은 진핵세포의 리보솜보다 박테리아의 리보솜과 더 유사하다.

- '미토콘드리아가 원래 박테이아의 한 종류였다는 세 번째 근거를 제시하고 있군'이라고 반응할 수 있다.

6 문단

1. 미토콘드리아는 여전히 고유한 DNA를 가진 채 복제와 증식이 이루어지는데도, 미토콘드리아와 진핵세포 사이의 관계를 공생 관계로 보지 않는 이유는 무엇일까?

- '미토콘드리아와 진핵세포 사이의 관계를 공생 관계로 보지 않는다고? 아 고세균과 원생미토콘드리아는 공생 관계로 볼 수 있지만 시간이 지나 미토콘드리아가 진핵세포의 세포 소기관이 되어 하나의 개체로 보겠구나. 왜 미토콘드리아와 진핵세포 사이의 관계를 하나의 개체로 볼까?'라고 반응하고 물음표를 띄울 수 있다.
'강한 유기적 상호작용이 생겼기 때문이겠다'라고 추론할 수 있다.

2. 두 생명체가 서로 떨어져서 살 수 없더라도 각자의 개체성을 잃을 정도로 유기적 상호작용이 강하지 않다면 그 둘은 공생 관계에 있다고 보는데, 미토콘드리아와 진핵세포 간의 유기적 상호작용은 둘을 다른 개체로 볼 수 없을 만큼 매우 강하기 때문이다.

- '-라도'라는 표현이 등장했으므로 '두 생명체가 서로 떨어져서 살 수 있든 없든 뒷부분은 성립하는데 특히 두 생명체가 서로 떨어져서 살 수 없을 때도 뒷부분은 성립한다'라고 바꾸어 읽을 수 있다.
- '생물학에서 공생이 아닌 하나의 개체라고 볼 수 있는 조건으로 강한 유기적 상호작용이 제시되고 있네'라고 반응할 수 있으므로 '개체라고 부를 수 있는 조건, 부분들 사이의 강한 유기적 상호작용. 상이한 시기의 두 대상을 개체라고 부를 수 있는 조건, 인과성. 이러한 철학적 질문이 어떻게 생물학과 연결될까?'라면서 띄웠던 물음표를 회수할 수 있다.

3. 미토콘드리아가 개체성을 잃고 세포 소기관이 되었다고 보는 근거는, 진핵세포가 미토콘드리아의 증식을 조절하고, 자신을 복제하여 증식할 때 미토콘드리아도 함께 복제하여 증식시킨다는 것이다.

- '즉 진핵세포가 미토콘드리아의 증식과 복제를 통제하기 때문에 미토콘드리아가 개체성을 잃었다고 보는구나'라고 반응할 수 있다.

4. 또한 미토콘드리아의 유전자의 많은 부분이 세포핵의 DNA로 옮겨 가 미토콘드리아의 DNA 길이가 현저히 짧아졌다는 것이다.

- '미토콘드리아가 개체성을 잃었다고 보는 근거를 또 제시하고 있군'이라고 반응할 수 있다.

5. 미토콘드리아에서 일어나는 대사 과정에 필요한 단백질은 세포핵의 DNA로부터 합성되고, 미토콘드리아의 DNA에 남은 유전자 대부분은 생체 에너지를 생산하는 역할을 한다.

- '세포핵의 DNA로 옮겨진 미토콘드리아의 유전자들이 미토콘드리아 밖에서 미토콘드리아에서 일어나는 대사 과정에 필요한 단백질을 합성하여 미토콘드리아로 전달하고, 미토콘드리아의 남은 유전자 대부분은 생체 에너지를 생산하는 역할을 하는구나'라고 반응할 수 있다.

6. 예컨대 사람의 미토콘드리아는 37개의 유전자만 있을 정도로 DNA 길이가 짧다.

37. 윗글의 내용 전개 방식으로 가장 적절한 것은?

① 개체성과 관련된 예를 제시한 후 공생발생설에 대한 다양한 견해를 비교하고 있다.

공생발생설에 대한 다양한 견해를 비교하고 있지 않다.

② 개체에 대한 정의를 제시한 후 세포의 생물학적 개념이 확립되는 과정을 서술하고 있다.

개체에 대한 정의를 제시했다기보다 개체성의 조건을 제시했고, 세포의 생물학적 개념이 확립되는 과정이 제시되지는 않았다.

③ 개체성의 조건을 제시한 후 세포 소기관의 개체성에 대해 공생발생설을 중심으로 설명하고 있다.

④ 개체의 유형을 분류한 후 세포의 소기관이 분화되는 과정을 공생발생설을 중심으로 설명하고 있다.

개체의 유형을 분류하지 않았다.

⑤ 개체와 관련된 개념들을 설명한 후 세포가 하나의 개체로 변화하는 과정을 인과적으로 서술하고 있다.

세포가 하나의 개체로 변화하는 과정을 인과적으로 서술하지 않았다.

38. 윗글에 대한 이해로 적절하지 <u>않은</u> 것은?

① 유사성은 아무리 강하더라도 개체성의 조건이 될 수 없다.

② 바닷물을 개체라고 말하기 어려운 이유는 유기적 상호 작용이 약하기 때문이다.

③ 새로운 미토콘드리아를 복제하기 위해서는 세포 안에 미토콘드리아가 반드시 있어야 한다.

④ 미토콘드리아의 대사 과정에 필요한 단백질은 미토콘드리아의 막을 통과하여 세포질로 이동해야 한다.

미토콘드리아의 대사 과정에 필요한 단백질은 미토콘드리아의 막을 통과하여 세포질에서 미토콘드리아 내부로 이동해야 할 것이다.

⑤ 진핵세포가 되기 전의 고세균이 원생미토콘드리아보다 진핵세포와 더 강한 인과성으로 연결되어 있다.

39. 윗글을 참고할 때, ㉠의 이유로 가장 적절한 것은?

㉠ 공생발생설은 한동안 생물학계로부터 인정받지 못했다

① 진핵세포가 세포 소기관을 가지고 있다는 사실을 알지 못했기 때문이다.

② 공생발생설이 당시의 유전학 이론에 어긋난다는 근거가 부족했기 때문이다.

③ 한 생명체가 다른 생명체의 세포 속에서 살 수 있다는 근거가 부족했기 때문이다.

④ 미토콘드리아가 진핵세포의 활동에 중요한 기능을 한다는 사실을 알지 못했기 때문이다.

⑤ 미토콘드리아가 자신의 고유한 유전 정보를 전달할 수 있다는 것을 알지 못했기 때문이다.

공생발생설이 한동안 생물학계로부터 인정받지 못했던 이유는 미토콘드리아가 과거에 독립된 생명체였다는 것을 쉽게 믿을 수 없었기 때문이었는데, 그 이유는 미토콘드리아 안에 세포핵

40. <보기>는 진핵세포의 세포 소기관을 연구한 결과들이다. 윗글을 바탕으로 할 때, 각각의 세포 소기관이 박테리아로부터 비롯되었다고 판단할 수 있는 것만을 <보기>에서 고른 것은?

< 보기 >

ㄱ. 세포 소기관이 자신의 DNA를 가지고 있다는 것과 이분 분열을 한다는 것을 확인하였다.

ㄴ. 세포 소기관이 자신의 DNA를 가지고 있다는 것과 진핵세포의 리보솜을 가지고 있다는 것을 확인하였다.

ㄷ. 세포 소기관이 막으로 둘러싸여 있다는 것과 막에는 수송 단백질이 있는 것을 확인하였다.

ㄹ. 세포 소기관이 막으로 둘러싸여 있다는 것과 막에는 다량의 카디오리핀이 있는 것을 확인하였다.

① ㄱ, ㄷ   ② ㄱ, ㄹ   ③ ㄴ, ㄷ
④ ㄴ, ㄹ   ⑤ ㄷ, ㄹ

41. 윗글을 바탕으로 <보기>를 이해한 내용으로 적절하지 <u>않은</u> 것은? [3점]

< 보기 >

◦ 복어는 테트로도톡신이라는 신경 독소를 가지고 있지만 테트로도톡신을 스스로 만들지 못하고 체내에서 서식하는 미생물이 이를 생산한다. 복어는 독소를 생산하는 미생물에게 서식처를 제공하는 대신 포식자로부터 자신을 방어할 수 있는 무기를 갖게 되었다. 만약 복어의 체내에 있는 미생물을 제거하면 복어는 독소를 가지지 못하나 생존에는 지장이 없었다.

복어와 미생물은 서로 떨어져 살 수 있으며, 각자의 개체성을 잃을 정도로 유기적 상호작용이 강하지 않다. 즉 둘은 공생 관계다.

◦ 실험실의 아메바가 병원성 박테리아에 감염되어 대부분의 아메바가 죽고 일부 아메바는 생존하였다. 생존한 아메바의 세포질에서 서식하는 박테리아는 스스로 복제하여 증식할 수 있었고 더 이상 병원성을 지니지는 않았다. 아메바에게는 무해하지만 박테리아에게는 치명적인 항생제를 아메바에게 투여하면 박테리아와 함께 아메바도 죽었다.

아메바와 박테리아는 서로 떨어져 살 수 없지만, 각자의 개체성을 잃을 정도로 유기적 상호작용이 강하지 않다. 즉 둘은 공생 관계다. 왜냐하면 생존한 아메바의 세포질에서 서식하는 박테리아는 스스로 복제하여 증식할 수 있었기 때문이다. 아메바와 박테리아가 개체성을 잃을 정도로 유기적 상호작용이 강하다고 보기 위해서는 아메바가 박테리아의 증식과 복제를 조절해야 할 것이다.

① 병원성을 잃은 '아메바의 세포질에서 서식하는 박테리아'는 세포 소기관으로 변한 것이겠군.

병원성을 잃은 아메바의 세포질에서 서식하는 박테리아는 아메바와 공생 관계에 있다고 볼 수 있다. 따라서 그것이 세포 소기관으로 변했다고 볼 수 없다.

② 복어의 '체내에서 서식하는 미생물'은 '복어'와의 유기적 상호작용이 강해진다면 개체성을 잃을 수 있겠군.

③ 복어의 세포가 증식할 때 복어의 체내에서 '독소를 생산하는 미생물'의 DNA도 함께 증식하는 것은 아니겠군.

④ '아메바의 세포질에서 서식하는 박테리아'가 개체성을 잃었다면 '아메바의 세포질에서 서식하는 박테리아'의 DNA 길이는 짧아졌겠군.

⑤ '아메바의 세포질에서 서식하는 박테리아'와 '아메바' 사이의 관계와 '복어'와 '독소를 생산하는 미생물' 사이의 관계는 모두 공생 관계이겠군.

42. 문맥상 ⓐ~ⓔ와 바꿔 쓰기에 적절하지 <u>않은</u> 것은?

개체를 ⓐ 이룬다고
핵이 ⓑ 있고
미토콘드리아를 필수적으로 ⓒ 가지고
사실이 ⓓ 밝혀지면서
미토콘드리아는 이미 존재하는 미토콘드리아의 '이분 분열'을 통해서만 ⓔ 만들어진다

① ⓐ: 구성(構成)한다고
② ⓑ: 존재(存在)하고
③ ⓒ: 보유(保有)하고
④ ⓓ: 조명(照明)되면서
⑤ ⓔ: 생성(生成)된다

1 문단

1. 신체의 세포, 조직, 장기가 손상되어 더 이상 제 기능을 하지 못할 때에 이를 대체하기 위해 이식을 실시한다.

2. 이때 이식으로 옮겨 붙이는 세포, 조직, 장기를 이식편이라 한다.

- '이식편'에 대한 정의가 제시되고 있다.
- '이식편'을 암기 시도할 필요가 있다.

3. 자신이나 일란성 쌍둥이의 이식편을 이용할 수 없다면 다른 사람의 이식편으로 '동종 이식'을 실시한다.

- '자신이나 일산성 쌍둥이의 이식편은 자신과 같은 DNA를 가진 이식편을 말하겠고, 다른 사람의 이식편은 자신과 다른 DNA를 가진 이식편을 말하겠군'이라고 추론할 수 있다.
- '동종 이식'을 암기 시도할 필요가 있다.

4. 그런데 우리의 몸은 자신의 것이 아닌 물질이 체내로 유입될 경우 면역 반응을 일으키므로, 유전적으로 동일하지 않은 이식편에 대해 항상 거부 반응을 일으킨다.

- '동종 이식에 대해 거부 반응을 일으킨다는 말이군'이라고 반응할 수 있다.

5. 면역적 거부 반응은 면역 세포가 표면에 발현하는 주조직적합복합체(MHC) 분자의 차이에 의해 유발된다.

- '주조직적합복합체(MHC) 분자가 뭐야?'라고 물음표를 띄울 수 있다.
  단서가 부족해 추론은 어려워 보인다.

6. 개체마다 MHC에 차이가 있는데 서로 간의 유전적 거리가 멀수록 MHC에 차이가 커져 거부 반응이 강해진다.

- 'MHC가 정확히 뭔지는 모르겠지만 유전적 거리가 멀수록 MHC에 차이가 커져 거부 반응이 강해지는군'이라고 반응할 수 있으므로 '주조직적합복합체(MHC) 분자가 뭐야?'라면서 띄웠던 물음표를 어느 정도 회수할 수 있다.

- 유전적 거리↑ ⇒ MHC 차이↑ ⇒ 거부 반응↑

7. 이를 막기 위해 면역 억제제를 사용하는데, 이는 면역 반응을 억제하여 질병 감염의 위험성을 높인다.

- '면역 억제제를 사용하면 동종 이식 간의 거부 반응을 막을 수 있지만 동시에 질병 감염의 위험성을 높이는군'이라고 반응할 수 있다.

2 문단

1. 이식에는 많은 비용이 소요될 뿐만 아니라 이식이 가능한 동종 이식편의 수가 매우 부족하기 때문에 이를 대체하는 방법이 개발되고 있다.

- '동종 이식을 대체할 수 있는 방법이 뭘까?'라고 물음표를 띄울 수 있다.
  '인공 장기나 짐승의 장기를 이식하는 방법을 생각해볼 수 있겠군'이라고 추론할 수 있다.

2. 우선 인공 심장과 같은 '전자 기기 인공 장기'를 이용하는 방법이 있다.

- '인공 심장'이 '전자 기기 인공 장기'에 포함됨을 알 수 있다.
- '예상했던 대로 인공 장기가 동종 이식을 대체할 수 있는 방법이네'라고 반응할 수 있으므로 '동종 이식을 대체할 수 있는 방법이 뭘까?'라면서 띄웠던 물음표를 회수할 수 있다.

3. 하지만 이는 장기의 기능을 일시적으로 대체하는 데 사용되며, 추가 전력 공급 및 정기적 부품 교체 등이 요구되는 단점이 있고, 아직 인간의 장기를 완전히 대체할 만큼 정교한 단계에 이르지는 못했다.

- '전자 기기 인공 장기'에 대한 한계를 제시하고 있다.

3 문단

1. 다음으로는 사람의 조직 및 장기와 유사한 다른 동물의 이식편을 인간에게 이식하는 '이종 이식'이 있다.

- '이종 이식'에 대한 정의가 제시되고 있다.
- '이종 이식'을 암기 시도할 필요가 있다.

2. 그런데 이종 이식은 동종 이식보다 거부 반응이 훨씬 심하게 일어난다.

- '유전적 거리가 멀수록 MHC에 차이가 커 거부 반응이 일어난다 했으니 다른 종 간의 이식은 같은 종 간의 이식보다 당연히 거부 반응이 훨씬 심하게 일어나겠지'라고 반응할 수 있다.

3. 특히 사람이 가진 자연항체는 다른 종의 세포에서 발현되는 항원에 반응하는데, 이로 인해 이종 이식편에 대해서 초급성 거부 반응 및 급성 혈관성 거부 반응이 일어난다.

- '초급성 거부 반응은 뭐고, 급성 혈관성 거부 반응은 뭘까?'라고 물음표를 띄울 수 있다.
  '초급성 거부 반응은 엄청 빠르게 거부 반응이 일어난다는 거고, 급성 혈관성 거부 반응은 빠르게 혈관에서 거부 반응이 일어난다는 건가'라고 추론할 수 있다.
- '초급성 거부 반응'과 '급성 혈관성 거부 반응'을 암기 시도할 필요가 있다.

4. 이런 거부 반응을 일으키는 유전자를 제거한 형질 전환 미니돼지에서 얻은 이식편을 이식하는 실험이 성공한 바 있다.

- '그러니까 사람이 가진 자연항체에 대응되는 항원을 발현하는 유전자를 제거했다는 소리겠네'라고 추론할 수 있다.

5. 미니돼지는 장기의 크기가 사람의 것과 유사하고 번식력이 높아 단시간에 많은 개체를 생산할 수 있다는 장점이 있어, 이를 이용한 이종 이식편을 개발하기 위한 연구가 진행되고 있다.

4 문단

1. 이종 이식의 또 다른 문제는 ㉠ 내인성 레트로바이러스이다.

- '내인성 레트로바이러스가 뭐야? 이게 뭔데 이종 이식의 또 다른 문제라는 거야?'라고 물음표를 띄울 수 있다.
  단서가 부족해 추론은 어려워 보인다.
- '내인성 레트로바이러스'를 암기 시도할 필요가 있다.

2. 내인성 레트로바이러스는 생명체의 DNA의 일부분으로, 레트로바이러스로부터 유래된 것으로 여겨지는 부위들이다.

- '내인성 레트로바이러스는 이름대로 바이러스가 아니라 생명체의 DNA의 일부분이네'라고 반응할 수 있으므로 '내인성 레트로바이러스가 뭐야? 이게 뭔데 이종 이식의 또 다른 문제라는 거야?'라면서 띄웠던 물음표를 어느 정도 회수할 수 있다.
- '레트로바이러스'를 암기 시도할 필요가 있다.

3. 이는 바이러스의 활성을 가지지 않으며 사람을 포함한 모든 포유류에 존재한다.

- '이'를 '내인성 레트로바이러스'로 바꾸어 읽을 수 있다.
- '모든'에 주목할 필요가 있다.

4. ㉡ 레트로바이러스는 자신의 유전 정보를 RNA에 담고 있고 역전사 효소를 갖고 있는 바이러스로서, 특정한 종류의 세포를 감염시킨다.

- '역전사 효소가 뭐야?'라고 물음표를 띄울 수 있다.
  단서가 부족해 추론이 어려워 보인다.

5. 유전 정보가 담긴 DNA로부터 RNA가 생성되는 전사 과정만 일어날 수 있는 다른 생명체와는 달리, 레트로바이러스는 다른 생명체의 세포에 들어간 후 역전사 과정을 통해 자신의 RNA를 DNA로 바꾸고 그 세포의 DNA에 끼어들어 감염시킨다.

- '그러니까 역전사 효소는 레트로바이러스가 자신의 RNA를 DNA로 바꾸고 그걸 숙주의 DNA에 끼어들게 만드는 효소네'라고 반응할 수 있으므로 '역전사 효소가 뭐야?'라면서 띄웠던 물음표를 회수할 수 있다.

6. 이후에는 다른 바이러스와 마찬가지로 자신이 속해 있는 생명체를 숙주로 삼아 숙주 세포의 시스템을 이용하여 복제, 증식하고 일정한 조건이 되면 숙주 세포를 파괴한다.

- '다른 바이러스'와 '레트로바이러스'의 공통점을 인지할 수 있으므로 둘을 대등 관계로 보아 시각적 수평 관계로 모델링할 수 있다.

5 문단

1. 그런데 정자, 난자와 같은 생식 세포가 레트로바이러스에 감염되고도 살아남는 경우가 있었다.

- '정자'와 '난자'가 '생식 세포'에 포함됨을 알 수 있다.
- '어떻게 생식 세포가 레트로바이러스에 감염되고도 살아남을 수 있었던 거지?'라고 물음표를 띄울 수 있다.
  단서가 부족해 추론은 어려워 보인다.

2. 이런 세포로부터 유래된 자손의 모든 세포가 갖게 된 것이 내인성 레트로바이러스이다.

- '모든'에 주목할 필요가 있다.

3. 내인성 레트로바이러스는 세대가 지나면서 돌연변이로 인해 염기 서열의 변화가 일어나며 해당 세포 안에서는 바이러스로 활동하지 않는다.

4. 그러나 내인성 레트로바이러스를 떼어 내어 다른 종의 세포 속에 주입하면 이는 레트로바이러스로 변환되어 그 세포를 감염시키기도 한다

- '그래서 내인성 레트로바이러스가 이종 이식의 또 다른 문제라는 거구나'라고 반응할 수 있으므로 '내인성 레트로바이러스가 뭐야? 이게 뭔데 이종 이식의 또 다른 문제라는 거야?'라면서 띄웠던 물음표를 모두 회수할 수 있다.

5. 따라서 미니돼지의 DNA에 포함된 내인성 레트로바이러스를 효과적으로 제거하는 기술이 개발 중에 있다.

- '미니돼지도 포유류니까 내인성 레트로바이러스를 가지고 있겠군'이라고 추론할 수 있다.

6 문단

1. 그동안의 대체 기술과 관련된 연구 성과를 토대로 ⓐ 이상적인 이식편을 개발하기 위해 많은 연구가 수행되고 있다.

---

26. 윗글에서 알 수 있는 내용으로 적절하지 <u>않은</u> 것은?

① 동종 간보다 이종 간이 MHC 분자의 차이가 더 크다.
② 면역 세포의 작용으로 인해 장기 이식의 거부 반응이 일어난다.
③ 이종 이식을 하는 것만으로도 바이러스 감염의 원인이 될 수 있다.
④ 포유동물은 과거에 어느 조상이 레트로바이러스에 의해 감염된 적이 있다.
⑤ 레트로바이러스는 숙주 세포의 역전사 효소를 이용하여 RNA를 DNA로 바꾼다.

레트로바이러스는 자신의 역전사 효소를 이용하여 RNA를 DNA로 바꾼다.

27. ⓐ가 갖추어야 할 조건으로 적절하지 <u>않은</u> 것은?

ⓐ 이상적인 이식편

① 이식편의 비용을 낮추어서 정기 교체가 용이해야 한다.

정기 교체는 전자 기기 인공 장기의 단점으로 제시되었다. 따라서 이상적인 이식편의 조건이라 볼 수 없다.

② 이식편은 대체를 하려는 장기와 크기가 유사해야 한다.
③ 이식편과 수혜자 사이의 유전적 거리를 극복해야 한다.
④ 이식편은 짧은 시간에 대량으로 생산이 가능해야 한다.
⑤ 이식편이 체내에서 거부 반응을 유발하지 않아야 한다.

28. 다음은 신문 기사의 일부이다. 윗글을 참고할 때, 기사의 ㉮에 대한 반응으로 적절하지 <u>않은</u> 것은? [3점]

○○ 신문

최근에 줄기 세포 연구와 3D 프린팅 기술이 급속도로 발전하고 있다. 줄기 세포는 인체의 모든 세포나 조직으로 분화할 수 있다. 그러므로 수혜자 자신의 줄기 세포만을 이용하여 3D 바이오 프린팅 기술로 제작한 ㉮ 세포 기반 인공 이식편을 만들 수 있을 것으로 전망된다. 이미 미니 폐, 미니 심장 등의 개발 성공 사례가 보고되었다.

① 전자 기기 인공 장기와 달리 전기 공급 없이도 기능을 유지할 수 있겠군.

② 동종 이식편과 달리 이식 후 면역 억제제를 사용할 필요
　가 없겠군.

③ 동종 이식편과 달리 내인성 레트로바이러스를 제거할
　필요가 없겠군.

동종 이식편과 같이 내인성 레트로바이러스를 제거할 필요가
없을 것이라 반응하는 것이 적절하다. 내인성 레트로바이러스
는 동종 이식에서의 문제가 아니라 이종 이식에서의 문제이기
때문이다.

④ 이종 이식편과 달리 유전자를 조작하는 과정이 필요하
　지는 않겠군.

⑤ 이종 이식편과 달리 자연항체에 의한 초급성 거부 반응
　이 일어나지 않겠군.

29. ㉠과 ㉡에 대한 설명으로 가장 적절한 것은?

㉠ 내인성 레트로바이러스

㉡ 레트로바이러스

① ㉠은 ㉡과 달리 자신이 속해 있는 생명체의 모든 세포의
　DNA에 존재한다.

② ㉡은 ㉠과 달리 자신의 유전 정보를 DNA에 담을 수 없다.

③ ㉡은 ㉠과 달리 자신이 속해 있는 생명체에 면역 반응을
　일으키지 않는다.

④ ㉠과 ㉡은 둘 다 자신이 속해 있는 생명체의 유전 정보
　를 가지고 있다.

⑤ ㉠과 ㉡은 둘 다 자신이 속해 있는 생명체의 세포를 감
　염시켜 파괴한다.

1 문단

1. 질병을 유발하는 병원체에는 세균, 진균, 바이러스 등이 있다.

- '세균', '진균', '바이러스'가 '병원체'에 포함됨을 알 수 있다.

2. 생명체의 기본 구조에 속하는 세포막은 지질을 주성분으로 하는 이중층이다.

- '세포막'에 대한 정의가 제시되고 있다.

3. 세균과 진균은 일반적으로 세포막 바깥 부분에 세포벽이 있고, 바이러스의 표면은 세포막 대신 캡시드라고 부르는 단백질로 이루어져 있다.

- '세균', '진균', '바이러스'의 공통점과 차이점을 인지할 수 있으므로 셋을 대등 관계로 보아 시각적 수평 관계로 모델링할 수 있다.

4. 바이러스의 종류에 따라 캡시드 외부가 지질을 주성분으로 하는 피막으로 덮인 경우도 있다.

- '캡시드 외부가 지질을 주성분으로 하는 피막으로 덮이지 않은 바이러스도 있겠군'이라고 추론할 수 있다.

5. 한편 진균과 일부 세균은 다른 병원체에 비해 건조, 열, 화학 물질에 저항성이 강한 포자를 만든다.

- '진균은 모두 포자를 만들지만 세균은 포자를 만드는 경우도 있고 그렇지 않은 경우도 있겠군'이라고 추론할 수 있다.

2 문단

1. 생활 환경에서 병원체의 수를 억제하고 전염병을 예방하기 위한 목적으로 사용하는 방역용 화학 물질을 '항(抗)미생물 화학제'라 한다.

- '항미생물 화학제'에 대한 정의가 제시되고 있다.

- '항미생물 화학제'를 암기 시도할 필요가 있다.

2. 항미생물 화학제는 다양한 병원체가 공통으로 갖는 구조를 구성하는 성분들에 화학 작용을 일으키므로 광범위한 살균 효과가 있다.

3. 그러나 병원체의 구조와 성분은 병원체의 종류에 따라 완전히 같지는 않으므로, 동일한 항미생물 화학제라도 그 살균 효과는 다를 수 있다.

- '-라도'라는 표현이 등장했으므로 '동일한 항미생물 화학제든 동일하지 않은 항미생물 화학제든 그 살균 효과는 다를 수 있는데, 특히 동일한 항미생물 화학제일 때도 그 살균 효과는 다를 수 있다'라고 바꾸어 읽을 수 있다.

3 문단

1. 항미생물 화학제 중 ⊙ 멸균제는 포자를 포함한 모든 병원체를 파괴한다.

- '멸균제'가 '항미생물 화학제'에 포함됨을 알 수 있다.
- '멸균제'를 암기 시도할 필요가 있다.
- '모든'에 주목할 필요가 있다.

2. ⓒ 감염방지제는 포자를 제외한 병원체를 사멸시키는 화합물로 병원, 공공시설, 가정의 방역에 사용된다.

- '감염방지제'가 '항미생물 화학제'에 포함됨을 알 수 있다.
- '감염방지제'를 암기 시도할 필요가 있다.
- '멸균제는 포자를 포함한 모든 병원체를 파괴하지만 감염방지제는 포자를 제외한 병원체를 사멸시키는군'이라고 반응할 수 있다.
- '멸균제'와 '감염방지제'의 차이를 인지할 수 있으므로 둘을 대등 관계로 보아 시각적 수평 관계로 모델링할 수 있다.

3. 감염방지제 중 독성이 약해 사람의 피부나 상처 소독에도 사용이 가능한 항미생물 화학제를 ⓒ 소독제라 한다.

- '소독제'가 '감염방지제'에 포함됨을 알 수 있다.
- '소독제'를 암기 시도할 필요가 있다.

4. 사람의 세포막도 지질 성분으로 이루어져 있어 소독
제라 하더라도 사람의 세포를 죽일 수 있으므로, 눈이나
호흡기 등의 점막에 접촉하지 않도록 주의해야 한다.

- '-라도'라는 표현이 등장했으므로 '소독제든 소독제가 아니든
  세포를 죽일 수 있는데, 특히 소독제일 때도 세포를 죽일 수
  있다'라고 바꾸어 읽을 수 있다.
- '소독제가 지질을 파괴하나 보다'라고 추론할 수 있다.
- '-야'라는 당위 진술을 가리키는 표현이 등장했으므로 '주의하
  지 않으면 안 된다'로 바꾸어 읽을 수 있다.

5. 따라서 항미생물 화학제는 병원체에 대한 최대의 방
역 효과와 인체 및 환경에 대한 최고의 안전성을 확보할
수 있도록 종류별 사용법을 지켜야 한다.

'-야'라는 당위 진술을 가리키는 표현이 등장했으므로 '지키지
않으면 안 된다'로 바꾸어 읽을 수 있다.

4 문단

1. 항미생물 화학제의 작용기제는 크게 병원체의 표면을
손상시키는 방식과 병원체 내부에서 대사 기능을 저해
하는 방식으로 나눌 수 있지만, 많은 경우 두 기제가 함
께 작용한다.

- '병원체의 표면을 손상시키는 방식'과 '병원체 내부에서 대사
  기능을 저해하는 방식'을 구분하고 있으므로 둘을 대등 관계
  로 보아 시각적 수평 관계로 모델링할 수 있다.

2. 고농도 에탄올 등의 알코올 화합물은 세포막의 기본
성분인 지질을 용해시키고 단백질을 변성시키며, 병원
성 세균에서는 세포벽을 약화시킨다.

- '고농도 에탄올'이 '알코올 화합물'에 포함됨을 알 수 있다.
- '고농도 에탄올'과 '알코올 화합물'을 암기 시도할 필요가 있다.
- '알코올 화합물은 병원체의 표면을 손상시키는 방식과 연관
  있겠군'이라고 추론할 수 있다.

3. 또한 알코올 화합물은 지질 피막이 없는 바이러스보
다 지질 피막이 있는 병원성 바이러스에서 방역 효과가
크다.

- '알코올 화합물이 지질을 용해시키니까 지질 피막이 없는 바

이러스보다 지질 피막이 있는 병원성 바이러스에서 방역 효과
가 크겠네'라고 반응할 수 있다.

4. 지질 피막은 병원성 바이러스가 사람을 감염시키는
과정에서 중요한 역할을 하기 때문에, 지질을 손상시키
는 기능을 가진 항미생물 화학제만으로도 병원성 바이
러스에 대한 방역 효과가 있다.

5. 지질 피막의 유무와 관계없이 다양한 바이러스의 감
염 예방을 위해서는 하이포염소산 소듐 등의 산화제가
널리 사용된다.

- '하이포염소산 소듐'이 '산화제'에 포함됨을 알 수 있다.
- '하이포염소산 소듐'과 '산화제'를 암기 시도할 필요가 있다.
- '산화제는 어떻게 지질 피막의 유무와 관계 없이 바이러스 감
  염 예방을 할 수 있을까?'라고 물음표를 띄울 수 있다.
  '산화제가 바이러스의 공통적 구조인 캡시드를 파괴하려나'라
  고 추론할 수 있다.

6. 병원성 바이러스의 방역에 사용되는 산화제는 바이
러스의 공통적인 표면 구조를 이루는 캡시드를 손상시
키는 기능이 있어 바이러스를 파괴하거나 바이러스의
감염력을 잃게 한다.

- '예상했던 대로 산화제는 캡시드를 손상시켜 지질 피막의 유
  무와 관계 없이 바이러스 감염 예방에 도움이 되는 군'이라고
  반응할 수 있으므로 '산화제는 어떻게 지질 피막의 유무와 관
  계 없이 바이러스 감염 예방을 할 수 있을까?'라면서 띄웠던
  물음표를 회수할 수 있다.
- '산화제도 알코올 화합물과 마찬가지로 병원체의 표면을 손상
  시키는 방식과 연관 있겠군'이라고 반응할 수 있다.
- '산화제'와 '알코올 화합물'을 구분하고 있으므로 둘을 대등 관
  계로 보아 시각적 수평 관계로 모델링할 수 있다.

5 문단

1. 병원체의 표면에 생긴 약간의 손상이 병원체를 사멸
시키는 데 충분하지 않더라도, 항미생물 화학제가 내부
로 침투하면 살균 효과가 증가한다.

- '-라도'라는 표현이 등장했으므로 '병원체의 표면에 생긴 약간
  의 손상이 병원체를 사멸시키는 데 충분하지 않든 충분하든
  뒷부분은 성립하는데, 특히 병원체의 표면에 생긴 약간의 손

상이 병원체를 사멸시키는데 충분하지 않을 때도 뒷부분은 성립한다'라고 바꾸어 읽을 수 있다.
- '병원체 내부에서 대사 기능을 저해하는 방식의 항미생물 화학제를 앞으로 설명하겠군'이라고 추론할 수 있다.

> 2. 알킬화제와 산화제는 병원체의 내부로 침투하면 필수적인 물질대사를 정지시킨다.

- '알킬화제'를 암기 시도할 필요가 있다.
- '산화제는 병원체의 표면을 손상시키는 방식뿐만 아니라 병원체 내부에서 대사 기능을 저해하는 방식과도 연관있네'라고 추론할 수 있다.

> 3. 글루타르 알데하이드와 같은 알킬화제가 알킬 작용기를 단백질에 결합시키면 단백질을 변성시켜 기능을 상실하게 하고, 핵산의 염기에 결합시키면 핵산을 비정상 구조로 변화시켜 유전자 복제와 발현을 교란한다.

- '글루타르 알데하이드'가 '알킬화제'에 포함됨을 알 수 있다.

> 4. 산화제인 하이포염소산 소듐은 병원체 내에서 불특정한 단백질들을 산화시켜 단백질로 이루어진 효소들의 기능을 비활성화하고 병원체를 사멸에 이르게 한다.

- '알킬화제는 알킬 작용기를 단백질이나 핵산의 염기에 결합시킴으로써, 산화제인 하이포염소산 소듐은 불특정한 단백질을 산화시킴으로써 병원체 내부에서 대사 기능을 저해하는군'이라고 반응할 수 있다.
- '알킬화제'와 '산화제'의 차이를 인지할 수 있으므로 둘을 대등 관계로 보아 시각적 수평 관계로 모델링할 수 있다.

34. 윗글에서 답을 찾을 수 있는 질문에 해당하지 않는 것은?

① 병원성 세균은 어떤 작용기제로 사람을 감염시킬까?
병원성 세균의 감염 작용기제에 대한 내용은 지문에 제시되어 있지 않다.
② 알코올 화합물은 병원성 세균의 살균에 효과가 있을까?
③ 바이러스와 세균의 표면 구조는 어떤 차이가 있을까?
④ 병원성 바이러스 감염 예방을 위한 방역에 사용되는 물질에는 무엇이 있을까?
⑤ 항미생물 화학제가 병원체에 대해 광범위한 살균 효과를 나타내는 이유는 무엇일까?

35. 윗글을 읽고 이해한 내용으로 적절하지 않은 것은?

① 고농도 에탄올은 지질 피막이 있는 바이러스에 방역 효과가 있다.
② 하이포염소산 소듐은 병원체의 내부가 아니라 표면의 단백질을 손상시킨다.
하이포염소산 소듐은 산화제로서 병원체의 내부뿐만 아니라 표면의 단백질을 손상시킨다.
③ 진균의 포자는 바이러스에 비해서 화학 물질에 대한 저항성이 더 강하다.
④ 알킬화제는 병원체 내 핵산의 염기에 알킬 작용기를 결합시켜 유전자의 발현을 방해한다.
⑤ 산화제가 다양한 바이러스를 사멸시키는 것은 그 산화제가 바이러스의 공통적인 구조를 구성하는 성분들에 작용하기 때문이다.

36. ㉠~㉢에 대한 설명으로 적절한 것은?

㉠ 멸균제

㉡ 감염방지제

㉢ 소독제

① ㉠과 ㉡은 모두, 질병의 원인이 되는 진균의 포자와 바이러스를 사멸시킬 수 있다.
㉠은 질병의 원인이 되는 진균의 포자와 바이러스를 사멸시킬 수 있지만 ㉡은 진균의 포자를 사멸시킬 수 없다.
② ㉠과 ㉢은 모두, 생활 환경의 방역뿐 아니라 사람의 상처 소독에 적용 가능하다.
㉢은 생활 환경의 방역뿐 아니라 사람의 상처 소독에 적용 가능하지만 ㉠에 대해서는 이런 언급이 없다.
③ ㉡과 ㉢은 모두, 바이러스의 종류에 따라 살균 효과가 달라질 수 있다.
2문단 3번 문장: 그러나 병원체의 구조와 성분은 병원체의 종류에 따라 완전히 같지는 않으므로, 동일한 항미생물 화학제라도 그 살균 효과는 다를 수 있다.
바이러스는 병원체에 포함된다.
㉡과 ㉢은 모두 항미생물 화학제에 포함된다.
④ ㉠은 ㉡과 달리, 세포막이 있는 병원성 세균은 사멸시킬 수 있으나 피막이 있는 병원성 바이러스는 사멸시킬 수 없다.
㉠과 ㉡은 모두 세포막이 있는 병원성 세균과 피막이 있는 병원

⑤ ㉡은 ㉢과 달리, 인체에 해로우므로 사람의 점막에 직접 닿아서는 안 된다.

37. <보기>는 윗글을 읽은 학생이 '가상의 실험 결과'를 보고 추론한 내용이다. [가]에 들어갈 말로 적절하지 <u>않</u>은 것은? [3점]

< 보기 >

∘ 가상의 실험 결과

> 항미생물 화학제로 사용되는 알코올 화합물 A를 변환시켜 다음과 같은 결과를 얻었다.
> [결과 1] A에서 지질을 손상시키는 기능만을 약화시켜 B를 얻었다.
> [결과 2] A에서 캡시드를 손상시키는 기능만을 강화시켜 C를 얻었다.
> [결과 3] B에서 캡시드를 손상시키는 기능만을 강화시켜 D를 얻었다.

∘ 학생의 추론: 화합물들의 방역 효과와 안전성을 비교해 보면,   [가]   고 추론할 수 있어.
(단, 지질 손상 기능과 캡시드 손상 기능은 서로 독립적이며, 화합물 A, B, C, D의 비교 조건은 모두 동일하다고 가정함.)

---

① B는 A에 비해 지질 피막이 있는 바이러스에 대한 방역 효과는 작고, 인체에 대한 안전성은 높다

② C는 A에 비해 지질 피막이 없는 바이러스에 대한 방역 효과는 크고, 인체에 대한 안전성은 같다

③ C는 B에 비해 지질 피막이 있는 바이러스에 대한 방역 효과는 크고, 인체에 대한 안전성은 같다

④ D는 A에 비해 지질 피막이 없는 바이러스에 대한 방역 효과는 크고, 인체에 대한 안전성은 높다

⑤ D는 B에 비해 지질 피막이 없는 바이러스에 대한 방역 효과는 크고, 인체에 대한 안전성은 같다

1 문단

> 1. 1993년 노벨 화학상은 중합 효소 연쇄 반응(PCR)을 개발한 멀리스에게 수여된다.

- '중합 효소 연쇄 반응(PCR)이 뭐지?'라고 물음표를 띄울 수 있다. '효소가 연쇄적으로 반응하는 건가'라고 추론할 수 있다.
- '멀리스'를 암기 시도할 필요가 있다.

> 2. 염기 서열을 아는 DNA가 한 분자라도 있으면 이를 다량으로 증폭할 수 있는 길을 열었기 때문이다.

- 'PCR는 효소를 연쇄적으로 반응시키는 게 아니라 DNA를 연쇄적으로 반응시켜 증폭시키는 건가'라고 반응할 수 있다.

> 3. PCR는 주형 DNA, 프라이머, DNA 중합 효소, 4종의 뉴클레오타이드가 필요하다.

- '주형 DNA, 프라이머, DNA 중합 효소가 뭐지?'라고 물음표를 띄울 수 있다. '주형 DNA는 복제의 틀이 되는 DNA인 것 같은데'라고 추론할 수 있다.
- '주형 DNA', '프라이머', 'DNA 중합 효소'를 암기 시도할 필요가 있다.

> 4. 주형 DNA란 시료로부터 추출하여 PCR에서 DNA 증폭의 바탕이 되는 이중 가닥 DNA를 말하며, 주형 DNA에서 증폭하고자 하는 부위를 표적 DNA라 한다.

- '주형 DNA'에 대한 정의가 제시되고 있으므로 '주형 DNA, 프라이머, DNA 중합 효소가 뭐지?'라면서 띄웠던 물음표를 어느 정도 회수할 수 있다.
- '표적 DNA'에 대한 정의가 제시되고 있다.
- '표적 DNA'를 암기 시도할 필요가 있다.

> 5. 프라이머는 표적 DNA의 일부분과 동일한 염기 서열로 이루어진 짧은 단일 가닥 DNA로, 2종의 프라이머가 표적 DNA의 시작과 끝에 각각 결합한다.

- '프라이머'에 대한 정의가 제시되고 있으므로 '주형 DNA, 프라이머, DNA 중합 효소가 뭐지?'라면서 띄웠던 물음표를 회수할 수 있다.
- '표적 DNA도 이중 가닥으로 서로 결합하고 있을 텐데 프라이머가 어떻게 표적 DNA의 시작과 끝에 각각 결합한다는 걸까?'라고 물음표를 띄울 수 있다.
  단서가 부족해 추론은 어려워 보인다.

> 6. DNA 중합 효소는 DNA를 복제하는데, 단일 가닥 DNA의 각 염기 서열에 대응하는 뉴클레오타이드를 순서대로 결합시켜 이중 가닥 DNA를 생성한다.

- '아 이중 가닥으로 서로 결합하고 있는 주형 DNA를 단일 가닥으로 분리해서 프라이머가 표적 DNA의 시작과 끝에 각각 붙고 DNA 중합 효소가 그에 대응되게 DNA를 복제하는 건가'라고 추론할 수 있으므로 '표적 DNA도 이중 가닥으로 서로 결합하고 있을 텐데 프라이머가 어떻게 표적 DNA의 시작과 끝에 각각 결합한다는 걸까?', '주형 DNA, 프라이머, DNA 중합 효소가 뭐지?'라면서 띄웠던 물음표를 모두 회수할 수 있다.

2 문단

> 1. PCR 과정은 우선 열을 가해 이중 가닥의 DNA를 2개의 단일 가닥으로 분리하는 것으로 시작한다.

> 2. 이후 각각의 단일 가닥 DNA에 프라이머가 결합하면, DNA 중합 효소에 의해 복제되어 2개의 이중 가닥 DNA가 생긴다.

- '각각의 단일 가닥 DNA에 프라이머가 결합하는 이유는 주형 DNA에서 표적 DNA만을 복제해내기 위함이겠군'이리고 추론할 수 있다.

> 3. 일정한 시간 동안 진행되는 이러한 DNA 복제 과정이 한 사이클을 이루며, 사이클마다 표적 DNA의 양은 2배씩 증가한다.

- 'PCR란 표적 DNA를 연쇄적으로 2배씩 증폭시키는 반응이구나'라고 반응할 수 있으므로 '중합 효소 연쇄 반응(PCR)이 뭐지?'라면서 띄웠던 물음표를 회수할 수 있다.

> 4. 그리고 DNA의 양이 더 이상 증폭되지 않을 정도로 충분히 사이클을 수행한 후 PCR를 종료한다.

- '복제에 필요한 뉴클레오타이드가 모두 소진됐을 때가 DNA의
양이 더 이상 증폭되지 않을 때겠군'이라고 추론할 수 있다.

5. 전통적인 PCR는 PCR의 최종 산물에 형광 물질을 결
합시켜 발색을 통해 표적 DNA의 증폭 여부를 확인한다.

- 'PCR의 최종 산물에 형광 물질을 결합시켜 어떻게 발색을 통
해 표적 DNA의 증폭 여부를 확인할까?'라고 물음표를 띄울
수 있다.
'DNA에만 결합하는 형광 물질을 사용한 건가'라고 추론할 수
있다.
- '전통적인 PCR가 소개됐으니 앞으로 최근의 PCR가 소개되겠
군'이라고 추론할 수 있다.

3 문단

1. PCR는 시료의 표적 DNA 양도 알 수 있는 실시간
PCR라는 획기적인 개발로 이어졌다.

- '전통적인 PCR은 최종 산물에 형광 물질을 결합시키므로 실시
간으로 표적 DNA 양을 알 수 없겠지만, 실시간 PCR은 실시간
으로 표적 DNA의 양을 알 수 있겠군'이라고 반응할 수 있다.
- '전통적인 PCR'와 '실시간 PCR'의 차이를 인지할 수 있으므로
둘을 대등 관계로 보아 시각적 수평 관계로 모델링할 수 있다.

2. 실시간 PCR는 전통적인 PCR와 동일하게 PCR를 실
시하지만, 사이클마다 발색 반응이 일어나도록 하여 누
적되는 발색을 통해 표적 DNA의 증폭을 실시간으로 확
인할 수 있다.

3. 이를 위해 실시간 PCR에서는 PCR 과정에 발색 물질
이 추가로 필요한데, '이중 가닥 DNA 특이 염료' 또는
'형광 표식 탐침'이 이에 이용된다.

- '이중 가닥 DNA 특이 염료는 뭐고, 형광 표식 탐침은 뭘까?'라
고 물음표를 띄울 수 있다.
단서가 부족해 추론은 어려워 보인다.
- '이중 가닥 DNA 특이 염료', '형광 표식 탐침'을 암기 시도할 필
요가 있다.

4. ㉠ 이중 가닥 DNA 특이 염료는 이중 가닥 DNA에 결
합하여 발색하는 형광 물질로, 새로 생성된 이중 가닥
표적 DNA에 결합하여 발색하므로 표적 DNA의 증폭을
알 수 있게 한다.

- '이중 가닥 DNA 특이 염료'에 대한 정의가 제시되고 있으므로
'이중 가닥 DNA 특이 염료는 뭐고, 형광 표식 탐침은 뭘까?'라
면서 띄웠던 물음표를 반쯤 회수할 수 있다.

5. 다만, 이중 가닥 DNA 특이 염료는 모든 이중 가닥
DNA에 결합할 수 있기 때문에 2개의 프라이머끼리 결
합하여 이중 가닥의 이합체(二合體)를 형성한 경우에는
이와 결합하여 의도치 않은 발색이 일어난다.

- '모든'에 주목할 필요가 있다.
- '이중 가닥 DNA 특이 염료의 문제점이 제시되고 있군'이라고
반응할 수 있다.

4 문단

1. ㉡ 형광 표식 탐침은 형광 물질과 이 형광 물질을 억
제하는 소광 물질이 붙어 있는 단일 가닥 DNA 단편으
로, 표적 DNA에서 프라이머가 결합하지 않는 부위에 특
이적으로 결합하도록 설계된다.

- '형광 표식 탐침'에 대한 정의가 제시되고 있으므로 '이중 가닥
DNA 특이 염료는 뭐고, 형광 표식 탐침은 뭘까?'라면서 띄웠
던 물음표를 모두 회수할 수 있다.
- '형광 물질에 소광 물질이 붙어 있으면 발색은 어떻게 한다는
거야?'라고 물음표를 띄울 수 있다.
단서가 부족해 추론은 어려워 보인다.

2. PCR 과정에서 이중 가닥 DNA가 단일 가닥으로 되면,
형광 표식 탐침은 프라이머와 마찬가지로 표적 DNA에
결합한다.

3. 이후 DNA 중합 효소에 의해 이중 가닥 DNA가 형성
되는 과정 중에 탐침은 표적 DNA와의 결합이 끊어지고
분해된다.

4 문단 (continued)

4. 탐침이 분해되어 형광 물질과 소광 물질의 분리가 일어나면 비로소 형광 물질이 발색되며, 이로써 표적 DNA가 증폭되었음을 알 수 있다.

- '아 탐침이 분해되면 형광 물질과 소광 물질이 분해되는 구나'라고 반응할 수 있으므로 '형광 물질에 소광 물질이 붙어 있으면 발색은 어떻게 한다는 거야?'라면서 띄웠던 물음표를 회수할 수 있다.

5. 형광 표식 탐침은 표적 DNA에 특이적으로 결합하는 장점을 지니나 상대적으로 비용이 비싸다.

- '형광 표식 탐침은 상대적으로 비용이 비싸다는 단점이 제시되고 있군'이라고 반응할 수 있다.

5 문단 [A]

1. 실시간 PCR에서 발색도는 증폭된 이중 가닥 표적 DNA의 양에 비례하며, 일정 수준의 발색도에 도달하는 데 필요한 사이클은 표적 DNA의 초기 양에 따라 달라진다.

- '표적 DNA의 초기 양이 크면 일정 수준의 발색도에 도달하는 데까지 필요한 사이클은 적겠네'라고 추론할 수 있다.

2. 사이클의 진행에 따른 발색도의 변화가 연속적인 선으로 표시되며, 표적 DNA를 검출했다고 판단하는 발색도에 도달하는 데 소요된 사이클을 Ct값이라 한다.

- 'Ct'에 대한 정의가 제시되고 있다.
- 'Ct'를 암기 시도할 필요가 있다.

3. 표적 DNA의 농도를 알지 못하는 미지 시료의 Ct값과 표적 DNA의 농도를 알고 있는 표준 시료의 Ct값을 비교하면 미지 시료에 포함된 표적 DNA의 농도를 계산할 수 있다.

- '미지 시료의 Ct값이 표준 시료의 Ct값보다 작다면 표준 시료의 농도보다 미지 시료의 농도가 크고, 미지 시료의 Ct값이 표준 시료의 Ct값보다 크다면 표준 시료의 농도보다 미지 시료의 농도가 작겠네'라고 추론할 수 있다.

6 문단

1. PCR는 시료로부터 얻은 DNA를 가지고 유전자 복제, 유전병 진단, 친자 감별, 암 및 감염성 질병 진단 등에 광범위하게 활용된다.

2. 특히 실시간 PCR를 이용하면 바이러스의 감염 여부를 초기에 정확하고 빠르게 진단할 수 있다.

14. 윗글에서 알 수 있는 내용으로 적절하지 <u>않은</u> 것은?

① 2종의 프라이머 각각의 염기 서열과 정확히 일치하는 염기 서열을 주형 DNA에서 찾을 수 없다.
2종의 프라이머 각각의 염기 서열과 정확히 일치하는 염기 서열을 주형 DNA에서 찾을 수 있다.

② PCR에서 표적 DNA 양이 초기 양을 기준으로 처음의 2배가 되는 시간과 4배에서 8배가 되는 시간은 같다.

③ 전통적인 PCR는 표적 DNA 농도를 아는 표준 시료가 있어도 미지 시료의 표적 DNA 농도를 PCR 과정 중에 알 수 없다.
미지 시료의 표적 DNA 농도를 알기 위해서는 미지 시료의 Ct 값과 표적 DNA 농도를 아는 표준 시료의 Ct 값을 비교해야 한다. 이를 위해서는 사이클의 진행에 따른 발색도의 변화를 알아야 하는데, 전통적인 PCR는 PCR의 최종 산물에 형광 물질을 결합시켜 발색을 통해 표적 DNA의 증폭 여부를 확인하므로 이를 알 수 없다.

④ 실시간 PCR는 가열 과정을 거쳐야 시료에 포함된 표적 DNA의 양을 증폭할 수 있다.
2문단 1번 문장: PCR 과정은 우선 열을 가해 이중 가닥의 DNA를 2개의 단일 가닥으로 분리하는 것으로 시작한다.

⑤ 실시간 PCR를 실시할 때에 표적 DNA의 증폭이 일어나려면 DNA 중합 효소와 프라이머가 필요하다.

15. ㉠과 ㉡에 대한 설명으로 가장 적절한 것은?

㉠ 이중 가닥 DNA 특이 염료
㉡ 형광 표식 탐침

① ㉠은 ㉡과 달리 프라이머와 결합하여 이합체를 이룬다.
㉠은 프라이머와 결합하여 이합체를 이루지 않는다. 이합체를

이루는 것은 프라이머끼리 결합할 때이다.

② ㉠은 ㉡과 달리 표적 DNA에 붙은 채 발색 반응이 일어
난다.

③ ㉡은 ㉠과 달리 형광 물질과 결합하여 이합체를 이룬다.

㉡에는 형광 물질이 이미 결합되어 있고, ㉡이 형광 물질과 결합
하여 이합체를 이룬다는 서술은 말이 되지 않는다. ㉡끼리 결합
하여 이합체를 이룬다는 서술이 차라리 말이 되긴 하지만 이 또
한 지문에 제시되어 있지 않다.

④ ㉡은 ㉠과 달리 한 사이클의 시작 시점에 발색 반응이
일어난다.

㉠과 ㉡은 모두 한 사이클의 시작 시점에 발색 반응이 일어나지
않는다.

⑤ ㉠과 ㉡은 모두 이중 가닥 표적 DNA에 결합하는 물질
이다.

㉠은 ㉡과 달리 이중 가닥 표적 DNA에 결합하는 물질이다.

16. 어느 바이러스 감염증의 진단 검사에 PCR를 이용하
려고 한다. 윗글을 읽고 이해한 반응으로 가장 적절한
것은?

① 전통적인 PCR로 진단 검사를 할 때, 시료에 바이러스의
양이 적은 감염 초기에는 감염 여부를 진단할 수 없겠군.

전통적인 PCR로 진단 검사를 할 때, 시료에 바이러스의 양이 적
은 감염 초기에도 감염 여부를 진단할 수 있을 것이다.

② 전통적인 PCR로 진단 검사를 할 때, DNA 증폭 여부 확인
에 발색 물질이 필요 없으니 비용이 상대적으로 싸겠군.

전통적인 PCR로 진단 검사를 할 때, DNA 증폭 여부 확인에 발
색 물질이 필요하다.

③ 전통적인 PCR로 진단 검사를 할 때, 실시간 증폭 여부
를 확인할 필요가 없어 진단에 걸리는 시간을 줄일 수
있겠군.

전통적인 PCR로 진단 검사를 할 때, 실시간 증폭 여부를 확인할
수 없고, 그러므로 최종 산물에 형광 물질을 결합시켜 발색을 통
해 표적 DNA의 증폭 여부를 확인하는 전통적인 PCR보다 실시
간으로 증폭 여부를 확인하는 실시간 PCR가 진단에 걸리는 시
간이 더 적을 것이다.

④ 실시간 PCR로 진단 검사를 할 때, 표적 DNA의 염기 서
열이 알려져 있어야 감염 여부를 분석할 수 있겠군.

⑤ 실시간 PCR로 진단 검사를 할 때, 감염 여부는 PCR가
끝난 후에야 알 수 있지만 실시간 증폭은 확인할 수 있
겠군.

실시간 PCR로 진단 검사를 할 때, 감염 여부를 PCR 과정 중에
알 수 있다.

17. [A]를 바탕으로 <보기 1>의 실험 상황을 가정하고
<보기 2>와 같이 예상 결과를 추론하였다. ㉮~㉰에
들어갈 말로 적절한 것은? [3점]

— < 보기 1 > —

표적 DNA의 농도를 알지 못하는 ⓐ 미지 시료와, 이
와 동일한 표적 DNA를 포함하지만 그 농도를 알고 있
는 ⓑ 표준 시료가 있다. 각 시료의 DNA를 주형 DNA
로 하여 같은 양의 시료로 동일한 조건에서 실시간
PCR를 실시한다.

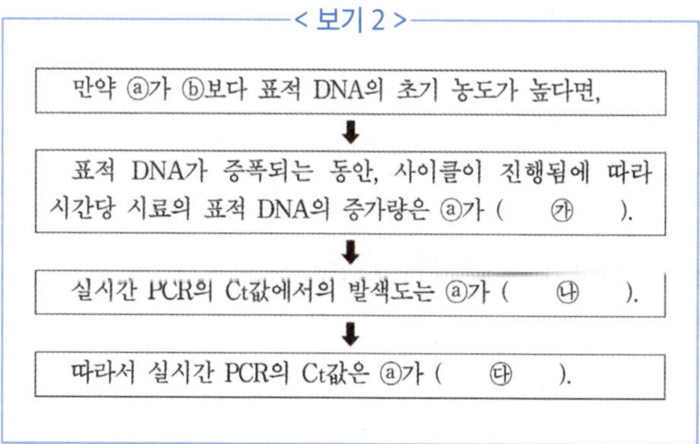

ⓐ의 표적 DNA 초기 농도 > ⓑ의 표적 DNA 초기 농도 → ⓐ의
Ct 값 < ⓑ의 Ct 값

① ㉮: ⓑ보다 많겠군 ㉯: ⓑ보다 높겠군 ㉰: ⓑ보다 크겠군
② ㉮: ⓑ보다 많겠군 ㉯: ⓑ와 같겠군 ㉰: ⓑ보다 작겠군
③ ㉮: ⓑ와 같겠군 ㉯: ⓑ보다 높겠군 ㉰: ⓑ보다 작겠군
④ ㉮: ⓑ와 같겠군 ㉯: ⓑ와 같겠군 ㉰: ⓑ보다 작겠군
⑤ ㉮: ⓑ와 같겠군 ㉯: ⓑ보다 높겠군 ㉰: ⓑ보다 크겠군

1 문단

1. 혈액은 세포에 필요한 물질을 공급하고 노폐물을 제거한다.

- '혈액'에 대한 설명이 제시되고 있다.

2. 만약 혈관 벽이 손상되어 출혈이 생기면 손상 부위의 혈액이 응고되어 혈액 손실을 막아야 한다.

- '-야'라는 당위 진술을 가리키는 표현이 등장했으므로 '막지 않으면 안 된다'로 바꾸어 읽을 수 있다.

3. 혈액 응고는 섬유소 단백질인 피브린이 모여 형성된 섬유소 그물이 혈소판이 응집된 혈소판 마개와 뭉쳐 혈병이라는 덩어리를 만드는 현상이다.

- '피브린'이 '섬유소 단백질'에 포함됨을 알 수 있다.
- '피브린'과 '섬유소 그물'이 부분 관계임을 알 수 있다.
- '혈소판'과 '혈소판 마개'가 부분 관계임을 알 수 있다.
- '섬유소 그물', '혈소판 마개'와 '혈병'이 부분 관계임을 알 수 있다.
- '혈액 응고'에 대한 정의가 제시되고 있다.
- '섬유소 단백질', '피브린', 섬유소 그물, '혈소판', '혈소판 마개', '혈병'을 암기 시도할 필요가 있다.

4. 혈액 응고는 혈관 속에서도 일어나는데, 이때의 혈병을 혈전이라 한다.

- '혈액 응고는 보통 손상된 혈관 벽에서 이루어질 텐데, 혈관 속에서도 일어나는구나.'라고 반응할 수 있다.
- '혈전'에 대한 정의가 제시되고 있다.
- '혈전'을 암기 시도할 필요가 있다.

5. 이물질이 쌓여 동맥 내벽이 두꺼워지는 동맥 경화가 일어나면 그 부위에 혈전 침착, 혈류 감소 등이 일어나 혈관 질환이 발생하기도 한다.

- '동맥 경화'에 대한 정의가 제시되고 있다.

6. 이러한 혈액의 응고 및 원활한 순환에 비타민 K가 중요한 역할을 한다.

- '혈액의 응고와 혈액의 원활한 순환은 서로 양립하기 어려워 보이는데 이걸 비타민 K가 이뤄낼 수 있다고? 어떻게?'라고 물음표를 띄울 수 있다.
단서가 부족해 추론은 어려워 보인다.

2 문단

1. 비타민 K는 혈액이 응고되도록 돕는다.

2. 지방을 뺀 사료를 먹인 병아리의 경우, 지방에 녹는 어떤 물질이 결핍되어 혈액 응고가 지연된다는 사실을 발견하고 그 물질을 비타민 K로 명명했다.

- '지방에 녹는 어떤 물질은 비타민 K이고 비타민 K가 결핍되면 혈액 응고가 지연되는군'이라고 반응할 수 있다.

3. 혈액 응고는 단백질로 이루어진 다양한 인자들이 관여하는 연쇄 반응에 의해 일어난다.

- '혈액 응고는 연쇄 반응에 의해 일어난다고 하니까 앞으로 연쇄적 인과 관계가 등장하겠군'이라고 추론할 수 있다.

4. 우선 여러 혈액 응고 인자들이 활성화된 이후 프로트롬빈이 활성화되어 트롬빈으로 전환되고, 트롬빈은 혈액에 녹아 있는 피브리노겐을 불용성인 피브린으로 바꾼다.

- 여러 혈액 응고 인자들 활성화⇒프로트롬빈 활성화⇒프로트롬빈이 트롬빈으로 전환⇒트롬빈이 피브리노겐을 피브린으로 전환
- '이렇게 형성된 피브린이 모여 섬유소 그물을 형성하고 이것이 혈소판 마개와 뭉쳐 혈병을 만들어 혈액 응고가 이루어지겠군'이라고 추론할 수 있다.
- '혈액 응고 인자는 혈액 응고에 관여하는 인자를 말하겠군'이라고 추론할 수 있다.
- '프로트롬빈', '트롬빈', '피브리노겐'을 암기 시도할 필요가 있다.

5. 비타민 K는 프로트롬빈을 비롯한 혈액 응고 인자들이 간세포에서 합성될 때 이들의 활성화에 관여한다.

- '혈액 응고 인자들의 활성화가 4번 문장에서의 연쇄적 인과 관계의 첫 원인이었는데 비타민 K가 이에 관여하니까 혈액의 응고에 비타민 K가 중요한 역할을 한다고 볼 수 있겠군'이라고 반응할 수 있으므로 '혈액의 응고와 혈액의 원활한 순환은 서로 양립하기 어려워 보이는데 이걸 비타민 K가 이뤄낼 수 있다고? 어떻게?'라면서 띄웠던 물음표를 반쯤 회수할 수 있다.

6. 활성화는 칼슘 이온과의 결합을 통해 이루어지는데, 이들 혈액 단백질이 칼슘 이온과 결합하려면 카르복실화되어 있어야 한다.

- '-야'라는 필요조건을 가리키는 표현이 등장했으므로 대우 규칙을 적용하여 '혈액 단백질이 카르복실화되어 있지 않다면 혈액 단백질이 칼슘 이온과 결합할 수 없다'라고 바꾸어 읽을 수 있다.
- '카르복실화'를 암기 시도할 필요가 있다.

7. 카르복실화는 단백질을 구성하는 아미노산 중 글루탐산이 감마-카르복시글루탐산으로 전환되는 것을 말한다.

- '카르복실화'에 대한 정의가 제시되고 있다.
- '글루탐산'과 '감마-카르복시글루탐산'을 암기 시도할 필요가 있다.

8. 이처럼 비타민 K에 의해 카르복실화되어야 활성화가 가능한 표적 단백질을 비타민 K-의존성 단백질이라 한다.

- '비타민 K-의존성 단백질'에 대한 정의가 제시되고 있다.
- '비타민 K-의존성 단백질'을 암기 시도할 필요가 있다.
- '-야'라는 필요조건을 가리키는 표현이 등장했으므로 대우 규칙을 적용하여 '비타민 K에 의해 카르복실화되지 않으면 활성화가 불가능한 표적 단백질을 비타민 K-의존성 단백질이라 한다'라고 바꾸어 읽을 수 있다.
- 연쇄적 인과 관계를 다음과 같이 정리할 수 있다.
  비타민 K에 의해 혈액 단백질 카르복실화⇒그 혈액 단백질이 칼슘 이온과 결합(활성화)⇒프로트롬빈 활성화⇒프로트롬빈이 트롬빈으로 전환⇒트롬빈이 피브리노겐을 피브린으로 전환

3 문단

1. 비타민 K는 식물에서 합성되는 ㉠ 비타민 K1과 동물 세포에서 합성되거나 미생물 발효로 생성되는 ㉡ 비타민 K2로 나뉜다.

- '비타민 K1'과 '비타민 K2'가 '비타민 K'에 포함됨을 알 수 있다.
- '비타민 K1'과 '비타민 K2'가 구분되고 있으므로 둘을 대등 관계로 보아 시각적 수평 관계로 모델링할 수 있다.

2. 녹색 채소 등은 비타민 K1을 충분히 함유하므로 일반적인 권장 식단을 따르면 혈액 응고에 차질이 생기지 않는다.

4 문단

1. 그런데 혈관 건강과 관련된 비타민 K의 또 다른 중요한 기능이 발견되었고, 이는 칼슘의 역설과도 관련이 있다.

- '칼슘의 역설이 뭘까?'라고 물음표를 띄울 수 있다.
  단서가 부족해 추론은 어려워 보인다.

2. 나이가 들면 뼈 조직의 칼슘 밀도가 낮아져 골다공증이 생기기 쉬운데, 이를 방지하고자 칼슘 보충제를 섭취한다.

3. 하지만 칼슘 보충제를 섭취해서 혈액 내 칼슘 농도는 높아지나 골밀도는 높아지지 않고, 혈관 벽에 칼슘염이 침착되는 혈관 석회화가 진행되어 동맥 경화 및 혈관 질환이 발생하는 경우가 생긴다.

- '혈관 석회화'에 대한 정의가 제시되고 있다.
- '혈관 석회화'를 암기 시도할 필요가 있다.
- '칼슘의 역설이란 골밀도를 높이기 위해 칼슘 보충제를 먹었는데 골밀도는 높아지지 않고 오히려 혈관 석회화를 유발할 수 있다는 것인가'라고 반응할 수 있으므로 '칼슘의 역설이 뭘까?'라면서 띄웠던 물음표를 회수할 수 있다.

4. 혈관 석회화는 혈관 근육 세포 등에서 생성되는 MGP라는 단백질에 의해 억제되는데, 이 단백질이 비타민 K-의존성 단백질이다.

- 'MGP'를 암기 시도할 필요가 있다.
- 'MGP'가 '비타민 K-의존성 단백질'에 포함됨을 알 수 있다.

- '비타민 K가 충분하면 MGP 단백질이 카르복실화되고 이어 활성화되어 혈관 석회화를 막을 수 있다는 거네. 그러니까 비타민 K가 혈액을 응고시키는 데 관여하기도 하고 혈액이 원활히 순환하는 데도 관여한다는 거네!'라고 반응할 수 있으므로 '혈액의 응고와 혈액의 원활한 순환은 서로 양립하기 어려워 보이는데 이걸 비타민 K가 이뤄낼 수 있다고? 어떻게?'라면서 띄웠던 물음표를 회수할 수 있다.

5 문단

1. 비타민 K1과 K2는 모두 비타민 K-의존성 단백질의 활성화를 유도하지만 K1은 간세포에서, K2는 그 외의 세포에서 활성이 높다.

- 'K1은 혈액 응고 인자가 형성되는 간세포에서 활성화를 유도하는 반면, K2는 그 외의 세포에서 활성화를 유도하는구나'라고 반응할 수 있다.

2. 그러므로 혈액 응고 인자의 활성화는 주로 K1이, 그 외의 세포에서 합성되는 단백질의 활성화는 주로 K2가 담당한다.

- 'MGP의 활성화는 K2가 담당하려나'라고 추론할 수 있다.

3. 이에 따라 일부 연구자들은 비타민 K의 권장량을 K1과 K2로 구분하여 설정해야 하며, K2가 함유된 치즈, 버터 등의 동물성 식품과 발효 식품의 섭취를 늘려야 한다고 권고한다.

- '-야'라는 당위 진술을 가리키는 표현이 등장했으므로 '늘리지 않으면 안 된다고 권고한다'로 바꾸어 읽을 수 있다.

10. 윗글에서 알 수 있는 내용으로 적절하지 <u>않은</u> 것은?

① 혈전이 형성되면 섬유소 그물이 뭉쳐 혈액의 손실을 막는다.

혈전은 혈관 속에서 일어난 혈액 응고로, 혈액의 손실과 관련이 없다. 그리고 섬유소 그물이 뭉쳐 혈전이 형성되는 것이지 혈전이 형성되면 섬유소 그물이 뭉치는 것이 아니다.

② 혈액의 응고가 이루어지려면 혈소판 마개가 형성되어야 한다.

③ 혈관 손상 부위에 혈병이 생기려면 혈소판이 응집되어야 한다.

④ 혈관 경화를 방지하려면 이물질이 침착되지 않게 해야 한다.

⑤ 혈관 석회화가 계속되면 동맥 내벽과 혈류에 변화가 생긴다.

11. 칼슘의 역설 에 대한 이해로 가장 적절한 것은?

① 칼슘 보충제를 섭취하면 오히려 비타민 K1의 효용성이 감소된다는 것이겠군.

② 칼슘 보충제를 섭취해도 뼈 조직에서는 칼슘이 여전히 필요하다는 것이겠군.

4문단 3번 문장: 하지만 칼슘 보충제를 섭취해서 혈액 내 칼슘 농도는 높아지나 골밀도는 높아지지 않고, 혈관 벽에 칼슘염이 침착되는 혈관 석회화가 진행되어 동맥 경화 및 혈관 질환이 발생하는 경우가 생긴다.

③ 칼슘 보충제를 섭취해도 골다공증은 막지 못하나 혈관 건강은 개선되는 경우가 있다는 것이겠군.

칼슘 보충제를 섭취하면 골다공증을 막지 못할 뿐더러 혈관 건강 또한 나빠지는 경우가 있다는 것이다.

④ 칼슘 보충제를 섭취하면 혈액 내 단백질이 칼슘과 결합하여 혈관 벽에 칼슘이 침착된다는 것이겠군.

칼슘 보충제를 섭취하면 혈관 벽에 칼슘염이 침착된다는 서술이 있지만 이 과정이 혈액 내 단백질이 칼슘과 결합함으로써 이루어진다는 서술은 제시되어 있지 않다.

⑤ 칼슘 보충제를 섭취해도 혈액으로 칼슘이 흡수되지 않아 골다공증 개선이 안 되는 경우가 있다는 것이겠군.

칼슘 보충제를 섭취하면 혈액으로 칼슘이 흡수되지만, 골다공증 개선이 안 되는 경우가 있다.

12. ㉠과 ㉡에 대한 설명으로 가장 적절한 것은?

㉠ 비타민 K1

㉡ 비타민 K2

① ㉠은 ㉡과 달리 우리 몸의 간세포에서 합성된다.

② ㉡은 ㉠과 달리 지방과 함께 섭취해야 한다.

③ ㉡은 ㉠과 달리 표적 단백질의 아미노산을 변형하지 않는다.

④ ㉠과 ㉡은 모두 표적 단백질의 활성화 이전 단계에 작용한다.

⑤ ㉠과 ㉡은 모두 일반적으로는 결핍이 발생해 문제가 되는 경우는 없다.

13. 윗글을 참고할 때 <보기>의 (가)~(다)를 투여함에 따라 체내에서 일어나는 반응을 예상한 내용으로 적절하지 <u>않은</u> 것은? [3점]

— < 보기 > —

　다음은 혈전으로 인한 질환을 예방 또는 치료하는 약물이다.

(가) 와파린: 트롬빈에는 작용하지 않고 비타민 K의 작용을 방해함.

(나) 플라스미노겐 활성제: 피브리노겐에는 작용하지 않고 피브린을 분해함.

(다) 헤파린: 비타민 K-의존성 단백질에는 작용하지 않고 트롬빈의 작용을 억제함.

---

① (가)의 지나친 투여는 혈관 석회화를 유발할 수 있겠군.

② (나)는 이미 뭉쳐 있던 혈전이 풀어지도록 할 수 있겠군.

③ (다)는 혈액 응고 인자와 칼슘 이온의 결합을 억제하겠군.

④ (가)와 (다)는 모두 피브리노겐이 전환되는 것을 억제하겠군.

⑤ (나)와 (다)는 모두 피브린 섬유소 그물의 형성을 억제하겠군.

과학
2023학년도 수능
14번~17번

1 문단

　1. 하루에 필요한 에너지의 양은 하루 동안의 총 열량 소모량인 대사량으로 구한다.

- '대사량'에 대한 정의가 제시되고 있다.
- '대사량'을 암기 시도할 필요가 있다.

　2. 그중 기초 대사량은 생존에 필수적인 에너지로, 쾌적한 온도에서 편히 쉬는 동물이 공복 상태에서 생성하는 열량으로 정의된다.

- '기초 대사량'이 '대사량'에 포함됨을 알 수 있다.
- '기초 대사량'에 대한 정의가 제시되고 있다.
- '기초 대사량'을 암기 시도할 필요가 있다.

　3. 이때 체내에서 생성한 열량은 일정한 체온에서 체외로 발산되는 열량과 같다.

- '이때'는 '기초 대사량에서'로 바꾸어 읽을 수 있다.
- 수식이 등장했으므로 다음과 같이 정리할 수 있다.
체내에서 생성한 열량 = 일정한 체온에서 체외로 발산되는 열량

　4. 기초 대사량은 개체에 따라 대사량의 60~75%를 차지하고, 근육량이 많을수록 증가한다.

- '기초 대사량이 대사량에서 차지하는 비율이 꽤 크군'이라고 반응할 수 있다.
- 근육량↑⇒기초 대사량↑

2 문단

　1. 기초 대사량은 직접법 또는 간접법으로 구한다.

- '직접법은 뭐고, 간접법은 뭘까?'라고 물음표를 띄울 수 있다. 단서가 부족해 추론은 어려워 보인다.
- '직접법'과 '간접법'을 암기 시도할 필요가 있다.

　2. ㉠ 직접법은 온도가 일정하게 유지되고 공기의 출입량을 알고 있는 호흡실에서 동물이 발산하는 열량을 열량계를 이용해 측정하는 방법이다.

- '직접법'에 대한 정의가 제시되고 있으므로 '직접법은 뭐고, 간접법은 뭘까?'라면서 띄웠던 물음표를 반쯤 회수할 수 있다.

　3. ㉡ 간접법은 호흡 측정 장치를 이용해 동물의 산소 소비량과 이산화 탄소 배출량을 측정하고, 이를 기준으로 체내에서 생성된 열량을 추정하는 방법이다.

- '간접법'에 대한 정의가 제시되고 있으므로 '직접법은 뭐고, 간접법은 뭘까?'라면서 띄웠던 물음표를 회수할 수 있다.
- '직접법은 열량을 열량계로 직접 측정하기 때문에 직접법이고, 간접법은 호흡 측정 장치를 통해 열량을 간접적으로 추정하기 때문에 간접법이구나'라고 추론할 수 있다.
- '직접법'과 '간접법'을 구분하고 있으므로 둘을 대등 관계로 보아 시각적 수평 관계로 모델링할 수 있다.

3 문단

　1. 19세기의 초기 연구는 체외로 발산되는 열량이 체표 면적에 비례한다고 보았다.

- '체외로 발산되는 열량'을 '기초 대사량'으로 바꾸어 읽을 수 있다.
- '체표 면적은 몸의 표면적을 말하겠군'이라고 추론할 수 있다.
- 기초 대사량∝체표 면적

　2. 즉 그 둘이 항상 일정한 비(比)를 갖는다는 것이다.

　3. 체표 면적은 (체중)$^{0.67}$에 비례하므로, 기초 대사량은 체중이 아닌 (체중)$^{0.67}$에 비례한다고 하였다.

- 기초 대사량∝체표 면적∝(체중)$^{0.67}$

　4. 어떤 변수의 증가율은 증가 후 값을 증가 전 값으로 나눈 값이므로, 체중이 W에서 2W로 커지면 체중의 증가율은 (2W) / (W) = 2이다.

- '증가율'에 대한 정의가 제시되고 있다.
- '증가율'을 암기 시도할 필요가 있다.

5. 이 경우에 기초 대사량의 증가율은 $(2W)^{0.67}/(W)^{0.67}=2^{0.67}$, 즉 약 1.6이 된다.

- '이 경우에'를 '체중이 W에서 2W로 커지면'으로 바꾸어 읽을 수 있다.

4 문단

1. 1930년대에 클라이버는 생쥐부터 코끼리까지 다양한 크기의 동물의 기초 대사량 측정 결과를 분석했다.

- '클라이버'를 암기 시도할 필요가 있다.

2. 그래프의 가로축 변수로 동물의 체중을, 세로축 변수로 기초 대사량을 두고, 각 동물별 체중과 기초 대사량의 순서쌍을 점으로 나타냈다.

- '가로축 변수로 동물의 체중을, 세로축 변수로 기초 대사량을 두면, '기초 대사량∝체표 면적∝(체중)$^{0.67}$이므로 그래프가 <그림>처럼 직선이 나오지 않고 위로 볼록하면서 증가하는 곡선이 나올 텐데'라고 반응할 수 있다.

5 문단

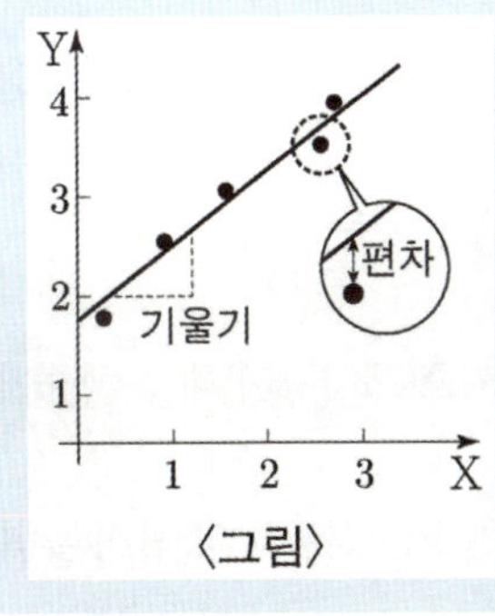

1. 가로축과 세로축 두 변수의 증가율이 서로 다를 경우, 그 둘의 증가율이 같을 때와 달리, '일반적인 그래프'에서 이 점들은 직선이 아닌 어떤 곡선의 주변에 분포한다.

- '가로축과 세로축 두 변수의 증가율이 서로 다를 경우는 어떤 경우를 말하는 걸까?'라고 물음표를 띄울 수 있다.
  '가령 체중이 W에서 2W로 증가할 때, 가로축 변수의 증가율은 2, 세로축 변수의 증가율은 $2^{0.67}=1.6$인 것처럼 무리함수인 경우를 생각해 볼 수 있겠네. 가로축과 세로축 두 변수의 증가율이 같을 때는 일차함수인 경우고.'라고 추론할 수 있다.

2. 그런데 순서쌍의 값에 상용로그를 취해 새로운 순서쌍을 만들어서 이를 <그림>과 같이 그래프에 표시하면, 어떤 직선의 주변에 점들이 분포하는 것으로 나타난다.

- '가로축에 상용로그를 취하면 log(체중), 세로축에 상용로그를 취하면 log(체중)$^{0.67}$ 즉 0.67log(체중)이니까 일차함수가 되므로 직선의 주변에 점들이 분포하는 것으로 나타나겠네'라고 추론할 수 있다.

3. 그러면 그 직선의 기울기를 이용해 두 변수의 증가율을 비교할 수 있다.

4. <그림>에서 X와 Y는 각각 체중과 기초 대사량에 상용로그를 취한 값이다.

5. 이런 방식으로 표현한 그래프를 'L-그래프'라 하자.

- 'L-그래프는 가로축과 세로축의 변수에 상용로그를 취해 나타낸 그래프라고 볼 수 있겠다'라고 반응할 수 있다.
- 'L-그래프'를 암기 시도할 필요가 있다.

6 문단

1. 체중의 증가율에 비해, 기초 대사량의 증가율이 작다면 L-그래프에서 직선의 기울기는 1보다 작으며 기초 대사량의 증가율이 작을수록 기울기도 작아진다.

- '체중의 증가율에 비해 기초 대사량의 증가율이 작은 경우, 즉 기초 대사량이 (체중)$^{0.67}$에 비례한다면, L-그래프에서 직선의 기울기는 0.67log(체중)/log(체중)=0.67로 볼 수 있으니까 1보다 작겠지. 또 기초 대사량의 증가율이 작을수록, 즉 (체중)^{x}에서 x가 작을수록, 기울기는 xlog(체중)/log(체중)=x이니까 기울기도 당연히 작아지겠지'라고 추론할 수 있다.

2. 만약 체중의 증가율과 기초 대사량의 증가율이 같다면 L-그래프에서 직선의 기울기는 1이 된다.

7 문단

1. 이렇듯 L-그래프와 같은 방식으로 표현할 때, 생물의 어떤 형질이 체중 또는 몸 크기와 직선의 관계를 보이며 함께 증가하는 경우 그 형질은 '상대 성장'을 한다고 한다.

- '상대 성장'을 암기 시도할 필요가 있다.
- '기초 대사량은 상대 성장을 하겠네'라고 추론할 수 있다.
- '상대 성장은 왜 상대 성장이라 불리는 걸까?'라고 물음표를 띄울 수 있다.
  단서가 부족해 추론은 어려워 보인다.

2. 동일 종에서의 심장, 두뇌와 같은 신체 기관의 크기도 상대 성장을 따른다.

- '심장', '두뇌'가 '신체 기관'에 포함됨을 알 수 있다.

8 문단

1. 한편, 그래프에서 가로축과 세로축 두 변수의 관계를 대변하는 최적의 직선의 기울기와 절편은 최소 제곱법으로 구할 수 있다.

- '그래프에서 가로축과 세로축 두 변수의 관계를 대변하는 최적의 직선의 기울기와 절편이 뭐야?'라고 물음표를 띄울 수 있다.
  단서가 부족해 추론은 어려워 보인다.
- '최소 제곱법은 또 뭐야?'라고 물음표를 띄울 수 있다.
  단서가 부족해 추론은 어려워 보인다.
- '최소 제곱법'을 암기 시도할 필요가 있다.

2. 우선, 그래프에 두 변수의 순서쌍을 나타낸 점들 사이를 지나는 임의의 직선을 그린다.

3. 각 점에서 가로축에 수직 방향으로 직선까지의 거리인 편차의 절댓값을 구하고 이들을 각각 제곱하여 모두 합한 것이 '편차 제곱 합'이며, 편차 제곱 합이 가장 작은 직선을 구하는 것이 최소 제곱법이다.

- '아 그러니까 그래프에 두 변수의 순서쌍을 나타낸 점들 사이를 지나는 직선들 중에 편차 제곱 합이 가장 작은 직선이 최적의 직선이고 이때의 기울기와 절편이 최적의 직선의 기울기와 절편이라는 말이구나. 이렇게 구하는 방법이 최소 제곱법이

고.'라고 반응할 수 있으므로 '그래프에서 가로축과 세로축 두 변수의 관계를 대변하는 최적의 직선의 기울기와 절편이 뭐야?', '최소 제곱법은 또 뭐야?'라면서 띄웠던 물음표를 회수할 수 있다.

9 문단

1. 클라이버는 이런 방법에 근거하여 L-그래프에 나타난 최적의 직선의 기울기로 0.75를 얻었고, 이에 따라 동물의 $(체중)^{0.75}$에 기초 대사량이 비례한다고 결론지었다.

- 최적의 직선의 기울기 0.75 ⇒ 0.75log(체중)/log(체중) ⇒ $log(체중)^{0.75}$=log(기초 대사량) ⇒ 기초 대사량=$(체중)^{0.75}$

2. 이것을 '클라이버의 법칙'이라 하며, $(체중)^{0.75}$을 대사 체중이라 부른다.

- '클라이버의 법칙'을 암기 시도할 필요가 있다.
- '대사 체중'에 대한 정의가 제시되고 있다.
- '대사 체중'을 암기 시도할 필요가 있다.

3. 대사 체중은 치료제 허용량의 결정에도 이용되는데, 이때 그 양은 대사 체중에 비례하여 정한다.

4. 이는 치료제 허용량이 체내 대사와 밀접한 관련이 있기 때문이다.

14. 윗글의 내용과 일치하지 <u>않는</u> 것은?

① 클라이버의 법칙은 동물의 기초 대사량이 대사 체중에 비례한다고 본다.
② 어떤 개체가 체중이 늘 때 다른 변화 없이 근육량이 늘면 기초 대사량이 증가한다.
③ <u>'L-그래프'에서 직선의 기울기는 가로축과 세로축 두 변수의 증가율의 차이와 동일하다.</u>
기초 대사량이 $(체중)^{0.67}$에 비례한다고 가정할 때, 체중이 W에서 W^3으로 변한다면 가로축 변수의 증가율은 3, 세로축 변수의 증가율은 2.01이다. 이때 'L-그래프'에서 직선의 기울기는 0.67인데, 가로축과 세로축 두 변수의 증가율의 차이인 0.99와 같지 않다. 따라서 해당 선지는 거짓이다.
④ 최소 제곱법은 두 변수 간의 관계를 나타내는 최적의 직선의 기울기와 절편을 알게 해 준다.

⑤ 동물의 신체 기관인 심장과 두뇌의 크기는 몸무게나 몸
의 크기에 상대 성장을 하며 발달한다.

15. 윗글을 읽고 추론한 내용으로 적절하지 <u>않은</u> 것은?

① 일반적인 경우 기초 대사량은 하루에 소모되는 총 열량
중에 가장 큰 비중을 차지하겠군.

② 클라이버의 결론에 따르면, 기초 대사량이 동물의 체표
면적에 비례한다고 볼 수 없겠군.

클라이버의 결론에 따르면 기초 대사량은 (체중)$^{0.75}$에 비례하므
로 (체중)$^{0.67}$에 비례하는 체표 면적에 비례한다고 볼 수 없다.

③ 19세기의 초기 연구자들은 체중의 증가율보다 기초 대사
량의 증가율이 작다고 생각했겠군.

④ 코끼리에게 적용하는 치료제 허용량을 기준으로, 체중
에 비례하여 생쥐에게 적용할 허용량을 정한 후 먹이면
과다 복용이 될 수 있겠군.

코끼리의 체중을 2W, 생쥐의 체중을 W라 하자. 이때 치료제 허
용량은 코끼리는 (2W)^0.75, 생쥐는 (W)^0.75가 될 것이다. 코
끼리에게 적용하는 치료제 허용량(X)을 기준으로 체중에 비례
하여 생쥐에게 적용할 허용량을 정하면, X * 1/2이고, 대사 체중
에 비례하여 생쥐에게 적용할 허용량을 정하면, X * (½)^0.75이
다. 전자가 후자보다 작고, 후자가 생쥐에게 알맞은 치료제 허용
량이므로 코끼리에게 적용하는 치료제 허용량을 기준으로, 체
중에 비례하여 생쥐에게 적용할 허용량을 정한 후 먹이면 과소
복용이 될 것이다.

⑤ 클라이버의 법칙에 따르면, 동물의 체중이 증가함에 따
라 함께 늘어나는 에너지의 필요량이 이전 초기 연구에
서 생각했던 양보다 많겠군.

16. ㉠, ㉡에 대한 이해로 가장 적절한 것은?

㉠ 직접법
㉡ 간접법

① ㉠은 체온을 환경 온도에 따라 조정하는 변온 동물이 체
외로 발산하는 열량을 측정할 수 없다.

㉠은 온도가 일정하게 유지된 상태에서 열량을 측정하므로 체
온을 환경 온도에 따라 조정하는 변온 동물이 체외로 발산하는
열량도 측정할 수 있다.

② ㉡은 동물이 호흡에 이용한 산소의 양을 알 필요가 없다.

㉡은 동물이 호흡에 이용한 산소의 양을 알 필요가 있다.

③ ㉠은 ㉡과 달리 격한 움직임이 제한된 편하게 쉬는 상태
에서 기초 대사량을 구한다.

㉠과 ㉡은 모두 격한 움직임이 제한된 편하게 쉬는 상태에서 기
초 대사량을 구한다.

④ ㉠과 ㉡은 모두 일정한 체온에서 동물이 체외로 발산하
는 열량을 구할 수 있다.

⑤ ㉠과 ㉡은 모두 생존에 필수적인 최소한의 에너지를 공
급하면서 기초 대사량을 구한다.

㉠과 ㉡은 모두 공복 상태에서 기초 대사량을 구한다.

17. 윗글을 바탕으로 <보기>를 탐구한 내용으로 가장 적절한 것은? [3점]

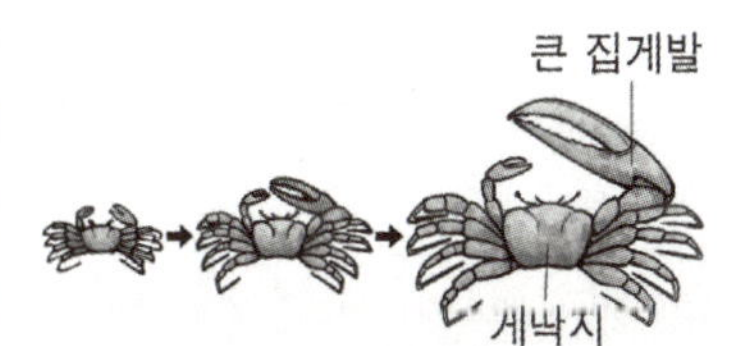

농게의 수컷은 집게발 하나가 매우 큰데, 큰 집게발의 길이는 게딱지의 폭에 ‘상대 성장’을 한다. 농게의 ⓐ 게딱지 폭을 이용해 ⓑ 큰 집게발의 길이를 추정하기 위해, 다양한 크기의 농게의 게딱지 폭과 큰 집게발의 길이를 측정하여 다수의 순서쌍을 확보했다. 그리고 ‘L-그래프’와 같은 방식으로, 그래프의 가로축과 세로축에 각각 게딱지 폭과 큰 집게발의 길이에 해당하는 값을 놓고 분석을 실시했다.

① 최적의 직선을 구한다고 할 때, 최적의 직선의 기울기가
1보다 작다면 ⓐ에 ⓑ가 비례한다고 할 수 없겠군.

최적의 직선을 구한다고 할 때, 최적의 직선의 기울기가 1보다
작다면, ⓑ는 ⓐ^x(x < 1)에 비례할 것이므로, ⓐ에 ⓑ가 비례한
다고 할 수 없다.

② 최적의 직선을 구하여 ⓐ와 ⓑ의 증가율을 비교하려고
할 때, 점들이 최적의 직선으로부터 가로축에 수직 방향
으로 멀리 떨어질수록 편차 제곱 합은 더 작겠군.

최적의 직선을 구하여 ⓐ와 ⓑ의 증가율을 비교하려고 할 때, 점
들이 최적의 직선으로부터 수직 방향으로 멀리 떨어질수록 편
차 제곱 합은 더 클 것이다.

③ ⓐ의 증가율보다 ⓑ의 증가율이 크다면, 점들의 분포가
직선이 아닌 어떤 곡선의 주변에 분포하겠군.

ⓐ의 증가율보다 ⓑ의 증가율이 크더라도, L-그래프이므로 점

④ ⓐ의 증가율보다 ⓑ의 증가율이 작다면, 점들 사이를 지
나는 최적의 직선의 기울기는 1보다 크겠군.

⑤ ⓐ의 증가율과 ⓑ의 증가율이 같고 '일반적인 그래프'에
서 순서쌍을 점으로 표시한다면, 점들은 직선이 아닌 어
떤 곡선의 주변에 분포하겠군.

1 문단

1. 분자들이 만나 화학 반응을 진행하는 데 필요한 최소한의 운동 에너지를 활성화 에너지라 한다.

- '활성화 에너지'에 대한 정의가 제시되고 있다.
- '활성화 에너지'를 암기 시도할 필요가 있다.

2. 활성화 에너지가 작은 반응은, 반응의 활성화 에너지보다 큰 운동 에너지를 가진 분자들이 많아 반응이 빠르게 진행된다.

- '활성화 에너지가 작은 반응은'을 '분자들이 만나 화학 반응을 진행하는 데 필요한 최소한의 운동 에너지가 작은 반응은'으로 바꾸어 읽을 수 있다.

3. 활성화 에너지를 조절하여 반응 속도에 변화를 주는 물질을 촉매라고 하며, 반응 속도를 빠르게 하는 능력을 촉매 활성이라 한다.

- '촉매'에 대한 정의가 제시되고 있다.
- '촉매'를 암기 시도할 필요가 있다.
- '촉매 활성'에 대한 정의가 제시되고 있다.
- '촉매 활성'을 암기 시도할 필요가 있다.

4. 촉매는 촉매가 없을 때와는 활성화 에너지가 다른, 새로운 반응 경로를 제공한다.

- '촉매 활성 측면에서 촉매가 있을 때는 촉매가 없을 때보다 활성화 에너지가 작고 반응 속도가 빠르겠다'라고 추론할 수 있다.
- '촉매가 있을 때'와 '촉매가 없을 때'의 차이를 인지할 수 있으므로 둘을 대등 관계로 보아 시각적 수평 관계로 모델링할 수 있다.

5. 화학 산업에서는 주로 고체 촉매가 이용되는데, 액체나 기체인 생성물을 촉매로부터 분리하는 별도의 공정이 필요 없기 때문이다.

- '주로'라는 표현이 등장했으므로 '화학 산업에서 액체나 기체

촉매가 이용되기도 하겠군'이라고 추론할 수 있다.
- '액체나 기체 촉매가 이용되면 액체나 기체인 생성물을 촉매로부터 분리하는 별도의 공정이 필요한가 보다'라고 추론할 수 있다.

6. 고체 촉매는 대부분 활성 성분, 지지체, 증진제로 구성된다.

- '활성 성분', '지지체', '증진제'가 '고체 촉매'와 부분 관계임을 알 수 있다.
- '활성 성분', '지지체', '증진제'를 암기 시도할 필요가 있다.
- '활성 성분, 지지체, 증진제가 뭘까?'라고 물음표를 띄울 수 있다. 단서가 부족해 추론은 어려워 보인다.

2 문단

1. 활성 성분은 그 표면에 반응물을 흡착시켜 촉매 활성을 제공하는 물질이다.

- '활성 성분'에 대한 정의가 제시되고 있으므로 '활성 성분, 지지체, 증진제가 뭘까?'라면서 띄웠던 물음표를 어느 정도 회수할 수 있다.

2. 고체 촉매의 촉매 작용에서는 반응물이 먼저 활성 성분의 표면에 화학 흡착되고, 흡착된 반응물이 표면에서 반응하여 생성물로 변환된 후, 생성물이 표면에서 탈착되는 과정을 거쳐 반응이 완결된다.

- 고체 촉매의 촉매 작용)
반응물이 활성 성분의 표면에 화학 흡착⇒흡착된 반응물이 표면에서 반응하여 생성물로 변환⇒생성물이 표면에서 탈착됨

3. 금속은 다양한 물질들이 표면에 흡착될 수 있어 여러 반응에서 활성 성분으로 사용된다.

- '금속'이 '활성 성분'에 포함됨을 알 수 있다.

4. 예를 들면, 암모니아를 합성할 때 철을 활성 성분으로 사용하는데, 이때 반응물인 수소와 질소가 철의 표면에 흡착되어 각각 원자 상태로 분리된다.

- '철'이 '금속'에 포함됨을 알 수 있다.

- 반응물인 수소와 질소가 철의 표면에 흡착되어 각각 원자 상
  태로 분리 ⇒ 흡착된 반응물은 전자를 금속 표면의 원자와 공
  유하여 안정화

- 금속의 종류 ⇒ 반응물의 흡착 세기

- '-야'라는 당위 진술을 가리키는 표현이 등장했으므로 '적절하
  지 않으면 안 된다'로 바꾸어 읽을 수 있다.

- 흡착 세기↓ ⇒ 흡착량↓ ⇒ 촉매 활성↓
  흡착 세기↑ ⇒ 흡착된 반응물 지나치게 안정화 ⇒ 표면에서의
  반응 느려짐 ⇒ 촉매 활성↓
- '흡착이 약하거나 강하면 모두 촉매 활성이 낮아지네. 흡착 세
  기가 적절해야 촉매 활성이 높아지겠다'라고 반응할 수 있다.

- 표면의 활성 성분 원자 개수↑ ⇒ 반응물의 흡착량↑ ⇒ 촉매 활성↑

3 문단

- '소결'에 대한 정의가 제시되고 있다.
- '소결'을 암기 시도할 필요가 있다.

- 입자 소결 ⇒ 금속 활성 성분의 전체 표면적↓

- 작은 금속 입자들을 지지체의 표면에 분산⇒소결로 인한 촉매
  활성 저하 억제
- '작은 금속 입자들을 표면적이 넓고 열적 안정성이 높은 지지
  체의 표면에 분산하면 왜 소결로 인한 촉매 활성 저하가 억제
  될까?'라고 물음표를 띄울 수 있다.
  단서가 부족해 추론은 어려워 보인다.
- '지지체'에 대한 설명이 제시되고 있으므로 '활성 성분, 지지체,
  증진제가 뭘까?'라면서 띄웠던 물음표를 회수할 수 있다.

- '-도'라는 표현이 등장했으므로 '지지체를 사용하지 않고 대량
  의 금속을 사용해서 금속을 활성 성분으로 사용하는 고체 촉
  매의 활성을 높일 수도 있겠군'이라고 추론할 수 있다.

4 문단

- '증진제'에 대한 설명이 제시되고 있으므로 '활성 성분, 지지체,
  증진제가 뭘까?'라면서 띄웠던 물음표를 모두 회수할 수 있다.

- 증진제)
  활성 성분의 표면 구조 변화⇒소결 억제
  활성 성분의 전자 밀도 변화⇒흡착 세기 조절
- '활성 성분의 표면 구조를 변화시키면 어떻게 소결이 억제된
  다는 거야? 그리고 활성 성분의 전자 밀도 변화가 어떻게 흡
  착 세기를 조절한다는 거야?'라고 물음표를 띄울 수 있다.
  단서가 부족해 추론은 어려워 보인다.

3. 고체 촉매는 활성 성분이 반드시 있어야 하지만 경우
에 따라 증진제나 지지체를 포함하지 않기도 한다.

- '-야'라는 당위 진술을 가리키는 표현이 등장했으므로 '반드시
  있지 않으면 안 되지만'이라고 바꾸어 읽을 수 있다.
- '즉 활성 성분으로만 구성된 고체 촉매도 있을 수 있다는 말이
  네'라고 반응할 수 있다.

08. 윗글의 내용과 일치하지 <u>않는</u> 것은?

① 촉매를 이용하면 화학 반응이 새로운 경로로 진행된다.
② <u>고체 촉매는 기체 생성물과 촉매의 분리 공정이 필요하다.</u>
고체 촉매는 액체나 기체인 생성물을 촉매로부터 분리하는 별
도의 공정이 필요 없다.
③ 고체 촉매에 의한 반응은 생성물의 탈착을 거쳐 완결된다.
④ 암모니아 합성에서 철 표면에 흡착된 수소는 전자를 철
   원자와 공유한다.
⑤ 증진제나 지지체 없이 촉매 활성을 갖는 고체 촉매가
   있다.

09. ㉠의 촉매 활성을 높이는 방법으로 가장 적절한 것은?

㉠ <u>금속을 활성 성분으로 사용하는 고체 촉매</u>

① <u>반응물을 흡착하는 금속 원자의 개수를 늘린다.</u>
표면의 활성 성분 원자 개수↑⇒반응물의 흡착량↑⇒촉매 활성↑
② 활성 성분의 소결을 촉진하는 증진제를 첨가한다.
활성 성분의 소결을 억제하는 증진제를 첨가하는 것이 ㉠의 촉
매 활성을 높이는 방법일 것이다.
③ 반응물의 반응 속도를 늦추는 지지체를 사용한다.
반응물의 반응 속도를 높이는 지지체를 사용하는 것이 ㉠의 촉
매 활성을 높이는 방법일 것이다.
④ 반응에 대한 활성화 에너지를 크게 하는 금속을 사용한다.
반응에 대한 활성화 에너지를 작게 하는 금속을 사용하는 것이
㉠의 촉매 활성을 높이는 방법일 것이다.
⑤ 활성 성분의 금속 입자들을 뭉치게 하여 큰 입자로 만든다.
해당 선지는 소결에 대한 설명으로 이를 통해서는 ㉠의 촉매 활
성을 높일 수 없다.

10. 윗글을 바탕으로 <보기>를 이해한 내용으로 적절하지 <u>않은</u> 것은? [3점]

> ─── < 보기 > ───
>
> 아세틸렌은 보통 선택적 수소화 공정을 통하여 에틸
> 렌으로 변환된다. 이 공정에서 사용되는 고체 촉매는
> 팔라듐 금속 입자를 실리카 표면에 분산하여 만들며,
> 아세틸렌과 수소는 팔라듐 표면에 흡착되어 반응한다.
> 여기서 실리카는 표면적이 넓고 열적 안정성이 높다.
> 이때, 촉매에 규소를 소량 포함시키면 활성 성분의 표
> 면 구조가 변화되어 고온에서 팔라듐의 소결이 억제된
> 다. 또한 은을 소량 포함시키면 팔라듐의 전자 밀도가
> 높아지고 팔라듐 표면에 반응물이 흡착되는 세기가 조
> 절되어 원하는 반응을 얻을 수 있다.

활성 성분: 팔라듐
지지체: 실리카
증진제: 규소, 은
반응물: 아세틸렌
생성물: 에틸렌

① 아세틸렌은 반응물에 해당한다.
② 팔라듐은 활성 성분에 해당한다.
③ 규소와 은은 모두 증진제에 해당한다.
④ <u>실리카는 낮은 온도에서 활성 성분을 소결한다.</u>
높은 온도에서의 활성 성분 소결로 인한 촉매 활성 저하를 실리
카가 억제할 것이다.
⑤ 실리카는 촉매 활성 저하를 억제하는 기능을 한다.

 윗글을 바탕으로 할 때, <보기>의 금속 ⓐ~ⓓ에 대한 설명으로 가장 적절한 것은?

> — < 보기 > —
>
> 다음은 여러 가지 금속에 물질 ㉮가 흡착될 때의 흡착 세기와 ㉮의 화학 반응에서 각 금속의 촉매 활성을 나타낸다.
> (단, 흡착에 영향을 주는 다른 요소는 고려하지 않음.)

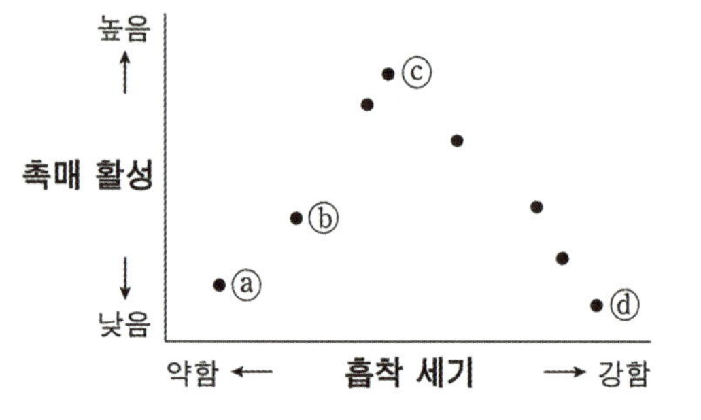

흡착 세기↓ ⇒ 흡착량↓ ⇒ 촉매 활성↓

흡착 세기↑ ⇒ 흡착된 반응물 지나치게 안정화 ⇒ 표면에서의 반응 느려짐 ⇒ 촉매 활성↓

① ㉮의 화학 반응은 ⓐ보다 ⓑ를 활성 성분으로 사용할 때 더 느리게 일어난다

㉮의 화학 반응은 ⓐ보다 ⓑ를 활성 성분으로 사용할 때 더 빠르게 일어난다.

② ㉮는 ⓐ보다 ⓒ에 흡착될 때 흡착량이 더 적다.

㉮는 ⓐ보다 ⓒ에 흡착될 때 흡착량이 더 많다.

③ ㉮는 ⓐ보다 ⓓ에 흡착될 때 안정화되는 정도가 더 크다.

흡착 세기↑⇒흡착된 반응물 지나치게 안정화⇒표면에서의 반응 느려짐⇒촉매 활성↓

④ ㉮는 ⓑ보다 ⓒ에 더 약하게 흡착된다.

㉮는 ⓑ보다 ⓒ에 더 강하게 흡착된다.

⑤ ㉮의 화학 반응에서 촉매 활성만을 고려하면 가장 적합한 활성 성분은 ⓓ이다.

㉮의 화학 반응에서 촉매 활성만을 고려하면 가장 적합한 활성 성분은 ⓒ이다.

1 문단

1. 식품 포장재, 세제 용기 등으로 사용되는 플라스틱은 생활에서 흔히 ⓐ 접할 수 있다.

- '식품 포장재', '세제 용기'가 '플라스틱'에 포함됨을 알 수 있다.

2. 플라스틱은 '성형할 수 있는, 거푸집으로 조형이 가능한'이라는 의미의 '플라스티코스'라는 그리스어에서 온 말로, 열과 압력으로 성형할 수 있는 고분자 화합물을 이른다.

- '플라스틱'에 대한 정의가 제시되고 있다.

2 문단

1. 플라스틱은 단위체인 작은 분자가 수없이 반복 연결되는 중합을 통해 만들어진 거대 분자로 이루어져 있다.

- '단위체'를 암기 시도할 필요가 있다.
- '중합'에 대한 정의가 제시되고 있다.
- '단위체'와 '거대 분자'가 부분 관계임을 알 수 있다.

2. 단위체들은 공유 결합으로 연결되는데, 분자를 구성하는 원자들이 서로 전자를 공유하여 안정한 상태가 되는 결합을 공유 결합이라 한다.

- '공유 결합'에 대한 정의를 제시하고 있다.

3. 두 원자가 각각 전자를 하나씩 내어놓아 그 두 개의 전자를 한 쌍으로 공유하면 단일 결합이라 하고, 두 쌍을 공유하면 이중 결합이라 한다.

- '단일 결합'에 대한 정의가 제시되고 있다.
- '이중 결합'에 대한 정의가 제시되고 있다.

4. 공유 전자쌍이 많을수록 원자 간의 결합력은 강하다.

- 공유 전자쌍↑⇒원자 간의 결합력↑

5. 대부분의 원자는 가장 바깥 전자 껍질의 전자 수가 8개가 될 때 안정해진다.

- '대부분'이라는 표현이 등장했으므로 '가장 바깥 전자 껍질의 전자 수가 8개가 아닐 때 안정해지는 원자도 있겠군'이라고 추론할 수 있다.

6. 탄소 원자는 가장 바깥 전자 껍질에 4개의 전자를 갖고 있어, 다른 원자들과 전자를 공유하여 안정해질 수 있으며 다양한 형태의 공유 결합이 가능하여 거대한 분자의 골격을 이룰 수 있다.

- '탄소 원자'에 대한 설명이 제시되고 있다.

3 문단

1. 플라스틱의 한 종류인 폴리에틸렌은 에틸렌 분자들이 서로 연결되는 중합 과정을 거쳐 만들어진다.

- '폴리에틸렌'이 '플라스틱'에 포함됨을 알 수 있다.
- '에틸렌'과 '폴리에틸렌'이 부분 관계임을 알 수 있다.
- '에틸렌은 단위체겠군'이라고 추론할 수 있다.

2. 에틸렌은 두 개의 탄소 원자와 네 개의 수소 원자로 이루어지는데, 두 개의 탄소 원자가 서로 이중 결합을 하고 각각의 탄소 원자는 두 개의 수소 원자와 단일 결합을 한다.

- 다음과 같이 모델링할 수 있다.

```
   H       H
   |       |
   C  ⇄  C
   |       |
   H       H
```

3. 탄소 원자 간의 이중 결합에서는 한 결합이 다른 하나보다 끊어지기 쉽다.

- 다음과 같이 모델링할 수 있다.

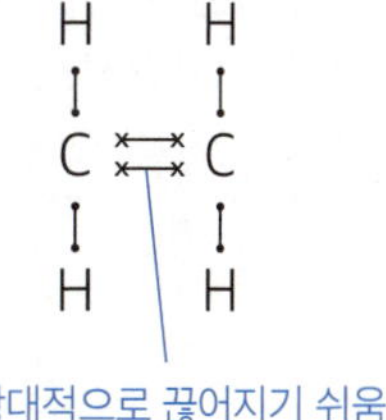

1. 에틸렌의 중합에는 여러 가지 방법이 있는데 그중에 하나는 과산화물 개시제를 사용하는 것이다.

- '과산화물 개시제'를 암기 시도할 필요가 있다.
- '과산화물 개시제를 통해 어떻게 에틸렌을 중합할까?'라고 물음표를 띄울 수 있다.
  단서가 부족해 추론은 어려워 보인다.

2. 열을 흡수한 과산화물 개시제는 가장 바깥 껍질에 7개의 전자가 있는 불안정한 상태의 원자를 가진 분자로 분해된다.

- '열을 흡수한 과산화물 개시제는 전자 1개를 더 얻어 안정해지려 하겠네'라고 추론할 수 있다.

3. 이 불안정한 원자는 안정해지기 위해 에틸렌이 가진 탄소의 이중 결합 중 더 약한 결합을 끊어 버리면서 에틸렌의 한쪽 탄소 원자와 전자를 공유하며 단일 결합한다.

- 다음과 같이 모델링할 수 있다.

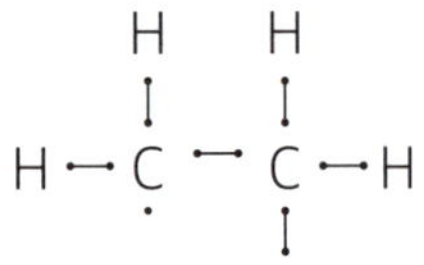

$$H-\underset{\cdot}{\overset{\overset{\displaystyle H}{|}}{C}}-\overset{\overset{\displaystyle H}{|}}{\underset{|}{C}}-H$$

과산화물 개시제

4. 그러면 다른 쪽 탄소 원자는 공유되지 못한, 홀로 남은 전자를 갖게 된다.

5. 이 불안정한 탄소 원자는 같은 방식으로 다른 에틸렌 분자와 반응을 하게 되고, 이와 같은 반응이 이어지며 불안정해지는 탄소 원자가 계속 생성된다.

- '홀로 남은 전자를 가진 탄소 원자가 에틸렌이 가진 탄소의 이중 결합 중 더 약한 결합을 끊어 버리면서 단일 결합하는 과정이 계속 이어지겠네'라고 반응할 수 있으므로 '과산화물 개시제를 통해 어떻게 에틸렌을 중합할까?'라면서 띄웠던 물음표를 회수할 수 있다.

6. 에틸렌 분자들이 결합하여 더해지면 이것들은 사슬 형태를 이루며, 이 사슬은 지속적으로 성장하고 사슬 끝에는 불안정한 탄소 원자가 존재하게 된다.

7. 성장하는 두 사슬의 끝이 서로 만나 결합하여 안정한 상태가 되면 반복적인 반응이 멈추게 된다.

- '성장하는 두 사슬의 끝이 서로 어떻게 만나 결합하여 안정한 상태가 된다는 걸까?'라고 물음표를 띄울 수 있다.
  '사슬의 한쪽 끝에는 불안정한 탄소 원자가, 다른 쪽 끝에는 과산화물 개시제가 있을 텐데 이 둘이 서로 만나 결합하여 안정한 상태가 된다는 건가'라고 추론할 수 있다.

8. ㉠ 이 중합 과정을 거쳐 에틸렌 분자들은 폴리에틸렌이라는 고분자 화합물이 된다.

1. 플라스틱을 이루는 거대한 분자들은 길이가 길다.

2. 그래서 사슬들이 일정한 방향으로 나란히 배열되어 있는 결정 영역은, 분자들 전체에서 기대할 수는 없지만 부분적으로 있을 수는 있다.

- '결정 영역'에 대한 정의가 제시되고 있다.
- '결정 영역'을 암기 시도할 필요가 있다.

3. 플라스틱에서 결정 영역이 차지하는 부분의 비율은 여러 조건에 따라 조절이 가능하고 물성에 영향을 미친다.

- '여기서 말하는 여러 조건은 뭘까? 또 물성에는 어떤 것들이 있을까?'라고 물음표를 띄울 수 있다.
  단서가 부족해 추론은 어려워 보인다.

4. 결정 영역이 많아질수록 플라스틱은 유연성이 낮아 충격에 약하고 가공성이 떨어지며 점점 불투명해지지만, 밀도가 높아져 단단해지고 화학 물질에 대한 민감성이 감소하며 열에 의해 잘 변형되지 않는다.

- 결정 영역↑⇒유연성↓⇒충격에 약함∧가공성↓∧불투명도↑
- 결정 영역↑⇒밀도↑⇒단단해짐∧화학 물질에 대한 민감성↓∧열에 의한 변형↓
- '결정 영역이 많아질수록 이러한 물성이 변하는구나'라고 반응할 수 있으므로 '여기서 말하는 여러 조건은 뭘까? 또 물성에는 어떤 것들이 있을까?'라면서 띄웠던 물음표를 반쯤 회수할

수 있다.

5. 이런 성질을 활용하여 필요에 따라 다양한 종류의 플라스틱을 만들 수 있다.

08. 윗글에서 알 수 있는 내용으로 적절하지 <u>않은</u> 것은?

① 단위체들은 중합을 거쳐 거대 분자를 이룰 수 있다.
② 에틸렌 분자에는 단일 결합과 이중 결합이 모두 존재한다.
③ 플라스틱이라는 명칭의 유래는 열과 압력으로 성형이 되는 성질과 관련이 있다.
④ <u>불안정한 원자를 가진 에틸렌은 과산화물을 개시제로 쓰면 분해되면서 안정해진다.</u>
에틸렌은 불안정한 원자를 가지지 않는다.
⑤ 탄소와 탄소 사이의 이중 결합 중 하나의 결합 세기는 나머지 하나의 결합 세기보다 크다.

09. ㉠에 대한 이해로 적절하지 <u>않은</u> 것은?

㉠ 이 중합 과정

① <u>성장 중의 사슬은 그 양쪽 끝부분에서 불안정한 탄소 원자가 생성된다.</u>
성장 중의 사슬은 그 한쪽 끝부분에서 불안정한 탄소 원자가 생성된다.
② 사슬의 중간에 두 탄소 원자가 서로 전자를 하나씩 내어 놓아 공유하는 결합이 존재한다.
③ 상태가 불안정한 원자를 지닌 분자의 생성이 연속적인 사슬 성장 반응이 일어나는 계기가 된다.
④ 공유되지 못하고 홀로 남은 전자를 가진 탄소 원자는 사슬의 성장 과정이 종결되기 전까지 계속 발생한다.
⑤ 에틸렌 분자를 구성하는 탄소 원자들 사이의 이중 결합이 단일 결합으로 되면서 사슬의 성장 과정을 이어 간다.

10. 윗글을 바탕으로 <보기>의 ㉮와 ㉯를 이해한 내용으로 가장 적절한 것은? [3점]

> ─── < 보기 > ───
>
> 폴리에틸렌은 높은 압력과 온도에서 중합되어 사슬이 여기저기 가지를 친 구조로 만들어지기도 한다. ㉮ 가지를 친 구조의 사슬들은 조밀하게 배열되기 힘들다. 한편 특수한 촉매를 사용하여 저온에서 중합되면 탄소 원자들이 이루는 사슬이 한 줄로 쭉 이어진 직선형 구조로 만들어지기도 한다. 이 ㉯ 직선형 구조의 사슬들은 한 방향으로 서로 나란히 조밀하게 배열될 수 있다.

5문단 2번 문장: 그래서 사슬들이 일정한 방향으로 나란히 배열되어 있는 결정 영역은, 분자들 전체에서 기대할 수는 없지만 부분적으로 있을 수는 있다.

- 결정 영역↑⇒유연성↓⇒충격에 약함∧가공성↓∧불투명도↑
- 결정 영역↑⇒밀도↑⇒단단해짐∧화학 물질에 대한 민감성↓∧열에 의한 변형↓

① 충격에 잘 깨지지 않도록 유연하게 하려면 ㉮보다 ㉯로 이루어진 소재가 적합하겠군.
충격에 잘 깨지지 않도록 유연하게 하려면 ㉯보다 ㉮로 이루어진 소재가 적합할 것이다.
② 포장된 물품이 잘 보이게 하려면 포장재로는 ㉮보다 ㉯로 이루어진 소재가 적합하겠군.
포장된 물품이 잘 보이게 하려면 포장재로는 ㉯보다 ㉮로 이루어진 소재가 적합할 것이다.
③ <u>보관 용기에서 화학 물질이 닿는 부분에는 ㉮보다 ㉯로 이루어진 소재를 쓰는 것이 좋겠군.</u>
④ ㉯보다 ㉮로 이루어진 소재의 밀도가 더 높겠군.
㉮보다 ㉯로 이루어진 소재의 밀도가 더 높을 것이다.
⑤ 열에 잘 견디게 하려면 ㉯보다 ㉮로 이루어진 소재가 적합하겠군.
열에 잘 견디게 하려면 ㉮보다 ㉯로 이루어진 소재가 적합할 것이다.

플라스틱은 생활에서 흔히 ⓐ 접할 수 있다

① 요즘 신도시는 아파트가 대규모로 서로 접해 있다.
② 그는 자신의 수상 소식을 오늘에야 접하게 되었다.
③ 나는 교과서에서 접한 시를 모두 외웠다.
④ 우리나라는 삼면이 바다에 접해 있다.
⑤ 우리 집은 공원을 접하고 있다.

PART 04

기술

기술

1 문단

1. 인간의 신경 조직을 수학적으로 모델링하여 컴퓨터가 인간처럼 기억·학습·판단할 수 있도록 구현한 것이 인공 신경망 기술이다.

- '인공 신경망 기술'에 대한 정의가 제시되고 있다.
- '인공 신경망 기술'을 암기 시도할 필요가 있다.

2. 신경 조직의 기본 단위는 뉴런인데, ⓐ 인공 신경망에서는 뉴런의 기능을 수학적으로 모델링한 퍼셉트론을 기본 단위로 사용한다.

- '뉴런'과 '신경 조직'이 부분 관계임을 알 수 있다.
- '퍼셉트론'과 '인공 신경망'이 부분 관계임을 알 수 있다.
- '뉴런과 신경 조직'과 '퍼셉트론과 인공 신경망'의 공통점을 인지할 수 있으므로 둘을 대등 관계로 보아 시각적 수평 관계로 모델링할 수 있다.
- '퍼셉트론'을 암기 시도할 필요가 있다.

2 문단

1. ⓑ 퍼셉트론은 입력값들을 받아들이는 여러 개의 ⓒ 입력 단자와 이 값을 처리하는 부분, 처리된 값을 내보내는 한 개의 출력 단자로 구성되어 있다.

- '여러 개의 입력 단자', 이 값을 처리하는 부분', '한 개의 출력 단자'가 '퍼셉트론'과 부분 관계임을 알 수 있다.
- '입력 단자', '출력 단자'를 암기 시도할 필요가 있다.

2. 퍼셉트론은 각각의 입력 단자에 할당된 ⓓ 가중치를 입력값에 곱한 값들을 모두 합하여 가중합을 구한 후, 고정된 ⓔ 임계치보다 가중합이 작으면 0, 그렇지 않으면 1과 같은 방식으로 ⓕ 출력값을 내보낸다.

- 가중합 < 임계치 → 출력값 0
  가중합 >= 임계치 → 출력값 1
- '입력값', '가중치', '가중합', '임계치', '출력값'을 암기 시도할 필

요가 있다.

3 문단

1. 이러한 퍼셉트론은 출력값에 따라 두 가지로만 구분하여 입력값들을 판정할 수 있을 뿐이다.

2. 이에 비해 복잡한 판정을 할 수 있는 인공 신경망은 다수의 퍼셉트론을 여러 계층으로 배열하여 한 계층에서 출력된 신호가 다음 계층에 있는 모든 퍼셉트론의 입력 단자에 입력값으로 입력되는 구조로 이루어진다.

- '모든'에 주목할 필요가 있다.
- 다음과 같이 모델링할 수 있다.

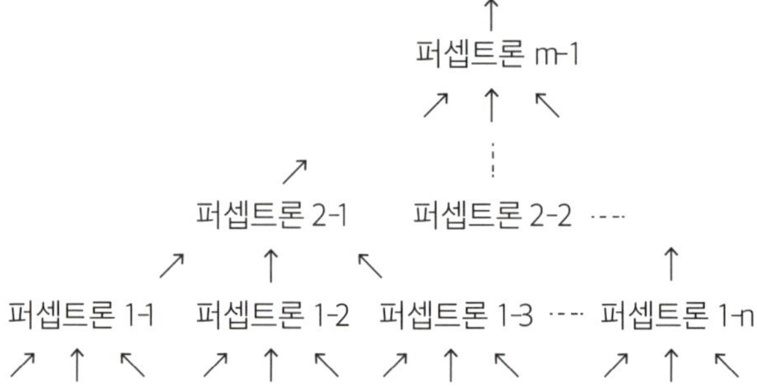

3. 이러한 인공 신경망에서 가장 처음에 입력값을 받아들이는 퍼셉트론들을 입력층, 가장 마지막에 있는 퍼셉트론들을 출력층이라고 한다.

- '입력층'과 '출력층'에 대한 정의가 제시되고 있다.
- '입력층'과 '출력층'을 암기 시도할 필요가 있다.

4 문단

1. ㉠ 어떤 사진 속 물체의 색깔과 형태로부터 그 물체가 사과인지 아닌지를 구별할 수 있도록 인공 신경망을 학습시키는 경우를 생각해 보자.

- '어떻게 학습시킬까?'라고 물음표를 띄울 수 있다.
  단서가 부족해 추론은 어려워 보인다.

2. 먼저 학습을 위한 입력값들 즉 학습 데이터를 만들어야 한다.

- '학습 데이터'에 대한 정의가 제시되고 있다.
- '학습 데이터'를 암기 시도할 필요가 있다.

- '-야'라는 당위 진술을 가리키는 표현이 등장했으므로 '학습 데이터를 만들지 않으면 안 된다'라고 바꾸어 읽을 수 있다.

3. 학습 데이터를 만들기 위해서는 사과 사진을 준비하고 사진에 나타난 특징인 색깔과 형태를 수치화해야 한다.

- '-야'라는 필요조건을 가리키는 표현이 등장했으므로 대우 규칙을 적용하여 '사과 사진을 준비하고 사진에 나타난 특징인 색깔과 형태를 수치화하지 않으면 학습 데이터를 만들 수 없다'라고 바꾸어 읽을 수 있다.

4. 이 경우 색깔과 형태라는 두 범주를 수치화하여 하나의 학습 데이터로 묶은 다음, '정답'에 해당하는 값과 함께 학습 데이터를 인공 신경망에 제공한다.

- '학습 데이터는 입력층의 입력 단자로 들어갈 텐데, 정답에 해당하는 값은 출력층의 출력 단자에 제공되려나?'라고 물음표를 띄울 수 있다.
단서가 부족해 추론은 어려워 보인다.

5. 이때 같은 범주에 속하는 입력값은 동일한 입력 단자를 통해 들어가도록 해야 한다.

- '그러니까 색깔이라는 범주에 속하는 입력값은 색깔에 해당하는 입력 단자를 통해 들어가고, 형태라는 범주에 속하는 입력값은 형태에 해당하는 입력 단자를 통해 들어간다는 소리네'라고 추론할 수 있다.

6. 그리고 사과 사진에 대한 학습 데이터를 만들 때에 정답인 '사과이다'에 해당하는 값을 '1'로 설정하였다면 출력값 '0'은 '사과가 아니다'를 의미하게 된다.

5 문단

1. 인공 신경망의 작동은 크게 학습 단계와 판정 단계로 나뉜다.

- '학습 단계'와 '판정 단계'를 구분하고 있으므로 둘을 대등 관계로 보아 시각적 수평 관계로 모델링할 수 있다.

2. 학습 단계는 학습 데이터를 입력층의 입력 단자에 넣어 주고 출력층의 출력값을 구한 후, 이 출력값과 정답에 해당하는 값의 차이가 줄어들도록 가중치를 갱신하는 과정이다.

3. 어떤 학습 데이터가 주어지면 이때의 출력값을 구하고 학습 데이터와 함께 제공된 정답에 해당하는 값에서 출력값을 뺀 값 즉 오차 값을 구한다.

- 수식이 등장했으므로 다음과 같이 정리할 수 있다.
오차 값 = 정답에 해당하는 값 - 출력값
- '오차 값'을 암기 시도할 필요가 있다.

4. 이 오차 값의 일부가 출력층의 출력 단자에서 입력층의 입력 단자 방향으로 되돌아가면서 각 계층의 퍼셉트론별로 출력 신호를 만드는 데 관여한 모든 가중치들에 더해지는 방식으로 가중치들이 갱신된다.

- '모든'에 주목할 필요가 있다.
- '오차 값이 있으면 인공 신경망에서 출력 신호를 만드는 데 관여한 모든 가중치들은 증가하겠네'라고 추론할 수 있다.

5. 이러한 과정을 다양한 학습 데이터에 대하여 반복하면 출력값들이 각각의 정답 값에 수렴하게 되고 판정 성능이 좋아진다.

6. 오차 값이 0에 근접하게 되거나 가중치의 갱신이 더 이상 이루어지지 않게 되면 학습 단계를 마치고 판정 단계로 전환한다.

7. 이때 판정의 오류를 줄이기 위해서는 학습 단계에서 대상들의 변별적 특징이 잘 반영되어 있는 서로 다른 학습 데이터를 사용하는 것이 좋다.

- '이때'를 '판정 단계에서'로 바꾸어 읽을 수 있다.

16. 윗글에 따를 때, ⓐ~ⓕ에 대한 설명으로 적절하지 않은 것은?

ⓐ 인공 신경망

ⓑ 퍼셉트론

ⓒ 입력 단자

ⓓ 가중치

ⓔ 임계치

ⓕ 출력값

① ⓑ는 ⓐ의 기본 단위이다.

② ⓒ는 ⓑ를 구성하는 요소 중 하나이다.

③ ⓓ가 변하면 ⓔ도 따라서 변한다.

ⓓ가 변하더라도 ⓔ는 변하지 않는다.

④ ⓔ는 ⓕ를 결정하는 기준이 된다.

⑤ ⓐ가 학습하는 과정에서 ⓕ는 ⓓ의 변화에 영향을 미친다.

17. 윗글에 대한 이해로 적절하지 않은 것은?

① 퍼셉트론의 출력 단자는 하나이다.

② 출력층의 출력값이 정답에 해당하는 값과 같으면 오차 값은 0이다.

오차 값 = 정답에 해당하는 값 - 출력값

③ 입력층 퍼셉트론에서 출력된 신호는 다음 계층 퍼셉트론의 입력값이 된다.

④ 퍼셉트론은 인간의 신경 조직의 기본 단위의 기능을 수학적으로 모델링한 것이다.

⑤ 가중치의 갱신은 입력층의 입력 단자에서 출력층의 출력 단자 방향으로 진행된다.

가중치의 갱신은 출력층의 출력 단자에서 입력층의 입력 단자 방향으로 진행된다.

18. 윗글을 바탕으로 ㉠에 대해 추론한 것으로 적절하지 않은 것은?

㉠ 어떤 사진 속 물체의 색깔과 형태로부터 그 물체가 사과인지 아닌지를 구별할 수 있도록 인공 신경망을 학습시키는 경우

① 학습 데이터를 만들 때는 색깔이나 형태가 다른 사과의 사진을 선택하는 것이 좋겠군.

② 학습 데이터에 두 가지 범주가 제시되었으므로 입력층

의 퍼셉트론은 두 개의 입력 단자를 사용하겠군.

③ 색깔에 해당하는 범주와 형태에 해당하는 범주를 분리하여 각각 서로 다른 학습 데이터로 만들어야 하겠군.

색깔에 해당하는 범주와 형태에 해당하는 범주를 묶어 하나의 학습 데이터로 만들어야 할 것이다.

④ 가중치가 더 이상 변하지 않는 단계에 이르면 '사과'인지 아닌지를 구별하는 학습 단계가 끝났다고 볼 수 있겠군.

⑤ 학습 데이터를 만들 때 사과 사진의 정답에 해당하는 값을 0으로 설정하였다면, 출력층의 출력 단자에서 0 신호가 출력되면 '사과이다'로, 1 신호가 출력되면 '사과가 아니다'로 해석해야 되겠군.

19. 윗글을 바탕으로 <보기>를 이해한 내용으로 가장 적절한 것은? [3점]

> — < 보기 > —
>
> 아래의 [A]와 같은 하나의 퍼셉트론을 [B]를 이용해 학습시키고자 한다.
>
> [A]
> - 입력 단자는 세 개(a, b, c)
> - a, b, c의 현재의 가중치는 각각 $W_a = 0.5$, $W_b = 0.5$, $W_c = 0.1$
> - 가중합이 임계치 1보다 작으면 0을, 그렇지 않으면 1을 출력
>
> [B]
> - a, b, c로 입력되는 학습 데이터는 각각 $I_a = 1$, $I_b = 0$, $I_c = 1$
> - 학습 데이터와 함께 제공되는 정답 = 1

학습 단계에서 처음 학습할 때 가중합 = (0.5 * 1) + (0.5 * 0) + (0.1 * 1) = 0.5 + 0 + 0.1 = 0.6

오차 값 = 1 - 0 = 1

① [B]로 학습시키기 위해서는 판정 단계를 먼저 거쳐야 하겠군.

[B]로 학습시키기 위해서는 학습 단계를 먼저 거쳐야 한다.

② 이 퍼셉트론이 1을 출력한다면, 가중합이 1보다 작았기 때문이겠군.

이 퍼셉트론이 1을 출력한다면, 가중합이 1보다 크거나 같았기 때문일 것이다.

③ [B]로 한 번 학습시키고 나면 가중치 Wa, Wb, Wc가 모두 늘어나 있겠군.

④ [B]로 여러 차례 반복해서 학습시키면 퍼셉트론의 출력값은 0에 수렴하겠군.

[B]로 여러 차례 반복해서 학습시키면 퍼셉트론의 출력값은 정답에 해당하는 값인 1에 수렴할 것이다.

⑤ [B]의 학습 데이터를 한 번 입력했을 때 그에 대한 퍼셉트론의 출력값은 1이겠군.

[B]의 학습 데이터를 한 번 입력했을 때 그에 대한 퍼셉트론의 출력값은 0일 것이다. 왜냐하면 가중합이 0.6으로 임계치 1보다 작기 때문이다.

기술

1 문단

1. '콘크리트'는 건축 재료로 다양하게 사용되고 있다.

2. 일반적으로 콘크리트가 근대 기술의 ㉠ 산물로 알려져 있지만 콘크리트는 이미 고대 로마 시대에도 사용되었다.

- '근대'와 '고대 로마 시대'의 공통점을 인지할 수 있으므로 둘을 대등 관계로 보아 시각적 수평 관계로 모델링할 수 있다.

3. 로마 시대의 탁월한 건축미를 보여 주는 판테온은 콘크리트 구조물인데, 반구형의 지붕인 돔은 오직 콘크리트로만 이루어져 있다.

- '판테온'을 암기 시도할 필요가 있다.
- '돔'에 대한 정의가 제시되고 있다.
- '-만'이라는 표현이 등장했으므로 '돔은 콘크리트 외는 재료로 사용되지 않았다'라고 바꾸어 이해할 수 있다.

4. 로마인들은 콘크리트의 골재 배합을 달리하면서 돔의 상부로 갈수록 두께를 점점 줄여 지붕을 가볍게 할 수 있었다.

- '골재 배합이 뭐야?'라고 물음표를 띄울 수 있다.
  단서가 부족해 추론은 어려워 보인다.
- 상부↑⇒두께↓⇒지붕 가볍게

5. 돔 지붕이 지름 45m 남짓의 넓은 원형 내부 공간과 이어지도록 하였고, 지붕의 중앙에는 지름 9m가 넘는 ㉡ 원형의 천창을 내어 빛이 내부 공간을 채울 수 있도록 하였다.

2 문단

1. 콘크리트는 시멘트에 모래와 자갈 등의 골재를 섞어 물로 반죽한 혼합물이다.

- '모래'와 '자갈'이 '골재'에 포함됨을 알 수 있다.
- '시멘트', '골재', '물'과 '콘크리트'는 부분 관계임을 알 수 있다.
- '콘크리트'에 대한 정의가 제시되고 있다.
- '골재 배합은 모래와 자갈 등의 배합을 말하나 보다'라고 추론할 수 있으므로 '골재 배합이 뭐야?'라면서 띄웠던 물음표를 회수할 수 있다.

2. 콘크리트에서 결합재 역할을 하는 시멘트가 물과 만나면 ㉢ 점성을 띠는 상태가 되며, 시간이 지남에 따라 수화 반응이 일어나 골재, 물, 시멘트가 결합하면서 굳어진다.

- '수화 반응이 뭐야?'라고 물음표를 띄울 수 있다.
  '수화 반응이 뭔지는 모르겠지만 콘크리트를 굳히는 역할을 하겠네'라고 추론할 수 있다.

3. 콘크리트의 수화 반응은 상온에서 일어나기 때문에 작업하기에도 좋다.

- '상온이 아닌 고온이나 저온에서 수화 반응이 일어나면 에너지를 필요로 하니까 상온에서 수화 반응이 일어나면 에너지를 필요로 하지 않아 작업하기 좋겠네'라고 반응할 수 있다.

4. 반죽 상태의 콘크리트를 거푸집에 부어 경화시키면 다양한 형태와 크기의 구조물을 만들 수 있다.

5. 콘크리트의 골재는 종류에 따라 강도와 밀도가 다양하므로 골재의 종류와 비율을 조절하여 콘크리트의 강도와 밀도를 다양하게 변화시킬 수 있다.

- 골재의 종류와 비율 조절 ⇒ 콘크리트의 강도와 밀도 변화

6. 그리고 골재들 간의 접촉을 높여야 강도가 높아지기 때문에, 서로 다른 크기의 골재를 배합하는 것이 효과적이다.

- '-야'라는 필요조건을 가리키는 표현이 등장했으므로 대우 규칙을 적용하여 '골재들 간의 접촉을 높이지 않으면 강도가 높아지지 않기 때문에'라고 바꾸어 읽을 수 있다.
- '서로 다른 크기의 골재를 배합하면 골재들 간의 접촉이 높아지고 그에 따라 강도가 높아질 수 있겠군'이라고 추론할 수 있다.

3 문단

1. 콘크리트가 철근 콘크리트로 발전함에 따라 건축은 구조적으로 더욱 견고해지고, 형태 면에서는 더욱 다양하고 자유로운 표현이 가능해졌다.

- '철근 콘크리트'를 암기 시도할 필요가 있다.

2. 일반적으로 콘크리트는 누르는 힘인 압축력에는 쉽게 부서지지 않지만 당기는 힘인 인장력에는 쉽게 부서진다.

- '압축력'과 '인장력'에 대한 정의가 제시되고 있다.
- '압축력'과 '인장력'을 암기 시도할 필요가 있다.
- '압축력'과 '인장력'의 차이를 인지할 수 있으므로 둘을 대등 관계로 보아 시각적 수평 관계로 모델링할 수 있다.

3. 압축력이나 인장력에 재료가 부서지지 않고 그 힘에 견딜 수 있는, 단위 면적당 최대의 힘을 각각 압축 강도와 인장 강도라 한다.

- '압축 강도'와 '인장 강도'에 내한 정의가 제시되고 있다.
- '압축 강도'와 '인장 강도'를 암기 시도할 필요가 있다.
- '압축 강도는 압축력의 범주에, 인장 강도는 인장력의 범주에 포함시킬 수 있겠군'이라고 반응할 수 있다.

4. 콘크리트의 압축 강도는 인장 강도보다 10배 이상 높다.

- '콘크리트는 압축력에 쉽게 부서지지 않지만 인장력에는 쉽게 부서진다는 서술과 궤를 같이 하네'라고 반응할 수 있다.

5. 또한 압축력을 가했을 때 최대한 줄어드는 길이는 인장력을 가했을 때 최대한 늘어나는 길이보다 훨씬 길다.

- '압축력을 가했을 때 최대한 줄어드는 길이와 인장력을 가했을 때 최대한 늘어나는 길이는 각각 압축 강도와 인장 강도와 어떤 연관이 있는 건가?'라고 물음표를 띄울 수 있다.
  단서가 부족해 추론은 어려워 보인다.

6. 그런데 철근이나 철골과 같은 철재는 인장력과 압축력에 의한 변형 정도가 콘크리트보다 작은 데다가 압축 강도와 인장 강도 모두가 콘크리트보다 높다.

- '철근'과 '철골'이 '철재'에 포함됨을 알 수 있다.
- '콘크리트는 압축 강도와 인장 강도 모두 철재보다 작은데 압축력과 인장력에 의한 변형 정도는 철재보다 크므로 압축력을

가했을 때 최대한 줄어드는 길이와 인장력을 가했을 때 최대한 늘어나는 길이는 압축 강도와 인장 강도와 관련이 없구나'라고 추론할 수 있으므로 '압축력을 가했을 때 최대한 줄어드는 길이와 인장력을 가했을 때 최대한 늘어나는 길이는 각각 압축 강도와 인장 강도와 어떤 연관이 있는 건가?'라면서 띄웠던 물음표를 회수할 수 있다.

- '콘크리트'와 '철재'의 차이를 인지할 수 있으므로 둘을 대등 관계로 보아 시각적 수평 관계로 모델링할 수 있다.

7. 특히 인장 강도는 월등히 더 높다.

8. 따라서 보강재로 철근을 콘크리트에 넣어 대부분의 인장력을 철근이 받도록 하면 인장력에 취약한 콘크리트의 단점이 크게 보완된다.

- '이렇게 철근 콘크리트가 탄생하게 된 거겠네'라고 반응할 수 있다.

9. 다만 철근은 무겁고 비싸기 때문에, 대개는 인장력을 많이 받는 부분을 정확히 계산하여 그 지점을 ㉣ 위주로 철근을 보강한다.

10. 또한 가해진 힘의 방향에 수직인 방향으로 재료가 변형되는 점도 고려해야 하는데, 이때 필요한 것이 포아송 비이다.

- '-야'라는 당위 진술을 가리키는 표현이 등장했으므로 '고려하지 않으면 안 되는데'라고 바꾸어 읽을 수 있다.
- '포아송 비가 뭐야?'라고 물음표를 띄울 수 있다.
  '가해진 힘의 방향에 수직인 방향으로 재료가 변형되는 것과 관련이 있을 것 같은데'라고 추론할 수 있다.
- '포아송 비'를 암기 시도할 필요가 있다.

11. 철재는 콘크리트보다 포아송 비가 크며, 대체로 철재의 포아송 비는 0.3, 콘크리트는 0.15 정도이다.

- 철재의 포아송 비(0.3) > 콘크리트의 포아송 비(0.15)

4 문단

1. 강도가 높고 지지력이 좋아진 철근 콘크리트를 건축 재료로 사용하면서, 대형 공간을 축조하고 기둥의 간격도 넓힐 수 있게 되었다.

2. 20세기에 들어서면서부터 근대 건축에서 철근 콘크리트는 예술적 ㉤ 영감을 줄 수 있는 재료로 인식되기 시작하였다.

- '고대 로마 시대에서는 콘크리트가 건축의 재료였던 반면, 근대에서는 철근 콘크리트가 건축의 재료였군'이라고 반응할 수 있다.

3. 기술이 예술의 가장 중요한 근원이라는 신념을 가졌던 르 코르뷔지에는 철근 콘크리트 구조의 장점을 사보아 주택에서 완벽히 구현하였다.

- '르 코르뷔지에'를 암기 시도할 필요가 있다.
- '사보아 주택'을 암기 시도할 필요가 있다.
- '판테온'과 '사보아 주택'을 구분하고 있으므로 둘을 대등 관계로 보아 시각적 수평 관계로 모델링할 수 있다.

4. 사보아 주택은, 벽이 건물의 무게를 지탱하는 구조로 설계된 건축물과는 달리 기둥만으로 건물 본체의 하중을 지탱하도록 설계되어 건물이 공중에 떠 있는 듯한 느낌을 준다.

- '-과는 달리'를 통해 '벽이 건물의 무게를 지탱하는 구조'와 '기둥만으로 건물의 무게를 지탱하는 구조'의 차이를 드러내고 있으므로 둘을 대등 관계로 보아 시각적 수평 관계로 모델링할 수 있다.

5. 2층 거실을 둘러싼 벽에는 수평으로 긴 창이 나 있고, 건축가가 '건축적 산책로'라고 이름 붙인 경사로는 지상의 출입구에서 2층의 주거 공간으로 이어지다가 다시 테라스로 나와 지붕까지 연결된다.

6. 목욕실 지붕에 설치된 작은 천창을 통해 하늘을 바라보면 이 주택이 자신을 중심으로 펼쳐진 또 다른 소우주임을 느낄 수 있다.

- '판테온도 지붕에 천창이 설치되어 있는데 사보아 주택도 지붕에 천창이 설치되어 있네'라고 반응할 수 있다.

7. 평평하고 넓은 지붕에는 정원이 조성되어, 여기서 산책하다 보면 대지를 바다 삼아 항해하는 기선의 갑판에 서 있는 듯하다.

5 문단

1. 철근 콘크리트는 근대 이후 가장 중요한 건축 재료로 널리 사용되어 왔지만 철근 콘크리트의 인장 강도를 높이려는 연구가 계속되어 프리스트레스트 콘크리트가 등장하였다.

- '프리스트레스트 콘크리트'를 암기 시도할 필요가 있다.
- '프리스트레스트 콘크리트는 철근 콘크리트보다 인장 강도가 높겠다'라고 추론할 수 있다.

2. 프리스트레스트 콘크리트는 다음과 같이 제작된다.

3. 먼저, 거푸집에 철근을 넣고 철근을 당긴 상태에서 콘크리트 반죽을 붓는다.

4. 콘크리트가 굳은 뒤에 당기는 힘을 제거하면, 철근이 줄어들면서 콘크리트에 압축력이 작용하여 외부의 인장력에 대한 저항성이 높아진 프리스트레스트 콘크리트가 만들어진다.

- '철근이 줄어들면서 콘크리트에 압축력이 작용하면 왜 외부의 인장력에 대해 저항성이 높아질까?'라고 물음표를 띄울 수 있다.
단서가 부족해 추론은 어려워 보인다.

5. 킴벨 미술관은 개방감을 주기 위하여 기둥 사이를 30m 이상 벌리고 내부의 전시 공간을 하나의 층으로 만들었다.

- '킴벨 미술관'을 암기 시도할 필요가 있다.
- '판테온', '사보아 주택', '킴벨 미술관'을 구분하고 있으므로 셋을 대등 관계로 보아 시각적 수평 관계로 모델링할 수 있다.

6. 이 간격은 프리스트레스트 콘크리트 구조를 활용하였기에 구현할 수 있었고, 일반적인 철근 콘크리트로는 구현하기 어려웠다.

- '기둥 사이의 30m 이상의 간격은 프리스트레스트 콘크리트로는 구현할 수 있지만 일반적인 철근 콘크리트로는 구현하기 어려웠군'이라고 반응할 수 있다.

7. 이 구조로 이루어진 긴 지붕의 틈새로 들어오는 빛이 넓은 실내를 환하게 채우며 철근 콘크리트로 이루어진 내부를 대리석처럼 빛나게 한다.

- '킴벨 미술관의 내부는 철근 콘크리트로 이루어졌구나'라고 반응할 수 있다.

6 문단

1. 이처럼 건축 재료에 대한 기술적 탐구는 언제나 새로운 건축 미학의 원동력이 되어 왔다.

2. 특히 근대 이후에는 급격한 기술의 발전으로 혁신적인 건축 작품들이 탄생할 수 있었다.

3. 건축 재료와 건축 미학의 유기적인 관계는 앞으로도 지속될 것이다.

25. 윗글에 대한 설명으로 가장 적절한 것은?

① 건축 재료의 특성과 발전을 서술하면서 각 건축물들의 공간적 특징을 설명하고 있다.
② 건축 재료의 특성에 기초하여 건축물들의 특징에 대한 상반된 평가를 제시하고 있다.
건축물들의 특징에 대한 상반된 평가는 제시되지 않았다.
③ 건축 재료의 기원을 검토하여 다양한 건축물들의 미학적 특성과 한계를 평가하고 있다.
다양한 건축물들의 한계는 제시되지 않았다.
④ 건축 재료의 시각적 특성을 설명하면서 각 재료와 건축물들의 경제적 가치를 탐색하고 있다.
각 재료와 건축물들의 경제적 가치는 제시되지 않았다.
⑤ 건축물들의 특징에 대한 평가가 시대에 따라 달라진 원인을 제시하고 건축 재료와의 관계를 설명하고 있다.
건축물들의 특징에 대한 평가가 시대에 따라 달라진 원인은 제시되지 않았다.

26. 윗글의 내용에 대한 이해로 적절하지 <u>않은</u> 것은?

① 판테온의 돔에서 상대적으로 더 얇은 부분은 상부 쪽이다.
② 사보아 주택의 지붕은 여유를 즐길 수 있는 공간으로도 활용되었다.
③ 킴벨 미술관은 철근 콘크리트의 인장 강도를 높이는 방법을 이용하여 넓고 개방된 내부 공간을 확보하였다.
④ 판테온과 사보아 주택은 모두 천창을 두어 빛이 위에서 들어올 수 있도록 하였다.
⑤ <u>사보아 주택과 킴벨 미술관은 모두 층을 구분하지 않도록 구성하여 개방감을 확보하였다.</u>
사보아 주택은 층을 구분하도록 구성하였다.

27. 윗글을 바탕으로 추론한 내용으로 가장 적절한 것은?

① 당기는 힘에 대한 저항은 철근 콘크리트가 철재보다 크다.
당기는 힘에 대한 저항이 철근 콘크리트가 철재보다 크다고 볼 수 없을 것이다. 오히려 철재가 철근 콘크리트보다 크다고 추론할 수 있다.
② 일반적으로 철근을 콘크리트에 보강재로 사용할 때는 압축력을 많이 받는 부분에 넣는다.
일반적으로 철근을 콘크리트에 보강재로 사용할 때는 인장력을 많이 받는 부분에 넣는다.
③ 프리스트레스트 콘크리트에서는 철근의 인장력으로 높은 강도를 얻게 되어 수화 반응이 일어나지 않는다.
프리스트레스트 콘크리트에서도 수화 반응은 일어난다.
④ <u>프리스트레스트 콘크리트는 철근이 복원되려는 성질을 이용하여 콘크리트에 압축력을 줌으로써 인장 강도를 높인 것이다.</u>
⑤ 콘크리트의 강도를 높이는 데에는 크기가 다양한 자갈을 사용 하는 것보다 균일한 크기의 자갈만 사용하는 것이 효과적이다.
콘크리트의 강도를 높이는 데에는 균일한 크기의 자갈만 사용하는 것보다 다양한 자갈을 사용하는 것이 효과적이다.

< 보기 >

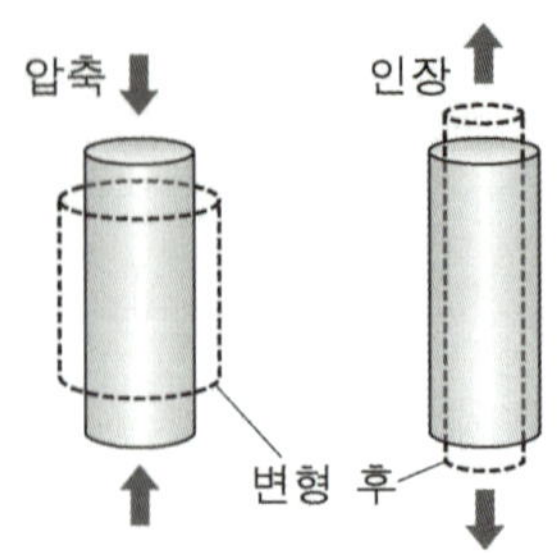

철재만으로 제작된 원기둥 A와 콘크리트만으로 제작된 원기둥 B에 힘을 가하며 변형을 관찰하였다. A와 B의 윗면과 아랫면에 수직인 방향으로 압축력을 가했더니 높이가 줄어들면서 지름은 늘어났다. 또, A의 윗면과 아랫면에 수직인 방향으로 인장력을 가했더니 높이가 늘어나면서 지름이 줄어들었다. 이때 지름의 변화량의 절댓값을 높이의 변화량의 절댓값으로 나누어 포아송 비를 구하였더니, 일반적으로 알려진 철재와 콘크리트의 포아송 비와 동일하게 나왔다. 그리고 A와 B의 포아송 비는 변형 정도에 상관없이 그 값이 변하지 않았다. (단, 힘을 가하기 전 A의 지름과 높이는 B와 동일하다.)

철재의 포아송 비(0.3) > 콘크리트의 포아송 비(0.15)

① 동일한 압축력을 가했다면 B는 A보다 높이가 더 줄어들었을 것이다.

② A에 인장력을 가했다면 높이의 변화량의 절댓값은 지름의 변화량의 절댓값보다 컸을 것이다.

③ B에 압축력을 가했다면 지름의 변화량의 절댓값은 높이의 변화량의 절댓값보다 작았을 것이다.

④ A와 B에 압축력을 가했을 때 줄어든 높이의 변화량이 같았다면 B의 지름이 A의 지름보다 더 늘어났을 것이다.

A와 B에 압축력을 가했을 때 줄어든 높이의 변화량이 같았다면 B의 지름이 A의 지름보다 덜 늘어났을 것이다.

⑤ A와 B에 압축력을 가했을 때 늘어난 지름의 변화량이 같았다면 A의 높이가 B의 높이보다 덜 줄어들었을 것이다.

29. 윗글과 <보기>를 읽고 추론한 내용으로 적절하지 <u>않은</u> 것은? [3점]

< 보기 >

철골은 매우 높은 강도를 지닌 건축 재료로, 규격화된 직선의 형태로 제작된다. 철근 콘크리트 대신 철골을 사용하여 기둥을 만들면 더 가는 기둥으로도 간격을 더욱 벌려 세울 수 있어 훨씬 넓은 공간 구현이 가능하다. 하지만 산화되어 녹이 슨다는 단점이 있어 내식성 페인트를 칠하거나 콘크리트를 덧입히는 등 산화 방지 조치를 하여 사용한다.

베를린 신국립미술관은 철골의 기술적 장점을 미학적으로 승화시킨 건축물이다. 거대한 평면 지붕은 여덟 개의 십자형 철골 기둥만이 떠받치고 있고, 지붕과 지면 사이에는 가벼운 유리벽이 사면을 둘러싸고 있다. 최소한의 설비 외에는 어떠한 것도 천장에 닿아 있지 않고 내부 공간이 텅 비어 있어 지붕은 공중에 떠 있는 느낌을 준다. 미술관 내부에 들어가면 넓은 공간 속에서 개방감을 느끼게 된다.

① 베를린 신국립미술관의 기둥에는 산화 방지 조치가 되어 있겠군.

② 휘어진 곡선 모양의 기둥을 세우려 할 때는 대체로 철골을 재료로 쓰지 않겠군.

③ 베를린 신국립미술관은 철골을, 킴벨 미술관은 프리스트레스트 콘크리트를 활용하여 개방감을 구현하였겠군.

④ <u>가는 기둥들이 넓은 간격으로 늘어선 건물을 지을 때 기둥의 재료로는 철골보다 철근 콘크리트가 더 적합하겠군.</u>

가는 기둥들이 넓은 간격으로 늘어선 건물을 지을 때 기둥의 재료로는 철골이 철근 콘크리트보다 더 적합할 것이다.

⑤ 베를린 신국립미술관의 지붕과 사보아 주택의 건물이 공중에 떠 있는 느낌을 주는 것은 벽이 아닌 기둥이 구조적으로 중요한 역할을 하고 있기 때문이겠군.

30. ㉠~㉢을 사용하여 만든 문장으로 적절하지 <u>않은</u>
것은?

근대 기술의 ㉠ <u>산물</u>

지름 9m가 넘는 ㉡ <u>원형</u>의 천창

㉢ <u>점성</u>을 띠는 상태

그 지점을 ㉣ <u>위주</u>로 철근을 보강한다

예술적 ㉤ <u>영감</u>을 줄 수 있는 재료

① ㉠: 행복은 성실하고 꾸준한 노력의 <u>산물</u>이다.

② ㉡: 이 건축물은 후대 미술관의 <u>원형</u>이 되었다.

③ ㉢: 이 물질은 <u>점성</u> 때문에 끈적끈적한 느낌을 준다.

④ ㉣: 그녀는 채소 <u>위주</u>의 식단을 유지하고 있다.

⑤ ㉤: 그의 발명품은 형의 조언에서 <u>영감</u>을 얻은 것이다.

기술

2018학년도 6월 모평

30번~34번

(가) 문단

1. DNS(도메인 네임 시스템) 스푸핑은 인터넷 사용자가 어떤 사이트에 접속하려 할 때 사용자를 위조 사이트로 접속시키는 행위를 말한다.

- 'DNS(도메인 네임 시스템)가 뭐지?'라고 물음표를 띄울 수 있다.
  단서가 부족해 추론은 어려워 보인다.
- 'DNS(도메인 네임 시스템) 스푸핑'에 대한 정의가 제시되고 있다.
- 'DNS(도메인 네임 시스템) 스푸핑'을 암기 시도할 필요가 있다.

2. 이는 도메인 네임을 IP 주소로 변환해 주는 과정에서 이루어진다.

- '이'를 'DNS 스푸핑'으로 바꾸어 읽을 수 있다.
- '도메인 네임? 도메인 네임 시스템의 도메인 네임인데, 도메인 네임이 뭐지?'라고 물음표를 띄울 수 있다.
  단서가 부족해 추론은 어려워 보인다.
- '도메인 네임'을 암기 시도할 필요가 있다.
- 'DNS 스푸핑이 어떻게 이루어지길래 도메인 네임을 IP 주소로 변환해 주는 과정에서 이루어진다는 거야?'라고 물음표를 띄울 수 있다.
  단서가 부족해 추론은 어려워 보인다.

2 문단

1. 인터넷에 연결된 컴퓨터들이 서로를 식별하고 통신하기 위해서 각 컴퓨터들은 IP(인터넷 프로토콜)에 따라 ㉠ 만들어지는 고유 IP 주소를 가져야 한다.

- 'IP(인터넷 프로토콜)가 뭐야?'라고 물음표를 띄울 수 있다.
  단서가 부족해 추론은 어려워 보인다.
- '고유 IP 주소는 ***.***.***.***로 표현되는 주소인 거 같은데'라고 추론할 수 있다.
- '-야'라는 필요조건을 가리키는 표현이 등장했으므로 대우 규칙을 적용하여 '각 컴퓨터들이 IP에 따라 만들어지는 고유 IP 주소를 가지지 않으면 인터넷에 연결된 컴퓨터들이 서로를 식

별하고 통신할 수 없다'로 바꾸어 읽을 수 있다.
- '고유 IP 주소'를 암기 시도할 필요가 있다.

2. 프로토콜은 컴퓨터들이 연결되어 서로 데이터를 주고받기 위해 사용하는 통신 규약으로 소프트웨어나 하드웨어로 구현된다.

- '프로토콜'에 대한 정의가 제시되고 있다.
- '프로토콜'을 암기 시도할 필요가 있다.
- 'IP는 이러한 프로토콜에 포함되는 개념이겠네'라고 추론할 수 있으므로 'IP(인터넷 프로토콜)가 뭐야?'라면서 띄웠던 물음표를 회수할 수 있다.

3. 현재 주로 사용하는 IP 주소는 '***.126.63.1'처럼 점으로 구분된 4개의 필드에 숫자를 사용하여 ㉡ 나타낸다.

4. 이 주소를 중복 지정하거나 임의로 지정해서는 안 되고 공인 IP 주소를 부여받아야 한다.

- '공인 IP 주소는 뭐고, 고유 IP 주소는 뭐야? 둘이 다른 건가?'라고 물음표를 띄울 수 있다.
  단서가 부족해 추론은 어려워 보인다.
- '-야'라는 당위 진술을 가리키는 표현이 등장했으므로 '부여받지 않으면 안 된다'로 바꾸어 읽을 수 있다.
- '공인 IP 주소'를 암기 시도할 필요가 있다.

3 문단

1. 공인 IP 주소에는 동일한 번호를 지속적으로 사용하는 고정 IP 주소와 번호가 변경되기도 하는 유동 IP 주소가 있다.

- '고정 IP 주소'와 '유동 IP 주소'가 '공인 IP 주소'에 포함됨을 알 수 있다.
- '고정 IP 주소는 공인 IP 주소에 포함되는 개념이구나'라고 반응할 수 있으므로 '공인 IP 주소는 뭐고, 고유 IP 주소는 뭐야? 둘이 다른 건가?'라면서 띄웠던 물음표를 회수할 수 있다.
- '고정 IP 주소'와 '유동 IP 주소'의 차이를 인지할 수 있으므로 둘을 대등 관계로 보아 시각적 수평 관계로 모델링할 수 있다.
- '유동 IP 주소'를 암기 시도할 필요가 있다.

2. 유동 IP 주소는 DHCP라는 프로토콜에 의해 부여된다.

- 'DHCP'가 '프로토콜'에 포함됨을 알 수 있다.
- 'DHCP'를 암기 시도할 필요가 있다.
- '고정 IP 주소는 IP라는 프로토콜에 의해 만들어지는 반면, 유동 IP 주소는 DHCP라는 프로토콜에 의해 부여되네'라고 반응할 수 있다.

3. DHCP는 IP 주소가 필요한 컴퓨터의 요청을 받아 주소를 할당해 주고, 컴퓨터가 IP 주소를 사용하지 않으면 주소를 반환받아 다른 컴퓨터가 그 주소를 사용할 수 있도록 해 준다.

- '노트북을 사용할 때 WIFI에 연결하면 유동 IP 주소를 할당받으려나'라고 추론할 수 있다.

4. 한편, 인터넷에 직접 접속은 안 되고 내부 네트워크에서만 서로를 식별할 수 있는 사설 IP 주소도 있다.

- '-만'이라는 표현이 등장했으므로 '내부 네트워크가 아닌 인터넷에서는 사설 IP 주소를 통해 서로를 식별할 수 없겠네'라고 추론할 수 있다.
- '사설 IP 주소'를 암기 시도할 필요가 있다.

4 문단

1. 인터넷은 공인 IP 주소를 기반으로 동작하지만 우리가 인터넷을 사용할 때는 IP 주소 대신 사용하기 쉽게 'www.***.***' 등과 같이 문자로 ⓒ 이루어진 도메인 네임을 이용한다.

- '도메인 네임이 문자로 이루어진 주소였구나'라고 반응할 수 있으므로 '도메인 네임? 도메인 네임 시스템의 도메인 네임인데, 도메인 네임이 뭐지?'라면서 띄웠던 물음표를 회수할 수 있다.

2. 따라서 도메인 네임을 IP 주소로 변환해 주는 DNS가 필요하며 DNS를 운영하는 장치를 네임서버라고 한다.

- 'DNS는 도메인 네임을 IP 주소로 변환해주는 시스템이구나'라고 반응할 수 있으므로 'DNS(도메인 네임 시스템)가 뭐지?'라면서 띄웠던 물음표를 회수할 수 있다.
- '네임서버'에 대한 정의가 제시되고 있다.
- '네임서버'를 암기 시도할 필요가 있다.

3. 컴퓨터에는 네임서버의 IP 주소가 기록되어 있어야 하는데, 유동 IP 주소를 할당받는 컴퓨터에는 IP 주소를 받을 때 네임서버의 IP 주소가 자동으로 기록되지만, 고정 IP 주소를 사용하는 컴퓨터에는 사용자가 네임서버의 IP 주소를 직접 기록해 놓아야 한다.

- '-야'라는 당위 진술을 가리키는 표현이 등장했으므로 '기록되어 있지 않으면 안 되는데', '직접 기록해 놓지 않으면 안 된다'로 바꾸어 읽을 수 있다.
- '유동 IP 주소를 사용하는 컴퓨터에는 네임서버의 IP 주소를 직접 기록해 놓을 필요가 없지만, 고정 IP 주소를 사용하는 컴퓨터에는 네임서버의 IP 주소를 직접 기록해 놓을 필요가 있겠네'라고 반응할 수 있다.

4. 인터넷 통신사는 가입자들이 공동으로 사용할 수 있는 네임서버를 운영하고 있다.

5 문단

1. ㉮ 사용자가 어떤 사이트에 정상적으로 접속하는 과정을 살펴보자.

2. 웹 사이트에 접속하려고 하는 컴퓨터를 클라이언트라 한다.

- '클라이언트'에 대한 정의가 제시되고 있다.
- '클라이언트'를 암기 시도할 필요가 있다.

3. 사용자가 방문하고자 하는 사이트의 도메인 네임을 주소창에 직접 입력하거나 포털 사이트에서 그 사이트를 검색해 클릭하면 클라이언트는 기록되어 있는 네임서버에 도메인 네임에 해당하는 IP 주소를 물어보는 질의 패킷을 보낸다.

- '질의 패킷'을 암기 시도할 필요가 있다.

4. 네임서버는 해당 IP 주소가 자신의 목록에 있으면 클라이언트에 이 IP 주소를 알려 주는 응답 패킷을 보낸다.

- '응답 패킷'을 암기 시도할 필요가 있다.

5. 응답 패킷에는 어느 질의 패킷에 대한 응답인지가 적혀 있다.

6. 만일 해당 IP 주소가 목록에 없으면 네임서버는 다른 네임서버의 IP 주소를 알려 주는 응답 패킷을 보내고, 클라이언트는 다시 그 네임서버에 질의 패킷을 보내는 단계로 돌아가 같은 과정을 반복한다.

- '해당 IP 주소가 목록에 있을 때'와 '해당 IP 주소가 목록에 없을 때'를 구분하고 있으므로 둘을 대등 관계로 보아 시각적 수평 관계로 모델링할 수 있다.

7. 클라이언트는 이렇게 ㉣ 알아낸 IP 주소로 사이트를 찾아간다.

8. 네임서버와 클라이언트는 UDP라는 프로토콜에 ㉤ 맞추어 패킷을 주고받는다.

- 'UDP'가 '프로토콜'에 포함됨을 알 수 있다.

9. UDP는 패킷의 빠른 전송 속도를 확보하기 위해 상대에게 패킷을 보내기만 할 뿐 도착 여부는 확인하지 않으며, 특정 질의 패킷에 대해 처음 도착한 응답 패킷을 신뢰하고 다음에 도착한 패킷은 확인하지 않고 버린다.

10. DNS 스푸핑은 UDP의 이런 허점들을 이용한다.

- 'DNS 스푸핑은 결국 UDP 때문에 생길 수 있었구나'라고 반응할 수 있다.

6 문단

1. ㉯ DNS 스푸핑이 이루어지는 과정을 알아보자.

2. 악성 코드에 감염되어 DNS 스푸핑을 행하는 컴퓨터를 공격자라 한다.

- '공격자'에 대한 정의가 제시되고 있다.

3. 클라이언트가 네임서버에 특정 IP 주소를 묻는 질의 패킷을 보낼 때, 공격자에도 패킷이 전달되고 공격자는 위조 사이트의 IP 주소가 적힌 응답 패킷을 클라이언트에 보낸다.

- '공격자의 응답 패킷이 먼저 도착하면 UDP에 의해 나중에 도착한 패킷은 버려지기 때문에 DNS 스푸핑이 일어날 수 있겠구나'라고 추론할 수 있으므로 'DNS 스푸핑이 어떻게 이루어지길래 도메인 네임을 IP 주소로 변환해 주는 과정에서 이루어진다는 거야?'라면서 띄웠던 물음표를 회수할 수 있다.

4. 공격자가 보낸 응답 패킷이 네임서버가 보낸 응답 패킷보다 클라이언트에 먼저 도착하고 클라이언트는 공격자가 보낸 응답 패킷을 옳은 패킷으로 인식하여 위조 사이트로 연결된다.

30. 윗글의 '프로토콜'에 대한 설명으로 적절하지 <u>않은</u> 것은?

① 컴퓨터 사이의 통신을 위한 규약으로서 저마다 정해진 기능이 있다.
② IP에 따르면 현재 주로 사용하는 IP 주소는 4개의 필드에 적힌 숫자로 구성된다.
③ DHCP를 이용하는 컴퓨터는 IP 주소를 요청해야 IP 주소를 부여받을 수 있다.
④ <u>DHCP를 이용하는 컴퓨터에는 네임서버의 IP 주소를 사용자가 기록해야 한다.</u>
DHCP를 이용하는 컴퓨터는 유동 IP 주소를 부여받을 때 네임서버의 IP 주소가 자동으로 기록되므로 네임서버의 IP 주소를 사용자가 기록할 필요가 없다.
⑤ UDP는 패킷 전송 속도를 높이기 위해 패킷이 목적지에 제대로 도착했는지 확인하지 않는다.

31. <보기>는 ㉮ 또는 ㉯에서 이루어지는 클라이언트의 동작을 나타낸 것이다. 이에 대한 이해로 적절한 것은?

[3점]

㉮ 사용자가 어떤 사이트에 정상적으로 접속하는 과정

㉯ DNS 스푸핑이 이루어지는 과정

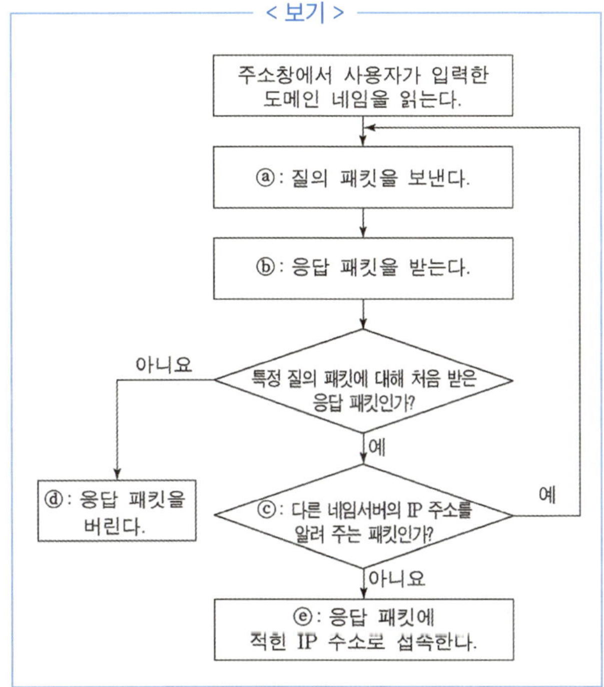

① ㉮ : ⓐ가 두 번 동작했다면, 두 질의 내용이 동일하고 패킷을 받는 수신 측도 동일하다.

㉮ : ⓐ가 두 번 동작했다면, 두 질의 내용은 동일하지만 패킷을 받는 수신 측은 다르다.

② ㉮ : ⓑ가 두 번 동작했다면, 두 응답 내용이 서로 다르고 패킷을 보낸 송신 측은 동일하다.

㉮ : ⓑ가 두 번 동작했다면, 두 응답 내용이 서로 다르고 패킷을 보낸 송신 측도 다르다.

③ ㉮ : ⓒ는 ⓐ에서 질의한 도메인 네임에 해당하는 IP 주소를 네임서버가 찾았는지 여부를 확인하는 절차이다.

④ ㉯ : ⓓ의 응답 패킷에는 공격자가 보내온 IP 주소가 포함되어 있다.

㉯ : ⓓ의 응답 패킷에는 네임서버가 보내온 IP 주소가 포함되어 있다.

⑤ ㉯ : ⓔ의 IP 주소는 ⓐ에서 질의한 도메인 네임에 해당하는 IP 주소이다.

㉯ : ⓔ의 IP 주소는 위조 사이트의 IP 주소이다.

32. 윗글을 바탕으로 알 수 있는 것은?

① DNS는 도메인 네임을 사설 IP 주소로 변환한다.

DNS는 도메인 네임을 공인 IP 주소로 변환할 것이다.

② 동일한 내부 네트워크에 연결된 컴퓨터들의 사설 IP 주소는 서로 달라야 한다.

사설 IP 주소는 동일한 내부 내부워크에 연결된 컴퓨터들끼리 서로를 식별해야 하므로 서로 달라야 한다.

③ 유동 IP 주소 방식의 컴퓨터들에는 동시에 동일한 공인 IP 주소를 할당할 수 있다.

유동 IP 주소 방식의 컴퓨터들에는 동시에 동일한 공인 IP 주소를 할당할 수 없다.

④ 고정 IP 주소 방식의 컴퓨터들에는 동시에 동일한 공인 IP 주소를 부여할 수 있다.

고정 IP 주소 방식의 컴퓨터들에는 동시에 동일한 공인 IP 주소를 부여할 수 없다.

⑤ IP 주소가 서로 다른 컴퓨터들은 각각에 기록되어 있는 네임서버의 IP 주소도 서로 달라야 한다.

IP 주소가 서로 다른 컴퓨터들은 각각에 기록되어 있는 네임서버의 IP 주소가 같아야 한다.

33. 윗글과 <보기>를 참고할 때, DNS 스푸핑을 피하기 위한 방법으로 적절한 것은?

< 보기 >

　DNS가 고안되기 전에는 특정 컴퓨터의 사용자가 'hosts'라는 파일에 모든 도메인 네임과 그에 해당하는 IP 주소를 적어 놓았고, 클라이언트들은 이 파일을 복사하여 사용하였다. 네임서버를 사용하는 현재에도 여전히 클라이언트는 질의 패킷을 보내기 전에 hosts 파일의 내용을 확인한다. 클라이언트가 이 파일에서 원하는 도메인 네임의 IP 주소를 찾으면 그 주소로 바로 접속하고, IP 주소를 찾지 못했을 때 클라이언트는 네임서버에 질의 패킷을 보낸다.

① 클라이언트에서 사용자가 hosts 파일을 찾아 삭제하면 되겠군.

② 클라이언트의 IP 주소를 사용자가 클라이언트의 hosts 파일에 적어 놓으면 되겠군.

③ 클라이언트에 hosts 파일이 없더라도 사용자가 주소창에 도메인 네임만 입력하면 되겠군.

④ 네임서버의 도메인 네임과 IP 주소를 사용자가 클라이언
트의 hosts 파일에 적어 놓으면 되겠군.

⑤ 접속하려는 사이트의 도메인 네임과 IP 주소를 사용자가
클라이언트의 hosts 파일에 적어 놓으면 되겠군.

34. 문맥상 ㉠~㉢과 바꿔 쓰기에 가장 적절한 것은?

IP(인터넷 프로토콜)에 따라 ㉠ 만들어지는 고유 IP 주소

4개의 필드에 숫자를 사용하여 ㉡ 나타낸다

문자로 ㉢ 이루어진 도메인 네임

이렇게 ㉣ 알아낸 IP 주소

프로토콜에 ㉤ 맞추어

① ㉠: 제조(製造)되는
② ㉡: 표시(標示)한다
③ ㉢: 발생(發生)된
④ ㉣: 인정(認定)한
⑤ ㉤: 비교(比較)해

1 문단

1. 디지털 통신 시스템은 송신기, 채널, 수신기로 구성되며, ⓐ 전송할 데이터를 빠르고 정확하게 전달하기 위해 부호화 과정을 거쳐 전송한다.

- '송신기', '채널', '수신기'와 '디지털 통신 시스템'가 부분 관계임을 알 수 있다.
- '채널은 송신기와 수신기를 잇는 링크겠네'라고 추론할 수 있다.
- '부호화 과정이 뭐지?'라고 물음표를 띄울 수 있다.
  단서가 부족해 추론은 어려워 보인다.

2. 영상, 문자 등인 데이터는 ⓑ 기호 집합에 있는 기호들의 조합이다.

- '데이터'에 대한 정의가 제시되고 있다

3. 예를 들어 기호 집합 {a, b, c, d, e, f}에서 기호들을 조합한 add, cab, beef 등이 데이터이다.

- 데이터의 구체적인 예시가 제시되고 있다.

4. 정보량은 어떤 기호가 발생했다는 것을 알았을 때 얻는 정보의 크기이다.

- '정보량'에 대한 정의가 제시되고 있다.
- '정보량'을 암기 시도할 필요가 있다.
- '어떤 기호가 발생했다는 걸 알았을 때 얻는 정보의 크기라는 말이 무슨 소리야?'라고 물음표를 띄울 수 있다.
  단서가 부족해 추론은 어려워 보인다.

5. 어떤 기호 집합에서 특정 기호의 발생 확률이 높으면 그 기호의 정보량은 적고, 발생 확률이 낮으면 그 기호의 정보량은 많다.

- '특정 기호의 발생 확률이 높으면 그 기호의 정보량이 적다는 말이 무슨 말이야?'라고 물음표를 띄울 수 있다.
  단서가 부족해 추론은 어려워 보인다.

6. 기호 집합의 평균 정보량*을 기호 집합의 엔트로피라고 하는데 모든 기호들이 동일한 발생 확률을 가질 때 그 기호 집합의 엔트로피는 최댓값을 갖는다.

* 평균 정보량: 각 기호의 발생 확률과 정보량을 서로 곱하여 모두 더한 것.

- '기호 집합의 평균 정보량'이 '기호 집합의 엔트로피'로 변형 반복됨을 알 수 있다.
- '모든'에 주목할 필요가 있다.
- '모든 기호들이 동일한 발생 확률을 가질 때 왜 그 기호 집합의 엔트로피(각 기호의 발생 확률과 정보량을 서로 곱하여 모두 더한 것)는 최댓값을 가질까?'라고 물음표를 띄울 수 있다.
  단서가 부족해 추론은 어려워 보인다.

2 문단

1. 송신기에서는 소스 부호화, 채널 부호화, 선 부호화를 거쳐 기호를 ⓒ 부호로 변환한다.

- '소스 부호화, 채널 부호화, 선 부호화가 구체적으로 뭘까?'라고 물음표를 띄울 수 있다.
  단서가 부족해 추론은 어려워 보인다.
- '소스 부호화', '채널 부호화', '선 부호화'를 암기 시도할 필요가 있다.

2. 소스 부호화는 데이터를 압축하기 위해 기호를 0과 1로 이루어진 부호로 변환하는 과정이다.

- '아 기호는 문자 집합의 원소이고 부호는 비트 집합의 원소이고, 부호화는 기호를 부호로 바꾸는 것이구나'라고 반응할 수 있으므로 '부호화 과정이 뭐지?'라면서 띄웠던 물음표를 회수할 수 있다.
- '소스 부호화'에 대한 정의가 제시되고 있으므로 '소스 부호화, 채널 부호화, 선 부호화가 구체적으로 뭘까?'라면서 띄웠던 물음표를 어느 정도 회수할 수 있다.

3. 어떤 기호가 110과 같은 부호로 변환되었을 때 0 또는 1을 비트라고 하며 이 부호의 비트 수는 3이다.

- '특정 기호의 발생 확률이 높으면 정보량이 적다는 말은 비트 수가 적다는 말이겠구나'라고 추론할 수 있으므로 '특정 기호의 발생 확률이 높으면 그 기호의 정보량이 적다는 말이 무슨 말이야?', '어떤 기호가 발생했다는 걸 알았을 때 얻는 정보의

크기라는 말이 무슨 소리야?'라면서 띄웠던 물음표를 회수할
수 있다.
- '비트'에 대한 정의가 제시되고 있다.

4. 이때 기호 집합의 엔트로피는 기호 집합에 있는 기
호를 부호로 표현하는 데 필요한 평균 비트 수의 최솟
값이다.

- '기호 집합의 엔트로피가 기호 집합에 있는 기호를 부호로 표
현하는 데 필요한 평균 비트 수의 최솟값이라는 말이 무슨 소
릴까?'라고 물음표를 띄울 수 있다.
'기호 집합의 엔트로피는 기호 집합의 평균 정보량으로, 각 기
호의 발생 확률과 정보량을 서로 곱하여 모두 더한 것이랬는
데. 가령, a가 발생할 확률은 0.7이고 부호의 비트 수는 3, b가
발생할 확률은 0.2이고 부호의 비트 수는 4, c가 발생할 확률
은 0.1이고 부호의 비트 수는 5라고 할 때, 평균 비트 수는 4이
지만 기호 집합의 엔트로피는 정의에 따라 3 * 0.7 + 4 * 0.2
+ 5 * 0.1 = 3.4이므로, 기호 집합의 엔트로피가 평균 비트 수
보다 작네. 기호 집합의 엔트로피는 기호에 대응하는 부호를
할당하는 데 기호 발생 확률과 비트 수의 조합으로 도출한 가
장 작은 값인 건가'라고 추론할 수 있다.

5. 전송된 부호를 수신기에서 원래의 기호로 ⓓ 복원하
려면 부호들의 평균 비트 수가 기호 집합의 엔트로피보
다 크거나 같아야 한다.

- '-야라는 필요조건을 가리키는 표현이 등장했으므로 대우 규
칙을 적용해 '부호들의 평균 비트 수가 기호 집합의 엔트로피
보다 작다면 전송된 부호를 수신기에서 원래의 기호로 복원할
수 없다'로 바꾸어 읽을 수 있다.
- '전송된 부호를 수신기에서 원래의 기호로 복원하려면 왜 부
호들의 평균 비트 수가 기호 집합의 엔트로피보다 크거나 같
아야 할까?'라고 물음표를 띄울 수 있다.
'기호 집합의 엔트로피가 기호 집합에 있는 기호를 부호로 표
현하는 데 필요한 평균 비트 수의 최솟값이라서, 그것보다 작
다면 전송된 부호를 수신기에서 원래의 기호로 복원할 수 없
나 보다'라고 추론할 수 있다.

6. 기호 집합을 엔트로피에 최대한 가까운 평균 비트
수를 갖는 부호들로 변환하는 것을 엔트로피 부호화라
한다.

- '엔트로피 부호화'에 대한 정의가 제시되고 있다.
- '엔트로피 부호화'를 암기 시도할 필요가 있다.

- '엔트로피 부호화'가 '소스 부호화'에 포함됨을 알 수 있다.

7. 그중 하나인 '허프만 부호화'에서는 발생 확률이 높은
기호에는 비트 수가 적은 부호를, 발생 확률이 낮은 기
호에는 비트 수가 많은 부호를 할당한다.

- '허프만 부호화'가 '엔트로피 부호화'에 포함됨을 알 수 있다.
- '허프만 부호화'를 암기 시도할 필요가 있다.

3 문단

1. 채널 부호화는 오류를 검출하고 정정하기 위하여 부
호에 잉여 정보를 추가하는 과정이다.

- '채널 부호화'에 대한 정의가 제시되고 있으므로 '소스 부호화,
채널 부호화, 선 부호화가 구체적으로 뭘까?'라면서 띄웠던 물
음표를 어느 정도 회수할 수 있다.

2. 송신기에서 부호를 전송하면 채널의 잡음으로 인해
오류가 발생하는데 이 문제를 해결하기 위해 잉여 정보
를 덧붙여 전송한다.

3. 채널 부호화 중 하나인 '삼중 반복 부호화'는 0과 1을
각각 000과 111로 부호화한다.

- '삼중 반복 부호화'가 '채널 부호화'에 포함됨을 알 수 있다.

4. 이때 수신기에서는 수신한 부호에 0이 과반수인 경우
에는 0으로 판단하고, 1이 과반수인 경우에는 1로 판단
한다.

5. 즉 수신기에서 수신된 부호가 000, 001, 010, 100 중 하
나라면 0으로 판단하고, 그 이외에는 1로 판단한다.

6. 이렇게 하면 000을 전송했을 때 하나의 비트에서 오
류가 생겨 001을 수신해도 0으로 판단하므로 오류는 정
정된다.

7. 채널 부호화를 하기 전 부호의 비트 수를, 채널 부호화
를 한 후 부호의 비트 수로 나눈 것을 부호율이라 한다.

- '부호율'에 대한 정의가 제시되고 있다.
- '부호율'을 암기 시도할 필요가 있다.

- '삼중 반복 부호화의 부호율은 1/3이겠네'라고 추론할 수 있다.

  8. 삼중 반복 부호화의 부호율은 약 0.33이다.

4 문단

  1. 채널 부호화를 거친 부호들을 채널을 통해 전송하려면 부호들을 전기 신호로 변환해야 한다.

- '-야'라는 필요조건을 가리키는 표현이 등장했으므로 대우 규칙을 적용해 '부호들을 전기 신호로 변환하지 않으면 채널 부호화를 거친 부호들을 채널을 통해 전송할 수 없다'라고 바꾸어 읽을 수 있다.

  2. 0 또는 1에 해당하는 전기 신호의 전압을 결정하는 과정이 선 부호화이다.

- '선 부호화'에 대한 정의가 제시되고 있으므로 '소스 부호화, 채널 부호화, 선 부호화가 구체적으로 뭘까?'라면서 띄웠던 물음표를 모두 회수할 수 있다.

  3. 전압의 ⓒ 결정 방법은 선 부호화 방식에 따라 다르다.

  4. 선 부호화 중 하나인 '차동 부호화'는 부호의 비트가 0이면 전압을 유지하고 1이면 전압을 변화시킨다.

- '차동 부호화'가 '선 부호화'에 포함됨을 알 수 있다.

  5. 차동 부호화를 시작할 때는 기준 신호가 필요하다.

  6. 예를 들어 차동 부호화 직전의 기준 신호가 양(+)의 전압이라면 부호 0110은 '양, 음, 양, 양'의 전압을 갖는 전기 신호로 변환된다.

  7. 수신기에서는 송신기와 동일한 기준 신호를 사용하여, 전압의 변화가 있으면 1로 판단하고 변화가 없으면 0으로 판단한다.

38. 윗글에서 알 수 있는 내용으로 적절한 것은?

① 영상 데이터는 채널 부호화 과정에서 압축된다.
영상 데이터는 소스 부호화 과정에서 압축된다.
② 수신기에는 부호를 기호로 복원하는 기능이 있다.
③ 잉여 정보는 데이터를 압축하기 위해 추가한 정보이다.
잉여 정보는 오류를 검출하고 정정하기 위해 추가한 정보이다.
④ 영상을 전송할 때는 잡음으로 인한 오류가 발생하지 않는다.
영상을 전송할 때 잡음으로 인한 오류가 발생할 수 있다.
⑤ 소스 부호화는 전송할 기호에 정보를 추가하여 오류에 대비하는 과정이다.
채널 부호화는 전송할 부호에 정보를 추가하여 오류에 대비하는 과정이다.

39. 윗글을 바탕으로, 2가지 기호로 이루어진 기호 집합에 대해 이해한 내용으로 적절하지 <u>않은</u> 것은?

① 기호들의 발생 확률이 모두 1/2인 경우, 각 기호의 정보량은 동일하다.
② 기호들의 발생 확률이 각각 1/4, 3/4인 경우의 평균 정보량이 최댓값이다.
기호들의 발생 확률이 모두 1/2인 경우, 평균 정보량이 최댓값이다.
③ 기호들의 발생 확률이 각각 1/4, 3/4인 경우, 기호의 정보량이 더 많은 것은 발생 확률이 1/4인 기호이다.
④ 기호들의 발생 확률이 모두 1/2인 경우, 기호를 부호화하는 데 필요한 평균 비트 수의 최솟값이 최대가 된다.
⑤ 기호들의 발생 확률이 각각 1/4, 3/4인 기호 집합의 엔트로피는 발생 확률이 각각 3/4, 1/4인 기호 집합의 엔트로피와 같다.

40. 윗글의 '부호화'에 대한 내용으로 적절한 것은?

① 선 부호화에서는 수신기에서 부호를 전기 신호로 변환한다.
선 부호화에서는 송신기에서 부호를 전기 신호로 변환한다.
② 허프만 부호화에서는 정보량이 많은 기호에 상대적으로 비트 수가 적은 부호를 할당한다.

허프만 부호화에서는 정보량이 많은 기호에 상대적으로 비트 수가 많은 부호를 할당한다.

③ 채널 부호화를 거친 부호들은 채널로 전송하기 전에 잉여 정보를 제거한 후 선 부호화한다.

채널 부호화를 거친 부호들은 채널로 전송하기 전에 잉여 정보를 포함하여 선 부호화한다.

④ 채널 부호화 과정에서 부호에 일정 수준 이상의 잉여 정보를 추가하면 부호율은 1보다 커진다.

채널 부호화 과정에서 부호에 일정 수준 이상의 잉여 정보를 추가하면 부호율은 1보다 작아진다.

⑤ 삼중 반복 부호화를 이용하여 0을 부호화한 경우, 수신된 부호에서 두 개의 비트에 오류가 있으면 오류는 정정되지 않는다.

삼중 반복 부호화를 이용하여 0을 부호화한 경우, 000으로 부호화된다. 수신된 신호에서 두 개의 비트에 오류가 있는 경우, 가령 011일 때, 수신기는 1로 판단하여 오류는 정정되지 않는다.

41. 윗글을 바탕으로 <보기>를 이해한 내용으로 적절한 것은? [3점]

> ─── < 보기 > ───
>
> 날씨 데이터를 전송하려고 한다. 날씨는 '맑음', '흐림', '비', '눈'으로만 분류하며, 각 날씨의 발생 확률은 모두 같다. 엔트로피 부호화를 통해 '맑음', '흐림', '비', '눈'을 각각 00, 01, 10, 11의 부호로 바꾼다.

① 기호 집합 {맑음, 흐림, 비, 눈}의 엔트로피는 2보다 크겠군.

기호 집합 {맑음, 흐림, 비, 눈}의 엔트로피는 2 * 0.25 + 2 * 0.25 + 2 * 0.25 + 2 * 0.25 = 2이다.

② 엔트로피 부호화를 통해 4일 동안의 날씨 데이터 '흐림비맑음흐림'은 '01001001'로 바뀌겠군.

엔트로피 부호화를 통해 4일 동안의 날씨 데이터 '흐림비맑음흐림'은 '01100001'로 바뀐다.

③ 삼중 반복 부호화를 이용하여 전송한 특정 날씨의 부호를 '110001'과 '101100'으로 각각 수신하였다면 서로 다른 날씨로 판단하겠군.

삼중 반복 부호화를 이용하여 전송한 특정 날씨의 부호를 '110001'과 '101100'으로 각각 수신하였다면 같은 날씨인 비로 판단한다.

④ 날씨 '비'를 삼중 반복 부호화와 차동 부호화를 이용하여 부호화하는 경우, 기준 신호가 양(+)의 전압이면 '음, 양,

음, 음, 음, 음'의 전압을 갖는 전기 신호로 변환되겠군.

⑤ 삼중 반복 부호화와 차동 부호화를 이용하여 특정 날씨의 부호를 전송할 경우, 수신기에서 '음, 음, 음, 양, 양, 양'을 수신했다면 기준 신호가 양(+)의 전압일 때 '흐림'으로 판단하겠군.

삼중 반복 부호화와 차동 부호화를 이용하여 특정 날씨의 부호를 전송할 경우, 수신기에서 '음, 음, 음, 양, 양, 양'을 수신했다면 기준 신호가 양(+)의 전압일 때 '100100'이므로 '맑음'으로 판단한다.

42. 문맥을 고려할 때, 밑줄 친 말이 ⓐ~ⓔ의 동음이의어가 아닌 것은?

ⓐ 전송할 데이터

ⓑ 기호 집합에 있는 기호

기호를 ⓒ 부호로 변환한다

원래의 기호로 ⓓ 복원

전압의 ⓔ 결정 방법

① ⓐ: 공항에서 해외로 떠나는 친구를 전송(餞送)할 계획이다.

② ⓑ: 대중의 기호(嗜好)에 맞추어 상품을 개발한다.

③ ⓒ: 나는 가난하지만 귀족이나 부호(富豪)가 부럽지 않다.

④ ⓓ: 한번 금이 간 인간관계를 복원(復原)하기는 어렵다.

⑤ ⓔ: 이 작품은 그 화가의 오랜 노력의 결정(結晶)이다.

1 문단

1. ㉠ 주사 터널링 현미경(STM)에서는 끝이 첨예한 금속 탐침과 도체 또는 반도체 시료 표면 간에 적당한 전압을 걸어 주고 둘 간의 거리를 좁히게 된다.

- '주사 터널링 현미경(STM)이 뭘까?'라고 물음표를 띄울 수 있다. '주사 터널링은 모르겠지만 현미경이라는 건 알겠네'라고 추론할 수 있다.
- '주사 터널링 현미경(STM)', '금속 탐침'을 암기 시도할 필요가 있다.

2. 탐침과 시료의 거리가 매우 가까우면 양자 역학적 터널링 효과에 의해 둘이 접촉하지 않아도 전류가 흐른다.

'양자 역학적 터널링 효과기 뭐야?'라고 **물음표를 띄울 수** 있다. '접촉하지 않아도 전자가 이동하는 것을 설명하는 효과인가' 라고 추론할 수 있다.
- '양자 역학적 **터널링** 효과가 발생해서 주사 **터널링** 현미경인 건가'라고 추론할 수 있다.
- '-아도'라는 표현이 등장했으므로 '둘이 접촉하지 않든 접촉하든 전류가 흐르는데, 특히 둘이 접촉하지 않을 때도 전류가 흐른다'라고 바꾸어 읽을 수 있다.

3. 이때 탐침과 시료 표면 간의 거리가 원자 단위 크기에서 변하더라도 전류의 크기는 민감하게 달라진다.

- '-라도'라는 표현이 등장했으므로 '이때 탐침과 시료 표면 간의 거리가 원자 단위 크기에서 변하든 원자 단위보다 큰 크기에서 변하든 전류의 크기는 민감하게 달라지는데, 특히 원자 단위 크기에서 변할 때도 전류의 크기는 민감하게 달라진다'로 바꾸어 읽을 수 있다.

4. 이 점을 이용하면 시료 표면의 높낮이를 원자 단위에서 측정할 수 있다.

- 'STM을 이용하면 금속 탐침이 시료 표면을 원자 단위로 3차원으로 훑으면서 관찰할 수 있겠구나'라고 반응할 수 있다.

5. 하지만 전류가 흐를 수 없는 시료의 표면 상태는 STM을 이용하여 관찰할 수 없다.

- '전류를 흘림으로써 시료 표면을 관찰할 수 있으니까 전류가 흐를 수 없는 시료의 표면 상태는 당연히 STM을 이용하여 관찰할 수 없겠지'라고 반응할 수 있다.

6. 이렇게 민감한 STM도 진공 기술의 뒷받침이 있었기에 널리 사용될 수 있었다.

- '앞으로 진공 기술에 대해 설명하겠다'라고 추론할 수 있다.

2 문단

1. STM은 대체로 진공 통 안에 설치되어 사용되는데 그 이유는 무엇일까?

- '그러게?'라고 물음표를 띄울 수 있다. 단서가 부족해 추론은 어려워 보인다.

2. 기체 분자는 끊임없이 떠돌아다니다가 주변과 충돌한다.

- '아 기체 분자가 STM의 관찰을 방해해서 진공이 요구되겠구나'라고 반응할 수 있으므로 '그러게?'라면서 띄웠던 물음표를 회수할 수 있다.

3. 이때 일부 기체 분자들은 관찰하려는 시료의 표면에 붙어 표면과 반응하거나 표면을 덮어 시료 표면의 관찰을 방해한다.

4. 따라서 용이한 관찰을 위해 STM을 활용한 실험에서는 관찰하려고 하는 시료와 기체 분자의 접촉을 최대한 차단할 필요가 있어 진공이 요구되는 것이다.

5. 진공이란 기체 압력이 대기압보다 낮은 상태를 통칭하며 기체 압력이 낮을수록 진공도가 높다고 한다.

- '진공'에 대한 정의가 제시되고 있다.
- '기체 압력'과 '진동도'를 암기 시도할 필요가 있다.
- 기체 압력↓⇒진공도↑

6. 진공 통 내부의 온도가 일정하고 한 종류의 기체 분자
만 존재할 경우, 기체 분자의 종류와 상관없이 통 내부
의 기체 압력은 단위 부피당 떠돌아다니는 기체 분자의
수에 비례한다.

- 진공 통 내부의 온도 일정∧한 종류의 기체 분자만 존재∧기
  체 분자의 종류와 상관없이)
단위 부피당 떠돌아다니는 기체 분자의 수∝통 내부의 기체 압력

7. 따라서 기체 분자들을 진공 통에서 뽑아내거나 진공
통 내부에서 움직이지 못하게 고정하면 진공 통 내부의
기체 압력을 낮출 수 있다.

- '기체 분자들을 진공 통에서 뽑아내는 것뿐만 아니라 기체 분
  자들이 진공 통 내부에서 움직이지 못하게 고정하면 단위 부
  피당 **떠돌아다니는** 기체 분자의 수가 줄어들어 진공 통 내부
  의 기체 압력을 낮출 수 있구나'라고 반응할 수 있다.

3 문단

1. STM을 활용하는 실험에서 어느 정도의 진공도가 요
구되는지를 이해하기 위해서는 '단분자층 형성 시간'의
개념을 이해할 필요가 있다.

- '단분자층 형성 시간이 뭘까?'라고 물음표를 띄울 수 있다.
  단서가 부족해 추론은 어려워 보인다.
- '단분자층 형성 시간'을 암기 시도할 필요가 있다.

2. 진공 통 내부에서 떠돌아다니던 기체 분자들이 관찰
하려는 시료의 표면에 달라붙어 한 층의 막을 형성하기
까지 걸리는 시간을 단분자층 형성 시간이라 한다.

- '단분자층 형성 시간'에 대한 정의가 제시되고 있으므로 '단분자
  층 형성 시간이 뭘까?'라면서 띄웠던 물음표를 회수할 수 있다.

3. 이 시간은 시료의 표면과 충돌한 기체 분자들이 표면
에 달라붙을 확률이 클수록, 단위 면적당 기체 분자의
충돌 빈도가 높을수록 짧다.

- 시료의 표면과 충돌한 기체 분자들이 표면에 달라붙을 확률
  ↑⇒단분자층 형성 시간↓
  단위 면적당 기체 분자의 충돌 빈도↑⇒단분자층 형성 시간↓

4. 또한 기체 운동론에 따르면 고정된 온도에서 기체 분
자의 질량이 크거나 기체의 압력이 낮을수록 단분자층
형성 시간은 길다.

- '기체 운동론'을 암기 시도할 필요가 있다.
- 고정된 온도)
  기체 분자의 질량↑∨기체 압력↓⇒단분자층 형성 시간↑
- '기체 분자의 질량이 크면 무거워서 잘 떠돌아다니지 못해서
  단위 면적당 기체 분자의 충돌 빈도가 낮아서 단분자층 형성
  시간이 긴가 보다'라고 추론할 수 있다.

5. 가령 질소의 경우 20℃, 760토르* 대기압에서 단분자
층 형성 시간은 3×10^{-9}초이지만, 같은 온도에서 압력이
10^{-9}토르로 낮아지면 대략 2,500초로 증가한다.

    * 토르(torr): 기체 압력의 단위.

- '기체 압력이 낮아질 때 단분자층 형성 시간이 길어지는 구체
  적인 예시를 제시하고 있군'이라고 반응할 수 있다.

6. 이런 이유로 STM에서는 시료의 관찰 가능 시간을 확
보하기 위해 통상 10^{-9}토르 이하의 초고진공이 요구된다.

- '10^{-9}토르 이하를 초고진공이라고 하는구나'라고 반응할 수
  있다.
- '단분자층 형성 시간이 길어야 STM에서 시료를 관찰할 수 있
  겠군'이라고 추론할 수 있다.

4 문단

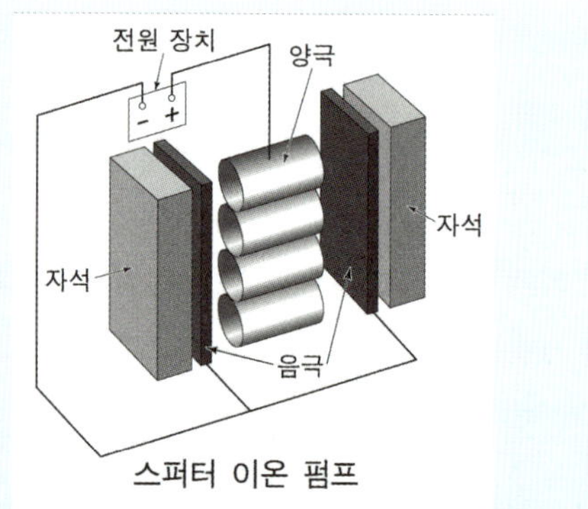

1. 초고진공을 얻기 위해서는 ⓛ 스퍼터 이온 펌프가 널
리 쓰인다.

- '스퍼터 이온 펌프는 뭘까?'라고 물음표를 띄울 수 있다.
  단서가 부족해 추론은 어려워 보인다.

- '스퍼터 이온 펌프'를 암기 시도할 필요가 있다.

2. 스퍼터 이온 펌프는 진공 통 내부의 기체 분자가 펌프 내부로 유입되도록 진공 통과 연결하여 사용한다.

3. 스퍼터 이온 펌프는 영구 자석, 금속 재질의 속이 뚫린 원통 모양 양극, 타이타늄으로 만든 판 형태의 음극으로 구성되어 있다.

- '영구 자석', '금속 재질의 속이 뚫린 원통 모양 양극', '타이타늄으로 만든 판 형태의 음극'과 '스퍼터 이온 펌프'가 부분 관계임을 알 수 있다.

4. 자석 때문에 생기는 자기장이 원통 모양 양극의 축 방향으로 걸려 있고, 양극과 음극 간에는 2~7kV의 고전압이 걸려 있다.

5. 양극과 음극 간에 걸린 고전압의 영향으로 음극에서 방출된 전자는 자기장의 영향을 받아 복잡한 형태의 궤적을 그리며 양극으로 이동한다.

6. 이 과정에서 음극에서 방출된 전자는 주변의 기체 분자와 충돌하여 기체 분자를 그것의 구성 요소인 양이온과 전자로 분리시킨다.

- '아 이렇게 분리된 기체 분자들이 양극과 음극에 달라붙음으로써 초고진공을 형성하는구나'라고 추론할 수 있으므로 '스퍼터 이온 펌프는 뭘까?'라면서 띄웠던 물음표를 회수할 수 있다.

7. 여기서 자기장은 전자가 양극까지 이동하는 거리를 자기장이 없을 때보다 증가시켜 주어 전자와 기체 분자와의 충돌 빈도를 높여 준다.

8. 이 과정에서 생성된 양이온은 전기력에 의해 음극으로 당겨져 음극에 박히게 되어 이동 불가능한 상태가 된다.

9. 이 과정이 1차 펌프 작용이다.

- '1차 펌프 작용'을 암기 시도할 필요가 있다.

10. 또한 양이온이 음극에 충돌하면 타이타늄이 떨어져 나와 충돌 지점 주변에 들러붙는다.

11. 이렇게 들러붙은 타이타늄은 높은 화학 반응성 때문에 여러 기체 분자와 쉽게 반응하여, 떠돌아다니던 기체 분자를 흡착한다.

12. 이는 떠돌아다니는 기체 분자의 수를 줄이는 효과가 있으므로 이를 2차 펌프 작용이라 부른다.

- '2차 펌프 작용'을 암기 시도할 필요가 있다.

13. 이렇듯 1, 2차 펌프 작용을 통해 스퍼터 이온 펌프는 초고진공 상태를 만들 수 있다.

29. 윗글의 내용과 일치하는 것은?

① 대기압보다 진공도가 낮은 상태가 진공이다.
대기압보다 진공도가 높은 상태가 진공이다.
② 스퍼터 이온 펌프는 초고진공을 만드는 역할을 한다.
③ 단분자층 형성 시간이 짧을수록 STM을 이용한 관찰이 용이하다.
단분자층 형성 시간이 길수록 STM을 이용한 관찰이 용이하다.
④ 일정한 온도와 부피의 진공 통 안에서 떠돌아다니는 기체 분자의 수는 기체 압력에 반비례한다.
일정한 온도와 부피의 진공 통 안에서 떠돌아다니는 기체 분자의 수는 기체 압력에 비례한다.
⑤ 단분자층 형성 시간은 시료 표면과 충돌한 기체 분자들이 표면에 달라붙을 확률과 무관하게 결정된다.
단분자층 형성 시간은 시료 표면과 충돌한 기체 분자들이 표면에 달라붙을 확률이 높을수록 짧다.

30. ㉠에 대한 이해로 가장 적절한 것은?
㉠ 주사 터널링 현미경(STM)

① 시료 표면의 높낮이를 원자 단위까지 측정할 수 없다.
시료 표면의 높낮이를 원자 단위까지 측정할 수 있다.
② 시료의 전기 전도 여부에 관계없이 시료를 관찰할 수 있다.
시료의 전기 전도 여부에 따라 시료 관찰 가능성이 결정된다.
③ 시료의 관찰 가능 시간을 늘리려면 진공 통 안의 기체 압력을 낮추어야 한다.

④ 시료 표면의 관찰을 위해서는 시료 표면에 기체의 단분
　 자층 형성이 필요하다.

시료 표면의 관찰을 위해서는 시료 표면에 기체의 단분자층이
형성되지 않아야 한다.

⑤ 양자 역학적 터널링 효과를 이용하여 탐침을 시료 표면
　 에 접촉시킨 후 흐르는 전류를 측정한다.

양자 역학적 터널링 효과를 이용하여 탐침을 시료 표면에 접촉
하지 않아도 흐르는 전류를 측정할 수 있다.

31. ⓛ의 '음극'에 대한 설명으로 적절하지 <u>않은</u> 것은?

ⓛ 스퍼터 이온 펌프

① 고전압과 전자의 상호 작용으로 자기장을 만든다.
자기장은 자석이 만든다.

② 떠돌아다니던 기체 분자를 흡착하는 물질을 내놓는다.

③ 기체 분자에서 분리된 양이온을 전기력으로 끌어당긴다.

④ 전자와 기체 분자의 충돌로 만들어진 양이온을 고정시
　 킨다.

⑤ 기체 분자를 양이온과 전자로 분리시키는 전자를 방출
　 한다.

32. 윗글을 바탕으로 할 때, <보기>에 대한 설명으로 옳지 <u>않은</u> 것은? [3점]

─── < 보기 > ───

　STM을 사용하여 규소의 표면을 관찰하는 실험을 하려고 한다. 동일한 사양의 STM이 설치된, 동일한 부피의 진공 통 A~E가 있고, 각 진공 통 내부에 있는 기체 분자의 정보는 다음 표와 같다. 진공 통 A 안의 기체 압력은 10^{-9}토르이며, 모든 진공 통의 내부 온도는 20℃이다. (단, 기체 분자가 규소 표면과 충돌하여 달라붙을 확률은 기체의 종류와 관계없이 일정하며, 제시되지 않은 모든 조건은 각 진공 통에서 동일하다. N은 일정한 자연수이다.)

진공 통	기체	분자의 질량 (amu*)	단위 부피당 기체 분자 수 (개/cm³)
A	질소	28	4N
B	질소	28	2N
C	질소	28	7N
D	산소	32	N
E	이산화 탄소	44	N

* amu: 원자 질량 단위

① A 내부에서의 단분자층 형성 시간은 대략 2,500초이겠군.

② B 내부의 기체 압력은 10^{-9}토르보다 낮겠군.

③ C 내부의 진공도는 B 내부의 진공도보다 낮겠군.

④ D 내부에서의 단분자층 형성 시간은 A의 경우보다 길겠군.

⑤ E 내부의 시료 표면에 대한 단위 면적당 기체 분자의 충
　 돌 빈도는 D의 경우보다 높겠군.

E 내부의 시료 표면에 대한 단위 면적당 기체 분자의 충돌 빈도
는 분자의 질량이 더 크므로 D의 경우보다 낮을 것이다.

1 문단

1. 스마트폰은 다양한 위치 측정 기술을 활용하여 여러 지형 환경에서 위치를 측정한다.

- '다양한 위치 측정 기술이 앞으로 소개되려나'라고 추론할 수 있다.

2. 위치에는 절대 위치와 상대 위치가 있다.

- '절대 위치는 뭐고 상대 위치는 뭐야?'라고 물음표를 띄울 수 있다.
단서가 부족해 추론은 어려워 보인다.
- '절대 위치'와 '상대 위치'를 암기 시도할 필요가 있다.
- '절대 위치'와 '상대 위치'를 구분하고 있으므로 둘을 대등 관계로 보아 시각적 수평 관계로 모델링할 수 있다.

3. 절대 위치는 위도, 경도 등으로 표시된 위치이고, 상대 위치는 특정한 위치를 기준으로 한 상대적인 위치이다.

- '절대 위치'와 '상대 위치'에 대한 정의가 제시되고 있으므로 '절대 위치는 뭐고 상대 위치는 뭐야?'라면서 띄웠던 물음표를 회수할 수 있다.

2 문단

1. 실외에서는 주로 스마트폰 단말기에 내장된 GPS(위성항법장치)나 IMU(관성측정장치)를 사용한다.

- 'GPS(위성항법장치)는 뭐고 IMU(관성측정장치)는 뭐야?'라고 물음표를 띄울 수 있다.
'GPS는 절대 위치를 측정하는 방식이고 IMU는 상대 위치를 측정하는 방식인가'라고 추론할 수 있다.

2. GPS는 위성으로부터 오는 신호를 이용하여 절대 위치를 측정한다.

3. GPS는 위치 오차가 시간에 따라 누적되지 않는다.

- 'IMU는 위치 오차가 시간에 따라 누적되려나'라고 추론할 수 있다.

4. 그러나 전파 지연 등으로 접속 초기에 짧은 시간 동안이지만 큰 오차가 발생하고 실내나 터널 등에서는 GPS 신호를 받기 어렵다.

- '실내나 터널 등에서는 GPS 신호를 받기 어려워서 위치 오차가 발생하겠네'라고 추론할 수 있다.

5. IMU는 내장된 센서로 가속도와 속도를 측정하여 위치 변화를 계산하고 초기 위치를 기준으로 하는 상대 위치를 구한다.

- '내 예상대로 GPS는 절대 위치를 측정하고 IMU는 상대 위치를 측정하네'라고 반응할 수 있다.

6. 단기간 움직임에 대한 측정 성능이 뛰어나지만 센서가 측정한 값의 오차가 누적되기 때문에 시간이 지날수록 위치 오차가 커진다.

- 'GPS는 위치 오차기 시간에 따라 누적되지 않지만 IMU는 시간이 지날수록 위치 오차가 커지네'라고 반응할 수 있다.

7. 이 두 방식을 함께 사용하면 서로의 단점을 보완하여 오차 를 줄일 수 있다.

3 문단

1. 한편 실내에서 위치 측정에 사용 가능한 방법으로는 블루투스 기반의 비콘을 활용하는 기술이 있다.

- '실외에선 GPS와 IMU가 소개됐는데 실내에선 비콘이 소개되고 있네'라고 반응할 수 있다.
- '실외'와 '실내'가 구분되고 있으므로 둘을 대등 관계로 보아 시각적 수평 관계로 모델링할 수 있다.
- '비콘이 구체적으로 뭘까?'라고 물음표를 띄울 수 있다.
단서가 부족해 추론은 어려워 보인다.

2. 비콘은 실내에 고정 설치되어 비콘마다 정해진 식별 번호와 위치 정보가 포함된 신호를 주기적으로 보내는 기기이다.

- ‘비콘’에 대한 정의가 제시되고 있으므로 ‘비콘이 구체적으로 뭘까?’라면서 띄웠던 물음표를 회수할 수 있다.
- ‘비콘’을 암기 시도할 필요가 있다.

3. 비콘들은 동일한 세기의 신호를 사방으로 보내지만 비콘으로부터 거리가 멀어질수록, 벽과 같은 장애물이 많을수록 신호의 세기가 약해진다.

- 비콘으로부터의 거리↑⇒신호의 세기↓
  장애물의 수↑⇒신호의 세기↓

4. 단말기가 비콘 신호의 도달 거리 내로 진입하면 단말기 안의 수신기가 이 신호를 인식한다.

5. 이 신호를 이용하여 2차원 평면에서의 위치를 측정하는 방법으로는 다음과 같은 것들이 있다.

4 문단

1. 근접성 기법은 단말기가 비콘 신호를 수신하면 해당 비콘의 위치를 단말기의 위치로 정한다.

- ‘근접성 기법’을 암기 시도할 필요가 있다.

2. 여러 비콘 신호를 수신했을 경우에는 신호가 가장 강한 비콘의 위치를 단말기의 위치로 정한다.

- ‘신호가 가장 강한 비콘이 단말기와 가장 가까운 비콘이라고 볼 수 있으므로 그걸 단말기의 위치로 정하겠군’이라고 반응할 수 있다.

5 문단

1. 삼변측량 기법은 3개 이상의 비콘으로부터 수신된 신호 세기를 측정하여 단말기와 비콘 사이의 거리로 환산한다.

- ‘삼변측량 기법’을 암기 시도할 필요가 있다.
- ‘근접성 기법’과 ‘삼변측량 기법’을 구분하고 있으므로 둘을 대등 관계로 보아 시각적 수평 관계로 모델링할 수 있다.

2. 각 비콘을 중심으로 이 거리를 반지름으로 하는 원을 그리고, 그 교점을 단말기의 현재 위치로 정한다.

- ‘<보기> 문제의 그림이 도움이 되겠군’이라고 반응할 수 있다.

3. 교점이 하나로 모이지 않는 경우에는 세 원에 공통으로 속한 영역의 중심점을 단말기의 위치로 측정한다.

6 문단

1. ㉠ 위치 지도 기법은 측정 공간을 작은 구역들로 나누어 각 구역마다 기준점을 설정하고 그 주위에 비콘들을 설치한다.

- ‘위치 지도 기법’을 암기 시도할 필요가 있다.
- ‘기준점의 위치와 비콘의 위치가 다르네’라고 반응할 수 있다.
- ‘근접성 기법’, ‘삼변측량 기법’, ‘위치 지도 기법’을 구분하고 있으므로 셋을 대등 관계로 보아 시각적 수평 관계로 모델링할 수 있다.

2. 그러고 나서 비콘들이 송신하여 각 기준점에 도달하는 신호의 세기를 측정한다.

3. 이 신호 세기와 비콘의 식별 번호, 기준점의 위치 좌표를 서버에 있는 데이터베이스에 위치 지도로 기록해 놓는다.

4. 이 작업을 모든 기준점에서 수행한다.

- ‘모든’에 주목할 필요가 있다.

5. 특정한 위치에 도달한 단말기가 비콘 신호를 수신하면 신호 세기를 측정한 뒤 비콘의 식별 번호와 함께 서버로 전송한다.

6. 서버는 수신된 신호 세기와 가장 가까운 신호 세기를 갖는 기준점을 데이터베이스에서 찾아 이 기준점의 위치를 단말기에 알려 준다.

38. 윗글의 내용과 일치하는 것은?

① GPS를 이용하여 측정한 위치는 기준이 되는 위치가 어디냐에 따라 달라진다.

GPS를 이용하여 측정한 위치는 기준이 되는 위치가 어디냐에 따라 달라지지 않는 절대 위치이다.

② 비콘들이 서로 다른 세기의 신호를 송신해야 단말기의 위치를 측정할 수 있다.

해당 선지를 '비콘들이 서로 다른 세기의 신호를 송신하지 않으면 단말기의 위치를 측정할 수 없다'라고 바꾸어 읽을 수 있다. 비콘들은 동일한 세기의 신호를 보내고 이를 통해 단말기의 위치를 측정할 수 있으므로 해당 선지는 거짓이다.

③ 비콘이 전송하는 식별 번호는 신호가 도달하는 단말기를 구별하기 위한 정보이다.

비콘이 전송하는 식별 번호는 비콘을 구별하기 위한 정보이다.

④ 비콘은 실내에서 GPS 신호를 받아 주위에 위성 식별 번호와 위치 정보를 전송하는 장치이다.

비콘은 실내에 고정 설치되어 비콘마다 정해진 식별 번호와 위치 정보가 포함된 신호를 주기적으로 보내는 기기이다.

⑤ IMU는 단말기가 초기 위치로부터 얼마나 떨어져 있는지를 계산하여 단말기의 위치를 구한다.

39. 오차 에 대해 이해한 내용으로 적절한 것은?

① IMU는 시간이 지날수록 전파 지연으로 인한 오차가 커진다.

IMU는 센서가 측정한 값의 오차가 누적되기 때문에 시간이 지날수록 위치 오차가 커진다.

② GPS는 사용 시간이 길어질수록 위성의 위치를 파악하는 데 오차가 커진다.

GPS는 위치 오차가 시간에 따라 누적되지 않는다.

③ IMU는 순간적인 오차가 발생하지만 시간이 지날수록 정확한 위치 측정이 가능해진다.

GPS는 순간적인 오차가 발생하지만 시간이 지날수록 정확한 위치 측정이 가능해진다.

④ GPS는 단말기가 터널에 진입 시 발생한 오차를 터널을 통과하는 동안 보정할 수 있다.

GPS는 단말기가 터널에 진입 시 발생한 오차를 터널을 통과하는 동안 보정할 수 없다.

⑤ IMU의 오차가 커지는 것은 가속도와 속도를 측정할 때 생기는 오차가 누적되기 때문이다.

40. ㉠에 대한 이해로 적절하지 않은 것은?

㉠ 위치 지도 기법

① 측정 공간을 더 많은 구역으로 나눌수록 기준점이 많아진다.

② 단말기가 측정 공간에 들어오기 전에 데이터베이스가 미리 구축되어 있어야 한다.

③ 측정된 신호 세기가 서버에 저장된 값과 가장 가까운 비콘의 위치가 단말기의 위치가 된다.

측정된 신호 세기가 서버에 저장된 값과 가장 가까운 기준점의 위치가 단말기의 위치가 된다.

④ 비콘을 이동하여 설치하면 정확한 위치 측정을 위해 데이터 베이스를 갱신할 필요가 있다.

⑤ 위치 지도는 측정 공간 안의 특정 위치에서 수신된 신호 세기와 식별 번호 등을 데이터베이스에 기록해 놓은 것이다.

41. <보기>는 단말기가 3개의 비콘 신호를 받은 상태를 도식화한 것이다. 윗글을 바탕으로 <보기>를 이해한 내용으로 적절한 것은? [3점]

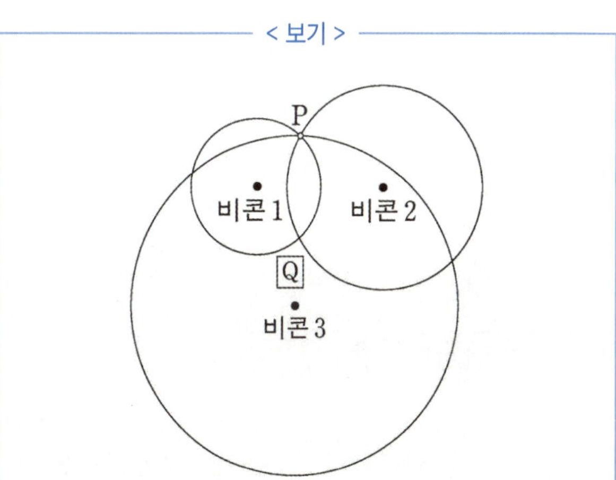

* 각 원의 반지름은 신호 세기로 환산한 비콘과 단말기 사이의 거리이다.
* 신호 세기에 영향을 미치는 장애물이 Q의 위치에 있다. (단, 세 원에 공통으로 속한 영역이 항상 존재한다고 가정하며, 신호 세기에 영향을 미치는 다른 요소는 고려하지 않음.)

① 근접성 기법과 삼변측량 기법으로 측정한 단말기의 위치는 동일하겠군.

② 측정된 신호 세기를 약한 것부터 나열하면 비콘 1, 비콘 2, 비콘 3의 신호 순이겠군.

측정된 신호 세기를 약한 것부터 나열하면 비콘 3, 비콘 2, 비콘 1의 신호 순이다.

③ 실제 단말기의 위치는 삼변측량 기법으로 측정된 위치에 비해 비콘 3에 더 가까이 있겠군.

장애물이 ⓠ의 위치에 있으므로 비콘 3으로부터의 신호의 세기가 약해져 원래의 비콘 3으로부터의 거리보다 더 멀리 측정되었을 것이다. 따라서 단말기의 위치는 삼변측량 기법으로 측정된 위치인 P에 비해 비콘 3에 더 가까이 있을 것이다.

④ ⓠ의 위치에 있는 장애물이 제거된다면, 삼변측량 기법으로 측정되는 단말기의 위치는 현재 측정된 위치에서 P 방향으로 이동하겠군.

ⓠ의 위치에 있는 장애물이 제거된다면, 삼변측량 기법으로 측정되는 단말기의 위치는 현재 측정된 위치에서 비콘 3 방향으로 이동할 것이다.

⑤ 단말기에서 측정되는 비콘 2의 신호 세기만 약해진다면, 삼변측량 기법으로 측정되는 단말기의 위치는 현재 측정된 위치에서 비콘 2 방향으로 이동하겠군.

단말기에서 측정되는 비콘 2의 신호 세기만 약해진다면, 삼변측량 기법으로 측정되는 단말기의 위치는 현재 측정된 위치에서 비콘 2와 멀어지는 방향으로 이동할 것이다.

기술

1 문단

1. 일반 사용자가 디지털 카메라를 들고 촬영하면 손의 미세한 떨림으로 인해 영상이 번져 흐려지고, 걷거나 뛰면서 촬영하면 식별하기 힘들 정도로 영상이 흔들리게 된다.

2. 흔들림에 의한 영향을 최소화하는 기술이 영상 안정화 기술이다.

- '영상 안정화 기술'에 대한 정의가 제시되고 있다.
- '영상 안정화 기술'을 암기 시도할 필요가 있다.

2 문단

1. 영상 안정화 기술에는 빛을 이용하는 광학적 기술과 소프트웨어를 이용하는 디지털 기술 등이 있다.

- '광학적 기술'과 '디지털 기술'이 '영상 안정화 기술'에 포함됨을 알 수 있다.
- '광학적 기술'과 '디지털 기술'을 구분하고 있으므로 둘을 대등 관계로 보아 시각적 수평 관계로 모델링할 수 있다.

2. 광학 영상 안정화(OIS) 기술을 사용하는 카메라 모듈은 렌즈 모듈, 이미지 센서, 자이로 센서, 제어 장치, 렌즈를 움직이는 장치로 구성되어 있다.

- '광학적 기술'이 '광학 영상 안정화(OIS) 기술'로 변형 반복됨을 알 수 있다.
- '광학 영상 안정화(OIS) 기술'을 암기 시도할 필요가 있다.
- '렌즈 모듈', '이미지 센서', '자이로 센서', '제어 장치', 렌즈를 움직이는 장치'와 '카메라 모듈'이 부분 관계임을 알 수 있다.
- '카메라 모듈', '렌즈 모듈', '이미지 센서', '자이로 센서', '제어 장치', '렌즈를 움직이는 장치'를 암기 시도할 필요가 있다.
- '렌즈 모듈, 이미지 센서, 자이로 센서, 제어 장치, 렌즈를 움직이는 장치들이 어떤 기능을 가지고 있을까?'라고 물음표를 띄울 수 있다.

단서가 부족해 추론은 어려워 보인다.

3. 렌즈 모듈은 보정용 렌즈들을 포함한 여러 개의 렌즈들로 구성된다.

- '보정용 렌즈'와 '렌즈 모듈'이 부분 관계임을 알 수 있다.

4. 일반적으로 카메라는 렌즈를 통해 들어온 빛이 이미지 센서에 닿아 피사체의 상이 맺히고, 피사체의 한 점에 해당하는 위치인 화소마다 빛의 세기에 비례하여 발생한 전기 신호가 저장 매체에 영상으로 저장된다.

- '화소'에 대한 정의가 제시되고 있다.
- '렌즈 모듈은 여러 개의 렌즈들의 집합이고 빛이 렌즈 모듈을 통과해 이미지 센서에 닿아 빛의 세기에 비례하여 발생한 전기 신호가 저장 매체에 영상으로 저장되는구나'라고 반응할 수 있으므로 '렌즈 모듈, 이미지 센서, 자이로 센서, 제어 장치, 렌즈를 움직이는 장치들이 어떤 기능을 가지고 있을까?'라면서 띄웠던 물음표를 어느 정도 회수할 수 있다.

5. 그런데 카메라가 흔들리면 이미지 센서 각각의 화소에 닿는 빛의 세기가 변한다.

6. 이때 OIS 기술이 작동되면 자이로 센서가 카메라의 움직임을 감지하여 방향과 속도를 제어 장치에 전달한다.

- '자이로 센서가 카메라의 움직임을 감지하여 방향과 속도를 제어 장치에 전달하는구나'라고 반응할 수 있으므로 '렌즈 모듈, 이미지 센서, 자이로 센서, 제어 장치, 렌즈를 움직이는 장치들이 어떤 기능을 가지고 있을까?'라면서 띄웠던 물음표를 어느 정도 회수할 수 있다.

7. 제어 장치가 렌즈를 이동시키면 피사체의 상이 유지되면서 영상이 안정된다.

- '제어 장치가 렌즈를 움직이는 장치들을 제어하여 렌즈를 이동시키나 보다'라고 반응할 수 있으므로 '렌즈 모듈, 이미지 센서, 자이로 센서, 제어 장치, 렌즈를 움직이는 장치들이 어떤 기능을 가지고 있을까?'라면서 띄웠던 물음표를 모두 회수할 수 있다.

3 문단

1. 렌즈를 움직이는 방법 중에는 보이스코일 모터를 이용하는 방법이 많이 쓰인다.

- '보이스코일 모터가 뭐야?'라고 물음표를 띄울 수 있다.
  단서가 부족해 추론은 어려워 보인다.
- '보이스코일 모터'를 암기 시도할 필요가 있다.

2. 보이스코일 모터를 포함한 카메라 모듈은 중앙에 위치한 렌즈 주위에 코일과 자석이 배치되어 있다.

- '보이스코일 모터'와 '카메라 모듈'이 부분 관계임을 알 수 있다.
- '코일과 자석이 보이스코일 모터인가'라고 반응할 수 있으므로 '보이스코일 모터가 뭐야?'라면서 띄웠던 물음표를 회수할 수 있다.

3. 카메라가 흔들리면 제어 장치에 의해 코일에 전류가 흘러서 자기장과 전류의 직각 방향으로 전류의 크기에 비례하는 힘이 발생한다.

- 다음과 같이 모델링할 수 있다.

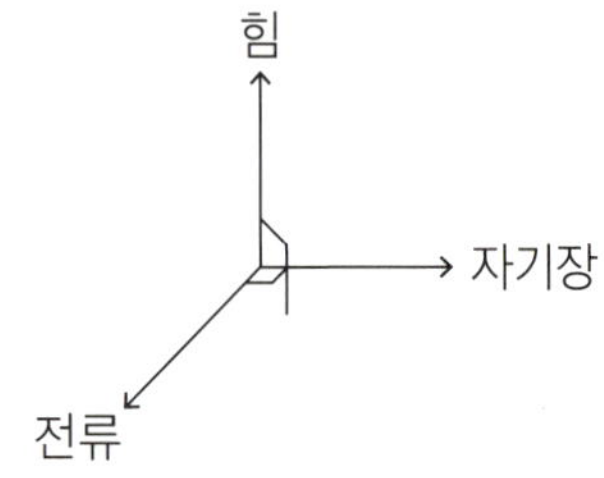

4. 이 힘이 렌즈를 이동시켜 흔들림에 의한 영향이 상쇄되고 피사체의 상이 유지된다.

5. 이외에도 카메라가 흔들릴 때 이미지 센서를 움직여 흔들림을 감쇄하는 방식도 이용된다.

- '렌즈를 이동시키는 방식'과 '이미지 센서를 이동시키는 방식'을 구분하고 있으므로 둘을 대등 관계로 보아 시각적 수평 관계로 모델링할 수 있다.

4 문단

1. OIS 기술이 손 떨림을 훌륭하게 보정해 줄 수는 있지만 렌즈의 이동 범위에 한계가 있어 보정할 수 있는 움직임의 폭이 좁다.

- 'OIS 기술의 한계에 대해 제시하고 있군'이라고 반응할 수 있다.

2. 디지털 영상 안정화(DIS) 기술은 촬영 후에 소프트웨어를 사용해 흔들림을 보정하는 기술로 역동적인 상황에서 촬영한 동영상에 적용할 때 좋은 결과를 얻을 수 있다.

- '디지털 기술'이 '디지털 영상 안정화(DIS) 기술'로 변형 반복됨을 알 수 있다.
- '디지털 영상 안정화(DIS) 기술'에 대한 정의가 제시되고 있다.
- '디지털 영상 안정화(DIS) 기술'을 암기 시도할 필요가 있다.

3. 이 기술은 촬영된 동영상을 프레임 단위로 나눈 후 연속된 프레임 간 피사체의 움직임을 추정한다.

4. 움직임을 추정하는 한 방법은 특징점을 이용하는 것이다.

- '특징점이 뭐야?'라고 물음표를 띄울 수 있다.
  단서가 부족해 추론은 어려워 보인다.
- '특징점'을 암기 시도할 필요가 있다.

5. 특징점으로는 피사체의 모서리처럼 주위와 밝기가 뚜렷이 구별되며 영상이 이동하거나 회전해도 그 밝기 차이가 유지되는 부분이 선택된다.

- '특징점'에 대한 설명이 제시되고 있으므로 '특징점이 뭐야?'라면서 띄웠던 물음표를 회수할 수 있다.
- '-여도'라는 표현이 등장했으므로 '영상이 이동하거나 회전할 때든 안 할 때든 그 밝기 차이가 유지되는 부분이 선택되는데, 특히 영상이 이동하거나 회전할 때 그 밝기 차이가 유지되는 부분이 선택된다'라고 바꾸어 읽을 수 있다.

5 문단

1. 먼저 k번째 프레임에서 특징점들을 찾고, 다음 k+1번째 프레임에서 같은 특징점들을 찾는다.

2. 이 두 프레임 사이에서 같은 특징점이 얼마나 이동하였는지 계산하여 영상의 움직임을 추정한다.

3. 그리고 흔들림이 발생한 곳으로 추정되는 프레임에서 위치 차이만큼 보정하여 흔들림의 영향을 줄이면 보정된 동영상은 움직임이 부드러워진다.

- '흔들림이 발생한 곳으로 추정되는 프레임에서 위치 차이만큼 보정하여 어떻게 흔들림의 영향을 줄인다는 거지?'라고 물음표를 띄울 수 있다.
'n번째 프레임과 n+1번째 프레임의 동일한 피사체의 위치 차이를 줄인다는 건가'라고 추론할 수 있다.

4. 그러나 특징점의 수가 늘어날수록 연산이 더 오래 걸린다.

- 특징점의 수↑⇒연산↑

5. 한편 영상을 보정하는 과정에서 영상을 회전하면 프레임에서 비어 있는 공간이 나타난다.

- '영상을 보정하는 과정에서 영상을 회전하면 프레임에서 비어 있는 공간이 나타난다는 게 무슨 소리지?'라고 물음표를 띄울 수 있다.
'다음과 같이 생각해 볼 수 있겠다'라고 추론할 수 있다.

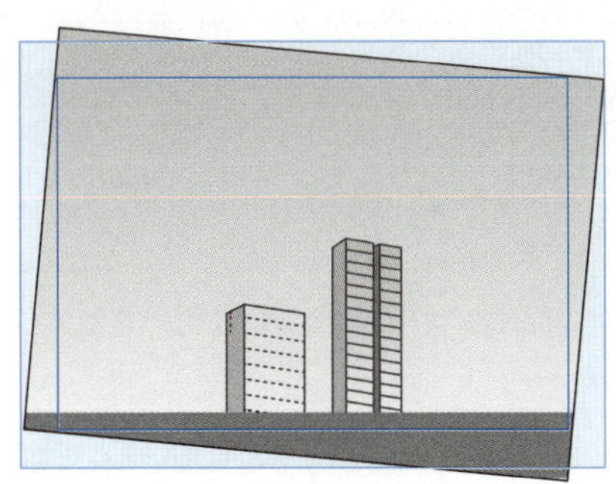

6. 비어 있는 부분이 없도록 잘라내면 프레임들의 크기가 작아지는데, 원래의 프레임 크기를 유지하려면 화질은 떨어진다.

---

25. 윗글을 이해한 내용으로 적절하지 <u>않은</u> 것은?

① 디지털 영상 안정화 기술은 소프트웨어를 이용하여 이미지 센서를 이동시킨다.
디지털 영상 안정화 기술은 소프트웨어를 이용하지만 이미지 센서를 이동시키진 않는다.
② 광학 영상 안정화 기술을 사용하지 않는 디지털 카메라에도 이미지 센서는 필요하다.
③ 연속된 프레임에서 동일한 피사체의 위치 차이가 작을수록 동영상의 움직임이 부드러워진다.
④ 디지털 카메라의 저장 매체에는 이미지 센서 각각의 화소에서 발생하는 전기 신호가 영상으로 저장된다.
⑤ 보정 기능이 없다면 손 떨림이 있을 때 이미지 센서 각각의 화소에 닿는 빛의 세기가 변하여 영상이 흐려진다.

26. 윗글의 'OIS 기술'에 대한 설명으로 적절하지 <u>않은</u> 것은?

① 보이스코일 모터는 카메라 모듈에 포함되는 장치이다.
② 자이로 센서는 이미지 센서에 맺히는 영상을 제어 장치로 전달한다.
자이로 센서는 카메라의 움직임을 감지하여 방향과 속도를 제어 장치로 전달한다.
③ 보이스코일 모터에 흐르는 전류에 의해 발생한 힘으로 렌즈의 위치를 조정한다.
④ 자이로 센서가 카메라 움직임을 정확히 알려도 렌즈 이동의 범위에는 한계가 있다.
⑤ 흔들림에 의해 피사체의 상이 이동하면 원래의 위치로 돌아오도록 렌즈나 이미지 센서를 이동시킨다.

27. 윗글을 참고할 때, <보기>의 A~C에 들어갈 말을 바르게 짝지은 것은?

> ─── < 보기 > ───
>
> 특징점으로 선택되는 점들과 주위 점들의 밝기 차이가 (A), 영상이 흔들리기 전의 밝기 차이와 후의 밝기 차이 변화가 (B) 특징점의 위치 추정이 유리하다. 그리고 특징점들이 많을수록 보정에 필요한 (C)이/가 늘어난다.

① A: 클수록   B: 클수록   C: 프레임의 수
② A: 클수록   B: 작을수록   C: 시간
③ A: 클수록   B: 작을수록   C: 프레임의 수
④ A: 작을수록   B: 클수록   C: 시간
⑤ A: 작을수록   B: 작을수록   C: 프레임의 수

28. 윗글을 읽고 <보기>를 이해한 반응으로 가장 적절한 것은? [3점]

< 보기 >

새로 산 카메라의 성능을 시험해 보고 싶어서 OIS 기능을 켜고 동영상을 촬영했다. 빌딩을 찍는 순간, 바람에 휘청하여 들고 있던 카메라가 기울어졌다. 집에 돌아와 촬영된 영상을 확인하고 소프트웨어로 보정하려 한다.

〔촬영한 동영상 중 연속된 프레임〕

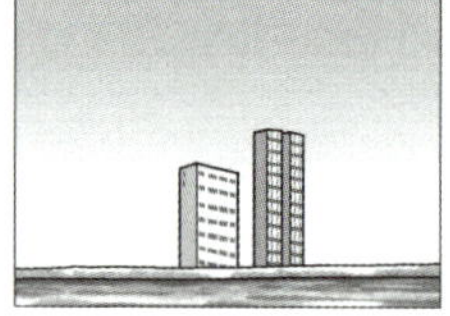 

㉠ k 번째 프레임   ㉡ k+1 번째 프레임

---

① ㉠에서 프레임의 모서리 부분으로 특징점을 선택하는 것이 움직임을 추정하는 데 유리하겠군.

② ㉡을 DIS 기능으로 보정하고 나서 프레임 크기가 변했다면 흔들림은 보정되었으나 원래의 영상 일부가 손실되었겠군.

③ ㉠에서 빌딩 모서리들 간의 차이를 특징점으로 선택하고 그 차이를 계산하여 ㉡을 보정하겠군.

④ ㉠은 OIS 기능으로 손 떨림을 보정한 프레임이지만, ㉡은 OIS 기능으로 보정해야 할 프레임이겠군.

⑤ ㉡을 보면 ㉠이 촬영된 직후 카메라가 크게 움직여 DIS 기능으로는 완전히 보정되지 않았다는 것을 알 수 있겠군.

1 문단

1. 최근의 3D 애니메이션은 섬세한 입체 영상을 구현하여 실물을 촬영한 것 같은 느낌을 준다.

2. 실물을 촬영하여 얻은 자연 영상을 그대로 화면에 표시할 때와 달리 3D 합성 영상을 생성, 출력하기 위해서는 모델링과 렌더링을 거쳐야 한다.

- '자연 영상'과 '3D 합성 영상'의 차이를 인지할 수 있으므로 둘을 대등 관계로 보아 시각적 수평 관계로 모델링할 수 있다.
- '-야'라는 필요조건을 가리키는 표현이 등장했으므로 대우 규칙을 적용하여 '모델링과 렌더링을 거치지 않으면 3D 합성 영상을 생성, 출력할 수 없다'라고 바꾸어 읽을 수 있다.
- '모델링과 렌더링이 뭐야?'라고 물음표를 띄울 수 있다. 단서가 부족해 추론은 어려워 보인다.
- '모델링', '렌더링'을 암기 시도할 필요가 있다.

2 문단

1. 모델링 은 3차원 가상 공간에서 물체의 모양과 크기, 공간적인 위치, 표면 특성 등과 관련된 고유의 값을 설정하거나 수정하는 단계이다.

- '물체의 모양과 크기', '공간적인 위치', '표면 특성'을 암기 시도할 필요가 있다.
- '모델링'에 대한 정의가 제시되고 있으므로 '모델링과 렌더링이 뭐야?'라면서 띄웠던 물음표를 반쯤 회수할 수 있다.

2. 모양과 크기를 설정할 때 주로 3개의 정점으로 형성되는 삼각형을 활용한다.

- '모양과 크기를 설정할 때 3개의 정점으로 형성되는 삼각형을 어떻게 활용한다는 거야?'라고 물음표를 띄울 수 있다. 단서가 부족해 추론은 어려워 보인다.

3. 작은 삼각형의 조합으로 이루어진 그물과 같은 형태로 물체 표면을 표현하는 방식이다.

- '이런 식으로 3개의 정점으로 형성되는 삼각형을 활용하는구나'라고 반응할 수 있으므로 '모양과 크기를 설정할 때 3개의 정점으로 형성되는 삼각형을 어떻게 활용한다는 거야?'라면서 띄웠던 물음표를 회수할 수 있다.

4. 이 방법으로 복잡한 굴곡이 있는 표면도 정밀하게 표현할 수 있다.

- '물체 표면을 아주 작은 삼각형들의 조합으로 이루어진 그물로 표현하기 때문에 복잡한 굴곡이 있는 표면도 정밀하게 표현할 수 있겠네'라고 반응할 수 있다.

5. 이때 삼각형의 꼭짓점들은 물체의 모양과 크기를 결정하는 정점이 되는데, 이 정점들의 개수는 물체가 변형되어도 변하지 않으며, 정점들의 상대적 위치는 물체 고유의 모양이 변하지 않는 한 달라지지 않는다.

- '-어도'라는 표현이 등장했으므로 '물체가 변형되든 벼혅되지 않든 이 정점들의 개수는 변하지 않는데, 특히 물체가 변형될 때도 이 정점들의 개수는 변하지 않는다'라고 바꾸어 읽을 수 있다.
- '정점들의 상대적 위치는 물체 고유의 모양이 변하면 달라지겠군'이라고 추론할 수 있다.

6. 물체가 커지거나 작아지는 경우에는 정점 사이의 간격이 넓어지거나 좁아지고, 물체가 회전하거나 이동하는 경우에는 정점들이 간격을 유지하면서 회전축을 중심으로 회전하거나 동일 방향으로 동일 거리만큼 이동한다.

- '물체가 커지거나 작아지는 경우는 크기가 바뀌는 경우이고, 물체가 회전하거나 이동하는 경우는 공간적인 위치가 바뀌는 경우이군. 두 경우 모두 정점들의 상대적 위치는 변하지 않겠어.'라고 반응할 수 있다.

7. 물체 표면을 구성하는 각 삼각형 면에는 고유의 색과 질감 등을 나타내는 표면 특성이 하나씩 지정된다.

- '고유의 색', '질감'이 '표면 특성'에 포함됨을 알 수 있다.

3 문단

1. 공간에서의 입체에 대한 정보인 이 데이터를 활용하여, 물체를 어디에서 바라보는가를 나타내는 관찰 시점을 기준으로 2차원의 화면을 생성하는 것이 렌더링이다.

- '렌더링'에 대한 정의가 제시되고 있으므로 '모델링과 렌더링이 뭐야?'라면서 띄웠던 물음표를 모두 회수할 수 있다.
- '모델링'과 '렌더링'을 구분하고 있으므로 둘을 대등 관계로 보아 시각적 수평 관계로 모델링할 수 있다.

2. 전체 화면을 잘게 나눈 점이 화소인데, 정해진 개수의 화소로 화면을 표시하고 각 화소별로 밝기나 색상 등을 나타내는 화솟값이 부여된다.

- '화소'에 대한 정의가 제시되고 있다.
- '밝기', '색상'이 '화솟값'에 포함됨을 알 수 있다.

3. 렌더링 단계에서는 화면 안에서 동일 물체라도 멀리 있는 경우는 작게, 가까이 있는 경우는 크게 보이는 원리를 활용하여 화솟값을 지정함으로써 물체의 원근감을 구현한다.

- '-라도'라는 표현이 등장했으므로 '동일 물체든지 동일 물체가 아니든지 뒷부분은 성립하는데, 특히 동일 물체일 때 뒷부분은 성립한다'로 바꾸어 읽을 수 있다.

4. 표면 특성을 나타내는 값을 바탕으로, 다른 물체에 가려짐이나 조명에 의해 물체 표면에 생기는 명암, 그림자 등을 고려하여 화솟값을 정해 줌으로써 물체의 입체감을 구현한다.

- '표면 특성을 나타내는 값'을 '고유의 색이나 질감을 나타내는 값'으로 바꾸어 읽을 수 있다.
- '렌더링을 통해 물체의 원근감과 입체감을 구현할 수 있군'이라고 반응할 수 있다.

5. 화면을 구성하는 모든 화소의 화솟값이 결정되면 하나의 프레임이 생성된다.

- '모든'에 주목할 필요가 있다.

6. 이를 화면출력장치를 통해 모니터에 표시하면 정지 영상이 완성된다.

- '화면출력장치'를 암기 시도할 필요가 있다.

4 문단

1. 모델링과 렌더링을 반복하여 생성된 프레임들을 순서대로 표시하면 동영상이 된다.

2. 프레임을 생성할 때, 모델링과 관련된 계산을 완료한 후 그 결과를 이용하여 렌더링을 위한 계산을 한다.

- 모델링 계산⇒렌더링 계산

3. 이때 정점의 개수가 많을수록, 해상도가 높아 출력 화소의 수가 많을수록 연산 양이 많아져 연산 시간이 길어진다.

- 모델링에서 정점의 개수↑⇒연산 양↑⇒연산 시간↑
  렌더링에서 해상도가 높아 출력 화소의 양↑⇒연산 양↑⇒연산 시간↑

4. 컴퓨터의 중앙 처리장치(CPU)는 데이터 연산을 하나씩 순서대로 수행하기 때문에 과도한 양의 데이터가 집중되면 미처 연산되지 못한 데이터가 차례를 기다리는 병목 현상이 생겨 프레임이 완성되는 데 오랜 시간이 걸린다.

- '병목 현상'에 대한 정의가 제시되고 있다.

5. CPU의 그래픽 처리 능력을 보완하기 위해 개발된 ㉠ 그래픽처리장치(GPU)는 연산을 비롯한 데이터 처리를 독립적으로 수행할 수 있는 장치인 코어를 수백에서 수천 개씩 탑재하고 있다.

- 'CPU'와 'GPU'를 구분하고 있으므로 둘을 대등 관계로 보아 시각적 수평 관계로 모델링할 수 있다.
- '코어'에 대한 정의가 제시되고 있다.

6. GPU의 각 코어는 그래픽 연산에 특화된 연산만을 할 수 있고 CPU의 코어에 비해서 저속으로 연산한다.

- '-만'이라는 표현이 등장했으므로 'GPU의 각 코어는 그래픽 연산에 특화된 연산이 아닌 다른 연산은 할 수 없다'라고 추론할 수 있다.
- 'CPU의 코어는 상대적으로 고속 연산을 수행하지만, GPU의 코

어는 상대적으로 저속 연산을 수행하네'라고 반응할 수 있다.

7. 하지만 GPU는 동일한 연산을 여러 번 수행해야 하는 경우, 고속으로 출력 영상을 생성할 수 있다.

- '-야'라는 당위 진술을 가리키는 표현이 등장했으므로 '수행하지 않으면 안 되는 경우'라고 바꾸어 읽을 수 있다.
- '동일한 연산을 여러 번 수행해야 하는 경우 GPU는 CPU에 비해 저속인데도 어떻게 고속으로 출력 영상을 생성할 수 있을까?'라고 물음표를 띄울 수 있다.
단서가 부족해 추론은 어려워 보인다.

8. 왜냐하면 GPU는 한 번의 연산에 쓰이는 데이터들을 순차적으로 각 코어에 전송한 후, 전체 코어에 하나의 연산 명령어를 전달하면, 각 코어는 모든 데이터를 동시에 연산하여 연산 시간이 짧아지기 때문이다.

- '모든'에 주목할 필요가 있다.
- '가령 GPU는 + 연산을 여러 번 수행하는 경우, 피연산자들을 각 코어에 순차적으로 전송한 후에 전체 코어에 + 연산 명령어를 전달하면 각 코어는 모든 데이터를 동시에 연산할 수 있기 때문에 고속으로 출력 영상을 생성할 수 있구나'라고 추론할 수 있다.

34. 윗글에 대한 이해로 적절하지 <u>않은</u> 것은?

① 자연 영상은 모델링과 렌더링 단계를 거치지 않고 생성된다.

② <u>렌더링에서 사용되는 물체 고유의 표면 특성은 화솟값에 의해 결정된다.</u>

물체 고유의 표면 특성은 렌더링이 아닌 모델링에서 지정된다. 또한 물체 고유의 표면 특성은 화솟값에 의해 결정되지 않는다.

③ 물체의 원근감과 입체감은 관찰 시점을 기준으로 구현한다.

④ 3D 영상을 재현하는 화면의 해상도가 높을수록 연산 양이 많아진다.

⑤ 병목 현상은 연산할 데이터의 양이 처리 능력을 초과할 때 발생한다.

35. 모델링 에 대한 설명으로 가장 적절한 것은?

① 다른 물체에 가려져 보이지 않는 부분에 있는 삼각형의 정점들의 위치는 계산하지 않는다.

다른 물체에 가려져 보이지 않는 부분을 고려하는 것은 렌더링에 관한 것이다. 또한 다른 물체에 가려져 보이지 않는 부분에 있는 삼각형의 정점들의 위치는 모델링 단계에서 계산될 것이다.

② <u>삼각형들을 조합함으로써 물체의 복잡한 곡면을 정교하게 표현할 수 있다.</u>

③ 하나의 작은 삼각형에 다양한 색상의 표면 특성들을 함께 부여한다.

하나의 작은 삼각형에 하나의 표면 특성을 부여한다.

④ 공간상에 위치한 정점들을 2차원 평면에 존재하도록 배치한다.

공간상에 위치한 정점들을 2차원 평면에 존재하도록 배치하는 것은 렌더링에 대한 설명이다.

⑤ 다양하게 변할 수 있는 관찰 시점을 순차적으로 저장한다.

관찰 시점에 대한 것은 렌더링과 관련한 것이다.

36. ㉠에 대한 추론으로 적절한 것은?

㉠ <u>그래픽처리장치(GPU)</u>

① 동일한 개수의 정점 위치를 연산할 때, 동시에 연산을 수행하는 코어의 개수가 많아지면 총 연산 시간이 길어진다.

동일한 개수의 정점 위치를 연산할 때, 동시에 연산을 수행하는 코어의 개수가 많아지면 총 연산 시간이 짧아진다.

② 정점의 위치를 구하기 위한 10개의 연산을 10개의 코어에서 동시에 진행하려면, 10개의 연산 명령어가 필요하다.

정점의 위치를 구하기 위한 10개의 연산을 10개의 코어에서 동시에 진행하려면, 1개의 연산 명령어가 필요하다.

③ 1개의 코어만 작동할 때, 정점의 위치를 구하기 위한 연산 시간은 1개의 코어를 가진 CPU의 연산 시간과 같다.

1개의 코어만 작동할 때, 정점의 위치를 구하기 위한 연산 시간은 1개의 코어를 가진 CPU의 연산 시간보다 길다.

④ <u>정점 위치를 구하기 위한 각 데이터의 연산을 하나씩 순서대로 처리해야 한다면, 다수의 코어가 작동하는 경우 총 연산 시간은 1개의 코어만 작동하는 경우의 총 연산 시간과 같다.</u>

⑤ 정점 위치를 구하기 위해 연산해야 할 10개의 데이터를
10개의 코어에서 처리할 경우, 모든 데이터를 모든 코어
에 전송하는 시간은 1개의 데이터를 1개의 코어에 전송
하는 시간과 같다.

37. 다음은 3D 애니메이션 제작을 위한 계획의 일부이
다. 윗글을 바탕으로 할 때 적절하지 <u>않은</u> 것은? [3점]

	〔장면 구상〕	〔장면 스케치〕
장면 1	주인공 '네모'가 얼굴을 정면으로 향한 채 입에 아직 불지 않은 풍선을 물고 있다.	
장면 2	'네모'가 바람을 불어 넣어 풍선이 점점 커진다.	
장면 3	풍선이 더 이상 커지지 않고 모양을 유지한 채, '네모'는 풍선과 함께 하늘로 날아올라 점점 멀어지는 모습이 보인다.	

① 장면 1의 렌더링 단계에서 풍선에 가려 보이지 않는 입
부분의 삼각형들의 표면 특성은 화솟값을 구하는 데 사
용되지 않겠군.
② 장면 2의 모델링 단계에서 풍선에 있는 정점의 개수는
유지되겠군.
③ 장면 2의 모델링 단계에서 풍선에 있는 정점 사이의 거
리가 멀어지겠군.
④ <u>장면 3의 모델링 단계에서 풍선에 있는 정점들이 이루는</u>
<u>삼각형들이 작아지겠군.</u>

⑤ 장면 3의 렌더링 단계에서 전체 화면에서 화솟값이 부여
되는 화소의 개수는 변하지 않겠군.

기술

1 문단

1. '메타버스(metaverse)'는 '초월'이라는 의미의 '메타(meta)'와 '세계'를 뜻하는 '유니버스(universe)'의 합성어로, 현실 세계와 가상 공간이 적극적으로 상호 작용하는 공간을 의미한다.

- '메타버스'에 대한 정의가 제시되고 있다.
- '메타버스'를 암기 시도할 필요가 있다.

2. 감각 전달 장치는 메타버스 속에서 사용자를 대신하는 아바타가 보고 만지는 것으로 설정된 감각을 사용자에게 전달하는 장치이다.

- '감각 전달 장치'에 대한 정의가 제시되고 있다.
- '감각 전달 장치'를 암기 시도할 필요가 있다.

3. 사용자는 이를 통하여 가상 공간을 현실감 있게 체험하면서 메타버스에 몰입하게 된다.

- '이'를 '감각 전달 장치'로 바꾸어 읽을 수 있다.

2 문단

1. 시각을 전달하는 장치인 HMD*는 사용자의 양쪽 눈에 가상 공간을 표현하는, 시차*가 있는 영상을 전달한다.
* HMD: 머리에 쓰는 3D 디스플레이의 한 종류.
* 시차: 한 물체를 서로 다른 두 지점에서 보았을 때 방향의 차이.

- 'HMD'에 대한 정의가 제시되고 있다.
- 'HMD'를 암기 시도할 필요가 있다.
- 'HMD'이 '감각 전달 장치'에 포함됨을 알 수 있다.

2. 전달된 영상을 뇌에서 조합하는 과정에서 사용자는 공간과 물체의 입체감을 느낄 수 있다.

3. 가상 공간에서 물체를 접촉하는 것처럼 사용자의 손에 감각 반응을 직접 전달하는 장치로는 가상 현실 장갑이 있다.

- '가상 현실 장갑'을 암기 시도할 필요가 있다.
- '가상 현실 장갑'이 '감각 전달 장치'에 포함됨을 알 수 있다.

4. 가상 현실 장갑은 가상 공간에서 아바타가 만지는 가상 물체의 크기, 형태, 온도 등을 사용자가 느낄 수 있도록 설계되어 있다.

5. 이외에도 가상 현실 장갑은 사용자의 손가락 및 팔의 움직임에 따라 아바타를 움직이게 할 수 있다.

- '아바타가 만지는 것으로 설정된 감각을 사용자에게 전달할 뿐만 아니라 사용자의 손가락 및 팔의 움직임에 따라 아바타를 움직이게 할 수 있네'라고 반응할 수 있다.

3 문단

1. 한편 사용자의 움직임을 아바타에게 전달하는 공간 이동 장치를 이용하면, 사용자는 몰입도 높은 메타버스 체험을 할 수 있다.

- '공간 이동 장치'를 암기 시도할 필요가 있다.

2. 공간 이동 장치인 가상 현실 트레드밀은 일정한 공간에 설치되어 360도 방향으로 사용자의 이동이 가능하도록 바닥의 움직임을 지원한다.

- '가상 현실 트레드밀'을 암기 시도할 필요가 있다.
- '가상 현실 트레드밀'이 '공간 이동 장치'에 포함됨을 알 수 있다.

4 문단 [A]

1. 가상 현실 트레드밀과 함께 사용되는 모션 트래킹 시스템은 사용자의 동작에 따라 아바타가 동일하게 움직일 수 있도록 동기화하는 시스템으로, 동작 추적 센서, 관성 측정 센서, 압력 센서 등으로 구성된다.

- '모션 트래킹 시스템'에 대한 정의가 제시되고 있다.
- '모션 트래킹 시스템'을 암기 시도할 필요가 있다.

- '동작 추적 센서', '관성 측정 센서', '압력 센서'와 '모션 트래킹 시스템'은 부분 관계임을 알 수 있다.
- '동작 추적 센서', '관성 측정 센서', '압력 센서'를 암기 시도할 필요가 있다.

2. 동작 추적 센서는 사용자의 동작을 파악하며, 관성 측정 센서는 사용자의 이동 속도 변화율 및 회전 속도를 측정한다.

- '이동 속도 변화율이라 하면 가속도를 말하는 건가'라고 추론할 수 있다.

3. 압력 센서는 서로 다른 물체 간에 작용하는 압력을 측정한다.

4. 만약 바닥에 압력 센서가 부착된 신발을 사용자가 신고 뛰면, 압력 센서는 지면과 발바닥 사이의 압력을 감지하여 사용자가 뛰는 힘을 파악할 수 있다.

5. 모션 트래킹 시스템이 사용자의 동작 정보를 컴퓨터에 전달하면, 컴퓨터는 사용자가 움직이는 방향과 속도에 ⓐ 맞춰 트레드밀의 바닥을 제어한다.

- '모션 트래킹 시스템이 가상 현실 트레드밀과 함께 사용된다고 했는데, 이렇게 같이 사용되는구나'라고 반응할 수 있다.

6. 이와 같이 사용자의 이동 동작에 따라 트레드밀의 움직임이 변경되기도 하지만, 아바타가 존재하는 가상 공간의 환경 변화에 따라 트레드밀 바닥의 진행 속도 및 방향, 기울기 등이 변경되기도 한다.

- '가령 가상 공간의 환경이 아스팔트에서 늪으로 변한다면 트레드밀 바닥의 진행 속도는 느려지겠군'이라고 추론할 수 있다.

7. 또한 사용자의 움직임이나 트레드밀의 작동 변화에 따라 HMD에 표시되는 가상 공간의 장면이 변경되어 사용자는 더욱 현실감 높은 체험을 할 수 있다.

14. 윗글의 내용과 일치하지 <u>않는</u> 것은?

① 감각 전달 장치와 공간 이동 장치는 사용자가 메타버스에 몰입할 수 있게 한다.
② 공간 이동 장치는 현실 세계 사용자의 움직임을 메타버스의 아바타에게 전달한다.
③ HMD는 사용자가 시각을 통해 메타버스의 공간과 물체의 입체감을 느끼도록 한다.
④ 감각 전달 장치는 아바타가 느끼는 것으로 설정된 감각을 사용자에게 전달하는 장치이다.
⑤ <u>가상 현실 장갑을 착용하면 사용자와 아바타는 상호 간에 감각 반응을 주고받을 수 있다.</u>

가상 현실 장갑을 착용하면 가상 공간에서 아바타가 만지는 것으로 설정된 감각을 사용자에게 전달할 수 있지만, 사용자가 느끼는 감각을 아바타에게 전달하지는 않는다. 다만 사용자의 손가락 및 팔의 움직임에 따라 아바타를 움직이게 할 수 있을 뿐이다.

15. [A]에 대한 이해로 적절한 것은?

① 관성 측정 센서는 사용자의 이동 속도와 뛰는 힘을 측정할 수 있다.

관성 측정 센서는 사용자의 이동 속도 변화율 및 회전 속도를 측정한다.

② HMD에 표시되는 가상 공간 장면의 변경에 따라 HMD는 가상 현실 트레드밀을 제어한다.

가상 현실 트레드밀의 작동 변화에 따라 HMD에 표시되는 가상 공간의 장면이 변경된다.

③ <u>가상 공간에서 아바타가 경사로를 만나면 가상 현실 트레드밀 바닥의 기울기가 변경될 수 있다.</u>

④ 모션 트래킹 시스템은 아바타의 동작에 따라 사용자가 동일하게 움직일 수 있도록 동기화한다.

모션 트래킹 시스템은 사용자의 동작에 따라 아바타가 동일하게 움직일 수 있도록 동기화한다.

⑤ 아바타가 이동 방향을 바꾸면 가상 현실 트레드밀 바닥의 진행 방향이 변경되어 사용자의 이동 방향이 바뀌게 된다.

사용자가 이동 방향을 바꾸면 가상 현실 트레드밀 바닥의 진행 방향이 변경되어 아바타의 이동 방향이 바뀌게 된다.

16. 윗글을 바탕으로 <보기>를 이해한 내용으로 적절하지 <u>않은</u> 것은? [3점]

— < 보기 > —

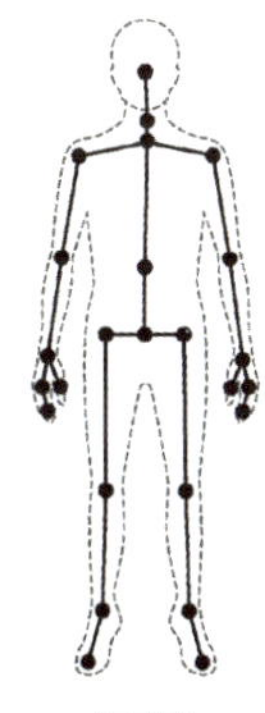

동작 추적 센서의 하나인 키넥트 센서는 적외선 카메라와 RGB 카메라 등으로 구성된다. 적외선 카메라는 광원에서 발산된 적외선이 피사체의 표면에서 반사되어 수신되기까지 걸리는 시간을 측정하여, 피사체의 입체 정보를 포함하는 저해상도 단색 이미지를 제공한다. 반면 RGB 카메라는 피사체의 고해상도 컬러 이미지를 제공한다.

〈그림〉

키넥트 센서는 저해상도 입체 이미지를 고해상도 컬러 이미지에 투영하여 사용자가 검출되는 경우, <그림>과 같이 신체 부위에 대응되는 25개의 연결점을 선으로 이은 3D 골격 이미지를 제공한다.

① <u>키넥트 센서는 가상 공간에 있는 물체들 간의 거리를 측정하여 입체감을 구현할 수 있다.</u>
키넥트 센서는 사용자의 동작을 파악하기 위한 센서로서, 가상 공간에 있는 물체들 간의 거리를 측정하지 않는다.

② 키넥트 센서가 확보한, 사용자의 춤추는 동작 정보를 바탕으로 아바타의 춤추는 동작이 구현될 수 있다.

③ 키넥트 센서와 관성 측정 센서를 이용하여 사용자의 걷는 자세 및 이동 속도 변화율을 파악할 수 있다.

④ 연결점의 수와 위치의 제약 때문에 사용자의 골격 이미지로는 사용자의 얼굴 표정 변화를 아바타에게 전달할 수 없다.

⑤ 적외선 카메라의 입체 이미지와 RGB 카메라의 컬러 이미지 정보로부터 생성된 골격 이미지가 사용자의 동작 정보를 파악하는 데 사용된다.

17. 문맥상 의미가 ⓐ와 가장 가까운 것은?

컴퓨터는 사용자가 움직이는 방향과 속도에 ⓐ <u>맞춰</u> 트레드밀의 바닥을 제어한다

① <u>그 연주자는 피아노를 언니의 노래에 정확히 맞추어 쳤다.</u>

② 아내는 집 안에 있는 물건들의 색깔을 조화롭게 <u>맞추</u>었다.

③ 우리는 다음 주까지 손발을 <u>맞추어</u> 작업을 마치기로 했다.

④ 그 동아리는 신입 회원을 한 명 더 뽑아 인원을 <u>맞추었다.</u>

⑤ 동생은 중간고사를 보고 나서 친구와 답을 <u>맞추어</u> 보았다.

1 문단

1. 주차하거나 좁은 길을 지날 때 운전자를 돕는 장치들이 있다.

- '어떤 장치가 있는데?'라고 물음표를 띄울 수 있다.
  단서가 부족해 추론은 어려워 보인다.

2. 이 중 차량 전후좌우에 장착된 카메라로 촬영한 영상을 이용하여 차량 주위 360°의 상황을 위에서 내려다본 것 같은 영상을 만들어 차 안의 모니터를 통해 운전자에게 제공하는 장치 가 있다.

- '이런 장치가 주차하거나 좁은 길을 지날 때 도움이 되긴 하겠네'라고 반응할 수 있으므로 '어떤 장치가 있는데?'라면서 띄웠던 물음표를 회수할 수 있다.

3. 운전자에게 제공되는 영상이 어떻게 만들어지는지 알아보자.

- '이런 장치가 어떻게 영상을 만드는지에 대한 내용이 앞으로 제시되겠군'이라고 추론할 수 있다.

2 문단

1. 먼저 차량 주위 바닥에 바둑판 모양의 격자판을 펴 놓고 카메라로 촬영한다.

- '차량 주위 바닥에 바둑판 모양의 격자판은 왜 펴 놓는 거야?'라고 물음표를 띄울 수 있다.
  단서가 부족해 추론은 어려워 보인다.

2. 이 장치에서 사용하는 광각 카메라는 큰 시야각을 갖고 있어 사각지대가 줄지만 빛이 렌즈를 ⓐ 지날 때 렌즈 고유의 곡률로 인해 영상이 중심부는 볼록하고 중심부에서 멀수록 더 휘어지는 현상, 즉 렌즈에 의한 상의 왜곡이 발생한다.

- '광각 카메라'를 암기 시도할 필요가 있다.
- '렌즈에 의한 상의 왜곡'에 대한 정의가 제시되고 있다.
- '광각 카메라는 사각지대가 적다는 장점을 가지지만 렌즈에 의한 상의 왜곡이라는 단점도 지니네'라고 반응할 수 있다.

3. 이 왜곡에 영향을 주는 카메라 자체의 특징을 내부 변수라고 하며 왜곡 계수로 나타낸다.

- '내부 변수'에 대한 정의가 제시되고 있다.
- '내부 변수', '왜곡 계수'를 암기 시도할 필요가 있다.

4. 이를 알 수 있다면 왜곡 모델을 설정하여 왜곡을 보정할 수 있다.

- '이'를 '왜곡 계수로 나타낸 내부 변수'로 바꾸어 읽을 수 있다.

5. 한편 차량에 장착된 카메라의 기울어짐 등으로 인해 발생하는 왜곡의 원인을 외부 변수라고 한다.

- '카메라 자체 특징은 내부 변수이고 카메라의 기울어짐 등은 외부 변수네'라고 반응할 수 있다.
- '내부 변수'와 '외부 변수'의 차이를 인지할 수 있으므로 둘을 대등 관계로 보아 시각적 수평 관계로 모델링할 수 있다.
- '외부 변수'를 암기 시도할 필요가 있다.

6. ㉠ 촬영된 영상과 실세계 격자판을 비교하면 영상에서 격자판이 회전한 각도나 격자판의 위치 변화를 통해 카메라의 기울어진 각도 등을 알 수 있으므로 왜곡을 보정할 수 있다.

- '이래서 격자판이 필요하구나'라고 반응할 수 있으므로 '차량 주위 바닥에 바둑판 모양의 격자판은 왜 펴 놓는 거야?'라면서 띄웠던 물음표를 회수할 수 있다.

3 문단

1. 왜곡 보정이 끝나면 영상의 점들에 대응하는 3차원 실세계의 점들을 추정하여 이로부터 원근 효과가 제거된 영상을 얻는 시점 변환이 필요하다.

- '시점 변환'에 대한 정의가 제시되고 있다.
- '시점 변환'을 암기 시도할 필요가 있다.
- '왜곡 보정'과 '시점 변환'을 구분하고 있으므로 둘을 대등 관계로 보아 시각적 수평 관계로 모델링할 수 있다.

- '근데 시점 변환은 왜 시점 변환이라 불릴까?'라고 물음표를 띄울 수 있다.

  단서가 부족해 추론은 어려워 보인다.

  2. 카메라가 3차원 실세계를 2차원 영상으로 투영하면 크기가 동일한 물체라도 카메라로부터 멀리 있을수록 더 작게 나타나는데, 위에서 내려다보는 시점의 영상에서는 거리에 따른 물체의 크기 변화가 없어야 하기 때문이다.

- '-라도'라는 표현이 등장했으므로 '크기가 동일한 물체든 크기가 다른 물체든 카메라로부터 멀리 있을수록 더 작게 나타나는데, 특히 크기가 동일한 물체일 때도 멀리 있을수록 더 작게 나타난다'라고 바꾸어 읽을 수 있다.
- '-야'라는 당위 진술을 가리키는 표현이 등장했으므로 '있으면 안 되기 때문이다'로 바꾸어 읽을 수 있다.

4 문단

  1. ㉡ 왜곡이 보정된 영상에서의 몇 개의 점과 그에 대응하는 실세계 격자판의 점들의 위치를 알고 있다면, 영상의 모든 점들과 격자판의 점들 간의 대응 관계를 가상의 좌표계를 이용하여 기술할 수 있다.

- '모든'에 주목할 필요가 있다.

  2. 이 대응 관계를 이용해서 영상의 점들을 격자의 모양과 격자 간의 상대적인 크기가 실세계에서와 동일하게 유지되도록 한 평면에 놓으면 2차원 영상으로 나타난다.

- 다음과 같이 모델링할 수 있다.

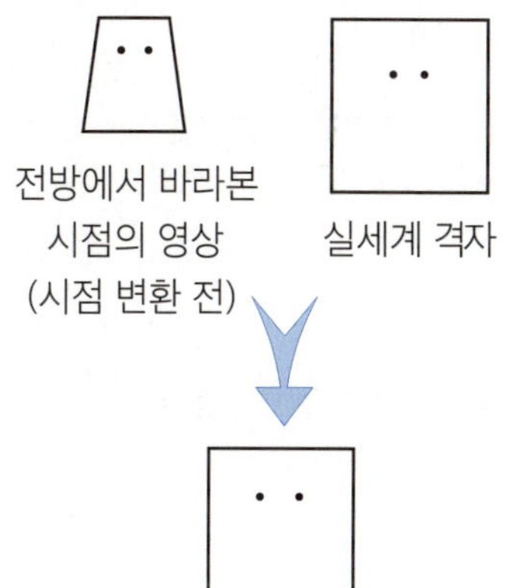

'이렇게 원근 효과를 제거하는구나'라고 반응할 수 있다.

3. 이때 얻은 영상이 ㉢ 위에서 내려다보는 시점의 영상이 된다.

- '원근 효과를 제거하면 위에서 내려다보는 시점의 영상이 되므로 시점 변환이라 불리는구나'라고 반응할 수 있으므로 '근데 시점 변환은 왜 시점 변환이라 불릴까?'라면서 띄웠던 물음표를 회수할 수 있다.

  4. 이와 같은 방법으로 구한 각 방향의 영상을 합성하면 차량 주위를 위에서 내려다본 것 같은 영상이 만들어진다.

- 해당 문장을 '전후좌우의 카메라를 통해 구현한 영상을 합성하면 차량 주위를 위에서 내려다본 것 같은 영상이 만들어진다'로 바꾸어 읽을 수 있다.

14. 윗글의 내용과 일치하는 것은?

① 차량 주위를 위에서 내려다본 것 같은 영상은 360°를 촬영하는 카메라 하나를 이용하여 만들어진다.

차량 주위를 위에서 내려다본 것 같은 영상은 차량 전후좌우에 장착된 카메라를 이용하여 만들어진다.

② 외부 변수로 인한 왜곡은 카메라 자체의 특징을 알 수 있으면 쉽게 해결할 수 있다.

내부 변수로 인한 왜곡은 카메라 자체의 특징을 알 수 있으면 쉽게 해결할 수 있다.

③ 차량의 전후좌우 카메라에서 촬영된 영상을 하나의 영상으로 합성한 후 왜곡을 보정한다.

차량의 전후좌우 카메라에서 촬영된 영상을 왜곡을 보정한 후 하나의 영상으로 합성한다.

④ 영상이 중심부로부터 멀수록 크게 휘는 것은 왜곡 모델을 설정하여 보정할 수 있다.

⑤ 위에서 내려다보는 시점의 영상에 있는 점들은 카메라 시점의 영상과는 달리 3차원 좌표로 표시된다.

위에서 내려다보는 시점의 영상에 있는 점들은 카메라 시점의 영상과 마찬가지로 2차원 좌표로 표시될 것이다.

15. ㉠~㉢을 이해한 내용으로 가장 적절한 것은?

㉠ 촬영된 영상

㉡ 왜곡이 보정된 영상

㉢ 위에서 내려다보는 시점의 영상

① ㉠에서 광각 카메라를 이용하여 확보한 시야각은 ㉡에
서는 작아지겠군.

② ㉡에서는 ㉠과 마찬가지로 렌즈와 격자판 사이의 거리
가 멀어질수록 격자판이 작아 보이겠군.

③ ㉡에서는 ㉠에서 렌즈와 격자판 사이의 거리에 따른 렌
즈의 곡률 변화로 생긴 휘어짐이 보정되었겠군.

④ ㉡과 실세계 격자판을 비교하여 격자판의 위치 변화를
보정한 ㉢은 카메라의 기울어짐에 의한 왜곡을 바로잡
은 것이겠군.

⑤ ㉡에서 렌즈에 의한 상의 왜곡 때문에 격자판의 윗부분
으로 갈수록 격자 크기가 더 작아 보이던 것이 ㉢에서
보정되었겠군.

16. 윗글을 바탕으로 <보기>를 탐구한 내용으로 가장 적
절한 것은? [3점]

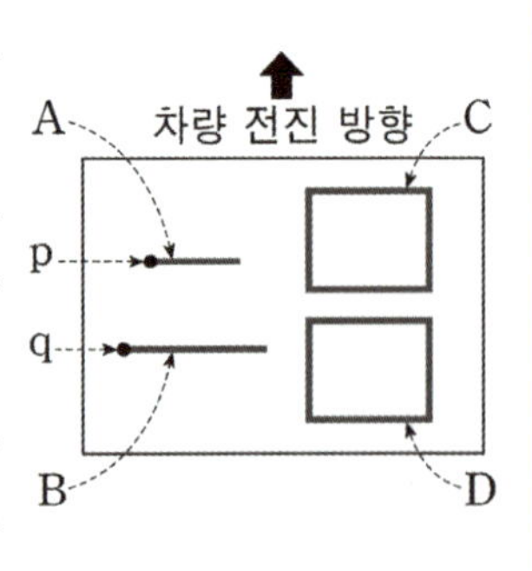

있고, C와 D는 직사각형이고 크기는 같다. p와 q는 각
각 영상 속 임의의 한 점이다.

① 원근 효과가 제거되기 전의 영상에서 C는 윗변이 아랫
변보다 긴 사다리꼴 모양이다.

② 시점 변환 전의 영상에서 D는 C보다 더 작은 크기로 영
상의 더 아래쪽에 위치한다.

③ A와 B는 p와 q 간의 대응 관계를 이용하여 바닥에 그려
진 도형을 크기가 유지되도록 한 평면에 놓은 것이다.

④ B에 대한 A의 상대적 크기는 가상의 좌표계를 이용하여
시점을 변환하기 전의 영상에서보다 더 커진 것이다.

⑤ p가 A 위의 한 점이라면 A는 p에 대응하는 실세계의 점
이 시점 변환을 통해 선으로 나타난 것이다.

17. 문맥상 ⓐ의 의미와 가장 가까운 것은?

① 그때 동생이 탄 버스는 교차로를 지나고 있었다.
② 그것은 슬픈 감정을 지나서 아픔으로 남아 있다.
③ 어느새 정오가 훌쩍 지나 식사할 시간이 되었다.
④ 물의 온도가 어는점을 지나 계속 내려가고 있다.
⑤ 가장 힘든 고비를 지나고 나니 마음이 가뿐하다.

기술

1 문단

1. 인터넷 검색 엔진은 검색어를 포함하는 웹 페이지를 찾아 화면에 보여 준다.

- '포털 사이트에 검색어를 입력하면 검색어와 관련된 웹 페이지들이 화면에 나열되는 걸 인터넷 검색 엔진이 수행한다는 거네'라고 반응할 수 있다.

2. 웹 페이지가 화면에 나타나는 순서를 정하기 위해 검색 엔진은 수백 개가 ⓐ 넘는 항목을 고려한 다양한 방식을 사용한다.

- '수백 개가 넘는 항목? 어떤 항목을 말하는 거야? 그리고 그러한 항목을 고려한 다양한 방식에는 뭐가 있다는 거야?'라고 물음표를 띄울 수 있다.
  단서가 부족해 추론은 어려워 보인다.

3. 대표적인 항목으로 중요도와 적합도가 있다.

- '중요도', '적합도'를 암기 시도할 필요가 있다.
- '중요도와 적합도를 고려한 다양한 방식을 사용하여 웹 페이지가 화면에 나타나는 순서를 정한다는 거네'라고 반응할 수 있으므로 '수백 개가 넘는 항목? 어떤 항목을 말하는 거야? 그리고 그러한 항목을 고려한 다양한 방식에는 뭐가 있다는 거야?'라면서 띄웠던 물음표를 어느 정도 회수할 수 있다.
- '중요도와 적합도는 구체적으로 무엇을 의미하는 걸까?'라고 물음표를 띄울 수 있다.
  단서가 부족해 추론은 어려워 보인다.

2 문단

1. 검색 엔진은 빠른 시간 내에 검색 결과를 보여 주기 위해 웹 페이지들의 데이터를 수집하여 인덱스를 미리 작성해 놓는다.

- '인덱스가 의미하는 바는 뭘까?'라고 물음표를 띄울 수 있다.
  단서가 부족해 추론은 어려워 보인다.

2. 인덱스란 단어를 알파벳순으로 정리한 목록으로, 여기에는 각 단어가 등장하는 웹 페이지와 단어의 빈도수 등이 저장된다.

- '인덱스'에 대한 정의가 제시되고 있으므로 '인덱스가 의미하는 바는 뭘까?'라면서 띄웠던 물음표를 회수할 수 있다.
- '여기서 말하는 단어는 검색어가 될 수 있는 단어겠네'라고 추론할 수 있다.
- '단어', '각 단어가 등장하는 웹 페이지', '단어의 빈도수'가 '인덱스'와 부분 관계임을 확인할 수 있다.

3. 이때 각 웹 페이지의 중요도가 함께 기록된다.

- '각 웹 페이지의 중요도'와 '인덱스'가 부분 관계임을 알 수 있다.

3 문단

1. ⊙ 중요도는 웹 페이지의 중요성을 값으로 나타낸 것으로 링크 분석 기법으로 측정할 수 있다.

- '중요도'에 대한 정의가 제시되고 있으므로 '중요도와 적합도는 구체적으로 무엇을 의미하는 걸까?'라면서 띄웠던 물음표를 반쯤 회수할 수 있다.
- '링크 분석 기법은 뭘까?'라고 물음표를 띄울 수 있다.
  단서가 부족해 추론은 어려워 보인다.
- '링크 분석 기법'을 암기 시도할 필요가 있다.

2. 기본적인 링크 분석 기법에서 웹 페이지 A의 값은 A를 링크한 각 웹 페이지들로부터 받는 값의 합이다.

- 웹 페이지 A←다른 웹 페이지

3. 이렇게 받은 A의 값은 A가 링크한 다른 웹 페이지들에 균등하게 나눠진다.

- 다른 웹 페이지←웹 페이지 A←다른 웹 페이지

4. 즉 A의 값이 4이고 A가 두 개의 링크를 통해 다른 웹 페이지로 연결된다면, A의 값은 유지되면서 두 웹 페이지에는 각각 2가 보내진다.

- '링크 분석 기법에 대해 어느 정도 알 것 같다'라고 반응할 수 있으므로 '링크 분석 기법은 뭘까?'라면서 띄웠던 물음표를 회수할 수 있다.

4 문단

1. 하지만 두 웹 페이지가 실제로 받는 값은 2에 댐핑 인자를 곱한 값이다.

- '댐핑 인자가 뭐야?'라고 물음표를 띄울 수 있다.
  단서가 부족해 추론은 어려워 보인다.
- '댐핑 인자'를 암기 시도할 필요가 있다.

2. 댐핑 인자는 사용자들이 웹 페이지를 읽다가 링크를 통해 다른 웹 페이지로 이동하지 않는 비율을 반영한 값으로 1 미만의 값을 가진다.

- '댐핑 인자'에 대한 정의가 제시되고 있으므로 '댐핑 인자가 뭐야?'라면서 띄웠던 물음표를 회수할 수 있다.

3. 댐핑 인자는 모든 링크에 동일하게 적용된다.

- '모든'에 주목할 필요가 있다.

4. 가령 그 비율이 20%이면 댐핑 인자는 0.8이고 두 웹 페이지는 A로부터 각각 1.6을 받는다.

- '아 댐핑 인자는 그럼 사용자들이 웹 페이지를 읽다가 링크를 통해 다른 웹 페이지로 이동하는 비율을 말하겠네. 따라서 두 웹 페이지는 A로부터 각각 2 * 0.8 = 1.6을 받는 거고'라고 추론할 수 있다.

5. 웹 페이지로 연결된 링크를 통해 받는 값을 모두 반영했을 때의 값이 각 웹 페이지의 중요도이다.

- '모두'에 주목할 필요가 있다.
- '각 웹 페이지의 중요도는 연결된 링크를 통해 받는 값에 댐핑 인자를 곱한 값을 모두 합한 값이겠네'라고 반응할 수 있다.

6. 웹 페이지들을 연결하는 링크들은 변할 수 있기 때문에 검색 엔진은 주기적으로 웹 페이지의 중요도를 갱신한다.

5 문단

1. 사용자가 검색어를 입력하면 검색 엔진은 인덱스에서 검색어에 적합한 웹 페이지를 찾는다.

2. ㉡ 적합도는 단어의 빈도, 단어가 포함된 웹 페이지의 수, 웹 페이지의 글자 수를 반영한 식을 통해 값이 정해진다.

- '단어의 빈도', '단어가 포함된 웹 페이지의 수', '웹 페이지의 글자 수'를 암기 시도할 필요가 있다.
- '중요도'와 '적합도'를 구분하고 있으므로 둘을 대등 관계로 보아 시각적 수평 관계로 모델링할 수 있다.

3. 해당 검색어가 많이 나올수록, 그 검색어를 포함하는 다른 웹 페이지의 수가 적을수록, 현재 웹 페이지의 글자 수가 전체 웹 페이지의 평균 글자 수에 비해 적을수록 적합도가 높아진다.

- 해당 검색어의 빈도↑∨해당 검색어를 포함하는 다른 웹 페이지의 수↓∨(해당 웹 페이지의 글자 수/전체 웹 페이지의 평균 글자 수)↓⇒적합도↑
- '적합도는 상관관계를 종합적으로 고려해 봤을 때 해당 웹 페이지가 해당 검색어에 얼마나 적합한지를 반영하는구나'라고 반응할 수 있으므로 '중요도와 적합도는 구체적으로 무엇을 의미하는 걸까?'라면서 띄웠던 물음표를 모두 회수할 수 있다.

4. 검색 엔진은 중요도와 적합도, 기타 항목들을 적절한 비율로 합산하여 화면에 나열되는 웹 페이지의 순서를 결정한다.

- '기타 항목들의 종류나 비율의 정도에 따라 방식이 다양해질 수 있겠네'라고 추론할 수 있으므로 '수백 개가 넘는 항목? 어떤 항목을 말하는 거야? 그리고 그러한 항목을 고려한 다양한 방식에는 뭐가 있다는 거야?'라면서 띄웠던 물음표를 어느 정도 회수할 수 있다.

14. 윗글을 통해 알 수 있는 내용으로 가장 적절한 것은?

① 인덱스는 사용자가 검색어를 입력한 직후에 작성된다.
인덱스은 사용자가 검색어를 입력하기 전에 작성된다.
② 사용자가 링크를 따라 다른 웹 페이지로 이동하는 비율이 높을수록 댐핑 인자가 커진다.

③ 링크 분석 기법은 웹 페이지 사이의 링크를 분석하여 웹 페이지의 적합도를 값으로 나타낸다.

링크 분석 기법은 웹 페이지 사이의 링크를 분석하여 웹 페이지의 중요도를 값으로 나타낸다.

④ 웹 페이지의 중요도는 다른 웹 페이지에서 받는 값과 다른 웹 페이지에 나눠 주는 값의 합이다.

웹 페이지의 중요도는 다른 웹 페이지들로부터 받는 값의 합이다.

⑤ 사용자가 검색어를 입력하면 검색 엔진은 검색한 결과를 인덱스에 정렬된 순서대로 화면에 나타낸다.

사용자가 검색어를 입력하면 검색 엔진은 중요도와 적합도, 기타 항목들을 고려한 방식을 사용하여 얻은 순서대로 웹 페이지를 화면에 나타낸다.

인덱스는 검색어의 후보가 되는 단어들을 알파벳 순서대로 정리한 목록이다.

15. ⑦, ⓛ을 고려하여 검색 결과에서 웹 페이지의 순위를 높이기 위한 방안으로 가장 적절한 것은?

⑦ 중요도

ⓛ 적합도

① 화제가 되고 있는 검색어들을 웹 페이지에 최대한 많이 나열하여 ⑦을 높인다.

웹 페이지에 검색어들을 나열하는 것으로 높일 수 있는 것은 ⓛ이다.

② 사람들이 많이 접속하는 유명 검색 사이트로 연결하는 링크를 웹 페이지에 많이 포함시켜 ⑦을 높인다.

해당 웹 페이지가 다른 웹 페이지를 많이 링크하는 것이 아니라 다른 웹 페이지들이 해당 웹 페이지를 많이 링크함으로써 ⑦이 높아질 수 있다.

③ 알파벳순으로 앞 순서에 있는 단어들을 웹 페이지 첫 부분에 많이 포함시켜 ⓛ을 높인다.

알파벳순으로 단어들을 포함하는 것은 ⓛ과 상관없다. 알파벳순으로 단어를 정리하는 것은 인덱스에 관한 설명이다.

④ 다른 많은 웹 페이지들이 링크하도록 웹 페이지에서 여러 주제를 다루고 전체 글자 수를 많게 하여 ⓛ을 높인다.

다른 많은 웹 페이지들이 링크하도록 웹 페이지에서 여러 주제를 다루는 것은 ⑦을 높일 수 있지만 ⓛ과는 관련이 없다. 또한 전체 글자 수를 많게 하면 해당 웹 페이지의 글자 수가 전체 웹 페이지의 평균 글자 수에 비해 많아져 ⓛ을 낮출 수 있다.

⑤ 다른 웹 페이지에서 흔히 다루지 않는 주제를 간략하게 설명하되 주제와 관련된 단어를 자주 사용하여 ⓛ을 높

인다.

다른 웹 페이지에서 흔히 다루지 않는 주제를 간략하게 설명하면, 해당 검색어를 포함하는 웹 페이지가 적고, 해당 웹 페이지의 글자 수가 전체 웹 페이지의 평균 글자 수에 비해 적어 ⓛ이 높아질 수 있다. 또한 주제와 관련된 단어를 자주 사용하면 해당 검색어가 많이 나와 ⓛ이 높아질 수 있다.

16. <보기>는 웹 페이지들의 관계를 도식화한 것이다. 윗글을 바탕으로 <보기>를 이해한 내용으로 적절한 것은? [3점]

< 보기 >

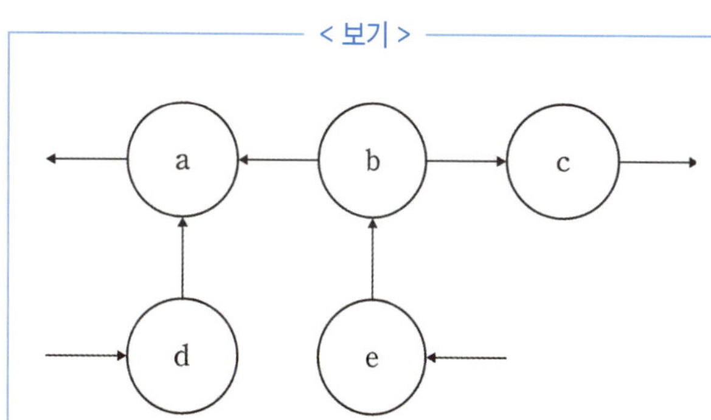

원은 웹 페이지이고, 화살표는 웹 페이지에서 링크를 통해 화살표 방향의 다른 웹 페이지로 연결됨을 뜻한다. 댐핑 인자는 0.5이고, d와 e의 중요도는 16으로 고정된 값이다.

(단, 링크와 댐핑 인자 외에 웹 페이지의 중요도에 영향을 주는 다른 요소는 고려하지 않음.)

① a의 중요도는 16이다.

a의 중요도는 10이다.

② a가 b와 d로부터 각각 받는 값은 같다.

a가 b와 d로부터 각각 받는 값은 2와 8로 다르다.

③ b에서 a로의 링크가 끊어지면 b와 c의 중요도는 같다.

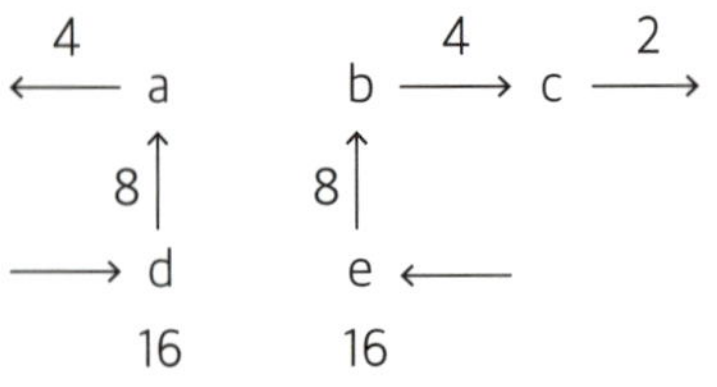

b에서 a로의 링크가 끊어지면 b와 c의 중요도는 각각 8과 4로 다르다.

④ e에서 a로의 링크가 추가되면 b의 중요도는 6이다.

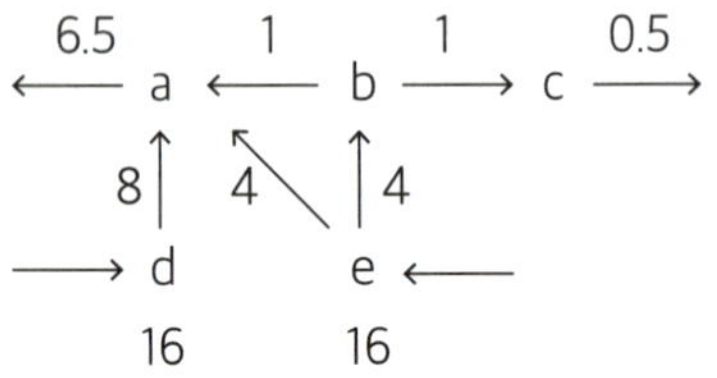

e에서 a로의 링크가 추가되면 b의 중요도는 4이다.

⑤ e에서 c로의 링크가 추가되면 c의 중요도는 5이다.

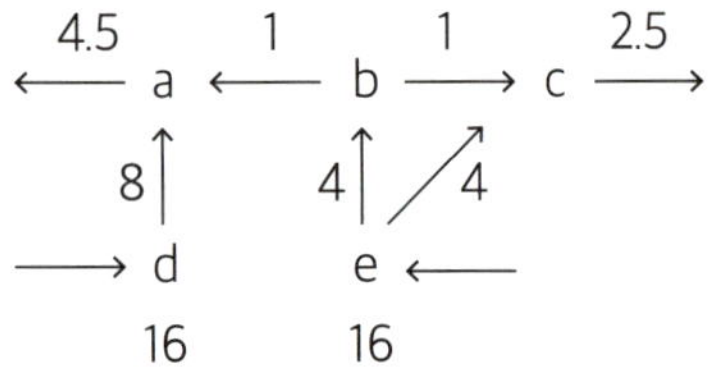

17. 문맥상 ⓐ의 의미와 가장 가까운 것은?

수백 개가 ⓐ 넘는 항목
항목이 수백 개가 넘는다.

① 공부를 하다 보니 시간은 자정이 넘었다.
시간이 자정이 넘었다.
② 그들은 큰 산을 넘어서 마을에 도착했다.
③ 철새들이 국경선을 넘어서 훨훨 날아갔다.
④ 선수들은 가까스로 어려운 고비를 넘었다.
⑤ 갑자기 냄비에서 물이 넘어서 좀 당황했다.

1 문단

1. 저울은 흔히 지렛대의 원리를 이용하거나 전기 저항 변화를 측정하여 질량을 잰다.

- '전지 저항 변화를 측정해서 어떻게 질량을 잰다는 거야?'라고 물음표를 띄울 수 있다.
  단서가 부족해 추론은 어려워 보인다.

2. 그렇다면 초정밀 저울은 기체 분자나 DNA와 같은 미세 물질의 질량을 어떻게 잴까?

- '그러게? 초정밀 저울은 기체 분자나 DNA와 같은 미세 물질의 질량을 어떻게 잴까?'라고 물음표를 띄울 수 있다.
  단서가 부족해 추론은 어려워 보인다.
- '기체 분자'와 'DNA'가 '미세 물질'에 포함됨을 알 수 있다

3. 이에 답하기 위해서는 압전 효과에 대한 이해가 필요하다.

- '압전 효과가 뭐야?'라고 물음표를 띄울 수 있다.
  단서가 부족해 추론은 어려워 보인다.
- '압전 효과'를 암기 시도할 필요가 있다.
- '앞으로 압전 효과에 대해 설명하겠군'이라고 반응할 수 있다.

2 문단

1. 압전 효과에는 재료에 기계적 변형이 생기면 재료에 전압이 발생하는 1차 압전 효과와, 재료에 전압을 걸면 재료에 기계적 변형이 생기는 2차 압전 효과가 있다.

- '1차 압전 효과'와 '2차 압전 효과'가 '압전 효과'에 포함됨을 알 수 있다.
- '압전 효과'에 대한 정의가 제시되고 있으므로 '압전 효과가 뭐야?'라면서 띄웠던 물음표를 회수할 수 있다.
- '1차 압전 효과와 2차 압전 효과는 전건과 후건이 서로 반대되는 효과네'라고 반응할 수 있다.

2. 두 압전 효과가 모두 생기는 재료를 압전체라 하며, 수정이 주로 쓰인다.

- '모두'에 주목할 필요가 있다.
- '압전체'에 대한 정의가 제시되고 있다.
- '압전체'를 암기 시도할 필요가 있다.
- '수정'을 암기 시도할 필요가 있다.
- '수정'이 '압전체'에 포함됨을 알 수 있다.
- '주로'라는 표현이 등장했으므로 '수정 외에도 압전체로 쓰이는 것들이 있겠군'이라고 추론할 수 있다.

3 문단

1. 압전체로 사용하는 수정은 특정 방향으로 절단 및 가공하여 납작한 원판 모양으로 만든다.

2. 이후 원판의 양면에 전극을 만든 후 (+)와 (−) 극이 교대로 바뀌는 전압을 가하면 수정이 진동한다.

- 수정을 납작한 원판 모양으로 만듦⇒원판의 양면에 전극을 만듦⇒교류 전압 가함⇒수정 진동

3. 이때 전압의 주파수*를 수정의 고유 주파수와 일치시켜 수정이 큰 폭으로 진동하도록 하여 진동을 측정하기 쉽게 만든 것이 ㉠ 수정 진동자이다.
  * 주파수: 진동이 1초 동안 반복하는 횟수 또는 전압의 (+)와 (−)극이 1초 동안, 서로 바뀌고 다시 원래대로 되는 횟수.

- '이때 전압의 주파수를 수정의 고유 주파수와 일치시키면 공명이 발생하여 수정이 큰 폭으로 진동하겠군'이라고 추론할 수 있다.
- '수정 진동자'에 대한 정의가 제시되고 있다.
- '수정 진동자'를 암기 시도할 필요가 있다.

4. 고유 주파수란 어떤 물체가 갖는 고유한 진동 주파수인데, 같은 재료의 압전체라도 압전체의 모양과 크기에 따라 달라진다.

- '고유 주파수'에 대한 정의가 제시되고 있다.
- '-라도'라는 표현이 등장했으므로 '같은 재료의 압전체든 아니든 고유 주파수는 압전체의 모양과 크기에 따라 달라지는데, 특히 같은 재료의 압전체일 때도 고유 주파수는 모양과 크기에 따라 달라진다'라고 바꾸어 읽을 수 있다.

5. 수정 진동자에 어떤 물질이 달라붙어 질량이 증가하
면 고유 주파수에서 진동하던 수정 진동자의 주파수가
감소한다.

- '수정 진동자에 어떤 물질이 달라붙어 질량이 증가하면 왜 고
  유 주파수에서 진동하던 수정 진동자의 주파수가 감소할까?'
  라고 물음표를 띄울 수 있다.
  단서가 부족해 추론은 어려워 보인다.
- 수정 진동자에 어떤 물질이 달라붙어 질량 증가→수정 진동자
  의 주파수 감소

6. 수정 진동자의 주파수는 매우 작은 질량 변화에 민감
하게 변하므로 기체 분자나 DNA와 같은 미세한 물질의
질량을 측정할 수 있다.

- '아 이렇게 수정 진동자가 미세 물질의 질량을 측정할 수 있구
  나'라고 반응할 수 있으므로 '그러게? 초정밀 저울은 기체 분
  자나 DNA와 같은 미세 물질의 질량을 어떻게 잴까?'라면서
  띄웠던 물음표를 회수할 수 있다.

7. 진동자에서 질량 민감도는 주파수의 변화 정도를 측
정된 질량으로 나눈 값인데, 수정 진동자의 질량 민감도
는 매우 크다.

- '질량 민감도'에 대한 정의가 제시되고 있다.
- '질량 민감도'를 암기 시도할 필요가 있다.
- 수식이 등장했으므로 다음과 같이 정리할 수 있다.
  질량 민감도 = 주파수의 변화 정도 / 측정된 질량
- '수정 진동자의 질량 민감도가 크기 때문에 저울로 사용하기
  용이하겠다'라고 반응할 수 있다.

4 문단

1. 수정 진동자로 질량을 측정하는 원리를 응용하면 특
정 기체의 농도를 감지할 수 있다.

- '수정 진동자로 질량을 측정하는 원리를 응용하면 어떻게 특
  정 기체의 농도를 감지할 수 있을까?'라고 물음표를 띄울 수
  있다.
  단서가 부족해 추론은 어려워 보인다.

2. 수정 진동자를 특정 기체가 붙도록 처리하면, 여기에
특정 기체가 달라붙으며 질량 변화가 생겨 수정 진동자
의 주파수는 감소한다.

3. 일정 시점이 되면 수정 진동자의 주파수가 더 감소하
지 않고 일정한 값을 유지한다.

- '왜 일정 시점이 되면 수정 진동자의 주파수가 더 감소하지 않
  고 일정한 값을 유지할까?'라고 물음표를 띄울 수 있다.
  '수정 진동자의 표면이 포화상태라 더 이상 특정 기체가 달라
  붙지 못해 질량 변화가 생기지 않아 주파수가 더 감소하지 않
  고 일정한 값을 유지하는 건가'라고 추론할 수 있다.

4. 이렇게 일정한 값을 유지하는 이유는 특정 기체가 일
정량 이상 달라붙지 않기 때문이다.

5. 혼합 기체에서 특정 기체의 농도가 클수록 더 작은 주
파수에서 주파수가 일정하게 유지된다.

- 혼합 기체에서 특정 기체의 농도↑⇒더 작은 주파수에서 주파
  수가 일정 유지
- '특정 기체'가 '혼합 기체'와 부분 관계임을 알 수 있다.
- '혼합 기체에서 특정 기체의 농도가 클수록 왜 더 작은 주파수에
  서 주파수가 일정하게 유지될까?'라고 물음표를 띄울 수 있다.
  단서가 부족해 추론은 어려워 보인다.
- '이 원리를 이용하면 수정 진동자로 특정 기체의 농도를 측정
  할 수 있겠다'라고 반응할 수 있으므로 '수정 진동자로 질량을
  측정하는 원리를 응용하면 어떻게 특정 기체의 농도를 감지할
  수 있을까?'라면서 띄웠던 물음표를 회수할 수 있다.

6. 특정 기체가 얼마나 빨리 수정 진동자에 붙어서 주파
수가 일정한 값이 되는가의 척도를 반응 시간이라 하는
데, 반응 시간이 짧을수록 특정 기체의 농도를 더 빨리
잴 수 있다.

- '반응 시간'에 대한 정의가 제시되고 있다.
- '반응 시간'을 암기 시도할 필요가 있다.
- 반응 시간↓ ⇒ 특정 기체의 농도 더 빨리 측정

5 문단

1. 그런데 측정 대상이 아닌 기체가 함께 붙으면 측정하려는 대상 기체의 정확한 농도 측정이 어렵다.

2. 또한 대상 기체만 붙더라도 그 기체의 농도를 알 수는 없다.

- '-라도'라는 표현이 등장했으므로 '대상 기체만 붙든 대상 기체 말고도 다른 기체도 붙든 그 기체의 농도를 알 수는 없는데, 특히 대상 기체만 붙을 때도 그 기체의 농도를 알 수는 없다'라고 바꾸어 읽을 수 있다.
- '엥? 갑자기 대상 기체의 농도를 알 수는 없다고? 그럼 4문단에서 설명한 건 뭐야?'라고 물음표를 띄울 수 있다.
단서가 부족해 추론은 어려워 보인다.

3. 이 때문에 대상 기체의 농도에 따라 수정 진동자의 주파수 변화를 미리 측정해 놓아야 한다.

- '아 대상 기체의 농도에 따라 수정 진동자의 주파수 변화를 미리 측정해 놓아야 정확한 농도 값을 얻을 수 있다는 거구나. 4문단에서 설명한 건 단지 특정 기체의 농도가 높을수록 일정하게 유지되는 주파수가 더 작다는 관계를 설명한 거고.'라고 반응할 수 있으므로 '엥? 갑자기 대상 기체의 농도를 알 수는 없다고? 그럼 4문단에서 설명한 건 뭐야?'라면서 띄웠던 물음표를 회수할 수 있다.
- '-야'라는 당위 진술을 가리키는 표현이 등장했으므로 '미리 측정해 놓지 않으면 안 된다'로 바꾸어 읽을 수 있다.

4. 그 후 대상 기체의 농도를 모르는 혼합 기체에서 주파수 변화를 측정하면 대상 기체의 농도를 알 수 있다.

- '그 후'를 '대상 기체의 농도에 따라 수정 진동자의 주파수 변화를 미리 측정해 놓은 후'로 바꾸어 읽을 수 있다.

5. 수정 진동자의 주파수 변화 정도를 농도로 나누면 농도에 대한 민감도를 구할 수 있다.

- '농도에 대한 민감도'를 암기 시도할 필요가 있다.
- 수식이 등장했으므로 다음과 같이 정리할 수 있다.
농도에 대한 민감도 = 주파수 변화 정도 / 농도

---

08. 윗글에 대한 설명으로 가장 적절한 것은?

① 압전체의 제작 방법을 소개하고 제작 시 유의점을 나열하고 있다.

② 압전 효과의 개념을 정의하고 압전체의 장단점을 분석하고 있다.

③ 압전 효과의 종류를 분류하고 그 분류에 따른 압전체의 구조를 비교하고 있다.

④ 압전체의 유형을 구분하는 기준을 제시하고 초정밀 저울의 작동 과정을 단계별로 설명하고 있다.

⑤ 압전 효과에 기반한 초정밀 저울의 작동 원리를 설명하고 이 원리가 적용된 기체 농도 측정 방법을 소개하고 있다.

---

09. 윗글을 통해 알 수 있는 내용으로 적절하지 <u>않은</u> 것은?

① 수정 이외에도 압전 효과를 보이는 재료가 존재한다.

② 수정을 절단하고 가공하여 미세 질량 측정에 사용한다.

③ 전기 저항 변화를 이용하여 물체의 질량을 측정하는 경우가 있다.

④ 같은 방향으로 절단한 수정은 크기가 달라도 고유 주파수가 서로 같다.

⑤ 진동자의 주파수 변화 정도를 측정된 질량으로 나누면 질량에 대한 민감도를 구할 수 있다.

10. ㉠에 대한 이해로 적절하지 <u>않은</u> 것은?
㉠ 수정 진동자

① ㉠에는 1차 압전 효과를 보일 수 있는 재료가 있다.
② ㉠에서는 전압에 의해 압전체의 기계적 변형이 일어난다.
③ ㉠에는 전극이 양면에 있는 원판 모양의 수정이 사용된다.
④ ㉠에서는 전극에 가하는 전압의 주파수를 수정의 고유 주파수에 맞춘다.
⑤ <u>㉠의 전극에 가해지는 특정 주파수의 전압은 압전체의 고유 주파수 값을 더 크게 만든다.</u>

㉠의 전극에 가해지는 특정 주파수의 전압은 압전체의 고유 주파수 값을 더 크게 만드는 것이 아니라 고유 주파수와 일치하기 때문에 수정이 큰 폭으로 진동하게 만든다.

11. 윗글을 바탕으로 <보기>를 탐구한 내용으로 가장 적절한 것은? [3점]

— < 보기 > —

알코올 감지기 A와 B를 이용하여 어떤 밀폐된 공간에 있는 혼합 기체의 알코올 농도를 측정하였다. 이때 A와 B는 모두 진동자에 알코올이 달라붙을 수 있도록 처리되어 있다. A와 B 모두, 시간이 흐름에 따라 주파수가 감소하다가 더 이상 감소하지 않고 일정하게 유지되었다.
(단, 측정하는 동안 밀폐된 공간의 상황은 변동 없음.)

① A의 진동자에 있는 압전체의 고유 주파수를 알코올만 있는 기체에서 미리 측정해 놓으면, 혼합 기체에서의 알코올의 농도를 알 수 있겠군.

혼합 기체에서의 알코올 농도를 알 수 있기 위해서는 알코올 농도에 따른 수정 진동자의 주파수 변화를 미리 측정해 놓아야 한다.

② <u>B에 달라붙은 알코올의 양은 변하지 않고 다른 기체가 함께 달라붙은 후 진동자의 주파수가 일정하게 유지된다면, 이때 주파수의 값은 알코올만 붙었을 때보다 더 작겠군.</u>

수정 진동자에 어떤 물질이 달라붙어 질량이 증가하면 고유 주파수에서 진동하던 수정 진동자의 주파수가 감소한다.

③ A와 B에서 알코올이 달라붙도록 진동자를 처리한 것은 알코올이 달라붙음에 따라 진동자가 최대한 큰 폭으로 진동할 수 있게 하려는 것이겠군.

A와 B에서 알코올이 달라붙도록 진동자를 처리한 것은 알코올이 달라붙음에 따라 질량 변화가 생겨 진동자의 주파수가 감소할 수 있게 하려는 것이다.

④ A가 B에 비해 동일한 양의 알코올이 달라붙은 후에 생기는 주파수 변화 정도가 크다면, A가 B보다 알코올 농도에 대한 민감도가 더 작다고 할 수 있겠군.

A가 B에 비해 동일한 양의 알코올이 달라붙은 후에 생기는 주파수 변화 정도가 크다면, A가 B보다 알코올 농도에 대한 민감도가 더 크다고 할 수 있을 것이다.

⑤ B가 A보다 알코올이 일정량까지 달라붙는 시간이 더 짧더라도 알코올이 달라붙은 양이 서로 같다면, A와 B의 반응 시간은 서로 같겠군.

B가 A보다 알코올이 일정량까지 달라붙는 시간이 더 짧다면 B의 반응 시간은 A의 반응 시간보다 더 짧다.

1 문단

1. 데이터를 처리할 때 데이터의 정확성은 매우 중요하다.

2. 그런데 데이터에 결측치와 이상치가 포함되면 데이터의 특징을 제대로 ⓐ 나타내기 어렵다.

- '결측치는 뭐고, 이상치는 뭐지?'라고 물음표를 띄울 수 있다. 단서가 부족해 추론은 어려워 보인다.

2 문단

1. 결측치는 데이터 값이 ⓑ 빠져 있는 것이다.

- '결측치'에 대한 정의가 제시되고 있으므로 '결측치는 뭐고, 이상치는 뭐지?'라면서 띄웠던 물음표를 반쯤 회수할 수 있다.
- '결측치'를 암기 시도할 필요가 있다.

2. 결측치를 처리하는 방법 중 하나인 대체는 다른 값으로 결측치를 채우는 것인데, 대체하는 값으로는 평균, 중앙값, 최빈값을 많이 사용한다.

- '대체'가 '결측치를 처리하는 방법'에 포함됨을 알 수 있다.
- '대체'에 대한 정의가 제시되고 있다.
- '대체'를 암기 시도할 필요가 있다.
- '평균', '중앙값', '최빈값'을 암기 시도할 필요가 있다,

3. 중앙값은 데이터를 크기순으로 정렬했을 때 중앙에 위치한 값이다.

- '중앙값'에 대한 정의가 제시되고 있다.

4. 크기가 같은 값이 복수일 경우에도 순위를 매겨 중앙값을 찾고, 데이터의 개수가 짝수이면 중앙에 있는 두 값의 평균이 중앙값이다.

5. 또 최빈값은 데이터에 가장 많이 나타나는 값을 이른다.

- '최빈값'에 대한 정의가 제시되고 있다.

6. 일반적으로 데이터 값이 연속적인 수치이면 평균으로, 석차처럼 순위가 있는 값에는 중앙값으로, 직업과 같이 문자인 경우에는 최빈값으로 결측치를 대체한다.

3 문단

1. 이상치는 데이터의 다른 값에 비해 유달리 크거나 작은 값으로, 데이터를 수집할 때 측정 오류 등에 의해 주로 ⓒ 생긴다.

- '이상치'에 대한 정의가 제시되고 있으므로 '결측치는 뭐고, 이상치는 뭐지?'라면서 띄웠던 물음표를 모두 회수할 수 있다.
- '이상치'를 암기 시도할 필요가 있다.
- '주로'라는 표현이 등장했으므로 '측정 오류가 아닌 다른 원인으로도 이상치가 생길 수 있겠군'이라고 추론할 수 있다.

2. 그러나 정상적인 데이터라도 데이터의 특징을 왜곡하는 데이터 값이 있을 수 있다.

- '-라도'라는 표현이 등장했으므로 '정상적인 데이터, 즉 측정 오류가 없을 때든 비정상적인 데이터, 즉 측정 오류가 있을 때든 데이터의 특징을 왜곡하는 데이터 값, 즉 이상치가 있을 수 있는데, 특히 정상적인 데이터일 때도 데이터의 특징을 왜곡하는 데이터 값이 있을 수 있다'라고 바꾸어 읽을 수 있다.

3. 예를 들어, 데이터가 어떤 프로 선수들의 연봉이고 그 중 한 명의 연봉이 유달리 많다면, 이상치가 포함된 데이터에 해당한다.

- '정상적인 데이터일 때 이상치가 있는 경우의 예시를 제시하고 있군'이라고 반응할 수 있다.

4. 이런 데이터의 특징을 하나의 수치로 나타내려는 경우 ㉠ 대푯값으로 평균보다 중앙값을 주로 사용한다.

- '이런 데이터의 특징을 하나의 수치로 나타내려는 경우 왜 대푯값으로 평균보다 중앙값을 주로 사용하지?'라고 물음표를 띄울 수 있다.
'이상치가 있는 경우 평균을 내면 평균이 많이 왜곡되는데, 이상치가 있는 경우 중앙값을 구하면 중앙값은 많이 왜곡되지 않기 때문인가'라고 추론할 수 있다.

1. 평면상에 있는 점들의 위치를 나타내는 데이터에서도 이상치를 발견할 수 있다.

2. 대부분의 점들이 가상의 직선 주위에 모여 있다면 이 직선은 데이터의 특징을 잘 나타낸다고 할 수 있다.

3. 이 직선을 직선 L이라고 하자.

- '직선 L'을 암기 시도할 필요가 있다.

4. 그런데 직선 L로부터 멀리 떨어진 위치에도 몇 개의 점이 있다.

- '그 몇 개의 점들은 이상치겠네'라고 추론할 수 있다.

5. 이 점들이 이상치이다.

1. ㉡ 이상치를 포함하는 데이터에서 직선 L을 찾는다고 하자.

- '이상치를 포함하는 데이터에서 직선 L을 어떻게 찾을까?'라고 물음표를 띄울 수 있다.
단서가 부족해 추론은 어려워 보인다.

2. 이때 사용할 수 있는 기법의 하나인 A 기법은 두 점을 무작위로 골라 정상치 집합으로 가정하고, 이 두 점을 ⓓ 지나는 후보 직선을 그어 나머지 점들과 후보 직선 사이의 거리를 구한다.

- 'A 기법'이 '이때 사용할 수 있는 기법'에 포함됨을 알 수 있다.
- 'A 기법'을 암기 시도할 필요가 있다.

3. 이 거리가 허용 범위 이내인 점들을 정상치 집합에 추가한다.

- '허용 범위는 어느 정도를 말하는 거지?'라고 물음표를 띄울 수 있다.
단서가 부족해 추론은 어려워 보인다.

4. 정상치 집합의 점의 개수가 미리 정해 둔 기준, 즉 문턱값보다 많으면 후보 직선을 최종 후보군에 넣는다.

- '문턱값'에 대한 정의가 제시되고 있다.
- '문턱값'을 암기 시도할 필요가 있다.
- '정상치 집합의 점의 개수가 문턱값보다 많으면 왜 후보 직선을 최종 후보군에 넣는 거지?'라고 물음표를 띄울 수 있다.
단서가 부족해 추론은 어려워 보인다.

5. 반대로 점의 개수가 문턱값보다 적으면 후보 직선을 버린다.

- '점의 개수가 문턱값보다 적으면 왜 후보 직선을 버리는 거지?'라고 물음표를 띄울 수 있다.
단서가 부족해 추론은 어려워 보인다.

6. 만약 처음에 고른 점이 이상치이면, 대부분의 점들은 해당 후보 직선과의 거리가 너무 ⓔ 멀어 이 직선은 최종 후보군에서 제외되는 것이다.

- '아 처음에 고른 점이 이상치이면, 대부분의 점들은 해당 후보 직선과의 거리가 너무 멀어 허용 범위 이내인 점들을 정상치 집합에 추가하더라도 그 점들의 개수가 문턱값보다 작아 그 후보 직선을 버리지만, 처음에 고른 두 점이 모두 정상치이면, 해당 후보 직선과의 거리가 가까워 허용 범위 이내인 점들을 정상치 집합에 추가하면 그 점들의 개수가 문턱값보다 커서 그 후보 직선을 최종 후보군에 넣는구나. 허용 범위는 그 둘을 가를 만큼의 범위겠다'라고 반응할 수 있으므로 '정상치 집합의 점의 개수가 문턱값보다 많으면 왜 후보 직선을 최종 후보군에 넣는 거지?', '점의 개수가 문턱값보다 적으면 왜 후보 직선을 버리는 거지?', '허용 범위는 어느 정도를 말하는 거지?'라면서 띄웠던 물음표를 회수할 수 있다.

7. 이 과정을 반복하여 최종 후보군을 구하고, 최종 후보군에 포함된 직선 중에서 정상치 집합의 데이터 개수가 최대인 직선을 직선 L로 선택한다.

- '이렇게 이상치가 포함된 데이터에서 직선 L을 찾을 수 있겠다'라고 반응할 수 있으므로 '이상치를 포함하는 데이터에서 직선 L을 어떻게 찾을까?'라면서 띄웠던 물음표를 회수할 수 있다.

8. 이 기법은 이상치가 있어도 직선 L을 찾을 가능성이 높다.

- '-어도'라는 표현이 등장했으므로 '이 기법은 이상치가 있든 없든 직선 L을 찾을 가능성이 높은데, 특히 이상치가 있을 때도 직선 L을 찾을 가능성이 높다'라고 바꾸어 읽을 수 있다.

08. 윗글을 이해한 내용으로 적절하지 <u>않은</u> 것은?

① 데이터가 수치로 구성되지 않아도 최빈값을 구할 수 있다.

일반적으로 직업과 같이 문자인 경우에는 최빈값으로 결측치를 대체한다고 지문에 제시되었으므로 데이터가 수치로 구성되지 않아도 최빈값을 구할 수 있다고 볼 수 있다.

② 데이터의 특징이 언제나 하나의 수치로 나타나는 것은 아니다.

4문단 2번 문장: 대부분의 점들이 가상의 직선 주위에 모여 있다면 이 직선은 데이터의 특징을 잘 나타낸다고 할 수 있다.

데이터의 특징을 잘 나타내는 것으로 직선이 제시되었으므로 데이터의 특징이 언제나 하나의 수치로 나타나는 것은 아니라는 것을 알 수 있다.

③ 데이터가 정상적으로 수집되었다면 이상치가 존재하지 <u>않는다.</u>

데이터가 정상적으로 수집되었더라도 이상치가 존재할 수 있다.

④ 데이터에 동일한 수치가 여러 개 있어도 중앙값으로 결측치를 대체할 수 있다.

크기가 같은 값이 복수일 경우에도 순위를 매겨 중앙값을 찾는다고 지문에 제시되었으므로 데이터에 동일한 수치가 여러 개 있어도 중앙값으로 결측치를 대체할 수 있다고 볼 수 있다.

⑤ 데이터를 수집하는 과정에서 측정 오류가 발생한 값이라도 이상치가 아닐 수 있다.

데이터를 수집하는 과정에서 측정 오류가 발생한 값이지만 정상치인 가능 세계를 상상할 수 있다.

09. 윗글을 참고할 때, ㉠의 이유로 가장 적절한 것은?

이런 데이터의 특징을 하나의 수치로 나타내려는 경우 ㉠ <u>대푯값으로 평균보다 중앙값을 주로 사용한다</u>

'이런 데이터의 특징을 하나의 수치로 나타내려는 경우 왜 대푯값으로 평균보다 중앙값을 주로 사용하지?'라고 물음표를 띄울 수 있다.

'이상치가 있는 경우 평균을 내면 평균이 많이 왜곡되는데, 이상치가 있는 경우 중앙값을 구하면 중앙값은 많이 왜곡되지 않기 때문인가'라고 추론할 수 있다.

① 중앙값은 극단에 있는 이상치의 영향을 덜 받기 때문이다.

② 중앙값을 찾기 위해 데이터를 나열할 때 이상치는 제외되기 때문이다.

중앙값을 찾기 위해 데이터를 나열할 때 이상치는 제외되지 않을 것이다.

③ 데이터의 개수가 많아질수록 이상치도 많아지고 평균을 구하기 어렵기 때문이다.

데이터의 개수가 많아질수록 이상치가 많아지겠지만 그렇다고 평균을 구하기 어렵다고 볼 수는 없다.

④ 이상치가 포함되면 평균을 구하는 것이 중앙값을 찾는 것보다 복잡하기 때문이다.

이상치가 포함된다고 해서 평균을 구하는 것이 중앙값을 찾는 것보다 복잡하다고 볼 수는 없다.

⑤ 이상치가 포함되면 평균은 데이터에 포함되지 않는 값일 가능성이 큰 반면 중앙값은 항상 데이터에 포함된 값이기 때문이다.

평균은 데이터에 포함되지 않는 값일 가능성이 큰 반면 중앙값은 항상 데이터에 포함된 값인 건 맞는데 이는 이상치 포함 여부와 관계가 없다.

10. ㉡과 관련하여 윗글의 A 기법과 <보기>의 B 기법을 설명한 내용으로 가장 적절한 것은? [3점]

㉡ <u>이상치를 포함하는 데이터에서 직선 L을 찾는다고 하자</u>

─── < 보기 > ───

다음과 같은 방법으로 직선 L을 찾는 B 기법을 가정해 보자. 후보 직선을 임의로 여러 개 가정한 뒤에 모든 점에서 각 후보 직선들과의 거리를 구하여 점들과 가장 가까운 직선을 선택한다. 그러나 이렇게 찾은 직선은 직선 L로 적합한 직선이 아니다. 이상치를 포함해서 찾다 보니 대부분 최적의 직선과 이상치 사이에 위치한 직선을 선택하게 된다.

① A 기법과 B 기법 모두 최적의 직선을 찾기 위해 최대한 많은 점을 지나는 후보 직선을 가정한다.

A 기법은 두 점을 무작위로 골라 이 두 점을 지나는 후보 직선을 가정하고, B 기법은 임의로 후보 직선을 가정한다.

② A 기법은 이상치를 제외하고 후보 직선을 가정하지만 B 기법은 이상치를 제외하는 과정이 없다.

A 기법은 이상치를 포함할 수도 있는 후보 직선을 가정한다.

③ A 기법에서 최종적으로 선택한 직선은 이상치를 지나지
  않지만 B 기법에서 선택한 직선은 이상치를 지난다.

A 기법에서 최종적으로 선택한 직선이 이상치를 지나지 않는다
고 단정할 수 없고, B 기법은 대부분 최적의 직선과 이상치 사이
에 위치한 직선을 선택하게 된다는 서술에서 B 기법에서 선택
한 직선은 대부분 이상치를 지나지 않는다는 것을 알 수 있다.

④ A 기법은 이상치의 개수가 문턱값보다 적으면 후보 직
  선을 버리지만 B 기법은 선택한 직선이 이상치를 포함
  할 수 있다.

A 기법은 이상치의 개수가 아니라 정상치 집합의 점의 개수가
문턱값보다 적으면 후보 직선을 버린다.

⑤ A 기법에서 후보 직선의 정상치 집합에는 이상치가 포
  함될 수 있고 B 기법에서 후보 직선은 이상치를 지날 수
  있다.

11. 문맥상 ⓐ~ⓔ와 바꿔 쓰기에 가장 적절한 것은?

데이터의 특징을 제대로 ⓐ 나타내기 어렵다
데이터 값이 ⓑ 빠져 있는 것
이상치는 … 측정 오류 등에 의해 주로 ⓒ 생긴다
이 두 점을 ⓓ 지나는 후보 직선
점들은 해당 후보 직선과의 거리가 너무 ⓔ 멀어

① ⓐ: 형성(形成)하기
② ⓑ: 누락(漏落)되어
③ ⓒ: 도래(到來)한다
④ ⓓ: 투과(透過)하는
⑤ ⓔ: 소원(疏遠)하여

1 문단

1. 블록체인 기술은 데이터를 블록이라는 단위로 묶어 체인 형태로 연결한 것을 여러 대의 컴퓨터에 중복 저장하는 기술이다.

- '블록체인 기술'에 대한 정의를 제시하고 있다.
- '블록체인 기술'을 암기 시도할 필요가 있다.
- '데이터를 묶은 단위를 블록이라고 부른다는 거네'라고 반응할 수 있다.

2. 체인 형태로 연결된 블록의 집합을 블록체인이라 하고, 블록체인을 저장하는 컴퓨터를 노드라고 한다.

- '블록체인'에 대한 정의가 제시되고 있다.
  '블록체인'을 암기 시도할 필요가 있다.
- '노드'에 대한 정의가 제시되고 있다.
- '노드'를 암기 시도할 필요가 있다.

3. 새로 생성된 블록은 노드들에 전파된다.

- '새로 생성된 블록이 여러 대의 컴퓨터에 중복 저장된다는 거네'라고 반응할 수 있다.

4. 노드들은 블록에 포함된 내용이 블록체인의 다른 블록에 있는 내용과 상충되지 않는지, 동일한 내용이 블록체인의 다른 블록에 이중으로 포함되어 있지 않은지 검증한다.

- '블록에 포함된 내용이 블록체인의 다른 블록에 있는 내용과 상충되는 경우는 구체적으로 어떤 경우를 말하는 걸까?'라고 물음표를 띄울 수 있다.
  단서가 부족해 추론은 어려워 보인다.

5. 검증이 끝난 블록을 블록체인에 연결할지 여부는 모든 노드들이 참여하는 승인 과정을 통해 정해진다.

- '모든'에 주목할 필요가 있다.

6. 승인이 완료된 블록은 블록체인에 연결되고, 이 블록체인은 노드들에 저장된다.

- 검증⇒승인⇒연결⇒저장

7. 승인 과정에는 합의 알고리즘이 사용되고, 합의 알고리즘의 예로 '작업증명'이 있다.

- '합의 알고리즘', '작업증명'을 암기 시도할 필요가 있다.
- '작업증명'이 '합의 알고리즘'에 포함됨을 알 수 있다.

2 문단

1. 블록체인 기술의 성능은 블록체인에 데이터가 저장되는 속도로 정의되며, 단위 시간당 블록체인에 저장되는 데이터의 양으로 계산될 수 있다.

- '블록체인 기술의 성능'에 대한 정의를 제시하고 있다.
- 단위 시간당 블록체인에 저장되는 데이터의 양↑⇒블록체인 기술의 성능↑

2. 블록체인 기술은 공개형과 비공개형으로 구분된다.

- '공개형은 뭐고 비공개형은 뭐야?'라고 물음표를 띄울 수 있다. 단서가 부족해 추론은 어려워 보인다.

3. 비공개형은 공개형과 달리 노드 수에 제한을 두고, 일반적으로 공개형에 비해 합의 알고리즘의 속도가 빠르다.

- '공개형'과 '비공개형'에 대한 설명을 제시하고 있으므로 '공개형은 뭐고 비공개형은 뭐야?'라면서 띄웠던 물음표를 회수할 수 있다.
- '비공개형'과 '공개형'의 차이를 인지할 수 있으므로 둘을 대등 관계로 보아 시각적 수평 관계로 모델링할 수 있다.
- '비공개형은 노드 수에 제한을 두고, 그에 따라 합의 알고리즘의 속도가 빠른 반면, 공개형은 노두 수에 제한이 없고, 그에 따라 합의 알고리즘의 속도가 느리군'이라고 반응할 수 있다.

4. 따라서 비공개형은 승인 과정에 걸리는 시간이 짧기 때문에 성능이 높다.

3 문단

1. 데이터가 무단으로 변경되기 어렵다는 성질을 무결성이라 하는데 무결성은 블록체인 기술의 대표적인 장점이다.

- '무결성'에 대한 정의가 제시되고 있다.
- '무결성'을 암기 시도할 필요가 있다.

2. 특정 노드에 저장되어 있는 일부 데이터가 변경되면 변경된 블록과 그 이후의 블록들은 블록체인과의 연결이 끊어진다.

3. 끊어진 모든 블록을 다시 연결하는 것은 승인 과정을 필요로 하기 때문에 연결을 복구하는 것은 어렵다.

4. 즉 블록과 블록체인의 연결을 유지하면서 블록체인에 포함된 데이터를 변경하는 것이 어려우므로 블록체인 데이터는 무결성이 높다.

5. 무단 변경과 달리, 일부 데이터가 지워져도 승인된 원래의 데이터로 복원할 때는 승인 과정이 필요하지 않다.

- '무단 변경'과 '일부 데이터 삭제'의 차이를 인지할 수 있으므로 둘을 대등 관계로 보아 시각적 수평 관계로 모델링할 수 있다.
- '-어도'라는 표현이 등장했으므로 '일부 데이터가 지워지든 아니든 승인된 원래의 데이터로 복원할 때는 승인 과정이 필요하지 않는데, 특히나 일부 데이터가 지워질 때도 승인된 원래의 데이터로 복원할 때는 승인 과정이 필요하지 않다'라고 바꾸어 읽을 수 있다.

6. 따라서 ㉠ 블록체인에 포함된 데이터는 일부가 지워지더라도 복원이 용이하다.

- '-라도'라는 표현이 등장했으므로 '일부가 지워지든 아니든 복원이 용이한데, 특히 일부가 지워질 때도 복원이 용이하다'라고 바꾸어 읽을 수 있다.
- '다른 노드들에 중복 저장된 데이터가 있기 때문에 블록체인에 포함된 데이터는 일부가 지워지더라도 데이터 복사를 통해 바로 복원할 수 있겠다'라고 추론할 수 있다.

4 문단

1. 블록체인 기술에서 고려해야 할 세 가지 특성이 있다.

- '-야'라는 당위 진술이 등장했으므로 '고려하지 않으면 안 될'이라고 바꾸어 읽을 수 있다.
- '세 가지 특성은 뭘까?'라고 물음표를 띄울 수 있다.
  단서가 부족해 추론은 어려워 보인다.

2. 보안성은 데이터의 무단 변경이 어려울 뿐 아니라 동일한 내용의 데이터가 블록체인의 서로 다른 블록에 또는 단일 블록에 이중으로 포함되는 것이 어렵다는 성질이다.

- '보안성'에 대한 정의가 제시되고 있으므로 '세 가지 특성은 뭘까?'라면서 띄웠던 물음표를 어느 정도 회수할 수 있다.
- '보안성'을 암기 시도할 필요가 있다.

3. 승인 과정에 걸리는 시간이 줄거나 노드 수가 감소하면 보안성은 낮아진다.

- '승인 과정에 걸리는 시간이 줄거나 노드 수가 감소하면 데이터의 무단 변경이 쉬워질 수 있고, 동일한 내용의 데이터가 블록체인의 서로 다른 블록에 또는 단일 블록에 이중으로 포함되는 것이 쉬워질 수 있다는 말이네'라고 반응할 수 있다.

4. 탈중앙성은 승인 과정에 다수의 노드들이 참여하고, 특정 노드가 승인 과정을 주도하지 않는다는 성질이다.

- '탈중앙성'에 대한 정의가 제시되고 있으므로 '세 가지 특성은 뭘까?'라면서 띄웠던 물음표를 어느 정도 회수할 수 있다.
- '탈중앙성'을 암기 시도할 필요가 있다.

5. 노드 수가 감소하면 탈중앙성은 낮아진다.

6. 확장성은 블록체인 기술이 목표로 하는 응용 분야에 적용 가능할 만큼 성능이 높고, 노드 수가 증가해도 서비스 유지가 가능하다는 성질이다.

- '확정성'에 대한 정의가 제시되고 있으므로 '세 가지 특성은 뭘까?'라면서 띄웠던 물음표를 모두 회수할 수 있다.
- '확장성'을 암기 시도할 필요가 있다.
- '-해도'라는 표현이 등장했으므로 '노드 수가 증가하든 안 하든 서비스 유지가 가능한데, 특히 노드 수가 증가할 때도 서비스 유지가 가능하다'라고 바꾸어 읽을 수 있다.

7. 노드 수가 증가하면 성능이 저하되므로, 확장성이 높다는 것은 노드 수가 증가하더라도 성능 저하가 크지 않다는 것을 의미한다.

- '-라도'라는 표현이 등장했으므로 '노드 수가 증가하든 안 하는 성능 저하가 크지 않은데, 특히 노드 수가 증가할 때도 성능 저하가 크지 않다'라고 바꾸어 읽을 수 있다.

8. 그래서 기술 변화 없이 확장성을 높이고자 할 때 노드 수를 제한하는 방법이 사용되기도 한다.

- '기술 변화 없이 확장성을 높이고자 할 때 비공개형이 사용되기도 하는군'이라고 반응할 수 있다.

9. 노드 수를 제한하면 성능 저하를 막을 수 있기 때문이다.

10. 아직까지 블록체인 기술은 보안성, 탈중앙성, 확장성을 함께 높일 수 있는 방법이 없어 대규모로 채택되지 못하고 있다.

- '블록체인 기술'에 대한 한계를 설명하고 있다.

08. 다음은 윗글을 읽은 학생에게 제공된 학습지의 일부이다. 학생의 '판단 결과'로 적절하지 <u>않은</u> 것은?

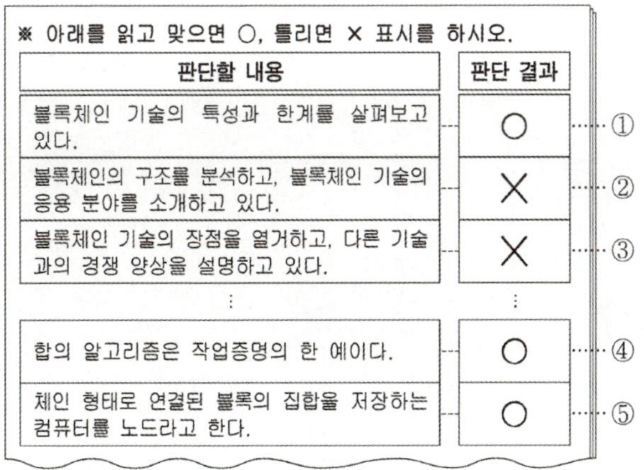

<u>④ 합의 알고리즘은 작업증명의 한 예이다.</u>
작업증명은 합의 알고리즘의 한 예이다.

09. 윗글에 대한 이해로 가장 적절한 것은?

① 승인 과정에 참여할 노드를 결정하기 위해 합의 알고리즘이 사용된다.
승인 과정에 참여할 노드를 결정하는 것에 대한 내용은 지문에 제시되어 있지 않다.

② 일부 블록체인 데이터가 변경되면 전체 노드의 모든 블록은 승인 과정을 다시 거쳐야 한다.
일부 블록체인 데이터가 변경되면 그 노드의 변경된 블록과 그 이후의 블록들은 블록체인과의 연결이 끊어져 이 블록들만 승인 과정을 다시 거쳐야 한다.

③ 블록과 블록체인의 연결을 유지하면서 블록체인 데이터를 삭제할 수 있으면 보안성이 높다.
블록과 블록체인의 연결을 유지하면서 블록체인 데이터를 삭제하는 것과 보안성은 관련성이 없다.

④ 공개형 블록체인 기술은 같은 양의 데이터가 저장되는 데 걸리는 시간이 짧을수록 성능이 낮아진다.
공개형 블록체인 기술은 같은 양의 데이터가 저장되는 데 걸리는 시간이 짧을수록 성능이 높아진다.

⑤ <u>블록이 블록체인에 연결되기 위해서는 블록의 데이터가 블록체인의 다른 데이터와 비교되어야 한다.</u>
블록이 블록체인에 연결되기 위해서는 검증 과정을 거쳐야 하는데 이때 블록의 데이터가 블록체인의 다른 데이터와 비교된다.

10. ⊙의 이유로 가장 적절한 것은?

⊙ <u>블록체인에 포함된 데이터는 일부가 지워지더라도 복원이 용이하다</u>

① 블록체인에 포함된 데이터는 변경이 쉽기 때문이다.
② <u>블록체인이 여러 노드들에 중복 저장되기 때문이다.</u>
다른 노드들에 중복 저장된 데이터가 있기 때문에 블록체인에 포함된 데이터는 일부가 지워지더라도 데이터 복사를 통해 바로 복원할 수 있을 것이다.
③ 승인 과정에 참여하는 노드 수에 제한이 있기 때문이다.
④ 데이터가 블록체인에 포함되기 위해서는 승인 과정을 필요로 하기 때문이다.
⑤ 동일한 데이터가 블록체인에 연결된 서로 다른 블록에 이중으로 포함되어 있기 때문이다.

11. 윗글을 바탕으로 <보기>를 이해한 내용으로 가장 적절한 것은? [3점]

노드 수가 10개로 고정된 블록체인 기술을 사용하고 있는 A 업체는 이전에 사용하던 작업증명 대신 속도가 더 빠른 합의 알고리즘을 개발해, 유통 분야에서 요구되는 성능을 초과 달성했다. 한편 B 업체는 최근 A 업체보다 데이터의 위조 불가능성을 향상시킨 블록체인 기술을 개발했다. 이 기술은 노드 수에 제한이 없지만 현재는 200개의 노드가 참여하고 있다. 승인 과정에는 작업증명을 사용한다.

① A 업체의 블록체인 기술은 이전보다 확장성과 보안성이 모두 높아졌겠군.

A 업체의 블록체인 기술은 이전보다 확장성은 높아졌지만 보안성은 높아지지 않았을 것이다.

② B 업체의 블록체인 기술은 노드 수가 증가할수록 보안성과 확장성이 모두 높아지겠군.

B 업체의 블록체인 기술은 노드 수가 증가할수록 보안성은 높아지지만 확장성은 높아지지 않을 것이다.

③ B 업체의 블록체인 기술은 노드 수가 감소하면 성능은 높아지고 탈중앙성이 낮아지겠군.

④ A 업체의 블록체인 기술은 B 업체와 달리 공개형이고, B 업체보다 탈중앙성이 낮겠군.

A 업체의 블록체인 기술은 B 업체와 달리 비공개형이다.

⑤ A 업체의 블록체인 기술은 B 업체와 승인 과정이 다르고, B 업체보다 무결성이 높겠군.

A 업체는, A 업체보다 데이터의 위조 불가능성을 향상시킨 B 업체보다 무결성이 낮을 것이다.

1 문단

1. 문장이나 영상, 음성을 만들어 내는 인공 지능 생성 모델 중 확산 모델은 영상의 복원, 생성 및 변환에 뛰어난 성능을 보인다.

- '문장', '영상', '음성'을 암기 시도할 필요가 있다.
- '확산 모델'이 '인공 지능 생성 모델'에 포함됨을 알 수 있다.
- '인공 지능 생성 모델', 확산 모델'을 암기 시도할 필요가 있다.
- '복원', '생성', '변환'을 암기 시도할 필요가 있다.

2. 확산 모델의 기본 발상은, 원본 이미지에 노이즈를 점진적으로 추가하였다가 그 노이즈를 다시 제거해 나가면 원본 이미지를 복원할 수 있다는 것이다.

- '확산 모델'에 대한 설명이 제시되고 있다.

3. 노이즈는 불필요하거나 원하지 않는 값을 의미한다.

- '노이즈'에 대한 정의가 제시되고 있다.

4. 원하는 값만 들어 있는 원본 이미지에 노이즈를 단계별로 더하면 노이즈가 포함된 확산 이미지가 되고, 여러 단계를 거치면 결국 원본 이미지가 어떤 이미지였는지 전혀 알아볼 수 없는 노이즈 이미지가 된다.

- 원본 이미지⇒확산 이미지⇒노이즈 이미지
- '원본 이미지', '확산 이미지', '노이즈 이미지'를 암기 시도할 필요가 있다.

5. 역으로, 단계별로 더해진 노이즈를 알 수 있다면 노이즈 이미지에서 원본 이미지를 복원할 수 있다.

- '단계별로 더해진 노이즈를 알 수 없다면 노이즈 이미지에서 원본 이미지를 복원할 수 없겠군'이라고 추론할 수 있다.

6. 확산 모델은 노이즈 생성기, 이미지 연산기, 노이즈 예측기로 구성되며, 순확산 과정과 역확산 과정 순으로 작동한다.

- '노이즈 생성기', '이미지 연산기', '노이즈 예측기'와 '확산 모델'이 부분 관계임을 알 수 있다.
- '노이즈 생성기, 이미지 연산기, 노이즈 예측기는 어떤 기능을 가지고 있을까?'라고 물음표를 띄울 수 있다.
  '노이즈 생성기는 노이즈를 생성하는 기계고, 이미지 연산기는 이미지를 생성하는 기계 아닐까'라고 추론할 수 있다.
- '노이즈 생성기', '이미지 연산기', '노이즈 예측기'를 암기 시도할 필요가 있다.
- 순확산 과정⇒역확산 과정
- '순확산 과정과 역확산 과정은 무슨 과정일까?'라고 물음표를 띄울 수 있다.
  '순확산 과정은 원본 이미지에 노이즈를 점차 더하는 과정이고, 역확산 과정은 노이즈 이미지에 노이즈를 점차 빼는 과정 아닐까'라고 추론할 수 있다.

2 문단

1. 순확산 과정은 이미지에 노이즈를 추가하면서 노이즈 예측기를 학습시키는 과정이다.

- '이미지에 노이즈를 추가하면서 노이즈 예측기를 어떻게 학습시킨다는 거야?'라고 물음표를 띄울 수 있다.
  단서가 부족해 추론은 어려워 보인다.
- '순확산 과정'에 대한 정의가 제시되고 있으므로 '순확산 과정과 역확산 과정은 무슨 과정일까?'라면서 띄웠던 물음표를 반쯤 회수할 수 있다.

2. 첫 단계에서는, 노이즈 생성기에서 노이즈를 만든 후 이미지 연산기가 이 노이즈를 원본 이미지에 더해서 노이즈가 포함된 확산 이미지를 출력한다.

- '노이즈 생성기'와 '이미지 연산기'에 대한 설명이 제시되고 있으므로 '노이즈 생성기, 이미지 연산기, 노이즈 예측기는 어떤 기능을 가지고 있을까?'라면서 띄웠던 물음표를 어느 정도 회수할 수 있다.

3. 다음 단계부터는 노이즈 생성기에서 만든 노이즈를 이전 단계에서 출력된 확산 이미지에 더한다.

4. 이러한 단계를 충분히 반복하면 최종적으로 노이즈 이미지가 출력된다.

5. 이때 더해지는 노이즈는 크기나 분포 양상 등 그 특성이 단계별로 다르다.

- '크기', '분포 양상'이 '특성'에 포함됨을 알 수 있다.
- '크기', '분포 양상'을 암기 시도할 필요가 있다.
- 단계⇒특성

6. 따라서 노이즈 예측기는 단계별로 확산 이미지를 입력받아 이미지에 포함된 노이즈의 특성을 추출하여 수치들로 표현하고, 이 수치들을 바탕으로 노이즈를 예측한다.

- '노이즈 예측기'에 대한 설명이 제시되고 있으므로 '노이즈 생성기, 이미지 연산기, 노이즈 예측기는 어떤 기능을 가지고 있을까?'라면서 띄웠던 물음표를 모두 회수할 수 있다.

7. 노이즈 예측기 내부의 이러한 수치들을 잠재 표현 이라고 한다.

- '잠재 표현'에 대한 정의가 제시되고 있다.
- '잠재 표현'을 암기 시도할 필요가 있다.

8. 노이즈 예측기는 잠재 표현을 구하고 노이즈를 예측하는 방식을 학습한다.

- '노이즈 예측기는 이미지에 노이즈를 추가한 확산 이미지를 입력받아 잠재 표현을 구하고 노이즈를 예측하는 방식을 학습하는구나'라고 반응할 수 있으므로 '이미지에 노이즈를 추가하면서 노이즈 예측기를 어떻게 학습시킨다는 거야?'라면서 띄웠던 물음표를 회수할 수 있다.

3 문단

1. 노이즈 예측기의 학습 방법은 기계 학습 중에서 지도 학습에 해당한다.

- '지도 학습'이 '기계 학습'에 포함됨을 알 수 있다.
- '기계 학습', '지도 학습'을 암기 시도할 필요가 있다.

2. 지도 학습은 학습 데이터에 정답이 주어져 출력과 정답의 차이가 작아지도록 모델을 학습시키는 방법이다.

- '지도 학습'에 대한 정의가 제시되고 있다.

3. 노이즈 예측기를 학습시킬 때는 노이즈 생성기에서 만들어 넣어 준 노이즈가 정답에 해당하며 이 노이즈와 예측된 노이즈 사이의 차이가 작아지도록 학습시킨다.

4 문단

1. 역확산 과정은 노이즈 이미지에서 노이즈를 제거하여 원본 이미지를 복원하는 과정이다.

- '역확산 과정'에 대한 정의가 제시되고 있으므로 '순확산 과정과 역확산 과정은 무슨 과정일까?'라면서 띄웠던 물음표를 모두 회수할 수 있다.

2. 노이즈를 제거하려면 이미지에 단계별로 어떤 특성의 노이즈가 더해졌는지 알아야 하는데 노이즈 예측기가 이 역할을 한다.

- '-야'라는 필요조건을 가리키는 표현이 등장했으므로 대우 규칙을 적용하여 '이미지에 단계별로 어떤 특성의 노이즈가 더해졌는지 알지 못하면 노이즈를 제거할 수 없다'라고 바꾸어 읽을 수 있다.

3. 노이즈 이미지 또는 중간 단계에서의 확산 이미지를 노이즈 예측기에 입력하면 이미지에 포함된 노이즈의 특성을 추출하여 잠재 표현을 구하고 이를 바탕으로 노이즈를 예측한다.

4. 이미지 연산기는 입력된 확산 이미지로부터 이 노이즈를 빼서 현 단계의 노이즈를 제거한 확산 이미지를 출력한다.

5. 확산 이미지에 이런 단계를 반복하면 결국 노이즈가 대부분 제거되어 원본 이미지에 가까운 이미지만 남게 된다.

- '-만'이라는 표현이 등장했으므로 '원본 이미지에 가까운 이미지 외에는 남지 않게 된다'라고 바꾸어 읽을 수 있다.

1. 한편, 많은 종류의 이미지를 학습시킨 후 학습된 이미지의 잠재 표현에 고유 번호를 붙이면 역확산 과정에서 이미지를 선택하여 생성할 수 있다.

- '이렇게 되면 원본 이미지로의 복원이 아니라 변형된 이미지가 생성되지 않을까'라고 추론할 수 있다.

2. 또한 잠재 표현의 수치들을 조정하면 다른 특성의 노이즈가 생성되어 여러 이미지를 혼합하거나 실재하지 않는 이미지를 만들어 낼 수도 있다.

- '여러 이미지를 혼합하는 것은 변형의 범주에, 실재하지 않는 이미지를 만들어 내는 것은 생성의 범주에 포함시킬 수 있겠군'이라고 반응할 수 있다.

10. 학생이 윗글을 읽은 방법으로 적절하지 <u>않은</u> 것은?

① 확산 모델이 지도 학습을 사용한다는 점에 주목하고, 지도 학습 방법이 확산 모델에 어떻게 적용되는지 확인하며 읽었다.

② 확산 모델이 두 가지 과정으로 이루어진다는 점에 주목하고, 두 과정 중 어느 과정이 선행되어야 하는지 살피며 읽었다.

③ <u>확산 모델에서 노이즈의 중요성을 파악하고, 사용되는 노이즈의 종류가 모델의 성능에 미치는 영향을 이해하며 읽었다.</u>

사용되는 노이즈의 종류가 모델의 성능에 미치는 영향은 지문에 제시되지 않았다.

④ 잠재 표현의 개념을 파악하고, 그 개념을 바탕으로 확산 모델이 노이즈를 예측하고 제거하는 원리를 이해하며 읽었다.

⑤ 확산 모델의 구성 요소를 파악하고, 그 구성 요소가 노이즈 처리 과정에서 어떤 기능을 하는지 확인하며 읽었다.

11. 윗글을 이해한 내용으로 가장 적절한 것은?

① 노이즈 생성기는 순확산 과정에서만 작동한다.

역확산 과정은 노이즈 이미지에서 노이즈를 제거하여 원본 이미지를 복원하는 과정으로 이때 노이즈 예측기와 이미지 연산기만 사용된다.

② 확산 모델에서의 학습은 역확산 과정에서 이루어진다.

확산 모델에서의 학습은 순확산 과정에서 이루어진다.

③ 이미지 연산기와 노이즈 예측기는 모두 확산 이미지를 출력한다.

이미지 연산기가 확산 이미지를 출력하는 건 맞지만, 노이즈 예측기는 잠재 표현을 바탕으로 예측된 노이즈를 출력할 것이다.

④ 노이즈 예측기를 학습시킬 때는 예측된 노이즈가 정답으로 사용된다.

노이즈 예측기를 학습시킬 때는 노이즈 생성기에서 만들어 넣어 준 노이즈가 정답으로 사용된다.

⑤ 역확산 과정에서 단계가 반복될수록 출력되는 확산 이미지는 원본 이미지와의 유사성이 줄어든다.

역확산 과정에서 단계가 반복될수록 출력되는 확산 이미지는 원본 이미지와의 유사성이 늘어난다.

12. 잠재 표현 에 대한 설명으로 적절하지 <u>않은</u> 것은?

① 잠재 표현의 수치들을 조정하면 여러 이미지를 혼합할 수 있다.

② 역확산 과정에서 잠재 표현이 다르면 예측되는 노이즈가 다르다.

③ 확산 모델의 학습에는 잠재 표현을 구하는 방식이 포함되어 있다.

④ 잠재 표현은 이미지에 더해진 노이즈의 크기나 분포 양상에 따라 다른 값들이 얻어진다.

⑤ <u>잠재 표현은 노이즈 예측기가 원본 이미지를 입력받아 노이즈의 특성을 추출한 결과이다.</u>

잠재 표현은 노이즈 예측기가 확산 이미지를 입력받아 노이즈의 특성을 추출한 결과이다.

13. 윗글을 바탕으로 <보기>를 이해한 내용으로 적절하지 <u>않은</u> 것은? [3점]

< 보기 >

　A 단계는 확산 모델 과정 중 한 단계이다. ㉠은 원본 이미지이고, ㉡은 확산 이미지 중의 하나이며, ㉢은 노이즈 이미지이다. (가)는 이미지가 A 단계로 입력되는 부분이고, (나)는 이미지가 A 단계에서 출력되는 부분이다.

(가)　⇨　| A 단계 |　⇨　(나)

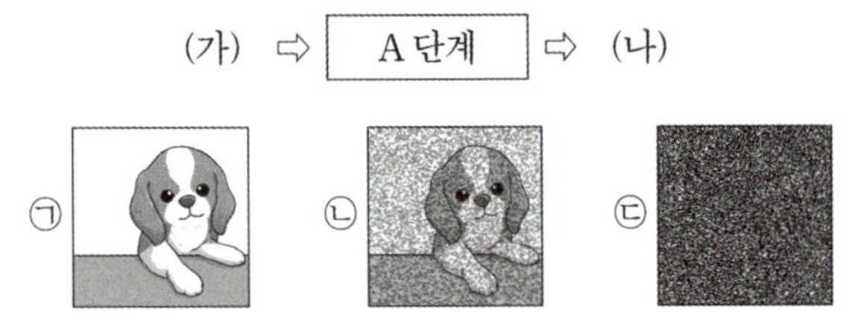

---

① (가)에 ㉠이 입력된다면, A 단계의 이미지 연산기에서는 ㉠에 노이즈를 더하겠군.

② (나)에 ㉢이 출력된다면, A 단계의 노이즈 생성기에서 생성된 노이즈가 이미지 연산기에서 확산 이미지에 더해졌겠군.

③ <u>순확산 과정에서 (가)에 ㉡이 입력된다면, A 단계의 노이즈 예측기에서 예측한 노이즈가 이미지 연산기에 입력되겠군.</u>

순확산 과정에서 (가)에 ㉡이 입력된다면, A 단계의 노이즈 생성기에서 생성한 노이즈가 이미지 연산기에 입력될 것이다.

④ 역확산 과정에서 (가)에 ㉢이 입력된다면, A 단계의 이미지 연산기에서는 ㉢에서 노이즈를 빼겠군.

⑤ 역확산 과정에서 (나)에 ㉡이 출력된다면, A 단계의 노이즈 예측기에서 예측한 노이즈가 이미지 연산기에 입력되었겠군.

PART 05

예술

1 문단

1. 미술관에서 오랫동안 움직이지 않고 서 있는 관광객 차림의 부부를 본다면 사람들은 다시 한번 바라볼 것이다.

- '계속 안 움직이면 이상하게 생각해서 다시 한번 바라보겠지'라고 반응할 수 있다.

2. 그리고 그것이 미술 작품이라는 것을 알면 놀랄 것이다.

3. 이처럼 현실에 존재하는 것을 실재라고 믿을 수 있도록 재현하는 유파를 하이퍼리얼리즘이라고 한다.

- '하이퍼리얼리즘'에 대한 정의가 제시되고 있다.
- '하이퍼리얼리즘'을 암기 시도할 필요가 있다.

2 문단

1. 관광객처럼 우리 주변에서 흔히 볼 수 있는 것을 대상으로 고르면 ㉠ 현실성이 높다고 하고, 그 대상을 시각적 재현에 ⓐ 기대어 실재와 똑같이 표현하면 ㉡ 사실성이 높다고 한다.

- '현실성'과 '사실성'에 대한 설명이 제시되고 있다.
- '현실성'과 '사실성'을 암기 시도할 필요가 있다.
- '현실성'과 '사실성'을 구분하고 있으므로 둘을 대등 관계로 보아 시각적 수평 관계로 모델링할 수 있다.

2. 대상의 현실성과 표현의 사실성을 모두 추구한 하이퍼리얼리즘은 같은 리얼리즘 경향에 ⓑ 드는 팝아트와 비교하면 그 특성이 잘 드러난다.

- '하이퍼리얼리즘'과 '팝아트'가 '리얼리즘 경향'에 포함됨을 알 수 있다.
- '팝아트'를 암기 시도할 필요가 있다.
- '하이퍼리얼리즘'과 '팝아트'를 구분하고 있으므로 둘을 대등 관계로 보아 시각적 수평 관계로 모델링할 수 있다.

3. 이들은 1960년대 미국에서 발달하여 현재까지 유행하고 있는 유파로, 당시 자본주의 사회의 일상의 모습을 대상으로 삼은 점에서는 공통적이다.

- '이들'을 '하이퍼리얼리즘과 팝아트'로 바꾸어 읽을 수 있다.
- '하이퍼리얼리즘과 팝아트는 모두 현실성을 추구했네'라고 반응할 수 있다.

4. 팝아트는 대상을 함축적으로 변형했지만 하이퍼리얼리즘은 대상을 정확하게 재현하려고 하였다.

- '팝아트는 사실성을 추구하지 않은 반면 하이퍼리얼리즘은 사실성을 추구했네'라고 반응할 수 있다.

5. 그래서 팝아트는 주로 대상의 현실성을 추구하지만, 하이퍼리얼리즘은 대상의 현실성뿐만 아니라 트롱프뢰유*의 흐름을 ㉢ 이어 표현의 사실성도 추구한다.
* 트롱프뢰유(trompe-l'oeil): '속임수 그림'이란 말로 감상자가 실물처럼 착각할 정도로 정밀하게 재현하는 것.

6. 팝아트는 대상의 정확한 재현보다는 대중과 쉽게 소통할 수 있는 인쇄 매체를 주로 활용한 반면에, 하이퍼리얼리즘은 새로운 재료나 기계적인 방식을 적극 사용하여 대상을 정확히 재현하는 방법을 추구하였다.

- '주로'라는 표현이 등장했으므로 '팝아트는 인쇄 매체가 아닌 방식을 활용하기도 했겠네'라고 추론할 수 있다.
- '표현의 사실성 추구 여부에 따라 팝아트와 하이퍼리얼리즘이 대상을 표현하는 재료나 방식도 달랐군'이라고 반응할 수 있다.

3 문단

1. 자본주의 일상을 사실적으로 표현한 하이퍼리얼리즘의 대표적인 작가에는 핸슨이 있다.

- '핸슨'을 암기 시도할 필요가 있다.
- '하이퍼리얼리즘의 구체적인 예시가 제시되겠군'이라고 추론할 수 있다.

2. 그의 작품 ㉣ 「쇼핑 카트를 밀고 가는 여자」(1969)는 물질적 풍요함 속에 매몰되어 살아가는 당시 현대인을 비판적 시각에서 표현한 작품으로 해석할 수 있다.

- '쇼핑 카트를 밀고 가는 여자'를 암기 시도할 필요가 있다.

3. 이 작품의 대상은 상품이 가득한 쇼핑 카트와 여자
이다.

4. 그녀는 욕망의 주체이며 물질에 대한 탐욕을 상징하
고 있고, 상품이 가득한 쇼핑 카트는 욕망의 객체이며
물질을 상징하고 있다.

5. 그래서 여자가 상품이 넘칠 듯이 가득한 쇼핑 카트를
밀고 있는 구도는 물질적 풍요 속에서의 과잉 소비 성향
을 보여 준다.

- '핸슨의 작품에서 대상의 현실성이 추구되고 있음을 엿볼 수
있네'라고 반응할 수 있다.

4 문단

1. 이 작품의 기법을 ⓓ 보면, 생활공간에 전시해도 자연
스럽도록 작품을 전시 받침대 없이 제작하였다.

- '전시 받침대 없이 전시되어 있으면 예술 작품인지 사람인지
구분하기 어렵겠다'라고 반응할 수 있다.

2. 사람을 보고 찰흙으로 형태를 만드는 방법 대신 사람
에게 직접 석고를 덧발라 형태를 뜨는 실물 주형 기법을
사용하여 사람의 형태와 크기를 똑같이 재현하였다.

- '실물 주형 기법'에 대한 정의가 제시되고 있다.
- '실물 주형 기법'을 암기 시도할 필요가 있다.
- '대신'을 통해 '사람을 보고 찰흙으로 형태를 만드는 방법'과
'실물 주형 기법'을 구분하고 있으므로 둘을 대등 관계로 보아
시각적 수평 관계로 모델링할 수 있다.
- '이렇게 사실성을 높였구나'라고 반응할 수 있다.

3. 또한 기존 입체 작품의 재료인 청동의 금속재 대신에
합성수지, 폴리에스터, 유리 섬유 등을 사용하고 에어브
러시로 채색하여 사람 피부의 질감과 색채를 똑같이 재
현하였다.

- '대신'을 통해 '청동의 금속재'와 '합성수지, 폴리에스터, 유리
섬유, 에어브러시'를 구분하고 있으므로 둘을 대등 관계로 보
아 시각적 수평 관계로 모델링할 수 있다.

- '청동의 금속재', '합성수지', '폴리에스터', '유리 섬유', '에어브
러시'를 암기 시도할 필요가 있다.
- '이렇게 사실성을 높였구나'라고 반응할 수 있다.

4. 여기에 오브제*인 가발, 목걸이, 의상 등을 덧붙이
고 쇼핑 카트, 식료품 등을 그대로 사용하여 사실성을
ⓔ 높였다.

* 오브제(objet): 일상용품이나 물건을 본래의 용도로 쓰지 않고 예
술 작품에 사용하는 기법 또는 그 물체.

5 문단

1. 리얼리즘 미술의 가장 큰 목적은 현실을 포착하고 그
것을 효과적으로 전달하는 것이다.

2. 작가가 포착한 현실을 전달하는 표현 방법은 다양
하다.

3. 하이퍼리얼리즘과 팝아트 등의 리얼리즘 작가들은
대상들을 그대로 재현하거나 함축적으로 변형하는 등
자신만의 방법으로 현실을 전달하여 감상자와 소통하
고 있다.

- '대상들을 그대로 재현하는 건 사실성을 추구하는 방법, 하이
퍼리얼리즘이 추구한 방법이고, 함축적으로 변형하는 건 사실
성을 추구하지 않는 방법, 팝아트가 추구한 방법이지'라고 반
응할 수 있다.

16. ㉠과 ㉡을 중심으로 윗글을 이해한 내용으로 적절한
것은?

㉠ 현실성
㉡ 사실성

① 팝아트와 하이퍼리얼리즘은 모두 당시 자본주의의 일상
을 대상으로 삼아 ㉠을 높였다.
② 팝아트는 대상을 함축적으로 변형했다는 점에서 하이퍼
리얼리즘과 달리 ㉡이 높다고 할 수 있다.
팝아트는 대상을 함축적으로 변형했다는 점에서 하이퍼리얼리
즘과 달리 ㉡이 낮다고 할 수 있다.
③ 하이퍼리얼리즘이 팝아트와 달리 트롱프뢰유의 전통을

이은 것은 ㉠을 추구하기 위해서이다.

④ 팝아트와 하이퍼리얼리즘이 주로 인쇄 매체를 활용한 것은 ㉡을 추구하기 위한 것이다.

⑤ 팝아트와 하이퍼리얼리즘은 모두 ㉠과 ㉡을 동시에 추구한다는 점에서 리얼리즘 유파에 해당한다.

17. ㉢에 대한 설명으로 적절하지 않은 것은?

㉢ 「쇼핑 카트를 밀고 가는 여자」(1969)

① 재현한 인체에 실제 사물인 오브제를 덧붙이고 받침대 없이 전시하여 실재처럼 보이게 하였다.

② 찰흙으로 원형을 만들지 않고 사람에게 석고를 덧발라 외형을 뜨는 기법을 사용하여 형태를 정확히 재현하였다.

③ 현실을 효과적으로 전달하기 위해 욕망의 주체는 실물과 똑같은 크기로, 욕망의 객체는 실재 그대로 제시하였다.

④ 인체의 피부 질감을 재현할 수 있었던 것은 합성수지, 폴리에스터, 유리 섬유 따위의 신재료를 사용했기 때문이다.

⑤ 당시 자본주의 사회에서의 합리적인 소비 성향을 반영하기 위해 주변에서 흔히 볼 수 있는 소비자와 상품을 제시하였다.

18. 윗글의 '핸슨'의 작품과 <보기>의 작품을 바탕으로 할 때, 작가들이 자신의 입장에서 상대를 비평하는 말로 가장 적절한 것은? [3점]

< 보기 >

쿠넬리스, 「무제」

코수스,
「하나, 그리고 세 개의 의자」

쿠넬리스는 주변에서 흔히 볼 수 있는 살아 있는 말 12마리를 화랑 벽에 매어 놓고, 감상자가 화랑이라는 환경 안에 놓인 실제 말들의 존재와 말들의 온기와 냄새, 그리고 소리를 체험해서 다양하게 작품의 의미를 만들도록 하였다.

코수스는 '의자의 사진', '실제 의자', '의자의 언어적인 개념' 세 가지 모두를 한 공간에 배치하여, 대상을 나타내는 여러 가지 방식이 존재할 수 있음을 보여 주었다.

① 핸슨이 쿠넬리스에게: 미술은 시각적인 체험뿐만 아니라 청각, 후각 등 다양한 체험이 감상의 기준이 되어야 한다.

② 핸슨이 코수스에게: 미술에서 대상은 일상적이고 평범한 것이 아니라 역사적으로나 정치적으로 가치 있어야 한다.

③ 쿠넬리스가 핸슨에게: 미술에서 재현의 가장 효과적인 방법은 실물 주형의 기법보다 대상을 그대로 제시하는 것이어야 한다.

④ 쿠넬리스가 코수스에게: 미술에서 작품의 의미는 감상자가 실제 대상을 대면해서 만들어지는 것이 아니라 작가에 의해서 만들어지는 것이어야 한다.

⑤ 코수스가 쿠넬리스에게: 미술에서 대상을 재현할 때는 대상의 이미지보다 그 대상 자체만을 제시해야 한다.

19. 문맥상 @~@와 가장 가까운 의미로 쓰인 것은?

그 대상을 시각적 재현에 @ 기대어

리얼리즘 경향에 ⓑ 드는 팝아트

트롱프뢰유*의 흐름을 ⓒ 이어

이 작품의 기법을 ⓓ 보면

사실성을 ⓔ 높였다

① @: 누나가 그린 그림을 벽면 한쪽에 기대어 놓았다.
② ⓑ: 그때는 언니도 노래를 잘 부르는 축에 들었다.
③ ⓒ: 1학년이 출발한 데 이어 2학년도 바로 출발했다.
④ ⓓ: 사무실에는 회계를 보는 직원만 혼자 들어갔다.
⑤ ⓔ: 그는 이번 조치에 대해 비판의 목소리를 높였다.

(가) 1 문단

1. 미학은 예술과 미적 경험에 관한 개념과 이론에 대해 논의하는 철학의 한 분야로서, 미학의 문제들 가운데 하나가 바로 예술의 정의에 대한 문제이다.

- '미학'에 대한 정의가 제시되고 있다.
- '예술의 정의에 대한 문제에 대해 앞으로 논의되겠군'이라고 추론할 수 있다.

2. 예술이 자연에 대한 모방이라는 아리스토텔레스의 말에서 비롯된 모방론은, 대상과 그 대상의 재현이 닮은 꼴이어야 한다는 재현의 투명성 이론을 ⓐ 전제한다.

- '-야'라는 당위 진술을 가리키는 표현이 등장했으므로 '닮은꼴이지 않으면 안 된다'으로 바꾸어 읽을 수 있다.
- '아리스토텔레스'를 암기 시도할 필요가 있다.
- '모방론'을 암기 시도할 필요가 있다.
- '재현의 투명성 이론'에 대한 정의가 제시되고 있다.
- '재현의 투명성 이론'을 암기 시도할 필요가 있다.
- '대상을 투명하게 재현해야 한다고 해서 재현의 투명성 이론인가 보다'라고 추론할 수 있다.

3. 그러나 예술가의 독창적인 감정 표현을 중시하는 한편 외부 세계에 대한 왜곡된 표현을 허용하는 낭만주의 사조가 18세기 말에 등장하면서, 모방론은 많이 쇠퇴했다.

- '모방론은 자연을 모방해야 한다는 이론인 반면 낭만주의 사조는 예술가의 독창적인 감정 표현을 중시하고 외부 세계, 즉 자연에 대한 왜곡된 표현을 허용하는군'이라고 반응할 수 있다.
- '모방론'과 '낭만주의 사조'의 차이를 인지할 수 있으므로 둘을 대등 관계로 보아 시각적 수평 관계로 모델링할 수 있다.

4. 이제 모방을 필수 조건으로 삼지 않는 낭만주의 예술가의 작품을 예술로 인정해 줄 수 있는 새로운 이론이 필요했다.

- '낭만주의 사조는 사조일 뿐, 낭만주의 예술가의 작품을 예술로 인정하기 위해서는 새로운 이론이 필요했구나'라고 반응할 수 있다.

2 문단

1. 20세기 초에 **콜링우드**는 진지한 관념이나 감정과 같은 예술가의 마음을 예술의 조건으로 규정하는 표현론을 제시하여 이 문제를 해결하였다.

- '콜링우드'를 암기 시도할 필요가 있다.
- '표현론'에 대한 정의가 제시되고 있다.
- '표현론'을 암기 시도할 필요가 있다.
- '모방론'과 '표현론'을 구분하고 있으므로 둘을 대등 관계로 보아 시각적 수평 관계로 모델링할 수 있다.
- '낭만주의 사조에 부합하는 이론이 표현론이겠군'이라고 반응할 수 있다.

2. 그에 따르면, 진정한 예술 작품은 물리적 소재를 통해 구성될 필요가 없는 정신적 대상이다.

- '그럼 정신 자체도 예술 작품이 될 수 있다는 말이야?'라고 반응할 수 있다.

3. 또한 이와 비슷한 ⓑ 시기에 외부 세계나 작가의 내면보다 작품 자체의 고유 형식을 중시하는 형식론도 발전했다.

- '형식론'에 대한 정의가 제시되고 있다.
- '형식론'을 암기 시도할 필요가 있다.
- '표현론은 작가의 내면을 중시한 반면 형식론은 작품 자체의 고유 형식을 중시하는군'이라고 반응할 수 있다.
- '모방론', '표현론', '형식론'을 구분하고 있으므로 셋을 대등 관계로 보아 시각적 수평 관계로 모델링할 수 있다.

4. 벨의 형식론 은 예술 감각이 있는 비평가들만이 직관적으로 식별할 수 있고 정의는 불가능한 어떤 성질을 일컫는 '의미 있는 형식'을 통해 그 비평가들에게 미적 정서를 유발하는 작품을 예술 작품이라고 보았다.

- '벨'을 암기 시도할 필요가 있다.
- '-만'이라는 표현이 등장했으므로 '예술 감각이 있는 비평가들이 아니면 직관적으로 식별할 수 없고'라고 바꾸어 읽을 수 있다.
- '의미 있는 형식'에 대한 정의가 제시되고 있다.
- '의미 있는 형식'을 암기 시도할 필요가 있다.

- '벨이 말하는 의미 있는 형식이 구체적으로 무엇을 의미하는
  걸까?'라고 물음표를 띄울 수 있다.

단서가 부족해 추론은 어려워 보인다.

3 문단

1. 20세기 중반에, 뒤샹이 변기를 가져다 전시한 「샘」이
라는 작품은 예술 작품으로 인정되지만 그것과 형식적
인 면에서 차이가 없는 일반적인 변기는 예술 작품으로
인정되지 않는 이유를 설명하지 못하게 되자 두 가지 대
응 이론이 나타났다.

- '뒤샹'과 '샘'을 암기 시도할 필요가 있다.
- '뒤샹의 '샘'이 예술 작품으로 인정되는 것은 모방론으로도, 표
  현론으로도, 형식론으로도 설명할 수 없었구나'라고 추론할
  수 있다.

2. 하나는 우리가 흔히 예술 작품으로 분류하는 미술, 연
극, 문학, 음악 등이 서로 이질적이어서 그것들 전체를
아울러 예술이라 정의할 수 있는 공통된 요소를 갖지 않
는다는 웨이츠의 예술 정의 불가론이다.

- '웨이츠'를 암기 시도할 필요가 있다.
- '예술 정의 불가론'에 대한 정의가 제시되고 있다.
- '예술 정의 불가론'을 암기 시도할 필요가 있다.
- '예술을 정의할 수 없다고 해서 예술 정의 불가론이겠구나'라
  고 추론할 수 있다.

3. 그의 이론은 예술의 정의에 대한 기존의 이론들이 겉
보기에는 명제의 형태를 취하고 있으나 사실은 참과 거
짓을 판정할 수 없는 사이비 명제이므로, 예술의 정의에
대한 논의 자체가 불필요하다는 견해를 대변한다.

- '사이비 명제'에 대한 정의가 제시되고 있다.
- '사이비 명제'를 암기 시도할 필요가 있다.
- '애초에 예술은 참 또든 거짓으로 판정되는 사실 판단의 영역
  이 아니라 미 또는 추로 판정되는 가치 판단의 영역 아닌가?
  예술의 정의가 사실 판단이 안 된다고 해서 예술의 정의에 대
  한 논의 자체가 불필요하다고 보는 건 좀 이해가 안 가는데?
  어찌됐든 예술을 정의할 수 없기 때문에 뒤샹의 '샘'도 예술 작
  품으로 인정될 수 있다는 거네'라고 반응할 수 있다.

4 문단

1. 다른 하나는 예술계라는 어떤 사회 제도에 속하는 한
사람 또는 여러 사람에 의해 감상의 후보 자격을 수여
받은 인공물을 예술 작품으로 규정하는 **디키**의 제도론
이다.

- '디키'를 암기 시도할 필요가 있다.
- '제도론'에 대한 정의가 제시되고 있다.
- '제도론'을 암기 시도할 필요가 있다.
- '예술 정의 불가론'과 '제도론'을 구분하고 있으므로 둘을 대등
  관계로 보아 시각적 수평 관계로 모델링할 수 있다.

2. 하나의 작품이 어떤 특정한 기준에서 훌륭하므로 예
술 작품이라고 부를 수 있다는 평가적 ⓒ 이론들과 달
리, 디키의 견해는 일정한 절차와 관례를 거치기만 하면
모두 예술 작품으로 볼 수 있다는 분류적 이론이다.

- '-과 달리'를 통해 '평가적 이론'과 '분류적 이론'의 차이를 드러
  내고 있으므로 둘을 대등 관계로 보아 시각적 수평 관계로 모
  델링할 수 있다.
- '일정한 절차와 관례는 '예술계에 속하는 한 사람 또는 여러 사
  람이 이것이 예술 작품이라고 인정하는 것'을 말하는 것 같은
  데'라고 추론할 수 있다.

3. 예술의 정의와 관련된 이 논의들은 예술로 분류할 수
있는 작품들의 공통된 본질을 찾는 시도이자 예술의 필
요충분조건을 찾는 시도이다.

- '다시 말해 모방론, 표현론, 형식론, 예술 정의 불가론, 제도론
  은 예술을 정의하려는 시도라는 거네'라고 반응할 수 있다.

(나) 1 문단

1. 예술 작품을 어떻게 감상하고 비평해야 하는지에 대
해 다양한 논의들이 있다.

2. 예술 작품의 의미와 가치에 대한 해석과 판단은 작품
을 비평하는 목적과 태도에 따라 달라진다.

3. 예술 작품에 대한 주요 비평 방법으로는 맥락주의 비
평, 형식주의 비평, 인상주의 비평이 있다.

- '맥락주의 비평, 형식주의 비평, 인상주의 비평이 뭐야?'라고
  물음표를 띄울 수 있다.
  단서가 부족해 추론은 어려워 보인다.
- '맥락주의 비평', '형식주의 비평', '인상주의 비평'을 암기 시도
  할 필요가 있다.

2 문단

1. ㉠ 맥락주의 비평은 주로 예술 작품이 창작된 사회
적·역사적 배경에 관심을 갖는다.

- '예술 작품의 맥락에 관심을 가져서 맥락주의 비평이구나'라
  고 반응할 수 있으므로 '맥락주의 비평, 형식주의 비평, 인상
  주의 비평이 뭐야?'라면서 띄웠던 물음표를 어느 정도 회수
  할 수 있다.

2. 비평가 **텐**은 예술 작품이 창작된 당시 예술가가 살던
시대의 환경, 정치·경제·문화적 상황, 작품이 사회에 미
치는 효과 등을 예술 작품 비평의 중요한 ⓓ 근거로 삼
는다.

- '텐'을 암기 시도할 필요가 있다.
- '작품이 사회에 미치는 효과는 예술 작품의 배경을 고려하는
  게 아니라 예술 작품의 맥락적 결과를 고려하는 거 아닌가'라
  고 반응할 수 있다.

3. 그 이유는 예술 작품이 예술가가 속해 있는 문화의 상
징과 믿음을 구체화하며, 예술가가 속한 사회의 특성들
을 반영한다고 보기 때문이다.

4. 또한 맥락주의 비평에서는 작품이 창작된 시대적 상
황 외에 작가의 심리적 상태와 이념을 포함하여 가급적
많은 자료를 바탕으로 작품을 분석하고 해석한다.

- '작가의 심리적 상태와 이념은 사회적, 역사적 배경을 고려하
  는 것이 아닌데 이것도 고려하네'라고 반응할 수 있다.

3 문단

1. 그러나 객관적 자료를 중심으로 작품을 비평하려는
맥락주의는 자칫 작품 외적인 요소에 치중하여 작품의
핵심적 본질을 훼손할 우려가 있다는 비판을 받는다.

- '맥락주의 비평의 문제를 제시하고 있군'이라고 반응할 수 있다.

2. 이러한 맥락주의 비평의 문제점을 극복하기 위한 방
법으로는 형식주의 비평과 인상주의 비평이 있다.

- '맥락주의 비평', '형식주의 비평', '인상주의 비평'이 충돌하고
  있으므로 셋을 대등 관계로 보아 시각적 수평 관계로 모델링
  할 수 있다.

3. 형식주의 비평은 예술 작품의 외적 요인 대신 작품의
형식적 요소와 그 요소들 간 구조적 유기성의 분석을 중
요하게 생각한다.

- '작품의 형식적 요소와 그 요소들 간 구조적 유기성을 예술 작
  품의 내적 요인이라고 볼 수 있겠군'이라고 반응할 수 있다.
- '형식주의 비평'에 대한 설명이 제시되고 있으므로 '맥락주의
  비평, 형식주의 비평, 인상주의 비평이 뭐야?'라면서 띄웠던
  물음표를 회수할 수 있다.

4. **프리드**와 같은 형식주의 비평가들은 작품 속에 표현
된 사물, 인간, 풍경 같은 내용보다는 선, 색, 형태 등의
조형 요소와 비례, 율동, 강조 등과 같은 조형 원리를 예
술 작품의 우수성을 판단하는 기준이라고 주장한다.

- '프리드'를 암기 시도할 필요가 있다.
- '사물', '인간', '풍경'이 '내용'에 포함됨을 알 수 있다.
- '선', '색', '형태'가 '조형 요소'에 포함됨을 알 수 있다.
- '비례', '율동', '강조'가 '조형 원리'에 포함됨을 알 수 있다.
- '조형 요소'와 '조형 원리'를 암기 시도할 필요가 있다.
- '예술 작품의 내적 요인 중에서 내용보다는 형식을 비평하는
  데 우선시했군'이라고 반응할 수 있다.

4 문단

1. ㉡ 인상주의 비평은 모든 분석적 비평에 대해 회의적
인 ⓔ 시각을 가지고 있어 예술을 어떤 규칙이나 객관
적 자료로 판단할 수 없다고 본다.

- '모든'에 주목할 필요가 있다.
- '예술을 어떤 규칙이나 객관적 자료로 판단할 수 없다고 본다면 인상주의 비평은 뭘로 판단한다는 거야?'라고 물음표를 띄울 수 있다.
  '감상자의 주관적 인상에 따라 판단한다는 건가'라고 추론할 수 있다.

> 2. "훌륭한 비평가는 대작들과 자기 자신의 영혼의 모험들을 관련시킨다."라는 비평가 **프랑스**의 말처럼, 인상주의 비평은 비평가가 다른 저명한 비평가의 관점과 상관없이 자신의 생각과 느낌에 대하여 자율성과 창의성을 가지고 비평하는 것이다.

- '프랑스'를 암기 시도할 필요가 있다.
- '인상주의 비평'에 대한 설명이 제시되었으므로 '맥락주의 비평, 형식주의 비평, 인상주의 비평이 뭐야?'라면서 띄웠던 물음표를 모두 회수할 수 있다.

> 3. 즉, 인상주의 비평가는 작가의 의도나 그 밖의 외적인 요인들을 고려할 필요 없이 비평가의 자유 의지로 무한대의 상상력을 가지고 작품을 해석하고 판단한다.

20. (가)와 (나)의 공통적인 내용 전개 방식으로 가장 적절한 것은?

① 대립되는 관점들이 수렴되어 가는 역사적 과정을 밝히고 있다.
② 화제에 대한 이론들을 평가하여 종합적 결론을 도출하고 있다.
③ 화제가 사회에 미치는 영향들을 분석하여 서로 간의 차이를 밝히고 있다.
④ <u>화제와 관련된 관점의 문제점을 제시하고 대안적 관점을 소개하고 있다.</u>
⑤ 화제와 관련된 하나의 사례를 중심으로 다양한 이론을 시대순으로 나열하고 있다.

21. (가)의 형식론에 대한 이해로 가장 적절한 것은?

① <u>미적 정서를 유발할 수 있는 어떤 성질을 근거로 예술 작품의 여부를 판단한다.</u>

② 모든 관람객이 직관적으로 식별할 수 있는 형식을 통해 예술 작품의 여부를 판단한다.
예술 감각이 있는 비평가들만이 직관적으로 식별할 수 있는 형식을 통해 예술 작품의 여부를 판단한다.
③ 감정을 표현하는 모든 작품은 그 작품이 정신적 대상이더라도 예술 작품이라고 주장한다.
해당 선지는 표현론에 대한 이해다.
④ 외부 세계의 형식적 요소를 작가 내면의 관념으로 표현하는 것을 예술의 조건이라고 주장한다.
작가 내면의 관념으로 표현하는 것은 형식론의 범주가 아니다.
⑤ 특정한 사회 제도에 속하는 모든 예술가와 비평가가 자격을 부여한 작품을 예술 작품으로 판단한다.
특정한 사회 제도에 속하는 한 사람 혹은 여러 사람이 자격을 부여한 작품을 예술 작품으로 판단하는 것은 제도론에 대한 이해다.

22. (가)에 등장하는 이론가와 예술가들이 상대의 견해나 작품을 평가할 수 있는 말로 적절하지 <u>않은</u> 것은?

① <u>모방론자가 뒤샹에게: 당신의 작품 「샘」은 변기를 닮은 것이 아니라 변기 그 자체라는 점에서 예술 작품이 되기 위한 필요충분조건을 갖추고 있습니다.</u>
모방론자는 대상과 그 대상의 재현이 닮은꼴이어야 한다는 재현의 투명성 이론을 전제하고 있으므로 '샘'은 변기를 닮은 것이 아니라 변기 그 자체라는 점에서 예술 작품이 될 수 없다고 뒤샹을 비판할 것이다.
② 낭만주의 예술가가 모방론자에게: 대상을 재현하기만 하면 예술가의 감정을 표현하지 않은 작품도 예술 작품으로 인정하는 당신의 견해는 받아들일 수 없습니다.
③ 표현론자가 낭만주의 예술가에게: 당신의 작품은 예술가의 마음을 표현했으니 대상을 있는 그대로 표현하지 않았더라도 예술 작품입니다.
④ 뒤샹이 제도론자에게: 예술계에서 일정한 절차와 관례를 거치면 예술 작품이라는 당신의 주장은 저의 작품 「샘」 외에 다른 변기들도 예술 작품이 될 수 있음을 인정하는 것입니다.
⑤ 예술 정의 불가론자가 표현론자에게: 당신이 예술가의 관념을 예술 작품의 조건으로 규정할 때 사용하는 명제는 참과 거짓을 판단할 수 없기 때문에 받아들일 수 없습니다.

23. 다음은 비평문을 쓰기 위해 미술 전람회에 다녀온 학생이 (가)와 (나)를 읽은 후 작성한 메모의 일부이다. 메모의 내용이 적절하지 <u>않은</u> 것은? [3점]

> ■ 작품 정보 요약
> · 작품 제목:「그리움」
> · 팸플릿의 설명
>   − 화가 A가, 화가였던 자기 아버지가 생전에 신던 낡고 색이 바랜 신발을 보고 그린 작품임.
>   − 화가 A의 예술가 정신은 궁핍하게 살면서도 예술 혼을 잃지 않고 작품 활동을 했던 아버지의 삶에서 영향을 받았음.
> · 작품 전체에 따뜻한 계열의 색이 주로 사용됨.
>
> ■ 비평문 작성을 위한 착안점
> ◦ 콜링우드의 관점을 적용하면, 화가 A가 낡은 신발을 그린 것에서 아버지에 대한 그리움을 갖고 있었으리라는 점을 제시할 수 있겠군. ①
> ◦ <u>디키의 관점을 적용하면, 평범한 신발이 특별한 이유는 신발의 원래 주인이 화가였다는 사실에 있음을 언급하여 이 그림을 예술 작품으로 평가할 수 있겠군. ②</u>

디키는 제도론자로서 예술 작품이 되기 위해서는 예술계라는 어떤 사회 제도에 속하는 한 사람 또는 여러 사람에 의해 감상의 후보 자격을 부여받아야 한다. 해당 선지는 이에 부합하지 않으므로 적절하지 않다.

> ◦ 텐의 관점을 적용하면, 이 작품에서 아버지의 낡은 신발은 화가 A가 추구하는 예술가 정신의 상징임을 팸플릿 정보를 근거로 해석할 수 있겠군. ③
> ◦ 프리드의 관점을 적용하면, 따뜻한 계열의 색들을 유기적으로 구성한 점에서 이 그림이 순수한 작품임을 언급할 수 있겠군. ④
> ◦ 프랑스의 관점을 적용하면, 그림 속의 낡고 색이 바랜 신발을 보고, 지친 나의 삶에서 편안함과 여유를 느꼈음을 서술할 수 있겠군. ⑤

24. 피카소의 「게르니카」에 대해 <보기>의 A는 ㉠의 관점, B는 ㉡의 관점에서 비평한 내용이다. (나)를 바탕으로 A, B를 이해한 내용으로 적절하지 <u>않은</u> 것은?

㉠ <u>맥락주의 비평</u>

㉡ <u>인상주의 비평</u>

< 보기 >

피카소, 「게르니카」

A: 1937년 히틀러가 바스크 산악 마을인 '게르니카'에 30여 톤의 폭탄을 퍼부어 수많은 인명을 살상한 비극적 사건의 참상을, 울부짖는 말과 부러진 칼 등의 상징적 이미지를 사용하여 전 세계에 고발한 기념비적인 작품이다.

B: 뿔 달린 동물은 슬퍼 보이고, 아이는 양팔을 뻗어 고통을 호소하고 있다. 우울한 색과 기괴한 형태들이 나를 그 속으로 끌어들이는 듯하다. 그러나 빛이 보인다. 고통과 좌절감이 느껴지지만 희망을 갈구하는 훌륭한 작품이다.

① A에서 '1937년'에 '게르니카'에서 발생한 사건을 언급한 것은 역사적 정보를 바탕으로 작품을 해석하기 위한 것이겠군.

② A에서 비극적 참상을 '전 세계에 고발'하였다고 서술한 것은 작품이 사회에 미치는 효과를 드러내고자 한 것이겠군.

③ <u>B에서 '슬퍼 보이고'와 '고통을 호소하고'라고 서술한 것은 작가의 심리적 상태를 표현하려는 것이겠군.</u>

4문단 3번 문장: 즉, 인상주의 비평가는 작가의 의도나 그 밖의 외적인 요인들을 고려할 필요 없이 비평가의 자유 의지로 무한대의 상상력을 가지고 작품을 해석하고 판단한다.

B에서 '슬퍼 보이고'와 '고통을 호소하고'라고 서술한 것은 작가의 심리적 상태가 아니라 비평가의 생각이나 느낌을 표현하려는 것이다.

④ B에서 '우울한 색과 기괴한 형태'를 언급한 것은 비평가의 주관적 인상을 반영하기 위한 것이겠군.

⑤ B에서 '희망을 갈구하는'이라고 서술한 것은 비평가의 자유로운 상상력이 반영된 것이겠군.

25. 문맥을 고려할 때, 밑줄 친 말이 ⓐ~ⓔ의 동음이의어
인 것은?

재현의 투명성 이론을 ⓐ 전제한다

이와 비슷한 ⓑ 시기에

평가적 ⓒ 이론들과 달리

중요한 ⓓ 근거로 삼는다

모든 분석적 비평에 대해 회의적인 ⓔ 시각

① ⓐ: 모든 인간은 평등하다고 전제(前提)해야 한다.
② ⓑ: 가을은 오곡백과가 무르익는 시기(時期)이다.
③ ⓒ: 이 문제에 대해서는 이론(異論)의 여지가 없다.
④ ⓓ: 이 소설은 사실을 근거(根據)로 하여 쓰였다.
⑤ ⓔ: 청소년의 시각(視角)으로 이 문제를 살펴보자.

(가) 1 문단

1. 리얼리즘 영화 이론가 앙드레 바쟁에 따르면 영화는 '세상을 향해 열린 창'이다.

- '리얼리즘', '앙드레 바쟁'을 암기 시도할 필요가 있다.
- '왜 바쟁은 영화를 세상을 향해 열린 창이라고 정의했을까?'라고 물음표를 띄울 수 있다.
  '영화를 통해 세상을 바라볼 수 있기 때문이라고 생각했기 때문인가'라고 추론할 수 있다.

2. 창을 통해 세상을 인식하는 것처럼, 관객은 영화를 통해 현실을 객관적으로 인식할 수 있다.

- '관객은 영화를 통해 현실을 객관적으로 인식할 수 있기 때문이구나'라고 반응할 수 있으므로 '왜 바쟁은 영화를 세상을 향해 열린 창이라고 정의했을까?'라면서 띄웠던 물음표를 회수할 수 있다.

3. 영화가 담아내고자 하는 현실은 물리적 시·공간이 분할되지 않는 하나의 총체로, 그 의미가 미리 정해지지 않은 미결정의 상태이다.

- '영화가 담아내고자 하는 현실이 물리적 시·공간이 분할되지 않는 하나의 총체라는 말이 무슨 말이야? 또 그것이 그 의미가 미리 정해지지 않은 미결정의 상태라는 말이 무슨 말이야?'라고 물음표를 띄울 수 있다.
  '전자는 도저히 모르겠고 후자는 관객의 주관적 판단에 따라 결정될 수 있기 때문에 그런 말을 한 건가'라고 추론할 수 있다.

4. 바쟁은 영화가 현실의 물리적 연속성과 미결정성을 있는 그대로 드러내야 한다고 생각했다.

- '~야'라는 당위 진술을 가리키는 표현이 등장했으므로 '있는 그대로 드러내지 않으면 안 된다고'라고 바꾸어 읽을 수 있다.

2 문단

1. 바쟁은 영화감독을 '이미지를 믿는 감독'과 '현실을 믿는 감독'으로 분류했다.

- '이미지를 믿는 감독'과 '현실을 믿는 감독'을 구분하고 있으므로 둘을 대등 관계로 보아 시각적 수평 관계로 모델링할 수 있다.
- '이미지를 믿는 감독', '현실을 믿는 감독'을 암기 시도할 필요가 있다.

2. 영화의 형식을 중시한 '이미지를 믿는 감독'은 다양한 영화적 기법으로 현실을 변형하여 ⓐ 새로운 의미를 창조하는 데 주력한다.

3. 몽타주의 대가인 예이젠시테인이 대표적이다.

- '몽타주', '예이젠시테인'을 암기 시도할 필요가 있다.
- '몽타주가 뭐야?'라고 물음표를 띄울 수 있다.
  단서가 부족해 추론은 어려워 보인다.

4. 몽타주는 추상적이거나 상징적인 이미지를 통해 관객이 익숙한 대상을 낯설게 받아들이게 한다.

- '몽타주'에 대한 설명이 제시되고 있으므로 '몽타주가 뭐야?'라면서 띄웠던 물음표를 회수할 수 있다.

5. 또한 짧은 숏들을 불규칙적으로 편집해서 영화가 재현한 공간이 불연속적으로 연결된 듯한 느낌을 만들어낸다.

6. 바쟁은 몽타주가 현실의 연속성을 ⓑ 깨뜨릴 뿐만 아니라 감독의 의도에 따라 관객이 현실을 하나의 의미로만 해석하게 할 우려가 있는 연출 방식이라고 생각했다.

- '아 현실의 시·공간적 연속성을 그대로 드러내야 영화고 관객이 현실을 다양한 의미로 해석하게 해야 영화라는 말이구나'라고 반응할 수 있으므로 '영화가 담아내고자 하는 현실이 물리적 시·공간이 분할되지 않는 하나의 총체라는 말이 무슨 말이야? 또 그것이 그 의미가 미리 정해지지 않은 미결정의 상태라는 말이 무슨 말이야?'라면서 띄웠던 물음표를 회수할 수 있다.

3 문단

1. 바쟁은 '현실을 믿는 감독'을 지지했다.

2. 이들은 '이미지를 믿는 감독'과 달리 영화의 내용, 즉 현실을 더 중요하게 생각하기에 변형되지 않은 현실을 객관적으로 보여 주고자 한다.

- '이미지를 믿는 감독은 영화의 형식을 중요하게 생각하고 현실을 변형시키지만, 현실을 믿는 감독은 영화의 내용을 중요하게 생각하고 현실을 변형시키지 않는군'이라고 반응할 수 있다.

3. 디프 포커스와 롱 테이크는 이를 가능하게 해 주는 영화적 기법이다.

- '디프 포커스', '롱 테이크'를 암기 시도할 필요가 있다.
- '디프 포커스는 뭐고, 롱 테이크는 뭐야?'라고 물음표를 띄울 수 있다.
  '전자는 모르겠고 후자는 오래 찍는 거 아닌가'라고 추론할 수 있다.

4. 디프 포커스는 근경에서 원경까지 숏 전체를 선명하게 초점을 맞춰 촬영하는 기법으로, 원근감이 느껴지도록 공간감을 표현할 수 있다.

- '디프 포커스'에 대한 정의가 제시되고 있으므로 '디프 포커스는 뭐고, 롱 테이크는 뭐야?'라면서 띄웠던 물음표를 반쯤 회수할 수 있다.
- '디프 포커스는 가까운 대상도 먼 대상도 선명하게 찍는 기법이겠네'라고 추론할 수 있다.

5. 롱 테이크는 하나의 숏이 1~2분 이상 끊김 없이 길게 진행되도록 촬영하는 기법이다.

- '롱 테이크'에 대한 정의가 제시되고 있으므로 '디프 포커스는 뭐고, 롱 테이크는 뭐야?'라면서 띄웠던 물음표를 모두 회수할 수 있다.

6. 영화 속 사건이 지속되는 시간과 관객의 영화 체험 시간이 일치하여 현실을 ⓒ 마주하는 듯한 효과를 낳는다.

- '이러면 현실의 연속성이 증가하겠네'라고 반응할 수 있다.

7. 바쟁에 따르면, 디프 포커스와 롱 테이크를 혼용하여 연출한 장면은 관객이 그 장면에 담긴 인물이나 사물을 자율적으로 선택하여 응시하면서 화면 속 공간 전체와 사건의 전개를 지켜볼 수 있게 해 준다.

- '이러면 미결정성이 증가하겠네'라고 반응할 수 있다.

4 문단

1. 바쟁은 현실의 공간에서 자연광을 이용해 촬영하거나, 연기 경험이 없는 일반인을 배우로 ⓓ 쓰는 등 다큐멘터리처럼 강한 현실감을 만들어 내는 연출 방식에 찬사를 보냈다.

2. 또한 정교하게 구조화된 서사를 통해 의미를 명확하게 제시하는 영화보다는 열린 결말을 통해 의미를 확정적으로 제시하지 않는 영화를 선호했다.

3. 이러한 영화가 미결정 상태이 현실을 있는 그대로 드러낸다고 생각했기 때문이다.

(나) 1 문단

1. 정신분석학적 영화 이론 에 따르면 ㉠ 관객이 영화에서 느끼는 현실감은 상상적인 것이며 환영이다.

- '정신분석학적 영화 이론'을 암기 시도할 필요가 있다.
- '관객이 영화에서 느끼는 현실감은 왜 상상적인 것이며 환영이라는 것일까?'라고 물음표를 띄울 수 있다.
  '영화는 현실이 아니라서 그런 건가'라고 추론할 수 있다.

2. 영화와 관객의 심리 사이의 관계를 다루는 정신분석학적 영화 이론은 영화와 관객 사이에 발생하는 동일시 현상에 주목한다.

- '동일시 현상이 뭘까?'라고 물음표를 띄울 수 있다.
  단서가 부족해 추론은 어려워 보인다.

3. 이런 동일시 현상은 영화 장치로 인해 발생한다.

- 영화 장치⇒동일시 현상

4. 이때 영화 장치는 카메라, 영화의 서사, 영화관의 환경 등을 아우르는 개념이다.

- '카메라', '영화의 서사', '영화관의 환경'이 '영화 장치'에 포함됨을 알 수 있다.

5. 가장 대표적인 동일시 현상은 관객이 영화의 등장인물에 자신을 일치시키는 것이다.

- '동일시 현상'에 대한 정의가 제시되고 있으므로 '동일시 현상이 뭘까?'라면서 띄웠던 물음표를 회수할 수 있다.

6. 이런 동일시는 극영화뿐 아니라 다큐멘터리 영화에서도 발생한다.

7. 그런데 관객이 보고 있는 인물과 사물은 영화가 상영되는 그 시간과 장소에는 존재하지 않는다.

- '관객이 보고 있는 인물과 사물은 영화가 상영되는 그 시간과 장소에는 존재하지 않지만 동일시 현상으로 등장인물에 자신을 일치시킴으로써 영화는 상상적인 것이며 환영이라는 것이구나'라고 반응할 수 있으므로 '관객이 영화에서 느끼는 현실감은 왜 상상적인 것이며 환영이라는 것일까?'라면서 띄웠던 물음표를 회수할 수 있다.

8. 그 인물과 사물의 부재를 채우는 역할은 관객의 몫이다.

9. 관객은 상상적 작업을 통해, 영화가 보여 주는 세계의 중심에 자신을 위치시킴으로써, 허구적 세계와 현실 사이의 간극을 ⓔ 없앤다.

10. 따라서 정신분석학적 영화 이론에서 영화는 일종의 몽상이다.

2 문단

1. 정신분석학적 영화 이론에 따르면 관객의 시점은 카메라의 시점과 동일시된다.

2. 관객은 카메라에 의해 기록된 것만을 볼 수 있다.

- '-만'이라는 표현이 등장했으므로 '관객은 카메라에 의해 기록된 것 이외는 볼 수 없다'라고 바꾸어 읽을 수 있다.

3. 따라서 관객은 자신이 영화를 보는 시선의 주체라고 생각하지만 그 시선은 카메라에 의해 이미 규정된 시선이다.

4. 또한 영화는 촬영과 편집 과정에서 특정한 의도에 따라 선택과 배제가 이루어지지만, 관객은 제작 과정에서 무엇이 배제되었는지 알 수 없다.

5. 관객은 자신이 현실 세계를 보고 있다고 믿지만, 사실은 인위적으로 만들어진 세계를 보고 있다는 것이 정신분석학적 영화 이론가들의 주장이다.

- '2문단은 영화 장치 중 카메라가 만들어 내는 현실감에 대해 설명하고 있군'이라고 반응할 수 있다.

3 문단

1. 영화관의 환경은 관객이 영화가 환영임을 인식하기 어렵게 만든다.

- '3문단은 영화 장치 중 영화관의 환경이 만들어 내는 현실감에 대해 설명하겠군'이라고 반응할 수 있다.

2. 영화에 몰입한 관객은 플라톤이 말한 '동굴의 비유' 속 죄수처럼 스크린에 비친 허구적 세계를 현실이라고 착각한다.

- '플라톤의 '동굴의 비유'에서 그림자를 현실로 착각하는 인간처럼 영화에 몰입한 관객은 스크린에 비친 허구적 세계를 현실로 착각한다는 거구나'라고 반응할 수 있다.

3. 이때 영화는 꿈에 빗대진다.

4. 정신분석학적 영화 이론은 영화가 은폐하고 있는 특정한 이념을 관객이 의심하지 않고 자신의 것으로 받아들일 위험이 있다고 경고한다.

5. 이는 관객이 비판적 거리를 유지하면서 영화를 볼 수 있도록, 영화가 환영임을 영화 스스로 폭로하는 설정이 담겨 있는 대안적인 영화가 필요하다는 주장으로 이어진다.

- '대안적인 영화'에 대한 정의가 제시되고 있다.
- '대안적인 영화'를 암기 시도할 필요가 있다.

12. (가)와 (나)에서 모두 답을 찾을 수 있는 질문으로 가장 적절한 것은?

① 영화는 무엇에 비유될 수 있는가?
(가)에서 바쟁은 영화를 '세상을 향해 열린 창'이라고 비유했고, (나)에서 정신분석학적 영화 이론은 영화를 '꿈'이라고 비유했다.
② 영화의 내용과 형식 중 무엇이 중요한가?
(가)에서만 찾을 수 있다.
③ 영화에 관객의 심리는 어떻게 반영되는가?
(가)와 (나) 모두에서 찾을 수 없다.
④ 영화 이론의 시기별 변천 양상은 어떠한가?
(가)와 (나) 모두에서 찾을 수 없다.
⑤ 영화관 환경은 관객에게 어떤 영향을 주는가?
(나)에서만 찾을 수 있다.

13. (가)를 바탕으로 할 때, 영화적 기법의 효과에 대한 이해로 적절하지 <u>않은</u> 것은?

① 몽타주를 활용하여 대립 관계의 두 세력이 충돌하는 상황을 상징적 이미지로 표현한 장면에서, 관객은 생소한 느낌을 받을 수 있다.
(가) 2문단 4번 문장: 몽타주는 추상적이거나 상징적인 이미지를 통해 관객이 익숙한 대상을 낯설게 받아들이게 한다.
② 몽타주를 활용하여 서로 다른 공간을 짧은 숏으로 불규칙하게 교차시킨 장면에서, 관객은 영화 속 공간이 불연속적으로 재구성되었다는 인상을 받을 수 있다.
③ <u>디프 포커스를 활용하여 주인공과 주인공 뒤로 펼쳐진 배경을 하나의 숏으로 촬영한 장면에서, 관객은 배경이 흐릿하게 인물은 선명하게 보이는 느낌을 받을 수 있다.</u>
디프 포커스를 활용하여 주인공과 주인공 뒤로 펼쳐진 배경을 하나의 숏으로 촬영한 장면에서, 관객은 배경이 선명하게 인물

도 선명하게 보이는 느낌을 받을 수 있다.
④ 롱 테이크를 활용하여 사자가 사슴을 사냥하는 모든 과정을 하나의 숏으로 길게 촬영한 장면에서, 관객은 실제 상황을 마주하는 듯한 느낌을 받을 수 있다.
⑤ 디프 포커스와 롱 테이크를 활용하여 광장의 군중을 촬영한 장면에서, 관객은 자율적으로 인물이나 배경에 시선을 옮기며 사건의 전개를 지켜볼 수 있다.

14. <보기>의 입장에서 (가)의 '바쟁'에 대해 비판한 내용으로 가장 적절한 것은?

< 보기 >

관객은 특별한 예술 교육을 받지 않아도 작품을 해석할 수 있다. 또한 감독의 의도대로 작품을 해석하는 존재가 아니다. 따라서 감독은 영화를 통해 관객을 계몽하려 할 필요가 없다. 관객은 작품과 상호 작용하며 의미를 생산하는 능동적 존재이다. 감독과 관객은 수평적인 위치에 있다.

① 바쟁은 열린 결말의 영화를 관객이 이해하도록 돕는 예술 교육의 필요성을 간과하고 있다.
<보기>는 예술 교육의 필요성을 주장하지 않았다.
② 바쟁은 정교하게 구조화된 서사의 영화를 통해 관객을 계몽하는 것을 영화의 목적이라고 오인하고 있다.
바쟁은 정교하게 구조화된 서사의 영화를 통해 관객을 계몽하는 것을 영화의 목적으로 보지 않았다.
③ 바쟁이 감독의 연출 역량을 기준으로 감독의 유형을 나눈 것은 영화와 관객의 상호 작용을 무시한 구분에 불과하다.
바쟁은 감독의 연출 역량을 기준으로 감독의 유형을 나누지 않았다.
④ 바쟁이 변형된 현실을 통해 생성한 의미를 관객에게 전달하는 것을 중시한다는 점에서 관객의 능동적인 작품 해석 능력을 과소평가하고 있다.
바쟁은 변형된 현실을 통해 생성한 의미를 관객에게 전달하는 것을 중시하지 않았다.
⑤ <u>바쟁은 감독의 연출 방식에 따라 영화 작품에 대한 관객의 이해가 달라질 수 있다고 본다는 점에서 감독이 관객보다 우위에 있다고 간주하고 있다.</u>

15. 정신분석학적 영화 이론 을 바탕으로 할 때, ㉠의 이유로 가장 적절한 것은?

㉠ 관객이 영화에서 느끼는 현실감은 상상적인 것이며 환영이다

① 관객은 영화 장치의 영향을 받기 때문이다.
영화 장치⇒동일시 현상→㉠
② 현실의 의미는 미리 정해져 있지 않기 때문이다.
③ 영화가 현실을 불연속적으로 파편화하여 드러내기 때문이다.
④ 관객은 영화의 은폐된 이념을 그대로 받아들일 위험이 있기 때문이다.
⑤ 관객은 영화의 제작 과정에서 배제된 것들을 인식할 수 있기 때문이다.

16. 다음은 학생이 작성한 영화 감상문이다. 이에 대해 (가)의 바쟁(A)의 관점과 (나)의 정신분석학적 영화 이론(B)의 관점에서 설명한 내용으로 가장 적절한 것은?

[3점]

> 최근 영화관에서 본 두 편의 영화가 기억에 남는다. ㉮ 첫째 번 영화는 고단하게 살아가는 한 가족의 일상을 표현한 작품이다. 다큐멘터리라는 착각이 들 정도로 사실적인 영화였다. 작품에 대해 더 찾아보니 거리에서 인공조명 없이 촬영되었고, 주인공은 연기 경험이 없는 일반인이었다고 한다. 마지막에 아버지가 아들의 손을 꼭 잡아 줄 때, 마치 내 손을 잡아 주는 것처럼 느껴져 감동적이었다. 열린 결말이라서 주인공 가족이 앞으로 어떻게 살아갈지 궁금했다.
>
> ㉯ 둘째 번 영화는 초인적 주인공이 외계의 침략자를 물리치는 내용이다. 영화 후반부까지 사건 전개를 예측하지 못할 정도로 반전을 거듭하는 이야기와 실재라고 착각할 정도로 뛰어난 컴퓨터 그래픽 화면은 으뜸이었지만 뻔한 결말은 아쉬웠다. 그래도 주인공이 침략자를 무찌르는 장면에서는 내가 주인공이 되어 세상을 구하는 것 같아서 쾌감이 느껴졌다. 그런데 영화가 끝나고 생각해 보니 왜 세계의 평화는 서구인이 지키고, 특정 나라에서 일어나는 사건이 인류의 위기인지 의아했다.

① A의 관점에서 보면, 학생이 ㉮에서 궁금함을 떠올린 것은 '이미지를 믿는 감독'이 열린 결말을 통해 현실을 있는 그대로 ㉮에 담았기 때문이다.

A의 관점에서 보면, 학생이 ㉮에서 궁금함을 떠올린 것은 '현실을 믿는 감독'이 열린 결말을 통해 현실을 있는 그대로 ㉮에 담았기 때문이다.

② A의 관점에서 보면, 학생이 ㉯에서 사건의 전개를 예측하지 못한 것은 ㉯에는 의미가 미리 정해져 있지 않은 미결정 상태의 현실이 담겨 있기 때문이다.

㉯에는 의미가 미리 정해져 있지 않은 미결정 상태의 현실이 담겨 있다고 말할 수 없다. 왜냐하면 뻔한 결말로 마무리되기 때문이다. 의미가 미리 정해져 있지 않은 미결정 상태의 현실이 담겨 있다고 말하기 위해서는 열린 결말로 마무리 되어야 할 것이다.

③ A의 관점에서 보면, 학생이 ㉮와 ㉯에서 착각하는 듯한 인상을 받은 것은 ㉮와 ㉯가 강한 현실감을 만들어 내는 연출 방식으로 촬영되었기 때문이다.

A의 관점에서 보면, 학생이 ㉮에서 착각하는 듯한 인상을 받은 것은 ㉮가 강한 현실감을 만들어 내는 연출 방식으로 촬영되었기 때문이지만, ㉯에서 착각하는 듯한 인상을 받은 것은 A의 관점으로 설명할 수 없다.

④ B의 관점에서 보면, 학생이 ㉯에서 의아함을 떠올린 것은 ㉯가 관객으로 하여금 비판적 거리를 유지하며 영화를 볼 수 있도록 하는 대안적인 영화이기 때문이다.

대안적인 영화는 영화가 환영임을 영화 스스로 폭로하는 설정이 담겨 있는 영화인데, 이 정의에 따르면 ㉯는 대안적인 영화가 아니다.

⑤ B의 관점에서 보면, 학생이 ㉮에서 감동을 받은 것과 ㉯에서 쾌감을 느낀 것은 상상적 작업을 통해 허구적 세계의 중심에 자신을 위치시켰기 때문이다.

17. 문맥상 ⓐ~ⓔ와 바꿔 쓰기에 적절하지 않은 것은?

ⓐ 새로운 의미를 창조하는 데 주력한다
현실의 연속성을 ⓑ 깨뜨릴 뿐만 아니라
현실을 ⓒ 마주하는 듯한 효과를
연기 경험이 없는 일반인을 배우로 ⓓ 쓰는 등
허구적 세계와 현실 사이의 간극을 ⓔ 없앤다

① ⓐ: 개선(改善)된
② ⓑ: 파괴(破壞)할
③ ⓒ: 대면(對面)하는
④ ⓓ: 기용(起用)하는

⑤ ⓔ: 해소(解消)한다

PART 06

복합

1 문단

1. 음악은 소리로 이루어진 예술이다.

- '음악'에 대한 정의가 제시되고 있다.
- '소리'와 '음악'은 부분 관계임을 알 수 있다.
- '음악'이 '예술'에 포함됨을 알 수 있다.

2. 예술이 아름다움을 추구한다면 음악 또한 아름다움을 추구해야 할 것이다.

- 논증을 다음과 같이 정리할 수 있다.
1. 예술은 아름다움을 추구한다.
2. 음악은 예술이다.
따라서 음악은 아름다움을 추구한다.
- '-야'라는 당위 진술을 가리키는 표현이 등장했으므로 '추구하지 않으면 안 될 것이다'로 바꾸어 읽을 수 있다.

3. 그렇다면 아름다운 음악 작품은 듣기 좋은 소리만으로 만들어질 수 있는 것일까?

- '아름다운 음악 작품이 되기 위해 듣기 좋은 소리가 충분조건이 될 수 있는가?'라고 물음표를 띄울 수 있다.
단서가 부족해 추론은 어려워 보인다.

4. 음악적 아름다움은 어떻게 구현되는 것일까?

- '그러게?'라고 물음표를 띄울 수 있다.
단서가 부족해 추론은 어려워 보인다.

2 문단

1. 음악에서 사용하는 소리라고 해도 대부분의 사람들은 피아노 소리가 심벌즈 소리보다 듣기 좋다고 생각한다.

- '음악에서 사용하는 소리라고 해도'를 '피아노 소리와 심벌즈 소리 모두 음악에서 사용하는 소리라고 하지만'으로 바꾸어 읽을 수 있다.

- '피아노 소리'와 '심벌즈 소리'의 차이를 인지할 수 있으므로 둘을 대등 관계로 보아 시각적 수평 관계로 모델링할 수 있다.

2. 이 중 전자를 고른음, 후자를 시끄러운음이라고 한다.

- '피아노 소리'가 '고른음'에 포함되고, '심벌즈 소리'가 '시끄러운음'에 포함됨을 알 수 있다.
- '고른음'과 '시끄러운음'을 암기 시도할 필요가 있다.

3. 고른음은 주기성을 갖지만 시끄러운음은 주기성을 갖지 못한다.

- '피아노 소리는 주기성을 갖지만, 심벌즈 소리는 주기성을 갖지 못하는구나'라고 반응할 수 있다.

4. 일반적으로 음악에서 '음'이라고 부르는 것은 고른음을 지칭한다.

- '고른음'이 '음'으로 변형 반복됨을 알 수 있다.

5. 고른음은 주기성을 갖기 때문에 동일한 파형이 주기적으로 반복된다.

6. 이때 같은 파형이 1초에 몇 번 반복되는가를 진동수라고 한다.

- '진동수'에 대한 정의가 제시되고 있다.

7. 진동수가 커지면 음높이 즉, 음고가 높아진다.

- '음높이'가 '음고'로 변형 반복됨을 알 수 있다.
- 진동수↑⇒음고↑

8. 고른음 중에서 파형이 사인파인 음파를 단순음이라고 한다.

- '단순음'에 대한 정의가 제시되고 있다.
- '단순음'이 '고른음'에 포함됨을 알 수 있다.
- '단순음'을 암기 시도할 필요가 있다.

9. 사인파의 진폭이 커질수록 단순음은 소리의 세기가 커진다.

- 사인파의 진폭↑⇒단순음의 소리의 세기↑

10. 대부분의 악기에서 나오는 음은 사인파보다 복잡한
파형을 갖는데 이런 파형은 진동수와 진폭이 다른 여러
개의 사인파가 중첩된 것으로 볼 수 있다.

11. 이런 소리를 복합음이라고 하고 복합음을 구성하는
단순음을 부분음이라고 한다.

- '복합음'을 암기 시도할 필요가 있다.
- '부분음'에 대한 정의가 제시되고 있다.
- '부분음'을 암기 시도할 필요가 있다.
- '부분음'과 '복합음'은 부분 관계임을 알 수 있다.
- '단순음은 파형이 사인파인 음파이고 복합음은 이런 단순음들
  이 중첩된 복잡한 파형을 갖는 음파라는 거네'라고 반응할 수
  있다.

12. 부분음 중에서 가장 진동수가 작은 것을 기본음이
라 하는데 귀는 복합음 속의 부분음들 중에서 기본음
의 진동수를 복합음의 진동수로 인식한다.

- '기본음'에 대한 정의가 제시되고 있다.
- '기본음'을 암기 시도할 필요가 있다.
- '기본음'은 '부분음'에 포함됨을 알 수 있다.
- '귀는 복합음 속의 부분음들 중에서 왜 기본음의 진동수를 복
  합음의 진동수로 인식할까?'라고 물음표를 띄울 수 있다.
  단서가 부족해 추론은 어려워 보인다.

3 문단

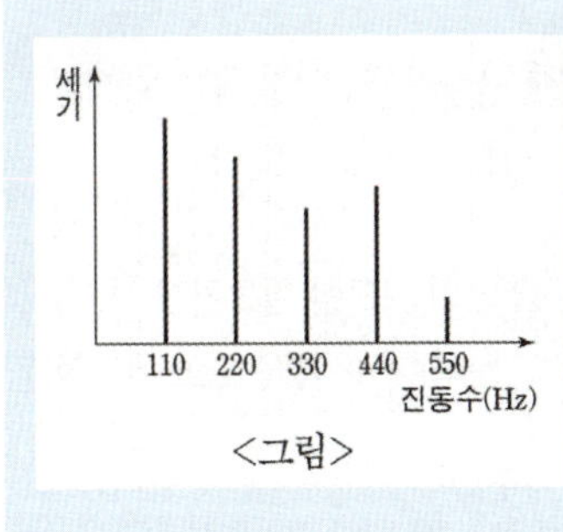

1. 악기가 ㉠ 내는 소
리의 식별 가능한 독
특성인 음색은 부분음
들로 구성된 복합음의
구조, 즉 부분음들의
진동수와 상대적 세기
에 의해 결정된다.

- '음색'에 대한 정의가 제시되고 있다.
- '음색'을 암기 시도할 필요가 있다.
- 부분음들의 진동수와 상대적 세기⇒음색

2. 현악기나 관악기에서 발생하는 고른음은 기본음 진
동수의 정수배의 진동수를 갖는 부분음들로 이루어져
있지만, 타악기 소리는 부분음들의 진동수가 기본음 진
동수의 정수배를 이루지 않는다.

- '현악기나 관악기에서 발생하는 고른음은 피아노 소리의 범주
에, 타악기 소리는 심벌즈 소리의 범주에 포함시킬 수 있겠네'라
고 반응할 수 있다.

3. 이러한 소리의 특성을 시각적으로 보여주는 소리 스
펙트럼은 복합음을 구성하는 단순음 성분들의 세기를
진동수에 따라 그래프로 나타낸 것이다.

- '소리 스펙트럼'에 대한 정의가 제시되고 있다.
- '소리 스펙트럼'을 암기 시도할 필요가 있다.

4. 고른음의 소리 스펙트럼은 <그림>처럼 일정한 간격
으로 늘어선 세로 막대들로 나타나는 반면에 시끄러운
음의 소리 스펙트럼에서는 막대 사이 간격이 일정하지
않다.

- '시끄러운음은 부분음들의 진동수가 기본음 진동수의 정수배
를 이루지 않기 때문에 소리 스펙트럼에서 막대 사이 간격이 일
정하지 않은 거겠군'이라고 추론할 수 있다.

4 문단 [A]

1. 두 음이 동시에 울리거나 연이어 울릴 때, 음의 어울
림, 즉 협화도는 음정에 따라 달라진다.

- '협화도'에 대한 정의가 제시되고 있다.
- '협화도'를 암기 시도할 필요가 있다.
- '음정이 뭐지?'라고 물음표를 띄울 수 있다.
  단서가 부족해 추론은 어려워 보인다.
- 음정⇒협화도

2. 여기에서 음정이란 두 음의 음고 간의 간격을 말하며
높은 음고의 진동수를 낮은 음고의 진동수로 나눈 값으
로 표현된다.

- '음정'에 대한 정의가 제시되고 있으므로 '음정이 뭐지?'라면서
띄웠던 물음표를 회수할 수 있다.

3. 가령, '도'와 '미' 사이처럼 장3도 음정은 5/4이고, '도'와 '솔' 사이처럼 완전5도 음정은 3/2이다.

- '장3도 음정= 5/4', '완전5도 음정 = 3/2'를 암기 시도할 필요가 있다.

4. 그러므로 장3도는 완전5도보다 좁은 음정이다.

- '좁은 음정이라는 게 무슨 말이야?'라고 물음표를 띄울 수 있다. '음의 어울림, 즉 협화도가 좁은 음정이라는 말인가'라고 추론할 수 있다.

5. 일반적으로 음정을 나타내는 분수를 약분했을 때 분자와 분모에 들어가는 수가 커질수록 협화도는 작아진다고 본다.

- 분자와 분모에 들어가는 수↑⇒협화도↓

6. 가령, 음정이 2/1인 옥타브, 3/2인 완전5도, 5/4인 장3도, 6/5인 단3도의 순서로 협화도가 작아진다.

- '옥타브=2/1', '단3도=6/5'를 암기 시도할 필요가 있다.

7. 서로 잘 어울리는 두 음의 음정을 협화 음정이라고 하고 그렇지 않은 음정을 불협화 음정이라고 하는데 16세기의 음악 이론가인 차를리노는 약분된 분수의 분자와 분모가 1, 2, 3, 4, 5, 6으로만 표현되는 음정은 협화 음정, 그 외의 음정은 불협화 음정으로 보았다.

- '협화 음정'과 '불협화 음정'에 대한 정의가 제시되고 있다.
- '협화 음정'과 '불협화 음정'을 암기 시도할 필요가 있다.
- '협화 음정'과 '불협화 음정'의 차이를 인지할 수 있으므로 둘을 대등 관계로 보아 시각적 수평 관계로 모델링할 수 있다.
- '차를리노'를 암기 시도할 필요가 있다.
- '차를리노에 따르면 옥타브, 완전5도, 장3도, 단3도는 모두 협화 음정이겠네'라고 반응할 수 있다.

5 문단

1. 아름다운 음악은 단순히 듣기 좋은 소리를 연이어 배열한다고 해서 만들어지지 않는다.

- '좋은 소리는 아름다운 음악이 되기 위한 필요조건이겠네'라고 반응할 수 있으므로 '아름다운 음악 작품이 되기 위해 듣기 좋

은 소리가 충분조건이 될 수 있는가?'라면서 띄웠던 물음표를 회수할 수 있다.

2. 음악은 다양한 음이 조직적으로 연결되고 구성된 형태로, 음악의 매체인 소리가 시간의 진행 속에 구체화된 것이라 할 수 있다.

- '음악'에 대한 정의가 다시 제시되고 있다.

3. 19세기 음악 평론가인 ⓐ 한슬리크에 따르면, 음악의 독자적인 아름다움은 음들이 '울리면서 움직이는 형식'에서 비롯되는데, 음악을 구성하는 음악적 재료들이 움직이며 만들어 ⓑ 내는 형식 그 자체를 말한다.

- '한슬리크'를 암기 시도할 필요가 있다.
- '그러니까 한슬리크에 따르면 아름다운 음악은 단순히 듣기 좋은 소리를 연이어 배열한다고 만들어지는 게 아니라 듣기 좋은 소리를 조직적으로 구성함으로써 만들어진다는 거네'라고 반응할 수 있으므로 '그러게?'라고 띄웠던 물음표를 회수할 수 있다.

4. 따라서 음악의 가치는 음악이 환기하는 기쁨이나 슬픔과 같은 특정한 감정이나 정서에서 찾으려 해서는 안 된다는 것이다.

- '음악의 가치는 감정을 배제한 형식에서 찾아야 한다고 주장하는 거네'라고 반응할 수 있다.

6 문단

1. 음악에는 다양한 음악적 요소 들이 사용되는데, 여기에는 리듬, 가락, 화성, 셈여림, 음색 등이 있다.

- '리듬', '가락', '화성', '셈여림'을 암기 시도할 필요가 있다.
- '리듬', '가락', '화성', '셈여림', '음색'이 '음악적 요소'에 포함됨을 알 수 있다.

2. 리듬은 음고 없이 소리의 장단이나 강약 등이 반복될 때 나타나는 규칙적인 소리의 흐름이고, 가락은 서로 다른 음의 높낮이가 지속 시간을 가지는 음들의 흐름이다.

- '리듬'에 대한 정의가 제시되고 있다.
- '가락'에 대한 정의가 제시되고 있다.

3. 화성은 일정한 법칙에 따라 여러 개의 음이 동시에 울려서 생기는 화음과 또 다른 화음이 시간적으로 연결된 흐름이고, 셈여림은 음악에 나타나는 크고 작은 소리의 세기이며, 음색은 바이올린, 플루트 등 선택된 서로 다른 악기가 만들어 내는 식별 가능한 소리의 특색이다.

- '화성'에 대한 정의가 제시되고 있다.
- '화음'에 대한 정의가 제시되고 있다.
- '셈여림'에 대한 정의가 제시되고 있다.
- '음색'에 대한 정의가 다시 제시되고 있다.

7 문단

1. 작곡가는 이러한 음악적 요소들을 활용해서 음악 작품을 만든다.

2. 어떤 음악 작품에서 자주 반복되거나 변형되면서 등장하는 소재인 가락을 그 음악 작품의 주제라고 하는데, 작곡가는 자신의 음악적 아이디어를 주제로 구현하고 다양한 음악적 요소들을 사용해서 음악 작품을 완성한다.

- '음악 작품의 주제'에 대한 정의가 제시되고 있다.

3. 예컨대 조성 음악*에서는 정해진 박자 내에서 질서를 가지고 반복적으로 움직이는 리듬이 음표나 쉼표의 진행으로 나타나고, 어떤 조성의 음계 음들을 소재로 한 가락이 나타나고, 주제는 긴장과 이완을 유발하는 다양한 화성 진행을 통해 반복되고 변화한다.
* 조성 음악: 으뜸음 '도'가 다른 모든 음계 음들을 지배하는 음악으로 17세기 이후 대부분의 서양 음악이 이에 해당한다.

- '음악적 요소들이 조성 음악에서 어떻게 활용되는지에 대한 예시를 제시하고 있군'이라고 반응할 수 있다.

4. 이렇듯 음악은 다양한 특성을 갖는 음들이 유기적으로 결합한 소리의 예술이라고 볼 수 있다.

- '음악'에 대한 정의가 다시 제시되고 있다.

28. 윗글에 대한 설명으로 가장 적절한 것은?

① 소리에 대한 감각이 음악 감상에 미치는 영향을 살피고 있다.

소리에 대한 감각이 음악 감상에 미치는 영향은 제시되지 않았다.

② 미적 본성에 대한 과학적 탐색과 음악적 탐색을 비교하고 있다.

미적 본성에 대한 과학적 탐색과 음악적 탐색은 제시되지 않았다.

③ 소리를 구분하고 그것을 근거로 하여 음악의 형식을 분류하고 있다.

소리를 구분한 건 맞지만 그것을 근거로 하여 음악의 형식을 분류하진 않았다.

④ 음악의 아름다움을 소리에 관한 과학적 분석과 관련지어 탐구하고 있다.

⑤ 듣기 좋은 소리와 그렇지 않은 소리가 음악에서 하는 역할을 분석하고 있다.

듣기 좋은 소리와 그렇지 않은 소리가 음악에서 하는 역할은 제시되지 않았다.

29. 음악적 요소 에 대한 이해로 적절하지 않은 것은?

① 리듬은 음높이를 가지는 규칙적인 소리의 흐름으로, 음악에서 질서를 가진 음표나 쉼표의 진행에 활용되는 요소이다.

6문단 2번 문장: 리듬은 음고 없이 소리의 장단이나 강약 등이 반복될 때 나타나는 규칙적인 소리의 흐름이고, 가락은 서로 다른 음의 높낮이가 지속 시간을 가지는 음들의 흐름이다.

리듬은 음높이, 즉 음고를 가지지 않는다.

② 가락은 서로 다른 음높이가 지속 시간을 가지는 음들의 흐름으로, 음악에서 자주 반복되거나 변형되면서 등장하는 소재로 활용되는 요소이다.

③ 화성은 화음과 또 다른 화음이 연결된 흐름으로, 음악에서 긴장과 이완을 유발하는 진행에 활용되는 요소이다.

④ 셈여림은 소리의 세기로, 음악에서 크고 작은 소리가 나타나도록 하는 데 활용되는 요소이다.

⑤ 음색은 식별 가능한 소리의 특색으로, 음악에서 바이올린, 플루트 등 서로 다른 종류의 악기를 선택하는 데 활용되는 요소이다.

30. 음악 작품을 만들기 위한 계획들 중, ⓐ의 입장을 가장 잘 반영한 것은?

ⓐ <u>한슬리크</u>

① 장3도로 기쁨을, 단3도로 슬픔을 나타내는 정서적인 음악을 만든다.
② 플루트의 청아한 가락으로 상쾌한 아침의 정경을 연상시키는 음악을 만든다.
③ 낮은 음고의 음들을 여러 번 사용하여 내면의 불안감을 조성하는 음악을 만든다.
④ <u>첫째 음과 둘째 음의 간격이 완전5도가 되는 음들을 조직적으로 연결하여 주제가 명확한 음악을 만든다.</u>
⑤ 오페라의 남자 주인공이 화들짝 놀라는 장면에 들어갈 매우 강한 시끄러운음이 울리는 음악을 만든다.

31. 윗글의 <그림>에 대한 이해로 적절한 것은?

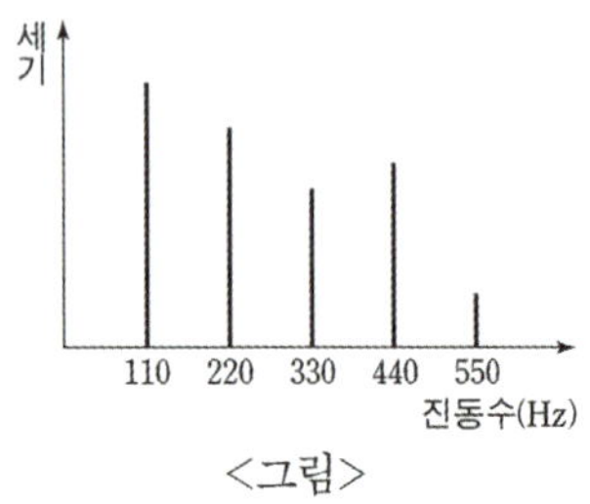
<그림>

① <그림>은 심벌즈의 소리 스펙트럼이다.
<그림>은 고른음의 소리 스펙트럼으로 심벌즈 소리는 고른음에 포함되지 않는다.
② <그림>에 표현된 복합음의 진동수는 550Hz로 인식된다.
<그림>에 표현된 복합음의 진동수는 110Hz로 인식된다.
③ <u><그림>에 표현된 소리의 부분음 중 기본음의 세기가 가장 크다.</u>
④ <그림>은 시간의 경과에 따른 부분음의 세기의 변화를 나타낸다.
<그림>은 복합음을 구성하는 단순음 성분들의 세기를 진동수에 따라 그래프로 나타낸 것이다.
⑤ <그림>에서 220Hz에 해당하는 막대가 사라져도 음색은 변하지 않는다.
3문단 1번 문장: 악기가 ㉠ 내는 소리의 식별 가능한 독특성인 음색은 부분음들로 구성된 복합음의 구조, 즉 부분음들의 진동수와 상대적 세기에 의해 결정된다.
<그림>에서 220Hz에 해당하는 막대가 사라지면 음색은 변할 것이다.

32. [A]를 바탕으로 <보기>에 대해 설명한 것으로 적절하지 <u>않은</u> 것은? [3점]

<hr>
< 보기 >

바이올린을 연주했을 때 발생하는 네 음 P, Q, R, S의 기본음의 진동수를 측정한 결과가 표와 같았다.

음	P	Q	R	S
기본음의 진동수(Hz)	440	550	660	880

① P와 Q 사이의 음정은 장3도이다.
② P와 Q 사이의 음정은 Q와 R 사이의 음정보다 좁다.
Q와 R 사이의 음정이 P와 Q 사이의 음정보다 좁다.
③ P와 R 사이의 음정은 협화 음정이라고 할 수 있다.
④ P와 S의 부분음 중에는 진동수가 서로 같은 것이 있다.
P와 S는 바이올린을 연주했을 때 발생하는 고른음으로 P와 S는 기본음 진동수의 정수배에 해당하는 부분음들로 이루어져 있을 것이다. 따라서 P에는 기본음 진동수의 2배에 해당하는 880Hz 부분음이 포함되어 있을 것이고, 당연히 S에도 같은 진동수의 부분음이 포함되어 있다.
⑤ P와 S 사이의 음정은 Q와 R 사이의 음정보다 협화도가 크다. P와 S 사이의 음정은 2/1로, Q와 R 사이의 음정 6/5보다 협화도가 크다.

33. <보기>를 바탕으로 할 때, ㉠과 쓰임이 유사한 것은?
악기가 ㉠ <u>내는</u> 소리
만들어 ㉡ <u>내는</u>

<hr>
< 보기 >

윗글의 ㉠은 문장에서 자립적으로 쓰여 서술어 기능을 한다. 그러나 ㉡은 혼자서는 쓰이지 못하고 반드시 다른 용언의 뒤에 붙어서 의미를 더하여 주는 '보조 용언' 기능을 한다.

① 그 일을 다 해 버리니 속이 시원하다.
② 그는 친구들의 고민을 잘 들어 주었다.
③ 내일 경기를 위해 잘 먹고 잘 쉬어 둬라.
④ <u>그는 내일까지 돈을 구해 오겠다고 큰소리를 쳤다.</u>
⑤ 일을 추진하기 전에 득실을 꼼꼼히 계산해 보고 시작하자.

1 문단

1. 고전 역학에 ⓐ 따르면, 물체의 크기에 관계없이 초기 운동 상태를 정확히 알 수 있다면 일정한 시간 후의 물체의 상태는 정확히 측정될 수 있으며, 배타적인 두 개의 상태가 공존할 수 없다.

2. 하지만 20세기에 등장한 양자 역학에 의해 미시 세계에서는 상호 배타적인 상태들이 공존할 수 있음이 알려졌다.

- '고전 역학에서는 상호 배타적인 상태들이 공존할 수 없지만, 양자 역학에서는 상호 배타적인 상태들이 공존할 수 있네'라고 반응할 수 있다.
- '고전 역학'과 '양자 역학'의 차이를 인지힐 수 있으므로 둘을 대등 관계로 보아 시각적 수평 관계로 모델링할 수 있다.

2 문단

1. 미시 세계에서의 상호 배타적인 상태의 공존을 이해하기 위해, 거시 세계에서 회전하고 있는 반지름 5cm의 팽이를 생각해보자.

- '미시 세계'와 '거시 세계'를 구분하고 있으므로 둘을 대등 관계로 보아 시각적 수평 관계로 모델링할 수 있다.

2. 그 팽이는 시계 방향 또는 반시계 방향 중 한쪽으로 회전하고 있을 것이다.

3. 팽이의 회전 방향은 관찰하기 이전에 이미 정해져 있으며, 다만 관찰을 통해 ⓑ 알게 되는 것뿐이다.

4. 이와 달리 미시 세계에서 전자만큼 작은 팽이 하나가 회전하고 있다고 상상해 보자.

- '거시 세계의 팽이는 눈으로 볼 수 있을 만큼 큰 반지름 5cm의 팽이를 가정했는데, 미시 세계의 팽이는 눈으로 볼 수 없을 만큼 작은 전자 크기의 팽이를 가정하고 있군'이라고 반응할 수 있다.

5. 이 팽이의 회전 방향은 시계 방향과 반시계 방향의 두 상태가 공존하고 있다.

- '오잉? 상상이 안 되는데?'라고 반응할 수 있다.
- '거시 세계의 팽이는 시계 방향 또는 반시계 방향 중 한쪽으로만 돌고 있는데, 미시 세계의 팽이는 두 상태가 공존할 수 있네. 거시 세계는 고전 역학의 범주에, 미시 세계는 양자 역학의 범주에 포함시킬 수 있겠다'라고 반응할 수 있다.

6. 하나의 팽이에 공존하고 있는 두 상태는 관찰을 통해서 한 가지 회전 방향으로 결정된다.

- '거시 세계의 팽이는 관찰이 상태를 결정짓지 않았는데 미시 세계의 팽이는 관찰이 상태를 결정짓네'라고 반응할 수 있다.

7. 두 개의 방향 중 어떤 쪽이 결정될지는 관찰하기 이전에는 알 수 없다.

'관찰 후에는 두 개의 방향 중 하나가 랜덤으로 결정되려나'라고 추론할 수 있다.

8. 거시 세계와 달리 양자 역학이 지배하는 미시 세계에서는, 우리가 관찰하기 이전에는 상호 배타적인 상태가 공존하는 것이다.

9. 배타적인 상태의 공존과 관찰 자체가 물체의 상태를 결정한다는 개념을 받아들이기 힘들었기 때문에, 아인슈타인은 ㉠ "당신이 달을 보기 전에는 달이 존재하지 않는 것인가?"라는 말로 양자 역학의 해석에 회의적인 태도를 취하였다.

- "당신이 달을 보기 전에는 달이 존재하지 않는 것인가?'라는 말이 무슨 말이지?'라고 물음표를 띄울 수 있다.
 "당신이 달을 보기 전에는 달이 존재하지 않다가 당신이 달을 본 후에야 달이 존재하게 되는 것이냐? 그러니까 관찰이 상태 혹은 존재를 결정짓는 것이냐? 아니다!'라는 말이겠군'이라고 추론할 수 있다.

3 문단

1. 최근에는 상호 배타적인 상태의 공존을 적용함으로써 초고속 연산을 수행하는 양자 컴퓨터에 대한 연구가 진행되고 있다.

2. 이는 양자 역학에서 말하는 상호 배타적인 상태의 공존이 현실에서 실제로 구현될 수 있음을 잘 보여 주는 예라 할 수 있다.

3. 미시 세계에 대한 이러한 연구 성과는 거시 세계에 대해 우리가 자연스럽게 ⓒ 지니게 된 상식적인 생각들에 근본적인 의문을 ⓓ 던진다.

- '여기서 말하는 상식적인 생각들 중에는 '상호 배타적인 상태의 공존은 불가능하다'라는 생각도 포함되겠군'이라고 추론할 수 있다.

4. 이와 비슷한 의문은 논리학에서도 볼 수 있다.

- '상호 배타적인 상태의 공존이 논리학과도 연관될 수 있으려나'라고 추론할 수 있다.

4 문단

1. 고전 논리는 '참'과 '거짓'이라는 두 개의 진리치만 있는 이치 논리이다.

- '고전 논리'에 대한 정의가 제시되고 있다.
- '-만'이라는 표현이 등장했으므로 '두 개의 진리치 외의 다른 진리치는 없는'으로 바꾸어 읽을 수 있다.

2. 그리고 고전 논리에서는 어떠한 진술이든 '참' 또는 '거짓'이다.

3. 이는 우리의 상식적인 생각과 잘 ⓔ 들어맞는다.

- '여기서 말하는 상식적인 생각은 상호 배타적인 상태는 불가능하다는 것이겠군'이라고 추론할 수 있다.

4. 그러나 프리스트에 따르면, '참'인 진술과 '거짓'인 진술 이외에 '참인 동시에 거짓'인 진술이 있다.

- '프리스트'를 암기 시도할 필요가 있다.

- '참인 동시에 거짓이라는 진리치가 있다고? 상상이 안 되는데?'라고 반응할 수 있다.
- '상호 배타적인 상태의 공존이 논리학에서도 있다는 거네'라고 반응할 수 있다.

5. 이를 설명하기 위해 그는 '거짓말쟁이 문장'을 제시한다.

- '거짓말쟁이 문장이 뭐야?'라고 물음표를 띄울 수 있다. 단서가 부족해 추론은 어려워 보인다.
- '거짓말쟁이 문장'을 암기 시도할 필요가 있다.

6. 거짓말쟁이 문장을 이해하기 위해 자기 지시적 문장과 자기 지시적이지 않은 문장을 구분해 보자.

- '자기 지시적 문장은 뭐고, 자기 지시적이지 않은 문장은 또 뭐야?'라고 물음표를 띄울 수 있다. 단서가 부족해 추론은 어려워 보인다.

7. 자기 지시적 문장 은 말 그대로 자기 자신을 가리키는 문장을 말한다.

- '자기 지시적 문장'에 대한 정의가 제시되고 있다.
- '자기 지시적 문장'을 암기 시도할 필요가 있다.
- '그래도 모르겠는데'라고 반응할 수 있다.

8. 예를 들어 "이 문장은 모두 열여덟 음절로 이루어져 있다."라는 '참'인 문장은 자기 자신을 가리키며 그것이 몇 음절로 이루어져 있는지 말하고 있다.

- '아 이런 문장이 자기 지시적 문장이구나'라고 반응할 수 있으므로 '자기 지시적 문장은 뭐고, 자기 지시적이지 않은 문장은 또 뭐야?'라면서 띄웠던 물음표를 반쯤 회수할 수 있다.

9. 반면 "페루의 수도는 리마이다."라는 '참'인 문장은 페루의 수도가 어디인지 말할 뿐 자기 자신을 가리키는 문장은 아니다.

- '일반적인 문장은 대부분 자기 지시적이지 않은 문장이겠네'라고 반응할 수 있으므로 '자기 지시적 문장은 뭐고, 자기 지시적이지 않은 문장은 또 뭐야?'라면서 띄웠던 물음표를 모두 회수할 수 있다.

5 문단

1. "이 문장은 거짓이다."는 거짓말쟁이 문장이다.

- '"이 문장은 거짓이다."는 자기 지시적 문장이기도 한데 거짓말쟁이 문장이라네. 거짓말쟁이 문장이 자기 지시적 문장에 포함되나 보다.'라고 반응할 수 있으므로 '거짓말쟁이 문장이 뭐야?'라면서 띄웠던 물음표를 회수할 수 있다.

2. 이는 '이 문장'이라는 표현이 문장 자체를 가리키며 그것이 '거짓'이라고 말하는 자기 지시적 문장이다.

3. 그렇다면 프리스트는 왜 거짓말쟁이 문장에 '참인 동시에 거짓'을 부여해야 한다고 생각할까?

- '그러게?'라고 반응할 수 있다.

4. 이에 답하기 위해 우선 거짓말쟁이 문장이 '참'이라고 가정해 보자.

- '"이 문장은 거짓이다"는 참', 그러면 해당 문장은 참이면서 거짓이네!'라고 반응할 수 있다.

5. 그렇다면 거짓말쟁이 문장은 '거짓'이다.

6. 왜냐하면 거짓말쟁이 문장은 자기 자신을 가리키며 그것이 '거짓'이라고 말하는 문장이기 때문이다.

7. 반면 거짓말쟁이 문장이 '거짓'이라고 가정해보자.

- '"이 문장은 거짓이다"는 거짓', 그러면 해당 문장은 거짓이면서 참이네'라고 반응할 수 있다.

8. 그렇다면 거짓말쟁이 문장은 '참'이다. 왜냐하면 그것이 바로 그 문장이 말하는 바이기 때문이다.

9. 프리스트에 따르면 어떤 경우에도 거짓말쟁이 문장은 '참인 동시에 거짓'인 문장이다.

- '거짓말쟁이 문장을 처음에 참이라고 가정하든 거짓이라고 가정하든 결과적으로는 '참인 동시에 거짓'이라는 진리치를 갖는다는 걸 알 수 있네'라고 반응할 수 있다.

10. 따라서 그는 거짓말쟁이 문장에 '참인 동시에 거짓'을 부여해야 한다고 본다.

- '-야'라는 당위 진술을 가리키는 표현이 등장했으므로 '부여하지 않으면 안 된다고 본다'로 바꾸어 읽을 수 있다.

11. 그는 거짓말쟁이 문장 이외에 '참인 동시에 거짓'인 진리치가 존재함을 뒷받침하는 다양한 사례를 제시한다.

- '거짓말쟁이 문장 이외에 '참인 동시에 거짓'인 진리치가 존재하는 사례에는 어떤 것이 있을까?'라고 물음표를 띄울 수 있다. 단서가 부족해 추론은 어려워 보인다.

12. 특히 그는 양자 역학에서 상호 배타적인 상태의 공존은 이 점을 시사하고 있다고 본다.

6 문단

1. 고전 논리에서는 '참인 동시에 거짓'인 진리치를 지닌 문장을 다룰 수 없기 때문에 프리스트는 그것도 다룰 수 있는 비고전 논리 중 하나인 LP*를 제시하였다.
* LP: '역설의 논리(Logic of Paradox)'의 약자.

- '그것'을 "참인 동시에 거짓'인 진리치를 지닌 문장'으로 바꾸어 읽을 수 있다.
- '고전 논리'와 '비고전 논리'의 차이를 인지할 수 있으므로 둘을 대등 관계로 보아 시각적 수평 관계로 모델링할 수 있다.
- 'LP'가 '비고전 논리'에 포함됨을 알 수 있다.

2. 그런데 LP에서는 직관적으로 호소력 있는 몇몇 추론 규칙이 성립하지 않는다.

- 'LP에서는 어떤 추론 규칙이 성립하지 않는데?'라고 물음표를 띄울 수 있다.
단서가 부족해 추론은 어려워 보인다.

3. 전건 긍정 규칙을 예로 들어 생각해 보자.

- 'LP에서는 전건 긍정 규칙이 성립하지 않나 보다'라고 추론할 수 있으므로 'LP에서는 어떤 추론 규칙이 성립하지 않는데?'라면서 띄웠던 물음표를 회수할 수 있다.

4. 고전 논리에서는 전건 긍정 규칙이 성립한다.

5. 이는 ⓛ "P이면 Q이다."라는 조건문과 그것의 전건인 P가 '참'이라면 그것의 후건인 Q도 반드시 '참'이 된다는 것이다.

- 논증을 다음과 같이 정리할 수 있다.
1. P이면 Q이다.
2. P는 참이다.
따라서 Q는 참이다.

6. 이와 비슷한 방식으로 LP에서 전건 긍정 규칙이 성립하려면, 조건문과 그것의 전건인 P가 모두 '참' 또는 '참인 동시에 거짓'이라면 그것의 후건인 Q도 반드시 '참' 또는 '참인 동시에 거짓'이어야 한다.

- '-야'라는 필요조건을 가리키는 표현이 등장했으므로 대우 규칙을 적용하여 '조건문과 그것의 전건인 P가 모두 '참' 또는 '참인 동시에 거짓'일 때 그것의 후건인 Q가 반드시 '참' 또는 '참인 동시에 거짓'이지는 않는다면 LP에서 전건 긍정 규칙이 성립하지 않는다'라고 바꾸어 읽을 수 있다.

7. 그러나 LP에서 조건문의 전건은 '참인 동시에 거짓'이고 후건은 '거짓'인 경우, 조건문과 전건은 모두 '참인 동시에 거짓'이지만 후건은 '거짓'이 된다.

- '조건문의 전건이 참이고 후건이 거짓이면 조건문은 거짓이고, 조건문의 전건이 거짓이고 후건이 거짓이면 조건문은 참이니까, 조건문의 전건이 '참인 동시에 거짓'이고 후건이 거짓이면 조건문은 '참인 동시에 거짓'이네. 이에 따라 조건문과 전건은 모두 '참인 동시에 거짓'이지만 후건은 거짓이 되므로 LP에서는 전건 긍정 규칙이 성립하지 않네'라고 반응할 수 있다.

8. 비록 전건 긍정 규칙이 성립하지는 않지만, LP는 고전 논리에 대한 근본적인 의문들에 답하기 위한 하나의 시도로서 의의가 있다.

27. 문맥을 고려할 때 ㉠의 의미를 추론한 내용으로 가장 적절한 것은?

㉠ "당신이 달을 보기 전에는 달이 존재하지 않는 것인가?"

① 많은 사람들이 항상 달을 관찰하고 있으므로 달이 존재한다.

② 달은 질량이 매우 큰 거시 세계의 물체이므로 관찰 여부와 상관없이 존재한다.

③ 달은 관찰 여부와 상관없이 존재하므로 누군가 달을 관찰하기 이전에도 존재한다.

"당신이 달을 보기 전에는 달이 존재하지 않다가 당신이 달을 본 후에야 달이 존재하게 되는 것이냐? 그러니까 관찰이 상태 혹은 존재를 결정짓는 것이냐? 아니다!'라는 말이겠군'이라고 추론할 수 있다.

④ 달은 원래부터 있었지만 우리가 관찰하지 않으면 존재 여부에 대해 말할 수 없다.

⑤ 달이 있을 가능성과 없을 가능성이 반반이므로 관찰 이후에 달이 있을 가능성은 반이다.

28. 윗글을 바탕으로, <보기>의 '양자 컴퓨터'와 '일반 컴퓨터'에 대해 이해한 내용으로 적절한 것은?

─ < 보기 > ─

양자 컴퓨터는 여러 개의 이진수들을 단 한 번에 처리함으로써 일반 컴퓨터보다 훨씬 빠른 속도로 연산을 수행한다. 연산 속도에 영향을 미치는 다른 요소들을 배제하면, 이진수를 처리하는 횟수가 적어질수록 연산 결과를 빨리 얻을 수 있기 때문이다.

n자리 이진수를 나타내기 위해서는 n비트*가 필요하고 n자리 이진수는 모두 2^n개 존재한다. 일반 컴퓨터는 한 개의 비트에 0과 1 중 하나만을 담을 수 있어, 두 자리 이진수인 00, 01, 10, 11을 2비트를 이용하여 연산할 때 네 번에 걸쳐 처리한다. 하지만 공존의 원리를 이용하는 양자 컴퓨터는 0과 1을 하나의 비트에 동시에 담아 정보를 처리할 수 있어 두 자리 이진수를 2비트를 이용하여 연산할 때 단 한 번에 처리가 가능하다. 양자 컴퓨터는 처리할 이진수의 자릿수가 커질수록 연산 속도에서 압도적인 위력을 발휘한다.

* 비트(bit): 컴퓨터가 0과 1을 이용하는 이진법으로 연산을 수행하기 위해 사용하는 최소의 정보 저장 단위.

① 양자 컴퓨터는 상태의 공존을 이용함으로써 연산에 필요한 비트의 수를 늘릴 수 있다.

양자 컴퓨터가 상태의 공존을 이용하는 건 맞지만 그럼으로써 연산에 필요한 비트의 수를 늘리는 것이 아니라 n자리 이진수가 아무리 많더라도 n비트를 이용하여 한 번에 처리할 수 있게 되는 것이다. 연산에 필요한 비트의 수를 늘리는 건 일반 컴퓨터도 가능하다.

② 3비트를 사용하여 세 자리 이진수를 모두 처리하려고 할 때 양자 컴퓨터는 일반 컴퓨터보다 속도가 6배 빠르다.

3비트를 사용하여 세 자리 이진수를 모두 처리하려고 할 때 양자 컴퓨터는 일반 컴퓨터보다 속도가 8배 빠르다.

③ 한 자리 이진수를 모두 처리하기 위해 1비트를 사용한다고 할 때, 일반 컴퓨터와 양자 컴퓨터의 정보 처리 횟수는 같다.

한 자리 이진수를 모두 처리하기 위해 1비트를 사용한다고 할 때, 일반 컴퓨터의 정보 처리 횟수는 2번 양자 컴퓨터의 정보 처리 횟수는 1번이다.

④ 양자 컴퓨터의 각각의 비트에는 0과 1이 공존하고 있어 4비트로 한 번에 처리할 수 있는 네 자리 이진수의 개수는 모두 16개이다.

⑤ 3비트의 양자 컴퓨터가 세 자리 이진수를 모두 처리하는 속도는 6비트의 양자 컴퓨터가 여섯 자리 이진수를 모두 처리하는 속도보다 2배 빠르다.

3비트의 양자 컴퓨터가 세 자리 이진수를 모두 처리하는 속도는 6비트의 양자 컴퓨터가 여섯 자리 이진수를 모두 처리하는 속도와 같다.

29. 자기 지시적 문장 에 대해 이해한 내용으로 적절한 것은?

① "붕어빵에는 붕어가 없다."는 자기 지시적 문장이다.

"붕어빵에는 붕어가 없다."는 자기 지시적이지 않은 문장이다.

② "이 문장은 자기 지시적이다."라는 자기 지시적 문장은 '거짓'이 아니다.

"이 문장은 자기 지시적이다."라는 자기 지시적 문장은 항상 참이다.

③ "이 문장은 거짓이다."는 이치 논리에서 자기 지시적인 문장이 될 수 없다.

"이 문장은 거짓이다."는 이치 논리에서도 자기 지시적인 문장이다.

④ 고전 논리에서는 어떠한 자기 지시적 문장에도 진리치를 부여하지 못한다.

고전 논리에서 "이 문장은 모두 열여덟 음절로 이루어져 있다."라는 자기 지시적 문장에 참을 부여한다.

⑤ 비고전 논리에서는 모든 자기 지시적 문장에 '참인 동시에 거짓'을 부여한다.

비고전 논리에서는 모든 거짓말쟁이 문장에 '참인 동시에 거짓'을 부여한다.

30. 윗글을 통해 ⓛ에 대해 적절하게 추론한 것은?

ⓛ "P이면 Q이다."

① LP에서 P가 '참인 동시에 거짓'이고 Q가 '거짓'이면, ⓛ은 '거짓'이다.

LP에서 P가 '참인 동시에 거짓'이고 Q가 '거짓'이면, ⓛ은 '참인 동시에 거짓'이다.

② LP에서 ⓛ과 P가 '참인 동시에 거짓'이면, Q도 반드시 '참인 동시에 거짓'이다.

LP에서 ⓛ과 P가 '참인 동시에 거짓'이지만 Q가 거짓인 경우가 있다. 따라서 해당 선지는 거짓이다.

③ LP에서 ⓛ과 P가 '참' 또는 '참인 동시에 거짓'이면, Q도 반드시 '참' 또는 '참인 동시에 거짓'이다.

LP에서 ⓛ과 P가 '참인 동시에 거짓'이지만 Q가 거짓인 경우가 있다. 따라서 해당 선지는 거짓이다.

④ 고전 논리에서 ⓛ과 P가 각각 '거짓'이 아닐 때, Q는 '거짓'이다.

고전 논리에서 ⓛ과 P가 각각 '거짓'이 아닐 때, Q는 반드시 '참'이다.

⑤ 고전 논리에서 ⓛ과 P가 '참'이면서 Q가 '거짓'인 것은 불가능하다.

31. 윗글을 바탕으로 <보기>를 이해한 내용으로 적절하지 <u>않은</u> 것은? [3점]

> ─── < 보기 > ───
>
> A는 고전 논리를 받아들이고, B는 LP를 받아들일 뿐 아니라 양자 역학에서 상호 배타적인 상태의 공존이 시사하는 바에 대한 프리스트의 입장도 받아들인다.
> A와 B는 아래의 (ㄱ)~(ㄹ)에 대하여 토론을 하고 있다.
>
> (ㄱ) 전자 e는 관찰하기 이전에 S라는 상태에 있다.
> (ㄴ) 전자 e는 관찰하기 이전에 S와 배타적인 상태에 있다.
> (ㄷ) 반지름 5㎝의 팽이가 시계 방향으로 회전한다.
> (ㄹ) 반지름 5㎝의 팽이가 반시계 방향으로 회전한다.
>
> (단, (ㄱ)과 (ㄴ)의 전자 e는 동일한 전자이고 (ㄷ)과 (ㄹ)의 팽이는 동일한 팽이이다.)

(ㄱ)과 (ㄴ)은 미시 세계에 속하고, (ㄷ)과 (ㄹ)은 거시 세계에 속한다.

① A는 (ㄱ)이 '참'이 아니라면 '거짓'이고, '참', '거짓' 외에 다른 진리치를 가질 수 없다고 주장할 것이다.
② B는 (ㄱ)은 '참인 동시에 거짓'일 수 있다고 주장하지만, (ㄷ)은 '참'이 아니라면 '거짓'이라고 주장할 것이다.
③ A와 B는 모두 (ㄷ)이 '참'일 때 (ㄹ)도 '참'이 되는 것은 불가능하다고 주장할 것이다.
④ A는 B와 달리 (ㄴ)이 '참인 동시에 거짓'이 될 수 없다고 주장할 것이다.
⑤ B는 A와 달리 (ㄹ)이 '참'이 아니라면 '참인 동시에 거짓'이라고 주장할 것이다.

B는 A와 마찬가지로 (ㄹ)이 '참'이 아니라면 '거짓'이라고 주장할 것이다.

32. 문맥상 ⓐ~ⓔ와 바꾸어 쓸 수 있는 말로 적절하지 <u>않은</u> 것은?

고전 역학에 ⓐ 따르면
관찰을 통해 ⓑ 알게 되는 것
우리가 자연스럽게 ⓒ 지니게 된 상식적인 생각들
생각들에 근본적인 의문을 ⓓ 던진다
상식적인 생각과 잘 ⓔ 들어맞는다

① ⓐ: 의거(依據)하면
② ⓑ: 인지(認知)하게
③ ⓒ: 소지(所持)하게
④ ⓓ: 제기(提起)한다
⑤ ⓔ: 부합(符合)한다

1 문단

1. 근대 도시의 삶의 양식은 많은 학자들의 관심을 끌어 왔다.

- '근대 도시의 삶의 양식이 어땠는데?'라고 물음표를 띄울 수 있다.
단서가 부족해 추론은 어려워 보인다.

2. 오랫동안 지배적인 관점으로 받아들여진 것은 삶의 양식 중 노동 양식에 주목하는 ⓐ 생산학파의 견해였다.

- '노동 양식'이 '삶의 방식'에 포함됨을 알 수 있다.
- '근대 도시의 노동 양식이 어땠는데?'라고 물음표를 띄울 수 있다.
단서가 부족해 추론은 어려워 보인다.
- '생산학파'를 암기 시도할 필요가 있다.

3. 생산학파는 산업 혁명을 통해 근대 도시 특유의 노동 양식이 형성되는 점에 관심을 기울였다.

4. 그들은 우선 새로운 테크놀로지를 갖춘 근대 생산 체제가 대규모의 노동력을 각지로부터 도시로 끌어 모으는 현상에 주목했다.

- '근대 생산 체제로 증기 기관을 떠올릴 수 있겠군. 이게 도시에 있어서 각지의 사람들이 노동을 하러 도시로 이동한 현상에 주목했다는 거구만'이라고 추론할 수 있다.

5. 또한 다양한 습속을 지닌 사람들이 어떻게 대규모 기계의 리듬에 맞추어 획일적으로 움직이는 노동자가 되는지 탐구했다.

- '다양한 습속의 사람들이 획일적인 노동에 종사하는 방식이 근대 도시의 노동 양식이겠군'이라고 반응할 수 있으므로 '근대 도시의 노동 양식이 어땠는데?', '근대 도시의 삶의 양식이 어땠는데?'라면서 띄웠던 물음표를 회수할 수 있다.

6. 예를 들어, 미셸 푸코는 노동자를 집단 규율에 맞춰 금욕 노동을 하는 유순한 몸으로 만들어 착취하기 위해 어떤 훈육 전략이 동원되었는지 연구하였다.

- '미셸 푸코'를 암기 시도할 필요가 있다.
- '미셸 푸코'가 '생산학파'에 포함됨을 알 수 있다.
- '어떤 훈육 전략이 동원되었을까?'라고 물음표를 띄울 수 있다.
단서가 부족해 추론은 어려워 보인다.

7. 또한 생산학파는 노동자가 기계화된 노동으로 착취 당하는 동안 감각과 감성으로 체험하는 내면세계를 상실하고 사물로 전락했다고 고발하였다.

- '감각과 감성으로 체험하는 내면세계가 뭐야?'라고 물음표를 띄울 수 있다.
'어떤 것을 체험하면서 느끼는 즐거움이나 쾌락 같은 건가'라고 추론할 수 있다.

8. 이렇게 보면 근대 도시는 어떠한 쾌락과 환상도 끼어들지 못하는 거대한 생산 기계인 듯하다.

- '감각과 감성으로 체험하는 내면세계는 쾌락과 환상을 말하는 듯하네'라고 반응할 수 있으므로 '감각과 감성으로 체험하는 내면세계가 뭐야?'라면서 띄웠던 물음표를 회수할 수 있다.

2 문단

1. 이에 대하여 ⓑ 소비학파는 근대 도시인이 내면세계를 상실한 사물로 전락한 것은 아니라고 하면서 생산학파를 비판하기 시작했다.

- '생산학파'와 '소비학파'가 충돌하고 있으므로 둘을 대등 관계로 보아 시각적 수평 관계로 모델링할 수 있다.
- '소비학파'를 암기 시도할 필요가 있다.

2. 예를 들어, 콜린 캠벨은 금욕주의 정신을 지닌 청교도들조차 소비 양식에서 자기 환상적 쾌락주의를 가지고 있었다고 주장하였다.

- '콜린 캠벨'을 암기 시도할 필요가 있다.
- '콜린 캠벨'이 '소비학파'에 포함됨을 알 수 있다.
- '생산학파는 획일적인 노동으로 착취당하는 동안 금욕하여 쾌락을 상실했다고 보았으나 소비학파는 금욕함에도 쾌락을

가질 수 있다는 예시로 청교도를 제시했군'이라고 반응할 수 있다.

3. 결핍을 충족시키려는 욕망과 실제로 욕망이 충족된 상태 사이에는 시간적 간극이 존재할 수밖에 없다.

4. 그런데 근대 도시에서는 이 간극이 좌절이 아니라 오히려 욕망이 충족된 미래 상태에 대한 주관적 환상을 자아낸다.

- '이 환상이 쾌락을 불러일으킨다는 건가'라고 추론할 수 있다.

5. 생산학파와 달리 캠벨은 새로운 테크놀로지의 발달 덕분에 이런 환상이 단순한 몽상이 아니라 실현 가능한 현실이 될 것이라는 기대를 불러일으킨다고 보았다.

- '생산학파는 이런 환상이 단순한 몽상에서 끝날 것이라 보았겠군'이라고 추론할 수 있다.

6. 그는 이런 기대가 쾌락을 유발하여 근대 소비 정신을 북돋웠다고 긍정적으로 평가했다.

- '이런 기대가 쾌락을 유발하는 것까지는 이해하겠는데, 이게 근대 소비 정신을 어떻게 북돋웠다는 거지?'라고 물음표를 띄울 수 있다.
단서가 부족해 추론은 어려워 보인다.

3 문단

1. 근래 들어 노동 양식에 주목한 생산학파와 소비 양식에 주목한 소비학파의 입장을 ⓐ 아우르려는 연구가 진행되고 있다.

- '오 절충안이 제시되려나'라고 추론할 수 있다.

2. 일찍이 근대 도시의 복합적 특성에 주목했던 발터 벤야민은 이러한 연구의 선구자 중 한 명으로 재발견되었다.

- '발터 벤야민'을 암기 시도할 필요가 있다.

3. 그는 새로운 테크놀로지의 도입이 노동의 소외를 심화한다는 점은 인정하였다.

- '노동의 소외는 획일적인 노동으로 인한 금욕 내지는 쾌락의

부재를 말하는 건가'라고 추론할 수 있다.

- '생산학파의 일부 견해를 인정하고 있네'라고 반응할 수 있다.

4. 하지만 소비 행위의 의미가 자본가에게 이윤을 ⓑ 가져다주는 구매 행위로 축소될 수는 없다고 생각했다.

- '아마 소비 행위의 의미를 자본가에게 이윤을 가져다주는 구매 행위로 축소한 건 생산학파의 견해일텐데, 이건 지문에 제시되지 않았는데? 하여튼 생산학파의 일부 견해를 부정하고 있네'라고 반응할 수 있다.

5. 소비는 그보다 더 복합적인 체험을 가져다주기 때문이다.

- '복합적인 체험이라는 게 구체적으로 어떤 체험을 말하는 걸까?'라고 물음표를 띄울 수 있다.
'자본가에게 이윤을 가져다주지만 쾌락을 주는 체험을 말할 것 같은데'라고 추론할 수 있다.

6. 벤야민은 이런 사실을 근대 도시에 대한 탐구를 통해 설명한다.

7. 근대 도시에서는 옛것과 새것, 자연적인 것과 인공적인 것 등 서로 다른 것들이 병치되고 뒤섞이며 빠르게 흘러간다.

- '옛것'과 '새것'을 구분하고 있으므로 둘을 대등 관계로 보아 시각적 수평 관계로 모델링할 수 있다.
- '자연적인 것은 옛것의 범주에, 인공적인 것은 새것의 범주에 포함시킬 수 있겠군'이라고 반응할 수 있다

8. 환상을 자아내는 다양한 구경거리도 근대 도시 곳곳에 등장했다.

9. 철도 여행은 근대 이전에는 정지된 이미지로 체험되었던 풍경을 연속적으로 이어지는 파노라마로 체험하게 만들었다.

- '정지된 이미지는 옛것의 범주에, 파노라마는 새것의 범주에 포함시킬 수 있겠군'이라고 반응할 수 있다.

10. 또한 유리와 철을 사용하여 만든 상품 거리인 아케이드는 안과 밖, 현실과 꿈의 경계가 모호해지는 체험을 가져다주었다.

- '아케이드가 어떻게 안과 밖, 현실과 꿈의 경계가 모호해지는 체험을 가져올 수 있다는 거야?'라고 물음표를 띄울 수 있다.
'벽면이 유리로 되어 있어서 안과 밖의 경계가 모호해지는 체험을 아케이드가 가져올 수 있었다는 건가'라고 추론할 수 있다.

11. 벤야민은 이러한 체험이 근대 도시인에게 충격을 가져다준다고 보았다.

12. 또한 이러한 충격 체험을 통해 새로운 감성과 감각이 일깨워진다고 말했다.

- '새로운 감성과 감각은 쾌락과 환상을 말하겠지'라고 반응할 수 있다.
- '소비학바의 일부 견해를 인정하고 있군'이라고 반응할 수 있다.

4 문단

1. 벤야민은 근대 도시의 복합적 특성이 영화라는 새로운 예술 형식에 드러난다고 주장했다.

- '영화에 대한 설명이 이어지겠군'이라고 추론할 수 있다.

2. 19세기 말에 등장한 신기한 구경 거리였던 영화는 벤야민에게 근대 도시의 작동 방식과 리듬에 상응하는 매체다.

- '영화가 근대 도시의 작동 방식과 리듬에 어떻게 상응하는데?'라고 물음표를 띄울 수 있다.
단서가 부족해 추론은 어려워 보인다.

3. 영화는 조각난 필름들이 일정한 속도로 흘러 가면서 움직임을 만들어 낸다는 점에서 공장에서 컨베이어 벨트가 만들어 내는 기계의 리듬을 ⓒ 떠올리게 한다.

- '영화에서의 조각난 필름들의 일정한 속도의 움직임이 근대 도시 공장에서의 컨베이어 벨트의 리듬에 상응하는군'이라고 반응할 수 있으므로 '영화가 근대 도시의 작동 방식과 리듬에 어떻게 상응하는데?'라면서 띄웠던 물음표를 회수할 수 있다.

4. 또한 관객이 아닌 카메라라는 기계 장치 앞에서 연기를 해야 하는 배우나 자신의 전문 분야에만 참여하는 스태프는 작품의 전체적인 모습을 파악하기 어렵다.

- '-만'이라는 표현이 등장했으므로 '자신의 전문 분야 외에는 참

여하지 않는 스태프'로 바꾸어 읽을 수 있다.

5. 분업화로 인해 노동으로부터 소외되는 근대 도시인의 모습이 영화 제작 과정에서도 드러나는 것이다.

- '노동으로부터의 소외가 획일적인 노동으로 인한 금욕 내지는 쾌락의 부재를 의미하는 게 아니라 전체적인 모습을 파악하는 것에 대한 소외를 말하는구나'라고 반응할 수 있다.
- '영화인들의 모습이 근대 도시인의 모습에 상응하는군'이라고 반응할 수 있다.

6. 하지만 동시에 영화는 일종의 충격 체험을 통해 근대 도시인에게 새로운 감성과 감각을 불러일으키는 매체이기도 하다.

7. 예측 불가능한 이미지의 연쇄로 이루어진 영화를 체험하는 것은 이질적인 대상들이 복잡하고 불규칙하게 뒤섞인 근대 도시의 일상 체험과 유사하다.

8. 서로 다른 시·공간의 연결, 카메라가 움직일 때마다 변화하는 시점, 느린 화면과 빠른 화면의 교차 등 영화의 형식 원리는 ㉮ 정신적 충격을 발생시킨다.

- 예측 불가능한 이미지의 연쇄의 체험이 정신적 충격을 발생시킨다는 거네'라고 반응할 수 있다.

9. 영화는 보통 사람의 육안이라는 감각적 지각의 정상적 범위를 넘어선 체험을 가져다준다.

10. 벤야민은 이러한 충격 체험을 환각, 꿈의 체험에 ⓓ 빗대어 '시각적 무의식'이라고 불렀다.

- '시각적 무의식'을 암기 시도할 필요가 있다.
- '충격 체험'이 '시각적 무의식'으로 변형 반복됨을 알 수 있다.

11. 관객은 영화가 제공하는 시각적 무의식을 체험함으로써 일상적 공간에 대해 새로운 의미를 발견하게 된다.

12. 영화관에 모인 관객은 이런 체험을 집단적으로 공유하면서 동시에 개인적인 꿈의 세계를 향유한다.

5 문단

1. 근대 도시와 영화의 체험에 대한 벤야민의 견해는 생산학파와 소비학파를 포괄할 수 있는 이론적 단초를 제공한다.

2. 벤야민은 근대 도시인이 사물화된 노동자이지만 그 자체로 내면세계를 지닌 꿈꾸는 자이기도 하다는 사실을 보여 준다.

3. 벤야민이 말한 근대 도시 는 착취의 사물 세계와 꿈의 주체 세계가 교차하는 복합 공간이다.

- '착취의 사물 세계는 생산학파의 범주에, 꿈의 주체 세계는 소비학파의 범주에 포함시킬 수 있겠군'이라고 반응할 수 있다.

4. 이렇게 벤야민의 견해는 근대 도시에 대한 일면적인 시선을 ⓔ 바로잡는 데 도움을 준다.

- 벤야민의 견해의 의의를 제시하고 있다.

33. 윗글의 내용 전개 방식으로 가장 적절한 것은?

① 근대 도시의 삶의 양식에 대한 벤야민의 주장을 기준으로, 근대 도시의 산물인 영화를 유형별로 분류하고 있다.
② 근대 도시와 영화의 개념을 정의한 후, 근대 도시의 복합적 특성을 밝힌 벤야민의 견해에 대해 그 의의와 한계를 평가하고 있다.
③ 근대 도시의 삶의 양식에 대한 벤야민의 관점을 활용하여, 근대 도시의 기원과 영화의 탄생 간에 공통점과 차이점을 비교하고 있다.
④ 근대 도시의 복합적 특성에 따른 영화의 변화 양상을 통시적으로 살펴본 후, 근대 도시와 영화의 체험에 대한 벤야민의 주장을 비판하고 있다.
⑤ 근대 도시의 삶의 양식에 대한 서로 다른 견해를 소개한 후, 근대 도시와 영화에 대한 벤야민의 견해가 근대 도시의 복합적 특성을 드러냄을 밝히고 있다.

34. ㉠, ㉡에 대한 이해로 가장 적절한 것은?

㉠ 생산학파
㉡ 소비학파

① ㉠은 근대 도시를 근대 도시인이 지닌 환상에 의해 작동되는 생산 기계라고 본다.
② ㉠은 새로운 테크놀로지의 발달로 성립된 근대 생산 체제가 욕망과 충족의 간극을 해소할 수 있다고 본다.
③ ㉡은 근대 도시인의 소비 정신이 금욕주의 정신에 의해 만들어졌다고 본다.
④ ㉡은 근대 도시인이 사물로 전락한 대상이 아니라 실현 가능한 미래에 대한 기대를 가진 존재라고 본다.
⑤ ㉠과 ㉡은 모두 소비가 노동자에 대한 집단 규율을 완화하여 유순한 몸을 만든다고 본다.

35. ㉣에 대한 이해로 적절하지 <u>않은</u> 것은?

㉣ 정신적 충격

① 관객에게 새로운 감성과 감각을 불러일으킨다.
② 영화가 다루고 있는 독특한 주제에서 발생한다.
영화를 구성하는 예측 불가능한 이미지의 연쇄에서 발생한다.
③ 근대 도시의 일상 체험에서 유발되는 충격과 유사하다.
④ 촬영 기법이나 편집 등 영화의 형식적 요소에 의해 관객에게 유발된다.
⑤ 육안으로 지각 가능한 범위를 넘어서는 영화적 체험으로부터 발생한다.

36. 윗글을 바탕으로 <보기>를 이해한 내용으로 적절하지 <u>않은</u> 것은? [3점]

> ─── < 보기 > ───
>
> 　베르토프의 <카메라를 든 사나이>는 1920년대의 근대 도시를 소재로 한 다큐멘터리 영화다. 베르토프는 다중 화면, 화면 분할 등 다양한 영화 기법을 도입하여 도시의 일상적 공간을 새롭게 재구성하고 있다. 이 영화는 억압의 대상이던 노동자를 생산의 주체이자 새로운 시대의 주인공으로 묘사한다. 영화인도 노동자 중 한 사람이라고 생각했던 베르토프는 영화 속에서 주체적이고 자율적으로 영화를 제작하는 영화인의 모습을 보여 준다. 베르토프는 짧은 이미지들의 빠른 교차를 통해 영화가 편집의 예술임을 확인시켜 준다. 또한 영화관에서 신기한 장면에 즐겁게 반응하는 관객들의 모습을 영화 속에서 보여 줌으로써 영화가 상영되는 과정을 드러낸다.

① 베르토프의 영화는 분업화로 인해 영화 제작 과정에서 소외된 영화인의 모습을 보여 주는군.

베르토프는 영화 속에서 주체적이고 자율적으로 영화를 제작하는 영화인의 모습을 보여주고 있으므로 해당 선지는 적절하지 않다.

② 베르토프의 영화에 등장하는 노동자의 모습은 생산학파가 묘사하는 훈육된 노동자의 모습과는 다르군.

③ 베르토프가 다양한 영화 기법을 통해 일상 공간을 재구성한 것은 벤야민이 말하는 시각적 무의식을 유발하겠군.

④ 베르토프가 사용한 짧은 이미지들의 빠른 교차는 벤야민이 말하는 예측 불가능한 이미지의 연쇄를 보여 주는군.

⑤ 베르토프의 영화에 등장하는 관객의 모습은 영화관에서 신기한 구경거리인 영화를 즐기는 근대 도시인을 보여 주는군.

37. ▨ 벤야민이 말한 근대 도시 ▨ 를 이해한 내용으로 적절하지 <u>않은</u> 것은?

① 생산의 공간과 꿈꾸는 공간이 교차하는 공간이다.

② 소비 행위가 노동자에게 복합 체험을 가져다주는 공간이다.

③ 이질적인 것이 병치되고 뒤섞이며 빠르게 흘러가는 공간이다.

④ 새로운 테크놀로지의 도입을 통해 노동의 소외가 극복된 공간이다.

벤야민은 노동의 소외를 인정하였고, 노동의 소외가 극복되었다고 언급하지 않았다.

⑤ 집단 규율을 따라 노동하는 노동자도 내면세계를 가지고 있는 공간이다.

38. 문맥상 ⓐ~ⓔ와 바꿔 쓰기에 가장 적절한 것은?

소비학파의 입장을 ⓐ 아우르려는 연구

자본가에게 이윤을 ⓑ 가져다주는 구매 행위

영화는 … 기계의 리듬을 ⓒ 떠올리게 한다

이러한 충격 체험을 환각, 꿈의 체험에 ⓓ 빗대어

일면적인 시선을 ⓔ 바로잡는 데

① ⓐ: 봉합(縫合)하려는

② ⓑ: 보증(保證)하는

③ ⓒ: 연상(聯想)하게

④ ⓓ: 의지(依支)하여

⑤ ⓔ: 개편(改編)하는

과학

2019학년도 수능

27번~32번

1 문단

1. 16세기 전반에 서양에서 태양 중심설을 지구 중심설의 대안으로 제시하며 시작된 천문학 분야의 개혁은 경험주의의 확산과 수리 과학의 발전을 통해 형이상학을 뒤바꾸는 변혁으로 이어졌다.

- '태양 중심설'과 '지구 중심설'을 구분하고 있으므로 둘을 대등 관계로 보아 시각적 수평 관계로 모델링할 수 있다.
- '여기서 말하는 형이상학은 어떤 형이상학을 말하는 걸까?'라고 물음표를 띄울 수 있다.
  '지구, 즉 인간 중심적 모델을 말하는 걸까'라고 추론할 수 있다.

2. 서양의 우주론 이 전파되자 중국에서는 중국과 서양의 우주론을 회통하려는 시도가 전개되었고, 이 과정에서 자신의 지적 유산에 대한 관심이 제고되었다.

- '서양의 우주론을 설명하고, 중국이 어떻게 이를 중국의 우주론과 접목시키는지가 제시되겠군'이라고 추론할 수 있다.
- '자신의 지적 유산'은 '중국 자신의 지적 유산'으로 바꾸어 읽을 수 있다.

2 문단

1. 복잡한 문제를 단순화하여 푸는 수학적 전통을 이어받은 코페르니쿠스는 천체의 운행을 단순하게 기술할 방법을 찾고자 하였고, 그것이 ⓐ 일으킬 형이상학적 문제에는 별 관심이 없었다.

- '코페르니쿠스'를 암기 시도할 필요가 있다.
- '코페르니쿠스는 태양 중심설을 주장했지. 코페르니쿠스를 태양 중심설의 범주에 포함시킬 수 있겠군.'이라고 반응할 수 있다.

2. 고대의 아리스토텔레스와 프톨레마이오스는 우주의 중심에 고정되어 움직이지 않는 지구의 주위를 달, 태양, 다른 행성들의 천구들과, 항성들이 붙어 있는 항성 천구가 회전한다는 지구 중심설을 내세웠다.

- '아리스토텔레스', '프톨레마이오스'를 암기 시도할 필요가 있다.
- '달, 태양, 다른 행성들의 천구들과 항성들이 붙어 있는 항성 천구를 왜 구분 지은 걸까?'라고 물음표를 띄울 수 있다.
  '지구의 관점에서 달, 태양, 다른 행성들은 빨리 움직이지만, 항성들은 느리게 움직이기 때문이겠군'이라고 반응할 수 있다.
- '아리스토텔레스와 프톨레마이오스는 지구 중심설을 주장했군. 아리스토텔레스와 프톨레마이오스를 지구 중심설의 범주에 포함시킬 수 있겠군.'이라고 반응할 수 있다.

3. 그와 달리 코페르니쿠스는 태양을 우주의 중심에 고정하고 그 주위를 지구를 비롯한 행성들이 공전하며 지구가 자전하는 우주 모형을 ⓑ 만들었다.

4. 그러자 프톨레마이오스보다 훨씬 적은 수의 원으로 행성들의 가시적인 운동을 설명할 수 있었고 행성이 태양에서 멀수록 공전 주기가 길어진다는 점에서 단순성이 충족되었다.

- '프톨레마이오스의 지구 중심설은 코페르니쿠스의 태양 중심설보다 훨씬 많은 수의 원으로 행성들의 가시적인 운동을 설명했구나'라고 반응할 수 있다.
- 태양과 행성 간의 거리↑⇒공전 주기↑

5. 그러나 아리스토텔레스의 형이상학을 고수하는 다수 지식인과 종교 지도자들은 그의 이론을 받아들이려 하지 않았다.

- '아리스토텔레스의 형이상학은 어떤 걸 말하는 거지?'라고 물음표를 띄울 수 있다.
  단서가 부족해 추론은 어려워 보인다.

6. 왜냐하면 그것은 지상계와 천상계를 대립시키는 아리스토텔레스의 이분법적 구도를 무너뜨리고, 신의 형상을 ⓒ 지닌 인간을 한갓 행성의 거주자로 전락시키는 것으로 여겨졌기 때문이다.

- '지상계와 천상계의 이분법적 구도, 인간 중심의 사고가 아리스토텔레스의 형이상학이구나'라고 반응할 수 있으므로 '아리스토텔레스의 형이상학은 어떤 걸 말하는 거지?', '여기서 말

하는 형이상학은 어떤 형이상학을 말하는 걸까?'라면서 띄웠
던 물음표를 회수할 수 있다.

3 문단

1. 16세기 후반에 브라헤는 코페르니쿠스 천문학의 장점
은 인정하면서도 아리스토텔레스 형이상학과의 상충을
피하고자 우주의 중심에 지구가 고정되어 있고, 달과 태
양과 항성들은 지구 주위를 공전하며, 지구 외의 행성들
은 태양 주위를 공전하는 모형을 제안하였다.

- '브라헤'를 암기 시도할 필요가 있다.
- '브라헤는 태양 중심설과 지구 중심설의 절충안을 제시했구나'
  라고 반응할 수 있다.
- '태양 중심설', '지구 중심설', '절충안'을 구분하고 있으므로 셋
  을 대등 관계로 보아 시각적 수평 관계로 모델링할 수 있다.

2. 그러나 케플러는 우주의 수적 질서를 신봉하는 형이
상학인 신플라톤주의에 매료되었기 때문에, 태양을 우
주 중심에 배치하여 단순성을 추구한 코페르니쿠스의
천문학을 받아 들였다.

- '케플러'를 암기 시도할 필요가 있다.
- '신플라톤주의'에 대한 정의가 제시되고 있다.
- '신플라톤주의'를 암기 시도할 필요가 있다.
- '케플러는 태양 중심설을 받아들였군. 케플러를 태양 중심설
  의 범주에 포함시킬 수 있겠군.'이라고 반응할 수 있다.

3. 하지만 그는 경험주의자였기에 브라헤의 천체 관측
치를 활용하여 태양 주위를 공전하는 행성의 운동 법칙
들을 수립할 수 있었다.

- '태양 주위를 공전하는 행성의 운동법칙들은 그 유명한 케플
  러 법칙을 말하겠군'이라고 반응할 수 있다.

4. 우주의 단순성을 새롭게 보여 주는 이 법칙들은 아
리스토텔레스 형이상학을 더 이상 온존할 수 없게 만들
었다.

4 문단 [A]

1. 17세기 후반에 뉴턴은 태양 중심설을 역학적으로 정
당화하였다.

- '뉴턴'을 암기 시도할 필요가 있다.
- '뉴턴도 태양 중심설을 받아들였다고 볼 수 있겠군. 뉴턴을 태양
  중심설의 범주에 포함시킬 수 있겠군.'이라고 반응할 수 있다.

2. 그는 만유인력 가설로부터 케플러의 행성 운동 법칙
들을 성공적으로 연역했다.

3. 이때 가정된 만유인력은 두 질점*이 서로 당기는 힘
으로, 그 크기는 두 질점의 질량의 곱에 비례하고 거리
의 제곱에 반비례한다.
    *질점: 크기가 없고 질량이 모여 있다고 보는 이론상의 물체.

- 수식이 등장했으므로 다음과 같이 정리할 수 있다.

$$F = G\frac{q_1 q_2}{r^2}$$

4. 지구를 포함하는 천체들이 밀도가 균질하거나 구 대
칭*을 이루는 구라면 천체가 그 천체 밖 어떤 질점을 당
기는 만유인력은, 그 천체를 잘게 나눈 부피 요소들 각
각이 그 천체 밖 어떤 질점을 당기는 만유인력을 모두
더하여 구할 수 있다.

*구 대칭: 어떤 물체가 중심으로부터 모든 방향으로 같은 거리에서
  같은 특성을 갖는 상태.

- 다음과 같이 모델링할 수 있다.

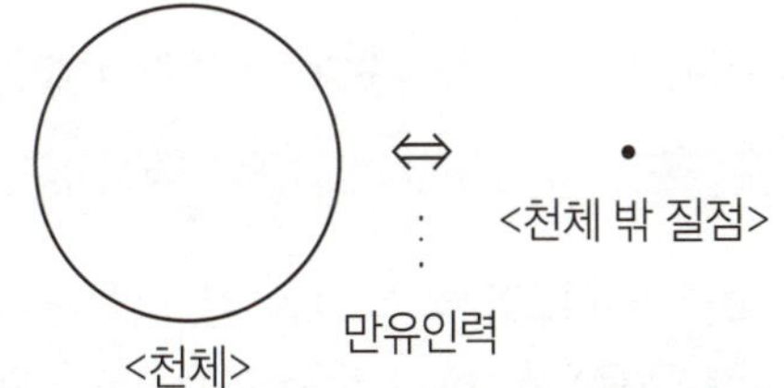

(천체의 밀도가 균질하거나 천체가 구 대칭을 이루는 구일 경우)

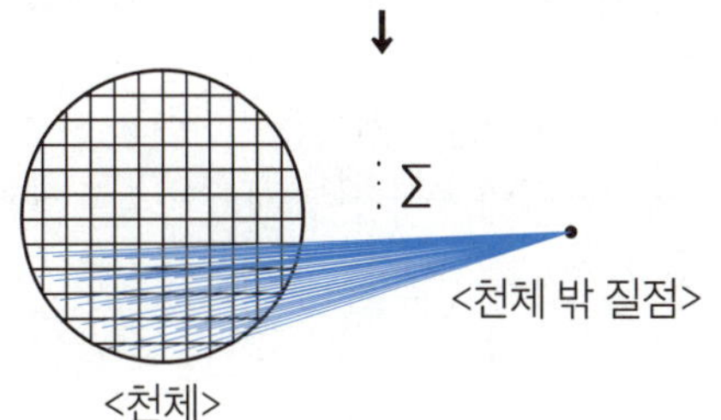

임의의 부피 요소
실제로는 무한소에 가까울 정도로 작지만
편의상 크게 구현했다.

- '여기서 지구를 포함하는 천체들이 밀도가 균질하거나 구 대
  칭을 이루는 구라는 전제를 왜 상정한걸까?'라면서 물음표를
  띄울 수 있다.
  '모델을 단순화하기 위해서인 거 같은데'라고 추론할 수 있다.

  5. 또한 여기에서 지구보다 질량이 큰 태양과 지구가 서
  로 당기는 만유인력이 서로 같음을 증명할 수 있다.

- '작용 반작용 법칙을 떠올릴 수 있겠군'이라고 반응할 수 있다.

  6. 뉴턴은 이 원리를 적용하여 달의 공전 궤도와 사과의
  낙하 운동 등에 관한 실측값을 연역함으로써 만유인력
  의 실재를 입증하였다.

5 문단

  1. 16세기 말부터 중국에 본격 유입된 서양 과학은, 청 왕
  조가 1644년 중국의 역법(曆法)을 기반으로 서양 천문
  학 모델과 계산법을 수용한 시헌력을 공식 채택함에 따
  라 그 위상이 구체화되었다.

- '시헌력은 중국의 역법과 서양의 천문학을 접목한 것이네'라고
  반응할 수 있다.
- '시헌력'을 암기 시도할 필요가 있다.

  2. 브라헤와 케플러의 천문 이론을 차례대로 수용하여
  정확도를 높인 시헌력이 생활 리듬으로 자리 잡았지만,
  중국 지식인들은 서양 과학이 중국의 지적 유산에 적절
  히 연결되지 않으면 아무리 효율적이더라도 불온한 요
  소로 ⓓ 여겼다.

- '-라도'라는 표현이 등장했으므로 '중국 지식인들은 서양 과학
  이 중국의 지적 유산에 적절히 연결되지 않으면, 서양 과학이
  효율적이든 효율적이지 않든 불온한 요소로 여겼는데, 특히 효
  율적일 때도 불온한 요소로 여겼다'라고 바꾸어 읽을 수 있다.

  3. 이에 따라 서양 과학에 매료된 학자들도 어떤 방식으
  로든 ㉠ 서양 과학과 중국 전통 사이의 적절한 관계 맺
  음을 통해 이 문제를 해결하고자 하였다.

6 문단

  1. 17세기 웅명우와 방이지 등은 중국 고대 문헌에 수록
  된 우주론에 대해서는 부정적 태도를 견지하면서 성리
  학적 기론(氣論)에 입각하여 실증적인 서양 과학을 재
  해석한 독창적 이론을 제시하였다.

- '웅명우'와 '방이지'를 암기 시도할 필요가 있다.
- '고대 중국의 우주론은 거부했으나 중국의 성리학적 기론과
  서양 과학을 접목했군'이라고 반응할 수 있다.

  2. 수성과 금성이 태양 주위를 회전한다는 그들의 태양
  계 학설은 브라헤의 영향이었지만, 태양의 크기에 대한
  서양 천문학 이론에 의문을 제기하고 기(氣)와 빛을 결
  부하여 제시한 광학 이론은 그들이 창안한 것이었다.

- '서양 천문학 이론이 주장한 태양의 크기가 너무 컸나'라고 추
  론할 수 있다.
- '기와 빛을 결부하여 제시한 광학이론은 성리학적 기론과 서
  양 과학의 접목의 예시겠군'이라고 반응할 수 있다.

7 문단

  1. 17세기 후반 왕석천과 매문정은 서양 과학의 영향을
  받아 경험적 추론과 수학적 계산을 통해 우주의 원리를
  파악하고자 하였다.

- '왕석천'과 '매문정'을 암기 시도할 필요가 있다.
- '경험적 추론과 수학적 계산을 통해 우주의 원리를 파악했다는
  점에서 케플러와 비슷하군'이라고 공통점을 인지할 수 있다.
- '웅명우와 방이지'와 '왕석천과 매문정'이 구분되고 있으므로
  둘을 대등 관계로 보아 시각적 수평 관계로 모델링할 수 있다.

  2. 그러면서 서양 과학의 우수한 면은 모두 중국 고전에
  이미 ⓔ 갖추어져 있던 것인데 웅명우 등이 이를 깨닫지
  못한 채 성리학 같은 형이상학에 몰두했다고 비판했다.

- '웅명우와 방이지는 고대 중국의 우주론을 거부한 반면, 왕석
  천과 매문정은 고대 중국의 우주론을 받아들이는군'이라고 반
  응할 수 있다.
- '성리학'이 '형이상학'에 포함됨을 알 수 있다.

3. 매문정은 고대 문헌에 언급된, 하늘이 땅의 네 모퉁이를 가릴 수 없을 것이라는 증자의 말을 땅이 둥글다는 서양 이론과 연결하는 등 서양 과학의 중국 기원론을 뒷받침하였다.

- '증자'를 암기 시도할 필요가 있다.
- '하늘이 땅의 네 모퉁이를 가릴 수 없을 것이란 말이 어떻게 땅이 둥글다는 말이 될 수 있지?'라고 반응할 수 있다.
- '서양 과학의 중국 기원론'을 암기 시도할 필요가 있다.

8 문단

1. 중국 천문학을 중심으로 서양 천문학을 회통하려는 매문정의 입장은 18세기 초를 기점으로 중국의 공식 입장으로 채택되었으며, 이 입장은 중국의 역대 지식 성과물을 망라한 총서인 『사고전서』에 그대로 반영되었다.

- '사고전서'에 대한 정의가 제시되고 있다.
- '사고전서'를 암기 시도할 필요가 있다.

2. 이 총서의 편집자들은 고대부터 당시까지 쏟아진 천문 관련 문헌들을 정리하여 수록하였다.

3. 이와 같이 고대 문헌에 담긴 우주론을 재해석하고 확인하려는 경향은 19세기 중엽까지 주를 이루었다.

27. 다음은 윗글을 읽은 학생의 독서 기록 중 일부이다. 윗글을 참고할 때, '점검 결과'로 적절하지 <u>않은</u> 것은?

◦ 읽기 계획: 1문단을 훑어보면서 뒷부분을 예측하고 질문 만들기를 한 후, 글을 읽고 점검하기

예측 및 질문 내용	점검 결과
◦ 서양의 우주론에 태양 중심설과 지구 중심설의 개념이 소개되어 있을 것이다.	예측과 같음 ①
◦ <u>서양의 우주론의 영향으로 변화된 중국의 우주론이 소개되어 있을 것이다.</u>	<u>예측과 다름 ②</u>
◦ 서양에서 태양 중심설을 제기한 사람은 누구일까?	질문의 답이 제시됨 ③
◦ 중국에서 서양의 우주론을 접하고 회통을 시도할 사람은 누구일까?	질문의 답이 제시됨 ④
◦ 중국에 서양의 우주론을 전파한 서양의 인물은 누구일까?	질문의 답이 언급되지 않음 ⑤

28. 윗글에 대한 이해로 적절하지 <u>않은</u> 것은?

① 서양과 중국에서는 모두 우주론을 정립하는 과정에서 형이상학적 사고에 대한 재검토가 이루어졌다.
② 서양 천문학의 전래는 중국에서 자국의 우주론 전통을 재인식하는 계기가 되었다.
③ 중국에 서양의 천문학적 성과가 자리 잡게 된 데에는 국가의 역할이 작용하였다.

5문단 1번 문장: 16세기 말부터 중국에 본격 유입된 서양 과학은, 청 왕조가 1644년 중국의 역법(曆法)을 기반으로 서양 천문학 모델과 계산법을 수용한 시헌력을 공식 채택함에 따라 그 위상이 구체화되었다.

④ 중국에서는 18세기에 자국의 고대 우주론을 긍정하는 입장이 주류가 되었다.
⑤ <u>서양에서는 중국과 달리 경험적 추론에 기초한 우주론이 제기되었다.</u>

서양에서는 중국과 마찬가지로 경험적 추론에 기초한 우주론이 제기되었다.

29. 윗글에 나타난 서양의 우주론 에 대한 설명으로 가장 적절한 것은?

① 항성 천구가 고정되어 있다고 보는 아리스토텔레스의 우주론은 천상계와 지상계를 대립시킨 형이상학을 토대로 한 것이었다.

항성 천구가 회전한다고 보는 아리스토텔레스의 우주론은 천상계와 지상계를 대립시킨 형이상학을 토대로 한 것이었다.

② 많은 수의 원을 써서 행성의 가시적 운동을 설명한 프톨레마이오스의 우주론은 행성이 태양에서 멀수록 공전 주기가 길어 진다는 점에서 단순성을 갖는 것이었다.

행성이 태양에서 멀수록 공전 주기가 길어진다고 주장한 것은 프톨레마이오스가 아니라 코페르니쿠스이다.

③ 지구와 행성이 태양 주위를 공전한다는 코페르니쿠스의 우주론은 이전의 지구 중심설보다 단순할 뿐 아니라 아리스토텔레스의 형이상학과 양립이 가능한 것이었다.

지구와 행성이 태양 주위를 공전한다는 코페르니쿠스의 우주론은 이전의 지구 중심설보다 단순하지만 아리스토텔레스의 형이상학과 양립이 불가능했다.

④ 지구가 우주 중심에 고정되어 있고 다른 행성을 거느린 태양이 지구 주위를 돈다는 브라헤의 우주론은 아리스토텔레스의 형이상학에서 자유롭지 못한 것이었다.

⑤ 태양 주위를 공전하는 행성의 운동 법칙들을 관측치로부터 수립한 케플러의 우주론은 신플라톤주의에서 경험주의적 근거를 찾은 것이었다.

태양 주위를 공전하는 행성의 운동 법칙들을 관측치로부터 수립한 케플러의 우주론은 브라헤의 천체 관측치에서 경험주의적 근거를 찾은 것이다.

30. ㉠에 대한 이해로 적절하지 않은 것은?

㉠ 서양 과학과 중국 전통 사이의 적절한 관계 맺음

① 중국에서 서양 과학을 수용한 학자들은 자국의 지적 유산에 서양 과학을 접목하려 하였다.

② 서양 천문학과 관련된 내용이 중국의 역대 지식 성과를 집대성한 『사고전서』에 수록되었다.

③ 방이지는 서양 우주론의 영향을 받았지만 서양의 이론과 구별되는 새 이론의 수립을 시도하였다.

④ 매문정은 중국 고대 문헌에 나타나는 천문학적 전통과 서양 과학의 수학적 방법론을 모두 활용하였다.

⑤ 성리학적 기론을 긍정한 학자들은 중국 고대 문헌의 우주론을 근거로 서양 우주론을 받아들여 새 이론을 창안하였다.

성리학적 기론을 긍정한 학자들은 웅명우와 방이지 등으로, 이들은 중국 고대 문헌에 수록된 우주론에 대해 부정적 태도를 견지했다.

31. <보기>를 참고할 때, [A]에 대한 이해로 적절하지 않은 것은? [3점]

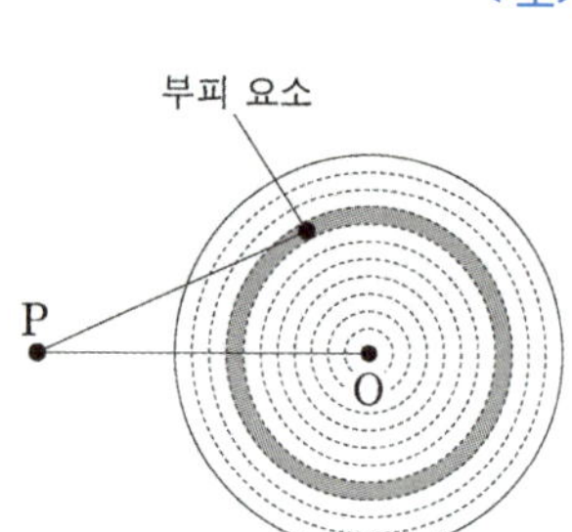

구는 무한히 작은 부피 요소들로 이루어져 있다. 그 부피 요소들이 빈틈없이 한 겹으로 배열되어 구 껍질을 이루고, 그런 구 껍질들이 구의 중심 O 주위에 반지름을 달리하며 양파처럼 겹겹이 싸여 구를 이룬다. 이때 부피 요소는 그것의 부피와 밀도를 곱한 값을 질량으로 갖는 질점으로 볼 수 있다.

(1) 같은 밀도의 부피 요소들이 하나의 구 껍질을 구성하면, 이 부피 요소들이 구 외부의 질점 P를 당기는 만유인력들의 총합은, 그 구 껍질과 동일한 질량을 갖는 질점이 그 구 껍질의 중심 O에서 P를 당기는 만유인력과 같다.

(2) (1)에서의 구 껍질들이 구를 구성할 때, 그 동심의 구 껍질들이 P를 당기는 만유인력들의 총합은, 그 구와 동일한 질량을 갖는 질점이 그 구의 중심 O에서 P를 당기는 만유인력과 같다.

(1), (2)에 의하면, 밀도가 균질하거나 구 대칭인 구를 구성하는 부피 요소들이 P를 당기는 만유인력들의 총합은, 그 구와 동일한 질량을 갖는 질점이 그 구의 중심 O에서 P를 당기는 만유인력과 같다.

① 밀도가 균질한 하나의 행성을 구성하는 동심의 구 껍질들이 같은 두께일 때, 하나의 구 껍질이 태양을 당기는 만유인력은 그 구 껍질의 반지름이 클수록 커지겠군.

밀도가 균질한 하나의 행성을 구성하는 동심의 구 껍질들이 같은 두께일 때, 하나의 구 껍질이 태양을 당기는 만유인력은 그

구 껍질의 반지름이 클수록 그 구 껍질을 구성하는 부피 요소가 많아지므로 커질 것이다.

② 태양의 중심에 있는 질량이 m인 질점이 지구 전체를 당기는 만유인력은, 지구의 중심에 있는 질량이 m인 질점이 태양 전체를 당기는 만유인력과 크기가 같겠군.

태양의 질량을 L, 지구의 질량을 s라고 할 때 L은 s보다 크다.

태양의 중심에 있는 질량이 m인 질점이 지구 전체를 당기는 만유인력은 지구 전체를 구성하는 부피 요소들이 태양의 중심에 있는 질량이 m인 질점을 당기는 만유인력들의 총합과 같고, 이는 질량이 s인 질점이 지구의 중심에서 태양의 중심에 있는 질량이 m인 질점을 당기는 만유인력과 같다.

지구의 중심에 있는 질량이 m인 질점이 태양 전체를 당기는 만유인력은 태양 전체를 구성하는 부피 요소들이 지구의 중심에 있는 질량이 m인 질점을 당기는 만유인력의 총합과 같고, 이는 질량이 L인 질점이 태양의 중심에서 지구의 중심에 있는 질량이 m인 질점을 당기는 만유인력과 같다.

질량이 s인 질점이 지구의 중심에서 태양의 중심에 있는 질량이 m인 질점을 당기는 만유인력은, 질량이 L인 질점이 태양의 중심에서 지구의 중심에 있는 질량이 m인 질점을 당기는 만유인력보다 작다.

따라서 해당 선지는 틀렸다.

③ 질량이 M인 지구와 질량이 m인 달은, 둘의 중심 사이의 거리만큼 떨어져 있으면서 질량이 M, m인 두 질점 사이의 만유인력과 동일한 크기의 힘으로 서로 당기겠군.

④ 태양을 구성하는 하나의 부피 요소와 지구 사이에 작용하는 만유인력은, 지구를 구성하는 모든 부피 요소들과 태양의 그 부피 요소 사이에 작용하는 만유인력들을 모두 더하면 구해지겠군.

⑤ 반지름이 R, 질량이 M인 지구와 지구 표면에서 높이 h에 중심이 있는 질량이 m인 구슬 사이의 만유인력은, R+h 의 거리만큼 떨어져 있으면서 질량이 M, m인 두 질점 사이의 만유인력과 크기가 같겠군.

32. 문맥상 ⓐ~ⓔ와 바꿔 쓴 것으로 가장 적절한 것은?

그것이 ⓐ 일으킬 형이상학적 문제

코페르니쿠스는 … 지구가 자전하는 우주 모형을 ⓑ 만들었다

신의 형상을 ⓒ 지닌 인간

불온한 요소로 ⓓ 여겼다

우수한 면은 모두 중국 고전에 이미 ⓔ 갖추어져 있던 것

① ⓐ: 진작(振作)할
② ⓑ: 고안(考案)했다
③ ⓒ: 소지(所持)한
④ ⓓ: 설정(設定)했다
⑤ ⓔ: 시사(示唆)되어

과학

2020학년도 9월 모평

21번~26번

1 문단

1. 과거는 지나가 버렸기 때문에 역사가가 과거의 사실과 직접 만나는 것은 불가능하다.

2. 역사가는 사료를 매개로 과거와 만난다.

- '사료에는 과거의 물건이나 기록들이 포함되겠군'이라고 반응할 수 있다.

3. 사료는 과거를 그대로 재현하는 것은 아니기 때문에 불완전하다.

4. 사료의 불완전성은 역사 연구의 범위를 제한하지만, 그 불완전성 때문에 역사학이 학문이 될 수 있으며 역사는 끝없이 다시 서술된다.

- '만약 완전한 답이 있다면 연구가 이루어질 필요가 없기 때문에 역사는 학문이 될 수 없겠지'라고 반응할 수 있다.

5. 매개를 거치지 않은 채 손실되지 않은 과거와 ⓐ 만날 수 있다면 역사학이 설 자리가 없을 것이다.

- '매개를 거치지 않은 채 손실되지 않은 과거와 만날 수 있는 경우, 가령 타임머신을 타고 과거를 직접 경험할 수 있는 경우, 완전한 답이 있기 때문에 역사는 학문이 될 수 없겠지'라고 추론할 수 있다.

6. 역사학은 전통적으로 문헌 사료를 주로 활용해 왔다.

- '문헌 사료'가 '사료'에 포함됨을 알 수 있다.
- '주로'라는 표현이 등장했으므로 '역사학은 문헌 사료가 아닌 사료를 활용해 왔기도 하겠군'이라고 추론할 수 있다.

7. 그러나 유물, 그림, 구전 등 과거가 남긴 흔적은 모두 사료로 활용될 수 있다.

- '유물, 그림, 구전 등은 문헌 사료가 아닌 사료겠군'이라고 반응할 수 있다.
- '유물', '그림', '구전'이 '사료'에 포함됨을 알 수 있다.

8. 역사가들은 새로운 사료를 발굴하기 위해 노력한다.

9. 알려지지 않았던 사료를 찾아내기도 하지만, 중요하지 않게 ⓑ 여겨졌던 자료를 새롭게 사료로 활용하거나 기존의 사료를 새로운 방향에서 파악하기도 한다.

- '새로운 사료를 발굴하기 위한 노력의 예시를 제시하고 있군'이라고 반응할 수 있다.

10. 평범한 사람들의 삶의 모습을 중점적인 주제로 다루었던 미시사 연구에서 재판 기록, 일기, 편지, 탄원서, 설화집 등의 이른바 '서사적' 자료에 주목한 것도 사료 발굴을 위한 노력의 결과이다.

- '미시사 연구'에 대한 정의가 제시되고 있다.
- '미시사 연구'를 암기 시도할 필요가 있다.
- '재판 기록', '일기', '편지', '탄원서', '설화집'이 '서사적 자료'에 포함됨을 알 수 있다.
- '미시사 연구에서 서사적 자료에 주목한 것은 중요하지 않게 여겨졌던 자료를 새롭게 사료로 활용한 예시 아닌가'라고 추론할 수 있다.

2 문단

1. 시각 매체의 확장은 사료의 유형을 더욱 다양하게 했다.

- '시각 매체의 확장이 의미하는 바가 뭐지?'라고 물음표를 띄울 수 있다.
  '그림에서 사진이나 영상으로의 확장을 말하는 건가'라고 추론할 수 있다.

2. 이에 따라 역사학에서 영화를 통한 역사 서술에 대한 관심이 일고, 영화를 사료로 파악하는 경향도 ⓒ 나타났다.

- '시각 매체의 확장은 영화를 의미하는구나'라고 반응할 수 있으므로 '시각 매체의 확장이 의미하는 바가 뭐지?'라면서 띄웠던 물음표를 회수할 수 있다.
- '영화를 어떻게 사료로 파악한다는 거지?'라고 물음표를 띄울 수 있다.
  '영화가 시대를 반영하니까 영화를 통해 시대를 파악한다는 건가'라고 추론할 수 있다.

3. 역사가들이 주로 사용하는 문헌 사료의 언어는 대개 지시 대상과 물리적·논리적 연관이 없는 추상화된 상징적 기호이다.

- '문헌 사료의 언어가 지시 대상과 물리적 논리적 연관이 없는 추상화된 상징적 기호라는 게 무슨 말이지?'라고 물음표를 띄울 수 있다.
단서가 부족해 추론은 어려워 보인다.
- '상징적 기호'를 암기 시도할 필요가 있다.

4. 반면 영화는 카메라 앞에 놓인 물리적 현실을 이미지화하기 때문에 그 자체로 물질성을 띤다.

- '아 가령 물리적 실체인 사과는 그걸 담은 영상과는 물리적 연관이 있지만 사과라는 단어와는 물리적, 논리적 연관이 없지'라고 반응할 수 있으므로 '문헌 사료의 언어가 지시 대상과 물리적 논리적 연관이 없는 추상화된 상징적 기호라는 게 무슨 말이지?'라면서 띄웠던 물음표를 회수할 수 있다.

5. 즉, 영화의 이미지는 닮은꼴로 사물을 지시하는 도상적 기호가 된다.

- '상징적 기호'와 '도상적 기호'의 차이를 인지할 수 있으므로 둘을 대등 관계로 보아 시각적 수평 관계로 모델링할 수 있다.
- '도상적 기호'를 암기 시도할 필요가 있다.

6. 광학적 메커니즘에 따라 피사체로부터 비롯된 영화의 이미지는 그 피사체가 있었음을 지시하는 지표적 기호이기도 하다.

- '지표적 기호'를 암기 시도할 필요가 있다.

7. 예를 들어 다큐멘터리 영화는 피사체와 밀접한 연관성을 갖기 때문에 피사체의 진정성에 대한 믿음을 고양하여 언어적 서술에 비해 호소력 있는 서술로 비춰지게 된다.

- '즉 영화는 문헌 사료의 언어보다 호소력이 있다는 말이네'라고 반응할 수 있다.

3 문단

1. 그렇다면 영화는 역사와 어떻게 관계를 맺고 있을까?

- '영화가 역사를 담아내는 관계 아닌가?'라고 추론할 수 있다.

2. 역사에 대한 영화적 독해와 영화에 대한 역사적 독해는 영화와 역사의 관계에 대한 두 축을 ⓓ 이룬다.

- '역사에 대한 영화적 독해는 역사를 기반으로 영화를 만들어내는 것을 의미하는 것 같은데, 영화에 대한 역사적 독해는 뭘까?'라고 물음표를 띄울 수 있다.
단서가 부족해 추론은 어려워 보인다.
- '역사에 대한 영화적 독해'와 '영화에 대한 역사적 독해'를 구분하고 있으므로 둘을 대등 관계로 보아 시각적 수평 관계로 모델링할 수 있다.

3. 역사에 대한 영화적 독해는 영화라는 매체로 역사를 해석하고 평가하는 작업과 연관된다.

4. 영화인은 자기 나름의 시선을 서사와 표현 기법으로 녹여내이 역시를 비평할 수 있디.

5. 역사를 소재로 한 역사 영화는 역사적 고증에 충실한 개연적 역사 서술 방식을 취할 수 있다.

- '개연적 역사 서술 방식'을 암기 시도할 필요가 있다.

6. 혹은 역사적 사실을 자원으로 삼되 상상력에 의존하여 가공의 인물과 사건을 덧대는 상상적 역사 서술 방식을 취할 수도 있다.

- '상상적 역사 서술 방식'을 암기 시도할 필요가 있다.
- '개연적 역사 서술 방식'과 '상상적 역사 서술 방식'의 차이를 인지할 수 있으므로 둘을 대등 관계로 보아 시각적 수평 관계로 모델링할 수 있다.

7. 그러나 비단 역사 영화만이 역사를 재현하는 것은 아니다.

- '역사 영화가 아닌 영화도 역사를 재현할 수 있다는 의미겠네'라고 추론할 수 있다.

8. 모든 영화는 명시적이거나 우회적인 방법으로 역사를 증언한다.

- '모든'에 주목할 필요가 있다.

9. 영화에 대한 역사적 독해는 영화에 담겨 있는 역사적 흔적과 맥락을 검토하는 것과 연관된다.

- '영화가 역사를 증언하면 다시 이를 통해 역사를 검토하는 것이 영화에 대한 역사적 독해라고 할 수 있겠네'라고 반응할 수 있으므로 '역사에 대한 영화적 독해는 역사를 기반으로 영화를 만들어내는 것을 의미하는 것 같은데, 영화에 대한 역사적 독해는 뭘까?'라면서 띄웠던 물음표를 회수할 수 있다.

10. 역사가는 영화 속에 나타난 풍속, 생활상 등을 통해 역사의 외연을 확장할 수 있다.

11. 나아가 제작 당시 대중이 공유하던 욕망, 강박, 믿음, 좌절 등의 집단적 무의식과 더불어 이상, 지배적 이데올로기 같은 미처 파악하지 못했던 가려진 역사를 끌어내기도 한다.

- '집단적 무의식'에 대한 정의가 제시되고 있다.
- '집단적 무의식'을 암기 시도할 필요가 있다.

4 문단

1. 영화는 주로 허구를 다루기 때문에 역사 서술과는 거리가 있다고 보는 사람도 있다.

- '–도'라는 표현이 등장했으므로 '영화가 역사 서술이라고 보는 사람도 있겠네'라고 추론할 수 있다.

2. 왜냐하면 역사가들은 일차적으로 사실을 기록한 자료에 기반해서 연구를 ⓒ 펼치기 때문이다.

3. 또한 역사가는 ㉠ 자료에 기록된 사실이 허구일지도 모른다는 의심을 버리지 않고 이를 확인하고자 한다.

4. 그러나 문헌 기록을 바탕으로 하는 역사 서술에서도 허구가 배격되어야 할 대상만은 아니다.

- '문헌 기록을 바탕으로 하는 역사 서술에서도 허구가 필요할 때도 있다는 의미겠네'라고 추론할 수 있다.

5. 역사가는 ㉮ 허구의 이야기 속에서 그 안에 반영된 당시 시대적 상황을 발견하여 사료로 삼으려고 노력하기도 한다.

- '이때의 허구의 이야기에는 영화도 포함되겠군'이라고 반응할 수 있다.

6. 지어낸 이야기는 실제 있었던 사건에 대한 기록이 아니지만 사고방식과 언어, 물질문화, 풍속 등 다양한 측면을 반영하며, 작가의 의도와 상관 없이 혹은 작가의 의도 이상으로 동시대의 현실을 전달해 주기도 한다.

7. 어떤 역사가들은 허구의 이야기에 반영된 사실을 확인하는 것에서 더 나아가 ㉯ 사료에 직접적으로 나타나지 않은 과거를 재현하기 위해 허구의 이야기를 활용하여 사료에 기반한 역사적 서술을 보완하기도 한다.

8. 역사가가 허구를 활용하는 것은 실제로 존재했던 과거에 접근하고자 하는 고민의 결과이다.

5 문단 [A]

1. 영화는 허구적 이야기에 역사적 사실을 담아냄으로써 새로운 사료의 원천이 될 뿐 아니라, 대안적 역사 서술의 가능성까지 지니고 있다.

- '대안적 역사 서술'을 암기 시도할 필요가 있다.

2. 영화는 공식 제도가 배제했던 역사를 사회에 되돌려 주는 '아래로부터의 역사'의 형성에 기여한다.

- '아래로부터의 역사가 미시사 연구랑 비슷한 건가'라고 추론할 수 있다.

3. 평범한 사람들의 회고나 증언, 구전 등의 비공식적 사료를 토대로 영화를 만드는 작업은 빈번하게 이루어지고 있다.

4. 그리하여 영화는 하층 계급, 피정복 민족처럼 역사 속에서 주변화된 집단의 묻혀 있던 목소리를 표현해 낸다.

5. 이렇듯 영화는 공식 역사의 대척점에서 활동하면서 역사적 의식 형성에 참여한다는 점에서 역사 서술의 한 주체가 된다.

21. 윗글의 내용 전개 방식으로 가장 적절한 것은?

① 역사의 개념을 밝히면서 영화와 역사 간의 공통점과 차이점을 비교하고 있다.
② 영화의 변천 과정을 통시적으로 밝혀 사료로서 영화가 지닌 의의를 강조하고 있다.
③ 역사에 대한 서로 다른 견해를 대조하여 사료로서 영화가 지닌 한계를 비판하고 있다.
④ 영화의 사료로서의 특성을 밝히면서 역사 서술로서 영화가 지닌 가능성을 제시하고 있다.
⑤ 다양한 영화의 유형별 장단점을 분석하여 영화가 역사 서술의 대안이 될 수 있는지에 대해 평가하고 있다.

22. 윗글에 대한 이해로 가장 적절한 것은?

① 개인적 기록은 사료로 활용하기에 적절하지 않다.
1문단 10번 문장: 평범한 사람들의 삶의 모습을 중점적인 주제로 다루었던 미시사 연구에서 재판 기록, 일기, 편지, 탄원서, 설화집 등의 이른바 '서사적' 자료에 주목한 것도 사료 발굴을 위한 노력의 결과이다.
② 역사가가 활용하는 공식적 문헌 사료는 매개를 거치지 않은 과거의 사실이다.
역사가가 활용하는 공식적 문헌 사료는 매개를 거친 과거의 사실이다.
③ 기존의 사료를 새로운 방향에서 파악하는 것은 사료의 발굴이라고 할 수 있다.
④ 문헌 사료의 언어는 다큐멘터리 영화의 이미지에 비해 지시 대상에 대한 지표성이 강하다.
다큐멘터리 영화의 이미지가 문헌 사료의 언어에 비해 지시 대상에 대한 지표성이 강하다고 볼 수 있다.
⑤ 카메라를 매개로 얻어진 영화의 이미지는 지시 대상과 닮아 있다는 점에서 상징적 기호이다.
카메라를 매개로 얻어진 영화의 이미지는 지시 대상과 닮아 있다는 점에서 도상적 기호이다.

23. ㉮, ㉯의 사례로 적절한 것만을 <보기>에서 있는 대로 찾아 바르게 짝지은 것은?

㉮ 허구의 이야기 속에서 그 안에 반영된 당시 시대적 상황을 발견하여 사료로 삼으려고 노력하기도 한다
㉯ 사료에 직접적으로 나타나지 않은 과거를 재현하기 위해 허구의 이야기를 활용하여 사료에 기반한 역사적 서술을 보완하기도 한다

<보기>

ㄱ. 조선 후기 유행했던 판소리를 자료로 활용하여 당시 음식 문화의 실상을 파악하고자 했다.
ㄴ. B. C. 3세기경에 편찬된 것으로 알려진 경전의 일부에 사용된 어휘를 면밀히 분석하여, 그 경전의 일부가 후대에 첨가되었을 가능성을 검토했다.
ㄷ. 중국 명나라 때의 상거래 관행을 연구하기 위해 명나라 때 유행한 다양한 소설들에서 상업 활동과 관련된 내용을 모아 공통된 요소를 분석했다.
ㄹ. 17세기의 사건 기록에서 찾아낸 한 평범한 여성의 삶에 대한 역사서를 쓰면서 그 여성의 심리를 묘사하기 위해 같은 시대에 나온 설화집의 여러 곳에서 문장을 차용했다.

① ㉮: ㄱ, ㄷ　　㉯: ㄹ
② ㉮: ㄱ, ㄹ　　㉯: ㄴ
③ ㉮: ㄴ, ㄷ　　㉯: ㄱ
④ ㉮: ㄷ　　㉯: ㄴ, ㄹ
⑤ ㉮: ㄹ　　㉯: ㄱ, ㄴ

24. ㉠에 나타난 역사가의 관점에서 [A]를 비판한 내용으로 가장 적절한 것은?
㉠ 자료에 기록된 사실이 허구일지도 모른다는 의심을 버리지 않고 이를 확인하고자 한다

① 영화는 많은 사실 정보를 담고 있기 때문에 사료로서의 가능성을 가지고 있다.
이는 [A]를 비판하는 것이 아니다.
② 하층 계급의 역사를 서술하기 위해서는 영화와 같이 허구를 포함하는 서사적 자료에 주목해야 한다.
㉠의 관점을 가진 역사가는 이에 동의하지 않을 것이다.

③ 영화가 늘 공식 역사의 대척점에 있는 것은 아니며, 공식
역사의 입장에서 지배적 이데올로기를 선전하는 수단
으로 활용되곤 한다.
④ 주변화된 집단의 목소리는 그 집단의 이해관계를 반영
하기 때문에 그것에 바탕을 둔 영화는 주관에 매몰된 역
사 서술일 뿐이다.
⑤ 기억이나 구술 증언은 거짓이거나 변형될 가능성이 있
기 때문에 다른 자료와 비교하여 진위 여부를 검증한 후
에야 사료로 사용이 가능하다.

토대로 제작됐지만, 그 속에도 역사에 대한 영화인 나름
의 시선이 표현 기법으로 나타났겠군.
④ 영화 「마르탱 게르의 귀향」은 역사적 고증에 바탕을 두
고 당시 사건과 생활상을 충실히 재현하기 위해 노력했
다는 점에서 개연적 역사 서술 방식에 가깝겠군.
⑤ 역사서 『마르탱 게르의 귀향』은 16세기 프랑스 농촌의
평범한 사람들의 삶의 모습을 서사적 자료에 근거하여
다루었다는 점에서 미시사 연구의 방식을 취했다고 볼
수 있군.

25. 윗글을 바탕으로 <보기>를 이해한 내용으로 적절하
지 않은 것은? [3점]

< 보기 >

  1982년 작 영화 「마르탱 게르의 귀향」은 16세기 중
엽 프랑스 농촌의 보통 사람들 간의 사건에 관한 재
판 기록을 토대로 한다. 당시 사건의 정황과 생활상
에 관한 고증을 맡은 한 역사가는 영화 제작 이후 재
판 기록을 포함한 다양한 문서들을 근거로 동명의
역사서를 출간했다. 1993년, 영화 「마르탱 게르의 귀
향」은 19세기 중엽 미국을 배경으로 하여 허구적 인
물과 사건으로 재구성한 영화 「서머스비」로 탈바꿈
되었다. 두 작품에서는 여러 해 만에 귀향한 남편이
재판 과정에서 가짜임이 드러난다. 전자는 당시 생
활상을 있는 그대로 복원하는 데 치중했다. 반면 후
자는 가짜 남편을 마을에 바람직한 변화를 가져온
지도자로 묘사하면서 미국 근대사를 긍정적으로 평
가하고자 하는 대중의 욕망을 반영했다.

---

① 「서머스비」에 반영된, 미국 근대사를 긍정적으로 평가
하려는 대중의 욕망은 영화가 제작된 당시 사회의 집단
적 무의식에 해당하는군.
② 실화에 바탕을 둔 영화 「마르탱 게르의 귀향」을 가공의
인물과 사건으로 재구성한 「서머스비」에서는 영화에
대한 역사적 독해를 시도하기 어렵겠군.
영화 제작 당시 사회의 집단적 무의식을 끌어내는 것도 영화에
대한 역사적 독해에 해당한다. <보기>에 따르면 '서머스비'에서
이러한 집단적 무의식을 끌어낼 수 있으므로 해당 선지는 적절
하지 않다.
③ 영화 「마르탱 게르의 귀향」은 실제 사건의 재판 기록을

26. 문맥상 ⓐ~ⓔ와 바꿔 쓰기에 적절하지 않은 것은?

과거와 ⓐ 만날 수 있다면
중요하지 않게 ⓑ 여겨졌던 자료
경향도 ⓒ 나타났다
역사에 대한 영화적 독해와 영화에 대한 역사적 독해는 … 두 축
을 ⓓ 이룬다
연구를 ⓔ 펼치기 때문이다

① ⓐ: 대면(對面)할
② ⓑ: 간주(看做)되었던
③ ⓒ: 대두(擡頭)했다
④ ⓓ: 결합(結合)한다
⑤ ⓔ: 전개(展開)하기